Goethe in chinesischer Übersetzung und Forschung
Eine kommentierte Bibliographie (Fortsetzung)

歌德汉译与研究总目（续编）

Wissenschaftlich ermittelt und herausgegeben von

Gu, Zhengxiang

顾正祥　编著

图书在版编目(CIP)数据

歌德汉译与研究总目（续编）/ 顾正祥编著.
—北京：中央编译出版社，2016.1
ISBN 978-7-5117-2836-4

Ⅰ.①歌…

Ⅱ.①顾…

Ⅲ.①歌德，J.W.V.（1749~1832）—作品—译本—图书目录—中国—
1878~2008 ②歌德，J.W.V.（1749~1832）—文学研究—图书目录—
中国—1878~2008

Ⅳ.① Z839.1 ② Z88：I516.064

中国版本图书馆CIP数据核字(2015)第268510号

歌德汉译与研究总目（续编）

出 版 人：	刘明清
出版统筹：	董　巍
责任编辑：	曲建文
责任印制：	尹　珺
出版发行：	中央编译出版社
地　　址：	北京西城区车公庄大街乙5号鸿儒大厦B座(100044)
电　　话：	(010) 52612345（总编室）　　(010) 52612370（编辑室）
	(010) 52612316（发行部）　　(010) 52612317（网络销售）
	(010) 52612346（馆配部）　　(010) 66509618（读者服务部）
传　　真：	(010) 66515838
经　　销：	全国新华书店
印　　刷：	山东鸿君杰文化发展有限公司
开　　本：	880毫米×1230毫米　1/16
字　　数：	799千字
印　　张：	34.75
版　　次：	2016年1月第1版第1次印刷
定　　价：	298.00元
网　　址：	www.cctphome.com　　邮　箱：cctp@cctphome.com
新浪微博：	@中央编译出版社　　微　信：中央编译出版社（ID：cctphome）
淘宝店铺：	中央编译出版社直销店(http://shop108367160.taobao.com) (010) 52612349

凡有印装质量问题，本社负责调换，电话：010-55626985

鸣　谢
Danksagung

鸣谢下列单位和个人对本项目的友情赞助 Danksagung an Personen und Institutionen, die das Projekt finanziell unterstützt haben
德国巴符州中国友协 Die China-Gesellschaft Baden-Württemberg e. V., Baden-württembergische Gesellschaft zur Förderung der Zusammenarbeit mit der VR China (Konstanz)
德国东亚学术论坛 (1988—2013), 巴符州科学研究与文化部资助 Deutsch-ostasiatisches Wissenschaftsforum e. V. Tübingen (DOAW), aus Mitteln des Ministeriums für Wissenschaft, Forschung und Kunst Baden-Württemberg
中国社会科学院外国文学研究所 Chinesische Akademie der Sozialwissenschaften, Institut für ausländische Literaturen
西南交通大学外国语学院德语系 Südwestchinas Universität für Verkehr, Institut für Fremdsprachen, Fakultät für deutsche Philologie
武汉大学外国语学院德语系 Universität Wuhan, Institut für Fremdsprachen, Fakultät für deutsche Philologie
叶廷芳教授，博士生导师，瑞士苏黎世大学名誉博士 Prof. Ye Tingfang, Ehrendoktor der Universität Zürich, Schweiz

鸣谢下列个人对本项目的不吝赐教 Danksagung an Personen, die keine Mühe scheuen, mich bei der Durchführung des Projekts zu beraten
Prof. Dr. Armin Paul Frank (i. R.), Universität Göttingen
Dr. Volker Probst, Geschäftsführer der Ernst Barlach-Museen, Güstrow

鸣谢下列单位和个人对本项目的不吝支持 Danksagung an Institutionen und Personen, die Projekt auf unterschiedliche Weise unterstützt haben
德国图宾根大学，尤其图宾根大学汉学系 Universität Tübingen, insbesondere Institut für Sinologie und Koreanistik
Prof. Dr. Horst Sund, der Ehrenvorsitzende der China-Gesellschaft Baden-Württemberg e. V., Baden-württembergische Gesellschaft zur Förderung der Zusammenarbeit mit der VR China
Prof. Dr. Heinz-Dieter Assmann, Prorektor der Universität Tübingen
Dr. Karin Moser von Filseck, Geschäftsstelle des Deutsch-ostasiatisches Wissenschaftsforums

鸣谢下列图书馆为书目编写提供的图书资源 Danksagung an Bibliotheken, die mir ihre Bücherbestände zur Verfügung gestellt haben
中国国家图书馆、中国社会科学院图书馆、上海图书馆、南京图书馆、苏州图书馆、浙江省图书馆、湖北省图书馆和北大、人大、浙大、南大、武大、川大、苏大、西南交大、华中师大、复旦、同济等大陆高校图书馆和香港中文大学、香港大学、台大、台师大、台湾文化大学图书馆以及德国图宾根大学图书馆总馆、图宾根大学汉学系图书馆和德语系图书馆

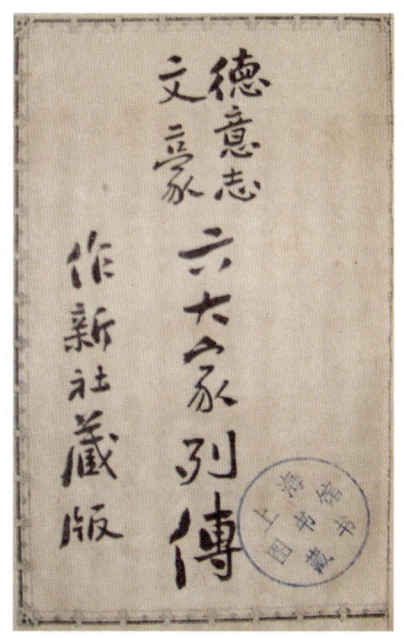
赵必振译（1903年）

张在新译（1908年）

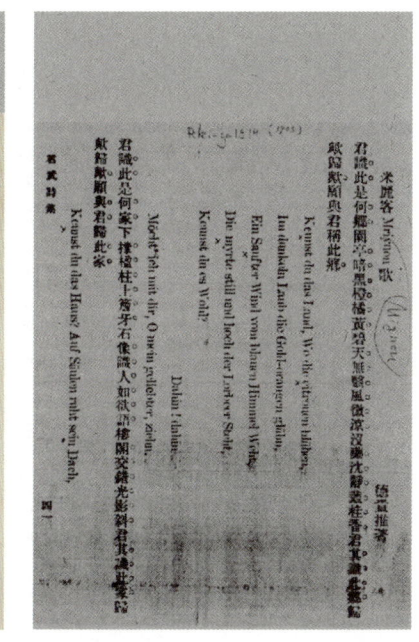
马君武译（1914年）

张闻天著（1921年）

郭沫若、田汉、宗白华著（1920年）

郭沫若译（1922年）

黎青主著（1930 年）　　　清华周刊（1931 年）　　　周冰若、宗白华编（1933 年）

 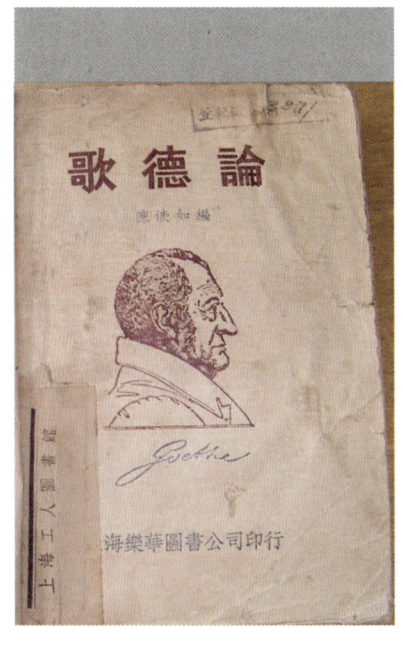 

张月超著（1933 年）　　　陈淡如编（1933 年）　　　董问樵译（1983 年）

冯至著（1986 年）

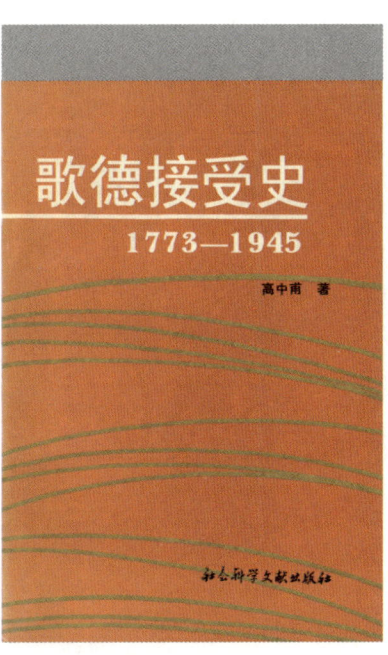

高中甫著（1993 年）

樊修章译（1993 年）

侯浚吉著（1995 年）

赵勇、赵乾龙编著（1998 年）

钱春绮译（1999 年）

余匡复著（1999年）

范大灿、安书祉、黄燎宇等译（2004年）

顾正祥编著（2009年）

杨武能著（2012年）

叶隽编（2014年）

高莽作画，冯至题词

目 录 Inhaltsverzeichnis

自序（前编）Vorwort des Verfassers   I
自序（续编）Vorwort des Verfassers   VI

上卷：译文目 Erster Teil: Übersetzung

第一编：译诗目 Kapitel I: Dichtung   3
  译者 / 编者索引 Index der Übersetzer/Herausgeber   72
  出版社索引 Index der Verlage   75

第二编：散文小说译目 Kapitel II: Prosatexte   79
  译者 / 编者索引 Index der Übersetzer/Herausgeber   105
  出版社索引 Index der Verlage   107

第三编：戏剧译目 Kapitel III: Dramen   111
  译者 / 编者索引 Index der Übersetzer/Herausgeber   119
  出版社索引 Index der Verlage   120

第四编：书信译目 Kapitel IV: Briefe   121
  译者 / 编者索引 Index der Übersetzer/Herausgeber   125
  出版社索引 Index der Verlage   126

下卷：研究书目 Zweiter Teil: Forschung

第一编：辞书 Kapitel I: Lexika   129
  著者 / 编者索引 Index der Verfasser/Herausgeber   156
  出版社索引 Index der Verlage   159

第二编：文学史 Kapitel II: Literaturgeschichten   161
  著者索引 Index der Verfasser   191
  出版社索引 Index der Verlage   193

第三编：合集 Kapitel III: Sammelbände   195
  著者 / 编者索引 Index der Verfasser/Herausgeber   310
  出版社索引 Index der Verlage   317

第四编：专著 Kapitel IV: Monographien   321
  著者索引 Index der Verfasser   358
  出版社索引 Index der Verlage   359

第五编：论文 Kapitel V: Aufs.tze　　　　　　　　　　　　　　　361
　著者索引 Index der Verfasser　　　　　　　　　　　　　　　426
　报刊杂志索引 Index der Zeitungen und Zeitschriften　　　　　431

第六编：欧美日俄研究汉译目 Anhang II: Forschung ausl.ndischer Autoren .　　435
　著者/译者索引 Index der Verfasser/Übersetzer　　　　　　　479
　出版社索引 Index der Verlage　　　　　　　　　　　　　　485

附录：书评 Anhang：Rezensionen　　　　　　　　　　　　　487
主要参考书目 Nachschlagematerial　　　　　　　　　　　　507

自序（前编）

歌德是德国，也是世界文学中举世瞩目的大作家，通常人们把他跟荷马、但丁、莎士比亚相提并论。歌德的在华译介史，始于清末年间，已逾百年。大体可分五个时期，即"早期"（1922年以前）、"第一次翻译高潮"（1922—1937年）、"抗日战争到中华人民共和国成立"（1937—1949年）、"新中国成立到文化大革命时期后不久"（1949—1979年）、"改革开放的国策推行以来——第二次翻译和研究高潮"（1980—）。早期，除歌德绍介的先驱李凤苞之外，还有活跃于上世纪初的辜鸿铭、王国维、苏曼殊、赵必振、马君武、应时（应溥泉）、王光祈、仲遥和鲁迅等。他们的译介虽值得称道，却仅限于辞书里的个别条目，报刊上的零星文章、个别诗章和少数作品的片断等，因此还未形成气候。真正称得上歌德译介开山祖师，非郭沫若莫属。因为是他与田汉、宗白华一起，在五四运动之后大声疾呼，要把歌德的名作有系统地一一介绍过来，并身体力行，率先译出歌德名作《少年维特的烦恼》（1922年），六年后又译出巨著《浮士德》第一部，这才奠定了歌德中文译介的基石，拉开了歌德译介的大幕，并随即迎来了它的第一个高潮。至1930年的八年间，小说《维特》仅泰东书局一家就出了15版之多，足见一斑。这期间，值得一提的还有汤元吉译的《史推拉》Stella（1925）和《克拉维歌》Clavigo（1926）两个剧本。可惜，在后来国难当头的抗战年代至新中国成立前，歌德译介大不如前，这里就不作详述了。

应该怎样来评价建国后的十七年呢？这也许还是个多少有点儿敏感的论题。但笔者深信，在思想解放的今天，对它作出实事求是的评价，不是不可能的。"文革"前的十七年与"文革"十年，虽有本质的区别，我们却不难发现，德语译坛和学界的低迷几乎不相上下，而歌德的遭遇尤为寂寞。请看，十七年中仅有三本郭老一家的旧译重版，并无他人他译问世。充其量还有某诗选里几首零星译诗和某文选里的一篇小说。评论文字就更寥若晨星了！那年头，一味强调工农兵，"洋为中用"的方针并未得到认真贯彻。另一重要因素是受计划经济的钳制。世界文学浩如烟海，全国却只有北京、上海的二三家专业出版社被允许出版外国文学作品。更何况它们每年出多少书，出谁的书也都是"计划"好的。这就不难理解，为何在这段时间大陆的歌德译介竟落后于台湾。如小说《少年维特的烦恼》，在大陆，仅20世纪20年代郭译的重版一种，别无他译。而在台湾竟有十种译本面世。

粉碎了"四人帮"，特别是上世纪90年代以来，伴随着政治、经济、文化等领域的改革开放，歌德译介才迎来了它的第二个高潮，一个前所未有的繁荣局面，主要表现在：

一是出版社之多。拙著所收录的书目并非歌德译介的全部，它们的出版社就已遍布全国各地。从大陆到港台澳，从南国海口到北疆的哈尔滨，从新疆的乌鲁木齐到西藏高原的拉萨，涵盖最边远、最内地的省市。发表论文的报刊杂志更是不计其数。除外语、外国文学、中外交流等文艺杂志和大专院校的学报校刊以外，还有些跟歌德似乎没多大关系的刊物，诸如《金融管理与研究》、《音乐爱好者》、《山西老年》、《游泳》、《安徽消防》、《安徽电气工程职业技术学院学报》、《中国穆斯林》、《回族研究》、《好家长》、《家教博览》等也来加盟。

二是译者、作者和编者人数之众，他们再不是屈指可数，而是数以百千计。如今，郭沫若被尊为译介歌德的开山祖师，有泰斗之称的冯至，与张威廉、董问樵、杨武能一起曾先后荣获德国政府或文化机构的功勋勋章。此外，从周学普、陈铨、宗白华、朱光潜、梁宗岱、刘思慕到钱春绮、侯浚吉、余匡复、高中甫、叶廷芳、章国锋、张荣昌、韩耀成、关惠文、绿原、魏家国、李清华、韩世钟、张载扬、黄明嘉、米尚志、赵乾龙、樊修章、卫茂平、叶隽等都是名噪译坛或学界的功臣。这其中，尤以钱老难能可贵。自五十年代弃医从文，沦为"无业"人员。虽无缘留洋，却无怨无悔。身居斗室，潜心于德国古典名家，特别是歌德、海涅的译介。锲而不舍，终成大业。译著等身，蔚为大观，居入选各选本之首。又闻樊老先生，在与命运的抗争中译出《浮士德》和《歌德诗选》，令人不无钦佩。至于那些崭露头角的新手，举不胜举，只好付之阙如了。

三是对歌德的评价。应该指出，建国后在长达三十余年的时间里，歌德的头上一直戴着不该有的紧箍咒。那时，恩格斯的话成了金科玉律。先把歌德高高地举上天，说他是"最伟大的德国人"、"奥林匹斯山上的宙斯"、"鄙视世界的天才"，又对他重重地抽上一鞭子，说他是"谨小慎微、事事知足、胸襟狭隘的庸人"。不少人惯于引经据典，为他贴上"资产阶级的代表"、"庸人"、"渺小"、"保守性"、"鄙俗气"、"反对革命"等等的标签。还有人对他的恋爱经历和恪守魏玛宫廷礼节颇有微词。随着改革开放的深入，对歌德的评价也有了较大的转变，对导师的话也提出了质疑。于是，我们的歌德不再蒙垢受辱，不但被称为世界文学的大文豪，而且是大思想家，是"一位眼观宇宙万物，胸怀全世界和全人类，巍然耸立于天地之间的大哲和精神巨人"（杨武能语）。顺便说一下，伟人和庸人是冰炭不相容的两个范畴，把它们同时套在歌德的头上，是极不公平的。一个伟大人物，他可能会有这样那样的缺点甚至错误，但决不至于又是个市侩庸人，一个市侩庸人也不可能同时又是个伟大人物。歌德的一些生活事例越来越多地被刊登在我国中小学生或幼儿教育杂志上，它说明，不仅歌德的著作是人类宝贵的精神财富，就是歌德的人格，歌德的处世为人，也成了我们素质教育的材料，对我们也不无启示。

四是出版种类和题材之丰。诗歌（抒情诗，叙事诗）、小说（长篇，中篇，短篇）、童话、散文、戏剧、文艺评论、书信、格言、甚至绘画，种类繁多。特别值得一提的是，上海译文出版社、人民文学出版社和石家庄的河北教育出版社分别推出的六卷本、十卷本和十四卷本的《歌德文集》，不同程度地囊括了歌德文艺类各种题材的代表作，代表了当今国内歌德译介的最高水平。郭译的《少年维特的烦恼》、《浮士德》畅销半个多世纪，在完成了历史使命之后，如今退居二线，不再独霸天下。新译本纷至沓来，至本世纪初，已有好几十种。我们还欣喜地看到，这几年，除了"维特热"、"浮士德热"之外，还出现了《歌德自传》热和《歌德谈话录》热。人们在不断地解剖或者说挖掘其丰富的思想内涵。余匡复的专著《〈浮士德〉——歌德的精神自传》（上海外语教育出版社，1999年），还被列为国家社科八五规划基金项目。

五是普及之广。歌德作品不再囿于象牙塔内，为少数人欣赏，可以说正进入寻常百姓家。歌德条目几乎被列入所有中文版文史哲、美学、教育学等辞书和手册，歌德作品被收进不知其数的文学选本，有的还作为领导干部的参考读物、普通公民的修养读物，被列入大中小学的课外阅读或必读书籍，不少诗文还被编入了中小学课本。近闻《少年维特的烦恼》将被制成音响出版物发行，更是可喜可贺。

面对这幅繁荣景象，我们完全可以理直气壮地宣布，中国的歌德译介取得了举世瞩目的成绩，可以无愧地告慰歌德译介的先贤，他们的宿愿、宏愿正一步步地实现。此乃百余年来一代又一代的中国翻译家和研究家辛勤劳动的结晶。也应归功于无数志士仁人的推波助澜及几百家、上千家参与出版的报刊杂志和出版社的远见卓识。由于他们的共同努力，大文豪歌德才在遥远的东方古国安家落户，才极大地丰富了我们的精神财富。

经过我国几代学者的努力，翻译、研究歌德的文献资料已是汗牛充栋，浩如烟海。特别是杨武能教授的专著《歌德与中国》（三联书店，1991年），对歌德的在华译介史作了专题探讨。新近问世的《中国翻译通史》（马祖毅等著，湖北教育出版社，2006年12月）第2卷"外国文学在中国篇"第6章，阐述德奥文学包括歌德的在华译介，资料丰富，评述作家和作品也甚公允。[1] 然而，我国还没有一部哪怕是薄薄的、却是单独出版的歌德书目。笔者虽不才，从事德语、德国文学的教学和研究却已数十年。七年前，在独立完成《中国诗德语翻译总目》这一德国科协（DFG）的科研项目之后，竟异想天开，再鼓余勇，马不停蹄地投入中德、德中比较文学领域里的另一场攻坚战——《歌德汉译与研究总目》的编纂，旨在科学地、系统地总结包括台湾在内的百余年歌德翻译史和学术史，为更好地继承伟大诗人歌德丰富的文学和精神财富作一份贡献；旨在为中德两国的日耳曼学者、歌德爱好者和研究家、文艺工作者和广大读者，提供一部足以反映我国迄今为止翻译研究歌德成果的、可供查阅的详备的工具书。并为我国歌德译介的前辈拓荒者，为孜孜不倦、心犁笔耕的我国几代学者，为我的学长和同行的辛勤劳动和卓越贡献，也为这些成果的催生婆——各家出版社树碑立传。

歌德作品的中文译文，除译著之外，主要散见于我国历年出版的大量世界文学、外国文学、西方文学、欧洲文学和德国文学的选本、汇编中。我国学者的研究成果，除专著以外，多半分布在数不胜数的辞书、教科书、文学史、论文集以及报刊杂志中。不言而喻，这些辞书、选本和杂志都需要在翻阅之后才知，里面究竟有没有收进或收进了哪些歌德的作品，因而，这里的每个条目，都是笔者深山探宝的收获。全书亦编、亦译、亦注，集三者为一体。说它是编，不是现成资料的汇总，而是要上下

---

[1] 其美中不足的是，缺了对建国后十七年的评价。又不该遗漏了诗人荷尔德林。之所以不该，是因为荷尔德林在德国文学史，尤其在抒情诗领域卓然不群，敢与歌德比高下。又因为他在中国读者中已不再那么陌生。仅上世纪九十年代以来的十余年间，至少有以下六部汉译和专著问世：荷尔德林诗选，顾正祥译注，北京大学出版社，1994年；荷尔德林文集，戴晖译，商务印书馆，1999年；荷尔德林诗的阐释，海德格尔著，孙周兴译，商务印书馆，2000年初版，2002年再印；烟雨故园路·荷尔德林书信选，张红艳译，经济日报出版社，2001年；塔楼之诗，先刚译，同济大学出版社，2004年；荷尔德林的新神话，海德格尔等著，莫光华等译，华夏出版社，2004年。此外，单篇散译和论文也可如数家珍。

求索，逐一查找，累计起来，竟有手稿大大小小十来本；说它是译，是因为要把全书的每条中文标题，特别是每条中文论著和论文目都译成德文；说它是注，是因为每条中文译目，都注上了德文原文，间或还加上了一些笔者的看法。这种体例的书目国内恐怕还没有。笔者沿用的是本人在海外出版的《中国诗德语翻译总目》（斯图加特，2002 年初版），只是课题和研究方向不同而已，因而视之为它的姐妹作。它同时又是笔者退休前的封笔之作。为了尽力反映歌德译介的巨大成就，笔者倾注了整整七年的心血，投入了毕生的知识积累。编纂的全过程大体分两个阶段，第一阶段偏重于资料的搜索和甄别，博采广收，并着手查找和核对原文。第二阶段偏重于原文的查核和中文标题的德译，一边继续搜索资料，直至截稿。谈到资料搜索的难度，从出版地的分布看，港台澳的书目比大陆的书目难找；因为港台澳大陆缺藏多；从出版时间看，民国时期的书目比当代书目难觅，因为民国时期的书纸质松脆，正在或即将制成胶卷；从出版物的种类看，报刊杂志较书籍难找，因为报刊杂志的收藏都不易齐全，多人集书目较单人集书目难找，因为这些书目并不告诉你里面有没有歌德的作品。令笔者困惑的是，冯至著《歌德传》（书讯见 1932 年 3 月 22 日《葛德纪念特刊》和 1933 年张月超著的《歌德评传》）和张嘉谋译《德国名诗选译》，上海国际画报社 1934 年出版（书讯见 Bauer，页 173，书号 04516）均"踏破铁鞋无觅处"。又如网页中的一则书目（《亲合力》，周静译，长春：时代文艺出版社，世界文学名著经典，第三辑，2001 年初版，2002 年 11 月第 2 次印刷），却无一家图书馆收藏，打电话到出版社核实，答复是"子虚乌有"。

    至于译作之原文的锁定，笔者虽说身居原文的"源头"，却也并不轻松。且不说离原作甚远的意译，有时，即便是德语专门家的译文，也令笔者一头雾水，在此略举数例：

原诗 Original	译文 1 Übers. 1	译文 2 Übers. 2
Vom Berge	如果我，亲爱的丽莉，不爱你	下山
Mut	冰上人生	勇气
An des lust' gen Brunnens Rand	我不知道为何要停留	在快活的泉水边上
Legende „In der Wüsten ein heiliger Mann"	一位圣徒在荒野里面	传说
Mit einem gemalten Band	赠彩绘的缎带	情丝
Es geht einer nach dem andern hin	一个接着一个走	告诫
Was bedeutet die Bewegung	啊，从哪里来的狂喜欢腾？	东风之歌
Die Bekehrte	钟情的牧羊女	回心转意

    乍看，你一定会以为它们都是风马牛不相及的两首诗。遇到这种情况，原著后所列的详目就无济于事，译诗与原诗的对号入座，说不定会旷日持久，甚至一拖几月、几年。何以如此？我想，除了由于译家们的译笔异彩纷呈以外，还因为：

    有的未译原诗的标题，而把原诗的第一句译成标题；

组诗的译文情况比较复杂，有的全译，用的是组诗的标题，有的只译其中一首或几首，只用那一首或那几首的标题，而未注明组诗的标题。同一组诗也有不同的标题，如玛里扬巴特哀歌 Marienbader Elegie 爱欲三部曲 Trilogie der Leidenschaft；

原诗无标题，这通常指二行或四行一诗的格言警句或题赠诗，译者往往把首句译作标题。有些选本的编者还喜欢把人家的东西斩头去尾，以至面目全非。

面对这重重困难，时而山穷水尽，时而柳暗花明。尽管殚精竭虑，还凝聚了不少中外友人的智能和无私奉献，仍非尽善尽美，仍有遗珠之憾，仍会有不少错愕，仍不十分体面，仍失之于粗糙。但它毕竟是笔者的呕心沥血之作，就让它当作奉献给生我养我的中华古国和我诚爱的德意志第二故乡的一份薄礼，并化作友谊和理解的桥梁；就让它当作向在校时曾以一片爱心呵护过我，并对我寄予过厚望的师长们所交的一份考卷；当作歌德百余年在华译介的一次初步的回顾和总结。令笔者感到欣慰的是，堪称中国权威出版社之一的中央编译社接纳拙稿，且在普遍强调经济效益的今天，待我不薄。我与责编董巍先生无数次的国际长途通话也始终十分愉快。德国斯图加特著名的 Anton Hiersemann 学术出版社同意，向德、瑞、奥等德语地区高校和州图书馆代为发行若干册，解决了目前尚待解决的图书跨国流通的大问题。德国歌德协会魏玛总部，图宾根大学东亚学术论坛等单位表示将举行新书发布会或研讨会，更添文坛佳话。魏玛版的歌德全集有 143 卷之多，该译而未译的著作何其多！但愿拙著能为推动歌德作品在中国的进一步传播和接受作一份小小的贡献。

顾正祥
2008 年秋
于德国 Tübingen

自序（续编）

一、看好近年来的歌德译介（综述）

歌德译介史的发端，学界都从钱钟书说（国外文学，1982年第1期），清一色地锁定为1878年清人李凤苞的《使德日记》。近年来偏有几位学界新秀"挑衅"前辈：宁波大学的尹德翔扒梳钩沉，似乎在张德彝的《随使法国记》中找到了歌德《浮士德》的蛛丝马迹[1]，认为张氏1871年10月8日手稿中记载的巴黎戏院的上演镜头，与歌德的《浮士德》非常吻合（东方文学研究通讯，2005年第1期）。厦门大学青年学者张治也著文称，"第一个在著作中提到歌德作品[浮士德]的，目前找到最早的可能是张德彝（《三述奇》，1871年10月9日）"[2]。而华中科技大青年学者谭渊则表示"《浮士德》版本极多，英法俄都有人写过，歌德也不是第一个写《浮士德》的作家，从书中文字还看不出此处说的歌剧、戏剧都来自歌德。""发端"之争，暂且不作深究。学无止境，说不定哪一天又有人会有新发现。我只想说明，当下的年轻一代，思想甚为活跃，并不囿于前辈或权威的某种说法。

近年来的歌德译介，给人的第一印象是，新老更替明显，队伍呈年轻化趋势。老一辈的歌德元勋纷纷离世。年近九旬的大翻译家钱春绮壮心不已，从他给笔者的来信得知，晚年还在为他插图本的《浮士德》操劳，终因心力交瘁未果。钱老的谢世（2010年），标志着歌德译介"第二代"人物的最终谢幕。紧接着，《德国文学史》和《浮士德——歌德的精神自传》的作者余匡复溘然而逝（2013年），没来得及再展宏图，令人扼腕长叹。其余的"第三代"著名学者如关惠文、张荣昌、魏家国、高年生、韩世钟、赵乾龙、罗悌伦、李清华等也纷纷步入古稀之年，似乎都淡出学界。值得一提的著译倒有：杨武能的旧作《歌德与中国》的修订稿与《走近歌德》合为一集，以崭新的面貌再度面市（上海社会科学院出版社，2012年）；袁志英的《歌德情感录》（上海书店，2014年），以原始资料为基石，集编译与文学再创作为一体，文字活泼生动，是一部学术性与可读性双佳的专著；图文并茂、厚达412页的《星火·桃李集：杨武能教授文学翻译、学术研究、外语教学五十年》（外语教学与研究出版社，2012），系杨门弟子们奉献给导师的一册纪念文集。冯至、钱钟书、季羡林、王蒙等前辈的文墨与冯亚琳、董洪川、段峰、傅晓微、莫光华、贺骥等弟子的感恩之声融于一炉。在我看来，这不仅是杨氏一家、也是冯至的及门弟子们共同吟唱的"天鹅之歌"。之前，由杨武能倡导、由杨氏弟子莫光华任所长的"歌德研究所"与杨个人无偿捐助、藏书量达三千多册的"杨武能图书文献资料馆"，在地处西南边陲、却是西

---

[1] 参见张德彝（1847—1918）：《随使法国记》（原名《三述奇》），长沙：岳麓书社，1985年，510页，由著者遗稿整理出版。
[2] 参见张治（1977—）：《中西因缘——近现代文学视野中的西方"经典"》，上海：上海社会科学院出版社，2012年。

南歌德重镇的四川外语学院落户。一"所"一"馆"开创了我国德语学界的两个"第一",体现了杨氏关注后学的战略眼光和无私奉献的精神。近闻"杨武能著译文献馆"将于今年金秋十月在重庆图书馆隆重开馆,这更是中国日耳曼学界的一件盛事,谨献上我这位同辈学人的由衷钦佩和热烈祝贺!

顺应这样的形势,中国歌德学会年会暨纪念冯至逝世二十周年学术研讨会于2013年6月13日在中国社会科学院外文所举行。会上,德高望重的老会长叶廷芳研究员卸任,由社科院的年轻同事叶隽研究员继任,并产生了新一届歌德学会理事会,它由四地(即北京、上海、武汉、成都)八人(即叶隽、吴建广、莫光华、谭渊、罗炜、王炳钧、方维规、张辉)组成,体现了薪火相传的精神。这批中青年理事大凡有多年旅德学历,学术底蕴深厚,是当下和今后歌德译介的生力军。他们人人都有厚重的专著问世。如莫光华的博士论文《歌德与自然》(外语教学与研究出版社,2010年),以340多页的篇幅,全面而深入地探讨了歌德的自然科学观和在自然科学领域的建树,一改以往我国学人重视歌德文学作品、忽视其科学著作的偏向。又如谭渊的《歌德席勒笔下的"中国公主"与"中国女诗人":1800年前后中国文化软实力对德影响研究》(中国社会科学出版社,2013年),史料翔实,举证严谨,委实是一部令我辈刮目相看的学著。再如社科院的贺骥博士,虽未跻身歌德学会理事会行列,其300多页的博士论文《〈歌德谈话录〉与歌德文艺美学》(中国社会科学出版社,2014年),系该领域的凤毛麟角之作,被列入"中国社会科学院文库·文学语言研究系列",为学界竖起了一枝标杆。

最值得我们庆祝的,应该是上海外国语大学卫茂平教授领衔的"《歌德全集》翻译"项目和西南交通大学杨武能教授牵头的"歌德及其作品汉译研究"项目,各自申报2014年度"国家社科基金重大项目",奇迹般地双双胜出,成为两校乃至全国德语界特别是中国歌德学的最大盛事。羊年新春大吉,上外与西南交大分别于3月7日和3月21日举办了开题会,不是校长致辞,就是书记讲话。从中央到省、到各高校、再到媒体,从学会会长、研究室主任,到这位专家、那位名流,纷纷到会祝贺、指导。上外的子课题负责人是谢建文(上外,总协调人)、姜峰(上外)、王炳钧(北外)、李昌珂(北大)和谷裕(北大)。战略任务为移译当今最高水平的德文原版《歌德全集》,即四十卷法兰克福注释本。除文学作品外,还包括自传、书信、文牍、日记和自然科学著作等,拟打造"世界范围内最全、最权威的《歌德全集》评注版汉译本"。还成立了"歌德翻译研究所"。西南交大团队的学术骨干有莫光华(西南交大)、冯亚琳(川外)、吴建广(同济)、吴晓樵(北航)、谭渊(西南科技大)和陈巍(宁波大学)等。学术目标为"全面深入研究歌德其人其作,研究歌德在中国的传播、影响与接受,进而挖掘思想家歌德在现代精神文化建构过程中的作用"(西南交大新闻中心,2014年11月20日)。从此,沪川两校的两大团队,凝聚国内外最优秀的德语人才和学术资源,沐浴国家改革开放的文化政策,依托国家强有力的财政资助,必将全面、有序地推进中国的歌德译介。快哉,多年来形形式式、层出不穷的这类"重译"现象所营造的假性繁荣将被中止！¹ 幸哉，实现郭老等先贤的夙愿不再遥遥无期！虽非"指日可待"，也该是"指年可待"了。

行笔至此，猛然想起德语界的一段"稗官野史"。上世纪 80 年代，德语界曾有"北冯南张"之说。"北"指的北京或北大，"冯"乃德语界巨擘冯至；"南"便是南京或南大，"张"系德语界元老张威廉。笔者斗胆窃想，如把这种提法稍作修正，把上海的钱春绮、董问樵的大名也添上，改为"北冯南张沪董、钱"来概括那个时代，是否会更全面、更切合实际些呢？套用这样的称谓，能否用两个项目首席专家的名字来称呼当今中国的歌德学时代，称之谓"东卫西南杨"时代呢？这不是对某某个人的神化，而是将他们视作一种标志，一种符号。过了若干年，涌现了新的代表人物，想必会有另一种叫法。这才叫"薪火传承"。话又得说回来，能在招标中胜出，不仅取决于项目的价值、也与首席专家和他们身边的弟子有关，他们的学术成绩、信誉和投入也很重要。没有他们的振臂一呼，也许会跟眼下这来之不易的一切失之交臂。

让我们再看看这几年的学术活动吧。近年来崛起的年轻学者叶隽应是这方面最典型的个案。叶曾私下向我透露，他本可以留在最享盛名、待遇又不菲的北大。为了赢得属于自己的更大空间，却去了"清水衙门"社科院。在物质和精神的天平秤上，叶视学术生命高于一切。难怪他才过"不惑之年"，便新作迭出。就量而言，几年内论著不下十大部，论文多达好几十。就质而言，它们都不是东拉西扯的大拼盘，都不是抢热门、赶时髦的应景之作，而对曲高和寡的学术史研究情有独钟。须知，学术史乃一种文学、一位作家或一部作品领域中的"上层建筑"，学术史研究更是这个"上层建筑"中的"上层建筑"。"高处不胜寒"，故非浅尝辄止之辈所能占领。涉足者"需要宏通之史家眼光与踏实之细致功夫的结合，而且双重文化背景的占有、个人阅历的丰富，也都是很有必要的。"（叶隽语）叶锐意进取，心无旁骛，敢于将学术史作为他研修的根基和主线，为读者奉献了一部又一部厚重的"史"的专著：《史诗气象与自由彷徨：席勒戏剧的思想史意义》（同济大学出版社，2007 年）、《德语文学研究与现代中国》（北京大学出版社，2008 年）、《歌德思想之形成》（中央编译出版社，2010 年）、《歌德学术史研究》（译林出版社，2013 年）、《歌德研究文集》（译林出版社，2014 年）、《文学•比较•侨易》（复旦大学出版社，2014 年）、《德国精神的向度变型：以尼采、歌德、席勒的现代中国接受为中心》（中央编译出版社，2015 年）。论数量，平均一年一部专著，节奏之快、之众，在同辈学人中罕有其匹；论评述，堪称公允、客观、中肯；论手法，引经据典，详加注释，西文的书目和标题往往汉德对照。这是叶著的一大特色，不妨称之为"叶氏风格"²。叶隽之所以能取得如此骄人的成绩，全赖他个人

---

¹ 据笔者不完全统计，《少年维特的烦恼》的译本，已不下上百种，《浮士德》的译本也达好几十种，一个多么惊人的数字呵！而我们却并不稀罕这种"繁荣"。诚不知这些译者系何方神仙，一直无缘结识，若真是位颇具眼光、勤于耕耘的歌德学者而又真心想为中国的歌德译介添砖加瓦，何以置 143 卷之巨的德文版《歌德全集》于不顾，而热衷于去炒那些冷饭。

² 在叹为观止之余，倒有一条保留意见。在笔者看来，即便是学术著作，在措辞上也应当尽量减少、甚至避免过于专业和高深莫测的表达方式。拜读叶著，常会碰上一些诸如"一体二魄"、"二元维度"、"原相变形 - 向度变型"、"诗史气象"与"诗思苍茫"、"辨章学术，考镜源流"、"古典图镜观"等名词术语，颇令笔者几番猜度乃至困惑。不过，由此而造成的这点"困惑"，决不会动摇我对叶先生毫无保留的钦佩。

的才智和努力，或许也得益于他身处的社科院这个大环境。那里不设坐班制，便于埋头找资料，一心搞学问。相比之下，在高校当老师就没那么自在了。忙完备课、上课和各种考核，科研时间就所剩无几了。

说到学术史梳理，还有个重要的课题，也即如何以务实的心态看待前辈的功过。冯至是我国德语界继郭沫若之后最负盛名的歌德权威之一，是歌德译介"第二代"的代表，"第三代"的歌德名家几乎都出于他的门下。因而再高的评价也不过分。然而，再大的权威也非圣贤，也都是某个时代的产物，都受主客观种种条件的制约，难免有这样那样的局限，都需要作具体分析。这个历史使命要由新一代毫无思想包袱的年轻学者来完成。也举叶隽为例。他对冯至，不是在一片颂歌中随声附和，而是慧眼独具，既肯定冯的《歌德论述》与《德国文学简史》（上册）"都很重要"，又认为"作为一门学科的德语文学研究其实并没有在严格意义上建立起来……应该说，冯至这代人是有责任的"。"冯至的德国认知，较诸同辈人物张威廉、商承祖、陈铨等，确实有独到之处；但另一方面，如果公允地来看，冯至的位置亦并非不可替代。"甚至敢断定冯"算不得名标青史的大学者"。再看他对德语界另一位泰斗张威廉的评述："真若论及在德语文学研究方面的意义，冯氏的著作和贡献，也都要多些。不必为贤者讳，张先生的学术史意义不必评价过高，这一点仅从他留下来的作品数量就可看出。所以有论者对称张先生为"中国日耳曼学的一代宗师"颇不以为然，我同意这个观点，张氏自有其独特的不可抹杀之意义，不必'张冠李戴'"[1]。

对已故权威如此，对尚且健在的权威是否就"买账"呢？请看他对杨武能的代表作之一《走近歌德》一书的评价："即以此著论，不太符合严格意义上的学术著作的常规体例，也谈不上有什么自家的理论建构"（德语文学研究与现代中国，页352）。"这表现在参考文献、索引、中外文名词对照表均未列出，注释中的学术性阐释较少，德文缺位等"（该文脚注）。而且还刨根究底，说是"从冯至那里就已经开始了的"（该文脚注）。其结论是："所以杨氏之作与其说是研究，不如定位在以赏析为主。"而杨也闻"过"则喜，还为该书作序，称赞叶"眼界开阔，学养深厚"、"好学深思"；并坦承"本人的主要志趣在德语文学译介，研究乃不得已而为之，对他擅长的这类研究只在早年玩过一段时间的票。"更为突出的例子是，叶在杨先生纪念文集《星火·桃李集》[2]中的那篇约稿：先回顾杨的学术生涯，后评估杨的学术成就。且不论其观点如何，对作者、尤其对学界权威的评价很难、也无须"一锤定音"。令人钦佩的是，叶敢于直言，且能以务实的心态多视角地加以审视。既无趋炎附势之嫌，亦无咄咄逼人之势，尽管罗列了叶自己也承认"或许是苛求于人"的诸多"不足"，如："回顾杨武能的学术生涯，也有些比较遗憾的地方，譬如在学术实绩上未能够乘胜追击，数量都在翻译文学上了；在学术方法论上，若能更重视实证研究的方法，或可更上层楼；在翻译实践与理论思考基础上，虽不乏洞见，但却未能够提炼出更有贡献的翻译学理论创发。"（72页）"杨武能的各个研究领域虽不乏关联性，但缺乏有效的联通维度，更

---

[1] 参见叶隽："先生百龄，乘风而去"，载《读书》2005年第2期，页33—34。
[2] 参见董洪川、段峰、傅晓微主编：《星火·桃李集·杨武能教授文学翻译、学术研究、外语教学五十年》，北京：外语教学与研究出版社，2012年。

缺乏自觉性主动建构的大家意识。"（第 73 页）甚至触及一些极为敏感的话题，诸如杨本人的重译，杨获勋的由来等 [1]。叶不因《纪念文集》而碍于情面，坚持学术伦理；杨泰然面对"求全责备"，虚怀若谷，高山仰止。此风长，学术繁荣矣！

二、歌德于我，我与歌德

《歌德汉译与研究总目》（续编）终于脱稿，释然、欣然之情自不待言。科隆大教堂的建造时断时续，横跨六个多世纪才竣工；巨著《浮士德》的创作，呕心沥血六十年，直至生命的最后一息；一部长篇小说如《威廉·迈斯特》的完稿也长达三四十年。这些奇迹古今中外毕竟罕见，也非人人和事事都能效仿。一个建筑工程不宜拖得太长，该尽早完工。图书工程也是。拙稿（续编）虽说不是《总目》（前编）的小小"尾声"（篇幅也逾 500 多页），虽是自成一体的独立工程，然过于"旷日持久"，也觉得并不可取。这才决心作个"了断"。

说来惭愧，大文豪歌德并非我学术生涯中的初恋。外国文学中，我首先接触的是俄国的普希金、英国的雪莱、印度的泰戈尔等。德国文学中我首先接触的也不是歌德，而是海涅。大学时代的我，因读了钱春绮译的《诗歌集》而先倾心于海涅，也便有了后来的处女译《海涅传》（陕西人民出版社，1987 年），只是由于当年某种政治气候的影响，它的出版才迟于我后来译的《格林兄弟传》（浙江文艺出版社，1986 年）。嗣后，陕西人民出版社又约我翻译《德国抒情诗选》（与钱春绮合作，陕西人民出版社，1988 年），这才算与歌德有了实质性的缘分。

在《德国抒情诗选》中，我翻译了歌德 52 行的悲情诗《你为何赐予我们深邃的目光》、80 行的教育诗《植物的变态》和 20 行的短诗《浮游于地球之上的天才》。这便是我译介歌德平淡无奇的起步。之所以只有三首，远比该书中荷尔德林和默里克少（各八首），甚至落在施托姆的后面（五首），绝非偶然，而是明确的选择。想当年，钱春绮译的《德国诗选》和《歌德诗集》上下卷，已让歌德的诗作名满中华。作为后学的我，又何必拾人牙慧，步人后尘！聊以自慰的是，本人翻译的歌德诗，数量虽少，却都是国内首译，而非容易招人诟病的重译。

我研修歌德的最大成绩，想必是七年前在中央编译出版社出版的《歌德汉译与研究总目》（1878—2008）。感谢接纳和出版拙著的中央编译出版社"向学术倾斜"和不计盈亏的出版方针，竟将合同规定的平装，主动而又未设任何条件地升格为精装，并请美术公司"梳妆打扮"一番。这才使拙著美人似的"亭亭玉立、卓而不群"（杨武能赞语）。出版伊始，恰逢中国德语文学研究会与社科院主办的歌德席勒国际研讨会

---

[1] 这么说，叶隽是否就是个专爱挑刺的人呢？当然不是！不妨援引他在另外场合对杨的评价以正视听："作为第三代歌德研究者的代表人物，杨武能在三个方面都将中国的歌德研究有所推进。一是《歌德与中国》较为全面地梳理了歌德与中国的关系，不管是歌德之认识中国，还是中国之接受歌德，在史料上颇提供了不少重要线索；二是尝试在冯至研究的基础上，有所推进，即通过文本分析加深对歌德的理解，其中尤其值得注意的是"浮士德研究"，三是以德文撰作《歌德在中国》，使得德语学界有可能了解中国的歌德接受与研究状况。这些方面，可以说他是代表了这代学人的歌德研究成绩的。"《中国的歌德译介与研究现状综述》（中华读书报 2009 年 2 月 18 日）

在京召开，我有幸应邀向大会作了汇报，又先后忝获国际歌德协会（魏玛）和巴符州中国友协（康斯坦茨）的邀请，特别是受到一些名噪海内外的歌德专家的关注。他们是社科院外文所研究员叶隽、四川大学欧洲研究所教授杨武能、同济大学教授袁志英和南京师范大学图书馆员平保兴以及国际歌德协会会长戈尔茨博士、安娜·阿玛里亚图书馆赛弗尔特博士和柏林国家图书馆汉学家魏汉茂博士，都给拙著以极高的评价，说它"对1878—2008年间130年的歌德在中国接受史进行了系统清理，是研究中德文学、文化关系，德风东渐的重要基础性资料"，"可谓'荦荦大观'，很有将百年中国歌德学'一网打尽'的气魄"（《文汇读书周报》2009年4月24日）；"内容丰富、浩繁、完备，条目和索引几乎囊括我国百年来研究和译介歌德的所有专集、合集、编著、辞书、史籍和译著、译文"。系"一部以目录和索引形式体现的中国歌德接受史"（《科学时报》2009年9月10日）。"为学界提供了像《清明上河图》一样的中国歌德翻译研究的全景图。"（《中国图书商报》2009年12月4日）新近，上海外国语大学卫茂平教授主编的《中外文学交流史》（山东教育出版社，2014年，297页）也有类似的评价。其中，杨叶袁三书评，既评书又评人，把编者的治学态度和献身精神也大大地夸奖了一番。暗思，他们又没看着我编写，何以如此知根知底？莫非真会"心有灵犀一点通"？那字里行间透出的关爱，尊重和理解，沁润着一位海外游子的心田，成了其辛勤劳动的最高奖赏，这是任何物质的奖励都无法替代的呵！

拙著既被如此推崇，又何来今天的这个续编呢？是因为我笃信，一个人的能力总是有限的。学海无涯，学术追求也不应有满足的时候。哪怕是最成功的著作也会有瑕疵，也不可能尽善尽美。每念及此，就不敢妄自尊大，也不会被冲昏头脑。果然，我逐渐发现拙著也有不少"遗漏"。而每发现一"遗漏"，便添一分遗憾，多一份愧疚，心底也越不踏实。于是，强烈的责任心驱使我，下决心再编个《续编》！就这样我又匆匆上马，又一次次地登机返国，又废寝忘食于茫茫书海。又像以往那样，一有新的发现，便立即记到小本子上，或写进笔记本电脑。并立誓要比上次编的那本胜出一筹。否则，就对不起作者们的劳动，也有负广大读者的厚望。这一忙便一发不可收拾。惊回首，竟又是七年！年复一年，几曾娱乐与休闲？！寒来暑往，谢绝了多少春色和阳光？！两眼在扒梳搜寻间昏花，鬓发在风尘仆仆中染霜。当然，这种奉献并非单向的付出。既有耕耘之劳，也有收获之甜。编纂中，我对歌德、乃至整个人文学科的认知也渐有长进。尤其应当感激的是，正是歌德给我智慧、给我力量，让我在物欲横流的年代清心寡欲，抵制各种诱惑，坚守在孤寂的学术阵地。

走笔至此，猛然想起两桩近乎传奇的亲历。有一次，我出差去上世纪80年代任教的浙大，乘便想在那里的社科图书馆找些歌德资料。不料，门口的安全装置挡驾，管理人员也视我为"陌路"，硬是不买我这个当了二十多年"校友"的账。托人"疏通"后总算被"网开一面"。在这番"有惊无险"之后，我去藏书楼似的七楼文史馆查看"旧书"。那里很少有人问津，通常由铁将军把门，听说我要去才把门打开。我在那里如鱼得水，忙不迭在尘封的书架上翻找，连中午有人来锁门也没察觉，以至于被关了大半天的"禁闭"。我却并不觉得冤枉，反倒暗自庆幸，否则我哪来得及查找啊？！说来神奇，那天我虽粒米未进，又忙个不停，却没"饥肠辘辘"。相似的经历发生在复旦，那一次我倒幸运，被奉为"稀客"，破例让单独进书库查找。这次我同样舍不得离开，也把午餐置之脑后。下午三四点，他们才发觉我还在那里，都莫名惊诧。其实我在侨居的图宾根，午餐也不那么"正规"。白天去大学图书馆或汉学系，通常只带几片面包或几颗巧克力，再带点水果就能打发过去，忙的时候说不定还会"忍饥挨饿"呢，晚上回家才事烧煮，多半还托夫人的福，真是为难她了。文汇报称不才"长年过着斯巴达式的生活"（2012年2月8日第9版），此话不假。然非节俭，乃惜时也。"君子食无求饱"，我在图宾根大学电脑房还结识了一从早到晚不吃不喝连续工作七八个小时的德国学者呢！比之他，我自愧不如。

《续编》截稿于2015年6月底。共收译文条目445条，其中诗目203条，小说散文目189条，戏剧目46条，书信目7条；研究条目共1786条，其中辞书目165条，文学史目134条，合集目544条，单人集目40条，论文目694条，非汉语研究目209条，删去前编中的格言目，全书合计条目共2232条。前编已收的条目一概不收。我对每条书目都十分珍视，它们来自"五湖四海"，都有各自的背景和家世，同在我悉心耕耘、用心血浇灌的园圃上争芳斗艳。愿条条书目凝成一个西东合璧的有机体，在歌德当年神往的中华古国为他垒起一座新世纪的丰碑。谢谢不少作者、译者、主编和出版社友情赐赠还来不及上市、图书馆还来不及采编上架的最新图书或书讯。既是《续编》，仍如前编德汉对照，仍保留前编的框架和结构：译文目仍设诗歌、小说散文、戏剧、书信四个栏目，研究目仍列辞书、文学史、选集、专集、论文等栏。纵向保留编年史格局。每条书讯内的排列顺序也保留不变。并在以下几个方面作了新的尝试。

把握编纂方略。既力图宏观把握，又重视微观透视。宏观把握是指，时时不忘歌德是位百科全书式的人物，搜索的范围涵盖文史哲、美学、教育学和自然科学等各个领域；微观透视是指，增强查找的力度和深度：在前编书目的基础上，进一步挖掘那些"深藏不露"的篇目或书目，力求有所突破和发现。主要从两个途径：一是挖掘散见于尘封了近百年的各种报刊杂志中的零星篇目以及它们的译者、作者和编者。以往我们一谈起歌德译介，言必称辜鸿铭、王国维、马君武、应溥泉（应时）、王光祈、郭沫若、宗白华、冯至、张传普、李长之、陈铨等名家，另一批民国初期或中期就与歌德结缘的"小人物"则被边缘化，诸如唐性天、许震寰、孙铭传、邓均吾、梁俊青、抱菽、胡一贯、张新燏、赵子刚、汤礼璠、李蓬洲、希夷、佩心、邓雪峰、向培良、房曼弦、梅子、蒋藻、中必、罗家伦、小耕、莲岳、余生、克锋等。这一连串不很起眼的名字还未引起我们足够的重视。其中唐性天，翻译过歌德诗五首：《所得》（Gefunden）、《迷个侬》（Mignon）二首："此乡花发有柠檬"（„Kennst du das Land") 和 "只谁识相思"（„Nur wer die Sehnsucht kennt")、《游客夜歌》"无数山峰里"（Wandrers Nachtlied „Über allen Gipfeln") 和《对月》（An den Mond），受过郭沫若批评，但这又有何妨？！特别是专著《德国文学史略》（江汉印书馆，1932年出版），乃民国时期少数几部德国文学史之一，辟有歌德传记和著作两章，迄今还无人问津。又如许震寰译的一首歌德小诗《所得》，在笔者看来，与哪一位名家名译相比也都不会逊色。至于另一途径，则取决于编者的知识面和"嗅觉"。有些书并无专章专节论及歌德，与歌德有关的文字隐蔽在全书各处，一时并不容易发现。如传记《郭沫若和他的三位夫人》（海南出版社，1994年出版），描写的是郭沫若的婚恋生活，仅看书名和目录，与歌德并不沾边。翻阅后方知，里面竟有那么多歌德的影子。又如《张闻天文集》（中共党史出版社，1990年出版），李辰冬的《红楼梦研究》（正中书局，1942年出版）同属这种类型。这类书就得潜心梳理，才不至于与我们擦肩而过。

明确编纂理念。一心想着读者。歌德有首题为《作者》的小诗，耐人寻味，发人深省，应该成为每个作者的座右铭："没了你，我还算个啥？！读者朋友呵，如是那样，我所有的感受便成自言自语，我所有的欢乐不就湮没无声。"[1] 上文所举的例子，从书名到目录都无"歌德"字眼，然而总得向读者交代，你为何要收编那则书讯，与歌德有关的内容又在何处。总不能让他们像编者那样，也把整本书都翻个遍。于是，便有了比拙著（前编）多得多的"编者附言"、"编者提示"、"论点摘要"等。这一举措，旨在加强对入选条目的甄别和评估，提升它们的学术品质；这样做，又方便了读者的使用，增强了工具书的实用性。细心的读者定会发现，拙著《续编》的多人集（含文集、选集、别集等）一栏的规模和欧美日俄研究汉译一栏的规模都比拙著（前编）翻了一倍有余。这是编者这次用心最勤的地方。

珍视台港书目。《续编》中为数不少的台港书目，是笔者飞赴台港实地考查的收获。在《前编》中，果然也有少量这类书目，其中还有台港友人的友情相助，但毕竟是"隔靴抓痒"，哪能与学术访问的效果相比！那是2010年8月盛夏，笔者有幸以台大交流学校——德国图宾根大学访问学者的身份，历时三周，顶着南国的如火骄阳，挥汗如雨地奔波于香港中文大学、香港大学、台大、台师大、台湾文化大学五所高校的图书馆，每每都起早摸黑地泡在"书山辞海"里，在相关的书架上逐一盘查，唯恐有所漏网。末了，还走访了台湾国家图书馆和台大附近的一家新书店。如今看来，这些书目比之其他书目，更添一分特殊的情调。

坚持编纂特色。可以问心无愧地说，德汉双语是本书目独占鳌头的一大优势。其特点是：凡中文译文的标题，"返本归真"，都注上德文原文。这道比一般书目多出来的工序，是对编者源头文学学养和毅力的严重考验，操作起来要比常规程序多下好几倍功夫；至于中文著述的中文标题，则尽皆译成德文，这就使书目的编纂又平添了一道工序。这种全书统一的双语编制，能使所编文献为德中两国读者共享。这在跨国跨文化交流日渐频繁的今天，越发显得重要。就拿拙著《前编》为例，2009年1月由中央编译出版社出版后，有幸走出国门，由德国Anton Hiersemann这家百余年著名学术出版社代销，已发行至德语区的国家图书馆和各州、各大学图书馆。

日前，拙著《续编》已交中央编译出版社审核。岁月不居，已过七旬的我，已隐隐感到心灵的疲惫，遂想把这部《续编》变成本人歌德学的"天鹅之歌"。这类基础性的工作，本该由一个团队集体完成。也许编者过于好强，明知不能为而为之。不料去年，前述的《歌德全集翻译》及《歌德作品汉译研究》两大国家社科基金项目招标，沪川两校申报小组双双来信，盛邀不才加盟。既蒙抬爱，焉敢推诿？于是就被"捷足先登"的母校上外滥竽成翻译项目的"学术顾问"。暗自想，"顾问""顾问"，

---

[1] 德文原诗为：DerAutor：„Was wär ich/ohne dich，/Freund Publikum!/All mein Empfinden selbstgespräch,/all meine Freude stumm."已有绿原译文，载《歌德诗选》（人民文学出版社，2001年），69页。笔者核对原文，觉该译甚佳，简约如原诗。此处系笔者自译。

"顾"而不"问"就是了。却没想到数日前，成都的研究项目又驰函惠聘，还指派了具体任务。这下更觉得盛情难却，只好"义不容辞"。这才形成"身在曹营心在汉"的态势。细思之，不管是"曹营"还是"汉营"，都与我侨居的德邦有万里之遥，既然都为了"歌德"，我就效仿"老骥伏枥"的曹操，再"壮心不已"一回。而放眼未来中国的歌德接受，只能寄希望于一代又一代忘我献身的后辈翻译家和研究家。

顾正祥
2015 年 10 月
于德国图宾根

附录一：歌德译介功臣榜一瞥 Anhang I: Wissenschaftler im Überblick, die in der chinesischen Goethe-Rezeption bedeutende Beiträge geleistet haben

歌德译介的先驱：出生于 19 世纪下半叶，活跃于 20 世纪初，仅零星译介，但功不可没。Vorgänger der Goethe-Rezeption, die im 19. Jahrhundert geboren wurden und Anfang des 20. Jahrhunderts gewirkt haben, vereinzelte Beiträge, die aber nicht übersehen werden sollten

张德彝（1847—1918）：三述奇（随使法国记），1871 年。

李凤苞（1834—1887）：使德日记，元和江氏灵鹣阁丛书，光绪四年（1878 年）。

辜鸿铭（1857—1928 年）：二十年代初接触歌德，张文襄幕府纪闻（《浮士德》节译），扫叶山房石印本，1928 年。

应时 [应溥泉]（1866~1942?）：德诗汉译（译著），浙江印刷公司，1914 年。

王国维（1877—1927）：德国文豪格代、希尔列尔合传，《教育世界》70 号，1904 年 3 月；格代之家庭，页 373—379，《教育世界》80、82 号，1904 年 8 月至 9 月。

马君武（1881—1940）：马君武诗稿，文明书局，1914 年。

王光祈（1891—1936）：译诗《爱尔王》（Erlkönig），刊于《德诗汉译》，1914 年；又载《西洋诗歌与音乐》，中华书局，1924 年。

第一代人物：出生于 19 世纪末，活跃于 20 世纪二三十年代 Personen der 1. Generation, die etwa Ende des 19. Jahrhunderts geboren wurden und in den 1920er und 1930er Jahren gewirkt haben

蔡元培（1868—1940）：《三十五年来中国之新文化》（1931 年 6 月 15 日），《少年维特的烦恼》"影响于青年的心理颇大"。

陈独秀（1880—1942）：《文学革命论》，《新青年》第 2 卷第 6 期，1917 年 2 月 1 日。

郭沫若（1892—1978）：《三叶集》（通信集），亚东图书馆，1920 年；《少年维特的烦恼》（译著），1922 年；《浮士德》（上卷）（译著），1928 年；《赫曼与窦绿苔》（译著），1942 年；《浮士德》（上下卷）（译著），1947 年。

宗白华（1897—1986）：《三叶集》（通信集），上海：亚东图书馆，1920 年；《歌德之认识》，1933 年；《歌德研究》，1936 年。

田汉（1898—1968）：《三叶集》（通信集），上海：亚东图书馆，1920 年。

张闻天（1900—1976）：《哥德的浮士德》，东方杂志，1922 年八、九月，第 19 卷第 15、17、18 期连载。

汤元吉（生卒年月不详）：《史推拉》（译著），商务印书馆，1925 年；《克拉维歌》（译著），商务印书馆，1926 年。

余祥森（生卒年月不详）：《德国文学小史》；《学艺》，1922年10月1日，第4卷第4号（歌德，页13—17）；《德意志文学》，商务印书馆，1930年。

朱光潜(1897—1986)：《歌德谈话录》(译著)，人民文学出版社，1978年。

杨丙辰（生卒年月不详）：《亲和力》(译著)，商务印书馆, 1941年。

周学普(1900—1983)：《浮士德》(译著)，上海：商务印书馆，1935年；《铁手骑士葛兹》(译著)，上海：商务印书馆，1935年；《歌德对话录》(节译)，上海：商务印书馆，1937年。

第二代人物：出生于20世纪初叶 Personen der 2. Generation, die zu Beginn des 20. Jahrhunderts geboren wurden

柳无忌(1907—2002)：《少年歌德》，上海：北新书局，1929年。

黎青主（廖尚果）(1893—1959)：《哥德》，上海：商务印书馆，1930年/1933年。

陈淡如：《歌德论》(论文汇编)，上海：乐华图书公司，1933年。

冯至(1905—1993)：《二十年代始译歌德诗：歌德论述》(论著)，正中书局，1948年；《论歌德》(论著)，上海文艺出版社，1986年；《威廉·麦斯特的学习年代》(译著)，人民文学出版社，1999年。

张威廉(1902—2004)：《德国文学史大纲》，中华书局，1926年；《歌德名诗选》(译著)，现代书局，1933年；《德语文学词典》(主编)，上海译文出版社，1991年。

刘大杰(1904—1977)：《德国文学概论》(论著，含歌德章节，篇幅达61页之多)，北新书局，1928年。

陈铨(1903—1969)：《中德文学研究》，德国Kiel大学1932年德语博士论文；商务印书馆，1936年出版。

周辅成(1911—2009)：与宗白华合编《歌德之认识》，南京：钟山书局、京华出版社，1933年；《歌德对于哲学的见解》(论文)。

张月超(1911—1989)：《歌德评传》，神州国光社，1933年；《西欧经典作家与作品》，长江文艺出版社，1957年；《欧洲文学论集》，江苏人民出版社，1981年。

梁宗岱(1903—1983)：《一切的峰顶》(译著)，1934年；《诗与真》(译著)，商务印书馆，1935年。

刘思慕(1904—1985)：《歌德自传》(译著)，生活书店，1936年/人民文学出版社，1983年。

董问樵(1909—1993)：《浮士德》(译著)，复旦大学出版社，1983年；《浮士德研究》(专著)，复旦大学出版社，1987年；《亲和力》(译著)，上海译文出版社，1988年；《威廉·麦斯特》(译著)，上海译文出版社，1999年。

李长之(1910—1978)：《德国的古典精神》(专著)，成都：东方书社，1943年/中国社会科学出版社，2010年；《文艺史学与文艺科学》(译著)，1943年；《歌德童话》(译著)，成都：东方书社，1945年。

钱春绮(1921—2010)：《歌德抒情诗选》(译著)，人民文学出版社，1981年；《歌德诗集》

(上下册)(译著),上海译文出版社,1982 年;《浮士德》(上下册)(译著),1982 年;《歌德叙事诗集》(译著),人民文学出版社,1983 年。

侯浚吉 (1919—):《少年维特的烦恼》(译著),上海译文出版社,1982 年;《歌德传》(论著),上海世界图书出版公司,1995 年。

绿原 (1922—2009):《浮士德》(译著),人民文学出版社,1997 年;《歌德诗选》(合译),人民文学出版社,2001 年。

第三代人物:出生于 20 世纪 30 年代后 Personen der 3. Generation, die nach den 1930er Jahren geboren wurden

钱鸿嘉 (1927—2001):《歌德中短篇小说集》,上海译文出版社,1982 年。

韩世钟 (1928—):《歌德戏剧三种》(克拉维戈、丝苔拉、哀格蒙特),上海译文出版社,1982 年/1999 年;《克劳迪内·封·比利亚·贝利亚》(小歌剧),河北教育出版社,1999 年。

王克澄 (1931—2009):《歌德中短篇小说集》,上海译文出版社,1982 年;《情人的脾气》(韵文独幕牧歌剧),《同罪者》(三幕韵文喜剧),河北教育出版社,1999 年。

樊修章 (1932—2007):《浮士德》(译著),译林出版社,1993 年;《歌德诗选》(译著),译林出版社,2000 年。

高年生 (1932—):《亲和力》(译著),河北教育出版社,1999 年。

关惠文 (1933—)《维廉·麦斯特的漫游时代》(译著),人民文学出版社,1988 年/1999 年;《少年维特的烦恼》(译著),浙江少年儿童出版社,2009 年;中央编译出版社,2010 年;高等教育出版社,2013 年;百花文艺出版社,2013 年;中国友谊出版公司,2014 年(维特小说的署名时为:"关惠文、高中甫译",时为"高中甫、关惠文译")。

高中甫 (1933—):《德国伟大的诗人——歌德》(论著),北京出版社,1981 年;《歌德接受史》(论著),社会科学文献出版社,1993 年;《歌德名作欣赏》(主编),中国和平出版社,1996 年;《歌德绘画》(译著),人民文学出版社,2004 年。

魏家国 (1933—):《伟大的德国文学家歌德》(论著),商务印书馆,1987 年;《歌德诗选》(译著),安徽文艺出版社,1996 年;《诗与真》(上下集)(译著),河北教育出版社,1999 年。

洪天富 (1934—):《亲和力》(合译),译林出版社,1998 年;《歌德谈话录》(译著),译林出版社,2000 年/2002 年。

赵乾龙 (1935—):《意大利游记》(译著),花山文艺出版社,1997 年/河北教育出版社,1999 年;《德国诗人歌德》(传纪/论著),海天出版社,1997 年/辽海出版社,1998 年。

叶廷芳 (1936—):《遍寻缪斯》(散文随笔集),商务印书馆,2004 年;《歌德和席勒的现实意义》(主编,与王建合作),中央编译出版社,2006 年;《不圆的珍珠》(散文随笔集),人民文学出版社,2008 年。

余匡复 (1936—2013)：《歌德与浮士德》(论著)，上海教育出版社，1989 年；《德国文学史》(论著)，上海外语教育出版社，1991 年 (2001 年再版，2012 年出版上下册修订增补本，篇幅达 1018 页)；《浮士德——歌德的精神自传》(论著)，上海外语教育出版社，1999 年；《德国文学简史》，上海外语教育出版社，2006 年。

欧凡 [陈家鼎] (1937—)：《歌德诗选》(译著)，外语教学与研究出版社，2006 年。

张荣昌 (1938—)：《歌德席勒文学书简》(合译)，安徽文艺出版社，1991 年；《威廉·麦斯特的学习年代》(译著)，河北教育出版社，1999 年；《威廉·迈斯特的漫游年代》(译著)，河北教育出版社，1999 年。

杨武能 (1938—)：《少年维特的烦恼》(译著)，人民文学出版社，1981 年；《野玫瑰：歌德抒情诗咀华》(论著)，北岳文艺出版社，1989 年；《歌德与中国》(论著)，三联书店，1991 年；《走近歌德》(论著)，河北教育出版社，1999 年；《歌德文集》(14 卷)(与刘硕良合作主编)，河北教育出版社，1999 年；《三叶集——德语文学·文学翻译·比较文学》(论著)，巴蜀书社，2005 年；《走近歌德》(增订本)，上海社会科学院出版社，2012 年。

潘子立 (1938—)：《德语诗歌精品读：漫游者之夜歌》(著译)(德汉对照)，南开大学出版社，2007 年；《浮士德》(译著)，天津人民出版社，2013 年。

袁志英 (1939—)：《歌德文集》(第 3 卷)，列那狐、赫尔曼和多罗苔 (译著)，河北教育出版社，1999 年；《被责难的爱——歌德与克里斯典娜》(专著)，云南人民出版社，2001 年；《歌德情感录——歌德和他的妻子》(专著)，上海书店出版社，2014 年。

罗悌伦 (1944—)：《歌德文论》(译著)，河北教育出版社，1999 年。

李清华：《歌德书信两卷》(译著)，河北教育出版社，1999 年。

章鹏高：《铁手骑士葛兹·封·贝利欣根》(译著)，人民文学出版社，1984 年 / 河北教育出版社，1999 年。

姜铮：《人的解放与艺术的解放——郭沫若与歌德》(专著)，时代文艺出版社，1991 年。

第四代人物：多半出生于 20 世纪 50 年代后 Personen der 4. Generation, die ab 1950 geboren wurden

卫茂平 (1954—)：《中国对德国文学影响史述》(论著)，上海外语教育出版社，1996 年；《德语文学汉译史考辨》(论著)，上海外语教育出版社，2004 年；《德语文学词典》(主编)，复旦大学出版社，2010 年；《中外文学交流史》(中国 - 德国卷)(合著 / 论著)，山东教育出版社，2014 年。

王炳钧 (1954—)：《歌德的小说〈少年维特之烦恼〉1945 年以来在德国的接受史》(德语博士论文)，法兰克福，Peter Lang 出版社，1991 年。

李伯杰：《德国文化史》，对外经济贸易大学出版社，2002 年。

冯亚琳：《德语文学中的文化记忆与文化价值观》，中国社会科学出版社，2013 年。

陈良梅：《德国文学名著》，江苏美术出版社，2001 年。

谷裕:《现代市民史诗——十九世纪德语小说研究》(论著),上海书店出版社,2007年;《隐匿的神学——启蒙前后的德语文学》(论著);华东师范大学出版社,2008年;《德语修养小说研究》(论著),北京大学出版社,2013年。

吴建广:《被解放者的人本悲剧——德意志精神框架中的〈浮士德〉》(论文);《外国文学评论》,2008年第3期,总第87期;《人类的界限——歌德〈浮士德〉之"天上序曲"诠释》(论文),《德国研究》,2009年第1期;《濒死意念作为戏剧空间——歌德〈浮士德〉"殡葬"之诠释》(论文),《外国文学评论》,2011年第2期;《在古典与浪漫的形式中展现此在的终结——歌德〈浮士德〉"山谷"之诠释》(论文),《德国研究》Deutschland-Studien,2012年第1期,第27卷第101期;Das Spiel als Wille und Vorstellung: eine Interpretation der Helena-Dichtung im Faust《戏剧作为意志和想象——〈浮士德〉(第二部)海伦剧之诠释(论文)》[1] in: Zeitschrift für Literaturwissenschaft und Linguistik, Heft 157, Jg. 2010 ([德]《文学与语言学杂志》,第157期,2010年)。

第五代人物:多半出生于20世纪70年代后,在中国改革开放的大潮下,多半有多年或多次赴德深造的学历和学位。他们是当今歌德译介的中坚力量,是未来歌德译介可寄希望的新一代 Personen der 5. Generation, die ab 1970 geboren wurden, von denen zahlreiche dank der Öffnungspolitik Chinas zumeist einen langjährigen oder mehrmaligen Deutschland-Aufenthalt und Studien absolviert haben. Heute sind sie die Hoffnungträger der künftigen Goethe-Rezeption in China

贺骥(1964—):《〈歌德谈话录〉与歌德文艺美学》(博士论文,专著),中国社会科学出版社,2014年。

莫光华(1972—):《歌德与自然》(博士论文,专著),外语教学与研究出版社,2010年。

叶隽(1973—):《另一种西学:中国现代留德学人及其对德国文化的接受》(论著),北京大学出版社,2005年;《史诗气象与自由彷徨:席勒戏剧的思想史意义》(论著),同济大学出版社,2007年;《德语文学研究与现代中国》(论著),北京大学出版社,2008年;《歌德思想之形成:经典文本体现的古典和谐》(论著);北京:中央编译出版社,2010年;《歌德学术史研究》(论著),译林出版社,2013年;《歌德研究文集》(编选),译林出版社,2014年。

范劲(1973—):《德语文学符码和现代中国作家的自我问题》(论著),华东师范大学出版社,2008年。

谭渊(1975—):《歌德席勒笔下的"中国公主"与"中国女诗人"——1800年前后中国文化软实力对德影响研究》(论著),中国社会科学出版社,2013年。

李昌珂:《"我这个时代"的德国——托马斯·曼长篇小说》(论著),北京大学出版社,2014年。

---

[1] 德语论文,发表在德国专业杂志。

几句"题外话"

歌德在中国接受的阶段论，最初可追溯到德语界前辈北大教授严宝瑜1999年在昆明国际歌德研讨会上提出的"歌德在中国接受的三阶段"之说。后得到年轻学者叶隽响应（详见2009年2月18日《中华读书报》上"中国的歌德译介与研究现状综述"一文）。最终又获歌德权威杨武能首肯（《走近歌德》，上海社会科学院出版社，2012年，页440）。三前辈和同仁的理念，无非想把百余年来浩如烟海的歌德在华译介史理出个头绪来。笔者受他们启示，按他们设想的框架，审视了个人十余年来编纂《歌德汉译与研究总目》所采集的资料，在并无其他参照的情况下，冒昧将这个框架具体化、脸谱化。虽反复斟酌，仍难失偏颇。不言而喻，这里所展示的远非功臣们的全谱，遗珠之憾在所难免。唯望抛砖引玉，由方家提出一个更合理的名单，一个更完善的"功臣榜"，从而为读者提供一份更为权威的有关经典译品和经典论著的信息。

一个尚待进一步明确的问题是，这个具有特定意义的"代"该如何划分，标准如何设定。若按辈分次第、如师生关系分（例如第一代：杨丙辰 – 第二代：冯至 – 第三代：杨武能 – 第四代：莫光华），那迄今为止只有四代，还没有第五代。否则，是按作者、译者的出生年月划分呢，还是按作品发表的先后划分？有些人出生年月早，而作品发表迟。最典型的例子是朱光潜(1897–1986)和董问樵(1909–1993)。如按年龄分，他俩应与郭沫若是同时代人，应属于所谓的"第一代人"；如按作品发表的先后分，则与杨武能等是同时代人，应属于所谓的"第三代人"。又如先辈如陈独秀等虽只留下了一二篇文章，甚至仅片言只语。若按篇幅的大小分，与后人的大部头译著或整本的专著不成比例；若论它们的在译介史上的拓荒性地位，论对后人的影响，就非同一般，因而也被列入此榜。此外，含歌德章节的德国文学史、含论述歌德的德语文学论文集和论著，也被录入了本"榜"。

附录二：十字勋章 Anhang II：

迄今荣获德国总统颁发的"德意志联邦共和国十字勋章"的中国日耳曼学者[1]
Chinesische Germanisten, die das vom Bundespräsidenten verliehene Verdienstkreuz am Bande des Verdientordens der Bundesrepublik Deutschland erworben haben

冯至 (1905~1993)，获勋年份：1987 年[2]
张威廉 (1902~2004)，获勋年份：1988 年
董问樵 (1909~1993)，获勋年份：1988 年
杨武能 (1938~)，获勋年份：2000 年[3]
顾正祥 (1944~)，获勋年份：2011 年

---

[1] 另有叶廷芳先生获得的国际荣誉，它们是：瑞士苏黎世大学"名誉博士"的称号 (2008 年) 和国际歌德协会 (德国魏玛) "荣誉会员"的称号 (2011 年年中)。
[2] 同年，冯至另获德国外交部所属国际交流中心授予的"国际交流中心艺术奖"和德国达姆斯塔特语言文学院授予的"宫多尔夫奖"。
[3] 杨武能另于 2001 年荣获联邦德国洪堡学术奖金，并于 2013 年 5 月 23 日荣获国际歌德协会 (德国魏玛) 颁发的"歌德金质奖章"。

附录三：本书编著者与《德意志联邦共和国十字勋章》Anhang III
Der Verfasser des vorliegenden Buches und das Verdienstkreuz am Bande des Verdienstordens der Bundesrepublik Deutschland

一、外界的评价（德语原文）

„Seine" Arbeitsweise

- Widmet sich seinen Projekten stets mit nahezu übermenschlichem Fleiß und Eifer.
- Recherchestudien und Arbeitsskizzen sind Ausdruck einer minutiösen und unermüdlichen Schaffenskraft eines Gelehrten alter Schule,
- von Hand im Notizheft dokumentiert, auf Chinesisch und Deutsch, in kleiner gestochener Handschrift. Anschließend schrieb er alles von Hand Notierte in den Computer.
- Arbeiten von großer Genauigkeit, Präzision bis ins kleinste Detail, eine klare Struktur und innere Kohärenz. Er sucht und recherchiert so lange, bis er das Gefühl hat, alles (Menschen-)Mögliche für seinen Forschungsgegenstand getan zu haben. Oftmals überlegte er lange jedes einzelne Wort der Übersetzung von chinesischen Titeln ins Deutsche, das er selbst meisterhaft beherrscht, und besprach dies oft mit seinen deutschen Freunden, um sich deren Rat zu holen, so etwa in der Baden-Württembergischen China-Gesellschaft und im Deutsch-ostasiatischen Wissenschaftsforum.
- Bewundernswert seine Stetigkeit, Unermüdlichkeit und Intensität des wissenschaftlichen Arbeitens.
- Genauigkeit bis zu den letzten Layoutproblemen, Formatierungen und akribisch vollzogenen Korrekturen der Druckvorlagen seiner Bücher.
- Bewundernswert und bewegend seine Redlichkeit und Dankbarkeit gegenüber allen Freunden und Förderern, die seine Publikationsprojekte unterstützt haben.
- Stets mit Dank namentlich in seinen Büchern genannt, und es verbindet ihn mit ihnen eine enge, dauerhafte und echte Freundschaft.
- Vollblutwissenschaftler, keine Mühen und Entbehrungen scheut, um zu seinem Ziel zu gelangen, auch wenn sich diesem Ziel Schwierigkeiten und Widerstände entgegengestellt haben, wie nicht eingehaltene Absprachen oder unerwartete finanzielle Einbußen.
- Dieses Ziel aufopferungsvoll stets mit geringsten finanziellen Mitteln erreicht, in einer geradezu spartanischen Lebens- und Arbeitsweise, auf das Allernotwendigste (etwa in Antragstellungen zur Förderung seiner Projekte) beschränkt hat.
- Immer bescheiden, verständnisvoll, hilfsbereit zu anderen (besonders zu seinen Freunden) und ewig dankbar denjenigen gegenüber, die etwas für ihn getan haben.
- Hat sich immer bemüht zwischen den Literaturen, Kulturen und den Menschen Chinas und Deutschlands zu vermitteln.
Aufgrund dieser Verdienste unterstützte die Universitätsstadt Tübingen im Antrag vom Dezember 2008 die Verleihung eines Verdienstordens der Bundesrepublik Deutschland an

Herrn Professor Dr. phil. Zhengxiang Gu mit Nachdruck (Boris Palmer, Oberbürgermeister der Stadt Tübingen: Laudatio, gehalten am Dienstag, 24. Januar 2012 im Tübinger Rathaus auf der Veranstaltung der Übergabe des „Verdienstkreuzes am Bande des Verdienstordens der Bundesrepublik Deutschland" an Herrn Professor Dr. phil. Zhengxiang Gu./ Auszug)

（以下为译文）

"他的"工作方式：
- 始终以近乎超人的勤奋和热忱献身于他的项目。
- 调查研究和工作笔记显示出一位老式学者一丝不苟和孜孜不倦的创作潜能。
- 笔记本中手抄的资料，有中文也有德文，全是蝇头小字，然后再将手抄的这一切输入电脑。
- 工作高度精确，精确到最精微的细节，条例清晰，内容连贯。他潜心搜索查找，直到他感觉已竭尽全力，再无潜力可挖。中文标题翻译成德语，他本人虽精通此语，每字每句却常常思考再三，并向他的德国朋友讨教，与他们一起斟酌（如在完成巴符州的中国友协和德国东亚学术论坛的项目时）。
- 值得叹服的是他学术工作的坚持不懈，不知疲倦和工作的干劲。
- 一丝不苟，直至最后一道工序，包括他出书时的页面设计、排版和细心的清样校对。
- 令人钦佩和感动的是，他对所有朋友和支持他项目的人，都以诚相待和知恩图报。
- 在他出版的著作里总是指名道姓地鸣谢，这种感激维系着一种紧密、持久和真正的友谊。
- 这是一位全身心地投入的学者，为了实现他的目标，不惜付出任何代价，即便为此会遇上种种困难和阻力，诸如别人的违约和意想不到的经济损失。
- 这是个要作出无数牺牲的目标，每次只有一些微乎其微的资助，处身于近乎斯巴达式的生活和工作状况之中（例如在他项目资助的申请中只能把资助额降到最低限度）。
- 谦谦君子，善解人意，乐意助人（特别对朋友），对于为他做了点事的人总是感恩戴德。
- 始终不懈地致力于中德两国间的文学、文化和人与人之间的沟通和了解

基于这些功绩，在 2008 年 12 月的申请中，大学城图宾根市坚决支持向顾正祥教授和哲学博士授予"德意志联邦共和国功勋勋章"。（摘自图宾根市市长帕尔默先生于 2012 年 1 月 24 日在图宾根市政厅授勋典礼上的贺词）

二、本人的感受（顾正祥）

忝获德意志联邦共和国的最高荣誉，跻身这德高望重的前辈和学兄们的荣誉榜，不由得诚惶诚恐。借此机会，谨向关心我的读者朋友汇报一下自己获勋后的想法和感受。
- 我曾立下少年志，不求富贵求出息。但何谓出息，概念很模糊，只知道不能虚度此生。上小学时，语文老师常把我的作文念给全班听，唤起了我对文学的初恋。

并立志献身于文学事业。仅此一条,也许算是如愿以偿吧,但我从没有觉得自己了不起。《中国诗德语翻译总目》和《歌德汉译与研究总目》(1878—2008) 两拙著,竟出人意料地在德国汉学界和中国日耳曼学界"一石激起千层浪"。德国的大汉学家德博 (Debon, Günther)、顾彬 (Kubin, Walfgang)、比克(Bieg, Lutz)、魏汉茂 (Walravens, Hartmut) 和中国的德语界权威杨武能、袁志英、叶隽等,仿佛都不约而同地称拙著为"惊人之作";都对拙著"感激和惊异"。虽都挑了不少"刺",却都是一些高得不能再高的评价。至于德国总统颁发的"德意志联邦共和国十字勋章",更是对笔者的最高奖赏。在图宾根市政厅的授勋仪式上,图宾根市市长帕尔默先生致"贺词",还盛赞笔者"斯巴达式"的刻苦精神和对中德文化交流的贡献。谢谢德国政府和各位中外专家对不才的谬奖!谢谢他们在我身上挖掘了那么多连我自己都没意识到的"优点"!谢谢学界前辈对不才的启迪,所提供的铺垫和积累!谢谢美惠女神对不才命运的眷顾,既让我清贫如洗,又让我赢得尊敬和爱!

- 一个用非所学、当年被分配到深山老岭当中小学教员的我,一个在人生途中常常要鼓足勇气、跨过一个个门槛的我,一个靠了邓小平改革开放政策才鲤鱼跳龙门似地进入高教队伍、才跨出国门并登上中外学术殿堂的我,时时处处,待人处世一向低调。获勋后,我并没有忘乎所以飘飘然,甚至不敢声张,只小心翼翼地透露给国内的一二个朋友分享。朋友们却认为这是"实至名归"。消息也不胫而走,还上了《文汇报》。这些年,常应邀到国内高校作学术报告、参与苏大文学院和上外德语系和西南交大的国家社科基金重大项目、荣任同济大学客座特聘教授。面对莘莘学子,倾吐肺腑之言:人生面临两大课题:一是如何做学问,二是如何做人。争取无愧于中华民族的古老文明,争取无愧于先贤遗训。

- 获勋后的另一种感受是幸福。幸福的根源并不纯粹是这荣誉本身,也不是由此而来的赞语,而是因为我这辈子有幸追随先贤遗志,成了德中两国、乃至欧亚两大洲的文化使者,有幸把此生献给了缪斯。"扬子江畔家国情怀梦牵魂绕,欧邦异域忘情学海笔耕不辍:我的选择,我的追求"(笔者言志铭)。这些年虽说自己是如此地含辛茹苦,这般地默默耕耘,仍觉得自己很幸运。幸运的程度恐怕超过了歌德译介的拓荒者、歌德名作《少年维特的烦恼》和《浮士德》的第一个译者郭沫若,超过了2010年谢世的"中国牌号的浮士德"(杨武能语)、不遗余力地译介歌德的中国式的"普罗米修斯"钱春绮。倘若他们还健在,这荣誉的桂冠首先应该戴在他们的头上。然他们没这个福分,甚至没能拜谒歌德故乡——德意志土地,一览莱茵河风光。这是苍天亏欠他们的。比之他们,我还有什么自命不凡的理由?!此生我还有什么不够满足的地方?!

- 最后想到的是如何知恩图报。我清醒地意识到,要是没有德意志民族的厚爱,没有德国学界和文化团体那么多尊贵的朋友 *,没有他们这么多年来坚如磐石的信赖、呵护和支持,形成众星托"月"之势,纵然自己是多么地孜孜不倦,何等地坚韧不拔,也哪会有我今天的这些成绩?!哪能获得这个最高荣誉?!古训曰:滴水之恩,当以涌泉相报。而如今这涌泉之恩,又该如何回报呢?惭愧我非富翁大款,难用家产造福于民,服务社会;我唯有时时勉励自己:莫要辜负他们的信任和期望，不断奉献自己用心血浇灌的精神成果。每念及此，便心潮起伏；每想起他们，不由得热泪盈眶。

　　*他们是前哥廷根大学"文学翻译研究所"所长 Armin Paul Frank 教授、前"德国东亚学术论坛"负责人、图宾根大学法律系 Knut Wolfgang Nörr 教授、图宾根大学汉学系主任 Hans Ulrich Vogel 教授、图宾根大学校长 Eberhard Schaich 教授、副校长兼法律系的 Heinz-Dieter Assmann 教授、图宾根大学国际交流处 Karin v. Moser 博士、前海德堡大学汉学系主任 Günther Debon 教授、斯图加特媒体大学 Gottfried Ohnmacht-Neugebauer 先生和 Gerhard Kuhlemann 教授，DAASI 电脑公司的 Peter Gietz 先生，Ernst Barlach 博物馆馆长 Volker Probst 博士，柏林国家图书馆 Hartmut Walravens 博士、国际歌德学会会长 Jochen Golz 博士、办公室主任 Petra Oberhauser 博士，前康斯坦茨大学校长兼同济大学中德学院德方院长和"巴符州对华合作促进会"会长 Horst Sund 宋德教授和瑞士卢塞恩师范大学的 Roger Dettling 博士等。《文汇报》在记者报道中称我是"感恩的老式知识分子"，这话是说对了。我怎能将他们忘怀？！在他们中间，有的是我德高望重的师长，给我教诲，给我智慧；有的是情同手足、无话不谈的知己，在我困惑、迷茫时，都伸出援手，给我力量。数十年如一日。我们岗位不同，专业不同，却灵性相同，心心相印。哪怕近在咫尺，或远在天边！

Goethe und China

– eine rezeptionsgeschichtliche Darstellung[1]

Die wechselseitigen Beziehungen *Goethe und China, China und Goethe* sind ein großes Thema, mit dem sich vor allem chinesische, aber auch deutsche Wissenschaftler seit geraumer Zeit befassen. Es ist auch eine kulturpolitisch wichtige und wissenschaftlich interessante Fragestellung, welche auch auf den internationalen Symposien im Jahr 1982 zum hundertfünfzigsten Todesjahr Goethes in Peking und in Heidelberg behandelt wurde.[2] Beim heutigen Vortrag möchte ich auf folgende Themen eingehen: 1. Seit wann ist Goethe in China bekannt? 2. Wie bekannt ist er dort und wird er dort aufgenommen? 3. Welches Goethe-Bild haben die Chinesen? 4. Von welcher Bedeutung sind Goethe und seine Werke für die chinesische Literatur und Kulturpolitik? Auf dieser Grundlage möchte ich einen Abriss über die Vermittlung und Verbreitung von Goethes Werken in diesem fernöstlichen Land geben, und zwar mit besonderer Berücksichtigung der jüngsten Entwicklung der Goethe-Rezeption in China des letzten Vierteljahrhunderts, in der eine neue Wendung deutlich zu erkennen ist.

Goethe zu China

Sehen wir jedoch zunächst einmal, wie Goethe seinerseits zu China stand. „Einen Chinesen sah ich in Rom", schrieb Goethe einmal in einem Gedicht (*Der Chinese in Rom*[3]). Allerdings hatte er, so weit mir bekanntöist, keinen persönlichen Kontakt zu Chinesen. Bekanntlich war er auch niemals in China und konnte kein Chinesisch. Jedoch gab es schon vor seiner Zeit und europaweit ein lebhaftes Interesse für die chinesische Kultur, man denke nur an Gottfried Wilhelm Leibniz (1646-1716). Noch früher im 16. Jahrhundert waren europäische Missionare (vor allem Jesuiten) mit China in Berührung gekommen. Im Jahr 1766, als Goethe 17 war, erschien in Nürnberg der erste chinesische Roman in deutscher Übersetzung, mit dem Titel „Die angenehme Geschichte des Haoh Kjöh" (Haoh Kjöh Tschwen). Dennoch kann man sagen, dass Goethe ein Wegbereiter des modernen deutschen China-Verständnisses ist. Sein starkes Interesse an der chinesischen Kultur, Landschaft und Dichtung ist reichlich belegt. Das früheste Zeugnis dafür ist eine

---

[1] Vortrag gehalten auf der Mitgliederversammlung der Baden-Württembergischen China-Gesellschaft am 19. November 2004 um 18 Uhr im Schloss Hohentübingen/Fürstenzimmer, veranstaltet unter Mitwirkung des Instituts für Sinologie und Koreanistik der Universität Tübingen. Der Verfasser dankt Prof. Dr. Dr. h.c. mult. Horst Sund für die Einladung und Begrüßung und Prof. Dr. Hans Ulrich Vogel für die tatkräftige Unterstützung. Neben zahlreichen Lehrenden und Studierenden, Gästen und Freunden aus Konstanz, Stuttgart und Tübingen hat auch der Rektor der Universität Tübingen, Prof. Dr. Dr. h.c. mult. Eberhard Schaich, an dem Vortrag teilgenommen.

[2] Vgl. *Goethe und China – China und Goethe: Bericht des Heidelberger Symposiums*, hrsg. v. Günther Debon und Adrian Hsia. Bern: Lang, 1985. – 215 S. (euro-sinica; 1)

[3] Siehe *Goethe. Sämtliche Werke*, Frankfurt/Main 1987/88, Bd. 1, S. 706.

Tagebuchnotiz vom 10.1.1781, und zwar mit dem zunächst etwas rätselhaft anmutenden Wortlaut „O Ouen Ouang". Wen Wang 文王 ist der Name eines legendären weisen Königs aus der chinesischen Antike, der in der konfuzianischen Tradition eine große Rolle spielte.[1] Goethe benutzt den Namen des chinesischen Königs hier vermutlich als Anspielung auf Herzog Carl August in Weimar, der ihn kurz zuvor als Minister nach Weimar berufen hat.[2] Die in der erwähnten Notiz vorangestellte Anredeform "O" kann als Ausdruck seiner Nähe und Bewunderung zum Herrscher aus. Eine direkte Beschäfigung Goethes mit China ist jedoch erst 32 Jahre später bezeugt, und zwar wiederum in den Tagebüchern. Im Oktober 1813 vermerkt er über fünfzehn Tage hinweg (2.-16.10.1813) die Lektüre von Büchern über chinesische Geographie, Geschichte, darunter auch der berühmte Reisebericht von Marco Polo[3] und der bereits 1635 in Amsterdam erschienene *Neue Atlas des großen Reichs Sina* von Martin Martini [Sina war die ältere Bezeichnung für China]. In späterer Zeit las Goethe auch Übersetzungen chinesischer Gedichte, Erzählungen, Romane und Theaterstücke (wie z.B. Zhaoshi gu'er). In dem Gespräch mit Eckermann äußerte Goethe auch seine Eindrücke über chinesische Sitten, Mentalität und Dichtung, die er aus dieser Lektüre gewonnen hatte. Dabei macht er den Chinesen ein beachtliches Kompliment: Sie sind seiner Meinungnach,,ein Volk, das sehr viele Ähnlichkeit mit den Deutschen hat."„ .Die Menschen denken, handeln und empfinden fast ebenso wie wir, und man fühlt sich sehr bald als ihresgleichen, nur dass bei ihnen alles klarer, reinlicher und sittlicher zugeht."Besonderen Eindruck macht ihm ein sittsames Liebespaar, das eine Nacht im selben Zimmer verbringt und sich die Zeit mit Gesprächen vertreibt, ohne dass irgendetwas Anstößiges passierte...Durch diese Züchtigkeit und Mäßigung in allem hat sich, wie Goethe meint, das chinesische Reich seit Jahrtausenden erhalten und wird ferner bestehen.[4] Im Jahre 1827 übersetzte er dann einige klassische chinesische Kurzgedichte über das Englische ins Deutsche, die im 20. Jahrhundert dann in mehrere deutschsprachige Anthologien aufgenommen wurden. Außerdem dichtete er im selben Jahr den Zyklus *Chinesisch-Deutsche Jahres-und Tageszeiten* mit 14 Gedichten, in dem er die chinesische Welt nach seiner Vorstellung und Phantasie ausgiebig dargestellte. Es wird kein Zufall sein, dass die 1922 erschienen Sammlung chinesischer Gedichte von Richard Wilhelm genau denselben Titel trägt und so den Einklang mit Goethes Gedanken bezeugt.

---

[1] Über die konfuzianische Tradition war Goethe vermutlich durch die französische Sammlung *Du Halde* informiert.
[2] Günther Debon, *O Ouen Ouang*! Zu einer Tagebuch-Notiz Goethes, in: Euphorion 78 (1984), S. 464
[3] Reise in den Orient während der Jahre 1272 bis 1295, deutsch Leipzig 1802.
[4] Goethe, Bd. 24, Gespräche mit Eckermann, Zürich u. München 1976, S. 532.

自序（续编）Vorwort des Verfassers

Goethe in China (1878-1949)

Kommen wir nun zu unserem eigentlichen Thema: Goethe in China. Die chinesische Goethe-Rezeption begann in der zweiten Hälfte des 19. Jahrhunderts und lässt sich in vier Phasen einteilen: zunächst die Vorbereitung oder Anfangsphase, die sich von der Ersterwähnung im Jahr 1878 bis zur Übersetzung eines ersten selbständigen Goethe-Werks im Jahr 1922 erstreckte. Eine zweite Phase bildet die Entwicklung in den 1920er, 30er, und 40er Jahren, d.h. die Rezeption in der chinesischen Republikzeit. Die dritte Phase fällt in die Zeit von der Gründung der Volksrepublik 1949 bis zum Ende der Kulturrevolution 1976. Danach setzte die vierte und jüngste Phase ein, die bis heute andauert.

Zunächst zur ersten Phase. Schon vor 126 Jahren hat Goethe Eingang in China gefunden, ein Jahr später als die erste Aufnahme der diplomatischen Beziehungen der letzten chinesischen Kaiserdynastie mit dem damaligen Deutschen Reich. Der chinesische Gesandte Li Fengbao 李凤苞 erfuhr von Goethe zufällig am 29.11.1878 auf der Trauerfeier des amerikanischen Konsuls Maye Taile, der eine kritische englischsprachige Goethe-Ausgabe herausgegeben hatte, und nennt in seinem Tagebuch Goethe den „allergr..ten deutschen Gelehrten" (使德日记 Tagebuch aus der Gesandtschaft in Deutschland, S. 59). Dies ist, soweit mir bekannt ist, die früheste Erwähnung. 1898, also 20 Jahre später, wurde dann der Roman *Wilhelm Meisters Lehrjahre* von einem chinesischen Gelehrten namens Gu Hongming 辜鸿铭 zitiert, der lange in Europa gelebt und selbst eine englische Konfuzius-übersetzung erstellt hatte. In seinen Erläuterungen zu dieser Übersetzung bezieht er sich unter anderem auch auf Goethe, der seiner Meinung nach ein Geistes-verwandter von Konfuzius war. Bei Gu finden sich außerdem viele Zitate aus Goethes *Faust* und dem *West-östlichen Diwan*.

Zu Beginn des 20. Jahrhunderts, 1903, erschien die erste biographische Darstellung Goethes, und zwar im Rahmen eines Werks, in dem mehrere deutsche Dichter (neben Goethe unter anderem Klopstock, Schiller und Uhland) vorgestellt wurden. In den Jahren 1907 und 1908 wurde nur in kleineren Arbeiten Bezug auf Goethe genommen.[1] 1914 wurde dann erstmals ein Goethe-Gedicht ins Chinesische übersetzt. Es war – die Ballade *Der Erlkönig*. Sie würden vielleicht einigermaßen erstaunlich sein, Es war – die Ballade *Der Erlkönig*. Um diese Zeit waren Übersetzungen europäischer Literatur in China zwar schon sehr verbreitet, aber zunächst nur aus dem englischen und französischen Sprachbereich. Die Goethe-Rezeption kam nur schleppend in Gang. Das allererste ins Chinesische übersetzte und veröffentlichte deutsche Gedicht war übrigens nicht von Goethe, sondern von Ernst

---

[1] Lu Xun 鲁迅 in einem seiner Aufsätze (摩罗诗力说) und Zhong Yao 仲遥 in seinem Essays Rückblick auf die westliche Wissenschaft seit 100 Jahren (百年来西洋学术之回顾) über Goethe und speziell den *Faust*.

Moritz Arndt, n.mlich dessen „Vaterlandslied".[1] Überhaupt hatte man angesichts der politischen und wirtschaftlichen Schwäche in China damals mehr Interesse an der deutschen Technik als an der deutschen Literatur, die helfen sollte, rasch aus der Misere des Landes herauszukommen. Dies zeigt zum Beispiel dass die erste Delegation, die von der letzten chinesischen Kaiserdynastie nach Deutschland geschickt wurde, den Auftrag hatte, die deutsche Militärtechnik zu studieren.[2]

Eine erste Blüte der Goethe-Rezeption in China kam nach dem Ausbruch der mit der deutschen Aufkl.rung vergleichbaren Studentenbewegung am 4. Mai 1919 in Peking, die eine verstärkte Hinwendung zur westlichen Kultur hervorrief. In diesem Zusammenhang entstand auch ein lebhaftes Interesse amLeben und Werk Goethes. Der erste chinesische Übersetzer des Romans *Die Leiden des jungen Werther* Guo Moruo schlug z. B. vor, „viele Fachkräfte zu mobilisieren und daraus ein Goethe-Forum zu gründen, um alle berühmten Meisterwerke von Goethe und prominente Forschungsarbeiten über Goethe in Übersetzung nach China zu bringen".[3] Von diesem Zeitpunkt an wurden nicht mehr nur einzelne Gedichte und kleinere Texte Goethes übersetzt, die verstreut in chinesischen Zeitungen, Zeitschriften undAnthologien erschienen, sondern verstärkt auch größere Werke Goethes in Übersetzung veröffentlicht:

Jahr	Titel	Übersetzer	Verlag / Zeitschrift	Anmerkung
1922	Die Leiden des jungen Werther 少年维特的烦恼	郭沫若	上海 泰东书局	bis 1930 年 15 版
1925	Stella 史推拉	汤元吉	上海 商务印书馆	文艺丛刻 乙集 77 页
1926	Clavigo 克拉维歌（五幕剧）	汤元吉	上海 商务印书馆	文艺丛刻 乙集 世界文学名著（1933 年）
1926	Reinecke Fuchs 狐之神通	君朔（伍光建）译述	上海 商务印书馆	长诗改故事，由英转译，1933 年再版，小学生文库，180 页
1928	Faust（Teil I） 浮士德（上卷）	郭沫若	上海 创造社出版部	世界名著选，8 第 1-2 版
1929	Egmont 哀格蒙特（五幕悲剧）	胡仁源	上海 商务印书馆	万有文库第 1 集 汉译世界名著（1933 年），147 页

In den 30er Jahren erschienen dann mehrere weitere Hauptwerke Goethes, teilweise sogar in mehreren übersetzungen:

---

[1] Übers. v. Wang Tao 王韬：《普法战纪》im Rahmen von dessen Werk „Notizen aus dem preussisch-französischen Krieg", 1873.
[2] Vgl. 吴霓：《中国人留学史话》，北京商务印书馆，1997 年，页 39-40.
[3] 《宗白华全集》，安徽教育出版社，1994 年，卷 1，页 266.

Jahr	Titel	Übersetzer	Verlag / Zeitschrift	Anmerkung
1930	Dichtung und Wahrheit (Ausz.) 歌德自传（节译）	张竞生	上海 世界书局	含 1 至 27 岁经历，冠像，123 页
1932	Torquato Tasso 泰素（第四幕）	陈天心	葛德纪念特刊	
1932	Wilhelm Meisters Lehrjahre 迷娘（维廉·迈斯特的修业时代）	余文炳译 郭沫若校	上海 现代书局	选译，120 页，1936 年复兴书局再版
1933	Wilhelm Meisters Lehrjahr 威廉的修业时代	伍蠡甫	上海 黎明书局	
1933	Goethes berühmte Gedichte. Eine Auswahl 歌德名诗选	张传普 （张威廉）	上海 现代书局	收歌德诗 24 首，每首都有注解，附译后记，次年再版
1935	Götz von Berlichingen 铁手骑士葛兹（五幕剧）	周学普	上海 商务印书馆	世界文学名著
1935	Aus meinem Leben. Dichtung und Wahrheit 诗与真	梁宗岱	上海 商务印书馆	105 页
1936	Aus meinem Leben. Dichtung und Wahrheit（2） 诗与真二集	梁宗岱	上海 商务印书馆	173 页
1936	Wilhelm Meister (Kapitel 6) 维廉迈斯特（第六章：一个女圣贤的自状）	伍光建	上海 商务印书馆	英汉对照本
	Wilhelm Meister 维廉·迈斯特（长篇小说）	冯至	中华文化教育基金会董事会编辑委员会	
1936	Aus meinem Leben. Dichtung und Wahrheit 歌德自传	[刘]思慕	上海 生活书店	上册 1936 下册 1937 215+216 页
1937	Gespräche mit Goethe 歌德对话录（原文有删节）	周学普	上海 商务印书馆	313 页，精装
1937	Herrmann und Dorothea 赫尔曼与陀罗特亚（长篇叙事诗）	周学普	上海 商务印书馆 台北文星书店	19+204 页，精装 1964 年

Diese Liste zeigt, dass es sich dabei um eine reiche Übersetzungsaktivität handelt, die verschiedene Gattungen von Goethes Werken umfasst.

Nicht nur Werke von Goethe, sondern auch Werke über Goethe wurde veröffentlicht. Neben zahlreichen literaturgeschichtlichen Werken, die Kapitel über Goethes Leben und Werk enthalten, wurden ihm auch mehrere Biographien gewidmet. Besonders zu erwähnen ist die Feier zum hundertsten Jahrestag seines Todes im Jahr 1932, zu deren Anlass eine Gedenkschrift gedruckt wurde. Während des Kriegs mit Japan wurde das Theaterstück *Nieder mit deiner Peitsche* gespielt, das Motive aus Goethes Roman *Wilhelm Meisters Lehrjahre* aufgegriffen hat, ein Zeichen dafür, dass Goethes Werk sich auch im politisch-gesellschaftlichen Leben auswirkte.

Goethe in der Volksrepublik China (seit 1949)

Von der Gründung der Volksrepublik China bis zum Ende der so genannten Kulturrevolution stagniertedie Goethe-Rezeption. In diesen knapp 30 Jahren gab es keine nennenswerte Übersetzungs-und Forschungstätigkeit. Nur ein einziges Mal wurde in dieser Zeit seine Lyrik in einer Gedichtsammlung[1] berücksichtigt, und soweit mir bekannt ist, entstand in diesem Zeitraum auch nur eine einzige wissen-schaftliche Arbeit.[2] Freilich ist dieser Rückstand kein Zufall und ist nämlich auf die Bewertung von Marx und Engels zurückzuführen. Ich gebe Ihnen an dieser Stelle einige Sätze von Friedrich Engels über Goethe wieder, das die gesamte Goethe-Rezeption in China in dieser Periode maßgeblich geprägt und eingeschrnktänkt hat: *So ist Goethe bald kolossal, bald kleinlich; bald trotziges, spottendes, weltverachtendes Genie, bald rücksichtsvoller genügsamer Philister. Auch Goethe war nicht imstande, die Misère zu besiegen, im Gegenteil, sie besiegte ihn, und dieser Sieg, der Misère über den grössten Deutschen ist der beste Beweis dafür, dass sie ‚von innen heraus' gar nicht zu überwinden ist. ... Sein Temperament, seine Kräfte, seine ganze geistige Richtung wiesen ihn aufs praktische Leben an und das praktische Leben, das er vorfand, war miserabel. In diesem Dilemma, in einer Lebensphäre zu existieren, die er verachten musste, und doch an diese Sphäre die einzige, in welcher er sich betätigen konnte, gefesselt zu sein, in diesem Dilemma hat sich Goethe fortwährend befunden.*[3]

Hier wird Goethe von Engels zwar als der „größte Deutsche" bezeichnet, zugleich aber als „rücksichtsvoller, genügsamer, enger Philister" kritisiert. Der gängigen Dogmatik beugend war während des Maoismus bis zum Ende der 1970er Jahre fast einstimmig, auch bei bedeutenden Germanisten, davon die Rede, dass sein Werk den „Konservatismus", „die geistige Haltung der damaligen Bourgeoisie" widerspiegle. In diesem Zusammenhang versteht sich auch, warum Goethe im damaligen China mehr oder weniger im Schatten von Heinrich Heine stand, der wegen seiner progressiven politischen Haltung von Marx und Engels hoch geschätzt wurde.[4]

Eine Trendwende, die eine neue Ära der Goethe-Rezeption in China einleitete, trat jedoch erst in den 1980er Jahren ein; von besonderer Bedeutung war dann Deng Xiaopings Reformpolitik, die in den vergangenen 25 Jahren in China tief greifende politische, wirtschaftliche und kulturelle Veränderungen mit sich brachte. Infolgedessen hat auch die Goethe-Rezeption eine zuvor niemals da gewesene Blüte erfahren. In diesem Zeitraum wurde so vieles von Goethe in China veröffentlicht, dass es kaum mehr zu überblicken ist.

---

[1] 钱春绮：《德国诗选》，上海 1960 (Qian Chunqi: Ausgewählte deutsche Lyrik, Shanghai 1960).
[2] 阿英：《关于歌德作品初期的中译》(Ein Bericht über die frühe Phase der chinesischen Übersetzung von Goethes Werken), 1957 年 4 月 22 日人民日报.
[3] Aus dem Artikel „Deutscher Sozialismus in Versen und Prosa".
[4] Acht Gedichtbände, ein Prosawerk von ihm und drei Monographien über ihn wurden ins chinesische übersetzt und veröffentlicht.

Dies gilt insbesondere für die zahlreichen Einzelveröffentlichungen von kürzeren Gedichten und Erzählungen in Zeitschriften und Sammelwerken. Hier ist eine annäherungsweise undkeineswegs vollständige Bilanz von Übersetzungen einiger Goethe-Werke aus den letzten 25 Jahren:

Zeitraum	Werther 少年维特的烦恼	Faust 浮士德	Wilhelm Meister 维廉迈斯特	Gespräche mit Goethe 歌德谈话录
1980er	1	3	1	0
1990er	10	7	3	0
2000er	8	3	0	9
zusammen	29	13	4	9

In den 1980er Jahren erfuhr der *Faust* drei chinesische Ausgaben und in den 1990er Jahren sieben neue und von 2000 bis 2004 drei weitere; vom *Werther* wurden in den 1980er Jahren eine, in den 1990er Jahren mehr als zehn und von 2000 bis 2004 acht neue Ausgaben veranstaltet. Ein besonderer Erfolg waren Eckermanns *Gespräche mit Goethe*, von denen in den letzten vier bis fünf Jahren neun Übersetzungen aus chinesischer Hand erschienen! Dieses Werk wurde sogar als Schullektüre eingesetzt - als wertvolles Mittel zur geistigen Bildung chinesischer Bürger.

Dabei ist nicht nur die Anzahl der Ausgaben ausschlaggebend, sondern auch die Höhe der jeweiligen Auflage. In der Version von Yang Wuneng (Peking 1981) erlebt der *Werther* z. B. fast jedes Jahr eine neue Auflage, so dass bislang schon mehr als eine Million Exemplare gedruckt wurden. Zudem wurde eine unddieselbe Übersetzung in mehreren Verlagen oder in mehreren Reihen veröffentlicht, wie z. B. die *Faust*-Übersetzung von Dong Wenqiao und die von Lü Yuan sowie die *Werther*-Übersetzung von Yang Wuneng, die jeweils in drei bis vier verschiedenen chinesischen Verlagen verlegt wurden.

Rückblickend wurde der *Werther* seit Anfang des vorigen Jahrhunderts mehr als 45mal ins Chinesische übersetzt. Der *Faust* ist seit 1919 in mehr als 24 unterschiedlichen chinesischen Fassungen erschienen, die zum Teil immer wieder redigiert und neu aufgelegt wurden. Auch weitere wichtige Werke Goethes wie die Autobiographie *Dichtung und Wahrheit*, die Romane *Wilhelms Lehrjahre* und *Wilhelms Wanderjahre* sowie *Die Wahlverwandtschaften* liegen jeweils in acht bis zehn Versionen vor. Hier wiederum ein Überblick:

Übersetzung von Goethes Werken vor- und nach der Gründung der VR China

Werk	1902-1949	1950-2004	insgesamt
Werther 少年维特的烦恼	9	36	45
Faust 浮士德	8	16	24
Die Wahlverwandtschaften 亲和力	1	8	9
Wilhelm Meisters Lern- u. Wanderjahre 维廉·迈斯特	4	6	10
Dichtung und Wahrheit 诗与真	4	4	8
Gespräche mit Goethe 歌德谈话录	3	10	13

Ein ebenso starkes Interesse fand die Lyrik Goethes. Ich nenne als Beispiel die zweibändige, mehr als 1.000 Seiten starken *Gesammelten Gedichte Goethes* 歌德诗集（上下册）, Shanghai 1982, deren erste Auflage sich schon auf 140.000 Exemplare belief. Ein anderweitiger und wichtiger Vermittlungskanal für Goethes Werke sind die zahlreichen, in China sehr beliebten Anthologien ausländischer Literatur. In derartigen Sammlungen fanden Goethes Gedichte, aber auch Prosatexte sehr häufig Aufnahme. Einen Höhepunkt erreichte die Goethe-Rezeption in China anlässlich des 250. Geburtstags von Goethe im Jahr 1999: damals wurden in drei Großstädten Peking, Shanghai und Shijiazhuang jeweils eine fünf-, zehn- und vierzehnbändige Goethe-Ausgabe gedruckt.

Goethes große Verbreitung in China zeigt sich nicht allein in der vielfältigen Übersetzung und Veräffentlichung seiner Werke, sondern auch an der intensiven Goetheforschung, mit der Zielsetzung, gewisse zeit- und kulturbedingte inhaltliche und sprachliche Barrikaden zu überwinden und Goethes Werk dem chinesischen Leser näher zu bringen. Dabei handelt sich zunächst einmal um Biographien,[1] aber auch um Studien zu einzelnen Werken wie dem *Werther* 林亚光 (1987), dem *Faust* 余匡复 (1989) oder zu Goethes Lyrik (杨武能 , Taiyuan 1989); die Monographie *Bewertung von Goethes berühmten Werken*, hrsg. von Gao Zhongfu 高中甫 (歌德名作欣赏 , Peking 1995) ist eine Sammlung von Goethes Texten verschiedener Gattungen, begleitet mit ausführlichen Interpretationen und Kommentaren chinesischer Autoren. Bezüglich der Rezeptionsgeschichte sind vor allem zwei wissenschaftliche Arbeiten zu nennen (Gao 高中甫 : 歌德接受史 1773-1945, Peking 1993; Yang 杨武能 : 歌德与中国 , Peking 1991). Studien zu Goethes Liebesbeziehungen konnten natürlich auch nicht ausbleiben, wie z. B. *Goethe: Sie hat mich mit Liebesnetz gefangen* 歌德——她用罗网征服了我 von 邵思婵 (呼和浩特 1997). Schließlich möchte ich Ihnen das Rezept Lektüre von Goethes Dichtung nicht vorenthalten, welches der chinesische Dichter Lü Yuan bot. Er schrieb, „*Öfters wenn ein junger Leser leidenschaftlich einen Gedichtband Goethes in die Hand nimmt, hat er nicht die Befriedigung, wie er von einem Dichter mit so großem Namen erwartet hat. Dieses Phänomen soll analysiert werden. Einerseits liegt an dem Reichtum der Tiefe und Breite sowie der dichten Systematik in Inhalt und Form. Es ist unmöglich, sich jene sofortige seelische Interaktion zu erzielen, die der Leser von einer trivialen Lektüre bekommt, es sei denn, dass er die notwendigen Vorkenntnisse besitzt. Anderseits verliert Goethes Dichtung, insbesondere die Lyrik, deren poetische Stimmung eng an den Wortlaut gebunden ist, durch Übertragung ein Stück weit ihren Glanz; das ist erfahrungsmäßig nicht zu vermeiden. So müssen wir beim Lesen von Goethes Gedichten etwas Geduld haben, sollten sie mehr und immer wieder lesen, vergleichen und nicht oberflächlich lesen, nicht beim ersten Versuch aufhören. Erst dann kann man vielleicht nach und nach den originalen und ursprünglichen Goethe verstehen.*" (Lü Yuan, Ausgewählte Goethe-Gedichte 歌德诗选 , Peking 2001, Vorwort).

---

[1] 赵勇　赵乾龙 (沈阳 1998) und 李俊杰 (石家庄 1998)。

Mit dieser Goethe-Renaissance ist natürlich eine Neubewertung seines Werks und seiner Persönlichkeit verbunden. Dabei wurde auch Engels Vorurteil über Goethe, das jahrzehntelang in der chinesischen Germanistik verbindlich war, in Zweifel gestellt. Der Goethe-Spezialist und Herausgeber der 14-bändigen Goethe-Ausgabe Yang Wuneng vermerkt: „Manche Thesen in diesem Text sind wirklich nicht ganz exakt und daher diskutabel und sollten deshalb nicht als unstrittige Einschätzung angesehen und unendlich zitiert werden." (Yang: 走近歌德 1999, S.33). Dementsprechend ist das einst Goethe aufzuzwingende schmälernde Etikett von Konservatismus und Bourgeoisie kaum mehr zu sehen. Stattdessen kann man fast von einem Goethe-Kult reden. Er gilt als ein „heller Stern, der am Himmel der Kulturgeschichte der Menschheit glänzt und über Zeit und Raum hinweg wirkt". (歌德是18世纪德国文学界的代表性人物，集诗人、小说家与剧作家的美誉于一身，是德国所产生的最伟大的文学心灵. 他的名字几乎已成为德国文学的代表名称，是世界文坛的不朽人物。书注) Goethe ist die repräsentative Persönlichkeit der deutschen Literatur des 18. Jahrhunderts... und einer der Großen der Weltliteratur. Er wird öfters in einem Atemzug mit Homer, Dante, Shakespeare und Cervantes genannt. Die starke Goethe-Rezeption in China spricht deutlich dafür, dass er auch in die Seele des chinesischen Volkes Eingang gefunden hat. Fast in jeder chinesischen Enzyklopädie, in allen chinesischen Lexika für ausländische und internationale Literatur und Kultur findet sich ein Artikel zur Biographie und Bibliographie Goethes. Immer mehr Monographien und Aufsätze erschienen, die sich mit den Werken Goethes beschäftigen. Zahlreiche chinesische Dichter betonen, von ihm inspiriert worden zu sein. In diesem Sinne kann man wohl sagen, dass Goethes Konzeption von der Weltliteratur und sein Ideal „Orient und Okzident sind nicht mehr zu trennen" weitgehend realisiert worden sind.

Schlussbemerkungen

In der jüngsten Zeit ist in China eine deutliche Tendenz festzustellen, den Fokus immer wieder auf einige wenige *Werke wie Werther und Faust* zu richten, Werke, die dort längst schon bekannt sind. Sollten wir nicht endlich mal darüber nachdenken, ob es ratsam wäre, uns um Vermittlung der übrigen, in China im – noch unbekannten Goethe – Werke bemühen? Im Vergleich zu dem gesamten Originalwerk Goemerthes, das insgesamt 143 Bände umfazusst, ist ja selbst die 14 bändige, bislang umfangreichste chinesische Goethe-Ausgabe nur ein Tropfen auf heißem Stein. Wie viel chinesische Generationen wird es brauchen, um diese gigantische Aufgabe zu bewältigen?

Anders als bei Friedrich Hegel und Friedrich Nietzsche, zu deren Rezeption in der chinesischen Literatur entweder in China oder in Deutschland bereits eine Spezialbibliographie erschienen ist, fehlt für Goethe immer noch eine solche Bibliographie, welche die bisherige Goethe-Literatur im chinesischen Schrifttum seit 1878 möglichst vollständig erfasst und im historischen Kontext kritisch aufarbeitet. Um diese Forschungslücke zu schließen arbeite ich seit zwei Jahren intensiv an einer ausführlichen

Bibliographie, die alle Titel *von* und *über* Goethe in chinesischer Sprache verzeichnen soll, jeweils mit Angabe, um welches deutsche Original es sich handelt. Auf diese Weise möchte ich sowohl den deutschen als auch den chinesischen Lesern einen detaillierten Überblick über die Goethe-Rezeption in China bieten. Dank der Unterstützung der China-Gesellschaft Baden-Württemberg konnten bislang mehrere der geplanten Register fertig gestellt werden. Ich würde diese Arbeit, die sich bereits in einer entscheidenden Phase befindet, gerne fortsetzen und abschliessen, um erstmals ein Nachschlagewerk zur gesamten Goethe-Literatur in China zur Verfügung zu stellen und einen neuen Beitrag zur chinesischen Goethe-Rezeption zu leisten.

自序（续编）Vorwort des Verfassers

读者须知

- 考虑到本书在中德两国发行，全书以汉语为主，汉德并举。因编纂时间及篇幅限制等原因，出版社、丛书名和注释等部分的德译从略。
- 本书分上、下两卷。上卷为"译文目"，下卷为"研究目"。在"译文目"中，按不同体裁分出诗歌、散文、戏剧、书信等子目。在"研究目"中，也分门别类地列出辞书、专集、合集、文学史和报刊杂志等子目。避免胡子眉毛一把抓。
- 全书各栏目以编年史顺序编号排列，以彰显历史演变之脉络。出版月份忽略不计。同一年内出版的书刊目录按汉语拼音顺序排列。各条书目内的诗标题或章节的标题按中文原书内的顺序排列。
- 每条书目的排列顺序为书名、主编者、作者或译者名、出版地、出版社和出版年、丛书名、页数和印数（有不详者例外）；每条论文目的排列顺序为论文标题、作者、发表期刊。
- 每一条书目下详列诗文标题、译者或作者及其所在版本的页码（仅格言目例外）。标题相同，内容不同的诗注明首句。"专集"一项还列出每本专著的目次，让读者略知其要，进而观其堂奥。
- 各栏的译者、作者、编者目及出版社或期刊目均按汉语拼音顺序排列；原文目按德语标题的字母顺序排列（句首的冠词忽略不计，ä= ae, ö= oe, ü=ue）。各条目皆附序号供检索。
- 既是工具书，不分巨细，兼收并蓄，力求完备，以满足不同读者的需要。在编纂过程中，版本、目录和译文类同的现象时有发现，因不详背景而未轻率地冠上"剽窃"或"盗版"的恶名，以避主观误判。旁注部分，乃一家之言，仅供参考。
- 格言的译文，一般不标出处，海阔天空，无从查找。汉译日俄欧美研究的原文涉及诸多语种，一时也难查齐。此两栏，移入附录供读者参考。
- 台版书目与大陆书目混编。
- 各栏序号中带 a、b、c 等字母者，为补编书目。
- 外文缩略语为：Aufl. = Auflage, Ausz. = Auszug, Bauer = Bauer, Wolfgang（Wiesbaden 1982）, Bd.= Band, Bearb. = Bearbeiter, Hrsg. = Herausgeber, Mithrsg. = Mitherausgeber, S. = Seite, u. = und, Übers. = Übersetzer, Verf. = Verfasser, WA = Weimarer Ausgabe
- 封面和封底的歌德插画分别为 Georg Melcior Kraus 1776 年创作于魏玛的铅笔画和 Johann Gottfried Schadow 创作于 1816 年的蜡雕。

上卷：译文目
Erster Teil: Übersetzung

Wer sich und andere kennt,
Wird auch hier erkennen:
Orient und Okzident
Sind nicht mehr zu trennen. –
Sinnig zwischen beiden Welten
Sich zu wiegen lass´ ich gelten;
Also zwischen Ost- und Westen
Sich bewegen, sei´s zum Besten!

      Goethe

知己知彼者,
想必亦领悟:
东方和西方
不再能分离。
我让我自己
神游两天地,
驰骋东西方
才达最佳境。

    歌德　　作
    顾正祥　译

第一编：译诗目
Kapitel I: Dichtung

大文豪歌德首先是个诗人,歌德诗的翻译自然就成了歌德译介的一个重点。本栏尽力收编大陆和港台歌德诗汉译的专集和含歌德诗的各种外国诗选。但也不拘一格地选收含歌德诗作的各种辞书、中外论著、论文集、报刊杂志,包括小说(如威廉迈斯特),以期尽可能反映歌德诗汉译的全貌,为广大读者,特别是翻译研究家和比较文学家提供尽可能完备的参考资料。

1920年

1.

少年中国 (月刊), 1920年3月25日 [第1卷第9期] (诗歌研究号) → *Shaonian zhongguo* (Junges China), Bd. I, Heft 9 (25. März 1920), Sonderausgabe für Poetik

歌德诗中所表现的思想, 歌德诗的研究中之一章, 此书呈白华兄的研究桌上, 页142 → Gedanken in Goethes Gedichten, ein Kapitel des Werkes *Erforschung von Goethes Gedichten*, welches auf den Tisch des Zong Baihua gelegt wurde, S. 142

歌德诗 (11首) Goethe (11)

郭沫若译 Guo Moruo (Übers.)

德汉对照 deutsch-chinesisch

一即全, 页144 → Eins und alles, S. 144

生力内冲, 创化无已,
初则流形, 继则转徙;
俄顷之定, 仅皮相耳.
"无穷"亭之, "无穷"毒之,
物纵欲定, 虚无灭之

遗言, 页145 → Vermächtnis, S. 145

湖上, 页145 → Auf dem See, S. 145

暮色垂空, 页146 → Chinesisch-Deutsche Jahres- und Tageszeiten, Nr. 8: „Dämmerung senkte sich von oben", S. 146

神性, 页147 → Das Göttliche, S. 147

Ganymed, 页148 → Ganymed, S. 148

神与巴亚迭吕, 页150 → Der Gott und die Bajadere, S. 150

掘宝者, 页153 → Der Schatzgräber, S. 153

艺术家的夕暮之歌, 页156 → Künstlers Abendlied, S. 156

寄厚意之人, 页158 → An die Günstigen, S. 158

我之迷惘, 我之努力,
我之烦恼, 我之生存,
都是我这花团中的一些花朵
我之晚年, 我之少时,
我只错犯, 我之道义,
都美好地表现着在我的诗歌.

艺术家之歌, 页160 → Künstlerlied, S. 160

从生命当中替你开放着两种路径 Aus dem Leben heraus sind der Wege zwei dir geöffnet, zum Ideale führt einer, der andere zum Tod. Siehe, dass du bei Zeit noch frei

1921年

2.

文学旬刊[1] (时事新报), 1921年11月1日 [第18期] → *Wenxue xunkan* (alle zehn Tage erscheinende literarische Zeitschrift), Heft 18 (1. November 1921)

歌德诗 (3首) Goethe (3)

对月, [唐]性天译, 页3 → An den Mond, übers. v. [Tang] Xingtian, S. 3

"歌德的抒情诗是情绪的, 音乐的。同时他就生于诗中。对月一诗是他抒情诗中第一首佳作。"(原译者之评)

游客夜歌"无数山峰里", [唐]性天译, 页3 → Wandrers Nachtlied „Über allen Gipfeln", übers. v. [Tang] Xingtian, S. 3

译文: 无数山峰里, 早已镇静, 一般树林中, 你亦不能觉到, 最微的清风; 林中的小鸟, 亦是沉默无声了: 你再等一会儿, 亦可休息了。

"歌德由八十二岁的生日, 感觉到他的死期已近, 所以他这首诗的意思就是他的安慰。"

所得, 许震寰译, 页3 → Gefunden, übers. v. Xu Zhenhuan, S. 3

录译诗全文: "我踱入林中, 只为自遣计, 不想寻什么, 那是我本意。我于绿林下, 见有花一树, 灿灿如明月, 仿佛秋波媚, 我想折了她, 她说得有趣, 我若被摧残, 岂不苦萎死? 我把那株花, 连根都拔起, 携她到花园, 园傍青云第。将她重栽清幽处; 从此枝发花开无间岁。"

---

[1] 文学研究会定期刊物之一。自1923年7月第81期起改名为《文学》(周刊), 与上海《时事新报》一并发行。自1925年5月第172期起定名《文学周报》, 脱离《时事新报》独立发行。第4卷起由上海开明书店出版。第8卷时改由远东图书公司印行。1929年12月停刊, 出至第9卷第5期, 共出了380期。

1922 年

3.

创造季刊[2], 1922 年 5 月 [第 1 卷第 1 期] → *Chuangzao jikan* (Vierteljahresschrift des Chuangzao-Vereins), Bd. I, Heft 1 (im Mai 1922)

海外归鸿第二信

歌德诗（2 首）Goethe (2)

放浪者的夜歌, 郭沫若译 → Wandrers Nachtlied, übers. v. Guo Moruo

对月, 郭沫若译 → An den Mond, übers. v. Guo Moruo

4.

文学旬刊, 1922 年 12 月 1 日 [第 57 期] → *Wenxue xunkan* (alle zehn Tage erscheinende literarische Zeitschrift), Heft 57 (1. Dezember 1922)

歌德诗（1 首）Goethe (1)

贵人底侍者与磨坊女, 耿式之译, 页 2 → Der Junggesell und der Mühlbach, übers. v. Geng Shizhi, S. 2

1923 年

5.

创造日汇刊, 1923 年 [第 1-101 期]

歌德诗（13 首）Goethe (13)

五月歌"大地何媽妍", 郭沫若译, 页 31 → Mailied „Wie herrlich leuchtet", übers. v. Guo Moruo, S. 31

湖上, 郭沫若译, 页 59 → Auf dem See, übers. v. Guo Moruo, S. 59

湖上, 成仿吾译, 页 61 → Auf dem See, übers. v. Cheng Fangwu, S. 61

牧羊者的哀歌"在那儿的高山之巅", 郭沫若译, 页 83 → Schäfers Klagelied, übers. v. Guo Moruo, S. 83

牧羊者的哀歌"高立彼山之上", 成仿吾译, 页 84 → Schäfers Klagelied, übers. v. Cheng Fangwu, S. 84

少年与磨坊的小溪, 成仿吾译, 页 335 → Der Junggesell und der Mühlbach, übers. v. Cheng Fangwu, S. 335

屠勒国王, 郭沫若译, 页 419 → Der König in Thule, übers. v. Guo Moruo, S. 419

歌德传, 邓均吾译, 页 457-504 → Goethe (Carus, Paul), übers. v. Deng Junwu, S. 475-504

"小庐幽圃中", 页 476 → Ländlich „Übermütig sieht's nicht aus/ dieses kleine Gartenhaus", S. 476

致拿破仑"到底在审判的一天", 页 488 → Napoleon „Am jüngsten Tag vor Gottes Thron, stand endlich Held Napoleon", S. 488

致美利坚合众国"亚美利加呀", 页 493 → Den Vereinigten Staaten „Amerika, du hast es besser als unser Kontinent, das alte", S. 493

父亲给我强健的体魄, 页 497 → Vom Vater hab' ich die Statur..., S. 497

求婚"他——你既这般悦我, 吾爱", 页 500 → Vorschlag zur Güte, S. 500

真乐"少年慎自制", 页 501 → Der wahre Genuss „Umsonst, daß du ein Herz zu lenken", S. 501

6.

创造周报[3], 1923 年 5 月 13 日 → *Chuangzao zhoubao* (Wochenschrift des Chuangzao-Vereins)(13. Mai 1923)

歌德诗（1 首）Goethe (1)

迷娘歌"有地有地香橡馨", 郭沫若译, 页 14 → Mignon „Kennst du das Land", übers. v. Guo Moruo, S. 14

译者提示: 译诗后附言评述马君武和郁达夫译文各自的优劣。

7.

同济杂志[4], 1923 年 7 月 31 日 [第 20 期] → Tung-chi-Monatsschrift, Heft 20 (31. Juli 1923)

附录 Anhang

歌德诗（1 首）Goethe (1):

少年与磨坊之流, 晏殊译, 页 1-4 → Der Junggesell und der Mühlbach, übers. v. Yan Shu, S. 1-4

---

[2] 1922 年 5 月 1 日创刊, 创造社主办, 发起人多半是留日学生, 如郭沫若、成仿吾、郁达夫、田汉、郑伯奇等。

[3] 1923 年 5 月 13 日创刊, 创造社主办, 郭沫若、郁达夫、成仿吾编辑, 泰东图书局出版。1924 年 5 月停刊, 共出 52 期。

[4] 于 1921 年 7 月 1 日创刊。

8.
同济杂志, 1923 年 11 月 1 日 [第 22 期] → Tung-chi-Monatsschrift, Heft 22 (1. Nov. 1923)
附录 Anhang
歌德诗（2 首）Goethe (2):
找着"我沈思的行经山林，心里没打主意找什么", 黄程庵译, 页 1 → Gefunden, übers. v. Huang Cheng'an, S. 1
野玫瑰, 黄程庵译, 页 1 → Heidenröslein, übers. v. Huang Cheng'an, S. 1

9.
文学旬刊, 1923 年 3 月 11 日 [第 67 期] → Wenxue xunkan (alle zehn Tage erscheinende literarische Zeitschrift), Heft 67 (11. März 1923)
歌德诗（5 首）Goethe (5)
湖上, 孙铭传译, 页 2 → Auf dem See, übers. v. Sun Mingchuan, S. 2
山上, 孙铭传译, 页 2 → Vom Berge „Wenn ich, liebe Lili, dich nicht liebte" (WA [I], Bd. 1, S. 79), S. 2
牧羊人的悲哀, 孙铭传译, 页 2 → Schäfers Klagelied, übers. v. Sun Mingchuan, S. 2
少年与磨坊之流, 孙铭传译, 页 2 → Der Junggesell und der Mühlbach, übers. v. Sun Mingchuan,
不同的惊恐, 孙铭传译, 页 2 → Mächtiges Überraschen, übers. v. Sun Mingchuan, S. 2

10.
中华时报·创造日(副刊), 1923 年 7 月 24 日 → Zhonghua shibao (Tageszeitung Chinas, Beilage: Tag der Schöpfung), 24. Juli 1923
歌德诗（1 首）Goethe (1):
牧羊者的哀歌, 郭沫若译 → Schäfers Klagelied, übers. v. Guo Moruo, S., übers. v. Guo Moruo

11.
中华时报·创造日(副刊), 1923 年 7 月 31 日 → Zhonghua shibao (Tageszeitung Chinas, Beilage: Tag der Schöpfung), 31. Juli 1923
歌德诗（1 首）Goethe (1):
湖上, 郭沫若译 → Auf dem See, übers. v. Zong Baihua

12.
中华新报[5]·创造日(副刊), 1923 年 7 月 26 日（星期四）→ Zhonghua xinbao (Zeitung des neuen China, Beilage: Tag der Schöpfung), Donnerstag, 26.7.1923
歌德诗（1 首）Goethe (1):
五月歌"大地何嫣妍", 郭沫若译, 第 4 版 → Mailied „Wie herrlich leuchtet", übers. v. Guo Moruo, S. 4

13.
中华新报·创造日(副刊), 1923 年 10 月 23 日(星期二) → Zhonghua xinbao (Neue Zeitung Chinas, Beilage: Tag der Schöpfung), Dienstag, 23.10.1923
歌德诗（1 首）Goethe (1):
歌德传, Carus, Paul 原著, [邓]均吾译 Goethes Biographie (Carus, Paul), übers. v. [Deng] Junwu
屠勒国王, 郭沫若译, 第 2 版 → Der König in Thule, übers. v. Guo Moruo, S. 2

1924 年
14.
德文月刊[6], 1924 年 11 月 [第 1 卷第 11 期] → Deutsche Monatsschrift, Jg. 1924 (Nov.), Bd. I, Heft 11
歌德诗（1 首）Goethe (1):
掘宝者（中德文对照）, 梁俊青译, 页 386-387 → Der Schatzgräber, übers. v. Liang Junqing (deutsch/chinesisch), S. 386-387

15.
文艺旬刊[7], 1924 年 1 月 6 日 [第 18 期] → Wenyi xunkan (alle zehn Tage erscheinende Zeitschrift für Literatur und Kunst), Heft 18 (6. Januar 1924)
歌德诗（2 首）Goethe (2)

---

[5] 1915 年 10 月 10 日在上海创刊, 谷钟秀、杨永泰等主编。
[6] 上海吴淞同济大学中学部主办(1924-1937), 中德文对照期刊, 旨在帮助学生学习德文。由欧特曼教授博士 (Prof. Dr. W. Othmer)主编。
[7] 浅草社编辑, 民国日报馆发行。

箜篌引, 冯至译, 页 2 → Harfenspieler „Wer nie sein Brod mit Tränen aß", übers. v. Feng Zhi, S. 2

迷娘, 冯至译, 页 4 → Mignon, übers. v. Feng Zhi, S. 4

16.

文学旬刊, 晨报副刊, 1924 年 [第 24 期] → *Wenxue xunkan, Chenbao fukan* (alle zehn Tage erscheinende literarische Zeitschrift, Morgenblattbeilage), Jg. 1924, Heft 24

歌德诗（1 首）Goethe (1):

漂流者的挽歌, 抱荍译 → Wandrers Nachtlied „Über allen Gipfeln", übers. v. Bao Shu

17.

文艺周刊, 1924 年 4 月 29 日 [第 31 期] → *Wenyi zhoukan* (Wochenschrift für Literatur und Kunst), Heft 31 (29. April 1924)

歌德诗（1 首）Goethe (1)

魔王, 冯至试译, 页 4-5 → Erlkönig, übers. v. Feng Zhi, S. 4-5

1925 年

18.

洪水(半月刊)[8], 创造社出版, 1925 年 10 月 16 日 [第 1 卷第 3 期] → *Hongshui* (Hochwasser, Halbmonatsschrift), erschienen beim Chuangzao-Verlag, Jg. 1925 (1. Okt.), Bd. I, Heft 3

歌德诗（1 首）Goethe (1)

弹琴者之歌 "人不曾把面包和眼泪同吞", 郭沫若译, 页 86 → Harfenspieler „Wer nie sein Brod mit Tränen aß", übers. v. Guo Moruo, S. 86

19.

德文月刊, 1925 年 [第 2 卷第 4 期] → Deutsche Monatsschrift, Jg. 1925 (Dez.), Bd. II, Heft 4

歌德诗（1 首）Goethe (1)

渔夫 (中外文对照), 郭沫若译, 页 167 → Der Fischer (deutsch/chinesisch), übers. v. Guo Moruo, S. 167

编者提示: 该刊第 2 卷第 1-8 期页码连续, 仿佛是一合订本, 实际是分开的八本, 即八期。《上海图书馆期刊数据库总录》却笼统地称《渔夫》一诗在第 2 卷第 1-8 期。所标该诗的页码(171)和该刊的出版年(1927 年)失实。

1926 年

20.

学衡[9], 1926 年 9 月 [第 57 期] → *Xueheng* (Ausgewogenes Lernen), Nr. 57 (im September 1926)

葛德[歌德]诗(2 首) Goethe (2)

(一) 突勒国王, 陈铨译, 页 19 → Der König in Thule, übers. v. Chen Quan, S. 19

(二) 鬼王, 陈铨译, 页 20 → Erlkönig, übers. v. Chen Quan, S. 20

1927 年

21.

德文月刊, 1927 年 [第 2 卷第 1-8 期] → Deutsche Monatsschrift, Jg. 1927, Bd. II, Heft 1-8

歌德诗（2 首）Goethe (2)

迷娘歌 "有地有地青橡馨" (中德对照), 郭沫若译, 页 69 → Mignon „Kennst du das Land"(deutsch/chinesisch), übers. v. Guo Moruo, S. 69

渔夫(中德对照), 郭沫若译, 页 167 → Der Fischer(deutsch/chinesisch), übers. v. Guo Moruo, S. 167

1928 年

22.

党军半月刊[10]（南京）, 1928 年 [第 8 期] → *Dang jun banyuekan* (Halbmonatsschrift der Partei und der Armee), Jg. 1928, Heft 8

---

[8] 1924 年 8 月 20 日创刊于上海。创造社主办。泰东图书局发行。初为周刊, 因 "准备不足", 只出了第 1 期就停刊。1925 年 9 月 16 日复刊, 改为半月刊。1927 年 12 月 15 日终刊。共出 3 卷 36 期。

[9] 1922 年 1 月在南京创刊, 由上海中华书局发行。以 "昌明国粹, 融化新知" 为办刊宗旨, 主编有梅光迪、吴宓、胡先骕等学者。初为月刊, 第 61 期起改为双月刊。1933 年停刊, 共出 79 期。

[10] 中央陆军军官学校政治部编辑出版, 系政治刊物(1922-1936), 办刊宗旨为 "以党治国"。

歌德诗（1 首）Goethe (1)
士兵的慰安 "否!此地是诚无缺乏,有白色的面包,黑色的妇颜",胡一贯译,页 108 → Soldatentrost „Nein! Hier hat es keine Not: schwarzes Mädchen, weißes Brot", übers. v. Hu Yiguan, S. 108
编者附言：上海图书馆期刊数据库将它置于《希腊战歌》的标题下。

1929 年
23.
北新, 1929 年 [第 3 卷 第 1 期] → *Beixin*, Jg. 1929, [Bd. III, Heft 1]
歌德诗（1 首）Goethe (1)
漂泊者的夜曲 "遍山顶,都是静寂",张新燨译,页 106 → Wandrers Nachtlied „Über allen Gipfeln", übers. v. Zhang Xinjue, S. 106

1930 年
24.
清华周刊, 1930 年 [第 33 卷第 14 期] → *Qinghua Zhoukan* (Wochenschrift Qinghua), Jg. 1930, (Bd. 33, Heft 14)
歌德诗（1 首）Goethe (1)
伊黎兰,赵子刚译,页 31-35 → Yililan, übers. v. Zhao Zigang, S. 31-35
编者提示：由英文转译,原诗未详。

1931 年
25.
红叶月刊, 1931 年 [第 3 期] *Hongye yuekan* (Monatsschrift Hongye), Jg. 1931, Heft 3
歌德诗（1 首）Goethe (1)
寻到了,汤礼璠译,页 1-3 → Gefunden, übers. v. Tang Lifan, S. 1-3

26.
清华周刊, 1931 年 3 月 22 日 [第 35 卷第 4 期]（歌德纪念号）→ *Qinghua zhoukan* (Wochenschrift der Qinghua-Universität), Bd. 35, Jg. 1931, Heft 4
歌德诗（13 首）Goethe (13)

纪念一位德国伟大诗人——哥德 → Zum Andenken an einen großen deutschen Dichter – Goethe
卷头辞（冷若）→ Vorwort (Leng Ruo)
插画（哥德像二幅）Illustrationen (zwei Goethe-Bilder)
哥德年谱（御风）,页 47-54 → Wichtigste biographische Lebensdaten (Yu Feng), S. 47
附录一：哥德父族世谱,页 55 → Anhang 1: Goethes Familientafel väterlicherseits, S. 55
附录二：哥德母族世谱,页 56 → Anhang 2: Goethes Familientafel mütterlicherseits, S. 56
葛德(Goethe)所著《浮士德》一剧卷首献词 "你们又近前来了,难于捉定的幻影们",杨丙辰重译,页 57-58 → Zueignung „Ihr naht euch wieder, schwankende Gestalten", übers. v. Yang Bingchen, S.
葛德(J. W. Goethe)和德国的文学（杨丙辰）,页 59-64 → Goethe und die deutsche Literatur (Yang Bingchen), S. 59-64
新的爱情,新的生命,佩心译,页 65 → Neue Liebe, neues Leben, übers. v. Pei Xin, S. 65
五月歌 "自然多么庄严的",佩心译,页 67 → Mailied „Wie herrlich ist die Natur", übers. v. Pei Xin, S. 67
牧人哀歌,佩心译,页 69 → Schäfers Klagelied, übers. v. Pei Xin, S. 69
歌德的简单介绍（张君川）,页 71-80 → Kurz über Goethe (Zhang Junchuan), S. 71-80
野玫瑰,张君川译,页 75 → Das Heidenröslein, übers. v. Zhang Junchuan, S. 75
度曲人,希夷译,页 81 → Der Sänger, übers. v. Xi Yi, S. 81
紫罗兰,希夷译,页 83 → Das Veilchen, übers. v. Xi Yi, S.
鬼王,希夷译,页 84 → Erlkönig, übers. v. Xi Yi, S. 84
黄昏 "寂静沿着每个山的影",李蓬洲试译,页 86 → Wandrers Nachtlied „Über allen Gipfeln", übers. v. Li Pengzhou, S. 86
三月,李蓬洲试译,页 86-87 → März, übers. v. Li Pengzhou, S. 86-87
四月,李蓬洲试译,页 87 → April, übers. v. Li Pengzhou, S. 87
五月,李蓬州试译,页 88 → Mai, übers. v. Li Pengzhou, S. 88

六月, 李蓬洲试译, 页 88-90 → Juni, übers. v. Li Pengzhou, S. 88-90

编完 (一风), 页 91 → Nachtrag (Yi Feng), S. 91

27.
诗刊, 1931 年 [第 2 期] → *Shikan* (Poesie), Jg. 1931, Heft 2
歌德诗 (3 首) Goethe (3)
湖上 (1775 年瑞士湖上作), 宗白华译, 页 56-57 → Auf dem See, übers. v. Zong Baihua, S. 56-57
游行者之夜歌"一切山峰上", 宗白华译, 页 58 → Wandrers Nachtlied „Über allen Gipfeln", übers. v. Zong Baihua, S. 58
对月吟, 宗白华译, 页 59-62 → An den Mond, übers. v. Zong Baihua, S. 59-62

1933 年

28.
东方文艺 (广州), 1933 年 2 月 15 日 [第 1 卷第 2 期] → *Dongfang wenyi* (Literatur und Kunst des Ostens), in Guangzhou, Bd. I, Heft 2 (15. Februar 1933)
歌德诗钞 (2 首) Goethe (2)
宝藏的搜获"徜徉着, 优游地, 我信步经过这丛林", 邓雪峰译, 页 118 → Gefunden, übers. v. Deng Xuefeng, S. 118
自作多情"我瞧芳邻的帘幕", 邓雪峰译, 页 121 → Selbstbetrug, übers. v. Deng Xuefeng, S. 121

29.
歌德之认识 Unsere Kenntnisse Goethes
周冰若、宗白华 编辑 Zhou Bingruo u. Zong Baihua (Bearb.)
南京: 钟山书局、京华出版社, 1933 年
收论文21篇, 冠像
344页
编者提示: 内含歌德诗 11 首。译诗细目请参见《少年中国》(月刊)第一卷第九期之条目。

30.
彗星, 1933 年 [第 1 卷第 2 期] → *Huixing* (Komet), Bd. I, Jg. 1933, Heft 2
歌德诗 (1 首) Goethe (1)
卜罗米陀斯, 宗白华译, 页 16-17 → Prometheus, übers. v. Zong Baihuai, S. 16-17

31.
尚志周刊, 1933 年 [第 2 卷第 25 期] *Shangzhi zhoukan* (Wochenblatt Shangzhi), Jg. 1933 [Bd. 2, Heft 25]
歌德诗 (2 首) Goethe (2)
魔王, 邓迁译, 页 27-28 → Erlkönig, übers. v. Deng Qian, S. 27-28
相较"山顶皆静寂", 邓迁译, 页 28 → Wandrers Nachtlied „Über allen Gipfeln", übers. v. Deng Qian, S. 28

32.
现代出版界, 1933 年 12 月 1 日 [第 19 期] → *Xiandai chubanjie* (Das moderne Verlagswesen), Heft 19 (01. Dezember 1933)
歌德诗 (1 首) Goethe (1)
迷娘"有土你知否, 柠檬花开荣", 张传普[张威廉]译注, 页 6-7 → Mignon „Kennst du das Land", übers. v. Zhang Chuanpu [Zhang Weilian], S. 6-7
编者附言: 同期刊登关于张传普[张威廉]译《歌德名诗选》的书讯一则 (页 2)。

1934 年

33.
警光月刊[11], 1934 年 [第 2 卷 第 2 期] → *Jingguang* (Warnendes Licht), Bd. II, Heft 2
歌德诗 (2 首) Goethe (2)
宠儿"您可晓得那柠檬开花的地方", 梅子译, 页 1, → Mignon „Kennst du das Land", übers. v. Mei Zi, S. 1
在爱人之旁, 梅子译, 页 2 → Nähe des Geliebten, übers. v. Mei Zi, S. 2

---

[11] 浙江警官学校刊物(1929-1934)。论述警察教育概况、犯罪原因与政治、收回列强在华警察权、对日宣战问题等。

第一编：译诗目　Kapitel I: Dichtung

34.

新大声杂志[12], 1934 年 [第 1 卷 第 3-4 期] → *Xin dasheng zazhi* (Zeitschrift für neue laute Stimme), Bd. I, Heft 3-4

歌德诗（3 首）Goethe (3)

离别"我口不能言"，房曼弦译，页 66 → Der Abschied „Laß mein Aug' den Abschied sagen", übers. v. Fang Manxian, S. 66

给被选者，房曼弦译，页 66-67 → An die Erwählte, übers. v. Fang Manxian, S. 66-67

欢会与离别，房曼弦译，页 67 → Willkommen und Abschied, übers. v. Fang Manxian, S. 67

1935 年

35.

益世报[13], 文学副刊, 1935 年 9 月 4 日 → *Yishibao* (Zeitung im Dienst der Gesellschaft), Literaturbeilage, 4. September 1935

歌德诗（1 首）Goethe (1)

有所失歌，李长之译 → Erster Verlust, übers. v. Li Changzhi

36.

德国文学　Die deutsche Literatur

李金发　著　Li Jinfa (Verf.)

上海: 世界书局, 1935 年

上海书店影印

90 页

歌德诗（3 首）Goethe (3)

欧连之王，李金发译，页 29 → Erlkönig, übers. v. Li Jinfa, S. 29

诗人，李金发译，页 30 → Der Sänger, übers. v. Li Jinfa, S. 30

杜连之王，李金发译，页 31 → Der König von Thule, übers. v. Li Jinfa, S. 31

编者提示: 这三首皆叙事谣曲。

---

[12] 1934 年创刊于广州。

[13] 隶属于天主教会的一家报纸, 由比利时籍神父雷鸣远和中国天主教徒刘守荣等创办, 1915 年 10 月 10 日在天津注册。与《大公报》《申报》等齐名, 影响甚大。1937 年 9 月抗战爆发时停刊, 1938 年 12 月在昆明复刊, 1940 年迁至重庆。1945 年在天津复刊。1949 年 1 月 15 日被军管。

1936 年

37.

北平晨报, 北晨学园, 1936 年 8 月 12 日 [第 995 号] → *Beiping chenbao* (Das Pekinger Morgenblatt), Nr. 995, 12. August 1936

歌德诗（1 首）Goethe (1)

致读者，李长之译 → An die Günstigen, übers. v. Li Changzhi

38.

诗之叶[14]（双月诗刊), 1936 年 8 月 1 日 [第 3 卷第 1 期] → *Shi zhi ye* (Blatt für Poesie), hrsg. v. Song Hengxin, Bd. III, Heft 1

歌德诗（1 首）Goethe (1)

小诗"在那边的山岭上"，向培良译，页 21-22 → Schäfers Klagelied, übers. v. Xiang Peiliang, S. 21-22

此诗见于 Gostivick 与 Harrison 合著之德国文学史, 殆即系两人所译。他们称歌德之诗所取的题材往往"和山一样古老", 但也像山一样永远给诗人以新意, 此诗温厚宛转, 忧而不伤, 颇有我国古诗风味, 其第三节与十九首所谓"涉江采芙蓉, 兰泽多芳草, 采之欲遗谁, 所思在远道"大司命所谓"折疏麻兮瑶华, 将以遗兮所思"。语意正同, 东西诗人, 其灵感竟如此吻合, 也可谓奇事了。不过诗向来称不能译的, 我今不通德文, 乃从英译转来, 其与原作精神相去, 更不知多远, 这真是所谓慰情聊胜于无了（原译者附志）。

39.

天籁[15], 1936 年 [第 25 卷第 2 期] *Tianlan* (Stimmen der Natur), Jg. 1936 [Bd. 25, Heft 2]

歌德诗（2 首）Goethe (2)

春之循环，范纪美译，页 86 → Frühling übers Jahr, übers. v. Fan Jimei, S. 86

鬼王"夜深了, 风仅刮着"，谢静娟译，页 414 → Erlkönig, übers. v. Xie Jingjun, S. 414

---

[14] 福州《诗之叶》社的社刊, 系福州最早的诗刊。1935 年 6 月创刊, 翌年底停刊, 负责人宋衡心。

[15] 沪江大学学生自治会编, 为季刊 (1922-1936)。

40.

小雅, 1936 年 12 月 1 日 [第四期] → *Xiaoya*, Jg. 1936 (1. Dez.) [Heft 4]

歌德诗（1 首）Goethe (1)

赠月, 李长之译, 页 95 → An den Mond, übers. v. Li Changzhi, S. 95

1937 年

41.

新诗[16], 1937 年 2 月 10 日 [第 5 期] → *Xinshi* (Neue Poesie), Monatsschrift, Heft 5 (10. Februar 1937)

普式庚逝世百年纪念特刊, 卞之琳、孙大雨、梁宗岱、冯至、戴望舒 编辑 Bian Zhilin, Sun Dayu, Liang Zongdai, Feng Zhi u. Dai Wangshu (Hrsg.)

歌德诗（5 首）Goethe (5)

再会, 梁宗岱译, 页 605 → Wiederfinden, übers. v. Liang Zongdai, S. 605

幽林与深谷(对月), 梁宗岱译, 页 608 → An den Mond, übers. v. Liang Zongdai, S. 608

玛利浴场哀歌(爱欲三部曲), 冯至译, 页 610-617 → Marienbader Elegie, übers. v. Feng Zhi, S. 610-617

1938 年

42.

新民族[17], 1938 年 [第 2 卷第 3 期] → *Xin minzu* (Neue Nation), Jg. 1938 [Bd. II, Heft 3]

歌德诗（1 首）Goethe (1)

媚娘 "祇有身经眼巴巴渴望的人呵", 罗家伦译, 页 15 → Mignon „Nur wer die Sehnsucht kennt", übers. v. Luo Jialun, S. 15

1939 年

43.

承天月刊, 1939 年 [第 1 期] *Chengtian Yuekan* (Monatsschrift Chengtian), Jg. 1939, Heft 1

歌德诗（1 首）Goethe (1)

黄昏 "夜的幕布自空中下垂", 蒋藻译, 页 31 → Chinesisch-Deutsche Jahres- und Tageszeiten, Nr. 8: „Dämmerung senkte sich von oben", übers. v. Jiang Zao, S. 31

44.

文笔[18], 1939 年 [第 1 卷第 6 期] → *Wenbi* (Schreibstil), Jg. 1939 [Bd. I, Heft 6]

歌德诗（2 首）Goethe (2)

收获, 中必译, 页 25 → Gefunden, übers. v. Zhong Bi, S. 25

魔王, 中必译, 页 25 → Erlkönig, übers. v. Zhong Bi, S. 25

编者提示: 另载威廉谬勒（Müller, Wilhelm, 1794-1827)"菩提树"一诗的译文。

1940 年

45.

抗战文艺[19], 1940 年 [第 6 卷第 1 期] → *Kangzhan wenyi* (Literatur und Kunst im Verteidigungskrieg gegen Japan), Jg. 1940 [Bd. VI, Heft 1],

歌德诗（1 首）Goethe (1)

谟罕默德礼赞歌, 梁宗岱译, 页 63-64 → Mahomets Gesang, übers. v. Liang Zongdai, S. 63-64

编者提示: 诗后附歌德对该诗的解释, 由[刘]思慕摘译自歌德自传《诗与真》。译者梁宗岱被写成"梨宗岱", 系刊误。

46.

美商青年[20], 1940 年 [第 2 卷第 2 期] *Meishang qingnian* (Jugend des erfolgreichen Handels), Jg. 1940 [Bd. II, Heft 2]

歌德诗（1 首）Goethe (1)

魔王, 小耕译, 页 17, 页 19 → Erlkönig, übers. v. Xiao Geng, S. 17, S. 19

---

[16] 月刊, 文学研究会 编, 1937 年在上海创刊, 共出 10 期（第九和第十期合为一期）。

[17] 重庆中央大学《新民族》编辑委员会编辑发行(1938-1939)。

[18] 半月刊, 文笔社编, 王玉编辑。

[19] "中华全国文艺界抗敌协会"会刊, 1938 年 5 月 4 日创刊于汉口。编委会由当时文艺界抗日民族统一战线各界作家组成。初为三日刊、周刊, 后改半月刊、月刊。1946 年 5 月 4 日终刊, 共出 72 期。

[20] 原名《青年》, 系青年刊物（月刊）。1939 年 12 月 15 日创刊, 1941 年 10 月停刊。发行人为上海 的孙恩凯。

1942 年

47.

笔阵[21], 1942 年新 3 期 → *Bizhen* (Front der Feder), Jg. 1942 [Heft 3]

歌德诗（1 首）Goethe (1)

赠丽娜, SY 译, 页 26 → An Lida, übers. v. SY, S. 26

48.

春草集 Frühlingsgräser

王亚平 等著 Wang Yaping u.a. (Verf.)

重庆: 文林出版社, 1942 年

诗歌丛刊第一集

130 页

歌德诗（1 首）Goethe (1)

给迷娘 "太阳的车轮皎洁地, 拖过了山谷和清溪", 郭沫若译, 页 98 → An Mignon „Über Tal und Fluss getragen", übers. v. Guo Moruo, S. 98

49.

青年音乐, 1942 年 [第 1 卷第 5 期] → *Qingnian yinyue* (Jugendmusik), Jg. 1942 [Bd. 1, Heft 5]

歌德诗（1 首）Goethe (1)

西洋歌曲介绍: 漂泊者的夜歌 "夜色笼罩, 树林安静"（独唱曲）, Schubert, F. 曲, 默生译, 页 25 → Wandrers Nachtlied „Über allen Gipfeln", Musik v. Schubert, F., Textübers. v. Mo Sheng, S. 25

50.

新建设, 1942 年 [第 3 卷第 11-12 期] *Xin jianshe* (Neuer Aufbau), Jg. 1942 [Bd. 3, Heft 11-12]

歌德诗（1 首）Goethe (1)

普罗密修士歌, 周学普译, 页 603 → Prometheus, übers. v. Zhou Xuepu, S. 603

---

[21] 中华全国文艺界抗敌协会编, 启文印刷局出版 (1922-1936)。

1943 年

51.

青年文艺[22], 1943 年 5 月 15 日出版 [第 1 卷第 5 期] → *Qingnian wenyi* (Literatur und Kunst für die Jugend), Jg. 1943 (15. Mai) [Bd. 1, Heft 5]

德国诗抄, 克锋译 Ausgewählte deutsche Gedichte, übers. v. Ke Feng

歌德诗（3 首）Goethe (3)

歌者 "我听见城门外面, 什么声音在吊桥上响", 页 77 → Harfenspieler „An die Türen will ich schleichen", S. 77

发现 "我无思无忧/ 在森林中散步", 页 77 → Gefunden, S. 77

紫罗兰, 页 78 → Das Veilchen, S. 78

1944 年

52.

新亚月刊（广州）, 1944 年 11 月 12 日编 [第 10 卷第 2 期] → *Xinya yuekan* (Monatsschrift neues Asien), in Guangzhou, Jg. 1944 [Bd. 10, Heft 2]

歌德诗（1 首）Goethe (1)

森林覆荫, 流水鸣琴, 人在春天怀抱, 大地光明灿烂! (全文) [附插图], S (画)

1945 年

53.

光化, 1945 年 [第 1 卷 第 4 期] → *Guanghua*, Jg. 1945 [Bd. I, Heft 4]

歌德诗（1 首）Goethe (1)

五月颂 "自然这是何等明媚的自然", 范纪美译, 页 8 → Mailied „Wie herrlich leuchtet", übers. v. Fan Jimei, S. 8

54.

文化新闻, 1945 年 3 月 3 日 [第 229 期] → *Wenhua xinwen* (Kulturelle Nachrichten), Jg. 1945 (3. März) [Heft 229]

歌德诗（1 首）Goethe (1)

湖上之歌, [廖]晓帆译, 页 4 → Auf dem See, übers. v. [Liao] Xiaofan, S. 4

---

[22] 葛琴主编, 桂林白虹书店发行, 全国各大书局经售。

55.
莘莘, 1945 年 5 月 [第 1 卷 第 2 期] → *Shenshen* (Zahlreich), Bd. I, Jg. 1945, Heft 2
歌德诗 (1 首) Goethe (1)
米加农, 小凡[廖晓帆]译, 页 34 → Mignon „Kennst du das Land", übers. v. Xiao Fan [Liu Xiaofan], S. 34

56.
中庸, 1945 年 [创刊号] → *Zhongyong* (Die goldene Mitte), Jg. 1945 [die erste Nummer]
歌德诗 (1 首) Goethe (1)
断了的虹 "在山巅之上", 瑕翡译, 页 25 → Schäfers Klagelied, übers. v. Xia Fei, S. 25

1946 年

57.
寒光[23], 1946 年 8 月 20 日 [第 1 卷第 1 期] → *Hanguang* (Kaltes Licht), Jg. 1946 (20. August), [Bd. 1, Heft 1]
歌德诗 (1 首) Goethe (1)
玫瑰花 "你已衰了，温柔的玫瑰花" (共 4 节 16 行诗), 未署译者名, 页 8 → „Ihr verblühet, süße Rosen" (WA [I], Bd. 4, S. 96), S. 8

58.
华声[24], 1946 年 [第 1 卷第 2 期] → *Huasheng* (Stimme Chinas), Jg.1946 [Bd. I, Heft 2]
歌德诗 (2 首) Goethe (2)
寄远, 马嘉译, 页 16 → Wirkung in die Ferne, übers. v. Ma Jia, S. 16
野玫瑰, 马嘉译, 页 22 → Heidenröslein, übers. v. Ma Jia, S. 22

59.
音乐学习, 1946 年 [第 1 卷第 4 期] → *Yinyue xuexi* (Musik lernen), Jg. 1946 [Bd. 1, Hef 4]
歌德诗 (1 首) Goethe (1)

紫罗兰(英汉对照), 草穆译词, 页 3 → Das Veilchen (englisch/chinesisch), übers. v. Cao Mu, S. 3

1947 年

60.
福建青年, 1947 年 [第 4 期] → *Fujian qingnian* (Die Jugend der Provinz Fu Jian), Jg. 1947 [Heft 4]
歌德诗 (1 首) Goethe (1)
春之歌 "如何华丽", 郭丰民译, 页 20 → Mailied „Wie herrlich leuchtet", übers. v. Guo Fengmin, S. 20

61.
妇女月刊, 1947 年, 第 6 卷第 2 期 → *Funü yuekan* (Monatsschrift für Frauen), Jg. 1947 [Bd. VI, Heft 2]
歌德诗(1 首) Goethe (1)
死与生, 宗白华译, 页 37-40 → Selige Sehnsucht, übers. v. Zong Baihua, S. 37-40

1948 年

62.
妇女, 1948 年 4 月 20 日 [第 3 卷第 1 期] → *Funü* (Frauen), Jg. 1948 (20. April) [Bd. III, Heft 1]
歌德诗 (4 首) Goethe (4)
[廖]晓帆译 Liao Xiaofan (Übers.)
同地异感, 页 7 → Verschiedene Empfindungen an einem Platze, S. 7

63.
诗号角[25], 1948 年 [第 4 期] → *Shi haojiao* (Signalhorn der Poesie), Jg. 1948 [Heft 4]
歌德诗 (1 首) Goethe (1)
普罗米修士, 冯至译, 页 10-11 → Prometheus, übers. v. Feng Zhi, S. 10-11

---

[23] 不定期文学刊物, 上海青年文化出版社出版, 民国 35 年 8 月 20 日创刊, 当年 10 月 25 日停刊。
[24] 半月刊, 长春华声半月刊社出版, 1946 年 11 月创刊, 1947 年 1 月停刊。

[25] 北大学生创办。1948 年 8 月创刊, 1949 年 11 月停刊。同年 12 月改组, 更名《大众诗歌》。共出刊 12 期。

64.
文艺, 1948 年 [第 4 期] Wenyi (Literatur und Kunst), Jg. 1948 [Heft 4]
歌德诗 (1 首) Goethe (1)
泪的慰藉, 草心译, 页 17 → Trost in Tränen, übers. v. Cao Xin, S. 17

65.
幸福世界, 1948 年 [第 2 卷第 3 期] → *Xingfu shijie* (Die glückliche Welt), Jg. 1948 [Bd. II, Heft 3]
歌德诗 (2 首) Goethe (2)
寄给莉丽, 白文译, 页 104 → An Lili „Du hattest längst mir's angetan", übers. v. Bai Wen, S. 104
哀罗马 "哦, 我在罗马觉得何等欢欣", 白文译, 页 104 → Römische Elegien, VII: „O, wie fühl' ich in Rom mich so froh!", übers. v. Bai Wen, S. 104

1952 年
66.
赫曼与窦绿苔 Hermann und Dorothea
歌德　著　Goethe (Verf.)
郭沫若　译　Guo Moruo (Übers.)
上海: 新文艺出版社, 1952-1954 年
印 2 次, 共 8511 册

1955 年
67.
赫曼与窦绿苔 Hermann und Dorothea
歌德　著　Goethe (Verf.)
郭沫若　译　Guo Moruo (Übers.)
北京: 人民文学出版社, 1955-1959 年
平印 2 次, 共 6000 册
精印 3 次, 共 135000 册

1966 年
68.
世界名作家诗集 Gedichtsammlung berühmter Schriftsteller aus aller Welt
王碧琼　译　Wang Biqiong (Übers.)
台北市: 海燕出版社, 1966 年
553 页
歌德诗 (3 首) Goethe (3):
绿蒂与维特, 页 151 → Zu den Leiden des jungen Werther (WA [I], Bd. 4, S. 162) (Ausz.), S. 151
普罗米修士, 页 151 → Prometheus, S. 151
掘宝者, 页 155 → Der Schatzgräber, übers. v. Guo Moruo, S. 155

1971 年
69.
一切的峰顶 Über allen Gipfeln
沈樱　编　Shen Ying (Hrsg.)
台北市: 林白出版社, 1971 年

70.
中国纯文学对德国文学的影响 Einfluss der chinesischen schöngeistigen Literatur auf die deutsche
陈铨　著　Chen Quan (Verf.)
台北市: 台湾学生书局, 1971 年
近代文史论文类辑(乙编), 284 页
歌德诗 (16 首作, 1 首译) Goethe (16+1)
温晋韩译　Wen Jinhan (Übers.)
东西两大洲, 温晋韩译, 页 256 → Orient und Okzident, übers. v. Wen Jinhan, S. 256
诗歌和雕刻, 温晋韩译, 页 257 → Lied und Gebilde, übers. v. Wen Jinhan, S. 257
梅妃, 歌德原译, 温晋韩译, 页 265 → Fräulein Me-Fe, übers. aus dem Chinesischen v. Goethe, übers. aus dem Deutschen v. Wen Jinhan, S. 265
中德晨昏四季词 (十四首), 冯至译, 页 266 → Chinesisch-Deutsche Jahres- und Tageszeiten, übers. v. Feng Zhi, S. 266
1、怎肯辜负好时光, 页 266 → I: „Sag was könnt' uns Mandarinen", S. 266
2、白烛垂垂似含羞, 页 267 → II: „Weiß wie Lilien, reine Kerzen", S. 267
3、由牧场牵着羊儿, 页 268 → III: „Ziehn die Schafe von der Wiese", S. 268
4、孔雀的鸣声虽恶, 页 269 → IV: „Der Pfau schreit häßlich, aber sein Geschrei", S. 269

5、为这夕阳的金光, 页269 → V: „Entwickle deiner Lüste Glanz", S.

6、杜鹃乃及夜莺, 页270 → VI: „Der Guckuck wie die Nachtigall", S. 270

7、此阳春更艳, 页272 → VII: „War schöner als der schönste Tag", S. 272

8、暮色徐徐下沉, 页272 → VIII: „Dämmerung senkte sich von oben", S. 272

9、在那可爱的东方, 页273 → IX: „Nun weiß man erst was Rosenknospe sei", S. 273

10、你叫作花中的女主, 页274 → X: „Als allerschönste bist du anerkannt", S. 274

十一、迷网使我彷徨, 页275 → XI: „Mich ängstigt das verfängliche", S. 275

十二、旧梦俱已消沉, 页276 → XII: „Hingesunken alten Träumen", S. 276

十三、你们可要扰此平和, 页277 → XIII: „Die stille Freude wollt ihr stören", S. 277

十四、就是, 在我们未走之先, 页277 → XIV: „Nun denn! Eh' wir von hinnen eilen", S. 277

其一：“怎能辜负好春光", 页269 → I: „Sag was könnt' uns Mandarinen", S. 269

其二：“白烛垂垂似含羞", 页270 → II: „Weiß wie Lilien, reine Kerzen", S. 270

其三：“由牧场牵着羊儿", 页271 → III: „Ziehn die Schafe von der Wiese", S. 271

其四：“孔雀的鸣声虽恶", 页271 → IV: „Der Pfau schreit häßlich, aber sein Geschrei", S. 271

其五：“为这夕阳的金光", 页272 → V: „Entwickle deiner Lüste Glanz", S. 272

其六：“杜鹃乃及夜莺", 页273 → VI: „Der Guckuck wie die Nachtigall", S. 273

其七：“此阳春更艳", 页274 → VII: „War schöner als der schönste Tag", S. 274

其八：“暮色徐徐下沉", 页275 → „Dämmerung senkte sich von oben", S. 275

其九：“在那可爱的东方", 页275 → IX: „Nun weiß man erst was Rosenknospe sei", S. 275

其十：“你叫作花中的女王", 页276 → X: „Als allerschönste bist du anerkannt", S. 276

其十一：“迷惘使我彷徨", 页277 → XI: „Mich ängstigt das verfängliche", S. 277

其十二：“旧梦俱已消沉", 页278 → XII: „Hingesunken alten Träumen", S. 278

其十三：“你们可要扰此平和", 页279 → XIII: „Die stille Freude wollt ihr stören", S. 279

其十四：“就是在我们未走之先", 页279 → IIX: „Nun denn! Eh' wir von hinnen eilen", S. 279

1973年

71.

歌德评传 Goethe. Eine kommentierte Biographie
台北市：祥生出版社, 1973年
编者附注：张月超《歌德评传》(上海：神州国光社, 1933年) 的翻版, 封面和版权页却无著者名。

歌德诗 (12首) Goethe (12):

欢迎与离别, 页33 → Willkommen und Abschied, S. 33

五月之歌 "自然呀何等姣姣", 页42 → Mailied „Wie herrlich leuchtet", S. 42

格莱馨, 页75 → Gretchen, S. 75

神性的, 页83 → Das Göttliche, S. 83

梨丽, 页98 → Lili, S. 98

帕劳米休斯, 页110 → Prometheus, S. 110

[湖上] "新鲜的粮食, 新鲜的血", 页132 → Auf dem See „Und frische Nahrung, neues Blut", S. 132

格丽曼, 页135 → Ganymed, S. 135

游行者之夜歌（一）"你这从天上来的", 页138 → Wandrers Nachtlied „„Der du von dem Himmel bist", S. 138

游行者之夜歌（二）"一切山峰上", 页139 → Wandrers Nachtlied „Über allen Gipfeln", S. 139

海上的寂静 (8行诗), 页140 → Meeres Stille, S. 140

对月吟, 页167 → An den Mond, S. 167

1979年

72.

阿英文集（下册）Gesammelte Schriften des A Ying
阿英 著 A Ying (Verf.)
香港：三联书店, 1979年
关于歌德作品初期的中译, 页687-692 → Zu früheren chinesischen Übersetzungen von Goethes Werken, S. 687-692

歌德诗（3首）Goethe (3):
"莽莽惊涛激石鸣"（阿明临海岸哭女诗），马君武译，页689 → Die Leiden des jungen Werther (Ausz.), übers. v. Ma Junwu, S. 689
米丽客歌"君识此，是何乡"，马君武译，页690 → Mignon „Kennst du das Land", übers. v. Ma Junwu, S., S. 690
沙恭达伦"春华瑰丽，亦扬其芬"，苏曼殊译，页691 →[Sakontala] Will ich die Blumen, übers. v. Su Manshu, S. 691

73.
文艺论集 Gesammelte Beiträge zur Literatur und Kunst
郭沫若　著 Guo Mruo (Verf.)
北京: 人民文学出版社, 1979 年
284 页, 30000 册
歌德诗（2首）Goethe (2):
渔夫, 郭沫若译, 页163 → Der Fischer, übers. v. Guo Moruo, S. 163
绿蒂与维特, 郭沫若译, 页189 → Zu den Leiden des jungen Werther (WA [I], Bd. 4, S. 162), übers. v. Guo Moruo, S. 189

1981 年

74.
马君武诗选 Ma Junwu. Ausgewählte Gedichte
广西纪念马君武先生诞生一百周年筹委会
南宁, 无出版社, 1981 年 7 月
53 页
歌德诗（2首）Goethe (2):
米丽客"君识此, 是何乡", 马君武译, 页43 → Mignon „Kennst du das Land", übers. v. Ma Junwu, S. 43
阿明临海岸哭女诗"莽莽惊涛激石鸣", 马君武译, 页51 → Die Leiden des jungen Werther (Ausz.), übers. v. Ma Junwu, S. 51

75.
美学的散步 Spaziergang der Ästhetik
宗白华　著 Zong Baihua (Verf.)
台北市: 洪范书店, 1981 年
1982年第2版, 1984年第3版

编者附记: 请参见"合集"栏中该条目。
歌德诗（7首）Goethe (7):
湖上, 页194 → Auf dem See, S. 194
格丽曼"你在晓光灿烂中", 页197 → Ganymed, S. 197
游行者之夜歌二首
（一）"你这从天上来的", 页200 → Wandrers Nachtlied „Der du von dem Himmel bist", S. 200
（二）"一切山峰上", 页200 → Wandrers Nachtlied „Über allen Gipfeln", S. 200
海上的寂静, 页201 → Meeres Stille, S. 201
弦琴师歌曲"谁居寂寞中", 页203 → Harfenspieler „Wer sich der Einsamkeit ergibt", S. 203
迷娘歌曲"谁人识相思", 页204 → Mignon „Nur wer die Sehnsucht kennt", S. 204

76.
世界名曲100首 → 100 berühmte Lieder aus aller Welt
沈阳: 春风文艺出版社, 1981 年
202 页, 71000 册
歌德(1 首) Goethe (1):
跳蚤之歌, 斯特鲁戈夫什科夫俄译, 穆索尔斯基曲, 若般、戈宝权译词, 若般、郑兴丽配歌, 页149 → Mephistos Flohlied (Faust, Ausz.), Textübers. v. Ruo Ban u. Ge Baoquan, Musik v. Ruo Ban u. Zheng Xingli, S. 149

1982 年
77.
德语学习, 1982 年第 2 期(总第 19 期) → Wir lernen Deutsch, Jg. 1982, Heft 2
Johann Wolfgang Goethe (kurz über Leben und Werk Goethes), S. 1
歌德 诗（2 首）Goethe (2):
Erlkönig, übers. v. Qian Chunqi, S. 4
魔王, 钱春绮译, 页5
Über allen Gipfeln ist Ruh, S. 7, übers. v. Guo Moruo, S. 7
"一切的山之顶", 郭沫若译, 页7
"群峰", 钱春绮译, 页7

78.
中外歌曲 250 首 → 250 chinesische und ausländische Lieder
浙江人民出版社 编
杭州: 浙江人民出版社, 1982 年
466 页, 54000 册
歌德诗 (2 首) Goethe (2):
五月之歌 "美丽的大自然光辉灿烂", 廖乃雄译配, 页 397 → Mailied „Wie herrlich leuchtet", übers. v. Liao Naixiong, S. 397
魔王, 舒柏特作曲, 尚家骧译配, 页 407 → Erlkönig, Musik v. Franz Schubert, Textübersetzung v. Shang Jiaxiang, S. 407

1983 年

79.
可爱的小诗 Liebliche Kurzgedichte
吉文进 编译 Ji Wenjin (Übers.)
台北市: 康乃馨出版社, 1983 年
176 页
歌德诗 (3 首) Goethe (3):
歌德, 页 73 → Goethe, S. 73
相互的喜悦, 页 74 → Gleich und gleich, S. 74
厌世者, 页 74 → Der Misanthrop (WA [I], Bd. 4, S. 159), S. 74
别离, 页 75 → Der Abschied, S. 75

80.
外国抒情诗名作欣赏 Erläuterungen zu berühmten lyrischen Gedichten des Auslands
四川外国文学学会 选编
成都: 四川人民出版社, 1983 年
198 页, 162000 册
歌德 诗 (2 首) Goethe (2):
迷娘歌 "你可知道", 梁宗岱译, 何文忠析, 页 12 → Mignon „Kennst du das Land", übers. v. Liang Zongdai, kommentiert v. He Wenzhong, S. 12
野蔷薇, 钱春绮译, 何文忠, 页 15 → Heidenröslein, übers. v. Qian Chunqi, S. 15, kommentiert. v. He Wenzhong, S. 15

1984 年

81.
狮王审狐狸 Reineke Fuchs
歌德 著 Goethe (Verf.)
匿名 译 Anonym (Übers.)
台北市: 联广图书公司, 1984 年
世界名作童话精选; 29

1986 年

82.
十九世纪文学主流 Die Hauptströmungen der Literatur des neuzehnten Jahrhunderts
勃兰兑斯 著 Brandes, Georg (Verf.)
高中甫 译 Gao Zhongfu (Übers.)
北京: 人民文学出版社, 1986 年
452 页
第六分册: 青年德意志 Bd. VI: Junges Deutschland
歌德诗 (3 首) Goethe (3):
浪游者之歌 "一切的山之顶", 页 153 → Wandrers Nachtlied „Über allen Gipfeln", S. 153
迷娘 "只有知道相思的人", 页 176 → Mignon „Nur wer die Sehnsucht kennt", S. 176
浪游者之歌 "你来自天庭", 页 184 → Wandrers Nachtlied „Der du von dem Himmel bist", S. 184

83.
朱湘译诗集 Gedichte, übersetzt von Zhu Xiang
洪振国 整理加注 Hong Zhenguo (Hrsg.)
长沙: 湖南人民出版社, 1986 年
344 页, 2700 册
歌德 诗 (1 首) Goethe (1):
夜歌 "暮霭落峰巅", 页 46 → Wandrers Nachtlied „Über allen Gipfeln", S. 46

1987 年

84.
古今中外爱情诗选 Ausgewählte Liebesgedichte aus Vergangenheit und Gegenwart Chinas und des Auslands

关立勋、吴军、葛杏春　选注　Guan Lixun, Wu Jun u. Ge Xingchun (Interpreten)
北京: 中国妇女出版社, 1987 年
445 页, 12000 册
歌德诗（2 首）Goethe (2):
五月之歌"明媚的自然", 钱春绮译, 页 371 → Mailied „Wie herrlich leuchtet", übers. v. Qian Chunqi, S.
银杏, 冯至译, 页 373 → Ginkgo Biloba, übers. v. Feng Zhi, S. 373

85.
外国名家抒情诗　Lyrische Gedichte berühmter ausländischer Persönlichkeiten
薛菲　译　Xue Fei (Übers.)
杭州: 浙江大学出版社, 1987 年
汉、英、俄、德部分对照
250 页, 10000 册
歌德诗（4 首）Goethe (4):
神秘的合唱, 页 169
Chor des Mysteriums, S. 170
财富, 页 171
Eigentum, S. 172
别擦干你爱情的泪, 页 173 → Trocknet nicht, Trocknet nicht, Thränen der ewigen Liebe, S. 173
迷娘的歌"你可知道", 页 174 → Mignon „Kennst du das Land", S. 174

1988 年
86.
10 行内外国爱情诗 100 首　→ 100 ausländische patriotische Gedichte jeweils unter 10 Zeilen
郭良原　选编　Guo Liangyuan (Hrsg.)
武汉: 武汉出版社, 1988 年
100 页, 19000 册
歌德诗（1 首）Goethe (1)
迷娘"只有会憧憬的人", 钱春绮译, 页 59 → Mignon „Nur wer die Sehnsucht kennt", übers. v. Qian Chunqi, S. 59

87.
外国哲理诗选　Ausgewählte philosophische Gedichte aus dem Ausland
潘大华　编　Pan Dahua (Hrsg.)
武汉：武汉出版社, 1988 年
140 页, 1989 年第 2 次印, 8001-18000 册
歌德诗（4 首）Goethe (4)
科夫塔之歌, 钱春绮译, 页 27 → Kophtisches Lied „Geh, gehorche meinen Winken", übers. v. Qian Chunqi, S. 27
人生好象下鹅棋, 钱春绮译, 页 27 →Das Leben ist ein Gänsespiel, übers. v. Qian Chunqi, S. 27
五种情况, 钱春绮译, 页 28 → Fünf Dinge, übers. v. Qian Chunqi, S. 28
自然和艺术, ?译, 页 28 → Natur und Kunst, S. 28

88.
献给爱恋着的人们——外国爱情诗选　Den heiß Liebenden gewidmet: ausländische Liebesgedichte. Eine Auswahl
王圣民、东进生　主编　Wang Shengmin u. Dong Jinsheng (Hrsg.)
北京: 中国和平出版社, 1988 年
60 页, 20000 册
歌德诗（1 首）Goethe (1)
野蔷薇, 页 15 → Heidenröslein, S. 15

1989 年
89.
外国名诗鉴赏辞典　Lexikon berühmter Gedichte des Auslands mit Interpretationen
吕进　主编　Lü Jin (Hrsg.)
石家庄: 河北人民出版社, 1989 年
1225 页, 收入 34 国共 91 位诗人的 482 首诗
歌德诗（6 首）Goethe (6):
五月之歌"自然多明媚", 钱春绮译, 页 781, 李力析, 页 783 → Mailied „Wie herrlich leuchtet", übers. v. Qian Chunqi, S. 781, kommentiert v. Li Li, S. 783
欢迎与离别, 钱春绮译, 页 784, 晓佳析, 页 786 → Willkommen und Abschied, übers. v. Qian Chunqi, S. 784, interpretiert v. Xiao Jia, S. 786

迷娘歌"你可知道", 梁宗岱译, 页 787, 晓佳析, 页 788 → Mignon „Kennst du das Land", übers. v. Liang Zongdai, S. 787, kommentiert v. Xiao Jia, S. 788

跳蚤歌, 钱春绮译, 页 789, 晓佳析, 页 790 → Mephistos Flohlied (Faust, Ausz.), übers. v. Qian Chunqi, S. 789, interpretiert v. Xiao Jia, S. 790

浪游者的夜歌"一切峰顶的上空", 冯至译, 页 791, 周安平析, 页 791 → Wandrers Nachtlied „Über allen Gipfeln", übers. v. Feng Zhi, S. 791, interpretiert v. Zhou Anping, S. 791

普罗米修斯, 杨武能译, 页 792, 吴也析, 页 795 → Prometheus, übers. v. Yang Wuneng, S. 792, interpretiert v. Wu Ye, S. 795

1990 年

90.
感情的花束 Blumensträuße des Gefühls
薛菲 译 Xue Fei (Übers.)
杭州: 浙江文艺出版社, 1990 年
146 页, 10000 册
歌德(作者介绍并附肖像图), 页 114
大自然, 页 115

91.
歌德抒情诗译注诠释 Goethes Lyrik mit Übersetzung und Anmerkung
台湾行政院国家科学委员会福助专题研究计划
执行期间: 1989 年 8 月 01 日至 1990 年 7 月 31 日
计划主持人: 郑芳雄
(依原诗德文字母顺序编)

致诗神的宠儿, 页 17 → An die Günstigen, S. 17
对月, 页 17 → An den Mond, S. 17
给月亮 (致露娜), 页 19 → An den Mond (An Luna), S. 19
致敏娘"日神的驾车", 页 20 → An Mignon „über Tal und Fluß"
给马车夫克罗诺斯, 页 22 → An Schwager Kronos, S. 22
安那克雷翁之墓, 页 24 → Anakreons Grab, S. 24
湖上, 页 24 → Auf dem See, S. 24
铭记在心, 页 25 → Beherzigung, S. 25
紫萝兰, 页 26 → Das Veilchen, S. 26
渔夫, 页 27 → Der Fischer, S. 27
图勒国王, 页 28 → Der König von Thule, S. 28
谬斯之子, 页 29 → Der Musensohn, S. 29
捕鼠者, 页 30 → Der Rattenfänger, S. 30
歌手, 页 31 → Der Sänger, S. 31
魔法学徒, 页 32 → Der Zauberlehrling, S. 32
掘宝者, 页 36 → Der Schatzgräber, S. 36
归顺女, 页 37 → Die Bekehrte, S. 37
未婚夫, 页 38 → Der Bräutigam, S. 38
其二
矜持的女郎, 页 39 → Die Spröde, S. 39
夜, 页 39 → Die Nacht, S. 39
一与万物, 页 40 → Eins und alles, S. 40
主显日, 页 41 → Epiphanias-Fest, S. 41
魔王, 页 42 → Erlkönig, S. 42
初次失恋, 页 43 → Erster Verlust, S. 43
四季春, 页 44 → Frühling übers Jahr, S. 44
甘倪美, 页 45 → Ganymed, S. 45
发现, 页 46 → Gefunden, S. 46
夫才兴发, 页 47 → Genialisch Treiben, S. 47
水上精灵之歌, 页 48 → Gesang der Geister über den Wassern, S. 48
竖琴手之歌第一首"谁未曾含泪啃食面包", 页 49 → Harfenspieler „Wer nie sein Brod mit Tränen aß", S. 49
竖琴手之歌第二首"谁要是沉溺于寂寞", 页 49 → Harfenspieler „Wer sich der Einsamkeit ergibt", S. 49
竖琴手之歌第三首"我要去沿门托钵", 页 50 → Harfenspieler „An die Türen will ich schleichen", S. 50
双叶银杏, 页 50 → Ginkgo Biloba, S. 50
同气相求, 页 51 → Gleich und gleich, S. 51
纺车旁的葛莉倩, 页 52 → Gretchen am Spinnrad
人类的极限, 页 53 → Grenzen der Menschheit, S. 53
野玫瑰, 页 54 → Heidenröslein, S. 54
勿叫我说, 页 55 → Heiß mich nicht reden, S. 55
结婚曲, 页 56 → Hochzeitlied, S. 56
一七七五年秋天 (秋思), 页 57 → Im Herbst 1775 (Herbstgefühl), S. 57
猎人夜曲, 页 57 → Jägers Abendlied, S. 57
你知道柠檬花开的地方? 页 58 → Kennst du das Land, S. 58

克蕾倩 (摘自《哀格蒙特》, 第二幕), 页59 → Klärchen „Die Trommel gerühret" (Ausz. aus *Egmont*, 2. Akt), S. 59

克蕾倩其二 (摘自《哀格蒙特》第三幕), 页60 → Klärchen „Freudvoll und leidvoll" (Ausz. aus *Egmont*, 3. Akt), S. 60

各种形貌的爱人, 页60 → Liebhaber in Allen Gestalten, S. 60

五月歌 "自然多么壮丽", 页62 → Mailied „Wie herrlich leuchtet", S. 62

海的寂静, 页63 → Meeres Stille, S. 63

敏娘之歌 "让我以这模样现身", 页64 → Mignon „So laßt mich scheinen, S. 64

赠与彩绘缎带, 页65 → Mit einem gemalten Band, S. 65

夜思, 页66 → Nachtgedanken, S. 66

夜曲, 页66 → Nachtgesang, S. 66

情人身边, 页67 → Nähe der Geliebten, S. 67

自然与艺术, 页68 → Natur und Kunst, S. 68

新的恋情, 新的生活, 页68 → Neue Liebe, neues Leben, S. 68

只有识得相思之情者, 页69 → Nur wer die Sehnsucht kennt, S. 69

费丽娜之歌 (不要用忧伤的声调吟唱), 页70 → Philines Lied „Singet nicht in Trauertönen", S. 70

普罗米修斯, 页71 → Prometheus, S. 71

无休止的爱, 页73 → Rastlose Liebe, S. 73

牧人的悲歌, 页74 → Schäfers Klagelied, S. 74

热望, 页75 → Sehnsucht, S. 75

极乐的向往, 页77 → Selige Sehnsucht, S. 77

让我穿这样现身, 页78 → So laßt mich scheinen, S. 78

苏莱卡 "西风啊", 页79 → Suleika „Ach, um deine feuchten Schwingen", S. 79

泪中慰藉, 页80 → Trost in Tränen, S. 80

午夜, 页81 → Um Mitternacht, S. 81

遗愿, 页81 → Vermächtnis, S. 81

浪子夜歌第一首 "你这来自天上的", 页82 → Wanderers Nachtlied „Der du von dem Himmel bist", S. 82

浪子夜歌第二首 "群峰之巅", 页83 → Wanderers Nachtlied „Über allen Gipfeln", S. 83

宇宙心, 页83 → Weltseele, S. 83

欢迎与离别, 页85 → Willkommen und Abschied, S. 85

悲中之喜, 页86 → Wonne der Wehmut, S. 86

吉普赛之歌, 页86 → Zigeunerlied, S. 86

中德季时咏诗, 页88 → Chinesisch-deutsche Jahres- und Tageszeiten, S. 88

请问, 我们官吏大人, 页89 → Sag', was könnt' uns Mandarinen, S. 89

洁白如百合、纯蜡, 页89 → Weiß wie Lilien, Reine Kerzen, S. 89

群羊走过草原, 页89 → Ziehn die Schafe von der Wiese, S. 89

孔雀叫声刺耳, 页90 → Der Pfau schreit häßlich, S. 90

展开你快乐的光泽, 页90 → Entwickle deiner Lüste Glanz, S. 90

杜鹃和夜鹰, 页90 → Der Guckkuck wie die Nachtigall, S. 90

她胜过最美的朝日, 页91 → War schöner als der schönste Tag, S. 91

夜幕低垂, 页91 → Dämmerung senkte sich von oben, S. 91

如今才知道玫瑰花苞, 页92 → Nun weiß man erst, was Rosenknospe sei, S. 92

你被誉为百花之最美, 页92 → Als Allerschönste bist du anerkannt, S. 92

我怕那恼人的, 页93 → Mich ängstigt das Verfängliche, S. 93

沉溺于往日的旧梦, 页93 → Hingesunken alten Träumen, S. 93

你们要干扰清静雅致, 页93 → Die stille Freude wollt ihr stören, S. 93

说吧! 在我们匆匆离去之前, 页94 → Nun denn! Eh' wir von hinnen eilen, S. 94

92.
歌德诗选 Gedichte Goethes. Eine Auswahl
王传善 书 Wang Chuanshan (Kalligraph)
南宁: 广西美术出版社, 1990年
外国名诗硬笔书法丛书, 吕洁编
附注: 王传善, 钦州地区教育学院美术科讲师
60页
歌德 诗 (33首) Goethe (33):
欢会和别离, 页1 → Willkommen und Abschied, S. 1

第一编：译诗目　Kapitel I: Dichtung

五月之歌"自然多明媚"，页 3 → Mailied „Wie herrlich die Natur", S. 3
野蔷薇，页 4 → Heidenröslein, S. 4
艺术爱好者和批评家，页 6 → Dilettant und Kritiker, S. 6
英灵的致词，页 7 → Geistes-Gruss, S. 7
普罗密修斯，页 8 → Prometheus, S. 8
湖上，页 11 → Auf dem See, S. 11
猎人的晚歌，页 13 → Jägers Abendlied, S. 13
浪游者的夜歌"你乃是从天而降"，页 14 → Wanderers Nachtlied „Der du von dem Himmel bist", S. 14
无休止的爱，页 14 → Rastlose Liebe, S. 14
航海，页 15 → Seefahrt, S. 15
对月，页 19 → An den Mond, S. 19
水上的精灵之歌，页 21 → Gesang der Geister über den Wassern, S. 21
浪游者的夜歌"群峰一片沉寂"，页 22 → Wanderers Nachtlied „Über allen Gipfeln", S. 22
我的女神，页 22 → Meine Göttin, S. 22
琴师"谁要是甘于忍受寂寞"，页 26 → Harfenspieler „Wer sich der Einsamkeit ergibt", S. 26
安那克瑞翁之墓，页 27 → Anakreons Grab, S. 27
清晨的悲叹，页 27 → Morgenklagen, S. 27
探望，页 32 → Der Besuch, S. 32
海的寂静，页 37 → Meeres Stille, S. 37
幸运的航海，页 37 → Glückliche Fahrt, S. 37
四季，页 38 → Vier Jahreszeiten (16 Gedichte), S. 38
给丽娜，页 42 → An Lina, S. 42
给亲切的读者，页 42 → An die Günstigen, S. 42
牧童的哀歌，页 43 → Schäfers Klagelied, S. 43
泪中的安慰，页 45 → Trost in Tränen, S. 45
无常中的永续，页 47 → Dauer im Wechsel, S. 47
亲密的会晤，页 50 → Freundliches Begegnen, S. 50
给独创的人们，页 51 → Den Originalen (WA [I], Bd. 2, S. 276), S. 51
发现，页 52 → Gefunden, S. 52
让我哭吧，页 53 → Lasst mich weinen! umschraenkt von Natur, S. 53
尽管你隐身藏形，页 54 → In tausend Formen magst du dich verstecken, S. 54
格言诗，页 57 → Sinnsprüche, S. 57

93.
中外名歌 666 首（上）→ 666 Volkslieder Chinas und des Auslands (Bd. I)
山立　编　Shan Li (Hrsg.)
北京: 北京十月文艺出版社, 1990 年
627 页, 4760 册
歌德诗（6 首）Goethe (6):
野玫瑰，魏尔纳曲，邓映易译，页 448 → Heidenröslein, übers. v. Deng Yingyi, S. 448
野玫瑰，邓映易译，页 449 → Heidenröslein, übers. v. Deng Yingyi, S. 449
路边的玫瑰，廖晓帆译配，页 450 → Heidenröslein, übers. v. Liao Xiaofan, S. 450
跳蚤之歌，斯特鲁戈夫什科夫俄译，穆索尔斯基曲，若般、戈宝权译词，若般、郑兴丽配歌，页 547 → Mephistos Flohlied (Faust, Ausz.), Textübers. v. Ruo Ban u. Ge Baoquan, Musik v. Ruo Ban u. Zheng Xingli, S. 547
紫罗兰，莫扎特曲，邓映易译配，页 479 → Das Veilchen, Musik v. Mozart, übers. v. Deng Yingyi, S. 479
我的女神，页 22 → Meine Göttin, S. 22

1991 年
94.
世界文学名著精选（三）——近代　Berühmte Werke der Weltliteratur aus neuerer Zeit, sorgfältig ausgewählt, Bd. III
无编者　Anon. (Hrsg.)
台北市: 新风出版社, 1991 年
歌德，页 121 → Goethe, S. 121
浮士德，页 125 → Faust, S. 125
歌德诗（4 首）Goethe (4):
普罗米修斯，刘德中译，页 148 → Prometheus, übers. v. Liu Dezhong, S. 148
浪游者之夜歌"一切的峰顶"，梁宗岱译，页 152 → Wandrers Nachtlied „Über allen Gipfeln", übers. v. Liang Zongdai, S. 152
幸福的憧憬，梁宗岱译，页 153 → Selige Sehnsucht, übers. v. Liang Zongdai, S. 153
跳蚤歌，梁宗岱译，页 155 → Mephistos Flohlied (Faust, Ausz.), übers. v. Liang Zongdai, S. 155

95.
中外十四行爱情诗一百首 → 100 chinesische und ausländische Sonette zur Liebe
宁建新、陈观亚、蔡新乐、陈范霞 编著 Ning Jianxin, Chen Guanya, Cai Xinle u. Chen Fanxia (Hrsg.)
成都: 四川文艺出版社, 1991 年
199 页, 4500 册
歌德诗 (3 首) Goethe (3)
巨大的惊异, 钱春绮译, 页 36 → Mächtiges Überraschen, übers. v. Qian Chunqi, S. 36
爱人的来信, 钱春绮译, 页 38 → Die Liebende schreibt, übers. v. Qian Chunqi, S. 38
旅行的干粮, 钱春绮译, 页 40 → Reisezehrung, übers. v. Qian Chunqi, S. 40

1992 年

96.
世界儿童文学名著鉴赏大典 (诗歌散文寓言卷) Großes Lexikon berühmter Werke der Kinderliteratur der Welt mit Interpretationen (Bd. für Lyrik, Prosa und Märchen)
白冰、汤锐 主编 Bai Bing u. Tang Rui (Hrsg.)
刘以林 副主编 Liu Yilin (Mithrsg.)
南宁: 广西人民出版社, 1992 年
6500 册
歌德 诗 (3 首) Goethe (3):
水上精灵之歌, 钱春绮译, 页 70 → Gesang der Geister über den Wassern, übers. v. Qian Chunqi, S. 70
跳蚤歌, 梁宗岱译, 页 70 → Mephistos Flohlied (Faust, Ausz.), übers. v. Liang Zongdai, S. 70
格言诗, 钱春绮译, 页 71 → Epigramme, übers. v. Qian Chunqi, S. 71

97.
世界情诗大观 Panorama der Liebesgedichte der Welt
王京 等编 Wang Jing (Hrsg.)
北京: 北京广播学院出版社, 1992 年
246 页, 6000 册
歌德诗 (5 首) Goethe (5)
野玫瑰, 页 114 → Heidenröslein, S. 114
相逢与别离, 页 116 → Willkommen und Abschied, S. 116
紫罗兰, 页 143 → Das Veilchen, S. 143
乘着歌声的翅膀, 页 145 → Auf Flügeln des Gesanges, S. 145
我站在高山之顶, 页 146 → Ich steh auf des Berges Spitze, S. 146
编者附注: 未署译者名, 最后两首系海涅而非歌德的诗, 张冠李戴也。

98.
世界文学精品大系 Große Reihe von Werken ersten Ranges der Weltliteratur
叶君健、刘烈恒 主编 Ye Junjian u. Liu Lieheng (Hrsg.)
沈阳: 春风文艺出版社, 1992 年
468 页, 3500 册
第 8 卷: 德国文学 Bd. 8: Die deutsche Literatur
歌德 Goethe:
浮士德, 刘宝龄、佳平缩写, 页 36 → Faust, abgekürzt v. Liu Baoling u. Jia Ping, S. 36
少年维特之烦恼, 佳平缩写, 页 64-77 → Die Leiden des jungen Werther, abgekürzt v. Jia Ping, S. 64-77
抒情诗选 (13 首), 钱春绮译, 尹岩辑 → Gedichte (13), übers. v. Qian Chunqi, ausgewählt v. Yin Yan
野蔷薇, 页 78 → Heidenröslein, S. 78
捉迷藏, 页 79 → Blinde Kuh, S. 79
初恋的丧失, 页 80 → Erster Verlust, S. 80
回味, 页 81 → Nachgefühl, S. 81
给远别的爱人, 页 81 → An die Entfernte, S. 81
河滨, 页 82 → Am Flusse, S. 82
憧憬, 页 82 → Sehnsucht „Was zieht mir das Herz so", S. 82
磨坊姑娘的背叛, 页 84 → Der Müllerin Verrat, S. 84
自白, 页 87 → Geständnis, S. 87
少女说, 页 88 → Das Mädchen spricht, S. 88
成长, 页 88 → Wachstum, S. 88
爱人第二次来信, 页 89 → Die Liebende abermals, S. 89
她不能终止, 页 90 → Sie kann nicht enden, S. 90

1993年

99.
现代译诗名家鸟瞰 Berühmte Übersetzer moderner Lyrik im Überblick
莫渝 著 Mo Yu (Verf.)
台北市: 幼狮文化事业公司, 1993年
现代人文库
315页
歌德诗 (2首) Goethe (2):
维特与绿蒂, 郭沫若译, 页32 → Zu den Leiden des jungen Werther (WA [I], Bd. 4, S. 162), übers. v. Guo Moruo, S. 32
猎人的晚歌, 钱春绮译, 页180 → Jägers Abendlied, übers. v. Qian Chunqi, S. 180

100.
中外名诗赏析大典 Großes Lexikon berühmter Gedichte des In- und Auslands mit Interpretationen
胡明扬 主编 Hu Mingyang (Hrsg.)
赵遐秋 副主编 Zhao Xiaqiu (Mithrsg.)
成都: 四川辞书出版社, 1993年
1788页, 6500册
歌德诗 (3首) Goethe (3):
[作者简介] 歌德, 页1419 → Goethe (Kurzbiographie), S. 1419
相逢与离别, 钱春绮译, 杨恒达析, 页1420 → Willkommen und Abschied, übers. v. Qian Chunqi, kommentiert v. Yang Hengda, S. 1420
五月之歌"明媚的自然", 钱春绮译, 杨恒达析, 页1422 → Mailied „Wie herrlich leuchtet", übers. v. Qian Chunqi, kommentiert v. Yang Hengda, S. 1422
普罗米修斯, 钱春绮译, 杨恒达析, 页1425 → Prometheus, übers. v. Qian Chunqi, kommentiert v. Yang Hengda, S. 1425

1994年

101.
把珍珠般的年龄写进诗里——精短纯诗 Schreibe das Alter wie eine Perle ins Gedicht: reine Gedichte kurz und bündig gefasst
赵国泰 编著 Zhao Guotai (Hrsg.)
武汉: 湖北美术出版社, 页1994年
232页, 1996年重印, 5001-15000册
歌德 Goethe
格言诗一束, 页195-198

102.
别泪——失恋的况味 Abschiedstränen: bitterer Liebeskummer
岳洪治 主编 Yue Hongzhi (Hrsg.)
郑秋子、朱迪 选编 Zheng Qiuzi u. Zhu Di (Mithrsg.)
北京: 中国青年出版社, 1994年
名家爱情诗分类精品; 5
353页
歌德诗 (4首) Goethe (4):
得救, 钱春绮译, 页46 → Rettung, übers. v. Qian Chunqi, S. 46
离别, 钱春绮译, 页47 → Der Abschied, übers. v. Qian Chunqi, S. 47
良夜, 钱春绮译, 页48 → Die schöne Nacht, übers. v. Qian Chunqi, S. 48
初恋的丧失, 钱春绮译, 页49 → Erster Verlust, übers. v. Qian Chunqi, S. 49

103.
沉醉——热恋的幻梦 Berauscht: Träume inmitten heißer Liebe
岳洪治 主编 Yue Hongzhi (Hrsg.)
纪华、张元生 选编 Ji Hua u. Zhang Yuansheng (Auswahl)
北京: 中国青年出版社, 1994年
472页
歌德诗 (6首) Goethe (6):
相逢与和离别, 钱春绮译, 页108 → Willkommen und Abschied, übers. v. Qian Chunqi, S. 108
爱人之旁, 钱春绮译, 页110 → Nähe des Geliebten, übers. v. Qian Chunqi, S. 110
给丽娜, 钱春绮译, 页111 → An Lina, übers. v. Qian Chunqi, S. 111
有生命的纪念品, 钱春绮译, 页111 → Liebendes Andenken, übers. v. Qian Chunqi, S. 111
给选定的爱人, 钱春绮译, 页113 → An die Erwählte, übers. v. Qian Chunqi, S. 113
克里斯台尔, 钱春绮译, 页114 → Christel, übers. v. Qian Chunqi, S. 114

104.

当我仰望着天上的彩虹——外国精短诗歌选粹 Beim Anblick des Regenbogens: die besten ausländischen Kurzgedichte

祝勇 编 Zhu Yong (Hrsg.)

北京: 时事出版社, 1994 年

休闲书屋, 祝勇 主编

133 页, 5000 册

歌德诗 (1 首) Goethe (1):

计时, 页 17 → Zeitmass, S. 17

105.

灵泉——爱情的奥秘 Heilige Quellen: Geheimnisse der Liebe

岳洪治 主编 Yue Hongzhi (Hrsg.)

向荣、李庆军 选编 Xiang Rong u. Li Qingjun (Auswahl)

北京: 中国青年出版社, 1994 年

名家爱情诗分类精品; 1

426 页

歌德诗 (3 首) Goethe (3):

幸福和梦, 钱春绮译, 页 105 → Glück und Traum/ Das Glück. An mein Mädgen, übers. v. Qian Chunqi, S. 105

回味, 钱春绮译, 页 106 → Nachgefühl, übers. v. Qian Chunqi, S. 106

绿蒂与维特, 郭沫若译, 页 106 → Zu den Leiden des jungen Werther (WA [I], Bd. 4, S. 162), übers. v. Guo Moruo, S. 106

106.

青吻——初恋的感觉 Erste Küsse: Gefühl junger Liebe

岳洪治 主编 Yue Hongzhi (Hrsg.)

李隆瑞、胡晓光 选编 Li Longrui u. Hu Xiaoguang (Auswahl)

北京: 中国青年出版社, 1994 年

名家爱情诗分类精品; 2

歌德诗 (2 首) Goethe (2):

找到了, 张君川、杜苕译, 页 40 → Gefunden, übers. v. Zhang Junchuan und Du Shao, S. 40

任凭你在千种形式里隐身, 冯至译, 页 41 → In tausend Formen magst du dich verstecken, übers. u. kommentiert v. Feng Zhi, S. 41

107.

奇境——婚后的旅行 Wunderbare Landschaften: Reise nach der Hochzeit

岳洪治 主编 Yue Hongzhi (Hrsg.)

周悦、玫泽 选编 Zhou Yue u. Mei Ze (Auswahl)

北京: 中国青年出版社, 1994 年

名家爱情诗分类精品; 4

458 页

歌德诗 (5 首) Goethe (5):

盟誓之歌, 钱春绮译, 页 81 → Bundeslied, übers. v. Qian Chunqi, S. 81

骑士库尔特迎亲歌, 钱春绮译, 页 83 → Ritter Curts Brautfahrt, übers. v. Qian Chunqi, S. 83

新婚之夜, 钱春绮译, 页 85 → Brautnacht „Im Schlafgemach, entfernt vom Fest", übers. v. Qian Chunqi, S. 85

发现, 钱春绮译, 页 86 → Gefunden, übers. v. Qian Chunqi, S. 86

整年的春天, 钱春绮译, 页 87 → Frühling über's Jahr, übers. v. Qian Chunqi, S. 87

1995 年

108.

百读不厌: 青少年必读世界文学名著(上、下卷) Immer gern gelesen: berühmte Werke der Weltliteratur als Pflichtlektüre für Kinder und Jugendliche (Bd. I u. II)

王馨钵、王嘉陵 编 Wang Xinbo u. Wang Jialing (Hrsg.)

成都: 四川人民出版社, 1995 年

10000 册

上册 Bd. I

诗歌卷 Gedichte

德国 Deutschland

歌德诗 (2 首) Goethe (2):

对月, 钱春绮译, 页 177 → An den Mond, übers. v. Qian Chunqi, S. 177

迷娘歌 "你可知道", 梁宗岱译, 页 179 → Mignon „Kennst du das Land", übers. v. Liang Zongdai, S. 179

109.

世界名歌 300 首 → 300 Volkslieder der Welt

孔令华 选编 Kong Linghua (Hrsg.)

大连: 辽宁师范大学出版社, 1995 年
550 页, 8000 册
歌德诗 (5 首) Goethe (5):
土拨鼠, 贝多芬曲, 廖晓帆译配, 页 133 →
  Marmotte „Ich komme schon durch manches
  Land", Musik v. Beethoven, Textübersetzung v.
  Liao Xiaofan, S. 133
路边的玫瑰, 威柏 (1786-1826)曲, 廖晓帆译配,
  页 138 → Heidenröslein, Musik v. Weber, Carl
  Maria von (1786-1826), übers. v. Liao Xiaofan,
  S. 138
紫罗兰, 邓映易译配, 页 166 → Das Veilchen,
  übers. v. Deng Yingyi, S. 166
野玫瑰, 舒柏特曲, 邓映易译, 页 170 →
  Heidenröslein, Musik v. Franz Schubert, übers.
  v. Deng Yingyi, S. 170
魔王, 舒柏特曲, 尚家骧译配, 页 176 →
  Erlkönig, Musik v. Franz Schubert,
  Textübersetzung v. Shang Jiaxiang, S. 176

1996 年

110.
爱情的故事——德语国家情诗三百首
  Liebesgeschichten – 300 deutsche
  Liebesgedichte
方维规　编译　Fang Weigui (Übers.)
北京：作家出版社，1996 年
编者提示：选译几世纪德语国家 203 位诗人共
  308 首诗，按题材分成 11 组。附"译诗出
  处"和"人名索引"，人名汉德对照，惜无
  生卒年月和作者介绍。
476 页
歌德诗 (9 首) Goethe (9)
重合"真的吗？群星之王", 页 6 →
  Wiederfinden „Ist es möglich! Stern der
  Sterne", S. 6
马不停蹄的爱, 页 9 → Rastlose Liebe, S. 9
不知是不是爱你, 页 52 → Ob ich dich liebe,
  weiß ich nicht, S. 52
啊，我和你, 页 53 → Ach, wie bist du mir, S.
  53
不离秋水伊人, 页 201 → Ich denke dein, wenn,
  S. 201
她怎么也忘不了, 页 205 → Sie kann nicht
  enden, S. 205

目光相对, 页 255 → Blick um Blick, S. 255
致西风[26], 页 270 → Ach! Um deinen feuchten
  Schwingen, S. 270
读本, 页 456 → Lesebuch, S. 456

111.
歌德诗选　Gedichte Goethes. Eine Auswahl
魏家国　译　Wei Jiaguo (Übers.)
合肥: 安徽文艺出版社, 1996 年
11+330 页，5000 册

112.
裴斯泰洛齐选集 (第二卷) Pestalozzi:
  ausgewählte Werke, Bd. II
裴斯泰洛齐　著　Pestalozzi, Johann Heinrich
  (Verf.)
布律迈尔, 阿图尔　主编　Brühlmeier, Arthur
  (Hrsg.)
戴行福　[等]译　Dai Xingfu u. a. (Übers.)
杜文堂　审校　Du Wentang (Mitwirkung)
北京: 教育科学出版社, 1996 年
415 页, 1000 册
歌德诗 (1 首) Goethe (1):
神性, 李士勋译, 页 53 → Das Göttliche, übers. v.
  Li Shixun, S. 53

113.
外国名诗 100 首　→　100 berühmte ausländische
  Gedichte
黎华　编著　Li Hua (Hrsg.)
武汉: 湖北教育出版社, 1996 年
青橄榄诗库
204 页, 5000 册
歌德诗 (1 首) Goethe (1)
迷娘歌"你可知道", 梁宗岱译, 页 77 →
  Mignon „Kennst du das Land", übers. v. Liang
  Zongdai, S. 77
作者简介, 页 78 → Goethe (Kurzbiographie), S.
  78

---
[26] 与别的选本不同，译者称该诗的作者是"玛丽安妮·封·维勒默尔"。

114.
中国对德国文学影响史述 Geschichte der chinesischen Einflüsse in der deutschen Literatur
卫茂平　著 Wei Maoping (Verf.)
上海: 上海外语教育出版社, 1996 年
国家教委"七五"青年社科基金项目
560 页, 2000 册
歌德诗（19 首）Goethe (19)
罗马的中国人, 钱春绮译, 页 101 → Der Chinese in Rom, übers. v. Qian Chunqi, S. 101
薛瑶英(唐诗), 歌德德译, 钱春绮汉译, 页 110 → Fräulein See-yaou-Hing (Tang-Lyrik), deutsch übers. v. Goethe, chinesisch übers. v. Qian Chunqi, S. 110
梅妃(唐诗), 歌德德译, 钱春绮汉译, 页 112 → Fräulein Me-Fe (Tang-Lyrik), deutsch übers. v. Goethe, chinesisch übers. v. Qian Chunqi, S. 112
冯小怜(唐诗), 歌德德译, 钱春绮汉译, 页 113 → Fräulein Fung-Sean-Ling (Tang-Lyrik), deutsch übers. v. Goethe, chinesisch übers. v. Qian Chunqi, S. 113
开元宫人(唐诗), 歌德德译, 钱春绮汉译, 页 114 → Kae-Yuen (Tang-Lyrik), deutsch übers. v. Goethe, chinesisch übers. v. Qian Chunqi, S. 114
中德岁时诗, 组诗 14 首, 钱春绮译 Chinesisch-deutsche Jahres- und Tageszeiten (Gedichtzyklus), übers. v. Qian Chunqi
诗一"请问, 我们官吏大人", 页 119 → Nr. 1 „Sag was könnt' uns Mandarinen", S. 119
诗二"白如百合, 洁似蜡烛", 页 120 → Nr. 2 „Weiß wie Lilien, reine Kerzen", S. 120
诗三"在牧场上走过群羊", 页 122 → Nr. 3 „Ziehn die Schafe von der Wiese", S. 122
诗四"孔雀叫得难听", 页 124 → Nr. 4 „Der Pfau schreit hässlich, aber sein Geschrei", S. 124
诗五"发射你的喜悦的光华", 页 125 → Nr. 5 „Entwickle deiner Lüste Glanz", S. 125
诗六"不论是夜莺还是杜宇", 页 126 → Nr. 6 „Der Kuckuck wie die Nachtigall", S. 126
诗七"她比最美的白天还美", 页 128 → Nr. 7 „War schöner als der schönste Tag", S. 128
诗八"朦胧的暮色从上空降临", 页 129 → Nr. 8 „Dämmerung senkte sich von oben", S. 129
诗九"如今人们才认识蔷薇花苞", 页 132 → Nr. 9 „Nun weiß man erst was Rosenknospe sei", S. 132
诗十"你被大家公认为美丽无双", 页 132 → Nr. 10 „Als allerschönste bist du anerkannt", S. 132
诗十一"我害怕那骗人的把戏", 页 133 → Nr. 11 „Mich ängstigt das verfängliche", S. 133
诗十二"往日的梦影俱已消去", 页 135 → Nr. 12 „Hingesunken alten Träumen", S. 135
诗十三"你要干扰平静的欢喜", 页 135 → Nr. 13 „Die stille Freude wollt ihr stören", S.135
诗十四"好吧, 在我们临去之前", 页 136 → Nr. 14 „Nun denn! Eh' wir von hinnen eilen", S. 136

115.
宗白华学术文化随笔 Zong Baihua's wissenschaftliche und kulturelle Essays
王岳川　编 Wang Yuechuan (Hrsg.)
北京: 中国青年出版社, 1996 年
二十世纪中国学术文化随笔大系
290 页, 6000 册
歌德诗（1 首）Goethe (1)
死与生, 宗白华译, 页 270-271 → Selige Sehnsucht, übers. v. Zong Baihua, S. 270-271

1997 年
116.
世界诗苑英华(共 10 卷) Blütenlese aus dem Garten der Poesie aller Welt (10 Bde.)
姜桂栩　主编 Jiang Guixu (Hrsg.)
济南: 山东大学出版社, 1997 年
第九卷: 歌德 Bd. IX: Goethe
杨武能　译 Yang Wuneng (Übers.)
2000 册
歌德诗（140 首）Goethe (140)
前言, 页 1 → Vorwort, S. 1
致我的母亲, 页 1 → An meine Mutter, S. 1
良宵, 页 2 → Die schöne Nacht, S. 2

第一编：译诗目 Kapitel I: Dichtung

欢愉, 页 3 → Die Freuden, S. 3

变换, 页 4 → Unbeständigkeit, S. 4

我是否爱你，我不知道, 页 5 → Ob ich Dich liebe weiß ich nicht, S. 5

我很快就来，可爱的姐妹, 页 6 → Ich komme bald, ihr goldnen Kinder, S. 6

彩绘的缎带, 页 7 → Mit einem gemalten Band, S. 7

欢聚与离别, 页 8 → Willkommen und Abschied, S. 8

醒来吧，弗莉德里克, 页 10 → Erwache Friedericke, S. 10

五月歌"大地多么辉煌", 页 13 → Mailied „Wie herrlich leuchtet", S. 13

灰黯、阴郁的早晨, 页 15 → Ein grauer trüber Morgen, S. 15

我是多么想念你啊, 页 17 → Ach wie sehn ich mich nach Dir, S. 17

野玫瑰, 页 18 → Heidenröslein, S. 18

甜蜜的青春的苦闷, 页 20 → „Ein zärtlich jugendlicher Kummer", S. 20

紫罗兰, 页 22 → Das Veilchen, S. 22

穆罕默德之歌, 页 24 → Mahomets Gesang, S. 24

普罗米修斯, 页 28 → Prometheus, S. 28

伽尼墨德斯, 页 31 → Ganymed, S. 31

致驭者克洛诺斯, 页 33 → An Schwager Kronos, S. 33

海上的航行, 页 35 → Seefahrt, S. 35

冬游哈尔茨山, 页 38 → Harzreise im Winter, S. 38

朝圣者的晨歌·致莉拉, 页 43 → Pilgers Morgenlied, S. 43

致绿蒂, 页 45 → An Charlotte Kestner geb. Buff <Frankfurt, Sept. 1773> (WA [IV], Bd. 2, S. 106), S. 45

图勒王, 页 46 → Der König in Thule, S. 46

题《少年维特的烦恼》, 页 48 → Zu den Leiden des jungen Werther (WA [I], Bd. 4, S. 162), S. 48

题于 J. M. R.·棱茨的纪念册, 页 49 → Zur Erinnerung guter Stunden [In das Stammbuch von Lenz] (WA [I], Bd. 4, S. 203), S. 49

集会之歌, 页 50 → Bundeslied (WA [I], Bd. 1, S. 117), S. 50

新的爱情 新的生活, 页 52 → Neue Liebe, neues Leben, S. 52

致白琳德, 页 54 → An Belinden, S. 54

留下吧，请留在我身边, 页 56 → Bleibe, bleibe bei mir, S. 56

渴慕, 页 57 → Sehnsucht „Dieß wird die letzte Thrän' nicht sein" S. 57

丽莉的动物园, 页 58 → Lili's Park, S. 58

湖上, 页 64 → Auf dem See, S. 64

如果我，亲爱的丽莉，不爱你, 页 66 → Vom Berge „Wenn ich, liebe Lili, dich nicht liebte" (WA [I], Bd. 1, S. 79), S. 66

秋思, 页 67 → Herbstgefühl, S. 67

慰藉"别擦去，别擦去", 页 68 → Wonne der Wehmut, S. 68

可爱的丽莉，你曾一度, 页 69 → An Lili. Waldeck bei Jena, den 24. December 1775 „Holde Lili, warst so lang (WA [I], Bd. 1, S. 204), S. 69

致丽莉——题于一册《施苔拉》, 页 70 → An Lili. [In ein Exemplar der *Stella*] „Im holden Thal, auf schneebedeckten Höhen (WA [I], Bd. 1, S. 204), S. 70

致我的金鸡心, 页 71 → An ein goldnes Herz, das er am Halse trug, S. 71

致洛特馨, 页 72 → An die Lottchen, S. 72

你们凋谢了，甜蜜的玫瑰, 页 75 → „Ihr verblühet, süße Rosen" (WA [I], Bd. 4, S. 96), S. 75

丽达之歌及其他 (13 首), 页 76

羁绊, 页 76 → Einschränkung, S. 76

守猎者的夜歌, 页 76 → Jägers Abendlied, S. 76

为何你给我们深邃的目光, 页 77 → Warum gabst du uns die tiefen Blicke – an Frau v. Stein, S. 77

摘自给封·施泰因夫人的信, 页 80 → Aus Briefen an Charlotte von Stein, S. 80

随《维特的烦恼》题赠封·施泰因夫人, 页 81 → „Was mir im Kopf und Herzen stritt", S. 81

无休止的爱, 页 81 → Rastlose Liebe, S. 81

致丽达, 页 82 → An Lida, S. 82

是的，我纵然已将你远离, 页 83 → Gewiß ich wäre schon so ferne ferne, S. 83

唉，已经完全变了, 页 84 → „Ach wie bist du mir", S. 84

我们从何而生, 页 84 → Woher sind wir geboren, S. 84

对月, 页 85 → An den Mond, S. 85

希望, 页 87 → Hoffnung, S. 87

忧虑, 页 87 → Sorge, S. 87

夜思, 页 88 → Nachtgedanken, S. 88

冰上人生, 页 89 → Mut „Sorglos über die Fläche weg", S. 89

法庭答辩, 页 90 → Vor Gericht, S. 90

怯懦的思想, 页 92 → Feiger Gedanken, S. 92

人的感情, 页 93 → Menschengefühl, S. 93

渔夫, 页 94 → Der Fischer, S. 94

几滴神酒, 页 96 → Die Nektartropfen, S. 96

致约翰尼斯·塞孔杜斯的在天之灵, 页 98 → An den Geist des Johannes Sekundus, S. 98

爱的需要, 页 100 → Liebebedürfnis, S. 100

无题 "无所不在的神们", 页 101 → Aus einem Brief an Auguste zu Stolberg, Weimar, 17.7.1777, „Alles gaben Götter", S. 101

墓铭, 页 102 → Grabschrift „Als Knabe verschlossen und trutzig", S. 102

漫游者的夜歌（之一，1776）"你从天国中来"，页 103 → Wandrers Nachtlied „Der du von dem Himmel bist", S. 103

漫游者的夜歌（之二，1880）"所有的峰顶"，页 104 → Wandrers Nachtlied „Über allen Gipfeln", S. 104

水上精灵之歌, 页 105 → Gesang der Geister über den Wassern, S. 105

我的女神, 页 107 → Meine Göttin, S. 107

人的局限, 页 111 → Grenzen der Menschheit, S. 111

神性, 页 113 → Das Göttliche, S. 113

魔王, 页 116 → Erlkönig, S. 116

父亲给我强健的体魄, 页 118 → Vom Vater hab' ich die Statur..., S. 118

《威廉·迈斯特》的插曲（7首）, 页 119

迷娘曲（之一）"你知道吗, 那柠檬花开的地方", 页 119 → Mignon „Kennst du das Land", S. 119

迷娘曲（之二）"只有懂得相思的人", 页 120 → Mignon „Nur wer die Sehnsucht kennt", S. 120

迷娘曲（之三）"别让我讲, 让我沉默", 页 120, → Mignon „Heiß mich nicht reden", S. 120

琴师之歌（之一）"谁不曾和泪咽过面包", 页 121 → Harfenspieler „Wer nie sein Brod mit Tränen aß", S. 121

琴师之歌（之二）"谁要是自甘寂寞", 页 122 → Harfenspieler „Wer sich der Einsamkeit ergibt", S. 122

琴师之歌（之三）"我要走到一家家门前", 页 122 → Harfenspieler „An die Türen will ich schleichen", S. 122

菲莉涅之歌, 页 123 → Philine, S. 123

罗马的中国人, 页 125 → Der Chinese in Rom, S. 125

瑞士阿尔卑斯山, 页 126 → Schweizeralpe, S. 126

风景画家阿摩, 页 127 → Amor ein Landschaftsmaler, S. 127

轻浮、固执的丘彼特, 页 130 → „Cupido, loser eigensinniger Knabe" (WA [I], Bd. 4, S.104), S. 130

探访, 页 131 → Der Besuch, S.131

清晨的哀怨, 页 134 → Morgenklagen, S. 134

放肆而快活, 页 137 → Frech und froh „Liebesqual verschmäht mein Herz", S. 137

科夫塔之歌, 页 138 → Koptisches Lied „Geh, gehorche meinen Winken", S. 138

海的寂静, 页 139 → Meeres Stille, S. 139

幸运的航行, 页 140 → Glückliche Fahrt, S. 140

爱人的近旁, 页 141 → Nähe des Geliebten, S. 141

诀别, 页 143 → Abschied „Zu lieblich ists, ein Wort zu brechen", S. 143

致莉娜, 页 144 → An Lina, S. 144

致迷娘 "日神驾驭着金车", 页 145 → An Mignon „Über Tal und Fluß", S. 145

缪斯之子, 页 147 → Der Musensohn, S. 147

致亲爱的读者, 页 149 → An die Günstigen, S. 149

自然与艺术, 页 150 → Natur und Kunst, S. 150

早春, 页 151 → Frühzeitiger Frühling, S. 151

泪里的慰藉, 页 153 → Trost in Tränen, S.153

无常中的永恒, 页 155 → Dauer im Wechsel, S. 155

幸福的夫妻, 页 157 → Die glücklichen Gatten, S. 157

五月之歌 "小麦和裸麦的中间", 页 161 → Mailied „Zwischen Weizen und Korn", S. 161

花的问候, 页 163 → Blumengruss, S. 163

现形, 页 164 → Gegenwart, S. 164

发现, 页 166 → Gefunden, S. 166

天生一对儿, 页 168 → Gleich und gleich, S. 168
给心上人, 页 169 → An die Erwählte, S. 169
第一次失恋, 页 171 → Erster Verlust, S. 171
致远去的爱人, 页 172 → An die Entfernte, S. 172
夜歌, 页 173 → Nachtgesang, S. 173
冷酷的牧羊女, 页 175 → Die Spröde, S. 175
钟情的牧羊女, 页 176 → Die Bekehrte, S. 176
回味, 页 177 → Nachgeschmack, S. 177
牧羊人的哀歌, 页 178 → Schäfers Klagelied, S. 178
成长, 页 180 → Wachstum, S. 180
离别, 页 181 → Abschied „War unersättlich", S. 181
幸福的渴望, 页 182 → Selige Sehnsucht, S. 182
二裂银杏叶, 页 184 → Gingo biloba, S. 184
重逢, 页 185 → Wiederfinden, S. 185
任随你千姿百态, 藏形隐身, 页 188 → In tausend Formen magst du dich verstecken, S. 188
书, 页 190 → Lesebuch, S. 190
春满四时, 页 191 → Frühling über's Jahr, S. 191
三月, 页 193 → März, S. 193
目光, 页 194 → Blick um Blick, S. 194
在夜半, 页 195 → Um Mitternacht ging ich, S. 195
两个世界之间, 页 196 → Zwischen beiden Welten, S. 196
漫游者之福, 页 197 → Wandersegen, S. 197
致乌尔莉克·封·勒维佐夫, 页 198 → An Ulrike von Levetzow (WA [I], Bd. 4, S. 264), S. 198
爱欲三部曲·致维特, 页 201 → Trilogie der Leidenschaft. An Werther, S. 201
哀歌, 页 204 → Elegie, S. 204
抚慰, 页 211 → Aussöhnung, S. 211
致美利坚合众国, 页 213 → Den Vereinigten Staaten, S. 213
致拜伦爵士, 页 214 → An Lord Byron (WA [I], Bd. 4, S. 106), S. 214
未婚夫, 页 216 → Der Bräutigam, S. 216
中德四季晨昏杂咏, 页 218 → Chinesisch-Deutsche Jahres- und Tageszeiten, S. 218
给升起的满月, 页 224 → Dem aufgehenden Vollmonde, S. 224
清晨, 山谷、群山和庭园, 页 225 → Dornburg „Früh, wenn Tal, Gebirg und Garten" S. 225
遗嘱, 页 226 → Vermächtnis, S. 226

1998 年
117.
人类文化遗产宝库, 第四卷 Schatzkammer des Kulturerbes der Menschheit, Bd. IV
张世明 主编 Zhang Shiming (Hrsg.)
北京: 中国青年出版社, 1998 年
3000 册
第十四部分: 外国文学篇 Teil XIV: Ausländische Literatur
歌德诗 (3 首) Goethe (3)
歌德, 页 2535 → Goethe, S. 2535
绿蒂与维特, 页 2596 → Zu den Leiden des jungen Werther (WA [I], Bd. 4, S. 162), S. 2596
对月, 页 2597 → An den Mond, S. 2597
少年维特的烦恼, 页 2824 → Die Leiden des jungen Werther, S. 2824
浮士德, 页 2825 → Faust, S. 2825
相逢与离别, 页 2857 → Willkommen und Abschied, S. 2857
歌德与论敌窄路相逢, 页 2908 → Goethe trifft auf seinen Opponenten in einem Hohlweg, S. 2908

1999 年
118.
德国馆文讯 Bücher in der Halle „Deutschland". Informationen
台北国际书展德国馆 编
法兰克福: 法兰克福图书博览公司, 1999年
歌德诗 (1 首) Goethe (1)
早熟的天才, 诗心、童心●德国文豪歌德八岁诗作, 为祖父祖母贺年, 郑芳雄译, 页1 → Bei dem erfreulichen Anbruche des 1757. Jahres, übers. v. Dscheng Fang-hsiung (Zheng Fangxiong), S. 1

119.
歌德诗集 Gesammelte Gedichte Goethes
魏家国 译 Wei Jiaguo (Übers.)
北京: 大众文艺出版社, 1999 年
世界文学名著百部
300 册
歌德诗 (137 首) Goethe (137)

第一编：译诗目 Kapitel I: Dichtung

文学艺术王冠上的璀璨明珠 (魏家国) Eine glanzvolle Perle an der Königskrone der Literatur und Kunst (Wei Jiaguo)

1770-1786

昏暗的晨光, 页1 → Ein grauer trüber Morgen, S. 1

欢会与别离, 页3 → Willkommen und Abschied, S. 3

野地里的小玫瑰, 页5 → Heidenröslein, S. 5

绘画彩带, 页7 → Mit einem gemalten Band, S. 7

五月之歌 "自然壮丽", 页9 → Mailied „Wie herrlich leuchtet", S. 9

弗里德利克, 醒来吧, 页11 → Erwache Friedericke, S. 11

漫游者的暴风雨之歌, 页13 → Wandrers Sturmlied, S. 13

吉卜赛人之歌, 页19 → Zigeunerlied, S. 19

悲歌, 页21 → Elegie, S. 21

穆罕默德之歌, 页23 → Mahomets Gesang, S. 23

紫罗兰, 页27 → Das Veilchen, S. 27

克利斯泰然, 页 29 → Christel, S. 29

不忠实的少年, 页31 → Der ungetreue Knabe, S. 31

图莱的国王, 页33 → Der König in Thule, S. 33

司酒少年 "你借用晨光", 页35

致邮政马车夫克罗洛斯, 页37 → An Schwager Kronos, S. 37

普罗米修斯, 页40 → Prometheus, S. 40

艺术家的晚歌, 页43 → Künstlers Abendlied, S. 43

新的爱情, 新的生活, 页45 → Neue Liebe, neues Leben, S. 45

致白林彤, 页47 → An Belinden, S. 47

眷恋, 页 49 → Sehnsucht „Dieß wird die letzte Thrän' nicht sein" S. 49

致洛特辛, 页50 → An die Lottchen, S. 50

湖上, 页53 → Auf dem See, S. 53

下山, 页55 → Vom Berge „Wenn ich, liebe Lili, dich nicht liebte" (WA [I], Bd. 1, S. 79), S.

秋思, 页56 → Herbstgefühl, S. 56

丽丽的动物园, 页57 → Lili's Park, S. 57

〈少年维特之烦恼〉1775年第二版题诗, 页63 → Zu den Leiden des jungen Werther (WA [I], Bd. 4, S. 162) (Ausz.), S. 63

幸福的航程, 页64 → Glückliche Fahrt, S. 64

克莱尔欣, 页65 → Klärchen, S. 65

挂在颈项上的金鸡心, 页66 → An ein goldnes Herz, das er am Halse trug, S. 66

致丽丽, 页69 → An Lili [In ein Exemplar der *Stella*]. „Im holden Thal, auf schneebedeckten Höhen (WA [I], Bd. 1, S. 204), S. 69

漫游者夜歌 (一), 页70 → Wandrers Nachtlied „Der du von dem Himmel bist", S. 70

汉斯·萨克斯的诗歌使命, 页71 → Hans Sachsens poetische Sendung, S. 71

致夏洛蒂·冯·施坦因 (一) "为何你赐予我们敏锐的洞察力", 页80 → Warum gabst du uns die tiefen Blicke – an Frau v. Stein, S. 80

永恒的爱, 页83 → Rastlose Liebe, S. 83

致夏洛蒂·冯·施坦因 (二), 页85 → Aus den Briefen an Charlotte von Stein (29.06./21. u. 22.07./07.08./02.09./01.10.1776), S. 85

航海, 页88 → Seefahrt, S. 88

法庭前, 页91 → Vor Gericht, S. 91

牢记, 页93 → Feiger Gedanken, S. 93

献给月光, 页94 → An den Mond, S. 94

冬游哈尔茨山, 页97 → Harzreise im Winter, S. 97

回忆, 页102 → Erinnerung, S. 102

渔夫, 页103 → Der Fischer, S. 103

人性的界限, 页105 → Grenzen der Menschheit, S. 105

致夏洛蒂·冯·施坦因(三) "我已收下你的函候, 你的情", 页108 → „Diese Grüße hab' ich wohl erhalten", S. 108

水上精灵之歌, 页109 → Gesang der Geister über den Wassern, übers. v. Feng Zhi, S. 109

近旁, 页111 → Nähe (WA [I], Bd. 2, S. 109), S. 111

致难以接近的女性, 页112 → Die Spröde, S. 112

人情, 页113 → Menschengefühl, S. 113

漫游者夜歌 (二) "群峰", 页114 → Wandrers Nachtlied „Über allen Gipfeln", S. 114

致夏洛蒂·冯·施坦因 (四), 页115 → Aus den Briefen an Charlotte von Stein „Zum Tanze schick ich" (09.12./10.12..1780), S. 115

显灵节, 页117 → Epiphanias, S. 117

夜思, 页119 → Nachtgedanken, S. 119

竖琴演奏者（一）"谁要是甘心于寂寞"，页120 → Harfenspieler (1) „Wer sich der Einsamkeit ergibt", S. 120

魔王，页122 → Erlkönig, S. 122

歌手，页124 → Der Sänger, S. 124

竖琴演奏者（二）"有谁未曾含泪吃着他的面包"，页127 → Harfenspieler „Wer nie sein Brod mit Tränen aß", S. 127

伊尔美瑙，页128 → Ilmenau, S. 128

神性，页137 → Das Göttliche, S. 137

迷娘（一）"那儿柠檬花盛开"，页140 → Mignon „Kennst du das Land", S. 140

致夏洛蒂·冯·施坦因（五），页142 → Aus dem Brief an Charlotte von Stein (24.08.1784) „Gewiß ich wäre schon", S. 142

初恋失败，页143 → Erster Verlust, S. 143

永远，页144 → Für ewig, S. 144

迷娘（二）"谁解渴求人"，页145 → Mignon „Nur wer die Sehnsucht kennt", S. 145

1787-1810

科夫特之歌，页146 → Kophtisches Lied „Geh, gehorche meinen Winken", S. 146

科皮杜，页147 → „Cupido, loser eigensinniger Knabe" (WA [I], Bd. 4, S.104), S. 147

访问，页148 → Der Besuch, S. 148

清晨的哀诉，页151 → Morgenklagen, S. 151

罗马悲歌（20首），页154 → Römische Elegien (20), S. 154

捕鼠者，页179 → Der Rattenfänger, S. 179

纺织女，页181 → Die Spinnerin, S. 181

大海的宁静，页183 → Meeres Stille, S. 183

迷娘（三）"我要闭口，我要缄默"，页184 → Mignon „Heiß mich nicht reden", S. 184

竖琴演奏者（三）"我要挨门挨户悄悄前行"，页186 → Harfenspieler „An die Türen will ich schleichen", S. 186

菲丽妮，页187 → Philine, S. 187

爱人之旁，页189 → Nähe des Geliebten, S. 189

迷娘（四）"让我出现，直到成为天使"，页191 → Mignon „So lasst mich scheinen", S. 191

掘宝人，页193 → Der Schatzgräber, S. 193

事后的感觉，页196 → Nachgefühl, S. 196

致迷娘"日神的车子"，页197 → An Mignon „Über Tal und Fluß", S. 197

科林斯的未婚妻，页199 → Die Braut von Corinth, S. 199

神和舞女，页209 → Der Gott und die Bajadere, S. 209

魔术师的门徒，页214 → Der Zauberlehrling, S. 214

致好心的读者，页219 → An die Günstigen, S. 219

自然和艺术，页220 → Natur und Kunst, S. 220

更迭中的持续，页222 → Dauer im Wechsel, S. 222

早到的春天，页224 → Frühzeitiger Frühling, S. 224

新年，页226 → Zum neuen Jahr, S. 226

错觉，页228 → Irrtum „Wer hat's gewollt", S. 228

婚礼之歌，页229 → Hochzeitslied „Wir singen und sagen vom Grafen", S. 229

小夜曲，页233 → Nachtgesang „O gib, vom weichen Pfühle", S. 233

向往，页235 → Sehnsucht „Was zieht mir das Herz so", S. 235

泪水中的安慰，页237 → Trost in Tränen, S. 237

席勒的〈大钟歌〉跋，页239 → Supplement zu Schillers Glocke, S. 239

亲切的邂逅，页245 → Freundliches Begegnen, S. 245

告别，页246 → Abschied „War unersättlich", S. 246

爱人的来信，页247 → Die Liebende schreibt, S. 247

1810-1832

五月之歌"小麦和大麦之间"，页248 → Mailied „Zwischen Weizen und Korn", S. 248

你要进入无限，页250

眼前，页251 → Gegenwart, S. 251

忠实的艾卡特，页253 → Die getreue Eckart, S. 253

骷髅舞，页256 → Der Totentanz, S. 256

飞行的大钟，页259 → Die wandlende Glocke, S. 259

发现，页261 → Gefunden, S. 261

叙事诗，263 → Ballade „Herein, o du Guter", S. 263

财产"我知道，我一无所有"，页268 → Eigentum „Ich weiß, daß mir nichts angehört", S. 268

护身符，页269 → Talismane „Im Atemholen sind zweierlei Gnaden" (WA [I], Bd. 6, S. 11), S. 269

醉酒, 页270 → Trunken müssen wir alle seyn, S. 270

我的遗产, 页271 → Mein Erbtheil wie herrlich, weit und breit, S. 271

洪流, 页272 → Die Flut der Leidenschaft sie stürmt vergebens, S. 272

现象, 页273 → Phaenomen, S. 273

天堂的向往, 页274 → Selige Sehnsucht, S. 274

无限, 页276 → Unbegrenzt, S. 276

有权利的男子汉, 页278 → Berechtigte Männer, S. 278

苏来卡（一）, 页282 → Was bedeutet die Bewegung, S. 282

重逢, 页284 → Wiederfinden, S. 284

苏来卡（二）, 页287 → Ach! Um deinen feuchten Schwingen, S. 287

哈台木, 页289 → Locken! Haltet mich gefangen, S. 289

我怎能保持欢乐, 页290 → Wie sollte ich heiter bleiben, S. 290

苏来卡（三）"我怀着由衷的欣喜", 页291 → Wie! Mit innigstem Behagen, S. 291

三月, 页292 → März, S. 292

在午夜时分, 页293 → Um Mitternacht ging ich, S. 293

漫游之歌"从山上沿着山谷而下", 页294 → Wanderlied „Von dem Berge zu den Hügeln" (WA [I], Bd. 3, S. 58), S. 294

言归于好"热情带来烦恼", 页296 → Aussöhnung „Die Leidenschaft bringt Leiden", S. 296

玛里扬巴特哀歌, 页298 → Marienbader Elegie (Trilogie der Leidenschaft: Elegie) „Was soll ich nun vom Wiedersehen hoffen", S. 298

致维特"许多为之痛悼的亡灵", 页308 → Trilogie der Leidenschaft: An Werther, S. 308

观察席勒的遗骨, 页311 → Schillers Reliquien „Im ernsten Beinhaus war's", S. 311

中德四季吟咏, 页313 → Chinesisch-Deutsche Jahres- und Tageszeiten, S. 313

未婚夫, 页320 → Der Bräutigam, S. 320

上升的满月, 页322 → Dem aufgehenden Vollmonde, S. 322

〈浮士德〉选译, 献词"飘忽的形影，你们又复临近", 页323 → Faust (Ausz.)

复活节散步"大河和小溪都摆脱了冰冻", 页326 → Osterspaziergang (Faust, Ausz.) Vor dem Tor „Vom Eise befreit sind Strom und Bäche", S. 326

在纺车旁, 页328 → Gretchen am Spinnrade, S. 328

在城墙的回廊上"啊，多难的圣母，请俯下圣颜"（第18场开头）, 页331 → Faust, Ausz., S. 331

合唱"温和的风儿吹遍了四周围开阔的广场"（第2部第1幕）, 页333 → Faust, Ausz., S. 333

浮士德独白"生命的脉搏跳动得活泼有力，向天上那柔和的曙光致敬"（第2部第1幕）, 页335 → Faust (Ausz.), S. 335

城楼守望人林考斯, 页338 → Zum Sehen geboren, S. 338 → (Faust, Ausz.), S. 338

神秘的合唱, 页339 → Chor des Mysteriums (Faust, Ausz.), S. 339

120.

歌德文集（14卷本）Goethes Werke (in 14 Bänden)

杨武能、刘硕良 主编 Yang Wuneng u. Liu Shuoliang (Hrsg.)

石家庄: 河北教育出版社, 1999年

第五卷：威廉·迈斯特学习年代，张荣昌译, 页1-609 → Wilhelm Meisters Lehrjahre, übers. v. Zhang Rongchang, S. 1-609

歌德诗（9首）Goethe (9):

歌手"我听见什么在外边", 页128 → Der Sänger „Was hör' ich draußen vor der Tür", S. 128

琴师之歌"谁从不含泪吃自己的面包", 页137 → Harfenspieler „Wer nie sein Brod mit Tränen aß", 页137

迷娘曲"你知道吗，那柠檬花盛开的地方", 页147 → Mignon „Kennst du das Land", S. 147

我这穷鬼，男爵先生, 页185 → Ich armer Teufel, S. 185

迷娘曲"谁解相思渴", 页246 → Mignon „Nur wer die Sehnsucht kennt", S. 246

菲莉涅之歌"不要用忧郁的声调", 页326 → Philine, S. 326

琴师之歌"我悄然走到门口", 页344 → Harfenspieler „An die Türen will ich schleichen", S. 344

迷娘曲"别让我说话,让我缄默",页 365 → Mignon „Heiß mich nicht reden", S. 365

迷娘曲"让我穿这身装束,直至死亡",页 517 → Mignon „So lasst mich scheinen", S. 517

121.
歌德文集（14卷本）Goethes Werke (in 14 Bänden)
杨武能、刘硕良　主编　Yang Wuneng u. Liu Shuoliang (Hrsg.)
石家庄：河北教育出版社，1999年
第六卷：威廉・迈斯特漫游年代，张荣昌译，页 1-491 → Wilhelm Meisters Wanderjahre, übers. v. Zhang Rongchang, S. 1-491
歌德诗（5首）Goethe (5):
刚刚现出东方鱼肚白，页52 → Woher im Mantel so geschwide, S. 52
遗嘱，页308 → Vermächtnis, S. 308
流浪之歌，第1节"从峻岭到山丘" → Wanderlied „Von dem Berge zu den Hügeln", S. 317
流浪之歌，第2节"纽带已经断裂" → Wanderlied „Denn die Bande sind zerrissen", S. 318
流浪之歌，第3节"不要死守家乡不离" → Wanderlied „Bleibe nicht am Boden haften", S. 319
是留是走，是走是留，页414→ Bleiben, gehen, gehen, bleiben, S. 414
席勒的遗骨，页489 → Schillers Reliquien „Im ernsten Beinhaus war's", Supplement zur Sammlung von 1827, S. 489

122.
联合文学（台北市）Vereinigte Literatur (Stadt Taibei)
第15卷第10期（1999年8月号）
歌德诗（20首）Goethe (20):
游行者之夜歌"一切的峰顶"，页24 → Wandrers Nachtlied „Über allen Gipfeln", S. 24
欢迎与离别，郑芳雄译，页34 → Willkommen und Abschied, übers. v. Dscheng Fang-hsiung (Zheng Fangxiong), S. 34

浪人夜歌"群峰上方，郑芳雄译，页35 → Wandrers Nachtlied „Über allen Gipfeln", übers. v. Dscheng Fang-hsiung (Zheng Fangxiong), S. 35
中德四季晨昏诗(第八首)，郑芳雄译，页35 → Chinesisch-Deutsche Jahres- und Tageszeiten „Dämmerung senkte sich von oben", übers. v. Dscheng Fang-hsiung (Zheng Fangxiong), S. 35
歌德的拟中国诗　Goethes Nachdichtung chinesischer Lyrik
薛瑶英[百美新咏图传57]，钟英彦译，页43 → Fräulein See-yaou-Hing, übers. v. Zhong Yingyan, S. 43
梅妃[百美新咏图传21]，钟英彦译，页43 → Fräulein Me-Fe, übers. v. Zhong Yingyan, S. 43
冯小玲[冯小怜，百美新咏图传39]，钟英彦译，页 43 → Fräulein Fung-Sean-Ling, übers. v. Zhong Yingyan, S. 43
开元宫人[百美新咏图传91]，钟英彦译，页44 → Kae-Yuen, übers. v. Zhong Yingyan, S. 44
中德季日诗集(组诗)，钟英彦 译，页44-46 → Chinesisch-Deutsche Jahres- und Tageszeiten, übers. v. Zhong Yingyan, S. 44-46

123.
西洋文学大教室——精读经典　Reading the Canon: Essays on Western Literature
彭镜禧　主编　Peng Jingxi (Hrsg.)
台北市：九歌出版社，1999年
九歌文库；913
362页
歌德诗（3首）Goethe (3)
五月之歌"自然多明媚"(节录)，余匡复译，页258 → Mailied „Wie herrlich leuchtet" (Ausz.), übers. v. Yu Kuangfu, S. 258
欢迎与离别，郑芳雄译，页258 → Willkommen und Abschied, übers. v. Zheng Fangxiong, S. 258
甘倪美，页274 → Ganymed, S. 274

2000年
124.
一切的峰顶　Über allen Gipfeln
哥德、雨果　等著　Goethe, Hugo, Victor, u. a. (Verf.)

沈樱　编　Shen Ying (Hrsg.)
台北市: 大地出版社, 2000 年
大地译丛; 3
205 页
歌德诗（8 首）Goethe (8)
流浪者之夜歌 "你降自苍穹", 页 17 →
　　Wandrers Nachtlied „Der du von dem Himmel
　　bist", S. 17
对月吟, 页 18 → An den Mond, S. 18
流浪者之夜歌 "一切的峰巅", 页 22 →
　　Wandrers Nachtlied „Über allen Gipfeln", S.
　　22
迷娘歌 "你可知道", 页 23 → Mignon „Kennst
　　du das Land", S. 23
幸福的憧憬, 页 26 → Selige Sehnsucht, S. 26
守望者之歌, 页 29 → Zum Sehen geboren (Faust,
　　Ausz.), S. 29
神秘的和歌, 页 31 → Chor des Mysteriums
　　(Faust, Ausz.), S. 31
自然（散文诗）, 页 32 → Die Natur. Ein Fragment
　　[Tobler, Georg Christoph], S. 32

2001 年

125.
二十世纪外国文学回顾——《环球时报》国际文
　　化备忘录　Rückblick auf die ausländische
　　Literatur des 20. Jahrhunderts – Notizbuch
　　über internationale Kultur
《环球时报》编辑部　编
北京: 人民文学出版社, 2001 年
345 页, 4000 册
歌德诗（1 首）Goethe (1)
沙恭达罗, 苏曼殊译, 页 97 → [Sakontala] Will
　　ich die Blumen, übers. v. Su Manshu, S. 97

126.
诗海扬帆: 中外朗诵诗精选　Segel hissen auf
　　dem Ozean der Poesie: chinesische und
　　ausländische Gedichte zur Rezitation in
　　sorgfältiger Auswahl
毛世桢　主编　Mao Shizhen (Hrsg.)
丹子　副主编　Dan Zi (Mithrsg.)
银川: 宁夏人民出版社, 2001 年
丛书: 我爱祖国语言美

313 页, 5001-11000 册
歌德诗（2 首）Goethe (2)
相逢与离别, 页 79 → Willkommen und Abschied,
　　S. 79
神性, 页 237 → Das Göttliche, S. 237
附注: 未注明译者

127.
外国抒情诗　Ausländische Lyrik
彭燕郊　主编　Peng Yanjiao (Hrsg.)
长沙: 湖南少年儿童出版社, 2001 年
丛书: 小口袋书中外著名诗歌诵读经典
ISBN 9787535820211
2008 年重版, 列入 "美的教育·经典诵读丛
　　书"
歌德诗(2 首) Goethe (2)
一个接着一个行走, 钱春绮译, 页 55 → Es
　　geht einer nach dem andern hin, übers. v. Qian
　　Chunqi, S. 55
又五者, 钱春绮译, 页 55 → Fünf andere,
　　übers. v. Qian Chunqi, S. 55

128.
写在心灵边上: 中外抒情诗歌欣赏　Geschrieben
　　am Rande des Herzens: chinesische und
　　ausländische Lyrik mit Interpretationen
沈庆利　著　Shen Qingli (Verf.)
北京: 中国纺织工业出版社, 2001 年
306 页, 5000 册
歌德诗（1 首）Goethe (1)
绿蒂与维特, 郭沫若译, 页 90 → Zu den Leiden
　　des jungen Werther (WA [I], Bd. 4, S. 162),
　　übers. v. Guo Moruo, S. 90

2003 年

129.
歌德的诗　Gedichte Goethes
张文　责编　Zhang Wen (verantwortlicher
　　Redakteur)
长春: 时代文艺出版社, 2003 年
310 页, 3000 册
歌德诗（169首）Goethe (169)

第一编：译诗目 Kapitel I: Dichtung

贺年诗, 钱春绮译, 页 1 → Bei dem erfreulichen Anbruche des 1757. Jahres, übers. v. Qian Chunqi, S. 1

元旦献诗, 曹乃云译, 页 3 → Zum neuen Jahr, übers. v. Cao Naiyun, S. 3

这是我唯一的乐趣, 钱春绮译, 页 5 → , übers. v. Qian Chunqi, S. 5

致我的母亲, 钱春绮译, 页 6 → An meine Mutter, übers. v. Qian Chunqi, S. 6

献给友人贝里施的三首颂歌, 钱春绮译, 页 7 → Oden an meinen Freund (Behrisch), übers. v. Qian Chunqi, S. 7

给路娜, 钱春绮译, 页 13 → An Luna, übers. v. Qian Chunqi, S. 13

美丽的夜, 钱鸿嘉译, 页 15 → Die schöne Nacht, übers. v. Qian Hongjia, S. 15

幸福和梦, 钱春绮译, 页 16 → Glück und Traum, übers. v. Qian Chunqi, S. 16

喊叫, 钱春绮译, 页 17 → Das Schreien. Nach dem Italienischen (WA [I], Bd. 4, S. 154), übers. v. Qian Chunqi, S. 17

河滨, 钱春绮译, 页 18 → Am Flusse, übers. v. Qian Chunqi, S. 18

一位圣徒在荒野里面, 钱春绮译, 页 19 → Legende „In der Wüsten ein heiliger Mann" (WA [I], Bd. 2, S. 202), übers. v. Qian Chunqi, S. 19

灰色的阴郁的朝晖, 钱春绮译, 页 20 → Ein grauer trüber Morgen, übers. v. Qian Chunqi, S. 20

天使跟我有同样的感情, 钱春绮译, 页 22 → Jetzt fühlt der Engel, was ich fühle, übers. v. Qian Chunqi, S. 22

美丽的姐妹, 我很快就来, 钱春绮译, 页 23 → Ich komme bald, ihr goldnen Kinder, übers. v. Qian Chunqi, S. 23

我很快又要见到里克辛, 钱春绮译, 页 21 → Balde seh' ich Rieckchen [Rickgen] wieder (WA [I], Bd. 4, S. 358), übers. v. Qian Chunqi, S. 21

醒来, 弗里德里凯, 钱春绮译, 页 26 → Erwache Friedericke, übers. v. Qian Chunqi, S. 26

欢会和别离, 杨武能译, 页 28 → Willkommen und Abschied, übers. v. Yang Wuneng, S. 28

赠彩绘的带子 附诗, 钱春绮译, 页 30 → Mit einem gemalten Band, übers. v. Qian Chunqi, S. 30

狐死留皮, 钱春绮译, 页 32 → Stirbt der Fuchs, so gilt der Balg, übers. v. Qian Chunqi, S. 32

野玫瑰, 杨武能译, 页 34 → Heidenröslein, übers. v. Yang Wuneng, S. 34

五月歌, 杨武能译, 页 36 → Mailied „Wie herrlich leuchtet", übers. v. Yang Wuneng, S. 36

岩石赞歌, 钱春绮译, 页 38 → Felsweihe-Gesang an Psyche [Caroline Flachsland] (WA [I], Bd. 4, S. 187-189), übers. v. Qian Chunqi, S. 38

巡礼者的晨歌, 钱春绮译, 页 41 → Pilgers Morgenlied, übers. v. Qian Chunqi, S. 41

乐土。赠乌拉尼亚, 钱春绮译, 页 43 → An Uranien [Henriette von Roussillon] „Uns gaben die Götter (WA [I], Bd. 4, S. 189-191), übers. v. Qian Chunqi, S. 43

流浪人的暴风雨之歌, 绿原译, 页 46 → Wandrers Sturmlied, übers. v. Lü Yuan, S. 46

鹰与鸽, 绿原译, 页 52 → Adler und Taube, übers. v. Lü Yuan, S. 52

穆罕默德之歌, 绿原译, 页 55 → Mahomets Gesang, übers. v. Lü Yuan, S. 55

紫罗兰, 王以铸译, 页 59 → Das Veilchen, übers. v. Wang Yizhu, S. 59

丑陋的面孔, 钱春绮译, 页 61 → Das Garstige Gesicht [Beilage zum Brief an Kestner, 15.09.1773], übers. v. Qian Chunqi, S. 61

得救, 钱春绮译, 页 62 → Rettung, übers. v. Qian Chunqi, S. 62

寄一位外地的女友, 钱春绮译, 页 64 → An eine auswärtige Freundin [Susanne Catharina von Klettenberg] (WA [I], Bd. 5/1, S. 64), übers. v. Qian Chunqi, S. 64

致御者克洛诺斯, 绿原译, 页 65 → An Schwager Kronos, übers. v. Lü Yuan, S. 65

伽尼默德, 绿原译, 页 67 → Ganymed, übers. v. Lü Yuan, S. 67

普罗米修斯, 绿原译, 页 69 → Prometheus, übers. v. Lü Yuan, S. 69

克里斯台尔, 钱春绮译, 页 72 → Christel, übers. v. Qian Chunqi, S. 72

纺车旁的格蕾辛, 钱春绮译, 页 74 → Gretchen am Spinnrade, übers. v. Qian Chunqi, S. 74

跳蚤之歌, 钱春绮译, 页 76 → Mephistos Flohlied (Faust, Ausz.), übers. v. Qian Chunqi, S. 76

屠勒王, 郭沫若译, 页 78 → Der König in Thule, übers. v. Guo Moruo, S. 78

英灵的致词, 钱春绮译, 页 80 → Geistes-Gruss, übers. v. Qian Chunqi, S. 80

艺术家的晚歌, 钱春绮译, 页 81 → Künstlers Abendlied, übers. v. Qian Chunqi, S. 81

新的爱情 新的生活, 杨武能译, 页 83 → Neue Liebe, neues Leben, übers. v. Yang Wuneng, S. 83

致白琳德, 杨武能译, 页 85 → An Belinden, übers. v. Yang Wuneng, S. 85

湖上, 张威廉译, 页 87 → Auf dem See, übers. v. Zhang Weilian, S. 87

下山, 钱春绮译, 页 89 → Vom Berge „Wenn ich, liebe Lili, dich nicht liebte" (WA [I], Bd. 1, S. 79), übers. v. Qian Chunqi, S. 89

悲中之喜, 钱春绮译, 页 90 → Wonne der Wehmut, übers. v. Qian Chunqi, S. 90

可爱的丽丽, 钱春绮译, 页 91 → An Lili. Waldeck bei Jena, den 24. December 1775 „Holde Lili, warst so lang (WA [I], Bd. 1, S. 204), übers. v. Qian Chunqi, S. 91

寄丽丽, 钱春绮译, 页 92 → An Lili [In ein Exemplar der *Stella*]. „Im holden Thal, auf schneebedeckten Höhen (WA [I], Bd. 1, S. 204), übers. v. Qian Chunqi, S. 92

秋感, 钱春绮译, 页 93 → Herbstgefühl, übers. v. Qian Chunqi, S. 93

挂在脖子上的金鸡心, 钱春绮译, 页 94 → An ein goldnes Herz, das er am Halse trug, übers. v. Qian Chunqi, S. 94

尼古拉在维特墓上, 钱春绮译, 页 95 → Nicolai auf Werther Grabe. 1775 (WA [I], Bd. 5/1, S. 159), übers. v. Qian Chunqi, S. 95

《少年维特的烦恼》题诗, 杨武能译, 页 96 → Zu den Leiden des jungen Werther (WA [I], Bd. 4, S. 162), übers. v. Yang Wuneng, S. 96

猎人的晚歌, 钱春绮译, 页 97 → Jägers Abendlied, übers. v. Qian Chunqi, S. 97

你为何赋予我们慧眼, 钱春绮译, 页 98 → Warum gabst du uns die tiefen Blicke – an Frau v. Stein, übers. v. Qian Chunqi, S. 98

无休止的爱, 钱春绮译, 页 101 → Rastlose Liebe, übers. v. Qian Chunqi, S. 101

法庭上, 钱春绮译, 页 103 → Vor Gericht, übers. v. Qian Chunqi, S. 103

浪游者之夜歌, 梁宗岱译, 页 104 → Wandrers Nachtlied „Der du von dem Himmel bist", übers. v. Liang Zongdai, S. 104

航海, 绿原译, 页 105 → Seefahrt, übers. v. Lü Yuan, S. 105

对月吟, 梁宗岱译, 页 108 → An den Mond, übers. v. Liang Zongdai, S. 108

冬日游哈尔茨山, 冯至译, 页 110 → Harzreise im Winter, übers. v. Feng Zhi, S. 110

从烟雨蒙蒙的那处下边, 钱春绮译, 页 114 → An Frau von Stein „Aus dm Zaubertal dortnieden" (WA [I], Bd. 4, S. 211), übers. v. Qian Chunqi, S. 114

我的女神, 绿原译, 页 115 → Meine Göttin, übers. v. Lü Yuan, S. 115

水上精灵之歌, 冯至译, 页 119 → Gesang der Geister über den Wassern, übers. v. Feng Zhi, S. 119

当朝霞满天, 钱春绮译, 页 121 → Sag' ich's euch, geliebte Bäume (WA [I], Bd. 4, S. 101), übers. v. Qian Chunqi, S. 121

人性的界限, 绿原译, 页 122 → Grenzen der Menschheit, übers. v. Lü Yuan, S. 122

渔夫, 张威廉译, 页 124 → Der Fischer, übers. v. Zhang Weilian, S. 124

浪游者之夜歌, 钱春绮译, 页 126 → Wandrers Nachtlied „Über allen Gipfeln", übers. v. Qian Chunqi, S. 126

爱尔王, 王光祈译, 页 127 → Erlkönig, übers. v. Wang Guangqi, S. 127

鬼王, 应时译, 页 129 → Erlkönig, übers. v. Ying Shi, S. 129

歌手, 钱春绮译, 页 131 → Der Sänger, übers. v. Qian Chunqi, S. 131

失去的初恋, 钱春绮译, 页 133 → Erster Verlust, übers. v. Qian Chunqi, S. 133

米丽客歌, 马君武译, 页 134 → Mignon „Kennst du das Land", übers. v. Ma Junwu, S. 134

迷娘歌 "有地有地香橼馨", 郭沫若译, 页 135 → Mignon „Kennst du das Land", übers. v. Guo Moruo, S. 135

迷娘歌 "柠檬", 郁达夫译, 页 136 → Mignon „Kennst du das Land", übers. v. Yu Dafu, S. 136

迷娘 (其二) "不要叫我讲", 钱春绮译, 页 137 → Mignon „Heiß mich nicht reden", übers. v. Qian Chunqi, S. 137

第一编：译诗目 Kapitel I: Dichtung

迷娘 (其三) "只有会憧憬的人", 钱春绮译, 页 138 → Mignon „Nur wer die Sehnsucht kennt", übers. v. Qian Chunqi, S. 138

弹竖琴老人(其一) "寂寞", 钱春绮译, 页 139 → Harfenspieler (1) „Wer sich der Einsamkeit ergibt", übers. v. Qian Chunqi, S. 139

弹竖琴老人 (其二) "啃面包", 钱春绮译, 页 140 → Harfenspieler „Wer nie sein Brod mit Tränen aß", übers. v. Qian Chunqi, S. 140

十一月之歌, 钱春绮译, 页 141 → Novemberlied, übers. v. Qian Chunqi, S. 141

神性, 绿原译, 页 143 → Das Göttliche, übers. v. Lü Yuan, S. 143

给远别的恋人, 钱春绮译, 页 146 → An die Entfernte, übers. v. Qian Chunqi, S. 146

安那克瑞翁之墓, 钱春绮译, 页 147 → Anakreons Grab, übers. v. Qian Chunqi, S. 147

罗马悲歌 (其一至其五), 曹乃云译, 页 148 → Römische Elegien (1-5), übers. v. Cao Naiyun, S. 148

探望, 钱春绮译, 页 155 → Der Besuch, übers. v. Qian Chunqi, S. 155

清晨的悲叹, 钱春绮译, 页 158 → Morgenklagen, übers. v. Qian Chunqi, S. 158

沙恭达罗, 钱春绮译, 页 161 → Will ich die Blumen, übers. v. Qian Chunqi, S. 161

宁静的海洋, 钱鸿嘉译, 页 162 → Meeres Stille, übers. v. Qian Hongjia, S. 162

顺利的航海, 钱春绮译, 页 163 → Glückliche Fahrt, übers. v. Qian Chunqi, S. 163

恋人之旁, 钱春绮译, 页 164 → Nähe des Geliebten, übers. v. Qian Chunqi, S. 164

马蹄铁传说, 张威廉译, 页 165 → Legende von Hufeisen „Als noch, verkannt und sehr gering", übers. v. Zhang Weilian, S. 165

掘宝者, 张威廉译, 页 168 → Der Schatzgräber, übers. v. Zhang Weilian, S. 168

魔术师的门徒, 钱春绮译, 页 170 → Der Zauberlehrling, übers. v. Qian Chunqi, S. 170

神与舞女, 钱春绮译, 页 175 → Der Gott und die Bajadere, übers. v. Qian Chunqi, S. 175

单身青年和磨坊小溪, 钱春绮译, 页 180 → Der Junggeselle und der Mühlbach, übers. v. Qian Chunqi, S. 180

大河和小溪都已经解冻, 钱春绮译, 页 183 → Faust (Ausz.), übers. v. Qian Chunqi, S. 183

福玻斯和赫耳墨斯, 钱春绮译, 页 185 → Phöbos und Hermes, übers. v. Qian Chunqi, S. 185

植物的变态, 顾正祥译, 页 186 → Die Metamorphose der Pflanzen, übers. v. Gu Zhengxiang, S. 186

诗神的宠儿, 钱春绮译, 页 190 → Der Musensohn, übers. v. Qian Chunqi, S. 190

自然和艺术, 冯至译, 页 192 → Natur und Kunst, übers. v. Feng Zhi, S. 192

夜思, 钱春绮译, 页 193 → Nachtgedanken, übers. v. Qian Chunqi, S. 193

酒杯, 钱春绮译, 页 194 → Der Becher, übers. v. Qian Chunqi, S. 194

赠莉达, 钱春绮译, 页 196 → An Lida, übers. v. Qian Chunqi, S. 196

远远, 钱春绮译, 页 197 → Ferne, übers. v. Qian Chunqi, S. 197

永远, 钱春绮译, 页 198 → Für ewig, übers. v. Qian Chunqi, S. 198

肯定我早已走得很远, 钱春绮译, 页 199 → Gewiß ich wäre schon so ferne ferne, übers. v. Qian Chunqi, S. 199

泪中的安慰, 钱春绮译, 页 200 → Trost in Tränen, übers v. Qian Chunqi, S. 200

早春, 杨武能译, 页 202 → Frühzeitiger Frühling, übers. v. Yang Wuneng, S. 202

春天的预言家, 钱春绮译, 页 204 → Frühlingsorakel, übers. v. Qian Chunqi, S. 204

幸福的夫妇, 钱春绮译, 页 205 → Die glücklichen Gatten, übers. v. Qian Chunqi, S. 205

憧憬, 钱春绮译, 页 210 → Sehnsucht „Was zieht mir das Herz so", übers. v. Qian Chunqi, S. 210

自欺, 钱春绮译, 页 212 → Selbstbetrug, übers. v. Qian Chunqi, S. 212

牧童哀歌, 王独清译, 页 213 → Schäfers Klagelied, übers. v. Wang Duqing, S. 213

捕鼠人, 钱春绮译, 页 215 → Der Rattenfänger, übers v. Qian Chunqi, S. 215

变化中的持续, 绿原译, 页 217 → Dauer im Wechsel, übers. v. Lü Yuan, S. 217

宇宙之魂, 绿原译, 页 219 → Weltseele, übers. v. Lü Yuan, S. 219

亲密的会晤, 钱春绮译, 页 221 → Freundliches Begegnen, übers. v. Qian Chunqi, S. 221

成长, 钱春绮译, 页 222 → Wachstum, übers. v. Qian Chunqi, S. 222

旅行干粮, 钱春绮译, 页 223 → Reisezehrung, übers. v. Qian Chunqi, S. 223

少女说, 钱春绮译, 页 224 → Das Mädchen spricht, übers. v. Qian Chunqi, S. 224

爱人的来信, 钱春绮译, 页 225 → Die Liebende schreibt, übers. v. Qian Chunqi, S. 225

热恋中的姑娘再次来信, 张玉书译, 页 226 → Sonette IX, Die Liebende abermals, übers. v. Qian Chunqi, S. 226

她不能终止, 钱春绮译, 页 227 → Sie kann nicht enden, übers. v. Qian Chunqi, S. 227

五月之歌, 钱春绮译, 页 228 → Mailied „Zwischen Weizen und Korn", übers. v. Qian Chunqi, S. 228

飞钟, 钱春绮译, 页 229 → Die wandlende Glocke, übers. v. Qian Chunqi, S. 229

魏玛的快活女人, 钱春绮译, 页 231 → Die Lustigen von Weimar „Donnerstag nach Belvedere" (WA [I], Bd. 1, S. 151), übers. v. Qian Chunqi, S. 231

发现, 钱春绮译, 页 233 → Gefunden, übers. v. Qian Chunqi, S. 233

整年的春天, 钱春绮译, 页 235 → Frühling über's Jahr, übers. v. Qian Chunqi, S. 235

1816 年 6 月 6 日, 钱春绮译, 页 237 → Den 6. Juni 1816 „Du versuchst, o Sonne, vergebens" (WA [I], Bd. 4, S. 61), übers. v. Qian Chunqi, S. 237

骷髅舞, 钱春绮译, 页 238 → Der Totentanz, übers. v. Qian Chunqi, S. 238

年岁, 钱春绮译, 页 241 → Die Jahre, übers. v. Qian Chunqi, S. 241

极乐的眷恋, 绿原译, 页 242 → Selige Sehnsucht, übers. v. Lü Yuan, S. 242

在呼吸中有两种恩泽, 钱春绮译, 页 244 → Talismane, übers. v. Qian Chunqi, S. 244

要素, 钱春绮译, 页 245 → Elemente, übers. v. Qian Chunqi, S. 245

诗歌与雕塑, 钱春绮译, 页 247 → Lied und Gebilde, übers. v. Qian Chunqi, S. 247

自白, 钱春绮译, 页 248 → Geständnis, übers. v. Qian Chunqi, S. 248

读本, 钱春绮译, 页 249 → Lesebuch, übers. v. Qian Chunqi, S. 249

银杏, 冯至译, 页 250 → Gingo biloba, übers. v. Feng Zhi, S. 250

我要求的, 只有一点点, 钱春绮译, 页 251 → Nur wenig ist's was ich verlange, übers. v. Qian Chunqi, S. 251

在快活的泉水边上, 钱春绮译, 页 254 → An des lust'gen Brunnens Rand (WA [I], Bd. 6, S. 177), übers. v. Qian Chunqi, S. 254

一心顺着你的眼神, 钱春绮译, 页 256 → Deinem Blick mich zu bequemen, übers. v. Qian Chunqi, S. 256

月圆之夜, 钱春绮译, 页 257 → Vollmondnacht, übers. v. Qian Chunqi, S. 257

崇高的形象, 钱春绮译, 页 259 → Hochbild, übers. v. Qian Chunqi, S. 259

重新发现, 绿原译, 页 261 → Wiederfinden (WA [I], Bd. 6, S. 188), übers. v. Lü Yuan, S. 261

以一千种形式, 绿原译, 页 264 → In tausend Formen magst du dich verstecken, übers. v. Lü Yuan, S. 264

让进, 绿原译, 页 266 → Einlass, übers. v. Lü Yuan, S. 266

生活在世界历史中的人, 钱春绮译, 页 268 → Zahme Xenien I „Wer in der Weltgeschichte lebt…" (WA [I], Bd. 3, S. 230), übers. v. Qian Chunqi, S. 268

像星辰一样, 钱春绮译, 页 269 → Zahme Xenien „Wie das Gestirn, ohne Hast" (WA [I], Bd. 3, S. 447), übers. v. Qian Chunqi, S. 269

我传下我父亲的体格, 钱春绮译, 页 270 → Vom Vater hab' ich die Statur, übers. v. Qian Chunqi, S. 270

致合众国, 钱春绮译, 页 271 → Den vereinigten Staaten, übers. v. Qian Chunqi, S. 271

信条, 绿原译, 页 272 → Symbolum (WA [I], Bd. 3, S. 61), übers. v. Lü Yuan, S. 272

Prooemion, 绿原译, 页 274 → „Im Namen dessen der sich selbst erschuf" (WA [], Bd. 3, S. 73), übers. v. Lü Yuan, S. 274

当然, 钱春绮译, 页 275 → Allerdings. Dem Physiker (WA [I], Bd. 3, S. 105), übers. v. Qian Chunqi, S. 275

最后通牒, 钱春绮译, 页 276 → Ultimatum (WA [I], Bd. 3, S. 106), übers. v. Qian Chunqi, S. 276

对自然进行观察之时, 钱春绮译, 页 277 → Epirrhema „Müsset im Naturbetrachten" (WA [I], Bd. 3, S. 88), übers. v. Qian Chunqi, S. 277

两世界之间, 钱春绮译, 页 278 → Zwischen beiden Welten, übers. v. Qian Chunqi, S. 278

流浪之歌, 钱春绮译, 页 279 → Wanderlied „Von dem Berge zu den Hügeln" (WA [I], Bd. 3, S. 58), übers. v. Qian Chunqi, S. 279

一与一切, 绿原译, 页 281 → Eins und alles „Im grenzenlosen sich zu finden wird gern der Eizelne verschwinden" (WA [I], Bd. 3, S.42), übers. v. Lü Yuan, S. 281

风鸣琴, 钱春绮译, 页 283 → Äolsharfen. Gespräch, übers. v. Qian Chunqi, S. 283

抚慰, 杨武能译, 页 285 → Trilogie der Leidenschaft: Aussöhnung, übers. v. Yang Wuneng, S. 285

人们责备我们相爱, 钱春绮译, 页 286 → Tadelt man daß wir uns lieben (WA I, Bd. 4, S. 29), übers. v. Qian Chunqi, S. 286

玛利浴场哀歌, 魏家国译, 页 287 → Marienbader Elegie, übers. v. Wei Jiaguo, S. 287

致拜伦爵士, 钱春绮译, 页 294 → An Lord Byron, übers. v. Qian Chunqi, S. 294

题孙子瓦尔特封歌德的纪念册, 钱春绮译, 页 295 → In das Stammbuch des Enkels, Walter von Goethe. April 1825 (WA [I], Bd. 4, S. 267), übers. v. Qian Chunqi, S. 295

拜伦, 钱春绮译, 页 296 → Stark von Faust, gewandt im Rath (WA [I], Bd. 4, S. 106), übers. v. Qian Chunqi, S. 296

敌人, 他们对你威胁, 钱春绮译, 页 297 → Die Feinde sie bedrohen dich (WA [I], Bd. 3, S. 348), übers. v. Qian Chunqi, S. 297

轻风带着微微的凉意, 钱春绮译, 页 298 → Faust (Ausz.), übers. v. Qian Chunqi, S. 298

浮游于地球之上的天才, 顾正祥译, 页 300 → Schwebender Genius über der Erdkugel, mit der einen Hand nach unten, mit der andern nach oben deutend' (WA I, Bd. 4, S. 134f.), übers. v. Gu Zhengxiang, S. 300

青蛙, 钱春绮译, 页 302 → Parabolisch, Nr. 10 „Ein großer Teich war zugefroren" (WA [I], Bd. 3, S. 181), übers. v. Qian Chunqi, S. 302

中国诗, 钱春绮译, 页 303 → Fräulein Me-Fe; Kae-Yuen, übers. v. Qian Chunqi, S. 303

中德四季晨昏杂咏, 杨武能译, 页 305 → Chinesisch-Deutsche Jahres- und Tageszeiten, übers. v. Yang Wuneng, S. 305

130.
歌德抒情诗选 Goethe. Ausgewählte lyrische Gedichte
李中丽 编译 Li Zhongli (Übers.)
台北县中和市: 大步文化出版社, 2003年
精选籍; 1
歌德诗 (158首) Goethe (158)
给安涅苔, 页13 → An Annetten, S. 13
写给睡眠, 页14 → An den Schlaf, S. 14
我是否爱妳, 我不知道, 页16 → Ob ich Dich liebe weiß ich nicht, S. 16
致路娜, 页17 → An Luna, S. 17
变换, 页19 → Unbeständigkeit, S. 19
影绘的锻带, 页20 → Mit einem gemalten Band, S. 20
欢会与离别, 页22 → Willkommen und Abschied, S. 22
醒来吧, 弗莉德里克, 页25 → Erwache Friedericke, S. 25
五月之歌 "自然明媚", 页29 → Mailied „Wie herrlich leuchtet", S. 29
那样的早晨, 页31 → Ein grauer trüber Morgen, S. 31
我好想妳啊, 页33 → Ach wie sehn ich mich nach Dir, S. 33
野玫瑰, 页34 → Heidenröslein, S. 34
青春的苦闷, 页36 → Ein zärtlich jugendlicher Kummer, S. 36
紫罗兰, 页38 → Das Veilchen, S. 38
穆罕默德之歌, 页40 → Mahomets Gesang, S. 40
普罗米修斯, 页45 → Prometheus, S. 45
伽尼墨德斯, 页49 → Ganymed, S. 49
致驭者克洛诺斯, 页51 → An Schwager Kronos, S. 51
海上的航行, 页54 → Seefahrt, S. 54
朝圣者的哀歌? 致莉拉, 页58 → Pilgers Morgenlied, S. 58
给克斯特纳的信, 页60 → Wenn dem Papa sein Pfeifchen schmeckt (WA [IV], Bd. 2, S. 55), S. 60

致绿蒂, 页62 → An Charlotte Kestner geb. Buff <Frankfurt, Sept. 1773> (WA [IV], Bd. 2, S. 106), S. 62

图勒王, 页64 → Der König in Thule, S. 64

题《少年维特的烦恼》, 页66 → Zu den Leiden des jungen Werther (WA [I], Bd. 4, S. 162), S. 66

集会之歌, 页67 → Bundeslied (WA [I], Bd. 1, S. 117), S. 67

新的爱情 新的生活, 页70 → Neue Liebe, neues Leben, S. 70

致白琳德, 页72 → An Belinden, S. 72

渴慕, 页74 → Sehnsucht „Dieß wird die letzte Thrän' nicht sein" S. 74

湖上, 页75 → Auf dem See, S. 75

秋思, 页77 → Herbstgefühl, S. 77

致丽丽? 题于《施苔丝》, 页78 → An Lili. [In ein Exemplar der *Stella*] „Im holden Thal, auf schneebedeckten Höhen (WA [I], Bd. 1, S. 204), S. 78

挂在脖子上的金鸡心, 页79 → An ein goldnes Herz, das er am Halse trug, S. 79

羁绊, 页80 → Einschränkung, S. 80

守猎者的夜歌, 页81 → Jägers Abendlied, S. 81

为何妳给我们深邃的目光, 页83 → Warum gabst du uns die tiefen Blicke – an Frau v. Stein, S. 83

摘自给封·施泰因夫人的信, 页87 → Aus Briefen an Charlotte von Stein, S. 87

无休止的爱, 页89 → Rastlose Liebe, S. 89

致莉达, 页90 → An Lida, S. 90

是的, 纵然我已远离妳, 页91 → Gewiß ich wäre schon so ferne ferne, S. 91

唉, 全变了, 页92 → „Ach wie bist du mir", S. 92

对月, 页93 → An den Mond, S. 93

我们从何而生, 页96 → Woher sind wir geboren, S. 96

希望, 页97 → Hoffnung, S. 97

忧虑, 页98 → Sorge, S. 98

夜思, 页99 → Nachtgedanken, S. 99

冰上人生, 页100 → Mut „Sorglos über die Fläche weg", S. 100

怯懦的思想, 页101 → Feiger Gedanken, S. 101

人的感情, 页102 → Menschengefühl, S.

渔夫, 页103 → Der Fischer, S. 103

致约翰尼斯·塞孔杜斯的在天之灵, 页105 → An den Geist des Johannes Sekundus, S. 105

爱的需要, 页107 → Liebebedürfnis, S. 107

无题, 页109 → Aus einem Brief an Auguste zu Stolberg, Weimar, 17.7.1777, „Alles gaben Götter", S. 109

墓铭, 页110 → Grabschrift „Als Knabe verschlossen und trutzig", übers. v. Yang Wuneng, S. 110

漫游者的夜歌 (之一) "妳来自天国", 页111 → Wandrers Nachtlied „Der du von dem Himmel bist", S. 111

漫游者的夜歌 (之二) "一切峰顶", 页112 → Wandrers Nachtlied „Über allen Gipfeln", S. 112

水上精灵之歌, 页113 → Gesang der Geister über den Wassern, S. 113

人的局限, 页115 → Grenzen der Menschheit, S. 115

神性, 页118 → Das Göttliche, S. 118

魔王, 页122 → Erlkönig, S. 122

父亲给了我强健的体魄, 页125 → Vom Vater hab' ich die Statur, S. 125

迷娘曲 (之一) "在那柠檬花盛开的地方", 页127 → Mignon „Kennst du das Land", S. 127

迷娘曲 (之二) "只有曾尝过相思之苦的人", 页128 → Mignon „Nur wer die Sehnsucht kennt", S. 128

迷娘曲 (之三) "让我保持沉默", 页129 → Mignon „Heiß mich nicht reden", S. 129

琴师之歌 (之一) "也曾咽下和泪的面包", 页130 → Harfenspieler „Wer nie sein Brod mit Tränen aß", S. 130

琴师之歌 (之二) "若谁自甘寂寞", 页131 → Harfenspieler „Wer sich der Einsamkeit ergibt", S. 131

琴师之歌 (之三) "我要到一家门前", 页132 → Harfenspieler „An die Türen will ich schleichen", S. 132

菲莉涅之歌, 页133 → Philine, S. 133

瑞士阿尔卑斯山, 页136 → Schweizeralpe, S. 136

轻狂而固执的邱彼特, 页137 → „Cupido, loser eigensinniger Knabe" (WA [I], Bd. 4, S.104), S. 137

探访, 页138 → Der Besuch, S. 138

第一编：译诗目 Kapitel I: Dichtung

放肆而快活, 页142 → Frech und froh „Liebesqual verschmäht mein Herz", S. 142

科夫塔之歌, 页143 → Kophtisches Lied „Geh, gehorche meinen Winken", S. 143

海的寂静, 页144 → Meeres Stille, S. 144

幸运的航行, 页145 → Glückliche Fahrt, S. 145

爱人的近旁, 页146 → Nähe des Geliebten, S. 146

诀别, 页148 → Abschied „Zu lieblich ists, ein Wort zu brechen", S. 148

写给莉娜, 页150 → An Lina, S. 150

致迷娘, 页151 → An Mignon „Über Tal und Fluß", S. 151

缪斯之子, 页153 → Der Musensohn, S. 153

写给读者的话, 页155 → An die Günstigen, S. 155

自然与艺术, 页156 → Natur und Kunst, S. 156

早春, 页157 → Frühzeitiger Frühling, S. 157

泪里的慰藉, 页160 → Trost in Tränen, S. 160

无常中的永恒, 页163 → Dauer im Wechsel, S. 163

五月之歌, 页166 → Mailied „Zwischen Weizen und Korn", S. 166

花的问候, 页168 → Blumengruß, S. 168

现形, 页169 → Gegenwart, S. 169

发现, 页171 → Gefunden, S. 171

天生一对, 页173 → Gleich und gleich, S. 173

给心上人, 页174 → An die Erwählte, S. 174

第一次失恋, 页176 → Erster Verlust, S. 176

致远去的爱人, 页177 → An die Entfernte, S. 177

夜歌, 页178 → Nachtgesang, S. 178

冷漠的牧羊女, 页180 → Die Spröde, S. 180

钟情的牧羊女, 页182 → Die Bekehrte, S. 182

回味, 页183 → Nachgefühl, S. 183

牧羊人的哀歌, 页184 → Schäfers Klagelied, S. 184

成长, 页186 → Wachstum, S. 186

离别, 页187 → Abschied „War unersättlich", S. 187

赫吉拉, 页188 → Hegire, S. 188

诗歌与雕塑, 页191 → Lied und Gebilde, S. 191

现象, 页192 → Phaenomen, S. 192

幸福的渴望, 页193 → Selige Sehnsucht, S. 193

无限, 页195 → Unbegrenzt, S. 195

公开的秘密, 页197 → Offenbar Geheimnis, S.

不是机遇造就了盗贼, 页198 → Nicht Gelegenheit macht Diebe, S. 198

妳的爱使我幸福无比, 页199 → Deine Liebe, dein Kuss mich entzückt, S. 199

我泛舟在幼发拉底河, 页201 → Als ich auf dem Euphrat schiffte, S. 201

我乐意为妳的梦解说, 页202 → Dies zu deuten bin erbötig, S. 202

二裂银杏叶, 页204 → Gingo biloba, S. 204

茂密的枝头上, 页205 → An vollen Büschelzweigen, S. 205

民众、奴隶和征服者, 页207 → Volk und Knecht und Überwinder, S. 207

就算这种说法正确, 页208 → Kann wohl seyn! so wird gemeynet, S. 208

卷发的魔力, 页210 → Locken! Haltet mich gefangen, S. 210

不愿失去妳, 页212 → Nimmer will ich dich verlieren, S. 212

致东风, 页213 → Was bedeutet die Bewegung, S. 213

致西风, 页215 → Ach! Um deinen feuchten Schwingen, S. 215

重逢, 页217 → Wiederfinden, S. 217

任妳怎样变幻, 页221 → In tausend Formen magst du dich verstecken, S. 221

让我哭吧, 页223 → Lasst mich weinen! umschraenkt von Natur, S. 223

月圆之夜, 页224 → Vollmondnacht, S. 224

领受妳美目的青睐, 页226 → Deinem Blick mich zu bequemen, S. 226

书, 页227 → Lesebuch, S. 227

春满四时, 页229 → Frühling über's Jahr, S. 229

三月, 页231 → März, S. 231

目光, 页232 → Blick um Blick, S. 232

在夜半, 页233 → Um Mitternacht ging ich, S. 233

两个世界之间, 页235 → Zwischen beiden Welten, S. 235

漫游者之歌, 页236 → Wandrers Nachtlied, S. 236

风鸣琴 (5首), 页237 → Äolsharfen. Gespräch, S. 237

致维特, 页240 → An Werther, S. 240

哀歌, 页243 → Elegie, S. 243

抚慰, 页254 → Aussöhnung, S. 254

致美利坚合众国, 页256 → Den Vereinigten Staaten, S. 256
致拜伦, 页257 → An Lord Byron, S. 257
未婚夫, 页259 → Der Bräutigam, S. 259
给升起的满月, 页261 → Dem aufgehenden Vollmonde, S. 256
清晨, 页262 → Dornburg „Früh, wenn Tal, Gebirg und Garten" S. 262
守塔人之歌, 页263 → Zum Sehen geboren (Faust, Ausz.) S. 263
遗嘱, 页264 → Vermächtnis, S. 264
中德四季晨昏杂咏 (14首), 页276 → Chinesisch-Deutsche Jahres- und Tageszeiten, (Gedichtzyklus) S. 276

131.
古今中外哲理诗鉴赏 Philosophische Gedichte aus Vergangenheit und Gegenwart Chinas und des Auslands
田戈　编 Tian Ge (Hrsg.)
乌鲁木齐: 新疆人民出版社, 2003 年
古今诗文精粹丛书
595 页, 5000 册
歌德诗 (3 首) Goethe (3)
要素, 页 452 → Elemente, S. 452
天福的向往, 页 454 → Selige Sehnsucht, S. 454
上帝、心情和世界, 页 457-459 → Gott, Gemüt und Welt, S. 457-459
译者附记: 歌德诗的选目与孙鑫亭主编的《古今中外哲理诗鉴赏辞典》(郑州: 中州古籍出版社, 1997年)雷同。未署译析者名。

132.
宗岱的世界 Übersetzte Gedichte der Weltliteratur von Liang Zongdai
黄建华　主编 Huang Jianhua (Hrsg.)
黄建华、余秀梅　辑编 Huang Jianhua u. Yu Xumei (Gedichtauswahl)
广州: 广东人民出版社, 2003 年
一切的峰顶 Über allen Gipfeln
歌德诗 (9 首) Goethe (9)

流浪者之夜歌"你降自苍穹", 梁宗岱译, 页 1 → Wandrers Nachtlied „Der du von dem Himmel bist", übers. v. Liang Zongdai, S. 1
对月吟, 梁宗岱译, 页 1 → An den Mond, übers. v. Liang Zongdai, S. 1
流浪者之夜歌"一切的峰巅", 梁宗岱译, 页 3 → Wandrers Nachtlied „Über allen Gipfeln", übers. v. Liang Zongdai, S. 3
迷娘歌"你可知道", 梁宗岱译, 页 4 → Mignon „Kennst du das Land", übers. v. Liang Zongdai, S. 4
幸福的憧憬, 梁宗岱译, 页 5 → Selige Sehnsucht, übers. v. Liang Zongdai, S. 5
守望者之歌, 梁宗岱译, 页 6 → Zum Sehen geboren (Faust, Ausz.), übers. v. Liang Zongdai, S. 6
神秘的和歌, 梁宗岱译, 页 6 → Chor des Mysteriums (Faust, Ausz.), übers. v. Liang Zongdai, übers. v. Liang Zongdai, S. 6
自然 (散文诗), 梁宗岱译, 页 6 → Die Natur. Ein Fragment [Tobler, Georg Christoph], übers. v. Liang Zongdai, S. 6
浮士德, 梁宗岱译, 页 178-446 → Faust, übers. v. Liang Zongdai, S. 178-446

2004 年
133.
歌德绘画 Goethes Zeichnungen
高中甫　选编 Gao Zhongfu (Hrsg. u. Übers.)
北京: 人民文学出版社, 2004 年
世界文学大师绘画丛书
393 页, 5000 册
歌德诗 (14 首) Goethe (14)
我是否爱你, 樊修章译, 页 12 → Ob ich Dich liebe weiß ich nicht, übers. v. Fan Xiuzhang, S. 12
描花彩带附诗, 樊修章译, 页 12 → Mit einem gemalten Band, übers. v. Fan Xiuzhang, S. 12
业余爱好者的独白, 高中甫译, 页 16 → Monolog des Liebhabers, übers. v. Gao Zhongfu, S. 16
啊, 如你对我一样 (摘自给施泰因夫人的信 (1776 年 8 月 8 日), 高中甫译, 页 54 → Ach wie bist du mir (aus dem Brief an Charlotte von Stein vom 8.8.1776), übers. v. Gao Zhongfu, S. 54

命运, 为何给我们慧眼 (节选), 樊修章译, 页 56 → Warum gabst du uns die tiefen Blicke – an Frau von Stein (Ausz.), übers. v. Fan Xiuzhang, S. 56

不得安宁的爱, 樊修章译, 页 58 → Rastlose Liebe, übers. v. Fan Xiuzhang, S. 58

致月 (节选), 高中甫译, 页 68 → An den Mond, übers. v. Gao Zhongfu, S. 68

伊尔美瑙 (节选), 高中甫译, 页 72 → Ilmenau (Ausz.), übers. v. Gao Zhongfu, S. 72

摘自给施泰因夫人的信 (1776年4月14日) (节选), 樊修章译, 页 80 → Aus dem Brief an Charlotte von Stein (14.04.1776), übers. v. Fan Xiuzhang, S. 80

水上精灵之歌, 冯至译, 页 118 → Gesang der Geister über den Wassern, übers. v. Feng Zhi, S. 118

自然和艺术, 高中甫译, 页 276 → Natur und Kunst, übers. v. Gao Zhongfu, S. 276

发现, 樊修章译, 页 300 → Gefunden, übers. v. Fan Xiuzhang, S. 300

多恩堡, 樊修章译, 页 316 → Dornburg, September 1828, übers. v. Fan Xiuzhang, S. 316

巨大的惊异, 高中甫译, 页 324 → Mächtiges Überraschen, übers. v. Gao Zhongfu, S. 324

啊, 幸福的年轻人, 高中甫译, 页 370 → Zu meinen Handzeichnungen, Nr. 5: Bequemes Wandern, übers. v. Gao Zhongfu, S. 370

134.
外国诗人成名作选 Ausgewählte Gedichte, durch die sich ausländische Dichter einen Namen gemacht haben
堵军　主编　Du Jun (Hrsg.)
延吉: 延边人民出版社, 2004年
人生成长奠基石丛书
122页, 5000册
歌德诗 (1首) Goethe (1):
五月之歌 "大自然多么美丽", 王卫新译, 页13-16 → Mailied „Wie herrlich leuchtet", übers. v. Wang Weixin, S. 13

2005年

135.
德国文化解读——人类文化苍穹的双子星座 Entschlüsseln der deutschen Kultur – Zwillinge im Himmel der Kultur der Menschheit
邢来顺　著　Xing Laishun (Verf.)
济南: 济南出版社, 2005年
文化新视野丛书, 丁少伦主编
歌德诗 (3首) Goethe (3)
五月之歌 "自然多明媚" (节译), 钱春绮译, 页 3 → Mailied „Wie herrlich leuchtet" (Ausz.), übers. v. Qian Chunqi, S. 3
自然与艺术, 钱春绮译, 页 5 → Natur und Kunst, übers. v. Qian Chunqi, S. 5
守塔人之歌(节译), 钱春绮译, 页6 → Zum Sehen geboren (Faust, Ausz.), übers. v. Qian Chunqi, S. 6

136.
德语趣味阅读 Lustige Lektüre der deutschen Sprache
徐亮　编著　Xu Liang (Hrsg.)
北京: 世界图书出版公司, 2005 年
德汉对照 deutsch/chinesisch
194页, 2006年第2次印刷
第三部分: 经典诗歌15首 → Teil III: 15 klassische Gedichte
歌德诗 (2首) Goethe (2)
Um Friede [Wandrers Nachtlied 1] „Der du von dem Himmel bist", S. 93
为了宁静[游子夜歌(一)], 页 94 → chinesische Übersetzung des vorigen Gedichts, S. 94
Wanderers Nachtlied 2 „Über allen Gipfeln", S. 95
游子夜歌 (二), 页 96 → chinesische Übersetzung des vorigen Gedichts, S. 96

137.
另一种西学: 中国现代留德学人及其对德国文化的接受 Eine andere westliche Wissenschaft: Chinesische Auslandsstudenten im modernen Deutschland und ihre Aufnahme der deutschen Kultur
叶隽　著　Ye Juan (Verf.)
北京: 北京大学出版社, 2005 年

北京大学德国研究丛书
歌德诗 (1 首) Goethe (1)
米丽客歌 "君识此, 是何乡" (汉德对照), 马君武译, 页 116 → Mignon „Kennst Du das Land" (chinesisch/deutsch), übers. v. Ma Junwu, S. 116
编者附注：另录中文原创诗两首：
题歌德像 (宗白华), 页 168
十四行诗 "你生长在平凡的市民的家庭" (冯至), 页 307

138.
三叶集——德语文学·文学翻译·比较文学 Trilogie – die deutsche Literatur, die literarische Übersetzung, die Komparatistik
杨武能　著　Yang Wuneng (Verf.)
成都: 巴蜀书社, 2005 年
比较文学与文艺学丛书
560 页, 未标册数
歌德诗 (7 首) Goethe (7)
迷娘歌(译文之一), 郭沫若译, 页 29 → Mignon „Kennst du das Land" (Version 1), übers. v. Guo Moruo, S. 29
迷娘歌(译文之二), 郭沫若译, 页 30 → Mignon „Kennst du das Land" (Version 2), übers. v. Guo Moruo, S. 30
放浪者的夜歌, 郭沫若译, 页 346 → Wandrers Nachtlied „Über allen Gipfeln", übers. v. Guo Moruo, S. 346
流浪者之夜歌, 梁宗岱译, 页 347 → Wandrers Nachtlied „Über allen Gipfeln", übers. v. Liang Zongdai, S. 347
浪游者的夜歌, 钱春绮译, 页 347 → Wandrers Nachtlied „Über allen Gipfeln", übers. v. Qian Chunqi, S. 347
漫游者的夜歌, 冯至译, 页 347 → Wandrers Nachtlied „Über allen Gipfeln", übers. v. Feng Zhi, S. 347
幸运的渴望, 冯至译, 页 528 → Selige Sehnsucht, übers. v. Feng Zhi, S. 528

139.
18-19 世纪艺术歌曲和一般歌曲 Kunstlieder und allgemeine Lieder aus dem 18. und 19. Jahrhundert
李凌、薛范　主编　Li Ling u. Xue Fan (Hrsg.)
北京: 中国国际广播出版社, 2005 年
名歌经典·外国作品卷, III
294 页, 5000 册
野玫瑰, 舒伯特曲, 邓映易译配, 建分赏析, 页 44 → Heidenröslein, Musik v. Franz Schubert, übers. v. Deng Yingyi, kommentiert v. Jian Fen, S. 44
跳蚤之歌, 斯特鲁戈夫什科夫俄译, 穆索尔斯基曲, 若般、戈宝权译词, 若般、郑兴丽配歌, 薛范赏析, 页 168 → Mephistos Flohlied (Faust, Ausz.), Textübers. v. Ruo Ban u. Ge Baoquan, Musik v. Ruo Ban u. Zheng Xingli, kommentiert v. Xue Fan, S. 168

140.
世界情诗名作 100 首(增订本) → 100 berühmte Liebesgedichte der Welt (erweiterte Ausgabe)
陈黎、张芬龄　译著　Chen Li u. Zhang Fenling (Übers.)
台北市: 九歌出版社, 2005 年
九歌文库, 923
285 页, 2000 年初版
歌德诗 (1 首) Goethe (1)
虽然你以千姿万态隐藏自己, 页 101 → In tausend Formen magst du dich verstecken, S. 101

141.
水怎样开始演奏: 《世界文学》50 年诗歌精选 Wie fängt Wasser an, Musik zu spielen: sorgfältig ausgewählte vorzügliche Gedichte aus den letzten 50 Jahren der Zeitschrift *Weltliteratur*
高兴　主编　Gao Xing (Hrsg.)
丁品　绘画　Ding Pin (Illustration)
南京: 译林出版社, 2006 年
248 页
歌德诗(1首) Goethe (1)
自然和艺术, 冯至译, 页 51 → Natur und Kunst, übers. v. Feng Zhi, S. 51

142.
西方人文史 The Humanities in Western Culture
拉姆, 罗伯特·C. 著　Lamm, Robert C. (Verf.)
王宪生、张月　译　Wang Xiansheng u. Zhang Yue (Übers.)

天津: 百花文艺出版社, 2005 年
歌德诗 (2 首) Goethe (2)
文选, 苏雷卡 (1819)
重逢 "是的, 你是众星之最", 杨荀译, 页 308 → Wiederfinden, übers. v. Yang Xun, S. 308
苏雷卡 "我欢快唱支甜蜜的歌", 杨荀译, 页 309 → Suleika „Wie! Mit innigstem Behagen", übers. v. Yang Xun, S. 309

2006 年

143.
歌德名诗歌曲精选（上、下册）Sorgfältig ausgewählte Lieder von Goethes berühmten Gedichten, Bd. I u. II
钱仁康 译注 Qian Renkang (Übers. u. Interpret)
上海: 上海音乐出版社, 2006 年
丛书: 欧洲著名艺术歌曲精选曲库
292 页, 平装
上册
前言, 页 1 → Vorwort, S. 1

1. 野玫瑰, 威尔纳作曲, 页 1 → Heidenröslein, Musik v. Werner, Heinrich (1927), S. 1
2. 野玫瑰, 舒伯特作曲, 页 2 → Heidenröslein, Musik v. Schubert, Franz (1797-1828), S. 2
3. 五月之歌, 贝多芬作曲, 页 5 → Mailied „Wie herrlich leuchtet", Musik v. Beethoven, Ludwig van (1770-1827), S. 5
4. 彩绘的花带, 贝多芬作曲, 页 10 → Mit einem gemalten Band, Musik v. Beethoven, Ludwig van (1770-1827), S. 10
5. 纺车旁的格雷欣, 舒伯特作曲, 页 14 → Gretchen am Spinnrade, Musik v. Schubert, Franz (1797-1828), S. 14
6. 图勒国王, 采尔特作曲, 页 24 → Der König in Thule, S. 24
7. 图勒国王, 舒伯特作曲, 页 25 → Der König in Thule, Musik v. Schubert, Franz (1797-1828), S. 25
8. 图勒国王, 李斯特作曲, 页 28 → Der König in Thule, Musik v. Liszt, Franz von (1811-1886), S. 28
9. 图勒国王, 古诺作曲, 页 34 → Der König in Thule, Musik v. Charles Gounod (1818-1893), S. 34
10. 跳蚤之歌, 贝多芬作曲, 页 39 → Mephistos Flohlied (Faust, Ausz.), Musik v. Beethoven, Ludwig van (1770-1827), S. 39
11. 跳蚤之歌, 穆索尔斯基作曲, 页 44 → Mephistos Flohlied (Faust, Ausz.), S. 44
12. 土拨鼠, 贝多芬作曲, 页 49 → Marmotte „Ich komme schon durch manches Land", Musik v. Beethoven, Ludwig van (1770-1827), S. 49
13. 紫罗兰, 莫扎特作曲, 页 50 → Das Veilchen, Musik v. Mozart, W. A. (1756-1791), S. 50
14. 联合之歌, 赖夏特作曲, 页 54 → Bundeslied, Musik v. Reichardt, Johann Friedrich (1752-1814), S. 54
15. 猎人的晚歌, 赖夏特作曲, 页 56 → Jägers Abendlied, Musik v. Reichardt, Johann Friedrich (1752-1814), S. 56
16. 猎人的晚歌, 舒伯特作曲, 页 57 → Jägers Abendlied, Musik v. Schubert, Franz (1797-1828), S. 57
17. 湖上, 舒伯特作曲, 页 58 → Auf dem See, Musik v. Schubert, Franz (1797-1828), S. 58
18. 新的爱情, 新的生活, 贝多芬作曲, 页 63 → Neue Liebe, neues Leben, Musik v. Beethoven, Ludwig van (1770-1827), S. 63
19. 悲中有喜 "莫擦干, 莫擦干, 永恒的爱情的泪眼", 贝多芬作曲, 页 69 → Wonne der Wehmut „Trocknet nicht, Trocknet nicht, Thränen der ewigen Liebe", S., Musik v. Beethoven, Ludwig van (1770-1827), S. 69
20. 战鼓声声动地, 贝多芬作曲, 页 71 → Egmont (Ausz.) „Die Trommel gerührt", Musik v. Beethoven, Ludwig van (1770-1827), S. 71
21. 欢乐和痛苦, 贝多芬作曲, 页 75 → Wonne der Wehmut, Musik v. Beethoven, Ludwig van (1770-1827), S. 75
22. 欢乐和痛苦, 赖夏特作曲, 页 78 → Freudvoll und leidvoll (Ausz. aus *Egmont*, 3. Akt: Klärchen), Musik v. Reichardt, Johann Friedrich (1752-1814), S. 78
23. 欢乐和痛苦, 舒伯特作曲, 页 80 → Freudvoll und leidvoll (Ausz. aus *Egmont*, 3. Akt: Klärchen), Musik v. Schubert, Franz (1797-1828), S. 80
24. 欢乐和痛苦, 李斯特作曲, 页 82 → Freudvoll und leidvoll (Ausz. aus *Egmont*, 3. Akt: Klärchen), Musik v. Liszt, Franz von (1811-1886), S. 82

25. 无穷尽的爱，舒伯特作曲，页 85 → Rastlose Liebe, Musik v. Schubert, Franz (1797-1828), S. 85
26. 浪游者的夜歌（一）"你从天上到人间"，舒伯特作曲，页 91 → Wandrers Nachtlied „Der du von dem Himmel bist", Musik v. Schubert, Franz (1797-1828), S. 91
27. 浪游者的夜歌（一）"你从天上到人间"，李斯特作曲，页 92 → Wandrers Nachtlied „Der du von dem Himmel bist", Musik v. Liszt, Franz von (1811-1886), S. 92
28. 浪游者的夜歌（二）"一片沉寂笼罩群峰"，舒伯特作曲，页 95 → Wandrers Nachtlied „Über allen Gipfeln", Musik v. Schubert, Franz (1797-1828), S. 95
29. 浪游者的夜歌（二）"一片沉寂笼罩群峰"，李斯特作曲，页 96 → Wandrers Nachtlied „Über allen Gipfeln", Musik v. Liszt, Franz von (1811-1886), S. 96
30. 魔王，舒伯特作曲，页 99 → Erlkönig, Musik v. Schubert, Franz (1797-1828), S. 99
31. 魔王，勒韦作曲，页 109 → Erlkönig, Musik v. Werner, Heinrich (1927), S. 109
32. 世上有谁自甘寂寞，舒伯特作曲，页 106 → Harfenspieler „Wer sich der Einsamkeit ergibt", Musik v. Schubert, Franz (1797-1828), S. 106
33. 世上有谁自甘寂寞，沃尔夫作曲，页 120 → Harfenspieler „Wer sich der Einsamkeit ergibt", Musik v. Wolf, Hugo (1860-1903), S. 120
34. 我悄悄地走出大门，舒伯特作曲，页 123 → Harfenspieler „An die Türen will ich schleichen", Musik v. Schubert, Franz (1797-1828), S. 123
35. 我悄悄地走出大门，沃尔夫作曲，页 126 → Harfenspieler „An die Türen will ich schleichen", Musik v. Wolf, Hugo (1860-1903), S. 126
36. 谁没有含泪啃面包，舒伯特作曲，页 128 → Harfenspieler „Wer nie sein Brod mit Tränen aß", Musik v. Schubert, Franz (1797-1828), S. 128
37. 谁没有含泪啃面包，沃尔夫作曲，页 132 → Harfenspieler „Wer nie sein Brod mit Tränen aß", Musik v. Wolf, Hugo (1860-1903), S. 132

38. 迷娘之歌"你知道吗，柠檬花开之乡"，贝多芬作曲，页 134 → Mignon „Kennst du das Land", Musik v. Beethoven, Ludwig van (1770-1827), S. 134
39. 迷娘之歌"你知道吗，柠檬花开之乡"，希默尔作曲，页 140 → Mignon „Kennst du das Land", Musik v. Himmel, Friedrich Heinrich (1814), S. 140
40. 迷娘之歌"你知道吗，柠檬花开之乡"，舒伯特作曲，页 142 → Mignon „Kennst du das Land", Musik v. Schubert, Franz (1797-1828), S. 142
41. 迷娘之歌"你知道吗，柠檬花开之乡"，李斯特作曲，页 149 → Mignon „Kennst du das Land", Musik v. Liszt, Franz von (1811-1886), S. 149

下册

42. 迷娘之歌"你可知那地方，到处橘花飘香"，托玛作曲，页 158 → Mignon, Musik v. Thomas, Ambrois (1866), S. 158
43. 迷娘之歌"你知道吗，柠檬花开之乡"，柴可夫斯基作曲，页 165 → Mignon
44. 迷娘之歌"你知道吗，柠檬花开之乡"，沃尔夫作曲，页 172 → Mignon, Musik v. Wolf, Hugo (1860-1903), S. 172
45. 别叫我说话，舒伯特作曲，页 180 → Mignon „Heiß mich nicht reden", Musik v. Schubert, Franz (1797-1828), S. 180
46. 别叫我说话，沃尔夫作曲，页 183 → Mignon „Heiß mich nicht reden", Musik v. Wolf, Hugo (1860-1903), S. 183
47. 懂得相思的人，贝多芬作曲，页 186 → Mignon „Nur wer die Sehnsucht kennt", Musik v. Beethoven, Ludwig van (1770-1827), S. 186
48. 懂得相思的人，舒伯特作曲，页 191 → Mignon „Nur wer die Sehnsucht kennt", Musik v. Schubert, Franz (1797-1828), S. 191
49. 懂得相思的人，柴可夫斯基作曲，页 194 → Mignon „Nur wer die Sehnsucht kennt", S. 194
50. 懂得相思的人，沃尔夫作曲，页 197 → Mignon „Nur wer die Sehnsucht kennt", Musik v. Wolf, Hugo (1860-1903), S. 197
51. 让我穿上这件白衣裳，舒伯特作曲，页 200 → Mignon (3), Musik v. Schubert, Franz (1797-1828), S. 200

52. 让我穿上这件白衣裳, 沃尔夫作曲, 页 203 → Mignon (3), Musik v. Wolf, Hugo (1860-1903), S. 203

53. 致迷娘"越过山谷跨过水流, 太阳神车向前奔走", 舒伯特作曲, 页 206 → An Mignon „Über Tal und Fluß", Musik v. Schubert, Franz (1797-1828), S. 206

54. 阿那克里翁之墓, 沃尔夫作曲, 页 211 → Anakreons Grab, Musik v. Wolf, Hugo (1860-1903), S. 211

55. 第一次失意, 舒伯特作曲, 页 213 → Erster Verlust, Musik v. Schubert, Franz (1797-1828), S. 213

56. 傍着爱人, 舒伯特作曲, 页 215 → Nähe des Geliebten, Musik v. Schubert, Franz (1797-1828), S. 215

57. 大海寂静, 舒伯特作曲, 页 217 → Meeres Stille, Musik v. Schubert, Franz (1797-1828), S. 217

58. 诗神之子, 舒伯特作曲, 页 219 Der Musensohn, Musik v. Schubert, Franz (1797-1828), S. 219

59. 思恋, 贝多芬作曲, 页 225 → Sehnsucht, Musik v. Beethoven, Ludwig van (1770-1827), S. 225

60. 热泪慰相思, 舒伯特作曲, 页 230 → Trost in Tränen, Musik v. Schubert, Franz (1797-1828), S. 230

61. 热泪慰相思, 布拉姆斯作曲, 页 233 → Trost in Tränen, Musik v. Brahms, Johannes (1833-1897), S. 233

62. 牧人的悲歌, 采尔特作曲, 页 236 → Schäfers Klagelied, Musik v. Zelter, Carl Friedrich (1758-1832), S. 236

63. 牧人的悲歌, 舒伯特作曲, 页 238 → Schäfers Klagelied, Musik v. Schubert, Franz (1797-1828), S. 238

64. 筵席之歌, 埃贝魏因作曲, 页 242 → Offene Tafel, Musik v. Eberwein, Max (1810), S. 242

65. 捕鼠人, 民间曲调, 页 244 → Der Rattenfänger, Volkslied, S. 244

66. 捕鼠人, 沃尔夫作曲, 页 247 → Der Rattenfänger, Musik v. Wolf, Hugo (1860-1903), S. 247

67. 总忏悔, 古歌调, 页 257 → Generalbeichte, S. 257

68. 一切皆空, 采尔特作曲, 页 259 → Vanitas! Vanitatum vanitas! Musik v. Zelter, Carl Friedrich (1758-1832), S. 259

69. 干一杯, 埃贝魏因作曲, 页 262 → Ergo bibamus, Musik v. Eberwein, Max (1810), S. 262

70. 瑞士歌曲, 民间曲调, 页 265 → Schweizerlied, Volkslied, S. 265

71. 自由的心, 舒曼作曲, 页 267 → Freysinn, Musik v. Schumann, Robert (1810-1856), S. 267

72. 秘密, 舒伯特作曲, 页 270 → Geheimes, Musik v. Schubert, Franz (1797-1828), S. 270

73. 苏莱卡之歌 (一) "啊, 西风, 翅膀湿淋淋", 舒伯特作曲, 页 275 → Lied der Suleika „Ach, um deine feuchten Schwingen", Musik v. Schubert, Franz (1797-1828), S. 275

74. 苏莱卡之歌 (一) "啊, 西风, 翅膀湿淋淋", 门德尔松作曲, 页 285 → Lied der Suleika „Ach, um deine feuchten Schwingen", Musik v. Mendelssohn Bartholdy, Felx (1809-1847), S. 285

75. 苏莱卡之歌 (二) "怀着最大的满足和高兴", 舒曼作曲, 页 289 → Lied der Suleika „Wie! Mit innigstem Behagen", Musik v. Schumann, Robert (1810-1856), S. 289

歌曲注释 Anmerkungen

144.
歌德诗集 Gedichtsammlung Goethes
钱春绮 译 Qian Chunqi (Übers.)
西安: 太白文艺出版社, 2006 年
294 页, 2012 年第二次印刷
前言, 页 1-3 → Vorwort, S. 1-3
自由体诗——颂歌, 页 1 → Frei rhythmische Gedichte: Hymnen, S. 1
十四行诗, 页 59 → Sonette, S. 59
抒情诗, 页 69 → Lyrische Gedichte, S. 69
叙事歌, 页 153 → Balladen, S. 153
悲歌体诗, 页 177 → Elegien, S. 177
格言诗, 页 203 → Sinngedichte, S. 203
哲理诗, 页 231 → Philosophische Gedichte, S. 231
《东西合集》诗选, 页 247 → West-östlicher Divan (Auswahl), S. 247

145.
欧洲近代诗歌精选评析 Sorgfältig ausgewählte Gedichte aus der neueren Zeit Europas mit Interpretationen
王捷 主编 Wang Jie (Hrsg.)
开封: 河南大学出版社, 2006 年
域外诗歌精品评析系列, 梁工主编, 全十册
271 页
歌德诗（5 首）Goethe (5)
绿蒂与维特, 郭沫若译, 王捷析, 页160 → Zu den Leiden des jungen Werther (WA [I], Bd. 4, S. 162), übers. v. Guo Moruo, kommentiert v. Wang Jie, S. 160
对月, 钱春绮译, 王捷析, 页162 → An den Mond, übers. v. Qian Chunqi, kommentiert v. Wang Jie, S. 162
欢会和别离, 钱春绮译, 严英析, 页166 → Willkommen und Abschied, übers. v. Qian Chunqi, kommentiert v. Yan Ying, S. 166
浪游者的夜歌"群峰一片", 钱春绮译, 严英析, 页169 → Wandrers Nachtlied „Über allen Gipfeln" übers. v. Qian Chunqi, kommentiert v. Yan Ying, S. 169
自然和艺术, 钱春绮译, 郭英州析, 页171 → Natur und Kunst, übers. v. Feng Zhi, kommentiert v. Guo Yingzhou, S. 171

2007 年

146.
爱情诗诗选 Ausgewählte Liebesgedichte
叶寿桢 编 Ye Shouzhen (Hrsg.)
香港: 银河出版社, 2007 年
131 页, 1000 册
德国爱情诗诗选 Ausgewählte deutsche Liebesgedichte
歌德诗（2 首）Goethe (2)
荒野小蔷薇, 钱春绮译, 页3 → Heidenröslein, übers. v. Qian Chunqi, S. 3
发现, 钱春绮译, 页4 → Gefunden, übers. v. Qian Chunqi, S. 4

147.
德语学习 Wir lernen Deutsch
2007 年第 1 期 Jg. 2007, Heft 1
歌德诗（1 首）Goethe (1)
迟归的玫瑰, 欧凡译 → Nun weiss man erst, übers. v. Ou Fan

148.
德语学习 Wir lernen Deutsch
2007 年第 2 期 Jg. 2007, Heft 2
歌德诗（1 首）Goethe (1)
竖琴手"谁不曾和泪吞咽面包"（卷首小诗）, 欧凡译, 页 1 → Harfenspieler „Wer nie sein Brod mit Tränen aß", übers. v. Ou Fan, S. 1

149.
歌德名篇名句赏读 Berühmte Texte und Sätze Goethes, kommentiert
赵艺杰 编 Zhao Yijie (Hrsg.)
呼和浩特: 远方出版社, 2007年
丛书: 聆听感悟大师经典; 3
118页, 1000册
歌德诗（5 首）Goethe (5)
普罗米修斯, 页 19, 20 → Prometheus, S. 19, 20
致莉娜, 页 69 → An Lina, S. 69
致东风, 页 69 → Was bedeutet die Bewegung, S. 69
第一次失恋. 页 71 → Erster Verlust, S. 71
对月, 页 71 → An den Mond, S. 71

150.
世间最美的情诗 Die schönsten Liebesgedichte aus der Welt
邱华栋 编选 Qiu Huadong (Hrsg.)
北京: 中国青年出版社, 2007 年
歌德诗（1 首）Goethe (1)
爱人之旁, 钱春绮译, 页224 → Nähe des Geliebten, übers. v. Qian Chunqi, S. 224

151.
苏曼殊全集, 第1册 Su Manshu. Gesammelte Werke, Bd. I
柳亚子 编 Liu Yazi (Hrsg.)
北京: 当代中国出版社, 2007年

第一册, 译诗集
瞿德 [歌德] (1首) Goethe (1):
题〈沙恭达伦〉, 页56 → Sakontala „Willst du die Blüthe", S. 56

152.
一生要读的120首诗歌/120 poems must reading in one's life
徐汉林　编译　Xu Hanlin (Übers.)
台北市: 德威国际文化, 2007年
317页
歌德诗（3首）Goethe (3)
夜思, 页76 → Nachtgedanken, S. 76
水上精灵之歌, 页78 → Gesang der Geister über den Wassern, S. 78
美丽的夜晚, 页82 → Die schöne Nacht, S. 82

2008年

153.
南京师范大学学报, 2008年6月, 第2期
论马君武对歌德的评价(叶隽), 页131-135 → Über Ma Junwu's Goethe-Rezeption (Ye Jun), S. 131-135
歌德诗（2首）Goethe (2)
迷丽客歌 (《威廉·迈士特的学习时代》片断), 马君武译, 页132 → Mignon „Kennst du das Land" (Wilhelm Meisters Lehrjahre, Auszug), übers. v. Ma Junwu, S. 132
阿明临海岸哭女诗 (《少年维特之烦恼》片断), 马君武译, 页134 → *Die Leiden des jungen Werther* (Ausz.), übers. v. Ma Junwu, S. 134

154.
外国文学作品选 Ausgewählte Werke ausländischer Literatur (Teil I)
郑克鲁　编选　Zheng Kelu (Hrsg.)
上海: 复旦大学出版社, 2008年
国家重点学科"比较文学与世界文学"研究项目成果
第2版, 786页, 5100册
附注: 所选诗目与初版同。

155.
文汇报, 2008年12月6日
谁是《放下你的鞭子》的原创者 (袁志英) Wer ist der Verfasser des Dramas *Nieder mit deiner Peitsche* (Yuan Zhiying)
歌德诗（1首）Goethe (1)
迷娘曲"你可知道那个国家", 张玉书译 → Mignon „Wer kennt das Land", übers. v. Zhang Yushu

2009年

156.
爱的甘泉: 中外精美爱情诗100首 → Süße Quellen der Liebe: 100 vorzügliche Liebesgedichte Chinas und des Auslands
胡世宗　选编　Hu Shizong (Hrsg.)
沈阳: 白山出版社, 2009年
175页, 2300册
歌德诗（1首）Goethe (1)
野蔷薇, 页117 → Heidenröslein, S. 117
未署译者名。

157.
爱心与高尚的礼赞——歌德诗作溯源与述评 Loblied auf Menschenliebe und Edelmut. Goethes Gedichte: Inhaltsquellen und Kommentare
马桂琪　译诗与著述　Ma Guiqi (Übers.)
香港: 中国科学文化出版社, 2009年
全国高校素质教育教材研究编审委员会审定
1000册
一、《给外祖父母的新年祝福诗》: 天才诗人的童稚之作, 页1 → Bei dem erfreulichen Anbruche des 1757. Jahres: ein kindliches Gedicht des genialen Dichters, S. 1
二、《幸福, 致我的姑娘》: 早恋的印迹或投影, 页7 → Das Glück. An mein Mädgen: Spur und Schattenwurf der frühen Liebe, S. 7
三、《第一首颂歌 (赠贝里施)》: 献给年青时期的挚友, 页12 → Oden an meinen Freund (Behrisch). Erste Ode: einem Jugendfreund gewidmet, S. 12
四、《灰色而阴郁的早上》: 相当于"情书"的诗篇, 页18 → Ein grauer trüber Morgen: ein Gedicht wie ein Liebesbrief, S. 18

五、《五月之歌》：对大自然和爱情的共同赞美诗，页24 → Mailied „Wie herrlich leuchtet": eine Hymne auf Natur und Liebe zugleich, S. 24

六、《欢聚和离别》：急匆匆聚散的背景故事，页32 → Willkommen und Abschied: hintergründige Geschichte einer flüchtigen Begegnung, S. 32

七、《赠你一条绘画的彩带》：附于礼物的优美小诗，页 37 → Mit einem gemalten Band: ein schönes Gedicht, dem Geschenk beigefügt, S. 37

八、《野玫瑰》："从老太婆口里抠出来"进行再创作的名篇，页41 → Heidenröslein: ein berühmtes Gedicht aus mündlicher Überlieferung durch eine alte Frau neu geschaffen, S. 41

九、《浪游者的暴风雨之歌》：旷野上的即兴诗对狂飙运动的重要贡献，页47 → Wandrers Sturmlied: ein Gelegenheitsgedicht vom freien Feld, ein wichtiger Beitrag zum Sturm und Drang, S. 47

十、《穆罕默德礼赞》：青年时代与东方文化神交的灿烂结晶，页58 → Mahomets Gesang: ein fruchtbares Ergebnis aus der Zuneigung zur orientalischen Kultur in der Jugendzeit, S. 58

十一、《鹰和鸽子》：自警的心声和迟疑中的抉择，页66 → Adler und Taube: Herzensstimme der Selbstwarnung und Entschluß aus dem Zögern, S. 66

十二、《普罗米修斯》：塑造高尚的圣者和殉道者的光辉形象，页70 → Prometheus: eine glänzende Figur eines Heiligen und Märtyrers, S. 70

十三、《得救》：已逝爱情的回声，页78 → Rettung Widerhall einer vergangenen Liebe, S. 78

十四、《艺术家的晚歌》：吐露对大自然与艺术创作的热切感受，页 83 → Künstlers Abendlied: Ausdruck sehnlicher Empfindung von Natur und künstlerischem Schaffen, S. 83

十五、《绿蒂与维特》：一部小说引发的警世良言，页88 → Zu den Leiden des jungen Werther (WA [I], Bd. 4, S. 162): der von einem Roman motivierte Sinnspruch, S. 88

十六、《高高地站在古塔上》：莱茵河畔古城废墟前的咏古诗，页94 → Hoch auf dem alten Turme steht: Hymne auf alte Zeiten bei der Stadtruine am Rhein, S. 94

十七、《盟誓之歌》：特别推荐给后辈的友谊颂，页98 → Bundeslied: Hymne auf die Freundschaft, eine besondere Empfehlung an spätere Generationen, S. 98

十八、《伽尼墨德斯》：给神话赋予新的主题，页102 → Ganymed: Neues Motiv für den Mythos, S. 102

十九、《新的爱，新的歌》：在新的情网中，页106 → Neue Liebe, neues Leben: im neuen Netz der Liebe, S. 106

二十、《致挂在脖子上的心形金饰物》：对终于未成眷属的恋人的怀念，页110 → An ein goldnes Herz, das er am Halse trug: Andenken an die Geliebte, die letzten Endes unverheiratet blieb, S. 110

二十一、《莉莉的动物园》：辛辣的讽刺和矛盾中的决断，页113 → Lili's Park: Scharfe Satire und Entschluss im Zwiespalt, S. 113

二十二、《在湖上》：对湖上景色的赞美及其它，页117 → Auf dem See: Hymne auf die Seenlandschaft und ihre Umgebung, S. 117

二十三、《航海》：投身人生新航程的时候，页121 → Seefahrt: Anfang einer neuen Karriere im Leben, S. 121

二十四、《你为什么赐给我们深邃的目光？》：难以解释的新的感情旋涡，页129 → Warum gabst du uns die tiefen Blicke – an Frau v. Stein: Strudel des neuen schwer erklärbaren Gefühls, S. 129

二十五、《哈尔茨山冬游妃》：叙事、抒情和议论兼备的杰作，页136 → Harzreise im Winter: Ein hervorragendes Gedicht in Schilderung, Gefühlsausdruck und Meinungsäußerung, S. 136

二十六、《漫游者的夜歌》：大半生岁月的感怀，页145 → Wandrers Nachtlied „Über allen Gipfeln": Reflexion über die meisten Jahre und Tage des Lebens, S. 145

二十七、《小魔王》：体察民情而产生的叙事诗，页149 → Erlkönig: Eine Ballade aufgrund der Fürsorge um das Volk, S. 149

二十八、《神性》：为了表达人格理想，页155 → Das Göttliche: zum Ausdruck des menschlichen Ideals, S. 155

二十九、《约翰娜·瑟布丝》：一首舍己救人的颂歌，页161 → Johanna Sebus: Ein Loblied auf Opferbereitschaft, S. 161

三十、《你可知道那柠檬花开的地方》: 诉说对意大利的深情向往, 页166 → Mignon „Kennst du das Land": Sehnsucht nach Italien, S. 166

三十一、《风景画家阿摩》: 意大利之行及其绘画成果, 页170 → Amor ein Landschaftsmaler: die italienische Reise und ihre Frucht in der Malerei, S. 170

三十二、《献词》: 对完成毕生巨制的自我激励, 页178 → *Zueignung*: Selbstermutigung anläßlich der Vollendung des großen Werkes *Faust*, S. 178

三十三、《在人生的波浪中》: 人生意义的哲理思考, 页184 → Nachdenken über den Sinn des Lebens, S. 184

158.
德语文学与文学批评 Deutsche Literatur und Literaturkritik
辑刊, 第3卷
张玉书 等主编 Zhang Yushu u. a. (Hrsg.)
北京: 人民文学出版社, 2009年8月
447页, 3000册
歌德诗 (2首) Goethe (2)
植物的变形, 莫光华译, 页179 → Die Metamorphose der Pflanzen, übers. v. Mo Guanghua, S. 179
动物的变形, 莫光华译, 页182 → Metamorphose der Tiere, übers. v. Mo Guanghua, S. 182
科学与诗艺结合的典范——歌德的《植物形变论》与教育诗《植物的变形》(莫光华), 页185 → Vorbildliche Verbindung der Wissenschaft mit der Dichtkunst – Goethes Aufsatz *Versuch die Metamorphose der Pflanzen zu erklären* und sein Erziehungsgedicht „Metamorphose der Pflanzen" (Mo Guanghua), S. 185

159.
郭沫若翻译研究 Forschung über Guo Moruo's Übersetzung
傅勇林 总主编 Fu Yonglin (Hrsg.)
王维民、俞森林 主编 Wang Weimin u. Yu Senlin (Hrsg.)
成都: 四川文艺出版社, 2009年
419页

歌德诗(5首9译) Goethe (5 Gedichte in 9 Versionen)
放浪者的夜歌 "一切山之顶", 郭沫若译, 页91 → Wandrers Nachtlied „Über allen Gipfeln", übers. v. Guo Moruo, S. 91
放浪者的夜歌 "微风收木末", 钱钟书译, 页92 → Wandrers Nachtlied „Über allen Gipfeln", übers. v. Qian Zhongshu, S. 92
放浪者的夜歌 "一切的峰顶", 梁宗岱译, 页92 → Wandrers Nachtlied „Über allen Gipfeln", übers. v. Liang Zongdai, S. 92
游客夜歌 "无数山峰里", 唐性天译, 页93 → Wandrers Nachtlied „Über allen Gipfeln", übers. v. Tang Xingtian, S. 93
迷娘歌 "有地有地香橼馨", 郭沫若译, 页96 → Mignon „Kennst du das Land", übers. v. Guo Moruo, S. 96
迷娘歌 "那柠檬正开的南乡", 郁达夫译, 页97 → Mignon „Kennst du das Land", übers. v. Yu Dafu, S. 97
迷娘歌 "君识此, 是何乡?", 马君武译, 页98 → Mignon „Kennst du das Land", übers. v. Ma Junwu, S. 98
维特与绿蒂, 郭沫若译, 页99和页317 → Zu den Leiden des jungen Werther (WA [I], Bd. 4, S. 162), übers. v. Guo Moruo, S. 99 u. S. 317
放浪者的夜歌 "你从天上来的", 郭沫若译, 页264 → Wandrers Nachtlied „Der du von dem Himmel bist", übers. v. Guo Moruo, S. 264
对月, 郭沫若译, 页264 → An den Mond, übers. v. Guo Moruo, S. 264

160.
列那狐 Reineke Fuchs
噶尔茨, 海因里希·冯·改编 Garz, Heinrich von (Umarbeitung)
汉讷曼, 拉哈·C. 绘画 Hannemann, Lara C. (illstr.)
陈建光 译 Chen Jianguang (Übers.)
郑州: 海燕出版社, 2009年
文学大师经典绘本
46页

161.

世界名诗鉴赏大全 Umfassende Erläuterungen berühmter Gedichte der Weltliteratur

许自强、孙坤荣　主编 Xu Ziqiang u. Sun Kunrong (Hrsg.)

北京: 商务印书馆国际有限公司, 2009年

1664页

歌德诗(16首) Goethe (16)

迷娘歌"你可知道吗?", 郭沫若译, 许自强析, 页544-546 → Mignon „Kennst du das Land", übers. v. Guo Moruo, kommentiert v. Xu Ziqiang, S. 544-546

绿蒂与维特, 郭沫若译, 许自强析, 页546-547 → Zu den Leiden des jungen Werther (WA [I], Bd. 4, S. 162), übers. v. Guo Moruo, kommentiert v. Xu Ziqiang, S. 546-547

五月之歌"自然多明媚", 钱春绮译, 许自强析, 页547-550→ Mailied „Wie herrlich leuchtet", übers. v. Qian Chunqi, kommentiert v. Xu Ziqiang, S. 547-550

相逢与离别, 钱春绮译, 孙坤荣析, 页550-552 → Willkommen und Abschied, übers. v. Qian Chunqi, kommentiert v. Sun Kunrong, S. 550-552

普罗米修斯, 高中甫译析, 页552-556 → Prometheus, übers. u. kommentiert v. Gao Zhongfu, S. 552-556

冬日游哈尔茨山, 冯至译析, 页557-561 → Harzreise im Winter, übers. u. kommentiert v. Feng Zhi, S. 557-561

铭记, 冯至译析, 页556-557 → Feiger Gedanken, übers. u. kommentiert v. Feng Zhi, S. 556-557

水上精灵之歌, 冯至译析, 页561-563 → Gesang der Geister über den Wassern, übers. u. kommentiert v. Feng Zhi, S. 561-563

漫游者的夜歌"一切峰顶的上空", 冯至译析, 页563-566 → Wandrers Nachtlied „Über allen Gipfeln", übers. u. kommentiert v. Feng Zhi, S. 563-566

自然和艺术, 冯至译析, 页566-567 → Natur und Kunst, übers. u. kommentiert v. Feng Zhi, S. 566-567

变化中的持久, 冯至译析, 页567-569 → Dauer im Wechsel, übers. u. kommentiert v. Feng Zhi, S. 567-569

幸运的渴望, 冯至译析, 页569-571 → Selige Sehnsucht, übers. u. kommentiert v. Feng Zhi, S. 569-571

银杏, 冯至译析, 页571-572 → Gingo biloba, übers. u. kommentiert v. Feng Zhi, S. 571-572

任凭你在千种形式里隐身, 冯至译析, 页572-573 → In tausend Formen magst du dich verstecken, übers. u. kommentiert v. Feng Zhi, S. 572-573

暮色徐徐下沉, 冯至译析, 页573-575 → Chinesisch-Deutsche Jahres- und Tageszeiten, Nr. 8: „Dämmerung senkte sich von oben", übers. u. kommentiert v. Feng Zhi, S. 573-575

浮士德(节选), 郭沫若译, 孙坤荣析, 页575-582 → Faust (Ausz.), übers. v. Guo Moruo, kommentiert v. Sun Kunrong, S. 575-582

162.

苏曼殊文集 Su Manshu. Gesammelte Schriften

书林　主编 Shu Lin (Hrsg.)

北京: 线装书局, 2009年

中国近现代名人文库

312页, 1000册

《文学因缘》自序(英人威林Wilhelm Jones将《沙恭达罗》诗剧译成英文后, "传至德, Goethe见之, 惊叹难为譬说, 遂为之颂, 则《沙恭达罗》一章是也。"), 页12-13

《沙恭达罗》颂, 页129 → [Sakontala] Will ich die Blumen, S. 129

163.

外国精美诗歌读本 Lektüre vortrefflicher Gedichte des Auslands

耿占春　主编 Geng Zhanchun (Hrsg.)

济南: 山东友谊出版社, 2009年

477页

歌德诗(1首) Goethe (1):

成长"你还是个可爱的小孩", 绿原译, 程一身析, 页63 → Wachstum, übers. v. Lü Yuan, kommentiert v. Cheng Yishen, S. 63

164.

外国诗歌鉴赏辞典, 第1册, 古代卷 Lexikon ausländischer Gedichte mit Interpretationen, Bd. I: Altertum

吴迪　主编 Wu Di (Hrsg.)

吴斯佳 副主编 Wu Sijia (Mithrsg.)
上海: 上海辞书出版社, 2009年
外国文学鉴赏辞典大系
1251页
歌德诗 (12首) Goethe (12)
普罗米修斯, 飞白译, 飞白析, 页224 → Prometheus, übers. u. kommentiert von [Wang] Feibai, S. 224
猎人的晚歌, 飞白译, 飞白析, 页228 → Jägers Abendlied, übers. u. kommentiert von [Wang] Feibai, S. 228
浪游者的夜歌(一) "一切峰顶上", 飞白译, 飞白析, 页229 → Wandrers Nachtlied „Über allen Gipfeln", übers. u. kommentiert von [Wang] Feibai, S. 229
精灵王, 飞白译, 飞白析, 页231 → Erlkönig, übers. u. kommentiert von [Wang] Feibai, S. 231
迷娘曲 "你可知道那柠檬花开的南国", 飞白译, 飞白析, 页233 → Mignon „Kennst du das Land", übers. u. kommentiert von [Wang] Feibai, S. 233
对月, 钱鸿嘉译, 沈哲析, 页235 → An den Mond, übers. v. Qian Hongjia, kommentiert v. Shen Zhe, S. 235
自然和与艺术, 冯至译, 沈哲析, 页238 → Natur und Kunst, übers. v. Feng Zhi, kommentiert v. Shen Zhe, S. 238
银杏, 钱春绮译, 吴迪析, 页239 → Gingo biloba, übers. v. Qian Chunqi, kommentiert v. Wu Di, S. 239
野蔷薇, 钱春绮译, 沈哲析, 页241 → Heidenröslein, übers. v. Qian Chunqi, kommentiert v. Shen Zhe, S. 241
任凭你在千种形式里隐身, 冯至译, 沈哲析, 页243 → In tausend Formen magst du dich verstecken, übers. v. Feng Zhi, kommentiert v. Shen Zhe, S. 243
中德四季晨昏杂咏(节选), 杨武能译, 沈哲析, 页245 → Chinesisch-Deutsche Jahres- und Tageszeiten (Ausz.), übers. v. Yang Wuneng, kommentiert v. Shen Zhe, S. 245
浮士德 (节选), 董问樵译, 吴斯佳析, 页249 → Faust (Ausz.), übers. v. Dong Wenqiao, kommentiert v. Wu Sijia, S. 249

165.
外国哲理短诗精选 (2册) Philosophische Kurzgedichte aus dem Ausland
文昊 主编 Wen Hao (Hrsg.)
乌鲁木齐: 新疆美术摄影出版社, 新疆电子音响出版社, 2009年
148页
歌德诗 (4首) Goethe (4)
自然与艺术, 页84 → Natur und Kunst, S. 84
要素, 页85 → Elemente, S. 85
天福的向往, 页87 → Selige Sehnsucht, S. 87
上帝、心情和世界, 页89 → Gott, Gemüt und Welt, übers. v. Qian Chunqi, S. 89

166.
西方17-18世纪文学 (上、下卷) → Westliche Literatur im 17. u. 18. Jahrhundert (Bd. I u. II)
赵沛林、仲石 主编 Zhao Peilin u. Zhong Shi (Hrsg.)
龚宏、甘丽娟 著 Gong Hong u. Gan Lijuan (Verf.)
长春: 吉林人民出版社, 2009年
文学名家名著故事全集, 外国卷, 赵沛林、仲石 主编
423页
歌德诗 (3首) Goethe (3)
罗马哀歌(其八) "爱人啊, 你能告诉我", 页354 → Römische Elegien (VIII): „Wenn du mir sagst, du habest als Kind", S. 354
沙恭达罗 "春华瑰丽" → Sakontala „Will ich die Blumen"
中德四季晨昏杂咏(其八) "暮色徐徐下沉" → Chinesisch-Deutsche Jahres- und Tageszeiten (VIII) „Dämmerung senkte sich von oben"
附注: 引录诗三首, 皆未注明译者。其中 "春华瑰丽" 一首, 显然系苏曼殊译笔。

167.
一世珍藏的诗歌200首 → 200 Gedichte, die man wie einen Schatz lebenslang hüten sollte
金宏宇、彭林祥 主编 Jin Hongyu u. Peng Linxiang (Hrsg.)
武汉: 长江文艺出版社, 2009年

284页, 8000册
歌德诗 (1首) Goethe (1)
迷娘"你知道", 钱春绮译, 页47 → Mignon „Kennst Du das Land", übers. v. Qian Chunqi, S. 47

168.
宗白华中西美学论集 Zong Baihua's Beiträge zur chinesischen und westlichen Ästhetik
宗白华　著　Zong Baihua (Verf.)
殷曼婷　编　Yin Manting (Hrsg.)
南京: 南京大学出版社, 2009年
南雍学术经典
400页
歌德诗 (7首) Goethe (7)
游行者之夜歌"你这从天上来的", 页86 → Wandrers Nachtlied „Der du von dem Himmel bist", S. 86
游行者之夜歌"一切山峰上", 页2 → Wandrers Nachtlied „Über allen Gipfeln", S. 2
海上的寂静, 页87 → Meeres Stille, S. 87
弦琴师歌曲"谁思寂寞中", 页87 → Harfenspieler „Wer sich der Einsamkeit ergibt", S. 87
迷娘歌曲"谁人识相思", 页88 → Mignon „Nur wer die Sehnsucht kennt", S. 88
无题"你知道, 诗人的词句", 页89
无题"请你不必多言, 尽管让我进去", 页89

2010年

169.
挡住那个月亮 Verdeckt den Mond
悦读纪　编　Yue Duji (Hrsg.)
南京: 江苏文艺出版社, 2010年
丛书: 最美的诗
歌德诗 (5首) Goethe (5)
迷娘曲之一"你知道吗", 杨武能译, 小皮析, 页3 → Mignon „Kennst du das Land", übers. v. Yang Wuneng, kommentiert v. Xiao Pi, S. 3
迷娘曲之二"只有懂得相思的人", 杨武能译, 小皮析, 页5 → Mignon „Nur wer die Sehnsucht kennt", übers. v. Yang Wuneng, kommentiert v. Xiao Pi, S. 5

迷娘曲之三"别让我讲", 杨武能译, 小皮析, 页6 → Mignon „Heiß mich nicht reden", übers. v. Yang Wuneng, kommentiert v. Xiao Pi, S. 6
野蔷薇, 钱春绮译, 小皮析, 页7 → Heidenröslein, übers. v. Qian Chunqi, kommentiert v. Xiao Pi, S. 7
浪游者的夜歌"一切峰顶上", 飞白译, 小皮析, 页8 → Wandrers Nachtlied „Über allen Gipfeln", übers. v. Fei Bai, kommentiert v. Xiao Pi, S. 8

170.
德国的古典精神 Der Geist der deutschen Klassik
李长之　著　Li Changzhi (Verf.)
北京: 中国社会科学出版社, 2010年
丛书: 大国性格
328 页
歌德诗 (6首) Goethe (6)
小玫瑰花, 页267 → An die Günstigen, S. Heidenröslein, S. 267
失意, 页311 → Wenn die Reben wieder blühen, S. 311
与爱者近, 页313 → Nähe des Geliebten, S. 313
致读者, 页315 → An die Günstigen, S. 315
赠月, 页316 → An den Mond, S. 316
有所失歌, 页319 → Erster Verlust, S. 319

171.
歌德——浪游者的夜歌 Goethe – Wandrers Nachtlied
钱春绮　译　Qian Chunqi (Übers.)
台北市: 爱诗社出版事业部, 2010年
歌德诗 (72 首) Goethe (72)
我的眼中洋溢火焰之海——歌德的生平掠影, 页8 → In meinen Augen tobt ein Feuersee – Goethes Leben in grober Darstellung
自由体诗/颂歌 Freirhythmische Hymnen
伽倪墨得斯, 页16 → Ganymed, S. 16
普罗米修斯, 页18 → Prometheus, S. 18
给马车夫克罗诺斯, 页22 → An Schwager Kronos, S. 22
航海, 页25 → Seefahrt, S. 25

第一编：译诗目 Kapitel I: Dichtung

水上的精灵之歌, 页28 → Gesang der Geister über den Wassern, S. 28

神性, 页30 → Das Göttliche, S. 30

十四行诗 Sonette

强力的袭击, 页36 → Mächtiges Überraschen, S. 36

亲密的会晤, 页38 → Freundliches Begegnen, S. 38

成长, 页39 → Wachstum, S. 39

旅行干粮, 页40 → Reisezehrung, S. 40

少女说, 页41 → Das Mädchen spricht, S. 41

爱人的来信, 页42 → Die Liebende schreibt, S. 42

爱人第二次来信, 页43 → Die Liebende abermals, S. 43

她不能终止, 页44 → Sie kann nicht enden, S. 44

自然与艺术, 页45 → Natur und Kunst, S. 45

我爱你，与你无关——歌德的爱情故事, 页46 → Ich liebe dich, das geht dich nichts an – Goethes Liebesgeschichten, S. 46

抒情诗 Lyrische Gedichte

灰色的阴郁的朝晖, 页54 → Ein grauer trüber Morgen, S. 54

我很快又要见到里克辛, 页56 → Balde seh' ich Rieckchen [Rickgen] wieder (WA [I], Bd. 4, S. 358), S. 56

醒来，弗里德里凯, 页58 → Erwache Friedericke, S. 58

赠彩绘的带子 附诗, 页60 → Mit einem gemalten Band, S. 60

欢会和别离, 页62 → Willkommen und Abschied, S. 62

五月之歌 "自然多明媚", 页64 → Mailied „Wie herrlich leuchtet", S. 64

野蔷薇, 页67 → Heidenröslein, S. 67

新的爱，新的生活, 页69 → Neue Liebe, neues Leben, S. 69

给蓓琳德, 页71 → An Belinden, S. 71

悲中之喜, 页73 → Wonne der Wehmut, S. 73

寄丽丽, 页74 → An Lili [In ein Exemplar der Stella]. „Im holden Thal, auf schneebedeckten Höhen (WA [I], Bd. 1, S. 204), S. 74

挂在脖子上的金鸡心, 页75 → An ein goldnes Herz, das er am Halse trug, S. 75

给远别的恋人, 页76 → An die Entfernte, S. 76

未婚夫, 页77 → Der Bräutigam, S. 77

对月, 页79 → An den Mond, S. 79

猎人的晚歌, 页82 → Jägers Abendlied, S. 82

你为何赋予我们慧眼, 页83 → Warum gabst du uns die tiefen Blicke – an Frau v. Stein, S. 83

夜思, 页86 → Nachtgedanken, S. 86

酒杯, 页87 → Der Becher, S. 87

赠莉达, 页89 → An Lida, S. 89

泪中的安慰, 页90 → Trost in Tränen, S. 90

失去的初恋, 页92 → Erster Verlust, S. 92

浪游者的夜歌(一) "群峰一片", 页93 → Wandrers Nachtlied „Über allen Gipfeln", S. 93

浪游者的夜歌(二) "你乃是从天上降临", 页94 → Wandrers Nachtlied „Der du von dem Himmel bist", S. 94

探望, 页95 → Der Besuch, S. 95

清晨的悲叹, 页99 → Morgenklagen, S. 99

发现, 页103 → Gefunden, S. 103

1816年6月6日, 页105 → Den 6. Juni 1816 „Du versuchst, o Sonne, vergebens" (WA [I], Bd. 4, S. 61), S. 105

海的寂静, 页106 → Meeres Stille, S. 106

幸运的航海, 页107 → Glückliche Fahrt, S. 107

恋人之旁, 页108 → Nähe des Geliebten, S. 108

马利恩巴德悲歌, 页109 → Marienbader Elegie, S. 109

道恩堡, 1828年9月, 页118 → Dornburg, September 1828, „Früh, wenn Tal, Gebirg und Garten" (WA [I], Bd. 4, S.109), S. 118

给上升的满月, 页119 → Dem aufgehenden Vollmonde, S. 119

浪游者的夜歌——歌德的抒情诗歌, 页120

《东西合集》诗选 West-östlicher Divan

在呼吸中有两种恩泽, 页130 → Talismane, S. 130

要素, 页131 → Elemente, S. 131

天福的向往, 页133 → Selige Sehnsucht, S. 133

现象, 页135 → Phaenomen, S. 135

可爱的美景, 页136 → Liebliches, S. 136

诗歌与雕塑, 页138 → Lied und Gebilde, S. 138

自白, 页139 → Geständnis, S. 139

读本, 页140 → Lesebuch, S. 140

我要求的，只有一点点, 页141 → Nur wenig ist's was ich verlange, S. 141

在快活的泉水边上, 页144 → An des lust'gen

Brunnens Rand (WA [I], Bd. 6, S. 177), S. 144
一心顺着你的眼神, 页146 → Deinem Blick mich zu bequemen, S. 146
二裂叶银杏, 页147 → Gingo biloba, S. 147
巴尔赫、布哈拉, 页148 → Hätt' ich irgend wohl Bedenken, S. 148
尽管你隐身藏形, 页149 → In tausend Formen magst du dich verstecken, S. 149
崇高的形象, 页151 → Hochbild, S. 151
重逢, 页153 → Wiederfinden, S. 153
进入天堂的许可, 页156 → Einlass, S. 156
《浮士德》诗选 Gedichte aus dem *Faust*
跳蚤之歌, 页160 → Mephistos Flohlied (Faust, Ausz.), S. 160
纺车旁的格蕾辛, 页162 → Gretchen am Spinnrade, S. 162
图勒的国王, 页165 → Der König in Thule, S. 165
守塔人之歌, 页167 → Zum Sehen geboren, S. 167

172.
歌德思想之形成——经典文本体现的古典和谐 Entwicklung von Goethes Gedanken – antike Harmonie in seinen klassischen Texten
叶隽　著　Ye Jun (Verf.)
北京: 中央编译出版社, 2010年
异文化书系, 叶隽主编
歌德诗 (4首) Goethe (4)
漫游者夜歌"一切峰顶的上空"(汉德对照), 冯至译, 页132 → Wandrers Nachtlied „Über allen Gipfeln" (chinesisch/deutsch), übers. v. Feng Zhi, S. 132
梅妃"君赠珠羞饰我容", 歌德德译, 叶隽汉译 „Du sendest Schätze, mich zu schmücken", deutsch übers. v. Goethe, chinesisch übers.v. Ye Jun, S. 240
中德四季晨昏杂咏, 其八: "暮色徐徐下沉" (汉德对照), 杨武能译, 页241 → Chinesisch-Deutsche Jahres- und Tageszeiten, Nr. 8: „Dämmerung senkte sich von oben", übers. v. Yang Wuneng, S. 241
遗言(汉德对照), 钱春绮译, 页297-300 → Vermächtnis (chinesisch/deutsch), übers. v. Qian Chunqi, S. 297-300

173.
诗歌中的诗歌:《世界文学》诗歌精选 Gedichte der Gedichte: sorgfältig ausgewählte Beispiele aus der Zeitschrift *Weltliteratur*
高兴　主编　Gao Xing (Hrsg.)
南京: 译林出版社, 2010年
403页
歌德诗(2首) Goethe (2)
自然和艺术, 冯至译, 页67 → Natur und Kunst, übers. v. Feng Zhi, S. 67
任凭你在千种形式里隐身, 冯至译, 页69 → In tausend Formen magst du dich verstecken, übers. v. Feng Zhi, S. 69

174.
外国文学作品选, 西方卷 Ausländische Literaturwerke. Eine Auswahl, Bd. Westen
刘洪涛、王向远　主编　Liu Hongtao u. Wang Xiangyuan (Hrsg.)
北京: 北京师范大学出版社, 2010年
国家精品课程系列教材
600页
歌德诗 (4首) Goethe (4)
五月歌"大地多么辉煌", 杨武能译, 页107 → Mailied „Wie herrlich leuchtet", übers. v. Yang Wuneng, S. 107
神性, 杨武能译, 页109 → Das Göttliche, übers. v. Yang Wuneng, S. 109
赫吉拉, 杨武能译, 页112 → Hegire, übers. v. Yang Wuneng, S. 112
浮士德(节选), 董问樵译, 页114-125 → Faust (Ausz.), übers. v. Dong Wenqiao, S. 114-125

175.
中国最美的诗歌·世界最美的诗歌大全集 Große Sammlung der schönsten Gedichte Chinas und der Welt
徐志摩　等著　Xu Zhimo u.a. (Verf.)
崔士宏、马立荣　主编　Cui Shihong u. Ma Lirong (Hrsg.)
北京: 华文出版社, 2010年
462页
歌德诗 (4首) Goethe (4)
作者简介, 页301 → Über Goethe, S. 301

相逢与别离, 钱春绮译, 页301 → Willkommen und Abschied, über. v. Qian Chunqi, S. 301
野蔷薇, 钱春绮译, 页302 → Heidenröslein, über. v. Qian Chunqi, S. 302
游行者之夜歌 "一切的峰顶", 梁宗岱译, 页302 → Wandrers Nachtlied „Über allen Gipfeln", übers. v. Liang Zongdai, S. 302
迷娘歌 "你可知道", 梁宗岱译, 页303 → Mignon „Kennst Du das Land", übers. v. Liang Zongdai, S. 303

176.
中外朗诵经典诗文选 Klassische Gedichte und Texte des In- und Auslands zum Rezitieren
中共重庆市委宣传部读点经典编委会编
重庆: 重庆出版社, 2010年
389页
歌德诗 (1首) Goethe (1)
任凭你在千种形式里隐身, 冯至译, 页383 → In tausend Formen magst du dich verstecken, übers. v. Feng Zhi, S. 383

177.
中外诗歌精选 Chinesische und ausländische Gedichte in sorgfältiger Auswahl
吕秋艳 选编 Lü Qiuyan (Hrsg.)
长春: 吉林出版集团, 2010年
大语文丛书, 白桦主编
282页
歌德诗 (2首) Goethe (2)
水上灵魂之歌, 页235 → Gesang der Geister über den Wassern, S. 235
任凭你在千种形式里隐身, 页236 → In tausend Formen magst du dich verstecken, S. 236
编者附注:未署译者名。

178.
最美的诗歌 Die schönsten Gedichte
徐志摩 等著 Xu Zhimo u.a. (Verf.)
于海娣 主编 Yu Haidi (Hrsg.)
北京: 中国华侨出版社, 2010年
368页
歌德诗 (3首) Goethe (3)

相逢与别离, 钱春绮译, 页142 → Willkommen und Abschied, über. v. Qian Chunqi, S. 142
作品赏析, 页143 → Interpretation, S. 143
迷娘歌 "你可知道", 梁宗岱译, 页144 → Mignon „Kennst Du das Land", übers. v. Liang Zongdai, S. 144
作品赏析, 页144 → Interpretation, S. 144
野玫瑰, 钱春绮译, 页145 → Heidenröslein, über. v. Qian Chunqi, S. 145
作品赏析, 页145 → Interpretation, S. 145

2011年

179.
纯品诗歌 Gedichte im wahrsten Sinne
[爱尔兰] 叶芝 等著 Yeats, William Butler, u.a. (Verf.)
武汉: 长江文艺出版社, 2011年
288页, 8000册
歌德诗 (1首) Goethe (1)
任凭你在千种形式里隐身, 冯至译, 页19 → In tausend Formen magst du dich verstecken, übers. v. Feng Zhi, S. 19

180.
德语生态文学 Deutschsprachige Literatur mit ökologischen Aspekten
江山 著 Jiang Shan (Verf.)
上海: 学林出版社, 2011年
欧美生态文学研究丛书
358页
歌德诗(6首) Goethe (6)
五月之歌 "我的面前", 谭余志译, 页99 → Mailied „Wie herrlich leuchtet", übers. v. Tan Yuzhi, S. 99
荒野小玫瑰, 郭力编译, 页101 → Heidenröslein, übers. v. Guo Li, S. 101
找到, 未注明译者, 页103 → Gefunden, Übers. nicht vermerkt, S. 103
在所有的山巅之上, 未注明译者, 页105 → Wandrers Nachtlied „Über allen Gipfeln", S. 105
1771年6月21日致威廉信(查魏玛版《歌德全集》书信卷, 并无此信), 页107 → Brief an Wilhelm, nicht ermittelt, S. 107

维特, 杨武能译, 页107-110 → Die Leiden des jungen Werther (Ausz.), übers. v. Yang Wuneng, S. 107-110

浮士德, 钱春绮译, 页113, 118 → Faust (Ausz.), übers. v. Qian Chunqi, S. 118

大河和小溪都已解冻, 钱春绮译, 页115 → Faust (Ausz.), übers. v. Qian Chunqi, S. 115

守塔人林叩斯之歌, 钱春绮译, 页119 → Zum Sehen geboren (Faust, Ausz.), übers. v. Qian Chunqi, S. 119

181.
精美诗歌大全集 Große Sammlung der besten Gedichte
若兮 主编 Ruo Xi (Hrsg.)
北京: 中国华侨出版社, 2011年
384页
歌德诗 (3首) Goethe (3)
相逢与别离, 钱春绮译, 页157 → Willkommen und Abschied, über. v. Qian Chunqi, S. 157
迷娘歌"你可知道", 梁宗岱译, 页159 → Mignon „Kennst Du das Land", übers. v. Liang Zongdai, S. 159
野玫瑰, 钱春绮译, 页160 → Heidenröslein, über. v. Qian Chunqi, S. 160

182.
跨文化视野中的教育史研究——裴斯泰洛齐教育思想国际研讨会论文集 Research on Educational History in the Cross-Cultural Context: Proceedings of International Symposium on Pestalozzi's Educational Thoughts
肖朗、赵卫平 主编 Xiao Lang u. Zhao Weiping (Hrsg.)
杭州: 浙江大学出版社, 2011年
324页
歌德诗 (1首) Goethe (1)
神性 (节译), 叶隽译, 页129-131 → Das Göttliche (Ausz.), übers. v. Ye Jun, S. 129-131

183.
来自天堂的玫瑰: 最浪漫的诗歌 Die vom Himmel herabkommenden Rosen: die romantischste Poesie
李继勇 主编 Li Jiyong (Hrsg.)
延吉: 延边大学出版社, 2011年
时文选粹
歌德诗 1首 Goethe (1)
绿蒂和维特, 页74 → Zu den Leiden des jungen Werther (WA [I], Bd. 4, S. 162), übers. v. Guo Moruo, S. 74
附注: 未署译者 [郭沫若] 名。

184.
诗海游踪: 中西诗比较讲稿 Reisespuren im Ozean der Poesie. Vorlesungsskript zum Vergleich chinesischer und westlicher Poesie
飞白 著 Wang Feibai (Verf.)
杭州: 浙江工商大学出版社, 2011年
317页
歌德诗 (1首) Goethe (1)
Der Fischer, S. 178
渔夫, 飞白译, 页180

185.
我喜欢你是寂静的——我的心情诗画本和5张明信片 I like you are silent
孔雀 绘 Kong Que (Illustration)
韩梅梅 编译 Han Meimei (Übers.)
天津: 天津教育出版社, 2011年
流浪者的夜歌"你是一切的巅峰", 页124 → Wanderer's night song (Wandrers Nachtlied „Über allen Gipfeln"), S. 125

2012年

186.
歌德诗选 Ausgewählte Gedichte Goethes
柳鸣九 主编 Liu Mingjiu (Hrsg.)
高中甫 编选 Gao Zhongfu (Auswahl)
冯至、绿原、樊修章、高中甫 等译 Feng Zhi, Lü Yuan, Fan Xiuzhang u. Gao Zhongfu (Übers.)
长春: 时代文艺出版社, 2012年
外国经典诗歌珍藏丛书
歌德诗 (151首) Goethe (151)
致睡眠 (1766/67), 绿原译, 页1 → An den Schlaf, übers. v. Lü Yuan, S. 1

第一编：译诗目 Kapitel I: Dichtung

新婚之夜, 页 2 → Brautnacht „Im Schlafgemach, entfernt vom Fest", S. 2

献给友人贝里施的三首颂歌, 钱春绮译, 页 3 → Oden an meinen Freund (Behrisch), übers. v. Qian Chunqi, S. 3

良宵, 页 7 → Die schöne Nacht, S. 7

幸福和梦, 页 8 → Glück und Traum, S. 8

变换, 页 8 → Unbeständigkeit, S. 8

告别, 樊修章译, 页 9 → Abschied „War unersättlich", übers. v. Fan Xiuzhang, S. 9

五月之歌 "多么壮丽啊", 樊修章译, 页 10 → Mailied „Wie herrlich leuchtet", übers. v. Fan Xiuzhang, S. 10

插花丝带附诗, 樊修章译, 页 12 → Mit einem gemalten Band, übers. v. Fan Xiuzhang, S. 12

欢会和离别, 樊修章译, 页 13 → Willkommen und Abschied, übers. v. Fan Xiuzhang, S. 13

弗利德利克, 你快醒醒, 樊修章译, 页 14 → Erwache Friedericke, übers. v. Fan Xiuzhang, S. 14

野玫瑰, 杨武能译, 页 15 → Heidenröslein, übers. v. Yang Wuneng, S. 15

朝圣者的晨歌, 绿原译, 页 16 → Pilgers Morgenlied, übers. v. Lü Yuan, S. 16

浪游者的暴风雨之歌, 页 18 → Wandrers Sturmlied, S. 18

穆罕默德之歌, 页 23 → Mahomets Gesang, S. 23

紫罗兰, 页 26 → Das Veilchen, S. 26

拯救, 页 27 → Rettung, S. 27

迦尼墨得斯, 樊修章译, 页 28 → Ganymed, übers. v. Fan Xiuzhang, S. 28

致驭者克洛诺斯, 页 30 → An Schwager Kronos, S. 30

画家黄昏吟, 樊修章译, 页 32 → Künstlers Abendlied, übers. v. Fan Xiuzhang, S. 32

普罗米修斯, 高中甫译, 页 33 → Prometheus, übers. v. Gao Zhongfu, S. 33

屠勒王, 页 35→ Der König in Thule, übers. v., S. 35

英灵致意, 樊修章译, 页 37 → Geistes-Gruss, übers. v. Fan Xiuzhang, S. 37

艺术家的晚歌, 页 209 → Künstlers Abendlied, S.

新的爱情 新的生活, 高中甫译, 页 38 → Neue Liebe neues Leben, übers. v. Gao Zhongfu, S. 38

致伯林顿, 页 40 → An Belinden, S. 40

莉莉的动物园, 樊修章译, 页 41 → Lili's Park, übers. v. Fan Xiuzhang, S. 41

《少年维特之烦恼》第二版题词, 樊修章译, 页 47 → Zu den Leiden des jungen Werther (WA [I], Bd. 4, S. 162), übers. v. Fan Xiuzhang, S. 47

渴望, 樊修章译, 页 47 → Sehnsucht, übers. v. Fan Xiuzhang, S. 47

湖上, 樊修章译, 页 48 → Auf dem See, übers. v. Fan Xiuzhang, S. 48

秋兴, 樊修章译, 页 49 → Herbstgefühl, übers. v. Fan Xiuzhang, S. 49

苦涩的快慰 "圣洁之恋的泪珠", 樊修章译, 页 50 → Wonne der Wehmut, übers. v. Fan Xiuzhang, S. 50

温柔的莉莉 "好一段时间你是我全部欢欣和灵感", 樊修章译, 页 56 → An Lili. Waldeck bei Jena, den 24. December 1775 „Holde Lili, warst so lang (WA[I], Bd. 1 S. ,204), übers. v. Fan Xiuzhang, S. 50

为胸口挂的金鸡心而作, 樊修章译, 页 51 → An ein goldnes Herz, das er am Halse trug, übers. v. Fan Xiuzhang, S. 51

给莉莉——写在一册《斯特拉》上 "皑皑山顶, 盈盈山涧", 樊修章译, 页 52 → An Lili. In ein Exemplar der Stella 1776 „Im holden Thal, auf schneebedeckten Höhen (WA[I], Bd. 1, S. 204), übers. v. Fan Xiuzhang, S. 52

猎人夜歌, 樊修章译, 页 52 → Jägers Abendlied, übers. v. Fan Xiuzhang, S. 52

命运, 为何给我们慧眼, 樊修章译, 页 53 → Warum gabst du uns die tiefen Blicke – an Frau v. Stein, übers. v. Fan Xiuzhang, S. 53

不得安宁的爱, 樊修章译, 页 55 → Rastlose Liebe, übers. v. Fan Xiuzhang, S. 55

节制, 页 56 → Einschränkung, S. 56

希望, 樊修章译, 页 57 → Hoffnung, übers. v. Fan Xiuzhang, S. 57

忧愁 "莫乱绕圈子", 樊修章译, 页 58 → Sorge „Kehre nicht in diesem Kreis", übers. v. Fan Xiuzhang, S. 58

浪游人夜歌（之一，1776）"你来从天上"，樊修章译，页 58 → Wandrers Nachtlied „Der du von dem Himmel bist", übers. v. Fan Xiuzhang, S. 58

海上行，樊修章译，页 59 → Seefahrt, übers. v. Fan Xiuzhang, S. 59

座右铭，绿原译，页 61 → Beherzigung, übers. v. Lü Yuan, S. 61

在法庭上，樊修章译，页 62 → Vor Gericht, übers. v. Fan Xiuzhang, S. 62

对月，樊修章译，页 63 → An den Mond, übers. v. Fan Xiuzhang, S. 63

致远离的爱人，页 64 → An die Entfernte, S. 64

内心的怯懦"惊恐畏缩，女人一样朝后躲"，小歌剧"利拉"第二幕，樊修章译，页 65 → Feiger Gedanken (aus Lila: ein Festspiel mit Gesang und Tanz), übers. v. Fan Xiuzhang, S. 65

铭记，冯至译，页 66 → Feiger Gedanken, übers. v. Feng Zhi, S. 66

冬日游哈尔茨山，冯至译，页 66 → Harzreise im Winter, übers. v. Feng Zhi, S. 66

渔夫，钱春绮译，页 70 → Der Fischer, übers. v. Qian Chunqi, S. 70

水上精灵之歌，冯至译，页 71 → Gesang der Geister über den Wassern, übers. v. Feng Zhi, S. 71

致夏洛蒂·冯·施泰因，页 73 → Aus den Briefen an Charlotte von Stein, S. 73

渴望，樊修章译，页 74 → Sehnsucht, übers. v. Fan Xiuzhang, S. 74

漫游者的夜歌"一切峰顶的上空"，冯至译，页 74 → Über allen Gipfeln, übers. v. Feng Zhi, S. 74

我的女神，页 75 → Meine Göttin, S. 75

夜思，页 78 → Nachtgedanken, S. 78

酒杯，页 79 → Der Becher, S. 79

致丽达，页 80 → An Lida, S. 80

人性的界限，页 81 → Grenzen der Menschheit, S. 81

魔王，页 83 → Erlkönig, S. 83

题幽径，樊修章译，页 84 → Einsamkeit, übers. v. Fan Xiuzhang, S. 84

神性，杨武能译，页 85 → Das Göttlicheübers, übers. v. Yang Wuneng, S. 85

歌手，页 87 → Der Sänger, S. 87

致夏洛蒂·冯·施泰因，页 89 → Aus den Briefen an Charlotte von Stein, S. 89

永远，页 90 → Für ewig, S. 90

年轻赤裸的女神走下天堂，樊修章译，页 90 → Jugendlich kommt sie vom Himmel (WA [I], Bd. 4, S. 121), übers. v. Fan Xiuzhang, S. 90

甜蜜的忧愁，页 91 → Süße Sorgen, S. 91

风景画家阿摩，页 91 → Amor ein Landschaftsmaler, S. 91

晨怨，页 94 → Morgenklagen, S. 94

爱的需求，页 97 → Liebebedürfnis, S. 97

罗马哀歌，杨武能译，页 98 → Römische Elegien, übers. v. Yang Wuneng, S. 98

阔夫塔之歌，冯至译，页 119 → Kophtisches Lied, übers. v. Feng Zhi, S. 119

大海的凝静，樊修章译，页 119 → Meeres Stille, übers. v. Fan Xiuzhang, S. 119

幸运的航行，杨武能译，页 120 → Glückliche Fahrt, übers. v. Yang Wuneng i, S. 120

亲爱的在我身边，樊修章译，页 120 → Nähe des Geliebten, übers. v. Fan Xiuzhang, S. 120

爱人身旁，页 121 → Nähe des Geliebten, S. 121

风平浪静，绿原译，页 122 → Meeres Stille, übers. v. Lü Yuan, S. 122

诀别，页 123 → Abschied „Zu lieblich ists, ein Wort zu brechen", S. 123

掘宝者，钱春绮译，页 140 → Der Schatzgräber, übers. v. Qian Chunqi, S. 140

致热心的读者，页 142 → An die Günstigen, S. 142

自然和艺术，冯至译，页 143 → Natur und Kunst, übers. v. Feng Zhi, S. 143

早来的春天，页 143 → Frühzeitiger Frühling, S. 143

总忏悔，页 145 → Generalbeichte, S. 145

牧羊人的怨歌，页 147 → Schäfers Klagelied, S. 147

变化中的持久，冯至译，页 148 → Dauer im Wechsel, übers. v. Feng Zhi, S. 148

泪中的慰藉，页 150 → Trost in Tränen, S. 150

十四行诗，页 152 → Sonette, S. 152

成长，页 155 → Wachstum, S. 155

旅途口粮，页 156 → Reisezehrung, S. 156

提醒，樊修章译，页 156 → Erinnerung, übers. v. Fan Xiuzhang, S. 156

第一编：译诗目　Kapitel I: Dichtung

告别, 樊修章译, 页 157 → Abschied „War unersättlich", übers. v. Fan Xiuzhang, S. 157

情人来书, 绿原译, 页 158 → Die Liebende schreibt, übers. v. Lü Yuan, S. 158

情人再次来书, 绿原译, 页 159 → Die Liebende abermals, übers. v. Lü Yuan, S. 159

她欲罢不能, 绿原译, 页 160 → Sie kann nicht enden, übers. v. Lü Yuan, S. 160

报应女神, 绿原译, 页 160 → Nemesis, übers. v. Lü Yuan, S. 242

圣诞节礼品, 绿原译, 页 161 → Christgeschenk, übers. v. Lü Yuan, S. 161

怀疑者, 绿原译, 页 162 → Die Zweifelnden „Ihr liebt, und schreibt Sonette…" (WA [I], Bd. 2, S. 16), übers. v. Lü Yuan, S. 162

钟情人, 绿原译, 页 163 → Die Liebenden, übers. v. Lü Yuan, S. 163

少女, 绿原译, 页 163 → Mädchen, übers. v. Lü Yuan, S. 163

诗人, 绿原译, 页 164 → Dichter, übers. v. Lü Yuan, S. 164

纪元, 绿原译, 页 164 → Epoche, übers. v. Lü Yuan, S. 164

哑谜, 绿原译, 页 165 → Charade, übers. v. Lü Yuan, S. 165

五月之歌, 绿原译, 页 166 → Mailied „Zwischen Weizen und Korn", übers. v. Lü Yuan, S. 166

眼前, 绿原译, 页 167 → Gegenwart, übers. v. Lü Yuan, S. 167

风景, 绿原译, 页 168 → Landschaft, übers. v. Lü Yuan, S. 168

发现, 钱春绮译, 页 169 → Gefunden, übers. v. Qian Chunqi, S. 169

新哥白尼, 绿原译, 页 170 → Der neue Copernicus, übers. v. Lü Yuan, S. 170

格言诗辑, 页 171

年岁, 冯至译, 页 173 → Die Jahre, übers. v. Feng Zhi, S. 173

蛇皮, 冯至译, 页 174 → Die Feinde sie bedrohen dich, übers. v. Feng Zhi, S. 174

二十五首诗选自《西东合集》, 页 74

让我哭吧, 页 192 → Lasst mich weinen! umschraenkt von Natur, S. 192

三月, 绿原译, 页 193 → März, übers. v. Lü Yuan, S. 193

四月, 绿原译, 页 194 → April, übers. v. Lü Yuan, S. 194

五月, 绿原译, 页 195 → Mai, übers. v. Lü Yuan, S. 195

六月, 绿原译, 页 197 → Juni, übers. v. Lü Yuan, S. 197

一和一切, 樊修章译, 页 200 → Eins und alles „Im grenzenlosen sich zu finden wird gern der Einzelne verschwinden" (WA [I], Bd. 3, S. 81), übers. v. Fan Xiuzhang, S. 200

风鸣琴, 樊修章译, 页 201 → Äolsharfen. Gespräch, übers. v. Fan Xiuzhang, S. 201

致拜伦爵士 (1-12 行), 页 203 → An Lord Byron, S. 203

致乌尔莉克•莱温佐夫, 高中甫译, 页 204 → Tadelt man, dass wir (1823), übers. v. Gao Zhongfu, S. 204

致乌尔莉克•莱温佐夫, 高中甫译, 页 205 → Du gingst vorüber? übers. v. Gao Zhongfu, S. 205

热情三部曲(马林巴德悲歌), 页 206 → Trilogie der Leidenschaft, S. 206

玛利浴场哀歌(爱欲三部曲), 冯至译, 页 209 → Marienbader Elegie, übers. v. Feng Zhi, S. 209

和解 (热情三部曲), 高中甫译, 页 216 → Aussöhnung (Trilogie der Leidenschaft, Nr. 3), übers. u. kommentiert v. Gao Zhongfu, S. 216

未婚夫, 页 217 → Der Bräutigam, S. 217

席勒安魂曲, 高中甫译, 页 218 → Schillers Reliquien „Im ernsten Beinhaus war's", übers. v. Gao Zhongfu, S. 218

虹, 页 219

中德四季晨昏杂咏, 冯至译, 页 221 → Chinesisch-Deutsche Jahres- und Tageszeiten, übers. v. Feng Yhi, S. 221

一个譬喻, 高中甫译, 页 227 → Ein Gleichnis „Jüngst pflückt' ich einen Wiesenstrauß" (WA [I], Bd. 4, S. 151), übers. v. Gao Zhongfu, S. 227

给上升的满月, 页 228 → Dem aufgehenden Vollmonde, S. 228

多恩堡, 页 229 → Dornburg, September 1828, „Früh, wenn Tal, Gebirg und Garten" (WA [I], Bd. 4, S.109), S. 229

遗言, 樊修章译, 页 230 → Vermächtnis „Kein Wesen kann", übers. v. Fan Xiuzhang, S. 230

从父亲那里......, 页 232 → Vom Vater hab' ich die Statur..., S. 232

年青人, 高中甫译, 页 233 → Jungling „Merke dir", übers. v. Gao Zhongfu, S. 233

遗愿, 高中甫译, 页 234 → Vor die Augen meiner (1832), übers. v. Gao Zhongfu, S. 234

我听见什么在外边 (琴师之歌, 其一), 冯至译, 页 235 → Harfenspieler „An die Türen will ich schleichen", übers. v. Feng Zhi, S. 235

谁不曾和泪吃他的面包 (琴师之歌, 其三), 冯至译, 页 237 → Harfenspieler „Wer nie sein Brod mit Tränen aß", übers. v. Feng Zhi, S. 237

谁若是投身寂寞 (琴师之歌, 其二), 冯至译, 页 238 → Harfenspieler „Wer sich der Einsamkeit ergibt", übers. v. Feng Zhi, S. 238

迷娘之歌, 冯至译, 页 239 → Mignon „Kennst du das Land", übers. v. Feng Zhi, S. 239

我可怜的魔鬼, 冯至译, 页 240 → Ich armer Teufel, Herr (Ausz. aus *Wilhelm Meisters Lehrjahre*), übers. v. Feng Zhi, S. 240

谁解相思渴 (迷娘之歌, 之二), 冯至译, 页 241 → Mignon „Nur wer die Sehnsucht kennt", übers. v. Feng Zhi, S. 241

不要用忧郁的音调 (菲莉涅之歌), 页 242 → Philine, S. 242

我要潜步走到家家门旁 (琴师之歌, 之三), 冯至译, 页 244 → Harfenspieler „An die Türen will ich schleichen", übers. v. Feng Zhi, S. 244

不让我说话, 就让我缄默(迷娘曲), 页 245 → Mignon „Heiß mich nicht reden", S. 245

让我这样打扮, 直到死亡, 页 246 → Mignon „So lasst mich scheinen", S. 246

甘泪卿之歌, 页 247 → Gretchen am Spinnrade, S. 247 → Gretchen am Spinnrade, S. 247

浮士德独白 "生命的脉搏跳动得活泼有力, 向天上那柔和的曙光致敬" (第 2 幕第 1 场), 页 249 → Faust (Ausz.), S. 249

水的颂歌, 冯至译, 页 251 → Faust (Ausz., Teil II, Zeile 8435-8443), übers. v. Feng Zhi, S. 251

守塔人林叩斯之歌, 钱春绮译, 页 252 → Zum Sehen geboren (Ausz. Aus Faust), übers. v. Qian Chunqi, S. 252

神秘的合唱 "所有过去了的只是一种象征", 页 253 → Chor des Mysteriums (Faust, Ausz.), S. 253

187.
狐之神通 (长诗) Reineke Fuchs
君朔 [伍光建] 译述 Jun Shuo [Wu Guangjian] (Übers.)
北京: 海豚出版社, 2012 年
小学生文库 童话类; 013
120页

188.
让诗意充盈我们的心灵 Lass die Poesie unsere Seele erfüllen
彭国梁 选编 Peng Guoliang (Hrsg.)
长沙: 湖南文艺出版社, 2012 年
风尚悦读华章系列
190 页, 图, 8000 册
歌德诗(1 首) Goethe (1)
自然和艺术, 冯至译, 页 77 → Natur und Kunst, übers. v. Feng Zhi, S. 77

189.
人间的诗意·人生抒情诗读本(第二册) Poesie der Welt. Lektüre der Lyrik für das Leben (2)
严凌君 主编导读 Yan Lingjun (Hrsg. u. Interpret)
深圳: 海天出版社, 2012年
成长教育系列丛书, 青春读书库•修订本, 第七卷
歌德诗 (3 首) Goethe (3):
维特与绿蒂, 郭沫若译, 页44 → Zu den Leiden des jungen Werther (WA [I], Bd. 4, S. 162), übers. v. Guo Moruo, S. 44
迷娘歌 "你可知道那柠檬花开的地方？", 梁宗岱译, 页64 → Mignon „Kennst du das Land", übers. v. Liang Zongdai, S. 64
初恋的丧失, 钱春绮译, 页112 → Erster Verlust, übers. v. Qian Chunqi, S. 112
编者提示: 系商务印书馆2003年初版的翻版。

190.
三月, 有人呼唤我的名字 Der März, Jemand ruft nach meinem Namen
悦读纪 主编 Yue Duji (Hrsg.)

第一编：译诗目 Kapitel I: Dichtung

南京: 江苏文艺出版社, 2012 年
编者提示：五卷本诗选，收录了数十个国家 200 多位诗人的近 500 首诗。
歌德、席勒、荷尔德林

191.
世界最美的诗歌 Die schönsten Gedichte der Welt
张珍　编 Zhang Zhen (Hrsg.)
上海: 立信会计出版社, 2012 年
时光文库
372 页, 15000 册
歌德诗 (2 首) Goethe (2):
野蔷薇, 钱春绮译, 页 274 → Heidenröslein, übers. v. Qian Chunqi, S. 274
相逢与别离, 钱春绮译, 页 277 → Willkommen und Abschied, übers. v. Qian Chunqi, S. 277

192.
外国文学作品与史料选 (上下册) Werke ausländischer Literatur und ihre geschichtlichen Daten und Fakten (Bd. I u. II)
吴迪　主编 Wu Di (Hrsg.)
杭州: 浙江大学出版社, 2012 年
上册
18 世纪文学
歌德诗 (3 首) Goethe (3)
猎人的晚歌, 飞白译, 页 195 → Jägers Abendlied, übers. v. [Wang] Feibai, S. 195
浪游者的夜歌, 飞白译, 页 195 → Wandrers Nachtlied „Über allen Gipfeln", übers. v. [Wang] Feibai, S. 195
精灵王, 飞白译, 页 196 → Erlkönig, übers. v. [Wang] Feibai, S. 196

193.
一本书读完最美的诗歌 Lektüren der schönsten Gedichte in einem einzigen Band
徐志摩　等著 Xu Zhimo (Verf.)
黎娜　主编 Li Na (Hrsg.)
北京: 中国华侨出版社, 2012 年
416 页

歌德诗 (5 首) Goethe (5)
相逢与别离, 页 161 → Willkommen und Abschied, S. 161
迷娘歌 "你可知道", 页 163 → Mignon „Kennst du das Land", S. 163
野蔷薇, 页 164 → Heidenröslein, S. 164
浪游者之夜歌 "一切的峰顶", 页 165 → Wandrers Nachtlied „Über allen Gipfeln", S. 165
浮士德, 页 180 → Faust, S. 180

194.
最美的诗歌大全集 Große vollständige Sammlung der schönsten Gedichte
明月生　主编 Ming Yuesheng (Hrsg.)
北京: 中国华侨出版社, 2012 年
424 页
歌德诗 (4 首) Goethe (4)
相逢与别离, 钱春绮译, 页 159 → Willkommen und Abschied, übers. v. Qian Chunqi, S. 159
迷娘歌 "你可知道", 梁宗岱译, 页 161 → Mignon „Kennst du das Land", übers. v. Liang Zongdai, S. 161
野蔷薇, 钱春绮译, 页 162 → Heidenröslein, übers. v. Qian Chunqi, S. 162
浪游者之夜歌 "一切的峰顶", 梁宗岱译, 页 163 → Wandrers Nachtlied „Über allen Gipfeln", übers. v. Liang Zongdai, S. 163

195.
最受读者喜爱的诗歌大全集 Große Sammlung der beliebtesten Gedichte
赵红丽　主编 Zhao Hongli (Hrsg.)
北京: 外文出版社, 2012 年
431 页
歌德诗 (2 首) Goethe (2)
五月之歌 "自然多明媚", 钱春绮译, 许自强析, 页 265 → Mailied „Wie herrlich leuchtet", übers. v. Qian Chunqi, kommentiert v. Xu Ziqiang, S. 265
漫游者的夜歌 "一切的山之顶", 冯至译, 赵乾龙析, 页 267 → Wandrers Nachtlied „Über allen Gipfeln", übers. v. Feng Zhi, kommentiert v. Zhao Qianlong, S. 267

2013年

196.
彼岸闻香：外国文学论集 Auch jenseits duftet es: Beiträge zur ausländischen Literatur
何孔鲁　著 He Konglu (Verf.)
苏州：苏州大学出版社，2013 年
160 页
歌德抒情诗鉴赏, 共六首, 参见"合集"一栏 Interpretationen von Goethes Lyrik

197.
当你老了：世界名诗100首新译 Als du alt bist: 100 weltberühmte Gedichte in neuer Übersetzung
伊沙、老G　编译 Yi Sha u. Alt-G (Übers.)
西宁：青海人民出版社, 2013年
168页
歌德 Goethe：
致月亮，页58 → An den Mond, S. 58

198.
德语经典诗歌解析(德文) Interpretationen klassischer deutscher Gedichte (nur deutsch)
姚力、丛明才　主编 Yao Li u. Cong Mingcai (Hrsg.)
北京：外语教学与研究出版社，2013年
高等学校德语专业教材
357 Seiten
Goethe
Wandrers Nachtlied „Über allen Gipfeln", S. 66
An den Mond, S. 67
Römische Elegie I „Saget, Steine", S. 69
Das Göttliche, S. 70
Epilog zu Schillers Glocken, S. 72
Hölderlin
Hälfte des Lebens, S. 96
Hyperions Schicksalslied, S. 97
An die Parzen, S. 98
Menschenbeifall, S. 99
Gesang des Deutschen, S. 100

199.
歌德抒情诗选 Goethe: ausgewählte Lyrik
潘子立　译 Pan Zili (Übers.)
北京：中国友谊出版公司，2013年
中外经典名著悦读丛书；第一辑：国外经典名著；40
232页
ISBN 978-7-5057-3159-2
歌德诗173首 Goethe (173)
出版宣言：与经典同行(刘引梅)，页1-3 → Manifest des Verlages: mit der Klassik gemeinsam in Gang (Liu Yinmei), S. 1-3
译者序，页1 → Vorwort des Übersetzers, S. 1
早期抒情诗(选译)(1767-1769) → Lyrik aus den jungen Jahren (1767-1769)
致安涅特，页3 → An Annetten, S. 3
致睡眠，页4 → An den Schlaf, S. 4
安涅特给她的情人，页5 → Annette an ihren Geliebten, S. 5
喊叫，页5 → Das Schreien. Nach dem Italienischen (WA [I], Bd. 4, S. 154), S. 5
致我的歌，页6 → An meine Lieder, S. 6
新歌集，页7 → Neujahrslied, S. 7
夜，页7
幸福——致我的姑娘，页8 → Das Glück. An mein Mädgen, S. 8
新婚曲——致我的朋友，页9 → Brautnacht „Im Schlafgemach, entfernt vom Fest", S. 9
变换，页10 → Unbeständigkeit, S. 10
对月，页11 → An Luna, S. 11
失去的初恋，页12 → Erster Verlust, S. 12
献诗，页13 → Zueignung, S. 13
狂飙突进时期的抒情诗(选译)(1770-1775) → Lyrik aus der Zeit des Sturm und Drang (1770-1775)
短歌，页17 → Lied, das ein selbst gemahltes Band begleitete, S. 17
欢会与别离，页18 → Willkommen und Abschied, S. 18
五月歌"多么美妙啊"，页20 → Mailied „Wie herrlich leuchtet", S. 20
野玫瑰，页22 → Heidenröslein, S. 22
不知道我是不是爱你，页23 → Ob ich Dich liebe weiß ich nicht, S. 23
醒来吧，弗丽德莉克，页23 → Erwache Friedericke, S. 23
灰色、暗淡的早晨，页25 → Ein grauer trüber Morgen, S. 25

第一编：译诗目 Kapitel I: Dichtung

啊，我多么想念你, 页27 → Ach wie sehn ich mich nach Dir, S. 27
青春温柔的苦恼, 页27 → Leiden am Bund der sanften Liebe, S. 27
过路人, 页29
朝圣者之晨歌——致丽拉, 页38 → Pilgers Morgenlied, S. 38
鹰与鸽, 页40 → Adler und Taube, S. 40
鸽子和狐狸, 页42
譬喻, 页43 → Ein Gleichnis „Jüngst pflückt ich einen Wiesenstrauß" (WA [I], Bd. 4, S. 151), übers. v. Gao Zhongfu, S. 43
作者, 页44 → Der Autor „Wie wäre ich", S. 44
批评家, 页45 → Recensent, S. 45
普罗米修斯, 页45 → Prometheus, S. 45
伽尼默德, 页48 → Ganymed, S. 48
图勒王, 页50 → Der König in Thule, S. 50
紫罗兰, 页51 → Das Veilchen, S. 51
艺术家之晚歌, 页52 → Künstlers Abendlied, S. 52
少年维特的喜悦, 页53 → Freuden des jungen Werther, S. 53
新的爱情，新的生活, 页54 → Neue Liebe neues Leben, S. 54
悲中喜, 页56 → Wonne der Wehmut, S. 56
致白琳德, 页56 → An Belinden, S. 56
湖上, 页57 → Auf dem See, S. 57
致丽莉——在一册《史泰拉》上的题诗, 页59 → An Lili. [In ein Exemplar der *Stella*] „Im holden Thal, auf schneebedeckten Höhen (WA [I], Bd. 1, S. 204), S. 59
挂在脖颈上的金鸡心, 页59 → An ein goldnes Herz, das er am Halse trug, S. 59
第一个魏玛十年抒情诗(选译)(1776-1786) → Lyrik aus den zehn Jahren der ersten Weimarer Zeit (1776-1786)
猎人之夜歌, 页63 → Jägers Nachtlied, S. 63
牢记在心, 页64 → Feiger Gedanken, S. 64
冰上人生之歌, 页64 → Mut „Sorglos über die Fläche weg", S. 64
漫游者之夜歌"你从天上降临", 页65 → Wandrers Nachtlied „Der du von dem Himmel bist", S. 65
不息的爱情, 页66 → Rastlose Liebe, S. 66
航海, 页67 → Seefahrt, S. 67

对月歌, 页69 → An den Mond, S. 69
法庭上, 页71 → Vor Gericht, S. 71
你为何赋予我们深邃的眼力, 页72 → Warum gabst du uns die tiefen Blicke – an Frau v. Stein, S. 72
希望, 页74 → Hoffnung, S. 74
奥泽尔的格勒特巨型纪念像, 页75
提醒, 页76 → Erinnerung, S. 76
葛丽馨, 页77 → Gretchen am Spinnrade, S.77
复活节郊游, 页79 → Osterspaziergang (Faust, Ausz.) Vor dem Tor „Vom Eise befreit sind Strom und Bäche", S. 79
渔父, 页81 → Der Fischer, S. 81
水上精灵之歌, 页83 → Gesang der Geister über den Wassern, S. 83
人性的界限, 页84 → Grenzen der Menschheit, S. 84
漫游者之夜歌(之二)"所有的山峰上空", 页86 → Wandrers Nachtlied „Über allen Gipfeln", S. 86
夜思"我同情你们，不幸的星辰", 页87 → Nachtgedanken, S. 87
致丽达, 页88 → An Lida, S. 88
魔王, 页88 → Erlkönig, S. 88
神性, 页90 → Das Göttliche, S. 90
歌者, 页93 → Harfenspieler „An die Türen will ich schleichen", S. 93
琴师"谁不曾和泪吃过面包", 页95 → Harfenspieler „Wer nie sein Brot mit Tränen aß", S. 95
迷娘"不要叫我开口", 页95 → Mignon „Heiß mich nicht reden", S. 95
迷娘(之二)"你可知道柠檬开花的地方", 页96 → Mignon „Kennst du das Land", S. 96
迷娘(之三)"谁识相思苦", 页97 → Mignon „Nur wer die Sehnsucht kennt", S. 97
阿那克里翁之墓, 页98 → Anakreons Grab, S. 98
写给夏绿特·封·施泰因, 页99 → An Charlotte von Stein, S. 99
古典时期抒情诗(选译) (1787-1805) → Lyrik aus der Zeit der Klassik (1787-1805)
科夫塔之歌, 页103 → Koptisches Lied „Geh, gehorche meinen Winken", S. 103
探望, 页103 → Der Besuch, S. 103
写给离去的情人, 页106 → An die Entfernte, S. 106

罗马哀歌 Römische Elegien
"跟我讲讲吧，石头"，页107 → I: „Saget, Steine, mir an", S. 107
在古典的土地上，页108 → V: „Froh empfind ich mich nun auf klassischem Boden", S. 108
你告诉我，亲爱的，小时候，页109 → VIII: „Wenn du mir sagst, du habest als Kind", S. 109
亚历山大和凯撒，页109 → X: Alexander und Cäsar und Heinrich und Friedrich, die Großen", S. 109
夕阳"你看那几间茅舍翠绕绿围"，页110
情人近在咫尺，页111 → Nähe des Geliebten, S. 111
菲丽娜之歌，页112 → Philine, S. 112
幸运的航行，页114 → Glückliche Fahrt, S. 114
寂静的海洋，页115 → Meeresstille, S. 115
致心上人，页115 → An die Erwählte, S. 115
忆"葡萄又熟了的时候"，页117 → Nachgefühl, S. 117
探宝者，页118 → Der Schatzgräber, übers. v. Guo Moruo, S. 118
献诗"飘游不定的身影，你们又再临近"，页120 → Zueignung „Ihr naht euch wieder, schwankende Gestalten", S. 120
日出"请举目仰望！——那些山峰中的巨灵"，页122 → Sonnenaufgang, S. 122
泪光中的慰藉，页123 → Trost in Tränen, S. 123
夜歌"从你柔软的卧榻，梦中且分神聆听"，页126 → Nachtgesang, S. 126
牧童哀歌，页127 → Schäfers Klagelied, S. 127
恒久寓于变化，页128 → Dauer im Wechsel, S. 128
十四行体"练习更新的艺术形式"，页130 → Sonette, S. 130
自然与艺术，页131 → Natur und Kunst, S. 131
从十四行诗到《西东歌集》(选译) (1806-1819) → Vom Sonett zum West-östlichen Divan (1806-1819)
十四行体组诗 Sonette
亲切邂逅，页135 → Freundliches Begegnen, S. 135
简洁明了，页136 → Kurz und gut, S. 136
少女如是说，页137 → Das Mädchen spricht, S. 135

成长，页138 → Wachstum, S. 138
旅途干粮，页139 → Reisezehrung, S. 139
离别，页140 → Abschied „War unersättlich", S. 140
情人来信，页141 → Die Liebende schreibt, S. 141
情人又再来信，页142 → Die Liebende abermals, S. 142
斯女难断柔情丝，页143 → Sie kann nicht enden, S. 143
警告，页144 → Warnung, S. 144
怀疑者与钟爱者，页145 → Die Zweifelnden „Ihr liebt, und schreibt Sonette…" (WA [I], Bd. 2, S. 16), S. 145
远处的影响，页146 → Wirkung in die Ferne, S. 146
获得，页149 → Gefunden, S. 149
财产，页150 → Eigentum „Ich weiß, daß mir nichts angehört", S. 150
到时候自有办法"何必遇事立即深究"，页150
西东歌集 West-östlicher Divan
赫吉勒，页151 → Hegire, S. 151
自供状"什么难于隐藏"，页154 → Geständnis, S. 154
要素，页155 → Elemente, S. 155
天象，页156 → Phänomen, S. 156
抚今追昔"玫瑰和百合"，页157 → Gegenwärtigen Vergangenes, S. 157
诗歌与塑像，页158 → Lied und Gebilde, übers. v. Wen Jinhan, S. 158
幸福的渴望，页159 → Selige Sehnsucht, S. 159
示意，页160 → Wink, S. 160
读本，页161 → Lesebuch, S. 161
哈台姆与苏莱卡 Hatem / Suleika
哈台姆：不是机会造成小偷，页162 → Hatem: Nicht Gelegenheit macht Diebe, S. 162
苏莱卡：你的爱使我幸福无比，页163 → Suleika: Deine Liebe, dein Kuss mich entzückt, S. 163
苏莱卡与哈台姆 Suleika / Hatem
苏莱卡：当我在幼发拉底河上泛舟，页164 → Suleika: → Als ich auf dem Euphrat schiffte, S. 164
哈台姆：我很乐意解这个梦，页164 → Hatem: Dies zu deuten bin erbötig! S. 164
银杏，页165 → Gingo biloba, S. 165

第一编：译诗目 Kapitel I: Dichtung

哈台姆与苏莱卡 Hatem / Suleika
哈台姆"卷发！卷发缚住我"，页166 → Hatem: Locken! Haltet mich gefangen, S. 166
苏莱卡："我永远不愿失去你"，页167 → Suleika: Nimmer will ich dich verlieren, S. 167
无法抗拒你的明眸，页167 → Deinem Blick mich zu bequemen, S. 167
你可知运动是何意？页168 → Was bedeutet die Bewegung, S. 168
西风，多么羡慕你啊！，页170 → Ach! Um deinen feuchten Schwingen, S. 170
重逢，页171 → Wiederfinden, S. 171
圆月之夜，页174 → Vollmondnacht, S. 174
余音，页175 → Nachklang, S. 175
这世界看上去非常美好，页176 → Die Welt durchaus ist lieblich anzuschauen, S. 176
任随你千姿万态隐形藏身，页176 → In tausend Formen magst du dich verstecken, S. 176
为了更好地理解，页178
格言诗，页178 → Epigrammatisch, S. 178
目光，页181 → Blick um Blick, S. 181
一年到头总是春，页181 → Frühling über's Jahr, S. 181
三月，页183 → März, S. 183
六月，页184 → Juni, S. 184
你说，岁月流逝，页186 → Die Jahre nahmen dir, du sagst, S. 186
晚年抒情诗(选译) (1820-1832) → Lyrik aus der Altersperiode (1820-1832)
致合众国，页189 → Den Vereinigten Staaten, S. 189
致拜伦勋爵，页189 → An Lord Byron, S. 189
致乌尔莉克·封·列维佐夫，页190 → An Ulrike von Levetzow (WA [I], Bd. 4, S. 264), S. 190
你在温泉浴场逗留的时光，页191
激情三部曲 Trilogie der Leidenschaft
致维特，页192 → An Werther, S. 192
哀歌，页195 → Elegie, S. 195
和解，页201 → Aussöhnung, S. 201
风神琴，对话 Äolsharfen. Gespräch
他，页203 → Er „Ich dacht' ich habe keinen Schmerz", S. 203
她，页203 → Sie „Ja er ist fort, das muß nun sein", S. 203
他，页204 → Er „Zur Trauer bin ich nicht gestimmt", S. 204
她，页204 → Sie „Du trauerst daß ich nicht erscheine", S. 204
他，页205 → Er „Ja du bist wohl an Iris zu vergleichen", S. 205
挽歌"无论你在何处都不孤单"，页205
未婚夫，页207 → Der Bräutigam, S. 207
新希腊爱情司科利，页208 → Neugriechische Liebe-Skolien, S. 208
中德四季晨昏杂咏（十四首）→ Chinesisch-Deutsche Jahres- und Tageszeiten
漫步"我在田野漫步，行止随心所欲"，页215 → Im Vorübergehen, S. 215
诗歌是彩绘窗玻璃，页216 → Gedichte sind gemalte Fenster, S. 216
致上升的满月，页217 → Dem aufgehenden Vollmonde, S. 217
道恩堡，页218 → Dornburg, September 1828, „Früh, wenn Tal, Gebirg und Garten" (WA [I], Bd. 4, S.109), S. 218
守塔人林叩斯之歌，页219 → Zum Sehen geboren (Faust, Ausz.), S. 219
凋谢吧，甜美的玫瑰，页219 → Ihr verblühet, süße Rosen! S. 219
歌德年谱，页221 → Tabellarischer Lebenslauf Goethes, S. 221

2014年
200.
传世经典诗歌200首 → 200 überlieferte klassische Gedichte
海子、(俄) 普希金　等著 Hai Zi u. Puschkin, Puschkin, Alexandr Sergejewitsch (1799-1837)
武汉：长江文艺出版社，2014年
传世经典系列
265页
歌德诗2首 Goethe (2)
迷娘"你知道开着柠檬花的地方"，页206 → Mignon „Kennst du das Land", S. 206
野玫瑰，页237 → Heidenröslein, S. 237
附注：未署译者名。

201.
歌德情感录——歌德和他的妻子 Goethes Welt der Empfindungen: Goethe uns seine Frau
袁志英　编著 Yuan Zhiying (Verf.)
上海：上海书店出版社，2014 年
516 页
歌德诗(8 首) Goethe (8)
五月之歌 "天地多绚丽"，袁志英译，页 13 → Mailied „Wie herrlich leuchtet", S. 13
致月亮，袁志英译，页 50 → An den Mond, übers. v. Yuan Zhiying, S. 50
变化中的持久，冯至译，页 98 → Dauer im Wechsel, übers. v. Feng Zhi, S. 98
阿弥塔斯，袁志英译，页 217 → Amyntas, übers. v. Yuan Zhiying, S. 217
大钟歌的后记歌 (节译), 袁志英译，页 309 → Supplement zu Schillers Glocke, übers. v. Yuan Zhiying, S. 309
爱人来信，袁志英译，页 405 → Die Liebende schreibt, übers. v. Yuan Zhiying, S. 405
发现，袁志英译，页 427 → Gefunden, übers. v. Yuan Zhiying, S. 427
银杏，冯至译，页 465 → Gingo biloba, übers. v. Feng Zhi, S. 465

2015 年

202.
歌德诗歌(汉德对照)：德语抒情诗及艺术歌曲译注 Goethes Gedichte (chinesisch/deutsch) : deutschsprachige Gedichte und Lieder mit Übersetzung und Kommentar
郑芳雄　译注 Zheng Fangxiong (Übersetzung, Kommentar u. Interpretation)
台北：联经出版事业股份有限公司，2015 年
丛书：联经经典
456 页
编者附言：一部具学术性注疏的诗歌译著，译、注和导读都见功底。译者兼学者郑芳雄，1942 年生于台湾高雄。1978 年获德国慕尼黑大学德语文学博士学位。返台后任任教于台大和东吴大学，曾任"台湾德语文学学者暨德语教师协会"会长。是台湾当今著名的歌德专家。

译注者序，页 5 → Vorwort des Übersetzers und Kommentators, S. 5
德语诗歌译注导言，页 11 → Einleitung zur kommentierten Übersetzungsausgabe deutschsprachiger Lieder, S. 11
诗与歌的关系，页 12 → Verhältnis zwischen Gedicht und Lied, S. 12
德语诗歌声韵形式浅释，页 17 → Kurze Erläuterungen zur Phonologie der deutschsprachigen Poesie, S. 17
德语诗歌与艺术歌曲的渊源，页 22 → Der Ursprung der deutschsprachigen Gedichte und Kunstlieder, S. 22
浪漫诗、歌的社会意义，页 28 → Die gesellschaftliche Bedeutung der romantischen Gedichte und Lieder, S. 28
艺术歌曲、民歌、歌德，页 33 → Lieder, Volkslieder und Goethe, S. 33
歌德诗歌，页 37 → Gedichte Goethes, S. 37
导读，页 43 → Einleitung, S. 43
歌德抒情诗在文坛的地位，页 43 → Die Bedeutung von Goethes Lyrik in der Literaturwelt, S. 43
过去歌德诗歌的中文翻译，页 46 → Goethes Gedichte in bisheriger chinesischer Übersetzung, S. 46
歌德诗歌的特性與分期，页 49 → Charakteristik und Perioden von Goethes Gedichten, S. 49
早期诗歌(1767-1770)——安那克雷翁诗风，页 49 → Gedichte aus der früheren Periode (1767-1770): Stil der Anakreontik, S. 49
狂飙时期的抒情诗，页 51 → Lyrik aus der Zeit des Sturm und Drang, S. 51
古典时期，页 60 → Die Zeit der Klassik, S. 60
時期分类，页 67 → Die Perioden, S. 67
译注、研究过程，页 75 → Der Verlauf der Übersetzung, Anmerkung und Forschung, S. 75
编排体例说明，页 78 → Erläuterungen zur inhaltlichen und formalen Gestaltung, S. 78
参考书目，页 81 → Nachschlageliteratur, S. 81
歌德诗歌目录表，页 87 → Verzeichnis der Gedichte Goethes, S. 87
译注与原典，页 92 → Übersetzungen mit Anmerkungen und Interpretationen sowie den originalen Texten, S. 92

第一编：译诗目　Kapitel I: Dichtung

歌德生平年谱，页448 → Goethes Leben und Werk in tabellarischer Chronologie, S. 448

致关爱的读者，页92 → An die Günstigen, S. 93

给月亮（致露娜）"第一道光的妹妹"，页94 → An den Mond (An Luna) „Schwester von dem ersten Licht", S. 95

对月"你又将山谷密林"，页98 → An den Mond „Füllest wieder Busch und Tal", S. 99

致敏娘"日神的驾车"，页104 → An Mignon „über Tal und Fluß", S. 105

致马车夫克罗诺斯，页108 → An Schwager Kronos, S. 109

河畔，页116 → Am Flusse, S. 117

安那克雷翁之墓，页118 → Anakreons Grab, S. 119

湖上，页120 → Auf dem See, S. 121

铭记在心，页124 → Beherzigung, S. 125

缔盟之歌，页126 → Bundeslied, S. 127

紫罗兰，页132 → Das Veilchen, S. 133

未婚夫，页136 → Der Bräutigam, S. 137

渔夫，页140 → Der Fischer, S. 141

图勒国王，页144 → Der König von Thule, S. 145

缪斯之子，页148 → Der Musensohn, S. 149

新阿玛迪斯，页152 → Der neue Amadis, S. 153

捕鼠者，页156 → Der Rattenfänger, S. 157

歌手，页160 → Der Sänger, S. 161

魔法学徒，页166 → Der Zauberlehrling, S. 167

掘宝者，页176 → Der Schatzgräber, S. 177

回心转意的牧羊女，页182 → Die Bekehrte, S. 183

爱人来信，页184 → Der Liebende schreibt, S. 185

矜持的牧羊女，页188 → Die Spröde, S. 189

夜，页190 → Die Nacht, S. 191

一与万物，页194 → Eins und alles, S. 195

寂静，页198 → Einsamkeit, S. 199

主显节，页200 → Epiphanias-Fest, S. 201

魔王，页206 → Erlkönig, S. 207

创造并赋予活力，页212 → Erschaffen und Beleben, S. 213

初恋的失落，页216 → Erster Verlust, S. 217

四季春，页218 → Frühling übers Jahr, S. 219

甘倪美，页222 → Ganymed, S. 223

发现，页226 → Gefunden, S. 227

秘密，页230 → Geheimnis, S. 231

天才兴发，页232 → Genialisch Treiben, S. 233

水上精灵之歌，页234 → Gesang der Geister über den Wassern, S. 235

竖琴手之歌（一）"谁未曾含泪啃食面包"，页238 → Harfenspieler I „Wer nie sein Brot mit Tränen aß", S. 239

竖琴手之歌（二）"谁一旦沉溺于寂寞"，页240 → Harfenspieler II „Wer sich der Einsamkeit ergibt", S. 241

竖琴手之歌（三）"我要去沿门托钵"，页242 → Gesänge des Harfners III „An die Türen will ich schleichen", S. 243

双叶银杏，页244 → Ginkgo Biloba, S. 245

同气相求，页248 → Gleich und gleich, S. 249

葛莉倩坐在纺车旁，页250 → Gretchen am Spinnrad, S. 251

人类的极限，页256 → Grenzen der Menschheit, S. 257

野玫瑰（荒野小玫瑰），页262 → Heidenröslein, S. 263

不要叫我说(敏娘)，页266 → Heiß mich nicht reden, S. 267

婚礼歌（新婚之夜），页268 → Hochzeitlied (Brautnacht), S. 269

秋思（1775年秋），页272 → Herbstgefühl (Im Herbst 1775), S. 273

希望，页274 → Hoffnung, S. 275

猎人夜曲，页276 → Jägers Abendlied, S. 277

你可知道柠檬开花的国度？页280 → Kennst du das Land, S. 281

克蕾倩（击鼓）一，页284 → Klärchen „Die Trommel gerührt", S. 285

克蕾倩（充满喜悦）二，页286 → Klärchen „Freudvoll und leidvoll", S. 287

土拨鼠，页288 → La Marmotte, S. 289

不满之歌，页292 → Lied des Unmuts, S. 293

各种形貌的爱人，页296 → Liebhaber in Allen Gestalten, S. 297

五月歌"大自然多么壮丽"，页302 → Mailied „Wie herrlich leuchtet", S. 303

海的静穆，页308 → Meeres Stille, S. 309

敏娘之歌"让我以这模样现身"，页310 → Mignons Lied „So laßt mich scheinen", S. 311

赠以彩绘缎带，页314 → Mit einem gemalten Band, S. 315

夜思，页318 → Nachtgedanken, S. 319

夜曲, 页320 → Nachtgesang, S. 321
情人身边, 页324 → Nähe des Geliebten, S. 325
自然与艺术, 页328 → Natur und Kunst, S. 329
新的爱情，新的生活, 页332 → Neue Liebe, neues Leben, S. 333
唯识得相思之苦者, 页336 → Nur wer die Sehnsucht kennt, S. 337
费丽娜之歌（不要用忧伤的声调吟唱）, 页338 → Philines Lied „Singet nicht in Trauertönen", S. 339
普罗米修斯, 页344 → Prometheus, S. 345
无休止的爱, 页352 → Rastlose Liebe, S. 353
罗马悲歌（一）"石头，请告诉我", 页356 → Römische Elegie I „Saget, Steine, mir an", S. 357
牧人悲歌, 页360 → Schäfers Klagelied, S. 361
向往, 页364 → Sehnsucht, S. 365
极乐的向往, 页370 → Selige Sehnsucht, S. 371
苏莱卡"西风啊，我多么羡慕", 页374 → Suleika „Ach, um deine feuchten Schwingen", S. 375
泪中慰藉, 页378 → Trost in Tränen, S. 379
在半夜里, 页382 → Um Mitternacht, S. 383
遗言, 页384 → Vermächtnis, S. 385
浪游者的夜歌（一）"你这来自天上的", 页390 → Wanderers Nachtlied I „Der du von dem Himmel bist", S. 391
浪游者的夜歌（二）"群峰之巅", 页392 → Wanderers Nachtlied II „Über allen Gipfeln", S. 393
宇宙魂, 页394 → Weltseele, S. 395
谁买爱神？页398 → Wer kauft Liebesgötter? S. 399
欢迎与离别, 页404 → Willkommen und Abschied, S. 405
悲痛的喜悦, 页408 → Wonne der Wehmut, S. 409
吉普赛人之歌, 页410 → Zigeunerlied, S. 411

中德季时咏诗, 页414 → Chinesisch-deutsche Jahres- und Tageszeiten, S. 415
请问，我们官吏大人（一）, 页418 → Sag', was könnt' uns Mandarinen, S. 419
洁白如百合、纯蜡（二）, 页420 → Weiß wie Lilien, Reine Kerzen, S. 421
绵羊走过草原（三）, 页422 → Ziehn die Schafe von der Wiese, S. 423
孔雀叫声刺耳（四）, 页424 → Der Pfau schreit häßlich, S. 425
展开你喜悦的光辉（五）, 页426 → Entwickle deiner Lüste Glanz, S. 427
杜鹃和夜鹰（六）, 页428 → Der Guckkuck wie die Nachtigall, S. 429
她胜过最美的朝日（七）, 页430 → War schöner als der schönste Tag, S. 431
夜幕低垂（八）, 页432 → Dämmerung senkte sich von oben, S. 433
如今才知道玫瑰花苞（九）, 页436 → Nun weiß man erst, was Rosenknospe sei, S. 437
你被誉为百花之最美（十）, 页438 → Als Allerschönste bist du anerkannt, S. 439
我害怕陷入（十一）, 页440 → Mich ängstigt das Verfängliche, S. 441
沉溺于往日旧梦（十二）, 页442 → Hingesunken alten Träumen, S. 443
你们要干扰清静雅致？（十三）, 页444 → Die stille Freude wollt ihr stören, S. 445
说吧! 在我们匆匆离去之前（十四）, 页446 → Nun denn! Eh' wir von hinnen eilen, S. 447

出版年月不详者：

203.
列那狐 Reineke Fuchs
郑振铎 译 Zheng Zhendu (Übers.)
上海：开明书店
编者提示：书讯据扬武能《走近歌德》（增订本），上海社会科学院出版社，2012年，页367。

译者/编者索引 Index der Übersetzer/Herausgeber

A Ying 阿英 72
Anonym 匿名 81, 97
Bai Bing 白冰 96
Bai Hua 白桦 177
Bai Wen 白文 65
Bao Shu 抱菽 16
Bian Zhilin 卞之琳 41
Cai Xinle 蔡新乐 95
Cao Mu 草穆 59
Cao Naiyun 曹乃云 129
Cao Xin 草心 64
Chen Fanxia 陈范霞 95
Chen Guanya 陈观亚 95
Chen Jianguang 陈建光 160
Chen Li 陈黎 140
Chen Quan 陈铨 20, 70
Cheng Fangwu 成仿吾 5
Cheng Yishen 程一身 163
Cong Mingcai 丛明才 198
Cui Shihong 崔士宏 175
Dai Wangshu 戴望舒 41
Dai Xingfu 戴行福 112
Dan Zi 丹子 126
[Deng] Junwu 邓均吾 5, 13
Deng Qian 邓迁 31
Deng Xuefeng 邓雪峰 28
Deng Yingyi 邓映易 93, 109, 139
Ding Pin 丁品 141
Ding Shaolun 丁少伦 135
Dong Jinsheng 东进生 88
Dong Wenqiao 董问樵 164, 174
Du Jun 堵军 134
Du Shao 杜苕 106
Du Wentang 杜文堂 112
Fan Jimei 范纪美 39, 53
Fan Xiuzhang 樊修章 133, 186
Fang Manxian 房曼弦 34
Fang Weigui 方维规 110
Fei Bai [Wang Feibai] 飞白 [汪飞白] 164, 169, 184, 192

Feng Zhi 冯至 15, 17, 41, 63, 70, 84, 89, 106, 129, 133, 138, 141, 161, 164, 172, 173, 176, 179, 186, 188, 195, 201
Fu Yonglin 傅勇林 159
Gan Lijuan 甘丽娟 166
Gao Xing 高兴 141, 173
Gao Zhongfu 高中甫 82, 133, 161, 186
Ge Baoquan 戈宝权 76, 93, 139
Ge Xingchun 葛杏春 84
Geng Shizhi 耿式之 4
Geng Zhanchun 耿占春 163
Gong Hong 龚宏 166
Gu Zhengxiang 顾正祥 129
Guan Lixun 关立勋 84
Guo Fengmin 郭丰民 60
Guo Li 郭力 180
Guo Liangyuan 郭良原 86
Guo Moruo 郭沫若 1, 3, 5, 6, 10, 11, 12, 13, 18, 19, 21, 48, 66, 67, 73, 77, 99, 105, 128, 129, 138, 145, 159, 161, 183, 189
Guo Yingzhou 郭英州 145
Hai Zi 海子 200
Han Meimei 韩梅梅 185
He Konglu 何孔鲁 196
He Wenzhong 何文忠 80
Hong Zhenguo 洪振国 83
Hu Mingyang 胡明扬 100
Hu Shizong 胡世宗 156
Hu Xiaoguang 胡晓光 106
Hu Yiguan 胡一贯 22
Huang Cheng'an 黄程庵 8
Huang Jianhua 黄建华 132
Ji Hua 纪华 103
Ji Wenjin 吉文进 79
Jia Ping 佳平 98
Jian Fen 建分 139
Jiang Guixu 姜桂栩 116
Jiang Zao 蒋藻 43

Jin Hongyu 金宏宇 167
Jun Shuo [Wu Guangjian] 君朔 [伍光建] 187
Ke Feng 克锋 51
Kong Linghua 孔令华 109
Kong Que 孔雀 185
Lao-G 老G 197
Leng Ruo 冷若 26
Li Changzhi 李长之 35, 37, 40, 170
Li Hua 黎华 113
Li Jiyong 李继勇 183
Li Jinfa 李金发 36
Li Li 李力 89
Li Ling 李凌 139
Li Longrui 李隆瑞 106
Li Na 黎娜 193
Li Qingjun 李庆军 105
Li Shixun 李士勋 112
Li Zhongli 李中丽 130
Liang Gong 梁工 145
Liang Junqing 梁俊青 14
Li Pengzhou 李蓬洲 26
Liang Zongdai 梁宗岱 41, 45, 80, 89, 94, 96, 108, 113, 129, 132, 138, 159, 175, 178, 181, 189, 194
Liao Naixiong 廖乃雄 78
Liao Xiaofan 廖晓帆 93, 109
Liu Baoling 刘宝龄 98
Liu Dezhong 刘德中 94
Liu Hongtao 刘洪涛 174
Liu Lieheng 刘烈恒 98
Liu Mingjiu 柳鸣九 186
Liu Shuoliang 刘硕良 120, 121
Liu Yazi 柳亚子 151
Liu Yilin 刘以林 96
Liu Yinmei 刘引梅 199
Lü Jie 吕洁 92
Lü Jin 吕进 89
Lü Qiuyan 吕秋艳 177

Lü Yuan 绿原 129, 163, 186
Luo Jialun 罗家伦 42
Ma Guiqi 马桂琪 157
Ma Jia 马嘉 58
Ma Junwu 马君武 72, 74, 129, 137, 153, 159
Ma Lirong 马立荣 175
Mao Shizhen 毛世桢 126
Mei Ze 玫泽 107
Mei Zi 梅子 33
Ming Yuesheng 明月生 194
Mo Guanghua 莫光华 158
Mo Sheng 默生 49
Mo Yu 莫渝 99
Ning Jianxin 宁建新 95
Ou Fan 欧凡 147, 148
Pan Dahua 潘大华 87
Pan Zili 潘子立 199
Pei Xin 佩心 26
Peng Guoliang 彭国梁 188
Peng Jingxi 彭镜禧 123
Peng Linxiang 彭林祥 167
Peng Yanjiao 彭燕郊 127
Qian Chunqi 钱春绮 77, 80, 84, 86, 87, 89, 95, 96, 98, 99, 100, 102, 103, 105, 107, 108, 114, 127, 129, 135, 138, 144, 145, 146, 150, 161, 164, 167, 171, 172, 175, 178, 180, 181, 186, 189, 191, 194, 195
Qian Hongjia 钱鸿嘉 129, 164
Qian Renkang 钱仁康 143
Qian Zhongshu 钱钟书 159
Qiu Huadong 邱华栋 150
Ruo Ban 若般 76, 93, 139
Ruo Xi 若兮 181
Shang Jiaxiang 尚家骧 78, 109
Shen Qingli 沈庆利 128
Shen Ying 沈樱 69, 124
Shen Zhe 沈哲 164
Shu Lin 书林 162
Su Manshu 苏曼殊 72, 125, 151, 162, 166

Sun Dayu 孙大雨 41
Sun Kunrong 孙坤荣 161
Sun Mingchuan 孙铭传 9
Sun Xinting 孙鑫亭 131
SY 47
Tan Yuzhi 谭余志 180
Tang Lifan 汤礼璠 25
Tang Rui 汤锐 96
Tang Xingtian 唐]性天 2, 159
Tian Ge 田戈 131
Wang Biqiong 王碧琼 68
Wang Chuanshan 王传善 92
Wang Duqing 王独清 129
Wang Guangqi 王光祈 129
Wang Jialing 王嘉陵 108
Wang Jie 王捷 145
Wang Jing 王京 97
Wang Shengmin 王圣民 88
Wang Weimin 王维民 159
Wang Weixin 王卫新 134
Wang Xiansheng 王宪生 142
Wang Xiangyuan 王向远 174
Wang Xinbo 王馨钵 108
Wang Yaping 王亚平 48
Wang Yizhu 王以铸 129
Wang Yuechuan 王岳川 115
Wei Jiaguo 魏家国 111, 119, 129
Wei Maoping 卫茂平 114
Wen Hao 文昊 165
Wen Jinhan 温晋韩 70
Wu Di 吴迪 164, 192
Wu Jun 吴军 84
Wu Sijia 吴斯佳 164
Wu Ye 吴也 89
Xi Yi 希夷 26
Xia Fei 瑕翡 56
Xiang Peiliang 向培良 38
Xiang Rong 向荣 105
Xiao Fan [Liao Xiaofan] 小凡 [廖晓帆] 55

Xiao Fan [Liao] Xiaofan [Liao] Xiaofan 晓帆 [廖晓帆] 54, 62
Xiao Geng 小耕 46
Xiao Jia 晓佳 89
Xiao Lang 肖朗 182
Xiao Pi 小皮 169
Xie Jingjuan 谢静娟 39
Xing Laishun 邢来顺 135
Xu Hanlin 徐汉林 152
Xu Liang 徐亮 136
Xu Zhenhuan 许震寰 2
Xu Zhimo 徐志摩 175, 178, 193
Xu Ziqiang 许自强 161, 195
Xue Fan 薛范 139
Xue Fei 薛菲 85, 90
Yan Lingjun 严凌君 189
Yan Shu 晏殊 7
Yan Ying 严英 145
Yang Bingchen 杨丙辰 26
Yang Hengda 杨恒达 100
Yang Wuneng 杨武能 89, 116, 120, 121, 129, 138, 164, 169, 172, 174, 186, 203
Yang Xun 杨荀 142
Yao Li 姚力 198
Ye Jun 叶隽 137, 153, 172, 182
Ye Junjian 叶君健 98
Ye Shouzhen 叶寿桢 146
Yi Feng 一风 26
Yi Sha 伊沙 197
Yin Manting 殷曼楟 168
Yin Yan 尹岩 98
Ying Shi 应时 129
Yu Dafu 郁达夫 129, 159
Yu Feng 御风 26
Yu Haidi 于海娣 178
Yu Kuangfu 余匡复 123
Yu Senlin 俞森林 159
Yu Xiumei 余秀梅 132
Yuan Zhiying 袁志英 155, 201

译者/编者索引| Index der Übersetzer/Herausgeber

Yue Duji 悦读纪 169, 190
Yue Hongzhi 岳洪治 102, 103, 105, 106, 107
Zhang Chuanpu [Zhang Weilian] 张传普[张威廉] 32
Zhang Fenling 张芬龄 140
Zhang Junchuan 张君川 26, 106
Zhang Rongchang 张荣昌 120, 121
Zhang Shiming 张世明 117
Zhang Weilian 张威廉 129
Zhang Wen 张文 129
Zhang Xinjue 张新爝 23
Zhang Yushu 张玉书 129, 155, 158
Zhang Yuansheng 张元生 103
Zhang Yue 张月 142
Zhang Yuechao 张月超 71
Zhang Zhen 张珍 191
Zhao Guotai 赵国泰 101
Zhao Hongli 赵红丽 195
Zhao Peilin 赵沛林 166
Zhao Qianlong 赵乾龙 195
Zhao Weiping 赵卫平 182
Zhao Xiaqiu 赵遐秋 100
Zhao Yijie 赵艺杰 149
Zhao Zigang 赵子刚 24
Zheng Fangxiong 郑芳雄 91, 118, 122, 123, 202
Zheng Kelu 郑克鲁 154
Zheng Qiuzi 郑秋子 102
Zheng Xingli 郑兴丽 76, 93, 139
Zheng Zhendu 郑振铎 203
Zhong Shi 仲石 166
Zhong Yingyan 钟英彦 122
Zhou Anping 周安平 89
Zhou Bingruo 周冰若 29

Zhou Xuepu 周学普 50
Zhou Yue 周悦 107
Zong Baihua 宗白华 27, 29, 30, 61, 75, 115, 137, 168
Zhong Bi 中必 44
Zhu Di 朱迪 102
Zhu Xiang 朱湘 83
Zhu Yong 祝勇 104
未署译者名 57

外国作者:

Beethoven 贝多芬 109, 143
Brahms, Johannes (1833-1897) 布拉姆斯 143
Brandes, Georg 勃兰兑斯 82
Brühlmeier, Arthur 布律迈尔, 阿图尔 112
Eberwein, Traugott Maximilian 埃贝魏因 (1775-1831) 143
Garz, Heinrich von 噶尔茨, 海因里希·冯 160
Gounod, Charles (1818-1893) 古诺 143
Hannemann, Lara C. 汉讷曼, 拉哈·C. 160
Himmel, Friedrich Heinrich (1765-1814) 希默尔 143
Hugo, Victor 雨果 124
Jones, William (1746-1794) 威林 162
Lamm, Robert William 拉姆, 罗伯特 (*1944) 142
Liszt, Franz von (1811-1886) 李斯特 143
Mendelssohn Bartholdy, Felx (1809-1847) 门德尔松 143
Mozart, W. A. 莫扎特 (1756-1791) 93, 143

Mussorgsky, Modest Petrowitsch 穆索尔斯基 (1839-1881) 76, 93, 139, 143
Pestalozzi, Johann Heinrich (1746-1827) 裴斯泰洛齐 112
Puschkin, Alexandr Sergejewitsch (1799-1837) 普希金 200
Reichardt, Johann Friedrich (1752-1814) 赖夏特 143
Schostakowitsch, Dimitri Dmitrijewitsch (1906-1975) 斯特鲁戈夫什科夫 76, 93, 139
Schubert, Franz (1797-1828) 舒柏特 78, 109, 139, 143
Schumann, Robert (1810-1856) 舒曼 143
Thomas, Ambrois (1866) 托玛 143
Tschaikowski, Peter Iljitsch 柴可夫斯基 (1840-1893) 143
Weber, Carl Maria von 威柏 (1786-1826) 109
Werner, Heinrich (1927) 勒韦 143
Werner, Heinrich (1800-1833) 威尔纳 93, 143
Wolf, Hugo (1860-1903) 沃尔夫 143
Yeats, William Butler 叶芝 179
Zelter, Carl Friedrich (1758-1832) 采尔特 143
《环球时报》编辑部 125
台北国际书展德国馆 118
中共重庆市委宣传部读点经典编委会 176

出版社索引 Index der Verlage

Beijing
北京

北京大学出版社 137
北京广播学院出版社 97
北京师范大学出版社 174
北京十月文艺出版社 93
大众文艺出版社 119
当代中国出版社 151
海豚出版社 187
华文出版社 175
教育科学出版社 112
人民文学出版社 67, 73, 82, 125, 133, 158
商务印书馆国际有限公司 161
时事出版社 104
世界图书出版公司 136
外文出版社 195
外语教学与研究出版社 198
线装书局 162
中国纺织工业出版社 128
中国妇女出版社 84
中国国际广播出版社 139
中国和平出版社 88
中国华侨出版社 178, 181, 193, 194
中国青年出版社 102, 103, 105, 106, 107, 115, 117, 150
中国社会科学出版社 170
中国友谊出版公司 199
中央编译出版社 172
作家出版社 110

Changchun
长春

吉林出版集团 177
吉林人民出版社 166
时代文艺出版社 129, 186

Changsha
长沙

湖南人民出版社 83
湖南少年儿童出版社 127
湖南文艺出版社 188

Chengdu
成都

巴蜀书社 138
四川辞书出版社 100
四川人民出版社 80, 108
四川文艺出版社 95, 159

Chongqing
重庆

重庆出版社 176
文林出版社 48

Dalian
大连

辽宁师范大学出版社 109

Guangzhou
广州

广东人民出版社 132

Hangzhou
杭州

浙江大学出版社 85, 182, 192
浙江工商大学出版社 184
浙江人民出版社 78
浙江文艺出版社 90

Hefei
合肥

安徽文艺出版社 111

Huhehaote
呼和浩特

远方出版社 149

Jinan
济南

济南出版社 135
山东大学出版社 116
山东友谊出版社 163

Kaifeng
开封

河南大学出版社 145

Nanjing
南京

江苏文艺出版社 169, 190
京华出版社 29
南京大学出版社 168
译林出版社 141, 173
钟山书局 29

Nanning
南宁

广西纪念马君武先生诞生一百周年筹委会 74
广西美术出版社 92
广西人民出版社 96

Shanghai
上海

复旦大学出版社 154
开明书店 203
立信会计出版社 191

出版社索引 Index der Verlage

上海辞书出版社 164
上海书店出版社 201
上海外语教育出版社 114
上海音乐出版社 143
世界书局 36
新文艺出版社 66
学林出版社 180

Shenzhen 深圳

海天出版社 189

Shenyang 沈阳

白山出版社 156
春风文艺出版社 76, 98

Shijiazhuang 石家庄

河北教育出版社 120, 121
河北人民出版社 89

Suzhou 苏州

苏州大学出版社 196

Tianjin 天津

百花文艺出版社 142
天津教育出版社 185

Wulumuqi 乌鲁木齐

新疆电子音响出版社 165
新疆美术摄影出版社 165
新疆人民出版社 131

Wuhan 武汉

长江文艺出版社 167, 179, 200
湖北教育出版社 113
湖北美术出版社 101
武汉出版社 86, 87

Xi'an 西安

太白文艺出版社 144

Xining 西宁

青海人民出版社 197

Yanji 延吉

延边大学出版社 183
延边人民出版社 134

Yinchuan 银川

宁夏人民出版社 126

Zhengzhou 郑州

海燕出版社 160

Taibei 台北市

爱诗社出版事业部 171
大地出版社 124
德威国际文化 152
海燕出版社 68
洪范书店 75
九歌出版社 123, 140
康乃馨出版社 79
联广图书公司 81
联经出版事业股份有限公司 202
林白出版社 69
台湾行政院国家科学委员会 福助专题研究计划 91
台湾学生书局 70
新风出版社 94
祥生出版社 71
幼狮文化事业公司 99

Taibei (Kreis) Zhonghe (Stadt) 台北县中和市

大步文化出版社 130

Xianggang (Hongkong) 香港

三联书店 72
银河出版社 146
中國科学文化出版社 157

Frankfurt/Main 法兰克福

法兰克福图书博览公司 118

出版社索引 Index der Verlage

Zeitungen und Zeitschriften
报刊杂志

北平晨报 37
北新 23
笔阵 47
承天月刊 43
创造季刊 3
创造日汇刊 5
创造周报 6
党军半月刊 22
德语学习 77, 147, 148
德文月刊 19, 21
东方文艺 28
福建青年 60
妇女 62
妇女月刊 61, 62
光化 53
华声 58
寒光 57

洪水(半月刊) 18
红叶月刊 25
彗星 30
警光月刊 33
抗战文艺 45
联合文学 (台北市) 122
美商青年 46
南京师范大学学报 153
清华周刊 24, 26
青年文艺 51
青年音乐 49
尚志周刊 31
少年中国 1
莘莘 55
诗号角 63
诗刊 (民□□期) 27
诗之叶 38
天籁 39
同济杂志 7, 8
文笔 44

文化新闻 54
文汇报 155
文学旬刊 2, 4, 9, 16
文艺 64
文艺旬刊 15
文艺周刊 17
现代出版界 32
小雅 40
新大声杂志 34
新建设 50
新民族 42
新诗 41
新亚月刊 52
幸福世界 65
学衡 20
益世报 35
音乐学习 59
中华时报 10, 11
中华新报 12, 13
中庸 56

第二编：散文小说译目
Kapitel II: Prosatexte

1924 年
1.
德文月刊(上海吴淞同济大学中学部德文月刊社), 第 1 卷第 2 期, 1924 年 2 月 → Deutsche Monatsschrift, Jg. 1924, Bd. I, Heft 2
歌德 Goethe:
半愚半智, 页 54 → Vom Halbnarren und Halbweisen, S. 54

1927 年
2.
德文月刊, 第 2 卷, 1927 年 1-8 期 → Dewen Yuekan (Monatsschrift auf Deutsch), Jg. 1927, Heft 1-8
歌德致一友人书, 克闻译, 页 193-194 → Goethe an einen Freund (aus Goethes Gesprächen mit Eckermann), übers. v. Ke Wen, S. 193-194
附注: 1924 年 1 月出第 1 卷第 1 期, 至 1927 年 8 月共出 2 卷.

1930 年
3.
兴华, 1930 年第 27 卷第 18 期
醉汉和疯子 Betrunkene und Wahnsinnige

1932 年
4.
大公报, 1932 年 5 月 30 日
葛德自述儿童时代的趣事, 郑寿麟译 → Anekdoten aus der Kindheit, die Goethe selbst erzählt hat, übers. v. Zheng Shoulin

5.
读书杂志, 1932 年, 第 2 卷第 4 期 → Zeitschrift für Buchlektüre, Jg. 1932, Bd. II, Heft 7
歌德随军笔记, 张竞生译, 页 371-380 → Campagne in Frankreich, übers. v. Zhang Jingsheng, S. 371-380

6.
清华周刊, 1932 年, 第 37 卷第 6 期 → *Qinghua zhoukan* (Wochenschrift der Qinghua-Universität), Bd. 37, Jg. 1932, Heft 6

歌德及其童话, 长之 [李长之]译, 页 116-147 → Goethe und seine Märchen (WA [I], Bd. 18, in: Unterhaltugen deutscher Ausgewanderten, S. 244-273), übers. v. [Li] Changzhi, S. 116-147

1933 年
7.
广西大学周刊, 1933 年, 第 4 卷第 6 期, 页 10-11 → Wochenschrift der Universität Guangxi, Jg. 1933, Bd. 4, Heft 6, S. 10-11
自然, 马君武译 → Die Natur, übers. v. Ma Junwu

1934 年
8.
中国文学, 1934 年 [第 1 卷第 2 期]
歌德的谈话, (德) 哀革曼作, 张月超译, 页 41-51 → Gespräche mit Goethe (Eckermann, Johann Peter), übers. v. Zhang Yuechao (Übers.), S. 41-51

1937 年
9.
商务印书馆出版周刊, 1937 年, 新 241 号 Wochenschrift des Verlags *Shangwu Yinshuguan*, Jg. 1937, Neue Nr. 241
歌德论中国文学, 周学普译, 页 13-14 → Goethe über die chinesische Literatur, übers. v. Zhou Xuepu, S. 13-14

1940 年
10.
健康生活, 1940 年, 第 19 卷第 1 期 → Gesund leben, Jg. 1940, Bd. 19
穷困出身的音乐家(莫扎特), 匿名译, 页 44-45

1943 年
11.
四一九月刊, 1943 年第 7 期
知识经: 歌德的作诗观, 页 15 → Kanon des Wissens: Goethes Auffassung über Dichtung, S. 15

12.
图书月刊, 1943 年第 2 卷第 7 期 →
Monatsschrift der Bücher, Jg. 1943, Bd. II, Heft 7
文化工作委员会纪念歌德(9 月 11 日诗歌晚会, 郭沫若主讲"歌德思想与艺术"), 页 51 → Die kulturelle Arbeitskommission gedenkt Goethes (auf der Abendlesung des 11. September sprach Guo Moruo über Goethes Gedanken und Kunst), S. 51

13.
中央周刊, 1943 年第 6 卷第 5 期 →
Monatsschrift der Bücher, Jg. 1943, Bd. VI, Heft 5
歌德的<威廉·迈斯特>, 郑学稼摘译, 页 27-28 → Goethes *Wilhelm Meister*, übers. v. Zheng Xuejia, S. 27-28

1944 年

14.
艺潮, 1944 年第 2 期
征法军中杂记, 歌德自传之一, 忭明译, 页 4-18 → Campagne in Frankreich, Teil der Autobiographie *Dichtung und Wahrheit*, übers. v. Bian Ming, S. 4-18

1948 年

15.
浮士德故事 Faustgeschichte
潘纯兰　译 Pan Chunlan (Übers.)
台北市: 商务印书馆, 1948 年

16.
助产学报, 1948 年第 1 卷第 2 期
歌德论诗, 页 18 → Goethe über Gedichte, S. 18

1962 年

17.
古典文艺理论译丛, 第三期 Übersetzungsreihe klassischer Theorien für Literatur und Kunst, Bd. 3
北京: 人民文学出版社, 1962 年
莎士比亚的命名日 Zum Shakespeares Tag (WA [I], Bd. 37, S. 127)
说不尽的莎士比亚 Shakespeare und kein Ende!

1968 年

18.
歌德自传 Aus meinem Leben: Dichtung und Wahrheit
志文出版社　编
台北市: 志文出版社, 1968 年

19.
少年维特的烦恼 Die Leiden des jungen Werther
陈春龙　译 Chen Chunlong (Übers.)
台南市: 标准出版社, 1968 年

1969 年

20.
新美露茜娜 Die neue Melusine
匿名 Anonym
香港: 上海书局, 1969 年
世界文学名著百部
歌德 Goethe:
新美露茜娜, 页 1-27 → Die neue Melusine, S. 1-27
附注: 该书的第 28-104 页为另一位德国作家的作品

1970 年

21.
少年维特之烦恼 Die Leiden des jungen Werther
陈慧玲　译 Chen Huiling (Übers.)
台南市: 新世纪出版社, 1970 年
1980 年, 1981 年再版

1971年

22.

少年维特之烦恼 Die Leiden des jungen Werther

国际翻译社　译

台北市: 天人出版社, 1971年

国际文库; 119: 世界文学名著

歌德略传, 页 1 → Eine kurze Goethe-Biographie, S. 1

少年维特之烦恼, 页 5 → Die Leiden des jungen Werther, S. 5

爱情对于歌德, 页 95 → Liebe für Goethe, S. 95

歌德的恋爱故事, 页 99 → Goethes Liebesgeschichten, S. 99

1972年

23.

少年维特之烦恼 The Sufferings of Young Werther

陈双钧　译 Chen Shuangjun (Übers.)

台北市: 正文书局, 1972年

世界名著; 28

英汉对照, 1974年再版

1973年

24.

少年维特 Die Leiden des jungen Werther

崇学　译 Chong Xue (Übers.)

高雄市: 北辰出版社, 1973年

1975年

25.

少年维特的烦恼 Die Leiden des jungen Werther

周学普　译 Zhou Xuepu (Übers.)

台北市: 志文出版社, 1975年

新潮文库; 120

歌德及其作品——代译序, 页 1

少年维特的烦恼, 页 19 → Die Leiden des jungen Werther, S. 19

舞师的女儿 [译自《创作和真实》第九章], 页 175 → Meine erste Liebe (Aus meinem Leben: Dichtung und Wahrheit, Kapitel IX), S. 175

新美露茜娜, 页 187 → Die neue Melusine, S. 183

歌德年谱, 页 207

1976年

26.

欧美小说名著精华（上）Die besten und berühmtesten Romane Europas und Amerikas (Teil I)

郑学稼、吴苇　合编 Zheng Xuejia u. Wu Wei (Hrsg.)

台北市: 黎明文化事业公司, 1976年

少年维特的烦恼, 页 181-190 → Die Leiden des jungen Werther, S. 181-190

威廉·迈斯特, 页 191-197 → Wilhelm Meister, S. 191-197

27.

中华日报, 1976年4月1日, 第12版 (中华副刊) *Zhonghua ribao* (Tageszeitung Chinas) vom 1. April 1976, S. 12

您最拿手的家常菜: 世界名人写给母亲的信(歌德), 王鸿仁译（附: 关于这封信）

1980年

28.

少年维特的烦恼 Die Leiden des jungen Werther

林惠珠　译 Lin Huizhu (Übers.)

台南市: 光田出版社, 1980年

世界文学; 3

29.

少年维特的烦恼 Die Leiden des jungen Werther

喜美出版社　辑

台北市: 喜美出版社, 1980年

世界文学全集; 11

30.

西方古典作家谈文艺创作 Klassische Schriftsteller des Westens über Literatur und Kunst

段宝林　编 Duan Baolin (Hrsg.)

沈阳: 春风文艺出版社, 1980年

收编43位作家, 680页, 18000册

第二编: 散文小说译目 Kapitel II: Prosatexte

歌德, 页 141-161 → Goethe, S. 141-161
谈青年写诗的长短问题——谈诗与生活——谈违反细节真实的艺术虚构之大胆——作者的人格感人——谈锻炼观察力——谈典型的概括——谈意象是作品的灵魂和主干——谈理论与现实: 思辨与风格——谈抽象思想与形象思维——诗的进步与客观——谈环境与诗人——谈天赋与经历的关系——努力把握特殊性是艺术的生命——诗的形象性与比喻——谈口语与文学语言——谈语言的简洁与鲜明——谈含蓄之力量——谈创作劳动之繁重——谈身体与创作——孤独地工作不好——谈《少年维特之烦恼》的创作——谈《葛兹》与《浮士德》的写作——谈《浮士德》创作的困难与优点——谈莎士比亚的启示: 艺术的解放——谈莎士比亚的人物——谈莎士比亚的内心感觉——莎士比亚剧中的幻想与现实

Über kurz und lang der Gedichte, die Jugendliche schreiben – über Dichtung und Leben – über den Mut der künstlerischen Fiktion, die der detaillierten Wirklichkeit widerspricht – über Theorie und Wirklichkeit: Gedanken und Stil -

31.
西方美学家论美和美感 Westliche Ästhetiker über das Schöne und den Schönheitssinn
北京大学哲学系美学教研室　编
北京: 商务印书馆, 1980 年
1982 年第 4 次印刷, 56500 册
歌德 Goethe
1. 美是一种本原现象, 事物的构造符合它的目的才显得美, 页 168 → Schönheit ist ein Phänomen des Ursprungs, die Konstruktion der Dinge sieht erst dann schön aus, wenn sie ihrem Ziel entspricht, S. 168
2. 关于道德美, 页 171 → Über die Schönheit der Tugend, S. 171
3. 艺术美同现实生活的关系, 页 172 → Die Verhältnisse zwischen künstlerischer Schönheit und realem Leben, S. 172
4. 欣赏美的作品要运用理解力, 页 174 → Der Genuß schöner Werke setzt Auffassungsvermögen voraus, S. 174

编者提示: 论点均摘自《歌德谈话录》, 朱光潜译, 人民文学出版社, 1978 年版。译文前有约半页纸的导言, 介绍作家和作品, 特别是他的美学思想

32.
形象思维资料汇编 Materialsammlung bildhaften Denkens
哈尔滨师范学院中文系形象思维资料编辑组编
北京: 人民文学出版社, 1980 年
456 页, 10000 册
第四部分: 欧洲各国文艺家论形象思维 Teil IV: Europäische Literatur- und Kunstkritiker über bildhaftes Denken
德国 Deutschland
歌德谈感觉、想像和理性的关系, 页 153-154 → Goethe über das Verhältnis zwischen Gefühl, Phantasie und Vernunft, S. 153-154

1981 年

33.
文学理论学习参考资料, 上册
Nachschlagematerial zur Literaturtheorie, Bd. I
北京师范大学中文系文艺理论教研室　编
沈阳: 春风文艺出版社, 1981 年
1311 页, 16600 册
歌德论诗来自现实生活 (爱克曼辑录: 歌德谈话录, 人民文学出版社 1978 年版第 6-7 页), 页 156 → Goethe über die Entstehung der Gedichte aus dem Leben (Gespräche mit Goethe), S. 156
歌德论观察自然是艺术创作的基础 (爱克曼辑录: 歌德谈话录, 人民文学出版社 1978 年版第 108 页), 页 222 → Goethe über die Natur als Grundlage künstlerischen Schaffens (Gespräche mit Goethe), S. 222
歌德论天才与群众 (爱克曼辑录: 歌德谈话录, 人民文学出版社 1978 年版第 250-251 页), 页 283 → Goethe über Genie und Volk (Gespräche mit Goethe), S. 283

歌德反对诗人过问政治 (爱克曼辑录: 歌德谈话录, 人民文学出版社 1978 年版第 258-259 页), 页 396 → Goethe gegen Beteiligung des Dichters an der Politik (Gespräche mit Goethe), S. 396

歌德论文学的力量在于作家的智力上和道德上的质量 (歌德文学语录选, 古典文艺理论译丛, 第 8 册, 第 114 页), 页 397 → Goethe über die Kraft der Literatur, die in der geistigen und moralischen Qualität liegt, S. 397

歌德论宗教对艺术的关系 (爱克曼辑录: 歌德谈话录, 人民文学出版社 1978 年版第 42 页), 页 397 → Goethe über das Verhältnis zwischen Religion und Kunst, S. 397

歌德论民族作家产生的条件 (歌德: 文学上的无短裤主义, 西方美学史, 下卷, 人民文学出版社 1979 年版, 第 433 页), 页 594 → Goethe über die Voraussetzungen der Nationaldichter

歌德论诗用形象解释自然 (歌德: 慧语集, 外国理论家论形象思维, 中国社会科学出版社 1979 年版第 35 页), 页 700 → Goethe über die Analyse der Natur anhand dichterischer Figuren

歌德论艺术高于自然 (爱克曼辑录: 歌德谈话录, 人民文学出版社 1978 年版第 136 页), 页 845 → Goethes Ansicht, dass die Kunst die Natur übertrifft

歌德论诗人应通过特殊显示一般 (西方美学史, 下卷, 人民文学出版社 1979 年版, 第 415-416 页, 爱克曼辑录: 歌德谈话录, 人民文学出版社 1978 年版第 9-10, 90 页), 页 845 → Goethes Ansicht, daß der Dichter das Allgemeine durch das Besondere darstellt

歌德论题材对文艺的重要性(爱克曼辑录: 歌德谈话录, 人民文学出版社 1978 年版第 11 页), 页 951 → Goethe über die Wichtigkeit der Themen für Literatur und Kunst

歌德论母题 (爱克曼辑录: 歌德谈话录, 人民文学出版社 1978 年版第 154 页), 页 951 → Goethe über die Hauptthemen

歌德论题材的开掘 (歌德文学语录选, 古典文艺理论译丛, 第 8 册, 第 116 页), 页 952 → Goethe über die Erschließung der Themen

歌德论内容和形式 (歌德文学语录选, 古典文艺理论译丛, 第 8 册, 第 116 页), 页 1294 → Goethe über Inhalt und Form

1982 年

34.
文学理论学习参考资料, 下册
Nachschlagematerial zur Literaturtheorie, Bd. II
北京师范大学中文系文艺理论教研室编
沈阳: 春风文艺出版社, 1982 年
1374 页, 13000 册

歌德论诗人, 页 46 → Goethe über den Dichter, S. 46

歌德论自己的创作不从观念出发 (爱克曼辑录: 歌德谈话录, 人民文学出版社 1978 年版第 146-147 页), 页 332 → Goethe über sein eigenes Schaffen, das nicht von Begriffen ausgeht, S. 332

歌德论真正的诗是想象和理性的结合 (歌德: 致玛利亚·包洛芙娜公爵夫人书, 1817 年, 外国理论家作家论形象思维, 中国社会科学出版社 1979 年版第 34-35 页), 页 333 → Goethe über die echte Poesie durch Verbindung von Phantasie und Vernunft, S. 333

歌德论艺术与自然的双重关系 (爱克曼辑录: 歌德谈话录, 人民文学出版社 1978 年版第 136-137 页), 页 467 → Goethe über das doppelte Verhältnis zwischen Kunst und Natur, S. 467

歌德论艺术的选择 (歌德: 诗与真, 西方文论选, 上卷, 上海译文出版社 1979 年版第 445-446 页), 页 468 → Goethe über die Auswahl in der Kunst, S. 468

歌德论"古典诗"从客观世界出发 (爱克曼辑录: 歌德谈话录, 人民文学出版社 1978 年版第 221 页), 页 582 → Goethe über die objektive Welt als Ausgangspunkt der „klassischen" Dichtung, S. 582

歌德论浪漫主义与古典主义的区别 (爱克曼辑录: 歌德谈话录, 人民文学出版社 1978 年版第 188 页; 歌德: 说不尽的莎士比亚, 古典文艺理论译丛, 第 3 册, 第 74-76 页), 页 612 → Goethe über die Unterschiede zwischen Klassik und Romantik, S. 612

第二编: 散文小说译目 Kapitel II: Prosatexte

歌德论作家的风格是他内心生活的准确标志 (爱克曼辑录: 歌德谈话录, 人民文学出版社 1978 年版第 39 页), 页 887 → Goethe über den Stil der Schriftsteller als wahres Zeichen ihres inneren Lebens, S. 887

歌德论学习古人的必要 (爱克曼辑录: 歌德谈话录, 人民文学出版社 1978 年版第 129 页), 页 996 → Goethe über die Notwendigkeit, von Vorfahren zu lernen, S. 996

歌德论艺术大师都善于吸取前人的精华 (爱克曼辑录: 歌德谈话录, 人民文学出版社 1978 年版第 105 页), 页 996 → Goethe über die großen Künstler, die alle verstehen, sich das Beste der Vorfahren anzueignen, S. 996

歌德论学习古人要面向现实世界 (爱克曼辑录: 歌德谈话录, 人文, 1978 年版第 97 页), 页 997 → Goethes Ansicht, von Vorfahren zu lernen, ohne die reale Welt außer Acht zu lassen, S. 997

歌德论吸收外国文学的营养 (爱克曼辑录: 歌德谈话录, 人民文学出版社, 1978 年版第 113-114 页), 页 997 → Goethe über die Aufnahme der geistigen Nahrung aus der ausländischen Literatur, S. 997

歌德论在文学上各民族要互相了解 (歌德: 评英国刊物爱丁堡评论, 见朱光潜《西方美学史》, 人民文学出版社第 435 页), 页 997 → Goethe über das wechselseitige Verständnis verschiedener Nationen mittels der Literatur, S. 997

歌德论文艺对认识生活的作用 (歌德: 说不尽的莎士比亚, 古典文艺理论译丛, 第 3 册, 第 71-73 页), 页 1065 → Goethe über das Verständnis des Lebens durch Literatur und Kunst, S. 1065

歌德论要考虑文艺的社会效果 (歌德: 说不尽的莎士比亚, 古典文艺理论译丛, 第 3 册, 第 80-81 页), 页 1068 → Goethe über die gesellschaftliche Wirkung der Literatur und Kunst, S. 1068

歌德论欣赏和研究作品的重要性 (爱克曼辑录: 歌德谈话录, 人民文学出版社 1978 年版第 76-77 页), 页 1138 → Goethe über Genießen und Studieren der Werke, S. 1138

歌德论通过观赏最好的作品培养鉴赏力 (爱克曼辑录: 歌德谈话录, 人民文学出版社 1978 年版第 32 页), 页 1138 → Goethe über die Bildung des Kunstsinnes durch Lektüre der besten Werke

歌德论尽可能用自由大胆的精神去观照和欣赏 (爱克曼辑录: 歌德谈话录, 人民文学出版社 1978 年版第 138 页), 页 1139 → Goethe über Lektüre und Genuß der Werke möglichst mit freiem und mutigem Geist, S. 1139

1984 年

35.
中国时报, 1984 年 1 月 28 日, 第 8 版 (人间副刊)
老年 Das Alter
陈苍多 译 Chen Cangduo (Übers.)

36.
中华日报, 1984 年 2 月 14 日, 第 10 版 (中华副刊)
哥德名言选译 Goethes berühmte Worte in Übersetzung (Auswahl)
朱立民 译 Zhu Limin (Übers.)

1985 年

37.
少年维特的烦恼 Goethe: Die Leiden des jungen Werther
匿名 译 Anonym (Übers.)
台中市: 晨星出版社, 1985 年
晨星丛书; 31

38.
中外文学名著情书选 Ausgewählte Liebesbriefe aus berühmten Werken der in- und ausländischen Literatur
绿华 编 Lü Hua (Hrsg.)
沈阳: 春风文艺出版社, 1985 年
265 页
歌德: 少年维特的烦恼 Goethe: Die Leiden des jungen Werther

维特给绿蒂的信 (之一), 页 85 → Werther an Lotte (1), S. 85
维特给绿蒂的信 (之二), 页 88 → Werther an Lotte (2). S. 88

1986 年
39.
少年维特之烦恼 Die Leiden des jungen Werther
唐玉美 译 Tang Yumei (Übers.)
台南市: 文国书局, 1986 年
世界文学名著; 25

1987 年
40.
欧美名家短篇小说 Sammlung der Erzählungen berühmter Dichter von Europa und Amerika
周瘦鹃 译 Zhou Shoujuan (Übers.)
长沙: 岳麓书社, 1987 年
554 页, 16200 册
贵推 [歌德] Goethe:
驯狮 (节译, 1800 字) → Die Novelle (Ausz.)

41.
外国爱情描写 Ausländische Liebesdarstellungen
鲍学谦、陈巧燕 编 Bao Xueqian u. Chen Qiaoyan (Verf.)
桂林: 漓江出版社, 1987 年
543 页, 80000 册
歌德:《少年维特之烦恼》(节录), 李牧华译, 页 379-386 → Goethe: Die Leiden des jungen Werther (Ausz.), übers. v. Li Muhua, S. 379-386

42.
西方美学史资料选编 Nachschlagematerial zur Geschichte der westlichen Ästhetik (Auswahl)
马奇 主编 Ma Qi (Hrsg.)
上海: 上海人民出版社, 1987 年
6000 册
下卷 Bd. II
歌德, 页 47 → Goethe, S. 47

歌德谈话录, 页 50 → Gespräche mit Goethe, S. 50
诗与真, 页 81 → Aus meinem Leben: Dichtung und Wahrheit, S. 81
莎士比亚纪念日的讲话, 页 84 → Zum Shakespeares Tag, S. 84
文学上的暴力主义, 页 90-94 → Literarischer Sansculottismus, S. 90-94

1988 年
43.
关于人生, 歌德篇 Über das menschliche Leben, Bd. für Goethe
钟肇政 编译 Zhong Zhaozheng (Übers.)
台北市: 纯文学出版社, 1988 年
纯文学丛书; 146
大文豪的智慧, 页 3 → Weisheit großer Schriftsteller, S. 3
自然与真实, 页 7 → Natur und Wahrheit, S. 7
人与人性, 页 21 → Menschen und menschliche Natur, S. 21
爱与美, 页 41 → Liebe und Schönheit, S. 41
神与虔诚性, 页 57 → Gott und Pietät, S. 57
社会 政治, 页 77 → Gesellschaft, Politik, S. 77
思考与行为, 页 91 → Denken und handeln, S. 91
认识与科学, 页 109 → Wissen und Wissenschaft, S. 109
艺术与艺术家, 页 131 → Kunst und Künstler, S. 131
文学与语言, 页 147 → Literatur und Sprache, S. 147
人生与经验, 页 165 → Leben und Lebenserfahrungen, S. 165
生活的智慧, 页 187 → Weisheit des Lebens, S. 187
歌德其人其作品, 页 217 → Goethes Leben und Werk, S. 187

44.
少年维特之烦恼 Die Leiden des jungen Werther
文祥书局编辑部 编译
台南市: 文祥书局, 1988 年
世界文学名著; 18

第二编: 散文小说译目 Kapitel II: Prosatexte

45.
文学理论资料汇编——美学、戏剧、艺术流派、形象思维、意识形态、内容形式、批评鉴赏 (上、中、下册) Materialien zu literarischen Theorien – Ästhetik, Dramatik, Kunstströmungen, bildhaftes Denken, Ideologie, Inhalt und Form, Kritik und Interpretation (Bd. I, II, III)
台北市: 丹青图书有限公司, 1988 年
编者附注: 本书目与《文学理论学习参考资料》(北京师范大学中文系文艺理论教研室编, 沈阳: 春风文艺出版社, 1982 年) 书目的内容相同 (仅页码和个别标题的顺序有别)。

46.
中外文学名著精神分析辞典——人类精神的自画像 Lexikon der Psychoanalyse berühmter Werken in- und ausländischer Literatur als Selbstporträt des menschlichen Geistes
陈思和　主编 Chen Sihe (Hrsg.)
北京: 工人出版社, 1988 年
丛书: 心中的长辈
741 页
歌德: 诗与真, 页 38-40 → Goethe: Aus meinem Leben. Dichtung und Wahrheit, S. 38-40
爱中的少年
歌德: 少年维特的烦恼, 页 195-197 → Goethe: Die Leiden des jungen Werther, S. 195-197

1989 年

47.
朱光潜全集 Zhu Guangqians gesamte Werke
朱光潜　著 Zhu Guangqian (Verf.)
合肥: 安徽教育出版社, 1989 年
1997 年第二版
第 17 卷: 歌德谈话录, 页 251-510
附录一: 爱克曼的自我介绍, 页 511-513
附录二: 第一二两部的作者原序, 页 514-515
附录三: 第三部的作者原序, 页 516-517
译后记, 页 518-539

1990 年

48.
名人讲演 Vorträge berühmter Persönlichkeiten
斯人　编 Si Ren (Hrsg.)
南京: 江苏文艺出版社, 1990 年
1991 年和 1992 年重印, 共 27920 册
326 页
附注: 未署译者名
歌德 Goethe:
为纪念莎士比亚命名的演说, 页 196-202 → Zum Shakespeares Tag (WA, [I], Bd. 37, S.127), S. 196-202

49.
欧美诗论选 Ausgewählte Aufsätze zur Poetik aus Europa und Amerika
王治明　编 Wang Zhiming (Hrsg.)
西宁: 青海人民出版社, 1990 年
420 页, 1530 册
歌德 Goethe:
论诗的真正的核心, 页 72 → Über den wahren Kern der Poesie, S. 72
古典诗与浪漫诗, 页 73 → Klassische und romantische Gedichte, S. 73
诗的母题, 页 73 → Hauptthemen der Poesie, S. 73
诗的几种创作状态, 页 74 → Einige Zustände dichterischen Schaffens, S. 74
不应把诗的语言看得太死, 页 76 → Die Sprache der Poesie soll nicht zu starr betrachtet werden, S. 76
诗的精灵与知解力, 页 77 → Der Genius der Poesie und der Verstand, S.77
诗表现非凡的平凡, 页 78 → Die Poesie bringt das Gewöhnliche des Ungewöhnlichen zum Ausdruck, S. 78
诗人不应是自己的解释者, 页 79 → Der Dichter soll nicht der Interpret des eigenen Ich sein, S. 79
诗的精华是纯粹的完美的成分, 页 79 → Das Beste der Poesie sind Elemente der Reinheit und der Vollendung, S. 79
韵, 表示诗句的终结, 页 80 → Der Endreim, S. 80

诗人的意图是把秘密吐露出来, 页 80 → Die Intention des Dichters ist es, Geheimnisse auszusprechen, S. 80

诗的基本原则是属于精神世界的, 页 81 → Der Grundsatz die Poesie und die geistige Welt, S. 81

1991 年

50.
少年维特之烦恼 Die Leiden des jungen Werther
沈英士　发行　Shen Yingshi (Verleger)
台南市: 文国书局, 1991 年
1995 年再版

51.
世界文学名著选读 Ausgewählte berühmte Werke der Weltliteratur
陶德臻、马家骏　主编　Tao Dezhen u. Ma Jiajun (Hrsg.)
北京: 高等教育出版社, 1991 年
歌德 Goethe:
少年维特之烦恼, 页 342 → Die Leiden des jungen Werther, S. 342

1991 年

52.
少年维特的烦恼 Die Leiden des jungen Werther
张心慈　译注　Zhang Xinci (Übers.)
台南市: 大夏出版社, 1992 年
英汉对照

1993 年

53.
少年维特的烦恼 Die Leiden des jungen Werther
童祥　改写　Tong Xiang (Umarbeitung)
胡斌　绘画　Hu Bin (Malerei)
台北县: 长圆图书出版公司, 1993 年
世界文学名著; 24, 周亚平主编

1994 年

54.
少年维特的烦恼 Die Leiden des jungen Werther
纪光　编　Ji Guang (Hrsg.)
贵阳: 贵州人民出版社, 1994 年
世界中篇名著文库; 1
399 页
含: 上尉的女儿/(俄)普希金著、外套/(俄)果戈里著、初恋/(俄)屠格涅夫著、羊脂球/(法)莫伯桑著。

55.
少年维特的烦恼 Die Leiden des jungen Werther
学锋　编译　Xue Feng (Übers.)
北京: 华龄出版社, 1994 年
丛书: 学生礼品匣, 世界文学名著精品

1995 年

56.
生活与品格 Maximen und Reflexionen
歌德　著　Goethe (Hrsg.)
陈苍多　译　Chen Cangduo (Übers.)
台北县三重市: 新雨出版社, 1995 年
标准文库; 15
206 页

57.
世界名人自白经典 Klassische Bekenntnisse weltberühmter Persönlichkeiten
张昌华、汪修荣　主编　Zhang Changhua u. Wang Xiurong (Hrsg.)
哈尔滨: 北方文艺出版社, 1995 年
1350 页, 5000 册
歌德: 自传, 刘思慕译, 页 316-332 → Goethe: Aus meinem Leben. Dichtung und Wahrheit, übers. v. Liu Simu, S. 316-332

58.
外国文化名人论人生真义 Berühmte ausländische Persönlichkeiten des kulturellen Lebens über den wahren Sinn des Lebens
老品　编　Lao Pin (Hrsg.)
北京: 中央编译出版社, 1995 年
500 页, 1996 年第 2 版, 10001-15000 册
歌德: 格言和感想, 程代熙、张惠民译, 页 65-68 → Goethe: Maximen und Reflexionen, übers. v. Cheng Daixi u. Zhang Huimin, S. 65-68

1996年

59.
百读不厌世界名著精华, 第一卷 Auslese weltberühmter Werke, die nicht ausgeschöpft werden können, Bd. I
傅雷、王振孙、夏丐尊 等译 Fu Lei, Wang Zhensun u. Xia Gaizun (Übers.)
兰州: 甘肃教育出版社, 1996 年
少年维特的烦恼, 江雄译, 页 17-127 → Die Leiden des jungen Werther, übers. v. Jiang Xiong, S. 17-127

1997年

60.
少年维特之烦恼 Die Leiden des jungen Werther
陈慧玲 译 Chen Huiling (Übers.)
香港: 鸿光书店, 1997 年
星汉对照——世界文学名著, 14

61.
少年维特之烦恼 Die Leiden des jungen Werther
张崇智 注释 Zhang Chongzhi (Interpret)
北京: 外语教学与研究出版社, 1997 年
5000 册
编者附注: 该书为德语原文加注, 正文前有作者简介和内容介绍两短文 (均为中文)。

62.
中外文学名著集成 Sammlung berühmter Werke der in- und ausländischen Literatur
外国部分, 第九卷 (欧洲)
马森彪 总编辑 Ma Senbiao (Hrsg.)
太原: 北岳文艺出版社, 1997 年
890 页, 3600 册
青年维特之烦恼, 卫茂平译, 页 379-428 → Die Leiden des jungen Werther, übers. v. Wei Maoping, S. 379-428

1998年

63.
梦幻的创造: 世界文学名家传世精品 Schöpfung der Träume: erlesene Stücke der Weltliteratur
宋建林 主编 Song Jianlin (Hrsg.)
北京: 改革出版社, 1998 年
世界名家名作传世精品丛书
537 页, 5000 册
莎士比亚纪念日的演说, 王卫新译, 页 230 → Zum Shakespeares Tag, übers. v. Wang Weixin, S. 230

64.
少年维特的烦恼 Die Leiden des jungen Werther
竹山道雄 日译
韩耀成 汉译 Han Yaocheng (Übers.)
刘树仁 编校 Liu Shuren (Mitwirkung)
长春: 吉林大学出版社, 1998 年
日汉对照世界名著丛书
172 页, 6000 册

65.
少年维特的烦恼 Die Leiden des jungen Werther
杨吉祥 发行 Yang Jixiang (Verleger)
台南市: 祥一出版社, 1998 年

66.
世界文化名人散文精品 Kunstvolle Prosatexte berühmter kultureller Persönlichkeiten der Welt
诗散文编委会 编 Redaktion für Lyrik u. Prosa (Hrsg.)
贵阳: 贵州人民出版社, 1998 年
438 页, 5500 册
歌德 Goethe:
格言和感想, 程代熙、张惠民译, 页 49 → Maximen und Reflexionen, übers. v. Cheng Daixi u. Zhang Huimin, S. 49
自然, 程代熙、张惠民译, 页 55 → Die Natur, übers. v. Cheng Daixi u. Zhang Huimin, S. 55

67.
威廉·麦斯特的漫游时代 Wilhelm Meisters Wanderjahre
关惠文 译 Guan Huiwen (Übers.)
台北市: 光复书局, 1998 年
珍本世界名著; 40

1999 年

68.
德国人怎样教育孩子 Wie die Deutschen ihre Kinder erziehen
李宽宽　著　Li Kuankuan (Verf.)
北京: 昆仑出版社, 1999 年
外国人怎样教育孩子丛书
163 页, 7000 册
第二章: 诗与真, 页 15-22 → Kapitel II: Aus meinem Leben. Dichtung und Wahrheit, S. 15-22

69.
哥德对话录: 哥德最后九年的身影与思想 Gespräche mit Goethe in den letzten Jahren seines Lebens (1823-1932)
周学普　译　Zhou Xuepu (Übers.)
台北: 台湾商务印书馆, 1999 年
262, 26 页

70.
少年维特的烦恼 The Sorrows of Young Werther
但未丽　改写　Dan Weili (Umarbeit)
台北县: 台湾实业文化公司, 1999 年
文学物语; 101

71.
少年维特的烦恼 The Sorrows of Young Werther
但未丽　改写　Dan Weili (Umarbeit)
台北县: 台湾大步出版社, 1999 年
文学物语; 101

72.
世界文学大师选, 第一卷 Auswahl großer Meister der Weltliteratur
郑树森　编　Zheng Shusen (Hrsg.)
台北市: 洪范书店, 1999 年
少年维特的烦恼, 郭沫若译, 页 271-344 → Die Leiden des jungen Werther, übers. v. Guo Moruo, S. 271-344

73.
少年维特的烦恼 The Sorrows of Young Werther
苏朝　改写　Su Chao (Umarbeit)
北京: 中国文联出版社, 1999 年

74.
我们的历史家园 Unsere historische Heimat
叶廷芳　编　Ye Tingfang (Hrsg.)
天津: 百花文艺出版社, 1999 年
世界经典散文新编: 欧洲卷·德国
10+818 页, 2000 册
歌德 Goethe
大自然(片断), 陈宗显　译, 页 45 → Die Natur, übers. v. Chen Zongxian, S. 45
莎士比亚命名日致辞, 杨武能译, 页 49 → Zum Shakespeares Tag (WA [I], Bd. 37, S. 127), übers. v. Yang Wuneng, S. 49
同拿破仑谈话, 陈宗显译, 页 55 → Unterredung mit Napoleon (WA [I], Bd. 36, S. 269), übers. v. Chen Zongxian, S. 55
第二次罗马之行(选译), 陈宗显译, 页 58 → Zweiter römischer Aufenthalt (WA [I], Bd. 32, S. 1), übers. v. Chen Zongxian, S. 58
威尼斯游记, 杨武能译, 页 69 → Reise nach Venedig, übers. v. Yang Wuneng, S. 69
致莎洛特·封·施泰因 (卡塞尔, 1783 年 10 月 2 日), 陈宗显译, 页 78 → Brief An Charlotte von Stein (Cassel, 02.10.1783), übers. v. Chen Zongxian, S. 78
致席勒 (埃特斯堡, 1794 年 8 月 27 日), 张荣昌、張玉书译, 页 79 → Brief an Schiller (Ettrsburg, 27.08.1784), übers. v. Zhang Rongchang u. Zhang Yushu, S. 79
席勒 Schiller
致歌德 (耶拿, 1794 年 8 月 31 日), 张荣昌、張玉书译, 页 106 → Brief an Goethe (Jena, 31.08.1784), übers. v. Zhang Rongchang u. Zhang Yushu, S. 106

2000 年

75.
少年维特之烦恼 Die Leiden des jungen Werther
思文　等缩编　Si Wen (Bearb.)
北京: 中国少年儿童出版社, 2000 年

第二编: 散文小说译目 Kapitel II: Prosatexte

中外文学作品赏析: 青少年文学修养速读本, 119
118 页

76.
少年维特的烦恼 Die Leiden des jungen Werther
陈锟　译 Chen Kun (Übers.)
北京: 光明日报出版社, 2000 年
世界文学名著缩写本丛书, 15

2001 年

77.
德国文学名著 (浓缩本) Berühmte Werke der deutschen Literatur (kurz gefaßt)
余一中　主编 Yu Yizhong (Hrsg.)
陈良梅　执行主编 Chen Liangmei (Hrsg.)
南京大学外国文学研究所　编写 Forschungsinstitut der Universität Nanking für ausländische Literatur (Bearb.)
南京: 江苏美术出版社, 2001 年
点击经典丛书, 外国文学卷
252 页, 50000 册
少年维特之烦恼, 陈良梅导读、改写, 页 1-40 → Die Leiden des jungen Werther, eingeleitet und bearbeitet v. Chen Liangmei, S. 1-40

78.
少年维特之烦恼 Die Leiden des jungen Werther
张伟　译 Zhang Wei (Übers.)
海拉尔: 内蒙古文化出版社, 2001 年

2002 年

79.
少年维特的烦恼 Die Leiden des jungen Werther
张超　译 Zhang Chao (Übers.)
呼和浩特: 远方出版社, 2002 年
丛书: 影响人生的传世藏书, 第一辑

80.
世界文学名著精缩本 Ausgewählte berühmte Werke der Weltliteratur (kurz gefasst)
贺祥麟、凡尼　主编 He Xianglin u. Fan Ni (Hrsg.)
桂林: 广西人民出版社, 2002 年
711 页, 6000 册
少年维特的烦恼, 页 429-440 → Die Leiden des jungen Werther, S. 429-440

81.
世界心理小说名著选, 德奥部分, 第一卷 Berühmte Werke psychischer Romane der Welt (Deutschland und Österreich), Bd. I
柳鸣九　主编 Liu Mingjiu (Hrsg.)
贵阳: 贵州人民出版社, 1992 年
1994 年印, 3000 册
德奥部分, 韩耀成选编 Bd. Deutschland und Österreich, hrsg. v. Han Yaocheng
第一卷 Bd. I
德奥心理小说发展轨迹——选编者序(韩耀成) Entwicklungsspuren deutscher und österreichischer psychologischer Romane – Vorwort des Herausgebers (Han Yaocheng)
关于歌德《少年维特的烦恼》, 页 3-6 → Über Goethes *Werther*, S. 3-6
少年维特的烦恼, 侯浚吉译, 页 1-127 → Die Leiden des jungen Werther, übers. v. Hou Junji, S. 1-127
第二卷 Bd. II
德奥其他心理小说名著内容提要
亲和力(周敏), 页 401-406 → Die Wahlverwandtschaften (Zhou Min), S. 401-406

82.
威廉·迈斯特的学习时代　Wilhelm Meisters Lehrjahre
杨武能　译 Yang Wuneng (Übers.)
南京: 译林出版社, 2002 年
该译本先于 1999 年在安徽文艺出版社后于 2003 年在广西师范大学出版社出版

2003年

83.
歌德对话录 Gespräche mit Goethe
文燕　编译 Wen Yan (Übers.)
台北县中和市: 华立文化, 2003年

84.
少年维特之烦恼 Die Leiden des jungen Werther
徐潜　主编 Xu Qian (Hrsg.)
杨亚庚　译写 Yang Yageng (Übers.)
长春: 吉林文史出版社, 2003年
外国文学名著精读, 双色图文本
76页, 2010年重印

85.
威廉·迈斯特的学习时代 Wilhelm Meisters Lehrjahre
钟子涵　编写 Zhong Zihan
天津: 天津人民出版社, 2003年
世界文学名著青少年必读丛书
2007年重印
169页

2004年

86.
中国书画 (北京), 2004年第6期, 页142-145
歌德:《色彩学·前言》 Goethe: *Zur Farbenlehre, Vorwort*
莫光华　译 Mo Guanghua (Übers.)

87.
中国书画 (北京), 2004年第7期, 页128-130
歌德:《色彩学》导论 *Zur Farbenlehre, Einleitung*
莫光华　译 Mo Guanghua (Übers.)

88.
少年维特的烦恼 Die Leiden des jungen Werther
林娟　改编 Lin Juan (Umarbeit)
福州: 福建少年儿童出版社, 2004年
151页

2005年

89.
爱的亲和力 Die Wahlverwandtschaften
高中甫　译 Gao Zhongfu (Übers.)
台北市: 商周出版社, 2005年
商周经典名著; 2
总序: 寻找大众的共同阅读记忆 (曾丽玲), 页2 → Vorwort: Auf der Suche nach der gemeinsamen Erinnerung der Öffentlichkeit (Zeng Liling), S. 2
导读: 爱情的吸引与割舍 (彭双俊), 页5 → Lesehilfe: Liebes Faszination und Entsagung (Peng Shuangjun), S. 5
专文推荐: 在不相信爱情的社会中呼喊爱情 (孙中兴), 页10 → Leseempfehlung: Ruf nach Liebe in einer Gesellschaft ohne Glauben an die Liebe (Sun Zhongxing), S. 10
译序: 婚姻中的精神破裂(高中甫), 页18 → Vorwort des Übersetzers: Seelischer Bruch in der Ehe (Gao Zhongfu), S. 18
人物表, 页23 → Liste der auftretenden Personen, S. 23
第一部, 页25 → Teil I, S. 25
第二部, 页135 → Teil II, S. 135
作者年表, 页250 → Chronik des Verfassers, S. 250

90.
歌德对话录 (节译) Gespräche mit Goethe (Ausz.)
刘筵莉　译 Liu Yanli (Übers.)
北京: 北京理工大学出版社, 2005年
语文新课标·名著阅读书系, 高中版, 外国文学篇
233页, 2009年再版, 184页, 列入: 阅读快车, 课标指定书目文学名著系列

91.
歌德谈话录 Gespräche mit Goethe
王君梅　译 Wang Junmei (Übers.)
延吉: 延边人民出版社, 2005年
语文新课标必读丛书
243页

第二编：散文小说译目 Kapitel II: Prosatexte

92.
少年维特的烦恼 Die Leiden des jungen Werther
杨武能　译 Yang Wuneng (Übers.)
北京: 中国书籍出版社, 2005 年
附注：与《亲和力》、《Novelle》和《商人与律师》合刊

93.
少年维特之烦恼 Die Leiden des jungen Werther
金招寿　改编 Jin Zhaoshou (Übers.)
海口: 南方出版社, 2005 年
青少年必读世界文学经典
168 页

94.
少年维特之烦恼 Die Leiden des jungen Werther
林惠瑟　译　Lin Huise (Übers.)
杨宛静　图　Yang Wanjing (Illst.)
天津: 天津教育出版社, 2005 年
爱藏本系列
205 页

95.
世界散文经典, 西方卷, 永久珍藏本（下）Klassische Prosatexte der Welt, Bd. für den Westen, bibliophile Ausgabe, Bd. II
楼肇明、天波　主编 Lou Zhaoming u. Tian Bo (Hrsg.)
哈尔滨: 北方文艺出版社, 2005 年
2035 页, 3000 册
歌德 Goethe:
诗与真(节选), 刘思慕译, 页 1099-1110 → Dichtung und Wahrheit (Ausz.), übers. v. Liu Simu, S. 1099-1110

96.
外国中篇小说经典 10 篇 → 10 klassische ausländische Novellen
方慧敏、苏福忠　选编 Fang Huimin u. Su Fuzhong (Hrsg.)
北京：人民文学出版社，2005 年
青年维特的痛苦, 胡其鼎译, 页 1-109 → Die Leiden des jungen Werther, übers. v. Hu Qiding, S. 1-109

2006 年

97.
欧美文学名篇选读 Ausgewählte Lektüre berühmter Werke Europas und Amerikas
田祥斌、王秀银　主编 Tian Xiangbin u. Wang Xiuyin (Hrsg.)
北京: 外语教学与研究出版社, 2006 年
高等学校英语拓展系列教程
345 页, 2008 年重印
德国文学 (中文导读), 页 58 → Die deutsche Literatur (Einführung chinesisch)
歌德简介, 页 71
少年维特之烦恼 (英文选读), 页 71-75 → Die Leiden des jungen Werther (Englisch), S. 71-75

98.
少年维特的烦恼 Die Leiden des jungen Werther
王小利　改写 Wang Xiaoli (Übers.)
北京: 中国广播电视出版社, 2006 年
144 页

99.
少年维特之烦恼 Die Leiden des jungen Werther
徐林、徐晓宇　编 Xu Lin u. Xu Xiaoyu (Hrsg.)
北京: 中国对外翻译出版公司, 2006 年
世界文学名著·名家导读版
174 页

100.
少年维特之烦恼 Die Leiden des jungen Werther (chinesisch/englisch)
朱宾忠、黄明　译 Zhu Binzhong u. Huang Ming (Übers.)
北京: 中国国际广播出版社, 2006 年
悦读书架双语彩色插图本
中英对照, 327 页

101.
西方古典文论选读 (修订本) Ausgewählte Lektüre klassischer Literaturtheorien des Westens
张中载、赵新国　编 Zhang Zhongzai u. Zhao Xinguo (Hrsg.)
北京: 外语教学与研究出版社, 2006 年
598 页
歌德 Goethe:
《歌德谈话录》(汉语), 页 372-374 → Gespräche mit Goethe (chinesisch), S. 372-374
《歌德谈话录》(英语), 页 375-379 → Gespräche mit Goethe (englisch), S. 375-379
注释(汉语) Anmerkungen (chinesisch)

2007 年

102.
第三只鸽子的传说：德语短篇小说经典 Die Legende der dritten Taube. Meisterwerke der deutschen Erzählungen
歌德、茨威格、卡夫卡　等著 Goethe, Stefan Zweig u. Kafka (Verf.)
杨武能　译 Yang Wuneng (Übers.)
北京：华夏出版社，2007 年
外国文学名著文库
468 页
诱惑 (选自《德国流亡者讲的故事》), 页 1 → Verführung (aus: Unterhaltungen deutscher Ausgewanderten), S. 1
一对奇怪的小邻居 (选自《亲和力》), 页 17 → Die wunderlichen Nachbarskinder (aus: Die Wahlverwandtschaften), S. 17

103.
歌德名篇名句赏读 Goethes berühmte Texte und Sätze mit Interpretationen
赵艺杰　编 Zhao Yijie (Hrsg.)
呼和浩特: 远方出版社, 2007年
丛书: 聆听感悟大师经典; 3
118页, 1000册
人生博览, 页1 → Leben als umfassende Lektüre, S. 1

国家, 页3 → Staat, S. 3
社会, 页7 → Gesellschaft, S. 7
人生, 页18 → Leben, S. 18
人民, 页39 → Volk, S. 39
宗教42 → Religion, S. 42
情感世界, 页47 → Gefühlswelt, S. 47
亲情, 页49 → Verwandtschaftliche Liebe, S. 49
友情, 页53 → Freundschaft, S. 53
爱情, 页56 → Liebe, S. 56
哲理智慧, 页75 → Philosophische Weisheit, S. 75
经验, 页77 → Erfahrungen, S. 77
哲理, 页84 → Lebensweisheit, S. 84
曲艺杂谈, 页95 → Plauderei über die Oper, S. 95
文艺, 页97 → Literatur und Kunst, S. 97
科教, 页110 → Wissenschaft und Erziehung, S. 110
自然, 页116 → Die Natur, S. 116

104.
歌德谈话录 Gespräche mit Goethe
梅小红　译 Mei Xiaohong (Übers.)
肖铁宝　改编 Xiao Tiebao (Umarbeit)
北京: 中国画报出版社, 2007 年
中学生世界文学名著名家导学, 高中版, 第1辑

105.
歌德谈话录 Gespräche mit Goethe
乔迎迎　译 Qiao Yingying (Übers.)
呼和浩特: 远方出版社, 2007年
中外名著解读丛书
内容提示, 含: 必读理由、作者小传、写作背景、内容概要、精彩篇章、妙语佳句、作品解读、作品影响、名家评论、相关链接
169页, 1000册

106.
歌德谈话录 Gespräche mit Goethe
杨武能　译 Yang Wuneng (Übers.)
北京: 光明日报出版社, 2007 年

第二编: 散文小说译目 Kapitel II: Prosatexte

107.
歌德谈话录 Gespräche mit Goethe
赵志民、肖铁宝　译 Zhao Zhimin u. Xiao Tiebao (Übers.)
北京: 中国画报出版社, 2007 年
中学生世界文学名著, 第六辑: 名家导读版
213 页

108.
冷酷的心: 德语中篇小说经典 Das kalte Herz: Klassik deutschsprachiger Novellen
杨武能　译 Yang Wuneng (Übers.)
北京: 华夏出版社, 2007 年
外国文学名著文库
764 页
歌德 Goethe:
Novelle, 页 1-23

109.
少年维特的烦恼 Die Leiden des jungen Werther
杨武能 译 Yang Wuneng (Übers.)
成都: 四川文艺出版社, 2007 年
杨译德语文学精品
164 页

110.
少年维特之烦恼 Die Leiden des jungen Werther
郭沫若　译 Guo Moruo (Übers.)
北京: 人民文学出版社, 2007年
天火丛书
5000册

111.
少年维特之烦恼 Die Leiden des jungen Werther
胡庆生 译 Hu Qingsheng (Übers.)
哈尔滨: 哈尔滨出版社, 2007 年
全球百大名著, 第一辑
153 页, 16 开, 平装, 插图本

112.
少年维特之烦恼 Die Leiden des jungen Werther
李继勇　编译 Li Jiyong (Übers.)
呼和浩特: 内蒙古人民出版社, 2007 年
青少年必读文学名著宝库, 李继勇主编
220 页

113.
少年维特之烦恼 Die Leiden des jungen Werther
米林霞　译 Mi Linxia (Übers.)
北京: 中国戏剧出版社, 2007 年
世界文学名著精品, 第一辑, 刘泰丰主编

114.
少年维特之烦恼 Die Leiden des jungen Werther
宗颖　译 Zong Ying (Übers.)
北京: 中国对外翻译出版公司, 2007 年
世界文学名著, 名家导读版
书号　5001-1603-5
32 开, 平装

115.
中外散文鉴赏 Chinesische und ausländische Prosatexte mit Interpretationen
赵小文　编著 Zhao Xiaowen (Verf.)
西安: 陕西旅游出版社, 2007 年
古诗文鉴赏宝库, 第 1 辑
406 页, 10000 册
歌德谈话录, 页 349-351 → Gespräche mit Goethe, S. 349-351

2008 年

116.
读莎士比亚 Lektüre des Shakespeare
张可、王元化　译 Zhang Ke u. Wang Yuanhua (Übers.)
上海：上海书店出版社, 2008
305 页，3000 册
歌德：论《汉姆莱脱》 Goethe über Hamlet, Auszug aus dem Roman *Wilhelm Meisters Lehrjahre*

第二编: 散文小说译目 Kapitel II: Prosatexte

关于汉姆莱脱，页 148
关于莪菲莉霞，页 155
关于普隆涅斯，页 156
关于罗森克兰兹与基腾史登，页 157
关于巡回伶人，页 158
关于《汉姆莱脱》剧本，页 159
关于剧本和小说的区别，页 164
译者附识，页 166 → Bemerkung der Übersetzer,S. 166
编者提示：译文选自歌德长篇小说《威廉·麦斯特的学习时代》（Wilhelm Meisters Lehrjahre）。小标题系两译者所加。

117.
歌德对话录（节译）Gespräche mit Goethe (Ausz.)
李华　编译　Li Hua (Übers.)
天津: 天津教育出版社, 2008 年
经典再读丛书
196 页

118.
歌德谈话录　Gespräche mit Goethe
杨武能　译　Yang Wuneng (Übers.)
成都: 四川文艺出版社, 2008 年

119.
歌德对话录（节译）Gespräche mit Goethe (Ausz.)
周学普　译　Zhou Xuepu (Übers.)
上海: 上海译文出版社, 2008 年
译文　名著文库

120.
少年维特的烦恼　Die Leiden des jungen Werther
成鸥　译　Cheng Ou (Übers.)
济南: 山东文艺出版社, 2008 年
语文新课标必读丛书, 高中部分
130 页

121.
少年维特的烦恼　Die Leiden des jungen Werther
郭婧　译　Guo Jing (Übers.)
天津: 天津人民出版社, 2008 年
世界文学名著青少年必读丛书
152 页

122.
少年维特的烦恼　Die Leiden des jungen Werther
浮士德　Faust
任敏　译　Ren Min (Übers.)
呼和浩特: 内蒙古人民出版社, 2008 年
世界名著阅读经典
344 页

123.
少年维特的烦恼　Die Leiden des jungen Werther
吕晓飞　译　Lü Xiaofei (Übers.)
呼和浩特：内蒙古人民出版社, 2008 年
世界文学名著阅读书系; 第1辑
220页，5000套

124.
少年维特之烦恼　Die Leiden des jungen Werther
陈自　改写　Chen Zi (Bearb.)
南京: 江苏少年儿童出版社, 2008年
少年版传世经典必读文库
154页，插图

125.
少年维特之烦恼　Die Leiden des jungen Werther
张佩芬　译　Zhang Peifen (Übers.)
重庆: 重庆出版社, 2008 年
企鹅经典
145 页

126.
外国文学作品选
中外文学作品选
谭燧、周洪年、赵树勤　总主编
长春: 吉林大学出版社, 2008 年

第二编: 散文小说译目 Kapitel II: Prosatexte

127.
外国文学名作选读
何峰　主编　He Feng (Hrsg.)
合肥: 安徽教育出版社, 2008 年

128.
一口气读完新课标名著, 小学+初中版
Berühmte Werke als neue Hauslektüre für Grund- und Mittelschule in einem Atemzug lesen
陈政　主编　Chen Zheng (Hrsg.)
西安: 西安交通大学出版社, 2008 年
少年维特之烦恼, 页235-240 → Die Leiden des jungen Werther, S. 235-240

129.
一口气读完新课标名著, 高中版　Berühmte Werke als neue Hauslektüre für Oberschule in einem Atemzug lesen
陈政　主编　Chen Zheng (Hrsg.)
西安: 西安交通大学出版社, 2008 年
歌德谈话录, 页119-122 → Gespräche mit Goethe, S. 119-122

2009 年

130.
歌德谈话录　Gespräche mit Goethe
杨武能　译　Yang Wuneng (Übers.)
北京: 北京燕山出版社, 2009 年

131.
亲和力　Die Wahlverwandtschaften
杨武能　译　Yang Wuneng (Übers.)
北京: 中国对外翻译出版公司, 2009 年
中译经典文库, 世界文学名著全译本
页153-362

132.
少年维特之烦恼　Die Leiden des jungen Werther
(韩) 方素英　绘图
合肥: 安徽少年儿童出版社, 2009 年
丛书名: 世界名著双读本

255 页, 大 32 开, 平装
序: 为孩子们走向经典铺设桥梁
导读　Einleitung
主要出场人物
第一章: 维特的信　Kapitel I: Werthers Briefe
第二章: 编者致读者　Kapitel II: Der Herausgeber an den Leser

133.
少年维特的烦恼　Die Leiden des jungen Werther
盛世教育西方名著翻译委员会　译
上海: 世界图书出版公司, 2009 年
中英对照全译丛书

134.
少年维特的烦恼　Die Leiden des jungen Werther
纪飞、王勋　导读　Ji Fei u. Wang Xun (Verf.)
北京: 清华大学出版社, 2009 年
英文版中文导读
131 页, 16 开, 平装

135.
少年维特的烦恼 (新版) Die Leiden des jungen Werther (neue Auflage)
杨武能　译　Yang Wuneng (Übers.)
北京: 光明日报出版社, 2009 年
六角丛书中外名著榜中榜
书号: 80206-780-6
165 页, 16 开, 平装

136.
少年维特的烦恼 (新版) Die Leiden des jungen Werther (neue Auflage)
杨武能　译　Yang Wuneng (Übers.)
西安: 三秦出版社, 2009 年
名家名译插图本

第二编: 散文小说译目 Kapitel II: Prosatexte

137.
少年维特的烦恼 Die Leiden des jungen Werther
高燕 译 Gao Yan (Übers.)
北京: 大众文艺出版社, 2009 年
世界名著宝库, 学生新课标必读, 世界文学名著百部
314 页

138.
少年维特的烦恼 Die Leiden des jungen Werther
关惠文 译 Guan Huiwen (Übers.)
杭州: 浙江少年儿童出版社, 2009年
世界少年文学经典文库
173 页

139.
少年维特的烦恼 Die Leiden des jungen Werther
王凡 译 Wang Fan (Übers.)
沈阳: 万卷出版公司, 2009 年
世界文学名著必读本
183 页

140.
少年维特的烦恼 Die Leiden des jungen Werther
任宣怡 译 Ren Xuanyi (Übers.)
北京: 华艺出版社, 2009 年
文学菁选

141.
少年维特之烦恼 Die Leiden des jungen Werther
黄蒙、张森 译 Huang Meng u. Zhang Sen (Übers.)
上海: 世界图书出版公司, 2009 年
丛编: 中英对照全译本, 欧洲文学卷
英汉对照, 316 页
盛世教育西方名著翻译委员会 译

142.
少年维特之烦恼 Die Leiden des jungen Werther
刘广星 改编 Liu Guangxing (Umarbeit)
郑州: 河南人民出版社, 2009 年
语文新课标必读书目系列, 第 1 辑(世界名著类)
184 页

143.
少年维特之烦恼 Die Leiden des jungen Werther
赵义华 改写 Zhao Yihua (Bearbeiter)
合肥: 黄山书社, 2009 年
语文新课标必读经典
202 页

144.
演讲名篇鉴赏辞典 Lexikon berühmter Vorträge mit Interpretationen
刘德强 主编 Liu Deqiang (Hrsg.)
上海: 上海辞书出版社, 2009 年
913 页
莎士比亚纪念日的讲话(1771 年 10 月 14 日), 潘武军析, 页 88 → Zum Shakespeares Tag (WA [I], Bd. 37, S.127), interpretiert v. Pan Wujun, S. 88
我们全都是集体性人物 (1832 年 2 月 17 日), 页 159

2010 年

145.
歌德谈话录 Gespräche mit Goethe
宋璐璐、杜刚 编译 Song Lulu u. Du Gang (Übers.)
长春: 吉林出版集团有限公司, 2010 年
学生语文新课标必读丛书
199 页

146.
歌德谈话录 Gespräche mit Goethe
钱理群 主编 Qian Liqun (Hrsg.)

天津: 天津教育出版社, 2010 年
语文新课标分级阅读丛书
182 页

147.
歌德谈话录 Gespräche mit Goethe
林昕　改写 Lin Xin (Umarbeit)
上海: 上海人民美术出版社, 2010 年
世界文学名著宝库丛书, 青少版
220 页

148.
歌德谈话录 Gespräche mit Goethe
吕晓滨　编译 Lü Xiaobin (Übers.)
北京: 线装书局, 2010 年
192 页

149.
少年维特的烦恼 Die Leiden des jungen Werther
黄卫红　编译 Huang Weihong (Übers.)
呼和浩特: 远方出版社, 2010 年
九九图书陪孩子成长的文学名著故事, ·注音版
153 页

150.
少年维特的烦恼 Die Leiden des jungen Werther
杨武能　译 Yang Wuneng (Übers.)
南京: 江苏人民出版社, 2010 年
欧美学生必读名著丛书

151.
少年维特之烦恼, 歌德作品精选 Die Leiden des jungen Werther, sorgfältig ausgewählte Werke Goethes
高朋　译 Gao Peng (Übers.)
哈尔滨: 哈尔滨出版社 2010 年
知书达礼, 世界经典名著文库; 35
287 页

152.
少年维特之烦恼, 歌德作品精选 Die Leiden des jungen Werther
林森　译 Lin Sen (Übers.)
南京: 南京大学出版社, 2010 年
青少年课外阅读系列丛书
198 页

153.
少年维特之烦恼 Die Leiden des jungen Werther
王肖竹　译 Wang Xiaozhu (Übers.)
长春: 吉林大学出版社, 2010 年
大怡读, 语文新课标必读丛书, 黄宝国、王显才主编
204 页

154.
少年维特之烦恼 Die Leiden des jungen Werther
杨菁菁　译写 Yang Qingqing (Übers.)
杭州: 浙江大学出版社, 2010 年
典藏一生·我的世界文学名著: 金榜青少版, 张泉主编
124 页

155.
世界微型小说名家名作百年经典, 第 6 卷 Berühmte Minierzählungen von berühmten Schriftstellern der Welt aus 100 Jahren
生晓清、陈永林　主编 Sheng Xiaoqing u. Chen Yonglin (Hrsg.)
长春: 吉林出版集团有限责任公司, 2010 年
歌德 Goethe:
美丽的女店主, 王宝印、周正安译, 页 14-16 → Die schöne Krämerin, übers. v. Wang Baoyin u. Zhou Zheng'an, S. 14-16

156.
外国文学作品选 Ausgewählte Werke der ausländischen Literatur
陈建华　主编 Chen Jianhua (Hrsg.)
上海: 华东师范大学出版社, 2010 年

157.
一世珍藏的微型小说130篇 → 130 Kurzerzählungen, die ein Leben lang sorgfältig zu bewahren sind
陈国恩、祝学剑、吴翔宇 选编 Chen Guoen, Zhu Xuejian u. Wu Xiangyu (Hrsg.)
武汉：长江文艺出版社，2010 年
375 页
美丽的女店主 (德国流亡者谈话录), 页 86 → [Die schöne Krämerin], in: Unterhaltungen deutscher Ausgewanderten, Bd. S. 86
神密的敲击声 (德国流亡者谈话录), 页 90 → [Aufklärung über geheimnisvolles Klopfen], in: Unterhaltungen deutscher Ausgewanderten (WA [I], Bd. 18, S. 145ff.), S. 90

158.
走进德语文学: 少年维特的烦恼 Eintritt in die deutsche Literatur: die Leiden des jungen Werther
王正元、王燕 主编 Wang Zhengyuan u. Wang Yan (Hrsg.)
李世琴、王迎春 译 Li Shiqin u. Wang Yingchun (Übers.)
北京: 机械工业出版社, 2010 年
中英双语典藏之走进文学世界丛书
299 页

2011 年

159.
歌德如是说 So hat Goethe gesagt
林郁 编译 Lin Yu (Übers.)
南昌: 二十一世纪出版社, 2010 年
系列: 大师的叮咛

160.
歌德谈话录 Gespräche mit Goehe
黄宝国、王宪才 主编 Huang Baoguo u. Wang xiancai (Hrsg.)
王媛媛 译 Wang Yuanyuan (Übers.)
长春: 吉林大学出版社, 2011 年
语文新课标必读丛书
210 页

161.
少年维特的烦恼 Die Leiden des jungen Werther
杨武能 译 Yang Wuneng (Übers.)
北京: 人民文学出版社, 2011 年
99 经典文库, 企鹅经典
163 页

162.
少年维特的烦恼 Die Leiden des jungen Werther
杨武能 译 Yang Wuneng (Übers.)
杭州: 浙江文艺出版社, 2011 年

163.
威廉·麦斯特的学习时代 Wilhelm Meisters Lehrjahre
陈桦 译 Chen Hua (Übers.)
苏州: 古吴轩出版社, 2011 年
好父母必读经典系列
456 页

164.
中国印象: 外国名人论中国文化 Das China-Bild: berühmte ausländische Persönlichkeiten über die chinesische Kultur
何兆武、柳卸林 主编 He Zhaowu u. Liu Xielin (Hrsg.)
北京: 中国人民大学出版社, 2011 年
646 页
歌德简介, 页 143 → Goethe (Kurzbiographie), S. 143
歌德论中国传奇, 程捷选编, 页 144-146 → Goethe über chinesische Legenden, ausgewählt v. Cheng Jie, S. 144-146

2012 年

165.
少年维特的烦恼 Die Leiden des jungen Werther
绿绮 译 Lü Qi (Übers.)
长沙: 湖南文艺出版社, 2012 年
青少年成长必读丛书
博集典藏馆; 014
194 页

166.
少年维特之烦恼 Die Leiden des jungen Werther
陈慧　译　Chen Hui (Übers.)
北京：旅游教育出版社，2012 年
179 页

167.
少年维特之烦恼 Die Leiden des jungen Werther
郭漫　译　Guo Man (Übers.)
北京：航空工业出版社, 2012 年
丛书：纯美阅读
154 页

168.
少年维特之烦恼 Die Leiden des jungen Werther
魏舒婷　改写　Wei Shuting (Übers. u.
　 Umarbeiten)
语文新课标必读经典丛书编委会　编
合肥：黄山书社, 2012 年
154 页

169.
少年维特之烦恼（中英对照）Die Leiden des
　 jungen Werther (chinesisch/englisch)
张翔　译　Zhang Xiang (Übers.)
北京：中国致公出版社, 2012 年
丛书：美国编译的青少经典；第三辑
357 页

2013 年

170.
德语短篇小说经典 Kanonische deutsche
　 Novellen
杨武能　译　Yang Wuneng (Übers.)
重庆：重庆大学出版社，2013 年
576 页
新陆文库，德语卷
歌德 Goethe
诱惑 (选自《德国流亡者讲的故事》), 页 9 →
　 Verführung (aus: Unterhaltungen deutscher
　 Ausgewanderten), S. 9

一对奇怪的小邻居 (选自《亲和力》), 页 29
　 → Die wunderlichen Nachbarskinder (aus: Die
　 Wahlverwandtschaften), S. 29

171.
歌德格言集 Sinnsprüche Goethes
江利　编译　Jiang Li (Übers.)
北京：电子工业出版社, 2013 年
268 页

172.
歌德人生论 Goethe über das Leben
歌德　原著　Goethe (Verf.)
适菜　编著　Shi Cai (Hrsg.)
苏阿亮　译　Su Aliang (Übers.)
台中市：晨星出版有限公司，2013页
237页

173.
歌德谈话录　Gespräche mit Goethe
李华　译　Li Hua (Übers.)
成都：天地出版社，2013 年
学生万有文库
228 页

174.
歌德谈话录　Gespräche mit Goethe
杨武能　译　Yang Wuneng (Übers.)
郑州：河南文艺出版社, 2013 年
外国文学经典，柳鸣九主编
17,458 页

175.
歌德谈话录　Gespräche mit Goethe
朱光潜　译　Zhu Guangqian (Übers.)
北京：中华书局, 2013 年
国民阅读经典
308 页

176.
歌德自传: 诗与真 Aus meinem Leben: Dichtung und Wahrheit
刘思慕　译 Liu Simu (Übers.)
北京: 华文出版社, 2013 年
2 册, 15,769 页

177.
青年作家(杂志), 2013 年第 6 期 Junge Schriftsteller (Zeitschrift), Jg. 2013, Heft 6
无限的自然与永恒的真理(歌德论自然两篇), 莫光华译 Unermessliche Natur und ewige Wahrheit (Goethes zwei Texte über die Natur), übers. v. Mo Guanghua

178.
少年维特之烦恼 Die Leiden des jungen Werther
邓敏华　编著 Deng Minhua (Übers.)
济南: 山东美术出版社, 2013 年
人生必读书
180 页

179.
少年维特之烦恼 Die Leiden des jungen Werther
冯靖茹　译 Feng Jingru (Übers.)
南京: 江苏文艺出版社, 2013 年
世界经典中篇坊
336 页
内容提示: 与《克鲁采奏鸣曲》、《田园交响曲》和《起风了》三部小说合刊。

180.
少年维特之烦恼 Die Leiden des jungen Werther
刘容　编译 Liu Rong (Übers.)
福州: 福建人民出版社, 2013 年
新课标必读彩绘系列丛书
10,162 页

181.
少年维特之烦恼 Die Leiden des jungen Werther
张慧、邵佳云　译 Zhang Hui u. Shao Jiayun (Übers.)
贵阳: 贵州大学出版社, 2013 年
世界经典文学名著
136 页

182.
少年维特之烦恼 Die Leiden des jungen Werther
张乃和　译 Zhang Naihe (Übers.)
长春: 吉林大学出版社, 2013 年
新黑马阅读语文新课标必读丛书, 第一辑

183.
少年维特之烦恼 Die Leiden des jungen Werther
张其洋　译 Zhang Qiyang (Übers.)
杭州: 浙江人民出版社, 2013 年
青少年美绘版经典名著书库, 崔钟雷主编
187 页

184.
外国文学读本 Lesebuch ausländischer Literatur
王福和　编著 Wang Fuhe (Hrsg.)
杭州: 浙江大学出版社, 1013 年
大学生通识教育探索教材
278 页
少年维特的烦恼, 杨武能译, 页 70 → Die Leiden des jungen Werther, übers. v. Yang Wuneng, S. 70

2014 年

185.
欧美经典悲情小说精选 Sorgfältige Auswahl klassischer sentimentaler Romane aus Europa und Amerika
刘文荣　选编 Liu Wenrong (Hrsg.)
上海: 文汇出版社, 2014 年
440 页
少年维特之烦恼, 韩耀成译, 页 1-127 → Die Leiden des jungen Werther, übers. v. Han Yaocheng, S. 1-127

第二编：散文小说译目 Kapitel II: Prosatexte

186.
少年维特的烦恼 Die Leiden des jungen Werther
李智、杨晶　编译 Li Zhi u. Yang Jing (Übers.)
哈尔滨：哈尔滨工业大学出版社，2014 年
143 页

187.
少年维特之烦恼 Die Leiden des jungen Werther
谭旭东　主编 Tan Xudong (Hrsg.)
谢毓洁　编译 Xie Yujie (Übers.)
北京：北京燕山出版社，2014 年
102 页，彩绘本

188.
西方文论经典 Klassiker westlicher Literaturtheorien
第三卷：从德国古典美学到自然主义 Bd. III: Von der klassischen deutschen Ästhetik zum Naturalismus
高建平、丁国期　主编 Gao Jianping u. Ding Guoqi (Hrsg.)
合肥：安徽文艺出版社，2014 年
歌德谈话录，朱光潜译，页 38-83 → Gespräche mit Goethe, übers. v. Zhu Guangqian, S. 38-83
阅读识解，页 84-86 → Lesehilfe, S. 84-86

189.
植物变形记 Versuch die Metamorphose der Pflanzen zu erklären
范娟　译 Fan Juan (Übers.)
重庆：重庆大学出版社，2014 年
16,182 页
前言，页 I-XVI → Einleitung, S. I-XVI
植物的变形(诗歌)，页 1 → Metamorphose der Pflanzen (Elegie), S. 1
植物变形记，页 7 → Versuch die Metamorphose der Pflanzen zu erklären, S. 7
I. 关于子叶，页 18 → Von den Samenblättern, S. 18
II. 节处茎生叶的生长，页 29 → Ausbildung der Stengelblätter von Knoten zu Knoten, S. 29
III. 成花的过渡，页 42 → Übergang zum Blütenstande, S. 42
IV. 花萼的形成，页 45 → Bildung des Kelches, S. 45
V. 花冠的形成，页 55 → Bildung der Krone, S. 55
VI. 雄蕊的形成，页 64 → Bildung der Staub-Werkzeuge, S. 64
VII. 蜜槽，页 71 → Nektarien, S. 71
VIII. 关于雄蕊的深入讨论，页 89 → Noch einiges von den Staubwerkzeugen, S. 89
IX. 花柱的形成，页 98 → Bildung des Griffels, S. 98
X. 关于果实，页 111 → Von den Früchten, S. 111
XI. 关于种子表面的覆盖层，页 124 → Von den unmittelbaren Hüllen des Samens, S. 124
XII. 前文回顾及要点过渡，页 129 → Rückblick und Übergang, S. 129
XIII. 关于芽的生长，页 131 → Von den Augen und ihrer Entwicklung, S. 131
XIV. 复合花、果实的形成，页 141 → Bildung der zusammengesetzten Blüten und Fruchtstände, S. 141
XV. "花上开花"之玫瑰，页 151 → Durchgewachsene Rose, S. 151
XVI. "花上开花"之康乃馨，页 155 → Durchgewachsene Nelke, S. 155
XII. 林奈的预期理论，页 159 → Linnés Theorie von der Antizipation, S. 159
XVIII. 要点重述，页 166 → Wiederholung, S. 166

译者/编者索引 Index der Übersetzer/Herausgeber

Anonym 匿名 10, 20, 37
Bao Xueqian 鲍学谦 41
Bian Ming 忭明 14
Chen Cangduo 陈苍多 35, 56
Chen Chunlong 陈春龙 19
Chen Guoen 陈国恩 157
Chen Hua 陈桦 163
Chen Hui 陈慧 166
Chen Huiling 陈慧玲 21, 60
Chen Jianhua 陈建华 156
Chen Kun 陈锟 76
Chen Liangmei 陈良梅 77
Chen Qiaoyan 陈巧燕 41
Chen Shuangjun 陈双钧 23
Chen Sihe 陈思和 46
Chen Yonglin 陈永林 155
Chen Zheng 陈政 128, 129
Chen Zi 陈自 124
Chen Zongxian 陈宗显 74
Cheng Daixi 程代熙 58, 66
Cheng Jie 程捷 164
Cheng Ou 成鸥 120
Chong Xue 崇学 24
Cui Zhonglei 崔钟雷 183
Dan Weili 但未丽 70, 71
Deng Minhua 邓敏华 178
Ding Guoqi 丁国期 188
Du Gang 杜刚 145
Duan Baolin 段宝林 30
Fan Ni 凡尼 80
Fan Juan 范娟 189
Fang Huimin 方慧敏 96
Fang Suying 方素英 132
Feng Jingru 冯靖茹 179
Fu Lei 傅雷 59
Gao Jianping 高建平 188
Gao Peng 高朋 151
Gao Yan 高燕 137
Gao Zhongfu 高中甫 89
Guan Huiwen 关惠文 67, 138
Guo Jing 郭婧 121
Guo Man 郭漫 167
Guo Moruo 郭沫若 72, 110

Han Yaocheng 韩耀成 64, 81, 185
He Feng 何峰 127
He Xianglin 贺祥麟 80
He Zhaowu 何兆武 164
Hou Junji 侯浚吉 81
Hu Bin 胡斌 53
Hu Qiding 胡其鼎 96
Hu Qingsheng 胡庆生 111
Huang Baoguo 黄宝国 153, 160
Huang Meng 黄蒙 141
Huang Ming 黄明 100
Huang Weihong 黄卫红 149
Ji Fei 纪飞 134
Ji Guang 纪光 54
Jiang Li 江利 171
Jiang Xiong 江雄 59
Jin Zhaoshou 金招寿 93
Ke Wen 克闻 2
[Li] Changzhi 长之 [李长之] 6
Lao Pin 老品 58
Li Hua 李华 117, 173
Li Jiyong 李继勇 112
Li Kuankuan 李宽宽 68
Li Muhua 李牧华译 41
Li Shiqin 李世琴 158
Li Zhi 李智 186
Lin Huise 林惠瑟 94
Lin Huizhu 林惠珠 28
Lin Juan 林娟 88
Lin Sen 林森 152
Lin Xin 林昕 147
Lin Yu 林郁 159
Liu Deqiang 刘德强 144
Liu Guangxing 刘广星 142
Liu Rong 刘容 180
Liu Shuren 刘树仁 64
Liu Simu 刘思慕 57, 95, 176
Liu Taifeng 刘泰丰 113
Liu Wenrong 刘文荣 185
Liu Yanli 刘筵莉 90
Liu Mingjiu 柳鸣九 81, 174

Liu Xielin 柳卸林 164
Lou Zhaoming 楼肇明 95
Lü Xiaobin 吕晓滨 148
Lü Xiaofei 吕晓飞 123
Lü Hua 绿华 38
Lü Qi 绿绮 165
Ma Jiajun 马家骏 51
Ma Junwu 马君武 7
Ma Qi 马奇 42
Ma Senbiao 马森彪 62
Mei Xiaohong 梅小红 104
Mi Linxia 米林霞 113
Mo Guanghua 莫光华 86, 87, 177
Pan Chunlan 潘纯兰 15
Pan Wujun 潘武军 144
Peng Shuangjun 彭双俊 89
Qian Liqun 钱理群 146
Qiao Yingying 乔迎迎 105
Ren Min 任敏 122
Ren Xuanyi 任宣怡 140
Shao Jiayun 邵佳云 181
Shen Yingshi 沈英士 50
Sheng Xiaoqing 生晓清 155
Shi Cai 适莱 172
Si Ren 斯人 48
Si Wen 思文 75
Song Jianlin 宋建林 63
Song Lulu 宋璐璐 145
Su Aliang 苏阿亮 172
Su Chao 苏朝 73
Su Fuzhong 苏福忠 96
Sun Zhongxing 孙中兴 89
Tan Sui 谭燧 126
Tan Xudong 谭旭东 187
Tang Yumei 唐玉美 39
Tao Dezhen 陶德臻 51
Tian Bo 天波 95
Tian Xiangbin 田祥斌 97
Tong Xiang 童祥 53
Wang Xiurong 汪修荣 57
Wang Baoyin 王宝印 155
Wang Fan 王凡 139

译者/编者索引 Index der Übersetzer/Herausgeber

Wang Fuhe 王福和 184
Wang Hongren 王鸿仁 27
Wang Junmei 王君梅 91
Wang Weixin 王卫新 63
Wang Xiancai 王显才 / 王宪才 153, 160
Wang Xiaozhu 王肖竹 153
Wang Xiaoli 王小利 98
Wang Xiuyin 王秀银 97
Wang Xun 王勋 134
Wang Yan 王燕 158
Wang Yingchun 王迎春 158
Wang Yuanhua 王元化 116
Wang Yuanyuan 王媛媛 160
Wang Zhensun 王振孙 59
Wang Zhengyuan 王正元 158
Wang Zhiming 王治明 49
Wei Maoping 卫茂平 62
Wei Shuting 魏舒婷 168
Wen Yan 文燕 83
Wu Wei 吴苇 26
Wu Xiangyu 吴翔宇 157
Xia Gaizun 夏丏尊 59
Xie Yujie 谢毓洁 187
Xiao Tiebao 肖铁宝 104, 107
Xiao Tiebao 肖铁宝 104
Xu Lin 徐林 99
Xu Qian 徐潜 84
Xu Xiaoyu 徐晓宇 99
Xue Feng 学锋 55
Yang Jixiang 杨吉祥 65
Yang Jing 杨晶 186
Yang Qingqing 杨菁菁 154
Yang Wanjing 杨宛静 94
Yang Wuneng 杨武能 74, 82, 92, 102, 106, 108, 109, 118, 130, 131, 135, 136, 150, 161, 162, 170, 174, 184

Yang Yageng 杨亚庚 84
Ye Tingfang 叶廷芳 74
Yu Yizhong 余一中 77
Zeng Liling 曾丽玲 89
Zhang Changhua 张昌华 57
Zhang Chao 张超 79
Zhang Chongzhi 张崇智 61
Zhang Hui 张慧 181
Zhang Huimin 张惠民 58, 66
Zhang Jingsheng 张竞生 5
Zhang Ke 张可 116
Zhang Naihe 张乃和 182
Zhang Peifen 张佩芬 124
Zhang Qiyang 张其洋 183
Zhang Quan 张泉 154
Zhang Rongchang 张荣昌 74
Zhang Sen 张森 141
Zhang Wei 张伟 78
Zhang Xiang 张翔 169
Zhang Xinci 张心慈 52
Zhang Yushu 張玉书 74
Zhang Yuechao 张月超 8
Zhang Zhongzai 张中载 101
Zhao Shuqin 赵树勤 126
Zhao Xiaowen 赵小文 115
Zhao Xinguo 赵新国 101
Zhao Yihua 赵义华 143
Zhao Yijie 赵艺杰 103
Zhao Zhimin 赵志民 107
Zheng Shoulin 郑寿麟 4
Zheng Shusen 郑树森 72
Zheng Xuejia 郑学稼 13, 26
Zhong Zhaozheng 钟肇政 43
Zhong Zihan 钟子涵 85
Zhou Hongnian 周洪年 126
Zhou Min 周敏 81

Zhou Shoujuan 周瘦鹃 40
Zhou Xuepu 周学普 9, 25, 69, 119
Zhou Yaping 周亚平 53
Zhou Zheng'an 周正安 155
Zhu Binzhong 朱宾忠 100
Zhu Guangqian 朱光潜 47, 175, 188
Zhu Limin 朱立民 36
Zhu Xuejian 祝学剑 157
Zong Ying 宗颖 114

Zweig, Stefan 茨威格 102
Kafka, Franz 卡夫卡 102
北京大学哲学系美学教研室 31
北京师范大学中文系文艺理论教研室 33, 34
丹青图书有限公司 45
德文月刊 1
古典文艺理论译丛 17
国际翻译社 22
哈尔滨师范学院中文系形象思维资料编辑组 32
南京大学外国文学研究所 77
盛世教育西方名著翻译委员会 133, 141
诗散文编委会 (Redaktion für Lyrik u. Prosa) 66
四一九月刊 11
图书月刊 12
喜美出版社 29
兴华 3
文祥书局编辑部 44
志文出版社 18
竹山道雄 64
助产学报 16

Beijing
北京

北京理工大学出版社 90
北京燕山出版社 130, 187
大众文艺出版社 137
电子工业出版社 171
高等教育出版社 51
改革出版社 63
工人出版社 46
华龄出版社 55
华文出版社 176
华夏出版社 102, 108
华艺出版社 140
光明日报出版社 76, 106, 135
航空工业出版社 167
机械工业出版社 158
昆仑出版社 68
旅游教育出版社 166
清华大学出版社 134
人民文学出版社 17, 32, 96, 110, 161
商务印书馆 31
外语教学与研究出版社 61, 97, 101
线装书局 148
中国对外翻译出版公司 99, 114, 131
中国广播电视出版社 98
中国国际广播出版社 100
中国画报出版社 104, 107
中国人民大学出版社 164
中国少年儿童出版社 75
中国书籍出版社 92
中国文联出版社 73
中国戏剧出版社 113
中国致公出版社 169
中华书局 175
中央编译出版社 58

Changchun
长春

吉林出版集团有限公司 145, 155
吉林大学出版社 64, 126, 153, 160, 182
吉林文史出版社 84

Changsha
长沙

湖南文艺出版社 165
岳麓书社 40

Chengdu
成都

四川文艺出版社 109, 118
天地出版社 173

Chongqing
重庆

重庆出版社 125
重庆大学出版社 170, 189

Fuzhou
福州

福建人民出版社 180
福建少年儿童出版社 88

Guilin
桂林

广西人民出版社 80
漓江出版社 41

Guiyang
贵阳

贵州大学出版社 181
贵州人民出版社 54, 66, 81

Haerbin
哈尔滨

北方文艺出版社 57, 95
哈尔滨出版社 111, 151
哈尔滨工业大学出版社 186

Haikou
海口

南方出版社 93

Hailaer
海拉尔

内蒙古文化出版社 78

Hangzhou
杭州

浙江大学出版社 154, 184
浙江人民出版社 183
浙江少年儿童出版社 138
浙江文艺出版社 162

Huhehaote
呼和浩特

内蒙古人民出版社 112, 122, 123
远方出版社 79, 103, 105, 149

Hefei
合肥

安徽教育出版社 47, 127
安徽少年儿童出版社 132
安徽文艺出版社 188
黄山书社 143, 168

出版社索引 Index der Verlage

Jinan
济南

山东美术出版社 178
山东文艺出版社 120

Lanzhou
兰州

甘肃教育出版社 59

Nanchang
南昌

二十一世纪出版社 159

Nanjing
南京

江苏美术出版社 77
江苏人民出版社 150
江苏少年儿童出版社 124
江苏文艺出版社 48, 179
南京大学出版社 152
译林出版社 82

Shanghai
上海

华东师范大学出版社 156
上海辞书出版社 144
上海人民出版社 42
上海人民美术出版社 147
上海书店出版社 116
上海译文出版社 119
世界图书出版公司 133, 141
文汇出版社 185

Shenyang
沈阳

春风文艺出版社 30, 33, 34, 38
万卷出版公司 139

Suzhou
苏州

古吴轩出版社 163

Taiyuan
太原

北岳文艺出版社 62

Tianjin
天津

百花文艺出版社 74
天津教育出版社 94, 117, 146
天津人民出版社 85, 121

Wuhan
武汉

长江文艺出版社 157

Xi'an
西安

三秦出版社 136
陕西旅游出版社 115
西安交通大学出版社 128, 129

Xining
西宁

青海人民出版社 49

Yanji
延吉

延边人民出版社 91

Zhengzhou
郑州

河南人民出版社 142
河南文艺出版社 174

Taiwan Gaoxiong
台湾 高雄市

北辰出版社 24

Taibei
台北市

纯文学出版社 43
丹青图书有限公司 45
光复书局 67
洪范书店 72
黎明文化事业公司 26
商务印书馆 15, 69
商周出版社 89
天人出版社 22
喜美出版社 29
正文书局 23
志文出版社 18, 25

Taibei (Kreis)
台北县

长圆图书出版公司 53
台湾大步出版社 71
台湾实业文化公司 70
新雨出版社 56
华立文化 83

Tainan
台南市

标准出版社 19
大夏出版社 52

光田出版社 28
文国书局 39, 50
文祥书局 44
祥一出版社 65
新世纪出版社 21

Taizhong
台中市

晨星出版社 37, 172

Xianggang
香港

鸿光书店 60
上海书局 20

Zeitungen/Zeitschriften
报刊杂志

大公报 4
德文月刊 1, 2
读书杂志 5
广西大学周刊 7
健康生活 10

清华周刊 6
青年作家 177
商务印书馆出版周刊 9
四一九月刊 11
图书月刊 12
兴华 3
艺潮 14
中国时报 35
中国书画 86, 87
中国文学 8
中华日报 27, 36
中央周刊 13
助产学报 16

第三编：戏剧译目
Kapitel III: Dramen

1924 年

1.

德文月刊/Deutsche Monatsschrift, 1924年第8/9期

上帝(译自浮士德), 德汉对照, 俞敦培译, 页292-293 → Faust (Auszug), deutsch-chinesisch, übers. v. Yu Dunpei, S. 292

1947 年

2.

浮士德百三十图 Faust

斯泰封, 弗兰兹· 绘 Staffen [Stassen], Franz (Zeichnung)

上海: 群益出版社, 1947年

1948 年

3.

浮士德故事 Faust

潘纯兰　著 Pan Chunlan (übers.)

台北市: 台湾商务印书馆, 1948年

1961 年

4.

浮士德 (附浮士德画传) Faust

无名氏　译 Anonyn (Übers.)

台北市: 启明书局, 民50[1961年], 初版

丛书名: 世界文学大系,　李石曾　主编

外国之部　第1册

1974 年

5.

浮士德与魔鬼 Faust und Dämon

颜炳耀　改写 Yan Bingyao (Umarbeitung)

台北市: 青文出版社, 1974年

世界文学名著选集; 1

1978年再版

1984 年

6.

张闻天早期译剧集 Zhang Wentian: aus der frühen Phase übersetzte Theaterstücke

张闻天　译 Zhang Wentian (Übers.)

程中原　主编 Cheng Zhongyuan (Hrsg.)

北京：中国戏剧出版社，1984年

4400 册(平), 100 册(精)

歌德 Goethe：

浮士德·监狱, 页1-15 → Faust. Kerker, S. 1-15

1987 年

7.

浮士德 Faust

[法] 巴比埃, 卡雷　改编

孙慧双　译 Sun Huishuang (Übers.)

北京: 国际文化出版公司, 1987年

232页

1990 年

8.

清人说荟 Anekdoten aus der Qing-Dynastie

雷瑨　著 Lei Jin (Verf.)

上海: 上海文艺出版社，1990年

丛书: 中国笔记小说文库

1册; 影印本

张文襄幕府纪闻下 (辜鸿铭) Aufzeichnungen beim Gefechtsstand des Kommandeurs Zhang (Gu Hongming)

自强不息 (《浮士德》摘译), 辜鸿铭译, 页20 → Zahme Xenien, aus dem *Faust* übers. v. Gu Hongming, S. 20

编者附注: 录该条目全文如下, 以飨读者: 唐棣之华, 偏其翻尔。岂不而思, 室是远而。子曰未之思也, 夫何远之有。余谓此章即道不远人之义。辜鸿铭部郎曾译德国名哲俄特自强不息箴, 其文曰: 不趋不停, 譬如星辰, 进德修业, 力行近仁。卓彼西哲, 其名俄特。异途同归, 中西一辙。最哉训辞, 自强不息。可见道不远人, 中西固无二道也。

1991 年

9.

世界文学名著选读 Ausgewählte Lektüre berühmter Werke der Weltliteratur

陶德臻、马家骏　主编 Tao Dezhen u. Ma Jiajun (Hrsg.)

北京: 高等教育出版社, 1991 年
歌德 Goethe:
浮士德, 页 358 → Faust, S. 358

10.
外国著名悲剧选 （二）Berühmte ausländische Tragödien in Auswahl (2)
高芮森　编 Gao Ruisen (Hrsg.)
郑州: 河南人民出版社, 1991 年
644 页, 1921 册
铁手葛兹·冯·贝利欣根, 章鹏高、汪久祥译, 页 299-420 → Götz von Berlichingen mit der eisernen Hand, übers. v. Zhang Penggao u. Wang Jiuyang, S. 299-420

1992 年

11.
德奥名剧故事 Geschichten aus berühmten Dramen Deutschlands und Österreichs
文美惠、胡湛珍　主编 Wen Meihui u. Hu Zhanzhen (Hrsg.)
台北市: 商鼎文化出版社, 1992 年
艺术故事; 9
188 页
歌德 Goethe
哀格蒙特, 页 18 → Egmont, S. 18
塔索, 页 22 → Tasso, S. 22
浮士德, 页 26 → Faust, S. 26

1998 年

12.
浮士德 (缩写本) Faust
高中甫　译 Gao Zhongfu (Übers.)
上海、香港: 上海文艺出版社, 香港明报出版社, 1998 年
世界文学精粹"随身读"丛书, 第一辑
48 页

1999 年

13.
世界经典戏剧全集 Vollständige Sammlung klassischer Dramen der Welt
德语国家卷 （上） Bd. für deutschsprachige Länder
张黎　编 Zhang Li (Hrsg.)
杭州: 浙江文艺出版社, 1999 年
歌德 Goethe:
埃格蒙特, 韩世钟译, 页 101-208 → Egmont, übers. v. Han Shizhong, S. 101-208
托尔夸托·塔索, 钱春绮译, 页 209-371 → Torquato Tasso, übers. v. Qian Chunqi, S. 209-371

2000 年

14.
浮士德 [缩编本] Faust (gekürzte Fassung)
敬如　译 Jing Ru (Übers.)
北京: 中国少年儿童出版社, 2000 年
青少年文学修养速读本, 中外文学作品赏析; 110
129 页

15.
浮士德 Faust
杨武能　译 Yang Wuneng (Übers.)
北京: 北京燕山出版社, 2000 年

2001 年

16.
德国文学名著 （浓缩本） Berühmte Werke deutscher Literatur (gekürzte Fassung)
余一中　主编 Yu Yizhong (Hrsg.)
陈良梅　执行主编 Chen Liangmei (Hrsg.)
南京大学外国文学研究所　编写 Forschungsinstitut der Universität Nanking für ausländische Literatur (Bearb.)
南京: 江苏美术出版社, 2001 年
点击经典丛书, 外国文学卷
252 页, 50000 册
浮士德, 陈良梅导读、改写, 页 75-120 → Faust, eingeleitet und bearbeitet v. Chen Liangmei, S. 75-120

17.
浮士德 Faust
苗秀楼　译 Miao Xiulou (Übers.)

呼和浩特：远方出版社，2001 年
2 册 (572 页)
世界文学名著百部

18.
浮士德　少年维特之烦恼 *Faust* und *Die Leiden des jungen Werther*
郭沫若　译　Guo Moruo (Übers.)
呼和浩特: 远方出版社、内蒙古大学出版社，2001 年
丛书: 世界文学名著全书
2 册 (606,96 页)

2002 年
19.
浮士德 Faust
古木　编译　Gu Mu (Übers.)
台北县中和市: 大步文化出版社, 2002年
文学物语; 130

20.
浮士德 Faust
酆哲生　译　Feng Zhesheng (Übers.)
台北县中和市: 大步文化出版社, 2002年

2003 年
21.
浮士德 Faust
艾嘉　译　Ai Jia (Übers.)
台北市: 华新出版有限公司, 2003年

22.
宗岱的世界·译诗
黄建华　主编　Huang Jianhua (Hrsg.)
广州: 广东人民出版社, 2003年

23.
浮士德 Faust
徐潜　主编　Xu Qian (Hrsg.)
李智杰　译写　Li Zhijie (Übers.)

长春: 吉林文史出版社, 2003年
外国文学名著精读双色图文版
154页, 2010年重印

24.
浮士德 Faust
杨武能　译　Yang Wuneng (Übers.)
桂林: 广西师范大学出版社, 2003年

2007 年
25.
欧美文学作品选 Ausgewählte Literaturwerke Europas und Amerikas
程陵　编　Cheng Ling (Hrsg.)
北京：中央广播电视大学出版社，2007年
教育部人才培养模式改革和开放教育试点教材
《浮士德》梗概，页 39 → Faust (Umriss), S. 39
《浮士德》节选，页 40 → Faust (Auszug), S. 40

2008 年
26.
浮士德 Faust
蓝露璐　编写　Lan Lulu (Übers.)
天津: 天津人民出版社, 2008 年
世界文学名著青少年必读丛书
150 页

2009 年
27.
浮士德 Faust
徐帮学　译　Xu Bangxue (Übers.)
长春: 北方妇女儿童出版社, 2009 年
284 页

28.
斯泰封插图本浮士德 *Faust*, illustriert von Staffen [Stassen]
斯泰封, 弗兰兹·　绘　Staffen [Stassen], Franz
郭沫若　译　Guo Moruo (Übers.)

长春: 吉林出版集团, 2009 年
丛书: 名著图文馆
420 页

2010 年

29.
浮士德 Faust
上海: 上海世界图书出版公司, 2010年
英语版, 418页

30.
浮士德 Faust
杨武能　译 Yang Wuneng (Übers.)
成都: 四川文艺出版社, 2010年
德语文学精品•杨武能译文集

31.
外国文学作品选 Ausgewählte Werke der ausländischen Literatur
陈建华　主编 Chen Jianhua (Hrsg.)
上海: 华东师范大学出版社, 2010 年
高等学校文科教材
447 页
浮士德(节选), 郭沫若译, 页 82-87 → Faust (Ausz.), übers. v. Guo Moruo, S. 82-87

2011 年

32.
浮士德 (缩写本) Faust (gekürzte Fassung)
高中甫　缩译 Gao Zhongfu (Übers.)
北京: 外国文学出版社, 2011 年
天天读经典, 名著名译名家导读本
241 页, 10400 册

33.
浮士德 Faust
刘海颖　译 Liu Haiying (Übers.)
武汉: 湖北少年儿童出版社, 2011 年
丛书: 世界文学大师杰作

34.
浮士德 Faust
陆钰明　译 Lu Yuming (Übers.)
武汉: 长江文艺出版社, 2011 年
世界文学名著典藏
512 页

35.
浮士德 Faust
钱春绮　译 Qian Chunqi (Übers.)
上海: 上海译文出版社, 2011 年

36.
骑士城堡 Götz von Berlichingen mit der eisernen Hand
程玮　译 Cheng Wei (Übers.)
武汉: 湖北少年儿童出版社, 2011 年
丛书: 世界文学大师杰作

37.
西方文化 Westliche Kultur
曹顺庆　主编 Cao Shunqing (Hrsg.)
重庆: 重庆大学出版社, 2011 年
高等院校汉语言文学专业系列教材
355 页, 3000 册
第四章: 启蒙运动时期的文学 Kapitel IV: Die Literatur der Aufklärung
浮士德, 钱春绮译, 页 97-113 → Faust, übers. v. Qian Chunqi, S. 97-113

2012 年

38.
浮士德 Faust
樊修章　译 Fan Xiuzhang (Übers.)
南京: 译林出版社, 2012 年
丛书: 世界十大文豪
562 页

39.
浮士德 Faust
郭沫若　译 Guo Moruo (Übers.)

合肥: 安徽人民出版社, 2012 年
丛书: 时代图文经典　斯泰封插图本
10,440 页

40.
浮士德 Faust
钱春绮　译 Qian Chunqi (Übers.)
新北市: 远足文化事业股份有限公司, 2012 年
远足经典
附注: 上海译文出版社授权出版
645 页

2013 年
41.
浮士德 Faust
樊修章　译 Fan Xiuzhang (Übers.)
郑州: 河南文艺出版社, 2013 年
外国文学经典, 柳鸣九主编
17,636 页

42.
浮士德 Faust
马晓路　译 Ma Xiaolu (Übers.)
芜湖: 安徽师范大学出版社, 2013 年
世界经典文学名著 (全译本)
589 页

43.
浮士德 Faust
敏之　编译 Min Zhi (Übers.)
海口市: 南海出版公司, 2013 年
190 页

44.
浮士德 Faust
潘子立　译 Pan Zili (Übers.)
天津: 天津人民出版社, 2013 年
译美文丛书
上下册, 12, 5, 592 页

45.
浮士德 Faust
张伟峰　编译 Zhang Weifeng (Übers.)
北京: 现代出版社, 2013 年
世界文学名著
206 页

2014 年
46.
浮士德悲剧, 歌德著 Faust (Goethe)
浮士德博士的悲剧, 马洛著 Doctor Faust
　　(Marlowe, Christopher, 1564-1593)
埃格蒙特, 歌德著 Egmont (Goethe)
赫尔曼和窦绿苔 Hermann und Dorothea
沙洲、叶莉译 Sha Zhou u. Ye Li (Übers.)
北京: 北京理工大学出版社, 2014 年
丛书: 哈佛百年经典; 21
498 页
浮士德悲剧, 歌德著
主编序言 (艾略特, 查尔斯), 页 1-5 (Eliot,
　　Charles William), S. 1-5
献词, 页 6
舞台序曲, 页 8
夜, 页 22
城门口, 页 41
书斋, 页 58
书斋(二), 页 73
莱比锡奥尔巴赫地下酒店, 页 99
女巫的丹房, 页 119
街道, 页 134
黄昏, 页 139
散步小路, 页 145
邻妇之家, 页 149
街道(二), 页 160
花园, 页 164
园中小屋, 页 174
森林和洞窟, 页 177
格丽卿的闺房, 页 185
玛尔沙的花园, 页 187
水井边, 页 196
城墙角, 页 200
夜(二), 页 202
大教堂, 页 211

第三编：戏剧译目 Kapitel III: Dramen

瓦尔普吉斯之夜，页 214
瓦尔普吉斯之夜的梦，页 234
或奥白朗和蒂坦尼亚的金婚，页 234
阴天原野，页 244
夜开阔的原野，页 249
地牢，页 250
浮士德博士的悲剧, [英] 马洛，克里斯托弗著 Marlowe, Christopher (1564-1593)
剧中人物，页 266
合唱，页 267
第一幕：书房，页 269
第二幕：浮士德宅前，页 277
第三幕：小树林，页 280
第四幕：一条街道，页 287
第五幕：浮士德在书房，页 292
第六幕：浮士德的书房，页 303
第七幕：教皇的私人庭院，页 314
第八幕：一个度假庭院，页 321
第九幕：客店，页 324
第十幕：皇帝的庭院，页 328
第十一幕：草地，后半场是浮士德的住处，页 333
第十二幕：公爵冯霍尔特的府邸，页 339
第十三幕：浮士德公寓的房间里，页 342
第十四幕：浮士德，宅中一室，页 348
埃格蒙特，歌德著 Egmont (Goethe)
人物角色，页 358
第一幕，页 360
第二幕，页 379
第三幕，页 397
第四幕，页 406
第五幕，页 424
赫尔曼和窦绿苔，歌德著
卡里俄佩，页 446
特尔西科瑞舞神，页 452
塔利亚，页 460
尤特普，页 463
波利希姆尼亚，页 469
克里奥，页 475
厄拉托，页 483
墨尔波墨涅，页 488
乌拉尼亚，页 491

译者/编者索引 Index der Übersetzer/Herausgeber

Ai Jia 艾嘉 21
Anonyn 无名氏 4
Cao Shunqing 曹顺庆 37
Chen Jianhua 陈建华 31
Chen Liangmei 陈良梅 16
Cheng Ling 程陵 25
Cheng Wei 程玮 36
Cheng Zhongyuan 程中原 6
Fan Xiuzhang 樊修章 38, 41
Feng Zhesheng 酆哲生 20
Gu Hongming 辜鸿铭 8
Gao Ruisen 高芮森 10
Gao Zhongfu 高中甫 12, 32
Gu Mu 古木 19
Guo Moruo 郭沫若 18, 28, 31, 39
Han Shizhong 韩世钟 13
Hu Zhanzhen 胡湛珍 11
Huang Jianhua 黄建华 22
Jing Ru 敬如 14
Lan Lulu 蓝露璐 26
Lei Jin 雷瑨 8
Li Shizeng 李石曾 4
Li Zhijie 李智杰 23
Liang Zongdai 梁宗岱 22
Liu Haiying 刘海颖 33
Liu Mingjiu 柳鸣九 41
Lu Yuming 陆钰明 34
Ma Jiajun 马家骏 9
Ma Xiaolu 马晓路 42
Miao Xiulou 苗秀楼 17
Min Zhi 敏之 43
Pan Chunlan 潘纯兰 3
Pan Zili 潘子立 44
Qian Chunqi 钱春绮 13, 35, 37, 40
Sha Zhou 沙洲 46
Sun Huishuang 孙慧双 7
Tao Dezhen 陶德臻 9
Wang Jiuyang 汪久祥 10
Wen Meihui 文美惠 11
Xu Bangxue 徐帮学 27
Xu Qian 徐潜 23
Yan Bingyao 颜炳耀 5
Yang Wuneng 杨武能 15, 24, 30
Ye Li 叶莉 46
Yu Dunpei 俞敦培 1
Yu Yizhong 余一中 16
Zhang Li 张黎 13
Zhang Penggao 章鹏高 10
Zhang Weifeng 张伟峰 45
Zhang Wentian 张闻天 6

Eliot, Charles William 艾略特, 查尔斯 (1834-1926) 46
Marlowe, Christopher 马洛 (1564-1593) 46
Staffen [Stassen], Franz 斯泰封, 弗兰兹·2, 28
[法] 巴比埃, 卡雷 7
上海世界图书出版公司 29

出版社索引 Index der Verlage

Beijing
北京

北京理工大学出版社 46
北京燕山出版社 15
高等教育出版社 9
国际文化出版公司 7
外国文学出版社 32
现代出版社 45
中国少年儿童出版社 14
中国戏剧出版社 6
中央广播电视大学出版社 25

Changchun
长春

北方妇女儿童出版社 27
吉林出版集团 28
吉林文史出版社 23

Chengdu
成都

四川文艺出版社 30

Chongqing
重庆

重庆大学出版社 37

Guangzhou
广州

广东人民出版社 22

Guilin
桂林

广西师范大学出版社 24

Haikou
海口市

南海出版公司 43

Hangzhou
杭州

浙江文艺出版社 13

Hefei
合肥

安徽人民出版社 39

Huhehaote
呼和浩特

内蒙古大学出版社 18
远方出版社 17, 18

Nanjing
南京

江苏美术出版社 16
译林出版社 38

Shanghai
上海

华东师范大学出版社 31
群益出版社 2
上海世界图书出版公司 29
上海文艺出版社 8, 12
上海译文出版社 35

Tianjin
天津

天津人民出版社 26, 44

Wuhan
武汉

长江文艺出版社 34
湖北少年儿童出版社 33, 36

Wuhu
芜湖

安徽师范大学出版社 42

Zhengzhou
郑州

河南人民出版社 10
河南文艺出版社 41

Taibei
台北市

华新出版有限公司 21
启明书局 4
青文出版社 5
商鼎文化出版社 11
台湾商务印书馆 3

Taibei (Kreis), Zhonghe
台北县中和市

大步文化出版社 19, 20

Xinbei
新北市

远足文化事业股份有限公司 40

Xianggang
香港

香港明报出版社 12

Zeitungen/Zeitschriften
报刊杂志

德文月刊 1

第四编：书信译目
Kapitel IV: Briefe

1927 年

1.

德文月刊, 1927 年第 2 卷第 1-8 期

歌德致一外人书(德汉对照) Goethe an einen Ausländer. Aus Goethes Gesprächen mit Eckermann (1925, 10. Januar)

克闻译, 页 193-194 → Ke Wen (Übers.), S. 193-194

1976 年

2.

中华日报/中华副刊, 1976 年 4 月 1 日

您最拿手的家常菜——世界名人写给母亲的信 Deine glückliche Hand bei der Hausmannskost – Briefe berühmter Persönlichkeiten an ihre Mütter

王鸿仁　译 Wang Hongren (Übers.)

附: 关于这封信

1981 年

3.

黑格尔通信百封 Hundert Briefe von und an Hegel

苗力田　译编 Miao Litian (Übers.)

上海: 上海人民出版社, 1981 年

10000 册

第三部分: 黑格尔与歌德 → Teil III: Hegel und Goethe

黑格尔致歌德 (1803 年 8 月 3 日), 页 101 → Hegel an Goethe (03.08.1803), S. 101

歌德致黑格尔 (1803 年 11 月 27 日), 页 102 Goethe an Hegel (27.11.1803), S. 102

歌德致黑格尔 (1803 年 12 月 15 日), 页 102 Goethe an Hegel (15.12.1803), S. 102

黑格尔致歌德 (1804 年 9 月 29 日), 页 103 → Hegel an Goethe (29.09.1804), S. 103

黑格尔致歌德 (1804 年 12 月 6 日), 页 104 → Hegel an Goethe (06.12.1804), S. 104

歌德致黑格尔 (1806 年 6 月 27 日), 页 105 Goethe an Hegel (27.06.1806), S. 105

黑格尔致歌德 (1806 年 6 月 30 日), 页 106 → Hegel an Goethe (30.06.1806), S. 106

黑格尔致歌德 (1807 年 1 月末), 页 107 → Hegel an Goethe (Ende Januar 1807), S. 107

黑格尔致歌德 (1807 年 3 月), 页 109 → Hegel an Goethe (März 1807), S. 109

歌德致黑格尔 (1817 年 7 月 8 日), 页 110 Goethe an Hegel (08.07.1817), S. 110

黑格尔致歌德 (1817 年 7 月 20 日), 页 111 → Hegel an Goethe (20.07.1817), S. 111

歌德致黑格尔 (1820 年 10 月 7 日), 页 114 Goethe an Hegel (07.10.1820), S. 114

黑格尔致歌德 (1821 年 2 月 24 日), 页 116 → Hegel an Goethe (24.02.1821), S. 116

歌德致黑格尔 (1821 年 4 月 13 日), 页 120 Goethe an Hegel (13.04.1821), S. 120

黑格尔致歌德 (1821 年 8 月 2 日), 页 122 → Hegel an Goethe (02.08.1821), S. 122

黑格尔致歌德 (1822 年 9 月 15 日), 页 125 → Hegel an Goethe (15.09.1822), S. 125

歌德致黑格尔 (1824 年 5 月 3 日), 页 129 → Goethe an Hegel (03.05.1824), S. 129

黑格尔致歌德 (1825 年 4 月 24 日), 页 130 → Hegel an Goethe (24.04.1825), S. 130

黑格尔和伐伦哈根致歌德 (1827 年 3 月 6 日), 页 132 → Hegel und an Goethe (06.03.1827), S. 132

歌德致黑格尔和伐伦哈根 (1827 年 3 月 15 日), 页 133 → Goethe an Hegel und , S. 133

歌德致黑格尔 (1827 年 5 月 9 日), 页 134 → Goethe an Hegel (09.05.1927), S. 134

黑格尔致歌德 (1827 年 6 月 29 日), 页 136 Hegel an Goethe (29.06.1827), S. 136

歌德致黑格尔 (1827 年 8 月 17 日), 页 139 Goethe an Hegel (17.08.1827), S. 139

1988 年

4.

爱神之箭 Pfeile der Liebesgöttin

李谦、张向真　编 Li Qian u. Zhang Xiangzhen (Hrsg.)

北京: 中国妇女出版社, 1988 年

163 页, 23000 册

歌德给夏绿蒂·封·施太因的信 (2 封), 页 63-64 → Goethe an Charlotte von Stein, S. 63-64

1989 年

5.

哲人的心灵对话: 中外名人社交书信大全 Seelische Dialoge der Philosophen: umfangreiche Sammlung von Briefen berühmter Persönlichkeiten Chinas und des Auslands

杨泉福、蒋丰、吴恒霞　编著　Yang Fuquan, Jiang Feng u. Wu Hengxia (Hrsg.)

西安: 陕西人民出版社, 1989 年

1448 页

歌德致黑格尔 (1827 年 5 月 9 日), 页 36-38 → Goethe an Hegel (09.05.1827), S. 36-38

2009 年

6.

捕获幸运的芳心　Glückhaftes Gewinnen der Liebsten Herz

执云　主编　Zhi Yun (Hrsg.)

刘素琴　译　Liu Suqin (Übers.)

北京：光明日报出版社，2009 年

199 页

歌德致贝婷・布伦塔诺　Goethe an Bettina Brentano

贝婷・布伦塔诺致歌德　Bettina Brentano an Goethe

2010 年

7.

世界名人情书大全集　Umfangreiche Sammlung von Liebesbriefen berühmter Persönlichkeiten

雅瑟、王艺潞　主编　Ya Se u. Wang Yilu (Hrsg.)

上海: 立新会计出版社, 2010 年

376 页, 12000 册

歌德致斯泰恩夫人 (五封: 1776 年 8 月 8 日, 1784 年 6 月 28 日, 1786 年 11 月 7 日, 1786 年 12 月 20 日, 1786 年 12 月 23 日), 页 181 → Goethe an Stein, Charlotte von (08.08.1776, 28.06.1784, 07.11.1786, 20.12.1786; 23.12.1786), S. 181

斯泰恩夫人致歌德 (1776 年 2 月底), 页 183 → Charlotte von Stein an Goethe (Ende Februar 1776), S. 183

歌德致瓦尔皮斯(1792 年 9 月 10 日), 页 184 → Goethe an Vulpius, Christian August (Goethes Schwager, Bruder von Christiane), 10. September 1792, S. 184

歌德致舍恩科普芙 (1768 年 11 月 1 日), 页 185 → Goethe an Schönkopf, Käthchen (1. November 1768), S. 185

译者/编者索引 Index der Übersetzer/Herausgeber

Brentano, Bettina (1785-1859) 布伦塔诺, 贝婷 6
Hegel, Georg Wilhelm Friedrich (1770-1831) 黑格尔 3
Schönkopf, Käthchen (1746-1810) 舍恩科普芙 7
Stein, Charlotte von (1742-1827) 施太因, 夏绿蒂·封 7

Vulpius, Christian August (1762-1827, Goethes Schwager, Bruder von Christiane) 瓦尔皮斯 7

Jiang Feng 蒋丰 5
Ke Wen 克闻 1
Li Qian 李谦 4
Liu Suqin 刘素琴 6

Miao Litian 苗力田 3
Wang Hongren 王鸿仁 2
Wang Yilu 王艺潞 7
Wu Hengxia 吴恒霞 5
Ya Se 雅瑟 7
Yang Quanfu 杨泉福 5
Zhang Xiangzhen 张向真 4
Zhi Yun 执云 6

出版社索引　Index der Verlage

Beijing
北京

光明日报出版社　6
中国妇女出版社　4

Shanghai
上海

立新会计出版社　7
上海人民出版社　3

Xian
西安

陕西人民出版社　5

Zeitungen und Zeitschriften
报刊杂志

德文月刊　1
中华日报　2

下卷：研究书目
Zweiter Teil: Forschung

Wer das Dichten will verstehen,
Muß ins Land der Dichtung gehen.
Wer den Dichter will verstehen,
Muß in Dichters Lande gehen.

      Goethe

谁想懂得做诗,
就得进入诗歌的国度;
谁要去理解诗人,
就得进入诗人的国土.

   歌德 作
   高中甫 译

第一编：辞书
Kapitel I: Lexika

1921 年

1.

新文化辞典 Lexikon der neuen Kultur
唐敬杲 编纂 Tang Jinggao (Verf.)
上海: 上海商务印书馆, 1921 年
1107+88 页, 1931 年第 5 版
歌德, 页 353-357 → Goethe, S. 353-357

1926 年

2.

哲学辞典 Lexikon der Philosophie
樊炳清 著 Fan Bngqing (Verf.)
上海: 商务印书馆, 1926 年
1190 页
歌德, 页 98, 123, 302, 459, 474, 486, 693, 722, 771 → Goethe, S. 98, 123, 302, 459, 474, 486, 693, 722, 771

1928 年

3.

文艺辞典 Lexikon der Literatur und Kunst
孙俍工 编纂 Sun Lianggong (Verf.)
上海: 民智书局, 1928 年
1192 页
狂飙勃起, 页 27, 39 → Sturm und Drang, S. 27, 39
少年维特底烦恼, 页 39 → Die Leiden des jungen Werther, S. 39
浪漫主义与古典主义, 页 547 → Romantik und Klassik, S. 547
浮士德, 页 550-554 → Faust, S. 550-554
歌德, 页 831 → Goethe, S. 831
浮士德的书斋, 页 553 → Fausts Studierzimmer, S. 553
浮士德歌剧的舞台, 页 553 → Die Bühne der Oper Faust, S. 553
威廉先生底学徒时代, 页 832 → Wilhelm Meisters Lehrjahre, S. 832
威廉先生底游历时代, 页 832 → Wilhelm Meisters Wanderjahre, S. 832
编者提示: 称歌德为"世界底四大诗圣"。

4.

文艺辞典 Lexikon der Literatur und Kunst
胡仲持 主编 Hu Zhongchi (Hrsg.)
上海: 华华书局, 1928 年
240 页, 1949 年第三版
浮士德, 页 121-122 → Faust, S. 121-122
歌德, 页 190 → Goethe, S. 190

1931 年

5.

新文艺辞典 Neues Lexikon der Literatur und Kunst
顾凤城、邱文渡、邬孟晖、邱韵铎 合编 Gu Fengcheng, Qiu Wendu, Wu Menghui u. Qiu Yundu 哦 (Hrsg.)
上海: 光华书局, 1931 年
487 页, 2000 册, 1932 年第 3 版, 3500-5000 册
少年维特之底烦恼, 页 51 → Die Leiden des jungen Werther, S. 51
浮士德, 页 227-229 → Faust, S. 227-229

1936 年

6.

新文艺辞典 Neues Lexikon der Literatur und Kunst
顾凤城、邱文渡、邬孟晖、邱韵铎 合编 Gu Fengcheng, Qiu Wendu, Wu Menghui u. Qiu Yundu (Hrsg.)
上海: 大光书局, 1936 年
487 页
少年维特之底烦恼, 页 51 → Die Leiden des jungen Werther, S. 51
浮士德, 页 227-229 → Faust, S. 227-229

1951 年

7.

辞源 (改编本) Wörterbuch (umgearbeitete Version)
陆尔奎、方毅 主持 Lu Erkui, Fang Yi, u.a. (Hrsg.)
香港: 商务印书馆香港分馆, 1951 年
1978 年重印, 982,142 页
歌德, 页 373 → Goethe, S. 373

1958 年

8.
新知识词典 Lexikon für neues Wissen
《新知识词典》编辑室 编辑
上海: 新知识出版社, 1958 年
1566 页, 230000 册
《浮士德》, 页 1066 → Faust, S. 1066
歌德, 页 1455 → Goethe, S. 1455

1964 年

9.
教育大辞典 Großes Lexikon für Pädagogik
台北: 时潮出版社, 1964 年
1228 页
歌德, 页 1011 → Goethe, S. 1011

10.
最新世界人名大辞典 Das aktuelle große Lexikon der weltweit berühmten Personen
文海出版社 编辑
台湾永和镇: 文海出版社, 1964 年
1314 页
歌德, 页 1022

1967 年

11.
古今中外人名大辞典 Großes Personenlexikon von der Vergangenheit bis in die Gegenwart Chinas und des Auslands
俞吉荣　发行人 Yu Jirong (Verleger)
台北市: 中行书局, 1967 年
1314 页
歌德, 页 1022 → Goethe, S. 1022

1976 年

12.
文学辞典 (上、下册) Literaturlexikon, Bd. I. u. II
香港青年出版社 编
香港: 香港青年出版社, 1976 年
歌德, 页 146 → Goethe, S. 146
摩非斯特, 页 158 → Mephisto; S. 158
浮士德, 页 158 → Faust, S. 158
狂飙运动, 页 159 → Sturm und Drang, S. 159

1979 年

13.
外国文学 Ausländische Literatur
十九院校外国文学编写组, 1979 年
教材
378 页
十六、歌德和《浮士德》, 页 324-363 →
　　Goethe und Faust, S. 324-363

14.
外国著名作家传略 Kurzbiographien berühmter ausländischer Schriftsteller
张效之、李广熙、王化学　合编 Zhang Xiaozhi, Li Guangxi u. Wang Huaxue (Hrsg.)
山东师范学院聊城分院中文系外国文学教研室, 1979 年
歌德, 页 93-97 → Goethe, S.93-97

1981 年

15.
世界地名词典 Lexikon der Ortsnamen der Welt
11 所大专院校和 50 多名专家 编纂
上海: 上海辞书出版社, 1981 年
1584 页, 1984 年再版, 共 120000 册
卢塞恩, 页 288 → Luzern, S. 288
提及"希尔斯广场有德国诗人歌德故居"
美因河畔法兰克福, 页 862 → Frankfurt am Main, S. 862
提及"德国著名诗人歌德的诞生地, 有歌德大学和博物馆等"
魏玛, 页 1423 → Weimar, S. 1423
提及"设有国家歌德博物馆(原为歌德故居)"

16.
世界史大辞典 (上、下册) Großes Lexikon der Weltgeschichte (Bd. I. u. II)
杨碧川 编撰 Yang Bichuan (Verf.)
台北市: 远流出版社, 1981 年
哥德(含肖像), 页 282 → Goethe (mit Porträt), S. 282

1982 年

17.
环华百科全书 Huanhua's Universallexikon
《环华百科全书》编委会 编
台北: 环华百科书局, 1982 年
共 20 卷
卷 3 → Bd. 3
浮士德，页 536 → Faust, S. 536
卷 8 → Bd. 8
歌德，页 30 → Goethe, S. 30
卷 15 → Bd. 15
少年维特之烦恼，页 424 → Die Leiden des jungen Werther, S. 424

18.
中华百科全书 (10 册) Chinesisches Universallexikon (10 Bde.)
张其昀 监修 Zhang Qizun (Hrsg.)
中国文化大学、中华学术院 编订
台北: 中国文化大学出版部, 1982 年
歌德 (钟英彦), 页 234-236 → Goethe (Zhong Yingyan), S. 234-236
浮士德 (王家鸿) → Faust (Wang Jiahong)

1983 年

19.
简明历史辞典 Lexikon der Geschichte (kurz gefaßt)
阙勋吾 主编 Que Xunwu (Hrsg.)
郑州: 河南教育出版社, 1983 年
1408 页, 1989 年重印, 474000-475500 册
哥德, 页 452 → Goethe, S. 452

1984 年

20.
简明社会科学词典 Lexikon der Sozialwissenschaften (kurz gefasst)
《简明社会科学词典》编辑委员会 编
宋原放 主编 Song Yuanfang (Hrsg.)
上海: 上海辞书出版社, 1984 年
第 2 版第 5 次印刷, 1116+44+8 页, 1200001-1260000 册
歌德, 页 1075 → Goethe, S. 1075

21.
中外史地知识手册 Handbuch für Geschichte und Geographie Chinas und des Auslands
郑云山、臧威霆 主编 Zheng Yunshan u. Zang Weiting (Hrsg.)
上海: 上海人民出版社, 1984 年
740 页, 382000 册
歌德, 页 311 → Goethe, S. 311

22.
中文百科大辞典 Großes chinesisches Universallexikon
台北市: 百科文化, 1984 年
1991 年第 7 版
歌德, 页 684 → Goethe, S. 684
浮士德, 页 766 → Faust, S. 766

1985 年

23.
大辞典 (共三卷) Enzyklopädie (3 Bde.)
三民书局编纂委员会 编
台北市: 三民书局, 1985年
歌德, 页 2406 → Goethe, S. 2406
浮士德, 页 2645 → Faust, S. 2645

24.
简明文学知识辞典 Kleines Lexikon für literarische Wissenschaften
西北师范学院中文系文艺理论教研室 编
兰州: 甘肃人民出版社, 1985 年
634+17 页, 7000 册
歌德, 页 203 → Goethe, S. 203
《浮士德》, 页 469 → Faust, S. 469
浮士德 626 → Faust, S. 626

25.
世界历史词典 Lexikon der Weltgeschichte
靳文翰、郭圣铭、孙道天 主编 Jin Wenhan, Guo Shengming u. Sun Daotian (Hrsg.)
上海: 上海辞书出版社, 1985 年
745+26+58 页, 1986 年再版, 120001-170000 册
歌德, 页 707 → Goethe, S. 707

第一编: 辞书 Kapitel I: Lexika

26.
西方文论家手册 Handbuch für westliche Literaturtheoretiker
杨荫隆 编 Yang Yinlong (Verf.)
长春: 时代文艺出版社, 1985 年
395 页, 33500 册
歌德, 页 180-183 → Goethe, S. 180-183

27.
幼狮少年百科全书 Enzyklopädie für Kinder
胡轨 发行人 Hu Gui (Verleger)
台北市: 幼狮文化事业股份有限公司, 1985 年
歌德 (沈谦), 页 115 → Goethe (Shen Qian), S. 115

1986 年

28.
百科大辞典 (革新版) Großes Universallexikon
张之杰、黄台香 主编 Zhang Zhijie u. Huang Taixiang (Hrsg.)
台北市: 名扬出版社, 1986 年
歌德, 页 2759 → Goethe, S. 2759
浮士德, 页 3034 → Faust, S. 3034

29.
精神文明辞书 Lexikon für geistige Zivilisation
冯连惠、孙震、赵邨方、关哲民、杨乔 主编 Feng Lianhui, Sun Zhen, Zhao Cunfang, Guan Zhemin, Yang Qiao (Hrsg.)
北京: 中国展望出版社, 1986 年
839 页, 20000 册
歌德, 页 418 → Goethe, S. 418
浮士德, 页 426 → Faust, S. 426

30.
美学辞典 Lexikon der Ästhetik
王世德 主编 Wang Shide (Hrsg.)
北京: 知识出版社, 1986 年
640 页, 51000 册
歌德 (周平), 页 312 → Goethe (Zhou Ping), S. 312
德国古典美学 (陈孝信), 页 422-424 → Die klassische deutsche Ästhetik (Chen Xiaoxin), S. 422-424

31.
社会科学人物辞典 Lexikon der Persönlichkeiten der Sozialwissenschaften
上海辞书出版社 编 Shanghaier Lexikonverlag (Hrsg.)
上海: 上海辞书出版社, 1986 年
655+54+6 页, 30000 册
歌德, 页 610 → Goethe, S. 610

32.
文学词典 Literaturlexikon
文强堂出版社编辑部 编
新竹市: 文强堂出版社, 1986
587 页
歌德, 页 303 → Goethe, S. 303
少年维特之烦恼, 页 475 → Die Leiden des jungen Werther, S. 475
浮士德, 页 476 → Faust, S. 476

33.
语文学习百科知识词典 Universallexikon für Spracherwerb
陶本一、卫灿金 主编 Tao Benyi u. Wei Canjin (Hrsg.)
西安: 陕西人民出版社, 1986 年
1988 年第 2 版, 75001-97900 册
1207 页,
歌德, 页 134 → Goethe, S. 134

1987 年

34.
教师百科辞典 Universallexikon für Lehrer
《教师百科辞典》编委会 编 Redaktion des Universallexikons für Lehrer
陈孝彬、张念宏、卫景福 主编 Chen Xiaobin, Zhang Nianhong u. Wei Jingfu (Hrsg.)
北京: 社会科学文献出版社, 1987 年
859 + 87 页, 330000 册
歌德, 页 422 → Goethe, S. 422

35.
美学辞典 Lexikon für Ästhetik
王世德 主编 Wang Shide (Hrsg.)

台北市: 木铎出版社, 1987 年
672 页
歌德, 页 331 → Goethe, S. 331

36.
外国文学著名人物形象 Berühmte Figuren der ausländischen Literatur
陈慧君 主编 Chen Huijun (Hrsg.)
哈尔滨: 黑龙江人民出版社, 1987 年
448 页, 14648 册
浮士德 (《浮士德》), 页 119-123 → Faust, S. 119-123
靡菲斯特 (《浮士德》), 页 308-309 → Mephisto, S. 308-309
维特(《少年维特之烦恼》), 页 413-416 → Werther, S. 413-416

37.
文史知识辞典 Lexikon zur Kenntnis der Literatur und Geschichte
林焕文 主编 Lin Huanwen (Hrsg.)
延吉：延边人民出版社，1987 年
908 页，58500 册
歌德, 页 790 → Goethe, S. 790

38.
新编美学辞典 Neubearbeitetes Lexikon für Ästhetik
吴世常、陈伟 主编 Wu Shichang u. Chen Wei (Hrsg.)
郑州: 河南人民出版社, 1987 年
400 页, 11440 册
歌德, 页 318 → Goethe, S. 318
歌德谈话录, 页 318 → Gespräche mit Goethe, S. 318
德国歌德美学用语, 页 318 → Goethes ästhetische Termini, S. 318
特征, 页 318 → Charakteristik, S. 318
符合目的论, 页 319
整体, 页 319 → Ganzheit, S. 319
自然的主宰, 页 320 → Herr der Natur, S. 320
自然的奴隶, 页 320 → Sklave der Natur, S. 320
民族文学, 页 320 → Nationalliteratur, S. 320
世界文学, 页 321 → Weltliteratur, S. 321
古典的, 页 321 → Klassik, S. 321
浪漫的, 页 321 → Romantik, S. 321

39.
新编美学辞典 Neubearbeitetes Lexikon für Ästhetik
张锡坤 主编 Zhang Xikun (Hrsg.)
长春: 吉林人民出版社, 1987 年
646 页, 29635 册
(三) 西方古典美学 Die klassische westliche Ästhetik
人物 Personen:
歌德, 页 278-279 → Goethe, S. 278-279
论著 Monographien:
歌德谈话录, 页 300-301 → Gespräche mit Goethe, S. 300-301

40.
哲学百科小辞典 Kleines philosophisches Universallexikon
刘文英 主编 Liu Wenying (Hrsg.)
祁芬中、曾祥中、杨克礼 副主编 Qi Fenzhong、Zeng Xiangzhong u. Yang Keli (Mithrsg.)
兰州: 甘肃人民出版社, 1987 年
772 页, 6680 册
歌德, 页 391 → Goethe, S. 391

41.
中国大百科全书, 哲学卷 Chinesische Enzyklopädie, Bd. Philosophie
《中国大百科全书》编辑部 编 Redaktion der *Chinesischen Enzyklopädie* (Verf.)
北京, 上海: 中国大百科全书出版社, 1987 年
1992 年第 3 次印, 652 页
歌德(杨恩寰), 页 241-242 → Goethe (Yang Enhuan), S. 241-242

42.
中西比较文学手册 A Handbook of chinese-western comparative literature
上海外语学院外国语言文学研究所 编

成都: 四川人民出版社, 1987 年
358 页, 4100 册
歌德, 页 23
编者附言: 该条目仅三言两语, 却把歌德与比较文学的关系说清楚了: 歌德的"世界文学"概念对 19 世纪末、20 世纪初比较文学的开创产生了积极作用, 人们当时曾把它与比较文学这一概念等同起来。歌德由此成为"比较文学"发展史中的重要人物。
世界文学, 页 144 → Weltliteratur, S. 144
附录: 比较文学大事记 Anhang: Chronik wichtiger Ereignisse in der Komparatistik
1927 年: 歌德第一次使用 Weltliteratur (世界文学一词见歌德谈话录) → Jahrgang 1927: Goethes erstmalige Verwendung des Wortes Weltliteratur

1988 年

43.
简明外国文学艺术家辞典 Prägnantes Lexikon der ausländischen Schriftsteller und Künstler
杨巩祚　主编 Yang Gongzuo (Hrsg.)
傅家钦　副主编 Fu Jiaqin (Mithrsg.)
南昌: 江西人民出版社, 1988 年
539 页, 4500 册
哥德, 页 157 → Goethe, S. 157

44.
欧美作家辞典 Lexikon europäischer und amerikanischer Schriftsteller
旸晟　编 Yang Cheng (Verf.)
西安: 陕西人民出版社, 1988 年
630 页, 5160 册
歌德, 页 207-212 → Goethe, S. 207-212

45.
世界史手册 Handbuch der Weltgeschichte
丁建弘、孙仁宗　主编 Ding Jianhong u. Sun Renzong (Hrsg.)
杭州: 浙江人民出版社, 1988 年
1307 页, 7000 册
歌德, 页 501 → Goethe, S. 501

46.
外国文学名著辞典 Lexikon berühmter Werke der ausländischen Literatur
胡正学、汪伙生、王忠祥　主编 Hu Zhengxue, Wang Huosheng u. Wang Zhongxiang (Hrsg.)
长沙: 湖南人民出版社, 1988 年
威廉·迈斯特(吴昌雄), 页 221 → Wilhelm Meister (Wu Changxiong), S. 221
少年维特之烦恼(吴昌雄), 页 222 → Die Leiden des jungen Werther (Wu Changxiong), S. 222
哀格蒙特(吴昌雄), 页 223 → Egmont (Wu Changxiong), S. 223
浮士德 (黎跃进), 页 224 → Faust (Li Yuejin), S. 224

47.
外国音乐辞典 Lexikon ausländischer Musik
汪启章、顾连理、吴佩华　编译 Wang Qizhang, Gu Lianli u. Wu Peihua (Übers.)
钱仁康　校订 Qian Renkang (Mitwirkung)
上海: 上海音乐出版社, 1988 年
956 页, 10000 册
爱格蒙特, 页 253 → Egmont, S. 253
浮士德的劫罚, 歌词据歌德《浮士德》法译本改编, 柏辽兹作曲, 页 190 → La Damnation de Faust, S. 190
浮士德, 五幕歌剧, 古诺作曲, 页 256 → Faust (Oper), Musik v. Charles Gounod, S. 256
浮士德交响曲, 李斯特的管弦乐曲, 页 257 → Eine Faust-Symphony, Musik v. Liszt, S. 257
浮士德序曲, 页 257 → Eine Faust-Ouvertüre, S. 257

48.
中国公务员百科辞典 Universallexikon für öffentliche Bedienstete Chinas
杨友吾、王振川　主编 Yang Youwu u. Wang Zhenchuan (Hrsg.)
北京: 国际文化出版公司, 1988 年
1140+62 页
附注: 收编外国诗人 24 位
歌德, 页 890-891 → Goethe, S. 890-891

49.
中外名人情侣辞典 Lexikon großer Liebender des In- und Auslands
应扬 主编 Ying Yang (Hrsg.)
延吉: 北方妇女儿童出版社, 1988 年
697 页, 14244 册
歌德, 克利斯蒂安·乌尔皮乌斯, 页 385 → Goethe, Christiane von, geb. Vulpius, S. 385

1989 年
50.
百科知识辞典 Lexikon für universales Wissen
梅益 主编 Mei Yi (Hrsg.)
罗洛 副主编 Luo Luo (Mithrsg.)
北京: 中国大百科全书出版社, 1989 年
1199 页
歌德, 页 276 → Goethe, S. 276

51.
简明外国人物词典 Kurzer Lexikon ausländischer Persönlichkeiten
杨生茂、杨子竞 主编 Yang Shengmao u. Yang Zijing (Hrsg.)
天津: 天津教育出版社, 1989 年
721 页, 2000 册
歌德, 页 547 → Goethe, S. 547

52.
社会科学大辞典 Großes Lexikon der Sozialwissenschaften
彭克宏 主编 Peng Kehong (Hrsg.)
北京: 中国国际广播出版社, 1989 年
63+1180+36 页, 20000 册
德国古典美学, 页 198 (阐释康德、费希特、席勒、歌德和黑格尔的美学思想), 页 198 → Die Ästhetik der deutschen Klassik, S. 198
《浮士德》, 页 980 → Faust, S. 980
歌德, 页 995 → Goethe, S. 995

53.
外语工作者百科知识词典 Universallexikon für Fachleute der Fremdsprachen
张后尘 主编 Zhang Houchen (Hrsg.)
北京: 科学出版社, 1989 年
1031 年, 6000 册
歌德谈话录, 页 220 → Gespräche mit Goethe, S. 220

54.
文学理论词典 Lexikon für Literaturtheorie
郑乃臧、唐再兴 主编 Zheng Naizang, Tang Zaixing (Hrsg.)
北京: 光明日报出版社, 1989 年
829+95 页, 10050 册
歌德谈话录, 页 788 → Gespräche mit Goethe, S. 788

55.
西方文学批评术语辞典 Terminologisches Lexikon der westlichen Literaturkritik
林骧华 主编 Lin Xianghua (Hrsg.)
上海: 上海社会科学院出版社, 1989 年
584 页, 5000 册
浮士德主题, 页 107-109 → Faust als Motiv, S. 107-109

56.
小说辞典 Lexikon der Romane
罗树华、陶继新、李振村 主编 Luo Shuhua, Tao Jixin u. Li Zhencun (Hrsg.)
徐州: 中国矿业大学出版社, 1989 年
700 页, 4000 册
德国小说家 Deutsche Romanschriftsteller
歌德, 页 572-573 → Goethe, S. 572-573
少年维特的烦恼, 页 584-585 → Die leiden des jungen Werther, S. 584-585

57.
中外典故大词典 Großes Lexikon für literarische Anspielungen Chinas und des Auslands
周心慧、邹晓棣、桑思奋 主编 Zhou Xinhui, Zou Xiaodi u. Sang Sifen (Hrsg.)
北京: 科学出版社, 1989 年
浮士德式的人物, 页 693, 字数 430 → eine Figur wie Faust, S. 693, 430 Wörter

58.
中外文学形象辞典 Lexikon literarischer Figuren des In- und Auslands
金其桢 主编 Jin Qizhen (Hrsg.)
南宁: 广西人民出版社, 1989 年
695 页, 8000 册
哀格蒙特, 页 14 → Egmont, S. 14
浮士德, 页 148 → Faust, S. 148
玛甘, 页 363 → Margarete, S. 363
迷娘, 页 378 → Mignon, S. 378
靡非斯特, 页 381 → Mephisto, S. 381
威廉·麦斯特, 页 551 → Wilhelm Meister, S. 551
夏绿蒂, 页 579 → Charlotte, S. 579

59.
中学百科辞典 Universallexikon für die Mittelschule
全国华 Quan Guohua (Hrsg.)
北京: 人民日报出版社, 1989 年
849 页, 3700 册
歌德 (陈文清), 页 677 → Goethe (Chen Wenqing), S. 677

1990 年

60.
简明国际人物词典 Prägnantes Lexikon für internationale Persönlichkeiten
管敬绪 编著 Guan Jingxu (Verf.)
北京: 团结出版社, 1990 年
歌德, 页 226-227 → Goethe, S. 226-227

61.
美学百科全书 Universallexikon für Ästhetik
李泽厚、汝信 名誉主编 Li Zehou u. Ru Xin (Hrsg.)
北京: 社会科学文献出版社, 1990 年
752 页, 6000 册
歌德(司有仑), 页 147 → Goethe (Si Youlun), S. 147
歌德谈话录(司有仑), 页 148 → Gespräche mit Goethe (Si Youlun), S. 148

62.
外国文学大词典 Großes Lexikon der ausländischen Literatur
刁绍华 主编 Diao Shaohua (Hrsg.)
卢康华、高文风、魏克信、牟玉青 副主编 Lu Kanghua, Gao Wenfeng, Wei Kexin u. Mou Yuqing (Mithrsg.)
长春: 吉林教育出版社, 1990 年
1814 页, 5000 册
歌德, 页 584 → Goethe, S. 584
《哀格蒙特, 页 1336 → *Egmont*, S. 1336
《浮士德》, 页 1411 → *Faust*, S. 1411
《赫尔曼与窦绿苔》, 页 1440 → *Hermann und Dorothea*, S. 1440
《少年维特之烦恼》, 页 1580 → *Die Leiden des jngen Werther*, S. 1580
《诗与真》, 页 1587 → *Dichtung und Wahrheit*, S. 1587
铁手骑士葛兹·封·贝利欣格, 页 1607 → *Götz von Berlichingen mit der eisernen Hand*, S. 1607
《威廉·麦斯特》, 页 1617 → *Wilhelm Meister*, S. 1617
伊菲革捏亚在奥利斯, 页 1652 → *Iphigenie auf Tauris*, S. 1652
浮士德, 页 1714 → Faust, S. 1714
维特, 页 1767 → Werther, S. 1767

63.
外国文学题解辞典 Erläuterungen zu Titeln der ausländischen Literatur. Ein Lexikon
陈周方、林瀛 主编 Chen Zhoufang u. Lin Ying (Hrsg.)
大连: 大连出版社, 1990 年
746 页, 3000 册
467. 歌德的生平与创作情况如何?, 页 358 → Wie ist Goethes Leben und Werk? S. 358
468. 《少年维特之烦恼》的内容如何? 它的社会意义是什么? 页 359 → Was ist der Inhalt des Romans *Die Leiden des jungen Werther*? Was ist die soziale Bedeutung dieses Romans? S. 359
469. 《浮士德》的主要内容是什么? 其思想意义何在?, 页 360 → Was ist der Inhalt des Werks *Faust*?

470. 浮士德是个什么形象?, 页 361 → Was für eine Gestalt ist Faust? S. 361
471. 靡非斯特是什么典型? 页 362 → Was für ein Charakter ist Mephisto? S. 362
472. 《浮士德》的艺术成就有哪些? 页 363 → Welchen künstlerischen Erfolg hat *Faust* erzielt? S. 363

64.
外国文艺思潮辞典 Lexikon chinesischer Literatur- und Kunstströmungen
车成安 主编 Che Cheng'an (Hrsg.)
长春: 吉林教育出版社, 1990 年
598 页, 2000 册
狂飙突进运动, 页 259 → Die Literaturbewegung Sturm und Drang, S. 259
歌德派, 页 260 → Die Goetheschule, S. 260
德国古典文学, 页 261 → Die deutsche Klassik, S. 261
歌德, 页 269 → Goethe, S. 269

65.
文史哲学习辞典 Schullexikon für Literatur, Geschichte und Philosophie
蒋锡金 主编, 赵矢元、薛文华、庞大衡 副主编 Jiang Xijin (Hrsg.), Zhao Shiyuan, Xue Wenhua u. Pang Daheng (Mithrsg.)
长春: 吉林文史出版社, 1990 年
1991 年再版
歌德, 页 264 → Goethe, S. 264
少年维特之烦恼, 页 265 → Die Leiden des jungen Werther, S. 265
浮士德, 页 266 → Faust, S. 266

66.
写作知识辞典 Lexikon für Rechtschreibung und Stil
陈子典、顾兴义 主编 Chen Zidian u. Gu Xingyi (Hrsg.)
南昌: 江西教育出版社, 1990 年
1131 页, 3251-8250 册
歌德谈话录, 页 1129 → Gespräche mit Goethe, S. 1129

67.
中国百科大辞典 Großes chinesisches Universallexikon
《中国百科大辞典》编辑委员会 编 Redaktion des Großen chinesischen Universallexikons (Verf.)
北京: 华夏出版社, 1990 年
1471+151 页
歌德, 页 576 → Goethe, S. 576

68.
中学生百科 Lexikon für Mittelschüler
吴铎 主编 Wu Duo (Hrsg.)
杭州: 浙江教育出版社, 1990 年
1288 页, 3000 册
歌德与席勒, 页 221-222 → Goethe und Schiller, S. 221-222

1991 年

69.
常用百科辞典 Häufig gebrauchtes Universallexikon
河北辞书出版社 编
石家庄: 河北辞书出版社, 1991 年
998 页, 10300 册
少年维特之烦恼, 页 110 → Die Leiden des jungen Werther, S. 110
浮士德, 页 755 → Faust, S. 755
歌德, 页 952 → Goethe, S. 952

70.
郭沫若作品辞典 Lexikon von Guo Moruo's Werken
王锦厚 主编 Wang Jinhou (Hrsg.)
伍加伦、钟德慧、秦川 副主编 Wu Jialun, Zhong Dehui u. Qin Chuan (Mithrsg.)
郑州: 河南教育出版社, 1991 年
875 页, 4205 册
歌德, 页 520 → Goethe, S. 520
少年维特之烦恼, 页 690 → Die Leiden des jungen Werther, S. 690
诗与真, 页 710 → Dichtung und Wahrheit, S. 710
浮士德, 页 718 → Faust, S. 718

71.
简明世界知识辞典 Kleines Lexikon für Wissen aus der Welt
世界知识出版社 编 Verlag für Weltwissen (Hrsg.)
北京: 世界知识出版社, 1991 年
790 页, 45000 册
歌德, 页 194 → Goethe, S. 194

72.
世界名人大辞典 Großes Lexikon für weltberühmte Persönlichkeiten
金华 主编 Jin Hua (Hrsg.)
长春: 长春出版社, 1991 年
2004 年第 2 次印刷, 3501-7500 册
歌德 Goethe

73.
文学百科辞典 Das universale Literaturlexikon
杨哲、周绍昌、姜逸清、贾书瀛 主编 Yang Zhe, Zhou Shaochang, Jiang Yiqing u. Jia Shuying (Hrsg.)
北京: 知识出版社, 1991 年
1036+107 页, 7500 册
歌德, 页 235 → Goethe, S. 235
《浮士德》, 页 215 → Faust, S. 215
《少年维特之烦恼》, 页 683 → Die Leiden des jungen Werther, S. 683

74.
文学形象辞典 Lexikon literarischer Figuren
于漪、陶本一 主编 Yu Yi u. Tao Benyi (Hrsg.)
西安: 陕西人民出版社, 1991 年
938页, 4000册
德国文学 Die deutsche Literatur
维特 (蒋小雯), 页61 → Werther (Jiang Xiaowen), S. 61
靡非斯特 (李明敏), 页62 → Mephisto (Li Mingmin), S. 62
浮士德 (李明敏), 页63 → Faust (Li Mingmin), S. 63

75.
文学艺术鉴赏辞典 Lexikon der Literatur und Kunst
李峰 主编 Li Feng (Hrsg.)
秦兆基、张吉武 副主编 Qin Zhaoji u. Zhang Jiwu (Mithrsg.)
西安: 陕西人民教育出版社, 1991年
652页, 6230册
德国文学欣赏 Interpretationen der deutschen Literatur
少年维特之烦恼, 页282 → Die Leiden des jungen Werther, S. 282
浮士德, 页283 → Faust, S. 283

76.
西洋文学辞典 Lexikon der westlichen Literatur
颜元叔 主编 Yan Yuanshu (Hrsg.)
台北市: 正中书局, 1991年
874页
浮士德, 页303 → Faust, S. 303
歌德, 页341 → Goethe, S. 341

77.
小说大辞典 Romanlexikon
王先霈 主编 Wang Xianpei (Hrsg.)
程克夷、周迪荪、刘森辉 副主编 Cheng Keyi, Zhou Disun u. Liu Senhui (Mithrsg.)
武汉: 长江文艺出版社, 1991年
1072页, 5000册
歌德, 页543 → Goethe, S. 543

78.
元曲百科大辞典 Großes Universallexikon der Oper der Yuan-Dynastie
卜健 主编 Bu Jian (Hrsg:)
北京：学苑出版社，1991年
中国文学百科辞典系列, 总主编：王洪
1305页，4000册
《赵氏孤儿》对欧洲戏剧的影响(王丽娜), 页1040-1041 → Der Einfluss des chinesischen Dramas Zhao shi gu er (Der Waise namens Zhao) auf das europäische Theater (Wang Lina), S. 1040-1041

论点摘要:"德国伟大诗人和戏剧家歌德的剧本《埃尔彭诺》,今只残存一部分,德国著名学者贝德曼、雷施温恩和卫礼贤将此残存部分与《赵氏孤儿》加以比较,认为二者的故事非常相似,《埃尔彭诺》无疑是受了《赵氏孤儿》的影响"。

79.
中国中学教育百科全书 Universallexikon für Erziehung an chinesischen Mittelschulen
许嘉璐 主编 Xu Jialu (Hrsg.)
语文卷 Band für Philologie
林崇德 主编 Lin Chongde (Hrsg.)
沈阳: 沈阳出版社, 1991 年
628 页, 10000 册
德国文学, 页 500-502 → Die deutsche Literatur, S. 500-502
歌德(小洁), 页 503 → Goethe (Xiao Jie), S. 503

80.
中外文学人物形象辞典 Lexikon literarischer Gestalten des In- und Auslands
朱林宝、石洪印 主编 Zhu Linbao und Shi Hongyin (Hrsg.)
济南: 山东文艺出版社, 1991 年
62+1560 页, 3000 册
歌德 Goethe:
葛兹·封·伯利欣根, 页 1099 → Götz von Berlichingen, S. 1099
维特, 页 1099 → Werther, S. 1099
普罗米修斯, 页 1100 → Prometheus, S. 1100
伊菲革尼, 页 1100 → Iphigenie, S. 1100
埃格蒙特, 页 1101 → Egmont, S. 1101
托尔夸多·塔索, 页 1101 → Torquato Tasso, S. 1101
赫尔曼, 页 1101 → Herrmann, S. 1101
威廉·麦斯特, 页 1102 → Wilhelm Meister, S. 1102
浮士德, 页 1102 → Faust, S. 1102
靡菲斯特, 页 1104 → Mephisto, S. 1104

81.
中外文艺家及名作辞典 Lexikon in- und ausländischer Literaturkritiker und ihrer berühmten Werke
帅本华 主编 Shuai Benhua (Hrsg.)
吴书松、卢润祥 副主编 Wu Shusong u. Lu Runxiang (Mithrsg.)
兰州: 甘肃人民出版社, 1991 年
1474 页, 2500 册
少年维特之烦恼, 页 120 → Die Leiden des jungen Werther, S. 120
浮士德, 页 989 → Faust, S. 989
歌德, 页 1256 → Goethe, S. 1256

82.
中外文艺沙龙精鉴辞典 Lexikon für Literatur- und Kunstsalons des In- und Auslands
黄卓越、桑思奋 主编 Huang Zhuoyue u. Sang Sifen (Hrsg.)
北京: 中国国际广播出版社, 1991 年
981 页, 6000 册
歌德的"逃跑"恋爱法 (张世君), 页 524 → Goethes „Flucht" als Liebesmethode (Zhang Shijun), S. 524

83.
中外誉科大辞典 Lexikon positiver Bewertungen aus dem In- und Ausland
袁世全 主编 Yuan Shiquan (Hrsg.)
北京: 北京燕山出版社, 1991 年
1360 页
最伟大的德国人(歌德), 页 264 → Der größte Deutsche (Goethe), S. 264
抒情的散文式小说(《少年维特的烦恼》), 页 306 Lyrische Roman (Die Leiden des jungen Werther), S. 306
欧洲文艺复兴以后 300 多年资产阶级精神生活发展史(《浮士德》), 页 396 → Entwicklungsgeschichte des bürgerlichen Geisteslebens seit 300 Jahren nach der europäischen Renaissance, S. 396

1992 年

84.
简明外国文学词典 Prägnantes Wörterbuch der ausländischen Literatur
谢光政 主编 Xie Guangzhng (Hrsg.)
石家庄: 河北教育出版社, 1992 年
2500 册
歌德, 页 346-347 → Goethe, S. 346-347
少年维特的烦恼, 页 244 → Die Leiden des jungen Werther, S. 244
浮士德, 页 297 → Faust, S. 297
哀格蒙特, 页 267 → Egmont, S. 267
铁手骑士葛兹·封·伯利欣根, 页 354 → Götz von Berlichingen mit der eisernen Hand, S. 354
威廉·迈斯特, 页 1029 → Wilhelm Meister, S. 1029

85.
简明中外民俗词典 Kleines Lexikon chinesischer und ausländischer Volkssitten und -gebräuche
张定亚 主编 Zhang Dingya (Hrsg.)
西安: 陕西人民出版社, 1992 年
778 页
民间文艺 Volksliteratur
浮士德的故事, 页 778, 字数 306 → Fausts Geschichten, 778 S., 306 Wörter

86.
全球名人大典 Großes Lexikon berühmter Persönlichkeiten der Welt
章佩林 主编 Zhang Peilin (Hrsg.)
张忠志、雪山、晓义 副主编 Zhang Zhongzhi, Xue Shan u. Xiao Yi (Mithrsg.)
哈尔滨: 哈尔滨出版社, 1992 年
960 页, 5600 册
歌德, 863 页 → Goethe, S. 863

87.
世界百科名著大辞典, 文学艺术卷 Universallexikon berühmter Werke der Weltliteratur, Bd. für Literatur u. Kunst
陈远、于首奎、梅良模、孟庆仁 主编 Chen Yuan, Yu Shoukui, Mei Liangmo u. Meng Qingren (Hrsg.)
济南: 山东教育出版社, 1992 年
695 页, 2200 册
歌德谈话录 (陈彦), 页 29 → Gespräche mit Goethe (Chen Yan), S. 29
歌德谈话录 (洪天富), 页 111 → Gespräche mit Goethe (Hong Tianfu), S. 111
歌德自传——诗与真 (洪天富), 页 111 → Aus meinem Leben: Dichtung und Wahrheit (Hong Tianfu), S. 111
少年维特的烦恼 (郑寿康), 页 291 → Die Leiden des jungen Werther (Zheng Shoukang), S. 291
托夸多·塔索 (郑寿康), 页 357 → Torquato Tasso (Zheng Shoukang), S. 357
威廉·麦斯特的学习时代 (郑寿康), 页 501 → Wilhelm Meisters Lehrjahre (Zheng Shoukang), S. 501
威廉·麦斯特的漫游时代 (郑寿康), 页 502 → Wilhelm Meisters Wanderjahre (Zheng Shoukang), S. 502
亲和力 (郑寿康), 页 522 → Die Wahlverwandtschaften (Zheng Shoukang), S. 522
埃格蒙德 (郑寿康), 页 541 → Egmont (Zheng Shoukang), S. 541
铁手骑士葛兹·封·贝利欣格 (郑寿康), 页 560 → Götz von Berlichingen mit der eisernen Hand (Zheng Shoukang), S. 560
浮士德 (郑寿康), 页 571 → Faust (Zheng Shoukang), S. 571
浮士德的生活、事业和入地狱, 页 592 → Fausts Leben, Taten und Höllenfahrt, S. 592-593

88.
中外文学流派辞典 Lexikon in- und ausländischer Literaturschulen
吴作桥 主编 Wu Zuoqiao (Hrsg.)
长春: 吉林文史出版社, 1992 年
401 页, 1000 册
歌德派, 页 56 → Die Literaturschule des Goethe
赫尔德–歌德派, 页 73-74 → Die Literaturschule Herders und Goethes, S. 73-74
狂飙派, 页 119-120 → Die Literaturschule des Sturm und Drang, S. 119-120

89.
中学生文化百科辞典 Universallexikon der Kultur für Mittelschüler
丁守和 主编 Ding Shouhe (Hrsg.)
冯涛、陈德礼、黄书雄 副主编 Feng Tao, Chen Deli u. Huang Shuxiong (Mithrsg.)
北京: 北京燕山出版社 1992 年
966 页, 5000 册
浮士德, 页 193 → Faust, S. 193
歌德, 页 208 → Goethe, S. 208
歌德谈话录, 页 209 → Gespräche mit Goethe, S. 209

1993 年

90.
孔子大辞典 Großes Lexikon des Konfuzius
张岱年 主编 Zhang Dainian (Hrsg.)
上海: 上海辞书出版社, 1993 年
1126,33 页
歌德 (张继尧), 页 1029 → Goethe (Zhang Jiyao), S. 1029
论点摘要: 魏玛的孔夫子, 即 "歌德", 页 1029 → Der Weimarer Konfuzius, d. i. Goethe, S. 1029

91.
实用百科全书 Lexikon für praktische Anwendung universalen Wissens
《实用百科全书》编委会 编
台北市: 开明书店, 1993 年
1582 页, 4000 册
歌德, 页 697 → Goethe, S. 697
《少年维特之烦恼》, 页 698 → Die Leiden des jungen Werther, S. 698

92.
世界百科著作辞典 Universallexikon für die Werke der Weltliteratur
汝信 主编 Ru Xin (Hrsg.)
北京: 中国工人出版社, 1993 年
599 页, 4351 册
歌德谈话录 (姜晓云), 页 69 → Gespräche mit Goethe (Jiang Xiaoyun), S.
浮士德 (钟安玉), 页 308 → Faust (Zhong Anyu), S. 308

93.
外国大事典 Lexikon großer Ereignisse des Auslands
吴富恒 主编 Wu Fuheng (Hrsg.)
北京: 中华工商联合出版社, 1993 年
1317 页, 3000 册
德国狂飙突进运动 (傅地红), 页 242-243 → Die deutsche Bewegung des Sturm und Drang (Fu Dihong), S. 242-243
德国浪漫主义 (傅地红), 页 280-282 → Die deutsche Romantik (Fu Dihong), S. 280-282

94.
西方典故 Geschichten und Textstellen als Anspielungen aus westlichen Schriften
李忠清 主编 Li Zhongqing (Hrsg.)
南昌: 江西教育出版社, 1993 年
852 页, 2000 册
浮士德, 页 187 → Faust, S. 187
维特与绿蒂, 页 516 → Werther und Lotte, S. 516

95.
西方文学作品评析辞典, 第三卷 Lexikon der Erläuterungen zu westlichen Literaturwerken, Bd. III
任秉义 编著 Ren Bingyi (Verf.)
长春: 吉林教育出版社, 1993 年
682 页, 1000 册
歌德 Goethe
埃格蒙特, 页 32 → Egmont, S. 32
浮士德, 页 176 → Faust, S. 176
赫尔曼与窦绿苔, 页 255 → Hermann und Dorothea, S. 255
亲和力, 页 473 → Die Wahlverwandtschaften, S. 473
少年维特的烦恼, 页 503 → Die Leiden des jungen Werther, S. 503
诗与真, 页 518 → Dichtung und Wahrheit, S. 518
铁手骑士葛兹·封·贝利欣格, 页 557 → Götz von Berlichingen mit der eisernen Hand, S. 557
托夸多·塔索, 页 360 → Torquato Tasso, S. 560
威廉·麦斯特的学习时代, 页 576 → Wilhelm Meisters Lehrjahre, S. 576

威廉·麦斯特的漫游时代, 页 580 → Wilhelm Meisters Wanderjahre (Zheng Shoukang), S. 580

伊菲格涅亚在陶里斯, 页 637 → Iphigenie auf Tauris, übers. v. Qian Chunqi, S. 637

意大利游记, 页 641 → Italienische Reise, S. 641

96.
中国成人教育百科全书,文学艺术卷 Universallexikon der Erwachsenenbildung in China, Bd. für Literatur und Kunst
林崇德、姜璐、王德胜 主编 Lin Chongde, Jiang Lu u. Wang Desheng (Hrsg.)
海口市: 南海出版公司, 1993 年
934 页, 3370 册
德国文学, 页 652 → Deutsche Literatur, S. 652
狂飙突进运动, 页 654 → Sturm und Drang, S. 654
歌德, 页 655 → Goethe, S. 655

97.
中国读书大辞典 Großes chinesisches Lexikon über das Lesen
王余光、徐雁 主编 Wang Yuguang u. Xu Yan (Hrsg.)
南京: 南京大学出版社, 1993 年
1474 页, 16500 册, 1994 年第 2 版
歌德读书, 页 179 → Goethes Lektüre, S. 179
德国第一部闻名欧洲的中篇小说《少年维特之烦恼》, 页 579 → Die erste deutsche Novelle, die europaweit bekannt wurde: Die Leiden des jungen Werther, S. 579
世界上写作时间最长的诗剧, 页 579 → Das Versdrama mit der längsten Schreibdauer der Welt, S. 579
《歌德谈话录》, 页 1345 → Gespräche mit Goethe, S. 1345
浮士德, 页 703 → Faust, S. 703
《浮士德》, 页 1342 → *Faust*, S. 1342
朱光潜喜爱的中外图书: 歌德的《浮士德》, 页 769-770 → Zhu Guangqian's Lieblingsbücher der in- und ausländischen Literatur: davon Goethes *Faust*, S. 769-770

台湾 30 年来的 30 本畅销书: 歌德的《少年维特的烦恼》, 页 776 → 30 Bestseller der letzten 30 Jahre in Taiwan: davon Goethes *Leiden des jungen Werther*, S. 776
托马斯·曼喜爱的书: 歌德的《威廉·迈斯特的学徒时期》, 页 791 → Thomas Manns Lieblingsbücher: Goethes Wilhelm Meisters Lehrjahre, S. 791
卡尔　加摩喜爱的书: 歌德的《浮士德》, 页 792-793 → Carl Carmers Lieblingsbücher: davon Goethes Faust, S. 792-793
影响列夫·托尔斯泰的书: 歌德的《赫尔曼与窦绿苔》, 页 787 → Bücher, die Lew Tolstoi beeinflusst haben: davon Goethes *Hermann und Dorothea*, S. 787
毛姆喜爱的书: 歌德的《威廉·迈斯特》,·页 782 → William S. Maughams (1874-1965) Lieblingsbücher: davon Goethes *Wilhelm Meister*, S. 782
全世界被翻译成最多语种的书籍(据联合国科教文组织 1979 年 3 月中旬在巴黎宣布): 歌德为 33 种, 页 748 → Bücher, die in die meisten Sprachen übersetzt wurden (laut UNESCO von Mitte März 1979), darunter 33 Werke von Goethe, S. 748
人类有史以来的二十本最佳书(据美国生活杂志社 1985 年统计): 歌德的《浮士德》, 页 765 → Die 20 besten Bücher in der Geschichte der Menschheit (laut Statistik der amerikanischen Zeitschrift *Life* von 1985): darunter Goethes *Faust*, S. 765
海外被禁止过的世界名著(据美国学者安妮·海特《古今禁书》统计): 歌德的《少年维特的烦恼》, 页 765 → Weltberühmte Bücher im Ausland, die verboten wurden (laut Statistik der amerikanischen Gelehrte Anny Heithes *Verbotene Bücher in Vergangenheit und Gegenwart*), darunter Goethes Leiden des jungen Werther, S. 765

1994 年
98.
儿童辞海 Enzyklopädie für Kinder
上海: 上海辞书出版社, 1994 年
1995 年第 2 版
856 页, 60001-90000 册
歌德, 页 641 → Goethe, S. 641

99.
世界文化辞典 Lexikon der Weltkulturen
裘克安、洪永珊 主编 Qiu Ke'an u. Hong Yongshan (Hrsg.)
南昌: 江西教育出版社, 1994 年
1464+246 页, 1275 册
歌德故居, 页 126 → Das Goethehaus, S. 126
歌德, 页 626 → Goethe, S. 626

100.
外国文学小百科 Kleines Lexikon der ausländischen Literatur
孟庆文、陆家齐 主编 Meng Qingwen u. Lu Jiaqi (Hrsg.)
天津: 天津教育出版社, 1994 年
612 页, 2000 册
浮士德的传说, 梁葆成译, 页 155 → Überlieferung des Faust, übers. v. Liang Baocheng, S. 155
歌德, 佟孝功译, 页 163-164 → Goethe, übers. v. Tong Xiaogong, S. 163-164
歌德最伟大的作品《浮士德》, 佟孝功译, 页 164-165 → Goethes größtes Werk *Faust*, übers. v. Tong Xiaogong, S. 164-165

101.
文艺源流辞典 Lexikon von Ursprung und Entwicklung der Literatur und Kunst
陆贵山 主编 Lu Guishan (Hrsg.)
北京: 文化艺术出版社, 1994 年
1170 页, 1000 册
狂飙突进运动(黄光辉), 页 272 → Sturm und Drang (Huang Guanghui), S. 272

102.
西方文学理论大辞典 Großes Lexikon westlicher Literaturtheorien
杨荫隆 主编 Yang Yinlong (Hrsg.)
长春: 吉林文史出版社, 1994 年
1470 页, 1290 册
歌德, 页 1413-1414 → Goethe, S. 1413-1414
《歌德与拜伦》, [波] 密茨凯维奇 著, 页 1415 → *Goethe und Byron* (Mickiewicz, Adam, 1798-1855), S. 1415

歌德谈话录》, 页 1416 → Gespräche mit Goethe, S. 1416
《歌德自传——诗与真》, 页 1417 → Aus meinem Leben: Dichtung und Wahrheit, S. 1417
《歌德的格言和感想录》, 页 1417-1418 → Goethes Maximen und Reflexionen, S. 1417-1418

103.
语文百科大典 Universallexikon der chinesischen Philologie
郑振涛 主编 Zheng Zhentao (Hrsg.)
北京: 国际文化出版公司, 1994 年
1996 年印, 711 页, 3000 册
浮士德, 页 121 → Faust, S. 121
歌德, 页 133 → Goethe, S. 133

1995 年
104.
精神文明大典 Großes Lexikon der geistigen Zivilisation
郭建模、王智钧 主编 Guo Jianmo u. Wang Zhijun (Hrsg.)
北京: 华夏出版社, 1995 年
1171+38 页, 4000 册
浮士德, 页 669 → Faust, S. 669
歌德, 页 690 → Goethe, S. 690

105.
外国典故辞典 Lexikon der Anspielungen in der ausländischen Literatur
林书武 主编 Lin Shuwu (Hrsg.)
上海: 上海辞书出版社, 1995 年
396 页, 10000 册
浮士德的灵魂, 页 113 → Fausts Seele, S. 113

106.
中国大百科全书 (精华本), 卷 III → Chinesische Enzyklopädie (eine Kurzfassung), Bd. III
《中国大百科全书》编辑部 编 Redaktion der *Chinesischen Enzyklopädie* (Verf.)
北京: 中国大百科全书出版社, 1995 年
歌德, 页 1538 → Goethe, S. 1538

107.
中国大学生百科全书 Enzyklopädie für
　　chinesische Studenten
李长喜 等主编 Li Changxi (Hrsg.)
沈阳: 辽宁教育出版社, 1995 年
1784 页, 2000 册
少年维特之烦恼, 页 1222 → Die Leiden des
　　jungen Werther, S. 1222
浮士德, 页 1223 → Faust, S. 1223

1996 年
108.
少年知识大全 (修订本) Universales Wissen für
　　Kinder (neubearbeitete Ausgabe)
茅以升 主编 Mao Yisheng (Hrsg.)
武汉: 湖北少年儿童出版社, 1996 年
1208 页, 20420 册
歌德, 页 616 → Goethe, S. 616

109.
外国象征典故辞典 Lexikon ausländischer
　　Symbole und Anspielungen
曹乃云 编译 Cao Naiyun (Übers.)
沈阳: 辽宁人民出版社, 1996 年
浮士德——让"海伦"来解救自己, 页 369-371,
　　字数 1875 → Faust – läßt sich von „Helena"
　　retten, S. 369-371, 1875 Wörter

110.
中国大百科全书 (青少年版) Chinesische
　　Enzyklopädie (für Jugendliche)
《中国大百科全书》编辑部 编 Redaktion der
　　Chinesischen Enzyklopädie (Verf.)
郑州: 海燕出版社, 1996 年
共 10 卷, 10000 册
第 2 卷 Bd. II
浮士德, 页 584 → Faust, S. 584
第 3 卷 Bd. III
歌德, 页 85-86 → Goethe, S. 85-86
第 6 卷 Bd. VI
少年维特之烦恼, 页 475-476 → Die Leiden des
　　jungen Werther, S. 475-476

111.
中国大学生百科知识 Universale Kenntnisse für
　　chinesische Studenten
田保传、陶国富、黄晞建 主编 Tian Baochuan,
　　Tao Guofu u. Huang Xijian (Hrsg.)
上海: 同济大学出版社, 1996 年
1189 页, 4000 册
浮士德, 页 412 → Faust, S. 412

1997 年
112.
青年必读书手册 Handbuch der Werke als
　　Pflichtlektüre für Jugendliche
方洲 主编 Fang Zhou (Hrsg.)
北京: 中国青年出版社, 1997 年
655 页, 1998 年第 2 版, 2009 年第 3 版, 110000-
　　115000 册
外国文学 Die deutsche Literatur
《少年维特之烦恼》, 页 253-258 → Die Leiden
　　des jungen Werther, S. 253-258

113.
新世纪中学生百科全书 Universallexikon des
　　neuen Jahrhunderts für Mittelschüler
金学方、单纪夫 主编 Jin Xuefang u. Shan Jifu
　　(Hrsg.)
北京: 中国大百科全书出版社, 1997 年
776 页, 10000 册
歌德, 页 91 → Goethe, S. 91

114.
中外作家作品简表 Tabellarische Übersicht über
　　Werke chinesischer und ausländischer
　　Schriftsteller
张建均 著 Zhang Jianjun (Verf.)
天津: 百花文艺出版社, 1997 年
377 页, 10000 册
歌德 Goethe
少年维特之烦恼, 页 244 → Die Leiden des
　　jungen Werther, S. 244
浮士德, 页 244 → Faust, S. 244

1998 年

115.
简明华夏百科全书 (共 8 卷) Kleines chinesisches Universallexikon (8 Bde.)
《简明华夏百科全书》总编辑委员会 编著
学术委员会主任委员: 于光远, 编辑委员会主任委员: 吴明瑜
北京: 华夏出版社, 1998 年
第 2 卷
歌德, 页 466 → Goethe, S. 466

116.
世界历史名人谱 Lexikon berühmter Personen der Weltgeschichte
朱庭光 主编 Zhu Tingguang (Hrsg.)
北京: 人民出版社, 1998 年
10000 册
近代卷 IV → Bd. IV: Neuere Zeit
程西筠 分卷主编 Cheng Xiyun (Bandhrsg.)
歌德 (姜德昌), 页 144-147 → Goethe (Jiang Dechang), S. 144-147

117.
世界文化辞典 Lexikon der Weltkulturen
裘克安、洪永珊 主编 Qiu Ke'an u. Hong Yongshan (Hrsg.)
南昌: 江西教育出版社, 1998 年
761+124 页, 2250 册
编者附注: 1994 年初版.
歌德故居, 页 67 → Das Goethe-Haus, S. 67
歌德, 页 327 → Goethe, S. 327
歌德之家, 页 558 → Goethes Familie, S. 558

118.
世界知识大辞典 (修订本) Großes Lexikon des Weltwissens (neubearbeitete Ausgabe)
安国珍、郭崇立、杨振武 主编 An Guozhen, Guo Chongli, Yang Zhenwu (Hrsg.)
北京: 世界知识出版社, 1998 年
1876 页, 11000 册
浮士德, 页 452 → Faust, S. 452
歌德, 页 483 → Goethe, S. 483

119.
新世纪百科全书 (全 12 卷) Universallexikon des neuen Jahrhunderts (12 Bde.)
张百龄 (出版人) Zhang Bailing (Verleger)
香港: 龄记出版有限公司, 1998 年
《浮士德》, 页 1417 → Faust, S. 1417
歌德, 页 1538 → Goethe, S. 1538

120.
袖珍中外名著手册 Handbuch für berühmte Werke des In- und Auslands
陈红春、胡菲菲 编 Chen Hongchun u. Hu Feifei (Verf.)
上海: 上海文化出版社, 1998 年
五角丛书; 5 (袖珍西方名著手册, 页 187-382)
1999 年再版, 10001-14500 册
《歌德谈话录》, 页 248 → Gespräche mit Goethe, S. 248

121.
中华小百科全书 Kleines chinesisches Universallexikon
童懋林 主编 Tong Maolin (Hrsg.)
成都: 四川辞书出版社, 1998 年
语言文字卷, 文学卷 Band für Sprache und Literatur
歌德, 页 544 → Goethe, S. 544
浮士德, 页 549 → Faust, S. 549
狂飙突进运动, 页 550 → Sturm und Drang, S. 550

1999 年

122.
辞海 Enzyklopädie
辞海编辑委员会 编纂
上海: 上海辞书出版社, 1999 年
赵氏孤儿, 页 5507 → Das chinesische Drama *Zhao shi gu er* (Der Waise namens Zhao), S. 5507
编者提示: 涉及歌德的仅一句话: 18 世纪, 法国伏尔泰、德国歌德曾分别将其改编为《中国孤儿》及《埃尔佩诺》。

123.
美学与美育词典 Lexikon für Ästhetik, ästhetische Erziehung und Bildung
顾建华、张占国 主编 Gu Jianhua u. Zhang Zhanguo (Hrsg.)
北京: 学苑出版社, 1999 年
新编实用知识词典丛书, 何立主编
467 页, 4000 册
歌德, 页 164 → Goethe, S. 164

124.
世界旅游名胜词典 Touristik-Lexikon der Sehenswürdigkeiten der Welt
孙宝玉、雷景魁 主编 Sun Baoyu u. Lei Jingkui (Hrsg.)
北京: 中国旅游出版社, 1999 年
1118 页, 5100 册
法兰克福 (谈到歌德故居), 页 343 → Frankfurt (über Goethes Geburtshaus), S. 343
歌德郊外寓所, 页 345 → Das Goethe-Haus am Vorort der Stadt, S. 345
魏玛, 页 365 → Weimar, S. 365

125.
世界诗学百科全书 Lexikon der Poetik der Welt
周式中、孙宏、谭天健、雷树田 主编 Zhou Shizhong, Sun Hong, Tan Tianjian u. Lei Shutian (Hrsg.)
西安: 陕西人民出版社, 1999 年
1032 页, 4000 册
古典主义 Klassik
(有关歌德, 页 211 → Über Goethe, S. 211)
浪漫主义 Romantik
(有关歌德, 页 308 → Über Goethe, S. 308)

126.
世界小百科全书 (共四册) Kleines Universallexikon der Welt (4 Bde.)
李树藩、王新 主编 Li Shufan u. Wang Xin (Hrsg.)
长春: 吉林人民出版社, 1999 年
第三卷 Bd. III
欧洲 主编 Ou Zhou (Hrsg.)
文化·文学, 德国 Kultur und Literatur, Deutschland
歌德, 页 270 → Goethe, S. 270

127.
文学词典 Literaturlexikon
徐迺翔、张晨辉 主编 Xu Naixiang u. Zhang Chenhui (Hrsg.)
北京: 学苑出版社, 1999 年
新编实用知识词典丛书, 何立主编
563 页, 4000 册
歌德, 页 393 → Goethe, S. 393
《浮士德》, 页 445 → Faust, S. 445

128.
新世纪领导干部百科全书 (第六卷) Lexikon für führende Funktionäre des neuen Jahrhunderts, (Bd. XI)
秦玉琴 主编 Qin Yuqin (Hrsg.)
北京: 中国言实出版社, 1999 年
新世纪百科大系
3000 册
歌德, 页 4186 → Goethe, S. 4186
《浮士德》, 页 4239 → Faust, S. 4239

129.
中国百科大辞典 (全 10 册) Großes chinesisches Universallexikon (10 Bde.)
王伯恭 主编 Wang Bogong (Hrsg.)
北京: 中国大百科全书出版社, 1999 年
国家"九五"重点图书
5000 册, 2000 年再版
第 2 册 Bd. II
浮士德, 页 1530 → Faust, S. 1530
第 3 册 Bd. III
歌德, 页 1679 → Goethe, S. 1679
歌德故居, 页 1680 → Das Goethehaus, S. 1680
第 6 册 Bd. VI
少年维特之烦恼, 页 4678 → Die Leiden des jungen Werther, S. 4678

130.
外国文学名著赏析词典 (修订本) Wörterbuch zur Erläuterung berühmter Werke der ausländischen Literatur
怀文 主编 Huai Wen (Hrsg.)
杭州: 浙江文艺出版社, 1999 年
1003 页, 15000 册

德国文学 Die deutsche Literatur
少年维特之烦恼, 页 338 → Die Leiden des jungen Werther, S. 338
浮士德, 页 341 → Faust, S. 341

2000年

131.
简明巴金词典 Kleines Lexikon des Schriftstellers Ba Jin
汪应果、吕周聚 主编 Wang Yingguo u. Lü Zhouju (Hrsg.)
兰州: 甘肃教育出版社, 2000 年
七、译介作品 Übersetzte Werke
浮士德的路, 页 350-351, 字数 421 → Fausts Weg, S. 350-351, 421 Wörter

132.
科学家大辞典 Großes Lexikon bedeutender Wissenschaftler
张奠宙 等 主编 Zhang Dianzhou u. a. (Hrsg.)
上海: 上海辞书出版社, 上海科技教育出版社, 2000 年
1111 页, 3000 册
歌德, 页 294 → Goethe, S. 294
论点摘要: 颜色学(1805-1810)一书批驳了牛顿关于白光是组合光的论证, 且设想对白光的纯感觉由简单的、非化合物的物质所引起; 书中成功地阐述了生理颜色, 认为生理颜色更依赖于眼睛的条件而不是照明, 对颜色作了心理学研究。

133.
世界文学术语大辞典 (1) Großes Lexikon der Terminologien der Weltliteratur
陈慧、黄宏旭 主编 Chen Hui u. Huang Hongxu (Hrsg.)
石家庄: 河北教育出版社, 2000 年
862 页
德国"古典"文学, 页 408 → Die Literatur der deutschen Klassik, S. 408
浮士德主题, 页 434 → Faust als Motiv, S. 434
歌德派, 页 442 → Die Goethe-Schule, S. 442
古典主义, 页 447 → Klassik, S. 447

2001年

134.
汉英文化教育词典 Chinesisch-Englisches Wörterbuch für Kultur und Pädagogik
李开荣 主编 Li Kairong (Hrsg.)
北京: 中国书籍出版社, 2001 年
双语词典
3. 外国文学名著 Berühmte Werke ausländischer Literatur
浮士德, 页 269, 字数 12 → Faust, S. 269, 12 Wörter

135.
莎士比亚大辞典 Großes Shakespeare-Lexikon
张泗洋 主编 Zhang Siyang (Hrsg.)
北京: 商务印书馆, 2001 年
1538 页
歌德 (谈歌德对莎氏的推崇), 页 1163 → Goethe (über Goethes Hochschätzung Shakespeares), S. 1163

136.
新编文史地辞典 Neubearbeitetes Lexikon für Literatur, Geschichte und Philosophie
王嘉良、张继定 主编 Wang Jialiang u. Zhang Jiding (Hrsg.)
杭州: 浙江人民出版社, 2001 年
854 页, 5000 册
歌德, 页 247 → Goethe, S. 247
《浮士德》, 页 247 → Faust, S. 247

137.
中国袖珍百科全书 (16 卷) Das chinesische Universalhandbuch (16 Bde)
李学文、李彰宇 主编 Li Xuewen u. Li Zhangyu (Hrsg.)
北京: 长城出版社, 2001 年
第六卷: 外国文学、文艺卷
德国文学 die deutsche Literatur
少年维特之烦恼, 页 2695 → Die Leiden des jungen Werther, S. 2695

威廉·麦斯特, 页 2705 → Wilhelm Meister, S. 2705

浮士德, 页 2709 → Faust, S. 2709

歌德, 页 2714 → Goethe, S. 2714

德国文学, 页 2717 → Die deutsche Literatur, S. 2717

2002年

138.

世界名人博物馆 (彩图版) Museum weltberühmter Persönlichkeiten (farbillustr.)

《全景博物馆丛书》编委会 编纂

郑州: 海燕出版社, 2002 年

全景博物馆丛书

451 页, 9000 册

歌德, 页 234-237 → Goethe, S. 234-237

少年的梦幻, 页 234 → Kindheitsträume, S. 234

激情的大学时代, 页 234 → Emotion und Leidenschaft in der Studienzeit, S. 234

创作《少年维特之烦恼》, 页 192 → Arbeit an den *Leiden des jungen Werther*, S. 192

在魏玛的乐与忧, 页 236 → Freud und Leid in der Weimarer Zeit, S. 236

晚年创作《浮士德》, 页 237 → Das Spätwerk Faust, S. 237

大事年表, 页 237 → Chronik, S. 237

编者附言: 有两个观点错误, 其一:《浮士德》系作者倾毕生心血(60 年)而非仅仅晚年之作; 其二: 歌德是古典主义的代表人物而不是摆脱其影响 (他使德国文学摆脱宫廷文学和古典主义的影响, 走向一个新的高峰)。

139.

外国名作家大典 Großes Lexikon berühmter ausländischer Literatur

张英伦、吕同六、钱善行、胡湛珍、高莽 主编 Zhang Yinglun, Lü Tongliu, Qian Shanxing, Hu Zhanzhen u. Gao Mang (Hrsg.)

北京: 金城出版社, 2002 年

560 页, 1100 册

歌德 (陈恕林), 页 330 → Goethe (Chen Shulin), S. 330

140.

中国大百科全书 (精华本), 卷 II Chinesisches Universallexikon (eine Kurzfassung), Bd. II

《中国大百科全书》编辑部 编 Redaktion der *Chinesischen Enzyklopädie* (Verf.)

北京: 中国大百科全书出版社, 2002 年

歌德, 页 1231 → Goethe, S. 1231

2003年

141.

世界电影鉴赏辞典 (四编) Lexikon der Filme der Welt mit Interpretationen

郑雪来 主编 Zheng Xuelai (Hrsg.)

福州: 福建教育出版社, 2003 年

浮士德——一个德国民间传说, 页 27-33, 字数 6809 → Faust, eine deutsche Volkssage, S. 27-33, Schriftzeichen 6809

2004年

142.

师典 Kanon für Lehrer

吴圣苓 总主编 Wu Shengling (Hauptrsg.)

刘国平、陈雪良、黄良汉 主编 Liu Guoping, Chen Xueliang u. Huang Lianghan (Hrsg.)

上海: 上海人民出版社, 2004 年

1542 页, 同年第 2 次印刷, 5101-7200 册

赫尔德尔与歌德, 页 1227-1228 → Herder und Goethe, S. 1227-1228

浮士德式的人物, 页 1323-1324 → Eine Gestalt wie Faust, S. 1323-1324

143.

中学语文学习百科辞典 Universallexikon für Spracherwerb der Mittelschüler

陆文彬、杨家驹 主编 Lu Wenbin u. Yang Jiaju (Hrsg.)

上海: 汉语大词典出版社, 2004 年

817 页, 5100 册

歌德, 页 118 → Goethe, S. 118

少年维特的烦恼, 页 143 → Die Leiden des jungen Werther, S. 143

浮士德, 页 147 → Faust, S. 147

2005年

144.
世界历史百科全书, 文学艺术卷 Encyclopedia of World History, Bd. Literatur und Kunst
徐寒 主编 Xu Han (Hrsg.)
长春: 吉林文史出版社, 2005 年
11, 583 页
狂飙突进, 页 4 → Sturm und Drang, S. 4
歌德, 页 42 → Goethe, S. 42
浮士德, 页 125 → Faust, S. 125

145.
外国文学名著阅读手册 Handbuch für die Lektüre berühmter Werke ausländischer Literatur
何淑英、张玉娟 主编 He Shuying u. Zhang Yujuan (Hrsg.)
杭州: 浙江少年儿童出版社, 2005 年
《少年维特的烦恼》, 页 319 → Die Leiden des jungen Werther, S. 319
《浮士德》, 页 322 → Faust, S. 322

2006年

146.
大辞海, 外国文学卷 Große Enzyklopädie, Bd. für ausländische Literatur
夏征农 主编 Xia Zhengnong (Hrsg.)
草婴、夏仲翼、谭晶华、翟象俊、陈建华 分科主编 Cao Ying, Xia Zhongyi, Tan Jinghua, Zhai Xiangjun u. Chen Jianhua (Bandhrsg.)
上海: 上海辞书出版社, 2006 年
653 页, 2008 年重印
歌德 (袁志英编写), 页 192 → Goethe (Yuan Zhiying), S. 192
葛兹 (袁志英编写), 192 → Götz von Berlichingen (Yuan Zhiying), S. 192
浮士德 (袁志英编写), 页 192 → Faust (Yuan Zhiying), S. 192
少年维特的烦恼 (袁志英编写), 页 192 → Die Leiden des jungen Werther (Yuan Zhiying), S. 192
哀格蒙特 (袁志英编写), 页 193 → Egmont (Yuan Zhiying), S. 193
埃克曼 (袁志英编写), 页 200 → Eckermann, Johann Peter (1792-1854)(Yuan Zhiying), S. 200

2007年

147.
欧洲历史大辞典 (全二册) Großes Lexikon der europäischen Geschichte (2 Bde.)
王觉非 主编 Wang Juefei (Hrsg.)
上海: 上海辞书出版社, 2007 年
2024 页
歌德, 页 929 → Goethe, S. 929

148.
世界文学名著速读手册 (彩图版) Handbuch berühmter Werke der Weltliteratur zur schnellen Lektüre
贾娟、龚自亮 编著 Jia Juan u. Gong Ziliang (Verf.)
北京: 中国书店, 2007 年
476 页
小说 Romane:
少年维特之烦恼, 页 104 → Die Leiden des jungen Werther, S. 104
戏剧 Dramen:
浮士德, 页 379 → Faust, S. 379

149.
哲学大辞典 (上下册), 分类修订本 Großes Lexikon der Philosophie (Bd. I u. II)
金炳华 主编 Jin Binghua (Hrsg.)
上海: 上海辞书出版社, 2007 年
2156 页, 2008 年重印
歌德, 页 722 → Goethe, S. 722
歌德的格言和感想集, 页 746 → Goethes Maximen und Reflexionen, S. 746
歌德谈话录, 页 747 → Gespräche mit Goethe, S. 747

2008年

150.
外国哲学大辞典 Großes Lexikon für ausländische Philosophie
冯契、徐孝通 主编 Feng Qi u. Xu Xiaotong (Hrsg.)
上海: 上海辞书出版社, 2008 年
870 页
歌德, 页 495 → Goethe, S. 495

2009年

151.
世界经典一本通 Umfassende Kenntnisse klassischer Werke der Weltliteratur, in einem Band vorgestellt
利汶桦 编著 Li Wenhua (Verf.)
北京: 中国言实出版社, 2009 年
不可不知的世界名著大全
345 页
理性的穿越——歌德的《浮士德》, 页 202-205 → Durchdringen der Vernunft – Goethes *Faust*, S. 202-205

152.
世界文学.com (e 时代百科全书)
孙鹏 编著 Sun Peng (Hrsg.)
合肥: 安徽文艺出版社, 2009 年
467 页
德国文学的巅峰——歌德, 页 191 → Goethe: der Gipfel der deutschen Literatur, S. 191
苦涩的爱情——《少年维特的烦恼》, 页 192 → *Die Leiden des jungen Werther*: eine unglückliche Liebe, S. 192
永不满足的追求者——《浮士德》, 页 193 → *Faust*, der ständig Suchende, S. 193

153.
演讲名篇鉴赏辞典 Lexikon berühmter Vorträge
刘德强 主编 Liu Deqiang (Hrsg.)
上海: 上海辞书出版社, 2009 年
莎士比亚纪念日的讲话(1771 年 10 月 14 日), 页 88 → Zum Shakespeare-Tag (WA [I], 37, S. 127), S. 88
我们全都是些集体性人物 (1832 年 2 月 17 日), 页 159

154.
中外古典文学名作鉴赏辞典 Lexikon berühmter Literaturwerke der in- und ausländischen Klassik
李子光、符玲美 主编 Li Ziguang u. Fu Lingmei (Hrsg.)
北京: 同心出版社, 2009 年
1100 页
歌德: 浮士德 (节选) → Goethe: Faust (Ausz.)
内容提示, 页 954 → Inhaltsangabe, S. 954
城门外, 董问樵译, 页 955 → Vor dem Tor, übers. v. Dong Wenqiao, S. 955
赏析 (李小梅、毅夫), 页 963-965 → Interpretation (Li Xiaomei u. Yi Fu), S. 963-965

2010年

155.
世界历史百科精编 Lexikon der Weltgeschichte in sorgfältiger Auswahl
徐寒 主编 Xu Han (Hrsg.)
北京: 中国书店, 2010 年
中华藏书百部
第三部: 世界历史, 文化文学 Teil III: Weltgeschichte, Kultur und Literatur
第七篇: 文学家 Kapitel: VII: Schriftsteller
歌德, 页 782 → Goethe, S. 782

156.
外国散文鉴赏辞典, I, 古近代卷 Lexikon ausländischer Prosatexte mit Interpretationen
崔宝衡 主编 Cui Baoheng (Hrsg.)
王海波 副主编 Wang Haibo (Mithrsg.)
上海: 上海辞书出版社, 2010 年
外国文学鉴赏辞典大系
994 页
歌德 Goethe
初遇歌德, 李伯杰译, 石梅芳析, 页 71 → Erste Begegnung mit Goethe, übers. v. Li Bojie, interpretiert v. Shi Meifang, S. 71
莎士比亚纪念日的讲话, 史兆瑜译, 石梅芳析, 页 74 → Zum Schäkespears [Shakespeare] Tag (WA [I], Bd. 37, S.127), übers. v. Shi Zhaoyu, kommentiert v. Shi Meifang, S. 74
一对奇怪的小邻居, 杨武能译, 石梅芳析, 页 79 → Die wunderlichen Nachbarskinder, übers. v. Yang Wuneng, kommentiert v. Shi Meifang, S. 79
商人与律师, 杨武能译, 王旭峰析, 页 86 → Händler und Rechtsanwälte, übers. v. Yang Wuneng, interpretiert v. Wang Xufeng, S. 86

157.
外国诗歌鉴赏辞典, 第 2 册: 近代卷 Lexikon ausländischer Gedichte mit Interpretationen
彭少健 主编 Peng Shaojian (Hrsg.)
上海: 上海辞书出版社, 2009-2010 年
外国文学鉴赏辞典大系
精装; 1253 页
附注: 歌德诗选及评论详见上卷第一编译诗目

158.
外国小说鉴赏辞典, 古代至 19 世纪/中期卷 Lexikon ausländischer Romane mit Interpretationen, von der Antike bis zum 19. Jahrhundert
张融 主编 Zhang Rong (Hrsg.)
田全金 副主编 Tian Quanjin (Mithrsg.)
上海: 上海辞书出版社, 2009 年
外国文学鉴赏辞典大系, 陈建华、彭卫国总主编
1054 页
歌德 Goethe:
少年维特的烦恼, 杨武能译, 张素玫赏析, 页 43-54 → Die Leiden des jungen Werther, übers. v. Yang Wuneng, interpretiert v. Zhang Sumei, S. 43-54
威廉·迈斯特的学习时代, 冯至、姚可昆译, 王国庆、和丽伟赏析, 页 54-64 → Wilhelm Meisters Lehrjahre, übers. v. Feng Zhi u. Yao Kekun, interpretiert v. Wang Guoqing u. He Liwei, S. 54-64
亲和力, 董问樵、王佩莉、林伟中译, 刘永赏析, 页 65-75 → Die Wahlverwandtschaften, übers. v. Dong Wenqiao, Wang Peili u. Lin Weizhong, interpretiert v. Liu Yong, S. 65-75

159.
外国戏剧鉴赏辞典, 第 2 册: 近代卷 Lexikon ausländischer Dramen mit Interpretationen
刘亚丁 主编 Liu Yading (Hrsg.)
上海: 上海辞书出版社, 2009-2010 年
外国文学鉴赏辞典大系
1238 页
浮士德, 页 176-190 → Faust, S. 176-190

160.
外国传记鉴赏辞典 Lexikon ausländischer Biographien mit Interpretationen
杨正润 主编 Yang Zhengrun (Hrsg.)
上海: 上海辞书出版社, 2009 年
外国文学鉴赏辞典大系
1138 页
诗与真, 页 95-104 → Dichtung und Wahrheit, S. 95-104
歌德谈话录, 页 104-121 → Gespräche mit Goethe, S. 104-121

2010 年

161.
德语文学辞典: 作家与作品 Lexikon deutschsprachiger Literatur. Schriftsteller und Werke
卫茂平 主编 Wei Maoping (Hrsg.)
谢建文 副主编 Xie Jianwen (Mithrsg.)
上海: 复旦大学出版社, 2010 年
文学辞典系列
526 页
歌德, 约翰·沃尔夫冈·封, 页 127 → Goethe, Johann Wolfgang von, S. 127
《铁手骑士葛茨·封·贝利欣格》, 页 128 → Götz von Berlichingen mit der eisernen Hand (1773), S. 128
《少年维特的烦恼》, 页 129 → Die Leiden des jungen Werther, 129
《陶里岛上的依菲几妮》, 页 130 → Iphigenie auf Tauris, S. 130
《埃格蒙特》, 页 131 → Egmont, S. 131
《托夸多·塔索》, 页 132 → Torquato Tasso, S. 132
《威廉·麦斯特的学习年代》, 页 133 → Wilhelm Meisters Lehrjahre, S. 133
《赫尔曼与窦绿苔》, 页 134 → Hermann und Dorothea, S. 134
《亲和力》, 页 135 → Die Wahlverwandtschaften, S. 135
《诗与真》, 页 136 → Dichtung und Wahrheit, S. 136
《威廉·迈斯特漫游年代》, 页 137 → Wilhelm Meisters Wanderjahre, S. 137
《浮士德》, 页 138 → Faust, S. 138

第一编: 辞书 Kapitel I: Lexika

162.
美学大辞典 Großes Lexikon der Ästhetik
朱立元 主编 Zhu Liyuan (Hrsg.)
上海: 上海辞书出版社, 2010 年
968 页
诗与真, 页 683 → Dichtung und Wahrheit, S. 683
与爱克曼谈话录, 页 684 → [Goethes] Gespräche mit Eckermann, S. 684
歌德谈话录, 页 684 → Gespräche mit Goethe, S. 684
歌德的格言和感想集, 页 684 → Goethes Maximen und Reflexionen, S. 684
箴言与回忆, 页 684

163.
外国戏剧鉴赏辞典,·二、近代卷 Lexikon ausländischer Dramen mit Interpretationen, Bd. II: Die neuere Zeit
刘亚丁 主编 Liu Yading (Hrsg.)
上海: 上海辞书出版社, 2010 年
浮士德, 字数 7807 → Faust, 7807 Wörter

2012年
164.
艺术美学辞典 Lexikon der Kunstästhetik
朱立元 主编 Zhu Liyuan (Hrsg.)
上海: 上海辞书出版社, 2012 年
698 页
古典的, 页 427 → Das Klassische, S. 427
浪漫的, 页 427 → Das Romantische, S. 427

2012年
165.
歌德作品鉴赏辞典 Lexikon zur Interpretation von Goethes Werkes
上海辞书出版社文学鉴赏辞典编纂中心编
上海: 上海辞书出版社, 2014 年
外国文学名家名作鉴赏辞典系列
诗歌 Gedichte
普罗米修斯, 飞白译, 飞白析, 页 9 → Prometheus, übers. u. kommentiert v. [Wang] Feibai, S. 9
猎人的晚歌, 飞白译, 飞白析, 页 13 → Jägers Abendlied, übers. u. kommentiert v. [Wang] Feibai, S. 13

浪游者的夜歌 "一切峰顶上", 飞白译, 飞白析, 页 15 → Wandrers Nachtlied „Über allen Gipfeln", übers. u. kommentiert v. [Wang] Feibai, S. 15
精灵王, 飞白译, 飞白析, 页 17 → Erlkönig, übers. u. kommentiert v. [Wang] Feibai, S. 17
迷娘曲 "你可知道那柠檬花开的南国", 飞白译, 飞白析, 页 20 → Mignon „Kennst Du das Land", übers. u. kommentiert v. [Wang] Feibai, S. 20
对月, 钱鸿嘉译, 沈喆析, 页 22 → An den Mond, übers. v. Qian Hongjia, kommentiert v. Shen Zhe, S. 22
银杏, 钱春绮译, 吴笛析, 页 26 → Gingo biloba, übers. v. Qian Chunqi, kommentiert v. Wu Di, S. 26
野玫瑰, 钱春绮译, 沈喆析, 页 28 Heidenröslein, übers. v. Qian Chunqi, kommentiert v. Shen Zhe, S. 28
任凭你在千钟形式里隐身, 冯至译, 沈喆析, 页 30 → In tausend Formen magst du dich verstecken, übers. v. Feng Zhi, kommentiert v. Shen Zhe, S. 30
中德四季晨昏杂咏, 杨武能译, 沈喆析, 页 33 → Chinesisch-Deutsche Jahres- und Tageszeiten (1-14), übers. v. Yang Wuneng, kommentiert v. Shen Zhe, S. 33
小说 Romane
少年维特的烦恼, 杨武能译, 张素玫析, 页 43 → Die Leiden des jungen Werther, übers. v. Yang Wuneng, kommentiert v. Zhang Sumei, S. 43
威廉·麦斯特的学习时代, 冯至、姚可昆译, 王国庆、和丽伟析, 页 58 → Wilhelm Meisters Lehrjahre, übers. v. Feng Zhi u. Yao Kekun, kommentiert v. Wang Guoqing u. He Liwei, S. 58
亲和力, 董问樵、王佩莉、林伟中译, 刘永析, 页 71 → Die Wahlverwandtschaften, übers. v. Dong Wenqiao, Wang Peili u. Lin Weizhong, kommentiert v. Liu Yong, S. 71
戏剧 Theaterstücke
铁手葛兹·封·贝利欣根, 章鹏高、汪久祥译, 丁巧瑞析, 页 89 → Götz von Berlichingen mit der eisernen Hand, übers. v. Zhang Penggao u. Wang Jiuyang, kommentiert v. Ding Qiaorui, S. 89

伊菲革涅亚在陶里斯岛，钱春绮译，丁巧瑞析，页 109 → Iphigenie auf Tauris, übers. v. Qian Chunqi, kommentiert v. Ding Qiaorui, S. 109

浮士德，钱春绮译，焦仲平析，页 129 → Faust, übers. v. Qian Chunqi, kommentiert v. Jiao Zhongping, S. 129

散文 Prosatexte

莎士比亚纪念日的讲话，史兆瑜译，石梅芳析，页 151 → Zum Schäkespears [Shakespeare] Tag (WA [I], Bd. 37, S.127), übers. v. Shi Zhaoyu, kommentiert v. Shi Meifang, S. 151

一对奇怪的小邻居，杨武能译，石梅芳析，页 158 → Die wunderlichen Nachbarskinder, übers. v. Yang Wuneng, kommentiert v. Shi Meifang, S. 158

商人与律师，杨武能译，王旭峰析，页 166 → Händler und Rechtsanwälte, übers. v. Yang Wuneng, kommentiert v. Wang Xufeng, S. 166

诗与真，刘思慕译，颜芳析，页 184 → Dichtung und Wahrheit, übers. v. Liu Simu, kommentiert v. Yan Fang, S. 184

附录：歌德生平与创作年表，木荧编，页 201 → Anhang: Goethes Leben und Werk in chronologischer Tabelle, zusammengestellt v. Mu Ying, S. 201

著者/编者索引 Index der Verfasser/Herausgeber

An Guozhen 安国珍 118
Bu Jian 卜健 78
Cao Naiyun 曹乃云 109
Cao Ying 草婴 146
Che Cheng'an 车成安 64
Chen Deli 陈德礼 89
Chen Hongchun 陈红春 120
Chen Hui 陈慧 133
Chen Huijun 陈慧君 36
Chen Jianhua 陈建华 146, 158
Chen Shulin 陈恕林 139
Chen Wei 陈伟 38
Chen Wenqing 陈文清 59
Chen Xiaobin 陈孝彬 34
Chen Xiaoxin 陈孝信 30
Chen Xueliang 陈雪良 142
Chen Yan 陈彦 87
Chen Yuan 陈远 87
Chen Zhoufang 陈周方 63
Chen Zidian 陈子典 66
Cheng Keyi 程克夷 77
Cheng Xiyun 程西筠 116
Cui Baoheng 崔宝衡 156
Diao Shaohua 刁绍华 62
Ding Jianhong 丁建弘 45
Ding Qiaorui 丁巧瑞 165
Ding Shouhe 丁守和 89
Dong Wenqiao 董问樵 154, 158, 165
Fan Bngqing 樊炳清 2
Fang Yi 方毅 7
Fang Zhou 方洲 112
Feng Lianhui 冯连惠 29
Feng Qi 冯契 150
Feng Tao 冯涛 89
Feng Zhi 冯至 158, 165
Fu Lingmei 符玲美 154
Fu Dihong 傅地红 93
Fu Jiaqin 傅家钦 43
Gao Mang 高莽 139
Gao Wenfeng 高文风 62
Gong Ziliang 龚自亮 148
Gu Fengcheng 顾凤城 5, 6

Gu Jianhua 顾建华 123
Gu Lianli 顾连理 47
Gu Xingyi 顾兴义 66
Guan Zhemin 关哲民 29
Guan Jingxu 管敬绪 60
Guo Chongli 郭崇立 118
Guo Jianmo 郭建模 104
Guo Shengming 郭圣铭 25
He Li 何立 123, 127
He Liwei 和丽伟 158, 165
He Shuying 何淑英 145
Hong Tianfu 洪天富 87
Hong Yongshan 洪永珊 99, 117
Hu Feifei 胡菲菲 120
Hu Gui 胡轨 27
Hu Zhanzhen 胡湛珍 139
Hu Zhengxue 胡正学 46
Hu Zhongchi 胡仲持 4
Huai Wen 怀文 130
Huang Guanghui 黄光辉 101
Huang Hongxu 黄宏旭 133
Huang Lianghan 黄良汉 142
Huang Shuxiong 黄书雄 89
Huang Taixiang 黄台香 28
Huang Xijian 黄晞建 111
Huang Zhuoyue 黄卓越 82
Jia Juan 贾娟 148
Jia Shuying 贾书瀛 73
Jiang Dechang 姜德昌 116
Jiang Lu 姜璐 96
Jiang Xiaoyun 姜晓云 92
Jiang Yiqing 姜逸清 73
Jiang Xijin 蒋锡金 65
Jiang Xiaowen 蒋小雯 74
Jiao Zhongping 焦仲平 165
Jin Binghua 金炳华 149
Jin Hua 金华 72
Jin Qizhen 金其桢 58
Jin Xuefang 金学方 113
Jin Wenhan 靳文翰 25
Lei Jingkui 雷景魁 124
Lei Shutian 雷树田 125
Li Bojie 李伯杰 156

Li Changxi 李长喜 107
Li Feng 李峰 75
Li Guangxi 李广熙 14
Li Kairong 李开荣 134
Li Mingmin 李明敏 74
Li Shufan 李树藩 126
Li Wenhua 利汶桦 151
Li Xiaomei 李小梅 154
Li Xuewen 李学文 137
Li Yuejin 黎跃进 46
Li Zehou 李泽厚 61
Li Zhangyu 李彰宇 137
Li Zhencun 李振村 56
Li Zhongqing 李忠清 94
Li Ziguang 李子光 154
Liang Baocheng 梁葆成 100
Lin Chongde 林崇德 79, 96
Lin Huanwen 林焕文 37
Lin Shuwu 林书武 105
Lin Weizhong 林伟中 158, 165
Lin Xianghua 林骧华 55
Lin Ying 林瀛 63
Liu Deqiang 刘德强 153
Liu Guoping 刘国平 142
Liu Senhui 刘森辉 77
Liu Simu 刘思慕 165
Liu Wenying 刘文英 40
Liu Yading 刘亚丁 159, 163
Liu Yong 刘永 158, 165
Lu Kanghua 卢康华 62
Lu Runxiang 卢润祥 81
Lu Erkui 陆尔奎 7
Lu Guishan 陆贵山 101
Lu Jiaqi 陆家齐 100
Luo Luo 罗洛 50
Luo Shuhua 罗树华 56
Lu Wenbin 陆文彬 143
Lü Zhouju 吕周聚 131
Lü Tongliu 吕同六 139
Mao Yisheng 茅以升 108
Mei Liangmo 梅良模 87
Mei Yi 梅益 50
Meng Qingren 孟庆仁 87

著者/编者索引　Index der Verfasser/Herausgeber

Meng Qingwen 孟庆文 100	Tian Baochuan 田保传 111	Wu Jialun 伍加伦 70
Mou Yuqing 牟玉青 62	Tian Quanjin 田全金 158	Xia Zhengnong 夏征农 146
Mu Ying 木荧 165	Tong Maolin 童慭林 121	Xia Zhongyi 夏仲翼 146
Pang Daheng 庞大衡 65	Tong Xiaogong 佟孝功 100	Xiao Jie 小洁 79
Peng Kehong 彭克宏 52	[Wang] Feibai [汪]飞白 165	Xiao Yi 晓义 86
Peng Shaojian 彭少健 157	Wang Huaxue 王化学 14	Xie Guangzheng 谢光政 84
Peng Weiguo 彭卫国 158	Wang Huosheng 汪伙生 46	Xie Jianwen 谢建文 161
Qi Fenzhong 祁芬中 40	Wang Jinhou 王锦厚 70	Xu Han 徐寒 144, 155
Qian Chunqi 钱春绮 165	Wang Jiuyang 汪久祥 165	Xu Naixiang 徐迺翔 127
Qian Hongjia 钱鸿嘉 165	Wang Qizhang 汪启章 47	Xu Xiaotong 徐孝通 150
Qian Shanxing 钱善行 139	Wang Yingguo 汪应果 131	Xu Yan 徐雁 97
Qin Chuan 秦川 70	Wang Bogong 王伯恭 129	Xu Jialu 许嘉璐 79
Qin Yuqin 秦玉琴 128	Wang Desheng 王德胜 96	Xue Shan 雪山 86
Qin Zhaoji 秦兆基 75	Wang Guoqing 王国庆 158, 165	Xue Wenhua 薛文华 65
Qiu Yundu 邱韵铎 5, 6	Wang Haibo 王海波 156	Yan Fang 颜芳 165
Qiu Wendu 邱文渡 5, 6	Wang Hong 王洪 78	Yan Yuanshu 颜元叔 76
Qiu Ke'an 裘克安 99, 117	Wang Jiahong 王家鸿 18	Yang Bichuan 杨碧川 16
Quan Guohua 全国华 59	Wang Jialiang 王嘉良 136	Yang Cheng 旸晟 44
Que Xunwu 阙勋吾 19	Wang Juefei 王觉非 147	Yang Enhuan 杨恩寰 41
Ren Bingyi 任秉义 95	Wang Lina 王丽娜 78	Yang Gongzuo 杨巩祚 43
Ru Xin 汝信 61, 92	Wang Peili 王佩莉 158, 165	Yang Jiaju 杨家驹 143
Sang Sifen 桑思奋 57, 82	Wang Shide 王世德 30, 35	Yang Keli 杨克礼 40
Shan Jifu 单纪夫 113	Wang Xianpei 王先霈 77	Yang Qiao 杨乔 29
Shen Qian 沈谦 27	Wang Xin 王新 126	Yang Shengmao 杨生茂 51
Shen Zhe 沈喆 165	Wang Xufeng 王旭峰 156, 165	Yang Wuneng 杨武能 156, 158, 165
Shi Hongyin 石洪印 80	Wang Yuguang 王余光 97	Yang Yinlong 杨荫隆 26, 102
Shi Meifang 石梅芳 156, 165	Wang Zhenchuan 王振川 48	Yang Youwu 杨友吾 48
Shi Zhaoyu 史兆瑜 156, 165	Wang Zhijun 王智钧 104	Yang Zhe 杨哲 73
Shuai Benhua 帅本华 81	Wang Zhongxiang 王忠祥 46	Yang Zhenwu 杨振武 118
Si Youlun 司有仑 61	Wei Canjin 卫灿金 33	Yang Zhengrun 杨正润 160
Sun Baoyu 孙宝玉 124	Wei Jingfu 卫景福 34	Yang Zijing 杨子竞 51
Sun Daotian 孙道天 25	Wei Kexin 魏克信 62	Yao Kekun 姚可昆 158, 165
Sun Hong 孙宏 125	Wei Maoping 卫茂平 161	Yi Fu 毅夫 154
Sun Lianggong 孙俍工 3	Wu Menghui 邬孟晖 5, 6	Ying Yang 应扬 49
Sun Peng 孙鹏 152	Wu Changxiong 吴昌雄 46	Yu Guangyuan 于光远 115
Sun Renzong 孙仁宗 45	Wu Di 吴笛 165	Yu Jirong 俞吉荣 11
Sun Zhen 孙震 29	Wu Duo 吴铎 68	Yu Shoukui 于首奎 87
Tan Jinghua 谭晶华 146	Wu Fuheng 吴富恒 93	Yu Yi 于漪 74
Tan Tianjian 谭天健 125	Wu Mingyu 吴明瑜 115	Yuan Shiquan 袁世全 83
Tang Jinggao 唐敬杲 1	Wu Peihua 吴佩华 47	Yuan Zhiying 袁志英 146
Tang Zaixing 唐再兴 54	Wu Shengling 吴圣苓 142	Zang Weiting 臧威霆 21
Tao Benyi 陶本一 33, 74	Wu Shichang 吴世常 38	Zeng Xiangzhong 曾祥中 40
Tao Guofu 陶国富 111	Wu Shusong 吴书松 81	Zhai Xiangjun 翟象俊 146
Tao Jixin 陶继新 56	Wu Zuoqiao 吴作桥 88	

著者/编者索引　Index der Verfasser/Herausgeber

Zhang Bailing 张百龄 119
Zhang Chenhui 张晨辉 127
Zhang Dainian 张岱年 90
Zhang Dianzhou 张奠宙 132
Zhang Dingya 张定亚 85
Zhang Houchen 张后尘 53
Zhang Jiwu 张吉武 75
Zhang Jiding 张继定 136
Zhang Jiyao 张继尧 90
Zhang Jianjun 张建均 114
Zhang Nianhong 张念宏 34
Zhang Peilin 章佩林 86
Zhang Penggao 章鹏高 165
Zhang Qizun 张其昀 18
Zhang Rong 张融 158
Zhang Shijun 张世君 82
Zhang Siyang 张泗洋 135
Zhang Sumei 张素玫 158, 165
Zhang Xikun 张锡坤 39
Zhang Xiaozhi 张效之 14
Zhang Yinglun 张英伦 139
Zhang Yujuan 张玉娟 145
Zhang Zhanguo 张占国 123
Zhang Zhijie 张之杰 28
Zhang Zhongzhi 张忠志 86
Zhao Cunfang 赵邨方 29
Zhao Shiyuan 赵矢元 65
Zheng Naizang 郑乃臧 54
Zheng Shoukang 郑寿康 87
Zheng Xuelai 郑雪来 141
Zheng Yunshan 郑云山 21
Zheng Zhentao 郑振涛 103
Zhong Anyu 钟安玉 92
Zhong Dehui 钟德慧 70
Zhong Yingyan 钟英彦 18
Zhou Disun 周迪荪 77

Zhou Ping 周平 30
Zhou Shaochang 周绍昌 73
Zhou Shizhong 周式中 125
Zhou Xinhui 周心慧 57
Zhu Liyuan 朱立元 162, 164
Zhu Linbao 朱林宝 80
Zhu Tingguang 朱庭光 116
Zou Xiaodi 邹晓棣 57

儿童辞海 (Enzyklopädie für Kinder) 98
河北辞书出版社 (Lexikonverlag der Provinz Hebei) 69
《环华百科全书》编委会 Redaktion des Huanhua-Universallexikons 17
《简明华夏百科全书》总编辑委员会 (Redaktion des Kleinen chinesischen Universallexikons) 115
《简明社会科学词典》编辑委员会 (Lexikon der Sozialwissenschaften) 20
教育大辞典 Großes Lexikon für Pädagogik 9
《全景博物馆丛书》编委会 (Museum weltberühmter Persönlichkeiten) 138
三民书局编纂委员会 23
《教师百科辞典》编委会 (Redaktion des Universallexikons für Lehrer) 34
十九院校外国文学编写组 13
11 所大专院校和 50 多名专家 15
上海辞书出版社文学鉴赏辞典编纂中心 (Lexikon zur Interpretation von Goethes Werkes) 165

上海辞书出版社 (Shanghaier Lexikonverlag) 31
上海外语学院外国语言文学研究所 42 (Die Shanghaier Fremdsprachenhochschule, Institut für ausländische Literatur und Sprache) 42
《实用百科全书》编委会 (Redaktion des Praktischen Universallexikons) 91
世界知识出版社 (Verlag für Weltwissen) 71
文海出版社 10
文强堂出版社编辑部 32
西北师范学院中文系文艺理论教研室 24
香港青年出版社 (Verlag für Hongkonger Jugend) 12
《新知识词典》编辑室 8
《中国百科大辞典》编委会 (Redaktion des *Großen chinesischen Universallexikons*) 22, 67
中国文化大学、中华学术院 18
《辞海》编辑委员会 122
《中国大百科全书》编辑部 Redaktion der *Chinesischen Enzyklopädie* (Verf.) 41, 106, 110, 140

Gounod, Charles 古诺 (1818-1893) 47
Liszt, Franz von 李斯特 (1811-1886) 47
Mickiewicz, Adam 密茨凯维奇 (1798-1855) 102
柏辽兹 47

出版社索引 Index der Verlage

Beijing
北京

北京燕山出版社 83, 89
长城出版社 137
光明日报出版社 54
国际文化出版公司 48, 103
华夏出版社 67, 104, 115
金城出版社 139
科学出版社 53, 57
人民出版社 116
人民日报出版社 59
商务印书馆 135
社会科学文献出版社 34, 61
世界知识出版社 71, 118
同心出版社 154
团结出版社 60
文化艺术出版社 101
学苑出版社 78, 123, 127
知识出版社 30, 73
中国大百科全书出版社 41, 50, 106, 113, 129, 140
中国工人出版社 92
中国国际广播出版社 52, 82
中国旅游出版社 124
中国青年出版社 112
中国书店 148, 155
中国书籍出版社 134
中国言实出版社 128, 151
中国展望出版社 29
中华工商联合出版社 93

Changchun
长春

长春出版社 72
吉林教育出版社 62, 64, 95
吉林人民出版社 39, 126
吉林文史出版社 65, 88, 102, 144
时代文艺出版社 26

Changsha
长沙

湖南人民出版社 46

Chengdu
成都

四川辞书出版社 121
四川人民出版社 42

Dalian
大连

大连出版社 63

Fuzhou
福州

福建教育出版社 141

Haerbin
哈尔滨

哈尔滨出版社 86
黑龙江人民出版社 36

Haikou
海口市

南海出版公司 96

Hangzhou
杭州

浙江教育出版社 68
浙江人民出版社 45, 136
浙江少年儿童出版社 145
浙江文艺出版社 130

Hefei
合肥

安徽文艺出版社 152

Jinan
济南

山东教育出版社 87
山东文艺出版社 80

Lanzhou
兰州

甘肃教育出版社 131
甘肃人民出版社 24, 40, 81

Nanchang
南昌

江西教育出版社 66, 94, 99, 117
江西人民出版社 43

Nanjing
南京

南京大学出版社 97

Nanning
南宁

广西人民出版社 58

Shanghai
上海

大光书局 6
复旦大学出版社 161
光华书局 5
汉语大词典出版社 143

出版社索引 Index der Verlage

华华书局 4
民智书局 3
上海辞书出版社 15, 20, 25, 31, 90, 98, 105, 122, 132, 146, 147, 149, 150, 153, 156, 157, 158, 159, 160, 162, 163, 164, 165
上海科技教育出版社 132
上海人民出版社 21, 142
上海商务印书馆 1, 2
上海社会科学院出版社 55
上海文化出版社 120
上海音乐出版社 47
同济大学出版社 111
新知识出版社 8
中国大百科全书出版社 41

Shenyang 沈阳

辽宁教育出版社 107
辽宁人民出版社 109
沈阳出版社 79

Shijiazhuang 石家庄

河北辞书出版社 69
河北教育出版社 84, 133

Tianjin 天津

百花文艺出版社 114
天津教育出版社 51, 100

Wuhan 武汉

长江文艺出版社 77
湖北少年儿童出版社 108

Xuzhou 徐州

中国矿业大学出版社 56

Xi' an 西安

陕西人民教育出版社 75
陕西人民出版社 33, 44, 74, 85, 125

Yanji 延吉

北方妇女儿童出版社 49
延边人民出版社 37

Zhengzhou 郑州

河南教育出版社 19, 70
河南人民出版社 38
海燕出版社 110, 138

山东师范学院聊城分院中文系外国文学教研室 14
十九院校外国文学编写组 13

Taibei 台北市

百科文化 22
环华百科书局 17
开明书店 91
名扬出版社 28
木铎出版社 35
三民书局 23
时潮出版社 9
幼狮文化事业股份有限公司 27
远流出版社 16
正中书局 76
中国文化大学出版部 18
中行书局 11

Taiwan, Xinzhu 台湾新竹市

文强堂出版社 32

Taiwan, Yonghe 台湾永和镇

文海出版社 10

Xianggang 香港

龄记出版有限公司 119
商务印书馆香港分馆 7
香港青年出版社 12

第二编：文学史
Kapitel II: Literatur-
geschichten

第二编: 文学史 Kapitel II: Literaturgeschichten

本栏涵盖外国、世界、欧美或德国的文学史、文论史、比较文学史、翻译文学史 (包括各种高等学校的外国文学教材)书目, 少数旁及哲学史、美学史、教育史、思想史、文化史和文明史等书目。这意味着, 在中国介绍史上, 歌德不但被看作是文学家, 还被视为哲学家、美学家、教育家、比较文学家和思想家。从时间上说, 歌德有时被归入 18 世纪, 有时被归入 19 世纪; 从流派上说, 有的视其为启蒙时期作家, 有的视其为古典主义作家或浪漫派作家。恕不在此一一注明, 望读者自行留意。

1931 年

1.

世界文化史大纲 Grundriss der Weltkulturgeschichte

张国仁　著 Zhang Guoren (Hrsg.)

上海: 民智书局, 1931 年

464 页

民国丛书, 第一编, 40: 文化、教育、体育类

附录: 近代著名文学家一览 → Anhang: Liste berühmter Literaten der neueren Zeit

浪漫主义时代的文学家 Literaten in der Epoche der Romantik

代表作家: 歌德; 名著举例: 浮士德, 少年维特之烦恼, 页 595 → Repräsentative Schriftsteller: Goethe; Beispiele berühmter Werke: *Faust*, *Die Leiden des jungen Werther*, S. 595

1934 年

2.

西洋教育思想史 (上、下册) Ideengeschichte der westlichen Pädagogik (Bd. I, II)

蒋径三　编撰 Jiang Jingsan (Verf.)

上海: 商务印书馆, 1934 年

师范丛书

588 页, 1935 年第 2 版

第十二章: 新人文主义的教育思潮 (一)——新人文主义文艺的教育思潮, 页 211 → Kapitel XII: Pädagogische Geistesströmungen des Neohumanismus (1): Pädagogische Geistesströmungen der neuhumanistischen Literatur und Kunst (1), S. 211

第三节: 歌德的教育思想, 页 219 → Abschnitt 3: Goethes pädagogische Gedanken, S. 219

1935 年

3.

西洋文学讲座 Lehrgang für westliche Literatur

方璧(矛盾) 等著 Fang Bi (Mao Dun) u. a. (Verf.)

上海: 世界书局, 1935年

民国丛书, 第二编, 63: 文学类, 上海书店影印

德国文学 die deutsche Literatur

李金发　著 Li Jinfa (Verf.)

第四章: 十八世纪文学(古典文学 → Kapitel IV: Die Literatur des 18. Jahrhunderts (Die Klassik)

三、歌德, 页 27 → 3) Goethe, S. 27

1. 欧连之王, 页 29 → Erlkönig, S. 29
2. 诗人, 页 30 → Der Sänger, S. 30
3. 杜莲之王, 页 31 → Der König in Thule, S. 31
4. 青年维特之烦恼, 页 32-35 → Die Leiden des jungen Werther, S. 32-35

世界文学类选 Auswahl der Weltliteratur

陈旭轮　编 Chen Xulun (Hrsg.)

二、戏剧 → Dramen

2. 浮士德 (节译), 张鹤群译, 页 38-50 → Faust (Ausz.), übers. v. Zhang Hequn, S. 38-50

1959 年

4.

世界文学大纲 (全一册), 中册 Grundriss der Weltliteratur (in einem Band), Teil II

香港文学研究社 编写 Verein der Literaturforschung in Hongkong (Verf.)

香港: 香港文学研究社, 1959 年

第二十七章: 十八世纪的德国文学, 页 359 → Kapitel XXVII: Die deutsche Literatur des 18.Jahrhunderts, S. 359

三、歌德, 页 353-370 → Goethe, S. 353-370

1962 年

5.

西洋文学史 Geschichte der westlichen Literatur

黎烈文　编著 Li Liewen (Verf.)

台北市: 大中国图书公司, 1962 年

538 页, 1985 年再版

第 18 章: 前浪漫主义者 → Kapitel 18: Die Frühromantiker

六、歌德, 页 296-303 → Goethe, S. 296-303

1970 年

6.

德国文学史略 Die kleine deutsche Literaturgeschichte

宣诚　编译　Xuan Cheng (Verf.)

台北市: 中央图书出版社, 1970年

附注: 横排, 201+12页, 书末附人名与文学名词简释索引（依ABC顺序排列）

第三篇: 從古典到近代文学 → Teil III: Von der Klassik zur neueren Literatur

第一章: 德国的古典之发展与观念, 页 91 → Kapitel III: Die Entwicklung der deutschen Klassik und deren Verständnis, S. 91

第二章: 歌德, 页 93 → Kapitel II: Goethe

一、歌德的幼年时代, 页 93 → Goethes Kindheit, S. 93

二、歌德的大学生时代, 页 95 → Goethes Studienzeit, S. 95

三、歌德的成长, 页 96 → Goethes Heranwachsen, S. 96

四、莱比锡时期的作品, 页 97 → Werke aus der Leipziger Zeit, S. 97

五、斯特拉斯堡时期的作品, 页 97 → Werke aus der Straßburger Zeit, S. 97

六、法兰克福的狂飙精神, 页 97 → Der Geist des Sturm und Drang in Frankfurt, S. 97

七、《铁手骑士葛芝, 页 98 → Götz von Berlichingen mit der eisernen Hand, S. 98

八、《少年维特之烦恼》, 页 98 → Die Leiden des jungen Werther, S. 98

九、威玛之前的其他作品, 页 99 → Weitere Werke vor der Weimarer Zeit, S. 99

第三章: 歌德的威玛之年, 页 101 → Kapitel III: Goethes Weimarer Jahre

一、此期间之生活与发展, 页 101 Leben und Entwicklung in dieser Zeit, S. 101

二、去义大利前在威玛的作品, 页 102 → Werke aus der Weimarer Zeit vor der italienischen Reise, S. 102

三、《以菲格尼》, 页 103 → Iphigenie auf Tauris, S. 103

四、《塔索》, 页 104 → Torquato Tasso, S. 104

第四章: 歌德的中年与老年, 页 105 → Kapitel IV: Goethes mittlere und ältere Jahre

一、与席勒相交后的生活, 页105 → Das Leben nach der Kontaktaufnahme mit Schiller, S. 105

二、《威廉迈斯特习艺时期》, 页106 → Wilhelms Meisters Lehrjahre, S.

三、《赫尔曼与多罗苔亚》, 页107 → Hermann und Dorothea, S. 107

四、《爱力》, 页107 → Die Wahlverwandtschaften, S. 107

五、关于歌德自身的文章, 页108 → Artikel über Goethe selbst, S. 108

六、《西东合集》, 页108 → West-östlicher Divan, S. 108

七、《威廉迈斯特游历时期》, 页108 → Wilhelms Meisters Wanderjahre, S. 108

八、《浮士德》, 页109 → Faust, S. 109

第五章: 席勒, 页113 → Kapitel V: Schiller, S. 113

三、与歌德交往时期, 页114 → Die Zeit der Kommunikation mit Goethe, S. 114

七、歌德与席勒的文学历史地位, 页120 → Die literarische und historische Position Goethes und Schillers, S. 120

1971 年

7.

世界文学史纲（下册）Grundriss der Weltliteratur, Bd. II

郭源新　著　Guo Yuanxin (Verf.)

台北市: 明伦出版社, 1971 年

第二十七章: 十八世纪的德国文学, 页 199 → Kapitel XXVII: Die deutsche Literatur des 18. Jahrhunderts, S. 199

三、歌德, 页 205-217 → Goethe, S. 205-217

1974 年

8.

世界文学史 Geschichte der Weltliteratur

陈钟吾　编译　Chen Zhongwu (Übers.)

台北市: 五洲出版社, 1974 年

591 页

第四十章: 德国文学的古典时代 → Kapitel XXXX: Die Klassik der deutschen Literatur
歌德, 页 476-480 → Goethe, S. 476-480

1977 年

9.

西欧文学简史 Kurze Geschichte der westeuropäischen Literatur
香港青年出版社　编 Hongkonger Verlag für Jugend) (Hrsg.)
香港: 香港青年出版社, 1977 年
基本知识丛书
188 页
歌德, 页 81 → Goethe, S. 81
一、启蒙运动, 页 81 → Die Aufklärung, S. 81
二、歌德的生平和创作道路, 页 82 → Goethes Leben- und Schaffensweg, S. 82
歌德的童年和青年 Goethes Kindheit und Jugend
"狂飙运动" „Sturm und Drang"
青年歌德的抒情诗 Die Lyrik des jungen Goethe
《葛兹·冯·别尔里兴根》Götz von Berlichingen
《少年维特之烦恼》Die Leiden des jungen Werther
歌德在魏玛 Goethe in Weimar
意大利之游 Italienische Reise
《哀格蒙特》 Egmont
《伊菲季尼在陀佛立斯岛》Iphigenie auf Tauris
九十年代歌德的创作 Goethes Dichtung in den 1790er Jahren
歌德对自然科学的研究 Goethes Erforschung der Naturwissenschaften
晚年的歌德 Goethe im Alter
三、《浮士德》, 页 103-118 → Faust, S. 103-118
《天上的序幕》Prolog im Himmel
浮士德和瓦格纳 Faust und Wagner
浮士德与人民 Faust und das Volk
摩非斯特 Mephisto
玛甘泪 Margarete
《浮士德》第二卷 Faust (Teil II)
《浮士德》的历史意义 Bedeutungen des Faust in historischer Sicht
歌德的现实主义 Goethes Realismus

10.

西洋全史 (十六): 近代文化史 Die gesamte Geschichte des Westens (16): Geschichte der neueren Kultur
周林静　编著 Zhou Linjing (Verf.)
黎东方　校订 Li Dongfang (Mitwirkung)
台北市: 燕京文化事业股份有限公司, 1977 年
第三章: 十八世纪下半期 → Kapitel III: Die zweite Hälfte des 18. Jahrhunderts
德意志古典文学的黄金时代, 页 411 → Die goldene Epoche der deutschen Klassik, S. 411
第二节: 狂飙运动, 页 415 → Abschnitt II: Der Sturm und Drang, S. 415
二、歌德, 页 417-420 → Goethe, S. 417-420

1980 年

11.

欧洲近代文学思潮简编 Einführung in Europas neuere literarische Strömungen
上海师范大学、上海师范学院中文系《欧洲近代文学思潮简编》编写组　编
合肥: 安徽人民出版社, 1980 年
288 页
第三章: 十八世纪启蒙主义文学, 页 83 → Kapitel III: Die Romantik des 18. Jahrhunderts, S. 83
第四节: 歌德和他的《浮士德》, 页 111-125 → Abschnitt IV: Goethe und sein Faust, S. 111-125

1981 年

12.

近世中西史日对照表　Chinesische und westliche Geschichte der neueren Zeit: eine Chronik in Tabellenform
郑鹤声　著 Zheng Hesheng (Hrsg.)
北京: 中华书局, 1981 年
李凤苞在《使德日记》中记录歌德当为公历 1878 年 12 月 20 日

1982 年

13.

世界近代史人物传, 上册 Biographien der Persönlichkeiten aus der neueren Zeit der Welt, Bd. I

姜德昌、聂守忠、宫朴　主编　Jiang Dechang, Nie Shouzhong u. Gong Pu (Hrsg.)

长春: 吉林人民出版社, 1982 年

歌德 (姜德昌), 页 153-158 → Goethe (Jiang Dechang), S. 153-158

1983 年

14.

戏剧理论史稿　Beiträge zur Geschichte der Dramentheorie

余秋雨　著　Yu Qiuyu (Verf.)

上海: 上海文艺出版社, 1983 年

666 页

第十章: 浪漫主义戏剧理论 → Abschnitt II: Kapitel X: Theorien des romantischen Dramas

第一节: 浪漫主义概述 → Abschnitt I: Einführung in die Romantik

第二节: 歌德论戏剧 → Abschnitt II: Goethe über Drama

第三节: 席勒论悲剧 → Abschnitt III: Schiller über Drama

1984 年

15.

西方美学史概观　Überblick über die Geschichte der westlichen Ästhetik

蔡仪　主编　Cai Yi (Hrsg.)

涂途　编著　Tu Tu (Verf.)

南宁: 漓江出版社, 1984 年

美学知识丛书

128 页; 29900 册

(关于歌德的部分, 页 91-93 → Über Goethe, S. 91-93)

1985 年

16.

狂飙突进——十八世纪下半叶的德国文学运动　Sturm und Drang – eine deutsche Literaturbewegung im 18. Jahrhundert

许迪蒙　著　Xu Dimeng (Verf.)

北京: 商务印书馆, 1985 年

41 页, 10700 册

杰出的代表人物, 页 21 → Hervorragende Repräsentanten, S. 21

(一) 赫尔德, 页 23 → Herder, S. 23

(二) 歌德, 页 29 → Goethe, S. 29

(三) 席勒, 页 33 → Schiller, S. 33

17.

世界文学史 (下册) Geschichte des deutschen Literatur

邹郎　编著, 钱歌川　校订　Zou Lang (Verf.), Qian Gechuan (Mitwirkung)

台北市: 五南图书出版公司, 1985 年

第三十二章: 德国文学驾凌前古, 页 852

三、歌德与《少年维特的烦恼》, 页 857-862 → Goethe und *Die Leiden des jungen Werther*, S. 857-862

18.

西方哲学史　Geschichte der westlichen Philosophie

全增嘏　主编　Quan Zenggu (Hrsg.)

尹大贻、刘放桐、张庆龙、陈维杭　编　Yin Dayi, Liu Fangtong, Zhang Qinglong u. Chen Weihang (Verf.)

上海: 上海人民出版社, 1985 年

2003 年第 15 版, 62901-66000 册

第六编: 德国资产阶级革命准备时期的哲学 → Bd. VI: Die Philosophie in der Vorbereitungsphase der deutschen bürgerlichen Revolution

第一章: 德国启蒙运动思想家的哲学观点, 页 10 → Kapitel I: Philosophische Auffassungen der Denker der deutschen Aufklärung, S. 10

第五节: 歌德的唯物主义观点与辩证法观点, 页 23 → Abschnitt V: Goethes materialistische und dialektische Auffassung, S. 23

1986 年

19.

简明外国文学教程　Prägnantes Lehrbuch für ausländische Literaturen

湖南师范大学中文系外国文学教研室　编

王石波、易漱泉　主编　Wang Shibo u. Yi Shuquan (Hrsg.)

长沙: 湖南大学出版社, 1986年
1987年再版, 654页, 18501-33500册
第五章: 十八世纪欧洲文学 → Kapitel V: Die europäische Literatur des 18. Jahrhunderts
第二节: 歌德, 页131-147 → Abschnitt II: Goethe, S. 131-147

20.
科学美学思想史 Ideengeschichte der ästhetischen Wissenschaftsgedanken
徐纪敏　著　Xu Jimin (Verf.)
长沙: 湖南人民出版社, 1986年
第8章（第3节）
歌德——集艺术与科学于一生的伟人, 页348-357 → Goethe, ein Großer, dessen Leben mit Kunst und Wissenschaft geprägt war, S. 348-357

21.
外国文学发展简史 Kurze Geschichte der Entwicklung der ausländischen Literatur
陈守成、夏定冠　主编　Chen Shoucheng u. Xia Dingguan (Hrsg.)
成都: 四川民族出版社, 1986年
782页, 7250册
第五章: 十八世纪启蒙主义文学 → Kapitel V: Die Aufklärung des 18. Jahrhunderts
第五节: 歌德, 页189 → Abschnitt 5: Goethe, S. 189
一、歌德的生平和创作, 页189 → Goethes Leben und Werk, S. 189
二、《浮士德》, 页195 → Faust, S. 195
三、歌德和中国, 页204 → Goethe und China, S. 204

22.
西方典型理论发展史 Entwicklungsgeschichte der westlichen Typenlehre
陆学明　著　Lu Xueming (Verf.)
长春: 东北师范大学出版社, 1986年
325+2页, 5000册
第七章: 古典典型理论发展的巅峰——德国古典美学 → Kapitel VII: Die klassische deutsche Ästhetik – Höhepunkt der Entwicklung der klassischen westlichen Typenlehre
三、歌德与"个性特征"的典型论, 页246-256 → Goethe und die Typenlehre zu „individuellen Charakteren", S. 246-256

23.
西洋文学史, 中册 Geschichte der westlichen Literatur
何欣　著　He Xin (Verf.)
台北市: 五南图书出版有限公司, 1986年
部编大学用书
第五章: 古典主义时期的文学 → Kapitel V: Die Literatur der Klassik
第三节: 德国的文学, 页781 → Abschnitt III: Die deutsche Literatur, S. 781
二、伟大的诗人歌德与席勒, 页796-846 → Die großen Dichter Schiller und Goethe, S. 796-846

1987年

24.
中外文化交流史 Geschichte des kulturellen Austausches zwischen China und dem Ausland
周一良　主编　Zhou Yiliang (Hrsg.)
郑州: 河南人民出版社, 1987年
世界文化丛书, 周谷城、天汝康　主编
866页, 6000册
"视线所窥, 永是东方"（歌德语）——中德文化关系（丁建弘）, 页97-137 → Die kulturellen Beziehungen zwischen China und Deutschland (Ding Jianhong), S. 97-137
四、歌德时代, 页112-117 → Die Goethezeit, S. 112-117

1988年
25.
十八、十九世纪德国美学论稿 Beiträge zur deutschen Ästhetik des 18. und 19. Jahrhunderts
张凌、张钟　著　Zhang Ling u. Zhang Zhong (Verf.)
北京: 北京大学出版社, 1988年

489 页, 4300 册

第二章: 德国古典美学的形成, 页 55 → Kapitel II: Die Entstehung der klassischen deutschen Ästhetik, S. 55

第五节: 歌德、席勒——狂飙突进的代表, 页 102-125 → Abschnitt V: Goethe und Schiller – Vertreter des Sturm und Drang, S. 102-125

26.
西方美学思想史 Ideengeschichte der westlichen Ästhetik
杨恩寰　著　Yang Enhuan (Verf.)
沈阳: 辽宁大学出版社, 1988 年
571 页, 5000 册
第十章: 近代西方美学 (六)——德国古典美学, 页 336 → Kapitel X: Die neuere westliche Ästhetik (6): Die klassische deutsche Ästhetik, S. 336
第二节: 歌德, 页 388 → Abschnitt II: Goethe, S. 388
一、美是一种本质, 页 390 → Die Ästhetik als Wesen, S. 388
二、艺术美应显出"特征", 页 394 → Die Kunstästhetik soll die „Charakteristik" manifestieren, S. 394
三、艺术美应表现"意旨", 页 398 → Die Kunstästhetik soll den „Sinn" hervorheben, S. 398
第三节: 席勒 (涉及歌德), 页 402 → Abschnitt III, Schiller (unter Einbeziehung Goethes), S. 402

27.
西方文学概观 Überblick über die westliche Literatur
蒋益　著　Jiang Yi (Verf.)
长沙: 国防科技大学出版社, 1988 年
390 页, 20300 册
第五章: 十八世纪欧洲启蒙主义文学 → Kapitel V: Die Literatur der Aufklärung im 18. Jahrhundert
第二节: 歌德与《浮士德》→ Abschnitt II: Goethe und *Faust*
一、生平与创作道路, 页 92 → Goethes Leben und Schaffensweg, S. 92

二、少年维特之烦恼, 页 94 → Die Leiden des jungen Werther, S. 94
三、浮士德, 页 97-104 → Faust, S. 97-104

28.
西洋戏剧与剧场史 Geschichte des westlichen Theaters und Schauspielhauses
吴青萍　著　Wu Qingping (Verf.)
台北市: 黄山出版社, 1988 年
354 页
第十二章: 德国戏剧, 页 202 → Kapitel XII: Das deutsche Theater, S. 202
歌德, 页 208-212 → Goethe, S. 208-212

29.
戏剧理论文集 Gesammelte Beiträge zur Theatertheorie
陈瘦竹　著　Chen Shouzhu (Verf.)
北京: 中国戏剧出版社, 1988 年
561 页
郭沫若的历史悲剧所受歌德与席勒的影响 Einfluss Goethes und Schillers auf Guo Moruos historische Dramen

1989 年
30.
欧美文学史和中国文学 Die Geschichte der europäischen und amerikanischen Literatur im Vergleich zur chinesischen Literatur
李万钧　著　Li Wanjun (Verf.)
福州: 福建教育出版社, 1989 年
963 页, 1300 册
第四节　跨时代的诗剧《浮士德》, 页 193 → Abschnitt IV: Faust – ein epochenübergreifendes Versdrama, S. 193
一 《浮士德》的情节, 页 193 → Die Handlung im *Faust*, S. 193
二 浮士德的形象及其典型意义, 页 195 → Die Figur des Faust und deren typische Bedeutung, S. 195
三 靡非斯特的形象及其典型意义, 页 197 → Die Figur des Mephistos und deren typische Bedeutung, S. 197

四 《浮士德》的戏剧性, 页 198 → Die Dramatik des Faust, S. 198

五 《浮士德》的素材提炼, 页 200 → Sichten und Verarbeiten der Faustquellen, S. 200

六 《浮士德》的编剧技巧, 页 202 → Die Kunst der Faustdarstellung, S. 202

31.

外国文学史话 Historische Plauderei über ausländische Literaturen

西北大学外国文学教研室 编著 Seminar für ausländische Literatur der Universität Nordwestchina (Verf.)

西安: 未来出版社, 1989 年

710 页, 2000 册

《浮士德》, 页 362-365 → Faust, S. 362-365

1990 年

32.

近代西洋文学: 新古典主义迄现代 Die neuere westliche Literatur: vom Neoklassizismus zur Moderne

吕建忠 等编译 Lü Jianzhong u. a. (Übers.)

台北市: 书林出版有限公司, 1990 年

第二编: 浪漫主义文学, 页 31 → Teil II: Die romantische Literatur, S. 31

哲理的探讨——歌德的《浮士德》, 页 45-51 → Goethes *Faust*: Suche nach philosophischen Prinzipien, S. 45-51

1991 年

33.

比较文学史 Geschichte der Komparatistik

曹顺庆 主编 Cao Shunqing (Hrsg.)

成都: 四川人民出版社, 1991 年

708 页, 1985 册

第五章: 西欧大陆文学 → Kapitel V: Die Literatur Westeuropas

第三节: 德国意大利文学概述 (张连奎), 页 354 → Abschnitt III: Skizze der deutschen und italienischen Literatur (Zhang Liankui), S. 354

德国文学, 页 354-365 → Die deutsche Literatur, S. 354-365

第四节: 歌德与中国 (杨武能), 页 376-392 → Abschnitt IV: Goethe und China (Yang Wuneng), S. 376-396

论点摘录: 康德和歌德诞生于同一时代, 两人的思想又融合于席勒一身, 这就是当时时代起决定作用的特色, 通过这种最高的文化的渗透作用, 文学和哲学相互促进, 创作园地百花盛开, 致使德意志民族发展成一个崭新的完整的民族 (页 727)

34.

德国通史简编 Kurze Darstellung der deutschen Geschichte

丁建弘、陆世澄 主编 Ding Jianhong u. Lu Shicheng (Hrsg.)

北京: 人民出版社, 1991 年

789 页, 1535 册

狂飙突进运动, 页 198-200 → Der Sturm und Drang, S. 198-200

德国古典哲学、古典文学和古典音乐的巨大成就, 页 215-217 → Große Leistungen der klassischen deutschen Philosophie, Literatur und Musik, S. 215-217

35.

世界文学发展纲要 Abriss der Entwicklung der Weltliteratur

蔡茂松、符玲美 主编 Cai Maosong u. Fu Lingmei (Hrsg.)

广州: 广东高等教育出版社, 1991 年

522 页, 5000 册

第四章: 公元 17-18 世纪文学 → Kapitel IV: Die Literatur des 17. und 18. Jahrhunderts

第四节: 歌德, 页 115-121 → Abschnitt IV: Goethe, S. 115-121

36.

外国文学史简明问答 Knappe Fragen und Antworten über die Geschichte der ausländischen Literatur

张巨才 著 Zhang Jucai (Verf.)

北京: 新华出版社, 1991 年

339 页

69. 18 世纪德国有哪些主要作家? 代表作各是什么? 页 91 → Welche wichtigen Schriftsteller hat Deutschland im 18. Jahrhundert? Welche sind ihre Hauptwerke? S. 91

70. 什么是德国文学史上的"狂飙突进"运动? 页 92 → Was bedeutet Sturm und Drang in der deutschen Literaturgeschichte? S. 92

74. 歌德在德国和世界文学史上占有什么地位? 他的代表作主要有哪些? 页 96 → Welche Stellung nimmt Goethe in der deutschen Literaturgeschichte und in der Weltliteratur ein? S. 96

75. 恩格斯是怎样评价歌德的? 如何认识恩格斯对歌德的评价? 页 98 → Wie hat Friedrich Engels Goethe eingeschätzt? Wie sollen wir seine Einschätzung werten? S. 98

76. 《浮士德》的主题思想是什么?, 页 99 → Was ist das Hauptmotiv des *Faust*? S. 99

77. 浮士德形象的主要特征是什么? 页 101 → Was ist das charakteristische Merkmal der Faust-Figur? S. 101

78. 概述《浮士德》的艺术特征, 页 103 → Knappe Beschreibung der künstlerischen Merkmale im *Faust*, S. 103

37.
西方文学批评史 Geschichte der westlichen Literaturkritik
罗志野　著 Luo Zhiye (Verf.)
桂林: 广西师范大学出版社, 1991 年
289 页, 3000 册
第三章: 浪漫主义文学批评 → Kapitel III: Literaturkritik der Romanik
五、歌德与德国浪漫主义, 页 197-204 → Goethe und die deutsche Romantik, S. 197-204

38.
朱光潜全集, 第 7 卷 Zhu Guangqian: gesammelte Werke, Bd. VII
朱光潜　著 Zhu Guangqian (Verf.)
合肥: 安徽教育出版社, 1991 年
1996 年第 2 版
西方美学史(下卷) Geschichte der westlichen Ästhetik

第十三章: 歌德, 页 62 → Kapitel XIII: Goethe, S. 62

一、歌德的时代和早年的文化教养, 页 63 → Die Goethezeit und die Bildung, die Goethe in jungen Jahren empfangen hat, S. 63

二、歌德美学思想中几个中心概念, 页 65 → Einige zentrale Begriffe in Goethes ästhetischen Gedanken, S. 65

(一) 浪漫的与古典的, 页 65 → Das Klassische und das Romantische, S. 65

(二) 由特征到美, "显出特征的整体", 页 68 Von Charakteristikum zu Schönheit, „Ganzheit mit Eigentümlichkeit", S. 68

(三) 艺术与自然, 页 77 → Kunst und Natur, S. 77

(四) 民族文学与世界文学: 历史发展观点, 页 85 → Nationalliteratur und Weltliteratur: Gesichtspunkte aus historischer Sicht, S. 85

三、结束语, 页 89-90 → Schlusswort, S. 89-90

1992 年
39.
二十世纪中国文学 Die chinesische Literatur des 20. Jahrhunderts
乔福生、谢鸿杰　主编 Qiao Fusheng u. Xie Hongjie (Hrsg.)
杭州: 杭州大学出版社, 1992 年
575 页, 8000 册。 ISBN 7-81035-269-5/I · 020
编者提示: 提及郭沫若在日本留学时阅读歌德原著 (页 149)。诗集《女神》受到歌德等的影响 (页 150)。称 "在郭沫若的诗歌和历史剧中, 融中外古今与一炉"。引用周扬语录, 称歌德和郭沫若这 "两个文化巨人确有相似之处。文思的敏捷和艺术的天才, 百科全书式的渊博知识, 对自然科学的高度热爱, 都是相似的" (页 155)。

1993 年
40.
德语文学简史 (上、下册) Kurze Geschichte der deutschen Literatur, Bd. I, II
高中甫、孙坤荣　著 Gao Zhongfu u. Sun Kunrong (Verf.)
海口市: 海南出版社, 1993 年
世界文学评价丛书

第四章第三节: 古典文学时代的歌德, 页 86-91 → Kapitel IV, Abschnitt III: Goethe in der Zeit der Klassik, S. 86-91

第五章第二节: 老年歌德, 页 99-106 → Kapitel V, Abschnitt II, Goethe im Alter, S. 99-106

41.
西洋文学史 Geschichte der westlichen Literatur

郑朝宗、郑松锟 编著 Zheng Chaozong u. Zheng Songkun (Verf.)

厦门: 厦门大学出版社, 1993 年

234 页, 3000 册

第六章: 18 世纪的欧洲文学 → Kapitel VI: Die europäische Literatur des 18. Jahrhunderts

第二节: 德国的启蒙文学与歌德, 页 135-150 → Abschnitt II: Die deutsche Aufklärung und Goethe, S. 135-150

42.
中国现代比较戏剧史 Geschichte des modernen chinesischen Dramas aus komparatistischer Sicht

田本相 主编 Tian Benxiang (Hrsg.)

北京: 文化艺术出版社, 1993 年

692 页, 2000 册

第四编: 四十年代 → Teil IV: Die 1940er Jahre

第一章: 概述 → Kapitel I: Abriss

四、西欧戏剧的译介及其影响, 页 471 → Die Rezeption westeuropäischer Dramen und deren Einfluss, S. 471

论点摘要: 尽管德国戏剧在本时期的中国受到冷落, 但是, 歌德和席勒对中国戏剧家仍然有着极大的魅力和深刻的影响。这种影响主要表现在两个方面: 一是歌德和席勒的历史剧对郭沫若等人的历史话剧创作的影响, 二是歌德和席勒戏剧的浪漫精神对陈铨创作的影响。前者形成郭沫若等作家借古人之口表现自己对现实的愤懑情感的史剧观, 及其奔腾激荡、豪迈崇高的史剧风格; 陈铨接受影响又有他自己的角度。他从歌德的剧作中借鉴"浮士德精神"来作为自己剧作的灵魂, 借鉴席勒剧作描写情爱与民族爱的矛盾冲突来结构其剧情, 而歌德和席勒剧作中那种崇拜强力的"意志"哲学, 和优美潇洒的浪漫情调, 在陈铨的剧作中也留下明显的痕迹 (页 477)

第八章: 史剧创作的民族文化意蕴 → Kapitel VIII: Kapitel VIII: Gehalt der Nationalkultur in der Dramaturgie zu historischen Themen

一、在历史事件中复活现实情感, 页 618-625 → Wiederbelebung des aktuellen Gefühls in historischen Ereignissen, S. 618-625

论点摘要: 歌德席勒所在的狂飙突进时代, 与现代中国相似, 都是从封建社会蜕变到现代社会的划时代历史转折时期。为了高扬民族精神, 鼓舞国人的斗争意志, 歌德描写德国农民战争领袖葛兹为消灭封建割据统一祖国的献身精神(铁手葛兹), 描写尼德兰民族英雄爱格蒙特为争取民族解放而与外国侵略者斗争的事迹(爱格蒙特), 写得慷慨激昂, 振奋人心 (页 619)

1994 年

43.
欧美近代小说理论史稿 Geschichte neuerer europäischer und amerikanischer Romantheorien

翁义钦 著 Weng Yiqin (Verf.)

哈尔滨: 黑龙江人民出版社, 1994 年

340 页, 1000 册

第三章: 启蒙主义小说理论 → Kapitel III: Die Romantheorien der Aufklärung

第四节: 歌德, 64-75 → Abschnitt IV: Goethe, S. 64-75

一、现实生活是小说创作的坚实基础, 页 66 → Das reale Leben ist die solide Basis der Romandichtung, S. 66

二、小说家进入创作过程的必要前提, 页 70 → Voraussetzung für den Einstieg des Romanciers in den Schaffensprozess, S. 70

三、人物塑造应遵循特殊中显示一般的原则, 页 70 → Das Besondere aus dem Allgemeinen aufzeigend als Gestaltungsprinzip der Figuren, S. 70

四、小说家应当考虑读者的需求和作品的社会效果, 页 72 → Der Romancier soll die Bedürfnisse der Leser und die gesellschaftliche Wirkung ihrer Werke berücksichtigen, S. 72

第二编: 文学史   Kapitel II: Literaturgeschichten

44.

西方美学史教程 Lehrgang der westlichen Ästhetik

李醒尘   著 Li Xingchen (Verf.)

北京: 北京大学出版社, 1994 年

645 页, 未标印数

第九章: 德国古典美学, 页 295 → Kapitel IX: Die klassische deutsche Ästhetik, S. 295

第二节: 歌德的美学思想, 页 322 → Abschnitt 2: Goethes ästhetische Gedanken, S. 322

一、美和艺术美, 页 324 → 1. Schönheit und künstlerische Schönheit, S. 324

二、艺术与自然, 页 326 → 2. Die Kunst und die Natur, S. 326

三、古典的与浪漫的, 页 329 → 3. Das Klassische und das Romantische, S. 329

四、关于民族文学与世界文学, 页 331-333 → 4. Über die Nationalliteratur und die Weltliteratur, S. 331-333

此系初版, 2005 年再版, 页码有变动。

45.

西方文化之路 Der Weg der westlichen Kultur

罗静兰   等著 Luo Jinglan u. a. (Verf.)

台北市: 扬智文化, 1994 年

扬智丛刊

541 页

第 3 章: 文学和艺术的繁荣, 页 359 → Kapitel 3: Aufschwung der Literatur und Kunst, S. 359

歌德, 页 365-366 → Goethe, S. 365-366

46.

西方文艺理论简史 Kurze Geschichte der westlichen Literatur- und Kunsttheorien

张秉真、章安祺、杨慧林   著 Zhang Bingzhen, Zhang Anqi u. Yang Huilin (Verf.)

北京: 中国人民大学出版社, 1994 年

569 页, 5000 册

第六章: 18 世纪启蒙主义文艺理论 → Kapitel VI: Literatur- und Kunsttheorien des 18. Jahrhunderts

第四节: 歌德, 页 216-226 → Abschnitt IV: Goethe, S. 216-226

47.

中国现代戏剧思潮史 Geschichte der Strömungen in der modernen chinesischen Dramaturgie

孙庆升   Sun Qingsheng (Verf.)

北京: 北京大学出版社, 1994 年

326 页

第一章: 浪漫主义戏剧思潮及其在中国的反响 → Kapitel I: Strömungen des romantischen Theaters und deren Widerhall in China

一、浪漫主义思潮概述, 页 21 → Überblick über Strömungen der Romantik, S. 21

论点摘要: 浪漫主义最早出现在德国, 这同有狂飙突进运动有关。歌德和席勒被认为是最早主张浪漫主义的人。歌德说: "古典诗和浪漫诗的概念现已传遍全世界, 引起许多争执和分歧。这个概念起源于席勒和我两人, 我主张诗应采取从客观世界出发的原则, 认为只有这种方法才可取。但是席勒却用完全主观的方法去写作, 认为只有这才是正确的。"歌德本人经历过古典主义到浪漫主义两个时代, 他的思想有保守的一面, 后在席勒影响下倾向浪漫主义。他们二人的戏剧作品充满浪漫主义精神, 如歌德早期的《伯利欣根》和《浮士德》"（页 22）

二、浪漫主义戏剧思潮在中国的传播, 页 25-31 → Die Verbreitung der Strömungen des romantischen Theaters in China, S- 25-31

论点摘要: 歌德的《浮士德》不仅影响了译者郭沫若, 而且应影响了田汉, 他的《灵光》原来就题为《女浮士德》(页 31)

第二章: 浪漫主义思潮影响下的戏剧创作 → Kapitel II: Die Theaterdichtung unter Einfluss der romantischen Strömungen

二、郭沫若的浪漫史剧, 页 45 → Guo Moruos romantisch geprägte historische Dramen, S. 45

论点摘要: 郭沫若的浪漫史剧接受了歌德、席勒以及莎士比亚的影响。郭沫若说, „我开始做诗剧便是受了歌德的影响。在翻译了《浮士德》第一部之后不久我便做了一部《棠棣之花》....《女神之再生>和《湘累》以及后来的《孤竹君之二子>, 都是在那个影响下写成的。其接受歌德影响的主要动因是德国的狂飙时代与五四时代类似, 歌德和席勒又善写历史悲剧, 如歌德的《伯利欣根》和

《哀格蒙特》……歌德与席勒的历史悲剧观念对郭氏也有影响, 二位大作家都强调虚构, 为了艺术真实可以改动某些史实, 这同郭氏的史剧观念是一致的, 页 50)

1998 年

48.
外国文学的艺术发展史 Geschichte der Kunstentwicklung der ausländischen Literatur
刘文孝　主编 Liu Wenxiao (Hrsg.)
昆明: 云南人民出版社, 1998 年
794 页, 5000 册, 2009 年第 2 版第 3 次印刷, 7201-8201
第五章: "民" 的启蒙——哲理散文与诗剧 → Kapitel V: Aufklärung des „Volkes" – philosophische Prosawerke und Versdramen
八. 要以血医治世界的狂飙, 页 243 → Heilung der Welt durch Blut wie Sturm und Drang, S. 243
九. "崇高的单纯与宁静的伟大" ——魏玛古典主义, 页 247 → „Hohe Einfalt und stille Größe" – die Weimarer Klassik, S. 247
十. 叩开两个时代大门的歌德, 页 250-254 → Goethe, der die Tür zweier Zeitalter öffnet, S. 250-254

49.
西洋戏剧史 Geschichte des westlichen Theaters
马家骏　马晓 hui 著 Ma Jiajun u. Ma Xiaohui (Verf.)
西安: 陕西师范大学出版社, 1998 年
495 页, 1000 册
第一章: 西欧古典戏剧 → Kapitel I: Die klassischen westeuropäischen Dramen
第六节: 歌德的剧作与悲剧《浮士德》, 页 111-122 → Abschnitt VI: Goethes Dramen und seine Tragödie *Faust*, S. 111-122

1999 年

50.
世界文化史 Kulturgeschichte der Welt
刘文龙、袁传伟　主编 Liu Wenlong u. Yuan Chuanwei (Hrsg.)
杭州: 浙江人民出版社, 1999 年
476 页, 2000 年再版, 3501-7500 册
第七章: 18 世纪欧洲启蒙文化 → Kapitel VII: Die Kultur der europäischen Aufklärung im 18. Jahrhundert
三、启蒙文学 Die Aufklärung
4. 德国的启蒙文学, 页 338 → Die deutsche Aufklärung, S. 338
(有关歌德的部分, 页 339-342 → Über Goethe, S. 339-342)
第八章: 19 世纪西欧、北美的文化艺术 → Kapitel VIII: Westeuropäische und nordamerikanische Kultur und Kunst des 19. Jahrhunderts
二、欧洲、北美文学的辉煌时代, 页 373 → Die blühende Zeit der westeuropäischen und nordamerikanischen Literatur, S. 373
1. 德国文学的勃兴, 页 375-376 → Aufschwung der deutschen Literatur, S. 375-376

51.
西方美学思想史 Ideengeschichte westlicher Ästhetik
毛宣国　著 Mao Xuanguo (Verf.)
长沙: 湖南师范大学出版社, 1999 年
507 页, 1600 册
第九章: 歌德、席勒、谢林的美学思想, 页 221 → Kapitel IX: Ästhetische Gedanken Goethes, Schillers und Schellings, S. 221
第四节: 歌德的美学思想, 页 221-233 → Abschnitt IV: Die ästhetischen Gedanken Goethes, S. 221-233

52.
西方文论思潮 Ideologische Strömungen der westlichen Literaturtheorien
张玉能　著 Zhang Yuneng (Verf.)
武汉: 武汉出版社, 1999 年
497 页, 2000 册
第七章: 德国古典美学的文论, 页 122 → Kapitel IV: Literaturtheorien der klassischen deutschen Ästhetik, S. 122
三、歌德的文论, 页 131-138 → Goethes Literaturtheorien, S. 131-138

第二编: 文学史　Kapitel II: Literaturgeschichten

53.
西方戏剧　剧场史(上册) Westliches Drama, Theatergeschichte, Bd. I
李道增　著　Li Daozeng (Verf.)
北京：清华大学出版社，1999 年
9.4 德国的戏剧与剧场 Das deutsche Theater und Theaterhaus
9.4.9 歌德、席勒与魏玛的古典主义，页 291-294 → Goethe und Schiller und die Weimarer Klassik, S. 291-294

54.
中外文学交流史 Geschichte des Literaturaustausches zwischen China und dem Ausland
周发祥、李岫　著　Zhou Faxiang u. Li Xiu (Verf.)
长沙: 湖南教育出版社, 1999 年
中外文学交流史丛书, 季羡林主编
531 页, 1001-2000 册
古代编（下）
第七章: 中国文学西播的发展　→　Kapitel VII: Die Geschichte der Rezeption der chinesischen Literatur im Westen
第六节：巨匠歌德, 憧憬东方, 页 184-189 → Abschnitt VI: Der „Riese" Goethe, der sich nach dem fernen Osten sehnt, S. 184-189

2000 年
55.
欧洲文学史 Geschichte der europäischen Literatur
周作人　著　Zhou Zuoren (Verf.)
止庵　校订　Zhi An (Mitwirkung)
石家庄: 河北教育出版社, 2001 年
周作人自编文集
180 页, 4000 册
第五章: 十八世纪德国之文学, 页 169 → Kapitel V: Die Literatur des 18. Jahrhunderts, S. 169
歌德, 页 171-175 → Goethe, S. 171-175

56.
外国文学史（上中下册）Geschichte der ausländischen Literatur (Bd. I, II, III)
刁瑞珍　主编　Diao Ruizhen (Hrsg.)
西安: 西安出版社, 2000 年
上册, 152 页, 2009 年重印
第五章: 十八世纪文学　→　Kapitel V: Die Literatur des 18. Jahrhunderts
第四节: 歌德, 页 98-106 → Abschnitt IV: Goethe, S. 98-106

2001 年
57.
世界文化简史 Kurze Geschichte der Kultur der Welt
王怀兴　主编　Wang Huaixing (Hrsg.)
济南: 齐鲁书社, 2001 年
292 页, 2007 年第 8 次印
近代篇
十八、近代文学, 页 184 → XVIII: Die neuere Literatur, S. 184
启蒙主义文学, 页 187 → Die Literatur der Aufklärung, S. 187
(关于歌德, 页 188 → Über Goethe, S. 188)

2002 年
58.
德国文化史 Deutsche Kulturgeschichte
李伯杰　Li Bojie (Verf.)
北京: 对外经济贸易大学出版社, 2002 年
511 页, 3000 册, 2003 年印刷
第五章: 启蒙运动时期的德国文化, 页 122 → Kapitel V: Die deutsche Kultur in der Zeit der Aufklärung, S. 122
第六节: 狂飙突进运动, 页 142-147 → Abschnitt VI: Der Sturm und Drang, S. 142-147
第六章: 魏玛古典文学时期→　Kapitel VI: Die Zeit der Weimarer Klassik
第一节: 歌德, 页 148-154 → Abschnitt I: Goethe, S. 148-154
第二节: 席勒, 页 154 → Abschnitt II: Schiller, S. 154
第三节: 对古典文化的再思考, 页 157 → Abschnitt III: Historische Reflexion über die klassische Kultur, S. 157

59.
德国文化史 Deutsche Kulturgeschichte
赖丽琇　著 Lai Lixiu (Verf.)
台北市：中央图书出版社，2002 年
第十章：德国民族思想之萌芽与演进
第三节：狂飙突进运动, 页 161 → Sturm und Drang, S. 161
第四节：古典主义，页 179 → Abschnitt IV: Klassik, S. 179
一、文学 Literatur
1. 歌德，页 180 → Goethe, S. 180

60.
外国文学教程 Lehrbuch der ausländischen Literatur
成良臣　编 Cheng Liangchen (Verf.)
成都：四川大学出版社, 2002 年
427 页, 3000 册
欧美文学 Die europäische und amerikanische Literatur
第五章: 18 世纪欧洲文学 → Kapitel V: Die europäische Literatur des 18. Jahrhunderts
第二节: 歌德 → Abschnitt II: Goethe
一、生平和创作，页 99-104 → Leben und Werk, S. 99-104
二、《浮士德》分析，页 104-111 → Analyse des Faust, S. 104-111
三、歌德与中国，页 111-112 → Goethe und China, S. 111-112

61.
西方文论 Westliche Literaturtheorien
张玉能　主编 Zhang Yuneng (Hrsg.)
武汉：华中师范大学出版社, 2002 年
文艺学系列教材
339 页, 2004 年第 2 次印, 5001-10000 册
第四章：德国古典美学的文论，页 113 → Kapitel IV: Literaturtheorien der klassischen deutschen Ästhetik, S. 113
第三节：歌德的文论，页 119-125 → Abschnitt III: Goethes Literaturtheorien, S.119-125

2003 年

62.
欧美文学教程 Lehrbuch für europäische und amerikanische Literatur
王化学　著 Wang Huaxue (Verf.)
济南：齐鲁书社, 2003 年
山东省五年制师范学校统编教材（试用本）
311 页
第五章: 十八世纪欧洲文学 → Kapitel: V: Europäische Literatur des 18. Jahrhunderts
第一节：概论
4. 德国狂飙突进与魏玛古典，页 81 → Deutschlands Sturm und Drang und die Weimarer Klassik, S. 81
第四节：歌德, 页 94-99 → Abschnitt IV: Goethe, S. 94-99

63.
世界艺术史, 戏剧卷 Kunstgeschichte der Welt, Bd. Theater
宋宝珍　著 Song Baozhen (Verf.)
北京：东方出版社, 2003 年
336 页, 6000 册
第六章：浪漫主义戏剧的兴起与发展 → Kapitel VI: Entstehung und Entwicklung des romantischen Theaters
第二节：歌德与《浮士德》, 页 145-148 → Abschnitt II: Goethe und *Faust*, S. 145-148

64.
西方文化史续编(从美国革命至 20 世纪) Geschichte der westlichen Kultur, Fortsetzung (von der amerikanischen Revolution bis zum 20. Jahrhundert)
徐新　主编 Xu Xin (Hrsg.)
北京：北京大学出版社, 2003 年
2008 年第 4 版
344 页
第五章：19 世纪的德国文化，页 128 → Kapitel: Deutsche Kultur des 19. Jahrhunderts, S. 128
美学, 页 137 → Ästhetik, S. 137
(有关歌德的部分，页 137-138 → Über Goethe, S. 137-138)

2004 年

65.

近代文明史 Geschichte der neueren Zivilisation

张跃发 著 Zhang Yuefa (Verf.)

北京: 世界知识出版社, 2004 年

第十章: 1815-1848 年的欧洲 → Kapitel X: Das Europa von 1815-1848

第六节: 近代欧洲文学 → Abschnitt VI: Die europäische Literatur der neueren Zeit

4. 德国的狂飙突进运动, 页 326-327 → Der Sturm und Drang Deutschlands, S. 326-327

66.

欧洲文论简史 Kurze Geschichte der europäischen Literaturtheorien

伍蠡甫、翁义钦 著 Wu Lifu u. Weng Yiqin (Verf.)

北京: 人民文学出版社, 2004 年

中国文库

494 页, 3000 册

编者提示: 初版于 1985 年, 397 页, 8000 册, 1991 年(2), 15960 册。

第七章: 十八世纪启蒙运动与理性主义、前浪漫主义 → Kapitel VII: Die Aufklärung und der Rationalismus sowie die Frühromantik des 18. Jahrhunderts

歌德, 页 172-188 → Goethe, S. 172-188

席勒, 页 188-197 → Schiller, S. 188-197

67.

欧洲文学史 (上卷) Geschichte der europäischen Literatur (Bd. 2)

杨周翰、吴达元、赵萝蕤 主编 Yang Zhouhan, Wu Dayuan u. Zhao Luorui (Hrsg.)

北京: 人民文学出版社, 2004 年

歌德, 页 288-290

68.

世界通史, 彩图版 Allgemeine Geschichte der Welt, Ausgabe mit farbigen Illustrationen

尤义宾 主编 You Yibin (Hrsg.)

郑州: 海燕出版社, 2004 年

399 页, 10000 册

狂飙突进运动, 页 244 → Der Sturm und Drang, S. 244

69.

西方文学概观 Überblick über die westliche Literatur

喻天舒 著 Yu Tianshu (Verf.)

北京: 北京大学出版社, 2004 年

21 世纪外国文学系列教材

288 页

第五章: 18 世纪文学 → Kapitel: V: Die Literatur des 18. Jahrhunderts

第三节: 德国文学 → Abschnitt III: Die deutsche Literatur

二、歌德, 页 165 → Goethe, S. 165

1. 生平, 页 165 → Das Leben, S. 165

2. 《浮士德》, 页 168 → *Faust*, S. 168

2005 年

70.

20 世纪中国翻译史 Die chinesische Übersetzungsgeschichte des 20. Jahrhunderts

方汉文 著 Fang Hanwen (Verf.)

西安: 西北大学出版社, 2005 年

651 页

歌德, 页 160-164 → Goethe, S. 160-164

71.

西方文学理论史 Geschichte der westlichen Literaturtheorien

董学文 主编 Dong Xuewen (Hrsg.)

北京: 北京大学出版社, 2005 年

博雅大学堂•中国语言文学

第五章: 浪漫主义文学理论, 页 119 → Kapitel V: Die Literaturtheorien der Romantik, S. 119

二、德国的浪漫主义文论, 页 122 → Die Literaturtheorien der deutschen Romantik, S. 122

2. 歌德, 页 126-130 → Goethe, S. 126-130

2006 年

72.

欧洲文化史 Kulturgeschichte Europas

李少林 主编 Li Shaolin (Hrsg.)

呼和浩特: 内蒙古人民出版社, 2006 年

296 页, 5000 册

中外文化艺术史丛书
第四编: 新古典主义时期 → Teil IV: Die Epoche der Neoklassizismus
第 2 章: 新古典主义文学 → Kapitel 2: Die Literatur der neuen Klassik
第五节: 歌德的《浮士德》, 页 215 → Abschnitt 5: Goethes *Faust*, S. 215

73.

外国文学 Die ausländische Literatur
母润生　编 Mu Runsheng (Verf.)
重庆: 重庆大学出版社, 2006 年
艺术院校文学教程
285 页, 3000 册
八、浮士德, 页 83-92 → Faust, S. 83-92

74.

西方美学范畴史 (共 3 卷) Geschichte der Kategorien der westlichen Ästhetik
朱立元　编著 Zhu Liyuan (Verf.)
太原: 山西教育出版社, 2006 年
3000 册
第一卷 Bd. I
第二章: 自然, 页 122 → Kapitel II: Die Natur, S. 122
第三节: 德国古典哲学美学: 自然向人生成, 页 138 → Abschnitt III: Die deutsche Philosophie und Ästhetik: Die Natur ist für die Menschen da, S. 138
二、歌德、席勒、谢林: 内在自然与外在自然, 页 140-142 → Goethe, Schiller, Schelling: die Natur von innen und die Natur von außen, S. 140-142
第二卷 Bd. II
第二章: 美 → Kapitel II: Schönheit
第五节: 德国古典美学中的美范畴, 页 88 → Abschnitt V: Die Kategorie der Schönheit in der deutschen Ästhetik, S. 88
二、歌德、席勒的美范畴, 页 92-93 → Die Kategorie der Schönheit bei Goethe und Schiller, S. 92-93
第六章: 和谐 → Kapitel VI: Harmonie

第五节: 德国古典美学中的和谐范畴, 页 342 → Abschnitt V: Die Kategorie der Harmonie in der deutschen Ästhetik, S. 342
五、歌德的和谐思想, 页 350-352 → Goethes Gedanken von der Harmonie, S. 350-352
第三卷 Bd. III
第六章: 古典与浪漫, 页 245 → Kapitel VI: Klassik und Romantik, S. 245
第二节: 美学史上的古典与浪漫范畴, 页 248-249 → Abschnitt II: Die Kategorie der Klassik und der Romantik in der Geschichte der Ästhetik, S. 248
2. 歌德: 古代气质与现代气质, 页 250 → Goethe: die alte und die moderne Mentalität, S. 250
3. 席勒: 素朴与感伤, 页 251 → Schiller: Über die naive und die sentimentalische Dichtung, S. 251

75.

中西文化交流史 (第 2 版) Geschichte des Kulturaustausches zwischen China und dem Westen
沈福伟　著 Shen Fuwei (Verf.)
上海: 上海人民出版社, 2006 年
570 页, 5100 册
第十章: 18 世纪的西欧和中国文化 → Kapitel X: Westeuropa im 18. Jahrhundert und die chinesische Kultur
五、中国文学在西欧 → Die chinesische Literatur in Westeuropa
(1) 歌德和中国文学, 页 436 → Goethe und die chinesische Literatur, S. 436

2007 年

76.

欧洲文学史 Geschichte der europäischen Literatur
周作人　著 Zhou Zuoren (Verf.)
北京: 东方出版社, 2007 年
民国学术经典・西洋史系列丛书
5500 册
第五章: 十八世纪德国之文学, 页 245 → Kapitel V: Deutschlands Literatur im 18. Jahrhundert, S. 245
歌德, 页 249-252 → Goethe, S. 249-252

77.

世界近代文学发展概论 Abriss der Entwicklung der neueren Weltliteratur

萧枫　著 Xiao Feng (Verf.)

沈阳: 辽海出版社, 2007 年

世界文学知识大课堂; 7

140 页

近代德国文学 (叙述以歌德席勒为代表的古典文学), 页 54-57 → Die neuere deutsche Literatur (über die Klassik, vertreten durch Goethe und Schiller), S. 54-57

78.

外国文学作品通要 Wichtige Werke der ausländischen Literatur im Überblick

高红樱　主编 Gao Hongying (Hrsg.)

兰州: 兰州大学出版社, 2007 年

博士文丛, 第五辑

395 页

第五章: 十八世纪文学, 页 83 → Kapitel V: Die Literatur des 18. Jahrhunderts, S. 83

第一节: 歌德与《浮士德》, 页 83-89 → Abschnitt I: Goethe und *Faust*, S. 83-89

79.

西方美育思想简史 Kurze Geschichte der ästhetischen Bildungs-, und Erziehungsgedanken des Westens

李天道　主编 Li Tiandao (Hrsg.)

刘晓萍、汪玉兰　撰稿 Liu Xiaoping u. Wang Yulan (Verf.)

北京: 中国社会科学出版社, 2007 年

美育丛书, 钟仕伦主编

第九章: 德国启蒙运动时期的美育 → Kapitel IX: Ästhetische Bildung und Erziehung in der Zeit der deutschen Aufklärung

第三节: 歌德的美育观, 页 182 → Abschnitt 3: Goethes Auffassung von der ästhetischen Bildung und Erziehung, S. 182

80.

1898-1949 中外文学比较史 (上下卷) → Geschichte der in- und ausländischen Komparatistik, 1898-1949 (Bd. I u. II)

范伯群、朱栋霖　著 Fan Boqun u. Zhu Donglin (Verf.)

南京: 江苏教育出版社, 2007 年

人文学术经典

431 页 / 494 页

下卷 Bd. II

第二章: 英美式自由主义美学思想在中国, 页 23 → Kapitel II: Ästhetische Gedanken des englischen und amerikanischen Liberalismus, S. 23

歌德 "生命意识" (论及宗白华与歌德), 页 37-41 → Das „Lebensbewusstsein" Goethes (über Zong Baihua und Goethe), S. 37-41

第五章: 剧坛新风采, 页 424 → Kapitel V: Neuer Glanz der Bühne

第一节: 歌德、席勒与郭沫若浪漫主义历史剧, 页 424-440 → Abschnitt I: Goethe, Schiller und Guo Moruos historische Dramen, S. 424-440

2008 年

81.

简明欧美文学史 Kurze Literaturgeschichte Europas und Amerikas

刘莉　主编 Liu Li (Hrsg.)

北京: 首都经济贸易大学出版社, 2008 年

314 页, 4000 册

第五章: 18 世纪文学: 如何培育新人类, 页 113 → Kapitel V: Die Literatur des 18. Jahrhunderts: wie bildet man den neuen Menschen, S. 113

三、文学与启蒙的未来, 页 130 → Literatur und die aufgeklärte Zukunft, S. 130

(三) 浮士德精神, 页 134-139 → Fausts Geist, S. 139

82.

欧洲戏剧史 Geschichte des europäischen Dramas

郑传寅、黄蓓　编著 Zheng Chuanyin u. Huang Bei (Verf.)

北京: 北京大学出版社, 2008 年

丛书: 博雅大学堂, 艺术

440 页

编者提示: 2002 年初版于武汉长江文艺出版社, 书名为《欧洲戏剧文学史》。

第六章: 18世纪的戏剧 → Kapitel VI: Das Drama des 18. Jahrhunderts
第六节: 德国戏剧 → Abschnitt VI: Das deutsche Drama
三、主要作家作品, 页283 → Werke wichtiger Autoren, S. 283
(二) 歌德的戏剧创作, 页285-295 → Goethe und seine Dramen, S. 285-295
(2) 席勒的戏剧创作, 页295-301 → Schiller und seine Dramen, 295-301

83.
外国散文流变史 Entwicklungsgeschichte der ausländischen Prosa
傅德岷　著 Fu Demin (Verf.)
重庆: 重庆出版社, 2008年
668页, 3000册
第7章: 德国散文, 页215 → Kapitel VII: Die deutsche Prosa, S. 215
第2节: 歌德的《诗与真》及其他、海涅的《旅行记》, 页225-232 → Abschnitt II: Goethes *Dichtung und Wahrheit* u.a. sowie Heinrich Heines *Reisebeschreibungen*, S. 225-232.

84.
外国文学 Die ausländische Literatur
刘建军　主编 Liu Jianjun (Hrsg.)
罗显克　副主编 Luo Xianke (Mithrsg.)
北京: 高等教育出版社, 2008年
师范
325页
西方文学部分 Die westliche Literatur
第五章: 18世纪文学 → Kapitel V: Die Literatur des 18. Jahrhunderts
第二节: 歌德与《浮士德》, 页79-86 → Abschnitt II: Goethe und *Faust*, S. 79-86

85.
外国文学基础 Grundlagen der ausländischen Literatur
徐葆耕、王中忱 Xu Baogeng u. Wang Zhongchen (Hrsg.)

北京: 北京大学出版社, 2008年
普通高校中文学科基础教材
536页
第四章: 欧洲十七、十八世纪文学, 页86 → Kapitel IV: Die europäische Literatur des 17. und 18. Jahrhunderts, S. 86
第四节: 歌德和《浮士德》, 页98-106 → Abschnitt 4: Goethe und sein *Faust*, S. 98-106

86.
外国文学教程新编 Neubearbeiteter Lehrgang der ausländischen Literatur
何峰　主编 He Feng (Hrsg.)
合肥: 安徽教育出版社, 2008年
554页
上编: 欧美古代、近代文学 → Teil I: Die alte und neuere Literatur Europas und Amerikas
第五章: 情感狂飙与哲理思考的交织——18世纪启蒙文学 → Kapitel V: Verschmelzung des emotionalen Sturms mit philosophischen Gedanken
第四节: 将德国文学推向时代高峰的文学巨人——歌德, 页90 → Abschnitt IV: Goethe – eine literarische Größe, die die deutsche Literatur zum Gipfel der Zeit gebracht hat, S. 90
浪漫的一生, 执著的追求, 页90-91 → Romantisches Leben, beharrliches Streben, S. 90-91
人类自强不息精神的形象演绎——《浮士德》, 页91-92 → *Faust* – anschauliche Deduktion des Menschengeistes, der immer strebt, S. 91-92

87.
西方美学史（下卷）Geschichte der westlichen Ästhetik (Bd. II)
朱光潜　著 Zhu Guangqian (Verf.)
南京: 江苏文艺出版社, 2008年
北斗丛书
第三部分: 十八世纪末到二十世纪初 → Teil III: Ende des 18. Jahrhunderts bis Anfang des 20. Jahrhunderts
甲　德国古典文学 → A. Die deutsche Klassik
第十三章: 歌德, 页316-336 → Kapitel XIII: Goethe, S. 316-336

88.
西方戏剧史通论 Abriss der westlichen Theatergeschichte
周慧华、宋宝珍　著 Zhou Huihua u. Song Baozhen (Verf.)
杭州：浙江大学出版社，2008 年
240 页
第九章：浪漫主义戏剧 → Kapitel IX: Romantische Theaterstücke
第二节：歌德与《浮士德》，页 118-122 → Abschnitt II: Goethe und sein *Faust*, S. 118-122

89.
西洋史大事长编 Umfangreicher Katalog großer Ereignisse der westlichen Geschichte
雷家骥　编审 Lei Jiaji
李功勤、陈逸雯、沈超群　著 Li Gongqin, Chen Yiwen u. Shen Chaoqun (Verf.)
台北市：幼狮文化，2008 年
189 页
1832 年：日耳曼浪漫主义文学大师歌德(Johann Wolfgang Goethe, 1749-1832)逝世，生前代表作品《浮士德》,《少年维特的烦恼》)，页 86 Jahr 1832: → Goethe, großer Meister der deutschen Romantik, S. 86

90.
中西比较诗学史 Geschichte der vergleichenden Poetik Chinas und des Westens
曹顺庆　主编 Cao Shunqing (Hrsg.)
吴兴明　副主编 Wu Xingming (Mithrsg.)
成都：巴蜀书社，2008 年
590 页
第二章：中西比较诗学的前学科时期（1919-1987）→ Kapitel II: Vorphase der vergleichenden Poetik als Wissenschaftszweig in China und im Westen (1919-1987)
第三节：梁宗岱的《诗与真》《诗与真二集》及宗白华的《美学散步》，页 112 → Abschnitt III: Liang Zongdais *Dichtung und Wahrheit* und *Dichtung und Wahrheit, Bd. II* sowie Zong Baihuas *Spaziergang durch die Ästhetik*, S. 112

2009 年

91.
比较文学学科史 Geschichte der Komparatistik als Wissenschaftszweig
曹顺庆　主编 Cao Shunqing (Hrsg.)
成都：巴蜀书社, 2009 年
比较文学与文艺学丛书
四川大学"211 工程"重点建设学科项目, 国家社科基金重点项目
839 页，3000 册
第三章：英国、德国、北欧比较文学学科史（1800-1950）→ Kapitel III: Geschichte der Komparatistik in England und Deutschland (1800-1950)
第三节：莱辛、歌德的比较文学学科史意义，页 159 → Abschnitt III: Die Bedeutung Goethes für die Geschichte der Komparatistik, S. 159
二、歌德"世界文学"思想的学科史影响，页 176-186 → Einfluss von Goethes Gedanken zur „Weltliteratur" auf die Geschichte der Komparatistik, S. 176-186

92.
欧美古典文学教程 Lehrgang der europäischen und amerikanischen Klassik
吴春兰、陈雅谦　著 Wu Chunlan u. Chen Yaqian (Hrsg.)
厦门：厦门大学出版社, 2009 年
411 页，3000 册
第五章：18 世纪文学 → Kapitel V: Die Literatur des 18. Jahrhunderts
第二节：歌德 → Abschnitt II: Goethe
一、天才与庸人的矛盾统一：歌德的生平和创作概况，页 150 → Gemeinsamkeiten und Widersprüche von Genie und Philister: Überblick über Goethes Leben und Schaffen, S. 150
二、60 年磨一剑：《浮士德》的创作过程，页 153 → Ein Schwert 60 Jahre schleifen: Schaffensprozess des *Faust*, S. 153
三、浮士德探求人生理想的过程：《浮士德》的思想内容，页 154 → Fausts Suche nach Lebensideal: Gehalt des *Faust*: S. 154

第二编: 文学史　Kapitel II: Literaturgeschichten

四、先进的人生理想探求者/人类的代表: 浮士德形象及其典型意义, 页 159 → Ein nach progressivem Lebensideal Suchender als Vertreter der Menschheit: die Figur des Faust und deren typologische Bedeutung, S. 159

五、恶的属性/造善的力量/批判的精神: 靡非斯特形象, 页 161 → Wesen des Bösen/Kraft des Guten/Geist der Kritik: die Figur des Mephisto, S. 161

六、片断性与统一性的结合/人物的辩证关系/象征手法:《浮士德》的艺术特色, 页 162 → Verbindung von Teilen und Gesamtheit/ dialektische Verhältnisse der Figuren/ Kunst der Symbolik/ die künstlerische Eigenart des *Faust*, S. 162-163

93.
欧美文学: 人的主题史　Die europäische und amerikanische Literatur: Thematologie des Menschen
王志耕、徐清　主编　Wang Zhigeng u. Xu Qing (Hrsg.)
北京: 中国社会科学出版社, 2009 年
620 页, 5000 册
第四章: 启蒙的喜剧与悲剧 (18-19 世纪初欧洲文学) → Kapitel IV: Die aufklärerische Komödie und Tragödie (Europäische Literatur des 18. und 19. Jahrhunderts)
第四节: 上帝与魔鬼 (歌德与《浮士德》), 页 157-164 → Abschnitt IV: Der Gott und der Dämon (Goethe und *Faust*), S. 157-164

94.
欧美文学导读　Einführung in die europäische und amerikanische Literatur
卢锦明　主编　Lu Jinming (Hrsg.)
北京: 北京大学出版社, 2009 年
232 页
第五章: 十八世纪文学和启蒙文学 → Kapitel V: Die Literatur des 18. Jahrhunderts und die der Aufklärung
第五节: 歌德, 页 86 → Abschnitt V: Goethe, S. 86
一、作者生平, 页 86 → Biographie des Dichters, S. 86
二、创作概况, 页 87 → Überblick über die Dichtung, S. 87
三、代表作品赏析, 页 89-92 → Interpretation wichtiger Werke, S. 89-92

95.
欧洲文学史　Geschichte der europäischen Literatur
周作人　著　Zhou Zuoren (Verf.)
长沙: 岳麓书社, 2009 年
民国学术文化名著丛书
172 页, 6000 册
第五章: 十八世纪德国之文学, 页 160 → Kapitel V: Die Literatur des 18. Jahrhunderts, S. 160
歌德, 页 163-164 → Goethe, S. 163-164

96.
世界哲学史年表　Chronologische Tabelle der Philosophiegeschichte der Welt
马采、陈云　合编　Ma Cai u. Chen Yun (Verf.)
北京: 华夏出版社, 2009 年
300 页
1749 年 (清乾隆十四年): 歌德生。诗人、剧作家、思想家。1832 年卒, 页 114 → 1749: Geburt Goethes, Dichter, Dramatiker, Denker, S. 114
1773 年 (清乾隆三十八年): 歌德:《葛兹·冯·伯利欣根》, 页 122 → 1773: Goethes Götz von Berlichingen, S. 122
1774 年 (清乾隆三十九年): 歌德:《少年维特的烦恼》, 页 122 → 1774: Goethe: Die Leiden des jungen Werther, S. 122
1786 年 (清乾隆五十一年): 歌德出游意大利。至 1788 年, 页 126 → 1786: Goethes italienische Reise, S. 126
1788 年 (清乾隆五十三年): 歌德:《哀格蒙特》, 页 127 → 1788: Goethe: Egmont, S. 127
1789 年 (清乾隆五十四年): 歌德:《塔索》, 页 127 → 1789: Goethe Torquato Tasso, S. 127
1806 年(清嘉庆十一年):《歌德全集》(柯达版), 页 135 → 1806: Goethes gesamte Werke (Cotta), S. 135

1808 年(清嘉庆十三年): 歌德:《浮士德》第一部, 页 135 → 1808: Goethe: Faust. Der Tragödie erster Teil, S. 135

1809 年(清嘉庆十四年): 歌德:《亲和力》, 页 136 → 1809: Goethe: Die Wahlverwandtschaften, S. 136

1810 年(清嘉庆十五年): 歌德:《色彩论》, 页 136 → 1810: Goethe: Die Farbenlehre, S. 136

1811 年(清嘉庆十六年): 歌德:《诗与真》, 页 137 → 1811: Goethe: Aus meinem Leben – Dichtung und Wahrheit, S. 137

1816 年(清嘉庆二十一年): 歌德:《意大利纪行》, 页 139 → 1816: Goethe: Italienische Reise, S. 139

1829 年(清道光九年): 歌德:《威廉·迈斯特的学习时代和漫游时代》。《浮士德》第二部, 页 146 → 1829: Goehe: Wilhelm Meisters Lehr- und Wanderjahre; Faust. Der Tragödie Zweiter Teil, S. 146

97.

外国文学简明教程 Kurzer Lehrgang der ausländischen Literatur

毛信德、吴笛、蒋承勇 主编 Mao Xinde, Wu Di u. Jiang Chengyong (Hrsg.)

杭州: 浙江工商大学出版社, 2009 年

欧美文学 Die europäische und amerikanische Literatur

第五章: 18 世纪文学 → Kapitel V: Die Literatur des 18. Jahrhunderts

第三节: 歌德, 页 90-98 → Abschnitt III: Goethe, S. 90-98

一、生平和创作 Leben und Werk
二、《浮士德》 Faust

98.

外国文学教程 Lehrgang der ausländischen Literatur

毛信德、吴笛、蒋承勇 主编 Mao Xinde, Wu Di u. Jiang Chengyong (Hrsg.)

杭州: 浙江大学出版社, 2009 年

浙江省高等教育重点建设教材

第五章: 西方文明的再发展: 18 世纪欧洲文学 → Kapitel V: Die Literatur des 18. Jahrhunderts

第七节: 德国文学的旗手: 歌德 (傅守祥执笔), 页 193-201 → Abschnitt VII: Goethe, Bannerträger der deutschen Literatur, S. 193-201

一、"烂透了"的时代里的"最伟大的德意志人", 页 193 → Der „größte Deutsche" in der „ganz korrupten" Zeit, S. 193

二、自强不息的理性悲剧《浮士德》: 一部人类灵魂与时代精神的发展史, 页 195 → Faust, eine rationale Tragödie mit dem Geist ständigen Strebens: eine Entwicklungsgeschichte der Seele der Menschheit und des Zeitgeistes, S. 195

三、穿越传统的现代洞察: "说不尽"的《浮士德》, 页 199 → Moderne Betrachtung, die die Tradition durchblickt, *Faust* und „kein Ende", S. 199

99.

外国文学教程 Lehrgang der ausländischen Literatur

吴舜立 编著 Wu Shunli (Verf.)

西安: 陕西师范大学出版社, 2009 年

普通高等院校规划教材/高等素质教育探索教材

384 页, 有图

下编: 西方文学 → Teil II: Die westliche Literatur

第八章: 歌德及其《浮士德》——欧洲启蒙文学的最高峰, 页 250-267 → Kapitel VIII: Goethe und sein *Faust* – der Gipfel der aufklärerischen Literatur Europas, S. 250-267

第一节: 启蒙运动和启蒙主义文学简介, 页 250 → Abschnitt I: Kurz über die Aufklärung und ihre Literatur, S. 250

第二节: 歌德的生平及创作, 页 251 → Abschnitt II: Goethes Leben und Werk, S. 251

一、狂飙突进的青年时期 (1765-1771) Jugendzeit des Sturm und Drang (1765-1771)

二、保守妥协的魏玛时期(1775-1785) Konservative und kompromisslose Zeit in Weimar (1775-1785)

三、隐居深沉的晚年时期 (1786-1832) Zurückgezogene und verschlossene spätere Lebensjahre (1786-1832)

第三节:《浮士德》故事梗概, 页 252 → Abschnitt III: Gang der Handlung des *Faust*, S. 252

第四节:《浮士德》基本内容和主题思想, 页 254 → Abschnitt IV: Hauptinhalt und Leitgedanken des Faust S. 254

第五节:《浮士德》主题思想的多角度探讨, 页 255 → Abschnitt V: das Hauptthema des *Faust* zur Untersuchung aus vielfacher Sicht, S. 255

第六节:《浮士德》的深层思想意蕴, 页 256 → Abschnitt VI: Tiefer geistiger Gehalt des *Faust*, S. 256

第七节: 浮士德形象分析, 页 262 → Abschnitt VII: Analyse der Figur Faust, S. 262

第八节: 比照中的浮士德形象, 页 263 → Abschnitt VIII: Die Figur Faust im Vergleich, S. 263

第九节: 靡非斯托形象分析, 页 264 → Abschnitt IX Analyse der Figur Mephisto, S. 264

第十节:《浮士德》的艺术特征, 页 265-267 → Abschnitt X: Künstlerische Eigenart des *Faust*, S. 265-267

编者附言: 在本书的第八章第二节(三)中, 作者将长达 46 年的一个时段(1786-1832)都划入歌德的所谓"晚年时期"未免不妥

100.
外国文学简史 Kurze Geschichte der ausländischen Literatur
郑克鲁　主编 Zheng Kelu (Hrsg.)
上海: 华东师范大学出版社, 2009 年
高等学校文科教材
415 页, 4100 册
第十三章: 歌德　→　Kapitel XIII: Goethe
一、生平与创作, 页 69 → Leben und Werk, S. 69
二、《浮士德》, 页 71-74 → Faust, S. 71-74

101.
文学理论: 从柏拉图到德里达 Literaturtheorien von Plato bis Derrida, Jacques
杨冬　著 Yang Dong (Verf.)
北京: 北京大学出版社, 2009 年
第二章: 文艺复兴至 18 世纪的文学理论 → Kapitel II: Literaturtheorien von der Renaissance bis zum 18. Jahrhundert
第六节: 歌德与席勒, 页 68-80 → Abschnitt VI: Goethe und Schiller, S. 68-80

102.
西方美学思想史 (上、中、下卷) Ideengeschichte der westlichen Ästhetik, Bd. I, II, III
朱立元　主编 Zhu Liyuan (Hrsg.)
陆扬、张德兴　副主编 Lu Yang u. Zhang Dexing (Mithrsg.)
上海: 上海人民出版社, 2009 年
4250 册
中卷, 分册主编: 张德兴　→　Bd. II: Bandhrsg.: Zhang Dexing
第二编: 德国古典哲学　→　Teil II: Die klassische deutsche Philosophie
第十章: 歌德, 页 865 → Kapitel X: Goethe, S. 865
一、生平以及美学思想概要, 页 865 → Lebenslauf und Abriss seiner ästhetischen Gedanken, S. 865
二、关于美的论述, 页 867 → Über seine Ansichten zur Ästhetik, S. 867
三、艺术论, 页 871 → Seine Kunsttheorie, S. 871
四、历史地位以及影响, 页 888-889 → Seine historische Position und sein Einfluss, S. 888-889

103.
新编外国文学史 Neubearbeitete ausländische Literaturgeschichte
刘舸　主编 Liu Ge (Hrsg.)
北京: 教育科学出版社, 2009 年
普通高校文科教材
403 页, 5000 册
第五章: 18 世纪欧洲文学, 页 77 → Kapitel V: Europäische Literatur des 18. Jahrhunderts, S. 77

第二节: 歌德与《浮士德》(崔俊勇), 页 86-95
→ Anschnitt II: Goethe und *Faust* (Cui Junyong), S. 86-95

一、生平和创作, 页 86 → Leben und Werk, S. 86

二、《浮士德》, 页 89 → Faust, S. 89

本小节又按下面几个小标题分述:

西方文学的第四个里程碑 Der vierte Meilenstein der westlichen Literatur

歌德创作的三个阶段 Drei Phasen der Dichtung Goethes

少年维特之烦恼 Die Leiden des jungen Werther

浮士德: 渴望获得生命最高限值的痛苦 Faust: Schmerzen von der Sehnsucht nach höchstem Wert des Lebens

浮士德的生命里程 Fausts Lebensweg

浮士德的两难命题 Fausts Dilemma

靡非斯特: 邪恶和否定精神的象征 Mephisto: Symbol des Bösen und des verneinenden Geistes

104.

新编外国文学史——外国文学名著批评经典 Neubearbeitete Geschichte der ausländischen Literatur: Kanonisierte Kritik berühmter Werke der ausländischen Literatur

梁坤　主编　Liang Kun (Hrsg.)

北京: 中国人民大学出版社, 2009 年 1 月

普通高等教育"十一五"国家级规划教材

第 6 章: 歌德的《浮士德》: 德意志观念与意识形态的试金石 (莫光华), 页 130-141 → Kapitel VI: Goethes *Faust*: ein Prüfstein für deutsche Auffassungen und Ideologien (Mo Guanghua), S. 130-141

105.

中外翻译简史 Kurze Übersetzungsgeschichte Chinas und des Auslands

高华丽　编著　Gao Huali (Verf.)

杭州: 浙江大学出版社, 2009 年

363 页, 3000 册

歌德, 页 236-237 → Goethe, S. 236-237

106.

中外文学史对照年表 Chronologische Gegenüberstellung der chinesischen und der ausländischen Literatur

刘毓庆、柳杨　编著　Liu Yuqing u. Liu Yang (Verf.)

太原: 山西教育出版社, 2009 年

244 页, 3000 册

[德国] 大诗人歌德生(1749-1832), 页 162 → Geburt des großen Dichters Goethe, S. 162

[德国] 歌德发表书信体小说《少年维特之烦恼》, 页 166 → Veröffentlichung von Goethes Briefroman *Die Leiden des jungen Werther*, S. 166

[德国] 歌德完成巨著《浮士德》, 页 179 → Vollendung von Goethes großem Werk *Faust*, S. 179

[德国] 歌德卒(1749-), 页 179 → Goethes Tod, S. 179

编者附注: 将介绍歌德的条目置于1832年, 提及歌德作品有三: 《浮士德》、《少年维特之烦恼》及《威廉迈斯特》。所列数据不甚谨严, 如将创作《浮士德》的时间段锁定为"十年", 实际是60年。

2010 年

107.

国民必知文学历程课本 Lehrbuch für unsere Bürger zur Kenntnis der Literaturgeschichte

向天　主编　Xiang Tian (Hrsg.)

北京: 中国书籍出版社, 2010 年

丛书: 国民阅读书架

333 页

第十二章: 降临的理性——从古典到启蒙主义文学, 页 139 → Kapitel XII: Anbrechende Vernunft – von der Antike bis zur Aufklärung, S. 139

一代文豪: 歌德, 页 147-154 → Goethe: ein großer Dichter einer Ära, S. 147-154

108.

外国文学 Ausländische Literatur

刘亚丁、邱晓林　主编　Liu Yading u. Qiu Xiaolin (Hrsg.)

重庆: 重庆大学出版社, 2010 年
327 页
编者提示: 分第一、二、三编, 即古代文学, 近代文学、现代文学三部分, 共 37 章, 也即 37 部世界文学名著的分析。
第十三章: 《浮士德》(薛玉楠), 页 108 → Kapitel XIII: *Faust* (Xue Yunan), S. 108

109.
外国文学史 Neubearbeitete ausländische Literaturgeschichte
刘舸 主编 Liu Ge (Hrsg.)
武汉: 华中师范大学出版社, 2010 年
306 页, 5000 册
第三章: 德国文学 → Kapitel III: Die deutsche Literatur
第四节: 歌德, 页 169-180 → Anschnitt II: Goethe, S. 169-180
一、生平, 页 170 → Lebenslauf, S. 170
二、创作概述, 页 171 → Werke im Überblick, S. 171
三、诗歌, 页 172 → Gedichte, S. 172
四、小说, 页 173 → Romane, S. 173
五、戏剧, 页 175 → Theater, S. 175

110.
外国文学史, 西方卷 Geschichte der ausländischen Literatur, Bd. Westen
匡兴 主编 Kuang Xing (Hrsg.)
北京: 北京师范大学出版社, 2010 年
新世纪高等学校教材/汉语言文学基础课系列教材
493 页
第五章: 18 世纪欧洲文学 → Kapitel V: Europäische Literatur des 18. Jahrhunderts
第四节: 歌德, 页 111-121 → Anschnitt IV: Goethe, S. 111-121
一、生平和创作, 页 111 → Leben und Werk, S. 111
二、《浮士德》, 页 114 → Faust, S. 114

111.
外国文学史(1-3 卷) Geschichte der ausländischen Literatur (Bd. 1-3)
聂珍钊、邓年刚 主编 Nie Zhenzhao u. Deng Niangang (Hrsg.)
武汉: 华中师范大学出版社, 2010 年
第二卷: 17 世纪至 19 世纪初期文学 → Bd. II: Die Literatur vom 17. bis zum frühen 19. Jahrhundert
第五编: 18 世纪文学 → Teil V: Die Literatur des 18. Jahrhunderts
第三章: 德国文学 → Kapitel III: Die deutsche Literatur
第四节: 歌德, 页 169-180 → Abschnitt IV: Goethe, S. 169-180
一、生平, 页 170 → Lebenslauf, S. 170
二、创作概念, 页 171 → Dichtungsbegriff, S. 171
三、诗歌, 页 172 → Gedichte, S. 172
四、小说, 页 173 → Romane, S. 173
五、戏剧, 页 175 → Dramen, S. 175
六、浮士德, 页 176 → Faust, S. 176

112.
西方文学简史 Kurze Geschichte der westlichen Literatur
王飞鸿、崔晟 主编 Wang Feihong u. Cui Cheng (Hrsg.)
长春: 吉林大学出版社, 2010 年
丛书: 学海扬帆
472 页
第五章: 18 世纪文学 → Kapitel V: Die Literatur des 18. Jahrhunderts
德国文学 Die deutsche Literatur
狂飙突进运动, 页 150 → Der Sturm und Drang, S. 150
关于歌德, 页 151-152 → Über Goethe, S. 151-152
第六章: 19 世纪文学 → Kapitel VI: Die Literatur des 19. Jahrhunderts
德国文学 Die deutsche Literatur
歌德, 页 189-191 → Goethe, S. 189-191

2011 年

113.

弹拨缪斯的竖琴：欧美文学史传（上、中、下册）Die Harfe der Muse berühren: Darstellung der europäischen und der amerikanischen Literatur nach historischen Gesichtspunkten (Bd.: I,II,III)

任子峰、王立新　主编　Ren Zifeng u. Wang Lixin (Hrsg.)

丁谦　等著　Ding Qian u. a. (Verf.)

太原：山西教育出版社，2011 年

初版于 1999 年，页码有变动。

5000 册

29.《浮士德》博大精深垂百代，页 285-302 → 29. Das kenntnis- und gedankenreiche Werk *Faust* geht von Generation zu Generation, S. 285-302

114.

外国文学史（修订本）Geschichte der ausländischen Literatur (überarbeitete Version)

张铁夫、王田葵　主编　Zhang Tiefu u. Wang Tiankui (Hrsg.)

何云波、黎跃进、邓楠　执行主编　He Yunbo, Li Yuejin u. Deng Nan (verantwortlicher Hrsg.)

湘潭：湘潭大学出版社，2011 年

512 页

第三章: 近代欧洲文学 → Kapitel III: Europäische Literatur der neueren Zeit

第六节: 歌德, 页 88-97 → Abschnitt VI: Goethe, S. 88-97

115.

外国文学史基础与实战练习 Fundament und praktische Übungen der ausländischen Literaturgeschichte

北京师范大学出版社　组编

北京：北京师范大学出版社，2011 年

全国硕士研究生入学考试备考指南

第五章：18 世纪文学和启蒙运动 Kapitel V: Die Literatur des 18. Jahrhunderts und die Aufklärung

一、名词解释 Begriffe zur Erläuterung

2. 启蒙文学，页 154 → Aufklärung, S. 154

4. 狂飙突进运动，页 154 → Sturm und Drang, S. 154

5. 魏玛古典主义，页 155 → Die Weimarer Klassik, S. 155

9. 书信体小说，页 156 → Briefroman, S. 156

10. 教育小说，页 156 → Bildungsroman, S. 156

19. 歌德，页 158 → Goethe, S. 158

27.《少年维特之烦恼》，页 159 → *Die Leiden des jungen Werther*, S. 159

28.《浮士德》，页 159 → *Faust*, S. 159

32. 维特，页 160 → Werther, S. 160

33. 浮士德，页 161 → Faust, S. 161

34. 梅菲斯特，页 161 → Mephisto, S. 161

二、解答题 Fragen und antworten

8. 为什么说歌德的诗剧《浮士德》是一部思想内容很丰富的作品，页 163？→ Warum wird Goethes Versdrama *Faust* als ein inhaltsreiches Werk betrachtet? S. 163

9. 浮士德在探索真理时经历了哪些阶段？Welche Stationen hat Faust auf der Suche nach Wahrheit erlebt?

三、论述题 Themen zur Analyse

11. 分析《少年维特之烦恼》的思想内容和艺术特色，页 170 → *Die Leiden des jungen Werther zur* Analyse des Gehalts und des Kunststils, S. 170

12. 论述歌德笔下浮士德的形象，页 170 → Analyse der Faust-Figur in Goethes Darstellung, S. 170

13. 浮士德这一艺术形象怎样体现了资本主义上升时期先进知识分子的特点？→ Wie hat die Faust-Figur die Charakteristik der fortschrittlichen Intellektuellen in der Zeit des aufsteigenden Kapitalismus präsentiert?

14. 为什么说浮士德形象与梅菲斯特形象是矛盾的统一体？页 172 → Warum sind Faust und Mephisto eine widersprüchliche Einheit? S. 172

15. 分析《浮士德》的艺术特色，页 173 → Analyse des Kunstcharakters des *Faust*, S. 173

116.

西方文化 Die westliche Kultur

曹顺庆　主编　Cao Shunqing (Hrsg.)

重庆：重庆大学出版社，2011 年

高等院校汉语言文学专业系列
355 页, 3000 册
第四章: 启蒙运动时期的文学 → Kapitel IV: Die Literatur während der Zeit der Aufklärung
浮士德, 页 97-113 → Faust, S. 97-113

117.
新编西方文论教程 Neu konzipierter Lehrwerk für westliche Literaturtheorien
杨守森　主编　Yang Shousen (Hrsg.)
北京: 中国人民大学出版社, 2011 年
21 世纪中国语言文学系列教材
432 页
第五章: 德国古典文艺理论 → Kapitel V: Klassische deutsche Literatur- und Kunsttheorien
第三节: 歌德的文艺理论 Abschnitt 3: Goethes Theorien Literatur und Kunst
一、艺术创作要"抓住特殊", 页 101 → Dichtung soll das Besondere ergreifen, S. 101
二、艺术家要有"伟大人格", 页 103 → Der Künstler soll „großen Charakter" besitzen, S. 103
三、艺术家要有"世界精神", 页 104 → Der Künstler soll den „Weltgeist" haben, S. 104

2012 年

118.
德国文学史 (修订增补本) Geschichte der deutschen Literatur. Eine erweiterte und verbesserte Auflage
余匡复　著　Yu Kuangfu (Verf.)
上海: 上海外语教育出版社, 2012 年
外教社新编外国文学史丛书
上海文化发展基金会图书出版专项基金资助项目
584+496 页
第三章: 德国狂飙突进运动时期文学, 页 105 → Kapitel III: Die deutsche Literatur des Sturm und Drang, S. 105
第二节: 狂飙突进运动代表之一: 青年歌德, 页 113-122 → Abschnitt 2: Ein Vertreter des Sturm und Drang: der junge Goethe, S. 113-122

第四章: 德国古典时期文学, 页 139 → Kapitel IV: Die deutsche Literatur der Klassik, S. 139
第二节: 狂飙突进运动后的歌德 (1775-1832), 页 144-210 → Abschnitt 2: Goethe während des Sturm und Drang, S. 144-210

119.
灯塔之光: 世界文学 Das Licht des Leuchtturms: die Weltliteratur
付娜　编著　Fu Na (Verf.)
长春: 时代文艺出版社, 2012 年
歌德, 页 90 → Goethe, S. 90
《浮士德》, 页 92 → Faust, S. 92
席勒, 页 94 → Schiller, S. 94
狂飙突进, 页 104 → Sturm und Drang, S. 104

120.
图说世界文学史 Illustrierte Geschichte der Weltliteratur
徐峥　著　Xu Zheng (Verf.)
北京: 光明日报出版社, 2012 年
235 页
第三章: 德意志的狂飙 → Kapitel III: Sturm und Drang in Deutschland
第一节: 魔鬼与太阳: 歌德, 页 84-89 → Abschnitt I: Goethe: Dämon und Sonne, S. 84-89

2013 年

121.
欧洲文学与基督教 Europäische Literatur und Christentum
肖四新　著　Xiao Sixin (Verf.)
广州: 暨南大学出版社, 2013 年
人文学丛书, 第二辑
248 页
第五章: 启蒙文学与基督教, 页 153 → Kapitel V: Die Literatur der Aufklärung und das Christentum
三、《浮士德》中的神学内涵, 页 169-181 → Der theologische Gehalt des Faust, S. 169-181

第二编: 文学史　Kapitel II: Literaturgeschichten

122.
世界文明史纲要(近代部分) Grundzüge der Geschichte der Zivilisation der Welt (in der neueren Zeit)
郭圣铭　著　Guo Shengming (Verf.)
上海：上海社会科学院出版社，2013 年
世界历史文化丛书
543 页
第十三章：1815-1848 年的德意志和奥地利帝国　→　Kapitel XIII: Deutschland und Österreich in den Jahren 1815-1848
三、德意志文化——贝多芬、歌德、席勒、海涅、黑格尔、费尔巴哈，页 248 → Die deutsche Kultur: Beethoven, Goethe, Schiller, Heine, Herder, Feuerbach, S. 248
编者附言：对歌德的评价未脱俗套："他一方面是一个伟大的文学天才；另一方面是一个相当庸俗的官僚。他对于当时的社会采取了两种相反的态度：有时他振臂瞋目，高呼反抗；有时他又随波逐流，宣传温顺的服从，甚至表现出绝望的感伤。"（页 249）

123.
外国文学史，西方卷 Geschichte der ausländischen Literatur
王立新　主编　Wang Lixin (Hrsg.)
教育部中文学科教学指导委员会组编
北京：高等教育出版社，2013 年
515 页
第五章：18 世纪文学　→　Kapitel V: Die Literatur des 18. Jahrhunderts
第四节：歌德 (袁先来执笔)，页 158-167
Abschnitt IV: Goethe (Yuan Xianlai), S. 158-167

124.
西方美学史 Geschichte der westlichen Ästhetik
蒋孔阳、朱立元　主编　Jiang Kongyang u. Zhu Liyuan (Hrsg.)
北京：北京师范大学出版社，2013 年
2014 年重印
第 4 卷：德国古典美学　Bd. IV: Die klassische deutsche Ästhetik
曹俊峰、朱立元、张玉能　著　Cao Junfeng, Zhu Liyuan u. Zhang Yuneng (Verf.)
第八章：歌德的美学思想，页 376 → Kapitel VIII: Goethes ästhetische Gedanken, S. 376
第一节：生平和美学思想概貌，页 376 → Abschnitt 1: Lebenslauf und Überblick über seine ästhetischen Gedanken, S. 376
第二节：青年时期的浪漫主义美学观，页 378 → Abschnitt 2: Auffassung der romantischen Ästhetik in jungen Jahren, S. 378
第三节：论现实主义和浪漫主义，页 388 → Abschnitt 3: Thesen über den Realismus und die Romantik, S. 388
第四节：论美，页 400 → Abschnitt 4: Thesen über die Ästhetik, S. 400
第五节：论艺术与自然的关系，页 406 → Abschnitt 5: Thesen über das Verhältnis zwischen der Kunst und der Natur, S. 406
第六节：论艺术中的一般与特殊，页 412 → Abschnitt 6: Thesen über das Allgemeine und das Besondere, S. 412
第七节：论艺术的风格，页 421 → Abschnitt 7: Thesen über den Stil der Kunst, S. 421
第八节：论民族文学和世界文学，页 428-435 → Abschnitt 8: Thesen über die Nationalliteratur und die Weltliteratur, S. 428-435

125.
西方文学史 Geschichte der westlichen Literatur
吕健忠、李奭学　编译　Lü Jianzhong u. Li Shixue (Verf.)
杭州：浙江大学出版社，2013 年
402 页
第五章：浪漫主义文学　→　Kapitel V: Die Literatur der Romantik
哲理的探讨——歌德的《浮士德》，页 245-250 → Suche nach der Lebensphilosophie – Goethes *Faust*, S. 245-250

126.
新编外国文学教程 Neu konzipierter Lehrgang der ausländischen Literatur
亢西民、李家宝　主编　Kang Ximin u. Li Jiabao (Hrsg.)

北京：北京师范大学出版社，2013 年
普通高等学校中学文科教材
第五章：18 世纪启蒙文学 → Kapitel V: Die Aufklärung des 18. Jahrhunderts
第二节：歌德及其《浮士德》，页 94-102 → Abschnitt II: Goethe und sein *Faust*, S. 94-102

2014 年

127.
德国史 Die deutsche Geschichte
郑寅达　著 Zheng Yinda (Verf.)
北京：人民出版社，2014 年
527 页，5000 册
第四章：启蒙与改革 (1751-1815) → Kapitel IV: Aufklärung und Reformation (1751-1815)
二、启蒙运动，页 144-148 → Die Aufklärung, S. 144-148
三、狂飙突进运动，页 148-153 → Sturm und Drang, S. 148-153

128.
简明西方美学史读本 Kurze Geschichte der westlichen Ästhetik. Eine Lektüre
汝信　主编 Ru Xin (Hrsg.)
北京：中国社会科学出版社，2014 年
中国社会科学院文科，哲学宗教系列
639 页
第二十三章：歌德和席勒及德意志浪漫主义，页 383 → Kapitel XXIII: Goethe und Schiller sowie die deutsche Romantik, 383
第一节：歌德，页 383 → Abschnitt I: Goethe, S. 383
一、生平及学术贡献，页 383 → Lebenslauf und wissenschaftliche Beiträge, S. 383
二、古典的与浪漫的，页 384 → Das Klassische und das Romantische, S. 384
三、自然与艺术，页 386 → Natur und Kunst, S. 386
四、美与艺术，页 387-389 → Ästhetik und Kunst, S. 387-389

129.
外国文学 Die ausländische Literatur
涂险峰、张箭飞　主编 Tu Xianfeng u. Zhang Jianfei (Hrsg.)
北京：北京大学出版社，2014 年
531 页
第五章：18 世纪欧洲文学，页 110 → Kapitel V: Europäische Literatur des 18. Jahrhunderts, S. 110
第三节：歌德(余迎胜)，页 125-138 → Abschnitt III: Goethe (Yu Yingsheng), S. 125-138

130.
外国文学史导读，欧美卷 Einführung in die ausländische Literaturgeschichte, Bd.: Europa und Amerika
崔宝衡、张竹筠　编著 Cui Baoheng u. Zhang Zhuyun (Verf.)
天津：南开大学出版社，2014 年
277 页
第五章：18 世纪文学 → Kapitel V: Die Literatur des 18. Jahrhunderts
第五节：歌德，页 70 → Abschnitt V: Goethe, S. 70
第六节：席勒，页 72 → Abschnitt VI: Schiller, S. 72

131.
黄与蓝：中西方文学史叙事 Gelb und blau: Erzählungen über die chinesische und die westliche Literaturgeschichte
程刚　著 Cheng Gang (Verf.)
北京：中国文史出版社，2014 年
234 页
第三章：14 世纪至 19 世纪时期的文学：歌德与《浮士德》，页 189-199 → Kapitel III: Die Literatur vom 14. bis zum 19. Jahrhundert: Goethe und sein *Faust*, S. 189-199

132.
中国比较文学百年史 Die hundertjährige Geschichte der chinesischen Komparatistik
王向远　著 Wang Xiangyuan (Verf.)
北京：中国社会科学出版社，2013 年
比较文学与世界文学文库
507 页

第二编: 文学史　Kapitel II: Literaturgeschichten

第六章：最后二十年中国与欧洲各国文学关系的研究 → Kapitel VI: Erforschung literarischer Beziehungen zwischen China und Europa

第四节：中国与德国等欧洲其他国家文学关系的研究，页 265 → Abschnitt IV: Erforschung literarischer Beziehungen zwischen China und Deutschland, S. 265

编者提示：以四页的篇幅介绍杨武能著的《歌德与中国》和姜铮著的《人的解放与艺术的解放——郭沫若与歌德》（页 267-271）。

133.
中外文学交流史——中国-德国卷 Geschichte des Literaturaustausches zwischen China und dem Ausland, Bd.: China und Deutschland

卫茂平　等著 Wei Maoping, Chen Hongyan u.a. (Verf.)

济南：山东教育出版社，2014 年

中外文学交流史丛书，钱林森、周宁主编

书号：978-7-5328-8489-6

编者提示：由卫茂平教授领衔撰写，另有四位作者参与。全书共九章。具体分工如下，卫茂平：序、概述、导言、第一章、第二章、第三章、第四章、第九章、附录、参考文献；陈虹嫣：第五章；方厚生：第六章；张晓青：第七章；黄艺：第八章。中外文学交流及交流史、双向比较及交互影响应是卫教授的研究重点。他这类题材的名著还有：《中国对德国文学影响史述》(上海外语教育出版社，1996 年)、《德语文学汉译史考辨》(上海外语教育出版社，2003 年)和《异域的召唤：德国作家与中国文化》(合著)（宁夏人民出版社，2002 年)，也可参阅。

353 页

第三章：19 世纪德语文学中的中国, 页 39 → Kapitel III: China in der deutschsprachigen Literatur des 19. Jahrhunderts, S. 39

3、歌德对中国文学的接受 (卫茂平), 页 44-57 → Goethes Rezeption der chinesischen Literatur, S. 44-57

第八章：歌德在中国 (黄艺), 页 283-298 → Kapitel VIII: Goethe in China (Huang Yi), S. 283-298

一、译介初期(1920 年以前)，页 285 → Die Anfangsphase der Rezeption (vor 1920), S. 285

二、"五四"之后的译介高潮(1920-1937)，页 286 → Der Höhepunkt der Rezeption nach dem 4. Mai (1920-1937), S. 286

三、抗日战争到新中国成立的余波(1937-1949)，页 290 → Der Nachklang vom Antijapanischen Krieg bis zur Gründung der VR China (1937-1949), S. 290

四、新中国成立到文革后的低迷(1949-1977)，页 293 → Der Tiefpunkt von der Gründung der VR China bis nach der „Kulturrevolution" (1949-1977), S. 293

五、文革后歌德译介的百花齐放(1977 年-至今)，页 294 → Die Blütezeit nach der Kulturrevolution (von 1977 bis heute), S. 294

编者附注：全文以史为纲、为线，从李凤苞的《使德日记》(1878 年)，一直写到顾正祥的《歌德汉译与研究总目，1878-2008》(2009 年)，梳理和概括了横跨三个世纪、历时一百三十余年的歌德在华译介史。篇幅有限，却把握主流，择要而述。观点和举证经提炼和归纳后置于正文，部分注疏和资料作脚注，以避繁冗。作者系卫茂平弟子，风骨如其师，文字平实简约(一万一千余字)，信息密集，俨若辞书条目。美中不足的是，少了近几年的介绍。然非作者之过，而是受大型丛书的牵制，出版周期长的缘故。

补编书目　Ergänzung

1932 年

134.
德国文学史略 Abriss der deutschen Literaturgeschichte

唐性天　编　Tang Xingtian (Verf.)

武汉：江汉印书馆，1932 年

170 页

第十六章：歌德的传记, 页 60-65 → Kapitel XVI: Goethes Biographie, S. 60-65

第十七章：歌德的传记, 页 66-77 → Kapitel XVII: Goethes Werk, S. 66-77

著者索引 Index der Verfasser

Cai Maosong 蔡茂松 35
Cai Yi 蔡仪 15
Cao Shunqing 曹顺庆 33, 90, 91, 116
Chen Shoucheng 陈守成 21
Chen Shouzhu 陈瘦竹 29
Chen Weihang 陈维杭 18
Chen Xulun 陈旭轮 3
Chen Yaqian 陈雅谦 89, 92
Chen Yiwen 陈逸雯 89
Chen Yun 陈云 96
Chen Zhongwu 陈钟吾 8
Cheng Gang 程刚 131
Cheng Liangchen 成良臣 60
Cui Baoheng 崔宝衡 130
Cui Cheng 崔晟 112
Deng Nan 邓楠 114
Deng Niangang 邓年刚 111
Diao Ruizhen 刁瑞珍 56
Ding Jianhong 丁建弘 24, 34
Dong Xuewen 董学文 71
Fan Boqun 范伯群 80
Fang Bi (Mao Dun) 方璧(矛盾) 3
Fang Hanwen 方汉文 70
Fu Lingmei 符玲美 35
Fu Demin 傅德岷 83
Fu Na 付娜 119
Gao Hongying 高红樱 78
Gao Huali 高华丽 105
Gao Zhongfu 高中甫 40
Gong Pu 宫朴 13
Guo Shengming 郭圣铭 122
Guo Yuanxin 郭源新 7
He Feng 何峰 86
He Xin 何欣 23
He Yunbo 何云波 114
Huang Bei 黄蓓 82
Jiang Chengyong 蒋承勇 97, 98
Jiang Dechang 姜德昌 13
Jiang Jingsan 蒋径三 2
Jiang Kongyang 蒋孔阳 124
Jiang Yi 蒋益 27

Kang Ximin 亢西民 126
Kuang Xing 匡兴 110
Lai Lixiu 赖丽琇 59
Lei Jiaji 雷家骥 89
Li Bojie 李伯杰
Li Daozeng 李道增 53
Li Gongqin 李功勤 89
Li Jiabao 李家宝 126
Li Jinfa 李金发 3
Li Liewen 黎烈文 5
Li Shaolin 李少林 72
Li Shixue 李奭学 125
Li Tiandao 李天道 79
Li Wanjun 李万钧 30
Li Xingchen 李醒尘 44
Li Xiu 李岫 54
Li Yuejin 黎跃进 114
Liang Kun 梁坤 104
Liu Fangtong 刘放桐 18
Liu Ge 刘舸 103, 109
Liu Jianjun 刘建军 84
Liu Li 刘莉 81
Liu Wenlong 刘文龙 50
Liu Wenxiao 刘文孝 48
Liu Xiaoping 刘晓萍 79
Liu Yading 刘亚丁 108
Liu Yang 柳杨 106
Liu Yuqing 刘毓庆 106
Lu Jinming 卢锦明 94
Lu Shicheng 陆世澄 34
Lu Xueming 陆学明 22
Lü Jianzhong 吕建忠 32, 125
Luo Jinglan 罗静兰 45
Luo Xianke 罗显克 84
Luo Zhiye 罗志野 37
Ma Cai 马采 96
Ma Jiajun 马家骏 49
Ma Xiaohui 马晓hui 49
Mao Xinde 毛信德 97, 98
Mao Xuanguo 毛宣国 51
Mu Runsheng 毋润生 73
Nie Shouzhong 聂守忠 13
Nie Zhenzhao 聂珍钊 111

Qian Gechuan 钱歌川 17
Qiao Fusheng 乔福生 39
Qiu Xiaolin 邱晓林 108
Quan Zenggu 全增嘏 18
Ren Zifeng 任子峰 113
Ru Xin 汝信 128
Shen Chaoqun 沈超群 89
Shen Fuwei 沈福伟 75
Song Baozhen 宋宝珍 63, 88
Sun Kunrong 孙坤荣 40
Sun Qingsheng 孙庆升 47
Tang Xingtian 唐性天 134
Tian Benxiang 田本相 42
Tu Tu 涂途 15
Tu Xianfeng 涂险峰 129
Wang Feihong 王飞鸿 112
Wang Huaxue 王化学 62
Wang Huaixing 王怀兴 57
Wang Lixin 王立新 113, 123
Wang Shibo 王石波 19
Wang Tiankui 王田葵 114
Wang Yulan 汪玉兰 79
Wang Zhigeng 王志耕 93
Wang Zhongchen 王中忱 85
Wei Maoping 卫茂平 132
Weng Yiqin 翁义钦 43, 66
Wu Chunlan 吴春兰 89, 92
Wu Dayuan 吴达元 67
Wu Di 吴笛 97, 98
Wu Qingping 吴青萍 28
Wu Shunli 吴舜立 99
Wu Xingming 吴兴明 90
Wu Lifu 伍蠡甫 66
Xia Dingguan 夏定冠 21
Xiang Tian 向天 107
Xiao Feng 萧枫 77
Xiao Sixin 肖四新 121
Xie Hongjie 谢鸿杰 39
Xu Baogeng 徐葆耕 85
Xu Jimin 徐纪敏 20
Xu Dimeng 许迪蒙 16
Xu Qing 徐清 93
Xu Xin 徐新 64

著者索引 Index der Verfasser

Xu Zheng 徐峥 120
Xuan Cheng 宣诚 6
Yang Dong 杨冬 101
Yang Enhuan 杨恩寰 26
Yang Huilin 杨慧林 46
Yang Shousen 杨守森 117
Yang Zhouhan 杨周翰 67
Yi Shuquan 易漱泉 19
Yin Dayi 尹大贻 18
You Yibin 尤义宾 68
Yu Kuangfu 余匡复 118
Yu Qiuyu 余秋雨 14
Yu Yingsheng 余迎胜 129
Yu Tianshu 喻天舒 69
Yuan Chuanwei 袁传伟 50
Zhang Anqi 章安祺 46
Zhang Bingzhen 张秉真 46
Zhang Guoren 张国仁 1
Zhang Jianfei 张箭飞 129
Zhang Jucai 张巨才 36

Zhang Ling 张凌 25
Zhang Qinglong 张庆龙 18
Zhang Tiefu 张铁夫 114
Zhang Yuneng 张玉能 52, 61
Zhang Yuefa 张跃发 65
Zhang Zhong 张钟 25
Zhang Zhuyun 张竹筠 130
Zhao Luorui 赵萝蕤 67
Zheng Chaozong 郑朝宗 41
Zheng Chuanyin 郑传寅 82
Zheng Hesheng 郑鹤声 12
Zheng Kelu 郑克鲁 100
Zheng Songkun 郑松锟 41
Zheng Yinda 郑寅达 127
Zhong Shilun 钟仕伦 79
Zhu Donglin 朱栋霖 80
Zhu Guangqian 朱光潜 38, 87
Zhu Liyuan 朱立元 74, 102, 124
Zhou Faxiang 周发祥 54
Zhou Huihua 周慧华 88

Zhou Linjing 周林静 10
Zhou Yiliang 周一良 24
Zhou Zuoren 周作人 55, 76, 95
Zou Lang 邹郎 17

北京师范大学出版社 115
湖南师范大学中文系外国文学教研室 19
上海师范大学、上海师范学院中文系《欧洲近代文学思潮简编》编写组 11
西北大学外国文学教研室 (Seminar für ausländische Literatur der Universität Nordwestchina) 31
香港青年出版社 (Hongkonger Verlag für Jugend) 9
香港文学研究社 (Verein der Literaturforschung in Hongkong) 4

出版社索引 Index der Verlage

Beijing
北京

北京大学出版社 25, 44, 47, 64, 69, 71, 82, 85, 94, 101, 129
北京师范大学出版社 110, 115, 124, 126
东方出版社 63, 76
对外经济贸易大学出版社 58
高等教育出版社 84, 123
光明日报出版社 120
华夏出版社 96
教育科学出版社 103
清华大学出版社 53
人民出版社 34, 127
人民文学出版社 66, 67
商务印书馆 16
世界知识出版社 65
首都经济贸易大学出版社 81
文化艺术出版社 42
新华出版社 36
中国人民大学出版社 46, 104, 117
中国社会科学出版社 79, 93, 128, 132
中国书籍出版社 107
中国文史出版社 131
中国戏剧出版社 29
中华书局 12

Changchun
长春

东北师范大学出版社 22
吉林大学出版社 112
吉林人民出版社 13
时代文艺出版社 119

Changsha
长沙

国防科技大学出版社 27

湖南大学出版社 19
湖南教育出版社 54
湖南人民出版社 20
湖南师范大学出版社 51
岳麓书社 95

Chengdu
成都

巴蜀书社 90, 91
四川大学出版社 60
四川民族出版社 21
四川人民出版社 33

Chongqing
重庆

重庆大学出版社 73, 108, 116
重庆出版社 83

Fuzhou
福州

福建教育出版社 30

Guangzhou
广州

暨南大学出版社 121
广东高等教育出版社 35

Guilin
桂林

广西师范大学出版社 37

Haerbin
哈尔滨

黑龙江人民出版社 43

Haikou
海口

海南出版社 40

Hangzhou
杭州

杭州大学出版社 39
浙江大学出版社 88, 98, 105, 125
浙江工商大学出版社 97
浙江人民出版社 50

Hefei
合肥

安徽教育出版社 38, 86
安徽人民出版社 11

Huhehaote
呼和浩特

内蒙古人民出版社 72

Jinan
济南

齐鲁书社 57, 62
山东教育出版社 133

Kunming
昆明

云南人民出版社 48

Lanzhou
兰州

兰州大学出版社 78

出版社索引 Index der Verlage

Nanjing 南京

江苏教育出版社 80
江苏文艺出版社 87

Nanning 南宁

漓江出版社 15

Shanghai 上海

华东师范大学出版社 100
民智书局 1
上海人民出版社 18, 75, 102
上海社会科学院出版社 122
上海外语教育出版社 118
上海文艺出版社 14
商务印书馆 2
世界书局 3

Shenyang 沈阳

辽海出版社 77
辽宁大学出版社 26

Shijiazhuang 石家庄

河北教育出版社 55

Taiyuan 太原

山西教育出版社 74, 106, 113

Tianjin 天津

南开大学出版社 130

Wuhan 武汉

华中师范大学出版社 61, 109, 111
江汉印书馆 134
武汉出版社 52

Xi'an 西安

陕西师范大学出版社 49, 99
未来出版社 31
西安出版社 56
西北大学出版社 70

Xiamen 厦门

厦门大学出版社 41, 92

Xiangtan 湘潭

湘潭大学出版社 114

Zhengzhou 郑州

海燕出版社 68
河南人民出版社 24

Taibei 台北市

大中国图书公司 5
黄山出版社 28
明伦出版社 7
书林出版有限公司 32
五南图书出版公司 17, 23
五洲出版社 8
燕京文化事业股份有限公司 10
扬智文化 45
幼狮文化 89
中央图书出版社 6, 59

Xianggang 香港

香港青年出版社 9
香港文学研究社 4

第三编：合集
Kapitel III: Sammelbände

1924 年

1.

近代文学思潮 Literaturströmungen der neueren Zeit

黄忏华 编述 Huang Chanhua (Verf.)

1. 商务印书馆, 1924 年

第一篇: 从古典主义经过浪漫主义到自然主义

(二) 德国底古典主义, 页 12 → Die deutsche Klassik, S. 12

内容提要: 说歌德"思慕古典的艺术, 以为是伟大、光明、欢喜、调和、平安、美底本土"(页 13)。

1930 年

2.

西洋文学通论 Abriss der westlichen Literatur

矛盾 著 Mao Dun (Verf.)

上海: 世界书局, 1930 年

上海: 复旦大学出版社, 2004 年再版

浪漫主义, 页 80 → Romantik, S. 80

1931 年

3.

最近三十五年之中国教育(下) Die chinesische Erziehung in den letzten 35 Jahren

上海：商务印书馆, 1931 年

三十五年来中国之新文化 (蔡元培), 1931 年 6 月 15 日 → Chinas neue Kultur in den letzten 35 Jahren (Cai Yuanpei)

1932 年

4.

创造十年 Zehn Jahre im Aufbau-Verein

郭沫若 著 Guo Moruo (Verf.)

上海: 现代书局, 1932 年

272 页

编者提示: 谈到《浮士德》对作者诗歌创作的影响。

5.

Dem Andenken Spinozas 斯宾挪沙纪念特刊

Herausgegeben vom Deutschen Seminar der Pekinger Reichsuniversität 国立北京大学德国研究会 主编

Tientsin, Peiping: Peiyang Press 天津/北平: 北洋印字馆承印

(Deutsch-Chinesische Nachrichten vom 24.11.1932. Sonderausgabe)

20 Seiten, 20 页

Goethe und Spinoza 歌德与斯宾挪沙

1934 年

6.

Dem Andenken Schillers 释勒纪念特刊

中德文化协会编

Tientsin, Peiping: Peiyang Press 天津北平: 北洋印字馆承印

Deutsch-chinesische Nachrichten. Festgabe zum 10. November 1934 德华日报纪念特刊, 纪念席勒 175 周年生日

40 S. 40 页, 15 至 26 页系中文著译

Das Weimarer Goethe-Schiller-Denkmal von Ernst Ritschel (1804-1861), S. 11 → 魏玛的歌德席勒纪念碑, 页 11

Schiller und Goethe. Drei Begegnungen (Güntter, Otto), S. 11 → 席勒与歌德的三次会面, 页 11

Schiller und Goethe. Aus einem ungedruckten Werk über Goethe (Pannwitz, Rudolf), S. 12 → 席勒与歌德, 页 12

Schiller an Goethe (Brief v. 23.08.1794) → 席勒致歌德信(1794 年 8 月 23 日)

Schiller und Goethe (Yang Bing Tschen) [Yang Bingchen] → 释勒与葛德 [席勒与歌德](杨丙辰), 页 16

Goethe, Epilog zu Schillers Glocke, übers. v. Ho Lin [He Lin] → 歌德: 席勒大钟歌跋, 贺麟译, 页 23

7.

我与文学——文学一周年纪念特辑 Ich und die Literatur – Sonderausgabe zum einjährigen Jubiläum der Zeitschrift *Literatur*

郑振铎、傅东华 编 Zheng Zhendu u. Fu Donghua (Hrsg.)

上海: 生活书店, 1934 年

319 页, 上海书店 1981 年影印

第三编：合集 Kapitel III: Sammelbände

我对于文学的理解与经验 (小默) Mein Verständnis für die Literatur und meine Erfahrungen mit ihr (Xiao Mo)
编者提示：上文谈到作者读《浮士德》的感受。

1936年

8.
饮冰室合集 Gesammelte Werke des *Yinbingshi*
梁启超　著　Liang Qichao (Verf.)
林志钧　编　Lin Zhijun (Hrsg.)
上海：中华书局，1936年
饮冰室文集之三十七
中国韵文里头所表现的感情，页 70-140 → Gefühle, die in der chinesischen Poesie zum Ausdruck kommen, S. 70-140
论点摘编："这篇名作[指屈原的《招魂》]的结构和思想，都有点和噶特的浮士达[指歌德的《浮士德》]相仿佛"（页 129）。
饮冰室文集之三十九
屈原研究，页 49-69 → Die Qu Yuan-Forschung, S. 49-69
论点摘编："招魂……的思想正和葛得的浮士特 Goethe Faust 剧上本一样。远游便是那剧的下本，总之这篇是写怀疑的思想历程最恼闷最苦痛处"。页 55

1938年

9.
鲁迅全集 (20 卷) Lu Xuns gesamte Werke (20 Bde.)
鲁迅先生纪念委员会编印 Kommission zum Gedenken an Herrn Luxun (Hrsg.)
上海：鲁迅全集出版社，1938年
编者提示：书中的歌德细目详见本栏人民文学出版社1995年版书讯。

1942年

10.
红楼梦研究 Forschungen über den Roman *Der Traum der Roten Kammer*
李辰冬　著　Li Chendong (Verf.)
重庆：正中书局，1942年

编者提示：正中书局的《红楼梦研究》共出过四版：1942年1月第1版，1942年10月第2版，1943年7月第3版，1946年4月第4版。
第一章：导言，页 6 → Kapitel I: Einleitung, S.6
二、《红楼梦》前后的异同问题(就小说前后有两个作者以及从构思到写作的先后程序与《浮士德》作比较)，页 7 → Ähnlichkeiten und Unterschiede zwischen der ersten und der später erweiterten Fassung des Romans Der Traum der Roten Kammer, S. 7
第三章：《红楼梦》重要人物的分析 → Kapitel III: Analyse wichtiger Figuren im *Faust*
三、薛宝钗(作家为使其人物的性格显著计，往往把两个相反的人物，放在一起。……《浮士德》有一位浮士德，也有一位梅菲斯特；……同样，《红楼梦》有一位贾宝玉，也有一位薛宝钗)，页 40 → Xue Baochai, S. 40
四、王熙凤(将王熙凤与《浮士德》下卷中的"学士"想比，认为两者"属于同一类型，都是气壮力强、野心勃勃的青年之象征")，页 47 → Wang Xifeng im Roman *Der Traum der Roten Kammer* und Baccalaureus im *Faust* im Vergleich, S. 47
第五章：《红楼梦》的艺术价值 → Kapitel V: Der Kunstwert des Romans *Der Traum der Roten Kammer*
一、《红楼梦》人物的描写 Die Darstellung der Figuren im Roman *Der Traum der Roten Kammer*
论点摘要："如果要说。但丁是意大利精神的代表，莎士比亚是英格兰的代表，塞万提斯是西班牙的代表，歌德是德意志的代表，那曹雪芹就是中国以往一段灵魂之具体化"（页 84）[批评巩都尔富(Gundolf, Friedrich, 1880-1931)的美学观点，说歌德三岁时就讨厌相貌丑陋的人，以此断定"艺术家美的鉴赏力是先天的"。] 页 86 → Die Darstellung der Figuren im Roman *Der Traum der Roten Kammer* (Kritik an der ästhetischen Ansicht: Musisches Verständnis sei angeboren), S. 86
四、《红楼梦》情感的表现，页 107 → Die literarische Darstellung der Gefühle im Roman *Der Traum der Roten Kammer*, S. 107
编者提示：(就艺术作品所表现的"意象"、"情感"和"意念"，与《浮士德》和托尔斯泰的《战争与和平》比)。在批评德国美学家巩都尔富的美学观点的时候提到歌德，说他三岁时就讨厌相貌丑的人，以此断定"艺术家美的鉴赏力是先天的"。

1943 年

11.
冰心诗集 Gedichte Bing Xin's
冰心 著 Bing Xin (Verf.)
上海: 开明书店, 1943 年
1949 年第 5 版
向往(为德诗人歌德九十年纪念作), 页 19 →
    Zum Andenken an den 90. Todestag des
    deutschen Dichters Goethe, S. 19

1945 年

12.
莘莘, 第 1 卷 第 2 期, 1945 年 5 月 → Shenshen
    (zahlreich), Band 1, Heft 2, Mai 1945
歌德重晤夏绿蒂 (耶麦), 页 30 →
    Wiederbegegnung Goethes mit Charlotte (Ye
    Mai), S. 30
少年维特的烦恼, 页 30 → Die Leiden des jungen
    Werther, S. 30
爱人归来——夏绿蒂回威玛, 页 32-33 →
    Rückkehr der Geliebten – Charlotte in Weimar,
    S. 32-33

1947 年

13.
文化与人生 Kultur und Leben
贺麟 著 He Lin (Verf.)
商务印书馆, 1947 年
民国丛书, 第二编, 43: 文化、教育、体育类
上篇 Teil I
德国文学与哲学的交互影响, 页 77-86 →
    Wechselseitige Wirkungen der deutschen
    Literatur und Philosophie, S. 77-86
歌德, 页 80-81 → Goethe, S. 80-81

1958 年

14.
中国现代文学论文选集(1917-1942)
    Ausgewählte Beiträge zur modernen
    chinesischen Literatur (1917-1942)
开封师范学院语文系现代文学教研室　编
郑州: 河南人民出版社, 1958 年
文学理论参考资料
471 页, 24097 册
文学革命论 (陈仲甫) [陈独秀], 页 16-19 →
    Über die Literaturrevolution (Chen Zhongfu)
    [Chen Duxiu], S. 16-19
编者提示: 最早发表于《新青年》, 2017 年第 2
    卷第 6 期, 1917 年 2 月 1 日。
论点摘编: "予爱康德赫克尔之德意志, 予尤
    爱桂特郝卜特曼之德意志"。"赫克尔"今
    译黑格尔; "郝卜特曼"通译豪普特曼;
    "桂特"即歌德。(页 19)

15.
中国韵文里头所表现的感情 Gefühle, die in der
    chinesischen Poesie zum Ausdruck kommen
梁启超 著 Liang Qichao (Verf.)
北京: 中华书局, 1958 年
70 页
编者提示: 详见本栏"饮冰室合集"书讯(序
    号 8)。

1959 年

16.
蔡元培文集 Cai Yuanpeis gesamte Schriften
蔡元培 著 Cai Yuanpei (Verf.)
北京: 中华书局, 1959 年
三十五年来中国之新文化 Chinas neue Kultur
    in den letzten 35 Jahren
编者提示: 言《少年维特之烦恼》"影响于青年
    的心理颇大"。页 280

17.
世界文学家传 Biographien der Weltliteratur
宋哲美 著 Song Zhemei (Verf.)
香港: 华侨印书馆, 1959 年
236 页
德国诗人歌德, 页 91-101 → Der deutsche
    Dichter Goethe, S. 91-101

18.

外国文学参考资料 (古代至十八世纪部分), 下册 Informationsmaterial zur ausländischen Literatur (von der Antike bis zum 18. Jahrhundert), Band II

北京师范大学中文系外国文学教研组 编

北京: 高等教育出版社, 1959 年

四、十八世纪德国文学 → Die deutsche Literatur des 18. Jahrhunderts

4. 十八世纪德国文学概况, 页 677-681 →Überblick über die deutsche Literatur des 18. Jahrhunderts, S. 677-681

(三) 歌德, 页 688 → Goethe, S. 688

1. 恩格斯论歌德, 页 688 → Friedrich Engels über Goethe, S. 688

2. 马克思论"葛茨", 页 693 → Karl Marx über *Götz von Berlichingen*, S. 693

3. 歌德的道路与探索——纪念歌德诞生二百年, 页 694 → Goethes Weg und Suche – zum Andenken an seinen 200jährigen Geburtstag, S. 694

4. 歌德的抒情诗, 页 701 → Goethes Lyrik, S. 701

5. 歌德的古典主义, 页 703 → Goethes Klassik, S. 703

6. 关于"威廉·迈斯特", 页 704 → Über den Roman *Wilhelm Meister*, S. 704

7. "浮士德"简论, 页 705 → Kurz über *Faust*, S. 705

8. 高尔基论浮士德形象的根源, 页 715 → Gorki über den Ursprung der Faust-Figur, S. 715

9. 海涅论"浮士德"题材的民主性, 715-717 → Heinrich Heine über den demokratischen Charakter des Faust-Motivs, S. 715-717

1960 年

19.

西方文学家素描 Skizzen westlicher Schriftsteller

蔡丹冶 著 Cai Danye (Verf.)

台北市: 哲志出版社, 1960 年

袖珍文库 B-1, 罗云家 主编

歌德, 页 17-26 → Goethe, S. 17-26

1963 年

20.

西洋文学欣赏举隅 Einige Interpretationen westlicher Literatur

王镇国 编译 Wang Zhenguo (Übers.)

台北市: 台湾学生书局, 1963 年

494 页

歌德: 浮士德, 页 367-370 → Goethe: Faust, S. 367-370

1973 年

21.

德国文学散论 Vermischte Interpretationen der deutschen Literatur

李魁贤 著 Li Kuixian (Verf.)

台北市: 三明书局, 1973 年

220 页

德国文学一瞥, 页 1-31 → Ein Blick in die deutsche Literatur, S. 1-31

五、歌德时代, 页 12-19 → Die Goethezeit, S. 12-19

1975 年

22.

西洋文学欣赏 Interpretationen westlicher Literatur

钟肇政 著 Zhong Zhaozheng (Verf.)

台北市: 志文出版社, 1975 年

254 页, 1988 年第 2 版

五、十八世纪的文学 → Die Literatur des 18. Jahrhunderts

歌德与席勒, 页 95-101 → Goethe und Schiller, S. 95-101

1976 年

23.

西洋文学介绍 Über westliche Literatur

卢月化 著 Lu Yuehua (Verf.)

台北市: 台湾商务印书馆, 1976 年

211 页, 1995 年增订本

歌德的一生, 页 50-60 → Goethes Leben, S. 50-60

歌德的恋情, 页 61-72 → Goethes Liebe, S. 61-72

第三编：合集 Kapitel III: Sammelbände

1977年

24.
世界文学名著要览 Berühmte Werke der
　　Weltliteratur: eine Auswahl
潘寿康 著 Pan Shoukang (Verf.)
台北市: 河洛图书出版社, 1977年
10001+8 页
德国、奥地利文学 Die deutsche und die
　　österreichische Literatur
少年维特之烦恼, 页 297 → Die Leiden des
　　jungen Werther, S. 297
浮士德, 页 304 → Faust, S. 304

1979年

25.
悼念郭老 Zum Andenken an Guo Moruo
新华月报资料室 汇编 Zusammenstellung durch
　　das Archiv der Xinhua-Monatsschrift
北京: 三联书店, 1979年
532 页, 选编了诗文八十余篇
悲痛的怀念 (周扬) Trauriges Andenken (Zhou
　　Yang)
论点摘要：周扬："您[指郭沫若]是哥德, 但您
　　是社会主义时代的新中国的哥德"；"郭老
　　和哥德一样是文化巨人, 是自己民族的骄
　　傲"。

26.
外国文学论文索引（征求意见稿）Index der
　　Aufsätze zur ausländischen Literatur
卢永茂、严铮、冉国选、张中义 编 Lu Yongmao,
　　Yan Zheng, Ran Guoxuan u. Zhang Zhongyi
　　(Hrsg.)
河南师范大学中文系, 1979年
关于歌德及其作品, 页 232-237 → Über Goethe
　　und sein Werk, S. 232-237

27.
外国文学纵谈 Kreuz und Quer im Bereich der
　　ausländischen Literatur
高翔 著 Gao Xiang (Verf.)
香港: 上海书局, 1979年
192 页
首相、诗人、《浮士德》, 页 1-13 → Minister,
　　Dichter, Faust, S. 1-13

28.
学生时代 Während der Studienzeit
郭沫若 著 Guo Moruo (Verf.)
北京: 人民文学出版社, 1979年
论点摘编："博士先生的说我'自称歌德'者
　　骂我不配, 但我现在可又进了一步, 我敢于
　　这样说, 像歌德那样的人是不值得我们崇拜
　　的。——在博士们看来, 或者又会说我是在
　　'自称歌德以上', 那倒可以说是近乎事实。
　　歌德可以令人佩服的地方, 在他的努力, 但
　　他的成绩也实在有限。他和他同国同时而稍
　　稍后出的马克思比较起来是怎么样?那简直
　　可以说是太阳光中的一个萤火虫!他在德国
　　是由封建社会转变到资产社会的那个阶段中
　　的诗人, 他在初期是吹奏着资产阶级革命的
　　一个号手, 但从他做了偎马公国的宰相以后,
　　他老实退回到封建阵营里去了, 他那贵族趣
　　味和帝王思想实在有点熏鼻。诗人海涅骂过
　　他, 说他只晓得和女人亲吻。——用《红楼梦》
　　上的话来表现时, 便是只晓得'吃姑娘嘴上
　　的胭脂', 他老先生的确是可以称为德意志
　　的贾宝玉。我虽然不曾自比过歌德, 但我委实
　　自比过屈原。"

29.
文艺论丛 (第八辑) Reihe von Aufsätzen über
　　Literatur und Kunst, Band 8
上海: 上海文艺出版社, 1979年
476 页, 46000 册
论歌德的《浮士德》(杜东枝), 页 418-437 → Über
　　Goethes Faust (Du Dongzhi), S. 418-437

30.
文艺论集 Gesammelte Schriften über Literatur
　　und Kunst
郭沫若 著 Guo Mruo (Verf.)
北京: 人民文学出版社, 1979年
284 页, 30000 册
论文学的研究和介绍, 页 138-143 → Über die
　　Literaturforschung und -vermittlung, S. 138-
　　143
论点摘要："歌德的《浮士德》, 我早曾零星翻
　　译过。前年六月, 张东荪来函劝我从事全译,

第三编：合集 Kapitel III: Sammelbände

作为《共学社丛书》之一种。张君是认定《浮士德》有可译的价值的之一人，我也是认为有可译的价值的，所以我当时也就慨然应允了。"（页138）；"歌德的《浮士德》，说也惭愧，我虽然研究了几年，但是我也还不敢说我有正确的理解。不过据我研究的结果，据我所能理解的程度，它确有可以介绍的价值的。我相信，凡是真正的文学上的杰作，是有永恒生命的。"（页141）；"我译《浮士德》，在前年八月初间，第一部早已译成；第二部比较更难译，因为我没有多的时间，所以我至今还寄放着没有译下去。《浮士德》是一部艰深的巨作，我也承认。不过唯其艰深，我觉得尤宜翻译，尤值得翻译。翻译成本国文字时，读的人总要比读难解的原文经济得多。有人向我说，原作太难，恐怕译出来时，读的人太少，于销路上不能畅行。这个耽心恐怕是个确切的。因此，我的译稿在最近一两年之内，如能完成时，我愿意自费出版。假如能得一二素心人，读了我的译稿，感觉得《浮士德》对于人生是切要的书，也还值得一读，不至于痛叹到不经济时，那我也就可以感受着无穷的寂悦了。"（页142-143）

神话的世界(含《渔夫》译诗和德文原文), 页160-167 → Die mythologische Welt (enthält das Gedicht *Der Fischer* in Original und Übersetzung), S. 160-167

波斯诗人莪默伽亚谟(谈及歌德与《浮士德》), 页168-172 → Der persische Dichter Omar Kayyam (1048-1131), auch über Goethe und *Faust*, S. 168-172

《少年维特之烦恼》序引(含译诗《绿蒂与维特》), 页180-189 → Einleitung zu *Die Leiden des jungen Werther*, S. 180-189

论诗三札, 二 (原载《三叶集》, 郭沫若致宗白华, 1920年1月18日), 页208-213 → Drei Briefe über Dichtung, der zweite: Guo Moruo an Zong Baihua vom 18.01.1920, S. 208-213

31.
文艺论集续集 Gesammelte Schriften über Literatur und Kunst (Fortsetzung)
郭沫若 著 Guo Mruo (Verf.)

北京: 人民文学出版社, 1979年
110页, 30000册
孤鸿——致成仿吾的一封信, 页4 → Der allein fliegende Schwan – ein Brief an Cheng Fangwu, S.4
内容提要: "我此次到日本来的时候只带了三部书来，一部是《歌德全集》，一部是河上肇的《社会组织与社会革命》，还有一部是屠格涅甫的《新的一代》了。"（页4）

1980年

32.
蔡元培教育文选 Cai Yuanpeis pädagogische Schriften. Eine Auswahl
蔡元培 著 Cai Yuanpei (Verf.)
北京: 人民教育出版社, 1980年
三十五年来中国之新文化 Chinas neue Kultur in den letzten 35 Jahren

33.
郭沫若研究论集 Aufsätze der Guo Moruo-Forschung
成都: 四川人民出版社, 1980年
谈郭沫若与外国文学的问题(戈宝权) Über Guo Moruo und die ausländische Literatur (Ge Baoquan)

34.
世界文学名著欣赏大典 Berühmter Werke der Weltliteratur: großes Lexikon der Interpretationen
第二册: 小说 Band II: Romane
联经出版事业公司编辑部 Redaktion des Lianjing-Verlags (Hrsg.)
台北市: 联经出版社, 1980年
歌德 Goethe:
少年维特之烦恼, 页162 → Die Leiden des jungen Werther, S. 162
威廉·麦斯特的学习生涯, 页172 → Wilhelm Meisters Lehrjahre, S. 172
亲和力, 页178 → Die Wahlverwandtschaften, S. 178
威廉·麦斯特的旅行, 页183 → Wilhelm Meisters Wanderjahre, S. 183

35.
世界文学名著总解说 Generalerläuterungen zu berühmten Werken der Weltliteratur
吴南风 著 Wu Nanfeng (Verf.)
台北市: 联亚出版社, 1980 年
319 页
少年维特的烦恼, 页 200 → Die Leiden des jungen Werther, S. 200

36.
文学理论学习资料 (上、下册)
Informationsmaterial zu ausländischen Literaturtheorien, Band I u. II
北京大学中文系文艺理论教研室 编
北京: 北京大学出版社, 1980 年
1981 年出修订本, 1982 年再版
歌德 Goethe
上册 Band I
页 57-59 和 309-314 → S. 57-59 u. 309-314
下册 Band II
页 265-268 和 355 → S. 265-268 u. 355

1981 年

37.
郭沫若的文学道路 Guo Moruo's literarischer Weg
黄侯兴 著 Huang Houxing (Verf.)
天津: 天津人民出版社, 1981 年
307 页, 8600 册
第三章:《女神》——中国第一部新诗集 Kapitel III: → Die Göttin – die erste Sammlung der modernen chinesischen Poesie
五四狂飙——诗歌的爆发期, 页 33 → Der Sturm und Drang des 4. Mai – die Zeit des Ausbruchs der modernen chinesischen Poesie, S. 33
编者提示: 作者黄侯兴指出, "在外国诗人中, 第三个对郭沫若的思想和创作产生过直接影响的" 是歌德, 分析郭沫若翻译歌德《浮士德》和《少年维特之烦恼》的由来, 是因为歌德的文学主张以及青年歌德狂飙突进精神与郭沫若 "五四" 初期的世界观和创作倾向的吻合。值得注意的是下面一条脚注: 郭沫若在自述中常有自相矛盾的地方。有时他说他 "委实是崇拜过歌德的人", 称他第三阶段的诗作是 "歌德式" (创造十年); 有时却说: "歌德对我的影响实在不见多, 说我最受他的影响, 恐是由于我翻译过了他的《浮士德》因而误会" (郭沫若诗作谈)。作者认为, "前说为是"。(页 40)
泛神论——诗人前期世界观的哲学基础, 页 80 → Pantheismus – die philosophische Grundlage der Weltauffassung des frühen Dichters, S. 80
编者提示: 指出歌德和斯宾诺莎的 "泛神论" 对郭沫若的影响。(页 84-85, 90-91)

38.
鲁迅全集 Lu Xuns gesamte Werke
北京: 人民文学出版社, 1981 年
1995 年重印, 获首届国家图书奖荣誉奖
第一卷: 坟 热风 呐喊 Bd. I
坟
人之历史——德国黑格尔氏种族发生学之一元研究诠释, 页 8-24
论点摘要: "瞿提者, 德之大诗人也, 又邃于哲理, 故其虽凭理想以立言, 不尽根于事实, 而识见既博, 思力复丰, 则犁然知生物有相互之关系, 其由来本于一原。千七百九十年, 著《植物形态论》, 谓诸种植物, 皆出原型, 即其机关, 亦悉从原官而出; 原官者, 叶也。次复比较骨骼, 造诣至深, 知动物之骨, 亦当归一, 即在人类, 更无别于他种动物之型, 而外状之异, 特缘形变而已。形变之因, 有大力之构成作用二: 在内谓之求心力, 在外谓之离心力, 求心力所以归同, 离心力所以趋异。归同犹今之遗传, 趋异犹今之适应。盖瞿提所研究, 为从自然哲学深入官品构造及变成之因, 虽谓兰麻克 (Lamarck, Jean-Baptiste de Monet, 1744-1829) 达尔文之先驱, 蔑不可也。"(页 11)
编者附注: 该文初刊于 1907 年 12 月日本东京的《河南》月刊。以上摘录的文字将歌德的《形蜕论》与海克尔 (Haeckel, Ernst) 的种系发生学和达尔文 (Darwin, Sir Charles Galton) 的进化论相提并论, 歌德对自然科学的贡献和其

学术史意义可见一斑。鲁迅的这一阐释较王国维的介绍更为深入。王著文曰："格代之于科学，亦深于兴味者。儿时屡摘花朵，剖视其花瓣蕊萼之形状；时或取捕雏鸟，验羽毛所由生。虽曰游戏之为，而举动俨与成人无异。""法学而外，遇讲授医学、博物学时，亦尝蔼然往听。其所引为津津有味者，则解剖学、化学、产科学等也。"(格代之家庭，刊于1904年8月至9月的《教育世界》，80、82号。) 严宝瑜：《冯至的歌德研究》注解6："顺便提到歌德（瞿提）"。
注解[34]：瞿提 (1749-1832)，通译歌德，德国诗人，学者。他在动植物，解剖学上都有贡献，同时是进化论思想的先驱者之一。在这方面的主要著作有《植物形态学论》(即文中所说的《植物形态论》)等。(页 22)
摩罗诗力说，页 63-115
编者提示：称"日耳曼诗宗瞿提"(J. W. v. Goethe)（页 63）。将装伦[拜伦]的《曼弗列特》(Manfred)与"瞿提[歌德]之传奇《法斯忒》[浮士德]"相比较。（页 77）

39.
鲁迅全集 Lu Xuns gesamte Werke
北京：人民文学出版社，1981年
1995 年重印，获首届国家图书奖荣誉奖
第八卷：集外集拾遗补编 Bd. VIII: Supplemente
致《近代美术史潮论》的读者诸君，页 271-277
论点摘要："我所译的书[指《近代美术史潮论》]，这样的就够了，虽然并非不知道有伟大的歌德，尼采，马克斯，但自省才力，还不能移译他们的书，所以也没有附他们之书以传名于世的大志。"（页 272）
注解[5]： 歌德，德国诗人，学者，著有诗剧《浮士德》、小说《少年维特之烦恼》等，页 275-276
柳无忌来信按语 (鲁迅), 页 299 → Kommentar zum Brief des Liu Wuji (Lu Xun), S. 299
来信 (柳无忌), 页 300 → Brief (Liu Wuji), S. 300
附注：柳无忌在《来信》中说："在学问方面，欧美学者关于歌德已差不多考证无遗，——独有在这一方面，讲到《玉娇梨》的文字尚付阙如。因此我想，倘使能将我国人所有讲此书的材料，搜集整理一下，供诸欧美研究歌德的学者，也许可算一点贡献，虽是十分些微的。"

40.
美学的散步 Ästhetische Wanderungen
宗白华 著 Zong Baihua (Verf.)
台湾：洪范书店，1981 年
1982 年第 2 版，1984 年第 3 版
宗白华的美学与歌德 (杨牧), 页 1-8 → Zong Baihuas Ästhetik und Goethe (Yang Mu), S. 1-8
歌德的少年维特之烦恼, 页 161-172 → Goethes *Leiden des jungen Werther*, S. 161-172
歌德之人生启示, 页 173-220 → Goethe zur Deutung des Lebens, S. 173-220

41.
欧洲文学论集 Gesammelte Aufsätze zur europäischen Literatur
张月超 著 Zhang Yuechao (Verf.)
南京：江苏人民出版社，1981 年
449 页，5200 册
歌德 Goethe
一、歌德的少年时代和文学创作的准备, 页 285 → Goethes Kindheit und seine Vorbereitung auf literarisches Schaffen, S. 285
二、狂飙突进运动——反封建的新文化运动, 页 287 → Sturm und Drang – die antifeudale Bewegung einer neuen Kultur, S. 287
三、威玛时期——对现实社会妥协的创作主题, 页 294 → Die Weimarer Zeit – das Motiv des Kompromisses der Gesellschaft gegenüber
四、歌德的思想发展, 页 306 → Goethes Gedankenentwicklung, S. 306
五、诗剧《浮士德》, 页 309 → Das Versdrama *Faust*, S. 309

42.
世界文苑 Im literarischen Garten der Welt
成都：四川人民出版社，1981 年
四川外国文学学会丛刊
8800 册
歌德, 页 100 → Goethe, S. 100

43.
外国文学名著选评, 第三集 Ausgewählte Interpretationen berühmter ausländischer Literaturwerke, Band III
江西人民出版社 编
南昌: 江西人民出版社, 1981 年
371 页, 2000 册
狂飙突进运动的号角——歌德的《少年维特之烦恼》浅谈(王维昌), 页 146-155 → Signalhorn des Sturm und Drang – Kursorische Analyse von Goethe Roman *Die Leiden des jungen Werther* (Wang Weichang), S. 146-155
资产阶级上升时期精神生活的发展史——《浮士德》简析(孙坤荣), 页 156-166 Entwicklungsgeschichte des aufblühenden Kapitalismus als geistige Bewegung – Kurze Analyse von *Faust* (Sun Kunrong). S. 156-166

44.
文艺论丛 (第十三辑) Aufsätze über Literatur und Kunst: eine Reihe Band 13
上海: 上海文艺出版社, 1981 年
420 页, 9500 册
"浮士德精神"简析 (董问樵), 页 1—18 → Kurze Analyse des Faustgeistes (Dong Wenqiao), S. 1-18

1982 年

45.
古今文人轶事, 第二辑 Anekdoten früherer und heutiger Schriftsteller, Band II
李栋、苏长仙 编 Li Dong u. Su Changxian (Verf.)
南宁: 广西人民出版社, 1982 年
272 页, 45500 册
歌德与《少年维特的烦恼》, 页 207 → Goethe und sein Roman *Die Leiden des jungen Werther*, S. 207

46.
何其芳文集, 第 2 卷 → He Qifangs gesammelte Werke, Band 2
何其芳 著 He Qifang (Verf.)

北京: 人民文学出版社, 1982 年
独语, 页 13 → Monolog, S. 13
附注: 该文中描述作者从一本歌德传记中读到的少年维特的故事。

47.
鲁迅论外国文学 Lu Xun über ausländische Literatur
鲁迅 著 Lu Xun (Verf.)
北京: 外国文学出版社, 1982 年
575 页, 7000 册
歌德, 页 322 → Goethe, S. 322

48.
美学向导 Einführung in die Ästhetik
《文艺美学丛书》编辑委员会编
北京: 北京大学出版社, 1982 年
120000 册
西方美学史撷华 (阎国忠) Blütenlese aus der westlichen Ästhetik (Yan Guozhong)
歌德, 页 168-169 → Goethe, S. 168-169

49.
诗刊, 1982 年 3 月号
歌德二三事——纪念诗人逝世一百五十周年(绿原) → Goethes zwei, drei Dinge – zum Gedenken an Goethes 150. Todestag (Lü Yuan)

50.
外国文学名著欣赏 (第三辑) Interpretationen berühmter ausländischer Literaturwerke, Band III
杨岂深 主编 Yang Qishen (Hrsg.)
哈尔滨: 黑龙江人民出版社, 1982 年
234 页, 20300 册
歌德的诗体悲剧《浮士德》(伊文), 页 11-39 → Goethes Versdrama *Faust* (Yi Wen), S. 11-39

51.
外国文学名著选评, 第四集 Ausgewählte Interpretationen berühmter ausländischer Literaturwerke, Band IV

第三编：合集 Kapitel III: Sammelbände

江西人民出版社 编 Jiangxi Volksverlag (Hrsg.)
南昌: 江西人民出版社, 1982 年
406 页, 14000 册
狂飙运动的战斗旗帜——试论歌德的《葛茨·
冯·伯利欣根》(饶芃子), 页 176-185 →
Kampfbanner des Sturm und Drang – ein
Versuch, Goethes *Götz von Berlichingen mit
der eisernen Hand* zu interpretieren (Yao
Pengzi), S. 176-185

52.
外国作家与作品 Ausländische Schriftsteller und
ihre Werke
上海新华书店发行学校编辑出版, 1982 年
168 页, 10000 册
第五章: 德国文学, 页 91 → Kapitel V: Die
deutsche Literatur, S. 91
伟大的诗人、戏剧家歌德, 页 92-93 → Goethe,
der große Dichter und Dramatiker, S. 92-93

53.
文艺论丛 (第十六辑) Reihe von Aufsätzen über
Literatur und Kunst, Band 16
上海: 上海文艺出版社, 1982 年
474 页, 8000 册
歌德与中德人民的文化交流——纪念德国大诗
人和思想家歌德逝世一百五十周年 (董问樵),
页 338-357 → Goethe und der
Kulturaustausch zwischen dem chinesischen
und dem deutschen Volk – zum Andenken an
den 150sten Todestag des großen deutschen
Dichters und Denkers Goethe (Dong Wenqiao),
S. 338-357

54.
艺术家的眼睛 Das Auge der Künstler
程代熙 著 Cheng Daixi (Verf.)
西安: 陕西人民出版社, 1982 年
468 页, 10000 册
歌德谈文艺创作中的几个重要问题——读《歌
德谈话录》, 页 143-163 → Goethe über einige
wichtige Fragen zum literarischen und
künstlerischen Schaffen, Lektüre der
Gespräche mit Goethe, S. 143-163

(原《文艺研究》, 1979 年第 3 期)
歌德谈艺术规律——读书随笔, 页 164-175 →
Goethe über künstlerische Gesetzmäßigkeiten:
Skizzen bei der Lektüre, S. 164-175
(原《新港》, 1980 年第 2 期)

1983 年
55.
扼住命运咽喉的人——介绍德国音乐家贝多芬
„Ich will dem Schicksal in den Rachen
greifen" – über den deutschen Komponisten
Beethoven
蔡良玉 著 Cai Liangyu (Verf.)
北京: 人民音乐出版社, 1983 年
74 页, 14535 册
一、贝多芬的生平与思想发展 Beethovens Leben
und geistige Entwicklung
(二) 成熟时期 1803-1814 (谈到 1812 年夏贝多
芬与歌德为时一个月的交往), 页 12-13 →
Die reife Zeit (1803-1814), S. 12-13
《爱格蒙特》序曲 (介绍), 页 61-64 → Musik zu
Egmont (Erläuterung), S. 61-64
跳蚤之歌 (介绍), 页 70 → Mephistos Flohlied
(Inhaltsangabe), S. 70
跳蚤之歌, 贝多芬曲, 廖乃雄译配, 页 73-74 →
Mephistos Flohlied (Faust, Ausz.), Textübers.
v. Liao Naixiong, Musik v. Beethoven, S. 73-
74

56.
世界文学名著大观, 下册 Museum berühmter
Werke der Weltliteratur, Band II
邱梦蕾 编著 Qiu Menglei (Verf.)
台北市: 星光出版社, 1983 年
德国文学潮流, 页 519 → Strömungen der
deutschen Literatur, S. 519
少年维特的烦恼 (作品介绍), 页 527-531 → Die
Leiden des jungen Werther, S. 527-531

57.
文艺论丛 (第十八辑) Reihe von Aufsätzen über
Literatur und Kunst, Band 18
上海: 上海文艺出版社, 1983 年

526 页, 6500 册

两个浮士德——普希金《浮士德一幕》和歌德《浮士德》比较 (金留春、黄成来), 页 165-178 → Zweimal Faust – Puschkin und Goethe im Vergleich (Jin Liuchun u. Huang Chenglai), S. 165-178

郭沫若与歌德 (杨武能), 页 382-399 → Guo Moruo und Goethe (Yang Wuneng), S. 382-399

58.
郁达夫文集 Yue Dafus gesamte Schriften
广州/香港：花城出版社/三联书店香港分店, 1983 年
第六卷 Bd. VI
歌德以后的德国文学举目

1984 年

59.
比较文学导论 Einführung in die Komparatistik
卢康华、孙景尧 著 Lu Kanghua u. Sun Jingyao (Verf.)
哈尔滨: 黑龙江人民出版社, 1984 年
编者提示：谈及歌德与中国文学, 页 235-236

60.
郭沫若研究论集(第二集) Aufsätze der Guo Moruo-Forschung, Band II
成都: 四川人民出版社, 1984 年
395 页, 3700 册
郭沫若与外国戏剧(钟德慧), 页 163-180 → Guo Moruo und das ausländische Drama (Zhong Dehui), S. 163-180
编者提示: 多处论及郭沫若与歌德的《浮士德》。

61.
名著与生活 Berühmte Werke für das Leben
黄新根 编写 Huang Xingen (Verf.)
南宁: 广西人民出版社, 1984 年
人才故事丛书
184 页, 49000 册

为什么会出现"维特热"——歌德的《少年维特之烦恼》, 页 107-112 → Wie kam es zu einem Werther-Fieber – Goethes Roman *Die Leiden des jungen Werther*, S. 107-112

62.
沫若诗话 Guo Moruo's Worte über Poesie
吴奔星、徐放鸣 选编 Wu Benxing u. Xu Fangming (Hrsg.)
成都: 四川人民出版社, 1984 年
544 页, 13100 册
评歌德、柯勒律治、骚塞的诗(1920 年), 页 16 → Über die Dichtung Goethes, Samuel Taylor Coleridges und Robert Southeys (1920). S. 16
论歌德、拜伦、惠特曼的长诗(1936 年), 页 125 → Über die Langgedichte Goethes, Byrons und Walt Whitmans (1920). S. 125
论歌德的《浮士德》(1944 年), 页 266 → Über Goethes Faust (1944), S. 266

63.
外国文学参考资料 (上、下册)
Informationsmaterial zur ausländischen Literatur, Band I u. II
穆睿清、姚汝勤 编选 Mu Ruiqing u. Yao Ruqin (Hrsg.)
北京: 地质出版社, 1984 年
语言文学自修大学讲座辅导资料
31750 册
第五编: 十八世纪文学 → Kapitel V: Die Literatur des 18. Jahrhunderts
四、德国十八世纪文学, 页 313 → Die deutsche Literatur des 18. Jahrhunderts, S. 313
(四) 歌德 Goethe
1. 生平与创作 (冯至), 页 342 → Leben und Werk (Feng Zhi), S. 342
2. 《少年维特之烦恼》评析 (杨武能), 页 354 → Die Leiden des jungen Werther (Yang Wuneng), S. 354
3. 《浮士德》(范大灿), 页 357 → Faust (Fan Dacan), S. 357

64.

外国文学 150 题 → 150 Fragen zur ausländischen Literatur
刘登东 编著 Liu Dengdong (Verf.)
重庆: 重庆出版社, 1984 年
237 页, 54100 册

简释"狂飙运动", 页 55-56 → Eine kurze Interpretation des Sturm und Drang, S. 55-56

维特是个什么样的艺术形象? 这个形象有何意义? 页 58-59 → Werther als künstlerische Figur: welche Bedeutung kommt ihr zu?

诗剧《浮士德》的基本内容和思想意义是什么? 页 59-61 → Wesentlicher Inhalt und Sinn des Versdramas *Faust*, S. 59-61

怎样看待浮士德这一艺术形象? 页 61-63 → Wie sollen wir die künstlerische Fugur des Faust betrachten? S. 61-63

诗体悲剧《浮士德》的艺术特色是什么? 页 63-64 → Worin liegt die künstlerische Eigenart des *Faust*, S. 63-64

简评歌德创作的意义, 页 64-65 → Eine kurze Bewertung von Goethes dichterischem Schaffen, S. 64-65

65.

席勒 Schiller
董问樵 著 Dong Wenqiao (Verf.)
上海: 复旦大学出版社, 1984 年
复旦小丛书
249 页, 14000 册

席勒与中国——代序, 页 1-11 → Schiller und China, als Einleitung, S. 1-11

一、生平, 页 14 → Lebenslauf, S. 14

(三) 席勒与歌德合作时期 (1795-1805), 页 42 → Die Zeit der Zusammenarbeit von Schiller und Goethe (1795-1805)

1. 席勒同歌德订交经过, 页 42 → Entwicklung der Verbundenheit zwischen Schiller und Goethe, S. 42

2. 十年合作是求同存异的过程, 页 47 → Der Verlauf der zehnjährigen Zusammenarbeit: Gemeinsamkeit und Verschiedenheit, S. 47

3. 席勒之死, 页 58 → Schillers Tod, S. 58

4. 德国古典文学的主要成就, 页 60-71 → Die Hauptverdienste der deutschen Klassik, S. 60-71

二、诗歌, 页 72 Gedichte, S. 72

从《欢乐颂》到《钟之歌》, 页 72 → Von Schillers *Hymne an die Freude* zu Goethes *Supplement zu Schillers Glocke*, S. 72

三、美学观点 Ästhetische Aspekte

论美育、诗的类型和悲剧, 页 95-116 → Über die ästhetische Erziehung des Menschen, über naive und sentimentalische Dichtung und über die tragische Kunst, S. 95-116

编者附言: 两大文豪紧密合作的十年, 是德国文坛最为丰富多彩的十年。难怪上述各章节在评述席勒事业和成就时对歌德也着墨甚多。

66.

席勒诗选 Friedrich Schiller: Gedichte
钱春绮 译 Qian Chunqi (Übers.)
北京: 人民文学出版社, 1984 年
256 页, 60000 册

译本序(钱春绮), 页 1-8 → Vorwort zur Übersetzungsausgabe (Qian Chunqi), S. 1-8

编者提示: 比较席勒与歌德的不同气质和他们诗歌的各自特色。

席勒年谱, 页 254-256 → Schillers wichtigste Lebensdaten, S. 254/256

编者提示: 多次谈到席勒与歌德的交往和文学创作上的合作。

67.

戏曲研究, 第 11 辑 Opernforschung, Band 11
北京: 文化艺术出版社, 1984 年

《赵氏孤儿》在欧洲 (王丽娜、杜维沫), 页 256-264 → Das Drama *Zhao shi gu er* in Europa (Wang Lina u. Du Weimo), S. 256-264

(其中: 歌德与《赵氏孤儿》, 页 262-263) → Das chinesische Drama *Der Waise namens Zhao* in Europa, S. 256-264 (Goethe und das Drama: S. 262-263)

68.

张闻天早期译剧集 Zhang Wentian: übersetzte Theaterstücke aus seiner frühen Schaffensperiode
张闻天 著 Zhang Wentian (Verf.)

第三编：合集 Kapitel III: Sammelbände

程中原　主编 Cheng Zhongyuan (Hrsg.)
北京: 中国戏剧出版社, 1984 年
4400 册(平), 100 册(精)
译者序言, 页 3-9 → Vorwort des Übersetzers, S. 3-9
一、歌德与《浮士德》, 页 3 → Goethe und *Faust*, S. 3
二、《浮士德》中所包含的根本思想, 页 7 → Die Grundgedanken im *Faust*, S. 7
编者提示：本文原载《东方杂志》1922 年第 19 卷第 15、17、18 号及《但底与哥德》(《东方文库》第 65 种, 商务印书馆 1923 年出版)。全文共五部分, 本书选录一、五两部分。

1985 年

69.
大文豪与大小说——西洋文学名著欣赏 Große Schriftsteller und große Romane – Interpretationen berühmter Werke der westlichen Literatur
萧传文　著 Xiao Chuanwen (Verf.)
台北市: 敦理出版社, 1985 年
敦理丛刊 25
读《歌德自传》, 页 325-332 → Lektüre der *Gespräche mit Goethe*, S. 325-332
歌德及其《浮士德》, 页 333-338 → Goethe und sein Drama *Faust*, S. 333-338

70.
冯至选集, 第一卷: 诗, 梦幻剧, 历史故事 Feng Zhi, ausgewählte Werke, Band I: Gedichte, historische Geschichten
冯至　著 Feng Zhi (Verf.)
成都: 四川文艺出版社, 1985 年
394 页, 2030 册
歌德(诗), 页 135 → Goethe. Ein Widmungsgedicht, S. 135

71.
冯至选集 Ausgewählte Schriften des Feng Zhi
第二卷: 散文, 杂文, 文艺杂论 Band II: Essays, gemischte Abhandlungen zur Literatur und Kunst
冯至　著 Feng Zhi (Verf.)
成都: 四川文艺出版社, 1985 年
506 页, 2030 册
歌德像册里的一个补白, 页 300-309 → Ein Füllsel in Goethes Album, S. 300-309
歌德的格言诗, 页 431-439 → Goethes Sinngedichte, S. 431-439

72.
外国文学知识百题 Hundert Themen zur Kenntnis ausländischer Literatur
丁子春　编著 Ding Zichun (Verf.)
杭州: 浙江教育出版社, 1985 年
322 页, 77000 册
怎样认识维特的烦恼, 页 53-54 → Wie sollen wir die Leiden Werther verstehen?
浮士德的寓意何在, 页 55-56 → Welcher Sinn verbirgt sich in der Figur des Faust, S. 55-56
狂飙突进运动, 页 152-154 → Über den Sturm und Drang, S. 152-154

73.
中西比较美学文学论文集 Sammlung der Beiträge zur vergleichenden Ästhetik und Literatur Chinas und des Westens
曹顺庆　选编 Cao Shunqing (Hrsg.)
成都: 四川文艺出版社, 1985 年
499 页, 5900 册
刘勰的譬喻说和歌德的意蕴说 (王元化), 页 59-65 → Liu Xie's „Theorie von Symbolik des Sinnes" und Goethes „Lehre von Verborgenheit des Sinnes" (Wang Yuanhua), S. 59-65

1986 年

74.
郭沫若研究资料 Materialien zur Guo Moruo-Forschung
王训昭 Wang Xunzhao (Verf.)
北京: 中国社会科学出版社, 1986 年
编者提示：内有关于郭沫若与歌德的较详资料。

第三编：合集 Kapitel III: Sammelbände

75.
名人与老师 Berühmte Persönlichkeiten und ihre Lehrer
曾宪东 主编 Zeng Xiandong (Hrsg.)
甄可君、夏潜 Zhen Kejun u. Xia Qian (Verf.)
北京: 中国展望出版社, 1986 年
476 页. 100000 册
灯塔, 在激流中闪烁——歌德的老师埃库尔和赫尔德尔, 页 340 → Der Leuchtturm leuchtet im reißenden Strom – Goethes Lehrer Ekur und Herder, S. 340

76.
神与人——世界文学中的英雄形象 Gott und Mensch – Heldenfiguren in der Weltliteratur
关鸿、曹维劲 著 Guan Hong u. Cao Weijing (Verf.)
上海: 学林出版社, 1986 年
148 页, 16300 册
夜读丛书
5. 浮士德追求真理的艰难历程, 象征着欧洲文艺复兴以后三百年中资产阶级精神生活发展的历史, 页 46-67 → Der steinige Weg von Fausts Streben nach Wahrheit symbolisiert die Geschichte des geistigen Lebens des Bürgertums in den 300 Jahren nach der Renaissance, S. 46-67
《浮士德》的思想意义(陈惇), 页 60-68 → Die geistige Bedeutung des Faust (Chen Dun), S. 60-68

77.
一百个文学形象 100 literarische Figuren
晓季、青阳 著 Xiao Ji u. Qing Yang (Verf.)
北京: 中国少年儿童出版社, 1986 年
276 页, 37000 册
69. 勇于探索的自强不息者——浮士德, 页 190-192 → Faust – ein mutiger Suchender, der stets strebt, S. 190-192

1987 年

78.
郭沫若研究, 第三辑 Die Guo Moruo-Forschung, Band 3
中国郭沫若研究学会《郭沫若研究》编辑部 编
北京: 文化艺术出版社, 1987 年
郭沫若与《浮士德》(陈思清), 页 209-228 → Guo Moruo und Faust (Chen Siqing), S. 209-228

79.
蒋孔阳美学思想研究 Untersuchungen von Jiang Kongyangs ästhetischen Gedanken
高楠 著 Gao Nan (Verf.)
沈阳: 辽宁人民出版社, 1987 年
310 页, 8000 册
七、对德国古典美学的研究
(三) 纵横比较, 凿坚取极, 页 249
编者提示: 对蒋孔阳论述歌德、席勒美学思想之异同的观点作了介绍, 详见第 250 页。

80.
世界文学撷英 Blütenlese der Weltliteratur
卢渝、姚乃文 著 Lu Yu u. Yao Naiwen (Verf.)
太原: 山西人民出版社, 1987 年
272 页, 3800 册
光明、真善、理性的追索——歌德的《浮士德》, 页 57-62 → Nachspüren nach Licht, Wahrheit und Güte sowie Vernunft – Goethes Faust, S. 57-62

81.
外国文学人物画廊 Galerie der Gestalten ausländischer Literatur
陈友书 主编 Chen Youshu (Hrsg.)
天津: 南开大学出版社, 1987 年
286 页, 1988 年第 2 次印刷, 10001-20000 册
浮士德——自强不息的真理探索者 (王雨玉), 页 179-182 → Faust – ein Suchender, der ständig nach der Wahrheit strebt (Wang Yuyu), S. 179-182

82.
外国名剧故事 (上、中、下册) Geschichten aus berühmten ausländischen Dramen, Band I, II, III
文美惠、胡湛珍 编 Wen Meihui u. Hu Zhanzhen (Hrsg.)

北京: 中国戏剧出版社, 1987 年
11000 册
中册 Band II
歌德 Goethe
哀格蒙特 (高中甫), 页 44 → Egmont (Gao Zhongfu), S. 44
塔索 (高中甫), 页 47 → Torquato Tasso (Gao Zhongfu), S. 47
浮士德 (高中甫), 页 50 → Faust (Gao Zhongfu), S. 50

83.
外国文学著名人物形象 Berühmte Figuren ausländischer Literaturen
陈慧君 主编 Chen Huijun (Hrsg.)
哈尔滨: 黑龙江人民出版社, 1987 年
448 页
浮士德 (《浮士德》), 页 119 → Faust (in *Faust*), S. 119
靡菲斯特 (《浮士德》), 页 308 → Mephisto (in *Faust*), S. 308
维特 (《少年维特之烦恼》), 页 413 → Werther (in *Die Leiden des jungen Werther*), S. 413

84.
王国维文学美学论著集 Wang Guoweis literarische und ästhetische Werke. Eine Sammlung
王国维 著 Wang Guowei (Verf.)
周锡山 编校 Zhou Xishan (Hrsg.)
太原: 北岳文艺出版社, 1987 年
26+437 页, 10000 册
红楼梦评论, 页 1-24
编者提示: 论及歌德《浮士德》: "夫欧洲近世之文学中, 所以推格代[歌德]之《法斯德》[浮士德]为第一者, 以其描写博士法斯德之痛苦, 及其解脱之途径, 最为精切故也。且法斯德之苦痛, 天才之苦痛; 宝玉之苦痛, 人人所有之苦痛也。"（页 9）
文学与教育《教育杂感》(四则之四), 页 51-52
编者提示: 视文学家的歌德为大教育家, 一如荷马和莎士比亚: "试问我国之大文学家, 有足以代表全国民之精神, 如希腊之鄂谟尔[荷马]、英之狭斯丕尔[莎士比亚]、德之格代[歌德]乎？"（页 51）

叔本华与尼采, 页 60-74
编者提示: 论天才一如歌德的赤子之心。"昔海尔台尔(Herder)谓格代(Goethe)曰: '巨孩'"(叔本华)。页 64

85.
张闻天与新文学运动 Zhang Wentian und die neue Literaturbewegung
程中原 Cheng Zhongyuan (Verf.)
南京: 江苏文艺出版社, 1987
360 页
1. 纠正文艺战线上的关门主义 Korrektur der Selbstisolierung an der Front der Literatur und Kunst
歌德文章的内容, 页 161-167 → Der Inhalt der Werke Goethes
歌德文章的作用, 页 167-177 → Die Wirkung der Werke Goethes
歌德文章的意义, 页 177-192 → Die Bedeutung der Werke Goethes

86.
中国比较文学年鉴(1986) Chinesisches Jahrbuch für Komparatistik 1986
北京大学比较文学研究所《中国比较文学年鉴》编
杨周翰、乐黛云 主编 Yang Zhouhan u. Le Daiyun (Hrsg.)
张文定 编纂 Zhang Wending (Hrsg.)
北京: 北京大学出版社, 1987 年
648 页, 5000 册
杜甫和歌德(冯至著, 林心摘), 页 176 (原载: 外国文学研究集刊, 第 3 辑, 1980 年) → Du Fu und Goethe (Feng Zhi), zitiert v. Lin Xin, S. 176
歌德——魏玛的孔夫子(杨武能著, 华川摘), 页 259-260 (原载: 社会科学战线, 1983 年第 3 期) → Goethe – der Weimarer Konfuzius (Yang Wuneng), zitiert v. Hua Chuan, S. 259-260
"歌德与中国" 国际学术讨论会(杨武能), 页 351-352 → Bericht über das internationale Wissenschaftssymposium „Goethe und China" (Yang Wuneng), S. 351-352

德国比较文学的历史和现状 (卫茂平), 页 500-507 → Geschichte und Gegenwart der deutschen Komparatistik (Wei Maoping), S. 500-507

87.
中国现代美学论著译著提要 Originale und übersetzte Monographien der modernen chinesischen Ästhetik. Inhaltsangaben
蒋红、张唤民、王又如 编著 Jiang Hong, Zhang Huanmin u. Wang Youru (Verf.)
上海: 复旦大学出版社, 1987 年
399 页, 8000 册
介绍论著译著两部：
德国古典美学, 蒋孔阳著, 页 75-76 → Der Geist der klassischen deutschen Ästhetik (Jiang Kongyang), S. 75-76
歌德谈话录, 爱克曼辑, 朱光潜译, 页 216 → Gespräche mit Goethe (Eckermann, Johann Peter), übers. v. Zhu Guangqian, S. 216

88.
中国古典文学研究年鉴 (1984 年) Jahrbuch für die Erforschung klassischer chinesischer Literatur (1984)
《中国古典文学研究年鉴》编委会
上海: 上海古籍出版社, 1987 年
876 页
从《浮士德》和《西游记》看浪漫主义与现实主义的结合(孙大公), 页 300 → Verbindung zwischen Romantik und Realismus: *Faust* und *Xiyouji* (Reise nach dem Westen) als Beispiele (Sun Dagong), S. 300

89.
宗白华美学思想研究 Studien zu Zong Baihua's ästhetischen Gedanken
林同华 著 Lin Tonghua (Verf.)
沈阳: 辽宁人民出版社, 1987 年
当代中国美学思想研究丛书
三、《流云小诗》与歌德的开创性研究, 页 88 → Die Sammlung *Kleine Gedichte wie ziehende Wolken* und die bahnbrechende Goethe-Forschung, S. 88

(一) 最真确的哲学是一首"宇宙诗", 页 88
(二)《流云小诗》与泛神论审美观, 页 93
(三) 从哲学到文学的转折点——歌德研究, 页 96-109 → Die Goethe-Forschung – Übergang von der Philosophie zur Literatur, S. 96-109

1988 年

90.
贝多芬之魂——德国古典"文化群英"中的贝多芬音乐 Beethovens Seele – seine Musik im Kontext der klassischen deutschen Kultur
赵鑫珊 著 Zhao Xinshan (Verf.)
上海: 三联书店, 1988年
补充条目:
5. 时代立体坐标系中的贝多芬音乐——以有为之人, 逢有为之时, 据有为之地 → Beethovens Musik im System der dreidimensionalen Koordinaten des Zeitalters – eine vielversprechende Person in einer vielversprechenden Zeit mit einem vielversprechenden Spielraum

欧洲启蒙运动和德国"狂飙突进"运动(主述歌德), 页136-156 → Die europäische Aufklärung und der deutsche Sturm und Drang (hauptsächlich über Goethe), S. 136-156

6. "对人的恭顺, 这使我痛苦"——贝多芬与人道主义, 页157 → Unterwürfigkeit schmerzt mich – Beethoven und der Humanismus, S. 157

贝多芬的自由观(谈及贝多芬与歌德对宫廷礼仪所持的不同态度), 页159 (尤其是第160页) Beethovens Freiheitsideen, S. 159

7. 表现"普遍世界的自我"——贝多芬的音乐与德国古典美学比较研究 Die „allgemeine Welt in der Darstellung des eigenen Ich" – Beethovens Musik und die klassische deutsche Ästhetik im Vergleich

贝多芬音乐中的自由美(论述歌德本人及其笔下维特、葛兹和浮士德等人物的烦闷、孤独感和痛苦以及歌德的自由观念和对贝多芬的影响), 页 183 → Die Schönheit der Freiheit in Beethovens Musik, S. 183

91.
比较文学概论 Einführung in die komparatistische Literatur
陈敦、刘象愚 著 Chen Dun u. Liu Xiangyu (Verf.)
北京: 北京师范大学出版社, 1988 年
369 页, 2010 年第 2 版
歌德最先使用了世界文学(Weltliteratur)这一术语, 页 20 → Goethe hat als Erster den Begriff „Weltliteratur" verwendet, S. 20
歌德谈东方文学, 页 34 → Goethe über die Literatur des Ostens, S. 34
歌德提出"世界文学"的概念, 页 44-45 → Goethe hat den Begriff Weltliteratur aufgeworfen, S. 44-45
歌德与《圣经》(谈歌德对《圣经》的借鉴, 并模仿宗教神秘剧的形式), 页 266 → Goethe und die Bibel, S. 266

92.
蔡元培全集, 第六集 (1931-1935) → Cai Yuanpei: Gesammelte Werke, Bd. VI (1931-1935)
蔡元培 著 Cai Yuanpei (Verf.)
高平叔 编 Gao Pingshu (Hrsg.)
北京：中华书局, 1988 年
三十五年来之中国新文化, 页 90 → Chinas neue Kultur in den letzten 35 Jahren, S. 90

93.
读书随笔 (一集) Essays durch Lektüre der Bücher, Band I
叶灵凤 著 Ye Lingfeng (Verf.)
北京: 三联书店, 1988年
431页
歌德自传, 页72-74 → Goethes Autobiographie, S. 72-74
歌德的教训, 页87-89 → Goethes Lehre, S. 87-89
路德维喜的《歌德传》, 页110-111 → [Emil] Ludwigs Biographie Goethes, S. 110-111
歌德和席勒的友情, 页246-251 → Die Freundschaft zwischen Goethe und Schiller, S. 246-251
艾克曼的《歌德谈话录》, 页252-254 → Johann Peter Eckermanns Gespräche mit Goethe, S. 252-254

94.
读书随笔 (二集: 霜红室随笔) Essays durch die Lektüre der Bücher, Band II
叶灵凤 著 Ye Lingfeng (Verf.)
北京: 三联书店, 1988年
435页
歌德的一幅画像, 页14-17 → Ein Goethe-Porträt, S. 14-17
歌德的《浮士德》, 页159-163 → Goethes Faust, S. 159-163
席勒诞生二百周年, 页164-165 → Schillers 200. Geburtstag, S. 164-165
歌德和《少年维特之烦恼》, 页 422-425 → Goethe und sein Roman Die Leiden des jungen Werther, S. 422-425

95.
冯至学术精华录 Beste wissenschaftliche Arbeiten von Feng Zhi. Eine Auswahl
冯至 著 Feng Zhi (Verf.)
北京: 北京师范学院出版社, 1988 年
中国当代社会科学名家自选学术精华丛书, 鲍霁 主编; 第一辑
4988 册
下卷 Teil II
读歌德诗的几点体会(1982 年), 页 269 → Einige Bemerkungen zu Goethes Gedichten, S. 269
歌德的晚年(1941 年)——读《爱欲三部曲》后记, 页 282 → Goethes spätere Jahre – nach der Lektüre der Trilogie der Leidenschaft, S. 282
《浮士德》里的魔(1943 年), 页 292 → Der Dämon im Faust, S. 292
从《浮士德》里的"人造人"略论歌德的自然科学(1944 年), 页 314 → Einführung in Goethes Naturwissenschaft an Hand des Faust, S. 314
《浮士德》海伦娜悲剧分析(1979 年), 页 329 → Analyse der der Helena-Tragödie im Faust, S. 329
《威廉·麦斯特的学习时代》中文译本序言(1943 年), 页 357 → Vorwort zur chinesischen Ausgabe von Wilhelm Meisters Lehrjahre, S. 357
"论歌德"的回顾、说明与补充(1985 年)——《论歌德》代序, 页 375 → Rückschau, Bemerkungen und Ergänzungen zu dem Buch „Über Goethe". Als Einleitung, S. 375

歌德与杜甫(1980 年), 页 399 → Goethe und Du Fu, S. 399

歌德学术讨论会开幕词(1983 年), 页 415 → Eröffnungsrede zum Goethe-Symposium, S. 415

编者附注: 参见本栏《冯至自选集》(2008 年)。

96.
评论、借鉴、翻译 (论文集) Interpretieren, sich zum Vorbild nehmen, übersetzen (Sammlung der Aufsätze)
四川省外国文学学会, 1988 年
294 页, 1700 册
科学研究对文学创作的影响——对《浮士德》的部分剖析 (周德一), 页 91-105 → Einfluss wissenschaftlicher Forschung auf literarisches Schaffen – Teilanalyse des *Faust* (Zhou Deyi), S. 91-105

97.
外国文学名篇欣赏 Interpretationen berühmter ausländischer Literaturwerke
朱维之、陈友书 等著 Zhu Weizhi, Chen Youshu u.a. (Verf.)
天津: 天津人民出版社, 1988 年
336 页, 8600 册
歌德:《少年维特之烦恼》, 令人断肠的爱情故事 (陈锦章), 页 166-170 → Goethe: *Die Leiden des jungen Werther*, eine herzbrechende Liebesgeschichte (Chen Jinzhang), S. 166-170

98.
西洋文学欣赏 Interpretationen westlicher Literatur
萧传文 (1916-1999) 著 Xiao Chuanwen (Verf.)
林丽容、洪蓓华 校对 Lin Lirong, Hong Beihua (Mitwirkung)
台北市: 台湾商务印书馆, 1988 年
1993 年再版
二三、歌德的《少年维特之烦恼》, 页 325-333 → Goethes *Die Leiden des jungen Werther*, S. 325-333

99.
戏剧理论文集 Gesammelte Schriften zur Theatertheorie
陈瘦竹 Chen Shouzhu (Verf.)
北京: 中国戏剧出版社, 1988 年
郭沫若的历史悲剧所受歌德与席勒的影响, 页 325-361 → Der Einfluss Goethes und Schillers auf Guo Moruos Tragödien mit historischen Themen, S. 325-361

1989 年

100.
当代文学翻译百家谈 100 Prominente über die literarische Übersetzung in der Gegenwart
巴金　等著 Ba Jin u.a. (Verf.)
王寿兰　编 Wang Shoulan (Hrsg.)
北京: 北京大学出版社, 1989 年
我重译《浮士德》的话 (董问樵), 页 796-798 → Meine Worte zur Neuübersetzung des *Faust* (Dong Wenqiao), S. 796-798

101.
席勒与中国 Schiller und China
杨武能　选编 Yang Wuneng (Hrsg.)
成都: 四川文艺出版社, 1989 年
"席勒与中国·中国与席勒"国际学术讨论会论文集
714 页, 750 册
席勒, 他的为人和他对中国的了解——纪念席勒诞生 225 周年 (张威廉), 页 3 → Schiller, sein Umgang mit Menschen und sein China-Verständnis – zum Andenken an Schillers 225jährigen Geburtstag (Zhang Weilian), S. 3
编者提示：文中详述歌德与席勒的友谊及其深远意义。
席勒和中国文学 (赵乾龙), 页 20 → Schiller und die chinesische Literatur (Zhao Qianlong), S. 20

102.
中国比较文学研究资料, 1919-1949 Forschungsliteratur der chinesischen Komparatistik, 1919-1949

北京大学比较文学研究所 编
北京: 北京大学出版社, 1989 年
466 页, 4500 册
李白与哥德 (梁宗岱), 页 226-231 → Li Bai und Goethe (Liang Zongdai), S. 226-231
编者附注: 原载《诗与真》, 商务印书馆, 1935 年; 又载《大公报》文艺副刊 133 期, 1935 年 1 月 6 日

103.
朱光潜全集, 第 17 卷 Zhu Guangqian. Das gesamte Werk, Band 17
朱光潜 著 Zhu Guangqian (Verf.)
合肥: 安徽教育出版社, 1989 年
1997 年第 2 版
歌德谈话录, 页 251-510 → Gespräche mit Goethe (Übers.), S. 251-510
附录一: 爱克曼的自我介绍, 页 511-513 → Anhang I: Eckermanns Selbstvorstellung, S. 511-513
附录二: 第一、二两部的作者原序 (摘译), 页 514 → Anhang II: Goethes Vorwort zum 1. und 2. Teil (Auszug.), S. 514
附录三: 第三部(补编部分)的作者原序 (摘译), 页 Goethes Vorwort zum 3. Teil (Auszug)
译后记, 页 518 → Nachwort des Übersetzers, S. 518

1990 年

104.
大学生必读名著导读 Einführung in berühmte Werke als Pflichtlektüre für Studierende
关键 主编 Guan Jian (Hrsg.)
北京: 海洋出版社, 1990 年
541 页, 4000 册
歌德自传——诗与真, 页 289 → Aus meinem Leben. Dichtung und Wahrheit, S. 289
浮士德, 页 347 → Faust, S. 347
歌德谈话录, 页 388 → Gespräche mit Goethe, S. 388

105.
欧美戏剧小说 100 部 → 100 europäische und amerikanische Dramen und Romane
杨大中 主编 Yang Dazhong (Hrsg.)

李宏生 协编 Li Hongsheng (Mithrsg.)
南京: 南京出版社, 1990 年
青少年世界文学名著导读丛书
268 页
伟大的批判功绩:《少年维特之烦恼》(刘家斌), 页 97-100 → Große Verdienste der Kritik: *Die Leiden des jungen Werther* (Liu Jiabin), S. 97-100

106.
钱钟书论学文选, 第六卷 Qian Zhongshus Aufsätze in Auswahl
舒展 选编 Shu Zhan (Hrsg.)
广州: 花城出版社, 1990 年
300 页, 4240 册
七、汉译第一首英语诗《人生颂》及有关二三事, 页 167-200
作者自注: "这原是我三十五前发表过的一篇用英语写的文章, 我当时计划写一本论述晚清输入西洋文学的小书, 那篇是书中片段。张隆溪同志找到了, 建议译为中文。我就根据原来的大意重写。香港《抖擞》1982 年第 1 期, 北京大学《国外文学》1982 年第 1 期,《新华文摘》1982 年第 4 期都刊登过。这是改定本。"(页 167) 历来中国著作提起歌德, 这是第一次。(页 188)

107.
十九世纪西方美学名著选 Berühmte Werke westlicher Ästhetik des 19. Jahrhunderts
蒋孔阳 主编 Jiang Kongyang (Hrsg.)
上海: 复旦大学出版社, 1990 年
德国卷 Band Deutschland
李醒尘 主编 Li Xingchen (Hrsg.)
718 页, 3000 册
歌德小传, 页 63-64 → Goethe (Kurzbiographie), S. 63-64
论德国建筑, 黄燎宇译, 页 65-73 → Von deutscher Baukunst. D. M. Ervini a Steinbach (WA [I], Band 37, S. 137), übers. v. Huang Liaoyu, S. 65-73

说不尽的莎士比亚, 杨业治译, 页 74-81 → Shakespeare und kein Ende! übers. v. Yang Yezhi, S. 74-81

诗与真, 刘思慕译, 页 82-87 → Dichtung und Wahrheit, übers. v. Liu Simu, S. 82-87,

歌德谈话录, 朱光潜译, 页 88-102 → Gespräche mit Goethe, übers. v. Zhu Guangqian, S. 88-102

108.

外国著名文学家评传, 第一卷 Kritische Biographien berühmter Schriftsteller des Auslands, Band I

吴富恒 主编 Wu Fuheng (Hrsg.)

济南: 山东教育出版社, 1990 年

744 页, 1280 册

歌德 (曹让庭), 页 671-693 → Goethe (Cao Rangting), S. 671-693

109.

西方著名作家生活与创作 Leben und Werk berühmter westlicher Schriftsteller

赵炎秋 著 Zhao Yanqiu (Verf.)

北京: 新华出版社, 1990 年

386 页, 3000 册

歌德: 犹豫的伟人, 页 60-68 → Goethe: eine Größe, die oft zögert, S- 60-68

110.

张闻天文集, 第 1 卷 Zhang Wentians Gesamte Schriften, Bd. I

张闻天 著 Zhang Wentian (Verf.)

北京：中共党史资料出版社，1990 年

歌德的《浮士德》(一九二二年八月十日), 页 46-52 → Goethes *Faust* (10.08.1922), S. 46-52

编者提示: 上文最早发表于 1922 年八、九月间《东方杂志》第 19 卷。全文共五部分。本书同《张闻天早期译剧集》(中国戏剧出版社, 1984 年)及《海上文学百家文库, 第 54 种》(上海文艺出版社, 2010 年)一样, 都节录其第一、第五两部分。

1991 年

111.

大人物的小幽默 Kleiner Humor großer Persönlichkeiten

郭永学、宛福成 编 Guo Yongxue u. Wan Fucheng (Hrsg.)

北京: 中国国际广播出版社, 1991 年

308 页, 10500 册

歌德 Goethe

给傻子让路, 页 158 → Angebot, einem Idioten den Vortritt zu lassen, S. 158

酒和水, 页 159 → Wein und Wasser, S. 158

对偷鱼者的吩咐, 页 159 → Ratschlag an jemand, der Fische gestohlen hat, S. 159

112.

世界文学名著选读, 2 → Ausgewählte Lektüre berühmter Werke der Weltliteratur, Band 2

古代至十八世纪欧洲文学 Die europäische Literatur vom Altertum bis zum 18. Jahrhundert

陶德臻、马家骏 主编 Tao Dezhen u. Ma Jiajun (Hrsg.)

北京: 高等教育出版社, 1991 年

388 页

《少年维特之烦恼》, 页 342 → Die Leiden des jungen Werther, S. 342

《浮士德》, 页 358 → Faust, S. 358

113.

唐君毅全集, 30 卷 Tang Junyi. Gesammelte Schriften, 30 Bde.

唐君毅 著 Tang Junyi (Verf.)

唐君毅全集编委会 编著 Redaktion der Ausgabe *Tang Junyi. Gesammelte Schriften* (Hrsg.)

台北市: 台湾学生书局, 1991 年

第二卷: 心物与人生 → Teil II: Die Seele und das Leben

八、诗哲歌德和席勒(Schiller), 页 250 → Goethe und Schiller – Dichterphilosophen, S. 250

第四卷: 中国文化之精神价值 → Teil IV: Der geistige Wert der chinesischen Kultur

第十二章: 与中国人格世界对照西方人格世界 → Kapitel XII: Die moralische Welt des Chinesen im Vergleich zu deren Entsprechung beim Westler

三、西方之文学家、艺术家型, 页 382-387 → Typen westlicher Schriftsteller und Künstler, S. 382-387

第十一卷: 中西哲学思想之比较论文集 Teil XI: Aufsätze zum Vergleich chinesischer und westlicher philosophischer Gedanken

附录 Anhang

孔子与歌德, 页 448-461 → Konfuzius und Goethe, S. 448-461

114.

外国文学名著博览 Panorama berühmter Werke der ausländischen Literatur

佟希仁 主编 Tong Xiren (Hrsg.)

北京: 北京出版社, 1991 年

548 页, 5300 册

浮士德, 朱焕文缩写评介, 页 109-118 → Faust, verkürzt und interpretiert v. Zhu Huanwen, S. 109-118

115.

西方著名美学家评传 (中卷) Kritische Biographien berühmter westlicher Ästhetiker, Band II

阎国忠 主编 Yan Guozhong (Hrsg.)

曲戈 副主编 Qu Ge (Mithrsg.)

合肥: 安徽教育出版社, 1991 年

5500 册

歌德 (夏忱), 页 427 → Goethe (Xia Chen), S. 427

一、在古典主义的余晖中, 页 427 → Im Abendsonnenschein der Klassik, S. 427

二、寻求自我, 页 433 → Suche nach sich selbst, S. 433

三、为狂飙突进塑造形象, 页 440 → Gestaltung literarischer Figuren des Sturm und Drang, S. 440

四、在古典的与浪漫的之间, 页 449 → Zwischen dem Klassischen und dem Romantischen, S. 449

五、反省与期待, 页 461 → Selbstprüfung und Erwartung, S. 461

116.

中外古今文学名著故事大全, 外国文学卷（上下册） → Geschichten berühmter literarischer Werke Chinas und des Auslands in Vergangenheit und Gegenwart, Band 3: ausländische Literatur

《中外古今文学名著故事》编委会编

贵阳: 贵州人民出版社, 1991 年

上册

992 页, 4000 册

浮士德, 保宗、保民改写，页 423-446 → Faust, neubearbeitet v. Bao Zong u. Bao Min, S. 423-446

作者与作品简介, 页 446-447 → Kurz über Goethes Leben und Werk, S. 446-447

117.

中外名人佳丽爱情生活大观 Große Sammlung vom Liebesleben berühmter Persönlichkeiten mit schönen Frauen in China und im Ausland

述而作 编著 Shu Erzuo (Verf.)

北京: 中国国际广播出版社, 1991 年

342 页, 30000 册

歌德的忘年姻缘, 页 325-327 → Goethes glückliche Ehe trotz großen Altersunterschieds, S. 525-327

118.

中西比较诗学体系 (上、下册) Das System vergleichender Poetik in China und im Westen, B. I u. II

黄药眠、童庆炳 主编 Huang Yaomian u. Tong Qingbing (Hrsg.)

北京: 人民文学出版社, 1991 年

第十七章: 刘勰的"意象说"与歌德的"意蕴说", 页 359 → Kapitel XVII: Liu Xie's „Theorie von Symbolik des Sinnes" und Goethes „Lehre von Verborgenheit des Sinnes", S. 359

第一节: 审美意象的个别与一般的关系, 页 360 → Abschnitt I: Ästhetische Vorstellungen im Verhältnis zwischen dem Einzelnen und dem Allgemeinen, S. 360

第二节: 审美意象的自然性与社会性的关系, 页 367 → Abschnitt II: Ästhetische Vorstellungen im Verhältnis zwischen dem Natürlichen und dem Gesellschaftlichen, S. 367

第三节：审美意象的象征与"托谕"，页 370
→ Abschnitt III: Symbolik und „Metaphorik" ästhetischer Vorstellungen, S. 370

1992 年

119.

德奥名剧故事 Geschichten aus berühmten Dramen Deutschlands und Österreichs

文美惠、胡湛珍 编 Wen Meihui u. Hu Zhanzhen (Verf.)

台北市：商鼎文化出版社，1992 年

188 页

歌德 Goethe

哀格蒙特 (高中甫)，页 18 → Egmont (Gao Zhongfu), S. 18

塔索 (高中甫)，页 22 → Torquato Tasso (Gao Zhongfu), S. 22

浮士德 (高中甫)，页 26 → Faust (Gao Zhongfu), S. 26

120.

郭沫若年谱(上、中、下) Guo Moruo's wichtigste Lebensdaten

龚济民、方仁念 著 Gong Jimin u. Fang Rennian (Verf.)

天津：天津人民出版社，1992 年

1500 册

编者提示：本书综合郭氏原始资料多种，有关郭沫若与歌德的资料摘编如下：

1916 年秋：在德文课上，读到了歌德的自叙传《创作与真实》，促使进一步与德国文学，特别是歌德诗作的接触。......因为喜欢歌德和泰戈尔等人，便和哲学上的泛神论(Pantheismus)的思想接近了。页 49, 50 → Beim Deutschunterricht hat Guo Moruo die Autobiographie *Dichtung und Wahrheit* gelesen und tritt somit um so mehr in Berührung mit der deutschen Literatur, vor allem mit Goethe. ... Da er Goethe und Tagore schätzt, nähert er sich dem Pantheismus, S. 49, 50

1919 年 7 月：译《浮士德》第一部中的《夜》(在书斋中的那一场独白)。载十月十日上海《时事新报•学灯增刊》，页 67 → Übersetzung des Faust (Teil I, Nacht) im Juli 1919, erste Veröffentlichung am 10. Oktober in *Shishi xinbao* (Neue Zeitung des Zeitgeschehens) in Shanghai, S. 67

1920 年 2 月 25 日：写信给田寿昌(田汉)，建议组织"歌德研究会"，翻译、介绍、研究歌德的所有名著，页 80 → Brief an Tian Shouchang (Tian Han) am 25. Februar 1920 mit dem Vorschlag, einen „Verein zur Goethe-Forschung" zu mobilisieren, um alle wichtigen Werke Goethes zu übersetzen, bekanntzumachen und zu erforschen, S. 80

1920 年 3 月 20 日：发表译诗《风光明媚的地方》——《浮士德》悲壮剧中第二部之第一幕，载上海《时事新报•学灯》，页 81 → Veröffentlichung des von Guo Moruo übersetzten Gedichtes (Faust, Teil II, Akt I) am 20. März 1920, S. 81

1920 年 5 月：《三叶集》由上海亚东图书馆出版，页 84 → Druck der Briefsammlung *Trilogie* bei der Yadong-Bibliothek in Shanghai im Mai 1920

1920 年 7 月 19 日：接读《时事新报》主笔张东荪信，张代表共学社约请全译《浮士德》，当即复信表示同意，暂时中止了回国计划。费时四周译出第一部，页 86 → Brief vom 19. Juli 1920 vom Redaktionsleiter Zhang Dongsun der „Zeitung des Zeitgeschehens" zur Einladung, den *Faust* vollständig zu übersetzen, Sofortige Zusage, Verzicht auf Rückkehr nach China, S. 86

1921 年 11 月：写信致郁达夫，......重译了被人误译的两首诗，即《放浪者的夜歌》、《对月》，页 107 → Brief an Yu Dafu im November 1921, in dem die beiden Gedichte *Wandrers Nachtlied* und *An den Mond* neu übersetzt vorliegen, S. 107

1922 年 1 月 23 日：作《少年维特之烦恼》序引讫，主要阐述译此书，系"于歌德思想有种种共鸣之点"，页 109 → Fertigstellung der Einleitung zu *Die Leiden des jungen Werther*, Anlass zur Übersetzung des Romans ist Resonanz mit Goethes Gedanken, S. 109

1926 年 2、3 月间：重新校正旧译《少年维特之烦恼》，费时一周，由叶灵凤装帧，于六月十日由上海创造社出版部出版，列为创造社丛书，页

177 → Überarbeitung der früheren Übersetzung der *Leiden des jungen Werther* während einer Woche im Februar und März 1926, illustriert von Ye Lingfeng, veröffentlicht beim Chuangzao-Verlag in Shanghai, S. 177

1927年10月15日: 与成仿吾合译的《德国诗选》由上海创造社出版部出版, 收歌德诗十四章, 页215 → Die mit Cheng Fangwu gemeinsam übersetzte Sammlung *Ausgewählten deutsche Gedichte* wurde am 15.10.1927 beim Chuangzao-Verlag veröffentlicht, S. 215

1927年11月30日: 改译《浮士德》第一部讫, 并作《译后记》, 说明近十年翻译本书的过程, 此次既补译好损失的部分, 又彻底润色了残存的旧稿, 页216 → Abschluss der Neuübersetzung des *Faust* (Teil I) mit Nachwort, in dem die 10jährige Arbeit daran geschildert wird, S. 216

1928年1月10日: 校完《浮士德》第一部最后一遍清样, 页221 → Abschluss der letzten Korrektur des *Faust* (Teil I) am 10.01.1928

1928年2月1日: 与成仿吾等欢庆《浮士德》第一部由创造社出版部出版, 安娜特地买来寿司, "孩子们皆大欢喜", 页223 → Feier mit Cheng Fangwu u. a. zur Veröffentlichung des *Faust* (Teil I) beim Chuangzao-Verlag, S. 223

1928年2月2日: 晚, 与安娜访内山完造, 赠《浮士德》一册。次日, 内山送来葡萄酒两瓶, 祝贺《浮士德》出版, 页223 → Besuch mit Anna beim 内山完造 am Abend des 2. Februar 1928, um ein Exemplar des *Faust* zu schenken, am nächten Tag zwei Flaschen Wein als Gegengeschenk als Glückwunsch für die Publikation des *Faust*, S. 223

1928年2月3日: 题赠安娜《浮士德》第一部一册, 页223 → Widmung des Faust (Teil I) an seine japanische Frau Anna, S. 223

1928年5月25日: 《沫若译诗集》由上海创造社出版部出版, 收歌德诗十二首, 页228
→ *Sammlung der von Guo Moruo übersetzten Gedichte* wurde vom Chuangzao-Verlag in Shanghai veröffentlicht, enthält 12 Gedichte Goethes, S. 228

1942年5月14日: 纳西族女作家赵银棠来访, 为她解释《浮士德》深奥的哲学主题, 指出这乃是希伯来精神与希腊文化的矛盾发展。页510 → Beim Besuch der Schriftstellerin Zhao Yintang der Nationalminderheit *Naxi* erklärt Guo den tiefen philosophischen Sinn des *Faust*, S. 510

1942年8月28日: 出席歌德晚会, 并作演讲, 题为《关于歌德》, 认为歌德与孔子"有很多地方是很相像的", 页524-525 → Teilnahme an der Goethe-Abendveranstaltung am 28.08.1942 mit dem Vortrag *Über Goethe*, S. 524-525

1947年3月底: 始译《浮士德》第二部, 至五月三日讫, 于十一月由上海群益出版社出版, 页699 → Übersetzung des *Faust* (Teil II) vom Ende März bis zum 3. Mai 1947, gedruckt im November beim Qunyi-Verlag, S. 699

1947年8月28日: 作《浮士德》简论, 从具体叙述《浮士德》的故事入手, 阐明"它是一部灵魂的发展史, 一部时代精神的发展史", 作者"犀利地讽刺时代, 并讽刺了统治阶层的糜烂", 但他"不仅没有可能超越时代, 而且更没有充分脱掉中世纪的意识", 页712 → Kurze Auseinandersetzung mit *Faust*, konkrete Schilderung der Faust-Geschichte als Ausgangspunkt, vertritt die Behauptung, Faust sei eine Entwicklungsgeschichte der Seele und Zeitgeistes, eine scharfe Satire der Zeit und der Korruption der herrschenden Schicht, jedoch habe Goethe die Zeit nicht übertroffen und die Ideologie des Mittelalters nicht überwunden, S. 712,

编者附言: 本书资料翔实, 惜漏编如下条目:
- 《少年维特之烦恼》由泰东图书局1927年11月第9版重排订正, 1928年3月25日出第10版
- 歌德长诗《赫曼与窦绿苔》于1936年11月20日译毕, 发表于1937年1月1日、2月1日《文学》月刊第8卷第1、第2期, 1942年4月重庆文林出版社出版 (参见《郭沫若翻译研究》), 页386, 脚注10)

121.
郭沫若新论 Neue Thesen zu Guo Moruo
刘茂林、叶桂生 等著 Liu Maolin u. Ye Guisheng (Verf.)
北京: 社会科学文献出版社, 1992年

第三编：合集 Kapitel III: Sammelbände

431 页, 4000 册

第二章: 知识结构与文化品格, 页 44

二、吸纳西学而不伤食, 页 53 → Aufnahme westlicher Wissenschaften, ohne Verderb eigener Nahrung, S. 53

论及郭沫若与歌德, 特别是《浮士德》的关系, 页 57-58

论点提要: 他(郭沫若)的浪漫主义主体的主情主义, 和我国诗歌文学中的抒情言志一脉相通。没有庄子在天地之间逍遥游荡, 屈原上穷碧落下黄泉的精神, 郭沫若不会随着《浮士德》的足迹在歌德的世界里求索(页 136)。

122.

世界长篇名著精华 Berühmte epische Werke der Weltliteratur: eine Auswahl

吴岳添、赵一凡、章国锋、石南征 主编 Wu Yuetian, Zhao Yifan, Zhang Guofeng u. Shi Nanzheng (Hrsg.)

桂林: 漓江出版社, 1992 年

1565 页, 6200 册

浮士德, 高中甫述要、赏析, 董问樵译, 页 588 → Faust, interpretiert v. Gao Zhongfu, übers. v. Dong Wenqiao, S. 588

维廉·麦斯特, 高中甫述要、赏析, 冯至、姚可昆译, 页 596 → Wilhelm Meister, interpretiert v. Gao Zhongfu, übers. v. Feng Zhi u. Yao Kekun, S. 596

123.

世界名著便览 Berühmte Werke der Welt im Überblick

天津编译中心 译 Tianjiner Übersetzungszentrum (Übers.)

北京: 世界知识出版社, 1992 年

655 页, 11000 册

少年维特之烦恼, 页 617 → Die Leiden des jungen Werther, S. 617

浮士德, 页 619 → Faust, S. 619

124.

世界文学史话, 第二卷 Anekdoten aus der Geschichte der Weltliteratur, Band II

杨烈 主编 Yang Lie (Hrsg.)

哈尔滨: 黑龙江人民出版社, 1992 年

3000 册

第二十一章: 近代德意志文学, 页 119 → Kapitel XXI: Die neuere deutsche Literatur, S. 119

歌德, 页 128-130 → Goethe, S. 128-130

125.

外国文学名著精彩片断 100 例 → 100 repräsentative und interessante Auszüge aus berühmten ausländischen Werken

翁义钦 主编 Weng Yiqin (Hrsg.)

上海: 上海教育出版社, 1992 年

858 页, 3000 册

波逐浪涌的感情狂潮——《少年维特之烦恼》片断赏析 (林亚光), 页 134 → Wogende Gefühle – Interpretation der *Leiden des jungen Werther* (Ausz.) (Lin Yaguang), S. 134

孜孜追求——《浮士德》片断赏析 (吴菊珍), 页 143 → Unermüdliches Streben – Interpretation des *Faust* (Ausz.)(Wu Juzhen), S. 143

126.

外国争议作家·作品大观 Umstrittene ausländische Schriftsteller – Panorama der Werke

韩耀成、王逢振 主编 Han Yaocheng u. Wang Fengzhen (Hrsg.)

南京: 译林出版社, 1992 年

455 页, 10000 册

《少年维特之烦恼》(韩耀成), 页 75 → Die Leiden des jungen Werther (Han Yaocheng), S. 75

127.

中外比较文学研究, 第二册 Komparatistische Forschungen Chinas und des Auslands, Band II

刘介民、李达三 主编 Liu Jiemin u. Li Dasan (Hrsg.)

台北市: 学生书局, 1992 年

中国文化研究丛刊; 40

《西游记》与《浮士德》(孙大公), 页 132-137 → *Xi you ji* (Die Reise in den Westen) und *Faust* (Sun Dagong), S. 132-137

128.
中外典型人物 Typische Figuren aus dem In- und Ausland
李巍明 著 Li Weiming (Verf.)
南京: 江苏文艺出版社, 1992 年
8000 册
浮士德 (歌德《浮士德》), 页 78-85 → Faust, S. 78-85

129.
中外 101 位文艺名家轶事 Anekdoten von 101 berühmten chinesischen und ausländischen Schriftstellern und Künstlern
赵捷 编著 Zhao Jie (Verf.)
北京: 中国旅游出版社, 1992 年
220 页, 6200 册
席勒: 文学怪人与歌德的至交, 页 7 → Schiller: enge Verbundenheit eines exzentrischen Literaten mit Goethe, S. 7
歌德: 恋爱的方式与"维特热", 页 9 → Goethe: Art der Verliebtheit und das Werther-Fieber, S. 9

1993 年

130.
世界十大文豪 Zehn bedeutende Schriftsteller der Weltliteratur
黄凡中 主编 Huang Fanzhong (Hrsg.)
长春: 长春出版社, 1993 年
世界名人文库
222 页
歌德 (姜书良), 页 85-106 → Goethe (Jiang Shuliang), S. 85-106

131.
文学名著提要 Inhaltsangaben berühmter Literaturwerke
张良村、刘锡山、尹岳斌、周蒲芳、肖锦龙、郑立叶 主编 Zhang Liangcun, Liu Xishan, Yin Yuebin, Zhou Pufang, Xiao Jinlong u. Zheng Liye (Hrsg.)
天津: 天津人民出版社, 1993 年
1994 年第 2 版, 651 页, 5001-10000 册
《少年维特之烦恼》(肖锦龙), 页 122 → Die Leiden des jungen Werther (Xiao Jinlong), S. 122
《浮士德》(肖锦龙), 页 169 → *Faust*, Inhaltsangabe (Xiao Jinlong), S. 169

132.
亿万个为什么 (中外文学卷) Eine Unzahl von Fragen (Band für Ein- und ausländische Literatur)
王向远、李春青、卓悦 主编 Wang Xiangyuan, Li Chunqing, Zhuo Yue (Hrsg.)
北京: 中华工商联合出版社, 1993 年
3000 册
为什么浮士德这个人物不断成为西方文学作品的主人公并受到历代读者的喜爱? 页 597 → Warum entwickelt sich die Faust-Figur immer wieder zum Helden der westlichen Literatur und nimmt von Generation zu Generation die Begeisterung des Lesers nicht ab? S. 597
为什么歌德称《明娜·封·巴尔海姆》是"光芒四射的流星"? 页 598 → Warum nennt Goethe Lessings *Minna von Barnhelm* einen glänzenden Kometen? S. 598
为什么恩格斯说歌德"有时非常伟大, 有时极为渺小"? 页 601 → Warum wird Goethe von Engels als „bald kolossal, bald kleinlich" bezeichnet, S. 601
为什么说歌德的《铁手骑士葛兹·冯·伯利欣根》是"狂飙突进"的第一部代表作? 页 601 → Warum stellt Goethes *Götz von Berlichingen mit der eisernen Hand* das erste Hauptwerk des Sturm und Drang dar? S. 601
为什么歌德的《少年推特之烦恼》在出版后不久就立刻风靡欧洲? 页 601 → Warum wurde Goethes *Die Leiden des jungen Werther* schon kurz nach der Veröffentlichung in ganz Europa bekannt? S. 601
为什么歌德不赞同法国革命但又对拿破仑抱有好感? 页 602 → Warum hat Goethe die Französische Revolution nicht akzeptiert und dennoch Zuneigung zu Napoleon gezeigt, S. 602
为什么歌德和席勒起初互不理解, 后来又密切合作? 页 602 → Warum können sich Goethe und Schiller zunächst nicht verständigen, später aber eng zusammenarbeiten? S. 602

第三编：合集 Kapitel III: Sammelbände

为什么歌德把"古典的"叫做"健康的"，把"浪漫的"叫做"病态的"？页 602 → Warum nennt Goethe das „Klassische" „gesund" und das „Romantische" „krank"? S. 602

歌德的《浮士德》与以前以浮士德为主人公的作品相比较，突出了什么精神？页 603 → Welcher Geist ist in Goethes *Faust* zu spüren im Vergleich mit den älteren Faust –Figuren? S. 603

为什么歌德在《浮士德》中以欧福良来象征英国诗人拜伦？页 603 → Warum symbolisiert Goethe im *Faust* mit der Figur Euphorion den englischen Dichter Lord Byron?

《浮士德》中的两次赌赛有什么意义？页 604 → Was bedeuten die zwei Wetten in Goethes *Faust*? S. 604

133.
中外文学 100 问 → 100 Fragen zur in- und ausländischen Literatur
项琦 编著 Xiang Qi (Verf.)
台北市：太雅出版有限公司，1993 年
太雅 100; 1
223 页
浮士德与魔鬼的赌赛究竟谁赢了？页 176 → Wer hat beim Wettstreit zwischen Faust und Mephisto gewonnen? S. 176
浮士德是否真有其人？页 179 → hat tatsächlich jemand existiert, der Faust war, S. 179
为什么歌德和席勒之间的友谊成了文坛佳话？页 182 → Aus welchen Gründen ist die Freundschaft zwischen Goethe und Schiller zu einer interessanten Geschichte geworden? S. 182

134.
中西典型理论述评 Kritik der Typologie literarischer Figuren in China und in Westen
叶纪彬 著 Ye Jibin (Verf.)
上海：华东师范大学出版社，1993 年
526 页, 1500 册
第五章：歌德典型理论，页 84 → Goethes Auffassung der Figurentypologie

一、德国古典美学中"特征"理论，页 84 → Theorie der Merkmale in der klassischen deutschen Ästhetik, S. 84
二、歌德与"特征"理论，页 87-97 → Goethe und die Theorie der Merkmale, S. 87-97

1994 年

135.
扼郁的心灵之光·叔本华传 Glanz der trübsinnigen Seele – Biographie Arthur Schopenhauers
袁志英 编著 Yuan Zhiying (Verf.)
上海：世界图书出版公司，1994 年
世界文化名人传记丛书，谢天振主编
229 页，1996 年第 3 次印刷，10001-15000 册
第五章：约翰娜·叔本华在魏玛，页 71 → Kapitel V: Johanna Schopenhauer ist in Weimar, S. 71
约翰娜助歌德一臂之力 Johanna hilft Goethe
第六章：知子莫如母，页 88 → Kapitel VI: Keiner kennt seinen Sohn so gut wie die Mutter, S. 88
歌德在约翰娜的沙龙 Goethe ist bei Johannas Salon
第十一章：德累斯登四年，页160 → Kapitel XI: Vier Jahre in Dresden, S. 160
年迈的诗人和年轻的哲学家 (歌德和叔本华) Ein betagter Dichter und ein junger Philosoph (Goethe und Schopenhauer)
叔本华成了歌德的"谈话对手" Schopenhauer ist Goethes „Ansprechpartner" geworden
第十二章：初生牛犊不怕虎，页 178 → Ein junger Stier kennt keine Angst, S. 178
主要著作问世，深得歌德赏识 Geburt wichtiger Werke (Schopenhauers), die von Goethe hoch geschätzt wurden

136.
200 部世界名著展评 Interpretationen von 100 weltberühmten Werken
杨政 编著 Yang Zheng (Verf.)
重庆：重庆大学出版社，1994 年
331 页，13000 册
歌德《浮士德》，页 262-263 → Goethes *Faust*, S. 262-263

137.
古今中外名书禁书大观 Panorama verbotener berühmter Bücher in China und in Ausland in Vergangenheit und Gegenwart
陈寿 主编 Chen Shou (Hrsg.)
楚天舒、黄岳、孟向荣 副主编 Chu Tianshu, Huang Yue u. Meng Xiangrong (Mithrsg.)
北京: 群众出版社, 1994 年
887 页, 4000 册
浮士德, 页 162 → Faust, S. 162
歌德谈话录, 页 173 → Gespräche mit Goethe, S. 173
少年推特之烦恼, 页 517 → Die Leiden des jungen Werther, S. 517

138.
古今中外文学经典 Literarische Klassiker aus Vergangenheit und Gegenwart Chinas und des Auslands
姜洪海 主编 Jiang Honghai (Hrsg.)
大连: 大连出版社, 1994 年
1236 页, 6000 册
少年推特之烦恼 Die Leiden des jungen Werther
情节略述, 页 753-759 → Handlungen, S. 753-759
作品评析, 页 759-761 → Interpretation des Romans, S. 759-761

139.
郭沫若和他的三位夫人 Guo Moruo und seine drei Ehefrauen
桑逢康 著 Sang Fengkang (Verf.)
海口: 海南出版社, 1994 年
280 页, 20000 册, 2001 年第 2 版
编者提示: 谈及郭沫若与歌德其人其书的内容散见于本书第三章, 如: "郭沫若自比歌德, 田汉自比席勒"（页 55）; "大诗人歌德可以称为德意志的贾宝玉"（页 57）。又介绍了郭沫若翻译《浮士德》第一部及手稿被鼠严重咬损的前前后后（页 59）。也见第七章中, 谈及郭沫若完成《浮士德》第一部的重译改译, 交创造社出版部出版。说妻子安娜"特地买了一盘寿司"庆贺, "把郭沫若的每次成功都看作是自己莫大的幸福, 莫大的慰安"。郭沫若题赠《浮士德》致谢。又说友人成仿吾来访, 谈话间"把译文大大称颂了一番"（页 145-147）。

140.
清园论学集 Aufsätze aus meiner Zeit an der Universität Qinghua
王元化 著 Wang Yuanhua (Verf.)
上海: 上海古籍出版社, 1994 年
707 页, 2000 册
歌德《论哈姆雷特》译文题记(1963 年), 页 63-65
论点摘要: "在研究莎士比亚的外国古典评论家中, 歌德可以说是最早从《哈姆雷特》中揭示了全剧关键所在的人, 他的看法基本上是符合莎士比亚的剧本原旨的, 尽管后来的很多评论家写出的分析<哈姆雷特>的文章汗牛充栋, 可是始终没有人能够超过他。"（页 64）

141.
外国文学艺术家的罗曼史 romantische Geschichten der ausländischen Dichter und Künstler
伍子峰 著 Wu Zifeng (Verf.)
天津: 南开大学出版社, 1994 年
5000 册
一切源出于爱——歌德的罗曼史, 页 237-270 → Alles entspringt der Liebe – Liebesgeschichten Goethes, S. 237-270
初恋的苦果 Bittere Frucht der ersten Liebe
欢会与离别 Willkommen und Abschied
无望的爱情 Hoffnungslose Liebe
我为避你而去 Ich entfliehe dir
她用罗网征服了我 Sie hat mich im Liebesnetz gefangen
众里寻她千百回 In der Menschenmenge such ich sie tausend mal

142.
我与冯至 Ich und Feng Zhi
姚可昆 著 Yao Kekun (Verf.)
桂林: 广西教育出版社, 1994 年
名人之侣回忆丛书
161 页, 5000 册
歌德与杜甫, 页 100-102 → Goethe und Du Fu, S. 100-102

143.
中国二十世纪文学研究论著提要 Literarische Monographien des 20. Jahrhunderts in China. Eine Darstellung in Form von Inhaltsangaben

乔默　主编 Qiao Mo (Hrsg.)

北京: 北京大学出版社, 1994 年

978 页, 4000 册

论歌德, 冯至著, 上海文艺出版社, 1986 年, 并拙评, 页 867-868 → Über Goethe, Feng Zhi (Verf.), Shanghaier Verlag für Literatur und Kunst (1986), interpretiert v. Jing Zhuo, S. 867-868

德国文学史, 余匡复著, 上海外语教育出版社, 1991 年, 并拙评, 页 832-833 → Geschichte der deutschen Literatur, Yu Kuangfu (Verf.), Shanghaier Verlag für fremdsprachige Bildung (1991), interpretiert v. Jing Zhuo, S. 832-833

西方文艺理论基础, 马清福著, 辽宁大学出版社, 1986 年, 吕信伟评, 页 758-759 → Grundlagen westlicher Theorien für Literatur und Kunst, Ma Qingfu (Verf), Verlag der Universität Liaoning (1986), interpretiert v. Lü Xinwei, S. 758-759

德国古典美学, 蒋孔阳著, 商务印书馆, 1980 年, 吕新雨评, 页 760-761 → Die klassische deutsche Ästhetik, Jiang Kongyang (Verf.), The Commercial Press (1980), interpretiert v. Lü Xinyu, S. 760-761

144.
中国社会科学院外国文学研究所三十年文选（1964-1994） Aufsätze aus den dreißig Jahren (1964-1994) des Instituts für ausländische Literatur der chinesischen Akademie der Geisteswissenschaften

中国社会科学院外国文学研究所　编

北京: 中国工人出版社, 1994 年

1298 页, 500 册

歌德与杜甫 (冯至), 页 136-149 → Goethe und Du Fu (Feng Zhi), S. 136-149

从歌德与艾克曼的一次谈话说起——漫谈文学中的性描写 (张黎), 页 662-672 → Ein Gespräch Goethes mit Eckermann als Ausgangspunkt – über die Darstellungen der Sexualität in der Literatur (Zhang Li), S. 662-672

魏玛古典文学与德国浪漫派——席勒、歌德与早期浪漫派 (陈恕林), 页 727-741 → Die Weimarer Klassik und die deutsche Romantik – Goethe und Schiller und die Frühromantik (Chen Shulin), S. 727-741

145.
朱光潜美学思想及其理论体系 Zhu Guangqian's ästhetische Gedanken und deren theoretische Grundlagen

阎国忠　著 Yan Guozhong (Verf.)

合肥: 安徽教育出版社, 1994 年

440 页, 5000 册

第十三章: 重新纳入视野的美学家 Kapitel XIII: Ästhetiker, die wieder ins Blickfeld gerückt sind

第五节: 歌德: 艺术是一个整体, 页 280-283 → Abschnitt V: Goethe: Die Kunst ist eine Ganzheit, S. 280-283

146.
宗白华全集, 第一集 Gesammelte Werke des Zong Baihua, Band 1

宗白华　著 Zong Baihua (Verf.)

合肥: 安徽教育出版社, 1994 年

5000 册

题歌德像(诗三首), 页 357 → Aufschrift auf Goethes Porträt (drei Gedichte), S. 357

1995 年

147.
郭沫若研究新论 Neue Thesen zur Guo Moruo-Forschung

卜庆华　著 Bo Qinghua (Verf.)

北京: 首都师范大学出版社, 1995 年

328 页, 2000 册

关于中国现代文学史上的第一个诗剧, 页 64-66 → Über das erste Versdrama in der modernen chinesischen Literaturgeschichte, S. 64-66

编者提示: 引录郭氏《创造十年》中关于"做诗经过"的一段自述, 认为其受歌德《浮士德》消极影响的说法"显系与事实不符或失之偏颇"（页 65）。

郭沫若早期与外国文学关系考源, 页 95-114 → Untersuchung von Guo Moruos Begegnung mit der ausländischen Literatur in seiner früheren Phase, S. 95-114

七、歌德, 页 98-99 → Goethe, S. 98-99

148.
时代之波——战国策派文化论著辑要 Wogen der Zeit – Auszüge aus Monographien der Schule *Zhanguoce* zu kulturellen Themen
温儒敏、丁晓萍 编 Wen Rumin u. Ding Xiaoping (Hrsg.)
北京: 中国广播电视出版社, 1995 年
浮士德的精神 (陈铨), 页 359-367 → Der Geist des Faust (Chen Quan), S. 359-367

149.
文化怪杰辜鸿铭 Über Gu Hongming als Einzelgänger in der kulturellen Welt
黄兴涛 著 Huang Xingtao (Verf.)
北京: 中华书局, 1995 年
383 页, 2500 册
论点摘要: "他(辜氏)最崇拜的西方圣哲不是耶稣, 而是歌德, 他将歌德视为西方的孔子、真正文化的象征。"（页 257）

150.
郭沫若自叙 Guo Moruos Selbstdarstellungen
郭沫若 著 Guo Moruo (Verf.)
黄淳浩 编 Huang Chunhao (Hrsg.)
北京: 团结出版社, 1996 年
世纪风铃丛书
创造十年, 四
编者提示: 谈始译《浮士德》前后及其心情、缘何续译、《浮士德》第一部被鼠咬、"自称歌德" 等（页 108-113）。
论点摘编: "在把《浮士德》第一部译过了之后的我, 更感觉着了骨肉般的亲热。" "我敢于这样说, 像歌德那样的人是不值得我们崇拜的"; "歌德可以令人佩服的地方, 是在他的努力, 但他的政绩也实在有限。他和他同国同时而稍稍后出的马克思比较起来是怎么样? 那简直可以说是太阳光中的一个萤火虫! 他在德国是由封建社会转变到资产社会的那个阶段中的诗人, 他在初期是吹奏着资产阶级革命的一个号手, 但从他做了隈马公国的宰相以后, 他老实退回到封建阵营里去了, 他那贵族趣味和帝王思想实在有点熏鼻。诗人海涅骂过他, 说他只晓得和女人亲吻。——用《红楼梦》上的话来表现时, 便是只晓得"吃姑娘嘴上的胭脂", 他老先生的确是可以称为德意志的贾宝玉。"（页 111-112）; "我们知道《浮士德》中的浮士德, 就是歌德自己的化身, 《威廉迈斯达》中的威廉, 也不外是渥尔夫刚他自己。"（页 112）

151.
文化鉴赏大成 Große Sammlung der Interpretationen der Kultur
江曾培、赫铭鉴、孙 x 主编 Jiang Cengpei, He Mingjian u. Sun Yong (Hrsg.)
上海: 上海文化出版社, 1995 年
1424 页, 5500 册
歌德故居, 页 331 → Das Goethehaus, S. 331

1996 年

152.
从浮士德到西绪福斯 Von Faust zu Sisyphos
蔡申 著 Cai Shen (Verf.)
银川: 宁夏人民出版社, 1996 年
223 页

153.
德国短篇小说名著选评 (1) Ausgewählte Interpretationen berühmter deutscher Erzählungen, Band 1
罗治华、黄汉平 选编 Luo Zhihua, Huang Hanping (Hrsg.)
广州: 暨南大学出版社, 1996 年
中外短篇小说名著选评•美英法德卷
15000-20000 册
新美露西娜, 王印宝、周正安译, 页 1 → Die neue Melusine, übers. v. Wang Yinbao u. Zhou Zheng'an (Wilhelms Meisters Wanderjahre, Ausz.), S. 1

第三编： 合集 Kapitel III: Sammelbände

谁是泄密者? 王印宝、周正安译, 页 21 → Wer ist der Verräther (Wilhelms Meisters Wanderjahre, Ausz.), übers. v. Wang Yinbao u. Zhou Zheng'an, S. 21

新帕里斯, 王印宝、周正安译, 页 52 → Der neue Paris (Dichtung und Wahrheit, Ausz.), übers. v. Wang Yinbao u. Zhou Zheng'an, S. 52

154.
辜鸿铭文集(上、下册) Gu Hongming. Gesammelte Schriften (2 Bde.)
辜鸿铭 著 Gu Hongming (Verf.)
黄兴涛 等 译 Huang Xingtao u. a. (Über.)
海口: 海南出版社, 1996 年
编者附言: 通读辜氏文集, 才能全面评价他在歌德译介史上的贡献和地位。在编者看来, 他与王国维相比, 无论是时间的迟早, 还是译介的深度和广度, 都有过之而无不及。

上卷 Band I
尊王篇
序言, 威尼斯格言两则 [歌德的治国理念和方略(反对无政府主义)], Epigramme. Venedig 1790
第 53 则: "法兰西的不幸实在可怕", 页 14 → Nr. 53 „Frankreichs traurig Geschick", S. 14
第 55 则: "难道我们这样做有什么不对吗？", 页 15-16 → Nr. 55 „Sage, tun wir nicht recht?", S. 15-16
关于中国问题的近期札记, 之三(首次发表于 1901 年 1 月 12 日)
箴言 "对一切事物, 特别是对爱和友谊不存利害之念, 是我的至上追求、指导原则和人生准则。因此后来, 我在一首诗中有一句调皮唐突的话: '如果我爱你, 那与你有何相干呢？'这就是我心灵的解剖白。"摘自《歌德自传》, 页 100 → Goethe: *Aus meinem Leben: Dichtung und Wahrheit* (Auszug): „Uneigennützig zu sein in allem, am uneigennützigsten in Liebe u. Freundschaft war unsere höchste Lust, meine Maxime, meine Ausübung so dass jenes freche spätere Wort: wenn ich dich liebe, was geht's dich an? mir recht aus der Seele gesprochen ist", S. 100
之三十四、称"伟大的歌德"。摘录《浮士德》: "当你与妖怪一样的时候, 你才能理解妖怪", 页 116 → Faust (Zitat): „Du gleichst dem Geist, den du begreifst", S. 116

之三十五、歌德《威廉·迈斯特的漫游年代》[歌德的文明概念]: "人类必须经过多么漫长的阶段才能懂得如何仁慈地对待他人, 体谅地对待违法者, 甚至人道地对待野蛮行为。事实上, 正是那些圣人们最先教诲这一点, 并为了将此种可能变作现实、推进它的实践而献出了生命。", 页 116-117 → Goethe: *Wilhelms Meisters Wanderjahre* (Auszug): „Welchen Weg musste nicht die Menschheit machen, bis sie dahin gelangte, auch gegen Schuldige gelind, gegen Verbrecher schonend, gegen auch Unmenschliche menschlich zu sein. Gewiss waren es Männer göttlicher Natur, die dies zuerst lehrten, die ihr Leben damit zubrachten, die Ausübung möglich zu machen", S. 116-117

文明与无政府状态或远东问题中的道德难题, 提及歌德的"世界文学"概念, 页 175 → Erwähnung von Goethes Begriff „Weltliteratur", S. 175

中国牛津运动故事[据译著介绍, 本书初版于 1910 年。再版于 1912 年上海墨丘利公司 (Shanghai Mercury), 从歌德译介史的角度看记住这个年份有它特殊的意义]

雅各宾主义的中国, 语录"歌德说: 压抑我们的是什么? ——庸俗。" (页 287) → Epilog zu Schillers Glocke „Was uns alle bändigt, das Gemeine", S. 287

第一章: 满人当权, 四: 歌德语录: "每一种天赋之物都有自身的价值, 都应该得到发展, 有人只鼓励美的东西, 另有人则只鼓励有用的东西, 实际上, 只有将两者结合起来, 才能建设好一个国家。有用的东西自我鼓励, 因为大家生产, 人人不可或缺; 美的东西则必须被鼓励, 因为很少有人能够展示它, 而很多人有需要它。"[并分析中国现状和审美情趣], 页 302-303

张文襄幕府纪闻(有 1910 年铅印本), 页 409 (张文襄即张之洞, 1837-1909, 谥"文襄") → Aufzeichnungen am Gefechtsstand des Kommandeurs Zhang Wenxiang, S. 409

卷下 Teil II
自强不息, 页 474 (辜鸿铭部郎曾译德国名哲俄特《自强不息箴》, 其文曰: "不趋不停, 譬如星辰, 进德修业, 力行近仁。"卓彼西哲, 其名俄特,异途同归,中西一辙。哉训辞,自强不息。可见道不远人,中西固无二道也。) → Zahme Xenien „wie das Gestirn,/ ohne Hast,/ aber ohne Rast,/ drehe sich jeder/ um die eigne Last", S. 474

呐喊:辜鸿铭硕士对大战及其他问题的观察和思考(论文集),歌德曾回答过什么是最好的统治形式,他说:"最好的统治形式,是使统治变得多余的形式。"(页543)

下卷 Band II

中国人的精神(春秋大义) Spirit of Chinese People

约翰·史密斯在中国 (含歌德语录):"腓力斯人不仅忽视一切非自身的生活条件,而且还要求除它之外的余下人类去适应他们的生活方式。"(页99) „Der Philister negiert nicht nur andere Zustände als der seinige, er will auch dass alle übrigen Menschen auf seine Weise existieren sollen." S. 99

中国学 (二)

附录:群氓崇拜教或战争与战争的出路"法兰西的不幸实在可怕,在上者真该好好反省一下",页131 → Epigramme. Venedig, 1790, Nr. 55 „Frankreichs traurig Geschick, die Großen mögen's bedenken", S. 131

辜鸿铭论 (勃兰兑斯), 林语堂译, 页608 (谈辜鸿铭与歌德) → Über Gu Hongming und Goethe (Brandes, Georg), übers. v. Lin Yutang, S. 608

155.
外国的文化与文学 Ausländische Kultur und Literatur
陆人豪、李辰民、李明敏 主编 Lu Renhao, Li Chenmin u. Li Mingmin (Hrsg.)
苏州: 苏州大学出版社, 1996 年
485 页, 2005 年重印 (第 4 次印刷), 13101-16700 册
第五篇: 德国的文化与文学 Teil V: Die deutsche Kultur und Literatur
第二章: 德国文学 → Kapitel II: Die deutsche Literatur
第二节: 歌德, 页 209-214 → Abschnitt II: Goethe, S. 209-214

156.
王国维学术文化随笔 Wang Guowei's Skizzen über Wissenschaft und Kultur
王国维 著 Wang Guowei (Verf.)
佛雏 编 Fo Chu (Hrsg.)
北京: 中国青年出版社, 1996 年
二十世纪中国学术文化随笔大系
330 册, 6000 册
第四编: 文学篇 → Themengruppe IV: Literatur
本编小引, 页 201 → Einführung, S. 201
德国文豪格代、希// 尔列尔合传(歌德席勒合传), 页 203-206 → Biographien der großen deutschen Dichter Goethe und Schiller, S. 203-206

157.
文学之旅: 世界文学五千年 Literarische Reise: fünftausend Jahre der Weltliteratur
侯会 著 Hou Hui (Verf.)
台北市: 洪叶文化, 1996 年
洪叶文库; 13
歌德的青少年时代——歌德的抒情诗——风靡欧洲的小说名作《少年维特的烦恼》——威玛十年、出国漫游——结交席勒——诗歌代表作《浮士德》——伟大 kulturelle 时代造就的伟大诗人——高墙关不住的诗人——席勒与歌德: 一对生死莫逆的文坛巨人 Goethes Jugendzeit – Goethes Lyrik – der berühmte Roman *Die Leiden des jungen Werther*, der Europa beeindruckt hat – die ersten zehn Jahre in Weimar und die Auslandsreise – befreundet mit Schiller – *Faust*, das Hauptwerk der Dichtung – ein Dichter, der sich nicht durch hohe Mauern einschränken lässt – Schiller und Goethe: zwei eng befreundete Genies in der literarischen Welt

158.
影响中国近代社会的一百种译作 Hundert Übersetzungswerke, welche die Gesellschaft des neueren China beeinflußt haben
邹振环 著 Zou Zhenhuan (Verf.)
北京: 中国对外翻译出版公司 1996 年
442 页

77. 《少年推特之烦恼》的汉译与"维特热", 页 306-311 → Die chinesische Übersetzung der *Leiden des jungen Werther* und das „Werther-Fieber", S. 306-311.

编者提示: 本文篇幅虽小, 资料甚丰。论及小说对矛盾《子夜》、谢冰莹《一个女兵的自传》、章衣萍《情书一束》、叶灵凤《霜红室随笔》、曹雪松改编的四幕悲剧以及柳无忌、蔡元培等人的影响。又指出许地山的《无法投递之邮件》、《愁情一缕诗征鸿》和《或人的悲哀》、王以仁的《流浪向培良》和《六封信》、郭沫若的《落叶》和《咯尔美萝姑娘》、蒋光慈的《少年漂泊者》、潘垂统的《十一封信》、郁达夫的《沉沦》、欧阳山的《玫瑰残了》等也与歌德的这部小说有一脉相承之处。

82. 来自《浮士德》的灵感和启示, 页 333-340 → Inspiration und Anregung durch *Faust*, S. 333-340

159.
中国对德国文学影响史述 Geschichte der chinesischen Einflüsse in der deutschen Literatur
卫茂平 著 Wei Maoping (Verf.)
上海: 上海外语教育出版社, 1996 年
国家教委"七五"青年社科基金项目
560 页, 2000 册

第二章: 古典时期文学——批评的兴起 Kapitel II: Die Literatur der Klassik: Entstehung der Kritik

第四节: 歌德与中国文学的因缘, 页 90 → Abschnitt IV: Goethes Seelenverwandtschaften mit der chinesischen Literatur

一、早年的中国印象, 页 90 → Eindrücke aus früheren Jahren, S. 90

二、对《埃尔佩诺》一剧受中国影响的质疑, 页 92 → Zweifel daran, dass das Theaterstück *Elpenor* von China beeinflusst wurde, S. 92

三、对中国的了解, 页 102 → Das China-Verständnis, S. 102

四、《五十岁的男子》, 页 107 → Der Mann von fünfzig Jahren, S. 107

五、出自《百美新咏》的四首德"译"汉诗, 页 109 → Vier chinesische Gedichte in deutscher Übersetzung aus dem Gedichtzyklus *Hundert Schöne*, S. 109

六、《中德岁时诗》, 页 118 → Chinesisch-deutsche Jahres- und Tageszeiten, S. 118

七、结语, 页 139 → Schlusswort, S. 139

第十章: 流亡文学, 页 449 → Kapitel X: Die Exilliteratur, S. 449

第二节: 托马斯·曼及其《绿蒂在魏玛》, 页 459-464 → Abschnitt II: Thomas Mann und sein Roman *Lotte in Weimar*, S. 459-464

160.
中国人的精神 (英文汉译本) Spirit of Chinese People
辜鸿铭 著 Gu Hongming (Verf.)
黄兴涛、宋小庆 译 Huang Xingtao u. Song Xiaoqing (Übers.)
海口: 海南出版社, 1996 年
辜鸿铭论 (勃兰兑斯) Brandes, Georg
参见: 杨武能: 三叶集, 页 476

161.
中外名剧台词鉴赏 Interpretationen der Bühnentexte berühmter Theaterstücke aus dem In- und Ausland
刘洪甲 主编 Liu Hongjia (Hrsg.)
金鎏 副主编 Jin Liu (Mithrsg.)
郑州: 河南人民出版社, 河南教育出版社, 1996 年
764 页, 3000 册

七、畅所欲言, 锋发韵流

3. 女神、自由、历史 (歌德《哀格蒙特》), 钱春绮译, 郑磊赏析, 页 167-175 → 3. Göttin, Freiheit, Geschichte (Goethes *Egmont*), übers. v. Qian Chunqi, interpretiert v. Zheng Lei, S. 167-175

162.
宗白华学术文化随笔 Zong Baihua's Skizzen über Wissenschaft und Kultur
宗白华 著 Zong Baihua (Verf.)
王岳川 编 Wang Yuechuan (Hrsg.)
北京: 中国青年出版社, 1996 年

二十世纪中国学术文化随笔大系
290 页, 6000 册
第一编: 人生篇 → Teil I: Leben
歌德之人生启示, 页 18-44 → Goethe zur Deutung des Lebens, S. 18-44
第三编: 艺术篇 → Teil III: Kunst
歌德的《死与生》, 页 269-271 → Goethes Gedicht *Selige Sehnsucht*, S. 269-271
附录 Anhang
死与生, 歌德作, 宗白华译, 页 270-271 → Selige Sehnsucht (Goethe), übers. v. Zong Baihua, S. 270-271

1997 年

163.
德国: 一个冬天之后的神话——旅德纪实 Deutschland: ein Mythos nach dem Winter – Aktuelle Berichterstattung aus Deutschland
邱震海 著 Qiu Zhenhai (Verf.)
上海: 复旦大学出版社, 1997 年
海外文化之旅丛书
475 页, 6000 册
第十一章: 莱茵河的倒影——德国人如何看中国和中国人 → Kapitel XI: Widerspiegelung des Rheins: Wie Deutsche China und die Chinesen betrachten
二、莱布尼茨、歌德和黑格尔当年这样看中国, 页 417 → Wie Leibniz, Goethe und Hegel China betrachten, S. 417
歌德: 以理想主义者的情怀拥抱中国, 页 421-425 → Goethe: Umarmung Chinas mit dem Gefühl eines Idealisten, S. 421-425

164.
海子诗全编 Die vollständige Sammlung von Hai Zi's Gedichten
海子 著 Hai Zi (Verf.)
西川 编 Xi Chuan (Hrsg.)
上海: 上海三联书店, 1997 年
诗学: 一份提纲 Poetik: ein Konzept

165.
莱茵河的怀念 Gedenken an den Rhein
公刘、叶廷芳 选编 Gong Liu u. Ye Tingfang (Hrsg.)
北京: 华夏出版社, 1997 年
中国作家看世界丛书, 袁鹰、邵燕祥主编
248 页, 11000 册
魏玛圣地 (叙"歌德绿屋"、道尔堡宫、歌德-席勒墓、歌德-席勒文献资料馆等), 页 96-102 Die heilige Stätte Weimar, S. 96-102
在德国看话剧《浮士德》(余匡复), 页 178-181 In Deutschland sah ich mir den Sprechdrama Faust (Yu Kuangfu), S. 178-181

166.
西南联大现代诗钞 Moderne Gedichte der Vereinten Universitäten im südwestlichen China
杜运燮、张同道 编选 Du Yunxie u. Zhang Tongdao (Hrsg.)
北京: 中国文学出版社, 1997 年
郑敏诗两首 → Zwei Gedichte Zheng Mins
歌德, 页 342 → Goethe, S. 342
一九四五年四月十三日的死讯, 页 347 → Eine tödliche Nachricht am 13. April 1945, S. 347
编者提示: 内有"他记起浮士德的灵魂/只有在魔鬼的追逐下/更迅速的向超越上升"的诗句。

167.
新文学里程碑 (评论本) Meilenstein der neuen Literatur (Interpretationen)
唐金海、陈子善、张晓云 主编 Tang Jinhai, Chen Zishan u. Zhang Xiaoyun (Hrsg.)
上海: 文汇出版社, 1997 年
歌德之认识 (李长之), 页 484-485 → Die Goethe-Kenntnisse (Li Changzhi), S. 484-485

168.
心游德意志 Seelische Wanderung durch Deutschland
赵鑫珊 著 Zhao Xinshan (Verf.)
上海: 文汇出版社, 1997 年
环球视野丛书
337 页, 5000 册
两个德国, 只有一个魏玛, 页 157-163 → Es sind zwei deutsche Staaten, aber Weimar gibt es nur einmal, S. 157-163

第三编：合集 Kapitel III: Sammelbände

1998 年

169.
贝多芬 Beethoven
吴梅 著 Wu Mei (Verf.)
石家庄: 花山文艺出版社, 1998 年
256 页, 5000 册
世界艺术大师传记丛书, 叶廷芳 主编
第八章: 与歌德相会, 页 171-183 → Kapitel VIII: Begegnung mit Goethe, S. 171-183

170.
本雅明思想肖像 Benjamins geistige Physiognomie
刘北成 著 Liu Beicheng (Verf.)
上海: 上海人民出版社, 1998 年
330 页, 5000 册
编者提示:
分析本雅明评歌德小说的论文《论<亲和力>》, 页 80-85, 90-92, 224-227 → Benjamins Abhandlung über Goethes Roman *Die Wahlverwandtschaften* zur Analyse, S. 80-85, 90-92, 224-227；278
分析本雅明与歌德对讽喻概念的不同看法, 页 103 → Über den Begriff Satire bei Goethe und bei Benjamin, S. 103
分析本雅明与歌德的《威廉·迈斯特》, 页 290-291 → Über Benjamin und Goethes Roman *Wilhelm Meister*, S. 290-291

171.
缪斯的吟唱——外国古代卷 Gesang der Muse – Band für alte ausländische Literatur
季水河 编著 Ji Shuihe (Verf.)
长沙: 中南工业大学出版社, 1998 年
文学精品赏析丛书, 欧阳友权 主编
411 页, 4000 册
《少年维特之烦恼》赏析, 页 63-73 → Interpretation der *Leiden des jungen Werther*, S. 63-73
《浮士德》赏析, 页 262-266 → Interpretation des *Faust*, S. 262-266

172.
诗歌与哲学是近邻: 结构 – 解构诗论 Poesie und Philosophie sind nahe Nachbarn: Struktur – Poststrukturalismus der Poesie
郑敏 著 Zheng Min (Verf.)
北京: 北京大学出版社, 1998 年
487 页
编者附言: 主论英美文学, 并无专论述歌德的章节。然作者学贯中西, 学养深厚, 又融入她自己长年作诗的体会和经验, 立论深刻, 语句隽永, 实属是一部难得的可读性较强、含金量较高的学著。
论点摘编:
诗人活到老来还有赤子之心的, 还能写的, 又有多少呢? 但是真正伟大诗人如莎士比亚, 歌德, 中国的李、杜都能作到至老诗思不衰。(页 264)
21 世纪的中国诗人应当更多倾注于耕耘那久已荒芜的自己的文化心灵, 以它来养育自己的深厚的诗人品质和诗格, 而后, 作为真正能够比美于李、杜、但丁、莎士比亚、歌德的诗人, 进入世界的诗歌之国。(页 275)
回顾这近百年的新诗的足迹, 我们发现它到过下列几个世界诗歌圣地: 第一站是美国, 那里它采集了美国意象主义; 第二站是伦敦, 它采集了浪漫主义; 第三站是巴黎, 它采集了象征主义; 第四站是柏林, 它采集了歌德、里尔克。至此, 在短短约 30 年(1920-1950)内新诗匆匆走过西方十九、二十两世纪的主要流派: 浪漫主义, 象征主义, 意象主义。(页 332)
我听了冯至先生的歌德, 读了他的诗和翻译, 发现了里尔克, 这些决定了我此生诗歌写作的重要色调。(页 474)

173.
台湾第一届德语文学研讨会论文集 Beiträge des ersten Symposiums für Germanistik in Taiwan
郑芳雄、欧博远、姚彼得 编 Dscheng Fang-hsiung [Zheng, Fangxiong], Suitbert Oberreiter u. Peter Jaumann (Hrsg.)
台北市: 中央图书出版社, 1998 年
秋与浮士德及小红帽 (卢安莉), 页 120-128 → Herbsttag mit Faust und Rotkäppchen (Loo, Angelika), S. 106-119

群峰之上或是即兴诗如何成为民族纪念碑 (姚彼得), 页 158-169 → „Über allen Gipfeln" oder wie wird ein Gelegenheitsgedicht zum Nationaldenkmal? (Jaumann, Peter), S. 144-157

歌德哈姆雷特造型的古典与禅学启示 (郑芳雄), 页 211-229 → Klassische und Zen-buddhistische Offenbarung des Goetheschen Hamlet-Bilds (Dscheng Fang-hsiung) [Zheng, Fangxiong], S. 186-210

174.
外国文学名著导读 Einführung in berühmte Werke der ausländischen Literatur
吴元迈 主编 Wu Yuanmai (Hrsg.)
长春: 吉林人民出版社, 1998 年
523 页, 5200 册
德国和奥地利 Deutschland und Österreich
39. 歌德的《浮士德》(高中甫), 页 203-208 → Goethes *Faust* (Gao Zhongfu), S. 203-208

175.
文学名著精品赏析, 外国古代文学卷 Eine Auswahl aus berühmten Literaturwerken zur Interpretation. Band für alte Literaturen des Auslands
季水河 编著 Ji Shuihe (Verf.)
长沙: 中南大学出版社, 1998 年
2006 年再版
《少年维特之烦恼》赏析, 页 49-51 → Die Leiden des jungen Werther (Interpretation), S. 49-51
作品节选, 韩耀成译, 页 51-55 → Die Leiden des jungen Werther (Ausz.), übers. v. Han Yaocheng, S. 51-55

176.
西方思想 3000 年 → Westliche Gedanken aus 3000 Jahren
孙鼎国、王杰 主编 Sun Dingguo u. Wang Jie (Hrsg.)
北京: 九州图书出版社, 1998 年
共 3 卷, 3000 册
歌德, 页 215 → Goethe, S. 215
《歌德谈话录》, 页 749 → *Gespräche mit Goethe*, S. 749

177.
闲话辜鸿铭 Plauderei über Gu Hongming
黄兴涛 著 Huang Xingtao (Verf.)
海口: 海南出版社, 1997 年
383 页, 2500 册
论点摘要: "从此, 他(辜氏)就像着了魔一样, 如饥似渴地大翻西方人关于中国的各种著述: 伏尔泰、狄德罗、莱布尼茨、歌德这些哲人学者和文豪的书籍, 便成了他了解和认同母国文明充满魅力的精神食粮。特别是对中国文化深具好感的歌德, 那位有'魏玛孔夫子'之称的德国文豪, 在他心目中的地位, 甚至不久超过了耶稣, 而成为他最为敬佩的欧洲圣人。" (页 21)

178.
100 部外国经典小说精粹, 上册 Auslese von 100 klassischen Romanen des Auslands
崔宝衡、马凌、曾繁汀 主编 Cui Baoheng, Ma Ling u. Zeng Fanting (Hrsg.)
天津: 天津人民出版社, 1998 年
少年维特的烦恼 (王路), 页 523-533 → Die Leiden des jungen Werther (Wang Lu), S. 523-533

179.
异域神游心影——金克木自选集 Schatten des Herzens bei der Seelenwanderung in der Fremde – Jin Kemu's selbst gewählte Schriften
金克木 著 Jin Kemu (Verf.)
济南: 山东教育出版社, 1998 年
444 页, 2000 册
德语文学, 页 228-229 → Die deutsche Literatur, S. 228-229
约伯与浮士德, 页 335-337 → Job und Faust, S. 235-237

180.
中国现代学术之建立: 以章太炎、胡适为中心 Gründung der modernen chinesischen Wissenschaft: Zhang Taiyan und Hu Shi im Mittelpunkt
陈平原 著 Chen Pingyuan (Verf.)
北京: 北京大学出版社, 1998 年

第三编：合集 Kapitel III: Sammelbände

学术史丛书, 陈平原主编
471 页
第九章: 现代中国学者的自我陈述, 页 404 → Kapitel IV: Selbstdarstellung moderner chinesischer Gelehrter, S. 404
四、"诗与真"的抉择, 页 427 → Wahl zwischen „Dichtung und Wahrheit", S. 427
编者附注: 谈及季羡林与周作人对歌德自传《诗与真》的"不恭", 不像歌德那样将"诗"与"真"这两者等量齐观, 而是有所侧重 (页 429-430)。

1999 年

181.
柏林——一根不发光的羽毛 Berlin – eine Feder ohne Glanz
舒婷 著 Shu Ting (Verf.)
广州: 花城出版社, 1999 年
290 页, 10000 册
歌德语录, 页 214 → Ein Goethe-Zitat, S. 213
老歌德: 书房和绿屋, 页 215-219 → Der alte Goethe: die Bibliothek und das grüne Haus, S. 215-219

182.
德国 Deutschland
日本大宝石出版社 编 (Verf.)
陆晚霞 译 Chen Wanxia (Übers.)
北京: 中国旅游出版社, 1999 年
丛书: 走遍全球
法兰克福 Frankfurt
歌德之家与歌德博物馆, 页 7 → Goethehaus und Goethemuseum, S. 7
施特德尔美术馆(歌德肖像画), 页 13 → Städelsches Kunstinstitut und Städtische Galerie (das Goethe-Porträt), S. 13
海德堡: 风情四溢的风光里, 谁都能变成诗人(谈及歌德与安娜·冯·维蕾玛之恋及其在《西东合集》中的反映, 页 90 → Heidelberg: in dieser lieblichen Landschaft kann jeder zum Dichter werden, S. 90
柏林以及歌德之路·哈尔茨地区, 页 233-237 → Berlin und Goethestraße, die Harzlandschaft, S. 233-237
莱比锡: 菩提树下听"巴赫", 文化城中读"歌德", 页 264 → Leipzig: unter dem Lindenbaum hört man „Bach" und in der Kulturstadt liest man „Goethe", S. 264
耶拿: 歌德留下足迹的学术城市, 并因产生了查伊斯光学公司而闻名, 页 275 → Jena: eine Wissenschaftsstadt, wo Goethe seine Spuren hinterlassen und Carl Zeiss die Firma für Optik gegründet hat, S. 275
魏玛: 歌德和席勒曾活跃过的德国古典文化之都, 页 276 → Weimar: die Hauptstadt der klassischen deutschen Kultur, die Goethe und Schiller lebendig gestaltet haben, S. 276
怎样周游魏玛, 页 276 → Wie macht man in Weimar einen Rundgang, S. 276
歌德度过大半个人生的地方, 页 278 → Goethehaus: wo Goethe die meiste Zeit des Lebens verbracht hat, S. 278
令德意志自豪的戏剧家席勒故居, 页 279 → Schillers Geburtshaus, auf das Deutschland stolz ist, S. 279
立有歌德、席勒双人像的国民剧场, 页 279 → Nationaltheater, vor dem das Goethe- und Schiller-Denkmal steht, S. 279
歌德也投入了劳动的魏玛公爵城堡(美术馆), 页 280 → Schloss (Gemäldesammlung), in das auch Goethe seine Arbeit investiert hat, S. 280

183.
德国馆文讯 Bücher in der Halle „Deutschland". Informationen
台北国际书展德国馆 编
法兰克福: 法兰克福图书博览公司, 1999 年
一九九九年歌德两百五十岁冥诞——良师、益友的提携批评, 丰富的情感世界, 成就了一颗璀璨的文学之星 (张佳珍), 页 6-9 → Förderung und Kritik durch gute Lehrer und Freunde haben Goethe zu einem glänzenden Star erhoben – ein Gedenkblatt anlässlich seines 250. Geburtstags im Jahr 1999 (Zhang Jiazhen), S. 6-9

184.
冯至全集 (第八卷) Feng Zhi's Gesamtwerk, Band VIII

冯至 著 Feng Zhi (Verf.)
石家庄: 河北教育出版社, 1999年
论歌德 Über Goethe
冯至学术论著自选集 Feng Zhi's wissenschaftliche Schriften. Selbst ausgewählt
歌德学术讨论会开幕词 (外国语文教学, 1986年第1期), 页237-241 → Eröffnungsrede auf dem Goethe-Symposium, S. 237-241
歌德(原大百科全书, 外国文学卷, 1982年), 页385-404 → Goethe (Artikel in: Enzyklopädie, Band für ausländische Literatur), 1982), S. 385-404

185.
蒋孔阳全集, 第2卷 Jiang Kongyang's gesamte Werke, Band II
蒋孔阳 著 Jiang Kongyang (Verf.)
合肥: 安徽教育出版社, 1999年
1000册
德国古典美学 Die klassische deutsche Ästhetik
四、歌德与席勒, 页169 → IV: Goethe und Schiller, S. 169
(一) 歌德与席勒在德国古典美学中的地位, 页169 → Die Position Goethes und Schillers in der klassischen deutschen Ästhetik, S. 169
(二) 歌德论自然与艺术的关系, 页176 → (2) Goethe über das Verhältnis zwischen Natur und Kunst, S. 176
(三) 歌德论古典的与浪漫的, 页195 → (3) Goethe über die Klassik und Romantik, S. 195
(四) 席勒的《审美教育书简》, 页202-218 → (4) Schillers Werk *Über die ästhetische Erziehung*, S. 202-218

186.
审美现代性批判——20世纪上半叶德国美学东渐中的现代性问题 Moderne ästhetische Kritik – die Modernisierung der deutschen Ästhetik auf ihrem Weg nach Osten in der ersten Hälfte des 20. Jahrhunderts
张辉 著 Zhang Hui (Verf.)
北京: 北京大学出版社, 1999年
青年学者文库
258页

第五章: 浮士德精神的审美阐释, 页110 → Kapitel V: Ästhetische Erläuterungen zum Geist Fausts, S. 110
一、歌德作品与思想在中国流播概述, 页111 → Zusammenfassende Darstellung der Rezeption von Goethes Werk und Gedanken in China, S. 111
二、《浮士德》与浮士德原型, 页116 → *Faust* und der Ur-Faust, S. 116
三、浮士德精神的中国化审美诠释, 页119 → Chinesisch geprägte ästhetische Erläuterungen zum Geist Fausts, S. 119
四、审美现代性与浮士德精神, 页129-133 → Modernisierung der Ästhetik und der Geist Fausts, S. 129-133

187.
世界名人妙笔情书欣赏 Genuss stilvoller Liebesbriefe berühmter Personen aus aller Welt
陈如松 编 Chen Rusong (Hrsg.)
北京: 当代世界出版社, 1999年
世界名人语言艺术欣赏丛书
346页, 5000册
世界文豪的情书风韵 Liebesbriefe weltberühmter Schriftsteller
"你的一切使我更加爱你"——歌德呼唤"亲爱的人儿", 页55-59 → Dein Alles lässt mich dich noch mehr lieben – ruft Goethe seiner Geliebten zu, S. 55-59

188.
世界文学名著要览 Berühmte Werke der Weltliteratur: eine Auswahl
潘寿康 编著 Pan Shoukang (Verf.)
台北市: 国家出版社, 1999年
10001+8页
少年维特之烦恼, 页370-378 → *Die Leiden des jungen Werther*, S. 370-378
浮士德, 页378-380 → *Faust*, S. 378-380

189.
台湾第二届德语文学研讨会论文集 Beiträge des zweiten Symposiums für Germanistik in Taiwan

赖丽琇 编辑 Lai Lixiu (Hrsg.)

台北县淡水镇: 淡江大学德国语文学系, 1999 年

非卖品 nicht im Buchhandel erhältlich

404 页

说德语的中国抒情诗人——歌德 (郑芳雄), 页 1
 → Goethe: der chinesische Lyriker, der Deutsch spricht (Zheng Fangxiong), S. 1

Goethes Gedichtzyklus *Chinesisch-deutsche Jahres- und Tageszeiten* (Liu Yongmu) / 歌德组诗: 中德四季晨昏杂咏 (刘永木), 页 23

泛论歌德与李白之异同 (萧时雄), 页 45
Allgemeine Bemerkungen zu Ähnlichkeiten und Unterschieden zwischen Goethe und Li Bai (Xiao Shixiong), S. 45

台湾读者对歌德的认识 (赖丽琇), 页 77 → Erkenntnisse Taiwanesischer Leser über Goethe (Lan Lixiu), S. 77

德语文学中的中国形象演变史(王美玲), 页 167
 → Entwicklungsgeschichte des China-Bildes in der deutschsprachigen Literatur (Wang Meiling), S. 167

十七、十八世纪德语文学中的中国, 页 170 → China in der deutschen Literatur des 17. und 18. Jahrhunderts, S. 170

脚注 17: 中国文学对歌德在创作上的影响, 页 170-171 → Fußnoten 17: Einfluss der chinesischen Literatur auf Goethes Dichtung, S. 170-171

190.

外国文学名作欣赏 Interpretationen berühmter Werke der ausländischen Literatur

杨正和 主编 Yang Zhenghe (Hrsg.)

麦永雄、谭燧、毛竹生 副主编 Mai Yongxiong, Tan Sui u. Mao Zhusheng (Mithrsg.)

北京: 科学出版社, 1999 年

320 页, 5100 册

无尽的烦恼——《少年维特之烦恼》(毛竹生), 页 149, 154 → Der unendliche Kummer: *Die Leiden des jungen Werther* (Mao Zhusheng), S. 149, 154

191.

西方美学散步 Spaziergang durch die westliche Ästhetik

单世联 著 Shan Shilian (Verf.)

广州: 广东人民出版社, 1999 年

662 页, 5000 册

第四编: 康德主义 Teil IV: Kants Philosophie

第 20 章: 歌德的智慧, 页 358 Kapitel XXÖ Goethes Weisheit, S. 358

一、从特征到美, 页 358 → Vom Begriff Merkmal bis zum Terminus Schönheit, S. 358

二、古典与浪漫之间, 页 364-370 → Zwischen Klassik und Romantik, S. 364-370

192.

西洋文学大教室——精读经典 Reading the Canon: Essays on Western Literature

彭镜禧 主编 Peng Jingxi (Hrsg.)

台北市: 九歌出版社, 1999 年

九歌文库; 913

362 页

八、[德国文学] Die deutsche Literatur

近代德国文学的滥觞与狂飙诗人歌德 (郑芳雄), 页 250-277 → Ursprung der neueren deutschen Literatur und Goethe als Dichter des Sturm und Drang (Zheng Fangxiong), S. 250-277

一、绪论, 页 250 → Einleitung, S. 250

二、歌德少年的时代背景, 页 252 → Historischer Hintergrund von Goethes Kindheit, S. 252

三、神秘学与炼金术, 页 254 → Mystik und Alchimie, S. 254

四、狂飙文学的理念, 页 255 → Geist der Literatur des Sturm und Drang, S. 255

五、歌德抒情诗的民歌风格, 页 257 → Der volkstümliche Stil von Goethes Lyrik, S. 257

六、莎士比亚对青年歌德的影响, 页 262 → Shakespeares Einfluss auf den jungen Goethe, S. 262

七、《少年维特之烦恼》之主题与时代背景, 页 268 → Motiv und historischer Hintergrund der *Leiden des jungen Werther*, S. 268

附录, 页 272 → Anhang, S. 272

参考书目, 页 276 → Nachschlageliteratur, S. 276

193.
西洋戏剧与戏剧家 Westliche Dramen und Dramatiker
张静二 编著 Zhang Jing'er (Verf.)
台北市: 翰芦图书出版股份有限公司, 1999 年
2002 年再版
第六章: 浪漫主义时代戏剧 → Kapitel VI: Drama der Romantik
第三节: 德国戏剧 Abschnitt: 3: Das deutsche Drama
一、歌德, 页 184-187 → Goethe, S. 184-187

194.
叶灵凤文集, 第四卷 Ye Lingfeng's gesammelte Werke, Band IV
天才与悲剧 Genie und Tragödie
叶灵凤 著 Ye Lingfeng (Verf.)
广州: 花城出版社, 1999 年
5000 册
歌德的一幅画像, 页 18 → Ein Bildnis Goethes, S. 18
歌德和《少年维特之烦恼》, 页 244 → Goethe und sein Roman *Die Leiden des jungen Werther*, S. 244

2000 年

195.
德语教学随笔 Literarische Skizzen über den Deutschunterricht
张威廉 著 Zhang Weilian (Verf.)
南京: 南京大学出版社, 2000 年
171 页, 1000 册
中德文化交流史上的一段佳话——歌德为开元宫人续诗, 页 1-5 → Ein häufig erzähltes Kapitel aus der Geschichte des chinesisch-deutschen Kulturaustausches – Goethe schreibt Kaiyuan Gongren's Gedicht fort, S. 1-5
梅妃答明皇赠珠一诗的译文评比, 页 140 → Eine vergleichende Kritik der Übersetzungen von Mei Fei's Gedicht als Antwort an Kaiser Tang Minghuang für seine Perle als Geschenk, S. 140

196.
20 世纪中国文学与基督教文化 Die chinesische Literatur des 20. Jahrhunderts und die Kultur des Christentums
王本朝 著 Wang Benchao (Verf.)
合肥: 安徽教育出版社, 2000 年
20 世纪中国文学研究丛书, 严家炎主编
338 页, 2000 册
第十三章: 海子与基督教文化 Kapitel XIII: Der Dichter Hai Zi und die Kultur des Christentums
一、宗教: "大诗" 的食粮 Religion: Nahrung für „große Poesie"
论点摘要: "但丁将中世纪经院体系和民间信仰、传说和文献、祖国和个人的忧患以及新时代的曙光——将这些原始材料化为诗歌; 歌德将个人自传类型上升到一种文明类型, 与神话宏观背景的原始原始材料化为诗歌, 都在于有一种伟大的创造性人格和伟大的一次性诗歌运动。"海子眼中的大诗人和大诗歌是但丁、歌德创作的, 他们有坚强的意志力量, 有创造性的大精神, 有包容和超越的大气魄。创作和诗的"一次性"不是时间的短暂性, 而是精神的独创性。所以, 他认为: "在伟大的诗歌方面, 只有但丁和歌德是成功的, 还有莎士比亚。"(页 247)

197.
冯至评传 Kommentierte Biographie des Feng Zhi
蒋勤国 著 Jiang Qinguo (Verf.)
北京: 人民出版社, 2000 年
387 页
第八章: 由沉思而歌唱, 由激愤而抨击, 页 148 → Kapitel VIII: Vom Nachdenken zum Gesang, Verurteilung vor Empörung, S. 148
(一) 中西诗学的融合——《十四行集》, 页 153 (评述歌德的影响, 页 173-187) → Sonette – Verschmelzung der chinesischen und der westlichen Poetik, S. 153 (über den Einfluss Goethes, S. 173-187)
第十一章: "人间重晚情", 页 272 → Kapitel XI, S. 272
(二) 立论坚实、深刻的学术著作——《论歌德》, 页 282-299 → Das Werk *Über Goethe* – eine solide und tiefgreifende Monographie, S. 282-299

第三编：合集 Kapitel III: Sammelbände

198.
近代西学与中国文学 Die neuere westliche Wissenschaft und die chinesische Literatur
郭延礼 著 Guo Yanli (Verf.)
南昌: 百花洲文艺出版社, 2000 年
中华学术与中国文学研究丛书
448 页, 3000 册
第四章: 留学生与中外文化交流 → Kapitel IV: Auslandsstudenten und der chinesisch-ausländische Kulturaustausch
七、马君武与德国文学 (包括歌德), 页 126-131 → Ma Junwu und die deutsche Literatur (auch Goethe), S. 169-174
编者附注：该书另以"研究生教学用书"的名义面市，篇幅减少四分之一（366 页），章节内的小标题和页码也有变动。2008 年再版。

199.
离乱弦歌忆旧游: 从西南联大到金色的晚秋, 文学回忆录 Saitenmusik im Exil zur Erinnerung an die frühere Reise: von der vereinigten Universität bis zum goldenem Herbst, literarische Memoiren
赵瑞蕻 著 Zhao Ruihong (Verf.)
上海：文汇出版社，2000 年
463 页
访歌德园林故居 Besuch beim Goethehaus im Garten

200.
旅德追忆: 二十世纪几代中国留德学者回忆录 Erinnerungen an Deutschlandreisen: Memoiren mehrerer Generationen von chinesischen Gelehrten im 20. Jahrhundert
万明坤、汤卫城 (欧美同学会德奥分会) 主编 Wan Mingkun u. Tang Weicheng (Hrsg.)
季羡林、李国豪、张维、裘法祖 等著 Ji Xianlin, Li Guohao, Zhang Wei, Qiu Fazu, u.a. (Verf.)
北京: 商务印书馆, 2000 年
783 页
歌德在中国 (陈恕林), 页 329-331 → Goethe in China (Chen Shulin), S. 329-331

201.
庆祝四川外语学院建校 50 周年学术论文集 Wissenschaftliche Beiträge anlässlich der 50jährigen Gründung des Sichuaner Fremdsprachensinstituts
重庆: 西南师范大学出版社, 2000 年
追求理想人格的自我写照——歌德自传《诗与真》解析 (冯亚琳) Goethes Autobiographie *Dichtung und Wahrheit*: Widerspiegelung des eigenen Strebens nach idealer Persönlichkeit (Feng Yalin)

202.
世界文学三百题 Dreihundert Fragestellungen zur Weltliteratur
白庚胜 主编 Bai Gengsheng (Hrsg.)
上海: 上海古籍出版社, 2000 年
2002 年 2 印, 2002 年重印, 6001-9100 册
五九、德国古典文学的主要代表人物和主要代表作有哪些? (王克勤), 页 103 → Welche Repräsentanten und Hauptwerke hat die deutsche Klassik? (Wang Keqin), S. 103
一一八、近现代德国文学有哪些重要人物和作品? (刘英), 页 229-231 → Welche wichtigen Autoren und Werke hat die neuere und moderne deutsche Literatur? (Liu Ying), S. 229-231
一一九、何谓"狂飙运动"? (刘英), 页 231 → Was bedeutet Sturm und Drang (Liu Ying), S. 231
二一五、歌德的艺术创作有何特色 (吴晓东)? 页 422 → Welche Merkmale hat Goethes Dichtkunst? (Wu Xiaodong)? S. 422
二一六、《浮士德》是怎样一部作品 (吴晓东)? 页 424 → Was für ein Werk ist *Faust* (Wu Xiaodong)? S. 424
二九四、歌德的文学观如何 (吴晓东)? 页 590 → Wie ist Goethes Literaturauffassung (Wu Xiaodong)? S. 590

203.
田汉全集 Tian Han's gesamte Schrift
田汉 著 Tian Han (Verf.)
《田汉全集》编委会编
石家庄: 花山文艺出版社, 2000 年

第 14 卷 Bd. XIV
致郭沫若的信, 页 126 → Brief an Guo Moruo, S. 126
新罗曼主义及其它——复黄日葵兄一封长信, 页 157 → Die Neoromantik und andere – Antwort auf einen langen Brief Huang Rikui's, S. 157
《歌德诗中所表现的思想》译者敬告, 页 393 Nachbemerkung des Übersetzers zum Aufsatz *Gedanken in Goethes Gedichten*, S. 393
歌德与现代中国——评广州禁演《浮士德》, 页 394-406 → Goethe und das moderne China – Kommentar zum Verbot der Aufführung des *Faust* in Guangzhou, S. 394-406
一、浮士德在广州, 页 394 → Faust in Guangzhou, S. 394
二、歌德与宗教, 页 396 → Goethe und die Religion, S. 396
三、歌德与科学, 页 398 → Goethe und die Wissenschaft, S. 398
四、歌德的《浮士德》与电影《浮士德》, 页 402 → Goethes *Faust* und der Film *Faust*, S. 402

204.
图说世界五千年 5000 Jahre Menschheitsgeschichte in Illustrationen
姜守明、任李明 著 Jiang Shouming u. Ren Liming (Verf.)
南京: 江苏少年儿童出版社, 2000 年
歌德, 页 165-166 → Goethe, S. 165-166

205.
文学名著导读 Einführung in literarische Meisterwerke
孙亚杰 主编 Sun Yajie (Hrsg.)
北京: 新华出版社, 2000 年
744 页
少年维特之烦恼 (凌子春、孙亚杰), 页 656 → Die Leiden des jungen Werther (Ling Zichun u. Sun Yajie), S. 656
浮士德 (凌子春、孙亚杰), 页 663 → Faust (Ling Zichun u. Sun Yajie), S. 663

206.
西方人文名著导读 (上、下卷) Einführung in berühmte Werke westlicher Geisteswissenschaften (Band I u. II)
赖廷谦 主编 Lai Tingqian (Hrsg.)
成都: 四川人民出版社, 2000 年
大学生读本, 刁纯志主审
385 页, 6000 册
歌德:《歌德谈话录》——艺术高于自然, 页 265-268 → Goethe: *Gespräche mit Goethe* – Kunst ist höher als Natur, S. 265-268

207.
西洋文学导读 Einführung in westliche Literatur
黄晋凯 主编, 李明滨 等著 Huang Jinkai (Hrsg.), Li Mingbin u. a. (Verf.)
台北县中和市: 昭明出版社, 2000 年
第五章: 十八世纪文学和启蒙运动, 页 45 → Kapitel V: die Literatur im 18.Jahrhundert und die Aufklärung, S. 45
第三节: 歌德, 页 172-190 → Anschnitt 3: Goethe, S. 172-190

208.
想象俄罗斯 Gedanken über Russland
林精华 著 Lin Jinghua (Verf.)
北京: 人民文学出版社, 2000 年
对歌德的接受: 从反对物质主义到抵抗功利主义, 页 164-182 → Die Goethe-Rezeption: vom Antimaterialismus zur Verteidigung gegen den Utilitarismus, S. 164-182

209.
与巨人对话: 纪念歌德、巴尔扎克、普希金、海明威 Gespräche mit großen Männern: zum Andenken an Goethe, Balzac, Puschkin und Hemingway
黄晋凯 主编 Huang Jinkai (Hrsg.)
北京: 华文出版社, 2000 年
编者附言: 系全国高校外国文学教学研究会在中国人民大学中文系召开的 1999 年年会暨研讨会论文集。直接与歌德有关的论文六篇, 间接的一篇, 都颇有见地, 值得一读。

357 页
纪念伟大作家，沟通中外文化——题1999年年会，1999年4月9日题 (季羡林) → Gedenken an die großen Schriftsteller; Verbindung von chinesischer und ausländischer Kultur. Widmung am 9.4.1999 anlässlich der Jahresversammlung 1999 (Ji Xianlin)
前言 (黄晋凯)，页1 → Vorwort (Huang Jinkai), S. 1
永恒的矛盾，不息的追问 (马小朝)，页1 → Ewige Widersprüche, unaufhörliche Nachforschungen (Ma Xiaochao), S. 1
论《浮士德》的神学内涵 (肖四新)，页12 → Über den theologischen Gehalt des Faust (Xiao Sixin), S. 12
在"狂飙突进"的起点上——歌德与赫尔德尔 (王化学)，页24 → Beim Ausgangspunkt des Sturm und Drang – Goethe und Herder (Wang Huaxue), S. 24
歌德文学的"东方情结" (孟昭毅)，页35 → Zuneigung zum fernen Osten in der Goetheliteratur (Meng Zhaoyi), S. 35
中国现代思想进程的见证人——"歌德在中国"浅论 (凌敏)，页46 → Augenzeugen des Prozesses der modernen chinesischen Gedanken – kurz über Goethes Rezeption in China (Ling Min), S. 46
郭沫若与歌德 (袁荻涌)，页57 → Guo Moruo und Goethe (Yuan Diyong), S. 57
世界是怎样看待"世界文学"的？(许汝祉)，页337 → Wie wird die „Weltliteratur" im Allgemeinen betrachtet? (Xu Ruzhi), S. 337

2001 年

210.
百年经典名著: 60部人人必读的世界名著 Klassische Werke eines Jahrhunderts: 60 Bücher als Pflichtlektüre für jedermann
柯盈如 编著 Ke Yingru (Verf.)
台中市: 好读出版社, 2001 年
经典智慧, 07
468 页
浮士德, 页 405-412 → Faust, S. 405-412

211.
创造的动力丛书，第三卷：科学精神卷 Buchreihe für schöpferische Triebkraft, Bd. III: Wissenschaftliche Geist
张相轮、林德宏 编著 Zhang Xianglun u. Lin Dehong (Verf.)
合肥：安徽教育出版社, 2001 年
317 页

212.
大学语文 Chinesische Philologie für die Hochschule
江少川 主编 Jiang Shaochuan (Hrsg.)
武汉：华中师范大学出版社, 2001 年
全日制高等学校课程教材
459 页, 2002 年、2004 年重印
歌德谈自然美与艺术 (爱克曼), 黄明题解、简析, 页 350-357 → Goethe über Naturschönheit und Kunst, Titelerläuterung und kurze Analyse v. Huang Ming, S. 350-357
附注：译者不明。

213.
德国文学名著：浓缩本 Berühmte Werke der deutschen Literatur (Kurzfassungen)
陈良梅 执行主编 Chen Liangmei (Hrsg.)
南京大学外国文学研究所编写
南京：江苏美术出版社, 2001 年
点击经典丛书：外国文学卷, 余一中主编
252 页
《少年维特之烦恼》，歌德原著，陈良梅改写，页1 → *Die Leiden des jungen Werther* (Goethe), Umarbeitung v. Chen Liangmei, S. 1
《浮士德》，页 75 → *Faust*, S. 75

214.
二十世纪外国文学回顾——《环球时报》国际文化备忘录 Rückblick auf die ausländische Literatur des 20. Jahrhunderts – Notizbuch über internationale Kultur
《环球时报》编辑部 编
北京: 人民文学出版社, 2001 年
345 页, 4000 册

德国人心中的歌德(谭蕾), 页 92-94 → Goethe im Herzen der Deutschen (Tan Lei), S. 92-94

君子自强不息(张佩芬), 页 95-96 → Ehrenmänner streben unaufhaltsam vorwärts (Zhang Peifen), S. 95-96

歌德在中国(韩耀成), 页 97-99 → Goethe in China (Han Yaocheng), S. 97-99

215.
冯至评传 Feng Zhi. Eine kommentierte Biographie
周良沛 著 Zhou Liangpei (Verf.)
重庆: 重庆出版社, 2001 年
中国现代作家评传丛书
559 页, 1000 册
编者附注: 评述冯至与歌德的内容未列专门章节, 较为集中的见诸"在第二故乡"这一章 (页 395 至 419), 详议冯至四十年代在昆明对歌德的研修和歌德对冯至创作的影响。美中不足的是, 在引录恩格斯对歌德"有时非常伟大, 有时极为渺小; 有时是叛逆的、爱嘲笑的、鄙视世界的天才, 有时则是谨小慎微、事事知足、胸襟狭隘的庸人"的评价时, 仍停留在建国后多年流行的观点, 称之为"非常精辟"(参见杨武能: 他不是"法兰克市议员的谨慎的儿子"——对恩格斯关于歌德评价的一点质疑, 外国文学评论, 1988 年第 1 期)。

216.
感受德意志 Deutschland, wie ich es erlebe
杨武能 著 Yang Wuneng (Verf.)
成都: 四川人民出版社, 2001 年
环球视角丛书, 309 页

飞向精神家园, 页 2 → Flug zur geistigen Heimat, S. 2

一见倾心海德堡, 页 7 → Liebe zu Heidelberg auf den ersten Blick, S. 7

权充"初生之犊", 页 11 → Notbehelf: mutig wie ein „unerfahrenes Kalb", S. 11

银行大厦阴影里的歌德铜像, 页 38-41 → Die Goethe-Statue im Schatten der Bankgebäude, S. 38-41

魏玛忆旅, 页 123 → Erinnerung an die Reise nach Weimar, S. 123

蒙尘的圣地, 页 123 → Die verstaubte Weihestätte, S. 123

新的辉煌, 新的忧虑, 页 132 → Neuer Glanz, neue Sorge, S. 132

"文化之都"的启示, 页 141 → Anregungen der „Kulturmetropole" [Weimar], S. 141

"《浮士德》译场"打工记, 页 148 → Mein Job bei der „Übersetzungsstätte des *Faust*", S. 148

出乎意料, 页 149 → Etwas Unerwartetes, S. 149

从苦力到大使, 页 154 → Vom Kuli zum Botschafter

在魏玛"走"《亲和力》, 页 156 → Aufführung des Theaterstücks *Die Wahlverwandtschaften* an wechselnden Orten, S. 156

民族剧院与工场舞台, 页 156 → Deutsches Nationaltheater und seine „Werkstattbühne", S. 156

边走边看, 亦幻亦真, 页 157 → Betrachten im Gehen, halb verschwommen, halb deutlich, S. 157

草地上哪来一只船? 页 159 → Woher kommt ein Boot auf die Wiese? S. 159

德意志精神和德国人, 页 293 → Der deutsche Geist und die Deutschen, S. 293

是浮士德, 也是靡非斯托, 页 297 (言德国、德意志民族和歌德本人都具有两重性, 即浮士德积极向上的秉性和靡非斯托的魔性) → Faust ist zugleich auch Mephisto, S. 197

217.
高中生课外文学名著导读, 外国文学卷 Einführung in berühmte literarische Werke für Oberschüler, Band für ausländische Literatur
徐中玉 主编 Xu Zhongyu (Hrsg.)
上海: 汉语大词典出版社, 2001 年
375 页, 6000 册

智者心声——《歌德谈话录》导读 (张克芸), 页 74-119 → Herzensstimmen der Weisen – Einführung in *Gespräche mit Goethe* (Zhang Keyun), S. 74-119

218.
今天的名人, 一天一名人的传奇故事 Berühmte Persönlichkeiten für heutige Leser: ein Tag, ein Text

第三编：合集 Kapitel III: Sammelbände

蔡汉勋 著 Cai Hanxun (Verf.)
台中市: 好读出版社, 2001 年
歌德: 少年维特的人生旅途, 页 277 → Der junge Goethe: Spiegelungen im Lebensweg des jungen Werther, S. 277

219.
少年版世界名人传记，文学艺术家卷 (第 2 卷) Biographien weltberühmter Persönlichkeiten (Ausgaben für Kinder). Bd. II für Schriftsteller und Künstler
方洲 主编 Fang Zhou (Hrsg.)
北京：华语教育出版社，2001 年
298 页
14. 与歌德会晤，樊兴惠编著 Begegnung mit Goethe (Fan Xinghui)

220.
文学家的个性 Zur Charakterisierung von Schriftstellern
许卫兵 编 Xu Weibing (Hrsg.)
北京：中国广播电视出版社，2001 年
伟人的性格丛书
320 页，4000 册
第二章：风情万种的歌德 → Kapitel II: Der sentimentale Goethe
第一节：性格与文学, 页 60 → Abschnitt I: Eigenschaften und Literatur, S. 60
烦恼与维特, 页 60 → Die Leiden und Werther, S. 60
诗歌与性情, 页 68 → Dichtung und Mentalität, S. 68
深沉与《浮士德》, 页 80 → Die Tiefe und *Faust*, S. 80
第二节：浪漫与爱情, 页 87 → Abschnitt II: Romantik und Liebe, S. 87
爱的炼狱, 页 87 → Fegefeuer der Liebe, S. 87
少年维特之烦恼, 页 91 → Die Leiden des jungen Werther, S. 87
围城, 页 93
爱的禁果, 页 96 → Verbotene Frucht der Liebe, S. 96
花好月圆, 页 99 → Schöne Blume und glücklicher Mond, S. 99
黄昏雨, 页 102 → Regen am Abend, S. 102
第三节：生活的情调, 页 106 → Abschnitt III: Stimmungen des Lebens, S. 106
艺术与美学, 页 106 → Kunst und Ästhetik, S. 106
绘画与雕塑, 页 110-114 → Malerei und Bildhauerei, S. 110-114

221.
闲话辜鸿铭 Plauderei über Gu Hongming
黄兴涛 著 Huang Xingtao (Verf.)
桂林: 广西师范大学出版社, 2001 年
烛焰丛书
第三章: 罕见的语言天才: 呱呱叫的德文 → Kapitel III: Ein seltenes Sprachgenie: Beherrschung der deutschen Sprache
论点摘要: 你们德国的文字真是太简单了。若不是倒着看还真没什么意思。甭说这种通俗的玩意，就是你们的圣人歌德那部《浮士德》我也能倒着跟你们念个一字不差。末了，他还引用最典雅的德语，大引歌德语录，教训他们该如何尊重他人。羞得那几个洋小子面红耳赤，趁火车到站，赶紧溜之乎也。（页 31)

222.
中外文学作品选讲 Ausgewählte Vorlesungen über Werke der chinesischen und ausländischen Literatur
钱华 主编 Qian Hua (Hrsg.)
勇慧、徐慧珍、谌志华 副主编 Yong Hui, Xu Huizhen u. Chen Zhihua (Mithrsg.)
武汉: 华中科技大学出版社, 2001 年
现代远程教育系列教材
481 页
下编: 外国文学作品选讲 Bd. II: Ausgewählte Vorlesungen über Werke der ausländischen Literatur
浮士德, 页 421-427 → Faust, S. 421-427

223.
自西徂东: 先哲的文化之旅 Von West nach Ost: kulturelle Reise unserer Vorgänger
郭延礼 著 Guo Yanli (Verf.)

长沙: 湖南人民出版社, 2001 年
一、翻译史话 Berichte aus der Geschichte der Übersetzungen
歌德的第一首中译诗, 页 30-32 → Goethes Gedicht, das als erstes ins Chinesische übersetzt wurde, S. 30-32
歌德的中国情结, 页 35-38 → Goethes Zuneigung zu China, S. 35-38
歌德作品在近现代中国的传播, 页 39-41 → Die Rezeption von Goethes Werken im neueren und modernen China, S. 39-41
中国现代翻译文学史上的"维特热", 页 42-43 → Das „Werther-Fieber" in der Geschichte der literarischen Übersetzung Chinas, S. 42-43

224.
宗白华评传 Kritische Biographien des Zong Baihua
王德胜 著 Wang Desheng (Verf.)
北京: 商务印书馆, 2001 年
383 页
第二章: "心里深藏着一个世界"——宗白华的人生理想, 页 80-81 → Kapitel II: Im Herzen liegt eine ganze Welt – Zong Baihua's Ideal des Lebens, S. 80-81
第一节: 歌德的启示, 页 81-99 → Abschnitt I: Goethe als Anregung für uns, S. 81-99

2002 年
225.
北大清华教授推荐的 120 本必读书 → 120 Bücher als Pflichtlektüre auf Empfehlung von Professoren der Peking- und Qinghua-Universität
《北大清华教授推荐的 120 本必读书》编委会 编
北京: 民主与建设出版社, 2002 年
562 页
第三部分: 外国文学 → Teil III: Ausländische Literatur
浮士德, 页 211 → Faust, S. 211

226.
比较诗学 Komparatistische Poetik
饶芃子 著 Rao Pengzi (Verf.)

西安: 陕西师范大学出版社, 2002 年
新时期文艺建设丛书, 钱中文、童庆炳主编
论文集, 计 25 篇。304 页, 1000 册
论歌德的历史悲剧《葛茨·冯·伯利欣根》——学习马克思、恩格斯文艺思想札记之二, 页 139-151 → Goethes historische Tragödie *Götz von Berlichingen mit der eisernen Hand* – Notizen aus der Lektüre von Marx' und Engels Gedanken zu Literatur und Kunst, Nr. 2, S. 139-151

227.
处世真谛 Die richtige Einstellung gegenüber der Gesellschaft
夏焱 主编 Xia Yan (Hrsg.)
哈尔滨: 黑龙江人民出版社, 2002 年
11,368 页
歌德 Goethe

228.
改变人生的 100 本好书 → 100 gute Bücher, die das Leben verändern würden
宋立民 编著 Song Limin (Verf.)
台北县新店市: 三思堂(文化事业有限公司), 2002 年
丛书名: 优质生活; 18
247 页
少年维特的烦恼 (但未丽改写), 页 133 → *Die Leiden des jungen Werther* (Umarbeiten v. Dan Weili), S. 133

229.
日耳曼研究——贺张威廉先生百岁华诞论文集 Germanistik – Aufsätze zu Ehren Zhang Weilian's aus Anlass seines 100. Geburtstags
孔德明、华宗德 主编 Kong Deming u. Hua Zongde (Hrsg.)
上海: 外语教育出版社, 2002 年
391 页, 1100 册
歌德与文学翻译 (杨武能), 页 250-262 → Goethe und die literarische Übersetzung (Yang Wuneng), S. 250-262

第三编：合集 Kapitel III: Sammelbände

230.
世界名人传记 (少年版) Biographien weltberühmter Persönlichkeiten (für Kinder)
冯化平 主编 Feng Huaping (Hrsg.)
天津: 天津人民美术出版社, 2002 年
2005 年第 5 版, 13001-18000 册
歌德 Goethe
耀眼诗星应时而至, 页 2 → Die rechtzeitige Ankunft des leuchtenden Sterns der Dichtung, S. 2
情场失意, 文坛获丰, 页 4 → Unglückliche Liebe – fruchtbares Schaffen, S. 4
巨匠携手创作攀高峰, 页 9 → Aufstieg auf den Gipfel, bei dem zwei Riesen Hand in Hand gemeinsam dichten, S. 9
浮士德立不朽丰碑, 页 12 → Vollendung eines unsterblichen Denkmals durch *Faust*, S. 12
黄昏恋羡煞凡人, 页 17 → Die Abendsonnenliebe wird von gewöhnlichen Menschen beneidet, S. 17
绘画与雕刻齐头并进, 页 18 → Malerei und Schnitzerei kommen voran und halten miteinander Schritt, S. 18
一代天骄含笑离世, 页 28 → Der Gigant einer Generation scheidet lächelnd aus dem Leben, S. 28

231.
文学大师的故事 Geschichten von großen Literaturmeistern
黄宝生 主编 Huang Baosheng (Hrsg.)
北京: 解放军文艺出版社, 2002 年
376 页, 5000 册
歌德——诗歌中的恋情 (高中甫), 页 37-44 → Goethe – Liebe in seiner Dichtung (Gao Zhongfu), S. 37-44

232.
文学欣赏 (修订本) Literarische Interpretationen (überarbeitete Version)
吴廷玉、徐挺 主编 Wu Tingyu u. Xu Ting (Hrsg.)
北京: 高等教育出版社, 2002 年
2008 年第 2 版
313 页

第二章: 诗歌欣赏 → Kapitel II: Interpretationen der Gedichte
第五节: 外国诗歌欣赏 → Abschnitt II: Interpretationen ausländischer Gedichte
歌德 Goethe
浪游者夜歌, 钱春绮译, 页 83-84 → Wandrers Nachtlied, übers. v. Qian Chunqi, S. 83-84
编者提示: 译诗含鉴赏文字。

233.
西方文学鉴赏 Interpretationen westlicher Literatur
田兆耀 编著 Tian Zhaoyao (Verf.)
北京: 中国广播电视出版社, 2002 年
2000 册
第五篇: 启蒙主义思潮, 页 82 → Kapitel V: Die Strömung der Aufklärung, S. 82
五、简析歌德的《少年维特的烦恼》, 页 93-96 → Kurze Interpretation von Goethes Roman *Die Leiden des jungen Werther*, S. 93-96

234.
异域的召唤: 德国作家与中国文化 Der Ruf der Fremde: deutsche Schriftsteller und die chinesische Kultur
卫茂平、马佳欣、郑霞 著 Wei Maoping, Ma Jiaxin u. Zheng Xia (Verf.)
银川: 宁夏人民出版社, 2002 年
跨文化丛书: 外国作家与中国文化, 钱林森主编
404 页, 5000 册
德语文坛中国文化之回声 (一)
1. 歌德中国观的变迁, 页 109-136 → Wandel von Goethes China-Bild, S. 109-136
德语文学汉译史话, 页 329 → Historische Darstellungen über chinesische Übersetzungen der deutschen Literatur, S. 329
3. 引域外文人作注举荐中国文化的先驱——辜鸿铭与歌德, 页 342-352 → Vorläufer, der chinesische Kultur durch Zitate fremder Autoren in Fußnoten vermittelt: Gu Hongming und Goethe, S. 342-352

235.
音乐与文学的对话 Musik und Literatur im Dialog
蒋理容 著 Jiang Lirong (Verf.)

北京：中国青年出版社，2002 年
101 页
魔王：舒伯特 VS.歌德 → Erlkönig: Franz Schubert und Goethe

236.
中国文学在德国 Die chinesische Literatur in Deutschland
曹卫东 著 Cao Weidong (Verf.)
广州: 花城出版社, 2002 年
人的解放与艺术的解放——郭沫若与歌德 (姜铮, 时代文艺出版社, 1991 年), 页 186 → Befreiung des Menschen und Befreiung der Kunst – Guo Muoruo und Goethe (Jiang Zheng: Verlag für Literatur und Kunst der Zeit, 1991), S. 186
歌德与中国 (杨武能, 三联书店, 1991 年), 页 194 → Goethe und China (Yang Wuneng: Sanlian Buchhandlung, 1991), S. 194
中国对德国文学影响史述(卫茂平), 上海外语教育出版社, 1996 年), 页 308 → Geschichtliche Darstellung über Chinas Einfluss auf die deutsche Literatur (Wei Maoping: Shanghaier Verlag für fremdsprachige Erziehung, 1996), S. 308

237.
中外名人成长故事，文学艺术家篇
Persönlichkeitsentwicklung berühmter Männer Chinas und des Auslands. Rubrik für Schriftsteller und Künstler
刘智勇　丛书主编 Liu Zhiyong (Hrsg.)
陈贤华　编著 Chen Xianhua (Verf.)
成都: 西南财经大学出版社，2002 年
173 页
歌德 Goethe:
一、深思好学的少年, 页 135 → Ein nachdenklicher und lernbegieriger Junge,
二、锻炼自己的意志, 页 137 → Seinen Willen stählen, S. 137
三、法学博士写了文学名著, 页 138 → Ein berühmtes Literaturwerk aus der Hand eines Dr. für Jura, S. 138
四、少年歌德之烦恼, 页 139-140 → Die Leiden des jungen Werther, S. 139-140
点评, 页 141 → Kommentare, S. 141

2003 年

238.
阿英全集 A Ying's gesamte Werke
阿英 著 A Ying (Verf.)
合肥: 安徽教育出版社, 2003 年
第 2 卷 Band II
关于歌德作品初期的中译, 页 830-835 → Zu früheren chinesischen Übersetzungen von Goethes Werken, S. 687-692

239.
重建文学空间 Wiederaufbau des Raums für die Literatur
钱念孙 著 Qian Niansun (Verf.)
合肥: 安徽教育出版社, 2003 年
538 页
第一编: 民族横向拓展: 民族与世界 → Teil I: Die Erweiterung der Nation: Nation und Welt
欧洲浪漫派与东方文学, 页 204-213 → Die europäische Romantik und die Literatur im fernen Osten, S. 204-213
其中: 论及歌德与东方文学,《西东合集》, 页 211-213

240.
地狱中的独行者 Die Einzelgänger im Totenreich
残雪 著 Can Xue (Verf.)
北京: 三联书店, 2003 年
读书书系
279 页, 10000 册
编者提示: 全书由〈解读《浮士德》〉和〈解读莎士比亚的悲剧〉两部分组成。
一、解读《浮士德》, 页 3-134 → Erläuterungen zu *Faust*, S. 3-134
梅菲斯特为什么要打那两个赌?, 页 3 → Warum schließt Mephisto die beiden Wetten, S. 3
演出前的内心斗争, 页 25 → Der innere Kampf vor der Aufführung

宗教和艺术的境界, 页 29 → Die religiöse und künstlerische Welt, S. 29
反省的意境, 页 36 → Die Rückbesinnung, S. 36
学生, 页 43 → Die Schüler, S. 43
生活就是创造, 页 50 → Leben ist Schöpfung, S. 50
两极转换的魔术, 页 58 → Zauberei zwischen Extremen, S. 58
梅菲斯特导演的圣战, 页 66 → Die Schlacht, die Mephisto inszeniert, S. 66
荷蒙库路斯, 页 77 → Homunculus, S. 77
浮士德从何处获得精神力量?, 页 82 → Woher bekommt Faust die geistige Kraft? S 82
灵界的深处, 页 92 → In der Tiefe der Seele, S. 92
海伦的模式, 页 103 → Helena als Modell, S. 103
诗性精神, 页 105 → Der poetische Geist, S. 105
欲望的火焰, 页 108 → Flammen der Begierde, S. 108
灵魂结构, 页 111 → Die Konstruktion der Seele, S. 111
升华, 页 118 → Steigerung ins Erhabene, S. 118
什么促使作者写下了《浮士德》? 页 121 → Was ist das Motiv, *Faust* zu schreiben? S. 121

241.
多边文化研究, 第 2 卷 → Über die Vielfalt der Kulturen, Band II
北京大学比较文学与比较文化研究所 编
北京: 新世界出版社, 2003 年
一半是进步, 一半是回归——《威廉•麦斯特的漫游时代》臆解 (张辉), 页 237-269 → Zwischen Fortschritt und Rückkehr – Überlegungen zu Goethes Roman *Wilhelm Meisters Wanderjahre* (Zhang Hui), S. 237-269

242.
浪漫主义: "日本之桥" 与 "五四" 文学 Romantik: „Japan als Brücke" und die chinesische Literatur des 4. Mai
肖霞 著 Xiao Xia (Verf.)
济南: 山东大学出版社, 2003 年
390 页, 2500 册
第四章: 郭沫若——跨越"日本之桥"的女神之再生, 页 136 → Kapitel IV: Guo Moruo – Wiedergeburt seiner Göttin über „Japan als Brücke", S. 136
一、郭沫若接受浪漫主义的历史背景, 页 137 → Historische Hintergründe von Guo Moruos Aufnahme der Romantik, S. 137
二、郭沫若浪漫主义诗学的哲学基础——泛神论, 页 140 → Die philosophische Grundlage von Guo Moruos romantischer Poetik, S. 140
三、"文学是情感的自然流露"的浪漫主义文学观念, 页 145 → Die romantische Literaturauffassung , wonach „Literatur: der natürliche Ausdruck des Gefühls" ist, S. 145
四、厨川白村的文学理论对郭沫若的影响, 页 151 → Einfluss von Kuriyagawa Hakuson's (1880-1923) Literaturtheorie auf Guo Moruo, S. 151
五、惠特曼、有岛武郎对郭沫若早期浪漫主义创作的影响, 页 154 → Walt Whitmans und Arishima Takeo's (1878-1923) Einfluss auf die früh romantische Dichtung von Guo Moruo, S. 154

243.
鲁迅与外国文学关系研究 Lu Xun und die ausländische Literatur. Eine Untersuchung
王吉鹏、李春林 主编 Wang Jipeng u. Li Chunlin (Hrsg.)
长春: 吉林人民出版社, 2003 年
883 页, 1000 册
2001 年国家社会科学基金项目
第六章: 鲁迅与德语国家作家 → Kapitel VI: Lu Xun und Schriftsteller deutschsprachiger Länder
第一节: 鲁迅与歌德, 页 574-588 → Abschnitt I: Lu Xun und Goethe, S. 574-588

244.
世纪名人悬案大破解 Gnadenlose Ermittlung in noch nicht vollständig aufgeklärten Fällen berühmter Persönlichkeiten
雨田 编著 Yu Tian (Verf.)
台中: 好读出版社, 2003 年
歌德一生浪漫之谜, 页 234-236 → Rätsel von Goethes romantischem Leben, S. 234-236

245.
世界文化史故事大系, 德国卷 Große Reihe von Geschichten aus der Weltkultur, Band für Deutschland
朱一飞、李润新 总主编 Zhu Yifei u. Li Runxin (Haupthrsg.)
马树德、[德] 顾彬 主编 Ma Shude u. Kubin, Wolfgang (Hrsg.)
上海: 上海外语教育出版社, 2003 年
418 页, 照片
编者附注: 共 100 个故事, 涉及美术、音乐、哲学、文学、科技、政治、民俗、胜迹等领域。
世界文学巨匠歌德, 页 177-182 → Goethe, ein großer Meister der Weltliteratur, S. 177-182
自称 20 世纪歌德的小说家托马斯·曼, 页 240-242 → Der Romancier Thomas Mann, der sich selbst als Goethe im 20. Jahrhundert bezeichnet hat, S. 240-242

246.
西方文学——复兴时代的巨作 Westliche Literatur – bedeutende Werke der Renaissance
文聘元 著 Wen Pinyuan (Verf.)
香港: 明窗出版社, 2003 年
西方文化大故事 Große Geschichten der westlichen Kultur
第十章: 歌德传, 页 151 → Kapitel X: Biographie Goethes, S. 151
第十一章:《浮士德》, 页 167-197 → Kapitel XI: Faust, S. 167-197

247.
学术之途 Auf dem Weg der Wissenschaft
陈晓春 主编 Chen Xiaochun (Hrsg.)
成都: 巴蜀书社, 2003 年
583 页
《少年维特之烦恼》与《喀尔美萝姑娘》[郭沫若著](石燕京), 页 246-258 → *Die Leiden des jungen Werther* und der chinesische Roman *Mädchen Ke'ermeiluo* [v. Guo Moruo] (Shi Yanjing), S. 246-258
编者提示: 称郭氏小说乃"颇有影响的维特式小说"(日记体)。

248.
一切诚念终将相遇——解读王元化 Schließlich begegnen sich alle aufrichtigen Ideen – Wang Yuanhua zur Lektüre und Analyse
钱钢 编 Qian Gang (Hrsg.)
武汉: 湖北教育出版社, 2003 年
翻译与研究的结合——读王元化译《文学风格论》(蒋孔阳), 页 34 → Verbindung von Übersetzung und Forschung – Lektüre von Wang Yuanhuas Übersetzung zum Thema *literarische Stile* (Jiang Kongyang), S. 34

249.
影响世界的 100 本书 → 100 Bücher, die die Welt beeinflusst haben
邓蜀生、张秀平、杨慧玫 主编 Deng Shusheng, Zhang Xiuping u. Yang Huimei (Hrsg.)
南宁: 广西人民出版社, 2003 年
428 页, 6000 本
拿破仑读过七遍的书——歌德的《少年维特之烦恼》, 页 298-302 → Ein Buch, das Napoleon siebenmal gelesen hat: Goethes *Die Leiden des jungen Werther*, S. 298-302

250.
阅读大师, 人文社科卷 Lektüre großer Meister. Band für Sozialwissenschaften
金歌 主编 Jin Ge (Hrsg.)
姜亚林 编著 Jiang Yalin (Verf.)
北京: 中国发展出版社, 2003 年
562 页, 12000 册
"德国的又一个歌德"——托马斯·曼:《布登勃洛克一家》, 页 349 → Ein „anderer Goethe Deutschlands": Thomas Manns *Buddenbrooks*, S. 340

251.
中国比较文学研究二十年 Zwanzig Jahre der Erforschung der chinesischen Komparatistik
王向远 著 Wang Xiangyuan (Verf.)
南昌: 江西教育出版社, 2003 年
比较文学与世界文学学科建设丛书
372 页

第三编：合集 Kapitel III: Sammelbände

第9章：中德文学关系研究，页 153 → Kapitel IX: Erforschung der chinesisch-deutschen Literaturbeziehungen. S. 153

第一节：中国文学在德国的传播与影响的研究，页 153 → Abschnitt I: Erforschung der Rezeption der chinesischen Literatur in Deutschland, S. 153

第二节：歌德、尼采等德国作家在中国的传播与影响的研究，页 159 → Abschnitt II: Erforschung der Rezeption deutscher Schriftsteller wie Goethe, Nietzsche u.a. in China, S. 159

编者提示：有关歌德在中国的传播与影响的内容与作者在《中国比较文学百年史》中的介绍相同（页 159-163）。

252.

中外文学之最 Rekorde der chinesischen und ausländischen Literatur

耿化友 等编 Geng Huayou (Hrsg.)

哈尔滨：北方文艺出版社, 2003 年

第二部分：外国文学 → Teil II: Ausländische Literatur

世界上第一部书信体长篇小说——《少年维特之烦恼》，页 218 → Die Leiden des jungen Werther – der erste Briefroman der Welt, S. 218

世界上写作时间最长的诗剧——《浮士德》，页 220 → Faust – ein Versdrama der Welt, das am längsten geschrieben wurde, S. 220

2004 年

253.

德意志精神漫游 Geistige Wanderung durch Deutschland

张辉 著 Zhang Hui (Verf.)

上海：上海三联书店, 2004 年

165 页，4100 册

断念者之歌：威廉·麦斯特的漫游时代 Lied eines Entsagenden: Wilhelm Meisters Wanderjahre

一、18 世纪的精神无法停留？页 3 → Hält sich der Geist des 18. Jahrhunderts nicht auf? S. 3

二、有限的人呀，能走多远？页 8 → Ach, der eingeschränkte Mensch, wie weit kannst du gehen? S. 8

三、在现代，学习过懂得敬畏的生活，页 16 → Heute hat man gelernt, respektvoll zu leben, S. 16

四、漫游与固守：在绝望和崇拜之间，页 32-46 → Wanderung und Standhaftigkeit: zwischen Verzweiflung und Verehrung, S. 32-46

254.

繁花盛开的文学花园——外国文学知识精华 Blumiger Literaturgarten – ausgewählte Einsichten in ausländische Literatur

孙洁 著 Sun Jie (Verf.)

台北县板桥市：雅书堂文化事业有限公司, 2004 年

419 页

歌德的主要作品有哪些? 页 83 → Welche Hauptwerke hat Goethe? S. 83

《少年维特的烦恼》何以风靡欧洲，页 84 → Wie konnte *Die Leiden des jungen Werther* ganz Europa faszinieren? S. 84

《浮士德》是怎样一部作品，页 85 → Was für ein Werk ist *Faust*? S. 85

255.

名作写作法 Schreibtechnik berühmter Werke

孙琴安 著 Sun Qin'an (Verf.)

香港：明窗出版社, 2004 年

歌德写作法, 页 204-207 → Goethes Schreibtechnik, S. 204-207

256.

日耳曼学论文集, 第三辑 Aufsätze der Germanistik, Band III

桂乾元、蔡幼生 主编 Gui Qianyuan u. Cai Yousheng (Hrsg.)

上海：上海外语教育出版社, 2004 年

392 页，2100 册

歌德《维特》民国时期汉译考——兼论其书名汉译同浪漫主义的关系 (卫茂平), 页 326-358

→ Erforschung chinesischer Übersetzungen von Goethes Werther in der Republikzeit – nebst der Übersetzungen des Buchtitels im Zusammenhang mit der Romantik (Wei Maoping), S. 326-358

257.
世界文学名著选粹 Auswahl berühmter Werke der Weltliteratur
何绍闻 编著 He Shaowen (Verf.)
台北: 国家出版社, 2004 年
国家文史丛书, 57
纯情而伤感的青春偶像——少年维特的烦恼, 页 510 → Kultfiguren der Jugendlichen mit reinem Gefühl und Wehmut, S. 510
堕入深渊的罪人——浮士德, 页 515 → Faust – ein Sünder, der in den Abgrund stürzt, S. 515

258.
听父亲讲理 Meinungen des Vaters hören
柳常青 编 Liu Changqing (Hrsg.)
北京：中国档案出版社，2004 年
14，244 页
听歌德讲时间, 页 65 → Wir hören von Goethe über die Zeit, S. 65
"一个钟头有六十分钟
一天就超过了一千
小儿子，要知道这个道理
人能够有多少贡献"

259.
外国文学作品导读 Einführung in ausländische Literaturwerke
刘洪涛 编著 Liu Hongtao (Verf.)
北京: 中国人民大学出版社, 2004 年
现代远程教育系列教材
499 页
浮士德, 页 93-103 → Faust, S. 93-103

260.
西洋文学通论 Abriss der westlichen Literatur
矛盾 著 Mao Dun (Verf.)
上海: 复旦大学出版社, 2004 年
初版于: 上海: 世界书局, 1930 年
浪漫主义, 页 80 → Romantik, S. 80

261.
108 位影响人类的著名人物 → 108 berühmte Persönlichkeiten, die die Menschheit beeinflusst haben
王冲 主编 Wang Chong (Hrsg.)
哈尔滨: 哈尔滨出版社, 2004 年
464 页
德国作家歌德, 页 361 → Der deutsche Schriftsteller Goethe, S. 361

262.
一生的读书计划 Leseplan des ganzen Lebens
邓鹏飞 著 Deng Pengfei (Verf.)
台北县中和市: 中经社, 2004 年
丛书名: 典藏生活; 1
271 页
歌德: 浮士德, 页 72 → Goethe: Faust, S. 72

263.
与名人有约, 3: 影响人类文明的 10 位文学家 Begegnungen mit berühmten Persönlichkeiten, Nr. 3: zehn Schriftsteller, die die Menschheitskultur beeinflusst haben
李政 主编 Li Zheng (Hrsg.)
北京：中国档案出版社，2004 年
10,363 页
世界文学泰斗歌德, 页 71 → Goethe: eine Autorität der Weltliteratur, S. 71
名人档案, 页 71 → Akte der Persönlichkeit, S. 71
卓越成就, 页 72 → Hervorragende Leistungen, S. 72
历史回声, 页 73 → Historisches Echo, S. 73
传奇人生, 页 73 → Legendäres Leben, S. 73
天才的灵光, 页 73 → Geniale Ausstrahlung, S. 73
文艺爱好者, 页 76 → Ein literaturwissenschaftlich Interessierter, S. 76

在狂飙运动中，页 78 → Mitten in Sturm und Drang, S. 78
青春的激流，页 81 → Stromschnelle der Jugend, S. 81
政治生涯，页 84 → Politische Karriere, S. 84
漫游意大利，页 87 → Wanderung in Italien, S. 87
亲密的友谊，页 90 → Intime Freundschaft, S. 90
伟人的交往，页 93 → Kontakte großer Persönlichkeiten, S. 93
远离尘嚣，页 97 → Fern vom Trubel der Welt, S. 97
经典语录，页 100 → Klassische Zitate, S. 100
生活轶事，页 101 → Anekdoten, S. 101
作品精华，页 103 → Auslese der Werke, S. 103
《浮士德》，页 103 → Faust, S. 103

264.
遭遇边缘情境：西方文学经典的另类阐释 Vorstoß auf das Grenzgebiet: andersartige Erläuterungen zu Meisterwerken der westlichen Literatur
梁旭东 著 Liang Xudong (Verf.)
北京：北京大学出版社，2004 年
309 页
浮士德，一面哭泣一面追求的人，页 86 → Faust, ein Mensch, der weinend strebt, S. 86
- 误读歌德，与伟人擦肩而过，页 87 → Chinesische Missverständnisse Goethes, die die wahre Größe Goethes nicht gesehen haben, S. 87
- 走进《浮士德》，页 95 → In den Faust eingehen, S. 95
- 显性层面：现实的思考与批判，页 99 → Sichtbare Ebene: Denken und Kritik der Realität, S. 99
- 隐性层面(A)：善恶中的沉浮与超越，页 109 → Unsichtbare Ebene (A): Auf und ab sowie Durchbruch im Zusammenwirken des Guten und des Bösen, S. 109
- 隐性层面(B)：多重背离中的人性困惑，页 117 → Unsichtbare Ebene (B): Verwirrung der Menschlichkeit unter vielfacher Abweichung, S. 117

- 梅菲斯特，上帝赋予人类的另一张面孔，页 124-132 → Mephisto, ein anderes Gesicht, das Gott der Menschheit verliehen hat, S. 124-132

265.
知道点世界名人（上、下册）ABC weltberühmter Persönlichkeiten
刘明轩 著 Liu Mingxuan (Verf.)
北京：人民日报出版社，2004 年
10000 册
浪漫诗神歌德，页 244-248 → Goethe: ein Genius der romantischen Dichtung, S. 244-248

266.
中外文学教程 Lehrwerk chinesischer und ausländischer Literatur
季伏昆 主编 Ji Fukun (Hrsg.)
刘烨 副主编 Liu Ye (Mithrsg.)
沈阳：辽宁美术出版社，2004 年
8000 册
18 世纪文学 → Die Literatur des 18. Jahrhunderts
浮士德，页 371-381 → Faust, S. 371-381

2005 年

267.
德语诗歌名家名作选读 Ausgewählte deutsche Lyrik
谭余志 编著 Tan Yuzhi (Verf.)
上海：上海外语教育出版社，2005 年
上海外国语大学研究生教材基金项目
437 页，3100 册
歌德，页 87
Willkommen und Abschied, S. 88
导读，页 90
Mailied, S. 92
导读，页 93
Heidenröslein, S. 94
导读，页 94
Gefunden, S. 96
导读，页 97
An den Mond, S. 98
导读，页 100
5. Römische Elegie, S. 101

导读, 页 102
Nacht (Faust I), S. 104
导读, 页 106
Prometheus, S. 107
导读, 页 110
Ganymed, S. 113
导读, 页 114
Das Göttliche, S. 115
导读, 页 118

268.
发现智慧, 1 → Entdeckung der Weisheit, I
王俊 主编 Wang Jun (Hrsg.)
延吉: 延边人民出版社, 2005 年
共 337 页
歌德的比喻 (阿坤), 页 203 → Goethes Gleichnisse (A Kun), S. 203

269.
郭沫若美学思想研究 Guo Moruo's ästhetische Gedanken. Eine Untersuchung
魏红珊 著 Wei Hongshan (Verf.)
成都: 巴蜀书社, 2005 年
四川省巴蜀文化研究中心重点科研项目
319 页
第三章: 郭沫若美学思想的理论来源 → Kapitel III: Die theoretischen Grundlagen von Guo Moruo's ästhetischen Gedanken
第二节: 西方近现代美学 → Abschnitt II: Die neuere westliche Ästhetik
一、浪漫主义, 页 68 → 1. Romantik, S. 68
论及郭沫若与歌德的部分, 页 69-70, 74-78, 152-153 → Analyse von Guo Moruo's Verhältnissen zu Goethe, S. 69-70, 74-78, 152-153
编者提示: 作者认为郭沫若接受的是歌德文艺观中的浪漫主义成分而非现实主义成分。主述《少年维特之烦恼》、《浮士德》和《诗与真》对郭沫若文学创作和美学思想的影响。

270.
郭沫若与百年中国学术文化回望 Guo Moruo und die 100jährige chinesische Wissenschaft und Kultur: ein Rückblick
中国郭沫若研究会 四川省郭沫若研究学会 编
成都: 四川人民出版社, 2005 年
610 页
吸收异民族优秀文化, 创造中华民族新文化——立足于郭沫若译著的考察(谢保成), 页 125-141 → Aufnahme hervorragender fremder Kultur zur Schaffung neuer chinesischer Kultur (Xie Baocheng), S. 125-141
编者提示: 提及歌德作品三部:《浮士德》、《赫曼与窦绿苔》和《少年维特之烦恼》,将《浮士德》归入"诗歌"栏, 而非"戏剧"栏。也提及"我此处到日本来的时候只带了三部书来,一部是《歌德全集》。"(页 129)《歌德全集》版本众多,最多的达 143 卷。殊不知这里所说的《歌德全集》究竟是哪一种。
郭沫若前期浪漫诗学的现实性观照(黄曼君), 页 283 → Die Poetik der Romantik des frühen Guo Moruo aus realer Betrachtung (Huang Manjun). S. 283
编者提示: 文中提及"他[歌德]是浮士德、神、超人;而同时又是靡非斯特、匪勒斯、恶魔、狗。所以威朗德说:歌德会被人误会,因为很少有人能够掌握这样一种人的概念。"(页 286)
论郭沫若早期心灵诗学(伍世昭), 页 315 → Über Guomoruos frühe Seelenpoetik (Wu Shizhao), S. 315

271.
解读大师: 科教文读本·文学卷 Lektüre großer Meister: Wissenschaft, Erziehung und Literatur
鄢晓霞 编 Yan Xiaoxia (Hrsg.)
北京: 中国文联出版社, 2005 年
615 页
歌德——"魏玛的孔夫子"(杨武能), 页 103-108 → Goethe – der Weimarer Konfuzius (Yang Wuneng), S. 103-108

272.
亲近名著, 外国文学卷 Annäherung berühmter Werke, Band für ausländische Literatur
徐鲁 主编 Xu Lu (Hrsg.)
青岛: 青岛出版社, 2005 年
442 页
小说 Romane

《少年维特的烦恼》（杨武能译, 人民文学出版社 1995 年 5 月第 1 版），页 97 → *Die Leiden des jungen Werther* (übers. v. Yang Wuneng, Volksliteraturverlag, 1995), S. 97

戏剧 Dramen

《浮士德》(高中甫译《浮士德》, 人民文学出版社 2002 年 7 月第 1 版), 页 257 → *Faust* (übers. v. Gao Zhongfu, Peking: Volksliteraturverlag, 2002), S. 257

273.

秋风怀故人: 冯至百年诞辰纪念集 (1905-2005) Beim Herbstwind erinnert man sich an den Verstorbenen: Gedenkschriften zum 100jährigen Geburtstag des Feng Zhi

多人 合集 Verschiedene Autoren

北京: 人民文学出版社, 2005 年

379 页

哭冯至先生 (季羡林), 页 1 → Tränen für Herrn Feng Zhi (Ji Qianlin), S. 1

秋风怀故人——悼冯至 (徐梵澄), 页 10 → Beim Herbstwind erinnert man an den Verstorbenen – Gedenken an Feng Zhi (Xu Fancheng), S. 10

遥哀 (唐湜), 页 19 → Trauer aus der Ferne (Tang Zhuo), S. 19

怀念冯至同志 (叶水夫), 页 23 → Erinnerung an Genossen Feng Zhi (Ye Shuifu), S. 23

告别 (郑敏), 页 29 → Abschied (Zheng Min), S. 29

悼冯至同志 (钟敬文), 页 31 → Trauer um Genossen Feng Zhi (Zhong Jingwen), S. 31

雾谷夜话——冯至同志 (周良沛), 页 32 → Ein nächtliches Gespräch im Nebeltal – Genosse Feng Zhi (Zhou Liangpei), S. 32

长怀冯至 (钱春绮), 页 40 → Ewiges Andenken an Feng Zhi (Qian Chunqi), S. 40

冯至先生走了 (高莽), 页 44 → Herr Feng Zhi ist dahingegangen (Gao Mang), S. 44

谦虚宽厚的为人态度和严谨求真的治学精神——忆冯至同志 (严宝瑜), 页 48 → Bescheidene, edelmütige Haltung und der Geist ernsthafter Gelehrsamkeit (Yan Baoyu), S. 48

一代宗师风范存——忆冯至先生(孙坤荣), 页 60 → Ein ehrwürdiger Meister – in Erinnerung an Feng Zhi (Sun Kunrog), S. 60

"给我狭窄的心, 一个大的宇宙"——纪念我的老师冯至先生 (章国锋), 页 64 → „Gib meinem engen Herzen einen weiten Kosmos" – Gedenken an meinen Lehrer Feng Zhi (Zhang Guofeng), S. 64

让我再喊你一声: 冯至老师 (叶延滨), 页 67 → Lass mich dich noch einmal nennen: Lehrer Feng Zhi (Ye Yanbin), S. 67

追思与夜读——怀念冯至先生 (曾镇南), 页 72 → Erinnerung bei nächtlicher Lektüre – Gedenken an Herrn Feng Zhi (Zeng Zhennan), S. 72

哀悼冯至先生 (闻黎明), 页 86 → Trauer um Herrn Feng Zhi (Wen Liming), S. 86

心中的丰碑——痛悼冯至先生 (陆耀东), 页 93 → Ein Denkmal im Herzen – tiefe Trauer um Herrn Feng Zhi (Lu Yaodong), S. 93

笃挚其情, 清明其貌——缅怀冯至老师 (李野光), 页 101 → Treuherziger und aufrichtiger Charakter, nüchterne und ruhige Erscheinung – Gedenken an Lehrer Feng Zhi (Li Yeguang), S. 101

诗文人品总相宜——冯至先生逝世一周年祭 (张黎), 页 111 → Das Werk und die Persönlichkeit sind eins – zum Gedenken an den einjährigen Todestag des Feng Zhi (Zhang Li), S. 111

冯至英名垂千古 (陈开第), 页 118 → Feng Zhis angesehener Name wird fortdauern (Chen Kaidi), S. 118

我崇敬的诗人和教授——怀念冯至先生 (晓雪), 页 124 → Mein angesehener Dichter und Lehrer – Gedenken an Feng Zhi (Xiao Xue), S. 124

终生难忘的教益——怀念冯至先生 (蒋勤国), 页 129 → Unvergessliche Unterweisung – Gedenken an Herrn Feng Zhi (Jiang Qinguo), S. 129

怀念冯至 (王一桃), 页 134 → Gedenken an Feng Zhi (Wang Yitao), S. 134

冯至——在这静夜里火一样地开放 (林耀德), 页 139 → Feng Zhi – feuriges Entfalten in dieser stillen Nacht (Lin Yaode), S. 139

纪念冯至先生 (李赋宁), 页 141 → Gedenken an Herrn Feng Zhi (Li Funing), S. 141

学者的头脑，诗人的胸怀 (黄宝生), 页 145 → Geist eines Gelehrten – Herz eines Dichters (Huang Baosheng), S. 145

历经政治沧桑文学嬗变的诗人冯至 (绿原), 页 148 → Feng Zhi, Zeuge aller politischen und literarischen Veränderungen (Lü Yuan), S. 148

共铸北大文科金鼎的三位学者 (吴继路), 页 151 Die drei Wissenschaftler, die gemeinsam das goldene Gefäß der geisteswissenschaftlichen Fakultät der Universität Peking gegossen haben (Wu Jilu), S. 151

友情的见证 (臧克家), 页 161 → Beleg der Freundschaft (Zang Kejia), S. 161

诗人冯至 (黄裳), 页 164 → Der Dichter Feng Zhi (Huang Shang), S. 164

冯至先生给我的启示 (赵瑞蕻), 页 167 → Anregungen, die Feng Zhi mir gegeben hat (Zhao Ruihong), S. 167

冯至先生二三事 (邹荻帆), 页 180 → Zwei drei Dinge von Herrn Feng Zhi (Zou Difan), S. 180

冯至先生的遗墨 (邵燕祥), 页 183 → Nachgelassene Handschriften von Herrn Feng Zhi (Shao Yanxiang), S. 183

纪念冯至——写在《冯至全集》出版之时 (童道明), 页 191 → Zur Erinnerung an Feng Zhi – anlässlich des Erscheinens von *Feng Zhis gesamte Schriften* (Tong Daoming), S. 191

逆水迎风的樯橹 (王伟明), 页 193 → Mast und Ruder gegen Wind und Strom (Wang Weiming), S. 193

蓝天白云黄金树——忆冯至先生(闻山), 页 197 → Der goldene Baum unter blauem Himmel und weißen Wolken – Erinnerung an Herrn Feng Zhi (Wen Shan), S. 197

回忆冯至先生 (徐知免), 页 217 → Erinnerung an Herrn Feng Zhi (Xu Zhimian), S. 217

冯至先生遗作《招魂》及其轶事 (孙维骐), 页 220 → Feng Zhis hinterlassenes Werk *Beschwörung der Totengeister* und weniger bekannte Erlebnisse (Sun Weiqi), S. 220

朝拜诗山杨家山 (余斌), 页 224 → Beim ehrerbietigen Besuch des Dichterbergs *Yangjiashan* (Yu Bin), S. 224

忆冯至师 (余匡复), 页 227 → Erinnerung an meinen Lehrer Feng Zhi (Yu Kuangfu), S. 227

厚实温暖的大手——冯至师杂忆(杨武能), 页 238 → Kraftvolle und warme Hände – vermischte Erinnerungen an meinen Lehrer Feng Zhi (Yang Wuneng), S. 238

淡泊名利,虚怀若谷——冯至先生的高尚人格 (韩耀成), 页 243 → Ohne nach Ruhm und Ehre zu streben, bescheiden und aufgeschlossen – edler Charakter des Feng Zhi (Han Yaocheng), S. 243

以狭窄的心 容纳无尽的宇宙——我所认识的冯至先生(王素蓉), 页 252 → Aufnahme des unendlichen Kosmos mit einem schmalen Herz – Herr Feng Zhi, den ich gekannt habe (Wang Surong), S.252

对原则问题毫不含糊——关于冯至先生的一件小事(金坚范), 页 259 → In grundsätzlichen Fragen ist seine Haltung immer klar und eindeutig – über eine kleine Angelegenheit von Herrn Feng Zhi (Jin Jianfan), S. 259

永远的遗憾——我的父亲冯至(冯姚平), 页 261) Ewige Trauer – mein Vater Feng Zhi (Feng Yaoping), S. 261

冯至先生怎样对待《冯至传》(周棉), 页 270 → Wie sieht Herr Feng Zhi seine Biographie aus zweiter Hand (Zhou Mian), S. 270

冯至先生对中国新诗建设的贡献(谢冕), 页 275) Feng Zhis Beiträge zur Entwicklung der modernen chinesischen Poesie (Xie Mian), S. 275

冯至与我们这一代人(王家新), 页 281 → Feng Zhi und unsere Generation (Wang Jiaxin), S. 281

中国现代诗国里的哲人——论二十年代冯至诗作哲理性的构成(孙玉石), 页 290 → Ein Philosoph in der modernen chinesischen Dichtung – über die Entstehung der philosophischen Wesenheit von Feng Zhis Gedichten aus den 1920er Jahren (Sun Yushi), S. 290

忆冯至吾师——重读《十四行集》(郑敏), 页 310) Erinnerung an meinen Lehrer Feng Zhi – wiederholte Lektüre seiner Sonette (Zheng Min), S. 310

给我狭窄的心一个大的宇宙——论冯至的十四行诗, [德国]顾彬, 页 323 → Gib meinem

第三编：合集 Kapitel III: Sammelbände

schmalen Herz ein großes Kosmos – über Feng Zhis Sonette (Kubin, Wolfgang), S. 323

北游的终站是另一个起点(陈德锦)，页 331 → Die Endstation der nordischen Reise ist zugleich der neue Startpunkt (Chen Dejin), S. 331

昨日之歌 (王圣思)，页 336 → Lieder aus der Vergangenheit (Wang Shengsi), S. 336

均衡地作用——读冯至先生《杜甫传》的一些体会(钱志熙)，页 339 → Ausgewogene Wirkung – einige Eindrücke von der Lektüre des Werks *Du Fu. Eine Biographie* aus der Hand des Feng Zhi (Qian Zhixi), S. 339

从特殊到一般——冯至对德国文学的研究(范大灿)，页 345 → Von der Individualität bis zum Allgemeinen – Feng Zhis Erforschung der deutschen Literatur (Fan Dacan), S. 345

冯至对德国文化与政治的理性区分及其留德经历(叶隽)，页 362 → Feng Zhis rationale Unterscheidung zwischen deutscher Kultur und Politik sowie sein Deutschlandaufenthalt (Ye Jun), S. 362

编后记(李永平)，页 378 → Nachwort des Herausgebers (Li Yongping), S. 378

274.
世界名人探秘 Einblick in Geheimnisse weltberühmter Persönlichkeiten
徐胜华 主编 Xu Shenghua (Hrsg.)
台中市: 好读出版有限公司, 2005 年
系列名: 人物志; 18
歌德, 页 90-103 → Goethe, S. 82-96
忧郁的少年 → 1. Melancholische Kindheit
年轻的情人 → 2. Junger Liebender
与席勒的友谊 → 3. Freundschaft mit Schiller
与浪漫派的交往 → 4. Begegnung mit den Romantikern
死于任上 → 5. Starb am Arbeitsplatz

275.
外国文学 61 讲 Ausländische Literatur in 61 Vorlesungen
顾振彪 著 Gu Zhenbiao (Verf.)
长春: 吉林文史出版社, 2005 年
顾振彪老师语文大教室, 顾振彪主编
2006 年再版, 6001-12000 册
德国文学 die deutsche Literatur
第 50 讲: 德国文学的丰碑——歌德, 页 210-212 → Die 50. Vorlesung: Goethe – das große Denkmal der deutschen Literatur, S. 210-212
浮士德, 页 211 → Faust, S. 211
少年维特之烦恼, 页 213 → Die Leiden des jungen Werther, S. 213

276.
外国文学名著导读 Einführung in berühmte Werke ausländischer Literatur
黄汉平 编著 Huang Hanping (Verf.)
广州: 暨南大学出版社, 2005 年
674 页, 3000 册
第五章: 十八世纪欧洲文学 → Kapitel V: Die europäische Literatur des 18. Jahrhunderts
四、歌德和《浮士德》, 页 234 → Goethe und *Faust*, S. 234
五、作品选读 Ausgewählte Werke:
11. 浮士德 (节选), 钱春绮译, 页 260 → Faust (Auszug), übers. v. Qian Chunqi, S. 260

277.
伟人与名人的少年时代 Kindheit bedeutender und berühmter Persönlichkeiten
于彤彤 编著 Yu Tongtong (Verf.)
沈阳: 辽海出版社, 2005 年
歌德, 页 205-208 → Goethe, S. 205-208
对木偶剧着迷, 页 205 → Das Puppenspiel, S. 205
父亲的言传与身教, 页 206 → Väterliche Belehrung durch Wort und Beispiel, S. 206

278.
文学理论学习参考资料新编 (上、中、下册) Informationsmaterial zu Literaturtheorien, (3 Bde.)
童庆炳、马新国 编 Tong Qingbing u. Ma Xinguo (Hrsg.)
北京: 北京师范大学出版社, 2005 年
3087 页, 3000 套

上册 Band I

歌德论诗用形象解释自然, 页15 → Goethe zur Auffassung, dass die Dichtung durch Figuren die Natur erläutert, S. 15

歌德论题材对文艺的重要性，页281 → Goethe zur Auffassung, dass die Themen für Literatur und Kunst ausschlaggebend sind, S. 281

歌德论母题, 页281 → Goethe über Motiv, S. 281

歌德论题材的开掘, 页282 → Goethe über Vertiefung der Themen, S. 282

歌德论内容和形式, 页390 → Goethe über Inhalt und Form, S. 390

歌德论诗人, 页476 → Goethe über Dichter, S. 476

歌德论作家的风格是他内心生活的准确标志，页787 → Goethe zur Auffassung, dass der Personalstil des Schriftstellers ein treues Abbild seines inneren Lebens ist, S. 787

歌德论诗来自现实生活, 页884 → Goethe zur Auffassung, dass die Poesie aus dem Realleben kommt, S. 884

歌德论观察自然是艺术创作的基础, 页885 → Goethe zur Auffassung, dass die Betrachtung der Natur die Basis der Dichtung bildet, S. 885

歌德论天才与群众, 页1008 → Goethe über Originalgenie und Volksmassen, S. 1008

中册 Band II

歌德论自然美怎样成为艺术美, 页1259 → Goethe über das Verhältnis von Naturschönheit und Kunstschönheit

歌德论诗人应通过特殊显示一般, 页1260 → Goethe zur Auffassung, dass der Dichter das Allgemeine durch das Besondere ausdrückt, S. 1260

歌德论艺术高于自然, 页1262 → Goethe zur Auffassung, dass die Kunst der Natur überlegen ist, S. 1262

歌德论艺术与自然的双重关系, 页1262 → Goethe über die Wechselbeziehungen zwischen Natur und Kunst, S. 1262

歌德论艺术的选择, 页1263 → Goethe über die Auswahl der Kunstform, S. 1263

歌德论自己的创作不从观念出发, 页1467 → Goethe zur Auffassung, dass seine Dichtung nicht von Ideologie ausgeht, S. 1467

歌德论真正的诗是想像和理论的结合, 页1468 → Goethe zur Auffassung, dass die echte Poesie die Phantasie mit der Theorie verbindet, S. 1468

歌德论欣赏和研究作品的重要性, 页1609 → Goethe über die Wichtigkeit der Interpretation und Erforschung der Werke, S. 1609

歌德论通过观赏最好的作品培养鉴赏力, 页1609 → Goethe über die Verbesserung des Interpretierens durch Lektüre der besten Werke, S. 1609

歌德论尽可能用自由大胆的精神去关照和欣赏, 页1609 → Goethes Auffassung von der Interpretation im Geist der Freiheit und des Wagemutes, S. 1609

歌德论文艺对认识生活的作用, 页1852 → Goethe über die Funktion der Literatur und Kunst, das Leben zu verstehen, S. 1852

歌德论艺术美同现实生活的关系, 页1853 → Goethe über das Verhältnis von Kunstschönheit und Realleben, S. 1853

歌德论文学的社会作用，页1855 → Goethe über die gesellschaftliche Aufgabe der Literatur, S. 1855

赫尔岑论歌德和莎士比亚抵到整整一所大学，页1862 → Der russische Dichter 赫尔岑 zur Auffassung, dass Goethe und Shakespeare einer Universität gleichkommen, S- 1862

歌德论民族作家产生的条件，页2030 → Goethe über die Voraussetzung der Entstehung der Nationaldichter, S. 2030

歌德论学习古人的必要, 页2031 → Goethe über die Notwendigkeit, von Vorfahren zu lernen, S. 2031

下册 Band III

歌德论古典诗从客观世界出发, 页2076 → Goethe zur Auffassung, dass die klassische Dichtung von der objektiven Welt ausgeht, S. 2076

歌德论浪漫主义与古典主义的区别，页2099 → Goethe über die Unterschiede zwischen Romantik und Klassik, S. 2099

歌德反对诗人过问政治, 页2326 → Goethe ist dagegen, dass sich der Dichter um Politik kümmert, S. 2326

歌德论文学的力量在于作家的智力上和道德上的质量, 页2327 → Goethe zur Auffassung, dass die Kraft der Literatur an der Intelligenz der Schriftsteller und der Qualität ihrer Tugend liegt, S. 2327

第三编：合集 Kapitel III: Sammelbände

歌德论宗教对艺术的关系，页 2327 → Goethe über das Verhältnis der Religion zur Kunst, S. 2327

279.
五四时期的翻译文学 Die literarische Übersetzung in der Zeit des „4. Mai"
张中良　著 Zhang Zhongliang (Verf.)
台北市：秀威资讯科技股份有限公司，2005 年
ISBN : 986-7263-54-5
370 页
编者提示：有关歌德作品的翻译散见于各章节。

280.
寻芳草集: 绿原散文随笔选集 Suche nach duftenden Kräutern: ausgewählte Essays von Lü Yuan
绿原　著 Lü Yuan (Verf.)
北京: 中央编译出版社, 2005 年
盗火者文丛
302 页, 2010 年再版
冯至《论歌德》读后散记(上), 页 21-29 → Literarische Skizzen nach der Lektüre von Feng Zhi's Monographie *Über Goethe* (Teil 1), S. 21-29
冯至《论歌德》读后散记(下), 页 30-37 → Literarische Skizzen nach der Lektüre von Feng Zhi's Monographie *Über Goethe* (Teil 2), S. 30-37
我们向歌德学习什么, 页 38-49 → Was lernen wir von Goethe? S. 38-49
梅林论歌德与席勒, 页 57-59 → Franz Mehring über Goethe und Schiller, S. 57-59

281.
110 例中外名人成才故事 → 110 Erfolgsgeschichten berühmter Persönlichkeiten Chinas und des Auslands
李杰　主编 Li Jie (Hrsg.)
哈尔滨: 哈尔滨出版社, 2005 年
440 页
歌德, 页 245 → Goethe, S. 245

282.
影响人类文明与历史进程的 101 位世界名人 → 101 weltberühmte Persönlichkeiten, die den Prozess der Demokratie und der Menschheitsgeschichte beeinflusst haben
何山、雯莉　编著 He Shan u. Wen Li (Verf.)
北京: 中国长安出版社, 2005 年
319 页, 6000 册
德国文学中的奥林匹斯神——歌德, 页 179 → Goethe: ein Genius im Olymp der Literatur, S. 179

283.
影响世界历史 100 名著, 上册 → 100 berühmte Werke, die die Weltgeschichte beeinflusst haben, Band I
胡作玄　著 Hu Zuoxuan (Verf.)
台北市: 广达文化, 2005 年
文经丛书; 01
歌德《浮士德》, 页 188 → Goethe: Faust, S. 188

284.
语文新课标外国文学名著导读 Einführung in berühmte Werke der ausländischen Literatur im neuen Lehrbuch für Chinesisch
张德明　主编 Zhang Deming (Hrsg.)
北京: 中国对外翻译出版公司, 2005 年
405 页
介绍 30 部作品　30 Werke zur Analyse
歌德谈话录 Gespräche mit Goethe

285.
中国哲学对欧洲的影响 Einfluss der chinesischen Philosophie auf Europa
朱谦之　著 Zhu Qianzhi (Verf.)
上海: 上海人民出版社, 2005 年
世纪人文系列丛书
第四章: 中国哲学与德国革命 → Kapitel IV: Die chinesische Philosophie und die deutsche Revolution
一、德国古典哲学之革命的性质 → Die revolutionären Charaktere der klassischen deutschen Philosophie

(三) 中国思想对于德国文学的影响, 页 336 → Einfluss der chinesischen Philosophie auf die deutsche Literatur, S. 336
1. 歌德之中国文化观, 页 336-338 → Goethes Verständnis der chinesischen Kultur, S. 336-338
2. 《浮士德》中所表现之中国思想, 页 338-341 → chinesische Gedanken im Drama Faust, S. 338-341
3. 海涅(论及歌德), 页 341 → Über Heine (in Bezug auf Goethe), S. 341

286.
中西方传统文化比较 Die traditionelle Kultur Chinas und des Westens im Vergleich
王祥云 著 Wang Xiangyun (Verf.)
郑州: 河南人民出版社, 2005 年
271 页
第四章: 中西方文学的发展与辨析 → Kapitel IV: Die Entwicklung und deren Klassifizierung der chinesischen und der westlichen Literatur
第十节: 启蒙运动与启蒙文学 → Abschnitt X: Das Zeitalter der Aufklärung und deren Literatur
三、德国启蒙文学代表作家 Die repräsentativen Schriftsteller der deutschen Aufklärung
1. 席勒, 页 143 → Schiller, S. 143
2. 歌德, 页 144-146 → Goethe, S. 144-146

287.
中西文艺理论融合的尝试——兼论中国古代文论的现代转换研究 Versuch, chinesische und westliche Literatur- und Kunsttheorien zu verschmelzen, unter Berücksichtigung der Forschung über die Aktualität klassischer chinesischer Literaturtheorien
顾祖钊、郭淑云 著 Gu Zuzhao u. Guo Shuyun (Verf.)
北京: 人民文学出版社, 2005 年
652 页
第六章: 气韵生动与生命形成, 页 398 → Kapitel VI: Lebendige künstlerische Ideen und der Ursprung des Lebens, S. 398
第二节: 西方文论史上的生命形成理论 → Abschnitt 2: Theorien über den Ursprung des Lebens in der Geschichte der westlichen Literaturkritik

二、德国古典美学对生命形成的讨论, 页 447 → Die Debatte über den Ursprung des Lebens in der klassischen deutschen Ästhetik, S. 447
歌德, 页 451 → Goethe, S. 451

2006 年
288.
百部世界文学名著导读 Einführung in hundert berühmte Werke der Weltliteratur
刘之杰、王新国 等编写 Liu Zhijie, Wang Xinguo, u.a. (Verf.)
兰州: 兰州大学出版社, 2006 年
415 页, 2008 年重印
少年维特之烦恼, 页 86 → Die Leiden des jungen Werther, S. 86
浮士德, 页 125 → Faust, S. 125

289.
德语休闲读 100 篇 → 100 deutschsprachige Texte als zwanglose Lektüre
刘运阁、侯婷 主编 Liu Yunge u. Hou Ting (Hrsg.)
天津: 南开大学出版社, 2006 年
2007 年再版
145 页
小故事大智慧 Kleine Geschichten, große Weisheit
Goethe und der Oberstallmeister von Stein 歌德与马术总教官封·施泰因, 页 47
知识异闻 Anekdoten des Wissens
Goethes Faust 歌德的《浮士德》, 页 112

290.
风景的变迁: 德语文学评论选 Wandel der Landschaft: ausgewählte Aufsätze über die deutsche Literatur
梁景峰 著 Liang Jingfeng (Verf.)
台北县板桥市: 北县文化局, 2006 年
北台湾文学; 台北县作家作品集; 92
接纳与批判: 海涅论哥德, 页 94-103 → Aufnahme und Kritik: Heine über Goethe, S. 94-103
少年维特的爱与死之歌, 页 220-226 → Liebes- und Todeslied des jungen Werther, S. 220-226

第三编：合集 Kapitel III: Sammelbände

291.
莱茵河之旅 Rheinreise
伍士心 主编 Wu Shixin (Hrsg.)
北京：北京燕山出版社，2006 年
大河之旅
莱茵河畔的现代城——法兰克福寻游歌德的故乡，页 144 → Eine moderne Stadt – Besichtigung des Goethehauses in Frankfurt, S. 144
文化风情线 Kulturelle Landschaft
诗意歌德，页 146 → Der dichterische Goethe, S. 146
歌德故居，页 148 → Das Goethehaus, S. 148

292.
绿蒂在魏玛 Lotte in Weimar
曼，托马斯 著 Mann, Thomas (Verf.)
侯浚吉 译 Hou Junji (Übers.)
上海：上海译文出版社，2006 年
托马斯·曼文集
325 页，4500 册
译者前言（侯浚吉），页 1-8 → Vorwort des Übersetzers (Hou Junji), S. 1-8

293.
美德可教吗? Ist Tugend lehrbar?
刘小枫、陈少明 主编 Liu Xiaofeng u. Chen Shaoming (Hrsg.)
北京：华夏出版社，2006 年
经典与阐释，第 9 辑
《浮士德》批评史一瞥（莫光华），页 175-188 → Ein Blick in die Geschichte der Faust-Kritik (Mo Guanghua), S. 175

294.
名人轶事 Anekdoten berühmter Persönlichkeiten
糜金龙 等编著 Mi Jinlong u. a. (Verf.)
南京：江苏少年儿童出版社，2006 年
少年智慧万事问
歌德为什么给傻瓜让路，页 50 → Warum lässt Goethe einem Idioten den Vortritt, S. 50

295.
欧美文学研究导引 Einführung in die Erforschung europäischer und amerikanischer Literatur
唐建清 等编著 Tang Jianqing u.a. (Verf.)
南京：南京大学出版社，2006 年
大学研究型课程专业系列教材，中国语言文学类
411 页，3000 册
上编 Teil I
第五章：启蒙时代 → Kapitel V: Die Zeit der Aufklärung
选文：浮士德和靡非斯特，页 157-178 → Textauszug: Faust und Mephisto, S. 157-178

296.
人一生要读的 100 本书 → 100 Bücher als Pflichtlektüre im Leben
杨飞、童小珍、谭鑫 编著 Yang Fei, Tong Xiaozhen u. Tan Xin (Verf.)
北京：中国和平出版社，2006 年
407 页
第一部产生国际影响的德国文学作品——《少年维特之烦恼》，页 220 → *Die Leiden des jungen Werther* – der erste deutsche Roman, der von internationaler Bedeutung ist, S. 220

297.
生命的美学地图 Ästhetischer Atlas des Lebens
傅光明 主编 Fu Guangming (Hrsg.)
北京：新世界出版社，2006 年
291 页
思想家歌德（杨武能），页 97-122 → Goethe als Denker (Yang Wuneng), S. 97-122

298.
世界历史知识图文故事: 世界名人传 (图文版) Illustrierte Erzählungen über die Weltgeschichte. Biographien weltberühmter Persönlichkeiten
王隐平 主编 Wang Yinping (Hrsg.)
北京：北京燕山出版社，2006 年
184 页
文学名人
歌德，页 132 → Goethe, S. 132

299.
世界名人成才故事 Geschichten von Erfolgsgeheimnissen weltberühmter Persönlichkeiten
郭漫　主编 Guo Man (Hrsg.)
北京: 航空工业出版社, 2006 年
199 页, 31001-41000 册
歌德——德国文学的巨匠, 页 128 → Goethe – der große Meister der deutschen Literatur, S. 128

300.
世界史 Weltgeschichte
颜玉强　主编 Yan Yuqiang (Hrsg.)
林贞贞　主编 Lin Zhenzhen (Hrsg.)
台北市: 莎士比亚出版社, 2006 年
100 册
歌德与狂飙突进运动: 自由精神的爆发, 西元 1756-1786 年 → Goethe und der Sturm und Drang: Ausbruch des Freiheitsgeistes, in den Jahren 1756-1786

301.
世界小说人物事典 Lexikon der Romanfiguren der Weltliteratur
谢怡慧、陈福智、简伊捷　著 Xie Yihui, Chen Fuzhi u. Jian Yijie (Verf.)
台中市: 好读出版有限公司, 2006 年
333 页
维特——感性思维凌驾一切的年轻少年, 页 89 → Werther – ein Jüngling, dessen sinnliche Denkweise alles übersteigt, S. 89

302.
双重迷宫: 外国文化文学随笔 Das doppelte Labyrinth: literarische Skizzen über fremde Kulturen
黄梅　著 Huang Mei (Verf.)
北京: 北京大学出版社, 2006 年
大家学术随笔书系
文学内外
浮士德神话, 页 227-235 → Die Faust-Sage, S. 227-235

303.
邂逅大师 Zufallsbegegnung mit großen Meistern
贾宏图　著 Jia Hongtu (Verf.)
上海: 文汇出版社, 2006 年
232 页
走近歌德, 页 16-20 → Annäherung an Goethe, S. 16-20

304.
西方美学经典文本导读 Einführung in Texte der klassischen westlichen Ästhetik
李衍柱　著 Li Yanzhu (Verf.)
北京: 北京大学出版社, 2006 年
博雅导读丛书
第九章: 歌德的《歌德谈话录》与《论文学艺术》, 页 337 → Kapitel IX: Goethes *Gespräche mit Goethe* und *Über Literatur und Kunst*
第一节: 歌德——文学世界奥林波斯山上的宙斯, 页 337 → Abschnitt 1: Goethe – der Zeus im Olymp der Literaturwelt, S. 337
第二节: 关于民族文学与世界文学发展的理论建树, 页 340 → Abschnitt 2: Theoretischer Beitrag zur Entwicklung der National- und Weltliteratur, S. 340
第三节: 关于自然与艺术的关系, 页 346 → Anschnitt 3: über das Verhältnis zwischen Natur und Kunst, S. 346
第四节: 古典的与近代的, 现实主义与浪漫主义, 自然的形式与写作手法, 页 350 → Abschnitt 4: das Antike und das Neuere, der Realismus und die Romantik, die natürliche Form und Schreibtechnik, S. 350
第五节: 艺术规律、特征美与"显出特征的整体", 页 354 → Abschnitt 5: Kunstregeln, Detailschönheit und das Ganze mit sichtbarer Charakteristik, S. 354

305.
影响学生一生的 100 位世界名人 → 100 weltberühmte Persönlichkeiten, die das ganze Leben der Schüler beeinflussen
李杰　主编 Li Jie (Hrsg.)
哈尔滨: 哈尔滨出版社, 2006 年
233 页
歌德, 页 92 → Goethe, S. 92

第三编：合集 Kapitel III: Sammelbände

306.
在维纳斯脚下哭泣 Weinen vor Venus' Füßen
周国平 著 Zhou Guoping (Verf.)
上海: 华东师范大学出版社, 2006 年
走近大师系列丛书
189 页, 8000 册
天才的命运——谈歌德和拜伦, 页 19-25 → Schicksal der Genies – über Goethe und Byron, S. 19-25

307.
外国小说经典赏析(上、下册) Interpretationen klassischer ausländischer Romane (Band I u. II)
李迎丰 等著 Li Yingfeng u.a. (Verf.)
北京: 中国社会出版社, 页 2006 年
中外文学经典赏析丛书, 晋保平主编
上册
歌德: 少年维特之烦恼, 页 34-36-41 → Goethe: Die Leiden des jungen Werther, S. 34-36-41

308.
知味红楼：红楼梦研究 Die Vielfalt der Schicksale im Roman *Der Traum der Roten Kammer*. Neue Forschungen
李辰冬 著 Li Chendong (Verf.)
北京：中国档案出版社, 2006 年
第一章：导言
二、《红楼梦》前后的异同问题, 页 7-8
第三章：《红楼梦》重要人物的分析
三、薛宝钗, 页 48
四、王熙凤, 页 54-55
第五章：《红楼梦》的艺术价值
四、《红楼梦》情感的表现, 页 127
编者提示：初版于正中书局(重庆, 1942 年)。详见本栏该目。

309.
中国比较文学百年书目 Bibliographie zur chinesischen Komparatistik von 100 Jahren
唐建清、詹怡兰 编著 Tang Jianqing u. Zhan Yilan (Verf.)
北京: 群言出版社, 2006 年
761 页

歌德之认识 (南京: 钟山书局, 1933 年), 页 11
诗与真 (上海: 商务印书馆, 1935 年), 页 13
诗与真二集 (上海: 商务印书馆, 1936 年; 北京: 外国文学出版社, 1984 年; 上海三联书店 2001), 页 15
中德文学研究 (上海: 商务印书馆, 1936年; 沈阳: 辽宁教育出版社, 1997年), 页 16

310.
中国哲学对欧洲的影响 Einfluss der chinesischen Philosophie auf Europa
朱谦之 著 Zhu Qianzhi (Verf.)
上海: 上海人民出版社, 2006 年
世纪人文系列丛书
本论
第四章: 中国哲学与德国革命, 页 327 → Kapitel IV: Die chinesische Philosophie und die deutsche Revolution, S. 327
一、德国古典哲学之革命的性质, 页 327 → Der revolutionäre Charakter der klassischen deutschen Philosophie, S. 327
(三) 中国思想对于德国文学的影响, 页 336 → Der Einfluss chinesischer Gedanken auf die deutsche Literatur, S. 336
1. 歌德之中国文化观, 页 336 → Goethes Vorstellung von der chinesischen Kultur, S. 336
2.《浮士德》中所表现之中国思想, 页 338-341 → Chinesische Gedanken, die im *Faust* zum Ausdruck kommen, S. 338-341
附注：本书曾于1940年由商务印书馆出版, 书名为《中国思想对于欧洲文化之影响》; 1985年福建人民出版社、1999年河北人民出版社和2002年福建教育出版社《朱谦之文集》出版时改用现书名。

311.
中外文艺精粹——文艺主持与编辑指南 Auslese der Literatur und Kunst Chinas und des Auslands
周春阳 编著 Zhou Chunyang (Verf.)
合肥: 安徽人民出版社, 2006 年
404 页

第四章: 诗歌海域 → Kapitel IV: Ozean der Poesie
第二节: 外国诗歌 → Abschnitt II: Ausländische Dichtung
五、18-19 世纪诗歌 → Die Dichtung des 18. bis 19. Jahrhunderts
歌德, 页 140-142 → Goethe, S. 140-142

312.
最精彩的名人故事全集 Die interessantesten Geschichten von berühmten Persönlichkeiten. Eine Sammlung
王泓逸 编著 Wang Hongyi (Verf.)
北京: 新世界出版社, 2006 年
302 页, 2000 册
贝多芬怒斥歌德, 页 265 → Beethovens empörter Vorwurf gegen Goethe, S. 265

2007 年

313.
比较文学导引 Einführung in die Komparatistik
杜萌若、胡燕春 主编 Du Mengruo u. Hu Yanchun (Hrsg.)
哈尔滨: 黑龙江大学出版社, 2007 年
393 页
德国对法国现实主义的接受 Die deutsche Aufnahme des französischen Realismus
有关歌德的部分, 页 321-323 → Über Goethe, S. 321-323

314.
残雪文学观 Can Xue's Literaturauffassung
残雪 著 Can Xue (Verf.)
桂林: 广西师范大学出版社, 2007 年

315.
创意阅读: 外国文学名著新书评 Lektüre aus neuer Sicht: Neue Interpretation berühmter Dichter der ausländischen Literatur
聂震宁 主编 Nie Zhenning (Hrsg.)
济南: 山东文艺出版社, 2007 年
428 页, 5000 册

什么促使作者写下了《浮士德》(残雪), 页 19-29 → Was ist das Motiv, Faust zu schreiben (Can Xue), S. 19-29
梅菲斯特为什么要打那两个赌(残雪), 页 34 → Warum schließt Mephisto die beiden Wetten (Can Xue), S. 34

316.
到处留情 Meine Liebe allerorts
关愚谦 著 Guan Yuqian (Verf.)
上海: 上海书店出版社, 2007 年
270 页, 5000 册
访歌德、席勒、李斯特故居, 页 1 → Besuch der Gedenkstätten Goethes, Schillers und Liszts, S. 1

317.
德国古典美学 Die klassische deutsche Ästhetik
蒋孔阳 著 Jiang Kongyang (Verf.)
合肥: 安徽教育出版社, 2007 年
大家经典书系・蒋孔阳系列
404 页, 2000 册
四、歌德与席勒, 页 162 → IV: Goethe und Schiller, S. 162
(一) 歌德与席勒在德国古典美学中的地位, 页 162 → Die Position Goethes und Schillers in der klassischen deutschen Ästhetik, S. 162
(二) 歌德论自然与艺术的关系, 页169 → (2) Goethe über das Verhältnis zwischen Natur und Kunst, S. 169
(三) 歌德论古典的与浪漫的, 页187-194 → (3) Goethe über die Klassik und Romantik, S. 187-194

318.
纪念中国社会科学院建院三十周年学术论文集, 外国文学研究所卷 Tagungsbeiträge zum Andenken an den 30. Gründungstag der chinesischen Akademie der Sozialwissenschaften
中国社会科学院外国文学研究所 编
北京: 方志出版社, 2007 年
376 页

第三编：合集 Kapitel III: Sammelbände

缔造诚与爱结盟的和谐世界——1999年昆明国际歌德学术讨论会开幕词 (张黎), 页 163-167 → Gründung einer harmonischen Welt, in der Ehrlichkeit und Liebe sich verbündet (Zhang Li), S. 163-167

319.
近代外国文学思潮 Strömungen neuerer ausländischer Literatur
夏祖焯 (夏烈) 编著 Xia Zuzhuo (Verf.)
台北市: 联合文学出版社, 2007 年
351 页
第三章: 19 世纪之前的欧洲文学 → Kapitel III: Europäische Literatur vor dem 19.Jahrhundert
3.7 狂飙运动, 页 64 → Die Literaturbewegung Sturm und Drang, S. 64
3.7.2 歌德, 页 65-69 → Goethe, S. 65-69

320.
绿原文集 Lü Yuan's gesammelte Werke
第五卷: 外国文学评论及其他 → Band V: Aufsätze über ausländische Literatur u. a.
绿原 著 Lü Yuan (Verf.)
武汉: 武汉出版社, 2007 年
519 页
文学史上的一颗恒星——纪念歌德逝世 150 周年, 页 52 → Ein Fixstern in der Literaturgeschichte – zum Andenken an Goethes 150. Todestag, S. 52
一个 "我的歌德" ——读《歌德谈话录》, 页 59 → „Mein Goethe" – Lektüre der *Gespräche mit Goethe*, S. 59
《浮士德》和我的中译本, 页 65 → *Faust* und dessen chinesische Übersetzung aus meiner Hand S. 65
《浮士德》该怎么读, 页 76 → Wie soll *Faust* gelesen werden? S. 76
《歌德诗选》前言, 页 80 → Vorwort zu *Ausgewählte Gedichte Goethes*, S. 80
冯至《论歌德》读后散记, 页 84 → Literarische Skizzen nach der Lektüre von Feng Zhi's Werk *Über Goethe*, S. 84
我们向歌德学习什么, 页 102 → Was lernen wir von Goethe? S. 102

1. 不断奋进的人生态度, 页 105 → Ständig vorwärts strebende Lebenshaltung, S. 105
2. 无限的求知欲和对"最好"的追求, 页 106 → Unbegrenzter Wissensdrang als Streben nach dem „Besten", S. 106
3. 感情与理智的平衡, 页 106 → Ausgleich zwischen Emotion und Vernunft, S. 106
4. 从绝望中学习断念, 页 107 → Entsagung aus der Verzweiflung lernen, S. 107
5. 责任性、事业心、为人类造福, 页 107 → Pflichtbewusstsein, Unternehmungsgeist und der Menschheit Glück bringen, S. 107
6. 爱惜时间, 力求化瞬间为永恒, 页 109 → Keine Zeit verlieren, mit dem Ziel, jeden Moment in Ewigkeit umzuwandeln, S. 109
7. 对混乱、暴力的态度, 页 109 → Haltung zum Chaos und zur Gewalt, S. 109
8. 爱国主义, 页 110 → Patriotismus, S. 110
9. 晚年客观地看待自己, 页 110 → Objektive Betrachtung seiner selbst in den späteren Jahren, S. 110
10. 歌德一生所从事的工作超出常人的能量和生存年限, 需要一代又一代的接力者, 页 111 → Die Arbeit, die Goethe lebenslang beschäftigt, übersteigt die Energie und Lebenserwartung eines normalen Menschen und fordert Nachfolger von Generation zu Generation, S. 111

梅林论歌德与席勒, 页 218 → Franz Mehring über Goethe und Schiller, S. 218
外国文学之于我, 页 438 → Ich und die ausländische Literatur, S. 438

321.
史诗气象与自由彷徨: 席勒戏剧的思想史意义 Epische Panoramen und unsichere Freiheit: die ideengeschichtliche Bedeutung von Schillers Dramen
叶隽 著 Ye Jun (Verf.)
上海: 同济大学出版社, 2007 年
同济•德意志文化丛书/孙周兴、陈家琪主编
459 页, 3100 册
第一章: 绪论 → Kapitel I: Einleitung
第二节: 中国的席勒译介与研究综述, 页 7 (歌德席勒译介比较, 页 7-10) → Abschnitt II: Die chinesische Schiller-Rezeption und

-Forschung. Ein Überblick, S. 7 (im Vergleich zur Goethe-Rezeption, S. 7-10)

第二章: 个体叛逆与公正诉求——《强盗》研究, 页 23 → Rebellion eines Einzelnen und berechtigte Klage – Erforschung von Schillers Drama *Die Räuber*, S. 23

第二节: "时代悲剧" 与 "初思自由", 页 45 (论及歌德的自由思想, 另有对席勒的评价, 页 61-69) → Die „Tragödie des Zeitalters" und die „keimende Idee von Freiheit", S. 45 (Goethes Freiheitsidee und seine Einschätzung Schillers, S. 61-69)

第三节: "诗的语言" 与 "史的气概", 页 70 → Abschnitt III: „Poetische Sprache" und „historische Gesinnung", S. 70

三、史的气概, 页 85 (歌德席勒史学观念与史学题材比较, 页 85-89) → Historische Gesinnung, S. 85 (Geschichtsverständnis Goethes und Schillers im Vergleich, S. 85-89)

第四章: 市民社会的构建——《阴谋与爱情》研究, 页 191 → Kapitel IV: Konzept einer bürgerlichen Gesellschaft – Erforschung von *Kabale und Liebe*, S. 191

第三节: "市民家庭" 的价值观变迁, 页 235 → Abschnitt III: Wandel der Wertvorstellungen von einer „bürgerlichen Familie", S. 235

三、理想市民社会构建中的 "个体空间", 页 245 (论及歌德的理想市民形象和理想市民社会构想, 包括长诗《赫尔曼和多罗泰》及小说《威廉·麦斯特的漫游时代》等, 页 247-250) → Der freie Raum des Einzelnen im Konzept der idealen bürgerlichen Gesellschaft, S. 245

第六章: 结论 → Kapitel VI: Schlusswort

第三节: 作为并峙双峰的 "席勒戏剧" 与 "莎剧世界" ——兼论马克思的 "席勒化" 问题, 页 375-398 → Abschnitt III: „Schillers Dramen" und die „Welt von Shakespeares Dramen" als zwei Höhepunkte – unter Berücksichtigung auf die Verbreitung schillerschen Stils, S. 375-398

一、马克思视野中的戏剧的两种模式: "莎士比亚化" 与 "席勒化" (兼及歌德席勒比较), 页 398 → Die „Verbreitung shakespeareschen Stils" und die „Verbreitung schillerschen Stils" im Blick von Marx, S. 398 (mit Vergleich von Goethe und Schiller)

二、歌德对莎士比亚的接受与创化: 兼与法国比较, 页 381-388 → Shakespeares Aufnahme und neues Schaffen bei Goethe, mit Vergleich zur Rezeption in Frankreich, S. 381-388

322.
世界文学 Weltliteratur
邱立坤 著 Qiu Likun (Verf.)
西安: 陕西人民出版社, 2007 年
知道点丛书
歌德: 世界的一面镜子, 页 104 → Goethe – ein Spiegel der Welt, S. 104

323.
世界文学巅峰五人传 → Biographien von fünf bedeutenden Dichtern der Weltliteratur
文美惠、匡兴、高中甫 等著 Wen Meihui, Kuang Xing u. Gao Zhongfu (Verf.)
北京: 中央编译出版社, 2007 年
世界文学第一线
下册 Band II
德国伟大的诗人——歌德 (高中甫), 页 1-154 → Goethe, der große deutsche Dichter (Gao Zhongfu), S. 1-154
附录: 歌德生平和创作年表, 页 155-156 → Goethes Leben und Werk: eine Chronik, S. 155-156

324.
探名胜学德语 Landschaften und Sehenswürdigkeiten
赵琛新 编著 Zhao Chenxin (Verf.)
张媛媛、刘勇 绘图 Zhang Yuanyuan u. Liu Yong (Illstr.)
北京: 外文出版社, 2007 年
德语沙龙 (德汉对照)
203 页
Weimar – Kulturstadt Europas, S. 191
魏玛——欧洲的文化之城, 页 193
Das Goethe-Nationalmuseum, S. 194
歌德国家博物馆, 页 195
Deutschlands größter Dichter, S. 196
德国最伟大的诗人, 页 197

第三编：合集 Kapitel III: Sammelbände

325.
外国文化一日一题 Jeden Tag eine Frage zur ausländischen Kultur
王萍 编著 Wang Ping (Verf.)
北京：当代世界出版社，2007 年
363 页, 5000 册
1 月 26 日: 歌德的《少年维特的烦恼》在创作手法上有什么特点？页 27 → 26. Januar: Welche Kunstfertigkeiten hat Goethes *Leiden des jungen Werther*? S. 27

326.
外国文化与文学精编 Ausländische Kultur und Literatur. Eine strenge Auswahl
张春蕾 主编 Zhang Chunlei (Hrsg.)
张正欣 副主编 Zhang Zhengxin (Mithrsg.)
南京：南京大学出版社，2007 年
江苏省高等学校精品教材系列
2008 年第 2 次印刷
第五讲：德国文化与文学 → Kapitel V: Deutsche Kultur und Literatur
第二章：德国文学 → Kapitel V: Die deutsche Literatur
第一节：概述 → Abschnitt I: Überblick
18 世纪文学 Die literatur des 18. Jahrhunderts
二、"狂飙突进", 页 177 → Sturm und Drang, S. 177
三、古典文学, 页 178 → Die Literatur der Klassik, S. 178
第二节：歌德, 页 182-187 → Abschnitt II: Goethe, S. 182-187
生平与创作 Leben und Werk
一、放眼世界、时代与变化的一生, 页 182 → Ein Leben mit Blick auf die Welt, Zeit und Veränderung, S. 182
二、贯穿情感、思想与写作的一生, 页 183 → Ein Leben begleitet von Leidenschaften, Gedanken und Arbeit, S. 183
1. 诗歌, 页 183 → Dichtung, S. 183
2. 戏剧, 页 184 → Dramen, S. 184
3. 小说、自传及其他, 页 184 → Romane, Autobiographien u.a., S. 184
4.《浮士德》, 页 185 → Faust, S. 185
一、不断追求的完整过程, 页 185 → Der stets fließende Prozess, S. 185
二、自强不息的探索精神, 页 186 → Der stets suchende Geist, S. 186
三、辩证关系的思想意义, 页 186 → Die geistige Bedeutung der Dialektik, S. 186
四、世界文学的艺术瑰宝, 页 186-187 → Der Schatz der Weltliteratur, S. 186-187

327.
外国文学教程 Lehrbuch der ausländischen Literatur
毛信德、吴笛、蒋承勇 主编 Mao Xinde, Wu Di u. Jiang Chengyong (Hrsg.)
杭州：浙江大学出版社，2007 年
浙江省高等教育重点建设教材
第五章：西方文明的再发展：十八世纪欧洲文学 → Kapitel V: Weitere Entwicklung der westlichen Zivilisation: Europäische Literatur des 18. Jahrhunderts
第七节：德国文学的旗手：歌德 (傅守祥执笔), 页 193-201 → Abschnitt 7: Banner der deutschen Literatur: Goethe (Fu Shouxiang), S. 193-201

328.
外国文学名著导读与欣赏 Berühmte Werke der ausländischen Literatur: Einführung und Erläuterungen
何峰 主编 He Feng (Hrsg.)
合肥：安徽教育出版社，2007 年
21 世纪人文素质教育书系
282 页, 3000 册
现代文学, 德国 Die moderne Literatur (Deutschland)
歌德: 浮士德, 页 54-57 → Goethe: Faust, S. 54-57

329.
王元化集 Wang Yuanhua: gesammelte Werke
王元化 著 Wang Yuanhua (Verf.)
武汉：湖北教育出版社，2007 年
卷三：莎剧解读 Band III: Erläuterungen zu Shakespeares Theaterstücken
10,397 页

在莎士比亚塑像揭幕仪式上致词 → Zum Schäkespears [Shakespeare] Tag (WA [I], Bd. 37, S.127)

330.
文艺学撷英：中外文论名著导读 Literatur- und kunstwissenschaftliche Auslese: Einführung in berühmte Werke chinesischer und ausländischer Literaturtheorien
胡有清　主编 Hu Youqing (Hrsg.)
南京：南京大学出版社，2007 年
歌德：歌德谈话录，页 154 → Goethe: Gespräche mit Goethe, S. 154

331.
西方美学文艺学论稿 Beiträge zur westlichen Ästhetik und Literatur- und Kunstwissenschaft
程孟辉　著 Cheng Menghui (Verf.)
北京：商务印书馆国际有限公司，2007 年
747 页
附录一 Anhang I
一位东方学者的西方美学观——读蒋孔阳《德国古典美学》，页 672-677 → Die westliche ästhetische Auffassung eines östlichen Gelehrten – Lektüre von Jiang Kongyangs *Ästhetik der deutschen Klassik*, S. 672-677

332.
现代市民史诗——十九世纪德语小说研究 Bürgerliche Epen der Moderne – Forschung über deutschsprachige Romane des 19. Jahrhunderts
谷裕　著 Gu Yu (Verf.)
上海：上海书店出版社，2007 年
第二章：古典晚期小说——歌德的《亲合力》(1809)，页 88-131 → Kapitel II: Der Roman in der Spätphase der Klassik – Goethes Roman *Die Wahlverwandtschaften*, S. 88-131
第一节："亲合力"比喻作为小说结构基础，页 89 → Abschnitt I: Das Symbol der „Wahlverwandtschaften" als Grundlage der Struktur des Romans, S. 89
第二节："双重通奸"与婚姻爱情问题，页 95 → Abschnitt II: Der „doppelte Ehebruch" sowie Liebe und Ehe, S. 95
第三节：对人性问题的两难态度，页 99 → Abschnitt III: Dilemmatische Haltung zum Wesen des Menschen, S. 99
第四节："魔力"作为原始自然力，页 105 → Abschnitt IV: „Magie" als elementare Naturkräfte, S. 105
第五节："断念"作为道德提升的途径，页 114 → Abschnitt V: „Entsagung" als Weg moralischer Erhöhung, S. 114
第六节：古典与现代及矫饰性象征，页 121 → Abschnitt VI: Klassik und Moderne sowie ihre dekorative Symbolik, S. 121
第七节：文化语境与结语，页 126 → Abschnitt VII: Kulturlandschaft und Schlusswort, S. 126

333.
拥抱经典——恋上 101 部世界名著（下）Umarmt die Klassik – Liebe zu 101 weltberühmten Werken, Band II
方洲　编著 Fang Zhou (Verf.)
台北县中和市：典藏阁，2007 年
歌德 Goethe:
少年维特之烦恼，页 122-128 → Die Leiden des jungen Werther, S. 122-128
浮士德，页 129-136 → Faust, S.129-136

334.
文学经典的翻译与解读：西方先哲的文化之旅 Übersetzung und Erläuterung der literarischen Klassik: kulturelle Reise der westlichen Denker
郭延礼　著 Guo Yanli (Verf.)
济南：山东教育出版社，2007 年
282 页
上篇 Teil I
歌德的中国情结，页 3 → Goethes Zuneigung zu China, S. 3
歌德作品在近现代中国的传播，页 6 → Die Goethe-Rezeption im neueren und im modernen China, S. 6

第三编：合集 Kapitel III: Sammelbände

中国现代翻译文学史上的"维特热"，页 9 → Das Werther-Fieber in der modernen chinesischen Geschichte der literarischen Übersetzung, S. 9

歌德的第一首中译诗，页 11 → Das erste Goethe-Gedicht in chinesischer Übersetzung, S. 11

马君武与德国文学，页 37 → Ma Junwu und die deutsche Literatur, S. 37

335.
真实的世界文豪: 鲜为人知的传奇故事 → Wahrhaft bedeutende Dichter der Welt: kaum bekannte legendäre Geschichten
杨开显 编著 Yang Kaixian (Verf.)
北京: 新华出版社, 2007 年
200 页
歌德: 著名小说化为中国抗日剧的故事，页 11-18 → Goethe: Wie sich ein berühmter Roman zu einem chinesischen Drama im Krieg mit Japan wandelt. Eine Geschichte, S. 11-18

336.
知道点世界文学集录 ABC der Weltliteratur
邱立坤 编著 Qiu Likun (Verf.)
台北县中和市: 典藏阁, 2007 年
世界的一面镜子——歌德，页 121 → Goethe – ein Spiegel der Welt, S. 121

337.
中国人的精神 (全集，共 3 册) Spirit of Chinese People (Gesamtschrift, 3 Bde)
辜鸿铭 著 Gu Hongming (Verf.)
陈高华、杜川、刘刚 译 Chen Gaohua, Du Chuan u. Liu Gang (Übers.)
西安: 陕西师范大学出版社, 2007 年
全集(壹) Bd. I
上篇: 春秋大义
序言，页 3-13 → Vorwort, S. 3-13
约翰·史密斯在中国(正文前含歌德语录)，页 91
孔子与歌德谈宗教，伦理，礼节、礼数、礼貌，道德律，君子律法，荣誉感等，提到"浮士德"，页 50-53

论点摘录: 歌德说: "虔诚，比如宗教所教导的对上帝的信念，不是目的而只是一个手段，通过它给予的心灵和情绪的完美平静，获得了修养和人的完美的最高状态。"页 50

中国学，二 (含歌德语录"德国诗人歌德曾说: '正如同在自然的造化中一样，在人的作品中，意愿才是真正值得注意和超越一切之上的东西'"，带歌德照片), 页 109

附录: 暴民崇拜教或战争及其出路(正文前含歌德语录), 页 114 法兰西的不幸实在太可怕了

附录: 给恩逯利尔德回信——致《京报》的一封信

论点摘录: "我认为，今天欧美最迫切的任务，就是要找到一种道德体系，来教育人们怎样成为好公民，......这样一种道德体系产生的先兆和预示，在我看来，是德国人现在对伟大的魏玛先知、诗人歌德的作品与学说予以的关注。从伟大的歌德的作品和学说中，欧洲人也许有一天会找到这种宗教。"（页 205）

全集(贰) Bd. II
上篇: 清流传
歌德的美学观: "每一种天赋之物都有自身的价值，都应该得到发展，有人只鼓励生产'美'的东西，也有人只鼓励生产'有用'的东西，实际上，只有将两者结合起来，才能建设好一个国家。......如果我们的国家、社会缺少了这些歌德称之谓'美'的东西，便不会有高尚的品格；而如果没有高尚的品格，正如我们所看到的，人民身上那种以勤劳刻苦为本质的生产力量就会被可耻地浪费掉。"（页 29）

中篇: 张文襄幕府纪闻 → Aufzeichnungen am Gefechtsstand des Kommandeurs Zhang Wenxiang

自强不息，页 161 → Zahme Xenien „wie das Gestirn,/ ohne Hast,/ aber ohne Rast,/ drehe sich jeder/ um die eigne Last", S. 161

下篇: 读易草堂文集
附录 Anhang
辜鸿铭论(勃兰兑斯)，林语堂译 → Über Gu Hongming (Brandes, Georg), übers. v. Lin Yutang

论点摘录："他[辜鸿铭]与卡莱尔一样崇拜歌德为欧洲的最高人物。他看见孔子的精神学问经过几千年后重复见于歌德身上。……可以确知的是，歌德是德国唯一的作家给过辜鸿铭深刻的印象"（页208）。

全集(叁) Bd. III
上篇尊王篇
文明与无政府状态，页127
提及歌德的"世界文学"概念："基督教《圣经》作为歌德所说的一部'世界文学'(Weltliteratur) 典籍，有如荷马的《伊利亚特》和维吉尔的《埃涅阿斯记》，是一部非常了不起的巨著，它永远也不会在这个世界上完全消失。"，页132 → Erwähnung von Goethes Begriff „Weltliteratur", S. 132

2008 年

338.
背影是天蓝的：2007笔会文萃 Die Silhouette ist himmelblau: Auslese des Feuilletons 2007
上海：文汇出版社, 2008年
王国维在无意之中最早介绍了歌德名著《浮士德》(周振鹤)，页135-139 → Wang Guowei hat als Erster unabsichtlich Goethes berühmtes Werk *Faust* bekannt gemacht (Zhou Zhenhe), S. 135-139
编者提示：上文先刊于2007年2月6日文汇报。

339.
比较文学研究 Komparatistische Forschungen
乐黛云 编 Le Daiyun (Hrsg.)
武汉：湖北教育出版社, 2008年
20世纪中国学术文存, 陈平原 主编
歌德与杜甫 (冯至)，页92 (存目) → Goethe und Du Fu (Feng Zhi), S. 92 (nur Titel)
李白与哥德 (梁宗岱)，页93 → Li Bai und Goethe (Liang Zongdai), S. 93
刘勰的譬喻说和歌德的意蕴说 (王元化)，页251 → Liu Xie's „Theorie von Symbolik des Sinnes" und Goethes „Lehre von Verborgenheit des Sinnes" (Wang Yuanhua), S. 251

歌德——"魏玛的孔夫子" (杨武能)，页364 → Goethe – der Weimarer Konfuzius (Yang Wuneng), S. 364-379

340.
不圆的珍珠 Unrunde Perlen
叶廷芳 著 Ye Tingfang (Verf.)
北京：人民文学出版社, 2008年
蓝调文丛
第二辑：专业拾遗 Abschnitt 2: Einige fachliche Ergänzungen
歌德：全能的文化巨人——纪念德国伟大诗人歌德二百五十华诞，页133-137 → Goethe, ein universaler Genie im Reich der Kultur – zum Andenken an den 250. Geburtstag des großen deutschen Dichters, S. 133-137
席勒，巨人式的时代之子——纪念德国伟大戏剧家席勒逝世二百周年，页138-148 → Schiller, als genialer Sohn seiner Kulturepoche – zum Andenken an den 200. Todestag des großen deutschen Dramatikers, S. 138-148
法兰克福孕育了"魏玛的孔夫子"——记法兰克福歌德故居，页149-153 → Frankfurt hat den „Weimarer Konfuzius" geboren – Notizen über das Goethehaus in Frankfurt, S. 149-153
魏玛歌德故居印象，页154-159 → Eindrücke vom Goethehaus in Weimar, S. 154-159
恒久的魅力——喜读爱克曼《歌德谈话录》全译本，页160-163 → Bleibender Reiz – Lektüre von Eckermanns *Gespräche mit Goethe*, S. 160-163
当今"文人"该向歌德学习什么？页164-167 → Was können die heutigen „Gelehrten" von Goethe lernen? S. 164-167

341.
彩图版世界名人 Weltberühmte Persönlichkeiten, illustrierte Ausgabe
张炜 主编 Zhang Wei (Hrsg.)
北京：海潮出版社, 2008年
歌德——德国文学的旗帜，页140-141 → Goethe – Banner der deutschen Literatur, S. 140-141

342.

德国精神 Der deutsche Geist
舒韶福 编著 Shu Shaofu (Verf.)
北京: 当代世界出版社, 2008 年
大国精神系列丛书
232 页, 6000 册

我失去了席勒, 也失去了我生命的一半(歌德语), 页 76 → Da ich Schiller verloren habe, habe ich auch die Hälfte meines Lebens verloren

如果寻找不到生命的意义, 就应该去寻找死亡 (浮士德精神), 页 113 → Wenn man den Sinn des Lebens nicht finden kann, soll man nach dem Tod suchen, S. 113

一想到德国人民, 我不免常常黯然神伤(歌德语), 页 125 → Denke ich an das deutsche Volk, bin ich öfters trübsinnig, S. 125

难道可以说席勒是联邦德国的德国人, 而歌德是民主德国的德国人? (邓小平语), 页 135 → Kann man Schiller einen Westdeutschen und Goethe einen Ostdeutschen nennen? (Deng Xiaoping), S. 135

歌德的初恋, 页 171 → Goethes erste Liebe, S. 171

青年男子谁个不善钟情? 妙龄女人谁个不善怀春? (歌德诗句), 页 172 → Jeder Jüngling sehnt sich so zu lieben, jedes Mädgen so geliebt zu sein (Verse Goethes), S. 172

歌德与克丽斯青的爱情, 页 172 → Goethes Liebe zu Christiane, S. 172

世上已无歌德, 谁还能辨认席勒? 页 187 → Wenn wir Goethe auf der Welt nicht mehr finden, wie können wir da Schiller erkennen? S. 187

歌德活着的时候, 德国就不是孤苦伶仃, 页 213 → Schon zur Goethezeit stand Deutschland nicht allein, S. 213

最杰出的德国人, 页 228 → Der prominenteste Deutsche, S. 228

343.

德语文学符码和现代中国作家的自我问题
Codes in der deutschen Literatur und die Ich-Frage moderner chinesischer Schriftsteller
范劲 著 Fan Jin (Verf.)
上海: 华东师范大学出版社, 2008 年
丽娃学术
3100 册

第一章: 导言, 页 1 → Kapitel I: Einleitung, S. 1

第一节: 影响的符号化: 一种方法论构想, 页 1 → Abschnitt I: Codierung der Einflüsse: eine methodische Gedankenkonstruktion, S. 1

第二节: 德语文学的影响和现代中国作家自我意识的展开, 页 13 → Abschnitt II: Der Einfluss der deutschen Literatur und die Entfaltung des Selbstbewusstseins moderner chinesischer Schriftsteller, S. 13

第二章: 外来符码与"五四"时代的情感解放, 页 26 → Kapitel II: Fremde Codes und emotionale Befreiung während der Zeit des „4. Mai", S. 26

第一节: 歌德与新时代及新的自我表述, 页 26 → Abschnitt I: Goethe und die Neuzeit sowie die neue Selbstdarstellung, S. 26

一、西方符号与自我展开, 页 26 → Westliche Codes und Selbstentfaltungen, S. 26

二、歌德与中西文化融合, 页 32 → Goethe und die Verschmelzung chinesischer und westlicher Kultur, S. 32

三、情感的两种表现, 页 37 → Zwei Ausdrucksweisen des Gefühls, S. 37

第二节: 歌德符码与郭沫若的自我问题, 页 45 → Goethe als Code und die Ich-Frage des Guo Moruo, S. 45

一、接受背景, 页 45 → Hintergründe der Aufnahme

二、泛神论和主情主义, 页 48 → Pantheismus und Subjektivität, S. 48

三、忏悔的暧昧性, 页 61 → Ambivalenz der Reue, S. 61

四、符码的自我消解与意识的转换, 页 65 → Selbstauflösung der Codes und Wandel der Auffassung, S. 65

第三节: 歌德语义的多种发展可能, 页 70 → Abschnitt III: Das Wort Goethe: mehrere Entwicklungsmöglichkeiten der Sinnbezirke, S. 70

第四节: 构成"五四"浪漫精神的其他德语作家, 页 80 → Abschnitt IV: Andere deutschsprachige Schriftsteller, die den romantischen Geist des 4. Mai 1919 konstruiert haben, S. 80

第三编：合集 Kapitel III: Sammelbände

编者附言：除上述论述歌德的专章专节之外，尚有不少有关歌德的论述散见于其他章节，如：
梁宗岱《一切的峰顶》(译诗集)中的歌德译介，页 145 → Die Goethe-Rezeption in Liang Zongdais Sammlung seiner übersetzten Gedichte *Über allen Gipfeln*, S. 145
冯至、郑敏、宗白华、梁宗岱、唐湜与歌德，页 146-147 → Feng Zhi, Zheng Min, Zong Baihua, Tang Shi und Goethe, S. 146-147
冯至《德国文学简史》对歌德的评价，页 194 → Die Goethe-Bewertung in Feng Zhis *Kurzgeschichte der deutschen Literatur*, S. 194
鲁迅与歌德(脚注 1)，页 220 → Lu Xun und Goethe, S. 220
残雪与歌德，页 262-264 → Can Xue und Goethe, S. 262-264
海子与歌德，页 264-266 → Hai Zi und Goethe, S. 264-266
张闻天与歌德，页 276 → Zhang Wentian und Goethe, S. 276

344.
德国文学家的故事 Deutsche Schriftsteller
何庆元 编著 He Qingyuan (Übers.)
北京：外文出版社，2008 年
丛书：德语沙龙
143 页，5000 册
Johann Wolfgang von Goethe, S. 16-22
约翰·沃尔夫冈·冯·歌德 (参考译文)，页 23-26 → chinesische Übersetzung des vorigen Textes, S. 23-26
词汇与解释，页 27 → Vokabeln und Erläuterungen, S. 27

345.
德语文学研究与现代中国 Germanistik und das moderne China
叶隽 著 Ye Jun (Verf.)
北京：北京大学出版社，2008 年
学术史丛书，陈平原主编
502 页
第一章：传统思路的"德国探究" → Kapitel I: Die herkömmliche „Deutschlandforschung"
第四节：近代中国对德语文学的期待——从歌德之绍介到学科之雏形，页 66 → Abschnitt 4: Die Erwartung des neueren China an die deutsche Literatur – von der Rezeption Goethes zur Entstehung einer Wissenschaft
第六章：歌德研究的思路、方法和意义——以冯至的《歌德论述》为中心，页 310 → Kapitel VI: Gedankengang, Methodik und Bedeutung der Goethe-Forschung – Feng Zhi's Werk *Über Goethe* im Mittelpunkt, S. 310
第一节：歌德译介与研究的时代背景及《歌德论述》的意义，页 311 → Abschnitt 1: Historischer Hintergrund der Goethe-Rezeption und -forschung sowie die Bedeutung des Werkes *Über Goethe*, S. 311
第二节：冯至的歌德观及其个案研究的学术史意义，页 325 → Abschnitt 2: Feng Zhi's Goethe-Auffassung und die wissenschaftliche Bedeutung seiner Fallstudien, S. 325
第三节：中国歌德研究的新起点，页 346 → Abschnitt 3: Neuer Start der chinesischen Goethe-Forschung, S. 346

346.
地狱中的独行者 Die Einzelgänger im Totenreich
残雪 著 Can Xue (Verf.)
上海：华东师范大学出版社，2008 年
残雪文学笔记
261 页
解读《浮士德》Erläuterungen zum *Faust*
编者提示：细目请参见本栏中该书的三联书店版(2003 年)条目。

347.
方东美与中西哲学 Fang Dongmei und die Philosophie Chinas und des Westens
宛小平 著 Wan Xiaoping (Verf.)
合肥：安徽大学出版社，2008 年
330 页
第九章：方东美与歌德，页 154 → Kapitel IX: Fang Dongmei und Goethe, S. 154
一、以生命为根基，将宗教、哲学、艺术、科学冶于一炉，页 155 → Leben als Fundament, Verschmelzung von Religion, Philosophie, Kunst und Wissenschaft, S. 155

第三编：合集 Kapitel III: Sammelbände

二、歌德视艺术为生命之美与中国艺术精神相通，页 158 → Goethe betrachtet die Kunst als Schönheit des Lebens und steht mit dem Geist der chinesischen Kunst im Einklang, S. 158

三、"美是有自由的完善境界"，页 161-164 → „Schönheit ist eine vollkommene Welt mit Freiheit", S. 161-164

348.
冯至自选集 Von Feng Zhi selbst ausgewählte Schriften
冯至 著 Feng Zhi (Verf.)
北京：首都师范大学出版社，2008 年
北京社科名家文库，纪念辑
468 页
编者附注：篇目与《冯至学术精华录》(1988 年) 同
下卷 Teil II
读歌德诗的几点体会(1982 年), 页 249 → Einige Bemerkungen zu Goethes Gedichten (1982),, S. 249
歌德的晚年(1941 年)——读《爱欲三部曲》后记，页 261 → Goethes spätere Jahre – nach der Lektüre der *Trilogie der Leidenschaft* (1941),, S. 261
《浮士德》里的魔(1943 年), 页 270 → Der Dämon im *Faust* (1943), S. 270
从《浮士德》里的"人造人"略论歌德的自然科学(1944 年), 页 291 → Bemerkungen zu Goethes Naturwissenschaften anhand von seinem Homonculus (1944), S. 291
《浮士德》海伦娜悲剧分析(1979 年), 页 305 → Analyse der Helena-Tragödie im *Faust* (1979), S. 305
《威廉•麦斯特的学习时代》中文译本序言(1943 年), 页 331 → Vorwort zur chinesischen Ausgabe von *Wilhelm Meisters Lehrjahre* (1943), S. 331
"论歌德"的回顾、说明与补充(1985 年)——《论歌德》代序, 页 347 → Rückschau, Bemerkungen und Ergänzungen zu dem Buch „Über Goethe". Als Einleitung (1985),, S. 347
歌德与杜甫(1980 年), 页 368 → Goethe und Du Fu (1980),, S. 368

歌德学术讨论会开幕词(1983 年), 页 384 → Eröffnungsrede zum Goethe-Symposium (1983),, S. 384

349.
辜鸿铭与中西文化 Gu Hongming und die chinesische sowie die westliche Kultur
高令印、高秀华 著 Gao Lingyin u. Gao Xiuhua (Verf.)
福州：福建人民出版社，2008 年
台海研究丛书
575 页
中篇：中西学比较
33. 评歌德莎士比亚弥尔顿，页 345-348

350.
辽远的迷魅——关于中德文化交流的读书笔记 Ferne Attraktion – Notizen aus der Lektüre des chinesisch-deutschen Kulturaustausches
单世联 著 Shan Shilian (Verf.)
上海：上海外语教育出版社，2008 年
中德文化丛书，叶隽主编，
鲍桑葵、歌德与中国，页 97-107 → Bosanquet, Bernard (1848-1923), Goethe und China, S. 97-107

351.
名人堂：最有价值的人生哲理和成名秘诀 Tempel berühmter Persönlichkeiten: die wertvollste Lebensphilosophie und Geheimnisse, berühmt zu werden
永谊 编著 Yong Yi (Verf.)
北京：北京邮电大学出版社，2008 年
201 页
歌德与儿子"对诗", 页 193 → Goethe und sein Sohn im Wechselspiel des Dichtens, S. 193

352.
欧洲文学与文化 Literatur und Kultur Europas
肖伟胜 编著 Xiao Weisheng (Hrsg.)
重庆：西南师范大学出版社，2008 年
264 页

第五章: 18 世纪文学 → Kapitel V: Die Literatur des 18. Jahrhunderts
第三节: 歌德, 页 165-180 → Abteilung 3: Goethe, S. 165-180
一、歌德的人生体验, 页 165 → Goethes Lebenserfahrungen, S. 165
二、狂飙突进的强音:《少年维特之烦恼》, 页 167 → Der starke Stimme des Sturm und Drang: *Die Leiden des jungen Werther*, S. 167
三、西方近代文化的史诗:《浮士德》, 页 172 → *Faust*, ein Epos der westlichen Kultur in der neueren Zeit, S. 172

353.
瞧，大师的小样儿 Guck mal: große Meister und ihr Kleinkram
虎头 著 Hu Tou (Verf.)
北京：人民文学出版社，2008 年
427 页
她们的歌德, 页 29-76 → Goethe und die holde Weiblichkeit, S. 29-76
编者附注：谈歌德与他的女友们。

354.
人生的休止符——西方名人墓志铭和墓地 Pausenzeichen des Lebens – Grabinschriften und Grabstätten berühmter Persönlichkeiten des Westens
杨建邺 编著 Yang Jianye (Verf.)
济南: 山东画报出版社，2008 年
361 页, 7000 册
歌德和他的墓地, 页 204-206 → Goethe und seine Grabstelle, S. 204-206

355.
诗人与诗歌的故事 Geschichten über Dichter und Dichtung
刘芳、郝润沁 主编 Liu Fang u. Hao Runqin (Hrsg.)
苏婧 编著 Su Jing (Verf.)
太原：希望出版社，2008 年
"你应该知道的"系列丛书
284 页，5000 册

常青的生命之树——歌德, 页 30-40 → Goethe: der immergrüne Lebensbaum, S. 30-40
野玫瑰, 页 32 → Heidenröslein, S. 32
游子夜歌, [钱春绮译], 页 36 → Wandrers Nachtlied „über allen Gipfeln" [übers. v. Qian Chunqi], S. 36
编者附注：未署译者名。

356.
世界名著文学形象比较论 Figuren aus weltberühmten Werken: ein methodischer Vergleich
何峰 著 He Feng (Verf.)
合肥: 安徽教育出版社, 2008 年
250 页, 2000 册
从外部世界的探险到精神世界的探索——[笛福]鲁宾逊与浮士德、[屠格涅夫:]罗亭及[托尔斯泰: 复活]聂赫留朵夫之比较, 页 234-248 → Vom Abenteuer in der Außenwelt zur Suche nach der geistigen Welt – Vergleich zwischen [Defoe, Daniel]Robinson und Faust sowie [Turgenev]Rudin und [Tolstoi, Lew: Wiedererstehung]Dmitri Iwanowitsch Nechljudow, S. 234-248

357.
世界文学地图 World Literature Map
徐艳华 主编 Xu Yanhua (Hrsg.)
天津: 天津人民出版社, 2008 年
355 页, 8000 册
少年维特之烦恼——一部产生重大国际影响的作品, 页 62 → *Die Leiden des jungen Werther* – ein Werk, das eine große internationale Resonanz bekommen hat, S. 62

358.
图解世界名人成才奥秘 Erfolgsgeheimnisse weltberühmter Persönlichkeiten mit Illustrationen
姚冬霞、何金仲 编著 Yao Dongxia u. He Jinzhong (Verf.)
北京: 中国言实出版社, 2008 年
199 页
歌德, 页 130 → Goethe, S. 130

359.

外国诗歌在中国 Ausländische Dichtung in China

柏桦 主编 Bai Hua (Hrsg.)

成都: 巴蜀书社, 2008 年

跨文化对话书系

246 页

第二章: 冯至:《十四行集》与中外诗歌文化 (段从学), 页 13 → Kapitel II: Feng Zhi: *Sonette* und die Kultur der chinesischen und ausländischen Dichtung (Duan Congxue), S. 13

360.

我最想知道的 5000 年著名人物 [外国卷], 注音版 Berühmte Persönlichkeiten aus 5000 Jahren, die ich am liebsten kennen möchte

温喧、唐明星 编写 Wen Xuan u. Tang Mingxing (Verf.)

北京: 同心出版社, 2008 年

5000 年必知系列

155 页

歌德——欧洲启蒙运动后期最伟大的作家, 页 63-65 → Goethe, der größte Schriftsteller in der späten Periode der europäischen Aufklärung, S. 63-65

361.

西方审美现代性的确立与转向

张政文 著 Zhang Zhengwen (Verf.)

哈尔滨: 黑龙江大学出版社, 2008 年

362.

西方文论经典阐释 Erläuterungen zu Klassikern der westlichen Literaturtheorien

李秀云 著 Li Xiuying (Verf.)

北京: 中央编译出版社, 2008 年

340 页

第七章:《歌德谈话录》——散落的智慧之珠, 页 142 → Kapitel VII: Gespräche mit Goethe – verstreut heruntergefallene Perlen der Weisheit, S. 142

一、法学博士——歌德, 页 142 → Dr. jur. Goethe, S. 142

二、"双面艺术家", 页 143 → „Künstler mit Doppelgesicht", S. 143

(一) 艺术家是自然的奴隶, 页 144 → Künstler ist Sklave der Natur, S. 144

(二) 艺术家是自然的主宰, 页 145 → Künstler ist Herr der Natur, S. 145

三、"诗人"何为? 页 148 → Wozu Dichter? S. 148

(一) 诗人以人格影响艺术作品的格调, 页 149 → Der Dichter bewirkt mit seinem Charakter das Kolorit seines Werks, S. 149

(二) 诗人以人格影响艺术作品的立意, 页 149 → Der Dichter bewirkt mit seinem Charakter die Konzeption seines Werks, S. 149

四、"精灵说", 页 151 → Die „Lehre von Geistern", S. 151

(一) 精灵只显现在伟大、杰出的人物身上, 页 152 → Der Geist zeigt sich nur an großen und herausragenden Persönlichkeiten, S. 152

(二) 精灵是不可认识、不可言传的, 页 153 → Der Geist ist nicht zu erfassen, nicht mit Worten auszudrücken, S. 153

五、《歌德谈话录》的价值及局限, 页 156-157 → Wert und Beschränktheit der *Gespräche mit Goethe*, S. 156-157

363.

西洋文学关键阅读 Schlüssellektüre westlicher Literatur

谢鹏雄 著 Xie Pengxiong (Verf.)

台北市: 九歌出版社, 2008 年

九歌文库, 1017

243 页

磨练灵魂的人——歌德与《浮士德》, 页 89 → Ein Mensch, der seine Seele erprobt – Goethe und sein *Faust*, S. 89

终身成长的世界公民——歌德, 页 95 → Goethe – ein Weltbürger, der lebenslang aufwächst, S. 95

364.

西方文学名著导引 Einführung in berühmte Werke der westlichen Literatur

蒋承勇 著 Jiang Chengyong (Verf.)

北京: 高等教育出版社, 2008 年

309 页
第三章: 十七世纪古典主义文学与十八世纪启蒙文学, 页 84 → Kapitel III: Die Literatur der Klassik des 17. Jahrhunderts und die der Aufklärung des 18. Jahrhunderts, S. 84
第四节:《浮士德》: 满足于永不满足的追求, 页 101-113 → Abschnitt IV: Faust: Zufriedenheit mit dem nie zufriedenstellenden Streben, S. 101-113
一、歌德的生平与创作简介, 页 101 → Kurz über Goethes Leben und Wirken, S. 101
二、《浮士德》赏析, 页 102 → Interpretationen des *Faust*, S. 102
(一) 浮士德与自然欲望, 页 103 → Faust und sein natürlicher Trieb, S, 103
(二) 浮士德与扩张的"自我", 页 106 → Faust und sein ausgeweitetes Ich, S. 106
(三) 神性与魔性的永恒矛盾, 页 110 → Das Göttliche und das Dämonische stehen im ewigen Widerspruch, S. 110
(四) "近代人"性格框架, 页 112 → Der menschliche Charakter in der neueren Zeit: eine Grenzbestimmung, S. 112

365.
扬子－莱茵——搭一座文化桥 Yangtse－Rhein: eine kulturelle Brücke schlagen
叶廷芳 著 Ye Tingfang (Verf.)
上海: 上海外语教育出版社, 2008 年
德语文学的散文随笔集, 35 万字
第二辑 → Themengruppe II
文艺复兴式的文化巨人, 页 31-34 → Ein kultureller Gigant im Stil der Renaissance, S. 31-34
歌德之所以为歌德, 页 35-38 → Der Grund von Goethes Größe, S. 35-38
追寻歌德的生活踪迹——歌德三处故居随记, 页 39-42 → Auf den Spuren von Goethes Leben – zwanglose Notizen über drei Goethe-Gedenkstätten, S. 39-42
德国文学史上的双子星座, 页 63-66 → Zwillinge in der Geschichte der deutschen Literatur, S. 63-66
"双子星"纪念的集锦——《歌德、席勒研究》编后记, 页 67-70 → Zum Andenken an die „Zwillinge": eine Auslese – Nachtrag der Sammlung *Goethe- und Schiller-Forschung*, S. 67-70
第九辑 → Themengruppe IX
学贯中西的一代宗师, 页 366-368 → Ein großer Meister, der in der chinesischen wie westlichen Wissenschaft bewandert ist, S. 366-368
绿原终于拿下《浮士德》, 页 369-371 → Lü Yuan hat endlich die *Faust*-Übersetzung vollendet, S. 369-371
钱春绮: 德国诗坛的终生翻译家, 页 372-374 → Qian Chunqi, der sich lebenslang der Übersetzung der deutschen Dichtung gewidmet hat, S. 372-374

366.
一次读完 50 部外国文学经典 50 klassische Werke der ausländischen Literatur in einem Zug zu lesen
刘杨 Liu Yang (Verf.)
哈尔滨: 哈尔滨出版社, 2008 年
10, 329 页
第 8 部: 浮士德 → Das 8. Buch: Faust

367.
隐匿的神学——启蒙前后的德语文学 Verborgene Theologie: Deutsche Literatur vor und nach der Aufklärung
谷裕 著 Gu Yu (Verf.)
上海: 华东师范大学出版社, 2008 年
六点学术
395 页, 2010 年第 2 次印刷
第二部分: 经典解读 → Teil II: Erläuterungen zu Klassikern
第一章: 歌德人文思想中的宗教话语, 页 145 → Kapitel I: Religiöse Äußerungen in Goethes humanistischen Gedanken, S. 145
第一节:《维特》对耶稣受难的影射, 页 145 → Abschnitt I: *Werther* Anspielung auf das Leiden Jesu, S. 145
1. 对耶稣受难的影射, 页 145 → Anspielung auf das Leiden Jesu, S. 145
2. 对复活和永生的影射, 页 149 → Anspielung auf Wiedergeburt und Unsterblichkeit, S. 145

第三编：合集 Kapitel III: Sammelbände

3. 影射与渎神, 页 151 → Anspielung und Blasphemie, S. 151

第二节：《迈斯特》第六部《美的心灵》与虔诚运动, 页 155 → Abschnitt II: *Wilhelm Meister*s sechstes Buch: *Bekenntnisse einer schönen Seele* und die pietistische Bewegung, S. 155

1. 《美的心灵》在叙事内容和结构上的功能, 页 155 → Die Funktion von Inhalt und Struktur der Erzählung des sechsten Buches *Bekenntnisse einer schönen Seele*, S. 155
2. 《美的心灵》的来源和内容, 页 158 → Herkunft und Inhalt der *Bekenntnisse einer schönen Seele*, S. 158
3. 歌德与虔诚运动, 页 161 → Goethe und die pietistische Bewegung, S. 161
4. 《美的心灵》对虔诚运动反讽式的回应, 页 165 → *Bekenntnisse einer schönen Seele* als satirische Erwiderung auf die pietistische Bewegung, S. 165
5. 对虔诚用词的戏拟, 页 173 → Das Spiel mit dem Wort Pietät, S. 173
6. 对虔诚运动反讽的意义, 页 175 → Was der Spott auf die pietistische Bewegung bedeutet, S. 175

第三节：《亲和力》中的天主教义化, 页 177 → Abschnitt III: Katholisches in den *Wahlverwandtschaften*, S. 177

第四节：《浮士德》中现代人的困境与救赎, 页 182 → Abschnitt IV: Notlage und Rettung des modernen Menschen im *Faust*, S. 182

1. 《浮士德》的赌誓与《约伯记》的框架, 页 182 → Fausts Wette im Kontext des Buches Hiob, S. 182
2. 《浮士德》的结尾与现代人的困境, 页 186 → Das Ende des *Faust* und die Not des modernen Menschen, S. 186
3. 《浮士德》结尾的救赎, 页 196 → Die Rettung am Schluss des *Faust*, S. 196

第五节：结语, 页 202 → Abschnitt V: Das Schlusswort, S. 202

368.
在中西文学间徜徉 Gemächlich wandern zwischen der chinesischen und westlichen Literatur
张保宁 著 Zhang Baoning (Verf.)
上海：复旦大学出版社, 2008 年
252 页
青年歌德的爱情诗, 页 230-240 → Liebesgedichte des jungen Goethe, S. 230-240

369.
中德文化对话 Kulturgespräch zwischen China und Deutschland
印芝虹、叶隽 等主编 Yin Zhihong u. Ye Jun u. a. (Hrsg.)
南京：南京大学出版社, 2008 年
287 页
歌德研究的思路、方法和意义：以冯至的《歌德论述》为中心 (叶隽), 页 116-155 → Gedankengang, Methodik und Bedeutung der Goethe-Forschung – Feng Zhi's Werk *Über Goethe* im Mittelpunkt (Ye Jun), S. 116-155

370.
中德文学因缘 Gespräche zu den chinesisch-deutschen Literaturbeziehungen
吴晓樵 著 Wu Xiaoqiao (Verf.)
上海：上海外语教育出版社, 2008 年
中德文化丛书，叶隽主编
241 页, 3500 册
编者附记：披览之余，对作者治学的严谨，考辨资料的翔实，留下深刻的印象。
扑朔迷离百余年的"歌德与《百美新咏》"研究——纪念歌德逝世 170 周年兼谈新版德文《歌德全集》的一处失误, 页 3-9 → Hundert Jahre konfuse Forschung über Goethe und den chinesischen Gedichtzyklus *Hundert Schöne* – zum Andenken an Goethes 170. Todestag unter Berücksichtigung eines Fehlers in der neuen Goethe-Werkausgabe, S. 3-9
席勒与《好逑传》[1], 页 10 → Schiller und der chinesische Roman *hao qiu zhuan* (Eiserz und Edeljaspis oder die Geschichte einer glücklichen Gattenwahl), S. 10
辜鸿铭与歌德, 页 47-49 → Gu Hongming und Goethe, S. 47-49
徐志摩对德语文学的借用——兼及他的歌德与尼采译诗, 页 154-158 → Xu Zhimo's Aneignung der deutschen Literatur – mit Berücksichtigung von seiner Übersetzung von Goethes und Nietzsches Gedichten, S. 154-158

---
[1] 兼谈歌德，且较详。

第三编：合集 Kapitel III: Sammelbände

对民国时期留德学人的强光聚焦——叶隽著《另一种西学》读后[2], 页 169 → Mit festem Blick auf die chinesischen Studenten in Deutschland während der chinesischen Republikzeit (1911-1949) – nach der Lektüre von Ye Jun's *Eine andere westliche Wissenschaft*, S. 169

张威廉与中国德语文学的译介，页 174 → Zhang Weilian und die Rezeption der deutschen Literatur in China, S. 174

371.
中西小说文体比较 Chinesische und westliche Romane im Vergleich der Gattung
杨星映 主编 Yang Xingying (Hrsg.)
邓阿宁 副主编 Deng A'ning (Mithrsg.)
北京：中国社会科学出版社，2008 年
344 页
第三章：西方小说文体的发展和演变 → Kapitel III: Entwicklung und Wandel der Gattung der westlichen Romane
第三节：18 世纪小说文体的兴起 → Abschnitt III: Aufschwung der Gattung der Romane im 18. Jahrhundert
二、游历式叙述模式与启悟小说 → Die Wanderung als narratives Modell und aufklärerische Romane
谈歌德《威廉·迈斯特的学习时代》，页 158 → Über Goethes *Wilhelm Meisters Lehrjahre*, S. 158
三、情感化叙述模式与感伤主义小说 → Das Gefühl als narratives Modell und sentimentale Romane
谈歌德《少年维特之烦恼》，页 164-165 → Über Goethes *Die Leiden des jungen Werther*, S. 164-165

2009 年

372.
贝多芬 Beethoven
秦海 编著 Qin Hai (Verf.)
西安：太白文艺出版社，2009 年
丛书：巨人档案：世界名人画传之五
会晤歌德，页 52 → Begegnung mit Goethe, S. 52

---
[2] 考辨多位中国学者在论及李凤苞的《使德日记》和歌德介绍时的功过得失。

373.
比较文学语文 Komparatistisches in einem Lehrbuch des Chinesischen
张介明、孔建平 主编 Zhang Jieming u. Kong Jianping (Hrsg.)
北京：北京大学出版社，2009 年
21 世纪课程规划教材
383 页
第二编：跨文化的文学现象 → Teil II: Interkulturelle Literaturphänomen
第一辑：意义 → Gruppe I: Bedeutung
八：
苏轼：水调歌头，页 110
歌德：对月(诗), 樊修章译，页 111 → Goethe: An den Mond (Gedicht), übers. v. Fan Xiuzhang, S. 111
家国情怀：月的寄托，页 112 → Heimatliches Empfinden: Hinwendung zum Mond, S. 112

374.
不可不知的 1000 部经典名著 → 1000 klassische Werke, die man unbedingt wissen muß
郑建斌 主编 Zheng Jianbin (Hrsg.)
北京：中国工人出版社，2009 年
370 页
《少年维特之烦恼》：震撼一代德国青年心灵的著作，页 41-42 → *Die Leiden des jungen Werther: ein Werk*, das die Seele der jungen deutschen Generation bewegt, S. 41-42
《浮士德》：用多种诗体的韵文写就的戏剧，页 158 → *Faust*, Gattungsmischung in einem Drama, S. 158

375.
不知道会被人笑话的 100 部文学名著 → 100 berühmte Literaturwerke ernten Gelächter, ein unerwarteter Ausgang
桑兵 编著 Sang Bing (Verf.)
武汉：武汉出版社，2009 年
185 页
少年维特之烦恼——德国书信体小说的开山之作，页 58-59 → *Die Leiden des jungen Werther* – ein wegbereitendes Werk des deutschen Briefromans, S. 58-59

浮士德——沉淀六十二年的光辉史诗, 页 68 →
Faust – ein glänzendes Epos aus einer
62jährigen Arbeit, S. 68-69

376.
德国的故事(上), 近代德国的历史与文化
Deutsche Geschichten (Band I): Kultur und
Geschichte des neueren Deutschlands
文聘元 著 Wen Pinyuan (Verf.)
上海: 上海社会科学出版社, 2009 年
话说西方: 9
297 页
第三编, 页 243 → Teil III, S. 243
第一章: 最后的巨人——歌德的故事, 页 245 →
Kapitel I: Der letzte Riese – Goethe, S. 245
第二章: 浮士德——它被尊为西方文学史上最
后一部伟大的史诗, 页 256-276 → Kapitel II:
Faust – geehrt als das letzte Epos in der
westlichen Literaturgeschichte, S. 256-276

377.
德国古典哲学 Die klassische deutsche
Philosophie
俞吾金、汪行福、王凤才、林晖、徐英瑾 著 Yu
Wujin, Wang Xingfu, Wang Fengcai, Lin Hui
u. Xu Yingjin (Verf.)
北京: 人民出版社, 2009 年
西方哲学通史丛书, 刘放桐、俞吾金 主编
707 页, 4000 册
第一章: 德国古典哲学产生和发展的历史文化
背景, 页 1 → Kapitel V: Historischer und
kultureller Hintergrund der Entstehung und
Entwicklung der deutschen Philosophie, S. 1
第四节: 歌德和席勒: 德国文学艺术的杰出代表,
页 22-31 → Abschnitt 4: Goethe und Schiller:
herausragende Vertreter der deutschen Literatur
und Kunst, S. 22-31

378.
德语文学与文学批评.(第 3 卷) Deutschsprachige
Literatur und Literaturkritik, Band III
张玉书 等主编 Zhang Yushu u. a. (Hrsg.)
北京: 人民文学出版社, 2009 年

447 页, 3000 册
古典与现代的链接——纪念魏玛古典文学时期
的歌德和席勒 (冯亚琳), 页 1 →
Überbrückung von Klassik und Moderne –
zum Andenken an Goethe und Schiller
während der Weimarer Klassik (Feng Yalin), S.
1
中篇〔德〕歌德 著, 马嫽 译, 页 116 → Novelle
(Goethe), übers. v. Ma Liao, S. 116
歌德《中篇》评析 (马嫽), 页 135 → Kommentar
zu Goethes Novelle (Ma Liao), S. 135
童活, 歌德 著, 宋健飞、官青 译, 页 142 →
Märchen (Goethe), übers. v. Song Jianfei u.
Guan Qing, S. 142
谜一祥的《童活》(宋健飞、官青), 页 170 → Ein
rätselhaftes Märchen (Song Jianfei u. Guan
Qing),S. 170
歌德教育诗二首, [德] 歌德 著, 莫光华 译, 页
179 → Zwei Erziehungsgedichte (Goethe),
übers. v. Mo Guanghua, S. 179
科字与诗艺结合的典范——歌德的《植物形变
论》与教育诗《植物的变形》(莫光华), 页 185
→ Vorbildliche Verbindung der Wissenschaft
mit der Dichtkunst: Goethes Abhandlung
„Versuch die Metamorphose der Pflanzen zu
erklären" (von 1790) und das
Erziehungsgedicht „Metamorphosen der
Pflanze" (Mo Guanghua), S. 185

379.
德国浪漫派与中国原生浪漫主义——德中浪漫
诗歌的美学探索 Die deutsche Romantik und
die traditionelle chinesische Romantik –
ästhetische Untersuchung deutscher und
chinesischer romantischer Gedichte
刘润芳、罗宜家 著 Liu Runfang u. Luo Yijia
(Verf.)
北京: 中国社会科学出版社, 2009 年
451 页
第一章: 德国浪漫派, 页 8 → Kapitel I: Die
deutsche Romantik, S. 8
第二节: 浪漫主义与 18 世纪思想运动的关系:
吸纳与反拨, 页 17 → Abschnitt II: Aufnahme
und Ablehnung: Verhältnis der Romantik zur
geistigen Bewegung im 18. Jahrhundert, S. 18

三、与狂飙突进运动, 页 23-26 → Verhältnis zum Sturm und Drang, S. 23-26

四、与古典主义, 页 26-29 → Verhältnis zur Klassik, S. 26-29

380.
《德语学习》30 周年精选, 文学卷 Ausgewählte Beiträge aus 30 Jahren in der Zeitschrift: „Wir lernen Deutsch", Band: Literatur (Text mit Interpretation)
王炳钧 编 Wang Bingjun (Hrsg.)
北京: 外语教学与研究出版社, 2009 年
340 页
J. W. von Goethe, S. 1
Wandrers Nachtlied „Über allen Gipfeln", S. 2
一首小诗的魅力 (谢莹莹), 页 3-4 → Reiz eines kleinen Gedichts (Xie Yingying), S. 3-4
Mignon „Kennst du das Land", S. 5
重返古典之路 (谢莹莹), 页 6-7 → Rückkehr zum klassischen Weg (Xie Yingying), S. 6-7

381.
郭沫若翻译研究 Über Guo Moruo's Übersetzungen
傅勇林 总主编 Fu Yonglin (Hrsg.)
王维民、俞森林 主编 Wang Weimin u. Yu Senlin (Hrsg.)
成都: 四川文艺出版社, 2009 年
419 页
上编: 综述 Teil I: zusammenfassende Darstellung
1.3 新旧世纪交替的时代, 郭沫若翻译的时代背景
比较歌德创作《浮士德》与《少年维特之烦恼》与郭沫若翻译这两本书的时代背景 (页 10、11)
第二章: 翻译活动 → Kapitel II: Übersetzungstätigkeiten
2.1 留日十年(1914-1923) → Der zehnjährige Aufenthalt in Japan (1914-1923)
歌德, 页 22-23 → Goethe, S. 22-23
第四章: 翻译影响 → Kapitel IV: Einfluss der Übersetzungen
4.5 郭沫若的文学翻译与外国文学在中国的传播 → Guo Moruos literarische Übersetzungen und die Verbreitung ausländischer Literatur in China

4.5.1 德国文学 (主述歌德文学), 页 82-84 → Die deutsche Literatur (unter besonderer Berücksichtigung von Goethe-Philologie), S. 82-84
下编: 译作评介 → Teil II: Interpretationen der Übersetzungen
第五章: 德语译作, 页 88 → Kapitel V: Übersetzungen aus dem Deutschen, S. 88
5.1 《德国诗选》等德语诗歌, 页 88 → Ausgewählte deutsche Gedichte und andere, S. 88
5.2 《赫曼与窦绿苔》, 页 105 → Hermann und Dorothea, S. 105
5.4 《少年维特之烦恼》, 页 117 → Die Leiden des jungen Werther, S. 117
5.6 《浮士德》, 页 132 → Faust, S. 132
附录 Anhang
附录一: 郭沫若译论选, 页 260 → Anhang I: Übersetzungstheorien Guo Moruos in Auswahl, S. 260
致郁达夫 (1921 年 11 月 6 日), 页 263 → Brief an Yu Dafu (6. Nov. 1921), S. 263
致《威廉•迈斯达》译者, 页 289 → An den Übersetzer des Romans Wilhelm Meister, S. 289
论文学翻译工作(郭老谈自己在不同年龄段翻译《浮士德》第一部和第二部的不同体验, 指出译者了解原作时代背景的重要性), 页 291 → Über die literarische Übersetzung (Erfahrungen beim Übersetzen des Faust), S. 291
《歌德诗中所表现的思想》附白, 页 296 → Nachbemerkung zum Aufsatz Gedanken in Goethes Gedichten, S. 296
《迷娘歌》 附言, 页 299 → Bemerkung zum Gedicht Mignon, S. 299
《少年维特之烦恼》增订本后序, 页 313 → Nachwort zur erweiterten Ausgabe der Leiden des jungen Werther, S. 313
《少年维特之烦恼》译者扉语, 页 314 → Übersetzervorwort zu den Leiden des jungen Werther, S. 314
《少年维特之烦恼》重印感言, 页 315 → Zum Neudruck der Leiden des jungen Werther, S. 315

《少年维特之烦恼》小引, 页 316 → Kleine Einführung in *Die Leiden des jungen Werther*, S. 316

《浮士德》第一部译后, 页 325 → Nach dem Übersetzen des *Faust* Erster Teil, S. 325

《浮士德》第二部译后记, 页 327 → Nach dem Übersetzen des *Faust* zweiter Teil, S.

《浮士德》小引, 页 331 → Kleine Einführung in *Faust*, S. 331

《赫曼与窦绿苔》书后, 页 357 → Nachtrag zu *Hermann und Dorothea*, S. 357

附录二: 郭沫若译事年表, 页 372 → Anhang II: Chronik von Guo Moruos Übersetzungstätigkeiten, S. 372

382.
国人必知的 2300 个文学常识, 西方卷 → 2300 literarische Grundkenntnisse, Pflichtlektüre für unsere Bürger, Band des Westens

杨洪清 编著 Yang Hongqing (Verf.)

沈阳: 万卷出版公司, 2009 年

国人必知; 14

466 页

狂飙突进运动, 页 33 → Der Sturm und Drang, S. 33

歌德, 页 111-112 → Goethe, S. 111-112

赫尔曼和多罗泰, 页 208 → Hermann und Dorothea, S. 208

浮士德, 页 209-210 → Faust, S. 209-210

少年维特之烦恼, 页 211-212 → Die Leiden des jungen Werther, S. 211-212

383.
国人必知的 2300 个文化常识 → 2300 kulturelle Grundkenntnisse, Pflichtlektüre für unsere Bürger

沈智 编著 Shen Zhi (Verf.)

沈阳: 万卷出版公司, 2009 年

国人必知; 16

434 页

歌德, 页 151 → Goethe, S. 151

浮士德, 页 152 → Faust, S. 152

少年维特之烦恼, 页 152 → Die Leiden des jungen Werther, S. 152

384.
国人必知的 2300 个外国名人 → 2300 berühmte ausländische Persönlichkeiten, die unsere Bürger wissen müssen

沈智 编著 Shen Zhi (Verf.)

沈阳: 万卷出版公司, 2009 年

国人必知; 20

422 页

歌德, 页 69 → Goethe, S. 69

385.
精神之魂: 赵鑫珊随笔 Das Geistige und seine Seele: Essays von Zhao Xinshan

赵鑫珊 著 Zhao Xinshan (Verf.)

北京: 北京大学出版社, 2009 年

大学者随笔书系

浮士德之叶, 页 93-98 → Faust, S. 93-98

386.
卡夫卡及其他——叶廷芳德语文学散论 Kafka und anderes – Ye Tingfang's Aufsätze über die deutsche Literatur

叶廷芳 著 Ye Tingfang (Verf.)

上海: 同济大学出版社, 2009 年

同济·欧洲文化丛书, 孙周兴、高宣扬主编

400 页, 4100 册

他们共同铸造着一个大写的现代人, 页 313 → Sie schaffen gemeinsam einen groß geschriebenen Menschen, S. 313

天才诗人的滥觞, 页 323 → Quellen genialer Dichter, S. 323

难于超越的高峰: 为歌德 250 华诞而作, 页 326-329 → Gipfel, der nicht zu übersteigen ist: zum Andenken an Goethes 250. Geburtstag, S. 326-329

席勒, 德国又一位多能式的文化巨人——纪念德国伟大戏剧家席勒逝世 200 周年(该文以较大的篇幅介绍席勒与歌德的相处, 学术观点的异同及其对事业的影响。), 页 330 → Schiller, ein weiteres kulturelles Universalgenie – zum Andenken an den 200jährigen Todestag des großen deutschen Dramatikers, S. 330

第三编：合集 Kapitel III: Sammelbände

387.
你应该知道的 2000 个文学常识 → 2000 allgemeine Literaturkenntnisse sollst du wissen
赵子仪 主编 Zhao Ziyi (Hrsg.)
哈尔滨: 哈尔滨出版社, 2009 年
349 页
歌德, 页 229 → Goethe, S. 229
少年维特的烦恼, 页 299 → Die Leiden des jungen Werther, S. 299
浮士德, 页 300 → Faust, S. 300

388.
欧美文学名著导读 Einführung in berühmte Werke europäischer und amerikanischer Literatur
郑克鲁 主编 Zheng Kelu (Hrsg.)
上海: 复旦大学出版社, 2009 年
424 页, 4100 册
古希腊至 18 世纪文学 → Literatur von der Antike bis zur Literatur des 18. Jahrhunderts
第十章: 歌德:《少年维特的烦恼》, 页 94-100 → Kapitel X: Goethe: *Die Leiden des jungen Werther*, S. 94-100

389.
青少年必知的外国文学经典 Klassiker ausländischer Literatur als obligatorische Lektüre für Kinder und Jugendliche
本书编写组 编
广州: 广东世界图书出版公司, 2009 年
浮士德, 页 59-67 → Faust, S. 59-67

390.
青少年名著快读 1000 部 → Kurzfassungen von 1000 berühmten Werken für Kinder und Jugendliche
赛格 编著 Sai Ge (Verf.)
北京: 石油工业出版社, 2009 年
673 页
少年维特的烦恼, 页 295 → Die Leiden des jungen Werther, S. 295
浮士德, 页 295 → Faust, S. 295
威廉麦斯特, 页 296 → Wilhelm Meister, S. 296
歌德谈话录, 页 297 → Gespräche mit Goethe, S. 297

391.
让孩子养成好习惯的故事全集 Das brave Kind: Sammlung lehrreicher Geschichten
高长梅、张采鑫 总主编 Gao Changmei u. Zhang Caixin (Reihenhrsg.)
梁娜 本卷主编 Liang Na (Bandhrsg.)
石家庄: 花山文艺出版社, 2009 年
阳光少年励志书系, 第 2 辑
332 页
歌德与书的故事, 页 84 → Geschichten über Goethe und Bücher, S. 84

392.
人一生要读的 60 部戏剧 → 60 Theaterstücke als Lektüre im Leben
翟文明 编著 Zhai Wenming (Verf.)
北京: 华文出版社, 2009 年
196 页
浮士德, 页 67-70 → Faust, S. 67-70

393.
人之镜——中西文学形象的人格结构 Spiegel des Menschen – Konstruktion moralischer Eigenschaften der Figuren der chinesischen und westlichen Literatur
邓晓芒 著 Deng Xiaomang (Verf.)
上海: 上海文艺出版社, 2009 年
200 页
下篇 Teil II
人生之镜 Spiegel des Lebens
第六章: 辩白与追求: 屈原与浮士德的比较, 页 157-194 → Kapitel VI: Rechtfertigung und Streben: Qu Yuan und Faust im Vergleich, S. 157-194

394.
上海年鉴 (2009 年) Das Shanghai-Jahrbuch (2009)
上海年鉴编纂委员会, 2009 年
596 页
10 月 18 日, 大型话剧《浮士德》在上海话剧艺术中心首演(殷一璀), 页 P42, 字数: 1575 →

Aufführung des großen Sprechtheaters *Faust* am 18. Oktober im Shanghaier Kunstzentrum für Sprechtheater (Yin Yicui), S. P42, Wörter: 1575

395.
十四行诗 Sonette
钱春绮 著 Qian Chunqi (Verf.)
上海: 上海文艺出版社, 2009 年
上海老作家文丛
262 页
纪念歌德诞生 250 周年, 页 255 → Zum Andenken an den 250. Geburtstag Goethes, S. 255

396.
世界经典一本通: 影响世界的 100 部名著速读 Klassische Werke der Weltliteratur, in aller Kürze vorgestellt: fürs rasche Lesen von 100 berühmten Werken, die die Welt beeindruckt haben
利文桦 编著 Li Wenhua (Verf.)
北京: 中国言实出版社, 2009 年
345 页
理性的穿越——歌德的《浮士德》, 页 202 → Vernunft durchdringt das ganze Werk– Goethes *Faust*, S. 202

397.
世界名人一本通 Berühmte Persönlichkeiten in einem Band zusammengefasst
赵志龙、杨君 编著 Zhao Zhilong u. Yang Jun (Verf.)
北京: 华文出版社, 2009 年
212 页
德国文学的旗帜——歌德, 页 106-107 → Goethe – Banner der deutschen Literatur, S. 106-107

398.
世界文学名著讲话 Wie ich berühmte Werke der Weltliteratur verstehe: ein Diskurs
矛盾 著 Mao Dun (Verf.)
南京: 江苏文艺出版社, 2009 年
北斗丛书
第二辑
歌德的《浮士德》, 页 239-242 → Goethes *Faust*, S. 239-242

399.
世界文学名著精华 (上下册) Auslese berühmter Werke der Weltliteratur (2 Bde.)
雁鸣 [杨雁鸣] 编 Yang Yanming (Hrsg.)
太原: 北岳文艺出版社, 2009 年
5300 册
上册 Bd. I
歌德, 页 262 → Goethe. S. 262
少年维特之烦恼 (保宇), 页 263 → Die Leiden des jungen Werther (Bao Yu), S. 263
浮士德 (刘小江), 页 267-272 → Faust (Liu Xiaojiang), S. 267-272

400.
世界文学名著速读 Rasches Lesen berühmter Werke der Weltliteratur
龙军、刘波、周锦章 编著 Long Jun, Liu Bo u. Zhou Jinzhang (Verf.)
北京: 华文出版社, 2009 年
少年维特之烦恼, 页 39-41 → Die Leiden des jungen Werther, S. 39-41
浮士德, 页 42-45 → Faust, S. 42-45

401.
世界 100 位名人成才奥秘 Erfolgsgeheimnis von 100 berühmten Persönlichkeiten der Welt
鲁美 编著 Lu Mei (Verf.)
济南: 山东美术出版社, 2009 年
317 页
歌德, 页 205 → Goethe, S. 205

402.
外国名人快读 Schnelle Lektüre ausländischer Persönlichkeiten
林敬 主编 Lin Jing (Hrsg.)
北京: 三辰影库音像出版社, 2009 年

392 页, 5000 册

文坛泰斗, 文艺史上的狂飙——歌德, 页 159 → Goethe: literarische Autorität, Sturm und Drang in der Geschichte der Literatur und Kunst, S. 159

403.
外国诗歌鉴赏辞典, 古代卷 Lexikon ausländischer Gedichte mit Interpretationen, Band Altertum
吴迪 主编 Wu Di (Hrsg.)
吴斯佳 副主编 Wu Sijia (Mithrsg.)
上海: 上海辞书出版社, 2009 年
外国文学鉴赏辞典大系
1251 页
歌德诗 (12 首) → 详见上卷第一编"译诗目"

404.
外国小说鉴赏辞典 Lexikon ausländischer Romane mit Interpretationen
陈融 主编 Chen Rong (Hrsg.)
上海: 上海辞书出版社, 2009 年
外国文学鉴赏辞典大系
少年维特的烦恼, 杨武能译, 页 44-51, 张素玫析, 页 52-54 → Die Leiden des jungen Werther, übers. v. Yang Wuneng, S. 44-51, interpretiert v. Zhang Sumei, S. 52-54
威廉·麦斯特的学习年代, 冯至、姚可昆译, 页 55-62; 王国庆、和利伟析, 页 62-64 → Wilhelm Meisters Lehrjahre, übers. v. Feng Zhi u. Yao Kekun, S. 55-62; interpretiert v. Wang Guoqing u. He Liwei, S. 62-64
亲和力, 董问樵、王佩莉、林伟中译, 页 65-73; 刘永析, 页 73-75 → Die Wahlverwandtschaften, übers. v. Dong Wenqiao, Wang Peili u. Lin Weizhong; interpretiert v. Liu Yong, S. 73-75

405.
"文化史视域里的歌德席勒及德国古典时代": 国际学术研讨会会议手册 Goethe, Schiller und die deutsche Klassik am Horizont der Kulturgeschichte, Internationale Tagung, Beijing, 25-27. April 2009

主办单位:
中国外国文学学会德语文学研究会
中国社会科学院外国文学研究所
协办单位:
德国歌德学院北京分院
中国对外友协
中国作家协会
时间: 2009 年 4 月 25-27 日
地点: 北京太申祥和山庄
编者附言: 2009 年 4 月由中国社科院外文所召集的这次研讨会阵容强大, 集中了国内外翻译、研究歌德的精兵强将, 是他们最新学术成果的一次大检阅, 其中的不少篇目已在专业杂志发表。有鉴于此, 编者破例, 特将这本并未公开发行的《会议手册》, 连同发言的题目, 一并列入本栏目, 希望能为读者提供某些信息和启发。

Grußwort (Dr. Jochen Golz), S. 12
国际歌德学会贺辞(戈尔茨博士), 页 13
贺信(中国作家协会), 页 15
Zum Verständnis von Nationalkultur und Weltkultur in Goethes Lyrik, S. 18
歌德诗歌中民族文化与世界文化的关系 (戈尔茨), 页 19 → Das Verhältnis zwischen Nationalliteratur und Weltliteratur in Goethes Dichtung (Dr. Jochen Golz), S. 19
他们共同铸造着一个大写的现代人——歌德和席勒对"人"的设计(叶廷芳), 页 19 → Sie schmieden gemeinsam einen glanzvollen modernen „All-Mensch" (Ye Tingfang), S. 19
文化民族还是民族文化——18 世纪末德国文学登上顶峰的原因解析 (范大灿), 页 21 → Kulturnation oder Nationalkultur: Die Analyse der Gründe, Warum die deutsche Literatur am Ende des 18. Jahrhunderts an die Spitze geht (Fan Dacan), S. 21
从狂飙突进到古典的嬗变——歌德魏玛最初十年再认识(任国强), 页 26 → The Evolution from Storm and Stress to Classicalism – The Reflection on Goethe's First Ten-Year Life in Weimar (Ren Guoqiang), S. 26
荷尔德林与歌德和席勒 (刘皓明), 页 27 → Hölderlins Beziehungen zu Goethe und Schiller (Liu Haoming), S. 27

第三编：合集 Kapitel III: Sammelbände

歌德和席勒——德意志民族精神的代表(聂军), 页 28 → Goethe und Schiller: die Repräsentanten des deutschen Geistes (Nie Jun), S. 28

从诗歌创作走近德国国民性与精神象征的歌德 (冯晏), 页 29 → Goethe als Symbol des deutschen Nationalcharakters und -geistes durch seine Dichtung (Feng Yan), S. 30

限定与保留——重读歌德的《威廉·迈斯特的学习年代》(冯亚琳), 页 33 → Beschränkung und Bewahrung – *Wilhelm Meisters Lehrjahre* im gegenwärtigen Horizont (Feng Yalin), S. 33

审美感知的碰撞——诺瓦利斯与歌德的《威廉·迈斯特的学习年代》(韩瑞祥), 页 34 → Zusammenstoß von ästhetischen Wahrnehmungen – über Novalis' Kritik an Goethes *Wilhelm Meisters Lehrjahre* (Han Ruixiang), S. 34

《浮士德》：西方文化现代性问题的诗性考量 (胡志明), 页 37 → *Faust*: A Poetic Consideration on the Problem of the Western Cultural Modernity (Hu Zhiming), S. 37

人生的幻灭——反读歌德的《浮士德》(章国锋), 页 39 → Die zerstörte Illusion des Lebens – eine andere Faust-Interpretation (Zhang Guofeng), S. 39

歌德的《浮士德》与金融问题——《浮士德》第二部中的虚拟世界 (吴建光), 页 40 → Goethes *Faust* und die Finanzproblematik – eine Interpretation der imaginären Finanzwelt in *Faust* II (Wu Jianuang), S. 40

Weltenvielfalt – Goethe und das literarische Abenteuer der Entdeckung (Anil Bhatti) 世界多样性：歌德与发现的文学冒险, S. 43

爱和艺术的可见性与不可见性——论歌德的"亲和力"和本雅明对"无性美学"的批判 (黄凤祝), 页 45 → Die Sichtbarkeit und Unsichtbarkeit von Kunst und Liebe im Roman *Die Wahlverwandtschaften* Goethes (Huang Fengzhu), S. 45

作为诗学与政治的童话——诺瓦利斯的"克灵佐童话"与歌德的"童话" (王歌), 页 46 → Märchen als Poetik und Politik – Versuch an Novalis' Klingsohrmärchen und Goethes Märchen (Wang Ge), S. 46

从"希腊理想"到"中国镜像"——论歌德、席勒的"古典图镜观"及其中国资源 (叶隽), 页 52 → Vom „griechischen Ideal" zum "China-Bild" – Goethes und Schillers „Auffassung von klassischen Bildern" und chinesischen Anlehnungen (Ye Jun), S. 52

歌德的颜色论及其文化背景 (方在庆), 页 54 → Goethes Farbenlehre und deren kulturelle Hintergründe (Fang Zaiqing), S. 54

自然科学对于歌德的意义 (莫光华), 页 55 → Die Bedeutung der Naturforschung für Goethe als Dichter (Mo Guanghua), S. 55

神力、自然和人工——从《歌德谈话录》看晚年歌德的天才观 (贺骥), 页 56 → Die göttliche Kraft, die Natur und die menschliche Kraft – die Genie-Auffassung des alten Goethe an Hand der *Gespräche mit Goethe* (He Ji), S. 56

百年歌德在中国：从《歌德汉译与研究总目》(1878-2008)的编纂谈起 (顾正祥), 页 58 → Goethes hundertjährige Rezeption in China: die Bibliographie *Goethe in chinesischer Übersetzung und Forschung* (1878-2008) als Ausgangspunkt (Gu Zhengxiang), S. 58

略谈辜鸿铭眼中的歌德和席勒 (方厚生), 页 59 → Goethe und Schiller in Gu Hongming's Augen (Fang Housheng), S. 59

歌德和席勒在抗日战争中 (袁志英), 页 60 → Goethe und Schiller im antijapanischen Krieg (Yuan Zhiying), S. 60

歌德、席勒文化精神对当代中国的启蒙意义 (董健), 页 61 → Die aufklärende Bedeutung des kulturellen Geistes von Goethe und Schiller für das gegenwärtige China (Dong Jian), S. 61

从托尔夸多塔索看艺术家的生存 (苗鑫), 页 65 → Das Existenzproblem der Künstler in *Torquato Tasso* (Miao Xin), S. 65

歌德、席勒论表演艺术 (陈世雄), 页 66 → Goethe und Schiller on Performance Art (Chen Shixiong), S. 66

试论《浮士德》及徐晓钟导演艺术 (刘明厚), 页 67 → On *Faust* directed by Xu Xiaozhong (Liu Minghou), S. 67

普罗米修斯的风暴：神话哲学视野里的歌德 (胡继华), 页 68 → Der Sturm von Prometheus: Goethe im Horizont der Mythenphilosophie (Hu Jihua), S. 68

《浮士德》中现代人的困境与救赎——兼谈歌德与基督教文化问题 (谷裕), 页 69 → Die Notlage und Rettung des modernen Menschen in *Faust* – in Bezug auf Goethe und das Problem der christlichen Kultur (Gu Yu), S. 70

歌德的绘画艺术 (王端廷), 页 71 → Goethes painting (Wang Duanting), S. 71

贝多芬的歌德歌曲 (余志刚), 页 72 → Beethoven's Goethe-Lieder (Yu Zhigang), S. 72

406.
文学理论：从柏拉图到德里达
Literaturtheorien: von Platon bis Jacques Derrida
杨冬 著 Yang Dong (Verf.)
北京：北京大学出版社，2009 年
丛书：培文・学术
2012 年第 2 版
第二章：文艺复兴至 18 世纪的文学批评, 页 51 → Kapitel II: Von der Renaissance bis zur Literaturkritik im 18. Jahrhundert, S. 51
第七节：歌德, 页 98 → Abschnitt VII: Goethe, S. 98

407.
文学欣赏 Literarische Interpretationen
张东旭、杨爱华、朱瑞 主编 Zhang Dongxu, Yang Aihua u. Zhu Rui (Hrsg.)
大连: 大连理工大学, 2009 年
新世纪高职高专基础类课程规划教材
314 页, 15000 册
少年维特之烦恼, 页 265-271 → Die Leiden des jungen Werther, S. 265-271
编者提示: 含节选、故事梗概和赏析三部分。

408.
西方 17-18 世纪文学 (上、下卷) → Westliche Literatur im 17. u. 18. Jahrhundert, Band I u. II
赵沛林、仲石 主编 Zhao Peilin u. Zhong Shi (Hrsg.)
龚宏、甘丽娟 著 Gong Hong u. Gan Lijuan (Verf.)
长春: 吉林文史出版社, 2009 年
文学名家名著故事全集, 外国卷, 赵沛林、仲石 主编, 423 页 → Sammlung berühmter Werke von berühmten Literaten, Band Ausland, hrsg. v. Zhao Peilin und Zhong Shi, 423 S.

105. 德国文学的宙斯——歌德, 页 339 → 105. Goethe – Zeus der deutschen Literatur, S. 339
106. 狂飙突进运动的旗手, 页 345 → 106. Bannerträger des Sturm und Drang, S. 345
107. 感伤的《少年维特之烦恼》, 页 348 → 107. Der sentimentale Roman *Die Leiden des jungen Werther*, S. 348
108. 在陶里斯的伊菲革尼亚, 页 350 → 108. Iphigenie auf Tauris, S. 350
109. 罗马哀歌与爱情欢乐, 页 352 → 109. Römische Elegien und Liebeselegien, S. 352
110. 歌德罗曼史, 页 355 → 110. Goethes Romantik, S. 355
111. 歌德与席勒, 页 359 → 111. Goethe und Schiller, S. 359
112. 歌德与拿破仑, 页 363 → 112. Goethe und Napoleon, S. 363
113. 神交已久的歌德与贝多芬, 页 366 → 113. Seelenverwandtschaft zwischen Goethe und Beethoven seit langem, S. 366
114. 在东方文学中神游, 页 368-371 → 114. Wanderung in der orientalischen Literatur, S. 368-371

409.
西方文学经典名著导读 Einführung in klassische Werke der westlichen Literatur
张健鸣、胡足青 主编 Zhang Jianming u. Hu Zuqing (Hrsg.)
北京: 中国妇女出版社, 2009 年
351 页
第五章: 18 世纪文学: 小说的"黄金时代" → Kapitel V: Die Literatur des 18. Jahrhunderts: die „goldene Zeit" des Romans
歌德: 浮士德, 页 97-104 → Goethe: Faust, S. 97-104

410.
西方文学名家名作欣赏 Interpretationen berühmter Werke von berühmten Schriftstellern der westlichen Literatur
朱琳 著 Zhu Lin (Verf.)

北京: 中国人民公安大学出版社, 2009 年
中外文学名家名作欣赏丛书, 潘中艺主编
285 页, 8000 册
我的心才是我唯一的骄傲——歌德的《少年维
　　特的烦恼》, 页 45-61 → Nur mein Herz ist
　　mein einziger Stolz – Goethes *Leiden des
　　jungen Werther*, S. 45-61

411.
新编外国文学史——外国文学名著批评教程
　　Berühmte Werke der ausländischen Literatur:
　　ein kritisches Lehrbuch
梁坤　主编 Liang Kun (Hrsg.)
北京: 北京大学出版社, 2009 年
21 世纪外国文学系列教材
325 页
第 6 章: 歌德的《浮士德》: 德意志观念与意识
　　形态的试金石 (莫光华), 页 93-110 →
　　Goethes *Faust*: ein Prüfstein für deutsche
　　Auffassungen und Ideologien (Mo Guanghua),
　　S. 93-110

412.
影响孩子一生的外国名人 Berühmte
　　Persönlichkeiten des Auslands, die die Kinder
　　lebenslang beeinflussen
冯宪光、马林贤　主编 Feng Xianguang u. Ma
　　Linxian (Hrsg.)
成都: 四川文艺出版社, 2009 年
文学中的奥林匹斯神——歌德, 页 160-164 →
　　Goethe – Olympier in der Literatur, S. 160-164

413.
这些个文学常识你得知道 Diese allgemeinen
　　Literaturkenntnisse sollst du wissen
杨青芝、胡海、李光彩　著 Yang Qingzhi, Hu Hai
　　u. Li Guangcai (Verf.)
北京: 中央广播电视大学出版社, 2009 年
226 页
至情的歌德, 页 58-60 → Der emotionale Goethe,
　　S. 58-60
让维特替歌德去死吧, 页 60-62 → Lass Werther
　　für Goethe sterben, S. 60-62

414.
中国戏剧年鉴 (2009 年) Jahrbuch fürs
　　chinesische Drama (2009)
上海: 中国戏剧年鉴社, 2009 年
616 页
话剧《浮士德》(彭奇志), 页 517, 字数 764 →
　　Versdrama *Faust* (Peng Qizhi), S. 517, Wörter:
　　764

415.
中国现代文学翻译版本闻见录 (1905-1933)
　　Moderne chinesische Übersetzungsausgaben:
　　Lesefrüchte (1905-1933)
张泽贤　著 Zhang Zexian (Verf.)
上海: 上海远东出版社, 2008 年
637 页, 3250 册
浮士德 (1934 年, 伍蠡甫编), 页 11-13 → Faust
　　(Wu Lifu, 1934), S. 11-13
浮士德, 页 197 → Faust, S. 197
少年哥德, 页 351 → Der junge Goethe, S. 351
歌德自传, 页 396 → Dichtung und Wahrheit, S.
　　396
浮士德, 页 424 → Faust, S. 424

416.
中外经典名著导读 Einführung in klassische
　　Werke Chinas und des Auslands
符文军、李丹　主编 Fu Wenjun u. Li Dan (Hrsg.)
北京: 时事出版社, 2009 年
360 页
《歌德谈话录》, 页 355 → Gespräche mit Goethe,
　　S. 355

417.
中外名著全知道 Universales Wissen über
　　berühmte Werke Chinas und des Auslands
任浩之　编著 Ren Haozhi (Verf.)
北京: 当代世界出版社, 2009 年
459 页
歌德 Goethe:
《少年维特之烦恼》, 页 177 → Die Leiden des
　　jungen Werther, S. 177
《浮士德》, 页 178 → Faust, S. 178

418.
中外文明同时空·明清 VS 文艺复兴启蒙时代
Die Zivilisation Chinas und des Auslands geschieht zur gleichen Zeit und unter dem gleichen Himmel. Die chinesische Ming- und Qing-Dynastie und die europäische Renaissance und Aufklärung
林言椒、何承伟　主编　Lin Yanjiao u. He Chengwei (Hrsg.)
上海: 上海锦绣文章出版社，2009 年
303 页
近代人的圣经《浮士德》，页 217 → Faust: die Bibel des Menschen in der neueren Zeit, S. 217
本节含如下小标题:
古典与狂飙　Klassik sowie Sturm und Drang
浮士德难题与浮士德精神　→ Faust als schwieriges Thema und Fausts Geist
小辞典：狂飙突进运动　Kleines Namenslexikon: Sturm und Drang

419.
滋养青少年心灵的 100 部文学名著 → 100 berühmte literarische Werke, die die Seele der Kinder und Jugendlichen befruchten
文小竹　编著　Wen Xiaozhu (Verf.)
北京: 石油工业出版社，2009 年
研究歌德的必读书目《歌德谈话录》——艾克曼, 页 135-138 → Eckermann, Johann Peter: *Gespräche mit Goethe*, ein obligatorischer Buchtitel für die Goethe-Forschung
那一个时代的苦闷《少年维特之烦恼》——歌德, 页 305-309 → Goethe: *Die Leiden des jungen Werther* – ein Kummer jener Zeit, S. 305-309

420.
宗白华文艺美学思想研究 Über Zong Baihuas ästhetische Gedanken zu Literatur und Kunst
云慧霞　著　Yun Huixia (Verf.)
北京: 中国社会科学出版社，2009 年
224 页
第一章: 西方语境中的中国现代美学观, 页 16 → Kapitel I: Moderne chinesische ästhetische Auffassungen im westlichen Sprachraum, S. 16

第二节: 浮士德精神与审美现代性问题, 页 35 → Abschnitt II: Fausts Geist und die ästhetische Modernität, S. 35
一、现代性的精神危机, 页 36 → Geistige Krise der Modernität, S. 36
二、歌德的人生启示, 页 39 → Goethes Anregungen für das Leben, S. 39
三、浮士德难题的当代解决, 页 43-48 → Die gegenwärtige Lösung der Faust-Frage, S. 43-48

421.
宗白华中西美学论集 Zong Baihua's Beiträge zur chinesischen und westlichen Ästhetik
宗白华　著　Zong Baihua (Verf.)
殷曼婷　编　Yin Manting (Hrsg.)
南京: 南京大学出版社, 2009 年
南雍学术经典
400 页
歌德之人生启示, 页 68-89 → Goethe zur Deutung des Lebens, S. 68-89
歌德诗 7 首(参见上卷第一编译诗目) → Goethe: 11 Gedichte (siehe Teil I: Übersetzung, Kapitel I: Dichtung)

422.
最新图说世界名著导读 Die neueste illustrierte Einführung in weltberühmte Werke
崔仲雷　主编　Cui Zhonglei (Hrsg.)
长春: 吉林美术出版社, 2009 年
新世纪学生必读书库
288 页, 7000 册
浮士德, 页 190-192 → Faust, S. 190-192

2010 年

423.
百部文学名著一本通 Bekanntmachung mit hundert berühmten Literaturwerken durch einen Band
文渊　编著　Wen Yuan (Verf.)
北京: 当代世界出版社, 2010 年
319 页
少年维特之烦恼, 页 168 → Die Leiden des jungen Werther, S. 168

第三编：合集 Kapitel III: Sammelbände

424.
德国的古典精神 Der klassische deutsche Geist
李长之 著 Li Changzhi (Verf.)
北京: 中国社会科学出版社, 2010年
丛书: 大国性格
328页
编者提示: 1943年初版于东方书社(成都)。新版增编了附录，选载李长之与歌德有关的诗文多种，内容更为详备，增强了论著的文献性。
第三编: 歌德(1749-1832)对于人生问题的解答与收获, 页101 → Kapitel III: Goethes Antwort auf die Fragen des Lebens und ihre Bedeutung für uns, S. 101
一、考尔夫, 页83 → Korff, Hermann August, (1882-?), S. 83
二、《歌德时代之精神》, 页83 → Geist der Goethezeit, S. 83
三、《歌德及其生活之意义》, 页86 → Die Bedeutung Goethes und seines Lebens, S. 86
四、《东西诗集》之精神, 页90 → Geist des West-östlichen Divan, S. 90
五、《古典的人本理想》, 页92 → Ideal des klassischen Humanismus, S. 92
六、《浮士德》观念之演化, 页96 → Entwicklung der Vorstellung Fausts, S. 96
七、《歌德之生活观念》, 页98 → Goethes Lebensbewusstsein, S. 98
八、结论, 页101 → Schlussfolgerung, S. 101
附录 Anhang
介绍《五十年来的德国学术》, 页171 → Über den Artikel *Deutsche Wissenschaft seit 50 Jahren*, S. 171
伟大的性格之反映——漫谈《维特》和《浮士德》, 页181 → Abbild großer Wesenszüge – über die Werke *Die Leiden des jungen Werther* und *Faust*, S. 181
略谈德国民歌, 页257 → Kurzer Beitrag über die deutschen Volkslieder, S. 257
歌德童话 Das Märchen (WA [I], Band 18, S. 244-273), in: Unterhaltungen deutscher Ausgewanderten
新的人鱼梅露心的故事, 页275 → Die neue Melusine (WA [I], Band 25, S.131), S. 275
译者前记, 页275-287 → Vorwort des Übersetzers, S. 275-287
童话正文, 页287-308 → Das Märchen, S. 287-308
译者小记, 页308-310 → Kleine Notizen des Übersetzers, S. 308-310
德诗选译(详见上卷第一编译诗目), 页311 → Ausgewählte deutsche Gedichte (siehe Erster Teil: Übersetzung. Kapitel I: Dichtung), S. 311
赠歌德 (全诗如下: 我生在一九一零/你生在一七四九/你生在德意志/我生在中华神州/可是为什么你所要说的/全是我生命里，自己所要奔流的/你是不是一个造物主的化身，要不/为什么你的精神弥漫宇宙/我看你就是大自然/静静地包罗万有/我看你那里就是深刻的整个的人间/又推动人向前走/出污泥而不染/入圣人之乡而超凡/歌德, 歌德, 我将何以报之/爱其人，想其德, 将译其诗篇), 页325 → Goethe gewidmet, S. 325
送季羡林赴德国呈露薇(全诗如下: 你, 露薇, 我, 许多朋友, 都爱古典文学的德国/德国文学的顶点是歌德/一千九百四十九/歌德诞生两百周/咱们一定成立中国歌德学会, 译完歌德全集/把歌德的文化, 使一般人消受), 页327。

425.
德国文化通论 Abriss der deutschen Kultur
马树德 编著 Ma Shude (Verf.)
北京: 商务印书馆, 2010年
商务馆对外汉语专业本科系列教材
384页
第八章: 德国 → Kapitel VIII: Deutschland
第二节: 德国的历史文化名人及其文化成果, 页245 → Abschnitt II: Berühmte Persönlichkeiten in der deutschen Geschichte und Kultur sowie ihre kulturellen Errungenschaften, S. 245
一、文学家, 页245 → Schriftsteller, S. 245
(一) 古典主义代表作家歌德、席勒, 页245 → Goethe und Schiller: die repräsentativen Schriftsteller der Klassik, S. 245
1. 歌德, 页245-247 → 1. Goethe, S. 245-247

426.
德意志之在: 游思德意志民族文化性格 (上下册) Deutschland als Dasein: Wanderung durch die kulturelle Landschaft der deutschen Nation (2 Bde.)

鲁成文 著 Lu Chengwen (Verf.)

北京、广州、上海、西安: 世界图书出版公司北京公司, 2010 年

691 页

第四章: 乌尔姆, 科隆: 天国之兆 → Kapitel IV: Ulm, Köln: Zeichen des Himmels

德意志性与哥特式及沃林格尔的评论, 页 214-222; 歌德谈哥特式建筑 (《诗与真》及《德国的建筑》), 页 216-217 → Der Deutsche und die Gotik sowie die Kommentare

第五章: 黑兴根: 王者之相 → Kapitel V: Hechingen: ein majestätisches Gesicht

普鲁士王国的文化, 页 268 (比较歌德与蒂克的历史地位及他们的两部小说《弗兰茨·斯坦恩巴尔德的漫游》与《迈斯特的学习时代》), 页 270) → Die Kultur Preußens, S. 270

魏玛的文化风采, 页 271-273 → Weimars kulturelle Landschaft, S. 271-273

第七章: 海德堡: 浪漫之帜 → Kapitel VII: Heidelberg: Banner der Romantik

"狂飙突进" 文学运动, 页 379-382 → Die literarische Bewegung Sturm und Drang, S. 379-382

"躲" 起来的歌德与英雄的、浪漫的贝多芬, 页 392-397 → Der „versteckte" Goethe und der heroische und romantische Beethoven, S. 392-397

第八章: 科布伦茨: 战者之略 → Kapitel VIII: Koblenz: eine Stadt der Auseinandersetzung

歌德对德国的复杂态度, 页 436-439 → Goethes wechselnde Einstellung zu Deutschland, S. 436-439

427.

多维视域中的西方文学 Die westliche Literatur aus vielfältiger Sicht

诸蓓娟 著 Zhu Beijuan (Verf.)

北京: 中央编译出版社, 2010 年

屏峰文丛, 孙力平 主编

215 页

第二章: 寻觅人生真谛 → Kapitel II: Suche nach dem wahren Sinn des Lebens

一、自强不息者: 浮士德, 页 25-30 → Derjenige, der ständig strebt: Faust, S. 25-30

428.

国人必知的 1000 部中外名著 → 1000 berühmte Werke Chinas und des Auslands, Pflichtlektüre für unsere Bürger

钱阳鸣 编著 Qian Yangming (Verf.)

沈阳: 万卷出版公司, 2010 年

国人必知; 38

405 页

少年维特之烦恼, 页 20 → Die Leiden des jungen Werther, S. 20

歌德谈话录, 页 63 → Gespräche mit Goethe, S. 63

浮士德, 页 106 → Faust, S. 106

429.

海上文学百家文库 · 54

瞿秋白、张闻天卷 Band *Jü Qiubai / Zhang Wentian* (Verf.)

徐俊西　主编 Xu Junxi (Hrsg.)

朱立元　编 Zhu Liyuan (Hrsg.)

上海: 上海文艺出版社, 2010 年

张闻天 Zhang Wentian:

歌德的《浮士德》(一九二二年八月十日)

一、歌德与《浮士德》, 页 439-441 → Goethe und sein *Faust*, S. 439-441

二、《浮士德》中所包含的根本思想, 页 442-443 → Die Grundgedanken im *Faust*, S. 442-443

430.

黑塞与东西方文化的整合 Hermann Hesse und die Neuordnung der ost- westlichen Kultur

张弘、余匡复 著 Zhang Hong u. Yu Kuangfu (Verf.)

上海: 华东师范大学出版社, 2010 年

华师大新世纪学术著作出版基金

518 页, 1100 册

编者附注: 谈及歌德对黑塞的影响 (页 135-137)。

431.

跨文化的传播与接受——20 世纪中国文学与外国文学的关系 Kulturübergreifende Verbreitung und Aufnahme – Verbindungen der chinesischen Literatur mit der ausländischen

第三编：合集 Kapitel III: Sammelbände

龙泉明、陈国恩、赵小琪、方长安 等著 Long Quanming, Chen Guo'en, Zhao Xiaoqi, Fang Chang'an u. a. (Verf.)
北京：人民文学出版社，2010 年
第三章：中国 20 世纪文学与德奥文学，页 72 → Kapitel III: Die chinesische Literatur des 20. Jahrhunderts und die deutsche sowie die österreichische Literatur , S. 72
第一节：德国文学的翻译与介绍，页 72 → Abschnitt I: Die Rezeption der deutschen Literatur, S. 72
第二节：德国哲学和美学对中国文学的影响，页 79 → Abschnitt II: Einfluss der deutschen Philosophie und Ästhetik auf die chinesische Literatur, S. 79
第三节：歌德、布莱希特与 20 世纪中国文学，页 82-90 → Abschnitt III: Goethe, Brecht und die chinesische Literatur des 20. Jahrhunderts, S. 82-89

432.
沫若自传 (上下卷) [Guo] Moruo's Autobiographie (2 Bde.)
郭沫若 著 Guo Moruo (Verf.)
北京: 求真出版社, 2010 年
学生时代 Die Studienzeit
创造十年 Während der 10 Jahre im Chuangzao [Aufbau]-Verein
编者提示：作者谈他接触歌德并翻译《浮士德》的经历, 页 224-231 → Der Verfasser schildert seine Begegnung mit Goethe seine Übersetzung des *Faust*, S. 224-231

433.
青少年必知的外国文学经典 Klassiker ausländischer Literatur als Pflichtlektüre für Kinder und Jugendliche
本书编写组 编
广州: 广东世界图书出版公司, 2010 年
青少年必知传世经典系列
2 册 (10, 418 页)
浮士德 Faust

434.
全球化时代的世界文学与中国：《当代世界文学与中国》国际学术研讨会论文集 Die Weltliteratur und China im Zeitalter der Globalisierung: Beiträge des internationalen Symposiums „Die gegenwärtige Weltliteratur und China"
张健 主编 Zhang Jian (Hrsg.)
刘洪涛、张清华 副主编 Liu Hongtao u. Zhang Qinghua (Mithrsg.)
北京: 中国社会科学出版社, 2010 年
459 页
歌德的遗嘱: 关于世界文学 (杨俊杰), 页 186-195 → Goethes Vermächtnis: über die Weltliteratur (Yang Junjie), S. 186-195

435.
人文国际, 第 2 辑 Internationale Geisteswissenschaften, Band II
厦门: 厦门大学出版社, 2010 年
从"希腊理想"到"中国镜像"——论歌德、席勒的"古典图镜观"及其中国资源 (叶隽), 页 66-83 → Vom „griechischen Ideal" zum "China-Bild" – Goethes und Schillers „Auffassung von klassischen Bildern" und chinesischen Anlehnungen (Ye Jun), S. 66-83

436.
人性的光辉, 理性的思辨: 外国文学论稿 Abglanz menschlicher Natur und vernünftiges Denken – Beiträge zur ausländischen Literatur
范明学 著 Fan Mingxue (Verf.)
长春: 吉林大学出版社, 2010 年
339 页
二、作家作品 (分析研究) Autoren und Werke
4. 神的威仪, 人的情愫——歌德的情感历程, 页 181-187 → Göttliches Auftreten, menschliche Gefühle – Goethes geistige Entwicklung, S. 181-189

437.
诗歌读本 (大学卷) Lyrische Lektüre (Studienausgabe)
钱理群、洪子诚 主编 Qian Liqun u. Hong Zicheng (Hrsg.)

姜涛　编　Jiang Tao (Hrsg.)
桂林：广西师范大学出版社，2010 年
273 页
歌德《浪游者的夜歌》的几种译文(屠岸), 页 252-257 → Goethes *Wandrers Nachtlied* „Über allen Gipfeln" in verschiedenen Übersetzungen (Tu An), S. 257
流浪人底夜歌，屠岸译，页 252 → Wandrers Nachtlied „Über allen Gipfeln", übers. v. Tu An, S. 252
流浪者之夜歌，郭沫若译，页 253 → Wandrers Nachtlied „Über allen Gipfeln, übers. v. Guo Moruo, S. 253
流浪者之夜歌，宗白华译，页 253 → Wandrers Nachtlied „Über allen Gipfeln, übers. v. Zong Baihua, S. 253
流浪者之夜歌，梁宗岱译，页 254 → Wandrers Nachtlied „Über allen Gipfeln, übers. v. Liang Zongdai, S. 254
夜歌，朱湘译，页 255 → Wandrers Nachtlied „Über allen Gipfeln, übers. v. Zhu Xiang, S. 255
浪游者的夜歌，钱春绮译，页 255 → Wandrers Nachtlied „Über allen Gipfeln", übers. v. Qian Chunqi, S. 255
论点摘要："我惊奇于钱译之能够达到如此精炼的程度，又能传达原作的精神，实是难能可贵"（页 256），用字"安息"较"安静"较之郭译、梁译、朱译"似更质朴，与原意更为吻合"（页 257）"我本想把我三十八年前的那首幼稚的译诗习作修改或重译一遍，自从见了钱春绮同志的译文后，就决心搁笔了。"（页 257）

438.
世界经典故事大全集 Große Sammlung der klassischen Geschichten der Welt
朱立春　主编　Zhu Lichun (Hrsg.)
北京: 华文出版社, 2010 年
世界经典文学故事
446 页
照亮德意志文坛的歌德, 页 412-413 → Goethe, der die deutsche Literaturwelt erhellt, S. 412-413

439.
世界十大古典悲剧故事 Die zehn großen Tragödien der Welt: Nacherzählungen
金金　编著　Jin Jin (Verf.)
呼伦贝尔: 内蒙古文化出版社, 2010 年
193 页，6000 册
第六篇：哀格蒙特, 页 99 → Text VI: Egmont, S. 99

440.
世界文化常识千讲 Tausend Vorlesungen über allgemeine Kenntnisse der Weltkultur
崔建林　主编　Cui Jianlin (Hrsg.)
长春: 吉林大学出版社, 2010 年
丛书: 学海扬帆
第三篇: 文学　Vorlesung III: Literatur
《少年维特之烦恼》, 页 44 → Die Leiden des jungen Werther, S. 44

441.
世界文学名著全知道 Zur Kenntnis aller berühmten Werke der Weltliteratur
雅婷、尹培培　编著　Ya Ting u. Yin Peipei (Verf.)
北京: 企业管理出版社, 2010 年
430 页
《浮士德》, 页 350-355 → Faust, S. 350-355

442.
图解西方文论 Graphische Darstellungen westlicher Literaturtheorien
余瀛波　编著　Yu Yingbo (Verf.)
西安: 世界图书出版西安公司, 2010 年
193 页
绕不开的古典主义大师——歌德, 页 88 → Goethe – der große Meister, den wir nicht umgehen können, S. 88

443.
外国名作家小故事 Kleine Geschichten von berühmten Schriftstellern des Auslands
刘发清　著　Liu Faqing (Verf.)
北京：时代作家出版社, 2010 年

第三编：合集 Kapitel III: Sammelbände

423 页
德国、丹麦、挪威、瑞典大作家群像
　　Gruppenbilder von großen Schriftstellern
　　Deutschlands, Dänemarks, Norwegens und
　　Schwedens
歌德的稿酬, 页 369 → Goethes Honorar, S. 369
歌德与版权, 页 370 → Goethe und Copyright,
　　S. 370
歌德和他的平民夫人, 页 371 → Goethe und
　　seine Gattin aus einfacher Familie, S. 371
歌德和演员, 页 373 → Goethe und
　　Schauspieler, S. 373
歌德和魏玛公爵的一场斗争, 页 374 →
　　Goethes Auseinandersetzung mit dem
　　Weimarer Herzog, S. 374

444.
外国文学名典释读 Erläuterungen zu berühmten
　　Werken der ausländischen Literatur
何素平　著 He Suping (Verf.)
兰州: 甘肃文化出版社, 2010 年
366 页
十八世纪文学和启蒙运动: 文明的启迪, 页 130
　　→ Literatur des 18. Jahrhunderts und die
　　Aufklärung: Anregungen für die Zivilisation,
　　S. 130
《浮士德》: 人能达到的境界与局限, 页 132-141
　　→ *Faust*: Reichweite und Grenze des
　　Menschen, S. 132-141
德国文学的宙斯——歌德, 页 132 → Goethe –
　　der Zeus der deutschen Literatur, S. 132
《浮士德》释读, 页 133-141 → Interpretation des
　　Faust, S. 133-141

445.
外国文学名家作品导读 Einführung in berühmte
　　Werke ausländischer Literatur
陈丛耘、卢锦明　主编 Chen Congyun u. Lu
　　Jinming (Hrsg.)
苏州: 苏州大学出版社, 2010 年
江苏省高教学会组编系列教材/高职高专人文素
　　质教育教材
202 页, 共介绍 49 位作家的 49 部作品
歌德与《浮士德》, 页 34-37 → Goethe und sein
　　Faust, S. 34-37

446.
外国文学名著导读 Einführung in berühmte
　　Werke ausländischer Literatur
陆明、闫冰　编著 Lu Ming u. Yan Bing (Verf.)
北京: 清华大学出版社, 2010 年
16+270 页, 4000 册
第四章: 17、18 世纪文学 → Kapitel IV: die
　　Literatur des 17. und des 18. Jahrhunderts
歌德:《浮士德》, 页 146-153 → Goethe: *Faust*
　　(Ausz.), S. 146-153

447.
文化视觉下的欧盟成员国研究: 德国
　　Untersuchung der Mitgliedsländer der EU aus
　　verschiedener kultureller Sicht: Deutschland
戴启秀、王志强　主编 Dai Qixiu u. Wang
　　Zhiqiang (Hrsg.)
上海: 上海外语教育出版社, 2010 年
欧盟及其成员国研究丛书, 曹德明总主编
329 页, 2100 册
第四章: 文学、语言 → Kapitel IV: Literatur und
　　Sprache
第四节: 歌德《浮士德》之"天上序曲"新释: 人
　　类的界限 (吴建光), 页 221-232 → Abschnitt
　　IV: Neue Erläuterungen zum *Prolog im
　　Himmel* des *Faust*: Grenzen der Menschheit
　　(Wu Jianguang), S. 221-232

448.
文学欣赏 Literarische Interpretationen
王若珺　主编 Wang Ruojun (Hrsg.)
北京: 北京师范大学出版社, 2010 年
教育部推荐教材, 21 世纪高职高专系列规划教
　　材
351 页
第二模块: 诗歌欣赏 Die zweite Rubrik:
　　Gedichtinterpretationen
第三节: 外国著名诗人举要 Abschnitt 3: Die
　　wichtigsten unter berühmten ausländischen
　　Dichtern
三、古典主义与启蒙主义时期的诗人, 页 66 →
　　Dichter der Klassik und der Aufklärung, S. 66
(二) 歌德与《浮士德》, 页 67 → Goethe und
　　Faust, S. 67

449.
文艺理论与文艺批评 Literaturtheorie und Literaturkritik
陆贵山 著 Lu Guishan (Verf.)
北京: 作家出版社, 2010 年
470 页
第二编: 经典文本解析 → Teil II: Erläuterungen zu klassischen Textversionen
恩格斯论歌德的世界观和创作, 页 236-248 → Friedrich Engels über Goethes Weltauffassung und Dichtung, S. 236-248

450.
西方文学一本通 Bekanntmachung mit der westlichen Literatur durch einen Band
王禹翰 编著 Wang Yuhan (Verf.)
沈阳: 万卷出版公司, 2010 年
368 页
十八世纪启蒙文学 Die Literatur der Aufklärung im 18. Jahrhunderts
名家荟萃 Berühmte Persönlichkeiten
歌德, 页 88 → Goethe, S. 88
经典纵览 Klassische Werke
赫尔曼和多罗泰, 页 92 → Hermann und Dorothea, S. 92
浮士德, 页 93 → Faust, S. 93
少年维特之烦恼, 页 95 → Die Leiden des jungen Werther, S. 95
文学术语, 人物形象 Literarische Terminologie, literarische Figuren
浮士德精神, 页 264 → Fausts Geist, S. 264
维特热, 页 265 → Das „Werther-Fieber", S. 265

451.
寻觅集 Auf der Suche
绿原 著 Lü Yuan (Verf.)
北京: 东方出版社, 2010 年
互读文丛
282 页
冯至《论歌德》读后散记, 页 37-54 → Literarische Skizzen nach der Lektüre von Feng Zhis Werk Über Goethe, S.
我们向歌德学习什么, 页 55-66 → Was lernen wir von Goethe?, S. 55-66

452.
一本书读通中外经典 Bekanntmachung mit klassischen Werken Chinas und des Auslands durch einen Band
张荣华、柴少飞 主编 Zhang Ronghua u. Chai Shaofei (Hrsg.)
北京: 中国华侨出版社, 2010 年
586 页
少年维特之烦恼: 青涩的恋曲, 页 368 → Die Leiden des jungen Werther: eine traurige Liebesmelodie, S. 368
浮士德: 沉淀 60 年的英雄史诗, 页 370 → Faust: ein heroisches Epos als Resultat einer 60jährigen Arbeit, S. 370
歌德谈话录: 德国最有价值的散文, 页 403 → Gespräche mit Goethe –: beste deutsche Prosa, S. 403

453.
一天读完外国文学 Lektüre ausländischer Literatur an einem Tag
郭轶刚、詹滨遥 编 Guo Yigang u. Zhan Binyao (Verf.)
长春: 吉林人民出版社, 2010 年
青少年探索文库
202 页
歌德的《浮士德》, 页 84-87 → Goethes Faust, S. 84-87

454.
艺术化与世俗化的突围——上海戏剧学院创意论坛 Durchbrechen der Konventionen durch Kunst – Forum für neue Ideen der Shanghaier Theaterhochschule
刘明厚 主编 Liu Minghou (Hrsg.)
上海: 上海文艺出版社, 2010 年
百家艺术课堂文库
244 页
一部人本主义的悲剧——德意志文化框架中的《浮士德》(吴建广), 页 113-159 → Eine anthropologische Tragödie – Faust im Rahmen der deutschen Kultur (Wu Jianguang), S. 113-159

第三编：合集 Kapitel III: Sammelbände

455.
中国话剧研究（第 12 辑）Forschungen über chinesische Theaterstücke (Bd. 12)
田本相、董健 主编 Tian Benxiang u. Dong Jian (Hrsg.)
北京：中国传媒大学出版社，2010 年
303 页
论歌德的《浮士德》与徐晓钟的《浮士德》（吕效平），页 8-21 → Goethes *Faust* und Xu Xiaozhongs *Faust* im Vergleich (Lü Xiaoping), S. 8-21

456.
中国名著世界名著一本通 Bekanntmachung mit berühmten Werken Chinas und des Auslands durch einen Band
张荣华 主编 Zhang Ronghua (Hrsg.)
北京: 中国华侨出版社, 2010 年
369 页
少年维特之烦恼, 页 306 → Die Leiden des jungen Werther, S. 306
浮士德, 页 308 → Faust, S. 308

457.
中国人的精神 Spirit of Chinese People
辜鸿铭 著 Gu Hongming (Verf.)
李晨曦 译 Li Chenxi (Übers.)
北京: 昆仑出版社, 2010 年
良民的信仰(含歌德语录), 页 1 → Weltanschauung eines guten Bürgers, S. 1
乌合之众崇拜教或战争及其出路, 页 102

458.
中西方悲剧文学比较 Zur Literatur der chinesischen und der westlichen Tragödie. Ein Vergleich
姚文振、魏军梅 主编 Yao Wenzhen u. Wei Junmei (Hrsg.)
孙靖丽、张雪峰、苏利国 副主编 Sun Jingli, Zhang Xuefeng u. Su Liguo (Mithrsg.)
兰州: 甘肃民族出版社, 2010 年
360 页, 1000 册

第三章: 西方悲剧发展概述(下) → Kapitel III: Abriss der Entwicklung der westlichen Tragödie (Teil II)
第二节: 启蒙运动时期的欧洲悲剧 → Abschnitt II: Europäische Tragödie in der Zeit der Aufklärung
二、德国启蒙悲剧, 页 206 → Die Tragödien der deutschen Aufklärung, S. 206
(二) 歌德, 页 210 → Goethe, S. 210
1. 生平与创作, 页 211 → Leben und Werk, S. 211
2. 第一部德国现实主义的历史悲剧《铁手骑士葛茨•封•伯利欣根》, 页 213 → *Götz von Berlichingen mit der eisernen Hand* – die erste historische Tragödie des deutschen Realismus, S. 213
3. 歌德的主要代表作——《浮士德》, 页 214 → Faust – Goethes Hauptwerk, S. 214
(三) 席勒(旁及歌德), 页 216-221 → Schiller (mit Bezug auf Goethe), S. 216-221

459.
中西文学的精神张扬 Verbreitung des Geistes der chinesischen und der westlichen Literatur
刘忠祥 著 Liu Zhongxiang (Verf.)
长春: 吉林大学出版社, 2010 年
211 页
第五章: 启蒙主义文学的精神拓展 → Kapitel V: Erweiterung des Geistes der Aufklärung
第三节: 浮士德精神, 页 56-62 → Abschnitt III: Fausts Geist, S. 56-62

460.
宗白华与"中国美学"的困境：一个反思性的考察 Zong Baihua und das „Dilemma der chinesischen Ästhetik": eine unkonventionelle Untersuchung
汤拥华 著 Tang Yonghua (Verf.)
北京：北京大学出版社，2010 年
289 页
第二章：歌德：动静之间的美学困境 → Kapitel II: Goethe: ein Dilemma der Ästhetik zwischen Bewegung und Stillstand

2011 年

461.

比较文化学视野中的经典阐释与文化沟通
 Klassische Erläuterungen und Kulturaustausch im Blickfeld der Komparatistik

傅守祥 著 Fu Shouxiang (Verf.)

上海: 上海人民出版社, 2011 年

华东政法大学科学研究院社科文库, 第二辑

370 页

第一章：探索命运与关注存在：俄瑞斯忒斯主题的生命回响与审美启示 → Kapitel I: Untersuchung des Schicksals und Aufmerksamkeit auf das Dasein: Auswirkung der Thematik Ödipus auf das Leben und ihre ästhetischen Anregungen

第三节：高贵的人性：俄瑞斯忒斯主题的启蒙自信 → Abschnitt III: Edle menschliche Natur: Ödipus als Thema und sein aufklärerisches Selbstvertrauen

二、歌德的《伊菲革涅亚在陶里斯》："高贵的单纯"与人性善的感化, 页 36-39 → Goethes *Iphigenie auf Tauris*: „edle Einfalt" und Auswirkung durch die gute menschliche Natur, S. 36-39

第四章：生命意志与绝望反抗：荒诞世界里的道德准则与不馁精神 → Kapitel IV: Lebenswillen und verzweifelter Widerstand: moralische Prinzipien und kompromissloses Bewusstsein in der absurden Welt

第二节：理性悲剧《浮士德》：启蒙精神的高度与道德理性的限度, 页 221 → Abschnitt 2: *Faust*: eine Tragödie der Vernunft: von der Höhe aufklärerischen Geistes und der Begrenztheit moralischer Vernunft, S. 221

一、诗剧《浮士德》：一部人类灵魂与时代精神的发展史. 页 222 → Das Versdrama *Faust*. Eine Entwicklungsgeschichte der menschlichen Seele und des Zeitgeistes, S. 222

二、自强不息的理性悲剧：浮士德精神与浮士德难题, 页 225 → Eine Tragödie der Vernunft, immer vorwärts zu streben: Faustgeist und Faustproblematik, S. 225

三、穿透传统的现代洞察："说不尽"的《浮士德》, 页 230 → Moderner Einblick in die Tradition: *Faust* und kein Ende, S. 230

462.

当代中国外国文学研究 (1949-2009)
 Erforschung der ausländischen Literatur im gegenwärtigen China (1949-2009)

陈众议 主编 Chen Zhongyi (Hrsg.)

北京: 中国社会科学出版社, 2011 年

丛书名：中国哲学社会科学学科发展报告

471 页

第四章：黄金时代 → Kapitel IV: Das goldene Zeitalter

第一节：国别、语种或区域研究 → Abschnitt I: Forschung über Land, Sprache und Regionen

三、德语文学研究 (包括对歌德译介的在华评价), 页 203-216 → Forschung über die deutschsprachige Literatur (mit Interpretation der Goethe-Rezeption in China), S. 203-216

463.

德国早期浪漫派的世界文学观 Zur Idee der Weltliteratur der deutschen Frühromantik

刘学慧 著 Liu Xuehui (Verf.)

北京: 北京第二外国语学院旅游教育出版社, 2011 年

语言文化探索与研究书系, 北京市级特色专业建设资助项目

166 页

第一章：引言 Kapitel I: Einleitung

第二节：关于"世界文学"的概念 → Abschnitt II: über den Begriff „Weltliteratur"

一、歌德提出的"世界文学"概念, 页 5 → Goethe als Erfinder des Begriffs „Weltliteratur", S. 5

二、启蒙运动时期的"世界文学运动", 页 7 → Die „Bewegung der Weltliteratur" im Zeitalter der Aufklärung, S. 7

三、马克思、恩格斯的"世界文学"观, 页 10 → Marx' und Engels' Auffassung von der „Weltliteratur", S. 10

编者附注：本书的其他章节也屡屡与歌德的"世界文学"观挂起勾来。

464.

德语生态文学 Deutschsprachige Literatur mit ökologischen Aspekten

江山 著 Jiang Shan (Verf.)

上海: 学林出版社, 2011 年
欧美生态文学研究丛书
358 页
第五章: 19 世纪文学 Kapitel V: Die Literatur des 19. Jahrhunderts
三、歌德的自然观, 页 93-121 → Goethes Naturanschauung, S. 93-121
维特, 杨武能译, 页 107-110 → Die Leiden des jungen Werther, übers. v. Yang Wuneng, S. 107-110
浮士德, 钱春绮译, 页 113, 118 → Faust (Ausz.), übers. v. Qian Chunqi, S. 118
编者附注: 生态题材的诗选详见本书上卷第一编"译诗目"。

465.
多维视阈中的外国文学——王忠祥教授八十寿辰纪念文集 Die ausländische Literatur aus verschiedenen Blickfeldern – Festschrift zu Wang Zongxiangs 80. Geburtstag
《外国文学研究》编辑部 编
武汉: 华中师范大学出版社, 2011 年
380 页
鉴赏优美和谐的"四重奏"——简说绿原与欧美文学[特别是歌德文学], 页 169 → Das schöne und harmonische Quartett zur Erläuterung – kurz über Lü Yuans Begegnung mit der europäischen und amerikanischen Literatur, S. 169

466.
歌德、拜伦抒情诗艺术风格片谈 [专著] Einige Bemerkungen zum Kunststil von Goethes und Byrons Lyrik
高昆 著 Gao Kun (Verf.)
呼和浩特: 内蒙古人民出版社, 2011 年
学人文丛, 李丕洋主编
312 页
本书收录了《歌德抒情诗与18世纪德国文学的性格》、《歌德的"喜悦"》、《矛盾的思想, 探索的灵魂》、《青涩的初恋, 艰难的成长》、《关于死亡与信仰的思考》等文章。

467.
古今中外的文学盛宴 Bankett der in- und ausländischen Literatur der Vergangenheit und Gegenwart
李福成 主编 Li Fucheng (Hrsg.)
上海: 上海科学技术出版社, 2011 年
科教文行动
248 页,
第十四章: 歌德, 页 171-189 → Kapitel XIV: Goethe, S. 171-189

468.
郭沫若研究年鉴 (2010 年卷) Jahrbuch für die Guo Moruo-Forschung
北京: 人民出版社, 2011 年
404 页, 2000 册
歌德符号与浪漫主义者郭沫若的自我问题 (范劲), 页 193-200 → Goethe als Symbol und die Ich-Frage des Romantikers Guo Moruo (Fan Jin), S. 193-200
一、泛神论问题还是泛神论符号, 页 193-195 → Pantheismus: Frage oder Symbol? S. 193-195
二、主情主义, 页 195-197 → Subjektivismus, S. 95-197
三、忏悔的暧昧性与符号的消解, 页 198-200 → Die Unschärfe der Reue und die Auflösung des Symbols, S. 198-200
郭沫若翻译活动对其早期新诗创作之影响——以郭氏自述为考察视角 (曾祥敏), 页 273-286 → Einfluss von Guo Moruos Übersetzungstätigkeiten auf seine Dichtung der frühen Phase (Zeng Xiangmin), S. 273-286
郭译《浮士德》中国古典诗体的运用 (华少庠、甘玲), 页 302 → Anwendung der klassischen chinesischen Poesie in Guo Moruos *Faust*-Übersetzung (Hua Shaoxiang u. Gan Ling), S. 302

469.
红楼梦研究 Forschungen über den Roman *Der Traum der Roten Kammer*
李辰冬 著 Li Chendong (Verf.)
北京：中国三峡出版社, 2011 年
135 页

第一章：导言，页 6
二、《红楼梦》前后的异同问题，页 7
第三章：《红楼梦》重要人物的分析
三、薛宝钗，页 40
四、王熙凤，页 45
第五章：《红楼梦》的艺术价值
四、《红楼梦》情感的表现，页 101
编者提示：初版于正中书局（重庆，1942 年）。详见本栏该目。

470.
跨文化视野中的教育史研究——裴斯泰洛齐教育思想国际研讨会论文集 Research on Educational History in the Cross-Cultural Context: Proceedings of International Symposium on Pestalozzi's Educational Thoughts
肖朗、赵卫平　主编 Xiao Lang u. Zhao Weiping (Hrsg.)
杭州：浙江大学出版社, 2011 年
324 页
十八世纪欧洲文学史与思想史脉络中的"教育理想"——以裴斯泰洛齐的平民教育观为中心(叶隽)，页 121 → Erziehungsideal im Netz der europäischen Literatur- und Ideengeschichte, Pestalozzis Auffassung von der Erziehung der Armen als Zentralthema (Ye Jun), S. 121
一、欧洲知识精英"教育理想"的普世情怀——以裴斯泰洛齐、歌德的卢梭接受为中心，页 121 → Die Ideen vom „Erziehungsideal" der besten europäischen Intellektuellen – die Rousseau-Rezeption Pestalozzis und Goethes im Mittelpunkt, S. 121
二、《林哈德和葛笃德》、《麦斯特》体现的不同教育之路与思者之理想，页 123 → Verschiedene Erziehungswege und Ideale der Denker, die in *Lienhard und Gertrud* wie *Wilhelm Meister* zum Ausdruck kommen, S. 123
三、裴斯泰洛齐"平民教育观"的思想史意义，页 132-134 → Die ideengeschichtliche Bedeutung, die Pestalozzis Auffassung von der Erziehung der Armen hat, S. 132-134

471.
了解伊斯兰教 Den Islam kennen
杨怀中　主编 Yang Huaizhong (Hrsg.)
银川：宁夏人民出版社，2011 年
《回族研究》创刊二十周年精品书系
2012 年重印，1201-3200 册
向东方吹笛的歌者——从《东西诗集》看歌德对伊斯兰文化的景仰 (刘闽)，页 26-35 → Der nach Osten Flöte spielende Sänger: Goethes Bewunderung für islamische Kultur anhand des West-östlichen Divan (Liu Min), S. 26-35
波斯诗人哈菲兹的诗点燃了歌德的心，页 27 → Der persische Dichter Hafis hat Goethes Herz entflammt, S. 27
"山泉"赐予人类——伊斯兰教，页 29
"天训"《古兰经》是"经中之经"，页 31

472.
美狄亚的愤怒——对欧洲政治、社会与艺术的沉思 Die Wut der Medea – Nachdenken über die europäische Politik, Gesellschaft und Kunst
刘丽萍、黄凤祝　著 Liu Liping u. Huang Fengzhu (Verf.)
上海：同济大学出版社，2011 年
同济·欧洲文化丛书, 孙周兴、冯俊主编
430 页，3100 册
第三篇：诗学与艺术，页 311 → Kapitel III: Poetik und Kunst, S. 311
美的可见性与不可见性，页 360 → Das Sichtbare und Unsichtbare des Schönen, S. 360
一、作品《亲和力》产生的背景，页 360 → Voraussetzungen des Werks *Die Wahlverwandtschaften*, S. 360
二、《亲和力》与婚姻的本质，页 362-366 → *Die Wahlverwandtschaften* und das Wesen der Ehe, S. 362-366

473.
缪朗山文集, 第 9 卷 Gesammelte Schriften des Miu Langshan, Band 9
缪朗山　著 Miu Langshan (Verf.)
章安祺　编订 Zhang Anqi (Hrsg.)
北京：中国人民大学出版社，2011 年

第三编：合集 Kapitel III: Sammelbände

德国古典美学散轮, 页 187-279 → Vermischte Interpretationen der klassischen deutschen Ästhetik, S. 187-279

474.
难忘的书与插图 Unvergessliche Bücher und Illustrationen
汪家明　著 Wang Jiaming (Verf.)
上海：复旦大学出版社，2011 年
13，259 页
歌德与维特 Goethe und Werther
课文, 页 11-16 → Text, S. 11-16
插图(10 幅), 页 17-26 → Illustrationen (10), S. 17-26

475.
欧洲文化入门: 全译文辅导与核心考点精华 Einführung in die europäische Kultur: wichtige Nachhilfe zur Prüfungsvorbereitung
方振宇　主编 Fang Zhenyu (Hrsg.)
北京: 海豚出版社, 2011 年
540 页
歌德, 页 268-270 → Goethe, S. 268-270

476.
趣文悦读, 三年级 Fröhliche Lektüre interessanter Artikel
喻祖亮　主编 Yu Zuliang (Hrsg.)
北京: 机械工业出版社, 2011 年
优博书系
118 页
歌德与批评家 Goethe und die Kritiker

477.
世界历史知识全知道 Sämtliche Kenntnisse der Weltgeschichte
于海娣　主编 Yu Haidi (Hrsg.)
北京: 中国华侨出版社, 2011 年
356 页
歌德与海涅, 页 205 → Goethe und Heine, S. 205

478.
世界名人传记速读大全集 Große Sammlung der Biographien weltberühmter Persönlichkeiten zum raschen Lesen
雅瑟、培培　编著 Ya Se u. Pei Pei (Verf.)
北京: 新世界出版社, 2011 年
378 页
第四篇: 文学大师 → Kapitel IV: Große literarische Meister
一代诗哲歌德, 页 129-131 → Goethe: Dichterphilosoph einer Generation, S. 129-131

479.
世界乐圣贝多芬 Beethoven: ein Musikgott der Welt
乔书田　编著 Qiao Shutian (Verf.)
长春: 吉林人民出版社, 2011 年
历史的丰碑丛书
127 页
贝多芬与歌德, 页 84-96 → Beethoven und Goethe, S. 84-96
相关链接 Linker:
《哀格蒙特》序曲, 页 97 → Musik zu „Egmont", S. 97
《命运交响曲》（第五交响曲），页 98 → Sinfonien, (die 5. Sinfonie), S. 98
浮士德, 页 99 → Faust, S. 99
歌德, 页 99 → Goethe, S. 99

480.
受益终生的文学精粹 Ausgewählte Literatur von lebenslangem Nutzen
李超　编 Li Chao (Hrsg.)
芜湖: 安徽师范大学出版社, 2011 年
丛书: 受益终生的精粹
153 页
浮士德, 页 45-52 → Faust, S. 45-52

481.
卫礼贤之名——对一个边际文化符码的考察 Der Name Richard Wilhelm – ein kultureller Code an der Grenze, eine Untersuchung
范劲　著 Fan Jin (Verf.)

上海: 华东师范大学出版社, 2011 年
华东师范大学 2010 年"新世纪"学术著作出版基金
467 页
第五章: 东西方的调配 → Kapitel V: Koordination zwischen der östlichen und der westlichen Kultur
第二节: 东西方的调协 → Abschnitt II: zwischen der östlichen und der westlichen Kultur
四、卫礼贤与歌德, 页 316-324 → Richard Wilhelm und Goethe, S. 316-324
五、话语调配和语义生成 → Koordination der Worte und Entstehung der Wortbedeutung
例二: 浮士德和"群母之国", 页 335-340 → Faust und das „Land der Mütter", S. 335-340

482.
我爱故我在: 西方文学大师的爱情与爱情心理学 Ich mag das ursprüngliche Ich: Liebe und Liebespsychologie großer Meister der westlichen Literatur
熊哲宏 主编 Xiong Zhehong (Hrsg.)
北京: 北京大学出版社, 2011 年
心理学视野中的文学丛书
239 页
II. 歌德: 繁花盛放成就的美丽, 页 133 → Goethe: die Schönheit, die zum Erfolg führt, S. 133
第一步: 那美丽的玫瑰, 却刺人, 页 135 → Der erste Schritt: die schöne Rose hat Dornen, S. 135
转角, 芬芳的薰衣草, 守候, 页 137 → Um die Ecke, duftendes Gras, erwarten, S. 137
碧波, 亭亭的莲, 远观而不可亵玩, 页 138 → Blaue Wellen, hohe und grade Lotos – zur fernen Betrachtung, aber nicht zum Spielen, S. 138
精致花瓶中, 纯白的百合, 欣喜, 页 140 → In zierlichen Vasen reine Lilien – Freude, S. 140
内院, 迷人郁金香, 如此高贵, 页 141 → Im inneren Hof die bezaubernde Tulpe – so vornehm, S. 141
篮子中, 绿叶衬着小巧的茉莉, 清香怡人, 页 142 → Im Korb kleine, feine Jasminblüten vor grünen Blättern – erfrischender Wohlgeruch, S. 142
最后一个路口, 活泼的矢车菊, 耀眼, 页 143 → An der letzten Straßenkreuzung lebhafte Chrysanthemen - leuchtend, S. 143
繁花成就的美丽, 页 144 → Blumige Schönheit, die zum Erfolg führt, S. 144

483.
西方文化教程 Lehrbuch der westlichen Kultur
马敏、邢来顺 主编 Ma Min u. Xing Laishun (Hrsg.)
武汉: 华中师范大学出版社, 2011 年
442 页. 3000 册
第四章: 文学与艺术 → Kapitel IV: Literatur und Kultur
三、西方近代文学 → Neuere westliche Literatur
3. 德国文学. 页 143 → Die deutsche Literatur, S. 143
歌德, 页 143-144 → Goethe, S. 143-144

484.
席勒诗选 Ausgewählte Gedichte Schillers
叶隽 编选 Ye Jun (Gedichtauswahl)
王国维 等译 Wang Guowei u.a. (Übers.)
长春: 时代文艺出版社, 2011 年
外国经典诗歌珍藏丛书, 柳鸣九主编
"诗史气象"与"诗思苍茫"(序)——德国古典诗史上的席勒诗歌(叶隽), 页 1-24
编者附言: 谈歌德离不开席勒, 谈席勒也离不开歌德。本文论述德国诗歌的传统、体裁, 两位大师的友谊、合作、相互影响和在德国古典诗歌史上的地位等。

485.
小批评集 Kleine Sammlung von Kritiken
刘皓明 著 Liu Haoming (Verf.)
南京: 南京大学出版社, 2011 年
海外华人学者论丛
308 页
启蒙的两难: 康德——柏克——歌德 Die Doppelschwierigkeit der Aufklärung: Kant – Edmund Burke – Goethe
歌德, 页 120-123 → Goethe, S. 120-123

第三编：合集 Kapitel III: Sammelbände

486.

致天堂的沉睡者：给歌德、雪莱、普希金 An die Schläfer im Himmel: Goethe, Shelley und Puschkin

徐卫华　著 Xu Weihua (Verf.)

北京：作家出版社，2011 年

月河斋文集

编者附记：全系著者徐卫华自己创作的诗。致歌德的诗共21首，皆以歌德的原诗为素材，并以钱春绮的译文为底本，逐一驰骋想象。徐在后记《为他们的不沉睡》中，细述他走近歌德等文豪的历程及成诗的经过，称该诗集"有点如歌德式的《东西合集》一般"（页250）。

251 页

一、享受歌德遗爱 Genuss der von Goethe hinterlassenen Liebe

1. 《献诗》以外，页 1 → Zueignung, S. 1
2. 《咏叹的序诗》之奇妙，页 3 → An die Günstigen. Vorklage, S. 3
3. 哦，《给亲切的读者》，页 4 → An die Günstigen, S. 4
4. 《狐死留皮》么？，页 5 → Stirbt der Fuchs, so gilt der Balg, S. 5
5. 《野蔷薇》之歌，页 6 → Heidenröslein, S. 6
6. "冷淡的牧姑"很怪异，页 7 → Die Spröde, S. 7
7. 关于《得救》，页 8 → Rettung, S. 8
8. 谁是《诗神的宠儿》，页 10 → Der Musensohn, S. 10
9. 《发现》者说，页 12 → Gefunden, S. 12
10. 与谁《同声同气》，页 14 → Gleich und gleich, S. 14
11. 向谁《宣战》，页 16 → Kriegserklärung, S. 16
12. 为《同一场所的不同心理》而作，页 18 → Verschiedene Empfindungen an einem Platze, S. 18
13. 爱神可买乎，页 22 → Wer kauft Liebesgötter, S. 22
14. 说《离别》，页 25 → Der Abschied, S. 25
15. 《良夜》有感，页 27 → Die schöne Nacht, S. 27
16. 关于《绝美的花》，页 28 → Das Blümlein wunderschön, S. 28
17. 《悲歌》之悲，页 30 → Elegien, S. 30
18. 悲叹《罗马哀歌》，页 32 → Römische Elegien, S. 32
19. 哦，王者的祈祷，页 52 → Königlich Gebet, S. 52
20. 夜读《缪斯的首领》，页 54 → Die Musageten, S. 54
21. 关于《天堂之书》，页 57 → Buch des Paradieses, S. 57

二、跟着雪莱流浪(细目略) Mit Shelley umherziehen

三、和普希金独处(细目略) Allein mit Puschkin

为他们的不沉睡（徐卫华），页 241-251 → Damit sie nicht tief und fest schlafen (Xu Weihua), S. 241-251

487.

中国戏剧年鉴 (2011 年) Jahrbuch fürs chinesische Drama (2011)

上海: 中国戏剧年鉴社，2011 年

644 页

李小锋应邀赴京并演出秦腔独角戏《浮士德与魔鬼》(刘卫红)，页 286，字数 913 → Eingeladen Li Xiaofeng's zur Aufführung der Shaanxi-Oper *Faust und Dämon* als Ein-Mann-Theater (Liu Weihong), S. 286, Wörter: 913

浮士德(徐晓钟)，页 627，字数: 913 → Faust (Xu Xiaozhong), S. 627, Wörter: 913

488.

中国现代性与德意志文化 Die chinesische Modernität und die deutsche Kultur

单世联　著 Shan Shilian (Verf.)

上海: 上海人民出版社，2011 年

3 册，1170 页

下篇 人文规划

二十二、一个"人"的光辉: 我们的歌德，页 1027 → Glanz eines „Menschen": unser Goethe, S. 1027

1. 作为方法和解释的类比: 歌德是中国人? 页 1028 → Ist Goethe Chinese? Ein Vergleich als Methode und Interpretation, S. 1028
2. 从维特到浮士德: 生命本身价值的最大肯定，页 1038 → Von Werther zu Faust: die höchste Anerkennung des Lebenswertes, S. 1038

3. "老歌德"的寂寞：政治不是命运, 页 1057
→ Die Einsamkeit des alten Goethe: Politik ist kein Schicksal, S. 1057

结语: 德国的经验与中国的选择, 页 1117 → Schlusswort: die deutsche Erfahrung und die chinesische Wahl, S. 1117

1. 歌德的智慧：文化的普遍与特殊性, 页 1118-1134 → Goethes Weisheit: die allgemeine kulturelle Gültigkeit und die Besonderheit, S. 1118-1134

489.
中外文学常识 Allgemeine Kenntnisse der in- und ausländischen Literatur
张园 著 Zhang Yuan (Verf.)
武汉：湖北教育出版社，2011 年
252 页, 1000 册
汉语国际教学知识百题丛书
歌德的诗体悲剧《浮士德》是一部怎样的作品? → Was für ein Werk ist Goethes Versdrama *Faust*?
什么是"浮士德精神"？页 184 → Was ist Fausts Geist? S. 184

490.
中外文学精品导读, 下册 Einführung in Meisterwerke der in- und ausländischen Literatur
唐永德 主编 Tang Yongde (Hrsg.)
北京：人民日报出版社，2011 年
418 页
浮士德, 页 298-306 → Faust, S. 298-306

491.
周辅成文集 Zhou Fucheng: gesammelte Werke
周辅成 著 Zhou Fucheng (Verf.)
北京：北京大学出版社，2011 年
卷一
《歌德之认识》编者前言, 页 71-74 → Die Sammlung *Goethe verstehen*, Vorwort des Herausgebers, S. 71-74
歌德对于哲学的见解, 页 75-83 → Goethes philosophische Ansichten, S. 75-83

2012 年

492.
保护才能 Obhut des Talents
陈卫 著 Chen Wei (Verf.)
北京：中国长安出版社，2012 年
243 页
歌德, 页 133-138 → Goethe, S. 133-138

493.
德国学理论初探——以中国现代学术建构为框架 Ein theoretischer Einstieg in die Deutschlandstudien – die moderne chinesische Wissenschaftskonstruktion als Rahmenbedingungen
叶隽 著 Ye Jun (Verf.)
上海：上海外语教育出版社，2012 年
188 页，200 册
第四章：德文学科与"德国学"建设 Kapitel IV: Die deutsche Sprache als Fachschaft und der Aufbau der Deutschlandstudien
三、"德国学"建构与"文化学"视野——以"歌德学"学域为例, 页 69-75 → Konstruktionen der Deutschlandstudien und Blickfelder der Kulturwissenschaft – der Wissenschaftsbereich der Goethe-Philologie als Beispiel, S. 69-75

494.
关于美学的 100 个故事 → 100 Geschichten über Ästhetik
冯慧 编著 Feng Hui (Verf.)
南京：南京大学出版社，2012 年
人文社会科学通识文丛
207 页
浮士德下凡, 为了德国古典美学, 页 70-71 → Faust steigt zur Erde herab, um der Ästhetik der deutschen Klassik willen, S. 70-71
歌德让路, 使美学新论复杂多变, 页 72-73 → Goethe lässt den Vortritt: das erschwert die neuere Ästhetik, S. 72-73

495.
讲给孩子的世界文学经典, 上册 Meisterwerke der Weltliteratur, die man den Kindern erzählt, Band I

侯会 著 Hou Hui (Verf.)
北京: 团结出版社, 2012 年
284 页
第十六天: 大诗人歌德吟咏《浮士德》, 页 146 → Der 16. Tag: der große Dichter Goethe trägt *Faust* vor, S. 146
"狂飙突进"撼文坛 Der Sturm und Drang erschüttert die literarische Welt
歌德从莱茵河畔走来 Goethe kommt vom Rhein
小说《少年维特之烦恼》Der Roman *Die Leiden des jungen Werther*
"维特热"横扫欧洲 Das Werther-Fieber fegt über Europa
从政魏玛, 收获爱情 Politische Karriere in Weimar, Ernte der Liebe
结交诗友, 仰慕东方 Freundschaft mit dem Freund als Dichter, Verehrung des fernen Ostens
诗歌巨著《浮士德》Faust: ein großes poetisches Werk
人心满足时, 便是堕落时 Beginn der Befriedigung, Anfang der Dekadenz
欧洲文人的"巨大自白" „Selbstbekenntnisse" der europäischen Schriftsteller
伟大时代孕育了伟大诗人 Große Zeit bringt große Dichter mit sich

496.
浪漫主义艺术传统与托马斯·曼 Die Tradition der romantischen Kunst und Thomas Mann
贾峰昌 著 Jia Fengchang (Verf.)
杭州: 浙江大学出版社, 2012 年
245 页, 2300 册
第三章: 德国浪漫主义艺术与文学主题 Kapitel III: Künstlerische und literarische Themen der deutschen Romantik
第三节: 文学艺术中的人文取向性 Abschnitt III: Humanistische Tendenzen in Literatur und Kunst
一、歌德: 浮士德精神之典型, 页 86 → Goethe: Idealtypus im Geiste Fausts, S. 86
第五章: 浪漫主义实践者: 托马斯·曼的小说视觉性 → Kapitel V: Der Praktiker der Romantik: die Wahrnehmung in Thomas Manns Romanen

第一节: "巨人"歌德的后继者托马斯·曼, 页 142 → Abschnitt I: Thomas Mann: Nachfolger Goethes als großer Schriftsteller, S. 142
一、"生活与创作"相提并论, 页 142（谈托马斯·曼对歌德之生活态度的崇尚）→ Leben und Werk von gleichem Gewicht (die gleiche Verehrung für Goethes Leben und Werk), S. 142
二、"生活与艺术"不再矛盾, 页 143（谈托马斯·曼的长篇小说《绿蒂在魏玛》）→ Kein Widerspruch zwischen Leben und Werk (über Thomas Manns Roman *Lotte in Weimar*), S. 143

497.
论艺术: 承诺与守望 Über die Kunst: versprechen und Wache halten
丁国旗 著 Ding Guoqi (Verf.)
北京: 中国社会科学出版社, 2012 年
212 页
第三章: 歌德"世界文学"的民族指向, 页 56 → Kapitel III: Deutung der Nationalliteraturen im Kontext von Goethes „Weltliteratur", S. 56
"全球化"与"世界文学"的理论探讨, 页 56 → Theoretische Erforschung der „Globalisierung" und der „Weltliteratur", S. 56
对歌德"世界文学"的新解读, 页 71 → eine neue Interpretation von Goethes „Weltliteratur", S. 71
"民族的"作为文学批评的重要标准, 页 86-89 → Das „Nationale" als wichtiges Kriterium der Literaturkritik, S. 86-89

498.
你最应该知道的世界文学故事 Geschichten der Weltliteratur, die du am ehesten kennen solltest
子恒 主编 Zi Heng (Hrsg.)
北京: 红旗出版社, 2012 年
250 页
第七章: 天才歌德, 追随光的信念的使者 Kapitel VII: Der geniale Goethe, ein Botschafter, der nach dem Ideal des Lichtes strebt

被女人成就的伟人, 页 82 → Persönlichkeitsbildung durch Kontakte mit Frauen, S. 82

歌德的不凡成就, 页 84 → Goethes überragende Erfolge

贝多芬, 歌德艺术的知音, 页 88 → Kenner der Kunst Beethovens und Goethes, S. 88

不相伯仲的歌德与席勒, 页 91 → Kongenialität zwischen Goethe und Schiller, S. 91

浮士德, "灵"与"肉"的交织, 页 93 → Faust: Verknüpfung von „Geist" und „Fleisch", S.

499.
人一生不可不知的中外名著经典 Klassische Meisterwerke des In- und Auslands, die man kennen muss

杨飞、童小珍 编著 Yang Fei u. Tong Xiaozhen (Verf.)

北京: 中国华侨出版社, 2012 年

编者附言: 与本栏所列《一本书读通中外经典》(张荣华、柴少飞主编)的篇目和内容雷同。

274 页

少年维特之烦恼: 青涩的恋曲, 页 44 → Die Leiden des jungen Werther: eine traurige Liebesmelodie, S. 44

浮士德: 沉淀 60 年的英雄史诗, 页 46 → Faust: ein heroisches Epos als Resultat einer 60jährigen Arbeit, S. 46

500.
世界名人读看点——100 位名人 → Lektüre weltberühmter Persönlichkeiten: 100 Köpfe

刘乐土 编著 Liu Letu (Verf.)

北京: 华夏出版社, 2012 年

完美人生读书计划

397 页

对德国语言和文学影响深远的歌德, 页 272-274 → Goethe, der tiefen Einfluss auf die deutsche Sprache und Literatur nimmt, S. 272-274

501.
世界上下五千年, 中册 Fünftausend Jahre Weltgeschichte, Band II

程帆 主编 Cheng Fan (Hrsg.)

长春: 吉林出版集团, 2012 年

歌德与席勒, 页 183-185 → Goethe und Schiller, S. 183-185

502.
世界文学欣赏 Interpretationen der Weltliteratur

陈世丹 等著 Chen Shidan u.a. (Verf.)

北京: 中国人民大学出版社, 2012 年

21 世纪通识教育系列教材

309 页

第九讲: 歌德的旷世杰作《浮士德》, 页 148-179 → Kapitel IX: Goethes Faust: ein Werk ohne Beispiel, S. 148-179

一、歌德的人生阅历和"世界文学"理念对《浮士德》创作的影响, 页 148 → Goethes Lebenserfahrungen und der Einfluss seiner Auffassung von der „Weltliteratur" auf die Dichtung des Faust. S. 148

二、《浮士德》的创作背景与情节介绍, 页 149 → Voraussetzungen und Handlungen des *Faust*, S. 149

三、诗剧《浮士德》评析, 页 162 → Interpretation des Versdramas *Faust*, S. 162

四、德中《浮士德》接受史概述, 页 171 → Die Rezeption des *Faust* in Deutschland und China, S. 171

五、结语, 页 175 → Schlusswort, S. 175

503.
外国散文戏剧名作欣赏 Interpretationen berühmter Werke der ausländischen Prosatexte und Dramen

外国文学名作欣赏

方平、高健 等著 Fang Ping, Gao Jian u.a. (Verf.)

北京: 北京大学出版社, 2012 年

《名作欣赏》精华读本

漫谈歌德的格言——读《歌德的格言和感想集》(程代熙), 页 93-97 → Bemerkungen bei der Lektüre von *Goethes Sinnsprüchen* (Cheng Daixi), S. 93-97

504.
外国诗歌名作欣赏 Interpretationen berühmter Werke der ausländischen Dichtung

飞白、辜正坤 等著 Wang Feibai u. Gu Zhengkun u.a. (Verf.)

第三编：合集 Kapitel III: Sammelbände

北京: 北京大学出版社, 2012 年
《名作欣赏》精华读本
狂飙突进的号角——关于《普罗米修斯》及其他颂歌 (杨武能), 页 20-29 → Ein Trompetenstoß des Sturm und Drang – kursorische Einführung in »Die Leiden des jungen Werther« (Yang Wuneng), S. 20-29

505.
外国文学作品导引 Einführung in die Werke ausländischer Literatur
项晓敏　主编 Xiang Xiaomin (Hrsg.)
杜望舒、李莉　副主编 Du Wangshu u. Li Li (Mithrsg.)
北京: 北京大学出版社, 2012 年
309 页
歌德《浮士德》, 钱春绮译, 李佩菊析, 页 42-49 → Goethes Faust, übers. v. Qian Chunqi, interpretiert v. Li Peiju, S. 42-49

506.
新世纪外国文学：传承与发展 Ausländische Literatur im neuen Jahrhundert: Tradition pflegen und weiter entwickeln
中国外国文学学会　主编
段汉武　执行主编 Duan Hanwu (Hrsg.)
北京：海洋出版社，2012 年
368 页
学术领袖的形成与定位——以冯至为中心 (叶隽), 页 329-337 → Entstehung und Positionierung als wissenschaftlicher Führer – Feng Zhi im Mittelpunkt (Ye Jun), S. 329-337
其中: 学术实绩及其创获：以《德国文学简史》上册、《论歌德》为中心, 页 332-335 → darunter: Solide Leistung und Neuschöpfung: *Die kurze Geschichte der deutschen Literatur* (Bd. I) und *Über Goethe* im Mittelpunkt, S. 332-335

507.
星火·桃李集: 杨武能教授文学翻译、学术研究、外语教学五十年 Funken, Pfirsiche und Pflaumen: 50 Jahre literarischer Übersetzung und Forschung sowie Fremdsprachenlehre von Prof. Yang Wuneng
董洪川、段峰、傅晓微 主编 Dong Hongchuan, Duan Feng u. Fu Xiaowei (Hsg.)
北京: 外语教学与研究出版社, 2012 年
编者提示：本书讯除收编主论杨武能与歌德的专题论文外，还收录了标题上虽无"歌德"字眼，内文却或多或少与之有关的篇目。
412 页
序: 杨武能的道路与贡献 (柳鸣九), 页 i → Vorwort: Yang Wunengs Weg und seine Beiträge (Liu Mingjiu), S. i
感怀与祝贺 (马新发、李克勇), 页 v → Reflexion und Gratulation (Ma Xinfa u. Li Keyong), S. v
上: 薪火承传篇, 页 1 → Teil I: Fortsetzung von Generation zu Generation, S. 1
"希望你继续努力，更多地介绍歌德"——书信三封 (冯至), 页 2 → „Wir hoffen, dass du dir weiterhin Mühe gibst, um Goethe in China noch bekannter zu machen": zwei Briefe (Feng Zhi), S. 2
"不懈益进，必能光辉笃实"——书简 (钱钟书), 页 5 → „Ständige Fortschritte bringen bestimmt Glanz und solides Wissen" – Briefe an Yang Wuneng (Qian Zhongshu), S. 5
《歌德与中国》序 (季羡林), 页 8 → Vorwort zur Monographie *Goethe und China* (Ji Xianlin), S. 8
序《杨武能文集》(王蒙), 页 10 → Vorwort zu *Yang Wunengs gesammelten Schriften* (Wang Meng), S. 10
„Freundlicher Zuruf" (Keller, Werner), S. 12
"亲切的呼唤"——《歌德文集》序 (凯勒, 维尔勒), 杨武能译, 页 14 → „Freundlicher Zuruf": Vorwort zur mehrbändigen chinesischen Goethe-Ausgabe, hrsg. v. Yang Wuneng (Keller, Werner), übers. v. Yang Wuneng, S. 14
„In einem überraschenden Licht – Zum Geleit zu Goethe in China (Hansen, Volkmar), S. 16
祝贺与琐忆 (李文俊), 页 18 → Gratulation und einige Erinnerungen (Li Wenjun), S. 18
译路艰辛却潇洒——素描杨武能五十译事之花 (李景端), 页 20 → Trotz des harten Weges der Übersetzung bleibt er unverändert – literarische Skizze über Yang Wunengs 50jährige Übersetzungstätigkeiten (Li Jingduan), S. 20
不会过去的半个世纪 (赵毅衡), 页 23 → Ein halbes Jahrhundert, das nicht vorbei wird (Zhao Yiheng), S. 23

"老骥伏枥，志在千里"——贺杨武能学兄任教五十周年(吴岳添)，页 28 → „Ein altes Ross im Stall will noch tausend Meilen laufen" – Gratulation zur 50jährigen Lehrtätigkeit meines brüderlichen Fallkollegen Yang Wuneng (Wu Yuetian), S. 28

打开窗户的人(陆建德)，页 31 → Ein Mann, der Fenster öffnet (Lu Jiande), S. 31

杨武能：咬定青山(毕冰宾)，页 33 → Yang Wuneng: zielstrebig und entschlossen (Bi Bingbin), S. 33

一直引着我前行——我心中的杰出校友杨武能先生(许钧)，页 39 → Er führt mich stets vorwärts – mein ehemaliger hervorragender Studienfreund Yang Wuneng, der in meinem Herzen bleibt (Xu Jun), S. 39

翻译家杨武能教授的译学成就与思想(穆雷)，页 42 → Übersetzungswissenschaftliche Gedanken und Leistungen vom Prof. Yang Wuneng als Übersetzer (Mu Lei), S. 42

杨武能与歌德 (顾正祥)，页 48 → Yang Wuneng und Goethe (Gu Zhengxiang), S. 48

作为歌德专家的杨武能及其翻译家事业(叶隽)，页 60 → Yang Wuneng als Goethe-Spezialist und seine Übersetzungstätigkeiten (Ye Jun), S.60

中：桃李芳菲篇 Teil II: Duftende Pfirsiche und Pflaumen: Schüler allerorts

限定、保留与平衡——歌德教育思想的再解读(冯亚琳)，页 76 → Begrenzung, Vorbehalt und Ausgleich – erneute Interpretation von Goethes Erziehungsauffassung (Feng Yalin), S. 76

科学与诗艺结合的典范——歌德的《植物形变论》与教育诗《植物的变形》(莫光华)，页 149 → Vorbildliche Verbindung der Wissenschaft mit der Dichtkunst: Goethes Abhandlung „Versuch die Metamorphose der Pflanzen zu erklären " und das Erziehungsgedicht „Metamorphosen der Pflanze " (Mo Guanghua), S. 149

从文学场的斗争逻辑看歌德的自主美学 (贺骥)，页 165 → Betrachtungen von Goethes Souveränitätsästhetik im Licht der Logik des Kampfs in der literarischen Welt (He Ji), S. 165

格林童话全集汉译初探——以杨武能译本为例(陆霞)，页 243 → Erster Versuch, die sämtlichen Märchen der Brüder Grimm in chinesischer Übersetzung zu untersuchen – Yang Wunengs Fassung als Beispiel (Lu Xia), S. 243

下：访谈 → Teil III: Interviews

就文学翻译问题答许钧教授问(杨武能、许钧)，页 278 → Antwort auf Fragen von Prof. Xu Jun zur literarischen Übersetzung (Yang Wuneng und Xu Jun), S. 278

三叶一芽，三位一体——杨武能教授访谈录(杨武能、段峰)，页 287 → Drei Blätter aus einem Spross, drei Teile von der Ganzheit: Interview mit Prof. Yang Wuneng (Duan Feng), S. 287

"作为歌德译介者，我自视为郭老的传人"——杨武能教授访谈录(杨武能、孔令翠)，页 296 → „Als Vermittler Goethes betrachte ich mich als Nachfolger Guo Moruo's" – Interview mit Professor Yang Wuneng (Yang Wuneng/Kong Lingcui), S. 296

比较文学视野里的德语文学——四川大学文学与新闻学院博士生导师杨武能教授访谈(杨武能、贺骥)，页 327 → Die deutschsprachige Literatur im Blick der Komparatistik – Interview mit dem Doktorvater Yang Wuneng am Institut für Literatur und Presse der Universität Sichuan (Yang Wuneng/He Ji), S. 327

绝知译事需躬行——记德语文学翻译家杨武能教授(雪声、悌伦)，页 356 → Meisterschaft in der Übersetzung bedarf eigener Erfahrungen – Aufzeichnung über Prof. Yang Wuneng als Übersetzer deutschsprachiger Literatur (Xue Sheng u. Luo Tilun), S. 356

就歌德译介问题答德国之声电台记者问 (杨武能、张晓颖)，页 362 → Interview mit den Reportern der Deutschen Welle über die Rezeption Goethes (Yang Wuneng u. Zhang Xiaoying), S. 362

杨武能：徜徉在德语文学的宝山(蒋蓝)，页 369 → Yang Wuneng: Wanderungen in den Schatzbergen deutschsprachiger Literatur (Jiang Lan), S. 369

自述 1：五十回眸：有苦有乐，无怨无悔(杨武能)，页 378 → Persönliche Aussagen 1: Rückblick auf 50 Jahre: Mühe und Freude, jedoch ohne Groll und Reue (Yang Wuneng), S. 378

第三编：合集 Kapitel III: Sammelbände

自述 2：学与教相得益彰，半世纪春华秋实(杨武能)，页 397 → Persönliche Aussagen 2: Lernen und lehren: Ergänzung und Gewinn, ein halbes Jahrhundert lang (Yang Wuneng), S. 397

自述 3：杨武能著译目录(1981-2012) (杨武能)，页 405 → Persönliche Aussagen 3: Register meiner Monographien und Übersetzungswerke (Yang Wuneng), S. 405

自述 4：杨武能简历(杨武能)，页 408 → Persönliche Aussagen 4: meine Kurzbiographie (Yang Wuneng), S. 408

编后记(傅晓微)，页 410 → Nachwort des Herausgebers (Fu Xiaowei), S. 410

508.
一本书搞懂德国文学 Verständnis der deutschen Literatur anhand eines einzigen Buches
叶廷芳 主编 Ye Tingfang (Hrsg.)
北京: 北京理工大学出版社, 2012 年
303 页
绪论：歌德和康德，页 1 → Einführung: Goethe und Kant, S. 1
浮士德，页 30 → Faust, S. 30
少年维特之烦恼，页 48 → Die Leiden des jungen Werther, S. 48
威廉·麦斯特的学习时代，页 63-76 → Wilhelm Meisters Lehrjahre, S. 63-76

509.
一生必读的文学精品 Unbedingt lesenswerte Literatur
李超 主编 Li Chao (Hrsg.)
合肥: 安徽文艺出版社, 2012 年
时代馆书系·精品文学书系
歌德谈话录, 页 115-121 → Gespräche mit Goethe, S. 115-121

510.
中外文学经典导读 Einführung in klassische Werke chinesischer und ausländischer Literatur
王前程 主编 Wang Qiancheng (Hrsg.)
武汉: 华中师范大学出版社, 2012 年
278 页，1000 册
《浮士德》(李小驹)，页 207-210 → Faust (Li Xiaoju), S. 207-210

511.
中外文学名著导读, 学生版 Einführung in berühmte literarische Werke Chinas und des Auslands
程帆 主编 Cheng Fan (Hrsg.)
长沙: 湖南教育出版社, 2012 年
519 页
歌德谈话录, 页 481-488 → Gespräche mit Goethe, S. 481-488

512.
中西因缘：近现代文学视野中的西方"经典" Chinesische und westliche Seelenverwandtschaft: die westliche „Klassik" in der Sicht der neueren und modernen Literatur
张治 著 Zhang Zhi (Verf.)
上海: 上海社会科学院出版社, 2012 年
第六章：歌德的汉译与现代中国浪漫主义文学，页 213 → Kapitel VI: Goethes Übersetzung chinesischer Werke und die romantische Literatur des modernen China, S. 213
一、浪漫主义文学思潮溯源，页 213 → Suche nach dem Ursprung der romantischen Strömung, S. 213
二、对歌德及其著作的认识和翻译，页 215 → Das Goethe-Verständnis und die Übersetzung seines Werkes, S. 215
三、歌德对现代中国文学的影响，页 227-232 → Goethes Einfluss auf die moderne chinesische Literatur, S. 227-232
编者附言：书中提到"第一个在著作中提到歌德作品[浮士德]的，目前找到最早的可能是张德彝(《三述奇》,1871 年 10 月 9 日)"。此论目前尚属一家之言，还有待学界进一步考证。如若成立，李凤苞的《使德日记》(1878 年)将不再是歌德在华译介史的发端。

2013 年

513.
彼岸闻香：外国文学论集 Auch jenseits duftet es: Beiträge zur ausländischen Literatur
何孔鲁　著 He Konglu (Verf.)
苏州：苏州大学出版社，2013 年
160 页
歌德抒情诗鉴赏 Goethes Lyrik zur Interpretation
绿蒂与维特，郭沫若译，页 137 → Zu den Leiden des jungen Werther (WA [I], Bd. 4, S. 162), übers. v. Guo Moruo, S. 137
相逢与离别，钱春绮译，页 138 → Willkommen und Abschied, übers. v. Qian Chunqi, S. 138
五月之歌"明媚的自然"，钱春绮译，页 140 → Mailied „Wie herrlich leuchtet", übers. v. Qian Chunqi, S. 140
野蔷薇，钱春绮译，页 142 → Heidenröslein, übers. v. Qian Chunqi, S. 142
湖上，钱春绮译，页 144 → Auf dem See übers. v. Qian Chunqi, S. 144
对月，钱春绮译，页 145 → An den Mond, übers. v. Qian Chunqi, S. 145

514.
德语文学中的文化记忆与文化价值观 Kulturelles erwecken und die Ansicht vom Wert der Kultur in der deutschsprachigen Literatur
冯亚琳　等著 Feng Yalin u.a. (Verf.)
北京：中国社会科学出版社，2013 年
国家哲学社会科学成果文库
下编：个案分析 → Teil II: Fallanalysen
第一章：文学回忆对人的观照，页 187 → Kapitel I: Der Mensch im Siegel literarischer Memoiren, S. 187
个案一：歌德教育思想中的限定、保留与平衡，页 187 → Fall I: Einschränkung, Vorbehalt und Gleichgewicht in Goethes Erziehungsgedanken, S. 187
个案二：歌德《托夸多·塔索》中的文化记忆（丰卫平），页 198 → Fall II: Kulturelles erwecken in Goethes *Torquato Tasso* (Feng Weiping), S. 198

515.
德语修养小说研究 Erforschung deutschsprachiger Bildungsromane
谷裕　著 Gu Yu (Verf.)
北京：北京大学出版社，2013 年
文学论丛，北大欧美文学研究丛书
345 页
第三部分：文本解读 → Teil III: Texterläuterungen
第三章：古典修养小说范式，页 133 → Kapitel III: Muster klassischer Bildungsromane, S. 133
第 5 节：歌德的《威廉·迈斯特的学习时代》(1795/1796)，页 133-161 → Abschnitt 5: Goethes *Wilhelm Meisters Lehrjahre* (1795/1796), S. 133-161
1. 小说情节概述：戏剧与塔社经历，页 134 → Die Romanhandlung, eine Kurzfassung: Erlebnisse vom Theater und von der Turmgesellschaft, S. 134
2. 修养要素：纵横维度、爱情、艺术、教育、天赋与环境，页 138 → Faktoren der Bildung: Reichweite der Erlebnisse, Liebe, Kunst, Erziehung, Talent und gesellschaftliche Verhältnisse, S. 138
3. 文化史语境与个体修养：经济生活、戏剧、贵族、秘密结社，页 147 → Kulturgeschichtlicher Kontext und individuelle Bildung: wirtschaftliches Leben, Theater, Aristokratie, und Geheimgesellschaften, S. 147
4. 对修养的怀疑和反讽，页 157 → Angezweifelte und satirisch betrachtete Bildung, S. 157

516.
对话与交流：中国传统文学与外国文学关系研究 Dialog und Austausch: Erforschung der Verhältnisse zwischen der traditionellen chinesischen Literatur und der ausländischen
赵利民　等著 Zhao Limin u. a. (Verf.)
北京：中国社会科学出版社，2013 年
543 页
第一编：古代中国文学与西方文化的交流对话 → Teil I: Die Literatur des alten China und die des Westens in Austausch und Dialog

第三编：合集 Kapitel III: Sammelbände

第二章：中国文学在西方各国的传播与影响 → Kapitel II: Die chinesische Literatur: Verbreitung und Einfluss in westlichen Ländern
第三节：中国文学在德国，页 36-45 → Abschnitt III: Die chinesische Literatur in Deutschland, S. 36-45
第三章：珀西与《好逑传》的西传 → Kapitel III: Thomas Percy und die Rezeption des Romans *Hao qiu zhuan* im Westen
第一节：《好逑传》的译介，页 51 → Abschnitt I: Die Übersetzung des Romans *Hao qiu zhuan*, S. 51
第四章：《赵氏孤儿》的西欧之旅 → Kapitel IV: die Reise des Romans *Hao qiu zhuan* in Westeuropa
第三节、其他国家 (谈及《赵氏孤儿》)，页 63 → Abschnitt III: der Roman in anderen europäischen Ländern, S. 63

517.
讽刺文类研究 Erforschung der Gattung Satire
孙恒存、马晶、李金凤 著 Sun Hengcun, Ma Jing u. Li Jinfeng (Verf.)
成都：四川大学出版社，2013 年
154 页
编者提示：该书以讽刺文类为研究对象，以席勒、黑格尔、海涅和歌德为研究中心。

518.
红楼梦研究两种 Zwei Arbeiten zum Roman *Der Traum der Roten Kammer*
李辰冬 著 Li Chendong (Verf.)
北京：知识产权出版社，2013 年
民国文存；16
第一章：导言，页 6
二、《红楼梦》前后的异同问题，页 1-13
第三章：《红楼梦》重要人物的分析
三、薛宝钗，页 41
四、王熙凤，页 46
第五章：《红楼梦》的艺术价值，页 78
四、《红楼梦》情感的表现，页 97-102
编者提示：初版于正中书局（重庆，1942 年）。详见本栏该目。

519.
思想者的语言 Sprachen der Denker
黄燎宇 著 Huang Liaoyu (Verf.)
北京：三联书店，2013 年
启明文科
387 页，6000 册
托马斯·曼的文学观——从《绿蒂在魏玛》谈起，页 43-53 → Thomas Manns Literaturauffassung – der Roman *Lotte in Weimar* als Ausgangspunkt, S. 43-53

519a.
外国诗歌的翻译与中国现代新诗的文体建构 Übersetzung ausländischer Poesie und die stilistische Konstruktion der modernen chinesischen Dichtung
熊辉 著 Xiong Hui (Verf.)
北京：中央编译出版社，2013 年
340 页
编者提示：多次论及歌德诗歌的翻译。

520.
外国文学名著导读 Einführung in berühmte Werke ausländischer Literatur
梁异华 编著 Liang Yihua (Verf.)
武汉：华中师范大学出版社，2013 年
524 页
少年维特的烦恼(1774 年)，页 122 → Die Leiden des jungen Werther (1774), S. 122
浮士德(1773-1831)，页 130 (1773-1831) → Faust, S. 130

521.
外国文学专题研究 Fachstudie zur ausländischen Literatur
张玲霞 编著 Zhang Lingxia (Verf.)
北京：清华大学出版社，2013 年
207 页，2500 册
第七讲：歌德与《少年维特之烦恼》，页 100-108 → Die 7. Vorlesung: Goethe und *Die Leiden des jungen Werther*, S. 100-108
生平和创作概括，页 100 → Leben und Werk im Überblick, S. 100

《少年维特之烦恼》，页 101 → *Die Leiden des jungen Werther*, S. 101

《浮士德》，页 104 → *Faust*, S. 104

522.

文学回忆录（全 2 册）Literarische Memoiren (2 Bde)

木心　讲述 Mu Xin (mündlich)

陈丹青　笔录 Chen Danqing (schriftlich)

桂林：广西师范大学出版社，2013 年

上册 Bd. I

第三十七讲：歌德、席勒及十八世纪欧洲文学，页 473 → Die 37. Vorlesung: Goethe, Schiller und die europäische Literatur des 18. Jahrhunderts, S. 473

523.

文学欣赏举隅 Einige literarische Interpretationen

刘月新、邓新华　主编 Liu Yuexin u. Deng Xinhua (Hrsg.)

武汉：华中师范大学出版社，2013 年

256 页，1000 册

中德四季晨昏杂咏 (8)"暮色徐徐下沉"，钱春绮译，页 67 → Chinesisch-Deutsche Jahres- und Tageszeiten, Nr. 8: „Dämmerung senkte sich von oben", übers. v. Qian Chunqi, S. 67

欣赏导引，郭勇执笔，页 68 → Interpretation (Guo Yong), S. 68

524.

我想知道的西方文学 Die westliche Literatur, die ich kennenlernen möchte

文聘元　著 Wen Pinyuan (Verf.)

上海：上海辞书出版社，2013 年

丛书：我想知道的西方故事

304 页

第三十章：浮士德, 177-185 → Kapitel XXX: Faust, S. 177-185

525.

最美的翻译 Die gelungenen Übersetzungen

杨菁菁　著 Yang Jingjing (Verf.)

合肥：合肥工业大学出版社，2013 年

最美中国丛书

197 页

《浮士德》：认识你自己，页 108-111 → *Faust*: Erkenne dich selbst! S. 108-111

编者提示：评述郭沫若、绿原、杨武能，特别是钱春绮的《浮士德》译本，兼述钱春绮的人生道路。还介绍《浮士德》的剧情和浮士德形象的哲学涵义。

2014 年

526.

比较文学之路：交流视野与阐释方法 Der Weg der Komparatistik: Blickfelder des Kulturaustausches und Methoden der Erläuterungen

葛桂录　著 Ge Guilu (Verf.)

上海：上海三联书店，2014 年

第一编：交流 Teil I: Austausch

第一章：比较文学与文学交流，页 3 → Kapitel I: Komparatistik und Literaturaustausch, S. 3

一、比较文学是文学交流的产物，页 3 → Die Komparatistik ist Resultat des Literaturaustausches, S. 3

二、世界文学交流史概观，页 15 → Geschichte des Austausches von Weltliteratur im Überblick, S. 15

三、中外文化与文学交流史概览，页 38 → Geschichte des chinesisch-ausländischen Kultur- und Literaturaustausches im Überblick, S. 38

527.

德语文学与文学批评，第 8 卷 Deutschsprachige Literatur und Literaturkritik, Bd. 8

魏育青、张意、胡蔚　主编 Wei Yuqing, Zhang Yi u. Hu Wei (Hrsg.)

北京：人民文学出版社，2014 年

"我向你们走来……最古老、最可敬的时间之纪念碑"——从《论花岗岩》看地质学家歌德及其水成论自然观(莫光华)，页 423-434 →

第三编：合集 Kapitel III: Sammelbände

„Mit diesen Gesinnungen nähere ich mich euch, ihr ältesten, würdigsten Denkmäler der Zeit" – über Goethe als Geologe und seine Naturauffassung: sein Aufsatz *über den Granit* als Ausgangspunkt (Mo Guanghua), S. 423-434

528.
浮士德精神：在上帝与魔鬼之间 → Fausts Geist: zwischen Gott und Teufel
高全喜　著　Gao Quanxi (Verf.)
北京：北京时代华文书局，2014 年
高全喜艺文辑
174 页
浮士德精神 Fausts Geist
两个赌赛，页 5 → Die zwei Wetten, S. 5
魔鬼及其意义，页 30 → Der Teufel und seine Bedeutung, S. 30
浮士德的历程，页 47 → Der Lebensweg des Faust, S. 47
浮士德的悲剧，页 60-77 → Die Faust-Tragödie, S. 60-77

529.
君子之道：辜鸿铭与中德文化交流 Der Weg eines edlen Mannes: Gu Hongming und der Kulturaustausch zwischen China und Deutschland
方厚升　著　Fang Housheng (Verf.)
厦门：厦门大学出版社，2014 年
跨文化研究丛书，周宁主编
343 页，1000 册
第二章：辜鸿铭眼中的德国 → Kapitel II: Deutschland in der Sicht Gu Hongmings
第二节：辜鸿铭对歌德的接受，页 30 → Abschnitt II: Gu Hongmings Wahrnehmung Deutschlands, S. 30
浮士德，页 30 → Faust, S. 30
政治倾向和群众观，页 33 → Die politische Neigung und Vorstellung von Volksmassen, S. 33
人的教育，页 35 → Die Erziehung des Menschen, S. 35
救赎之途，页 38 → Wege der Rettung, S. 38
智者歌德，页 41 → Goethe als Gelehrter, S. 41
小结，页 44 → Zusammenfassung, S. 44

530.
黎明即起：2013 笔会文粹 → Erheben gleich bei Tagesanbruch: Auslese des Feuilletons 2013
文汇报笔会编辑部　选编
上海：文汇出版社，2014 年
2013 "笔会" 文粹
325 页
歌德的洛克特(汪涌豪)，页 50-55 → Goethes Lotte (Wang Yonghao), S. 50-55
马里恩巴德哀歌 Marienbader Elegie

531.
情迷瑞士 Leidenschaftliche Zuneigung zur Schweiz
黄正平　著　Huang Zhengping (Verf.)
上海：上海锦绣文章出版社，上海文艺出版集团，2014 年
199 页
歌德三下瑞士，页 68 → Goethe reiste dreimal in die Schweiz, S. 68
维特避婚，页 68 → Werther: Flucht vor der Heirat
心灵洗礼，页 71 → Geistige Taufe, S. 71
艰难堪比长征的阿尔卑斯山之旅，页 71 → Reise in die Alpen, schwierig wie der „Lange Marsch", S. 71
"这些景观改变了我"，页 73 → Diese Landschaft hat mich verändert", S. 73
作家的责任和情人的激情，页 76 → Verantwortung eines Schriftstellers und Enthusiasmus eines Geliebten, S. 76
威廉·退尔，页 78-82 → Wilhelm Tell, S. 78-82

532.
19 世纪欧洲作家笔下的拿破仑 Napoleon in den Darstellungen europäischer Schriftsteller des 19. Jahrhunderts
宋德发　著　Song Defa (Verf.)

湘潭：湘潭大学出版社，2014 年
12，303 页
第四章：歌德笔下的拿破仑，页 58 → Kapitel IV: Napoleon in Goethes Darstellungen, S. 58
第一节："拿破仑摆布世界，就像洪默尔摆布他的钢琴一样"，页 59 → „Napoleon behandelte die Welt wie Hummel seinen Flügel", S. 58
第二节："对于拿破仑，我没有什么可埋怨的"，页 63 → Abschnitt II: „Erstaunlicherweise enthält Goethes Fazit keine Bitterkeit gegenüber dem, der sich selbst für die Welt zum Mangel gemacht hat", S. 63
第三节："拿破仑是我们无法模仿的人物"，页 67-78 → Abschnitt III: Napoleon ist „ein Kern, dem wir es freilich nicht nachmachen können", S. 67-78

533.
孙景尧先生周年祭纪念文集 Beiträge zum Gedenken an den einjährigen Todestag des Herrn Sun Jingrao
刘耘华　主编 Liu Yunhua (Hrsg.)
上海：上海文艺出版社，2014 年
歌德在中国 (黄艺)，页 171-185 → Goethe in China (Huang Yi), S. 171-185

534.
文学·比较·侨易 Literatur, Komparatistik, Veränderungen durch Auslandserfahrungen
叶隽　著 Ye Jun (Verf.)
上海：复旦大学出版社，2014 年
比较文学与世界文学学术文库
300 页
第一辑：资源互涉与世界文学 → Teil I: Wechselseitige Rezeption und Weltliteratur
从"希腊理想"到"中国镜像"——论歌德、席勒的"古典图镜观"及其中国资源，页 2-28 → Vom „griechischen Ideal" zum „China-Bild" – Goethes und Schillers „Auffassung von klassischen Bildern" und ihre chinesischen Entlehnungen, S. 3-28
《红楼梦》、《浮士德》与世界文学——以王国维、蔡元培的红学发凡与侨易思维为中心，页 29-50 → Der Traum der Roten Kammer, Faust und die Weltliteratur – im Mittelpunkt Wang Guoweis und Cai Yuanpeis Einführung in die Philologie des Romans Der Traum der Roten Kammer und Gedanken über Veränderungen durch Auslandserfahrungen, S. 29-50
第二辑：现代中国的西学资源 Teil II: Die Rezeption westlicher Wissenschaft im modernen China
救亡与沉潜——西南联大时代冯至、陈铨对歌德的诠释，页 53-68 → Rettung vom Untergang des Landes und Einsiedelei – die Interpretation von Feng Zhi und Chen Quan in der Zeit der Südwestlichen Vereinigungsuniversität, S. 53-68

535.
"我这个时代"的德国——托马斯·曼长篇小说论析 Das Deutschland „meiner Epoche": Interpretation von Thomas Manns Romanen: ein Versuch
李昌珂　著 Li Changke (Verf.)
北京：北京大学出版社，2014 年
文学论丛，北大欧美文学研究丛书
257 页
第四章：两个歌德的融合——《歌德与绿蒂》，页 106 → Kapitel IV: Der doppelte Goethe und seine Verschmelzung, Goethe und Lotte, S. 106
一、这是值得写成书的！页 106 → Es lohnt sich, ein Buch darüber zu schreiben, S. 106
二、"历史小说"，页 110 → Ein „historischer Roman", S. 110
三、"散点透视"，页 111 → „Verschiedene Sichtweisen", S. 111
四、"主观性"特征，页 113 → Merkmal der „Subjektivität", S. 113
五、"旧"和"新"的歌德，页 116 → Der „alte" und der „neue" Goethe, S. 116
六、我在哪里，德国就在哪里！页 122 → Wo ich bin, ist auch Deutschland, S. 122
七、"七实三虚"的策略，页 127 → „Siebenmal Realität und dreimal Täuschung": eine Strategie, S. 127
八、相当"功利性"的完成，页 129 → Die Erfüllung der „Utilitarismus", S. 129

第三编：合集 Kapitel III: Sammelbände

九、两个"歌德"的融合，页 130 → Der doppelte Goethe und seine Verschmelzung, S. 130

536.
西方文化与文学艺术 Westliche Kultur, Literatur und Kunst
朱虹 著 Zhu Hong (Verf.)
北京：中国社会科学出版社，2014 年
250 页
第五章：17、18 世纪的文化与文学艺术，页 108 → Kapitel V: Literatur und Kunst des 17. und 18. Jahrhunderts, S. 108
第三节：17、18 世纪的文学，页 125 → Abschnitt III: Die Literatur des 17. und 18. Jahrhunderts, S. 125
三、启蒙文学，页 130 → Die Aufklärung, S. 130
有关歌德的《浮士德》，页 132-138 → Über Goethes Faust, S. 132-138

537.
新腔重弹旧调的余响 Nachklang der alten Melodie, gespielt nun in neuem Ton
卫茂平 著 Wei Maoping (Verf.)
北京：生活•读书•新知 三联书店，2014 年
309 页
歌德译介在中国——为纪念歌德二百五十周年诞辰而作，页 154-156 → Die Goethe-Rezeption in China – zum Andenken an Goethes 250jährigen Geburtstag, S. 154-156
编者提示：本书系卫茂平个人的一本论文集，收编历年在报刊杂志和其他出版物上刊载过的单篇旧文。"歌德译介在中国"一文原载《文汇读书周报》（1999 年 10 月 2 日）。

538.
阎宗临文学作品集 Yan Zonglins literarische Werke
阎宗临 著 Yan Zonglin (Verf.)
郭汾阳、宋若云、阎守扶 编 Guo Fenyang, Song Ruoyun u. Yan Shoufu (Hrsg.)
北京：中国大百科全书出版社，2014 年
377 页
歌德与法国 Goethe und Frankreich

539.
耶稣会与明清之际中西文化交流 Jesuiten und Kulturaustausch zwischen China und dem Westen in der Ming- und Qing-Zeit
朱雁冰 著 Zhu Yanbing (Verf.)
杭州：浙江大学出版社，2014 年
352 页
赫尔德、歌德、席勒著作中的儒家思想，页 189-201 → Konfuzianische Gedanken in Werken Herders, Goethes und Schillers, S. 189-201

540.
以爱为本：跨越时空、惠及子孙的教育理念——瑞士 - 中国裴斯泰洛奇国际研讨会论文集（卢塞恩，2012 年 4 月）Erziehung mit Herz, überall und jederzeit zum Wohl der Kinder. Internationales Pestalozzi-Symposium Schweiz-China (Luzern, April 2012)
[瑞士] 戴特灵 主编 Dettling, Roger (Hrsg.)
[德籍华裔] 顾正祥 主编 Gu, Zhengxiang (Hrsg.)
上海：上海交通大学出版社，2014 年
335 页，1035 册
裴斯泰罗齐抑或歌德、席勒、赫尔巴特、包尔生？——王国维、蔡元培等原生代精英对德系资源的比较接受及其表现的教育理想 (叶隽)，页 45-61 → Pestalozzi oder Goethe, Schiller, Herbart, Paulsen? Ein Vergleich der Rezeption von Quellen deutscher Geistesgeschichte durch Wang Guowei, Cai Yuanpei und andere Vertreter der ersten Generation von Intellektuellen im Modernen China und die Entstehung eines neuen Bildungsideals (Ye, Jun), S. 199-215

541.
中外文学名著导读 Einführung in berühmte Werke der in- und ausländischen Literatur
刘建军 主编 Liu Jianjun (Hrsg.)
北京：高等教育出版社，2014 年
416 页
歌德《浮士德》→ Goethe: Faust
选文，董问樵译，页 213-228 → Faust (Auszug), übers. v. Dong Wenqiao, S. 213-228
导读，页 228-231 → Interpretation, S. 228-231

2015年

542.

德国精神的向度变型：以尼采、歌德、席勒的现代中国接受为中心 Richtungswechsel des deutschen Geistes: im Mittelpunkt die Rezeption Nietzsches, Goethes und Schillers im modernen China

叶隽　著 Ye Jun (Verf.)

北京：中央编译出版社，2015年

202页

第3章：中国现代留德学人的歌德接受，页42 → Kapitel 3: Die Goethe-Rezeption der Wissenschaftler des modernen China, die in Deutschland studieren, S. 42

第6章：建国时代"浮士德"的意义转换——以现代中国若干知识精英的接受为中心，页122 → Kapitel 6: Der Bedeutungswandel des *Faust* zur Zeit der Gründung der VR China – die Rezeption bei einigen führenden Intellektuellen im modernen China, S. 122

无出版年

543.

世界文学家传记 Biographien der Schriftsteller der Welt

悠悠　编著 You You (Verf.)

九龙: 文艺出版社, 无出版年

德国之部

一、歌德, 页 345-346 → Goethe, S. 345-346

补编书目　Ergänzung

544.

多元文化与外国文学 Pluralistische Kultur und ausländische Literatur

毛信德、蒋承勇　主编 Mao Xinde u. Jiang Chengyong (Hrsg.)

杭州: 浙江大学出版社, 2005年

歌德与中西方现代美学的"关键性内容"：比较文学与世界文学教学研究 (孔建平), 页 487-497 → Goethe und der „entscheidende Inhalt" der modernen Ästhetik in China und im Westen: Erforschung des Unterrichts zur Komparatistik und Weltliteratur (Kong Jianping), S. 487-497

著者/编者索引 Index der Verfasser/Herausgeber

A Kun 阿坤 268
A Ying 阿英 238
Ba Jin 巴金 100
Bai Gengsheng 白庚胜 202
Bai Hua 柏桦 359
Bao Min 保民 116
Bao Yu 保宇 399
Bao Zong 保宗 116
Bi Bingbin 毕冰宾 507
Bing Xin 冰心 11
Bo Qinghua 卜庆华 147
Cai Danye 蔡丹冶 19
Cai Hanxun 蔡汉勋 218
Cai Liangyu 蔡良玉 55
Cai Shen 蔡申 152
Cai Yousheng 蔡幼生 256
Cai Yuanpei 蔡元培 3, 16, 32, 92
Can Xue 残雪 240, 315, 314, 346
Cao Deming 曹德明 447
Cao Rangting 曹让庭 108
Cao Shunqing 曹顺庆 73
Cao Weidong 曹卫东 236
Cao Weijing 曹维劲 76
Chai Shaofei 柴少飞 452, 499
Chen Congyun 陈丛耘 445
Chen Danqing 陈丹青 522
Chen Dejin 陈德锦 273
Chen Duxiu 陈独秀 14
Chen Dun 陈敦 76, 91
Chen Fuzhi 陈福智 301
Chen Gaohua 陈高华 337
Chen Guo'en 陈国恩 431
Chen Huijun 陈慧君 83
Chen Jiaqi 陈家琪 321
Chen Jinzhang 陈锦章 97
Chen Kaidi 陈开第 273
Chen Liangmei 陈良梅 213
Chen Pingyuan 陈平原 180, 339, 345
Chen Quan 陈铨 148
Chen Rong 陈融 404
Chen Rusong 陈如松 187
Chen Shaoming 陈少明 293

Chen Shidan 陈世丹 502
Chen Shixiong 陈世雄 405
Chen Shou 陈寿 137
Chen Shouzhu 陈瘦竹 99
Chen Shulin 陈恕林 144, 200
Chen Siqing 陈思清 78
Chen Wanxia 陆晚霞 182
Chen Wei 陈卫 492
Chen Xianhua 陈贤华 237
Chen Xiaochun 陈晓春 247
Chen Youshu 陈友书 81, 97
Chen Zhihua 谌志华 222
Chen Zhongfu 陈仲甫 → Chen Duxiu 陈独秀
Chen Zhongyi 陈众议 462
Chen Zishan 陈子善 167
Cheng Daixi 程代熙 54, 503
Cheng Fan 程帆 501, 511
Cheng Menghui 程孟辉 331
Cheng Zhongyuan 程中原 68, 85
Chu Tianshu 楚天舒 137
Cui Baoheng 崔宝衡 178
Cui Jianlin 崔建林 440
Cui Zhonglei 崔仲雷 422
Dai Qixiu 戴启秀 447
Dan Weili 但未丽 228
Deng A'ning 邓阿宁 371
Deng Pengfei 邓鹏飞 262
Deng Shusheng 邓蜀生 249
Deng Xiaomang 邓晓芒 393
Deng Xinhua 邓新华 523
Ding Zichun 丁子春 72
Diao Chunzhi 刁纯志 206
Ding Guoqi 丁国旗 497
Ding Xiaoping 丁晓萍 148
Dong Hongchuan 董洪川 507
Dong Jian 董健 405, 455
Dong Wenqiao 董问樵 44, 53, 65, 100, 122, 404, 541
Du Chuan 杜川 337
Du Dongzhi 杜东枝 29
Du Mengruo 杜萌若 313
Du Wangshu 杜望舒 505

Du Weimo 杜维沫 67
Du Yunxie 杜运燮 166
Duan Feng 段峰 507
Duan Hanwu 段汉武 506
Fan Dacan 范大灿 63, 273, 405
Fan Jin 范劲 343, 468, 481
Fan Mingxue 范明学 436
Fan Xinghui 樊兴惠 219
Fan Xiuzhang 樊修章 373
Fang Chang'an 方长安 431
Fang Housheng 方厚升 405, 529
Fang Ping 方平 503
Fang Rennian 方仁念 120
Fang Zaiqing 方在庆 405
Fang Zhenyu 方振宇 475
Fang Zhou 方洲 219, 333
Feng Huaping 冯化平 230
Feng Hui 冯慧 494
Feng Jun 冯俊 472
Feng Weiping 丰卫平 514
Feng Xianguang 冯宪光 412
Feng Yalin 冯亚琳 201, 378, 405, 507, 514
Feng Yan 冯晏 405
Feng Yaoping 冯姚平 273
Feng Zhi 冯至 63, 70, 71, 86, 95, 122, 143, 144, 184, 348, 404, 507
Fo Chu 佛雏 156
Fu Donghua 傅东华 7
Fu Guangming 傅光明 297
Fu Shouxiang 傅守祥 327, 461
Fu Wenjun 符文军 416
Fu Xiaowei 傅晓微 507
Fu Yonglin 傅勇林 381
Gan Lijuan 甘丽娟 408
Gan Ling 甘玲 468
Gao Changmei 高长梅 391
Gao Jian 高健 503
Gao Kun 高昆 466
Gao Lingyin 高令印 349
Gao Mang 高莽 273
Gao Nan 高楠 79

著者/编者索引 | Index der Verfasser/Herausgeber

Gao Pingshu 高平叔 92
Gao Quanxi 高全喜 528
Gao Xiang 高翔 27
Gao Xiuhua 高秀华 349
Gao Xuanyang 高宣扬 386
Gao Zhongfu 高中甫 82, 119, 122, 174, 231, 272, 323
Ge Baoquan 戈宝权 33
Ge Guilu 葛桂录 526
Geng Huayou 耿化友 252
Gong Hong 龚宏 408
Gong Jimin 龚济民 120
Gong Liu 公刘 165
Gu Hongming 辜鸿铭 154, 160, 337, 457
Gu Yu 谷裕 332, 367, 515, 405
Gu Zhenbiao 顾振彪 275
Gu Zhengkun 辜正坤 504
Gu Zhengxiang 顾正祥 405, 507, 540
Gu Zuzhao 顾祖钊 287
Guan Hong 关鸿 76
Guan Jian 关键 104
Guan Qing 官青 378
Guan Yuqian 关愚谦 316
Gui Qianyuan 桂乾元 256
Guo Fenyang 郭汾阳 538
Guo Man 郭漫 299
Guo Moruo 郭沫若 4, 28, 30, 31, 150, 432, 437, 513
Guo Shuyun 郭淑云 287
Guo Yanli 郭延礼 198, 223, 334
Guo Yigang 郭轶刚 453
Guo Yong 郭勇 523
Guo Yongxue 郭永学 111
Hai Zi' 海子 164
Han Ruixiang 韩瑞祥 405
Han Yaocheng 韩耀成 126, 175, 214, 273
Hao Runqin 郝润沁 355
He Chengwei 何承伟 418
He Feng 何峰 328, 356
He Jinzhong 何金仲 358
He Konglu 何孔鲁 513

He Qifang 何其芳 46
He Qingyuan 何庆元 344
He Shan 何山 282
He Shaowen 何绍闻 257
He Suping 何素平 444
He Ji 贺骥 405, 507
He Lin 贺麟 6, 13
He Mingjian 赫铭鉴 151
Hong Beihua 洪蓓华 98
Hong Zicheng 洪子诚 437
Hou Hui 侯会 157, 495
Hou Junji 侯浚吉 292
Hou Ting 侯婷 289
Hu Hai 胡海 413
Hu Jihua 胡继华 405
Hu Tou 虎头 353
Hu Wei 胡蔚 527
Hu Yanchun 胡燕春 313
Hu Youqing 胡有清 330
Hu Zhanzhen 胡湛珍 82, 119
Hu Zhiming 胡志明 405
Hu Zuqing 胡足青 409
Hu Zuoxuan 胡作玄 283
Hua Chuan 华川 86
Hua Shaoxiang 华少庠 468
Hua Zongde 华宗德 229
Huang Baosheng 黄宝生 231, 273
Huang Chanhua 黄忏华 1
Huang Chenglai 黄成来 57
Huang Chunhao 黄淳浩 150
Huang Fanzhong 黄凡中 130
Huang Fengzhu 黄凤祝 405, 472
Huang Hanping 黄汉平 153, 276
Huang Houxing 黄侯兴 37
Huang Jinkai 黄晋凯 207, 209
Huang Liaoyu 黄燎宇 107, 519
Huang Manjun 黄曼君 270
Huang Mei 黄梅 302
Huang Ming 黄明 212
Huang Shang 黄裳 273
Huang Xingen 黄新根 61

Huang Xingtao 黄兴涛 149, 154, 177, 221
Huang Yaomian 黄药眠 118
Huang Yi 黄艺 533
Huang Yue 黄岳 137
Huang Zhengping 黄正平 531
Ji Fukun 季伏昆 266
Ji Shuihe 季水河 171, 175
Ji Xianlin 季羡林 200, 209, 273, 507
Jia Fengchang 贾峰昌 496
Jia Hongtu 贾宏图 303
Jian Yijie 简伊捷 301
Jiang Cengpei 江曾培 151
Jiang Shan 江山 464
Jiang Shaochuan 江少川 212
Jiang Honghai 姜洪海 138
Jiang Shouming 姜守明 204
Jiang Shuliang 姜书良 130
Jiang Tao 姜涛 437
Jiang Yalin 姜亚林 250
Jiang Zheng 姜铮 236
Jiang Chengyong 蒋承勇 327, 364, 544
Jiang Hong 蒋红 87
Jiang Kongyang 蒋孔阳 87, 107, 143, 185, 248, 317
Jiang Lan 蒋蓝 507
Jiang Lirong 蒋理容 235
Jiang Qinguo 蒋勤国 197, 273
Jin Ge 金歌 250
Jin Jianfan 金坚范 273
Jin Jin 金金 439
Jin Kemu 金克木 179
Jin Liu 金鎏 161
Jin Liuchun 金留春 57
Jing Zhuo 井拙 143
Jü Qiubai 瞿秋白 429
Ke Yingru 柯盈如 210
Kong Deming 孔德明 229
Kong Jianping 孔建平 373
Kong Lingcui 孔令翠 507
Kuang Xing 匡兴 323

著者/编者索引 Index der Verfasser/Herausgeber

Lai Lixiu 赖丽琇 189
Lai Tingqian 赖廷谦 206
Le Daiyun 乐黛云 86, 339
Li Chao 李超 509
Li Changke 李昌珂 535
Li Changzhi 李长之 167, 424
Li Chao 李超 480
Li Chendong 李辰冬 10, 518, 308, 469
Li Chenmin 李辰民 155
Li Chenxi 李晨曦 457
Li Chunlin 李春林 243
Li Chunqing 李春青 132
Li Dasan 李达三 127
Li Dan 李丹 416
Li Dong 李栋 45
Li Fucheng 李福成 467
Li Funing 李赋宁 273
Li Guangcai 李光彩 413
Li Guohao 李国豪 200
Li Hongsheng 李宏生 105
Li Jie 李杰 281, 305
Li Jinfeng 李金凤 517
Li Jingduan 李景端 507
Li Keyong 李克勇 507
Li Kuixian 李魁贤 21
Li Li 李莉 505
Li Mingbin 李明滨 207
Li Mingmin 李明敏 155
Li Peiju 李佩菊 505
Li Piyang 李丕洋 466
Li Runxin 李润新 245
Li Weiming 李巍明 128
Li Wenhua 利文桦 396
Li Wenjun 李文俊 507
Li Xiaoju 李小驹 510
Li Xingchen 李醒尘 107
Li Xiuying 李秀云 362
Li Yanzhu 李衍柱 304
Li Yeguang 李野光 273
Li Yingfeng 李迎丰 307
Li Yongping 李永平 273
Li Zheng 李政 263

Liang Jingfeng 梁景峰 290
Liang Kun 梁坤 411
Liang Na 梁娜 391
Liang Qichao 梁启超 8, 15
Liang Xudong 梁旭东 264
Liang Yihua 梁异华 520
Liang Zongdai 梁宗岱 102, 339, 437
Lin Dehong 林德宏 211
Lin Hui 林晖 377
Lin Jing 林敬 402
Lin Jinghua 林精华 208
Lin Lirong 林丽容 98
Lin Tonghua 林同华 89
Lin Weizhong 林伟中 404
Lin Xin 林心 86
Lin Yaguang 林亚光 125
Lin Yanjiao 林言椒 418
Lin Yaode 林耀德 273
Lin Zhijun 林志钧 8
Ling Min 凌敏 209
Ling Zichun 凌子春 205
Liu Beicheng 刘北成 170
Liu Bo 刘波 400
Liu Dengdong 刘登东 64
Liu Faqing 刘发清 443
Liu Fang 刘芳 355
Liu Gang 刘刚 337
Liu Haoming 刘皓明 405, 485
Liu Hongjia 刘洪甲 161
Liu Hongtao 刘洪涛 259, 434
Liu Jiabin 刘家斌 105
Liu Jianjun 刘建军 541
Liu Jiemin 刘介民 127
Liu Letu 刘乐土 500
Liu Liping 刘丽萍 472
Liu Maolin 刘茂林 121
Liu Min 刘闽 471
Liu Minghou 刘明厚 405, 454
Liu Mingjiu 柳鸣九 507
Liu Mingxuan 刘明轩 265
Liu Runfang 刘润芳 379
Liu Simu 刘思慕 107

Liu Weihong 刘卫红 487
Liu Wuji 柳无忌 39
Liu Xishan 刘锡山 131
Liu Xiangyu 刘象愚 91
Liu Xiaofeng 刘小枫 293
Liu Xiaojiang 刘小江 399
Liu Xuehui 刘学慧 463
Liu Yang 刘杨 366
Liu Ye 刘烨 266
Liu Ying 刘英 202
Liu Yong 刘勇 324
Liu Yong 刘永 404
Liu Yongmu 刘永木 189
Liu Yuexin 刘月新 523
Liu Yunge 刘运阁 289
Liu Yunhua 刘耘华 533
Liu Zhijie 刘之杰 288
Liu Zhiyong 刘智勇 237
Liu Zhongxiang 刘忠祥 459
Liu Changqing 柳常青 258
Long Jun 龙军 400
Long Quanming 龙泉明 431
Loo Angelika 卢安莉 173
Lu Jinming 卢锦明 445
Lu Kanghua 卢康华 59
Lu Yongmao 卢永茂 26
Lu Yu 卢渝 80
Lu Yuehua 卢月化 23
Lu Chengwen 鲁成文 426
Lu Mei 鲁美 401
Lu Xun 鲁迅 9, 38, 47
Lu Guishan 陆贵山 449
Lu Jiande 陆建德 507
Lu Ming 陆明 446
Lu Renhao 陆人豪 155
Lu Xia 陆霞 507
Lu Yaodong 陆耀东 273
Lü Xiaoping 吕效平 455
Lü Xinwei 吕信伟 143
Lü Xinyu 吕新雨 143
Lü Yuan 绿原 49, 273, 280, 320, 451
[Luo] Tilun [罗]悌伦 507

Luo Yijia 罗宜家 379
Luo Yunjia 罗云家 19
Luo Zhihua 罗治华 153
Ma Jiajun 马家骏 112
Ma Jiaxin 马佳欣 234
Ma Jing 马晶 517
Ma Liao 马嫽 378
Ma Linxian 马林贤 412
Ma Ling 马凌 178
Ma Min 马敏 483
Ma Qingfu 马清福 143
Ma Shude 马树德 245, 425
Ma Xiaochao 马小朝 209
Ma Xinfa 马新发 507
Ma Xinguo 马新国 278
Mai Yongxiong 麦永雄 190
Mao Dun 矛盾 2, 260, 398
Mao Xinde 毛信德 327, 544
Mao Zhusheng 毛竹生 190
Meng Xiangrong 孟向荣 137
Meng Zhaoyi 孟昭毅 209
Mi Jinlong 糜金龙 294
Miao Xin 苗鑫 405
Miu Langshan 缪朗山 473
Mo Guanghua 莫光华 293, 378, 405, 411, 507, 527
Mu Lei 穆雷 507
Mu Ruiqing 穆睿清 63
Mu Xin 木心 522
Nie Jun 聂军 405
Nie Zhenning 聂震宁 315
Ouyang Youquan 欧阳友权 171
Pan Shoukang 潘寿康 24, 188
Pan Zhongyi 潘中艺 410
Pei Pei 培培 478
Peng Jingxi 彭镜禧 192
Peng Qizhi 彭奇志 414
Qian Chunqi 钱春绮 66, 161, 232, 273, 276, 395, 437, 464, 505, 513, 523
Qian Gang 钱钢 248
Qian Hua 钱华 222
Qian Liqun 钱理群 437

Qian Niansun 钱念孙 239
Qian Yangming 钱阳鸣 428
Qian Zhixi 钱志熙 273
Qian Zhongshu 钱钟书 106, 507
Qian Zhongwen 钱中文 226
Qiao Mo 乔默 143
Qiao Shutian 乔书田 479
Qin Hai 秦海 372
Qing Yang 青阳 77
Qiu Likun 邱立坤 322, 336
Qiu Menglei 邱梦蕾 56
Qiu Zhenhai 邱震海 163
Qiu Fazu 裘法祖 200
Qu Ge 曲戈 115
Ran Guoxuan 冉国选 26
Rao Pengzi 饶芃子 226
Ren Guoqiang 任国强 405
Ren Haozhi 任浩之 417
Ren Liming 任李明 204
Sai Ge 赛格 390
Sang Bing 桑兵 375
Sang Fengkang 桑逢康 139
Shan Shilian 单世联 191, 350, 488
Shao Yanxiang 邵燕祥 165, 273
Shen Zhi 沈智 383, 384
Shi Nanzheng 石南征 122
Shi Yanjing 石燕京 247
Shu Erzuo 述而作 117
Shu Shaofu 舒韶福 342
Shu Ting 舒婷 181
Shu Zhan 舒展 106
Song Defa 宋德发 532
Song Jianfei 宋健飞 378
Song Limin 宋立民 228
Song Ruoyun 宋若云 538
Song Zhemei 宋哲美 17
Su Changxian 苏长仙 45
Su Jing 苏婧 355
Sun Dagong 孙大公 88, 127
Sun Dingguo 孙鼎国 176
Sun Hengcun 孙恒存 517
Sun Jie 孙洁 254

Sun Jingyao 孙景尧 59
Sun Kunrong 孙坤荣 43, 273
Sun Liping 孙力平 427
Sun Qin'an 孙琴安 255
Sun Weiqi 孙维骐 273
Sun Yajie 孙亚杰 205
Sun Yong 孙 x 151
Sun Yushi 孙玉石 273
Sun Zhouxing 孙周兴 321, 386, 472
Tan Lei 谭蕾 214
Tan Sui 谭燧 190
Tan Xin 谭鑫 296
Tan Yuzhi 谭余志 267
Tang Weicheng 汤卫城 200
Tang Yonghua 汤拥华 460
Tang Jianqing 唐建清 295, 309
Tang Jinhai 唐金海 167
Tang Junyi 唐君毅 113
Tang Mingxing 唐明星 360
Tang Yongde 唐永德 490
Tang Zhuo 唐浥 273
Tao Dezhen 陶德臻 112
Tian Han 田汉 203
Tian Zhaoyao 田兆耀 233
Tong Daoming 童道明 273
Tong Qingbing 童庆炳 118, 226, 278
Tong Xiren 佟希仁 114
Tong Xiaozhen 童小珍 296
Tong Xiaozhen 童小珍 499
Tu An 屠岸 437
Wan Fucheng 宛福成 111
Wan Mingkun 万明坤 200
Wan Xiaoping 宛小平 347
[Wang] Feibai [汪]飞白 504
Wang Jiaming 汪家明 474
Wang Xingfu 汪行福 377
Wang Yonghao 汪涌豪 530
Wang Benchao 王本朝 196
Wang Bingjun 王炳钧 380
Wang Chong 王冲 261
Wang Desheng 王德胜 224

Wang Duanting 王端廷 405
Wang Fengcai 王凤才 377
Wang Fengzhen 王逢振 126
Wang Ge 王歌 405
Wang Guoqing 王国庆 404
Wang Guowei 王国维 84, 156
Wang Hongyi 王泓逸 312
Wang Huaxue 王化学 209
Wang Jipeng 王吉鹏 243
Wang Jiaxin 王家新 273
Wang Jie 王杰 176
Wang Jun 王俊 268
Wang Keqin 王克勤 202
Wang Lina 王丽娜 67
Wang Lu 王路 178
Wang Meiling 王美玲 189
Wang Meng 王蒙 507
Wang Peili 王佩莉 404
Wang Ping 王萍 325
Wang Qiancheng 王前程 510
Wang Ruojun 王若珺 448
Wang Shengsi 王圣思 273
Wang Shoulan 王寿兰 100
Wang Surong 王素蓉 273
Wang Weichang 王维昌 43
Wang Weimin 王维民 381
Wang Weiming 王伟明 273
Wang Xiangyuan 王向远 132, 251
Wang Xiangyun 王祥云 286
Wang Xinguo 王新国 288
Wang Xunzhao 王训昭 74
Wang Yitao 王一桃 273
Wang Yinbao 王印宝 153
Wang Yinping 王隐平 298
Wang Youru 王又如 87
Wang Yuhan 王禹翰 450
Wang Yuyu 王雨玉 81
Wang Yuanhua 王元化 73, 140, 329, 339
Wang Yuechuan 王岳川 162
Wang Zhenguo 王镇国 20
Wang Zhiqiang 王志强 447
Wei Hongshan 魏红珊 269

Wei Junmei 魏军梅 458
Wei Maoping 卫茂平 86, 159, 234, 236, 537, 256
Wei Yuqing 魏育青 527
Wen Li 雯莉 282
Wen Liming 闻黎明 273
Wen Meihui 文美惠 82, 119, 323
Wen Pinyuan 文聘元 246, 376, 524
Wen Rumin 温儒敏 148
Wen Shan 闻山 273
Wen Xiaozhu 文小竹 419
Wen Xuan 温喧 360
Wen Yuan 文渊 423
Weng Yiqin 翁义钦 125
Wu Benxing 吴奔星 62
Wu Di 吴笛 327, 403
Wu Fuheng 吴富恒 108
Wu Jilu 吴继路 273
Wu Jianguang 吴建广 405, 447, 454
Wu Juzhen 吴菊珍 125
Wu Lifu 伍蠡甫 415
Wu Mei 吴梅 169
Wu Nanfeng 吴南风 35
Wu Shixin 伍士心 291
Wu Shizhao 伍世昭 270
Wu Sijia 吴斯佳 403
Wu Tingyu 吴廷玉 232
Wu Xiaodong 吴晓东 202
Wu Xiaoqiao 吴晓樵 370
Wu Yuanmai 吴元迈 174
Wu Yuetian 吴岳添 122, 507
Wu Zifeng 伍子峰 141
Xia Chen 夏忱 115
Xia Qian 夏潜 75
Xia Yan 夏焱 227
Xia Zuzhuo 夏祖焯 (夏烈) 319
Xiang Qi 项琦 133
Xiang Xiaomin 项晓敏 505
Xiao Chuanwen 萧传文 69, 98
Xiao Ji 晓季 77
Xiao Jinlong 肖锦龙 131

Xiao Lang 肖朗 470
Xiao Shixiong 萧时雄 189
Xiao Sixin 肖四新 209
Xiao Weisheng 肖伟胜 352
Xiao Xia 肖霞 242
Xiao Xue 晓雪 273
Xie Baocheng 谢保成 270
Xie Mian 谢冕 273
Xie Pengxiong 谢鹏雄 363
Xie Tianzhen 谢天振 135
Xie Yihui 谢怡慧 301
Xie Yingying 谢莹莹 380
Xing Laishun 邢来顺 483
Xiong Hui 熊辉 519a
Xiong Zhehong 熊哲宏 482
Xu Fancheng 徐梵澄 273
Xu Fangming 徐放鸣 62
Xu Huizhen 徐慧珍 222
Xu Jun 许钧 507
Xu Junxi 徐俊西 429
Xu Lu 徐鲁 272
Xu Ruzhi 许汝祉 209
Xu Shenghua 徐胜华 274
Xu Ting 徐挺 232
Xu Weibing 许卫兵 220
Xu Weihua 徐卫华 486
Xu Xiaozhong 徐晓钟 487
Xu Yanhua 徐艳华 357
Xu Yingjin 徐英瑾 377
Xu Zhimian 徐知免 273
Xu Zhongyu 徐中玉 217
Xue Sheng 雪声 507
Ya Se 雅瑟 478
Ya Ting 雅婷 441
Yan Xiaoxia 鄢晓霞 271
Yan Yuqiang 颜玉强 300
Yan Bing 闫冰 446
Yan Guozhong 阎国忠 48, 115, 145
Yan Shoufu 阎守扶 538
Yan Zonglin 阎宗临 538
Yan Baoyu 严宝瑜 273
Yan Jiayan 严家炎 196

Yan Zheng 严铮 26
Yang Aihua 杨爱华 407
Yang Bing Tschen [Yang Bingchen] 杨丙辰 6
Yang Dazhong 杨大中 105
Yang Dong 杨冬 406
Yang Fei 杨飞 296, 499
Yang Hongqing 杨洪清 382
Yang Huaizhong 杨怀中 471
Yang Huimei 杨慧玫 249
Yang Jianye 杨建邺 354
Yang Jingjing 杨菁菁 525
Yang Jun 杨君 397
Yang Junjie 杨俊杰 434
Yang Kaixian 杨开显 335
Yang Lie 杨烈 124
Yang Mu 杨牧 40
Yang Qishen 杨岂深 50
Yang Qingzhi 杨青芝 413
Yang Wuneng 杨武能 63, 57, 86, 101, 216, 229, 236, 271, 272, 273, 297, 339, 404, 464, 504
Yang Xingying 杨星映 371
Yang Yanming 雁鸣 [杨雁鸣] 399
Yang Yezhi 杨业治 107
Yang Zheng 杨政 136
Yang Zhenghe 杨正和 190
Yang Zhouhan 杨周翰 86
Yao Dongxia 姚冬霞 358
Yao Kekun 姚可昆 122, 142, 404
Yao Naiwen 姚乃文 80
Yao Pengzi 饶芃子 51
Yao Ruqin 姚汝勤 63
Yao Wenzhen 姚文振 458
Ye Guisheng 叶桂生 121
Ye Jibin 叶纪彬 134
Ye Jun 叶隽 273, 321, 345, 350, 369, 405, 435, 470, 484, 493, 506, 507, 534, 540, 542
Ye Lingfeng 叶灵凤 93, 94, 194
Ye Mai 耶麦 12
Ye Shuifu 叶水夫 273
Ye Tingfang 叶廷芳 165, 169, 508, 340, 365, 386, 405

Ye Yanbin 叶延滨 273
Yi Wen 伊文 50
Yin Manting 殷曼楟 421
Yin Yicui 殷一璀 394
Yin Peipei 尹培培 441
Yin Yuebin 尹岳斌 131
Yin Zhihong 印芝虹 369
Yong Hui 勇慧 222
Yong Yi 永谊 351
You You 悠悠 543
Yu Bin 余斌 273
Yu Dafu 郁达夫 58
Yu Haidi 于海娣 477
Yu Kuangfu 余匡复 143, 165, 273, 430
Yu Senlin 俞森林 381
Yu Tian 雨田 244
Yu Tongtong 于彤彤 277
Yu Wujin 俞吾金 377
Yu Yizhong 余一中 213
Yu Yingbo 余瀛波 442
Yu Zhigang 余志刚 405
Yu Zuliang 喻祖亮 476
Yuan Diyong 袁荻涌 209
Yuan Ying 袁鹰 165
Yuan Zhiying 袁志英 405
Yun Huixia 云慧霞 420
Zang Kejia 臧克家 273
Zeng Fanting 曾繁汀 178
Zeng Xiandong 曾宪东 75
Zeng Xiangmin 曾祥敏 468
Zeng Zhennan 曾镇南 273
Zhai Wenming 翟文明 392
Zhan Binyao 詹滨遥 453
Zhan Yilan 詹怡兰 309
Zhang Anqi 章安祺 473
Zhang Baoning 张保宁 368
Zhang Caixin 张采鑫 391
Zhang Chunlei 张春蕾 326
Zhang Deming 张德明 284
Zhang Dongxu 张东旭 407
Zhang Guofeng 章国锋 122, 273, 405

Zhang Hong 张弘 430
Zhang Huanmin 张唤民 87
Zhang Hui 张辉 186, 241, 253
Zhang Jiazhen 张佳珍 183
Zhang Jian 张健 434
Zhang Jianming 张健鸣 409
Zhang Jieming 张介明 373
Zhang Jing'er 张静二 193
Zhang Keyun 张克芸 217
Zhang Li 张黎 144, 273, 318
Zhang Liangcun 张良村 131
Zhang Lingxia 张玲霞 521
Zhang Peifen 张佩芬 214
Zhang Qinghua 张清华 434
Zhang Ronghua 张荣华 456, 452, 499
Zhang Sumei 张素玫 404
Zhang Tongdao 张同道 166
Zhang Wei 张维 200
Zhang Wei 张炜 341
Zhang Weilian 张威廉 101, 195
Zhang Wending 张文定 86
Zhang Wentian 张闻天 68, 110, 429
Zhang Xianglun 张相轮 211
Zhang Xiaoying 张晓颖 507
Zhang Xiaoyun 张晓云 167
Zhang Xiuping 张秀平 249
Zhang Yi 张意 527
Zhang Yushu 张玉书 378
Zhang Yuan 张园 489
Zhang Yuanyuan 张媛媛 324
Zhang Yuechao 张月超 41
Zhang Zexian 张泽贤 415
Zhang Zhengwen 张政文 361
Zhang Zhengxin 张正欣 326
Zhang Zhi 张治 512
Zhang Zhongliang 张中良 279
Zhang Zhongyi 张中义 26
Zhao Chenxin 赵琛新 324
Zhao Jie 赵捷 129
Zhao Limin 赵利民 516
Zhao Peilin 赵沛林 408

Zhao Qianlong 赵乾龙 101
Zhao Ruihong 赵瑞蕻 199, 273
Zhao Weiping 赵卫平 470
Zhao Xiaoqi 赵小琪 431
Zhao Xinshan 赵鑫珊 90, 168, 385
Zhao Ziyi 赵子仪 387
Zhao Yanqiu 赵炎秋 109
Zhao Yifan 赵一凡 122
Zhao Yiheng 赵毅衡 507
Zhao Zhilong 赵志龙 397
Zhen Kejun 甄可君 75
Zheng Fangxiong 郑芳雄 173, 189, 192
Zheng Jianbin 郑建斌 374
Zheng Kelu 郑克鲁 388
Zheng Lei 郑磊 161
Zheng Liye 郑立叶 131
Zheng Min 郑敏 166, 172, 273
Zheng Xia 郑霞 234
Zheng Zhendu 郑振铎 7
Zhong Dehui 钟德慧 60
Zhong Jingwen 钟敬文 273
Zhong Shi 仲石 408
Zhong Zhaozheng 钟肇政 22
Zhou Chunyang 周春阳 311
Zhou Deyi 周德一 96
Zhou Fucheng 周辅成 491
Zhou Guoping 周国平 306
Zhou Jinzhang 周锦章 400
Zhou Liangpei 周良沛 215, 273
Zhou Mian 周棉 273
Zhou Ning 周宁 529
Zhou Pufang 周蒲芳 131
Zhou Xishan 周锡山 84
Zhou Yang 周扬 25
Zhou Zhenhe 周振鹤 338
Zhou Zheng'an 周正安 153
Zhu Beijuan 诸蓓娟 427
Zhu Guangqian 朱光潜 87, 103, 107
Zhu Hong 朱虹 536
Zhu Huanwen 朱焕文 114
Zhu Lichun 朱立春 438

Zhu Liyuan 朱立元 429
Zhu Lin 朱琳 410
Zhu Qianzhi 朱谦之 285, 310
Zhu Rui 朱瑞 407
Zhu Weizhi 朱维之 97
Zhu Xiang 朱湘 437
Zhu Yanbing 朱雁冰 539
Zhu Yifei 朱一飞 245
Zhuo Yue 卓悦 132
Zi Heng 子恒 498
Zong Baihua 宗白华 40, 146, 162, 421, 437
Zou Difan 邹荻帆 273
Zou Zhenhuan 邹振环 158

——

Ausländische Autoren
外国作者

Bhatti, Anil 405
Brandes, Georg 勃兰兑斯 160
Dettling, Roger 戴特灵 540
Eckermann, Johann Peter 爱克曼 87
Golz, Jochen 戈尔茨 405
Hansen, Volkmar 507
Jaumann, Peter 姚彼得 173
Keller, Werner 凯勒, 维尔勒 507
Kubin, Wolfgang 顾彬 245, 273
Mann, Thomas 曼，托马斯 292
Oberreiter, Suitbert 欧博远 173

——

Kollektive Herausgeber
集体编写单位：

《北大清华教授推荐的120本必读书》编委会 225
北京大学比较文学研究所 102
北京大学比较文学与比较文化研究所 241

北京大学中文系文艺理论教研室 36
北京师范大学中文系外国文学教研组 18
德国歌德学院北京分院 405
国立北京大学德国研究会 5
海上文学百家文库 429
《环球时报》编辑部 214
江西人民出版社 43, 51
联经出版事业公司编辑部 34
开封师范学院语文系现代文学教研室 14
鲁迅先生纪念委员会 9
南京大学外国文学研究所 213
青少年必知的外国文学经典《编写组》389, 433
日本大宝石出版社 182
上海年鉴编纂委员会 394
上海新华书店发行学校 52
四川省外国文学学会 96
四川外国文学学会丛刊 42
台北国际书展德国馆 183
唐君毅全集编委会 113
天津编译中心 123
《外国文学研究》编辑部 465
新华月报资料室 25
文汇报笔会编辑部 530
《文艺美学丛书》编辑委员会 48
中德文化协会 6
中国对外友协 405
中国作家协会 405
《中国古典文学研究年鉴》编委会 88
中国郭沫若研究会四川省郭沫若研究学会 270
中国郭沫若研究学会《郭沫若研究》编辑部 78
中国社会科学院外国文学研究所 318, 144, 405
中国外国文学学会 506 中国外国文学学会德语文学研究会 405
《中外古今文学名著故事》编委会 116

出版社索引 Index der Verlage

**Beijing
北京**

北京出版社 114
北京大学出版社 36, 48, 86, 100, 102, 143, 172, 180, 186, 264, 302, 304, 345, 373, 385, 406, 411, 460, 482, 491, 503, 504, 505, 515, 535
北京第二外国语学院旅游教育出版社 463
北京理工大学出版社 508
北京师范大学出版社 91, 278, 448
北京师范学院出版社 95
北京时代华文书局 528
北京邮电大学出版社 351
北京燕山出版社 291, 298
北洋印字馆 5, 6
当代世界出版社 187, 325, 342, 417, 423
地质出版社 63
东方出版社 451
方志出版社 318
高等教育出版社 18, 112, 232, 364, 541
航空工业出版社 299
海潮出版社 341
海豚出版社 475
海洋出版社 104, 506
红旗出版社 498
华语教育出版社 219
华文出版社 209, 392, 397, 400, 438
华夏出版社 165, 293, 500
机械工业出版社 476
解放军文艺出版社 231
九州图书出版社 176
科学出版社 190
昆仑出版社 457
民主与建设出版社 225
企业管理出版社 441
清华大学出版社 446, 521
求真出版社 432
群言出版社 309
群众出版社 137
人民出版社 197, 377, 468
人民教育出版社 32
人民日报出版社 265, 490
人民文学出版社 28, 30, 31, 38, 39, 46, 66, 118, 208, 214, 273, 287, 340, 353, 378, 431, 527
人民音乐出版社 55
三辰影库音像出版社 402
三联书店（北京）25, 93, 94, 240, 519, 537
商务印书馆 1, 3, 13, 200, 224, 425
商务印书馆国际有限公司 331
社会科学文献出版社 121
诗刊 49
时代作家出版社 443
时事出版社 416
石油工业出版社 390, 419
世界图书出版公司北京公司 426
首都师范大学出版社 147, 150, 348
同心出版社 360
团结出版社 150, 495
外国文学出版社 47
外文出版社 324, 344
外语教学与研究出版社 380, 507
文化艺术出版社 67, 78
新华出版社 109, 205, 335
新世界出版社 241, 297, 312, 478
知识产权出版社 518
中共党史资料出版社 110
中国长安出版社 282, 492
中国传媒大学出版社 455
中国大百科全书出版社 538
中国档案出版社 258, 263, 308
中国对外翻译出版公司 158, 284
中国发展出版社 250
中国妇女出版社 409
中国工人出版社 144, 374
中国国际广播出版社 111, 117
中国和平出版社 296
中国华侨出版社 452, 456, 477, 499
中国广播电视出版社 148, 220, 233
中国旅游出版社 129, 182
中国青年出版社 156, 162, 235
中国人民大学出版社 259, 473, 502
中国人民公安大学出版社 410
中国三峡出版社 469
中国少年儿童出版社 77
中国社会出版社 307
中国社会科学出版社 74, 371, 379, 420, 424, 434, 462, 497, 514, 516, 536
中国社会科学院外国文学研究所 405
中国文联出版社 271
中国文学出版社 166
中国戏剧出版社 68, 82, 99
中国言实出版社 358, 396
中国展望出版社 75
中华工商联合出版社 132
中华书局 8, 15, 16, 92, 149
中央编译出版社 280, 323, 362, 427, 519a, 542
中央广播电视大学出版社 413
作家出版社 449, 486

**Changchun
长春**

长春出版社 130
吉林出版集团 501
吉林美术出版社 422
吉林大学出版社 436, 440, 459
吉林人民出版社 174, 243, 453, 479

出版社索引 Index der Verlage

吉林文史出版社 275, 408
时代文艺出版社 484

Changsha
长沙

湖南教育出版社 511
湖南人民出版社 223
中南大学出版社 175
中南工业大学出版社 171

Chengdu
成都

巴蜀书社 247, 269, 359
四川大学出版社 517
四川人民出版社 33, 42, 60, 62, 206, 216, 270
四川省外国文学学会 96
四川文艺出版社 70, 71, 73, 101, 381, 412
西南财经大学出版社 237

Chongqing
重庆

重庆出版社 64, 215
重庆大学出版社 136
西南师范大学出版社 201, 352
正中书局 10

Dalian
大连

大连出版社 138
大连理工大学 407

Fuzhou
福州

福建人民出版社 349

Guangzhou
广州

广东人民出版社 191
广东世界图书出版公司 389, 433
花城出版社 58, 106, 181, 194, 236
暨南大学出版社 153, 276

Guilin
桂林

广西教育出版社 142
广西人民出版社 45, 61, 249
广西师范大学出版社 221, 314, 437, 522
漓江出版社 122

Guiyang
贵阳

贵州人民出版社 116

Haerbin
哈尔滨

北方文艺出版社 252
哈尔滨出版社 261, 281, 305, 366, 387
黑龙江大学出版社 313, 361
黑龙江人民出版社 50, 59, 83, 124, 227

Haikou
海口

海南出版社 139, 154, 160, 177

Hangzhou
杭州

浙江大学出版社 327, 470, 496, 539, 544
浙江教育出版社 72

Hefei
合肥

安徽教育出版社 103, 115, 145, 146, 185, 196, 211, 238, 239, 317, 328, 356
安徽大学出版社 347
安徽人民出版社 311
安徽文艺出版社 509
合肥工业大学出版社 525

Huhehaote
呼和浩特

内蒙古人民出版社 466

Hulunbeier
呼伦贝尔

内蒙古文化出版社 439

Jinan
济南

山东大学出版社 242
山东画报出版社 354
山东教育出版社 108, 125, 179, 334
山东美术出版社 401
山东文艺出版社 315

Jiulong
九龙

文艺出版社 543

出版社索引 Index der Verlage

Lanzhou
兰州

甘肃民族出版社 458
甘肃文化出版社 444
兰州大学出版社 288

Nanchang
南昌

百花洲文艺出版社 198, 201
江西教育出版社 251
江西人民出版社 43, 51

Nanjing
南京

江苏美术出版社 213
江苏人民出版社 41
江苏少年儿童出版社 204, 294
江苏文艺出版社 85, 128, 398
南京大学出版社 195, 295, 326, 330, 369, 421, 485, 494
南京出版社 105
译林出版社 126

Nanning
南宁

广西人民出版社 249

Qingdao
青岛

青岛出版社 272

Shanghai
上海

复旦大学出版社 2, 65, 87, 107, 163, 260, 368, 388, 474, 534
汉语大词典出版社 217
华东师范大学出版社 134, 306, 343, 346, 367, 430, 481
开明书店 11
鲁迅全集出版社 9
三联书店（上海）90, 164, 253, 526
三明书局 21
上海辞书出版社 403, 404, 524
上海古籍出版社 88, 140, 202
上海交通大学出版社 540
上海锦绣文章出版社 418, 531
上海科学技术出版社 467
上海年鉴编纂委员会 394
上海人民出版社 170, 285, 310, 461, 488
上海社会科学院出版社 376, 512
上海书店 7
上海书店出版社 316, 332
上海外语教育出版社 159, 229, 245, 256, 267, 350, 365, 370, 447, 493
上海文化出版社 151
上海文艺出版社 29, 44, 53, 57, 393, 395, 429, 454, 531, 533
上海新华书店发行学校 52
上海译文出版社 292
上海远东出版社 415
莘莘（杂志）12
生活书店 7
世界图书出版公司 135
世界知识出版社 123
同济大学出版社 321, 386, 472
文汇出版社 167, 168, 199, 303, 338, 530
现代书局 4
学林出版社 76, 464
中国戏剧年鉴社 414, 487

Shenyang
沈阳

辽海出版社 277
辽宁美术出版社 266
辽宁人民出版社 79, 89
万卷出版公司 382, 383, 384, 428, 450

Shijiayhuang
石家庄

河北教育出版社 184
花山文艺出版社 169, 203, 391

Suzhou
苏州

苏州大学出版社 155, 445, 513

Taiyuan
太原

北岳文艺出版社 84, 399
山西人民出版社 80
希望出版社 355

Tianjin
天津

南开大学出版社 81, 141, 289
天津人民出版社 37, 97, 120, 131, 178, 357
天津人民美术出版社 230

Wuhan
武汉

319

出版社索引 Index der Verlage

华中科技大学出版社 222
华中师范大学出版社 212, 465, 483, 510, 520, 523
湖北教育出版社 248, 329, 339, 489
武汉出版社 320, 375

Wuhu
芜湖

安徽师范大学出版社 480

Xiamen
厦门

厦门大学出版社 435, 529

Xi'an
西安

陕西人民出版社 54, 322
陕西师范大学出版社 196, 226, 337
世界图书出版西安公司 442
太白文艺出版社 372

Xiangtan
湘潭

湘潭大学出版社 532

Yanji
延吉

延边人民出版社 268

Yinxia
银川

宁夏人民出版社 152, 234, 471

Zhengzhou
郑州

河南教育出版社 161
河南人民出版社 14, 162, 286
河南师范大学中文系 26

Taibei (Stadt)
台北市

敦理出版社 69
广达文化 283
国家出版社 188, 257
河洛图书出版社 24
翰芦图书出版股份有限公司 193
好读出版社 210, 218, 244, 274, 301
洪范书店 40
洪叶文化 157
九歌出版社 192, 363
联合文学出版社 319
联经出版社 34
联亚出版社 35
莎士比亚出版社 300
商鼎文化出版社 119
台湾商务印书馆 23, 98
台湾学生书局 20, 113, 127
太雅出版有限公司 133

星光出版社 56
秀威资讯科技股份有限公司 279
哲志出版社 19
志文出版社 22
中央图书出版社 173

Taibei (Kreis)
台北县

北县文化局 (板桥市) 290
淡江大学德国语文学系 (淡水镇) 189
典藏阁 (中和市) 333, 336
三思堂文化事业有限公司 (新店市) 228
雅书堂文化事业有限公司 (板桥市) 254
昭明出版社 (中和市) 207
中经社 (中和市) 262

Xianggang
香港

华侨印书馆 7
明窗出版社 246, 255
三联书店香港分店 58
上海书局 (香港) 27

Frankfurt
法兰克福

法兰克福图书博览公司 183

第四编：专著
Kapitel IV: Monographien

1929 年

1.

少年哥德 Der junge Goethe
柳无忌 著 Liu Wuji (Verf.)
上海: 北新书局, 1929年
1930/31/33再版, 151+8+3页

(一) 歌德的孩童时代 Goethes Kindheit
1. 佛朗克堡，页1 → Frankfurt, S. 1
2. 歌德的家庭，页5 → Goethes Familie, S. 5
3. 孩童时代的经验，页10 → Erfahrungen aus der Kindheit
4. 第一次的恋爱，页14 → Die erste Liebe, S. 14

(二) 歌德的求学时代 Goethes Studienzeit
a. 在莱泼切虚 In Leipzig
1. 学校与社交，页19 → Der Umgang zwischen der Universität und der Stadt, S. 19
2. 酒家女，页24 → Die Tochter des Kellners, S. 24
3. 幼稚的作品，页28 → Naive Publikationen, S. 28
b. 回家 Nach Hause
1. 炼药与魔术，页39
2. 一个美丽的灵魂，页42 → Eine schöne Seele
c. 在许屈赖史城 In Straßburg
1. 雄伟的教堂，页45 → Das hochragende Münster, S. 45
2. 跳舞师的两女，页48 → Zwei Töchter der Tänzerin, S.48
3. 海段与德国文坛，页50 → Herder und die deutsche Dichterwelt
4. 勃利往牧师的家庭，页59 → Die Familie des Pastors
5. 情诗与民歌，页67 → Liebesgedichte und Volkslieder, S. 67

(三) 歌德在狂飙运动中 Goethe im Sturm und Drang
1. 学成归乡，页83 → Zurück in die Heimatstadt nach dem Studienabschluss, S. 83
2. 瞿之与狂飙运动，页90
3. 绿蒂的一双碧眼，页102 → Lottes blaues Augenpaar, S. 102
4. 离梵次赖后，页113 → Nach dem Weggang von Wetzlar, S. 113

插图目录 Illustrationen
1. 歌德石像，页1 → Goethes Lithographie
2. 佛朗克堡之歌德家宅，页3 → Das Goethe-Haus in Frankfurt, S. 3
3. 歌德之父母妹，页9 → Goethes Vater, Mutter und die jüngere Schwester, S. 9
4. 格兰脱欣在纺车旁，页15 → Gretchen am Spinnrad, S. 15
5. 歌德焚稿，页23 → Goethe verbrennt seine Manuskripte, S. 23
6. 克莱登盘小姐，页43
7. 许屈赖史城之教堂，页45 → Das Straßburger Dom
8. 海段 克岭函 歇鸾，页55
9. 佛兰德丽克，页61 → Friedericke Brion, S. 61
10. 勃利往牧师的家庭，页63 → Die Familie des Pastors, S. 63
11. 马上离别，页65 → Der sofortige Abschied, S. 65
12. 少年歌德，页85 → Der junge Goethe, S. 85
13. 凯史脱南 耶路撒冷，页103
14. 绿蒂，页105 → Lotte, S. 105
15. 绿蒂切牛油面包，页107 → Lotte beim Brotschneiden, S. 107
16. 绿蒂的家中，页109 → Lottes Heim, S. 109
17. 李丽，页143 → Lili, S. 143

1933 年

2.

爱默生与歌德 Ralph Waldo Emerson (1803-1882) und Goethe
张月超　编 Zhang Yuechao (Verf.)
南京：国立中央大学文艺丛刊, 1933 年
16 页

3.

歌德论文艺 Goethe über Literatur und Kunst
厦门大学中文系资料室 编 Universität Xiamen, Fakultät für chinesische Philologie, Bibliothek für Nachschlagwerke
1961 年，油印本
48 页

1973 年

4.

歌德评传 Kritische Biographie Goethes
台北市: 祥生出版社印行, 1973 年

第四编: 专著 Kapitel IV: Monographien

编者附注: 疑为盗版, 尽管印有"版权所有, 请勿翻印"的字样: 封面和版权页无著者名。据考, 内容与张月超著《歌德评传》(上海: 神州国光社, 1933 年) 雷同。

1988 年

5.
关于人生 Über das Leben
钟肇政 编译 Zhong Zhaozheng
台北市: 纯文学出版社, 1988 年
纯文学丛书
大文豪的智慧, 页 3 → Weisheit des großen Dichters, S. 3
自然与真实, 页 7 → Dichtung und Wahrheit, S. 7
人与人性, 页 21 → Mensch und Menschlichkeit, S. 21
爱与美, 页 41 → Liebe und Schönheit, S. 41
神与虔诚性, 页 57 → Gott und Frömmigkeit, S. 57
社会、政治、历史, 页 77 → Gesellschaft, Politik, Geschichte, S. 77
思考与行为, 页 91 → Denken und handeln, S. 91
认识与科学, 页 109 → Erkenntnis und Wissenschaft, S. 109
艺术与艺术家, 页 131 → Kunst und Künstler, S. 131
文学与语言, 页 147 → Literatur und Sprache, S. 147
人生与经验, 页 165 → Leben und Lebenserfahrungen, S. 165
生活的智慧, 页 187 → Weisheit des Lebens, S. 187
歌德其人其作品 (钟肇政), 页 217 → Goethe: Person und Werk (Zhong Zhaozheng), S. 217

1993 年

6.
鄙视世界的天才——歌德与《浮士德》 Ein Genie, das die Welt kritisch betrachtet: Goethe und *Faust*
高远东、马自力 著 Gao Yuandong u. Ma Zili (Verf.)
海口市: 海南出版社, 1993 年
世界文学评介丛书

2001 年第 2 版
引言, 页 1
上编: 生平、思想及其他 → Teil I: Lebenslauf, Gedanken und anderes
故乡与童年, 页 3 → Heimat und Kindheit, S. 3
浪迹莱比锡——大学生涯, 页 11 → Aufenthalt in Leipzig – das studentische Leben, S. 11
故里病深, 页 18 → Schwere Erkrankung in der Heimatstadt, S. 18
风起施特拉斯堡——大学生涯续, 页 23 Turbulentes Leben in Strassburg – Fortsetzung des studentischen Lebens, S. 23
狂飙滚滚卷红尘, 页 31 → Sturm und Drang, S. 31
魏玛"练政", 页 42 → Anfänge als Beamter in Weimar, S. 42
与席勒的友谊, 页 55 → Freundschaft mit Schiller, S. 55
时世造英雄, 页 73 → Die Zeit formt Helden, S. 73
千古风流人物, 页 83 → Zeitlose Bekanntheit, S. 83
下编:《浮士德》探胜 Teil II: Die Faust-Erforschung
巫师与圣徒——浮士德博士的由来, 页 99 → Hexer und Heiliger – die Herkunft von Dr. Faustus, S. 99
上下求索天地圆——《浮士穗》的艺术世界, 页 105 → Suche in allen Richtungen – *Faust* als Kunstwelt, S. 105
生命之树常青——浮士德的精神魅力, 页 127 → Der Baum des Lebens bleibt grün – geistiger Reiz des *Faust*, S. 127
魔鬼、爱情与古典美, 页 141 → Der Dämon, die Liebe und die klassische Schönheit, S. 141
一人千面——《浮士德》的编写与演出, 页 157 → Ein Mensch mit tausend Gesichtern, Fassungen und Aufführungen des *Faust*, S. 157
后记 Nachwort

1996 年

7.
歌德 Goethe
刘鹤龄 编著 Liu Heling (Verf.)
北京: 中国和平出版社, 1996 年

中外名人传记故事丛书
125 页
一、丰富多彩的童年生活 Vielfältiges Leben in der Kindheit
二、良师的引导 Führung durch gute Lehrer
三、投身狂飙运动 Sich in Sturm und Drang hineinstürzen
四、早恋的危害 Schaden frühreifer Liebe
五、《少年维特的烦恼》的风波 Affäre durch *Die Leiden des jungen Werther*
六、十年的国务活动 Zehnjährige Staatsangelegenheiten
七、名人之间的往来 Kommunikationen berühmter Persönlichkeiten
八、晚年的耕耘 Pflügen und jäten im Alter

8.
论歌德小说《威廉麦斯特培德记》中主角威廉的成长因素 Bildungsfaktoren im Goethes Roman " Wilhelm Misters Lehrjahre "
高昭琴 著 Gao Zhaoqin (Verf.)
台北市：著者自印，1996 年
赠阅本
122 页，27 公分
参考书目：页 120-122
附注：内容为德文

1999 年

9.
普罗米修斯还是浮士德：科技社会的伦理学 Prometheus oder Faust: Ethik der Gesellschaft in Wissenschaft und Technik
周昌忠 著 Zhou Changzhong (Verf.)
武汉：湖北教育出版社，1999 年
182 页

2002 年

10.
歌德：文学大师 Goethe: ein großer Meister der Literatur
葛秀丽 编著 Ge Xiuli (Verf.)
延吉：延边人民出版社，2002 年
148 页

不平凡少年时代 Eine außergewöhnliche Kindheit
父母创业的历程 Werdegang der Eltern
快乐的童年生活 Fröhliches Leben in der Kindheit
一段报童的经历 Erlebnisse eines Zeitungsjungen
难忘的学校生活 Unvergessliches Leben an der Schule
麦金利中学的小漫画家 Ein kleiner Maler an der Schule
当兵的日子 Tage als Soldat
开辟自己的事业 Eigene Lebenswege erschließen

11.
钟肇政全集，第 32 卷 Zhong Zhaozheng's gesamte Werke, Bd. 32
钟肇政 著 Zhong Zhaozheng (Verf.)
台湾桃园市：桃县文化局，2002 年
2004 年印制
歌德文学之旅 → Reise durch die deutsche Literatur
啊! 乌尔丽克，页 321 → Ah! Ulrike [von Levetzow], S. 321
永远的史坦因夫人，页 341 → Frau von Stein, die Ewige, S. 341
克丽丝汀娜吾爱，页 359 → Christine, meine Liebe, S. 359
十三岁的探险，页 377 → Abenteuer mit 13 Jahren, S. 377
处女凯特欣，页 395 → Jungfer Gretchen, S. 395
野玫瑰，页 419 → Heidenröslein, S. 419
少年维特的故事，页 435 → Geschichten des jungen Werther, S. 435
尾声，页 451 → Nachklang, S. 451
后记，页 455 → Nachwort, S. 455
编者附记：作者在本书"后记"中自问，这样"异色艳作""会不会亵渎了我所崇拜的，也是普受世人尊崇的伟大作家、诗人呢?"最后他断定："那么多那么多并且那么美的爱情给予了歌德积极进取的人生态度，也使他的灵魂获得了纯化净化，同时更因此产生了那么大量的美妙动人的诗篇. 我们似乎可以说,歌德毕生所追求的,正是美丽的灵魂"
(页 459)。

2003 年

12.
歌德激情书 Goethes Buch voller Leidenschaften
钟肇政 著 Zhong Zhaozheng (Verf.)
台北市: 前卫出版社; 草根出版社, 2003 年
台湾文学读本; 11; 情色小说系列
202 页
编者附记:内容与上文同, 细目略

2004 年

13.
歌德绘画 Goethes Zeichnungen
歌德 绘 Goethe (Verf.)
高中甫 选编 Gao Zhongfu (Hrsg. u. Übers.)
北京: 人民文学出版社, 2004年
文学大师绘画丛书
16+8+393页, 5000册
选收歌德画作 196 幅。每幅画都配有歌德语录
　　或诗作, 以及编者对该画的介绍或评述
歌德的绘画之路——代前言, 页 1-16 → Goethes
　　Weg der Zeichnungen – als Vorwort, S. 1-16
1 带有塔楼和磨坊的山川风光, 页3 →
　　Flusslandschaft, S. 3
2 山区瀑布风光 (仿 A. 蒂勒), 页5→ Radierung
　　Goethes nach einer Landschaft von A. Thiele,
　　Dr. Hermann gewidmet, Leipzig, um 1768, S.
　　5
3 瀑布风光 (仿 A. 蒂勒), 页7→ Radierung
　　Goethes nach einer Landschaft von A. Thiele,
　　dem Vater gewidmet, Leipzig, um 1768, S. 7
4 山麓前的树丛, 页9 → Landschaftsstudie,
　　Kreidezeichnung für Langer's Stammbuch,
　　signiert: „G 17. Sept. 1769", S. 9
5 古老塔楼风景, 页11→ Landschaft mit altem
　　Turm. Radierung. Frankfurt a. M., um 1769, S.
　　11
6 塞森海姆牧师之家, 页13 → Pfarrhof
　　Sesenheim, S. 13
7 塞森海姆牧师之家, 页15 → Pfarrhof
　　Sesenheim, S. 15

8 法兰克福工作室, 页17 → Goethe (?) in seinem
　　Frankfurter Arbeitszimmer (?), S. 17
9 法兰克福的莱昂哈德教堂, 页19 →
　　Leonhardskirche in Frankfurt, S. 19
10 从法兰克福美因河畔望旧桥, 页21 →
　　Uferstraße an größerem Fluss, im Hintergrund
　　eine dreijochige Brücke, S. 21
11 交谈, 页23 → Gesprächsgruppe, S. 23
12 科内莉娅·歌德, 页25 → Goethes Schwester
　　Cornelia, S. 25
13 少女肖像, 页27 → Bildnis eines jungen
　　Mädchens, S. 27
14 赫希斯特市政厅, 页29 → Das Schloss in
　　Höchst, S. 29
15 弗·马·克林格尔, 页31→ Friedrich
　　Maximilian Klinger. Um 1775, S. 31
16 锤击钢琴前的女人, 页33 → Dame am
　　Spinett, S. 33
17 歌德的法兰克福家中工作室, 页35 →
　　Goethes Zimmer in Frankfurt, S. 35
18 法兰三克福的屈霍恩庄园, 页37 → Der
　　Kühhornshof bei Frankfurt/Main, im
　　Hintergrund das Dorf Eckenheim, S. 37
19 从旅偣阳台上望沙夫豪森小教堂, 页39 →
　　Blick von der Veranda einer Gastwirtschaft
　　beim Gasthof zum Storchen in Schaffhausen in
　　der Schweiz auf eine Kapelle, S. 39
20 瑞士有瀑布的森林风光, 页41 →
　　Waldlandschaft mit Wasserfall, S. 41
21 罗伊斯瀑布, 页43→ Wasserfall der Reuß im
　　Drachental, S. 43
22 圣哥达山上的客店, 页 45 → Auf dem St.
　　Gotthard, S. 45
23 远望意大利的景色, 页47 → Scheideblick
　　nach Italien vom Gotthard, S. 47
24 瑞士山间房舍, 页49 → Schweizer Berghütten,
　　S. 49
25 沉睡的人, 页51 → Figurenskizze eines
　　angekleidet mit angezogenen Beinen auf einem
　　provisorischen Lager in den Kissen liegenden
　　Schläfers, S. 51
26 伊尔美瑙矿山道口, 页53 → Mundloch des
　　Kammerbergsstollens bei Ilmenau, S. 53
27 云雾氤氲的伊尔美瑙山谷, 页55 →
　　Dampfende Täler bei Ilmenau, S. 55
28 施蒂策巴赫地带, 页57 → Stützerbacher
　　Grund, S. 57

29 施蒂策巴赫地带, 页59 → Stützerbacher Grund, S. 59
30 蒂林根村庄火情, 页61 → Dorfbrand im Thüringischen, S. 61
31 农舍, 页63 → Bauerngehöft, S. 63
32 火场, 页65 → Brandstätte in Ilmenau, S. 65
33 女巫, 页67 → Hexenszene, S. 67
34 歌德花园小屋上空闪光的夜云, 页69 → Leuchtende Nachtwolken über Goethes Gartenhaus, S. 69
35 黑夜树丛上空的弯月, 页71 → Mondsichel über nachtdunklen Bäumen, S. 71
36 火堆旁的男人, 页73 → Männer am Feuer, S. 73
37 魏玛公园中的浮桥, 页75 → Die Floßbrücke im Weimarer Park, S. 75
38 正在写作的露易丝·封·戈施豪森, 页77 → Louise von Göchhausen, Hofdame der Herzogin Amalie in einem Zimmer
39 女巫圆月时分作法场景, 页79 → Hexenszene, Lavierte Federzeichnung, S. 79
40 女人肖像, 可能是夏洛特·封·施泰因, 页81 → Frauenbildnis, vermutlich Charlotte von Stein, S. 81
41 克罗娜·施罗德的睡相, 页83 → Corona Schröter, schlafend, S. 83
42 树间屋顶, 页85 → Dächer zwischen Bäumen, S. 85
43 瓦尔特堡的棱堡, 页87 → Wartburgbollwerk, S. 87
44 南望瓦尔特堡, 页89 → Die Wartburg von Süden gesehen, S. 89
45 林间圆月之夜, 页91 → Vollmondnacht im Thüringischen Gebirge (?), S. 91
46 月光中的布罗肯峰, 页93 → Der Brocken im Mondschein, S. 93
47 溪畔的桤树, 页95 → Erlen am Bach, S. 95
48 魏玛天鹅湖畔的冬日月夜, 页97 → Winterliche Mondnacht am Schwanensee bei Weimar, S. 97
49 沃尔利茨宫, 页99 → Schloss Wörlitz, S. 99
50 公园围栏旁的朝阳, 页101 → Morgensonne am Gartenzaun, S. 101
51 从办公楼窗户望阿尔斯台特, 页103 → Allstedt, aus dem Fenster des Amtsgerichtsgebäudes gesehen, S. 103
52 上魏玛教堂塔楼一瞥, 页105 → Oberweimarer Landschaft, S. 105
53 魏玛公园的石阶, 页107 → Felsentreppe im Weimarer Park, S. 107
54 魏玛公园的路易丝的别馆和浮桥, 页109 → Luisenkloster und Floßbrücke im Weimarer Park, S. 109
55 招募新兵, 页111 → Rekrutenaushebung, S. 111
56 弗里茨·封·施泰因, 页113 → Fritz von Stein, S. 113
57 科赫贝格宫, 页115 → Schloß Kochberg, S. 115
58 施派尔, 页117 → Speyer, von jenseits des Rheins gesehen, S. 117
59 沙夫豪森的莱茵瀑布, 页119 → Rheinfall bei Schaffhausen, S. 119
60 歌德公园小楼的背影, 页121 → Goethes Gartenhaus von der Rückseite, S. 121
61 瑞士山区风光 (洛伊克巴德旁的因登村), 页123 → Schweizer Gebirgslandschaft, S. 123
62 魏玛近郊艾令斯多夫村的教堂, 页125 → Kirche in Ehringsdorf bei Weimar, S. 125
63 魏玛星桥, 页127 → Schlossbrücke in Weimar, S. 127
64 高地上水磨旁的瀑布 (仿埃弗尔丁根画), 页129 →
65 猪舍, 页131 → Schweinehütte, S. 131
66 矿井的坍塌, 页133 → Eingestürzte Schachtanlage bei Ilmenau, S. 133
67 费希特尔山牛头峰上的花岗岩, 页135 → Granitfelsen auf dem Ochsenkopf im Fichtengebirge, S. 135
68 卡尔斯巴德的小教堂及约翰内斯崖上的十字架, 页137 → Karlsbad, Kapelle am Johannesfelsen, S. 137
69 面朝布伦纳, 页139 → Gegen den Brenner, Gebirgslandschaft mit Mühle und Gehöft, S. 139
70 埃奇山麓下的罗维雷多, 页141 → Rovereto a. d. Etsch, S. 141
71 挑篮子的女人, 页143 → Frau mit Tragebügel und Körben, S. 143
72 威尼斯, 页145 → Abend in Venedig, S. 145
73 莱卡尼律师在一次法庭审判中, 页147 → Advokat Reccaini bei einer Gerichtsverhandlung, S. 147

第四编: 专著 Kapitel IV: Monographien

74 在特尔尼, 页149 → Terni 1786, S. 149

75 菲乌姆奇诺的海滨塔楼, 页151 → Strandturm bei Fiumicino, S. 151

76 顶戴云冠的水边山峰, 页153 → Kegelberg mit Wolkenkranz am Wasser, S. 153

77 月光中的别墅, 页155 → Villa im Mondschein, S. 155

78 月光下罗马附近的庄园, 页157 → Landgut bei Rom im Mondschein, S. 157

79 桥和河流的风景, 页159 → Flusslandschaft mit Brücke, S. 159

80 海岸岗楼, 页161 → Küstenpartie mit Wachturm, S. 161

81 山乡景色, 泉边女人, 页163 → Landschaft mit Frauen am Brunnen, S. 163

82 罗马下方的台伯河, 页165 → Tiber unterhalb Roms, S. 165

83 从平西奥山望罗马, 页167 → Blick auf Rom vom Monte Pincio aus, S. 167

84 韦勒特里, 页169 → Gebirgsort bei Velletri? im Hintergrund die velletrischen Vulkane, S. 169

85 井房, 页171 → Brunnenhaus, S. 171

86 "克劳迪奥"水管桥, 页173 → Minturno, Aquädukt „Claudio" (Dr. Mardersteig, Verona), Wasserleitung, S. 173

87 博盖塞别墅中的林荫大道, 页175 → Allee in der Villa Borghese, S. 175

88 罗马人民门前的斜墙, 页177 → Muro Torto vor Porta del Popolo in Rom, S. 177

89 博盖塞别墅一角, 页179 → Aus der Villa Borghese, S. 179

90 阿波利纳尔庄园, 页181 → Landgut Apollinare von Villa Borghese aus, S. 181

91 阿尔巴诺湖畔的别墅和意大利柏, 页183 → Landhaus und Zypressen am Albaner See, S. 183

92 罗马彼得大教堂, 页185 → Blick auf die Peterskirche von Villa Pamfili aus, S. 185

93 从博盖塞别墅远望, 页187 → Motiv aus Villa Borghese in Rom, S. 187

94 月光中的寓所阳台, 页189 → Villenterrasse im Mondschein, S. 189

95 阿里扎传说中的贺拉提乌斯三兄弟和库里阿提乌斯三兄弟的墓碑, 页191 → Grabmal der Horatier und Curiatier bei Ariccia (22.2.1787), S. 191

96 罗马埃里奥·卡里斯托陵墓, 页193 → Grabmal des Elio Callisto, S. 193

97 帕勒格里诺山, 页195 → Monte Pellegrino, S. 195

98 海湾和岸边的小船, 页197 → Meeresbucht und Boot am Strand, S. 197

99 阳光在水中的反射, 页199 → Widerschein der Sonne oder des Mondes im Wasser, S. 199

100 西西里内地, 页201 → Im Innern Siziliens, S. 201

101 西西里海湾, 页 203 → Sizilianische Bucht, S. 203

102 西西里风光, 页205 → Sizilianische Landschaft, S. 205

103 从埃特纳火山上瞭望, 页207 → Blick vom Ätna auf die Bucht von Taormina, S. 207

104 湖或河岸, 页209 → See oder Flussufer vor bergigem Hintergrund, S. 209

105 陶尔米纳的古代剧院, 页211 → Theater von Taormina, S. 211

106 西西里风光, 续前 (102), 页213 → Sizilianische Landschaft, 213

107 波佐利的火山硫气孔, 页215 → Die Solfatara von Pozzuoli, S. 215

108 科莫湖 (?), 页217 → Comer See (?), im Hintergrund Gebäudegruppe, S. 217

109 斯特洛姆波里火山, 页219 → Stromboli, ein wunderlicher Anblick. Eine solche immer brennende Oeße, mitten im Meere ohne weiteres Ufer noch Küste, S. 219

110 小海湾和山峰, 页221 → Kleine Bucht und Bergkegel, S. 221

111 山区风光中带有藤架的别墅, 页223 → Landhaus mit Pergola in bergischer Landschaft, S. 223

112 马拉大道, 页225 → Via Mala, S. 225

113 弗拉斯卡蒂的阿尔多布朗迪尼别墅, 页227 → Villa Aldobrandini in Frascati, S. 227

114 弗拉斯卡蒂别墅, 页229 → Villengebäude in Frascati, S. 229

115 齐吉——阿里恰的宫殿和花园, 页231 → Chigi-Palast und Park in Ariccia, S. 231

116 瀑布旁的城堡, 页233 → Kastell am Wasserfall, S. 233

117 梵蒂冈国和那不勒斯王国之间的城门, 页235 → Tor zwischen Vatikanstaat und Königreich Neapel, S. 235

118 台伯河的一段 (?), 页 237 → Tiberpartie (?), S.237

119 台伯河风光和马达麻村, 页239 → Tiberlandschaft und Villa Madama, S. 239

120 罗马元老院, 页241 → Der Kapitolsplatz in Rom, S. 241

121 那不勒斯的海湾和城堡, 页243 → Bucht und Kastell bei Neapel, S. 243

122 维苏威火山喷发, 页245 → Vesuvausbruch, S. 245

123 圆月时的意大利海岸风光, 页247 → Italienische Küstenlandschaft bei Vollmond, S. 247

124 齐吉别墅入口, 页249 →

125 意大利山间风光, 页251 →

126 崎岖的山路, 牛车, 页253 → Hohlweg im Gebirge, S. 253

127 蒂沃利的岩石, 页255 → Felspartie mit Buschwerk und Bäumchen, S. 255

128 月光下博盖塞别墅中的埃斯库拉普神庙, 页257 → Aesculap-Tempel an kleinem See in Villa Borghese, Rom, S. 257

129 鸟瞰罗马及人民门, 页259 → Blick auf Rom von Porta del Popolo aus, S. 259

130 从西班牙台阶望罗马梅迪契别墅, 页261 → Villa Medici in Rom, von der Spanischen Treppe her gesehen, S. 261

131 罗马帕拉丁山上的废墟, 页263 → Ruinen auf dem Palatin in Rom, S. 263

132 阿文提废墟和罗马的台伯河岸, 页265 → Ruinen auf dem Aventin und Tiber-Ufer in Rom, S. 265

133 罗马罗托桥和台伯岛, 页267 → Ponte Rotto und Isola Tiberina in Rom, S. 267

134 阿尔巴诺山中的庄园, 页269 → Landgut in den Albaner Bergen, S. 269

135 阿尔巴诺群山中的田园风光, 页271 → Idylle in den Albaner Bergen, S. 271

136 前景有两棵树的丘陵风光, 页273 → Hügellandschaft mit zwei Bäumen im Vordergrund, S. 273

137 公园和带有狮身人面像的平台台阶, 页275 → Garten und Terrassetreppe mit Sphinx, S. 275

138 阿尔巴诺湖及冈多尔夫城堡, 页277 → Albanersee mit Castel Gandolfo, S. 277

139 届宇废墟、火山山峰, 优美的景色, 页279 → Ideallandschaft mit Tempelruine (drei Säulen und Gebälkrest), im Hintergrund vulkanischer Bergkegel, S. 279

140 弗拉斯卡蒂的房舍, 页281 → Häusergruppe aus Frascati, S. 281

141 丘陵上的乡间别墅, 页283 → Landhäuser in Hügellandschaft, S. 283

142 阿尔巴诺湖和卡沃山及教皇岩的景色, 页285 → Albanersee mit Blick auf Monte Cavo und Rocca di Papa, S. 285

143 海边要塞, 页287 → Kastell am Meer, S. 287

144 海湾中的山峰, 页289 → Meeresbucht mit Kegelberg und Gebäuden, S. 289

145 呼啸的大海, 页291 → Stürmische See, S. 291

146 公元 79 年维苏威火山喷发, 页293 → Vesuvausbruch, wobei wohl eine Verbildlichung der im Jahre 79 n. d. Z. über Pompeji hereingebrochenen Katastrophe beabsichtigt war, S. 293

147 修道院教堂, 页295 → Klosterkirche, S. 295

148 圆月时的切斯梯乌斯金字塔, 页297 → Pyramide des Cestius im Vollmondlicht, S. 297

149 圆月时湖畔的金字塔, 页299 → Pyramide am Ufer eines Sees. Am Bildrand ein Grabmal, im Vordergrund ein Säulenschaft; Nachtstück mit Mondbeleuchtung, S. 299

150 带披肩的克·符尔皮乌斯, 页301 → Christiane mit Schultertuch, S. 301

151 克·符尔皮乌斯侧面像, 页303 → Christiane, S. 303

152 凡尔登堡垒, 页305 → Festung Verdun, S. 305

153 卢森堡: 从普法芬谷望防御工事, 页307 → Festung Luxemburg, S. 307

154 《魔笛》的舞台布景图, 页309 → Bühnenbild zur Zauberflöte (Königin der Nacht), anlässlich der Weimarer Erstaufführung am 16.1.1794, S. 309

155 圆月辉映下的夜景, 页311 → Nachtstück bei Vollmondbeleuchtung, S. 311

156 卡尔斯巴德的景色, 页313 → Ideale Ansicht von Karlsbad, S. 313

157 多恩堡宫下方的萨勒山谷, 页315 → Saaletal unterhalb der Dornburger Schlösser, S. 315

158 萨勒山谷和多恩堡宫, 页317 → Saaletal und Dornburger Schlösser, S. 317

第四编: 专著 Kapitel IV: Monographien

159 阿尔卑斯湖, 页319 → Alpensee von weiß leuchtendem Gebirge umgeben, S. 319

160 由AMALIE字母构成的高架水渠, 页321 → Aquädukt aus den Buchstaben AMALIE gebildet, S. 321

161 意大利农舍, 页323 → Italienisches Gutshaus, S. 323

162 世界末日的自然幻景, 页325 → Durch das Fels geteilte phantastische Landschaft, S. 325

163 高山风光, 页327 → Hochgebirgslandschaft, S. 327

164 霍夫大理石采石场, 页329 → Marmorbruch bei Hof, S. 329

165 山间河峡风景 (附有花体字起首字母 PCS), 页331 → Berglandschaft mit Stromschnelle und Initialen der Empfängerin des Stammbuches, S. 331

166 与鹰在一起的少年, 页333 → Prometheus auf einem kahlen Gipfelfelsen, erwehrt sich des ihn bedrohenden Adlers des Zeus, S. 333

167 卡尔斯巴德林中的小教堂, 页335 → Kapellchen im Walde bei Karlsbad, S. 335

168 热带风光, 页337 → Tropische Landschaft, S. 337

169 卡尔斯巴德的普波大厦, 页339 → Karlsbad, Blick von Tschirlstein ins Tepltal (Iva, Nr. 180), S. 339

170 卡尔斯巴德的达尔维茨宫, 页341 → Schloss Dallwitz bei Karlsbad, S. 341

171 少女和风景, 页343 → Talweg zwischen Bäumen und Hügeln, im Vordergrund ein Mädchen mit einem hölzernen Eimer neben sich, S. 343

172 卡尔斯巴德的林荫路, 页345 → Karlsbad, Allee im Park, S. 345

173 浇水的女人, 页347 → Frau mit Wasserkanne beim Gießen, S. 347

174 带有田庄的波西米亚河流风景, 页349 →

175 圆形画: 河流风光和树木, 页351 →

176 山间景色中孤寂的庙宇, 页353 → Tempel in gebirgiger Landschaft, Hain und Tempel inselartig als heiliger Bezirk durch Wasserarme abgegrenzt, S. 353

177 阿格里真托的塞隆墓碑, 页355 → Landschaft mit dem Grabmal des Theron in Agrigent, S. 355

178 耶拿的弹药库和约翰尼斯门, 页357 → Pulverturm und Johannistor in Jena, S. 357

179 回忆耶拿的德拉肯多夫, 页359 → Erinnerung an Drackendorf bei Jena, S. 359

180 在高地上观望利希滕丛林的花园大门, 页361 → Gartentür auf der Höhe gegen Lichtenhain, die Gegend und der Hausberg bei Sonnenuntergang, S. 361

181 耶拿的萨勒山谷风光, 页363 → Saalelandschaft bei Jena mit Goethes Sohn August, S. 363

182 特札纳湖和尼罗河之源, 页365 → Nilquellen mit dem See Tzana, S. 365

183 比林的波尔申山, 页367 → Der Borschen bei Bilin, S. 367

184 神秘之所, 页369 → Geheimster Wohnsitz, S. 369

185 舒适的漫游, 页371 → Bequemes Wandern, S. 371

186 遗世索居, 页373 → Gehinderter Verkehr, S. 373

187 山间风光中的城堡废墟, 页375 → Von Mauern und Türmen umgebene weitläufige Burgruine in Gebirgslandschaft, S. 375

188 《萨勒河女妖》的舞台设计图, 页377 → Bühnenprospekt zur Saal-Nixe (Roman von Chr. A. Vulpius. Später von ihm als Oper bearbeitet), S. 377

189 山上的古堡和神庙, 页379 → Burgberg mit Tempel, S. 379

190 天堂序曲 (《浮士德》舞台设计图之一), 页381 → Prolog im Himmel, 381

191 地灵的出现 (《浮士德》舞台设计图之二), 页383 → Erscheinung des Erdgeistes, S. 383

192 瓦尔普吉斯之夜 (《浮士德》舞台设计图之三), 页385 → Walpurgisnacht (Gretchen-Erscheinung auf dem Brocksberg / Brockenszene)

193 卡尔斯巴德山中湍急的溪流, 页387 → Karlsbader Landschaft mit reißendem Bergbach im Vordergrund, S. 387

194 莱茵高地区种植葡萄的农家, 页389 → Weinbauernhaus in Rheingau, S. 389

195 海德堡宫殿景色, 页391 → Heidelberger Schloss, S. 391

196 马林巴德的十字架泉, 页393 → Marienbad mit Kreuzbrunnen, S. 393

2005 年

14.
歌德的爱与灵魂 Goethes Liebe und Seele
黄绍芳、芮芝霍夫 合著 Huang Shaofang u. Ritzenhoff, Ursula (Verf.)
台北市: 圆神出版社, 2005 年
丛书系列: 经典智慧; 4
237 页

推荐序: 智慧的见证 (曾志朗), 页3 → Empfehlung als Geleitwort (Zeng Zhilang): Beweis der Intelligenz, S. 3
出版序: 延伸生命的视野 (简志忠), 页7 → Geleitwort des Verlegers (Jian Zhizhong): Erweiterung des Blickfeldes vom Leben, S. 7
自序: 大胆的迈步, 页13 → Prolog des Verfassers, S. 13
前言: 独领风骚, 页17 → Vorwort: der größte deutsche Dichter, S. 17
少年歌德, 页21 → Goethe als Kind, S. 21
天才的平凡身世, 页23 → Das alltägliche Leben des Genies, S. 23
初恋的情人葛丽卿, 页30 → Gretchen: erste Liebe, S. 30
史特拉斯堡的〈五月之歌〉, 页33 → *Mailied* aus Straßburg, S. 33
与芙丽德里克的〈欢会与别离〉, 页43 → *Willkommen und Abschied* von Friedericke, S. 43
声名大噪, 页53 → Große Berühmtheit, S. 53
开启狂飙运动的《铁手骑士——格兹》, 页55 → Das Drama *Götz von Berlichingen mit der eisernen Hand* – Auftakt von „Sturm und Drang", S. 55
纯属巧合的青春哀愁——《少年维特的烦恼》, 页64 → *Die Leiden des jungen Werther* – ein reiner Zufall jugendlichen Kummers, S. 64
《维特》的旋风与震撼, 页73 → Die stürmische Erschütterung des *Werther*, S. 73
游历诗人, 页79 → Der Wanderdichter, S. 79
当画家, 还是诗人? ——意大利的抉择之旅, 页81 → Maler oder Dichter werden? Die italienische Reise mit der Entscheidung, S. 81
波斯情怀, 页91 → Die persische Zuneigung, S. 91
写在大漠荒野上的诗篇——《西东抒情诗集》, 页99 → Eine Dichtung, geschrieben auf der Wüste – West-östlicher Divan, S. 99
无诗不歌, 舒伯特音乐的贡献, 页107 → Jedes Gedicht ist singbar, Beitrag der Musik von Franz Schubert, S. 107
才子多情, 页117 → Gefühlvoller Gelehrter, S. 117
纵横威玛官场, 页119 → Der Beamtenschaft in Weimar völlig gewachsen sein, S. 119
与封思坦夫人的一段情, 页125 → Ein Kapitel der Liebe zu Charlotte von Stein, S. 125
毁誉参半的《罗马悲歌》, 页129 → Halb anerkannte, halb abgelehnte *Römische Elegien*, S. 129
发妻克莉丝汀, 页134 → Christiane als Ehefrau, S. 134
旷世钜作《浮士德》, 页141 → *Faust*: ein großes Werk ohne Beispiele, S. 141
古老的民间传说, 页143 → Die alte Volkssage, S. 143
两部《浮士德》的创作背景, 页149 → Zum Hintergrund des Werkes *Faust* mit zwei Teilen, S. 149
三段寓意深远的开场白, 页 154 → Das dreiteilige tiefsinnige Vorspiel, S. 154
浮士德的迷惑, 页160 → Verwirrung Fausts, S. 160
与魔鬼的赌注, 页167 → Wetteinsatz mit dem Teufel, S. 167
葛丽卿的悲剧, 页176 → Tragödie Gretchens, S. 176
我心向往清明政治, 页187 → Mein Herz sehnt sich nach klarer Politik, S. 187
对人生的终极思考, 页195 → Die allerletzten Gedanken über das Leben, S. 195
德国文学的推手, 页 203 → Wegbereiter der deutschen Literatur, S. 203
开启古典剧先河的《伊菲格妮》和《塔素》, 页205 → *Iphigenie* und *Tasso*, bahnbrechend für die klassischen Dramen, S. 205
教养小说的源头——《威廉·麦斯特的学习年代》, 页213 → *Wilhelm Meisters Lehrjahre* – Ursprung der Bildungsromane, S. 213
承先启后第一人——向歌德致敬, 页224 → Der Erste, der Vergangenheit mit Zukunft verbindet – Dank an Goethe, S. 224
致谢, 页231 → Danksagung, S. 231

歌德作品原文对照, 页232 → Titelliste von Goethes Werken (dt./chin.), S. 232
歌德年表, 页234 → Goethe: eine Chronik, S. 234
参考书目, 页236 → Nachschlageliteratur, S. 236

2006 年

15.
歌德——世界十大文豪 Goethe – einer der zehn großen Dichter der Welt
童一秋 编 Tong Yiqiu (Hrsg.)
长春: 吉林文史出版社, 2006年
303页

编者附注: 不知本书所指的"编",是据德文原文编译而成,还是现成译文的辑录或汇编。如是后者,应当分别注明译者是谁。抽样调查发现,"歌德传"中节录的"浪游人的夜歌"一诗(页43)乃冯至的译笔;诗剧《浮士德》(页57)的译文系董问樵之作;《少年维特的烦恼》的文本(页161),应归在杨武能的名下,等等。所有引文一字未差,唯独不见译者之名。

导言, 页1 → Einleitung, S. 1
歌德肖像, 页2 → Ein Porträt Goethes, S. 2
歌德传, 页1 → Biographie Goethes, S. 1
一、巨人之初, 页3 → Frühe Jahre einer großen Persönlichkeit, S. 3
二、在狂飙运动中, 页5 → Im Sturm und Drang, S. 5
三、在魏玛的十年, 页11 → Die zehn Jahre in Weimar, S. 11
四、漫游意大利, 页17 → Reisen in Italien, S. 17
五、巨人之间的沟通, 页25 → Gegenseitige Verständigung der großen Männer, S. 25
六、谒见拿破仑, 页34 → Begegnung mit Napoleon, S. 34
七、《浮士德》亮其一生, 页40 → *Faust* als lebenslanger Begleiter, S. 40
八、生活在未来, 页47 → Leben in der Zukunft, S. 47
歌德作品简介, 页49 → Kurze Angaben über Goethes Werke, S. 49
歌德作品精选, 页55 → Goethes Werke in Auswahl, S. 55
诗剧, 页55 → Versdrama, S. 55
《浮士德》, 页57 → Faust (Ausz.), S. 57
小说, 页159 → Romane, S. 159
《少年维特的烦恼》, 页161 → Die Leiden des jungen Werther, S. 161
《邻人儿女的姻缘》, 页184 → Die wunderlichen Nachbarskinder, S. 184
《聪明的妇人》, 页193 → Die guten Weiber (WA [I], Bd. 18, S. 275-312), S. 193
《褐姑娘》, 页196 → Das nussbraune Mädchen, S. 196
《神秘的敲击声》, 页209 → Aufklärung über geheimnisvolles Klopfen, in: Unterhaltungen deutscher Ausgewanderten (WA [I], Bd. 18, S. 145ff.), S. 209
诗选, 页211 → Ausgewählte Gedichte, S. 211
《荒野中的小玫瑰》, 页213 → Heidenröslein, S. 213
《迷蒙的晨曦》, 页214 → Ein grauer trüber Morgen, S. 214
《悲歌》, 页216 → Elegie, S. 216
《紫罗兰》, 页218 → Das Veilchen, S. 218
《冬游哈尔茨山》, 页219 → Harzreise im Winter, S. 219
《大海的寂静》, 页223 → Meeres Stille, S. 223
《婚礼之歌》, 页224 → Hochzeitslied „Wir singen und sagen vom Grafen", S. 224
《科林斯的未婚妻》, 页228 → Die Braut von Corinth, S. 228
《神和舞女》, 页237 → Der Gott und die Bajadere, S. 237
《复活节散步》, 页242 → Faust (Ausz.), S. 242
《浮士德独白》, 页244 → Faust (Ausz.), S. 244
《致维特》, 页247 → Trilogie der Leidenschaft: An Werther, S. 247
《中德四季吟咏》, 页250 → Chinesisch-Deutsche Jahres- und Tageszeiten, S. 250
《幸运的航程》, 页256 → Glückliche Fahrt, S. 256
《汉斯·萨克斯的诗歌使命》, 页257 → Hans Sachsens poetische Sendung, S. 257
《回忆》, 页265 → Erinnerung, S. 265
《吉卜赛人之歌》, 页266 → Zigeunerlied, S. 266
《清晨的哀叹》, 页268 → Morgenklagen, S. 268
《渔夫》, 页271 → Der Fischer, S. 271
《爱人的来信》, 页273 → Die Liebende schreibt, S. 273
《新的爱情,新的生活》, 页274 → Neue Liebe, neues Leben, S. 274
散文, 页277 → Prosatexte, S. 277
《致母亲》(共7封信,日期分别为: 1777年6月28日, 1779年8月9日, 1781年8月11日, 1783年12月7日, 1792年12月24日, 1801年2月1日, 1805年5

月6日), 页279 → An meine Mutter (7 Briefe vom 28.6.1777, 9.8.1779, 11.8.1781, 7.12.1783, 24.12.1792, 1.2.1801 und 6.5.1805), S. 279-286

《〈雅典神殿入口〉发刊词》, 页287 → Einleitung in die Propyläen (WA [I], Bd. 47, S. 2), S. 287

格言选, 页305 → Sinnsprüche, S. 305

歌德生平大事年表, 页313 → Zeittafel von Goethes Leben und wichtigen Erlebnissen, S. 313

16.
文豪书系, 第29卷: 歌德 Buchreihe großer Literaten, Bd. 29: Goethe
丁华民、孟玉婷 主编 Ding Huamin u. Meng Yuting (Hrsg.)
长春: 吉林文史出版社, 2006年
148 页

2007 年

17.
从忧郁到丰美: 歌德的精彩人生 Von der Melancholie zur Fülle. Goethes vielschichtiges Seelenleben
杨梦茹 著 Yang Mengru (Verf.)
台北市: 台湾商务印书馆, 2007年
博雅文库
255页

从维特到浮士德——歌德人生启示录 (胡忠信), 页iv → Von Werther zu Faust – Goethes Leben als Beitrag zur Aufklärung (Hu Zhongxin), S. iv

巨星歌德 (薄达夫), 页viii → Der große Stern Goethe (Bo Dafu), S. viii

多重的鉴赏宙 (葛汉), 页x → Interpretation aus verschiedenen Perspektiven (Ge Han), S. x

歌德不担心——代序 (杨梦茹), 页xii → Goethe ohne Sorge – als Vorwort (Yang Mengru), S. xii

自幼及长 von klein bis groß
1. 今夜月光灿烂——歌德的童年(1749.8.28), 页2 → Heute Nacht ist der Mondschein hell – Goethes Kindheit (28.8.1749), S. 2
2. 万丈高楼平地起——歌德的家世, 页10 → Ein hochragendes Gebäude beginnt auf flachem Boden – Goethes Elternhaus, S. 10
3. 井中的清影——歌德的妹妹 (1750.12.7-1777.6.8), 页20 → Klarer Schatten im Brunnen, Goethes Schwester (7.12.1750-8.6.1777), S. 20
4. 我本将心托明月——歌德情窦初开(1764-1765), 页28 → Mein Herz betraue ich dem hellen Mond – Goethes erste Liebe (1764-1765), S. 28
5. 何以解忧? 页48 → Wie kann man die Sorge abwerfen? S. 48

大学时代 Die Ära des studentischen Lebens
1. 我达达的马蹄——初抵莱比锡 (1765.10), 页54 → Hufgeplapper – kurz nach Ankunft in Leipzig (Oktober 1765), S. 54
2. 念去去千里烟波——挥别莱比锡 (1768.8), 页64 → Im Rückblick auf die sich entfernenden endlosen Wogen – Abschied von Leipzig, S. 64
3. 恋恋生命——法兰克福病中岁月 (1768.9.-1770.3), 页74 → Am Leben hängen – die Jahre und Monate der Krankheit in Frankfurt (September 1768 bis März 1770), S. 74
4. 缤纷心情——史特拉斯堡 (1770.4), 页80 → Bunter Gemütszustand – Straßburg (April 1770), S. 80
5. 此情可待成追忆——史特拉斯堡 1770.10-1771.8, 页90 → Die Liebe, die unvergesslich bleibt – Straßburg (Oktober 1770 bis August 1771), S. 90
6 实至名归——聊备一格的博士学位 (1771.8.6), 页108 → Was der Mensch sät, das wird er ernten – mit knapper Not die Doktorwürde erlangt (6.8.1771), S. 108

踏入社会 Eintritt in die Gesellschaft
1 月光下的叠影——《少年维特的烦恼》 (1772.2-1774.9), 页114 → Doppelschatten im Mondschein – Die Leiden des jungen Werther, S. 114
2 只是当时已惘然——未婚妻莉莉 (1774/75-1775.9), 页132 → von vornherein ratlos – die Verlobte Lili (1774/75 bis September 1775), S. 132
3 我欲乘风归去 (1775.11), 页142 → Ich will mit dem Wind hinfliegen (November 1775), S. 142

威玛时期 Die Weimarer Zeit
1. 高处——威玛初期 (1775.11.7.-1786.9.3), 页148 → Auf der Höhe – die Anfänge der Weimarer Zeit (7.11.1775-3.9.1786), S. 148

2. 无题——冯·史丹夫人(1775.11.7-1786.9.3), 页162 → Ohne Titel – Frau von Stein (7.11.1786-3.9.1786)
3. 取暖——意大利之旅 (1786.9.3-1788.6.18), 页172 → Der Wärme entgegen – die italienische Reise (3.9.1786-18.6.1788), S. 172
4. 红颜——情人与妻子 (1765.6.1.-l816.6.6), 页184 → Die weibliche Schönheit – Geliebte und Ehefrau (1.6.1765-6.6.1816), S. 184
5. 知己——席勒 (1759.11.10-l805.5.9), 页204 → Der vertraute Freund – Schiller (10.11.1759-9.8.1805), S. 204
6. 巅峰——《浮士德》, 页218 → Der Gipfel – Faust, S. 218

星月辉映 Mond und Sterne erstrahlen zusammen
1. 歌德的中国情结与情怀, 页226 → Goethes Gefühle für China, S. 226
2. 歌德与贝多芬, 页234 → Goethe und Beethoven, S. 234
3. 歌德与拿破仑, 页238 → Goethe und Napoleon, S. 238
4. 晚春 (1808-1832), 页244 → Der späte Frühling (1808-1832), S. 244
参考书目, 页255 → Literaturangaben, S. 255

18.
歌德 Goethe
傅阳 著 Fu Yang (Verf.)
台北市: 品冠文化出版社, 2007 年
丛书: 名人选辑; 5
215 页
序言, 页 3 → Einleitung, S. 3
第一章: 超越时空 → Kapitel I: Zeit und Raum überwinden
歌德的著作为何永远有人阅读, 页 10 → Warum werden Goethes Werke immer wieder gelesen, S. 10
第二章: 疾风怒涛的时代 → Kapitel II: Zeit des Sturm und Drang
年轻时代的歌德, 页 40 → Goethe in jungen Jahren, S. 40
作为一个作家、大臣, 页 74 → Als Dichter und Staatsmann, S. 74
第三章: 在孤独的世界中 → Kapitel III: In der einsamen Welt

义大利之旅及法国大革命, 页 116 → Die italienische Reise und die Französische Revolution, S. 116
晚年的歌德, 页 163 → Goethe im Alter, S. 163
跋, 页 196 → Nachtrag, S. 196
歌德年谱, 页 199 → Goethe: eine Chronik, S. 199

19.
歌德——文学大师 Goethe – ein großer Meister der Literatur
竞游 主编 Jing You (Hrsg.)
呼和浩特: 内蒙古人民出版社, 2007 年
160 页

2008 年
20.
歌德 Goethe.
杨文静 著 Yang Wenjing (Verf.)
北京: 华夏出版社, 2008 年
少儿注音名人故事 Mit Umschrift versehenen Geschichten berühmter Persönlichkeiten für kleine Kinder
书号: 5080-4967-0
138 页, 大 32 开, 平装

21.
歌德·1774 年 → Goethe. Im Jahr 1774
程倩 著 Cheng Qian (Verf.)
上海: 上海少年儿童出版社, 2008 年
少年博雅文库·品尝文学之魅
173 页
引言: 缪斯女神的宠儿, 页 1 → Der Liebling der Muse. Eine Einführung S. 1
第一章: 变换的游戏规则, 页 7 → Kapitel I: Wechselnde Spielregeln, S. 7
天才少年, 页 9 → Das Wunderkind, S. 9
从希望到失望, 页 15 → Von Hoffnung zu Hoffnungslosigkeit, S. 15
再次踏上征途, 页 19 → Nochmals die Reise antreten. S. 19
赫尔德尔——严师 & 怪友, 页 25 → Johann Gottfried von Herder (1744-1803) – strenger Lehrer und eigenartiger Freund, S. 25

第四编: 专著 Kapitel IV: Monographien

第二章: 蓝外套, 黄背心, 页 29 → Kapitel II: Blaue Jacke, gelbe Weste, S. 29

狂飙突进的岁月, 页 31 → Zeit des Sturm und Drang, S. 31

永远的伤痛——夏绿蒂, 页 36 → Charlotte – ein ewiger Schmerz, S. 36

维特, 还是歌德, 页 41 → Werther oder der junge Goethe? S. 41

第三章: 出走法兰克福, 页 47 → Kapitel III: Weggang von Frankfurt, S. 47

爱情, 美丽而又无奈, 页 49 → Liebe, glücklich aber vergeblich, S. 49

魏玛不是我的舞台, 页 55 → Weimar ist nicht mehr meine Welt, . 55

"百科全书"的整合, 页 60 → Konkordanz der „Großen Enzyklopädie", S. 60

纯真, 你曾几何时远去, 页 66 → Reinheit, seit wann bleibst du mir fern, S. 66

第四章: 逃脱不了的命运, 页 75 → Kapitel IV: Das Schicksal, ohne Entrinnen, S. 75

新生, 意大利, 页 77 → Italien: Neues Leben, S. 77

还好有你, 页 83 → Zum Glück habe ich dich, S. 83

原植物, 颜色学, 页 89 → Die Urpflanze und die Farbenlehre, S. 89

被动的战争洗礼, 页 91 → Leidprüfung im Kriege, S. 91

第五章: 不朽的会面, 页 97 → Kapitel V: Unvergessliche Begegnungen, S. 67

席勒, 页 99 → Schiller, S. 99

拿破仑, 页 110 → Napoleon, S. 110

贝多芬, 页 117 → Beethoven, S. 117

第六章: 浮士德的路, 页 123 → Kapitel VI: Fausts Weg, S. 123

《浮士德》的前世今生, 页 125 → *Faust* vor und bei Goethe, S. 125

与魔鬼的约定, 页 132 → Packt mit dem Dämon, S. 132

后来的浮士德们, 页 136 → Spätere Faust-Gestalten, S. 136

第七章: 青春从未弃歌德而去, 页 141→ Kapitel VII: Die Jugend hat Goethe nie verlassen, S. 141

1816——诗人心中的痛, 页 143 → 1816 – Schmerz im Herzen des Dichters, S. 143

玛里恩巴德的哀歌, 页 146 → Marienbader Elegie, S. 146

爱克曼和《歌德谈话录》, 页 150 → Johann Peter Eckermann (1792-1854) und *Gespräche mit Goethe*, S. 150

威廉·迈斯特, 长跑结束了, 页 155 → Wilhelm Meister, Ende des langen Weges, S. 155

在最后的岁月里, 页 160 → Die letzten Jahre und Tage, S. 160

"歌德"在中国, 页 168 → Goethe in China, S. 168

2009 年

22.
爱心与高尚的礼赞——歌德诗作溯源与述评
Loblied auf Menschenliebe und Edelmut. Goethes Gedichte: Inhaltsquellen und Kommentare
马桂琪 译诗与著述 Ma Guiqi (Übers. u. Verf.)
香港: 中國科学文化出版社, 2009 年
全国高校素质教育教材研究编审委员会审定
1000册

一、《给外祖父母的新年祝福诗》: 天才诗人的童稚之作, 页1 → Bei dem erfreulichen Anbruch des 1757. Jahres: Ein kindliches Gedicht des genialen Dichters, S. 1

二、《幸福, 致我的姑娘》: 早恋的印迹或投影, 页 7 → Das Glück. An mein Mädgen: Spuren und Schattenwurf der frühen Liebe, S. 7

三、《第一首颂歌 (赠贝里施)》: 献给年青时期的挚友, 页12 → Oden an meinen Freund (Behrisch). Erste Ode: Dem intimen Freund in der Jugend gewidmet, S. 12

四、《灰色而阴郁的早上》: 相当于"情书"的诗篇, 页18 → Ein grauer trüber Morgen: Liebesgedicht als „Liebesbrief", S. 18

五、《五月之歌》: 对大自然和爱情的共同赞美诗, 页24 → Mailied „Wie herrlich leuchtet": Hymne auf die Natur und die Liebe zugleich, S. 24

六、《欢聚和离别》: 急匆匆聚散的背景故事, 页 32 → Willkommen und Abschied: Hintergrund einer flüchtigen Begegnung und Trennung, S. 32

七、《赠你一条绘画的彩带》: 附于礼物的优美小诗, 页 37 → Mit einem gemalten Band: Ein kleines schönes Gedicht als Anlage eines Geschenks, S. 37

八、《野玫瑰》: "从老太婆口里抠出来"进行再创作的名篇, 页41 → Heidenröslein: Berühmtes Gedicht, das von einer Alten gehört und dann neu geschaffen wurde, S. 41

九、《浪游者的暴风雨之歌》: 旷野上的即兴诗对狂飙运动的重要贡献, 页47 → Wandrers Sturmlied: Wichtiger Beitrag eines Stegreifgedichts auf freiem Feld zur Periode Sturm und Drang, S. 47

十、《穆罕默德礼赞》: 青年时代与东方文化神交的灿烂结晶, 页58 → Mahomets Gesang: Glänzende Essenz der geistigen Zuneigung zur östlichen Kultur aus seiner Jugend, S. 58

十一、《鹰和鸽子》: 自警的心声和迟疑中的抉择, 页66 → Adler und Taube: Ermahnung an sich selbst und Entscheidung im Zaudern, S. 66

十二、《普罗米修斯》: 塑造高尚的圣者和殉道者的光辉形象, 页70 → Prometheus: Gestalt eines Halbgottes und Märtyrers, S. 70

十三、《得救》: 已逝爱情的回声, 页78 → Rettung: Nachhall einer vergangenen Liebe, S. 78

十四、《艺术家的晚歌》: 吐露对大自然与艺术创作的热切感受, 页83 → Künstlers Abendlied: Ausdruck der hitzigen Empfindungen von Natur und Dichtung, S. 83

十五、《绿蒂与维特》: 一部小说引发的警世良言, 页88 → Zu den Leiden des jungen Werther (WA [I], Bd. 4, S. 162): Von einem Roman ausgelöste Sinnsprüche, S. 88

十六、《高高地站在古塔上》: 莱茵河畔古城废墟前的咏古诗, 页94 → Gesang über die alte Geschichte auf einem alten Turm vor einer Stadtruine am Rhein, S. 94

十七、《盟誓之歌》: 特别推荐给后辈的友谊颂, 页98 → Bundeslied: Freundschaftshymne für spätere Generationen, S. 98

十八、《伽尼墨德斯》: 给神话赋予新的主题, 页102 → Ganymed: Alter Mythos mit neuem Motiv, S. 102

十九、《新的爱, 新的歌》: 在新的情网中, 页106 → Neue Liebe, neues Leben: gefangen in neuer Liebe, S. 106

二十、《致挂在脖子上的心形金饰物》: 对终于未成眷属的恋人的怀念, 页110 → An ein goldnes Herz, das er am Halse trug: Andenken an die Geliebte, die ihm nicht Ehefrau geworden ist, S. 110

二十一、《莉莉的动物园》: 辛辣的讽刺和矛盾中的决断, 页113 → Lili's Park: Scharfer Spott und Entscheidung im Zwiespalt, S. 113

二十二、《在湖上》: 对湖上景色的赞美及其它, 页117 → Auf dem See: Gesang der Landschaft auf dem See und anderes, S. 117

二十三、《航海》: 投身人生新航程的时候, 页121 → Seefahrt: Zeit, in der man sich auf neue Fahrt des Lebens begibt, S. 121

二十四、《你为什么赐给我们深邃的目光?》: 难以解释的新的感情旋涡, 页129 → Warum gabst du uns die tiefen Blicke – an Frau v. Stein: Schwer zu erklärender neuerlicher Gefühlsüberschwang, S. 129

二十五、《哈尔茨山冬游妃》: 叙事、抒情和议论兼备的杰作, 页136 → Harzreise im Winter: Ein vollendetes Gedicht mit epischen, lyrischen und kommentierenden Elementen, S. 136

二十六、《漫游者的夜歌》: 大半生岁月的感怀, 页145 → Wandrers Nachtlied „Über allen Gipfeln": Ausdruck seiner Gedanken über seine meisten Lebensjahre, S. 145

二十七、《小魔王》: 休察民情而产生的叙事诗, 页149 → Erlkönig: eine Ballade über die Fürsorge für das Volk, S. 149

三十八、《神性》: 为了表达人格理想, 页155 → Das Göttliche: Ausdruck des Ideals menschlichen Charakters, S. 155

二十九、《约翰娜·瑟布丝》: 一首舍己救人的颂歌, 页161 → Johanna Sebus: eine Hymne auf die Aufopferung, S. 161

三十、《你可知道那柠檬花开的地方》: 诉说对意大利的深情向往, 页166 → Mignon „Kennst du das Land": Ausdruck der Sehnsucht nach Italien, S. 166

三十一、《风景画家阿摩》: 意大利之行及其绘画成果, 页170 → Amor ein Landschaftsmaler: Italienische Reise und die Zeichnungen als deren Früchte, S. 170

三十二、《献词》: 对完成毕生巨制的自我激励, 页178 → Zueignung: Selbstmotivation zur Erfüllung des Lebenswerks, S. 178

三十三、《在人生的波浪中》: 人生意义的哲理思考, 页184 → Philosophische Gedanken über den Sinn des Lebens, S. 184

23.
世界文学巨匠——歌德 Goethe – ein
　　Großmeister der Weltliteratur
金大业 编著 Jin Daye (Verf.)
北京: 中国社会出版社, 2009年
世界历史名人传记青少年读本
196页
开篇: 文学巨匠艺术创作的五个分期, 页1
　　Einführung: Fünf Perioden künstlerischen
　　Schaffens des großen Meisters Goethe
顽皮少年, 页5 → Fröhliche Kindheit
多伦伯爵, 页10 → Graf Thoranc
狂放莱比锡, 页14 → Freies Leben in Leipzig
在斯特拉斯堡, 页17 → In Straßburg
蹩脚律师, 页27 → Der unqualifizierte
　　Rechtsanwalt
创作《葛兹》, 页29 → *Götz von Berlichingen*
　　schreiben
主将与庸人, 页33 → Hauptfigur und Philister
《少年维特之烦恼》, 页38 → *Die Leiden des
　　jungen Werther*, S. 38
话说《少年维特之烦恼》, 页45 → Über *Die
　　Leiden des jungen Werther*
《莉莉之歌》, 页52
国务大臣, 页57 → Staatsminister
宫廷诗人的《神性》, 页62 → *Das Göttliche* des
　　Hofdichters
漫游意大利, 页69 → Italienische Reise
威尼斯船歌, 页74 → Venezianische Epigramme
重返魏玛, 页79 → Rückkehr nach Weimar
两诗人, 页85 → Die beiden Dichter
创作《浮士德》第一部, 页95 → Dichtung des
　　ersten Teils des *Faust*
会见拿破仑, 页100 → Begegnung mit Napoleon
会见贝多芬, 页105 → Begegnung mit Beethoven
《西东合集》, 页108 → West-östlicher Divan
《维廉·麦斯特》, 页114 → Wilhelm Meister, S.
　　114
联系世界的门敞开着, 页119 → Die Tür, die sich
　　mit der Welt verbindet, ist offen
歌德晚年的一天, 页124 → Ein Tag Goethes
　　späterer Jahre
歌德暮年, 页129 → Goethes spätere Jahre
壮心不已, 页137 → Hohes Ziel läßt nicht nach
完成<浮士德》第二部, 页142 → Vollendung des
　　zweiten Teils des *Faust*

人类颂歌——《浮士德》, 页147 → Faust – eine
　　Hymne der Menschheit, S. 147
《浮士德》的哲学思想, 页155 → Der
　　philosophische Gehalt des *Faust*, S. 155
《浮士德》的艺术风格, 页162 → Der
　　künstlerische Stil des Faust
自树丰碑, 页166 → Ein Denkmal für sich selbst
　　errichten
最后的旅行, 页170 → Die letzte Reise
"让更多的光进来!", 页173 → Laß noch mehr
　　Licht herein, S. 173
歌德和中国, 页176 → Goethe und China
结语: 世界文化名人百世流芳, 页181 →
　　Schlusswort: die berühmte kulturelle
　　Persönlichkeit ist unsterblich
附: 歌德生平大事年表, 页194 → Anhang:
　　Goethes Leben in chronologischer Folge

24.
外国文学简明教程 Kurzer Lehrgang für
　　ausländische Literatur
毛信德、吴笛、蒋承勇 主编 Mao Xinde, Wu Di u.
　　Jiang Chengyong (Hrsg.)
杭州: 浙江工商大学出版社, 2009年

2010年
25.
歌德思想之形成——经典文本体现的古典和谐
　　Entwicklung von Goethes Gedanken – antike
　　Harmonie in seinen klassischen Texten
叶隽 著 Ye Jun (Verf.)
北京: 中央编译出版社, 2010年
异文化书系, 叶隽主编
序: 歌德研究也得不断创新 (范大灿), 页1 →
　　Vorwort: Auch die Goethe-Forschung muß
　　ständig erneuert werden (Fan Dacan), S. 1
第一章: 绪论, 页1 → Kapitel I: Einleitung, S. 1
第一节: 歌德的意义: 文学史/思想史、文化史/社
　　会史诸种视野的交融, 页2 → Abschnitt 1:
　　Die Bedeutung Goethes: Verschmelzung der
　　Blickfelder der Literatur und Ideengeschichte
　　sowie Kultur- und Gesellschaftsgeschichte, S.
　　2
第二节: 中国的歌德译介与研究现状综述——
　　兼及西方的歌德研究, 页5 → Abschnitt 2:

第四编: 专著 Kapitel IV: Monographien

Stand der chinesischen Goethe-Rezeption und -Forschung. Eine Zusammenfassung, mit Berücksichtigung von der westlichen Goethe-Forschung, S. 5

第三节: 歌德思想的"精神三变"(尼采: 狮子-骆驼-婴儿)与"婴儿蜕皮"之过程, 页13 → Abschnitt 3: Goethes Gedanken über die „dreimalige geistige Metamorphose" und die „zweite Häutung", S. 13

第二章: "冲创"之力——狂飙时代的歌德思想, 页19 → Kapitel II: stürmische kraft – Goethes Gedanken in der Zeit des Sturm und Drang, S. 19

第一节: 贵族--市民与骑士--农民的阶层搏弈与群体互动——"宗教改革"背景中的《铁手骑士葛兹》及其思想史意义, 页19 → Abschnitt 1: Kampf der Gesellschaftsschichten: Adlige – Bürger und Ritter – Bauern in Aufstieg und Abstieg – *Götz von Berlichingen* vor dem Hintergrund der Reformation und deren ideengeschichtliche Bedeutung, S. 19

第二节: 救世理想与现世艰难——《普罗米修斯》断片中的"宿命叛逆"现象及其思想史元素, 页35 → Abschnitt 2: Ideal der Erlösung und Härte der Gegenwart – das Phänomen der Schicksalhaften Rebellion im *Prometheus*-Fragment und seine ideengeschichtlichen Elemente, S. 35

第三节: "青春迷惘"与"制度捆绑"——《少年维特之烦恼》爱情悲剧后的惘失之痛: 以《少年维特之欢乐》为参照, 页53 → Abschnitt 3: Jugendliche Ratlosigkeit und Fessel durch das System – schmerzliches Vermissen nach der Liebestragödie der *Leiden des jungen Werther*: im Vergleich mit *Freuden des jungen Werther*, S. 53

第三章: 生命之思——复归启蒙的歌德思想, 页71 → Kapitel III: Gedanken des Lebens – Goethes Gedanken, die zur Aufklärung zurückführt, S. 71

第一节: 禽兽世界的人类语言——《列那狐》的玄机, 页71 → Abschnitt 1: Menschliche Sprache in der Tierwelt: Geheimnisse von *Reinecke Fuchs*, S. 71

第二节: "一体二魂"所反映的二元论问题——《浮士德》的理想路径与歌德思想的自我矛盾, 页88 → Der Körper-Seele-Dualismus – der Weg der Vernunft im Widerspruch zwischen *Faust* und Goethes eigenen Gedanken, S. 88

第三节: 逝去未尽英雄志——《埃格蒙特》与《洪堡王子》比较研究, 页116 → Abschnitt 3: Mit dem Tod ist das Ziel des Helden nicht erreicht – Vergleich zwischen *Egmont* und *Prinz Friedrich von Homburg* (Kleist, H. v.), S. 116

第四章: 情爱之难: 悲剧之宿命——歌德的情爱观, 页138 → Kapitel IV: Problematik der Liebe: Fatum der Tragödie – Goethes Auffassung, S. 138

第一节: 女性圣洁之美与托阿斯的刻骨之爱——《伊菲洁莉在陶里斯岛》所反映的美之追寻, 页138 → Abschnitt 1: Schönheit der weiblichen Reinheit und Thoas' unauslöschliche Liebe – Streben nach Schönheit in *Iphigenie auf Tauris* wird, S. 138

第二节: 尊严、爱情或生命本色——《托夸多•塔索》中的诗人天问, 页156 → Abschnitt: Würde, Liebe oder Grund des Lebens – Frage des Dichters in *Torquato Tasso*, S. 156

第三节: 婚姻制度与爱情之维——从《齐本克斯》(Jean Paul: Siebenkäs, 1797)到《亲和力》: 传统与现代之间的逐新之爱, 页177 → Abschnitt 3: Die Institution der Ehe und die Liebesbindung – von *Siebenkäs* (Jean Paul) zu *Die Wahlverwandtschaften*: von der Tradition zur Moderne, S. 177

第五章: 理想社会——古典和谐的歌德思想, 页193 → Kapitel V: Die Idealgesellschaft – Goethes Gedanken zur antiken Harmonie, S. 193

第一节: 同是漫游人——《威廉•麦斯特的学习时代》与《弗朗茨•斯泰恩巴德的漫游》中反映的思想路径, 页193 → Abschnitt 1: Wir sind alle Wanderer – Gedankengang, der in *Wilhelm Meisters Lehrjahre* (Goethe) und Franz Steinbad Wanderung (???) widergespiegelt wird, S. 193

第二节: "市民生活"与"生命意义"——《赫尔曼和多罗泰》中表现的通向德国人的宁静家园之路, 页209 → Abschnitt 2: Das „bürgerliche Leben" und der „Lebenssinn" – der Weg der Deutschen zum ruhigen Dasein, der in *Hermann und Dorothea* dargestellt wird, S. 209

第六章: 世界公民——东西大同的歌德思想, 页227 → Kapitel VI: Weltbürger – Goethes

第四编: 专著 Kapitel IV: Monographien

Gedanken zur „Großen Harmonie" in Ost wie West, S. 227

第一节: 耄耋之年思何方——作为思想史文本的文化诗集《西东合集》与《中德杂咏》, 页227 → Abschnitt 1: Wohin der Gedanke im hohen Alter führt – die kulturellen Gedichtbände *West-östlicher Divan* und *Chinesisch-deutsche Jahres- und Tageszeiten* als Versionen der Ideengeschichte, S. 227

第二节: "古典和谐思想"的更高阶段——在《希腊隐士许佩里翁》烛照下的《威廉·麦斯特的漫游时代》, 页246 → Abschnitt 2: Höhere Stufe der antiken Harmonie – *Wilhelm Meisters Wanderjahre* im Licht von *Hyperion oder der Eremit in Griechenland*, S. 246

第七章: 结论, 页264 → Kapitel VII: Schlussfolgerung, S. 264

第一节: 真正的人与虚幻的神——"孔子诗思"烛照下的歌德泛神论, 页264 → Echter Mensch und illusorischer Gott – Goethes Pantheismus im Licht von Konfuzius' Gedanken zur Dichtung, S. 264

第二节: 诗之变形——论歌德艺术创造的进步, 页277 → Abschnitt 2: Formänderung der Dichtung – Fortschritte von Goethes künstlerischem Schaffen, S. 277

第三节: 思之和合——论歌德思维模式的拓新, 页290 → Gedankenharmonie: über die Anbahnung von Goethes Denkmuster, S. 290

第四节: 忧患云海诗哲心——现代性视域中歌德思想形成史的意义, 页308 → Abschnitt

歌德年表简表, 页328 → Goethe: eine Chronik, S. 328

主要参考文献, 页332 → Hauptsächliche Nachschlageliteratur, S. 332

西文中文名词对照表·索引, 页348 → Sachregister & Index (westlich/chinesisch), S. 348

后记, 页359 → Nachtrag, S. 359

26.
歌德与自然 Goethe und die Natur
莫光华 著 Mo Guanghua (Verf.)
北京: 外语教学与研究出版社, 2010 年
网络学术出版书系

附记: 作者曾给编者来信, 陈述如下内情: "由于国内学术著作出书很难, 往往需要自费: 2010 年校庆时, 我的学校统一资助我等青年学者通过外研社出版了一批学术成果, 属于该社"网络学术出版书系", 估计是为了节约成本, 该书系印数极少。这个情况, 我后来才知道, 该书系可能没有进入销售渠道, 几乎就是内部出版物, 网上都搜不到, 令人生气……但愿将来有机会修订和重新出版。"

导言, 页 1 → Einführung, S. 1

绪论: 陌生的歌德, 页 13 → Vorwort: Der unbekannte Goethe, S. 13

第一节: 自然研究著作在歌德作品中的地位, 页 13 → Abschnitt I: Naturwissenschaftliche Publikationen in Goethes Gesamtwerk, S. 13

第二节: 国外歌德研究回顾, 页 17 → Abschnitt II: Rückblick auf die Goethe-Forschung im Ausland, S. 17

一、国外歌德学概貌, 页 18 → Überblick über die Goethe-Forschung im Ausland, S. 18

二、十九世纪: 被遗忘的自然研究家歌德, 页 19 → Das 19. Jahrhundert: Der als Naturwissenschaftler vergessene Goethe, S. 19

三、二十世纪: 对自然研究家歌德的发现与重估, 页 22 → Das 20. Jahrhundert: Die Entdeckung und Neubewertung Goethes als Naturwissenschaftler, S. 22

四、当代对自然研究家歌德的再发现, 页26 → Die Wiederentdeckung Goethes als Naturwissenschaftler in der Gegenwart, S. 26

第三节: 国内歌德研究回顾之一: 初识自然研究家歌德, 页 28 → Abschnitt III: Rückblick auf die Goethe-Forschung in China, Teil I: Bekanntschaft mit Goethe als Naturwissenschaftler, S. 28

一、二十世纪早期的国内歌德译介, 页 29 → Die Goethe-Rezeption im frühen 20. Jahrhundert in China, S. 29

二、郭沫若介绍"歌德对于自然科学之贡献", 页 32 → Guo Moruo's Vermittlung von Goethes Beitrag zur Naturwissenschaft, S. 32

三、冯至对自然研究家歌德的认识, 页36 → Feng Zhi's Auffassung von Goethe als Naturwissenschaftler, S. 36

第四节: 国内歌德研究回顾之二: 依然陌生的自然研究家歌德, 页 38 → Abschnitt IV:

Rückblick auf die Goethe-Forschung in China, Teil II: Der als Naturwissenschaftler immer noch unbekannte Goethe, S. 38

一、对诗人歌德的研究, 页 39 → Der Dichter Goethe im Fokus der Forschung, S. 39

二、《歌德谈话录》与歌德的文艺观, 页 41 → *Gespräche mit Goethe* und Goethes Theorie von Literatur und Kunst, S. 41

三、对自然研究家歌德的初步研究, 页 46 → Erste Forschung über Goethe als Naturwissenschaftler, S. 46

第五节: 歌德自然研究著作的编辑史, 页 52 → Abschnitt V: Zur Herausgabe von Goethes naturwissenschaftlichen Werken, S. 52

第一章: 自然研究家歌德的前提、基础和动因, 页 57 → Kapitel I: Goethes als Naturwissenschaftler: Voraussetzung, Grundlage und Anlässe S. 57

第一节: 歌德何以研究自然, 页 57 → Abschnitt I: Wie kommt Goethe zu seinen Naturstudien, S. 57

第二节: 歌德时代的思想基础, 页 61 → Abschnitt II: Die geistige Grundlage der Goethezeit, S. 61

一、十七世纪科学革命的影响, 页 62 → Einfluss der Wissenschaftsrevolution im 17. Jahrhundert, S. 62

二、启蒙时代的自然观, 页 64 → Die Naturauffassung in der Zeit der Aufklärung

第三节: 歌德时代的科学进展, 页 67 → Abschnitt III: Wissenschaftliche Fortschritte in der Goethezeit, S. 67

一、科学研究的职业化与学科分化, 页 67 → Wissenschaft und Forschung als Beruf und die Differenzierung der Wissenschaftszweige, S. 67

二、十八世纪的生物学和地质学问题, 页 70 → Die Biologie und die Geologie des 18. Jahrhunderts, S. 70

第四节: 歌德时代的德国自然哲学, 页 72 → Abschnitt IV: Die deutsche Naturwissenschaft in der Goethezeit, S. 72

一、德国自然科学与哲学的关系, 页 73 → Die Beziehungen zwischen Naturwissenschaft und Philosophie in Deutschland, S. 73

二、歌德与德国的自然哲学, 页 75 → Goethe und die deutsche Naturwissenschaft, S. 75

第五节: 歌德从事自然研究的动因, 页 79 → Abschnitt V: Goethes Anlässe zur Naturwissenschaft, S. 79

一、青年歌德: 从体验自然到认识自然, 页 79 → Goethe in jungen Jahren: von der Erfahrung der Natur zu ihrer Erkennung, S. 79

二、中年歌德: 从现实需要到深入研究, 页 84 → Goethe in mittleren Jahren: vom aktuellen Praxis zur eingehenden Forschung, S. 84

三、老年歌德: 从认识自然到认识人自身, 页 89 → Goethe im Alter: von der Erkenntnis der Natur zur Erkenntnis des Menschen selbst, S. 89

四、歌德在魏玛的有利条件, 页 93 → Goethes günstige Voraussetzungen in Weimar, S. 93

第二章: 歌德的自然研究和自然观, 页 97 → Kapitel II: Kapitel II: Goethes Naturforschung und Naturauffassung, S. 97

第一节: 歌德的骨学研究, 页 98 → Abschnitt I: Goethes Studien zur Osteologie, S. 98

一、面相学: 歌德对人的研究, 页 99 → Physiognomik: Goethes Erforschung des Menschen, S. 99

(一) 面相学与骨相学概观, 页 99 → Abriss der Physiognomik und der Osteologie, S. 99

(二) 歌德的面相学研究, 页 100 → Goethes Studien zur Physiognomik, S. 100

二、比较解剖学: 人类也有腭间骨, 页 104 → Die vergleichende Anatomie: der Mensch hat auch Gaumen, S. 104

第二节: 形变论: 关于形态及其变化的学说, 页 106 → Abschnitt II: Metamorphosen: Lehre von Formen und deren Veränderungen, S. 106

一、歌德对植物基本结构的探索, 页 107 → Goethes Suche nach der Grundstruktur der Pflanze, S. 107

(一) 追寻原始植物, 页 107 → Suche nach Urpflanzen, S. 107

(二) 从"原始植物"到"象征性植物", 页 109 → Von „Urpflanzen" zu „metaphorischen Pflanzen", S. 109

二、动植物的形变, 页 111 → Metamorphosen der Tiere und Pflanzen, S. 111

(一) 植物形变论的产生, 页 112 → Entstehung der Lehre von Metamorphosen der Pflanzen, S. 112

(二) 从动物的形变到类型说, 页 114 → Von Metamorphosen der Tiere zur Typologie, S. 114

三、形变论与类型说的拓展, 页 116 → Erweiterung der Lehre von Metamorphosen und der Typologie, S. 116

第三节: 歌德的《色彩学》, 页 118 → Abschnitt III: Goethes Farbenlehre, S. 118

一、歌德为何研究色彩问题, 页 119 → Warum studiert Goethe die Farben, S. 119

二、《色彩学》的产生, 页 122 → Entstehung der Farbenlehre, S. 122

三、《色彩学》的结构与内容, 页 126 → Form und Inhalt der Farbenlehre, S. 126

四、歌德的色彩观: 色彩是"光的业绩, 业绩和苦难", 页 130 → Goethes Auffassung von Farben: Farben sind Leistungen des Lichts, S. 130

五、歌德的色彩体验与自我认识, 页 134 → Goethes Erfahrungen mit den Farben und Selbsterkenntnisse, S. 134

(一) 歌德的色彩体验, 页 134 → Goethes Erfahrungen mit den Farben, S. 134

(二) 色彩研究与自我认识, 页 137 → Studien zu den Farben und Selbsterkenntnisse, S. 137

第四节 歌德在其他领域的活动, 页 141 → Abschnitt IV: Goethes Tätigkeiten auf anderen Gebieten, S. 141

一、歌德与地质学和矿物学, 页 142 → Goethe und die Geologie und die Mineralogie, S. 142

二、歌德与气象学, 页 145 → Goethe und die Meteorologie, S. 145

三、歌德与化学、电学和磁学及其他科学, 页 148 → Goethe und die Chemie, die Elektrizitätslehre und der Magnetismus sowie andere Wissenschaften, S. 148

第三章: 自然研究家歌德的影响, 页 153 → Kapitel III: Einfluss Goethes als Naturwissenschaftler, S. 153

第一节: 歌德之争: 牛顿——歌德——达尔文, 页 153 → Abschnitt I: Der Streit Goethes: Newton – Goethe – Darwin, S. 153

第二节: 歌德时代的接受与反响, 页 155 → Abschnitt II: Rezeption und Widerhall in der Goethezeit, S. 155

一、来自青年科学家的慰藉, 页 157 → Trost seitens junger Wissenschaftler, S. 157

(一) 歌德与青年一代的关系, 页 157 → Goethes Kontakt zur jungen Generation, S. 157

(二) 青年科学家们对歌德的支持, 页 159 → Die Unterstützung Goethes durch junge Wissenschaftler, S. 159

二、主流学界的反对, 页 166 → Widerstand des führenden akademischen Kreises, S. 166

第三节: 歌德身后至二十世纪上叶, 页 169 → Abschnitt III: Die Zeit nach Goethe bis zum frühen 20. Jahrhundert, S. 169

一、十九世纪: "胎死腹中的游戏"或达尔文的"先驱", 页 169 → Das 19. Jahrhundert: ein „früher Tod des Fötus" oder ein „Vorkämpfer" von Darwin, S. 169

二、十九世纪末至二战结束, 页 177 → Das Ende des 19. Jahrhunderts bis zum Ende des 2. Weltkrieges, S. 177

(一) "回归歌德"或"回归牛顿"?页 177 → „Rückkehr zu Goethe" oder „Rückkehr zu Newton", S. 177

(二) 从文化视角到纳粹倾向, 页 182 → Vom kulturellen Blickwinkel zur nationalsozialistischen Tendenz, S. 182

(三) 二战结束至当代, 页 191 → Vom Ende des 2. Weltkrieges bis zur Gegenwart, S. 191

第四节: 歌德与达尔文进化论, 页 195 → Abschnitt IV: Abschnitt IV: Goethe und Darwin's Evolutionismus, S. 195

一、争论的缘起, 页 195 → Ursache des Streites, S. 195

二、歌德是达尔文的先驱? 页 199 → Ist Goethe Darwin's Vorkämpfer? S. 199

(一) 从最初到二战结束, 页 199 → Vom Beginn bis zum Ende des 2. Weltkrieges, S. 199

(二) 二战结束至当代, 页 204 → Vom Ende des 2. Weltkrieges bis zur Gegenwart, S. 204

第四章: 自然研究家歌德的方法与思想, 页 207 Kapitel IV: S. 207 → Methoden und Gedanken Goethes als Naturwissenschaftler, S. 207

第一节: 关于歌德的思想与自然观, 页 208 → Abschnitt I: Über Goethes Gedanken und Naturauffassung, S. 208

一、关于歌德的思想, 页 208 → Über Goethes Gedanken, S. 208

二、关于歌德的自然观, 页 211 → Über Goethes Naturauffassung, S. 211

第二节: 歌德的认识手段和对象, 页 213 → Abschnitt II: Goethes Methoden und Objekte der Erkenntnis, S. 213

一、歌德的直观, 页 213 → Goethes direkte Anschauung, S. 213

二、歌德的"情神之眼", 页 216 → Goethes Auge des Geistes, S. 216

三、认识的对象: 经验现象——科学现象——纯现象, 页 219 → Objekte der Erkenntnis: Erfahrungsphänomen – wissenschaftliches Phänomen – reines Phänomen, S. 219

四、认识的界限: "不可研究者"与"敬畏自然", 页 223 → Grenzen der Erkenntnis:

第三节: 歌德的形态学发展观, 页 227 → Abschnitt III: Goethes Auffassung von der Entwicklung der Morphologie, S. 227

一、发展的方式与可能: 形变与类型, 页 227 → Art und Möglichkeit der Entwicklung: Morphologie und Typen, S. 227

二、发展的动力与方向: 极性与升华, 页 229 → Antriebskraft und Richtung der Entwicklung: Grenzwert und Sublimation, S. 229

第四节: 歌德对科学、艺术、哲学和自然的认识, 页 234 → Abschnitt IV: Goethes Verständnis von Wissenschaft, Kunst, Philosophie und der Natur, S. 234

一、歌德对科学与艺术之关系的认识, 页 235 → Goethes Verständnis von Beziehungen zwischen Wissenschaft und Kunst, S. 235

二、歌德对现代自然科学的理解与误解, 页 238 → Goethes Verständnis und Missverständnis der modernen Naturwissenschaft, S. 238

三、歌德对哲学的态度, 页 242 → Goethes Haltung zur Philosophie, S. 242

四、"自然既无核也无壳", 页 246 → „Die Natur hat weder Kern noch Haut", S. 246

第五章: 自然研究对诗人歌德的意义, 页 251 Kapitel V: Die Bedeutung der Naturforschung für Goethe als Dichter, S. 251

第一节: 自然研究对歌德精神历程的影响, 页 251 → Abschnitt I: Einfluss der Naturforschung auf Goethes geistige Entwicklung, S. 251

第二节: 歌德的自然研究与文学创作的关系, 页 256 → Abschnitt II: Verhältnisse zwischen Naturforschung und Dichtung bei Goethe, S. 256

一、自然研究与文学创作的相互交织, 页 256 → Vernetzung der Naturforschung mit der Dichtung, S. 256

二、自然规律作为一种"自然美学", 页 259 → Die Naturgesetze als eine Art der „Naturästhetik", S. 259

三、形态学视角的基本前提, 页 267 → Grundlegende Voraussetzung des morphologischen Blickwinkels

第三节: 歌德作品中的自然感觉与自然规律, 页 269 → Abschnitt III: Die Naturgefühle und Naturgesetze in Goethes Werken, S. 269

一、《五月歌》里的自然体验与自然秩序, 页 269 → Die Naturerfahrung und Naturordnung im Gedicht *Mailied*, S. 269

二、《维特》中自然感觉的转变, 页 274 → Wandel der Naturgefühle im Roman *Werther*, S. 274

三、《西东合集》里的自然规律, 页 278 → Die Naturgesetze im *west-östlichen Divan*, S. 278

第四节: 歌德作品中的形态学和色彩学, 页 284 → Abschnitt IV: Die Formen- und Farbenlehre in Goethes Werken, S. 278

一、浮士德的一次"形变", 页 285 → Eine „Metamorphose" des Faust, S. 285

二、色彩研究在歌德作品里的反映, 页 291 → Die Niederschläge der Farbenstudien in Goethes Werken, S. 291

三、科学与诗艺的结合: 教育诗《植物的变形》, 页 297 → Verbindung der Wissenschaft mit der Dichtkunst: das Erziehungsgedicht *Metamorphosen der Pflanze*, S. 297

第五节: 形态学视角下对歌德作品的几点思考, 页 306 → Abschnitt V: Einige Gedanken zu Goethes Werken aus der Sicht der Formenlehre, S. 306

一、形变论与歌德晚年的自我观照, 页 307 → Die Metamorphosen in der Selbstbetrachtung des späten Goethe, S. 307

二、歌德作品的结构问题, 页 310 → Der Aufbau von Goethes Werken, S. 310

三、形态学原则的特殊表现, 页 316 → Das Besondere an den Prinzipien der Formenlehre, S. 316

结语, 页 320 → Schlusswort, S. 320

主要参考文献, 页 321 → Forschungsliteratur, S. 321

附录 1: 歌德的两首教育诗, 页 340 → Anhang I: Goethes zwei Lehrgedichte, S. 340

附录 2: 歌德的主要文学和自然研究活动, 页 348 → Anhang II: Goethes wichtige literarische und naturwissenschaftliche Tätigkeiten, S. 348

27.
茫茫大海上的苦行者 Ein Asket auf dem grenzenlosen Ozean
徐晓钟、杨绍林 主编 Xu Xiaozhong u. Yang Shaolin (Hrsg.)
桂林: 广西师范大学出版社, 2010 年
246 页
序言 (杨绍林) Vorwort (Yang Shaolin)
《浮士德》创作篇
导演的话 (徐晓钟), 页 3 → Das Wort des Regisseurs (Xu Xiaozhong), S. 3
诗剧《浮士德》(上部)——舞台演出本, 歌德著, 余匡复译, 页 4 → Das Versdrama Faust (1. Teil) – die Bühnenfassung (Goethe), übers. v. Yu Kuangfu, S. 4
《浮士德》导演阐述 (徐晓钟), 页 59 → Erläuterungen zur Regie des Faust (Xu Xiaozhong), S. 59
"请停留！啊, 你真美！"——关于诗剧《浮士德》(上部)的舞台演出本 (余匡复), 页 76 → „Verweile doch! du bist so schön" – über das Bühnenbuch Faust (Teil I) (Yu Kuangfu), S. 76
解读《浮士德》(余匡复), 页 83 → Erläuterungen zu Faust （Yu Kuangfu), S. 76
关于《浮士德》的一点杂想 (许承先), 页 85 → Vermischte Gedanken über Faust (Xu Chengxian), S. 85
在大师的世界里愉悦行走——记靡非斯特人物创作 (周野芒), 页 93 → Fröhliche Wanderung in der Welt des Meisters – über die Gestaltung der Mephisto-Figur (Zhou Yemang), S. 93
我愿成为《浮士德》中的甘蕾青——访青年演员朱杰(徐谦), 页 100 → Ich will Gretchen im Faust werden – Interview mit der jungen Schauspielerin Zhu Jie (Xu Qian), S. 100
《浮士德》排演笔记 (宋忆宁), 页 103 → Notizen über die Probe des Faust (Song Yining), S. 103
《浮士德》在中国"一切才刚刚开始"(王洋), 页 108 → Faust in China: alles ist noch am Anfang (Wang Yang), S. 108
我见到的《浮士德》(张晨贤), 页 111 → Faust, den ich gesehen habe (Zhang Chenxian), S. 111
诗剧《浮士德》(上部)在上海的演出 (余匡复), 页 114 → Die Aufführung des Versdramas Faust (1. Teil) in Shanghai (Yu Kuangfu), S. 114
《浮士德》制作篇 Die Produktion des Faust
世纪之约——投排《浮士德》的由来 (李胜英), 页 121 → Jahrhundert-Vereinbarung – Ursprung der Faust-Aufführung (Li Shengying), S. 121
值得纪念——谈《浮士德》策划 (张先衡), 页 125 → Es lohnt sich zu gedenken – die Konzipierung des Faust (Zhang Xianheng), S. 125
负重前行——《浮士德》制作随笔 (刘国平), 页 127 → Mühsame Fortschritte – Skizzen über die Herstellung des Faust (Liu Guoping), S. 127
呼唤精品——记《浮士德》演出事宜 (冯力荣), 页 130 → Ruf nach vollendetem Stück – über die Aufführung des Faust (Feng Lirong), S. 130
走近大师 走近经典 (徐谦), 页 133 → Annäherung an den großen Meister, Annäherung an die Klassik (Xu Qian), S. 133
了却的心愿——浅谈话剧《浮士德》服装设计 (吕经国), 页 138 → Erfüllte Wünsche – kurze Bemerkung über die Kostümzeichnung des Sprechtheaters Faust (Lü Jingguo), S. 138
化妆造型说明 (董桂颖), 页 141 → Erläuterungen zu Kostümieren und Modellieren (Dong Guiying), S. 141
美好的工作 (王轶轩), 页 143 → Schöne Arbeit (Wang Yixuan), S. 143
《浮士德》制景的苦与乐 (姚敏), 页 145 → Härte und Freude bei der Herstellung der Bühnenbilder des Faust (Yao Min), S. 145
《浮士德》道具和特技设计与制作 (贡连照) Konzipierung und Herstellung der Requisiten und der Trickaufnahme des Faust (Gong Lianzhao)
《浮士德》演出·徐晓钟导演艺术谈 → Aufführung des Faust, über die Kunst von Xu Xiaozhongs Regie

《浮士德》演出北京专家研讨会, 页 151 → Symposium der Experten in Peking über die Aufführung des Faust, S. 151

人啊! 要自觉地反省, 要不停步地前进 (陈明正), 页 161 → Ach Mensch! Selbstbesinnung und ständiger Fortschritt (Chen Mingzheng), S. 161

触摸我们内心世界中的"靡非斯特" (李建平), 页 166 → Berührung des „Mephisto" in unserer geistigen Welt (Li Jianping), S. 166

《浮士德》演出上海专家研讨会, 页 169 → Symposium der Experten in Shanghai über die Aufführung des Faust, S. 169

人生与艺术之海的坚韧探索者——解读《浮士德》及徐晓钟导演艺术 (刘明厚), 页 178 → Ein beharrlich Strebender auf dem Ozean des Lebens und der Kunst – Erläuterungen zu Faust und zu Kunst von Xu Xiaozhongs Regie (Liu Minghou), S. 178

《浮士德》: 严谨而真诚的"诗剧" (元味), 页 183 → Faust: ein ernsthaftes und ehrliches „Versdrama" (Yuan Wei), S. 183

论歌德的《浮士德》与徐晓钟的《浮士德》(吕效平), 页 186 → Goethes Faust und Xu Xiaozhong's Faust (Lü Xiaoping), S. 186

诗剧《浮士德》: 欲望在美好与罪恶中奔突 (王剑虹、张晓然), 页 196 → Das Versdrama Faust: Galoppieren der Begierde zwischen dem Schönen und der Sünde (Wang Jianhong u. Zhang Xiaoran), S. 196

《浮士德》导演访谈, 页 198 → Interview mit dem Regisseur des Faust, S. 198

感悟诗剧《浮士德》深邃的科学文化精神——纪念爱好科学的杰出诗人、剧作家歌德诞辰二百六十周年 (吴晓江), 页 202 → Wahrnehmung des tiefgründigen Geistes für Wissenschaft und Kultur im Versdrama Faust – zum Andenken an den 260. Geburtstag Goethes, des hervorragenden Dichters und Dramatikers, mit Zuneigung zur Wissenschaft (Wu Xiaogang), S. 202

试析"徐晓钟模式" (王晓鹰), 页 211 → Versuch, „Xu Xiaozhong's Muster" zu analysieren (Wang Xiaoying), S. 211

从《培尔·金特》到《浮士德》——王晓鹰谈他的老师徐晓钟, 页 223 → Von Peer Gynt zu Faust – Wang Xiaoying über seinen Lehrer Xu Xiaozhong, S. 223

徐晓钟: 中国新时期戏剧美学大师 (刘烈雄), 页 228 → Xu Xiaozhong: ein großer Meister der Ästhetik für Dramatik in der Zeit des neuen China (Liu Liexiong), S. 228

2011 年

28.
多才多艺的文学巨匠: 歌德 Goethe: ein großer und vielseitig talentierter Meister der Literatur
王文 编著 Wang Wen (Verf.)
长春: 吉林人民出版社, 2011 年
历史的丰碑丛书, 文学艺术家卷, 胡维革、邢万生主编
127 页

2012 年

29.
从忧郁到丰美: 歌德的精彩人生 Von der Melancholie zur Fülle. Goethes vielschichtiges Seelenleben
杨梦茹 著 Yang Mengru (Verf.)
西安: 陕西人民出版社, 2012 年
解读大师系列
191 页
编者提示: 详见初版条目(台北市: 台湾商务印书馆, 2007 年)。

30.
歌德 Goethe
文景 主编 Wen Jing (Verf.)
北京: 中国人口出版社, 2012 年
世界名人画传丛书·文学家、艺术家卷 2
青少年健康人格教育丛书
138 页

第一章: 伟人的家世 → Kapitel I Die Familiengeschichte des großen Mannes

第二章: 快乐的童年 → Kapitel II: Fröhliche Kindheit

第三章: 勤奋好学的少年 → Kapitel III: Fleißige Jugendzeit

第四章: 纯美而哀伤的初恋 → Kapitel IV: Reine und wehmütige erste Liebe

第五章: 莱比锡求学 → Kapitel V: Studien in Leipzig

第六章: 参加"狂飙突进运动" → Kapitel VI: Teilnahme am Sturm und Drang

第七章:《少年维特的烦恼》→ Kapitel VII: *Die Leiden des jungen Werther*

第八章: 从政魏玛 → Kapitel VIII: Beamtenschaft in Weimar

第九章: 在意大利 → Kapitel IX: In Italien

第十章: 从事科学研究 → Kapitel X: Beschäftigung mit der Naturwissenschaft

第十一章: 终于找到了真爱 → Kapitel XI: Endlich die echte Liebe

第十二章: 结交席勒 → Kapitel XII: Freundschaft mit Schiller

第十三章: 会见拿破仑 → Kapitel XIII: Begegnung mit Napoleon

第十四章: 会见贝多芬 Kapitel XIV:

第十五章: 东西方文化的交汇 Kapitel XV: Zusammenkunft der östlichen und der westlichen Kultur

第十六章: 晚年的生活 → Kapitel XVI: Das Leben im Alter

第十七章: 永恒的《浮士德》→ Kapitel XVII: Der ewige Faust

第十八章: 巨星陨落 Kapitel XVIII: Das große Stern fällt vom Himmel

31.
歌德: 从多情少年炼就世界文豪 Goethe: vom gefühlvollen Jungen zum literarischen Genie der Welt
周红英 Zhou Hongying (Verf.)
北京: 中国社会出版社, 2012 年
丛书: 世界名人非常之路
199 页

少年的梦想 → Die Kindheitsträume, S. 1

出身富裕市民家庭, 页 2 → Geburt in der wohlhabenden bürgerlichen Familie, S. 2

爱做游戏的孩子, 页 5 → Ein Kind, das gerne spielt, S. 5

克服胆小的毛病, 页 8 → Überwindung der Feigheit, S. 8

文学兴趣的形成, 页 11 → Entstehung literarischen Interesses, S. 11

写给外祖父的诗, 页 13 → Ein Gedicht, dem Großvater mütterlicherseits gewidmet, S. 13

尝试写法语剧本, 页 17 → Versuch, ein Drama auf Französisch zu schreiben, S. 17

多种素质的培养, 页 21 → Ausbildung verschiedener Mentalitäten, S. 21

求学的磨砺 Training beim Schulbesuch

进入莱比锡大学, 页 28 → Besuch der Universität Leipzig, S. 28

寻找新的进修方法, 页 31 → Suche nach neuen Methoden der Fortbildung, S. 31

醉心于诗歌的创作, 页 34 → Versessenheit auf lyrisches Schaffen, S. 34

培养对艺术的爱好, 页 38 → Entstehung der Zuneigung zur Kunst, S. 38

病休期间的探索, 页 42 → Erforschung während der Krankheit, S. 42

挑战权威作家, 页 46 → Herausforderung an autoritäre Schriftsteller, S. 46

结交新的朋友, 页 50 → Kontakt mit neuen Freunden, S. 50

提高对诗歌的认识, 页 54 → Vermehrung neuer Kenntnisse über Dichtung, S. 54

写出独立风格的诗, 页 59 → Schaffen von Gedichten eigenen Stils, S. 59

获得名校法学学位, 页 66 → Erlangung der Doktorwürde für Jura an der berühmten Universität Straßburg, S. 66

青春的付出 Hingabe der Jugend

律师背后的追求, 页 70 → Geheime Bestrebungen eines Rechtsanwalts, S. 70

出版首部现实史剧, 页 73 → Herausgabe des ersten Geschichtsdramas, S. 73

到最高法院深造, 页 79 → Fortbildung am obersten Gerichtshof, S. 79

写出传世名著, 页 83 → Veröffentlichung eines in die Geschichte eingehenden Werkes, S. 83

进入魏玛宫廷, 页 91 → Aufnahme in den Weimarer Hof, S. 91, S. 91

显露政治才能, 页 95 → Demonstration politischer Begabung, S. 95, S. 95

创作爱情诗歌, 页 103 → Schaffen der Liebesgedichte, S. 103

探索科学奥秘, 页 111 → Suche nach wissenschaftlichen Geheimnissen, S. 111

第四编: 专著 Kapitel IV: Monographien

收获旅游的乐趣, 页 114 → Ernte der Freude am Tourismus; S. 114

中年的成就 Erfolge in mittleren Jahren

走进婚姻殿堂, 页 124 → Eintritt in den Saal der Ehe, S. 124

宫廷剧院总监, 页 132 → Hauptintendant am Hof, S. 132

醉心科学研究, 页 140 → Hingabe an die Wissenschaft und Forschung, S. 140

联手作家席勒, 页 144 → Zusammenarbeit mit Schiller, S. 144

合作结出硕果, 页 152 → Große Erträge dieser Zusammenarbeit, S. 152

认清战争的实质, 页 159 → Erkenntnisse des Wesens des Krieges, S. 159

写出传世精品, 页 164 → Veröffentlichung der Jahrhundertwerke, S. 164

晚年的收获 Der Ertrag der späten Jahre

撰写成长的轨迹, 页 170 → Beschreibung des eigenen Heranwachsens

出版《西东诗集》, 页 173 → Druck des *West-östlichen Divan*, S. 173

发表爱情绝唱, 页 176 → Veröffentlichung vollendeter Liebesgedichte, S. 176

再创文学精品, 页 180 → Erneutes Schaffen kunstvoller Literaturwerke, S. 180

荣获崇高的荣誉, 页 185 → Erlangung des hohen Ruhms, S. 185

孜孜不倦地学习, 页 188 → Unermüdliches Lernen, S. 188

拉上生命的大幕, 页 190 → Der Vorhang des Lebens fällt, S. 190

附录 Anhang

经典故事, 页 194 → Klassische Geschichten, S. 194

年谱, 页 197 Wichtige Lebensdaten, S. 197

名言, 页 199 Berühmte Aussprüche, S. 199

32.

走近歌德 (新编本) Annäherung an Goethe (erweiterte Ausgabe)

杨武能 著 Yang Wuneng (Verf.)

上海: 上海社会科学院出版社, 2012年

世界历史文化丛书

编者提示: 增编了 "歌德与中国" 和 "歌德在中国" 两大部分, 篇幅比原书 (河北教育出版社, 1999年版) 增加了三分之一。

449页

序(杨武能), 页1-2 → Vorwort (Yang Wuneng), S. 1-2

歌德与我同在——第一版自序, 页1-4 → Goethe ist mit mir zusammen, Vorwort des Verfassers, S. 1-4

第一辑: 走近歌德, 页1 → Annäherung an Goethe

人类光明未来的卓越歌者——歌德的生平, 思想和创作, 页2 → Der hervorragende Sänger der lichten Zukunft der Menschheit – Goethes Leben, Gedanken und Schaffen, S. 2

他不是"法兰克市议员的谨慎的儿子"——对恩格斯关于歌德评价的一点质疑, 页22 → Meine Zweifel an der Bemerkung Goethes durch Friedrich Engels, S. 22

狂飙·铁手·自助者——评《铁手骑士葛慈·封·贝利欣根》, 页27 → Der Sturm, die eiserne Hand, der Selbsthelfer – Interpretation des *Götz von Berlichingen mit der eisernen Hand*, S. 27

论《维特》与"维特热", 页36 → Über *Werther* und das Werther-Fieber, S. 36

一、《维特》与歌德, 页37 → *Werther* und Goethe, S. 37

二、《维特》的时代精神与思想意义, 页42 → *Werther* Zeitgeist und geistesgeschichtliche Bedeutung, S. 42

三、《维特》的艺术特色, 页52 → *Werther* Kunststil, S. 52

四、《维特》的社会影响和历史地位, 页57 → *Werther* gesellschaftlicher Einfluss und historische Position, S. 57

五、《维特》在中国, 页62 → *Werther* in China, S. 62

六、结语, 页66 → Schlusswort, S. 66

智慧之书, 世相之镜——关于歌德的两部史诗, 页67 → Buch der Weisheit, Spiegel der Welt – über Goethes beide Epen [*Hermann und Dorothea* sowie *Reineke Fuchs*], S. 67

《威廉·迈斯特的学习年代》——逃避庸俗, 页71 → Wilhelm Meisters Lehrjahre – Flucht vor dem Philistertum, S. 71

《亲和力》——"含义无穷的艺术杰作", 页81 → *Die Wahlverwandtschaften* – ein unendlich tiefsinniges künstlerisches Meisterwerk, S. 81

自白与自述: 歌德的"全身塑像"——《歌德谈话录》译后漫笔, 页91 → Selbstbekenntnisse

und Selbstaussagen, Goethes ganzheitliche Selbstdarstellung – Bemerkungen nach der Übersetzung *Gespräche mit Goethe*, S. 91

第二辑: 歌德抒情诗咀华 Lektüre von Goethes Lyrik

《塞森海姆之歌》——第一块里程碑, 页101 → Sesenheimer Lieder – der erste Meilenstein, S. 101

狂飙突进的号角——关于《普罗米修斯》及其他颂歌, 页109 → Trompetenstoß des Sturm und Drang – über Prometheus und andere Hymnen, S. 109

"新的爱情, 新的生活"——关于"丽莉之歌", 页119 → Neue Liebe, neues Leben – über die Lili-Lieder, S. 119

"愿人类高贵、善良"——关于歌德在魏玛头十年的抒情诗, 页128 → „Edel sei der Mensch, hilfreich und gut": über Goethes Lyrik in den ersten zehn Weimarer Jahren, S. 128

南国之恋——关于《迷娘曲》和《罗马哀歌》, 页140 → Sehnsucht nach einem südlichen Land – über „Mignon" und „Römische Elegien", S. 140

第二次青春——关于"古典时期"的其他抒情诗, 页148 → Die zweite Jugend – über weitere lyrische Gedichte der Klassik, S. 148

憧憬东方——关于《西东合集》(上), 页155 → Sehnsucht nach dem Osten – über den *West-östlichen Divan* (Teil 1), S. 155

共振, 心弦和着诗弦——关于《西东合集》(下), 页162 →Mitschwingung, Saite im Herzen und Saite in der Poesie – über den *West-östlichen Divan* (Teil 2), S. 162

潘多拉与缪斯——关于《爱欲三步曲》, 页171 → Pandora und die Musen: über die „Trilogie der Leidenschaft", S. 171

"暮色徐徐下沉..."——关于《中德四季晨昏杂咏》, 页179 → „Dämmerung senkte sich von oben" – über Chinesisch-Deutsche Jahres- und Tageszeiten, S. 179

"智慧的最后结论"——关于歌德晚年的抒情诗, 页180 → Die letzte Schlussfolgerung der Weisheit – über Goethes Lyrik aus seinen späteren Jahren, S. 180

诗人歌德: 前无古人, 后乏来者, 页188 → Der Dichter Goethe – ohne Vorgänger, ohne Nachfolger, S. 188

第三辑: 《浮士德》面面观, 页197 → *Faust* aus verschiedenen Perspektiven, S. 197

说不完的《浮士德》, 页198 → Faust – ein ewiges Thema, S. 198

历史沧桑的艺术缩影——《浮士德》的时代精神, 页207 → Künstlerische Miniatur des historischen Auf und Ab – der Zeitgeist des *Faust*, S. 207

贫瘠的土地, 天才的硕果——《浮士德》诞生始末, 页215 → Unfruchtbare Erde, reiche Ernte – Anfang und Ende der Geburt des *Faust*, S. 215

术士・哲人・人类的杰出代表——《浮士德》形象考辨, 页222 → Hersteller der Unsterblichkeitspillen, Philosoph, hervorragender Vertreter der Menschheit – Erforschung der Gestalten des *Faust* (Teil 1), S. 222

"否定的精灵"和"恶"的化身——《浮士德》人物考辨之二, 页231 → „Geist der Verneinung" und Verkörperung des „Bösen" – Erforschung der Gestalten des *Faust* (Teil 2), S. 231

瓦格纳、格莉琴、海伦——《浮士德》人物考辨之三, 页240 → Wagner, Gretchen, Helena – Erforschung der Gestalten des *Faust* (Teil 3), S. 240

宇宙和人生, 预言和寓言——试析《浮士德》的哲学内涵(上), 页249 → Kosmos, Prophezeiung des menschlichen Lebens und Fabeln, kursorische Analyse des philosophischen Gehalts (Teil 1), S. 249

"浮士德精神"与西方近、现代文明——试析《浮士德》的哲学内涵(下), 页259 → Der „Geist des Faust" und die neuere und moderne Zivilisation, kursorische Analyse des philosophischen Gehalts (Teil 2), S. 259

何只"自强不息"——"浮士德精神"别解与反思, 页269 → Nicht nur „unaufhaltsam vorwärts streben" – andere Interpretation des „Faust-Geistes" und Nachdenken, S. 269

思想家歌德, 页278 → Der Denker Goethe, S. 278

结语: 永远的歌德, 永远的伟大——为纪念恩师冯至而作, 页289-299 → Schlusswort: der ewige Goethe, die ewige Größe, S. 289-299

外编: 歌德与中国, 页300 → Goethe und China, S. 300

季羡林先生序, 页301 → Vorwort (Ji Xianlin), S. 301

引言(杨武能), 页303 → Einleitung (Yang Wuneng), S. 303

上编: 歌德与中国, 页305 → Goethe und China, S. 305

一、德国和欧洲启蒙运动前后的"中国热"——歌德认识中国并受其影响的历史背景, 页305 → Das China-Fieber vor und nach der Aufklärung in Deutschland und Europa – historische Hintergründe der Bekanntschaft mit China und des Einflusses von ihm, S. 305

1. "中国热"的表现, 页305 → Ausdruck des „China-Fiebers", S. 305
2. 出现"中国热"的原因, 页313 → Grund des „China-Fiebers", S. 313

二、歌德——"魏玛的孔夫子", 页314 → Goethe – der „Weimarer Konfuzius", S. 314

1. 歌德对中国文化的接触和了解, 页315 Goethes Begegnung mit der chinesischen Kultur und sein China-Verständnis, S. 315
2. 歌德心目中的中国形象, 页318 → Das China-Bild in Goethes Auffassung, S. 318
3. 中国文化对歌德的影响, 页324 → Einfluss der chinesischen Kultur auf Goethe, S. 324

三、歌德和他的著名组诗《中德四季晨昏杂咏》, 页327 → Goethe und sein berühmter Zyklus *Chinesisch-Deutsche Jahres- und Tageszeiten*, S. 327

1. 《四季晨昏杂咏》诞生始末, 页328 → Die Entstehungsgeschichte des Zyklus *Chinesisch-Deutsche Jahres- und Tageszeiten,* S. 328
2. 《中德四季晨昏杂咏》的思想情感内涵, 页329 → Gedanklicher und gefühlsmäßiger Gehalt des Zyklus *Chinesisch-Deutsche Jahres- und Tageszeiten,* S. 329
3. 《中德四季晨昏杂咏》的中国因素, 页335 → Chinesische Elemente des Zyklus *Chinesisch-Deutsche Jahres- und Tageszeiten,* S. 335

四、歌德论"世界文学", 页336 → Goethe über die „Weltliteratur", S. 336

1. 歌德不同时期有关"世界文学"的论述, 页336 → Goethes Darlegungen über die „Weltliteratur" in verschiedenen Zeiten, S. 336
2. 歌德何以能第一个提出"世界文学"的伟大构想, 页337 → Wie kann Goethe als Erster die große Konzeption „Weltliteratur" aufwerfen? S. 337
3. 歌德"世界文学"构想的丰富内涵, 页340 → Reichhaltiger Gehalt von Goethes „Weltliteratur"-Konzeption, S. 340

下编：歌德在中国, 页343 → China und Goethe, S. 343

一、百年回眸：歌德在中国的译介、研究和接受, 页343 → Goethe in China – Rückblick auf Bekanntmachung, Forschung und Aufnahme seit einhundert Jahren, S. 343

1. "洋务运动"和中国人对歌德的最初了解, 页344 → Die aristokratische Reformbewegung von 1898 und die erste Wahrnehmung Goethes seitens der Chinesen, S. 344
2. 戊戌变法、辛亥革命和歌德作品的早期中译, 页350 → Die aristokratische Reformbewegung von 1898, die Revolution von 1911 und die frühen Übersetzungen der Goethe-Werke, S. 350
3. 五四运动和我国介绍与研究歌德的第一次高潮, 页355 → Die Bewegung des 4. Mai und der erste Höhepunkt der chinesischen Goethe-Rezeption, S. 355
4. 1932年歌德百年忌辰与第二次"歌德热"在中国的兴起, 页367 → Zum 100jährigen Todestag Goethes und die Entstehung des zweiten „Goethe-Fiebers", S. 367
5. 抗日战争和解放战争时期的"歌德热"余波, 页373 → Nachspiel des „Goethe-Fiebers" im Krieg gegen Japan und im Befreiungskrieg, S. 373
6. 歌德在新中国, 页377 → Goethe im neuen China, S. 377
7. 社会主义市场经济条件下歌德之译介和接受, 页381 → Die Goethe-Rezeption unter Umständen der sozialistischen Marktwirtschaft, S. 381

二、歌德与中国现代文学, 页389 → Goethe und Chinas moderne Literatur, S. 389

1. 《维特》与中国书信体小说, 页389 → *Werther* und die chinesischen Briefromane, S. 389
2. 《子夜》妙用《维特》, 页392 → Der Roman *Mitternacht* hat sich *Werther* geschickt angeeignet, S. 392
3. 中国话剧舞台上的歌德, 页394 → Goethe auf der Bühne des chinesischen Dramas, S. 394

三、郭沫若与歌德, 页399 → Guo Moruo und Goethe, S. 399

1. "歌德翻译家"郭沫若, 页399 → Guo Moruo als „Goethe-Übersetzer", S. 399

2. 郭沫若所认识的歌德, 页403 → Goethe in Guo Moruo's Verständnis, S. 403
3. 歌德对郭沫若的影响, 页406 → Goethes Einfluss auf Guo Moruo, S. 406
4. 郭沫若——"中国的歌德"？页409 → Guo Moruo – der „chinesische Goethe"? S. 409

四、为大师造像——中国诗人笔下的歌德, 页417 → Denkmal für den großen Meister – Goethe in Darstellungen chinesischer Dichter, S. 417

1. 宗白华的《题歌德像》, 页417 → Zong Baihua's Gedicht *Auf Goethe*, S. 417
2. 冰心的《向往》, 页418 → Bing Xin's Gedicht *Sehnsucht*, S. 418
3. 梁宗岱和他的《诗与真》, 页419 → Liang Zongdai und seine *Dichtung und Wahrheit*, S. 419
4. 冯至及其十四行诗《歌德》, 页421 → Fen Zhi und sein Sonett *Goethe*, S. 421
5. 绿原的《歌德二三事》, 页423 → Lü Yuan's Gedicht *Goethes zwei, drei Dinge*, S. 423

五、歌德与我们, 页427 → Goethe und wir, S. 427

1. 歌德与当代中国青年, 页427 → China heute: „Ist Goethe gestorben?" – Goethe und die chinesische Jugend der Gegenwart, S. 427
2. 当代中国的歌德翻译家, 页434 → „Zu leiden, zu weinen, zu genießen, zu freuen sich" – die Goethe-Übersetzer im gegenwärtigen China, S. 434

六、歌德在中国接受的新纪元, 页439 → Die neue Ära der Goethe-Rezeption in China, S. 439

跋: 道路寂寞、漫长而无止境, 页445 → Nachwort: Der Weg ist lang und ohne Ende, S.445

附录: 歌德生平和创作年表, 页447 → Anhang: Chronik von Goethes Leben und Werk, S. 447

参考书目, 页450 → Literatur, S. 450

2013年

33.
歌德 泰戈尔 Goethe und Tagore
魏广振、云飞扬 主编 Wei Guangzhen u. Yun Feiyang (Hrsg.)
西安: 未来出版社, 2013年
名人的真实故事系列丛书
与泰戈尔传合编, 共120页

早期生活, 页3 → Das frühe Leben, S. 3
莱比锡大学生, 页7 → Der Leipziger Student, S. 7
短暂的恋爱, 页11 → Eine kurze Liebe, S. 11
在斯特拉斯堡, 页15 → In Straßburg, S. 15
《少年维特之烦恼》, 页19 → *Die Leiden des jungen Werther*, S. 19
巨大的影响, 页22 → Die mächtige Wirkung, S. 22
《浮士德》初稿, 页26 → Das erste Faustmanuskript, S. 26
订婚又逃婚, 页29 → Verlobung und erneute Flucht vor der Ehe, S. 29
任职魏玛, 页32 → Wahrnehmung der Stellung in Weimar, S. 32
喜得佳偶, 页34 → Freude an der guten Lebensgefährtin, S. 34
结识席勒, 页38 → Neue Bekanntschaft mit Schiller, S. 38
拜会拿破仑, 页41 → Besuch bei Napoleon, S. 41
见异思迁, 页43 → Wählerisch in der Liebe, S. 43
与贝多芬的会面, 页46 → Begegnung mit Beethoven, S. 46
黄昏恋歌, 页48 → Liebeslied im Alter, S. 48
世界文学, 页50 → Die Weltliteratur, S. 50
皇皇巨著《浮士德》, 53 → *Faust* – ein großartiges Werk, S. 53
巨星陨落, 页57 → Herabsturz eines großen Sterns, S. 57

34.
歌德: 德国最伟大的文学家 Goethe: der größte deutsche Schriftsteller
皇星 漫画编著 Huang Xing (Karikatur u. Verf.)
哈尔滨: 黑龙江少年儿童出版社, 2013年
有梦想的孩子, 名人成长系列, 文学家卷
29页, 彩图

第四编: 专著 Kapitel IV: Monographien

35.

歌德: 欧洲文坛的耀眼巨星 Goethe: ein großer leuchtender Stern auf der europäischen Literaturwelt

庄浪　著 Zhuang Lang (Verf.)

南京: 南京出版社, 2013年

丛书: 艺术大师

155页

36.

歌德席勒笔下的"中国公主"与"中国女诗人"——1800年前后中国文化软实力对德影响研究 Die „chinesischen Prinzessinnen" und „chinesischen Dichterinnen" in Goethes und Schillers Darstellungen. Forschungen zum Einfluss der chinesischen Kultur auf Deutschland in der Zeit um 1800

谭渊　著 Tan Yuan (Verf.)

北京: 中国社会科学出版社, 2013 年

205页

前言, 页1 Vorwort, S. 1

第一章: 研究综述与思路, 页1

第二章: "知识场"与19世纪前德语文学中的中国形象, 页9

第一节: 中西方文化接触与德语文学中最早的中国形象, 页11

第二节: 传教士报告与17世纪巴洛克小说中的中国, 页15

第三节: "礼仪之争"与中国形象的起落, 页23

第四节: 中国形象在外交官报告与文学作品中的衰落, 页35

第五节: 小结, 页45

第三章: 席勒笔下的中国公主, 页47

第一节: 席勒与才子佳人小说《好逑传》, 页47

第二节: 席勒与《孔夫子箴言》, 页51

第三节: 席勒与《中国公主图兰朵》, 页56

第四节: 席勒笔下"异国美女"的婚姻与自由, 页94

第五节: 横向对比: 同时代德语文学中的女性婚姻与自由, 页103

第六节: 席勒笔下的"中国公主"魅力探源, 页107

附录: 《好逑传》西文译本研究, 页112

第四章: 歌德笔下的"中国女诗人", 页125 → Kapitel IV: Die „chinesischen Dichterinnen" in Goethes Darstellungen, S. 125

第一节: 歌德与中国文化, 页126 → Abschnitt I: Goethe und die chinesische Kultur, S. 126

第二节: 《薛瑶英》, 页133 → Abschnitt II: Das Gedicht *Xie Yaoying*, S. 133

第三节: 译本序言与歌德对《薛瑶英》的"再创造", 页141 → Abschnitt III: Das Vorwort der englischen Übersetzungsausgabe und Goethes „Neuschöpfung" des Gedichts *Xie Yaoying*, S. 141

第四节: 《梅妃》, 页145 → Abschnitt IV: Das Gedicht *Mei Fei*, S. 145

第五节: 《冯小怜》, 页150 → Abschnitt V: Das Gedicht *Feng Xiaolian*, S. 150

第六节: 《开元》, 页155 → Abschnitt VI: Das Gedicht *Kai Yuan*, S. 155

第七节: 歌德对"中国女诗人"的关注, 页162 → Abschnitt VII: Goethes Aufmerksamkeit auf die „chinesischen Dichterinnen", S. 162

第八节: 探源: "中国女诗人"的崛起与传播, 页169 → Abschnitt VIII: Zum Grund der heutigen Aufmerksamkeit und Verbreitung der „chinesischen Dichterinnen" bei Goethe, S. 169

第五章: 总结: "世界文学"图谱中的中国女性形象, 页179 → Kapitel V: Fazit: Die Figuren der „chinesischen Dichterinnen" in der Darstellung der „Weltliteratur", S. 179

参考文献, 页183

主题词、人名、地名索引, 页198

37.

歌德学术史研究 Die Erforschung der Wissenschaftsgeschichte über Goethe

叶隽　著 Ye Jun (Verf.)

南京: 译林出版社, 2013 年

外国文学学术史研究, 陈众议主编

国家出版基金项目

324 页

总序(陈众议), 页 1-8 → Vorwort der Reihenherausgeber (Chen Zhongyi), S. 1-8

序言(陈建华), 页 1-4 → Vorwort (Chen Jianhua), S. 1-4

目录, 页 1-3 → Inhaltsverzeichnis, S. 1-3

第一章: 绪论 Kapitel I: Einleitung

第一节: 歌德学在德国语境之形成及其学术机构化历程: 兼及"歌德学"的世界扩张, 页 1 → Abschnitt I: Die Entstehung der Goethe-Forschung im deutschen Sprachraum und deren Instrumentalisierung unter Einbeziehung der Erweiterung der Goethe-Forschung weltweit

第二节: 接受史与学术史之区分——学术史研究的思想史视阈拓展, 页 5 → Abschnitt II: Unterschiede zwischen der Rezeptionsgeschichte und der Wissenschaftsgeschichte, Erweiterung des Blickfeldes der Geistesgeschichte in der Wissenschaftsgeschichte, S. 5

第三节: 基本思路和研究预期: "歌德学"之研究的世界眼光与本土问题, 页 9 → Abschnitt III: Grundlegende Gedankenlinien, vorhandene Grundlagen und Perspektiven für weitere Forschungen, S. 9

第二章: "歌德学"的预备阶段: 同代人的批评与 19 世纪中期的接受史, 页 13 → Kapitel II: Vorphasen der Goethe-Philologie: die Kritik der Zeitgenossen und die Rezeption im mittleren 19. Jahrhundert, S. 13

第一节: 古典同仁的歌德阐释: 以席勒为例 → Abschnitt I: Interpretationen der Fachkollegen in der Klassik: Schiller als Beispiel

一、1794-1796 年: 南北地缘文化语境和朴素与感伤之别, 页 13 → Unterschiede der kulturellen Kontexte zwischen Süd und Nord sowie zwischen naiver und sentimentaler Dichtung, S. 13

二、1796 年: 古典和谐思脉之初显, 页 20 → Im Jahr 1796: erstes Anzeichen der Idee der klassischen Harmonie, S. 20

三、1805 年: 十年合璧与曲终意雅, 页 25 → Im Jahr 1805: das Ende einer zehnjährigen harmonischen Zusammenarbeit, S. 25

第二节: 浪漫思脉的歌德批评: 以施莱格尔为中心, 页 29 → Abschnitt II: Die Kritik der romantischen Strömung an Goethe, mit besonderer Berücksichtigung von Friedrich Schlegel (1772-1829)

一、从文学批评到学院经典的转型, 页 29 → Wandel von Literaturkritik zu institutioneller Klassik, S. 29

二、占位之争与世代崛起, 页 33 → Kämpfe um Positionierung und Aufstieg einer neuen Generation, S. 33

三、作为对手的歌德意义与理念歧义: 信仰之别与宗教之花, 页 37 → Die Bedeutung Goethes als Gegner der Romantiker und deren unterschiedliche Auffassungen: Unterschiede der Glaubensbekenntnisse und die Blume der Religion, S. 37

第三节: 启蒙思脉的歌德阐释: 以黑格尔为中心 → Abschnitt III: die Interpretation Goethes aus aufklärerischer Sicht: Hegel als Beispiel

一、从莱布尼茨而来的启蒙统绪: 黑格尔体系建构中的歌德审视, 页 43 → Die vorherrschende aufklärerische Stimmung seit Leibniz: die Sicht Goethes aus dem System Hegels, S. 43

二、黑格尔与歌德的交锋, 页 47 → Auseinandersetzungen zwischen Hegel und Goethe, S. 47

三、启蒙立场: 黑格尔与尼柯莱的共性与差异, 页 53 → Die aufklärerischen Positionen: Gemeinsamkeiten und Unterschiede von Hegel und Friedrich Nicolai, S. 53

第三章: 19 世纪后期 "歌德学" 的建立 → Kapitel III: Die Gründung der Goethe-Forschung im späten 19. Jahrhundert

第一节: 歌德学概念的溯源及其学术建制内生成 Abschnitt I: Entstehung des Begriffs „Goethe-Philologie" und dessen Etablierung in der Wissenschaft

一、"歌德学": 从概念提出到学科意义, 页 59 → Die „Goethe-Philologie": von der Erfindung des Begriffs zur Bedeutung als Wissenschaftszweig, S. 59

二、赫尔曼·格林《歌德》的筚路蓝缕意义与时代背景制约, 页 63 → Die Bedeutung von Hermann Grimms Pionierarbeit und Einschränkungen des zeithistorischen Hintergrunds, S. 63

三、学术史的代际传承视域: 以文学史建构为中心, 页 67 → Blickfeld vom Generationswechsel in der Wissenschaftsgeschichte: die Konstruktion der Literaturgeschichte im Mittelpunkt, S. 67

第二节: 自然科学范式与实证主义研究——谢勒尔《歌德学》的学术史意义, 页 78 → Abschnitt II: Naturwissenschaftliche Paradigmen und positivistische Forschung: die Bedeutung der Goethe-Philologie Wilhelm Scherers (1841-1886), S. 78

一、谢勒尔学派的宏观学术背景: 从黑格尔到兰克体现的德国学术传统由演绎到归纳之变, 页 78 → Makroskopischer Wissenschaftshintergrund der Schule von Wilhelm Scherer: Wandel der deutschen Wissenschaftstradition von Deduktion zu Induktion von Hegel bis Ranke, S. 78

二、自然科学视野中的"实证主义"及谢勒尔歌德学研究的核心思想, 页 86 → Der Positivismus aus der Sicht der Naturwissenschaft und Wilhelm Scherers Zentralgedanken seiner Goethe-Forschung, S. 86

三、《歌德学》的学术史自觉及歌德研究的方法论创新: 兼论谢勒尔学派的贡献, 页 89 → Das Selbstbewusstsein der Geschichte der „Goethe-Philologie" und die Erneuerung der Goethe-Forschung mit Berücksichtigung auf die Beiträge von Scherers Schule, S. 89

第三节: 精神科学视阈中的文学史研究——论狄尔泰《歌德与文学创作的想象》 → Abschnitt III: Erforschung der Literaturgeschichte in den Geisteswissenschaften – über Wilhelm Diltheys Artikel *Goethe und die dichterische Phantasie*

一、精神科学视阈中的"德意志精神"及其学术文本表现: 以歌德为例, 页 99 → Der „deutsche Geist" aus der Sicht der Geisteswissenschaften und sein Ausdruck in wissenschaftlichen Texten: Goethe als Beispiel, S. 99

二、两组元素: 生活之源·想象之力、历史潮流·时代语境——兼论比较文学史的眼光, 页 104 → Elemente in zwei Gruppen: Quellen des Lebens und Kräfte der Phantasie sowie historische Strömungen und zeitliche Kontexte, S. 104

三、想象力的建构意义、德语的现代转换与歌德学研究的时代史意义, 页 109 → Die Bedeutung der Phantasie für die Dichtung, Wandel der deutschen Sprache in der modernen Zeit und die geschichtliche Bedeutung der Goethe-Philologie, S. 109

第四章: 20 世纪上半期的歌德学 → Kapitel IV: Die Goethe-Philologie in der ersten Hälfte des 20. Jahrhunderts

第一节: 威廉帝国后期的歌德学: 赫克尔、西美尔、宫多尔夫的三分路径, 页 113 → Abschnitt I: Die Goethe-Forschung im späten Wilhelminischen Reich: drei Wege von Ernst Heckel, Georg Simmel (1858-1918) und Friedrich Gondolf (1880-1931), S. 113

一、自然科学倾向的哲学家路径——以赫克尔为中心, 页 114 → Ernst Haeckel als Philosoph und sein naturwissenschaftliches Interesse, S. 114

二、西美尔: 社会学的介入, 页 119 → Georg Simmel und sein sozialwissenschaftliches Interesse, S. 119

三、宫多尔夫: 学问家的承传与批评家的感觉, 页 123 → Friedrich Gondolf in der gelehrten Tradition mit kritischer Sensibilität, S. 123

第二节: 魏玛共和时代的歌德学: 李凯尔特的文化科学导向、科尔夫的精神史研究与本雅明的批评家立场 → Abschnitt II: die Goethe-Forschung in der Zeit der Weimarer Republik: Heinrich Rickerts Kulturwissenschaft als Wegweiser, Hermann August Korffs geistesgeschichtliche Forschungen und Standpunkte des Kritikers Walter Benjamin (1892-1940)

一、李凯尔特: 哲学家通论学术的论争背景, 页 131 → Heinrich Rickert: Hintergründe grundlegender wissenschaftlicher Streite der Philosophen, S. 131

二、科尔夫的精神史研究, 页 136 → Hermann August Korffs geistesgeschichtliche Forschungen, S. 136

三、本雅明的批评家立场, 页 138 → Standpunkte des Kritikers Walter Benjamin, S. 138

第三节: 第三帝国时代的歌德学——彼得逊的亲纳粹立场、埃姆里希的心灵流亡与卡西尔的综合性阐释 → Abschnitt III: Die Goethe-Philologie im Dritten Reich: Julius Petersons dem Nationalsozialismus nahestehende Haltung, Wilhelm Emrichs geistiges Exil und Ernst Cassirers umfassende Interpretationen

一、第三帝国的意识形态控制与歌德学的一统天下: 以彼得逊为中心, 页 145 → Ideologische Kontrolle im Dritten Reich und die dominierende Goethe-Philologie: Julius Peterson im Mittelpunkt, S. 145

二、心灵流亡在学术史上的反映: 以埃姆里希为代表, 页 150 → Geistiges Exil in der Wissenschaftsgeschichte: Wilhelm Emrich als Repräsentant, S. 150

三、另一种声音在海外: 卡西尔的综合性阐释, 页 154 → Andere Stimmen im Übersee: Ernst Cassirers umfassende Interpretationen, S. 154

第五章: 1945-2005: 战后六十年的歌德学 → Kapitel V: 1945-2005: die 60jährige Goethe-Forschung nach dem 2. Weltkrieg

第一节: 未分裂的德国及其歌德阐释, 页 161 → Abschnitt I: das nicht geteilte Deutschland und dessen Interpretation Goethes, S. 161

一、史学家梅内克: 如何选择传统? 页 161 → Der Historiker Friedrich Meinecke: Tradition für heute? S. 161

二、哲学家雅斯贝尔斯: 歌德的界限与德国的浩劫, 页 165 → Der Philosoph Karl Jaspers (1883-1969): Goethes Grenze und Deutschlands, S. 165

三、罗曼语文学家库尔蒂斯: 为歌德辩护, 页 170 → Der Romanist Ernst Robert Curtius als Verteidiger Goethes, S. 170

第二节: 东西合集时代的歌德学路径: 社会史研究、意识形态批判与接受美学, 页 176 → Abschnitt II: Wege der Goethe-Forschung im Zeitalter der Annäherung von Ost und West: sozialgeschichtliche Forschungen, Kritik der Ideologie und Rezeptionsästhetik, S. 176

一、社会史研究: 以卢卡奇为中心, 页 176 → Sozialgeschichtliche Forschungen: Georg Lukács im Mittelpunkt, S. 176

二、意识形态批判: 以阿多诺为代表, 页 182 → Ideologiekritik: Theodor W. Adorno als Repräsentant, S. 182

三、接受美学: 以姚斯等为中心, 页 187 → Rezeptionsästhetik: Hans Robert Jauss im Mittelpunkt, S. 187

四、二元对峙背景的鲜花盛开, 页 193 → Üppiges Blühen der Goethe-Philologie im Hintergrund des Dualismus, S. 193

第三节: 共和国的精神象征: 1990 年后统一德国的歌德学 → Abschnitt III: Geistiges Symbol der Republik: Die Goethe-Philologie nach der Wiedervereinigung Deutschlands

一、二十年的历史感: 作为统一德国象征的歌德学之世界胸怀, 页 197 → Historischer Rückblick auf die letzten 20 Jahre: der Geistige Welthorizont der Goethe-Philologie als Symbol des wiedervereinigten Deutschlands, S. 197

二、歌德学自然倾向的认知史意义, 页 201 → Die Bedeutung der naturwissenschaftlichen Tendenzen in der Goethe-Philologie für die Geschichte des menschlichen Verstandes, S. 201

三、歌德的国际接受史研究——以夏瑞春为中心, 页 204 → Erforschung der internationalen Goethe-Rezeption: unter besonderer Berücksichtigung von Adrian Hsia, S. 204

第六章: 歌德学研究的学术史意义 → Kapitel VI: Bedeutung der Goethe-Philologie für die Wissenschaftsgeschichte

第一节: 研究范式的迁变: 主流、继承与求新 Abschnitt I: Wandel der Forschungsparadigmen: Hauptströmungen, Kontinuität und Erneuerung

一、作为文化史研究的歌德学——以范式迁变为中心, 页 210 → Die Goethe-Philologie als kulturgeschichtliche Forschung mit besonderer Berücksichtigung des historischen Wandels ihrer Kriterien, S. 210

二、历史主义、自然科学与文学研究启蒙思脉规定的日耳曼语文学, 页 213 → Historismus, Naturwissenschaft und Germanistik im aufklärerischem Sinn, S. 213

三、方法论的思考: 在自然科学与人文学科之间, 页 220 → Methodisches Nachdenken in naturwissenschaftlicher und geisteswissenschaftlicher Hinsicht, S. 220

第二节: 社会语境的制约: 民族、时代与文化 → Abschnitt II: Rahmenbedingungen gesellschaftlicher Kontexte: Volk, Zeit und Kultur

一、从丹纳的理论总结到社会语境三要素说, 页 224 → Von Hypployte Taines theoretischer Bilanz zur Lehre von den drei Faktoren des gesellschaftlichen Kontextes, S. 224

二、现代德国大学与学术制度的制约, 页 228 → Einschränkungen durch moderne deutsche Universitäten und Wissenschaftssysteme, S. 228

三、以若干国家的歌德学术史为参照: 法国、俄苏、英美, 页 231 → Die Goethe-Philologie in einigen Ländern im Vergleich: Frankreich, Russland und Sowjetunion, England und die USA, S. 231

法国的接受脉络: 从斯太尔夫人的《论德国》(De L'allemagne, 1810)及其德国接受到瓦莱里的歌德批评, 页 231 → Ideenketten der Rezeption in Frankreich: von Madame de Staëls *De L'allemagne* und ihre Goethe-Rezeption bis Walérys Kritik an Goethe, S. 231

俄苏的接受: 卢那察尔斯基的歌德评论, 页 233 → Die Goethe-Rezeption in Russland und in der Sowjetunion: Lunatscharskis Goethe-Kommentare, S. 233

英语系统的歌德探究, 页 235 → Die Goethe-Forschung im englischsprachigen Raum, S. 235

第三节: 主体生性与学者素养: 学养、见地与通感, 页 241 → Abschnitt III: Das Charakteristische des Subjekts und seine wissenschaftliche Kompetenz: Bildung, Urteilsvermögen und umfassendes Verständnis, S. 241

一、学术伦理: 以求真为基础, 页 242 → Wissenschaftsethik: auf Grund des Strebens nach Wahrhaftigkeit, S. 242

二、主体生性的三重因素: 学养形成、见地高下与通感意识, 页 245 → Drei Faktoren des Subjektes: Entwicklung wissenschaftlicher Kompetenz, Höhe des Urteilsvermögens und Bewusstsein umfassenden Verständnisses, S. 245

三、学术界限之"望尽天涯路": 通识之难, 页 247 → Begrenztheit der Wissenschaft im Blick auf ihren „unendlichen Weg": Schwierigkeiten, umfassende Einsicht zu erlangen, S. 247

第七章: 结语 → Kapitel VII: Fazit

第一节: 学术史视野中的"专题史脉络": 通论学术如何可能? → Abschnitt I: Die wissenschaftshistorische Perspektive auf „thematische Fallstudien" zu ihrer Methodik

一、"通人之学"的西方传统及其歌德学体现: 以卡西尔为例, 页 253 → Die westliche Tradition des „Universalgelehrten" in der Goethe-Philologie: Cassirer als Beispiel, S. 253

二、作为通论学术平台的知识学视域里的歌德学, 页 257 → Die Goethe-Philologie in der Wissenschaftslehre als Bühne des „Universalgelehrten", S. 257

三、德国学术史传统建构的普世意义, 页 263 → Die allgemeingültige Bedeutung der traditionellen Konstruktion der deutschen Wissenschaftsgeschichte, S. 263

第二节: 传统的确立与后人的方向——中国歌德学学术史的梳理, 页 266 → Abschnitt II: Etablierung der Tradition und Orientierung späterer Generationen – Durchsicht der Wissenschaftsgeschichte der chinesischen Goethe-Philologie, S. 266

一、百年研究史审视: 五代学人及其中国现代学术史背景, 页 266 → Einsicht in die hundertjährige Forschungsgeschichte: fünf Wissenschaftsgenerationen und ihre historischen Hintergründe im modernen China, S. 266

二、研究范式之转型: 以三部著作为中心, 页 272 → Wandel der Forschungsparadigmen, mit besonderer Berücksichtigung dreier Werke, S. 272

三、学术研究之体贴同情: 宗白华的标本意义及其中国心灵之呈现, 页 275 → Wissenschaftliches Einfühlungsvermögen und Mitgefühl: Zong Baihua als Vorbild und seine Darstellung der chinesischen Seele, S. 275

第三节: 社会科学理论的辨析: 东方他者与中国学术的"国际对话空间" → Abschnitt III: Differenzierung sozialwissenschaftlicher Theorien: „Raum des internationalen Dialogs", über den die ostasiatische und chinesische Wissenschaft verfügt

一、歌德学学术传统的范式与变形: 以社会科学理论为中心, 页 281 → Paradigmen wissenschaftlicher Tradition der Goethe-Philologie und deren Wandel: geisteswissenschaftliche Theorien im Mittelpunkt, S. 281

二、东方他者观照之意义, 页 284 → Die Bedeutung ostasiatischer Sicht auf Goethe, S. 284

三、中国现代学术建立的"国际对话空间"与世界学术之成立: 以德国学、歌德学为例, 页 288 → Die Eröffnung des „Raums des internationalen Dialogs" durch die moderne chinesische Wissenschaft und die Basis der weltweiten Wissenschaften: die Landeskunde Deutschlands mit der Goethe-Philologie als Beispiel, S. 288

后记 (叶隽), 页 295 → Nachwort, S. 295

附录一: 重要文献, 页 298 → Wichtige Literatur der Goethe-Forschung, S. 298

附录二: 人名中外文对照及索引, 页 312 → Namensregister & Index (westlich/chinesisch)

附录三: 书、报、刊、篇名中外文对照及索引, 页 318 → Index der Titel der Bücher, Zeitungen, Zeitschriften und Artikel (chinesisch/deutsch), S. 318

附录四: 专有名词和表达中外文对照及索引, 页 321 → Index der Fachbegriffe und -ausdrücke (chinesisch/deutsch), S. 321

第五章: 远征法国, 页113 → Kapitel V: Feldzug nach Frankreich, S. 113

第六章: 和席勒合作, 页 145 → Kapitel VI: Zusammenarbeit mit Schiller, S. 145

第七章: 正当盛年立遗嘱, 页201 → Kapitel VII: Vermächtnis in den besten Jahren, S. 201

第八章: 言归于好, 页235 → Kapitel VIII: S. 235

第九章: 歌德受围攻, 页276 → Kapitel IX: Goethe geriet ins Kreuzfeuer der Kritik, S. 276

第十章: 耶那战役, 页316 → Kapitel X: Schlacht bei Jena, S. 316

第十一章: 婚后要更大的自由——自私的时代, 页340 → Kapitel I: Anforderung von größerer Freiheit – eine egoistische Zeit, S. 340

第十二章: 银盘子和金苹果, 页374 → Kapitel XII: Silberne Teller und goldene Äpfel, S. 374

第十三章: 两女将大打出手, 页402 → Kapitel XIII: S. 402

第十四章: 拿破仑挫败, 页441 → Kapitel XIV: Niederlage Napoleons, S. 441

第十五章: 克卿之死, 页470 → Kapitel XIV: S. 470

参考书目, 页507-508

歌德年谱, 页509-516

2014年

38.

歌德情感录: 歌德和他的妻子 Goethes Welt der Empfindungen: Goethe und seine Frau

袁志英 Yuan Zhiying (Verf.)

上海: 上海书店出版社, 2014年

516页

编者附注: 初版于2001年(昆明, 云南人民出版社), 题为《被责难的爱: 歌德与克里斯典娜》, 385页, 印数5000册。新版简化目次, 略去小标题, 并于书末新增了"参考书目"和"歌德年谱", 其余文字没有变动。

自序, 页1 → Prolog, S. 1

第一章: 童年—青少年, 页1 → Kapitel I: Kindheit und Jugend, S. 1

第二章: 威玛十年, 页23 → Kapitel II: Das Weimarer Jahrzehnt, S. 23

第三章: 意大利之行, 页48 → Kapitel III: Italienische Reise, S. 48

第四章: 众怒难犯, 页78 → Kapitel IV: S. 78

39.

《歌德谈话录》与歌德文艺美学 Gespräche mit Goethe und Goethes Ästhetik in Literatur und Kunst

贺骥 著 He Ji (Verf.)

北京: 中国社会科学出版社, 2014年

中国社会科学院文库·文学语言研究系列

编者提示: 系川大博士论文(2012年)的修订稿。

307页

绪论, 页1 → Einfühlung, S. 1

第一节: 选题的学术价值, 页1 → Abschnitt 1: Der wissenschaftliche Wert des ausgewählten Themas, S. 1

一、选题的原因, 页1 → Der Anlass der Auswahl, S. 1

二、选题的目的和学术价值, 页2 → Das gesetzte Ziel der Auswahl und die wissenschaftliche Bedeutung, S. 2

第二节: 《歌德谈话录》的可信性及其接受史, 页4 → Abschnitt 2: Die Glaubwürdigkeit der Gespräche mit Goethe und deren Rezeption, S. 2

第四编：专著 Kapitel IV: Monographien

一、艾克曼的生平，页4 → Eckermanns Lebenslauf, S. 4

二、艾克曼与歌德的关系，页7 → Eckermanns Verhältnisse zu Goethe, S. 7

三、记录歌德言论的目的，页7 → Die Absicht, Goethes Worte zu notieren, S. 7

四、《歌德谈话录》的可信性，页7 → Die Glaubwürdigkeit der *Gespräche mit Goethe*, S. 7

五、《歌德谈话录》的写作手法和艺术魅力，页8 → Schriftstellerische Methode und künstlerische Kraft der *Gespräche mit Goethe*, S. 8

六、《歌德谈话录》接受史，页9 → Die Rezeption der *Gespräche mit Goethe*, S. 9

第三节：课题目前的研究现状，页10 → Abschnitt 3: Stand der Forschung des Faches, S. 10

一、国外关于《歌德谈话录》和歌德文艺美学的研究，页10 → *Gespräche mit Goethe* und Goethes Ästhetik der Literatur und Kunst in ausländischer Forschung, S. 10

二、国内关于《歌德谈话录》和歌德文艺美学的研究，页12 → *Gespräche mit Goethe* und Goethes Ästhetik der Literatur und Kunst in inländischer Forschung, S. 12

第四节：研究对象和研究方法，页12 → Abschnitt 4: Objekte und Methoden der Forschung, S. 12

一、研究对象，页12 → Objekte der Forschung, S. 12

二、研究方法，页13 → Methoden der Forschung, S. 13

第五节：研究思路、难点与创新，页13 → Abschnitt 5: Gedankengänge, Schwierigkeiten und neue Wege der Forschung, S. 13

一、研究思路，页13 → Gedankengänge, S. 13

二、难点，页14 → Schwierigkeiten, S. 14

三、研究方法的创新，页15 → Neue Wege der Forschungsmethoden, S. 15

四、研究领域的拓宽，页15 → Erschließung der Forschungsgebiete, S. 15

第一章：歌德的世界观，页16 → Kapitel I: Goethes Weltauffassung, S. 16

第一节：自发唯物主义，页16 → Abschnitt 1: Der spontane Materialismus, S. 16

第二节：达尔文进化论的先驱，页21 → Abschnitt 2: Der Vorgänger des Darwinismus, S. 21

一、歌德时代的生物发生学，页23 → Die Genetik in der Goethe-Zeit, S. 23

二、歌德的进化思想，页25 → Goethes evolutionistische Gedanken, S. 25

第三节：自然主义的泛神论，页32 → Abschnitt 3: Der naturalistische Pantheismus, S. 32

第四节：自发辩证法，页38 → Abschnitt 4: Die spontane Dialektik, S. 38

第五节：人道主义，页42 → Abschnitt 5: Der Humanismus, S. 42

第二章：歌德的自主美学，页48 → Kapitel II: Goethes souveräne Ästhetik, S. 48

第一节：美与丑，页48 → Abschnitt 1: Schön und hässlich, S. 48

第二节：艺术与诗，页61 → Abschnitt 2: Kunst und Poesie, S. 61

第三节：歌德的伦理学，页80 → Abschnitt 3: Goethes Ethik, S. 80

第四节：歌德的政治活动和政治思想，页84 → Abschnitt 4: Goethes politische Gedanken und politische Beschäftigung, S. 84

第五节：歌德的自主美学，页91 → Abschnitt 5: Goethes souveräne Ästhetik, S. 91

一、青年歌德的艺术自主观，页94 → Die Auffassung des jungen Goethe von der Souveränität der Kunst, S. 94

二、古典文学的泰斗再次捍卫艺术自主，页103 → Die Autorität der Klassik verteidigt nochmals die Souveränität der Kunst, S. 103

第三章：艺术创造力，页113 → Kapitel III: Künstlerische Schöpfungskraft, S. 113

第一节：艺术家与诗人，页113 → Abschnitt 5: Der Künstler und der Dichter, S. 113

第二节：创造力与独创性，页123 → Abschnitt 2: Schöpfungskraft und Kreativität, S. 123

第三节：想象力，页130 → Abschnitt 3: Das Vorstellungsvermögen, S. 130

第四节：才华与天才，页137 → Abschnitt 4: Talent und Genialität, S. 137

第五节：魔性，页154 → Abschnitt 5: Der Dämon, S. 154

一、古希腊的精灵论，页155 → Die Auffassung der griechischen Antike vom Geist, S. 155

二、歌德的魔性说，页158 → Goethes Auffassung vom Dämon, S. 158

第四章：艺术的来源——自然，页165 → Kapitel IV: Die Natur: die Herkunft der Kunst, S. 165

第一节：自然与艺术的关系，页165 → Abschnitt 1: Verhältnisse zwischen Natur und Kunst, S. 165

第二节：歌德的自然观，页175 → Abschnitt 2: Goethes Naturauffassung, S. 175

第三节：文学中的自然，页185 → Abschnitt 3: Die Natur in der Literatur, S. 185

第五章：艺术的内部研究，页198 → Kapitel V: Interne Forschung der Kunst, S. 198

第一节：形式与素材，页198 → Abschnitt 1: Form und Stoff, S. 198

第二节：意蕴说，页206 → Abschnitt 2: Die Lehre von der verborgenen Bedeutung, S. 206

第三节：特殊与一般，页211 → Abschnitt 3: Das Besondere und das Allgemeine, S. 211

第四节：寓意与象征，页215 → Abschnitt 4: Tiefere Bedeutungen und Symbole, S. 215

第五节：人格与风格，页227 → Abschnitt 5: Persönlichkeiten und Stile, S. 227

第六节：显出特征的艺术，页236 → Abschnitt 6: Die Kunst, die die Merkmale zeigt, S. 236

第六章：歌德的世界文学构想，页245 → Kapitel VI: Goethes Weltliteraturkonzept, S. 245

第一节：民族文学，页245 → Abschnitt 1: Die Nationalliteratur, S. 245

第二节：世界文学，页249 → Abschnitt 2: Die Weltliteratur, S. 249

一、世界主义，页250 → Der Kosmopolitismus, S. 250

二、世界文学的普遍性和整体性，页253 → Universalität und Komplex der Weltliteratur, S. 253

三、世界文学的尘世性，页264 → Diesseits der Weltliteratur, S. 264

第三节：比较文学的萌芽，页267 → Abschnitt 3: Anfangsstadium der Weltliteratur, S. 267

一、歌德的世界文学构想对比较文学学科创始人的影响，页268 → Goethes Weltliteraturkonzept und dessen Einfluss auf den Begründer der Komparatistik als Fach, S. 268

二、歌德草创了比较文学的基本类型，页272 → Goethe hat die Grundform der Komparatistik konzipiert, S. 272

第四节：翻译实践与翻译理论，页276 → Abschnitt 4: Theorie und Praxis der Übersetzung, S. 276

一、歌德的翻译实践，页277 → Goethes Übersetzungspraxis, S. 277

二、翻译文学是世界文学的重要支柱，页280 → Die Übersetzungsliteratur ist eine wichtige Säule der Weltliteratur, S. 280

三、语文学的翻译理论，页281 → Die philologische Übersetzungstheorie, S. 281

结语，页288 → Das Schlusswort, S. 288

参考文献，页292 → Die benutzte Literatur, S. 292

40.
沿着歌德的足迹 Entlang der Spuren Goethes
徐鲁 著 Xu Lu (Verf.)
杭州：浙江少年儿童出版社，2014年
205页

著者索引 Index der Verfasser

Chen Jianhua 陈建华 37
Chen Mingzheng 陈明正 27
Chen Zhongyi 陈众议 37
Cheng Qian 程倩 21
Ding Huamin 丁华民 16
Dong Guiying 董桂颖 27
Feng Lirong 冯力荣 27
Fu Yang 傅阳 18
Gao Yuandong 高远东 6
Gao Zhaoqin 高昭琴 8
Gao Zhongfu 高中甫 13
Ge Xiuli 葛秀丽 10
Gong Lianzhao 贡连照 27
He Ji 贺骥 39
Hu Weiguo 胡维革 28
Huang Shaofang 黄绍芳 14
Huang Xing 皇星 34
Jiang Chengyong 蒋承勇 24
Jin Daye 金大业 23
Jing You 竞游 19
Li Jianping 李建平 27
Li Shengying 李胜英 27
Liu Guoping 刘国平 27
Liu Heling 刘鹤龄 7
Liu Liexiong 刘烈雄 27

Liu Minghou 刘明厚 27
Liu Wuji 柳无忌 (1907-2002) 1
Lü Jingguo 吕经国 27
Lü Xiaoping 吕效平 27
Ma Guiqi 马桂琪 22
Ma Zili 马自力 6
Mao Xinde 毛信德 24
Meng Yuting 孟玉婷 16
Mo Guanghua 莫光华 26
Song Yining 宋忆宁 27
Tan Yuan 谭渊 36
Tong Yiqiu 童一秋 15
Wang Jianhong 王剑虹 27
Wang Wen 王文 28
Wang Xiaoying 王晓鹰 27
Wang Yang 王洋 27
Wang Yixuan 王轶轩 27
Wei Guangzhen 魏广振 33
Wen Jing 文景 30
Wu Di 吴笛 24
Wu Xiaogang 吴晓江 27
Xing Wansheng 邢万生 28
Xu Lu 徐鲁 40
Xu Qian 徐谦 27
Xu Xiaozhong 徐晓钟 27

Xu Chengxian 许承先 27
Yang Mengru 杨梦茹 17, 29
Yang Shaolin 杨绍林 27
Yang Wenjing 杨文静 20
Yang Wuneng 杨武能 32
Yao Min 姚敏 27
Ye Jun 叶隽 25, 37
Yu Kuangfu 余匡复 27
Yuan Wei 元味 27
Yuan Zhiying 袁志英 38
Yun Feiyang 云飞扬 33
Zhang Chenxian 张晨贤 27
Zhang Xianheng 张先衡 27
Zhang Xiaoran 张晓然 27
Zhang Yuechao 张月超 2, 4
Zhong Zhaozheng 钟肇政 5, 11, 12
Zhou Changzhong 周昌忠 9
Zhou Hongying 周红英 31
Zhou Yemang 周野芒 27
Zhuang Lang 庄浪 35

Ritzenhoff, Ursula 芮芝霍夫 14
厦门大学中文系资料室 3

出版社索引 Index der Verlage

Beijing
北京

华夏出版社 20
人民文学出版社 13
外语教学与研究出版社 26
中国和平出版社 7
中国人口出版社 30
中国社会出版社 23, 31
中国社会科学出版社 36, 39
中央编译出版社 25

Changchun
长春

吉林人民出版社 28
吉林文史出版社 15, 16

Guilin
桂林

广西师范大学出版社 27

Haerbin
哈尔滨

黑龙江少年儿童出版社 34

Haikou
海口市

海南出版社 6

Hangzhou
杭州

浙江工商大学出版社 24
浙江少年儿童出版社 40

Huhehaote
呼和浩特

内蒙古人民出版社 19

Nanjing
南京

国立中央大学文艺丛刊 2
南京出版社 35
译林出版社 37

Shanghai
上海

北新书局 1
上海社会科学院出版社 32
上海书店出版社 38
上海少年儿童出版社 21

Taiwan, Taoyuan
台湾桃园市

桃县文化局 11

Wuhan
武汉

湖北教育出版社 9

Xi'an
西安

陕西人民出版社 29
未来出版社 33

Xiamen
厦门

厦门大学中文系资料室 3

Yanji
延吉

延边人民出版社 10

Taibei
台北市

草根出版社 12
纯文学出版社 5
高昭琴（著者自印）8
品冠文化出版社 18
前卫出版社 12
台湾商务印书馆 17
祥生出版社 4
圆神出版社 14

Xianggang
香港

中國科学文化出版社 22

第五编：论文
Kapitel V: Aufsätze

1904 年

1.
德国文豪格代、希尔列尔合传 → Biographien der großen deutschen Dichter Goethe und Schiller
王国维 Wang Guowei (Verf.)
教育世界, 70号, 1904年3月

2.
格代之家庭 → Goethes Familie
王国维 Wang Guowei (Verf.)
教育世界, 80、82号, 1904年8月至9月

1915 年

3.
世界名人之体育观 Ideen zum Sport von berühmten Persönlichkeiten der Welt
陈政 Chen Zheng

4.
德意志文豪苟得氏 Der große Schriftsteller Goethe
大中华杂志, 梁启超主编, 第一卷第11期, 1915年11月20日, 页11
近代中国史料丛刊续辑, 沈云龙主编

1917 年

5.
文学革命论 Über die heutige Literaturrevolution
陈仲甫[陈独秀] Chen Zhongfu (Chen Duxiu) (Verf.)
新青年, 第2卷第6期, 1917年2月1日
编者提示: 该文最后一节谈"欧洲文化", 列举卢梭、雨果、左拉、培根、达尔文、狄更斯、王尔德诸名人, 言爱文学家的"桂特"[歌德]与豪普特曼更甚于哲学家的康德和黑格尔。

1921 年

6.
共学社广告: 通报郭沫若计划全译《浮士德》上下部。附录（一）: 歌德略传;（二）: 浮士德传说;（三）: 难语故典评释
时事新报, 1920年7月28日
编者附言: 书讯据《影响中国近代社会的一百种译作》, 邹振环著, 中国对外翻译出版公司, 1994年。

7.
近代德国文学概观 Umriss der neueren deutschen Literatur
哥德与席娄 Goethe und Schiller
胡俞之 Hu Yuzhi (Verf.)
东方杂志, 1921年4月

1922 年

8.
从《浮斯德》中所见的歌德的人生观 Goethes Lebensauffassung, abgeleitet von *Faust*
愈之 Yu Zhi [Hu Yuzhi] (Verf.)
学灯 (歌德纪念号), 1922年3月23日
Sonderausgabe zur Erinnerung an Goethes Todestag

9.
歌德纪念杂感 Gemischte Gefühle zum Andenken an Goethe
谢六逸 Xie Liuyi (Verf.)
学灯 (歌德纪念号), 1922年3月23日
Sonderausgabe zur Erinnerung an Goethes Todestag

10.
歌德的死辰纪念 Goethes Todestag zum Gedenken
四谛 Si Di (Verf.)
学灯 (歌德纪念号), 1922年3月23日
Sonderausgabe zur Erinnerung an Goethes Todestag

11.
生理学家之哥德 Goethe als Physiologe
胡嘉 Hu Jia (Verf.)
同济杂志, 1922年第4期

第五编: 论文 Kapitel V: Aufsätze

12.
我对于歌德忌辰的感想 Meine Gedanken über Goethes Todestag
胡嘉 Hu Jia (Verf.)
学灯 (歌德纪念号), 1922 年 3 月 23 日 Sonderausgabe zur Erinnerung an Goethes Todestag

1924 年

13.
歌德和希来儿略述 Kurz über Goethe und Schiller
服鲁 Fu Lu (Verf.)
学生杂志, 1924 年, 第 11 卷第 5 期, 页 40-49

1926 年

14.
感想断片——诗人歌德的轶谈, 中国的螺旋进化 Bruchstücke der Gedanken – wenig bekannte Äußerungen des Dichters Goethe, Chinas spiralförmige Evolution
彭学沛 Peng Xuepei (Verf.)
京报副刊, 1926 年 [第 432 期], 页 7-8

15.
介绍《列那狐的历史》Über die Geschichte von Reineke Fuchs
记者 Ein Reporter (Verf.)
小说月报, 1926 年 6 月 1 日 [第 17 卷第 6 号]

1928 年

16.
茄太拉尼与歌德 Catalani und Goethe
朱溪 Zhu Xi (Verf.)
音乐杂志 (北京 1928 年), 1928 年 [第 1 卷第 3 期], 页 20

17.
小说中我所爱好的女主人公 Von mir bevorzugte Romanheldinnen 四:《少年维特之烦恼》——夏绿蒂 IV: Charlotte im Roman Die Leiden des jungen Werther
陶哲庵 Tao Zhe'an (Verf.)
新女性, 1928 年 [第 3 卷第 3 期], 页 296

1929 年

18.
歌德与现代中国——评广州禁演《浮士德》Goethe und das moderne China – über das Verbot der Faust-Aufführung in Guangzhou
田汉 Tian Han (Verf.)
南国周刊, 第 12 期, 1929 年 12 月 15 日出版

19.
歌德与中国小说 Goethe und der chinesische Roman
[梁] 实秋 [Liang] Shiqiu (Verf.)
新月, 1929 年 [第 2 卷第 8 期], 页 3-5

20.
十八世纪欧洲文学里的赵氏孤儿 Das chinesische Drama Zhaoshi gu er (Die Waise der Familie Zhao) in der europäischen Literatur des 18. Jahrhunderts
陈绶颐 Chen Shouyi (Verf.)
岭南学报，第 1 卷第 1 期, 1929 年 12 月
编者提示：陈氏考证了歌德 1781 年至 1783 年的日记后认为，歌德的《埃尔彭诺》(Elpenor) 受中国戏剧《赵氏孤儿》的影响。

21.
致《近代美术史潮论》的读者诸君 An Leser des Werkes Zur Strömung der neueren Malereigeschichte
鲁迅 Lu Xun (Verf.)
《北新》半月刊 (1929 年 3 月 1 日), 第三卷第五号，"通讯" 栏
编者提示：将歌德与尼采和马克思两位相提并论，谦称才力不足，才没有译歌德作品。

1930 年

22.
维特 (评论) Werther (Interpretation)
侯朴 Hou Pu (Verf.)
语丝, 1930 年 [第 5 卷第 50 期], 页 1-7

1931 年

23.
歌德的艺术观 Goethes Kunstauffassung
鹤逸 He Yi (Verf.)
北平晨报，1931 年 3 月 24 日

24.
歌德与司丹恩夫人 Goethe und Frau von Stein
景君 Jing Jun (Verf.)
晨报，1931 年 3 月 26 日

25.
今年歌德文学奖金得者胡季女士[Huch, Ricarda, 1864-1947]及其恋爱描写 Ricarda Huch als diesjährige Trägerin der Goethe-Preises und ihre Liebesdarstellungen
李石 Li Shi (Verf.)
星期文艺, 1931 年 11 月 21 日, 星期六, 第 2 版

26.
诗圣歌德百年纪念 Zum Andenken an den 100jährigen Todestag des Dichterkönigs Goethe
佚名 Anonym
文艺新闻, 1931 年第 31 期第 3 版 (1931 年 10 月 12 日)

27.
中外东西: 伟大诗人歌德的恋爱狂 China und das Ausland, Ost und West: Wahnsinn der Liebe des großen Dichters Goethe
泽民 Ze Min (Verf.)
时时周报, 1931 年, 第 2 卷第 34 期, 页 19-20

1932 年

28.
出版界消息: 4. 现代杂志文艺画报出"歌德逝世百年纪念"特刊 Nachrichten aus dem Verlagswesen: 4. Herausgabe des Sonderheftes des modernen Magazins *Illustrierte Zeitschrift* „Zum Andenken an Goethes Todestag"
佚名 Anonym
现代出版界, 1932 年第 2 期, 页 10-11

29.
访歌德故居 Beim Besuch des Goethe-Hauses
王毅 Wang Yi (Verf.)
文物参考资料，1957 年第 5 期

30.
歌德的几个女朋友 Einige Freundinnen Goethes
周曙山 Zhou Shushan (Verf.)
读书杂志, 1932 年 [第 2 卷第 4 期], 页 1-100

31.
歌德略传: 为歌德逝世百年纪念而作: 附图 Kurze Goethe-Biographie: zum Andenken an seinen 100sten Todestag, mit Photos
胡秋原 Hu Qiuyuan (Verf.)
读书杂志, 1932 年 [第 2 卷 第 4 期], 页 265-310

32.
歌德与化学 Goethe und die Chemie
潘吉星 Pan Jixing (Verf.)
光明日报，1963 年 2 月 2 日

33.
歌德与孔子 Goethe und Konfuzius
张君励 Zhang Junli (Verf.)
北平晨报, 1932 年 3 月 22 日 (歌德逝世百年纪念号)

第五编: 论文 Kapitel V: Aufsätze

34.
歌德与维特: 纪念歌德百年忌辰(附照片) Goethe und Werther: zum Gedenken an Goethes Todestag
小延 Xiao Yan (Verf.)
良友, 1932 年第 66 期, 页 28, 页 38

35.
纪念歌德 Zum Andenken an Goethe
性天 [唐性天] Xing Tian [Tang Xingtian] (Verf.)
武汉文艺, 1932 年, 第 1 卷第 4 期, 页 1-5

36.
孔子与歌德 Konfuzius und Goethe
唐君毅 Tang Junyi (Verf.)
国风半月刊(南京), 1932 年 9 月 [第 1 卷第 3 期], 页 65-80

37.
图书馆界: 国外: 德国图书馆收购歌德遗物 Bibliothekswesen im Ausland: Die deutsche Bibliothek kauft Goethes Nachlässe auf
佚名 Anonym (Verf.)
中华图书馆协会会报, 1932 年, 第 8 卷第 3 期, 页 23

38.
游佛兰克府观葛得住宅记 Notizen beim Besuch des Goethe-Hauses
吴宓 Wu Mi (Verf.)
大公报, 1932 年 5 月 30 日

39.
追纪歌德百年祭 Zum Andenken an Goethes 100jährigen Todestag
佚名 Anonym
文艺新闻, 1932 年 4 月 4 日, 星期一 [第 49 期, 第 1 版]

1933 年

40.
歌剧浮士德 Die Oper *Faust*
张洪岛 Zhang Hongdao (Verf.)
女师学院期刊, 1933 年 [第 1 卷第 2 期]

41.
世界文艺情报: 歌德在巴黎 Bericht aus der Welt der Literatur und Kunst: Goethe in Paris
萼子 E Zi (Verf.)
艺术, 1933 年第 1 期, 页 11-12

42.
书报春秋:《歌德之认识》, 宗白华等合著 (新书介绍) Frühling und Herbst des Buchhandels: *Unsere Kenntnisse Goethes*, verf. v. Zong Baihua u. a.
李长之 Li Changzhi (Verf.)
新月, 1933 年 [第 4 卷第 7 期], 页 4-8

43.
张月超著《歌德评传》(书评) Zhang Yuechao's *Kritische Goethe-Biographie* (Buchbesprechung)
毛如升 Mao Rusheng (Verf.)
图书评论, 1933 年 [第 2 卷第 1 期], 页 53-57

1934 年

44.
歌德评传 Kritische Goethe-Biographie
毛如升 Mao Rusheng (Verf.)
警醒, 1934 年 [第 1 卷第 9 期], 页 89-107

45.
十九世纪德国文学批评家对于哈孟雷特的解释 Erläuterungen deutscher Literaturkritiker zu Hamlet im 19. Jahrhundert
陈铨 Chen Quan (Verf.)
清华学报, 1934 年 10 月 [第 9 卷第 4 期]
编者附注: 谈及歌德对哈孟雷特的认识。

1935 年

46.

柏林吟草[诗词]: 福郎克府谒诗人歌德故居(并序), 页 36 → Besuch im Frankfurter Goethehaus (mit Einführung), S. 36

仲文 Zhong Wen (Verf.)

外部周刊, 1935 年, 第 94 期

47.

写在约杭乌刚歌德塑像下 (诗) Geschrieben unter dem Denkmal von Johann Wolfgang von Goethe (Gedicht)

勖吾 [黄勖吾] Xu Wu [Huang Xuwu] (Verf.)

海滨月刊, 1935 年第 6 期, 页 9-11

1936 年

48.

浮士德 (书评) Faust (Buchbesprechung)

方开 Fang Kai (Verf.)

同行月刊, 1936 年, 第 4 卷第 1 期, 页 11-12

编者附注: 贬郭褒周: 说郭沫若的译本"词句和字眼都用得很古典, ...读起来不十分容易了解"; 而周学普的译本"词句比郭译本浅明得多, 取的是新诗的体裁, 虽然是白话文却依旧有着适当的音韵, 读起来也容易些。"

49.

歌德的一生: 时代思想与环境 Goethes ganzes Leben: Zeitgeist und Milieu

严晓声 Yan Xiaosheng (Verf.)

白杨, 1936 年创刊号, 页 48-51

50.

诗人歌德底创作生活 Leben und Schaffen des Dichters Goethe

黄勖吾 Huang Xuwu (Verf.)

海滨文艺, 1936 年第 2 期, 页 1-7

1937 年

51.

歌德对于人生伟大的启示 Goethes großer Aufschluss für unser Leben

絜非 Xie Fei (Verf.)

国立浙江大学日刊, 1937 年 3 月 20 日, 星期六, 页 574-575

52.

歌德与爱, 附歌德生平 Goethe und die Liebe, als Teil seines Lebenslaufs

心灵 Xin Ling (Verf.)

国立浙江大学日刊, 第 144 期, 1937 年 3 月 20 日, 星期六, 页 575-576

1939 年

53.

希特勒吃歌德的醋 Hitlers Neid auf Goethe

佚名 Anonym (Verf.)

幽默风, 1939 年 [第 1 卷第 1 期], 页 12

1940 年

54.

德国文豪: 歌德逸事 Große Schriftsteller: Anekdoten Goethes

严赋 Yan Fu (Verf.)

三六九画报, 1940 年 第 4 卷第 2 期, 页 9

55.

黑格尔与歌德: 谈辩证法的本质 Hegel und Goethe: über das Wesen der Dialektik

佚名 Anonym (Verf.)

读书月报, 1940 年第 2 卷第 9 期, 页 38

1941 年

56.

歌德的恋人 Goethes Geliebte

西园 Xi Yuan (Verf.)

家庭(上海 1937), 1941 年 [第 9 卷第 2 期], 页 22-36

第五编: 论文 Kapitel V: Aufsätze

57.
歌德的晚年: "爱欲三部曲"译后记 Goethes Lebensabend: Notizen nach der Übersetzung des Gedichtzyklus *Trilogie der Leidenschaft*
冯至 Feng Zhi (Verf.)
当代评论, 1941 年 [第 1 卷第 18 期], 页 11-13

58.
在爱河中载沈载浮的歌德 Goethe, der in der Liebe auf und ab schwimmt
湘灵 Xiang Ling (Verf.)
家庭(上海 1937), 1941 年 [第 8 卷第 5 期], 页 13-16

1942 年

59.
关于考尔夫及其歌德之生活观念的介绍 Über Hermann August Korff und seine Mitteilung über Goethes Lebensanschauung
李长之 Li Changzhi (Verf.)
重庆时报新报, 学灯, 第 187、188、189 期

60.
纪念歌德: 文委会举行诗歌晚会 Zum Andenken an Goethe: Die Kommission der Kulturarbeit veranstaltet am Abend eine Gedichtlesung
佚名 Anonym (Verf.)
新华日报, 1942 年 9 月 13 日, 第三版
编者附言: 此文虽短, 信息颇丰, 特录全文, 以飨读者: "本报讯: 歌德第一九三年诞辰, 文化工作委员会特举行诗歌晚会, 以志纪念。由臧云远主席致词, 请郭沫若先生主讲歌德思想与艺术, 及翻译歌德作品之经过。郭先生并就孔子与歌德作一详尽之分析比较, 谓二人颇多相同之处。旋由该会同人朗诵浮士德及少年维特之烦恼, 最后由郑伯奇杜国讲话散会。"

61.
世界知识: 世界作家群像及其他: 歌德的: 少年维特之烦恼 Weltwissen: Bilder der Schriftsteller der Welt, hier Goethes *Die Leiden des jungen Werther*
李梅丽 Li Meili (Verf.)
新进, 1942 年第 2 卷第 6 期, 页 36-37

1943 年

62.
读《少年维特之烦恼》以后 Nach der Lektüre der *Leiden des jungen Werther*
胡佛 Hu Fo (Verf.)
农本副刊, 1943 年第 9 期

63.
歌德的塔梭与斯坦茵夫人 Goethes *Tasso* und Frau von Stein
陈铨 Chen Quan (Verf.)
世界文学, 1943 年, 第 1 卷第 2 期, 页 53-54

64.
狂飙时代的歌德 Goethe des Sturm und Drang
陈铨 Chen Quan (Verf.)
大公报, 战国副刊, 1942 年 7 月 1 日

65.
诗歌通讯: 歌德晚会, 八月二十八日 Bericht aus der poetischen Welt: eine Abendveranstaltung über Goethe am 28. August
爱兰 Ai Lan (Verf.)
笔阵, 1943 年第 8 期, 页 45-47

1944 年

66.
歌德的《威廉·麦斯特的学习时代》: 中译本译者导言 Goethes *Wilhelm Meisters Lehrjahre*: Einleitung der chinesischen Ausgabe vom Übersetzer
冯至 Feng Zhi (Verf.)
自由论坛 (昆明), 第 2 卷, 1944 年第 6 期, 页 13-21

67.
试论直觉与表现 Versuch, Intuition und Ausdruck zu analysieren
梁宗岱 Liang Zongdai (Verf.)
复旦学报 (文史), 1944 年 10 月, 第 1 期
编者提示: 论及歌德与中国抗战, 歌德与德国国民性。

1945 年

68.
悲多芬与歌德 Beethoven und Goethe
宗玮 Zong Wei (Verf.)
音乐艺术, 1945 年第 5 期, 页 31-33

69.
歌德与人的教育 Goethe und die Erziehung des Menschen
冯至 Feng Zhi (Verf.)
云南日报, 1945 年 8 月 12 日
世界文艺, 1945 年第 14 卷第 2 期, 页 121

70.
拿破仑与歌德 (附照片) Napoleon und Goethe
河汉 He Han (Verf.)
万象, 1945 年第 4 卷第 7 期, 页 96-101
编者附言: 详述两位伟人的会见。

71.
少年维特之烦恼 Die Leiden des jungen Werther
郭沫若 Guo Moruo (Verf.)
联合周报, 1945 年第 3 卷第 1 期, 页 474
要点摘录: "廿年后的今天, 我又重读了一遍, 依然感觉着它的新鲜。一本有价值的书看来总是永远年青的。读了这样的书, 似乎也能够使人永远地年青的。"; "歌德, 我依然感觉着他的伟大。"

72.
世界之窗: 歌德身后之殃 [故居被炸] Fenster zur Welt: Goethes Geburtshaus bombardiert: eine Katastrophe
佚名 Anonym (Verf.)
杂志, 1945 年 [第 14 卷第 6 期]

73.
文场简讯: 朱维基近译成"拜伦与歌德"一文, 计一万言 Kurze Nachrichten aus dem Literaturleben: Neulich hat Zhu Weiji den Artikel *Byron und Goethe* übersetzt, der 10000 Wörter umfasst
佚名 Anonym (Verf.)
上海生活, 1945 年第 8 期第 4 版

1946 年

74.
歌德的少年维特之烦恼 Goethes Die Leiden des jungen Werther
宗白华 Zong Baihua (Verf.)
客观, 1946 年第 13 期, 第 8 至 9 页面

75.
歌德精神 Goethes Geist
田景风 Tian Jingfeng (Verf.)
青年世界(成都), 1946 年 [第 1 卷第 3 期], 页 6-8

76.
名人恋歌: 爱人归来——歌德与夏绿蒂 Liebesgesang berühmter Persönlichkeiten: Rückkehr der Geliebten – Goethe und Charlotte
坚卫 Jian Wei (Verf.)
幸福世界, 1946 年 [第 1 卷第 4 期], 页 4-7

1947 年

77.
从浮士德里的"人造人"略论歌德的自然哲学 Goethes Naturphilosophie in Kürze anhand der Menschenbildung durch Menschen
冯至 Fengzhi (Verf.)
哲学评论, 1947 年, 第 10 卷第 6 期, 页 3-8

78.
歌德的爱潮 Ebbe und Flut der Liebe bei Goethe
(师高乙) 寒人 Han Ren (Verf.)
杭职周报, 1947 年, 第 21 期, 页 3

79.
歌德和黎丽 (一) Goethe und Lili (1)
谢紫 Xie Zi (Verf.)
浙赣路讯, 1947 年 8 月 1 日, 第 5 期第 4 版

第五编: 论文 Kapitel V: Aufsätze

80.
歌德和黎丽 Goethe und Lili
谢紫 Xie Zi (Verf.)
浙赣路讯, 1947 年 8 月 2 日, 周末第 5 期第 4 版

81.
歌德和黎丽(三) Goethe und Lili (3)
谢紫 Xie Zi (Verf.)
浙赣路讯, 1947 年 8 月 4 日, 第 6 期第 4 版

82.
歌德和黎丽(四) Goethe und Lili (4)
谢紫 Xie Zi (Verf.)
浙赣路讯, 1947 年 8 月 5 日, 第 7 期第 4 版

83.
歌德和黎丽(五) Goethe und Lili (5)
谢紫 Xie Zi (Verf.)
浙赣路讯, 1947 年 8 月 7 日, 第 8 期第 4 版

84.
歌德和黎丽(六) Goethe und Lili (6)
谢紫 Xie Zi (Verf.)
浙赣路讯, 1947 年 8 月 8 日, 第 9 期第 4 版

85.
歌德和黎丽(七) Goethe und Lili (7)
谢紫 Xie Zi (Verf.)
浙赣路讯, 1947 年 8 月 9 日, 周末第 6 期第 4 版

86.
歌德和黎丽(八) Goethe und Lili (8)
谢紫 Xie Zi (Verf.)
浙赣路讯, 1947 年 8 月 11 日, 第 10 期第 4 版

87.
歌德与夏绿蒂 Goethe und Charlotte
坚卫 Jian Wei (Verf.)
宇宙文摘, 1947 年, 第 1 卷第 2 期, 页 97-101

88.
宗白华论浮士德 (通讯) Zong Baihua über Goethe (Bericht)
汤芸 Tang Yun (Verf.)
中国青年(南京), 1947 年第 2 期附刊, 页 51 接页 49

89.
作品与时间: 歌德六十年写成《浮士德》 Werk und Zeit: Goethes 60jährige Arbeit am *Faust* und ihre Vollendung
佚名 Anonym (Verf.)
文艺线, 1947 年创刊号, 页 23

1948 年

90.
歌德与德国的浪漫运动 Goethe und die deutsche Romantik
黄学勤 Huang Xueqin (Verf.)
客观(广州), 1948 年, 第 1 卷第 10 期, 页 10-11

91.
歌德之科学思想与康德哲学 Goethes wissenschaftliche Gedanken und Kants Philosophie
何君超 He Junchao (Verf.)
学原, 1948 年第 2 卷第 4 期, 页 1-16

92.
海外文坛简讯: 诗人歌德二百周年诞辰纪念 Kurze Nachrichten aus der ausländischen Literaturwelt
罗译 Luo Yi (Verf..)
广播周报, 1948 年第复 87 期, 页 11

93.
少年维特之烦恼 (评论) Die Leiden des jungen Werther (eine Interpretation)
曹湘渠 Cao Xiangqu (Verf.)
新学生, 1948 年, 第 5 卷第 6 期, 页 49-50

94.
少年歌德之狂飙 Sturm und Drang beim jungen Goethe
阎哲吾 Yan Zhewu (Verf.)
天文台, 1948 年第 2 卷第 1 期, 页 7

95.
世界文化珍闻: 歌德宣传"共产" Sensationsmeldung aus der Weltkultur: Goethe propagiert „Kommunismus"
逸 辑 Yi (Verf.)
新文化丛刊, 1948 年第 2 期, 页 17

96.
文坛消息: 诗人歌德的二百周年诞辰纪念 Nachrichten aus der Literaturwelt: Gedenkfeier zum 200-jährigen Geburtstag des Dichters Goethe
佚名 Anonym (Verf.)
礼拜六, 1948 年第 119 期, 页 10

1951 年

97.
简谈歌德——兼及狂飙时代的精神 Kurz über Goethe – mit Berücksichtigung vom Geist des Sturm und Drang
小凤 Xiao Feng (Verf.)
中华日报, 1951 年 4 月 1 日, 第 6 版 (中华副刊)

1952 年

98.
歌德的生平和创作道路 Der Weg von Goethes Leben und Schaffen
商承祖 Shang Chengzu (Verf.)
南京大学学报, 1952 年第 2 期

1953 年

99.
从悲多芬看歌德 Betrachtung Goethes durch Beethoven
于灵 Yu Ling (Verf.)
联合报, 1953 年 3 月 6 日, 第 6 版 (联合副刊)

100.
歌德与悲多芬 Goethe und Beethoven
章荣 Zhang Rong (Verf.)
中华日报, 1953 年 1 月 3 日, 第 6 版 (中华副刊)

101.
介绍两部名著《爱力》与《猫桥》[苏德曼] Über zwei berühmte Werke: *Die Wahlverwandtschaften* (Goethe) und *Der Katzensteg* (Sudermann, Hermann)
宣诚 Xuan Cheng (Verf.)
中央日报, 1953 年 9 月 10 日, 第 6 版 (中央副刊)

102.
论文学翻译工作 Über die literarische Übersetzung
郭沫若 Guo Moruo (Verf.)
人民日报 1954 年 8 月 29 日
编者提示: 本文系作者在 1954 年 8 月召开的全国文学翻译工作会议上的讲话。谈及他本人在不同年龄段翻译《浮士德》第一部和第二部的不同体验，指出译者了解原作时代背景的重要性。

1956 年

103.
爱情对于歌德 Liebe für Goethe
陈宜德 Chen Yide (Verf.)
文坛, 1956 年元月号

104.
歌德的诗与音乐 Goethes Poesie und Musik
吴心柳 Wu Xinliu (Verf.)
联合报, 1956 年 3 月 15-16 日, 第 6 版 (联合副刊)

105.
歌德的特殊情谊 Goethes besondere Freundschaft
黎烈文 Li Liewen (Verf.)
中华日报, 1956 年 7 月 28 日, 第 6 版 (中华副刊)

1958 年

106.

伟大的歌德 Der große Goethe

彭歌 Peng Ge (Verf.)

台湾新生报, 1958 年 2 月 23 日-26 日, 第 10 版 (新生副刊)

1959 年

107.

歌德 Goethe

戈心 Ge Xin (Verf.)

中央日报, 1959 年 8 月 28 日, 第 7 版 (人间副刊)

1961 年

108.

维特 (课余谈往) Werther (Vergangenheit als Stoff der Unterhaltungen nach dem Unterricht)

惠章 Hui Zhang (Verf.)

大华晚报, 1961 年 1 月 31 日, 第 8 版

1962 年

109.

浮士德 (西洋文学名著续介之二十) Faust

王镇国 Wang Zhenguo (Verf.)

联合报, 1962 年 10 月 23 日, 第 8 版 (联合副刊)

110.

歌德谈中国文学 Goethe über die chinesische Literatur

张威廉 Zhang Weilian (Verf.)

雨花, 1962 年第 4 期

1963 年

111.

歌德的浮士德 (上、中、下) Goethes Faust (Teil I, II, III)

周学普 Zhou Xuepu (Verf.)

中华日报, 1963 年 4 月 28 日-30 日, 第 6 版 (中华副刊)

1964 年

112.

歌德的叙事诗 Goethes Balladen

周学普 Zhou Xuepu (Verf.)

文星, 第 13 卷第 6 期, 1964 年 4 月, 页 57-59

1969 年

113.

浮士德的来龙去脉 Fausts Hergang

宣诚 Xuan Cheng (Verf.)

中央日报, 1969 年 8 月 17-18 日, 第 9 版 (中央副刊)

114.

歌德的《浮士德》 Goethes *Faust*

吴友诗 Wu Youshi (Verf.)

中华日报, 1969 年 6 月 19 日, 第 9 版 (中华副刊)

1970 年

115.

哥德的恋爱生活与作品 Goethes Liebesleben und Werk

余我 Yu Wo (Verf.)

青溪, 第 39 期, 1970 年 9 月, 页 45-54

1973 年

116.

歌德与浮士德 Goethe und Faust

李玫 Li Mei (Verf.)

大华晚报, 1973 年 3 月 5 日, 第 10 版 (淡水河)

1975 年

117.

中国文学对歌德的影响 Einfluss der chinesischen Literatur auf Goethe

陈瑞贵 Chen Ruigui (Verf.)

淡江周刊 (淡江文理学院), 第 623 期, 第 3 版, 1975 年 11 月 22 日

1977 年

118.
歌德年谱 Goethe: eine Chronik
周宪文 Zhou Xianwen (Verf.)
铭传学报, 第 14 期, 1977 年 3 月 25 日, 页 239-249

1979 年

119.
郭沫若与歌德 Guo Moruo und Goethe
戴震 Dai Zhen (Verf.)
郭沫若研究专刊, 1979 年第 2 期, 页 185-192

120.
谈《跳蚤之歌》 Mephistos Flohlied (Faust, Ausz.)
金人庚 Jin Rengeng (Verf.)
音乐爱好者, 1979 年第 0 期

1980 年

121.
歌德: 谈诗人必备条件 Goethe: über unbedingt notwendige Voraussetzungen des Dichters
佚名 Anonym (Verf.)
天涯, 1980 年第 2 期

1980年

122.
海涅和歌德 Heine und Goethe
张玉书 Zhang Yushu (Verf.)
世界文学, 1981 年第 4 期, 页 295

1982 年

123.
不以诗人自居的诗人——马君武 Ma Junwu – ein Dichter, der sich selbst nicht als Dichter einschätzt
吴泰昌 Wu Taichang (Verf.)
文汇月刊, 1982 年第 2 期

124.
陈冲 Chen Chong
周惟波、许锦根 Zhou Weibo u. Xu Jingen (Verf.)
青春, 1982 年 2 月号
编者附注: 本文系一篇报告文学, 谈诗剧《浮士德》对陈冲演员生涯的影响。

125.
歌德与音乐 Goethe und die Musik
朱建 Zhu Jian (Verf.)
音乐爱好者, 1982 年第 3 期

126.
汉译第一首英语诗《人生颂》及有关二三事 Das erste englische Gedicht in chinesischer Übersetzung und einige damit zusammenhängende Fakten
钱钟书 Qian Zhongshu (Verf.)
国外文学, 1982 年第 1 期
编者提示: 谈及李凤苞的《使德日记》与歌德的在华译介。

127.
荆棘和血液——谈绿原的诗 Dornen und Blut – über Lü Yuans Gedichte
牛汉 Niu Han (Verf.)
文汇月刊, 1982 年第 9 期

128.
落尽豪华见真淳——歌剧《浮士德》简介 Die wahre Schlichtheit nach dem Verschwinden der Pracht – knappe Einführung in die Oper *Faust*
倪瑞霖 Ni Ruilin (Verf.)
音乐爱好者, 1982 年第 3 期

129.
诗剧《浮士德》和浮士德的故事 Das Versdrama *Faust* und die Faust-Geschichte
韩云 Han Yun (Verf.)
音乐爱好者, 1982 年第 3 期

第五编：论文 Kapitel V: Aufsätze

130.
四首同名的《梅菲斯特圆舞曲》Vier Mephisto-Walzer mit dem gleichen Titel
以《浮士德》为题材的几首音乐作品 Einige Musikwerke mit dem Thema des Faust
陈本谦 Chen Benqian (Verf.)
音乐爱好者, 1982 年第 3 期

131.
维特的命运与我们的人生 Werthers Schicksal und unser Leben
景生、张玉英 Jing Sheng u. Zhang Yuying (Verf.)
青年报, 1982 年 9 月 17 日和 9 月 24 日
编者提示: 系一位女中学生与报社编辑的通信, 谈维特的悲剧在 18 世纪德国和今日中国。详见新版杨武能著《走近歌德》（页 429）。

132.
新中国的歌德: 简论郭沫若与歌德的关系 Goethe im neuen China: kurze Interpretation der Verhältnisse Guo Moruo's zu Goethe
陈万睦 Chen Wanmu (Verf.)
郭沫若研究学会会刊, 1982 年第 1 期

133.
以《浮士德》为题材的几首音乐作品 Einige musikalische Kunstwerke zum Thema *Faust*
黄琼 Huang Qiong (Verf.)
音乐爱好者, 1982 年第 3 期

134.
张闻天论《浮士德》Zhang Wentian über *Faust*
杨武能 Yang Wuneng (Verf.)
人民日报, 1982 年 3 月 17 日

1983 年

135.
悼念梁宗岱老师 Zum Andenken an Lehrer Liang Zongdai
卢祖品 Lu Zupin (Verf.)
人民日报, 1983 年 12 月 5 日
编者提示: 谈及梁宗岱与他的《浮士德》译稿。

136.
读歌德《浮士德》卷首献诗及其译文后的点滴体会 Einige Gedanken nach der Lektüre der Zueignung des Fausts und deren Übersetzung
在中国外国文学学会年会上的报告, 1983 年, 北京

137.
歌德——光明未来的伟大歌者 Goethe – ein großer Sänger der lichten Zukunft der Menschheit
杨武能 Yang Wuneng (Verf.)
外国语文教学, 1983 年第 1 期, 中央人民广播电台连播

138.
歌德、中国与世界文明 Goethe, China und die Zivilisation der Welt
高大鹏 Gao Dapeng (Verf.)
中华日报, 1983 年 10 月 17 日-18 日, 第 10 版 (中华副刊)

139.
歌德与妇女——从歌德的情感生活看其作品 → Goethe und Frauen – die Auswirkung seiner Leidenschaft auf sein Werk
赖丽琇 Lai Lixiu (Verf.)
东方杂志, 1983 年 12 月, 复刊第 17 卷第 6 期, 页 70-77

140.
歌德与席勒的国度 Goethes und Schillers Land
也行 Ye Xing (Verf.)
联合报, 1983 年 6 月 3 日, 第 8 版 (联合副刊)

141.
让知识美化你的心灵——给小弟的信 Lass das Wissen deine Seele verschönern – Brief an meinen kleinen Bruder
阿青 A Qing (Verf.)
八小时内外, 1983 年第 3 期

编者提示：谈对小说《少年维特之烦恼》主人公维特的爱及其自杀结局的看法。详见新版杨武能著《走近歌德》（页429）。

142.
是不是庸人气的流露? Wäre das Philistertum oder nicht?
黄力之 Huang Lizhi (Verf.)
读书, 1983 年第 6 期

143.
试论《浮士德》对郭沫若诗剧的影响 Versuch einer Analyse von Fausts Einfluss auf Guo Moruos Versdramen
苏宁 Su Ning (Verf.)
中国现代文学研究丛刊, 1983 年第 4 期

1984 年

144.
孔子与歌德 Konfuzius und Goethe
高大鹏 Gao Dapeng (Verf.)
中央日报, 1984 年 10 月 18 日, 第 10 版 (文艺评论)

145.
牛顿、歌德和黑格尔——关于颜色理论的争论 Newton, Goethe und Hegel: Streit über die Farbenlehre
关洪 Guan Hong (Verf.)
自然辩证法通讯, 1984 年第 4 期, 页 6-13

1985 年

146.
对叙事长诗的期待: 谈郭沫若译《赫曼与窦绿苔》 Erwartungen an ein Epos: über Guo Moruo's Übersetzung von *Hermann und Dorothea*
姜铮 Jiang Zheng (Verf.)
郭沫若研究学会会刊, 1985 年第 5 期

147.
郭沫若与《浮士德》 Guo Moruo und *Faust*
陈思清 Chen Siqing (Verf.)
云南教育学院学报, 1985 年第 2 期

148.
郭沫若与歌德 Guo Moruo und Goethe
洪欣 Hong Xin (Verf.)
剧作家, 1985 年第 6 期

149.
钱春绮传奇 Qian Chunqi: eine Legende
杨武能 Yang Wuneng (Verf.)
中国翻译, 1986 年第 1 期, 页 41

1987 年

150.
笔谈外国文学对我国新时期文学的影响 Niederschrift über den Einfluss der ausländischen Literatur auf die chinesische Literatur in der neuen Zeit
刘再复 Liu Zaifu (Verf.)
世界文学 1987 年第 6 期
论点摘要:"在德语文学方面,可以说,歌德已让位给卡夫卡"。

151.
憧憬东方——关于《西东合集》Sehnsucht nach dem Orient, West-östlicher Divan
杨武能 Yang Wuneng (Verf.)
名作欣赏, 1988 年第 2 期

152.
第二次青春 Die zweite Jugend
杨武能 Yang Wuneng (Verf.)
名作欣赏, 1988 年第 1 期

153.
冯至与德国文学 Feng Zhi und die deutsche Literatur
杨武能 Yang Wuneng (Verf.)
外国文学研究 (武汉), 1987 年 2 期

第五编: 论文 Kapitel V: Aufsätze

154.
歌德论世界文学 Goethe über die Weltliteratur
杨武能 Yang Wuneng (Verf.)
文艺报 (北京) 1987 年 8 月 15 日

155.
《好逑传》和《玉娇梨》在国外 *Haoqiuzuan* (Eisherz und Edeljaspis oder die Geschichte einer glücklichen Gattenwahl) und *Yujiaoli* im Ausland
公盾 Gong Dun (Verf.)
中国比较文学, 1987 年第 4 期, 页 246-249

156.
论《亲合力》Über *Die Wahlverwandtschaften*
高中甫 Gao Zhongfu (Verf.)
外国文学评论, 1987年第4期

157.
欧洲浪漫派与东方文学 Europäische Romantiker und die orientalische Literatur
钱念孙 Qian Niansun (Verf.)
学术界, 1987 年第 3 期

158.
外来的养分 Nährstoffe von außen
冯至 Feng Zhi (Verf.)
外国文学评论, 1987 年第 2 期

159.
"五四"话剧创作与外国文学 Sprechtheater aus der Zeit der Bewegung des „4. Mai" und die ausländische Literatur
二、浪漫主义创作的勃兴与厨川白村、歌德、王尔德等作家的影响 Der Aufschwung der romantischen Dichtung und der Einfluss Goethes, Wildes und anderer Schriftsteller
葛聪敏 Ge Congmin (Verf.)
文学评论, 1987 年第 1 期, 页 90-103
编者提示：该节谈到：

田汉剧本《灵光》受歌德《浮士德》的影响, 页 95
郭沫若历史剧《卓文君》和《王昭君》受歌德《浮士德》的影响, 页 96-97
张闻天三幕剧《青春的梦》受歌德《少年维特之烦恼》的影响, 页 98

160.
"新的生活 新的爱情"——关于"丽丽之歌" Neue Liebe, neues Leben – über die "Lili-Lyrik"
杨武能 Yang Wuneng (Verf.)
名作欣赏, 1987 年第 4 期

1988 年
161.
从歌德与艾克曼的一次谈话说起——漫谈文学中的性描写 Ein Gespräch Goethes mit Eckermann als Ausgangspunkt – erotische Darstellungen in der Literatur
张黎 Zhang Li (Verf.)
文艺报, 1988 年 7 月 23 日

162.
浮士德的呵欠 Fausts Gähnen
木新 Mu Xin (Verf.)
联合报, 1988 年 5 月 27 日, 第 21 版 (联合副刊)

163.
《浮士德》在浪漫主义音乐中 Faust in der romantischen Musik
侯瑞云 Hou Ruiyun (Verf.)
人民音乐, 1988 年第 9 期

164.
歌德《埃尔佩诺》是《赵氏孤儿》的改编本吗? Ist Goethes *Elpenor* Umarbeiten des chinesischen Dramas *Zhaoshi gu er* (Die Waise der Familie Zhao)
卫茂平 Wei Maoping (Verf.)
中国比较文学 (上海), 1988 年第 1 期, 总第 5 期, 页 95-100

165.
哥德与威玛剧院 Goethe und das Weimarer Theater
石文珊 Shi Wenshan (Verf.)
历史月刊, 第 11 期, 1988 年 12 月, 页 75-82

166.
绝知译事需躬行——记德语文学翻译家杨武能教授 → Meisterschaft in der Übersetzung bedarf eigener Erfahrungen – Aufzeichnung über Prof. Yang Wuneng als Übersetzer deutschsprachiger Literatur
雪声、[罗]悌伦 Xue Sheng u. [Luo] Tilun (Verf.)
译林，1988 年第 3 期

167.
李斯特与《浮士德》 Der Komponist Liszt und *Faust*
葛明 Ge Ming (Verf.)
交响-西安音乐学院学报, 1988 年第 2 期

168.
刘再复现象批判——兼论当代中国文化思潮中的浮士德精神 Kritik des Liu Zaifu-Phänomens mit Berücksichtigung des Faustgeistes in der gegenwärtigen chinesischen Kultur
陈燕谷、靳大成 Chen Yangu u. Jin Dacheng (Verf.)
文学评论, 1988 年第 2 期

169.
屈原与浮士德 Qu Yuan und Faust
杨国学 Yang Guoxue (Verf.)
张掖师专学报(综合版),1988 年第 1 期

170.
十七十八世纪流行于德国的"中国文学" Die „chinesische Literatur", die im Deutschland des 17. und 18. Jahrhunderts verbreitet war
杨武能 Yang Wuneng (Verf.)
外国语文, 1988 年第 1 期

1989 年

171.
歌德对实现人道主义理想的道路的探索 Goethes Suche nach dem Weg zur Verwirklichung des humanistischen Ideals
范大灿 Fan Dacan
外国文学研究，1989 年第 3 期，页 4-13

172.
两颗彗星——谈歌德与席勒的诗 Zwei Kometen – über Gedichte Goethes und Schillers
吕大明 Lü Daming (Verf.)
台湾新生报, 1989 年 6 月 15 日, 第 23 版 (新生副刊)

173.
中国读者眼中的歌德与席勒 Goethe und Schiller aus der Sicht der chinesischen Leser
杨武能 Yang Wuneng
中国比较文学 (上海), 1989 年第 1 期

1990 年
174.
歌德美学中的现实主义——读《歌德谈话录》 Der Realismus in Goethes Ästhetik – Lektüre der *Gespräche mit Goethe*
张凌 Zhang Ling (Verf.)
郑州大学学报(哲学社会科学版), 1990 年第 1 期

175.
歌德与历史主义 Goethe und der Historismus
叶舒宪 Ye Shuxian (Verf.)
陕西师范大学学报(哲学社会科学版), 1990 年第 3 期

176.
说不完的《浮士德》 Faust – ein ewiges Thema
杨武能 Yang Wuneng (Verf.)
名作欣赏, 1990 年第 1 期

第五编: 论文 Kapitel V: Aufsätze

177.
他终于说, "你真美啊, 请停一停"!——浮士德的故事之五 Er sagt endlich: „Verweile doch! du bist so schön" – über *Faust* (die fünfte Geschichte)
杨武能 Yang Wuneng (Verf.)
名作欣赏, 1990 年第 6 期, 页 82-88, 74

178.
寻美, 无从把握的虚幻梦影——浮士德的故事之四 Suche nach Schönheit, ungreifbare illusorische Traumbilder – Faustgeschichten, Nr. 4
杨武能 Yang Wuneng (Verf.)
名作欣赏, 1990 年第 5 期, 页 78-85

1991 年

179.
德国与中国 (《德国文化丛书》前言) Deutschland und China (Vorwort zur Schriftreihe *Die deutsche Kultur*)
孙志文 Sun Zhiwen (Verf.)
读书, 1991 年第 12 期, 页 120-123
编者附注: 该文谈到歌德等德国作家的中国情结。

180.
东西方两种灵魂的终极寻求——《西游记》和《浮士德》的母题、叙事模式与文化价值观比较 Die letzte Suche zweier Seelen des Ostens und des Westens – die Motive, die Art der Schilderung und der kulturelle Wert des *Faust* im Vergleich
张德明 Zhang Deming (Verf.)
外国文学评论, 1991 年第 4 期

181.
《浮士德》是一部伟大的戏剧 Faust ist ein bedeutendes Drama
李万钧 Li Wanjun (Verf.)
文艺研究, 1991 年第 1 期

182.
歌德与俄国文学 Goethe und die russische Literatur
许海燕 Xu Haiyan (Verf.)
俄罗斯文艺, 1991 年第 6 期

183.
《歌德语录》读后感 Nach der Lektüre von *Goethezitaten*
谢岱薇 Xie Daiwei (Verf.)
文藻学报, 第 5 期, 1991 年 3 月, 页 103-114

184.
郭沫若先生讲演"歌德与浮士德"记略 Kurze Notizen von Guo Moruo's Vorlesung zum Thema Goethe und Faust
时事新报 (Verf.)
郭沫若学刊, 1991 年第 1 期

185.
贫瘠的土地, 天才的硕果——《浮士德》诞生始末 Unfruchtbare Erde, geniale Früchte – Anfang und Ende der Entstehung *Faust*s
杨武能 Yang Wuneng (Verf.)
名作欣赏, 1991 年第 2 期

186.
谈歌德《浪游者夜歌》的翻译 Über die Übertragung des Gedichts *Wandrers Nachtlied*
樊修章 Fan Xiuzhang (Verf.)
世界文学, 1991 年第 4 期, 总 217 期, 页 294

187.
天下第一魔和"恶"的化身——《浮士德》人物考辨之二 Dämon Nr. 1 der Welt und Verkörperung des „Bösen" – Interpretation der Faustfigur
杨武能 Yang Wuneng (Verf.)
名作欣赏, 1991 年第 4 期

188.
想起歌德 Goethe auf einen Sprung
佚名 Anonym (Verf.)
青年日报, 1991 年 11 月 30 日, 第 14 版 (青年副刊)

189.
也说歌德 Auch über Goethe
高大鹏 Gao Dapeng (Verf.)
青年日报, 1991 年 12 月 4 日, 第 14 版 (青年副刊)

1992 年

190.
大悲剧中的小喜剧——论靡非斯特 Kleine Komödie in großer Tragödie – über Mephisto
乐铄 Le Shuo [Yue Shuo] (Verf.)
郑州大学学报(哲学社会科学版), 1992 年第 2 期

191.
东方文化对歌德诗歌创作影响初探 Erste Untersuchung des Einflusses der orientalischen Kultur auf Goethes Dichtung
谌利 Chen Li [Shen Shuo] (Verf.)
湖北大学学报(哲学社会科学版), 1992 年第 1 期

192.
德国人——一个历史之谜 Die Deutschen – ein historisches Rätsel
史洁 Shi Jie (Verf.)
读书, 1992 年第 9 期, 页 103-108

193.
《浮士德》善恶冲突论 Streit zwischen dem Guten und dem Bösen im Faust
尹振球 Yin Zhenqiu (Verf.)
国外文学, 1992 年第 1 期

194.
歌德《颜色论》初探 Erste Untersuchung von Goethes Farbenlehre
杨建邺、刘友文 Yang Jianye u. Liu Youwen (Verf.)
华中理工大学学报(社科版), 1992 年第 4 期, 页 151-158.

195.
歌德与《好逑传》 Goethe und der Roman Haoqiuzhuan (Eisherz und Edeljaspis oder die Geschichte einer glücklichen Gattenwahl)[1]
卞东流 Bian Dongliu (Verf.)
瞭望, 1992 年第 4 期

196.
面壁十年图破壁, 难酬蹈海亦英雄: 对知识分子形象章永璘、浮士德的初略比较 Ein kursorischer Vergleich zwischen den Figuren der Intellektuellen Zhang Yonglin (Zhang Xianliang: Lühua shu/Grüner Baum) und Faust
梁庆华 Liang Qinghua (Verf.)
河池师专学报 (文科版), 1992 年第 4 期, 页 35-38

197.
《少年维特之烦恼》与《喀尔美萝姑娘》(郭沫若小说) Die Leiden des jungen Werther und Das Mädchen Ha'er Meilu (Roman v. Guo Moruo)
石燕京 Shi Yanjing (Verf.)
中国人民大学书报资料中心: 外国文学研究复印报刊资料, 1992 年第 1 期 (月刊), 1992 年 3 月 5 日, 页 32-37

198.
中德文化交流史上一段佳话——歌德为开元宫人续诗 Ein häufig erzähltes Kapitel aus der Geschichte des chinesisch-deutschen Kulturaustausches – Goethe schreibt Kaiyuan Gongren's Gedicht fort
张威廉 Zhang Weilian (Verf.)

---
[1] Ein Roman aus der Ming-Zeit.

文艺报, 1992年10月24日第6版
南京大学学报 (哲学人文科学版), 1992年第4期

199.
中德文化交流史上一对"双子星"——评《郭沫若与歌德》Zwillinge in der Geschichte des chinesisch-deutschen Kulturaustausches: über das Werk *Guo Moruo und Goethe*
竹君 Zhu Jun (Verf.)
中国图书评论, 1992年第2期, 页50-53

1993年

200.
浮士德 在此神秘死亡 传说中的魔鬼来索命并留下脚印 Faust stirbt hier geheimnisvoll, der Teufel fordert Leben und hinterlässt Fußspuren
赖燕蕙 Lai Yanhui (Verf.)
民生报, 1993年2月26日, 第27版 (欧风)

201.
《浮士德》、《红楼梦》女儿性 Die Weiblichkeit von *Faust* und *Der Traum der Roten Kammer*
顾城、高利克 Gu Cheng u. Gálik, Marián (Verf.)
谢烨 整理 Xie Ye (Bearb.)
中国人民大学书报资料中心: 外国文学研究复印报刊资料, 1993年第2期 (月刊), 页63-66

202.
《浮士德》的裂痕与近代西方的精神危机 Über die Spaltung *Fausts* und die geistige Krise des neueren Westens
李怡、莲萍 Li Yi u. Lian Ping (Verf.)
四川外语学院学报, 1993年第2期, 页23-28

203.
《浮士德》研究述评 Über die Faustforschung
李先兰、代泳 Li Xianlan u. Dai Yong (Verf.)
外国文学研究, 1993年第3期, 页120-126

204.
歌德列举快乐人生的九大要素 Neun Elemente zum fröhlichen Leben, die Goethe angeführt hat
郭泰 Guo Tai (Verf.)
自由时报, 1993年3月31日, 第25版 (自由副刊)

205.
鲁迅与德国文学 Lu Xun und die deutsche Literatur
袁荻涌 Yuan Diyong (Verf.)
中国人民大学书报资料中心: 外国文学研究复印报刊资料, 1993年第10期, 页86-90

206.
人类寻找精神家园的艰难历程——堂•吉诃德、浮士德、阿Q及其他形象的诠释 Der schwierige Weg der Menschheit bei der Suche nach geistiger Heimat – Erläuterungen zu Figuren Don Quijote, Faust, Ah Q u.a.
倪邦文 Ni Bangwen (Verf.)
河北学刊, 1993年第6期

207.
论《浮士德》思想体系的矛盾性 (兼与尹振球同志商榷) Über die Widersprüchlichkeit von Fausts Gedankensystem, auch zur Diskussion mit Yin Zhenqiu
刘建军 Liu Jianjun (Verf.)
中国人民大学书报资料中心: 外国文学研究复印报刊资料, 1993年第5期 (月刊), 页75-81

208.
"中学西播"的大汉学家理查德•威廉 Der große deutsche Sinologe Richard Wilhelm, der die chinesische Wissenschaft im Westen verbreitet
魏家国 Wei Jiaguo (Verf.)
社会科学战线, 1993年第4期, 页202-207
编者附言: 理查德•威廉(Richard Wilhelm, 1873-1930), 中文通译"卫礼贤"。在华22年, 译介《论语》等汉语古代典籍和中国古典诗赋多种。本文论及歌德译与卫礼贤译唐诗"梅妃"的优劣(页205)。

1994 年

209.

《浮士德》：从文学文本到舞台实践 *Faust: vom literarischen Text zur Aufführung*

焦洱 Jiao Er (Verf.)

外国文学, 1994 年第 5 期, 页 79-81

210.

郭沫若与德国浪漫主义文学 *Guo Moruo und die Literatur der deutschen Romantik*

袁荻涌 Yuan Diyong (Verf.)

郭沫若学刊，1994 年第 2 期

1995 年

211.

《浮士德》潜藏的原型象征体系 *Das Symbolsystem des Urbilds verborgen im Faust*

蒋世杰 Jiang Shijie (Verf.)

外国文学研究, 1995 年第 8 期

212.

林兆华导演的《浮士德》*Faust, den Lin Zhaohua inszeniert hat*

焦洱、丝丝 Jiao Er u. Si Si (Verf.)

外国文学动态, 1995 年第 1 期

1996 年

213.

《浮士德》在浪漫主义音乐中 *Faust in der romantischen Musik*

刘曼华 Liu Manhua (Verf.)

音乐爱好者, 1996,(3)

214.

惊世骇俗 各不相让——《今古奇观》与歌德 *Die Welt überraschen und alten Sitten trotzen, kein Kompromiss – die chinesischen Erzählungen jin gu qiguan (Anekdoten aus Vergangenheit und Gegenwart) und Goethe*

杨梦茹 Yang Mengru (Verf.)

国文天地 (台北), 第 12 卷第 6 期, 总第 138 期, 1996 年 11 月, 页 104-109

215.

维特："反叛的受难者" *Werther: „ein rebellischer Märtyrer"*

韩耀成 Han Yaocheng (Verf.)

徐州师范学院学报，1996 年第 2 期

216.

维特烦恼几时休 *Wann nehmen Werthers Leiden ein Ende?*

保真 Bao Zhen (Verf.)

中华日报, 1996 年 10 月 1 日, 第 14 版 (中华副刊)

217.

隐寓古今, 包罗万象——对歌德之呕心巨著《浮士德》的思考 *Geschichte und Gegenwart implizit und allumfassend: Gedanken über Faust, ein Meisterwerk, dem Goethe lebenslang seine Mühe gewidmet hat*

胡海云 Hu Haiyun (Verf.)

南昌高专学报, 1996 年第 Z1 期

218.

知识分子悲剧:《儒林外史》与《浮士德》*Tragödie der Intellektuellen: der chinesische Roman Geschichten aus dem Gelehrtenwald und Faust*

田萱 Tian Xuan (Verf.)

陕西工商学院学报, 1996 年第 2 期

1997 年

219.

《浮士德》：艰奥美 *Faust: Schwerverständlich, tiefsinnig und schön*

蒋世杰 Jiang Shijie (Verf.)

长白论丛, 1997 年第 1 期, 页 77-81

220.

歌德"辩证法艺术"简论 *Kurz über Goethes „Kunst der Dialektik"*

罗尉平 Luo Weiping (Verf.)

贵州师范大学学报 (社会科学版), 1997 年第 1 期, 页 62-63, 67

221.

来自基督天庭的两个魔鬼: 评《失乐园》中的撒旦与《浮士德》中的靡非斯特 Zwei Teufel aus Christi Himmel: über den Satan im *Verlorenen Paradies* [Milton, John] und Mephisto im *Faust*

徐莉华 Xu Lihua (Verf.)

成都大学学报 (社会科学版) 1997 年第 4 期, 页 63-65

222.

求知欲的化身浮士德 Faust, Verkörperung des Wissensdrangs

谢鹏雄 Xie Pengxiong (Verf.)

中华日报, 1997 年 9 月 14 日, 第 16 版 (中华副刊)

223.

上帝与魔鬼同在——说不尽的《浮士德》Gott und Teufel beisammen: *Faust* und kein Ende

马汉广 Ma Hanguang (Verf.)

齐齐哈尔社会科学, 1997 年第 5 期, 页 29-31

224.

我们都是浮士德的化身 Wir alle sind Fausts Verkörperung

南方朔 Nan Fangshuo (Verf.)

自由时报, 1997 年 7 月 11 日, 第 33 版(自由副刊)

225.

小鸡、恐龙与浮士德 Kleines Huhn, Dinosaurus und Faust

佐依子 Zuo Yizi (Verf.)

中国时报, 1997 年 7 月 25 日, 第 27 版(人间副刊)

226.

永恒的流浪者: 浮士德形象之我观 Der ständige Wanderer: die Faustfigur aus meiner Sicht

诸葆娟 Zhu Baojuan (Verf.)

外国文学研究, 1997 年第 3 期, 页 31-32

227.

月光下的叠影——歌德和《少年维特的烦恼》Auftürmen zweier Schatten im Mondschein – Goethe und *Die Leiden des jungen Werther*

杨梦茹 Yang Mengru (Verf.)

当代 (台北), 第 124 期 (复刊第 6 期), 1997 年 12 月, 页 132-137

1998 年

228.

重读歌德 Nochmalige Lektüre Goethes

程代熙 Cheng Daixi (Verf.)

文艺报, 1998 年 7 月 21 日

229.

从歌德诗词的谱曲谈文学与音乐的关系 Über Verhältnis zwischen Literatur und Musik am Beispiel der Komposition von Goethes Poesie

郑芳雄 Dscheng Fang-hsiung [Zheng Fangxiong] (Verf.)

中外文学 (台北市), 第 27 卷第 3 期, 1998 年 9 月, 页 6-21

编者附注: 系台湾第二十二届比较文学会议论文。

230.

浮士德精神辨析 Intrpretationen des Faustgeistes

韦及 Wei Ji (Verf.)

北京科技大学学报 (人文社科版), 1998 年第 4 期

231.

浮士德精神的中国化审美诠释 Die chinesisch aufgeprägten Interpretationen des Faustgeistes

张辉 Zhang Hui (Verf.)

中国现代文学研究丛刊, 1998 年, 页 37-53

232.

《浮士德》与《蛇神》结构艺术比较 Die Kunst der Konstruktion von *Faust* und *Der Schlangengott* (Walter, Hugh) im Vergleich

张淑萍 Zhang Shuping (Verf.)
新疆大学学报 (哲社版), 1998 年第 2 期, 页 86-91

233.
甘丽卿悲剧的意义 Die Bedeutung der Magarete-Tragödie
刘敏 Liu Min (Verf.)
国外文学, 1998 年第 1 期, 页 75-78

234.
近代德国文学滥觞与狂飙诗人歌德 Ursprung der neueren deutschen Literatur und Goethe als Dichter des Sturm und Drang
郑芳雄 Dscheng Fang-hsiung [Zheng Fangxiong] (Verf.)
联合报, 1998 年 9 月 28 日-30 日, 第 41 版 (联合副刊)

235.
文学翻译贵在整体把握——读绿原先生《浮士德》译本随感 Bei literarischer Übersetzung liegt es sehr daran, das Ganze in Griff zu haben – Gedanken nach der Lektüre der Faust-Übersetzung durch Lü Yuan
韩瑞祥 Han Ruixiang (Verf.)
中国翻译, 1998 年第 5 期

236.
永远的《浮士德》 Der ewige *Faust*
王田葵 Wang Tiankui (Verf.)
零陵师专学报, 1998 年第 1 期

237.
由悲剧到荒诞剧——谈《浮士德博士》等三部西方小说的悲剧主题 Von der Tragödie zum grotesken Drama – über tragische Themen dreier westlicher Romane, u.a. *Doctor Faustus*
田卫平 Tian Weiping (Verf.)
河南大学学报(社会科学版), 1998 年第 4 期

238.
这十本书, 总统喜欢看(歌德《浮士德》) Diese zehn Bücher, darunter auch Goethes *Faust*, liest der Präsident sehr gern
江中明 Jiang Zhongming (Verf.)
联合报, 1998 年 1 月 22 日, 第 18 版 (文化广场)

1999 年

239.
爱情的散步就是天国的跳舞 Der Spaziergang in Liebe gleicht einem Tanz im Himmelreich
张保宁 Zhang Baoning (Verf.)
青海民族学院学报(社会科学版), 1999 年第 1 期

240.
百年回响歌一曲: 《浮士德》在中国之接受 Ein Lied mit 100jährigem Echo – die *Faust*-Rezeption in China
杨武能 Yang Wuneng (Verf.)
中国比较文学, 1999 年第 4 期, 总第 37 期, 页 1-20

241.
此曲只应天上有——在上海大剧院看歌剧《浮士德》 Diese Melodie wäre nur im Himmel zu hören: Besuch der Oper *Faust* im großen Shanghaier Theater
鲁书潮 Lu Shuchao (Verf.)
清明, 1999年第2期

242.
从《绿蒂在魏玛》看托马斯·曼的文学观 Thomas Manns Literaturverständnis anhand seines Romans *Lotte in Weimar*
黄燎宇 Huang Liaoyu (Verf.)
外国文学评论, 1999 年第 4 期, 页 54-60

243.
德国人心中的歌德 Goethe im Herzen der Deutschen
谭蕾 Tan Lei (Verf.)
环球时报, 1999 年 8 月 27 日第 22 版

第五编: 论文 Kapitel V: Aufsätze

244.
德国盛大庆祝歌德冥诞 Deutschland feiert stimmungsvoll Goethes Todestag
《联合报》外电 Meldungen ausländischer Nachrichtenagenturen
联合报, 1999 年 8 月 30 日, 第 14 版 (文化)

245.
《浮士德的天谴》: 白辽士对歌剧《浮士德》之音乐改写 Berlioz, Hector (1803-1869): La Damnation de Faust, op. 24, 1846
洪力行 Hong Lixing (Verf.)
联合文学 (台北市), 第 15 卷第 10 期 (1999 年 8 月号), 页 55

246.
《浮士德》与《蛇神》结构艺术比较 Die Kunst der Konstruktion von *Faust* und *Der Schlangengott* (Walter, Hugh) im Vergleich
张淑萍 Zhang Shuping (Verf.)
中国语言文学资料信息，1999 年第 2 期

247.
歌德、魏玛与中国 Goethe, Weimar und China
高大鹏 Gao Dapeng (Verf.)
青年日报, 1999 年 3 月 4 日, 第 15 版 (青年副刊)

248.
歌德的第一个中译本 Die erste chinesische Ausgabe Goethes
郭延礼 Guo Yanli (Verf.)
中华读书报, 1999 年 9 月 15 日

249.
歌德的《魔笛 II》: 音乐与文字之主客关系 Goethes *Der Zauberflöte zweyter Theil*: das Verhältnis zwischen Musik als Hauptrolle und Text als Nebenrolle
罗基敏 Luo Jimin (Verf.)
联合文学 (台北市), 第 15 卷第 10 期 (1999 年 8 月号), 页 50

250.
歌德 250 岁诞辰纪念 Zum Andenken an Goethes 250. Geburtstag
《联合文学》编者 Redakteur (Verf.)
联合文学 (台北市), 第 15 卷第 10 期 (1999 年 8 月号), 页 24

251.
歌德飨宴 作家汇集 Festessen zu Ehren Goethes: Schriftsteller treffen sich
《民生报》外电
民生报, 1999 年 8 月 30 日, 第 5 版 (文化与艺术)

252.
歌德与音乐 Goethe und die Musik
赵琴 Zhao Qin (Verf.)
联合报, 1999 年 8 月 28 日, 第 37 版 (联合副刊)

253.
歌德译介在中国 Die Goethe-Rezeption in China
卫茂平 Wei Maoping (Verf.)
文汇读书周报, 1999 年 10 月 2 日

254.
歌德与中国文化 Goethe und die chinesische Kultur
钟英彦 Chung Erich Ying-yen [Zhong Yingyan] (Verf.)
联合文学 (台北市), 第 15 卷第 10 期 (1999 年 8 月号), 页 41

255.
歌德在中国 Goethe in China
韩耀成 Han Yaocheng (Verf.)
环球时报, 1999 年 8 月 27 日第 22 版

256.
君子自强不息 Ehrenmänner streben unaufhaltsam vorwärts
张佩芬 Zhang Peifen (Verf.)
环球时报, 1999 年 8 月 27 日第 22 版

257.
人的峰顶 Der Gipfel der Menschen
何怀硕 He Huaishuo (Verf.)
联合文学 (台北市), 第 15 卷第 10 期 (1999 年 8 月号), 页 47

258.
少年歌德的爱与死之歌 Lied des jungen Goethe über Liebe und Tod
梁景峰 Liang Jingfeng (Verf.)
联合文学 (台北市), 第 15 卷第 10 期 (1999 年 8 月号), 页 38

259.
试析《浮士德》的哲学内涵 (上) Interpretation des philosophischen Gehalts des *Faust*. Ein Versuch (Teil 1)
杨武能 Yang Wuneng (Verf.)
外国文学评论, 1999 年 第 2 期

260.
试析《浮士德》的哲学内涵(下) Interpretation des philosophischen Gehalts des *Faust*. Ein Versuch (Teil 2)
杨武能 Yang Wuneng (Verf.)
外国文学评论, 1999 年第 4 期

261.
《威廉·迈斯特的学习时代》——逃避庸俗 *Wilhelm Meisters Lehrjahre* – Flucht vor Philistertum
杨武能 Yang Wuneng (Verf.)
外国文学研究, 1999 年第 2 期

262.
威玛巡礼——歌德与席勒为浪漫乐史添新页 Wandern in Weimar – ein neues Kapitel Goethes und Schillers für die Musikgeschichte der Romantik
赵琴 Zhao Qin (Verf.)
联合文学 (台北市), 第 15 卷第 10 期 (1999 年 8 月号), 页 60-68

263.
一道无法跨越的尺度: 歌德对德国文学乃至世界文学之贡献, 附歌德年谱 Ein nicht zu überschreitendes Maß: Goethes Beitrag zur deutschen Literatur und zur Weltliteratur, Goethe: eine Chronik im Anhang
郑芳雄 Dscheng Fang-hsiung [Zheng Fangxiong] (Verf.)
联合文学 (台北市), 第 15 卷第 10 期 (1999 年 8 月号), 页 26

264.
永远的夏绿蒂 Die ewige Charlotte
刘森尧 Liu Senyao (Verf.)
中国时报, 1999 年 9 月 14 日, 第 37 版 (人间副刊)

265.
作品之外的神采, 寻找周译《歌德谈话录》 Glanz außerhalb des Werkes: auf der Suche nach Zhou Xuepu's Übersetzung von *Gespräche mit Goethe*
徐虹北 Xu Hongbei (Verf.)
书城, 1999 年第 8 期

2000 年

266.
从浮士德与格蕾欣不同的世界观看浮士德体现的时代精神 Über den Zeitgeist, den Faust verkörpert, aus dem Blickwickel der unterschiedlichen Weltauffassungen von Faust und Gretchen
张继云 Zhang Jiyun (Verf.)
松辽学刊 (哲学社科版), 2000 年第 4 期

267.
二十世纪前期中国学者对德国文学与德国国民性关系的探究——以刘大杰《德国文学概论》为中心 Die Untersuchung chinesischer Wissenschaftler über das Deutschlandbild in der deutschen Literatur aus der ersten Hälfte des 20. Jahrhunderts – Liu Dajies *Abriss der deutschen Literatur* im Mittelpunkt

第五编：论文 Kapitel V: Aufsätze

俞仪方 Yu Yifang (Verf.)
德国研究/Deutschland-Studien，2000 年第 2 期，页 43-48

268.
歌德与《百美新咏》——跨文化阐释的一个尝试 Goethe und „Hundert Schöne" – ein kulturübergreifender Versuch
林茄 Lin Jia (Verf.)
东方丛刊 (桂林)，2000 年第 1 期，页 109-124

269.
不得不打击的"盗版"：观《盗版浮士德》[话剧] Ein unbedingt zu bekämpfender „Raubdruck": Besuch des Sprechtheaters *Raubdruck*
梵璎 Fan Ying (Verf.)
中国戏剧，2000 年第 2 期

270.
救援我心魂的几个故事 Einige Geschichten, die meiner Seele Hilfe brachten
刘再复 Liu Zaifu (Verf.)
读书，2000 年第 5 期
故事一，页 114-115 (谈宗白华与歌德及与作者本人)
故事四，页 119-120 (谈作家茨威格亲眼见到歌德保健医生福格尔，当时年逾八旬的女儿，1830 年她洗礼时歌德在场)

271.
科学界的"浮士德" „Faust" im Kreis der Wissenschaftler
王克迪 Wang Kedi (Verf.)
科技日报，2000 年 11 月 13 日，第 2 版

272.
论歌德小说〈亲合力〉中的神秘主义色彩 Die mystischen Züge in Goethes Roman *Die Wahlverwandtschaften*
谷裕 Gu Yu (Verf.)
外国文学研究，2000 年第 3 期

273.
"溺爱"游客忌学浮士德 Ein „verwöhnter" Tourist hält sich von Faust fern
吴以环 Wu Yihuan (Verf.)
中国国情国力，2000 年第 9 期

274.
三年前与歌德"神交"醒悟，钟肇政向情色靠拢 Erwachen vor drei Jahren durch geistige Begegnung mit Goethe, Zhong Zhaozheng's Nähe zur Pornographie
陈文芬 Chen Wenfen (Verf.)
中国时报，2000 年 8 月 12 日，第 11 版 (文化艺术)

275.
追求理想的一曲颂歌——论浮士德形象的自我超越 Ein Gesang auf Streben nach Ideal – Selbstübersteigerung der Faustfigur
张继云 Zhang Jiyun (Verf.)
辽宁大学学报(哲学社科版)，2000 年第 2 期

2001 年

276.
歌德与《浮士德》Goethe und *Faust*
木易 Mu Yi (Verf.)
学问，2001 年第 8 期

277.
描绘那令人向往的时代 Beschreibung einer Zeit, nach der man sich sehnt
单世联 Shan Shilian (Verf.)
花城 (文学双月刊)，2001 年第 2 期，总第 129 期，页 195-201

278.
求索人生——《离骚》、《神曲》、《浮士德》之比较 Suche nach der Wahrheit des Menschenlebens – Qu Yuan's *Elegie*, Dantes *Komödie* und Goethes *Faust* im Vergleich
王天保 Wang Tianbao (Verf.)
凉山大学学报，2001 年第 3 期

279.

试论《浮士德》与《女神》中泛神论"大我"思想 Versuch, Gedanken von einem „großen Ich" des Pantheismus im *Faust* und in Guo Moruo's *Göttin* zu analysieren

卓玛 Zhuo Ma (Verf.)

青海民族学院学报 (社会科学版), 2001 年第 2 期, 页 108-111

2002 年

280.

从佛道的观点看歌德的《浮士德》Betrachtung von Goethes Faust aus buddhistischer Sicht

郑芳雄 Dscheng Fang-hsiung [Zheng Fangxiong] (Verf.)

世界文学(台北市), 2002 年冬季号 6, 页 72-90

281.

《浮士德》——歌德的危机与拯救 *Faust* – Goethes Krise und Rettung

余冰 Yu Bing (Verf.)

河南大学学报: 教育科学版, 2002 年第 3 期

282.

《浮士德的沉沦》[2] 从文学到音乐转换的变异 *La Damnation de Faust*: Wandel von Literatur zu Musik

王保华、李翠竹 Wang Baohua u. Li Cuizhu (Verf.)

天津音乐学院学报, 2002 年第 2 期

283.

歌德抒情诗的翻译 Zur Übersetzung der Lyrik Goethes

郑芳雄 Dscheng Fang-hsiung [Zheng Fangxiong] (Verf.)

世界文学(台北市), 2002 年冬季号 2

---

[2] 法国作曲家柏辽兹(Berlioz, Hector, 1803-1869)的音乐作品, 据 Gérard de Nerval 的《浮士德》译本改编。

284.

歌德与舒伯特的四首迷娘之歌 Die vier Mignon-Gedichte Goethes und Schuberts

林丽瑛 Lin Liying (Verf.)

艺术学报(台湾), 第 70 期, 2002 年 6 月, 页 183-198

285.

走进歌德的世界 Eingang in Goethes Welt

郑汉根 Zheng Hangen (Verf.)

新华每日电讯, 2002 年 11 月 27 日

2003 年

286.

"浮士德时间"与知识论教育哲学 „Fausts Zeit" und die pädagogische Philosophie der Erkenntnistheorie

高伟 Gao Wei (Verf.)

海南师范学院学报(社会科学版), 2003 年第 1 期

287.

张威廉与中国德语文学的译介 Zhang Weilian und die Rezeption der deutschsprachigen Literatur in China

吴晓樵 Wu Xiaoqiao (Verf.)

世纪周刊 (香港), 2003 年 9 月 5 日

288.

哲学的心灵剧——歌德的《浮士德》简介 Ein philosophisches Seelendrama – Einführung in Goethes *Faust*

李阳海 Li Yanghai (Verf.)

现代中学生: 阅读与写作, 2003 年第 5 期

289.

中国的中德文学关系研究概评 Zusammenfassender Kommentar zu Forschungstätigkeiten über Beziehungen zwischen chinesischer und deutscher Literatur in China

王向远 Wang Xiangyuan (Verf.)

德国研究/Deutschland-Studien, 2003 年第 2 期, 第 18 卷, 总第 66 期, 页 54-59

2004 年

290.
歌德论艺术创新问题 Goethe über neue Ideen und neue Wege der Kunst
徐中玉 Xu Zhongyu (Verf.)
文艺理论研究, 2004 年第 4 期, 页 2-4

291.
赫德与歌德: 德国民族文学的崛起 Herder und Goethe: Aufstieg der deutschen Nationalliteratur
郑芳雄 Dscheng Fang-hsiung [Zheng Fangxiong] (Verf.)
当代 (台北市), 第 199 期, 2004 年 3 月 1 日, 页 18-27

292.
何只"自强不息"——"浮士德精神"别解与反思 Nicht nur „unaufhaltsam vorwärts streben" – andere Interpretation des „Faust-Geistes" und Nachdenken
杨武能 Yang Wuneng (Verf.)
外国文学研究, 2004 年第 1 期

293.
精神世界的漫游与透射——论无名氏对《浮士德》象征艺术的接受 Wanderung und Durchblick durch die geistige Welt – über die Aufnahme der Symbolik von einem anonymen Autor
赵智 Zhao Zhi (Verf.)
中国文学研究, 2004 年第 3 期

294.
"另一个"歌德: 自然研究家歌德 Ein „anderer" Goethe: Goethe als Naturwissenschaftler
莫光华 Mo Guanghua (Verf.)
中国书画 (北京), 2004 年第 6 期, 页 146-149

295.
思想家歌德 Goethe als Denker
杨武能 Yang Wuneng (Verf.)
四川大学学报, 2004 年第 4 期

296.
威尔逊、福克纳、歌德、爱迪生 Thomas Woodrow Wilson, William Faulkner, Goethe und Thomas Alva Edison
王寿来 Wang Shoulai (Verf.)
历史月刊 (台湾), 第 198 期, 2004 年 7 月, 页 136-139

297.
温家宝出访德国的七个瞬间 Sieben Momente beim Staatsbesuch des Ministerpräsidenten Wen Jiabao in Deutschland
郑汉根 Zheng Hangen (Verf.)
国际先驱导报, 2004 年 5 月 6 日
编者提示: 谈及时任国务院总理的温家宝对歌德的仰慕。书讯据杨武能《走近歌德》(增订本) 脚注, 页 443

298.
一个人呀——借歌德《浮士德》谈名著的创作问题 Ach ein Mensch – über die Schaffung eines Meisterwerkes am Beispiel von Goethes *Faust*
孙轮 Sun Lun (Verf.)
剧作家, 2004 年第 5 期

299.
中德比较文学研究二十年 20 Jahre der chinesisch-deutschen Komparatistik
莫光华 Mo Guanghua (Verf.)
外国文学研究, 2004 年第 1 期
编者附注: 谈及宗白华、郭沫若等人对歌德的研究。

300.
中德文化交流溯源 Der Ursprung des chinesisch-deutschen Kulturaustausches
1.3 中国传统文化的大量西传(谈及歌德与中国古典文学), 页 121 → Zahllose westliche Rezeption der traditionellen chinesischen Kultur (in Bezug auf Goethes Auseinandersetzung mit der chinesischen Klassik), S. 121

2.2 十九世纪后德国科技、教育、文化输入中国(谈及郭沫若译《浮士德》和《少年维特的烦恼》及其影响), 页 122 → Rezeption deutscher Wissenschaft und Technik sowie Pädagogik und Kultur in China (in Bezug auf Guo Moruos Faust- und Werther-Übersetzung sowie deren Wirkung), S. 122

周岩厦 Zhou Yanxia (Verf.)

浙江科技学院学报,第 16 卷第 2 期,2004 年 6 月,页 120-124, 128

2005 年

301.

柏辽兹³和古诺⁴笔下的"浮士德"——谈歌德与法国浪漫主义歌剧 Die Faust-Versionen von Charles Gounod und Hector Berlioz (1803-1869), über Goethe und die romantische Oper in Frankreich

青藤 Qing Teng (Verf.)

歌剧,2005 年第 2 期

302.

冯至先生的德国文学史观 Feng Zhis Auffassung von der Geschichte der deutschen Literatur

叶隽 Ye Jun (Verf.)

中华读书报,2005 年 11 月 9 日

303.

浮士德：人类精神的隐喻 Faust: Metapher des Geistes der Menschheit

朱文利 Zhu Wenli (Verf.)

西南民族大学学报(人文社科版), 2005 年第 10 期, 页 143-146

304.

浮士德扮演者迟黎明 Der Faust-Darsteller Chi Liming

可汲 Ke Ji (Verf.)

歌剧,2005 年第 3 期

305.

浮士德式的悲剧 Faust als eine Tragödie

王强 Wang Qiang (Verf.)

中国新闻周刊,2005 年第 44 期

306.

歌德和席勒的戏剧在中国 Goethes und Schillers Dramen in China

袁志英 Yuan Zhiying (Verf.)

新京报,2005 年 11 月 8 日

307.

歌德与文艺美学中的新世界观 Goethe und die neue Anschauung von der Ästhetik der Literatur und Kunst

孔建平 Kong Jianping (Verf.)

盐城师范学院学报(人文社科版),2005 年第 1 期,第 25 卷

308.

留学德国：不止有歌德和鲜花 Auslandsstudien in Deutschland: es gibt nicht nur Goethe und Blumen

贝员力 Bei Yuanli (Verf.)

涉世之初,2005 年第 7 期

309.

首都纪念冯至诞辰一百周年 Die Hauptstadt feiert Feng Zhis 100. Geburtstag

罗雪村、李舫 Luo Xuecun u. Li Fang (Verf.)

人民日报,2005 年 9 月 23 日第 14 版

论点摘要："《论歌德》被公认为我国歌德研究最重要的收获,他翻译的海涅、歌德等人的诗歌成为我国几代读者钟爱的读本。"

310.

先生百龄,乘风而去 Du hundert Jahre alt, nun mit dem Wind verweht

叶隽 Ye Jun (Verf.)

读书,2005 年第 2 期,页 33-37

---

³ 柏辽兹(Berlioz, Hector, 1803-1869), 法国作曲家。
⁴ 古诺(Gounod, Charles, 1818-1893), 法国作曲家。

编者提示：追思张威廉去世。比较冯至与张威廉的学术地位和各自贡献。内曰"南方德语学界颇有'北冯南张'的说法。"，页 33

311.
"应景即兴的诗"与诗人的精神特征——论抒情诗在歌德研究中的特殊地位
„Gelegenheitsgedichte" und geistige Merkmale des Dichters – die besondere Bedeutung der Lyrik in der Goethe-Forschung
任国强 Ren Guoqiang (Verf.)
外国文学, 2005 年第 6 期

312.
终极价值的抉择——歌德的《浮士德》Letzte Wahl – Goethes *Faust*
蔡梅曦 Cai Meixi (Verf.)
旷野, 137 期, 2005 年 10 月

313.
作为文学史家的冯至与王瑶 Feng Zhi und Wang Yao als Literaturhistoriker
叶隽 Ye Jun (Verf.)
书城, 2005 年第 11 期

2006 年

314.
和而不同之美——从"图勒国王之歌"看《浮士德的沉沦》对原著的诠释和再创造
Schönheit der Harmonie mit Verschiedenheiten – Erläuterung und Neuschöpfung von *Fausts Verwahrlosung* zum Originalwerk an Hand des Liedes *Der König in Thule*
伍维曦 Wu Weixi (Verf.)
上海戏剧, 2006 年第 5 期

315.
从《浮士德》看《无名书》的精神探求
Geistiges Suchen, geistiges Streben: Goethes *Faust* und der chinesische Roman *Wu Ming Shu* [ein namenloses Buch] im Vergleich
姜辉 Jiang Hui (Verf.)
科教文汇 (上半月), 2006 年第 10 期

316.
从"瓦尔普吉斯之夜"看《浮士德》中的"狂欢化"现象 Betrachtung der Ausgelassenheit in Goethes *Faust* anhand der *Walpurgisnacht*-Szene als Ausgangspunkt
裴蓓 Pei Bei (Verf.)
周口师范学院学报, 2006, (3)

317.
浮士德: 幻想的绽放和压制 Faust: Entfaltung und Unterdrückung der Phantasie
陈雪莲 Chen Xuelian (Verf.)
合肥工业大学学报 (社会科学版), 2006 年第 3 期

318.
浮士德的财富 Fausts Reichtum
李斯 Li Si (Verf.)
意林, 2006 年第 5 期

319.
浮士德与昆曲——昆曲改革的发展道路之我见 Faust und die chinesische Kun-Oper: Meine Auffassung von dem Weg der Entwicklung der Reform der Kun-Oper
于莎雯 Yu Shawen (Verf.)
剧影月报, 2006 年第 5 期

320.
歌德 Goethe
佚名 Anonym (Verf.)
阅读与作文 (高中版), 2006 年 (Z1).

321.
歌德《浮士德》的悲、喜剧精神之辨
Klassifizierung von Goethes *Faust* nach dem Geist der Tragödie und der Komödie
赵崇璧 Zhao Chongbi (Verf.)
玉林师范学院学报, 2006 年第 6 期

322.
歌德《浮士德》"瞎眼"情结原型解读 Auseinandersetzung mit dem Komplex der „Blindheit" in Goethes *Faust*
赵崇璧 Zhao Chongbi (Verf.)
哈尔滨学院学报, 2006 年第 6 期

323.
歌德与席勒的经典化过程 Goethes und Schillers Prozess der Kanonisierung
谷裕 Gu Yu (Verf.)
中华读书报, 2006 年 10 月 11 日, 页 19

324.
歌德与中国文学 Goethe und die chinesische Literatur
唐际虹 Tang Jihong (Verf.)
文史哲，2006 年第 2 期, 页 114-119
2006 年 3 月

325.
德国精神的当下命运——《德国精神》解析 Das heutige Schicksal des deutschen Geistes – Analyse des *deutschen Geistes*
翟业军 Zhai Yejun (Verf.)
山花, 2006 年第 6 期

326.
绿原与外国文学 Lü Yuan und die ausländische Literatur
何方 He Fang (Verf.)
世界文学评论，2006 年第 2 期

327.
论《浮士德》的象征性 Über die Symbolik des *Faust*
褚丽娟 Zhu Lijuan (Verf.)
辽宁行政学院学报, 2006 年第 7 期

328.
论《浮士德》情节结构的狂欢化特色 Gepräge des Enthusiasmus in der Handlung des *Faust*
陆双祖 Lu Shuangzu (Verf.)
兰州交通大学学报, 2006 年第 2 期

329.
论《浮士德》文本的狂欢化特色及其文学意蕴 Über die Stilfarbe der Ausgelassenheit und den literarischen Gehalt der *Faust*-Fassung
陆双祖 Lu Shuangzu (Verf.)
青海师专学报, 2006 年第 2 期

330.
批评・真理・救赎——本雅明《论歌德的〈亲和力〉》Kritik, Wahrheit, Rettung – Walter Benjamins Aufsatz *Goethes Verwandtschaften*
李菡 Li Han (Verf.)
湘潭大学学报 (哲社版), 第 30 卷第 5 期, 页 98-101, 2006 年 9 月

331.
三叶一芽，三位一体——杨武能教授访谈录 Drei Blätter aus einem Spross, drei Teile von der Ganzheit: Interview mit Prof. Yang Wuneng
杨武能、段峰 Yang Wuneng u. Duan Feng (Verf.)
外国文学研究，2006 年第 5 期

332.
伟大的诗人, 最有争议的诗人——纪念海涅逝世 150 周年 Ein großer Dichter, ein umstrittener Dichter – zum Andenken an Heines 150. Todestag
袁志英 Yuan Zhiying (Verf.)
德国研究/Deutschland-Studien, 2006 年第 2 期, 第 21 卷, 总第 78 期, 页 71-76
编者附记: 文章开头论及海涅与歌德, 指出他是"歌德以后德国文学的杰出代表, 他在中国的影响可说与歌德、席勒成为三足鼎立之势。"并以季羡林的相关论述为佐证: "在众多的德国伟大作家中, 在中国享有盛名者, 除歌德外, 当推海涅。"

第五编: 论文 Kapitel V: Aufsätze

333.
西方文学中的神话传统与《浮士德博士的悲剧》Die Tradition der Mythen in der westlichen Literatur und Christopher Marlowe's *Doctor Faustus*
邓亚雄 Deng Yaxiong (Verf.)
重庆交通学院学报(社会科学版), 2006 年第 3 期

334.
先生书生，百年知命——1950 年代的冯至先生 Sie als Buchgelehrter, hat das Alter von Hundert erreicht und kennt seine Bestimmung: Herr Feng Zhi in den 1950er Jahren
叶隽 Ye Jun (Verf.)
天涯, 2006 年第 6 期
"北冯南张"

335.
樱井大造, 胡冬竹,《台湾浮士德》》对谈录 Gespräch zwischen 樱井大造 und Hu Dongzhu über *Faust in Taiwan*
陈映真 Chen Yingzhen (Verf.)
南方文坛, 2006 年第 4 期

2007 年

336.
必须抗拒魔鬼——歌德诗剧《浮士德》导读 Man muss dem Teufel widerstehen – Einführung in Goethes Versdrama *Faust*
王韶华 Wang Shaoshan (Verf.)
语文月刊, 2007 年第 3 期

337.
浮士德——辨证法思想的显性外现化人物 Faust – eine Personifikation dialektischer Philosophie
牛静 Niu Jing (Verf.)
牡丹江师范学院学报 (哲社版), 2007 年第 3 期

338.
《浮士德》的思想内涵 Gedanklicher Gehalt des *Faust*
陈煜 Chen Yu (Verf.)
文学教育 (上), 2007 年第 9 期

339.
浮士德的追求：非宗教的宗教境界 Fausts Streben: religiöse Dimension des Ungläubigen
胡山林 Hu Shanlin (Verf.)
南都学坛, 2007 年第 2 期

340.
浮士德与欧洲"近代人"文化价值核心 Faust und der Kern kulturellen Europas der „Neuzeit"
蒋承勇 Jiang Chengyong (Verf.)
外国文学评论, 2007 年第 2 期 (总第 82 期), 页 115-123

341.
《浮士德》中的母题分析 Analyse der grundlegenden Motive im *Faust*
程鹂 Cheng Li (Verf.)
合肥学院学报 (社会科学版), 2007 年第 5 期

342.
《浮士德》中《圣经》原型的归化和异化 Wiederherstellung und Verfremdung der Urbibel im *Faust*
邵练炼 Shao Lianlian (Verf.)
漯河职业技术学院学报, 2007 年第 3 期

343.
歌德：浮士德 Goethe: Faust
肖铮 Xiao Zheng (Verf.)
小雪花 (小学快乐作文), 2007 年第 10 期

344.
歌德与建筑艺术——附歌德的四篇建筑论文 Goethe und die Architektur – Goethes vier Aufsätze über Architektur im Anhang
陈平 Chen Ping (Verf.)
新美术, 2007 年第 6 期

345.
歌德与"世界文学" Goethe und die „Weltliteratur"
简·布朗 (Verf.)
学术月刊, 2007 年第 6 期

346.
"古典图镜": 席勒、歌德的魏玛岁月
„Klassische Landschaft": Schillers und
Goethes Weimarer Jahre
叶隽 Ye Jun (Verf.)
文景, 2007 年第 2 期

347.
古诺歌剧《浮士德》中玛格丽特爱情悲剧的音乐表现 Musikalische Darstellung der Liebestragödie von Margarete in Charles Gounod's Oper *Faust*
林卿 Lin Qing (Verf.)
福建论坛 (社科教育版), 2007 年第 Sl 期

348.
接受的困惑与问题的呈现——读"歌德长篇小说《少年维特之烦恼》1945 年以来的德国接受史"(王炳钧著) Ungewissheit der Aufnahme und Darbietung der Problematik – Lektüre des Werks »Rezeptionsgeschichte des Romans *Die Leiden des jungen Werther* von Johann Wolfgang von Goethe in Deutschland seit 1945« (Wang Bingjun)
叶隽 Ye Jun (Verf.)
中国图书评论, 2007 年第 4 期

349.
跨文化传播意义上的经典译作——关于绿原《浮士德》译本的思考 Eine klassische interkulturelle Übersetzungsleistung – Gedanken über Lü Yuan's Übersetzung des *Faust*
桂清扬 Gui Qingyang (Verf.)
中国翻译, 2007 年第 6 期

350.
浪漫主义和现实主义相交融的作品——简介歌德《浮士德》Ein Werk der Verschmelzung von Romantik und Realismus – kurze Analyse von Goethes *Faust*
侯守斌 Hou Shoubin (Verf.)
中学课程辅导 (八年级), 2007 年第 4 期

351.
论歌德与彼特拉卡主义 Goethe und das Sonett von Francesco Petrarca (1304-1374)
金秀丽 Jin Xiuli (Verf.)
世界文学评论, 2007 年第 1 期

352.
《梅菲斯托费勒》不伦不类 Mephistopheles eine gebrochene Figur
史君良 Shi Liangjun (Verf.)
音乐爱好者, 2007 年第 4 期

353.
"美"的指归——对《浮士德》事业悲剧的审美阐释 Das Resultat des „Erhabenen" – Erläuterungen zur Tragödie des Strebens nach Schönheit und Erhabenheit im *Faust*
陈玲亚 Chen Lingya (Verf.)
文教资料, 2007 年第 7 期

354.
Problematik der Struktur des deutschen Bildungsromans anhand des Werkes „Wilhelm Meisters Lehrjahre"
张守慧 Zhang Shouhui (Verf.)
台德学刊 (台湾), 第 13 期, 2007 年 12 月, 页 141-170

355.
浅析《浮士德》的"三我[5]" Kurze Analyse des dreifachen Ich im *Faust*
杨晖、仵宏慧 Yang Hui u. Wu Honghui (Verf.)
戏剧文学, 2007 年第 11 期

356.
全球化视域中的民族文学与世界文学——从歌德的总体性文学观谈起 Nationalliteratur und Weltliteratur im Blickfeld der Globalisierung – Goethes Auffassung von der Gesamtliteratur als Ausgangspunkt

---
[5] 弗洛伊德认为人格结构由本我、自我、超我三部分组成。

第五编：论文 Kapitel V: Aufsätze

李衍柱 Li Yanzhu (Verf.)
江西社会科学, 2007 年第 2 期, 页 73-77

357.
试论少年维特的人生追求：自然、纯真和自由
　　平等 Versuch, das Streben des jungen Werther zu analysieren: Natur, Reinheit, Freiheit und Gleichberechtigung
刘娟 Liu Juan (Verf.)
湖北广播电视大学学报，2007 年第 9 期

358.
试析歌德与《浮士德》中神魔冲突之关系 Kurze Analyse von Goethes Vorstellungswelt: der Konflikt zwischen Gott und Dämon
李晓雯 Li Xiaowen (Verf.)
内蒙古师范大学学报 (哲学社会科学版), 2007 年 (S1).

359.
谈浮士德、济公两个文学形象的文化比较 Faust und Jigong: die beiden literarischen Figuren im Vergleich der Kultur
王艳胜 Wang Yansheng (Verf.)
剧作家, 2007 年第 6 期

360.
想起了少年维特 Der junge Werther fällt mir plötzlich ein
叶兆言 Ye Zhaoyan (Verf.)
书城，2007 年第 9 期

361.
心灵的罗盘——浅析歌德和他的《浮士德》Kompass der Seile – kursorische Erläuterungen zu Goethe und seinem Faust
韩笑 Han Xiao (Verf.)
安徽文学 (下半月), 2007 年第 11 期

362.
寻找精神家园的"歌手"——《浮士德》探幽 Ein nach geistiger Heimat suchender Sänger: Erforschung des Faust
宋虎堂 Song Hutang (Verf.)
长春大学学报, 2007 年第 9 期

363.
以歌德和贝多芬的精神不懈奋斗——北京大学德语系严宝瑜教授访谈 Unermüdliches Streben im Geist Goethes und Beethovens – Interview mit Professor Yan Baoyu des deutschen Instituts der Universität Peking
马剑、梁晶晶 采访, 马剑 整理 Ma Jian u. Liang Jingjing (Interview); Ma Jian (Bear.)
国外文学, 2007 年第 2 期, 总第 106 期, 页 18-22

364.
音乐名篇与文学巨著共放异彩的典范——舒曼的清唱剧《浮士德》Gemeinsame Strahlkraft eines vorbildlichen Musikstücks und eines literarischen Meisterwerks – über Robert Schuman's Szenen aus Goethes Faust
徐萌、高天枢 Xu Meng u. Gao Tianshu (Verf.)
长春师范学院学报, 2007 年第 9 期

365.
印蒂与浮士德: 一对超越时空的精神孪生儿——论《无名书》与《浮士德》的精神联系 Die Figuren Yindi und Faust: ein Zwillingspaar, das Zeit und Raum übersteigt – die Geistige Verbindung zwischen Wu Ming Shu [ein Buch ohne Titel] und Faust
杜燕 Du Yan (Verf.)
西南民族大学学报 (人文社科版), 2007 年第 8 期, 页 190-193

366.
影响中国的十大德国人物 Die zehn deutschen Persönlichkeiten, die China beeinflusst haben
希茨 等 Xi Ci (Verf.)
中国图书商报，2007 年 8 月 28 日

367.
在上帝与魔鬼之间——论浮士德的悲剧 Zwischen Gottvater und Dämon – über die Faust-Tragödie
宋晓霞 Song Xiaoxia (Verf.)
安徽文学 (下半月), 2007 年第 11 期

368.
宗白华对歌德的研究概述 Zong Baihua's Goethe-Forschung im Überblick
云慧霞 Yun Huixia (Verf.)
云梦学刊, 28 卷 3 期, 2007 年 5 月, 页 28-31

2008 年

369.
被解放者的人本悲剧——德意志精神框架中的《浮士德》 Anthropologische Tragödie des befreiten Menschen – *Faust* im Kontext des deutschen Geistes
吴建广 Wu Jianguang (Verf.)
外国文学评论, 2008 年第 3 期, 总第 87 期, 页 17-26

370.
毕生经验的浓缩——歌德《遗嘱》一诗解读 Verdichtung einer Lebenserfahrung – Gedanken zu Goethes Gedicht *Vermächtnis*
倪阳 Ni Yang (Verf.)
徐州学院学报, 2008 年第 1 期

371.
超越与新生——浅读《浮士德》文本中的狂欢文化 Überwinden und neues Leben – kursorische Lektüre der Kultur der Ausgelassenheit in Goethes Faust
万曦 Wan Xi (Verf.)
巢湖学院学报, 2008 年第 2 期

372.
从浮士德形象看歌德的精神发展 Goethes geistige Entwicklung in Bezug auf die Faust-Figur
陈晓娟 Chen Xiaojuan (Verf.)
文教资料, 2008 年第 23 期

373.
从歌德到索尔•贝娄的成长小说研究 [博士论文] Studien zu Entwicklungsromanen von Goethe bis zu Bellow, Saul (Diss.)
买琳燕 著 Mai Linyan (Verf.)
傅景川 指导 Fu Jingchuan (Betreuer)
吉林大学 2008 年
192 页

374.
独白之哀歌 心灵之窗口——《少年维特之烦恼》心理描写研究 Elegie des Monologs, Fenster der Seele – die psychische Darstellung der *Leiden des jungen Werther*: eine Untersuchung
张晓晖 Zhang Xiaohui (Verf.)
安徽文学(下半月), 2008 年第 3 期

375.
多重身份下的多重意图——浅论歌德在《浮士德》中的创作意图 Mehrere Lebensentwürfe bei den verschiedenen Entwicklungsstufen – kurze Analyse der Motive von Goethes *Faust*
张敏 Zhang Min (Verf.)
科教文汇 (上旬刊), 2008 年第 2 期

376.
《浮士德》Faust
残雪 Can Xue (Verf.)
中学生阅读 (高中版), 2008 年第 3 期

377.
《浮士德》：严谨而真诚的"诗剧" *Faust*: ein besonnenes und ehrliches „Versdrama"
元味 Yuan Wei (Verf.)
话剧, 2008 年第 4 期

378.
《浮士德博士》新制作开幕慕尼黑歌剧节 Neuaufführung von Dr. Faust zum Münchener Opernfest
张韵、Hoesl, Wilfried (Verf.)
歌剧, 2008 年第 8 期

第五编: 论文 Kapitel V: Aufsätze

379.
浮士德精神与生态批评刍议 Bescheidene Äußerung über den Geist Fausts und die Kritik des Umweltschutzes
唐果 Tang Guo (Verf.)
成都大学学报 (教育科学版), 2008 年第 2 期

380.
《浮士德》新探——基督教圣经视野下的文本解读 Neue Untersuchung des *Faust* – Texterläuterung im Blickfeld der katholischen Bibel
吴正英 Wu Zhengying (Verf.)
岳阳职业技术学院学报, 2008 年第 4 期

381.
浮士德形象与现代人的精神困惑 Das Faust-Bild und die geistige Verwirrung der modernen Menschen
董新祥 Dong Xinxiang (Verf.)
理论月刊, 2008 年第 9 期

382.
《浮士德》在中国"一切才刚刚开始" *Faust* in China, alles noch am Anfang
王洋 Wang Yang (Verf.)
话剧, 2008 年第 4 期

383.
《浮士德》之原型批评 Kritik Urfausts
陈金星 Chen Jinxing (Verf.)
忻州师范学院学报, 2008 年第 4 期

384.
《浮士德》中格蕾辛形象的宗教内涵 Der religiöse Gehalt der Gestalt Gretchen im *Faust*
何君、李春亭 He Jun u. Li Chunting (Verf.)
思想战线, 2008 年第 S1 期

385.
歌德：断念 Goethe: Entsagung
王充闾 Wang Chonglü(Verf.)
人民文学, 2008 年第 4 期

386.
歌德和海涅诗歌中的死亡艺术 Die Kunst des Todes in der Dichtung Goethes und Heines
扈明丽 Hu Mingli (Verf.)
商情 (科学教育家), 2008 年第 5 期

387.
歌德及其对心理学发展的影响 Goethe und sein Einfluss auf die Entwicklung der Psychologie
程陶 Cheng Tao (Verf.)
大众心理学, 2008 年第 8 期

388.
歌德《铁手骑士葛兹》所反映的阶级博弈与群体互动 Kampf der Gesellschaftsschichten: Adlige - Bürger und Ritter – Bauern in Aufstieg und Abstieg im *Götz von Berlichingen mit der eisernen Hand*
叶隽 Ye Jun (Verf.)
外国文学研究, 2008 年第 12 期, 页 33-41; 又载: 同济大学学报 (人文社科版), 2008 年第 4 期, 第 19 卷第 4 期 (总第 76 期)

389.
歌德研究综述 Goethe-Forschung: eine Zusammenfassung
周青民、李秀云 Zhou Qingmin u. Li Xiuyun (Verf.)
吉林师范大学学报 (人文社科版), 2008 年第 5 期

390.
歌德与席勒美学思想比较 Goethes und Schillers ästhetische Gedanken im Vergleich
金燕 Jin Yan (Verf.)
考试周刊，2008 年第 11 期

391.
古诺歌剧《浮士德》戏剧与音乐结合手法之分析 Erläuterungen zur Verbindung von Theaterstück und Musik in Charles Gounod's Oper *Faust*
赵芹 Zhao Qin (Verf.)
黄河之声, 2008 年第 16 期

392.
关于歌德 Über Goethe
佚名 Anonym (Verf.)
美文 (下半月), 2008 年第 1 期

393.
解读歌德《浮士德》人物形象的善与恶 Erläuterungen zum Guten und dem Bösen der Gestalten von Goethes *Faust*
王慧华 Wang Huihua (Verf.)
大众文艺 (理论), 2008 年第 12 期

394.
海上浮士德, 精神苦行者——话剧界"名导教头"徐晓钟领衔最强阵容, 将歌德诗剧《浮士德》首次搬上上海话剧舞台 Ein Faust auf dem Ozean, ein geistiger Asket – Xu Xiaozhong, ein berühmter Theater-Regisseur, führt ein starkes Team und bringt Goethes *Faust* erstmals auf die Shanghaier Bühne
金莹 Jin Ying (Verf.)
文学报, 2008 年 10 月 16 日, 第 3 版

395.
激情坚守与理性缺位——维特精神的时代性及普遍性 Emotionales Standhalten und mangelnde Vernunft: das Zeitbedingte und das Allgemeine des Werther-Geistes
方芝燕 Fang Zhiyan (Verf.)
安顺学院学报, 2008 年第 1 期

396.
解读《浮士德》 Erläuterungen zum *Faust*
余匡复 Yu Kuangfu (Verf.)
话剧, 2008 年第 3 期

397.
理想化的通向和谐之路——评歌德的《伊菲革涅在陶里斯》 Der idealisierte Weg zur Harmonie – über Goethes Drama *Iphigenie auf Tauris*
谢芳 Xie Fang (Verf.)
同济大学学报(社会科学版), 2008 年第 2 期, 总第 72 期, 页 8-14

398.
立在巨人肩上放号——漫话歌德对中国五四浪漫主义文学的影响 Zwerge rufen von den Schultern des Riesen – allgemeine Bemerkungen zum Einfluss Goethes auf die romantische Literatur zum 4. Mai 1919 in China
郑绍燕 Zheng Shaoyan (Verf.)
中国西部科技, 2008 年第 22 期

399.
两个浮士德的比较研究 Zweimal Faust im Vergleich
邓亚雄 Deng Yaxiong (Verf.)
湖南科技学院学报, 2008 年第 5 期

400.
灵魂, 行走在无边的大海上——访大型话剧《浮士德》导演徐晓钟 Die über dem endlosen Meer wandernde Seele – Besuch beim Regisseur Xu Xiaozhong des großen Theaterstückes *Faust*
熊梦楚 Xiong Mengchu (Verf.)
上海戏剧, 2008 年第 11 期

401.
论歌德对启蒙理性的疏离与超越 Abkehr und Überwindung: Goethe und die aufklärerische Vernunft
王红莉 Wang Hongli (Verf.)
理论导刊, 2008 年第 1 期

402.
论马君武对歌德的译介 Über Ma Junwu's Goethe-Rezeption
叶隽 Ye Jun (Verf.)
南京师范大学文学院学报, 2008 年 6 月, 第 2 期, 页 131-135

403.
魔鬼的可爱——读《浮士德》 Die Beliebtheit des Dämons – eine Faustlektüre
陆欣依 Lu Xinyi (Verf.)
课堂内外: 创新作文 (初中版), 2008 年第 11 期

404.
《你可知道那地方》中迷娘不同音乐形象分析 Analyse der verschiedenen musikalischen Mignon-Figuren im Gedicht „Kennst du das Land"
杜乡 Du Xiang (Verf.)
德州学院学报, 第 24 卷第 1 期 (2008 年), 页 92-96

405.
"请停留! 啊, 你真美!"——关于诗剧《浮士德》（上部）的舞台演出本 „Verweile doch! du bist so schön!": über das Bühnenbuch des Versdramas *Faust* (Teil 1)
余匡复 Yu Kuangfu (Verf.)
话剧, 2008 年第 3 期

406.
谁是《放下你的鞭子》的原创者 Wer ist der ursprüngliche Verfasser des Theaterstücks *Nieder mit deiner Peitsche*?
袁志英 Yuan Zhiying (Verf.)
文汇报(笔会), 2008 年 12 月 6 日

407.
神、鬼、人关系下的历史星空和人类进化——在哲学和自然科学视角下的《失乐园》与《浮士德》 Gott, Dämon und Mensch unter dem historischen Sternhimmel – *Das verlorene Paradies* und *Faust* im Blickfeld der Philosophie und der Naturwissenschaft
徐莉华 Xu Lihua (Verf.)
西南民族大学学报 (人文社科版). 2008 年第 12 期

408.
诗意人生——论荷马与莪相诗歌在《少年维特之烦恼》中的作用 Poetisches Leben – über die Wirkung der Dichtung Homers und Ossians im Roman *Die Leiden des jungen Werther*
张晓晖 Zhang Xiaohui (Verf.)
宜宾学院学报, 2008 年第 1 期, 页 46-49

409.
世纪之约[6]——投排《浮士德》的由来 Jahrhundert-Vereinbarung – Ursprung der *Faust*-Aufführung
李胜英 Li Shengying (Verf.)
话剧, 2008 年第 3 期

410.
世界名著《浮士德》专家研讨会 Ein Symposium der Experten zum weltberühmten *Faust*
佚名 Anonym (Verf.)
话剧, 2008 年第 4 期

411.
是他, 可能是他, 就是他——电影《浮士德》的诠释与创造 Ist's er? vielleicht, es ist er – die Erläuterung und das Neuschaffen des Filmes *Faust*
杨好 Yang Hao (Verf.)
名作欣赏, 2008 年第 1 期

412.
试析浮士德的自强不息精神 Fausts ewig strebender Geist. Versuch einer Analyse
张美云、王秀玲 Zhang Meiyun u. Wang Xiuling (Verf.)
文学教育 (上), 2008 年第 10 期

413.
The Process of Renewal in Goethe's Italienische Reise
黄士元 Huang Shiyuan (Verf.)
东吴外语学报 (台湾), 第 26 期, 页 293-319
2008 年 3 月

414.
为欲望辩护: 歌德的亚当·斯密意义 Rechtfertigung der Begierde: Adam Smith für Goethe
李湘云 Li Xiangyun (Verf.)
社会科学论坛 (学术研究卷)
2008 年第 2B 期, 2008 年 2 月, 页 124-126

---

[6] 是指中央戏剧学院院长徐晓钟和其恩师黄佐临 23 年前的约定。

415.
西方文学中浮士德意象的原型批评学阐释 Erläuterungen zur ursprünglichen Kritik der Faust-Figur in der westlichen Literatur
赵小琪、司晓琨 Zhao Xiaoqi u. Si Xiaokun (Verf.)
世界文学评论，2008 年第 2 期

416.
一部雅俗共赏的普及读物——评杨武能《德语文学大花园》Eine Volksausgabe, die gebildete und einfache Leser gleichermaßen erfreut – Buchbesprechung von Yang Wunengs Werk *Der große Garten der deutschsprachigen Literatur*
贺骥 He Ji (Verf.)
世界文学评论，2008 年第 1 期

417.
张荫麟与《浮士德》Zhang Yinlin und *Faust*
段怀清 Duan Huaiqing (Verf.)
新文学史料，2008 年第 3 期

418.
中西文化关系的一个视角——再谈辜鸿铭眼中的歌德 Eine Perspektive auf Kulturbeziehungen Chinas und des Westens – nochmals über Goethe aus der Sicht Gu Hongming's
方厚升 Fang Housheng (Verf.)
科学经济社会，2008 年第 3 期

419.
"作为歌德译介者，我自视为郭老的传人！"——杨武能教授访谈录 „Als Vermittler Goethes betrachte ich mich als Nachfolger Guo Moruo's" – Interview mit Professor Yang Wuneng
孔令翠 Kong Lingcui (Verf.)
郭沫若学刊，2008 年第 1 期

2009 年

420.
爱和艺术的可见性与不可见性——论歌德的《亲和力》和本雅明对"无性美学"的批判 Sichtbarkeit und Unsichtbarkeit der Liebe und der Kunst – über Goethes *Die Wahlverwandtschaften* und Walter Benjamins Kritik an der „homosexuellen Ästhetik"
黄凤祝 Huang Fengzhu (Verf.)
同济大学学报 (哲社版)，第 20 卷第 4 期，2009 年 8 月，页 20-27

421.
把神韵化进形式，让形式表现神韵——浪漫诗人徐志摩的文学翻译 Integrierung ästhetischen Reizes in die Form, Ausdruck ästhetischen Reizes durch die Form – die literarische Übersetzung des romantischen Dichters Xu Zhimo
宋炳辉 Song Binghui (Verf.)
东方翻译，2009 年第 1 期，总第 1 期，页 69-73
编者附注：多处提到徐志摩与歌德的关系(页 70, 72)，特别指出"为了推敲歌德的一首四行小诗中的个别字句，徐志摩与胡适、郭沫若、朱家骅等人反复商榷，并找来该诗的德语原作仔细核校。"并大段引录徐氏在《葛德的四行诗还是没有翻好》一文中阐释的有关译诗的见解。

422.
被解放者的人文悲剧——德意志精神框架中的《浮士德》Die humanitäre Tragödie des Befreiten – *Faust* im Rahmen des deutschen Geistes
吴建广 Wu Jianguang (Verf.)
外国文学研究(人大复印资料)，2009 年第 2 期，页 21

423.
板凳一坐十年冷，文章不写一句空——《歌德汉译与研究总目》(顾正祥编著) Zehn Jahre am Schreibtisch gesessen und kein leeres Wort geschrieben (Buchbesprechung)

第五编: 论文 Kapitel V: Aufsätze

袁志英 Yuan Zhiying (Verf.)
中国图书商报, 2009 年 12 月 4 日, 第 1608、1609 合刊, 第 3 版

424.
被拒绝的歌德: 同时代人对自然研究家歌德的反响与接受及其原因——纪念自然研究家歌德(1749-1832 年) 诞辰 260 周年 Der abgelehnte Goethe: Reaktion der Zeitgenossen auf Goethe als Naturforscher – zum Andenken an den Naturforscher Goethe (1749-1832)
莫光华 Mo Guanghua (Verf.)
自然科学史研究, 2009 年第 3 期

425.
比较文学视野里的德语文学——四川大学文学与新闻学院博士生导师杨武能教授访谈 Die deutschsprachige Literatur im Blick der Komparatistik – Interview mit dem Doktorvater Yang Wuneng am Institut für Literatur und Presse der Universität Sichuan
杨武能、贺骥 Yang Wuneng u. He Ji (Verf.)
社会科学家, 2009 年第 6 期

426.
从《浮士德》看斯云梅耶[7]的超现实主义特色 Die Merkmale des Surrealismus bei Jan Šveankmajer, Faust als Ausgangspunkt
张皓 Zhang Hao (Verf.)
电影文学, 2009 年第 6 期

427.
从狂飙突进到古典的嬗变——歌德魏玛最初十年再认识 Entwicklung vom Sturm und Drang zur Klassik – neue Erkenntnisse über Goethes erste zehn Jahre in Weimar
任国强 Ren Guo-qiang (Verf.)
解放军外国语学院学报, 2009 年第 6 期

---
[7] 斯云梅耶 (1934-), 捷克著名电影家, 影作《浮士德》拍摄于 1994 年。

428.
从《中国公主图兰朵》到"百位美人诗"——"中国才女"与歌德女性文学观念之转变 Von Turandot, Prinzessin von China zu den Hundert Schönen – die chinesische begabte Dame und Goethes Wechsel der Auffassung von der Frauenliteratur
谭渊 Tan Yuan (Verf.)
解放军外国语学院学报, 2009 年第 6 期, 页 108-112

429.
大写的"世界公民"——为纪念歌德、席勒诞辰而作 Der groß geschriebene „Weltbürger": zum Andenken an Goethes und Schillers Geburtstag
叶廷芳 Ye Tingfang (Verf.)
人民日报, 2009 年 11 月 13 日

430.
当代世界中的浮士德——论贝娄笔下知识分子的精神焦虑及其激励作用 Faust in der heutigen Welt – die geistige Besorgtheit und deren anregende Wirkung der Intellektuellen bei Bellow, Saul (1915-2005)
白英丽、张海燕 Bai Yingli u. Zhang Haiyan (Verf.)
喀什师范学院学报, 2009 年第 4 期

431.
德国古典文学在中国的传播与接收 Die Verbreitung und Aufnahme der deutschen Klassik in China
张意 Zhang Yi (Verf.)
北京大学学报(哲学社会科学版), 2009 年第 4 期, 页 109-116
编者提示: 主述歌德、席勒作品在中国的翻译介绍和研究。

432.
德国精神的现代之光——卫礼贤与史怀泽 (论及两位汉学家对歌德的阐释) Das moderne Licht des deutschen Geistes – Richard Wilhelm und Rainer Schwarz

叶隽 Ye Jun (Verf.)
书屋，2009 年第 12 期

433.
德国浪漫派剪影 Skizze der deutschen Romantik
袁志英 Yuan Zhiying (Verf.)
文景，2009 年第 52 期，页 51-57
编者提示：论及歌德与诺瓦利斯和浪漫派。

434.
德语文学走入中国读者视野——中国德语文学翻译60年 Deutschsprachige Literatur rückt ins Blickfeld des chinesischen Lesers – 60 Jahre chinesische Übersetzung
叶廷芳 Ye Tingfang (Verf.)
文艺报，2009 年 10 月 17 日

435.
读歌德《亲和力》Lektüre von Goethes Roman *Die Wahlverwandtschaften*
饶国婷 Rao Guoting (Verf.)
东西研究，第三期(诗学专辑)，页 108-113

436.
对《浮士德》的生命美学观照 Die Ästhetik vom schönen Leben im *Faust*. Eine Betrachtung
唐果 Tang Guo (Verf.)
临沧师范高等专科学校学报，2009 年第 2 期
安徽工业大学学报（社会科学版），2009 年第 2 期

437.
对书信体小说《少年维特之烦恼》的翻译对比——以郭沫若及杨武能的译本为例 Vergleich der Übersetzungen vom Briefroman *Die Leiden des jungen Werther* – an den Beispielen von Guo Moruo und Yang Wuneng
张燕华 Zhang Yanhua (Verf.)
上海交通大学: 外国语言学与应用语言学(德语) 2009 年

438.
发现歌德: 德国学者对自然研究家歌德的研究 Zur Entdeckung Goethes: Forschung deutscher Wissenschaftler über Goethe als Naturforscher
莫光华 Mo Guanghua (Verf.)
同济大学学报 (哲社版)，第 20 卷，2009 年第 4 期，页 6-13; 又载: 外国文学研究 (中国人民大学书报资料中心) 2009 年第 11 期，页 14-20

439.
《浮士德》的两个版本与早期现代英国戏剧的版本问题 Zwei Fassungen des *Faust* und die Ausgaben früher moderner Theaterstücke in England
冯伟 Feng Wei (Verf.)
外国文学，2009 年第 1 期

440.
"浮士德精神"的裂变: 生态批评视角下的《最后的莫希干人》Die Aufspaltung des Faust-Geistes: *The Last of the Mohicans* (von Cooper, James Fenimore, 1789-1851) unter dem kritischen Gesichtspunkt des Umweltschutzes
贾莉 Jia Li (Verf.)
电影文学，2009 年第 21 期

441.
浮士德精神与西方科技文化——纪念爱好科学的杰出诗人和思想家歌德诞辰 260 周年 Der Geist Fausts und die westliche Wissenschaft, Technik und Kultur – zum 260. Geburtstag des herausragenden Dichters und Denkers Goethe, der sich für Naturwissenschaft interessiert
吴晓江 Wu Xiaojiang (Verf.)
自然辩证法通讯，2009 年第 5 期

442.
浮士德与世界精神 Faust und der Weltgeist
克劳斯·库菲尔德、张宁 Zhang Ning (Verf.)
长江学术，2009 年第 1 期

第五编: 论文 Kapitel V: Aufsätze

443.

《浮士德》中的歌德 Goethe in seinem Werk *Faust*

唐平 Tang Ping (Verf.)

湖北广播电视大学学报, 第 29 卷 12 期 (2009 年 12 月), 页 66-67

444.

复制浮士德——谈影片《楚门的世界》中的黑色幽默 Faust in Kopie – über den schwarzen Humor im Film *The Truman Show*

李果 Li Guo (Verf.)

电影评介, 2009 年第 21 期

445.

歌德, 欧洲的孔子——再谈辜鸿铭眼中的歌德 Goethe, Europas Konfuzius – nochmals über Goethe aus der Sicht Gu Hongming's

方厚升 Fang Housheng (Verf.)

孔子研究 (济南), 2009 年第 4 期, 页 78-84

外国文学研究 (中国人民大学书报资料中心) 2009 年第 12 期, 页 57-61

446.

歌德笔下的"中国女诗人" Die „chinesischen Dichterinnen" bei Goethe

谭渊 Tan Yuan (Verf.)

中国翻译 (北京), 2009 年第 5 期, 页 33-38

外国文学研究 (中国人民大学书报资料中心), 2009 年第 12 期, 页 62-68

447.

歌德的魔性说 Goethes Lehre vom Dämonischen

贺骥 He Ji (Verf.)

同济大学学报 (哲社版), 第 20 卷第 4 期, 2009 年 8 月, 页 14-19

448.

歌德和欧里庇得斯笔下的伊菲革涅亚形象比较 Iphigenie bei Goethe und Euripides im Vergleich

王静 Wang Jing (Verf.)

南京师范大学文学院学报, 2009 年第 4 期, 页 83-86

449.

歌德《亲和力》中米特勒的婚姻观 Mittlers Auffassung von der Ehe in Goethes Roman *Die Wahlverwandtschaften*

冯早早 Feng Zaozao (Verf.)

东西研究, 第三期(诗学专辑), 页 125-127

450.

歌德《少年维特之烦恼》爱情悲剧后的青春迷惘与制度因素 Goethes jugendliche Ratlosigkeit im damaligen Sozialsystem nach der Liebestragödie im *Werther*

叶隽 Ye Jun (Verf.)

同济大学学报 (哲社版), 第 20 卷第 4 期, 2009 年 8 月, 页 28-37

451.

歌德《维特》的接受与影响: 菲特列希·尼可莱《少年维特的喜乐》及乌里希·朋兹多尔夫《少年威波的新烦恼》Aufnahme und Einfluss von Goethes *Werther*: Friedrich Nicolai's *Freude des jungen Werther* und Ulrich Plenzdorf's *Die neuen Leiden des jungen Werther*

王美玲 Mei-Ling Wang (Verf.)

辅仁外语学报 (台湾), 2009 年第 6 期, 页 91-112

452.

"歌德—席勒国际学术研讨会"在京举行 Das internationale Goethe und Schiller-Symposium findet in Peking statt

中国社会科学院外国文学研究所

中国社会科学院报 (外国文学动态), 2009 年第六期

453.
歌德—席勒国际学术研讨会召开 Das internationale Goethe und Schiller-Symposium fand statt
世文 Shi Wen (Verf.)
文艺报, 2009 年 5 月 9 日

454.
歌德是达尔文进化论的先驱吗?——纪念歌德诞辰 260 周年 Ist Goethe der Vorläufer von Davins Evolution? – Zum Andenken an Goethes 260. Geburtstag
莫光华 Mo Guanghua (Verf.)
科学文化评论, 第 6 卷, 2009 年第 4 期

455.
歌德与席勒论戏剧表演艺术 Goethe und Schiller über dramatische Aufführungskunst
陈世雄 Chen Shixiong (Verf.)
福建艺术, 2009 年 7 月 [第 4 期], 页 32-33

456.
歌剧《浮士德》及作曲家古诺 Die Oper *Faust* und der Komponist Charles Gounod
李永铎 Li Yongduo (Verf.)
音响技术, 2009 年第 5 期

457.
郭沫若与歌德的《流浪者的夜歌》 Guo Moruo und Goethes Gedicht „Wandrers Nachtlied"
咸立强 Xian Liqiang (Verf.)
中国比较文学, 2009 年第 2 期

458.
郭沫若与宗白华传统人生观的思想共鸣 Gleichklang von Guo Moruo's und Zong Baihua's Gedanken über die traditionelle Lebensauffassung
徐欢 Xu Huan (Verf.)
郭沫若学刊, 2009 年第 4 期

459.
何处堪留——试论《浮士德》中的"有限"与"无限"的生命张力 Wohin strebt Faust – Versuch, die Lebensspannung zwischen „Begrenztheit" und „Unbegrenztheit" im *Faust* zu bestimmen
佟郡 Tong Jun (Verf.)
现代企业教育, 2009 年第 10 期

460.
基础性工作的学术史意义——读《歌德汉译与研究总目（1878-2008）》(顾正祥编著) Fundamentaler Beitrag zur Wissenschaftsgeschichte – Lektüre des Werkes *Goethe in chinesischer Übersetzung und Forschung* (Buchbesprechung)
叶隽 Ye Jun (Verf.)
文汇读书周报, 2009 年 4 月 24 日, 第 9 版

461.
经典话剧《浮士德》现实指向 Zur Aktualität des klassischen Dramas *Faust*
宋松 Song Song (Verf.)
戏剧丛刊, 2009 年第 1 期
话剧《浮士德》系上海国际艺术节演出节目, 编者附言: 话剧《浮士德》系上海国际艺术节上海话剧艺术中心的演出节目。

462.
科学与诗艺结合的典范: 歌德的《植物形变论》与教育诗《植物的变形》 Vorbildliche Verbindung der Wissenschaft mit der Dichtkunst: Goethes Abhandlung „Versuch die Metamorphose der Pflanzen zu erklären" (von 1790) und das Erziehungsgedicht „Metamorphosen der Pflanze"
德语文学与文学批评（辑刊）, 张玉书等主编, 第 3 卷, 人民文学出版社 2009 年 8 月

463.
孔子与歌德的对话 Gespräch zwischen Konfuzius und Goethe
王坤宁、朱侠 Wang Kunning u. Zhu Xia (Verf.)
中国新闻出版报, 2009 年 10 月 16 日

第五编: 论文 Kapitel V: Aufsätze

464.
李斯特与《浮士德交响曲》 Franz von Liszt und seine Faust-Symphonie
杨晓纯 Yang Xiaochun (Verf.)
音乐天地, 2009 年第 8 期, 页 58-59

465.
两种精神 三个旨在——读顾正祥著《歌德汉译与研究总目》(书评) Zwei Geister, drei Zielsetzungen – Besprechung von Gu Zhengxiang's Werk *Goethe in chinesischer Übersetzung und Forschung*
杨武能 Yang Wuneng (Verf.)
科学时报, 2009 年 9 月 10 日, 第 B3 版
编者附注: 此文又刊于《东方翻译》2009 年第 2 期(试刊), 总第 2 期 (双月刊), 页 82-84.

466.
灵肉分裂的殉葬者——《浮士德》中何蒙古鲁士形象分析 Opfer der Aufspaltung von Fleisch und Geist, Analyse der Figur Homunculus im *Faust*
廖馨 Liao Xin (Verf.)
安徽文学 (下半月), 2009 年第 8 期

467.
论浮士德的精神——品读《浮士德》 Über Fausts Geist – Lektüre des Werks
朱欢 Zhu Huan (Verf.)
语文学刊 (外语教育与教学), 2009 年第 12 期

468.
论歌德入乐诗词的艺术特征 Zur künstlerischen Charakteristik der Dichtung Goethes, die zur Musik gesetzt worden ist
谌蕾 Chen Lei (Verf.)
曲阜师范大学: 艺术学、音乐 2009 年

469.
靡非斯特的前世今生 Mephisto vor und bei Goethe
赵凌帅 Zhao Lingshuai (Verf.)
世界文化, 2009 年第 1 期

470.
情迷浮士德 Zuneigung zu Faust
孟迪菲 Meng Difei (Verf.)
钱思宁、陈新辉 (摄影) Qian Sining u. Chen Xinhui (Photos)
中国室内装饰装修天地, 2009 年第 9 期

471.
人类的界限——歌德《浮士德》之"天上序曲"诠释 Grenzen der Menschheit – Erläuterungen zum „Prolog im Himmel" in Goethes *Faust*
吴建广 Wu Jianguang (Verf.)
德国研究/Deutschland-Studien, 2009 年第 1 期

472.
人生与艺术之海的坚韧探索者——解读《浮士德》及徐晓钟导演艺术 Beharrlicher Erforscher des Lebens und der Kunst – Erläuterungen zu *Faust* und zur Kunst von Xu Xiaozhong's Regie
刘明厚 Liu Minghou (Verf.)
上海戏剧, 2009 第 1 期; 中国戏剧, 2009 年第 1 期

473.
善与恶的较量——孙悟空与浮士德形象比较 Kraftprobe zwischen dem Guten und dem Bösen – die Figuren Sun Wukong und Faust im Vergleich
王晴 Wang Qing (Verf.)
文教资料, 2009 年第 6 期

474.
市场与网络语境下的文学祛魅问题——以《浮士德》的改编与戏仿为例 Verlust der Anziehungskraft von Literatur vor dem Hintergrund des Marktes und des Internets – die Umarbeitung Fausts und deren Aufführung als Beispiel
陈定家 Chen Dingjia (Verf.)
江西社会科学, 2009 年第 2 期

475.
思之和合: 论歌德思维模式的拓新 Gedankenharmonie: über die Anbahnung von Goethes Denkmuster
叶隽 Ye Jun (Verf.)
外国文学研究, 2009 年第 2 期

476.
文化翻译与世界文学——歌德笔下的"中国女诗人"再研究 Die kulturelle Übersetzung und die Weltliteratur – erneute Untersuchung über die „chinesischen Dichterinnen" in Goethes Darstellung
谭渊 Tan Yuan (Verf.)
外语教育, 第 9 卷, 2009 年, 页 160-166

477.
我们的歌德研究 Unsere Goethe-Forschung
范大灿 Fan Dacan (Verf.)
中华读书报, 2009 年 9 月 16 日

478.
五首歌德诗歌艺术歌曲《迷娘之歌》创作手法与风格比较 Fünf Kunstlieder von Goethes Gedicht *Mignon* im Vergleich in Methode und Stil
冯存凌 Feng Cunling (Verf.)
浙江艺术职业学院学报，第 7 卷第 4 期 (2009 年 12 月), 页 33-39

479.
小城魏玛: 文学建构德意志民族精神的摇篮 Kleinstadt Weimar: literarische Wiege des deutschen Nationalgeistes
李伯杰 Li Bojie (Verf.)
外国文学研究 (中国人民大学书报资料中心), 2009 年第 11 期, 页 8-13

480.
现实主义与与时俱进——读《歌德谈话录》Der Realismus und das Schnitthalten mit der Zeit – Lektüre der *Gespräche mit Goethe*
胡佳 Hu Jia (Verf.)
时代文学, 2009 年第 18 期

481.
新历史主义视域下浮士德形象的时代转换与伦理变迁 Zeitwechsel und Ethikwandel der der Faustfigur im Horizont des Neohistorismus
李定清 Li Dingqing (Verf.)
外国文学研究, 2009 年第 6 期

482.
徐晓钟出山, "晚秋"爱上《浮士德》Xu Xiaozhong trat an die Öffentlichkeit, „Spätherbst" liebt *Faust*
婉仪 Wan Yi (Verf.)
中国文化报, 2009 年 8 月 15 日第 004 版

483.
一个人的翻译: 钱春绮 Die Übersetzung allein aus der Hand von Qian Chunqi
鲁刚 Lu Gang (Verf.)
诗歌月刊，2009 年第 3 期

484.
"一体二魂"所反映的二元论问题——《浮士德》的理性路径与歌德思想的自我矛盾 Der Körper-Seele-Dualismus – der Weg der Vernunft im Widerspruch zwischen *Faust* und Goethes eigenen Gedanken
叶隽 Ye Jun (Verf.)
德国研究/Deutschland-Studien, 2009 年第 3 期

485.
在理论维度与历史语境之间——读《现代市民史诗——十九世纪德语小说研究》Zwischen der Reichweite der Theorie und dem Kontext der Geschichte: Lektüre der Monographie Bürgerliche Epen der Moderne – Forschung über deutschsprachige Romane des 19. Jahrhunderts
叶隽 Ye Jun (Verf.)
中国图书评论, 2009 年第 10 期, 页 75-79

第五编: 论文 Kapitel V: Aufsätze

486.
在魔性与神性之间的浮士德精神 Fausts Geist zwischen dem Dämonischen und dem Göttlichen
叶隽 Ye Jun (Verf.)
中华读书报, 2009 年 4 月 1 日

487.
拯救灵魂的灯塔——浅析《神曲》与《浮士德》中的引导者 Leuchtturm zur Rettung der Seele – kurze Erläuterungen zu wegweisenden Gestalten in der *Göttlichen Komödie* und in *Faust*
张燕、葛真 Zhang Yan u. Ge Zhen (Verf.)
飞天, 2009 年第 14 期

488.
中国的歌德译介与研究现状综述 Stand der chinesischen Goethe-Rezeption und -Forschung im Überblick
叶隽 Ye Jun (Verf.)
中华读书报, 2009 年 2 月 18 日

489.
追寻、厌弃、沉迷、挣脱——观徐晓钟导演的话剧 (浮士德) Zielstrebig, überdrüssig, versunken, entkommen – Betrachtung des von Xu Xiaozhong inszenierten Dramas (Faust)
蔡兴水 Cai Xingshui (Verf.)
上海戏剧, 2009 年第 1 期

490.
自然研究对于诗人歌德的意义 Bedeutung der Naturforschung für Goethe als Dichter
莫光华 Mo Guanghua (Verf.)
国外文学, 2009 年第 2 期

2010 年

491.
爱别离——拟歌德日记 Abschied in Liebe – in Nachahmung von Goethes Tagebüchern
王充闾 Wang Chonglü (Verf.)
作家, 2010 年第 1 期, 91-97

492.
悲剧? 或者新古典主义的正剧——论歌德的《浮士德》与徐晓钟的《浮士德》 Eine Tragödie? Oder ein Schauspiel der Neoklassik – über Goethes Faust und Faust, den Xu Xiaozhong inszeniert hat
吕效平 Lü Xiaoping (Verf.)
文艺争鸣, 2010 年第 7 期

493.
从《浮士德》看东西方哲学思想 Philosophische Gedanken des Ostens und des Westens an Hand des *Faust*
牛欣炜 Niu Xinwei (Verf.)
神州, 2010 年第 12Z 期

494.
从宏观比较文学看德国文学的特征 Charakteristik der deutschen Literatur aus der Sicht der makroskopischen Komparatistik
三、浮士德原型: 对人生终极价值的探求, 页 91 Der Urfaust: Suche nach dem höchsten Wert des Lebens, S. 91
王向远 Wang Xiangyuan (Verf.)
汉语言文学研究, 第 1 卷第 1 期, 2010 年 3 月, 页 87-92

495.
从译者移情角度看翻译对郭沫若创作的影响——以郭译《浮士德》为例 Einfluss der Übersetzung auf Guo Moruos Dichtung aus der Sicht der Einfühlung des Übersetzers – seine Faust-Übersetzung als Beispiel
颜碧宇 Yan Biyu (Verf.)
中国成人教育, 2010 年第 17 期, 页 160-162

496.
盗火者、浮士德及美国悲剧的启示 Aufschluss durch Prometheus, Faust und die amerikanische Tragödie
吴燕 Wu Yan (Verf.)
中国图书商报, 2010 年 6 月 1 日, 第 W06 版

497.
翻译家钱春绮去世 Der Übersetzer Qian Chunqi ist verstorben
卜昌伟 Bu Changwei (Verf.)
京华时报，2010 年 2 月 4 日

498.
否定的精灵——论歌德《浮士德》中的靡菲斯特形象 Der Geist, der verneint – Analyse der Mephisto-Figur in Goethes *Faust*
李进超 Li Jinchao (Verf.)
名作欣赏: 文学研究 (下旬), 2010 年第 9 期

499.
《浮士德》的永恒魅力 Die ewige Magie des *Faust*
席元 Xi Yuan (Verf.)
青年文学家, 2010 年第 9 期

500.
《浮士德》文本变异之文化诗学解读 Erläuterungen zur kulturellen Poetik im Kontext der Änderungen der verschiedenen Faust-Fassungen
陈金星 Chen Jinxing (Verf.)
漳州师范学院学报 (哲社版), 第 24 卷第 1 期, 2010 年 3 月, 页 62-65

501.
浮士德形象再认识 Nochmalige Betrachtung der Faustfigur
王雅 Wang Ya (Verf.)
文学教育(上), 2010 年第 7 期, 页 114-115

502.
歌德的小说《择属亲和》中的语言和神话 Sprache und Mythos in Goethes Roman *Die Wahlverwandtschaften*
台湾国科会项目《择属亲和: 歌德的原著与班雅明的诠释》Taiwans Forschungsprogramm: *Die Wahlverwandtschaften* in Goethes Original und in Benjamins Erläuterungen
黄士元 Huang Shiyuan (Verf.)
中外文学(台湾大学外文系), 第 39 卷, 第 2 期, 页 167-199

503.
歌德的中国情结(国人看世界) Goethes geistige Verbindung zu China (wie Landsleute die Welt betrachten)
陈应松 Chen Yingsong (Verf.)
人民日报海外版，2010 年 12 月 4 日第 7 版

504.
歌德符号与浪漫主义者郭沫若的自我问题 Goethe als Symbol und das eigene Ich des Romantikers Guo Moruo
范劲 Fan Jin (Verf.)
天津社会科学, 2010 年第 2 期

505.
歌德汉译与研究总目, 顾正祥编著 (书评) Goethe in chinesischer Übersetzung und Forschung, wissenschaftlich ermittelt und herausgegeben von Gu Zhengxiang (Buchbesprechung)
平保兴 Ping Baoxing (Verf.)
南京师范大学图书馆简报, 2010 年 1 月号

506.
歌德面对打击把自己当"石灰" Goethe betrachtet sich als „Kalk" gegenüber von Angriffen
剑光 Jian Guang (Verf.)
写作，2010 年第 20 期

507.
歌德与《浮士德》Goethe und *Faust*
许爱兵 Xu Aibing (Verf.)
咸宁学院学报, 第 30 卷第 3 期, 2010 年 3 月, 页 47-48+50

第五编: 论文 Kapitel V: Aufsätze

508.
歌德与拿破仑 Goethe und Napoleon
宋德发、刘任宗 Song Defa u. Liu Renzong (Verf.)
世界文化, 2010 年第 5 期, 页 38-41

509.
歌德与唐诗 Goethe und die Lyrik der Tang-Zeit
凌彰 Ling Zhang (Verf.)
呼声(印尼华文月刊), 第 114 期, 2010 年 03 月 22 日

510.
歌德与席勒的自然美论对现实的意义 Die Aktualität von Goethes und Schillers Theorie der Naturschönheit
逯红梅 Lu Hongmei (Verf.)
世纪桥, 2010 年第 3 期

511.
哥德赞颂诗"哈次山脉冬季之旅"的古典特质 Die klassischen Elemente in Goethes Hymne „Harzreise im Winter"
张佳珍 Chia-Chen Chang (Zhang Jiazhen) (Verf.)
东吴大学学报(台北市), 第 30 期, 2010 年, 页 141-170

512.
歌德在中国的译介与接受 Die Goethe-Rezeption in China
王慧、孔令翠 Wang Hui u. Kong Lingcui (Verf.)
国外理论动态, 2010 年第 10 期, 页 86-90

513.
歌德作品集 Zu Goethes Gesamtwerk
佚名 A Anonym (Verf.)
学苑教育, 2010 年第 4 期

514.
古诺的《浮士德》Charles Gounod's Faust
余凤高 Yu Fenggao (Verf.)
音乐爱好者, 2010 年第 4 期

515.
古诺歌剧《浮士德》题材分析 Analyse der Stoffe in Charles Gounod's Oper Faust
林卿 Lin Qing (Verf.)
福建论坛(社科教育版), 2010 年第 S1 期

516.
郭沫若翻译活动对其早期新诗创作之影响——以郭氏自述为考察视角 Guo Moruo's Übersetzungstätigkeiten und deren Einflüsse auf seine frühere Dichtung nach modernem chinesischem Stil – Untersuchung im Blickfeld seiner eigenen Angaben
曾祥敏 Zeng Xiangmin (Verf.)
西南交通大学学报, 2010 年第 5 期

517.
郭沫若研究二题 Zwei Themen der Guo Moruo-Forschung
吴小雪 Wu Xiaoxue (Verf.)
郭沫若学刊, 2010 年第 1 期
附注: 论及郭沫若与徐志摩关于歌德<琴师>一诗翻译中"枕"字的争论

518.
郭译《浮士德》中中国古典诗体的运用 Die Anwendung klassischer chinesischer Dichtung in Guo Moruo's Faust
华少庠、甘玲 Hua Shaoxiang u. Gan Ling (Verf.)
郭沫若学刊, 2010 年第 1 期

519.
和浮士德一起回故乡(12 首) Heimkehr mit Faust zusammen (12 Gedichte)
边建松 Bian Jiansong (Verf.)
野草, 2010 年第 6 期

520.
黑塞对歌德教育精神的接受和反思考 Hermann Hesses Aufnahme von Goethes Geist der Erziehung und seine Rückbesinnung darauf
王静 Wang Jing (Verf.)
东北大学学报 (社会科学版), 2010 年第 4 期

521.
历经百年的困惑——论"浮士德难题" Hundertjährige Unklarheit – Analyse des Faust-Problems
白丹丹 Bai Dandan (Verf.)
洛阳师范学院学报, 2010 年第 3 期

522.
恋爱中的歌德 Goethe in Liebe
李霞 Li Xia (Verf.)
文艺报, 2010 年 7 月 30 日

523.
论歌德小说《亲和力》的主题思想——兼议歌德的婚姻爱情观 Über das Hauptmotiv von Goethes Roman *Die Wahlverwandtschaften*, unter Berücksichtigung von Goethes Ansicht zu Ehe und Liebe
钟燕 Zhong Yan (Verf.)
浙江师范大学学报 (社会科学版), 2010 年第 3 期, 第 35 卷, 总第 168 卷, 页 55

524.
论《圣经》对《浮士德》的影响 Zum Einfluss der Bibel auf *Faust*
王辽南 Wang Liaonan (Verf.)
外国文学研究, 2010 年第 3 期

525.
马克思恩格斯论歌德和席勒 Marx und Engels über Goethe und Schiller
程凯华 Cheng Kaihua (Verf.)
邵阳学院学报 (社会科学版), 2010 年第 2 期, 第 9 卷

526.
钱春绮的诗及译作(4 首) Vier Gedichte, verfasst und übersetzt von Qian Chunqi
钱春绮 Qian Chunqi (Verf. u. Übers.)
诗歌月刊, 2010 年第 8 期
编者提示："老歌德的《浮士德》"。

527.
钱春绮先生的翻译传奇 Legende von Qian Chunqi's Übersetzung
叶廷芳 Ye Tingfang (Verf.)
中华读书报, 2010 年 2 月 24 日
又载：东方翻译, 2010 年第 1 期, 总第 3 期

528.
青年张闻天和他的《歌德的浮士德》 Der junge Zhang Wentian und sein Werk *Goethes Faust*
高利克，马里安 Galik, Marian (Verf.)
袁铮 Yuan Zheng (Verf.)
中文学术前沿, 2010 年第 1 期

529.
儒家"格物"论思想对歌德《浮士德》的阐发 Die Bedeutung der Suche nach dem Wesen der Dinge im Konfuzianismus für die Interpretation von Goethes *Faust*
徐筱溪 Xu Xiaoxi (Verf.)
青年文学家, 2010 年第 17 期

530.
诗歌翻译巨擘钱春绮辞世 Qian Chunqi als Autorität auf dem Gebiet der Gedichtübertragung starb
曹军英、周文莉 Cao Junying u. Zhou Wenli (Verf.)
中外诗歌研究, 2010 年第 1 期, 页 46

531.
十八世纪欧洲文化思潮中的"中国风" Die „China-Mode" in der europäischen Kultur des 18. Jahrhunderts
(3) 文学、艺术激起的反响 Durch Literatur und Kunst ausgelöstes Echo
叶廷芳 Ye Tingfang (Verf.)
光明日报, 2010 年 8 月 12 日

第五编：论文 Kapitel V: Aufsätze

532.

四川与歌德, 歌德与四川——为川外 60 华诞暨歌德研究所成立而作 Sichuan und Goethe – Goethe und Sichuan: anlässlich der 60. Jubiläums der Fremdsprachenhochschule Sichun und zugleich der Gründung des Instituts der Goethe-Forschung dort

杨武能 Yang Wuneng (Verf.)

四川外语学院学报, 2010 年第 2 期, 又载《外国语文》2010 年第 2 期与《中国歌德学会通讯》第 2 期

533.

问询生命的不同反思——论《红楼梦》《浮士德》生命价值的异质观 Unterschiedliche Rückbesinnungen auf die Erforschung des Lebens – über verschiedene Auffassungen vom Wert des Lebens im *Traum der Roten Kammer* und im *Faust*

张帆、向兰 Zhang Fan u. Xiang Lan (Verf.)

红楼梦学刊, 2010 年第 3 期

534.

吾将上下而求索——《离骚》与《浮士德》求索精神比较 Ich werde überall suchen – Strebgeist in *Lisao* (Qu Yuan's Elegie) und *Faust* im Vergleich

陈桐生、朱啸雪 Chen Tongsheng u. Zhu Xiaoxue (Verf.)

辽东学院学报 (社会科学版), 2010 年第 5 期

535.

Das Spiel als Wille und Vorstellung: eine Interpretation der Helena-Dichtung im Faust (戏剧作为意志和想象——《浮士德》(第二部) 海伦剧之诠释[8]

吴建光 Wu Jianguang (Verf.)

in: Zeitschrift für Literaturwissenschaft und Linguistik, Heft 157, Jg. 2010 ([德] 文学与语言学杂志, 第 157 期, 2010 年)

536.

向着永恒飞升——《浮士德》精神复活原型分析 Flug zur Ewigkeit – originale Interpretation des Wiedererstehens des Faustgeistes

李婧 Li Jing (Verf.)

剑南文学, 下半月, 2010 年第 8 期

537.

学术中的浮士德与墨菲斯特——对近年来学术失范问题的反思 Faust und Mephisto in der Wissenschaft – Nachdenken über die exzentrischen Probleme der Wissenschaft seit den letzten Jahren

张春梅 Zhang Chunmei (Verf.)

新疆师范大学学报 (社会科学版), 2010 年第 1 期

538.

也谈"浮士德精神"——读《浮士德》有感 Auch über den Faustgeist – Gedanken nach der Lektüre des Fausts

卢蕊 Lu Rui (Verf.)

文艺生活·文海艺苑, 2010 年第 4 期

539.

忧患云海诗哲心——现代性视域中歌德思想形成史的意义 Das Herz des Dichterphilosophen voller Fürsorge – Bedeutung der Entstehungsgeschichte von Goethes Gedanken im Blickfeld der Modernität

叶隽 Ye Jun (Verf.)

同济大学学报(社会科学版), 2010 年第 2 期

540.

追寻歌德的足迹 Auf Goethes Spuren

梁琰 Liang Yan (Verf.)

世界知识画报, A 版, 2010 年第 8 期, 页 34-43, 共 10 页

---

[8] 德语论文, 发表在德国专业杂志。

2011年

541.
重建世界文学的中国版本 Wiederaufbau chinesischer Weltliteraturausgaben
王宁 Wang Ning (Verf.)
中华读书报, 2011 年 4 月 6 日

542.
《从军日记》与《少年维特之烦恼》的精神联系和差异 Geistige Verbindungen und Unterschiede zwischen „Kriegstagebüchern" und den „Leiden des jungen Werther"
蒋永国 Jiang Yongguo (Verf.)
长春师范学院学报，2011 年第 5 期
编者提示：《从军日记》系女作家谢冰莹 (1906-2000) 的作品。

543.
从《神曲》到《浮士德》 Von der *Göttlichen Komödie* zum *Faust*
李鸿建 Li Hongjian (Verf.)
文学教育: 中, 2011 年

544.
从文学场的斗争逻辑看歌德的自主美学 Goethes souveräne Ästhetik im Blickwinkel der Logik des Kampfs in der literarischen Welt
贺骥 He Ji (Verf.)
同济大学学报 (哲社版), 第 20 卷第 4 期, 2011 年 8 月

545.
对"超人"的"圣人化"误读——浮士德精神新论 Falsch vergöttliche Lektüre des „Übermenschen" – Neue Ansicht von Fausts Geist
卢伟 Lu Wei (Verf.)
东京文学, 2011 年第 8 期

546.
翻译界的浮士德 Faust im Übersetzerkreis
张闳 Zhang Hong (Verf.)
上海采风, 2011 年第 2 期

547.
浮士德博士的悲剧研究 Erforschung der Tragödie Doktor Faustus
崔维乔 Cui Weiqiao (Verf.)
河北理工大学学报 (社会科学版), 2011 年第 5 期

548.
浮士德的博学与虔敬——克里斯托弗•马洛的《浮士德博士的悲剧》与基督教伦理 Fausts Gelehrsamkeit und Frömmigkeit – Christopher Marlowe's *Doctor Faustus* und die christliche Etik
冯伟 Feng Wei (Verf.)
解放军外国语学院学报, 2011 年第 3 期, 页 102-106

549.
浮士德的沉沦与救赎——李斯特 b 小调钢琴奏鸣曲 Fausts Untergang und Rettung – Liszt's Klaviersonate, b-Moll
王晶 Wang Jing (Verf.)
音乐生活, 2011 年第 11 期, 页 52-55

550.
浮士德的"需要" Fausts „Bedürfnisse"
赵栋栋 Zhao Dongdong (Verf.)
长治学院学报, 2011 年第 1 期

551.
《浮士德》对《约伯记》的继承与超越 Fausts Aneignung und Übertreffen des Buches Job der Bibel
高胜兵 Gao Shengbing (Verf.)
重庆科技学院学报(社会科学版), 2011 年第 7 期

552.
"浮士德精神"解读 Erläuterungen zum „Faustgeist"
杜立、孙建、吴芳 Du Li, Sun Jian u. Wu Fang (Verf.)
大观周刊, 2011 年第 30 期

第五编: 论文 Kapitel V: Aufsätze

553.
"浮士德难题": 分成两半的人 „Das Faust-Problem": ein gespalteter Mensch
张维时 Zhang Weishi (Verf.)
剑南文学: 经典阅读, 2011 年第 4 期

554.
浮士德形象与现代人精神困惑 Die Faustfigur und die geistige Krise der modernen Menschen
孙雅妮 Sun Yani (Verf.)
咸阳师范学院学报, 2011 年 5 月 [第 26 卷第 3 期]

555.
浮士德音乐研究综述 Resümee zur Erforschung der Faust-Musik
王笑容 Wang Xiaorong (Verf.)
黄河之声, 2011 年第 12 期

556.
浮士德与贾宝玉——一次中西比较分析 Faust und Jia Baoyu – eine Analyse zum Vergleich zwischen Ost und West
陶玫 Tao Mei (Verf.)
名作欣赏(学术版), 2011 年第 6 期

557.
浮士德与魔鬼 Faust und Dämon
傅祖浩 Fu Zuhao (Verf.)
剧本, 2011 年第 4 期
编者附注: 作者系编剧。

558.
敢遣巨作入笔端——李斯特的《浮士德交响曲》Das Wagnis, ein Meisterwerk aufzugreifen – Franz von Liszts Faust-Symphonie
夏宏 Xia Hong (Verf.)
现代音响技术, 2011 年第 12 期

559.
歌德的"形态学"美学观念及其现代性文化启示 Goethes ästhetische Ansicht der „Morphologie" und der aufklärerische Einfluss auf die Moderne
施锐 Shi Rui (Verf.)
文艺理论研究, 2011 年第 3 期, 页 134-138

560.
歌德伏尔泰为何都钟情《赵氏孤儿》? Warum lieben sich Goethe und Voltaire so sehr in das chinesische Drama Zhaoshi gu er (Die Waise der Familie Zhao)
沧桑老刀 Cangsang Laodao (Verf.)
旅游时代, 2011 年第 3 期

561.
歌德"世界文学"的当代价值 Die aktuelle Bedeutung von Goethes „Weltliteratur"
范玉刚 Fan Yugang (Verf.)
学习时报. 2011 年 10 月 10 日

562.
歌德写到的一段法院史 Eine Gerichtsgeschichte, die in Goethes Werk Niederschlag findet
李文 Li Wen (Verf.)
人民法院报, 2011 年 2 月 25 日, 第 006 版

563.
孤独的光芒, 激情的火——浮士德精神的现代性张力 Einsames Licht, emotionales Feuer – die Reichweite der Modernität des Faustgeistes
苏文健 Su Wenjian (Verf.)
中国研究生, 2011 年第 4 期

564.
贾宝玉与浮士德形象之比较 Die beiden Figuren Jia Baoyu und Faust im Vergleich
俞娟 Yu Juan (Verf.)
铜陵学院学报, 2011 年第 2 期

565.
救世理想与现世艰难——《普罗米修斯》断片中的"宿命叛逆"现象及其思想史元素, 页 69-76 → Ideal der Erlösung und Härte der Gegenwart – das Phänomen der Schicksalhaften Rebellion im *Prometheus*-Fragment und seine ideengeschichtlichen Elemente, S. 69-76
叶隽 Ye Jun (Verf.)
德国研究/Deutschland-Studien, 2011 年第 2 期, 第 26 卷第 2 期, 总第 98 期

566.
"两个"歌德的融合——论托马斯·曼的长篇小说《歌德与绿蒂》Verschmelzung von zwei Goethe-Bildern – über Thomas Manns Roman *Goethe und Lotte*
李昌珂 Li Changke (Verf.)
外国文学研究 (武汉), 2011 年 6 期

567.
魔法师的学徒 Der Zauberlehrling
佚名 Anonym (Verf.)
少儿科技, 2011 年第 2 期, 页 27

568.
濒死意念作为戏剧空间——歌德《浮士德》"殡葬"之诠释 Todesahnung als Raum des Dramas – Erläuterung zur in Goethes Faust
吴建广 Wu Jianguang (Verf.)
外国文学评论, 2011 年第 2 期, 第 146-156 页

569.
浅论"浮士德精神"的基本内涵及人生哲学意义 Kurze Analyse des Faustgeistes in seinem Grundgehalt und seiner Bedeutung für die Lebensphilosophie
叶方石 Ye Fangshi (Verf.)
名作欣赏: 学术版, 2011 年第 9 期

570.
浅析《浮士德》的狂欢化和复调性特征 Kurze Analyse der Merkmale des Enthusiasmus im *Faust*
李俊 Li Jun (Verf.)
传奇.传记文学选刊(理论研究), 2011 年第 4 期

571.
浅析《浮士德》中的海伦形象 Kursorische Bemerkungen zur Helena-Figur im *Faust*
李欣蕊 Li Xinrui (Verf.)
安徽文学(下半月), 2011 年第 11 期

572.
青春没有浮士德的花儿 Jugend ohne Fausts Blumen
马喆 Ma Zhe (Verf.)
美文 (下半月), 2011 年第 2 期

573.
青春时期的爱情:《少年维特之烦恼》Jugendliche Liebe: *Die Leiden des jungen Werther*
刘海燕 Liu Haiyan (Verf.)
中学生阅读 (初中版), 2011 年第 7 期, 页 58-61

574.
什么"世界"? 如何"文学"? → Was ist „Welt"? Wie ist „Literatur"?
陈跃红 Chen Yuehong (Verf.)
中国比较文学, 2011 年第 2 期, 总第 83 期, 页 1-10
附注: 论及马克思恩格斯与歌德"世界文学"观的异同。

575.
世界文学: 经典与超民族认同 Weltliteratur: Klassik und ihre nationenübergreifende Anerkennung
江宁康 Jiang Ningkang (Verf.)
中国比较文学, 2011 年第 2 期, 总第 83 期, 页 11-19
编者附注: 论及歌德的"世界文学"观。

第五编: 论文 Kapitel V: Aufsätze

576.

文化差异下的生命追求——浅析《浮士德》与《红楼梦》中的孤独感和个体独立性 Das Lebensstreben in unterschiedlichen Kulturen – das Gefühl der Einsamkeit und die Souveränität des Individuums

陈娇、蔡玳燕 Chen Jiao u. Cai Daiyan (Verf.)

考试周刊, 2011 年第 9 期

577.

文学之镜中的思想光影：读《歌德思想之形成》Geistiges Bild des Lichtes im Spiegel der Literatur: Lektüre des Werkes *Entwicklung von Goethes Gedanken*

黎江 Li Jiang (Verf.)

中华读书报（书评周刊·社科），2011 年 2 月 16 日第 10 版

578.

五十回眸——有苦有乐, 无悔无怨 Rückblick auf 50 Jahre – Härte und Freude zugleich, jedoch ohne Reue und Groll

杨武能 Yang Wuneng (Verf.)

东方翻译(双月刊), 2011 年第 3 期, 总第 11 期, 页 40-54

编者附注: 全文共分十一小节, 第十小节的标题为: 歌德与我同在, 页 52-53。附插图"杨武能有关歌德的论著、译著和编著"。

579.

戏剧创作中的《浮士德》精神——古诺、林兆华、徐晓钟三种导演版本之比较 Der Faust-Geist in der Theaterdichtung – drei Versionen der Oper, die von Charles Gounod', Lin Zhaohua und Xu Xiaozhong inszeniert wurden

陈孟亮 Chen Mengliang (Verf.)

艺苑, 2011 年第 5 期

580.

现代中国的荷尔德林接受——以若干日耳曼学者为中心 Die Aufnahme Hölderlins im modernen China – einige Germanisten im Mittelpunkt

叶隽 Ye Jun (Verf.)

中国比较文学, 2011 年第 2 期, 总第 83 期, 页 97-109

编者附注: 本文主论荷尔德林, 旁及歌德, 如将荷尔德林与歌德作比较(页 103)。

581.

辛亥革命元老马君武——多才多艺的奇才, 一代翻译大家 Ma Junwu, ein Vorkämpfer der Revolution von 1911, ein vielseitiges Genie, ein großer Übersetzer in seiner Generation

袁志英 Yuan Zhiying (Verf.)

海归学人(上海), 2011 年第 5 期, 总第 11 期, 页 22-24

编者附注: 节录马君武译歌德小说《威廉·麦斯特年代》中"迷娘客歌"一诗的第 1 节。

582.

寻找"真善美"——我看《浮士德》 Suche nach dem „Wahren, Guten und Schönen" – *Faust* aus meiner Sicht

康素慧 Kang Suhui (Verf.)

艺苑, 2011 年第 5 期

583.

杨武能: 在歌德的世界里游走 Yang Wuneng: Wanderung in Goethes Welt

黑马 Hei Ma (Verf.)

书摘, 2011 年第 8 期

584.

杨武能与《歌德与中国》评议 Yang Wuneng und *Goethe und China*: eine Interpretation

徐舒 Xu Shu (Verf.)

安徽文学(下半月), 2011 年第 11 期

585.

叶廷芳成为国际歌德学会"名誉会员"(动态) Ye Tingfang ist „Ehrenmitglied" der internationalen Goethe-Gesellschaft geworden (Trend)

鲁大智 Lu Dazhi (Verf.)

中华读书报, 2011 年 8 月 24 日第 2 版

586.

战后六十年的歌德学(1945-2005)——歌德学术史研究 Sechzig Nachkriegsjahre der Goethe-Philologie (1945-2005) – Erforschung der Wissenschaftsgeschichte über Goethe

叶隽 Ye Jun (Verf.)

东吴学术 (双月刊), 2011 年第 3 期

587.

中国人如何理解歌德 Wie die Chinesen Goethe verstehen

安尼 An Ni (Verf.)

中国图书商报, 2011 年 3 月 22 日

2012 年

588.

不断令人吃惊的学者[顾正祥] Ein immer wieder überraschender Gelehrter (Gu, Zhengxiang)

袁志英 Yuan Zhiying (Verf.)

文汇报 (笔会), 2012 年 3 月 26 日, 第 8 版

589.

不朽——歌德及其他 Unsterblich: Goethe u.a.

杨好 Yang Hao (Verf.)

文汇报・笔会, 2012 年 11 月 11 日, 第 8 版

590.

从歌德的《浮士德》看李斯特的《浮士德交响曲》 Goethes *Faust* und Franz von Liszts *Faust-Symphonie* im Vergleich

柯云燕 Ke Yunyan (Verf.)

北方音乐, 2012 年第 6 期

591.

从自我认识视角看浮士德博士的悲剧 Die Faust-Tragödie aus dem Blickwinkel der Selbstbetrachtung

王二庆 Wang Erqing (Verf.)

北方文学,・中旬, 2012 年第 6 期

592.

从市民家庭到公共生活——解读歌德的《威廉・迈斯特的学习时代》 Von der bürgerlichen Familie zum öffentlichen Leben – Erläuterungen zu Goethes *Wilhelm Meisters Lehrjahre*

谷裕 Gu Yu (Verf.)

同济大学学报, 2012 年第 4 期

593.

大都会《浮士德》主打"概念"牌 „Begriffe" im Vordergrund der Faust-Aufführung im City-Theater

谢朝宗 Xie Chaozong (Verf.)

歌剧, 2012 年第 2 期

编者附注: 批评加拿大导演麦克纳夫, 戴斯（McAnuff, Des）在大都会歌剧院执导古诺的《浮士德》, 未把概念延续到完整的歌剧情节。

594.

德诗东渐过程中的主体原则与资源向度 The Principle of Subject and Dimension of Resources in the Process of the German Literature to the eat

叶隽 Ye Jun (Verf.)

中国文学研究, 2012 年第 2 期, 页 43-48 及 129-130

编者附注: 探讨歌德及其《浮士德》、席勒及其《退尔》等在现代中国的接受史。

595.

《德诗汉译》: 外籍汉译史上的第一部德国诗集 *Deutsche Gedichte in chinesischer Übersetzung*: die erste deutsche Gedichtsammlung in der chinesischen Übersetzungsgeschichte ausländischer Werke

郭延礼 Guo Yanli (Verf.)

东方翻译, 2012 年第 3 期, 页 39-43

596.

读歌德 Goethe als Lektüre

曹丕植 Cao Pizhi (Verf.)

黄河之声, 2012 年第 24 期, 页 92-93

第五编: 论文 Kapitel V: Aufsätze

597.
对浮士德形象的再认识 Neue Erkenntnisse über den Faustgeist
张鑫 Zhang Xin (Verf.)
科技致富向导, 2012 年第 5 期

598.
疯癫的胜利——《浮士德博士的悲剧》的福柯[9]式解读 Der Sieg des Wahnsinns – Christopher Marlowe's *Doctor Faustus* nach der Interpretation von Michel Foucault
刘书皖 Liu Shuwan (Verf.)
文学界 (理论版), 2012 年第 2 期

599.
浮士德精神的美学建构——评牟心海著《王向峰的美学世界》 Die ästhetische Konzeption des Faustgeistes – über Mou Xinhai's Werk *Wang Xiangfeng's ästhetische Welt*
高海涛 Gao Haitao (Verf.)
辽宁大学学报(哲学社会科学版), 2012 年 第 3 期, 页 164-166

600.
"浮士德"精神的现代性评析 Der Geist Fausts in der modernen Kritik
张莉 Zhang Li (Verf.)
芒种, 2012 年第 12 期

601.
《浮士德》与《围城》[10]中知识分子形象比较 Die Figuren der Intellektuellen im *Faust* und in der *umzingelten Stadt* im Vergleich
王雅妮 Wang Yani (Verf.)
北方文学(下半月), 2012 年第 3 期

602.
歌德的翻译实践与翻译理论 Goethes Praxis und Theorie der Übersetzung
贺骥 He Ji (Verf.)
西安外国语大学学报, 2012 年第 4 期

603.
歌德的立体全身塑像——论艾克曼《歌德谈话录》 Goethes stehende und ganz körperliche Statue – über Eckermanns *Gespräche mit Goethe*
杨武能 Yang Wuneng (Verf.)
同济大学学报 (社会科学版), 2012 年第 6 期, 页 1-9

604.
歌德夫人的不白之冤 Ungeklärte Unschuld von Goethes Frau
袁志英 Yuan Zhiying (Verf.)
文汇报•笔会, 2012 年 11 月 11 日, 第 8 版

605.
歌德关于艺术理想与现实生活关系的思考 Goethes Gedanken zum Verhältnis zwischen künstlerischem Ideal und realem Leben
王静 Wang Jing (Verf.)
湖南工程学院学报(社会科学版),2012 年第 1 期

606.
歌德逝世 180 周年: 中国人是我们的同类人 Zu Goethes 180. Todestag: die Chinesen sind „ein Volk, das sehr viele Ähnlichkeit mit den Deutschen hat"
仲苏 Zhong Su (Verf.)
金色年华, 2012 年第 5 期, 页 72-73

607.
歌德、席勒的希腊想象与卢梭的"自然人"理念 Goethes und Schillers Vorstellung vom antiken Griechenland und Rousseaus Ansicht / Idee vom „Naturmenschen"
施锐 Shi Rui (Verf.)
哈尔滨师范大学社会科学学报, 2012 年第 3 期

---

[9] 福柯, 米歇尔 (Foucault, Michel, 1926-1984): 法国哲学家。
[10] 钱钟书小说, 1947 年初版, 1948 年第 2 版, 1949 年第 3 版。人民文学出版社重印, 1980 年第 1 版, 1981 年第 2 版, 1982 年第 3 版, 1985 年第 4 版。

608.
歌德、席勒：两位世界大文豪的生死情缘 Goethe und Schiller: zwei große Schriftsteller der Welt, auf Leben und Tod verbunden
渝文 Yu Wen (Verf.)
文化交流，2012 年第 1 期

609.
歌德学概念的溯源及其学术建制内生成 Der Ursprung des Begriffs Goethe-Forschung und dessen Entstehung im Gefüge der Wissenschaften
叶隽 Ye Jun (Verf.)
同济大学学报(社会科学版)，第 23 卷第 4 期，2012 年 12 月 5 日

610.
歌德艺术观的发展研究 Studien zur Entwicklung von Goethes Kunstauffassung
王静 Wang Jing (Verf.)
华东师范大学，2012 年博士论文

611.
歌德与贝多芬：诗歌、音乐、友谊、爱情 Goethe und Beethoven: Poesie, Musik, Freundschaft und Liebe
钱泥 Qian Ni (Verf.)
音乐爱好者，2012 年第 8 期，页 28-33

612.
郭沫若及其时代（一）（二）（三）——关于郭沫若的对话 Guo Moruo und seine Zeit (Teil I, II, III) – Gespräche über Guo Moruo
谢保成、郭平英、李晓虹 (对话嘉宾) Xie Baocheng, Guo Pingying u. Li Xiaohong (Verf.)
祝晓风 (对话主持人) Zhu Xiaofeng (Moderator)
中国社会科学报，2012 年 11 月 14 日
论点摘要：郭老的译作是五四运动以来西方进步思想在中国得到传播的见证，也是他本人思想发展进程的重要见证。在不同历史时期，他对翻译作品的选向是不同的。20 世纪 20 年代初期对歌德作品、雪莱诗歌的翻译，反映了他在个性解放和艺术风格上的追求；20 世纪中期对河上肇《社会组织与社会革命》、屠格涅夫《新时代》(一译《处女地》等书的翻译，反映了他对中国的社会现状与变革道路的关注；30 年代翻译的马恩著作和美术考古史方面的专著，与他在中国古代社会研究上取得突破性成就有极为直接的关系。抗战爆发前夕，他又翻译了席勒的《华伦斯泰》，抨击了向侵略者屈膝投降的叛徒，预示他早就做出"又当投笔请缨时"、"鸿毛泰岱早安排"的选择(郭平英)。(页 A-06)

613.
和谐与共鸣：音乐与叙事的完美互动——歌剧《浮士德》选段《珠宝之歌》[第三幕]之艺术特征分析 Harmonie und Resonanz: optimale Wechselwirkung zwischen Musik und Schilderung – Erläuterungen zum künstlerischen Merkmal der Oper *Faust* [von Gounod, Charles]
蒋兴辉 Jiang Xinghui (Verf.)
四川戏剧，2012 年第 1 期，页 122

614.
《黑暗的心》[11]与《浮士德》的平行与对立 Parallelität und Gegensatz zwischen *Heart of Darkness* und *Faust*
李腊梅 Li Lamei (Verf.)
重庆科技学院学报(社会科学版)，2012 年第 3 期，页 128-130

615.
黑塞对歌德"对立统一"思想的接受与发展 Hermann Hesses Aufnahme und Entwicklung von Goethes Gedanken über „Einheit der Gegensätze"
马剑 Ma Jian (Verf.)
同济大学学报(社会科学版)，2012 年第 6 期

---
[11] 系英国作家康拉德，约瑟夫(Joseph Conrad, 1857-1924) 著的一部小说。

616.
回声, 麻烦的回声——歌德与德国 Echo, umständliches Echo: Goethe und Deutschland
杨好 Yang Hao (Verf.)
名作欣赏, 鉴赏版 (上旬), 2012 年第 10 期, 页 136-138

617.
华裔学者获德国总统铁十字勋章 Ein Gelehrter chinesischer Herkunft hat das Bundesverdienstkreuz bekommen
陈熙涵 Chen Xihan (Verf.)
文汇报, 2012 年 2 月 8 日, 第 9 版
编者附注: 华裔学者乃顾正祥。获奖名称上本无 "铁" 字。

618.
简析《浮士德》对人生价值观的隐喻 Kurz über die Metapher für die Auffassung vom Wert des Lebens im *Faust*
曹芸 Cao Yun (Verf.)
河南工程学院学报(社科版), 第 27 卷, 2012 年第 4 期, 页 73-76

619.
金融交易税是一场浮士德式闹剧 Steuer vom Finanzgeschäft ist eine Farce auf Art des Faust
刘晓忠 Liu Xiaozhong (Verf.)
21 世纪经济报道, 2012 年 1 月 12 日, 第 4 版

620.
"狂飙突进"的思想觉醒——从《浮士德》中汲取精神力量 Das geistige Erwachen des Sturm und Drang – Schöpfen der geistigen Kraft aus dem *Faust*
刘洪涛 Liu Hongtao (Verf.)
考试与招生, 2012 年第 2 期

621.
老子与《浮士德博士的悲剧》[马洛, 克里斯托弗] Laocius und *Doctor Faustus* [Christopher Marlowe, 1564-1593]
杜丹 Du Dan (Verf.)
辽宁经济职业技术学院学报, 2012 年第 3 期

622.
李斯特《浮士德交响曲》: 魔鬼想象中戏仿的讽喻 Franz von Liszts *Faust-Symphonie*: die gefoppte Parabel in der Phantasie des Mephisto
章馨方 Zhang Xinfang (Verf.)
林区教学, 2012 年第 4 期

623.
联系席勒的美学思想看歌德《浮士德》的美育思想创造 Goethes Beiträge zur ästhetischen Bildung und Erziehung durch *Faust*, anhand von Schillers ästhetischen Gedanken
季汝甜 Ji Rutian (Verf.)
美与时代(下), 2012 年第 10 期

624.
论《浮士德》中的"人生悖论情结"及其消减方式 Die mit dem Schicksal des Lebens unvereinbaren Gefühle und die Methoden deren Reduzierung in *Faust*
杨必容 Yang Birong (Verf.)
文学界(理论版), 2012 年第 2 版

625.
马君武与《宇宙之谜》Ma Junwu und *Die Welträtsel: Gemeinverständliche Studien über monistische Philosophie* (Haeckel, Ernst[12])
袁志英 Yuan Zhiying (Verf.)
文汇报, 第 8 版 (笔会), 2012 年 2 月 8 日
编者附注: 先刊于《海归学人》2011 年第 5 期, 本报刊登时删节甚多。

626.
破碎的乐园梦与永恒理性的有限性——再论浮士德的"盲目" Der zerbrochene Traum vom Paradies und die Beschränktheit der ewigen Vernunft – nochmals über Fausts „blinde Augen"
张巧 Zhang Qiao (Verf.)
时代文学(上半月), 2012 年第 6 期

---

[12] 全名 Ernst Heinrich Philipp August Haeckel (恩斯特·海因里希·菲利普·奥古斯特·海克尔, 1834-1919), 德国生物学家、植物学家、哲学家和艺术家, 达尔文进化论的杰出继承者。

627.
色彩是"光的业绩，业绩和苦难"——论歌德的《色彩学》和色彩观 Farbe ist die „Leistung des Lichtes" – über Goethes Farbenlehre und Goethes Ansichten über Farben
莫光华 Mo Guanghua (Verf.)
同济大学学报 (社科版), 2012 年第 4 期, 页 17-25, 共 9 页

628.
神力、自然和人工——从《歌德谈话录》看晚年歌德的天才观 Die göttliche Kraft, die Natur und die menschliche Kraft – die Genie-Auffassung des alten Goethe an Hand der *Gespräche mit Goethe*
贺骥 He Ji (Verf.)
北京第二外国语学院学报, 2012 年第 12 期

629.
施韦泽的歌德伦理思想研究 Rainer Schwarzs Untersuchung von Goethes ethischen Gedanken
陈泽环 Chen Zehuan (Verf.)
上海师范大学学报, 第 41 卷, 2012 年第 3 期

630.
"诗与真"的中西文化蕴含——梁宗岱与歌德、庄子艺术美学精神之关系 Ost-westlicher Kulturgehalt der „Dichtung und Wahrheit": künstlerisch-ästhetisches Zusammenhängen von Liang Zongdai, Goethe und Zhuang Zi
张仁香 Zhang Renxiang (Verf.)
学术交流, 2012 年第 6 期, 页 155-159

631.
为了真理: 自强不息, 上下求索——试论《浮士德》中体现的西方文化精神 Der strebende Geist auf der Suche nach Wahrheit, Versuch über den westlichen Kulturgeist, der im *Faust* zum Ausdruck kommt
周璨 Zhou Can (Verf.)
中学语文: 下旬, 2012 年第 2 期

632.
西方古典学作为一门学科的意义 Die Bedeutung der westlichen Klassik als ein Wissenschaftszweig
黄洋 Huang Yang (Verf.)
文汇报, 2012 年 3 月 26 日
论点摘编: 德国古典主义的代表人物歌德一生追求理想的希腊, "用心灵寻找希腊人的土地", 被称为"北方的希腊人"。

633.
西方文化精神的浓缩:《浮士德》 *Faust*: Verdichtung des westlichen Kulturgeistes
余璐 Yu Lu (Verf.)
芒种, 2012 年第 2 期

634.
新作重解农民工, 巨制再问浮士德 (托马斯·曼小说《浮士德博士》的书评, 罗炜译, 上海译文出版社 2013 年 3 月出版)
赵亦冬 Zhao Yidong (Verf.)
工人日报, 2012 年 6 月 4 日, 第 007 版

635.
银行垄断暴利背后的"浮士德交易"——侵蚀实体经济的是金融垄断体系下的银行垄断租金收益 „Faust-Geschäfte" und die riesigen Bankgewinne – Monopolprofite der Banken im für die Wirtschaft zerstörerischen Finanzsystem
刘晓忠 Liu Xiaozhong (Verf.)
21 世纪经济报道, 2012 年 2 月 8 日, 第 4 版, 栏目: 时论

636.
与魔鬼结盟的国家悲剧 (书评) Staatstragödie in Verbindung mit dem Dämon (Rezension)
袁志英 Yuan Zhiying (Verf.)
东方早报(上海书评), 2012 年 10 月 28 日, 星期日, 第 5-6 版)
编者附注: 本文系托马斯·曼的小说《浮士德博士》(上海译文出版社, 2012 年 4 月, 582 页, 58 元)的书评, 论及歌德的诗剧《浮士德》。

第五编: 论文 Kapitel V: Aufsätze

637.
在古典与浪漫的形式中展现此在的终结——歌德《浮士德》"山谷"之诠释 Der Ausgang des Daseins in der Kombination von klassischer und romantischer Form – eine Interpretation zur Szene „Bergschluchten" in Faust II
吴建广、项雯 Wu Jianguang u. Xiang Wen (Verf.)
德国研究/Deutschland-Studien, 2012 年第 1 期, 第 27 卷第 101 期, 页 82-94

638.
再议歌德的诗学主张——以王国维为例进行的比较研究 Erneute Auseinandersetzung mit Goethes Poetik, im Vergleich mit Wang Guowei als Beispiel
王广芸 Wang Guangyun (Verf.)
剑南文学: 经典阅读, 2012 年第 2 期, 页 214-215

2013 年

639.
"达摩之洞"的思想"至乐"——中国哲人李泽厚、刘再复侧影 ["大家风范"栏目] Die höchste geistige Freude der „Höhle, in der Bodhidharma wohnt": Silhouetten der chinesischen Philosophen Li Zehou und Liu Zaifu
张梦阳 Zhang Mengyang (Verf.)
传记文学, 2013 年第 1 期
编者提示: 谈及作者本人在与李泽厚、刘再复两位的交往中一段探讨歌德《浮士德》中哲学思想的插曲。

640.
德国古典文学中的中国女性形象 Chinas Frauenfiguren in der deutschen Klassik
谭渊 Tan Yuan (Verf.)
中国社会科学报, 2013 年 5 月 10 日, 总第 448 期 B01 版: 文学

641.
歌德的东方情结——读歌德的《西东合集》Goethes Zuneigung zum Orient – Lektüre des West-östlichen Divan
袁志英 Yuan Zhiying (Verf.)
文汇读书周报, 2013 年 4 月 12 日, 栏目: 书人茶话

642.
歌德的立体全身塑像——论艾克曼《歌德谈话录》Goethes stehende und ganz körperliche Statue – über Eckermanns *Gespräche mit Goethe*
杨武能 Yang Wuneng (Verf.)
外国文学研究, 2013 年第 5 期, 第 22-29 页
中国人民大学书报资料中心, 复印报刊资料

643.
歌德的生死观: 积极进取, 精神永生 Goethes Auffassung von Leben und Tod: Tatendrang, Unsterblichkeit des Geistes
贺骥 He Ji (Verf.)
北华大学学报 (社会科学版), 第 14 卷 第 1 期, 2013 年 2 月, 页 82-85

644.
歌德的世界眼光——叶廷芳研究员在中国社会科学院的讲演 Goethes weltweiter Blickwickel：Prof. Ye Tingfangs Rede an der Chinesischen Akademie der Geisteswissenschaften
叶廷芳 Ye Tingfang (Verf.)
文汇报, 2013 年 7 月 15 日
编者提示: 本文含如下三个小标题:
德国文学取得独立发展的"古典时期"
歌德思想的前瞻性和世界性
"世界文学"的伟大构想

645.
歌德的世界眼光 Goethes weltweiter Blickwickel
叶廷芳 Ye Tingfang (Verf.)
光明日报, 2013 年 9 月 23 日
附注: 本文附歌德彩色插图两幅。内容与文字与前文不尽相同。

646.
歌德论自然 Goethe über die Natur
莫光华 Mo Guanghua (Verf.)
青年作家，2013 年第 6 期，页 104-107

647.
歌德是阿拉伯人?——在《西东合集》中寻找答案 War Goethe Araber? Suche der Lösung im *West-östlichen Divan*
袁志英 Yuan Zhiying (Verf.)
海归学人，2013 年第 1 期，页 34—35

648.
歌德《威廉·迈斯特》中的教育思想 Die pädagogischen Gedanken in Goethes *Wilhelm Meister*
王静 Wang Jing (Verf.)
长安大学学报(社会科学版)，2013 年第 4 期

649.
歌德《席勒的遗骨》与庄子《至乐》中死亡观比较 Goethes Auffassung vom Tod im Gedicht *Schillers Reliquien* und Zhuang Zis *Himmlische Freude* im Vergleich
远思 Yuan Si (Verf.)
哈尔滨学院学报， 2013 年第 7 期，第 34 卷

650.
歌德《意大利游记》的艺术取向剖析 Analyse der künstlerischen Tendenzen von Goethes *Italienische Reise*
王静 Wang Jing (Verf.)
艺苑，2013 年第 1 期

651.
歌德意大利之行与罗马新古典主义运动 Goethes italienische Reise und die römische Neoklassik
王静、张典 Wang Jing u. Zhang Dian (Verf.)
佳木斯大学社会科学学报，2013 年第 4 期

652.
歌德艺术歌曲传递精致典雅魅力 Goethes Kunstlieder vermitteln erlesene und exquisite Empfindungen
杨建国 Yang Jianguo (Verf.)
新民晚报，2013 年 06 月 08 日

653.
"坚守位置"与"思成德诗"——歌德学会年会总结发言 Die Erhaltung des wissenschaftlichen Berufs und die Gedankenerschöpfung durch die deutsche Dichtung – Schlussbemerkung der Jahresversammlung 2013 der Goethe-Gesellschaft China
叶隽 Ye Jun (Verf.)
中国歌德学会通讯，2013 年 6 月 第 1 期

654.
论歌德从感伤主义到古典主义的精神转变——以歌德魏玛前十年间的戏剧创作为例 Über Goethes geistigen Wandel von sentimentaler Haltung zur Klassik – Goethes dramatische Dichtung in den ersten zehn Jahren in Weimar als Ausgangspunkt
王静 Wang Jing (Verf.)
中国矿业大学学报(社会科学版)，2013 年第 2 期

655.
论歌德的文学哲学——兼论文学的幽默 Über Goethes Literaturphilosophie nebst literarischem Humor
赵升平 Zhao Shengping (Verf.)
山西师大学报 (社会科学版), 2013 年第 1 期, 页 153-157

656.
论歌德后期新古典主义精神的发展 Über die Entwicklung des neuromantischen Geistes beim späten Goethe
王静、张典 Wang Jing u. Zhang Dian (Verf.)
北方论丛，2013 年第 4 期，页 42-45

657.

第五编：论文 Kapitel V: Aufsätze

论歌德意大利时期的艺术批评原则 Über Goethes Prinzipien der Kunstkritik während seines Aufenthalts in Italien
王静、张典 Wang Jing u. Zhang Dian (Verf.)
解放军艺术学院学报, 2013 年第 2 期

658.
论歌德与龙格及弗里德里希之关系 Über Goethes Verhältnisse zu Philipp Otto Runge und Friedrich
王静、张典 Wang Jing u. Zhang Dian (Verf.)
内蒙古大学艺术学院学报，2013 年第 1 期
新疆艺术学院学报，2013 年第 2 期
齐鲁艺苑，2013 年第 3 期

659.
论歌德早年的古典学教育 Über die Erziehung der Antike in Goethes früher Phase
王静、张典 Wang Jing u. Zhang Dian (Verf.)
贵州师范大学学报, 2013 年第 3 期, 页 96-100

660.
论"魏玛艺术之友"的审美精神——从 1799–1805 年的艺术竞赛出发 Über den Schönheitssinn der „Freunde der Kunst in Weimar" – der künstlerische Wettbewerb 1799-1805 als Ausgangspunkt
王静 Wang Jing (Verf.)
文化艺术研究，2013 年第 1 期

661.
浅析歌德《少年维特之烦恼》Kurz über Goethes Die Leiden des jungen Werther
李醍 （武警警种学院）Li Ti (Verf.)
成人教育，2013 年第 7 期, 总第 318 期, 页 126-128

662.
试论歌德《威廉·迈斯特的学习时代》成长主题 Versuch einer Analyse von der Bildung als Motiv von Goethes Roman Wilhelm Meisters Lehrjahre
李晓、侯艳、王向华 Li Xiao, Hou Yan u. Wang Xianghua (Verf.)
作家，2013 年第 16 期

663.
诗人的激情与学者的博识——纪念冯至先生逝世二十周年 [论述冯至翻译的歌德诗歌] Dichterische Begeisterung und profundes Wissen – Gedenken an den zwanzigsten Todestag des Feng Zhi (über seine Gedichtübertragung)
高中甫 Gao Zhongfu (Verf.)
中国歌德学会通讯, 2013 年 6 月第 1 期

664.
舒伯特与《魔王》 Franz Schubert und das Gedicht Erlkönig
佚名 Anonym (Verf.)
当代学生 (读写版), 2013 年第 3 期, 页 F0002

665.
新中国六十年歌德戏剧研究 Untersuchung von Goethes Drama innerhalb der letzten 60 Jahre des neuen China
胡蔚 Hu Wei (Verf.)
同济大学学报（社会科学版），1013 年第 6 期

666.
在歌德学会年会上的发言——纪念冯至先生逝世二十周年 Rede auf der Mitgliederversammlung der Goethe-Gesellschaft China – zum Andenken an den 20jährigen Todestag des Feng Zhi
冯姚平 Feng Yaoping (Verf.)
中国歌德学会通讯, 2013 年 6 月第 1 期

667.
中国歌德学会年会召开 Die Jahresversammlung der Goethe-Gesellschaft China tagt
佚名 Anonym (Verf.)
中国歌德学会通讯, 2013 年 6 月第 1 期

2014 年

668.
别具一格的歌德传记——读袁志英著《歌德情感录：歌德和他的妻子》Eine Goethe-Biographie mit besonderem Gepräge – Lektüre von Yuan Zhiyings Werk *Goethes Welt der Gefühle: Goethe und seine Frau*
顾正祥 Gu Zhengxiang (Verf.)
文汇读书周报，第1450号，2014年11月14日，第6版

669.
德国歌德和席勒式的讽刺文学探究 Auf der Suche nach der satirischen deutschen Literatur bei Goethe und Schiller
任玲 Ren Ling (Verf.)
才智，2014年第26期

670.
德国最重要的作家之一：歌德 Goethe: einer der wichtigsten deutschen Schriftsteller
蔡艨、子沐 Cai Meng u. Zi Mu (Verf.)
中学生(初中作文版)，2014年第5期，页27-27

671.
《浮士德》译后感言 Gedanken nach der Übersetzung des *Faust*
陆钰明 Chen Yuming (Verf.)
东方翻译，2014年第4期(总第30期)

672.
歌德与美术 Goethe und die Malerei
张雪 Zhang Xue (Verf.)
美术界，2014年第1期，页75

673.
论歌德的形态学发展观 Über Goethes Auffassung von der Entwicklung der Morphologie
莫光华 Mo Guanghua (Verf.)
科学文化评论，第11卷，2014年第4期，页19-31

674.
论歌德与席勒的思维特征——从1794年8月23日席勒致歌德的一封信谈起 Merkmale von Goethes und Schillers Denken – Schillers Brief vom 23. August 1794 an Goethe als Ausgangspunkt
王静 Wang Jing (Verf.)
广东第二师范学院学报，2014年第6期

675.
"魔鬼的发明"？——从《浮士德》的纸币主题看人本主义批判 Die Erfindung des Dämons? - vom Papiergeld als Motiv im *Faust* zur Kritik des Anthropologismus
徐畅 Xu Chang (Verf.)
外国文学评论，2014年第3期，总第111期，页138-153

676.
诗剧《浮士德》的主要人物及艺术特色 Die Hauptfiguren und die künstlerischen Eigentümlichkeiten des Versdramas *Faust*
刘继阳 Liu Jiyang (Verf.)
参花：上半月，2014年第11期，页128-129

677.
思想史视角下歌德学研究的新收获——《歌德学术史研究》评介 Ein neuer Erfolg der Goethe-Philologie aus der Sicht der Ideengeschichte – Rezension des Werks *Die Erforschung der Wissenschaftsgeschichte über Goethe* [von Ye Jun]
曹文刚 Cao Wengang (Verf.)
中国出版，2014年第11期

678.
探寻歌德踪迹 Auf der Suche nach Goethes Spuren
郑家欣 Zheng Jiaxin (Verf.)
神州学人，2014年第12期，页42-43

第五编：论文 Kapitel V: Aufsätze

679.
想起歌德时代的"中国热"Einfall des „China-Fiebers" aus der Goethezeit
郑汉根 Zheng Han'gen (Verf.)
新华每日电讯，2014 年 10 月 13 日

2015 年

680.
歌德的城堡 Goethes Burg
赵丰 Zhao Feng (Verf.)
福建文学，2015 年第 2 期，页 77-80

681.
《歌德全集》翻译周六启动 Das größte Übersetzungsprojekt der Germanistik seit der Gründung der VR China startet am Samstag
张炯强 Zhang Jiongqiang (Verf.)
新民晚报，2015 年 3 月 10 日

682.
《歌德全集》翻译工程启动 Das größte Übersetzungsprojekt der Germanistik seit der Gründung der VR China ist am Samstag gestartet
张炯强 Zhang Jiongqiang (Verf.)
中国文化报，2015 年 3 月 13 日，第 7 版

683.
《歌德全集》汉译本项目启动：呈现全面真实立体的歌德形象 Das Projekt *Die gesamte Goethe-Ausgabe* in chinesischer Übersetzung ist gestartet: Anblick eines vollständigen, wahren und dreidimensionalen Goethe-Bildes
李玉 Li Yu (Verf.)
中国社会科学报，第 711 期，2015 年 3 月 9 日
编者提示：内含"以法兰克福版《歌德全集》为底本"和"整体译介将推进中国歌德学研究"两个小标题。

684.
国家社科基金重大项目、建国后国内德语界承担的最大翻译工程《歌德全集》翻译周六启动 Ein großes und bedeutendes Projekt vom staatlichen Fonds für Geisteswissenschaften, das größte Übersetzungsprojekt der Germanistik seit der Gründung der VR China startet am Samstag
樊丽萍 Fan Liping (Verf.)
文汇报，2015 年 3 月 6 日第 11 版

685.
有关歌德的疑问将有新答案——独家专访翻译项目核心成员、上外教授卫茂平和谢建文 Alle auf Goethe bezogenen Fragen werden neue Lösungen finden – Exklusivinterview mit den Professoren Wei Maoping und Xie Jianwen der Fremdsprachenuniversität Shanghai als Schlüsselpersonen des Übersetzungsprojekts
樊丽萍 Fan Liping (Verf.)
文汇报，2015 年 3 月 6 日第 11 版

686.
最全《歌德全集》译本十年后面世，国内德语界最大翻译工程启动，规模达 3000 万字 Die vollständigste Goethe-Ausgabe mit 30 Millionen chinesischen Schriftzeichen erscheint in zehn Jahren, das größte Übersetzungsprojekt der chinesischen Germanistik ist gestartet
彭德倩 Peng Deqian (Verf.)
解放日报，2015 年 3 月 8 日

德语论文篇目

687.
Hat Goethe wirklich kein ökologisches Bewusstsein? Eine Kritik an Ökoliteraturkritiker Wang Nuos These zu Goethe, S. 33-47
Li Yuan 李媛 (Verf.)

Literaturstraße. Chinesisch-deutsches Jahrbuch für Sprache, Literatur und Kultur, Bd. 10/2009, S. 33-47 文学之路. 中德语言文学文化研究, 2009 年第十卷, 页 33-47

688.
Verlorene zehn Jahre? Eine Annäherung an Goethes umstrittene Zeit in Weimar
Ren Guoqiang 任国强 (Verf.)
Literaturstraße. Chinesisch-deutsches Jahrbuch für Sprache, Literatur und Kultur, Bd. 12/2011, S. 85-97 文学之路. 中德语言文学文化研究, 2011 年第十二卷, 页 85-97

补遗篇目 Ergänzung

1942 年
689.
歌德报告 (1942 年 8 月 28 日, 重庆, 歌德晚会) Goethe-Vortrag am 28.08.1942 in Chongqing auf dem Goethe-Abend
郭沫若 Guo Moruo (Verf.)
爱兰纪录 Ai Lan (Notizen)
诗创作, 1942 年第 16 期, 页 90-91

690.
我必须有实际的发展: 歌德的成功史 Ich muss eine konkrete Entwicklung vollziehen. Goethes erfolgreiche Lebensgeschichte
曼琳 Man Lin (Verf.)
新动向, 1942 年第 44 期, 页 13

1984 年
691.
读罗曼·罗兰《歌德与贝多芬》受到的启示 Anregungen durch Romain Rollands Werk *Goethe und Beethoven*
严宝瑜 Yan Baoyu (Verf.)
读书, 1984 年第 1 期

1999 年
692.
一九九九年歌德两百五十岁冥诞: 良师益友的提携批评, 丰富的情感世界, 成就了一颗璀璨的文学之星 Im Jahr 1999 hat Goethe seinen 250. Geburtstag: Unterstützung und Kritik seiner Lehrer und Freunde sowie seine reiche Gefühlswelt haben einen glänzenden Stern der Literatur ermöglicht
张佳珍 Zhang Jiazhen (Verf.)
德国馆文讯(1999 年), 页 6-7, 页 9 → Bücher in der Halle „Deutschland". Informationen, S. 6-7, 9
台北国际书展德国馆 编 Frankfurter Buchmesse, Taibei (Hrsg.)

2003 年
693.
德国汉学家对李白《静夜思》的 22 种翻译 Li Bais Gedicht *Gedanken in stiller Nacht* in 22 Übersetzungen deutscher Sinologen
曹乃云 Cao Naiyun (Verf.)
德国研究, 2003 年第 2 期, 第 18 卷, 总第 66 期
编者提示: 文末引录歌德《雷同》(即《浪游人的夜歌》) "万峰山峦" (Wandrers Nachtlied „Über allen Gipfeln"), 与李白的《静夜思》作比较, 指出 "中德两位杰出的诗人把自己的深情厚意献给月亮, 献给高山, 让后人感觉到他们的无限志向。(页 65)

2015 年
694.
汲取世界文化精华, 助推中国文化强国建设——国家社科基金重大项目 "《歌德全集》翻译" 启动仪式暨歌德翻译研究所成立研讨会 Aneignung bedeutendster Kulturen der Welt zum Aufbau Chinas als Kulturnation – Feierliche Eröffnung des großen Nationalprojekts „Übersetzung von Goethes sämtlichen Werken" und Symposium anläßlich der Gründung des Forschungsinstituts für Übersetzung von Goethes Werken
上海外国语大学 主办 Die Shanghaier Fremdsprachenuniversität (Hrsg.)
中国社会科学报, 2015 年 5 月 4 日

著者索引 Index der Verfasser

Anonym 佚名 26, 28, 37, 39, 53, 55, 60, 72, 73, 89, 96, 121, 188, 320, 392, 410, 513, 567, 664, 667
A Qing 阿青 141
Ai Lan 爱兰 65, 689
An Ni 安尼 587
Bai Dandan 白丹丹 521
Bai Yingli 白英丽 430
Bao Zhen 保真 216
Bei Yuanli 贝员力 308
Bian Jiansong 边建松 519
Bian Dongliu 卞东流 195
Bu Changwei 卜昌伟 497
Cai Daiyan 蔡玳燕 576
Cai Meixi 蔡梅曦 312
Cai Meng 蔡艨 670
Cai Xingshui 蔡兴水 489
Can Xue 残雪 376
Cangsang Laodao 沧桑老刀 560
Cao Junying 曹军英 530
Cao Naiyun 曹乃云 693
Cao Pizhi 曹丕植 596
Cao Wengang 曹文刚 677
Cao Xiangqu 曹湘渠 93
Cao Yun 曹芸 618
Chen Benqian 陈本谦 130
Chen Dingjia 陈定家 474
Chen Duxiu 陈独秀 5
Chen Jiao 陈娇 576
Chen Jinxing 陈金星 383, 500
Chen Lei 谌蕾 468
Chen Li [Shen Shuo] 谌利 191
Chen Lingya 陈玲亚 353
Chen Mengliang 陈孟亮 579
Chen Ping 陈平 344
Chen Quan 陈铨 45, 63, 64
Chen Ruigui 陈瑞贵 117
Chen Shixiong 陈世雄 455
Chen Shouyi 陈绶颐 20
Chen Siqing 陈思清 147
Chen Tongsheng 陈桐生 534

Chen Wanmu 陈万睦 132
Chen Wenfen 陈文芬 274
Chen Xihan 陈熙涵 617
Chen Xiaojuan 陈晓娟 372
Chen Xinhui 陈新辉 470
Chen Xuelian 陈雪莲 317
Chen Yangu 陈燕谷 168
Chen Yide 陈宜德 103
Chen Yingsong 陈应松 503
Chen Yingzhen 陈映真 335
Chen Yu 陈煜 338
Chen Yuming 陆钰明 671
Chen Yuehong 陈跃红 574
Chen Zehuan 陈泽环 629
Chen Zheng 陈政 3
Chen Zhongfu 陈仲甫 → Chen Duxiu 陈独秀
Cheng Daixi 程代熙 228
Cheng Kaihua 程凯华 525
Cheng Li 程鹏 341
Cheng Tao 程陶 387
Chia-Chen Chang → Zhang Jiazhen
Chung Erich Ying-yen → Zhong Yingyan
Cui Weiqiao 崔维乔 547
Dai Yong 代泳 203
Dai Zhen 戴震 119
Deng Yaxiong 邓亚雄 333, 399
Dong Xinxiang 董新祥 381
Dscheng Fang-hsiung → Zheng Fangxiong
Du Dan 杜丹 621
Du Li 杜立 552
Du Xiang 杜乡 404
Du Yan 杜燕 365
Duan Feng 段峰 331
Duan Huaiqing 段怀清 417
E Zi 萼子 41
Fan Dacan 范大灿 171, 477
Fan Jin 范劲 504
Fan Liping 樊丽萍 684, 685

Fan Xiuzhang 樊修章 186
Fan Ying 梵璎 269
Fan Yugang 范玉刚 561
Fang Housheng 方厚升 418, 445
Fang Kai 方开 48
Fang Zhiyan 方芝燕 395
Feng Cunling 冯存凌 478
Feng Wei 冯伟 439, 548
Feng Yaoping 冯姚平 666
Feng Zaozao 冯早早 449
Feng Zhi 冯至 57, 66, 69, 77, 158
Fu Lu 服鲁 13
Fu Zuhao 傅祖浩 557
Gan Ling 甘玲 518
Gao Dapeng 高大鹏 138, 144, 189, 247
Gao Haitao 高海涛 599
Gao Shengbing 高胜兵 551
Gao Tianshu 高天枢 364
Gao Wei 高伟 286
Gao Zhongfu 高中甫 156, 663
Ge Xin 戈心 107
Ge Congmin 葛聪敏 159
Ge Ming 葛明 167
Ge Zhen 葛真 487
Gong Dun 公盾 155
Gu Yu 谷裕 272, 323, 592
Gu Cheng 顾城 201
Gu Zhengxiang 顾正祥 668
Guan Hong 关洪 145
Gui Qingyang 桂清扬 349
Guo Moruo 郭沫若 71, 102, 689
Guo Pingying 郭平英 612
Guo Tai 郭泰 204
Guo Yanli 郭延礼 248, 595
Han Ren (师高乙) 寒人 78
Han Ruixiang 韩瑞祥 235
Han Xiao 韩笑 361
Han Yaocheng 韩耀成 215, 255
Han Yun 韩云 129

著者索引 Index der Verfasser

He Fang 何方 326
He Han 河汉 70
He Huaishuo 何怀硕 257
He Ji 贺骥 416, 425, 447, 544, 602, 628, 643
He Jun 何君 384
He Junchao 何君超 91
He Yi 鹤逸 23
Hei Ma 黑马 583
Hong Lixing 洪力行 245
Hong Xin 洪欣 148
Hou Pu 侯朴 22
Hou Ruiyun 侯瑞云 163
Hou Shoubin 侯守斌 350
Hou Yan 侯艳 662
Hu Fo 胡佛 62
Hu Haiyun 胡海云 217
Hu Jia 胡嘉 11, 12
Hu Jia 胡佳 480
Hu Qiuyuan 胡秋原 31
Hu Shanlin 胡山林 339
Hu Wei 胡蔚 665
Hu Yuzhi 胡俞之 7, 8
Hu Mingli 扈明丽 386
Hua Shaoxiang 华少庠 518
Huang Fengzhu 黄凤祝 420
Huang Lizhi 黄力之 142
Huang Liaoyu 黄燎宇 242
Huang Qiong 黄琼 133
Huang Shiyuan 黄士元 413, 502
Huang Xuwu 黄勖吾 50
Huang Xueqin 黄学勤 90
Huang Yang 黄洋 632
Hui Zhang 惠章 108
Ji Rutian 季汝甜 623
Jia Li 贾莉 440
Jian Wei 坚卫 76, 87
Jian Guang 剑光 506
Jiang Ningkang 江宁康 575
Jiang Zhongming 江中明 238
Jiang Hui 姜辉 315
Jiang Zheng 姜铮 146

Jiang Chengyong 蒋承勇 340
Jiang Shijie 蒋世杰 211, 219
Jiang Xinghui 蒋兴辉 613
Jiang Yongguo 蒋永国 542
Jiao Er 焦洱 209, 212
Jin Rengeng 金人庚 120
Jin Xiuli 金秀丽 351
Jin Yan 金燕 390
Jin Ying 金莹 394
Jin Dacheng 靳大成 168
Jing Jun 景君 24
Jing Sheng 景生 131
Kang Suhui 康素慧 582
Ke Ji 可汲 304
Ke Yunyan 柯云燕 590
Kong Jianping 孔建平 307
Kong Lingcui 孔令翠 419, 512
Lai Lixiu 赖丽琇 139
Lai Yanhui 赖燕蕙 200
Le Shuo [Yue Shuo] 乐铄 190
Li Jiang 黎江 577
Li Bojie 李伯杰 479
Li Changke 李昌珂 566
Li Changzhi 李长之 42, 59
Li Chunting 李春亭 384
Li Cuizhu 李翠竹 282
Li Dingqing 李定清 481
Li Fang 李舫 309
Li Guo 李果 444
Li Han 李菡 330
Li Hongjian 李鸿建 543
Li Jinchao 李进超 498
Li Jing 李婧 536
Li Jun 李俊 570
Li Lamei 李腊梅 614
Li Liewen 黎烈文 105
Li Mei 李玫 116
Li Meili 李梅丽 61
Li Shengying 李胜英 409
Li Shi 李石 25
Li Si 李斯 318
Li Ti 李醍 661
Li Wanjun 李万钧 181

Li Wen 李文 562
Li Xia 李霞 522
Li Xianlan 李先兰 203
Li Xiangyun 李湘云 414
Li Xiao 李晓 662
Li Xiaohong 李晓虹 612
Li Xiaowen 李晓雯 358
Li Xinrui 李欣蕊 571
Li Xiuyun 李秀云 389
Li Yanzhu 李衍柱 356
Li Yanghai 李阳海 288
Li Yi 李怡 202
Li Yongduo 李永铎 456
Li Yu 李玉 683
Li Yuan 李媛 687
Lian Ping 莲萍 202
Liang Jingfeng 梁景峰 258
Liang Jingjing 梁晶晶 363
Liang Qichao 梁启超 4
Liang Qinghua 梁庆华 196
[Liang] Shiqiu [梁]实秋 19
Liang Yan 梁琰 540
Liang Zongdai 梁宗岱 67
Liao Xin 廖馨 466
Lin Jia 林茄 268
Lin Liying 林丽瑛 284
Lin Qing 林卿 347, 515
Ling Zhang 凌彰 509
Liu Haiyan 刘海燕 573
Liu Hongtao 刘洪涛 620
Liu Jiyang 刘继阳 676
Liu Jianjun 刘建军 207
Liu Juan 刘娟 357
Liu Manhua 刘曼华 213
Liu Min 刘敏 233
Liu Minghou 刘明厚 472
Liu Renzong 刘任宗 508
Liu Senyao 刘森尧 264
Liu Shuwan 刘书皖 598
Liu Xiaozhong 刘晓忠 619, 635
Liu Youwen 刘友文 194
Liu Zaifu 刘再复 150, 270

著者索引 Index der Verfasser

Lu Rui 卢蕊 538
Lu Wei 卢伟 545
Lu Zupin 卢祖品 135
Lu Dazhi 鲁大智 585
Lu Gang 鲁刚 483
Lu Shuchao 鲁书潮 241
Lu Xun 鲁迅 21
Lu Hongmei 逯红梅 510
Lu Shuangzu 陆双祖 328, 329
Lu Xinyi 陆欣依 403
Lü Daming 吕大明 172
Lü Xiaoping 吕效平 492
Luo Jimin 罗基敏 249
[Luo] Tilun [罗]悌伦 166
Luo Weiping 罗尉平 220
Luo Xuecun 罗雪村 309
Luo Yi 罗译 92
Ma Hanguang 马汉广 223
Ma Jian 马剑 363, 615
Ma Zhe 马喆 572
Mai Linyan 买琳燕 373
Man Lin 曼琳 690
Mao Rusheng 毛如升 43, 44
Meng Difei 孟迪菲 470
Mo Guanghua 莫光华 294, 299, 424, 438, 454, 490, 627, 646, 673
Mu Xin 木新 162
Mu Yi 木易 276
Nan Fangshuo 南方朔 224
Ni Bangwen 倪邦文 206
Ni Ruilin 倪瑞霖 128
Ni Yang 倪阳 370
Niu Han 牛汉 127
Niu Jing 牛静 337
Niu Xinwei 牛欣炜 493
Pan Jixing 潘吉星 32
Pei Bei 裴蓓 316
Peng Deqian 彭德倩 686
Peng Ge 彭歌 106
Peng Xuepei 彭学沛 14
Ping Baoxing 平保兴 505
Qian Chunqi 钱春绮 526

Qian Ni 钱泥 611
Qian Niansun 钱念孙 157
Qian Sining 钱思宁 470
Qian Zhongshu 钱钟书 126
Qing Teng 青藤 301
Rao Guoting 饶国婷 435
Ren Guoqiang 任国强 311, 427, 688
Ren Ling 任玲 669
Shan Shilian 单世联 277
Shang Chengzu 商承祖 98
Shao Lianlian 邵练炼 342
Shen Yunlong 沈云龙 4
Shi Jie 史洁 192
Shi Liangjun 史君良 352
Shi Rui 施锐 559, 607
Shi Wenshan 石文珊 165
Shi Yanjing 石燕京 197
Shi Wen 世文 453
Si Di 四谛 10
Si Si 丝丝 212
Si Xiaokun 司晓琨 415
Song Binghui 宋炳辉 421
Song Defa 宋德发 508
Song Hutang 宋虎堂 362
Song Song 宋松 461
Song Xiaoxia 宋晓霞 367
Su Ning 苏宁 143
Su Wenjian 苏文健 563
Sun Jian 孙建 552
Sun Lun 孙轮 298
Sun Yani 孙雅妮 554
Sun Zhiwen 孙志文 179
Ein Reporter 记者 15
Tan Lei 谭蕾 243
Tan Yuan 谭渊 428, 446, 476, 640
Tang Guo 唐果 379, 436
Tang Jihong 唐际虹 324
Tang Junyi 唐君毅 36
Tang Ping 唐平 443
Tang Yun 汤芸 88
Tao Mei 陶玫 556

Tao Zhe'an 陶哲庵 17
Tian Han 田汉 18
Tian Jingfeng 田景风 75
Tian Weiping 田卫平 237
Tian Xuan 田萱 218
Tong Rong 章荣 100
Tong Jun 佟郡 459
Xu Wu [Huang Xuwu] 勖吾 [黄勖吾] 47
Wan Xi 万曦 371
Wan Yi 婉仪 482
Wang Baohua 王保华 282
Wang Chonglü 王充闾 385, 491
Wang Erqing 王二庆 591
Wang Guangyun 王广芸 638
Wang Guowei 王国维 1, 2
Wang Hongli 王红莉 401
Wang Hui 王慧 512
Wang Huihua 王慧华 393
Wang Jing 王晶 549
Wang Jing 王静 448, 520, 605, 610, 648, 650, 651, 654, 656, 657, 658, 659, 660, 674
Wang Kedi 王克迪 271
Wang Kunning 王坤宁 463
Wang Liaonan 王辽南 524
Wang MeiLing 王美玲 451
Wang Ning 王宁 541
Wang Qiang 王强 305
Wang Qing 王晴 473
Wang Shaoshan 王韶华 336
Wang Shoulai 王寿来 296
Wang Tianbao 王天保 278
Wang Tiankui 王田葵 236
Wang Xianghua 王向华 662
Wang Xiangyuan 王向远 289, 494
Wang Xiaorong 王笑容 555
Wang Xiuling 王秀玲 412
Wang Ya 王雅 501
Wang Yani 王雅妮 601
Wang Yansheng 王艳胜 359

著者索引 Index der Verfasser

Wang Yang 王洋 382
Wang Yi 王毅 29
Wang Zhenguo 王镇国 109
Wei Ji 韦及 230
Wei Jiaguo 魏家国 208
Wei Maoping 卫茂平 164, 253
Wu Fang 吴芳 552
Wu Jianguang 吴建广 369, 422, 471, 535, 568, 637
Wu Mi 吴宓 38
Wu Taichang 吴泰昌 123
Wu Xiaojiang 吴晓江 441
Wu Xiaoqiao 吴晓樵 287
Wu Xiaoxue 吴小雪 517
Wu Xinliu 吴心柳 104
Wu Yan 吴燕 496
Wu Yihuan 吴以环 273
Wu Youshi 吴友诗 114
Wu Zhengying 吴正英 380
Wu Weixi 伍维曦 314
Wu Honghui 仵宏慧 355
Xi Ci 希茨 366
Xi Yuan 西园 56
Xi Yuan 席元 499
Xia Hong 夏宏 558
Xian Liqiang 咸立强 457
Xiao Yan 小延 34
Xiang Lan 向兰 533
Xiang Ling 湘灵 58
Xiang Wen 项雯 637
Xiao Zheng 肖铮 343
Xiao Feng 小凤 97
Xie Baocheng 谢保成 612
Xie Chaozong 谢朝宗 593
Xie Daiwei 谢岱薇 183
Xie Fang 谢芳 397
Xie Fei 絜非 51
Xie Liuyi 谢六逸 9
Xie Pengxiong 谢鹏雄 222
Xie Ye 谢烨 201
Xie Zi 谢紫 79, 80, 81, 82, 83, 84, 85, 86
Xin Ling 心灵 52

Xing Tian [Tang Xingtian] 性天 [唐性天] 35
Xiong Mengchu 熊梦楚 400
Xu Aibing 许爱兵 507
Xu Chang 徐畅 675
Xu Haiyan 许海燕 182
Xu Hongbei 徐虹北 265
Xu Huan 徐欢 458
Xu Jingen 许锦根 124
Xu Lihua 徐莉华 221, 407
Xu Meng 徐萌 364
Xu Shu 徐舒 584
Xu Xiaoxi 徐筱溪 529
Xu Zhongyu 徐中玉 290
Xuan Cheng 宣诚 101, 113
Xue Sheng 雪声 166
Yan Biyu 颜碧宇 495
Yan Baoyu 严宝瑜 691
Yan Fu 严赋 54
Yan Xiaosheng 严晓声 49
Yan Zhewu 阎哲吾 94
Yang Birong 杨必容 624
Yang Guoxue 杨国学 169
Yang Hao 杨好 411, 589, 616
Yang Hui 杨晖 355
Yang Jianguo 杨建国 652
Yang Jianye 杨建邺 194
Yang Mengru 杨梦茹 214. 227
Yang Wuneng 杨武能 134, 137, 149, 151, 152, 153, 154, 160, 170, 173, 176, 177, 178, 185, 187, 240, 259, 260, 261, 292, 295, 331, 425, 465, 532, 578, 603, 642
Yang Xiaochun 杨晓纯 464
Ye Fangshi 叶方石 569
Ye Jun 叶隽 302, 310, 313, 334, 346, 348, 388, 402, 432, 450, 460, 475, 484, 485, 486, 488, 539, 565, 580, 586, 594, 609, 653
Ye Shuxian 叶舒宪 175
Ye Tingfang 叶廷芳 429, 434, 527, 531, 644, 645

Ye Xing 也行 140
Ye Zhaoyan 叶兆言 360
Yi 逸 95
Yin Zhenqiu 尹振球 193
Yu Bing 余冰 281
Yu Fenggao 余凤高 514
Yu Kuangfu 余匡复 396, 405
Yu Juan 俞娟 564
Yu Ling 于灵 99
Yu Lu 余璐 633
Yu Shawen 于莎雯 319
Yu Wen 渝文 608
Yu Wo 余我 115
Yu Yifang 俞仪方 267
Yu Zhi 愈之 → Hu Yuzhi 愈之 8
Yuan Diyong 袁荻涌 205, 210
Yuan Wei 元味 377
Yuan Zheng 袁铮 528
Yuan Zhiying 袁志英 306, 332, 406, 423, 433, 581, 588, 604, 625, 636, 641, 647
Yuan Si 远思 649
Yun Huixia 云慧霞 368
Ze Min 泽民 27
Zeng Xiangmin 曾祥敏 516
Zhai Yejun 翟业军 325
Zhang Baoning 张保宁 239
Zhang Chunmei 张春梅 537
Zhang Deming 张德明 180
Zhang Dian 张典 651, 656, 657, 658, 659
Zhang Fan 张帆 533
Zhang Haiyan 张海燕 430
Zhang Hao 张皓 426
Zhang Hong 张闳 546
Zhang Hongdao 张洪岛 40
Zhang Hui 张辉 231
Zhang Jiyun 张继云 266, 275
Zhang Jiazhen 张佳珍 511, 692
Zhang Jiongqiang 张炯强 681, 682
Zhang Junli 张君励 33
Zhang Li 张莉 600

著者索引 Index der Verfasser

Zhang Li 张黎 161
Zhang Ling 张凌 174
Zhang Meiyun 张美云 412
Zhang Mengyang 张梦阳 639
Zhang Min 张敏 375
Zhang Ning 张宁 442
Zhang Peifen 张佩芬 256
Zhang Qiao 张巧 626
Zhang Renxiang 张仁香 630
Zhang Rong 章荣 100
Zhang Shouhui 张守慧 354
Zhang Shuping 张淑萍 232, 246
Zhang Weilian 张威廉 110, 198
Zhang Weishi 张维时 553
Zhang Xiaohui 张晓晖 374, 408
Zhang Xin 张鑫 597
Zhang Xinfang 章馨方 622
Zhang Xue 张雪 672
Zhang Yan 张燕 487
Zhang Yanhua 张燕华 437
Zhang Yi 张意 431
Zhang Yushu 张玉书 122, 462
Zhang Yuying 张玉英 131
Zhang Yun 张韵 378
Zhao Chongbi 赵崇璧 321, 322

Zhao Dongdong 赵栋栋 550
Zhao Feng 赵丰 680
Zhao Lingshuai 赵凌帅 469
Zhao Qin 赵琴 252, 262
Zhao Qin 赵芹 391
Zhao Shengping 赵升平 655
Zhao Xiaoqi 赵小琪 415
Zhao Yidong 赵亦冬 634
Zhao Zhi 赵智 293
Zheng Fangxiong 郑芳雄 229, 234, 263, 280, 283, 291
Zheng Jiaxin 郑家欣 678
Zheng Han'gen 郑汉根 285, 297, 679
Zheng Shaoyan 郑绍燕 398
Zhong Su 仲苏 606
Zhong Wen 仲文 46
Zhong Yan 钟燕 523
Zhong Yingyan 钟英彦 254
Zhou Can 周璨 631
Zhou Qingmin 周青民 389
Zhou Shushan 周曙山 30
Zhou Weibo 周惟波 124
Zhou Wenli 周文莉 530
Zhou Xianwen 周宪文 118
Zhou Xuepu 周学普 111, 112
Zhou Yanxia 周岩厦 300
Zhu Baojuan 诸葆娟 226
Zhu Lijuan 褚丽娟 327

Zhu Huan 朱欢 467
Zhu Jian 朱建 125
Zhu Jun 竹君 199
Zhu Wenli 朱文利 303
Zhu Xi 朱溪 16
Zhu Xia 朱侠 463
Zhu Xiaoxue 朱啸雪 534
Zhu Xiaofeng 祝晓风 612
Zhuo Ma 卓玛 279
Zi Mu 子沐 670
Zong Baihua 宗白华 74
Zong Wei 宗玮 68
Zuo Yizi 佐依子 225

Gálik, Marián 高利克，马里安 201, 528
Hoesl, Wilfried 378
共学社 6
简．布朗 345
库菲尔德, 克劳斯 442
《联合报》外电 244
《联合文学》编者 250
《民生报》外电 251
时事新报 184
在中国外国文学学会年会上的报告 136
中国社会科学院外国文学研究所 452

报刊杂志索引 Index der Zeitungen und Zeitschriften

A

安徽工业大学学报 436
安徽文学 361, 367, 374, 466, 584, 571
安顺学院学报 395

B

八小时内外 141
白杨 49
北方论丛 656
北方文学 591, 601
北方音乐 590
北华大学学报 643
北京大学学报 431
北京第二外国语学院学报 628
北京科技大学学报 230
北平晨报 23, 33
《北新》半月刊 21
笔阵 65

C

才智 669
参花 676
长安大学学报 648
长白论丛 219
长春大学学报 362
长春师范学院学报 364, 542
长江学术 442
长治学院学报 550
巢湖学院学报 371
晨报 24
成都大学学报 221, 379
成人教育 661
重庆交通学院学报 333
重庆科技学院学报 551, 614
重庆时报新报, 学灯 59
除州学院学报 370
传奇.传记文学选刊(理论研究) 570

D

大公报 38, 64
大观周刊 552
大华晚报 108, 116
大中华杂志 4
大众心理学 387
大众文艺 (理论) 393
淡江周刊 (淡江文理学院) 117
当代 (台北市) 227, 291
当代评论 57
当代学生 (读写版) 664
德国研究/Deutschland-Studien 267, 289, 332, 471, 484, 565, 637
德语文学与文学批评（辑刊）462
德州学院学报 404
电影评介 444
电影文学 426, 440
东北大学学报 520
东方丛刊 (桂林) 268
东方翻译 421, 527, 578, 595, 671
东方杂志 7, 139
东方早报 636
东京文学 545
东吴大学学报(台北市) 511
东吴外语学报 (台湾) 413
东吴学术 586
东西研究 435, 449
读书 142, 179, 192, 270, 310, 691
读书月报 55
读书杂志 30, 31

E

俄罗斯文艺 182
21世纪经济报道 619, 635

F

飞天 487
辅仁外语学报 (台湾) 451
福建论坛 347, 515

福建文学 680
福建艺术 455
复旦学报 67

G

歌剧 301, 304, 378, 593
工人日报 634
光明日报 32, 531, 645
广播周报 92
广东第二师范学院学报 674
贵州师范大学学报 220, 659
国风半月刊(南京) 36
国际先驱导报 297
国立浙江大学日刊 51, 52
国外理论动态 512
国外文学 126, 193, 233, 363, 490
国文天地 (台北) 214
郭沫若学刊 184, 210, 419, 458, 517, 518
郭沫若研究学会会刊 132, 146
郭沫若研究专刊 119

H

哈尔滨师范大学社会科学学报 607
哈尔滨学院学报 322, 649
海滨文艺 50
海滨月刊 47
海归学人 581, 647
海南师范学院学报 286
汉语言文学研究 494
杭职周报 78
河北理工大学学报 547
河北学刊 206
河池师专学报 196
河南大学学报 237, 281
河南工程学院学报 618
合肥工业大学学报 317
合肥学院学报 341
红楼梦学刊 533

呼声(印尼华文月刊) 509
湖北大学学报 191
湖北广播电视大学学报 357, 443
湖南工程学院学报 605
湖南科技学院学报 399
花城 277
华东师范大学 610
华中理工大学学报 194
话剧 377, 382, 396, 405, 409, 410
环球时报 243, 255, 256
黄河之声 391, 555, 596

J

吉林大学[博士论文] 373
吉林师范大学学报 389
佳木斯大学社会科学学报 651
家庭 56, 58
江西社会科学 356, 474
交响-西安音乐学院学报 167
教育世界 1, 2
剑南文学 536, 553, 638
解放军外国语学院学报 427, 428, 548
解放军艺术学院学报 657
解放日报 686
金色年华 606
警醒 44
京报副刊 14
京华时报 497
剧本 557
剧影月报 319
剧作家 148, 298, 359

K

喀什师范学院学报 430
考试与招生 620
考试周刊 390, 576
科技日报 271
科技致富向导 597

科教文汇 315, 375
科学经济社会 418
科学时报 465
科学文化评论 454, 673
客观 74, 90
课堂内外: 创新作文 (初中版) 403
孔子研究 (济南) 445
旷野 312

L

兰州交通大学学报 328
礼拜六 96
理论导刊 401
理论月刊 381
历史月刊 (台湾) 296
历史月刊 165
联合报 99, 104, 109, 140, 162, 234, 238, 244, 252
联合文学 (台北市) 245, 249, 250, 254, 257, 258, 262, 263
联合周报 71
凉山大学学报 278
良友 34
辽东学院学报 534
辽宁大学学报 275, 599
辽宁经济职业技术学院学报 621
辽宁行政学院学报 327
瞭望 195
临沧师范高等专科学校学报 436
林区教学 622
零陵师专学报 236
岭南学报 20
旅游时代 560
漯河职业技术学院学报 342
洛阳师范学院学报 521

M

芒种 600, 633
美文 292, 572
美术界 672

美与时代 623
铭传学报 118
民生报 200, 251
名作欣赏 151, 152, 160, 176, 177, 178, 185, 187, 411, 498, 556, 569, 616
牡丹江师范学院学报 337

N

南昌高专学报 217
南都学坛 339
南方文坛 335
南国周刊 18
南京大学学报 98, 198
南京师范大学图书馆简报 505
南京师范大学文学院学报 402, 448
内蒙古大学艺术学院学报 658
内蒙古师范大学学报 358
农本副刊 62
女师学院期刊 40

Q

齐鲁艺苑 658
齐齐哈尔社会科学 223
青春 124
青海民族学院学报 239, 279
青海师专学报 329
清华学报 45
清明 241
青年报 131
青年日报 188, 189, 247
青年世界(成都) 75
青年文学家 499, 529
青年作家 646
青溪 115
曲阜师范大学 468

R

人民法院报 562

人民日报 102, 134, 135, 309, 429, 503
人民文学 385
人民音乐 163

S

三六九画报 54
陕西工商学院学报 218
陕西师范大学学报 175
山花 325
山西师大学报 655
商情 (科学教育家) 386
上海采风 546
上海生活 73
上海交通大学: 外国语言学与应用语言学(德语) 437
上海师范大学学报 629
上海戏剧 314, 400, 472, 489
少儿科技 567
邵阳学院学报 525
社会科学家 425
社会科学论坛 414
社会科学战线 208
涉世之初 308
神州 493
神州学人 678
诗创作 689
诗歌月刊 483, 526
时代文学 480, 626
世纪桥 510
世纪周刊 (香港) 287
世界文化 469, 508
世界文学 (民国) 63
世界文学(台北市) 280, 283
世界文学 122, 150, 186
世界文学评论 326, 351, 415, 416
世界文艺 69
世界知识画报 540
时时周报 27
时事新报 6
书城 265, 313, 360
书屋 432

书摘 583
思想战线 384
四川大学学报 295
四川外语学院学报 202, 532
四川戏剧 613
松辽学刊 266

T

台德学刊 (台湾) 354
台湾新生报 106, 172
天津社会科学 504
天津音乐学院学报 282
天文台 94
天涯 121, 334
同行月刊 48
同济大学学报 388, 397, 420, 438, 447, 450, 539, 544, 592, 603, 609, 615, 627, 665
同济杂志 11
铜陵学院学报 564
图书评论 43

W

外部周刊 46
外国文学 209, 311, 439
外国文学动态 212
外国文学评论 156, 158, 180, 242, 259, 260, 340, 369, 568, 675
外□文学研究 153, 171, 203, 211, 226, 261, 272, 292, 299, 331, 388, 422, 445, 446, 475, 479, 481, 524, 566, 642
外国语文 170, 532
外国语文教学 137
外语教育 476
万象 70
文化交流 608
文化艺术研究 660

文汇报 406, 588, 589, 604, 617, 625, 632, 644, 684, 685
文汇读书周报 253, 460, 641, 668
文汇月刊 123, 127
文教资料 353, 372, 473
文景 346, 433
文史哲 324
文坛 103
文物参考资料 29
文星 112
文学报 394
文学教育 338, 412, 501, 543
文学界(理论版) 598, 624
文学评论 159, 168
文学之路.中德语言文学文化研究 687, 688
文艺报 154, 161, 198, 228, 434, 453, 522
文艺理论研究 290, 559
文艺生活 538
文艺线 89
文艺研究 181
文艺新闻 26, 39
文艺争鸣 492
文藻学报 183
武汉文艺 35

X

西南交通大学学报 516
西南民族大学学报 303, 365
西安外国语大学学报 602
西南民族大学学报 407
戏剧丛刊 461
戏剧文学 355
咸阳师范学院学报 554
咸宁学院学报 507
现代出版界 28
现代企业教育 459
现代音响技术 558
现代中学生 288
湘潭大学学报 330

小说月报 15
小雪花 (小学快乐作文) 343
写作 506
新动向 690
新华每日电讯 285, 679
新华日报 60
新疆大学学报 232
新疆师范大学学报 537
新疆艺术学院学报 658
新进 61
新京报 306
新美术 344
新民晚报 652, 681
新女性 17
新青年 5
新文化丛刊 95
新文学史料 417
新学生 93
新月 19, 42
忻州师范学院学报 383
星期文艺 25
幸福世界 76
徐州师范学院学报 215
学灯 8, 9, 10, 12
学生杂志 13
学术交流 630
学术界 157
学术月刊 345
学问 276
学习时报 561
学原 91
学苑教育 513

Y

盐城师范学院学报 307
野草 519
宜宾学院学报 408
译林 166
意林 318
艺术 41
艺术学报 (台湾) 284
艺苑 579, 582, 650
音响技术 456
音乐爱好者 120, 125, 128, 129, 130, 133, 213, 352, 514, 611
音乐生活 549
音乐天地 464
音乐艺术 68
音乐杂志 16
幽默风 53
雨花 110
语丝 22
语文月刊 336
语文学刊 467
宇宙文摘 87
玉林师范学院学报 321
阅读与作文 (高中版) 320
岳阳职业技术学院学报 380
云梦学刊 368
云南教育学院学报 147
云南日报 69

Z

杂志 72
张掖师专学报 169
浙赣路讯 79, 80. 81, 82, 83, 84, 85, 86
浙江科技学院学报 300
浙江师范大学学报 523
浙江艺术职业学院学报 478
哲学评论 77
郑州大学学报 174, 190
漳州师范学院学报 500
中国比较文学 155, 164, 173, 240, 457, 574, 575, 580
中国成人教育 495
中国出版 677
中国翻译 149, 235, 349, 446
中国歌德学会通讯 653, 663, 666, 667
中国国情国力 273
中国矿业大学学报 654
中国青年 88
中国人民大学书报资料中心，复印报刊资料 197, 201, 205, 207, 445, 446, 479, 642
中国社会科学报 612, 640, 683
中国社会科学院报 452, 694
中国时报 225, 264, 274
中国室内装饰装修天地 470
中国书画 294
中国图书评论 199, 348, 485
中国图书商报 366, 423, 496, 587
中国文化报 482, 682
中国文学研究 293, 594
中国西部科技 398
中国戏剧 269
中国现代文学研究丛刊 143, 231
中国新闻出版报 463
中国新闻周刊 305
中国研究生 563
中国语言文学资料信息 246
中华读书报 248, 302, 323, 477, 486, 488, 527, 541, 577, 585
中华日报 97, 100, 105, 111, 114, 138, 216, 222
中华图书馆协会会报 37
中外诗歌研究 530
中外文学 (台湾大学外文系) 229, 502
中文学术前沿 528
中学课程辅导 (八年级) 350
中学生 (初中作文版) 670
中学生阅读 (初中版) 573
中学生阅读 (高中版) 376
中学语文 631
中央日报 101, 107, 113, 144
周口师范学院学报 316
传记文学 639
自然辩证法通讯 145, 441
自然科学史研究 424
自由论坛 66
自由时报 204, 224
作家 491, 662
Zeitschrift für Literaturwissenschaft und Linguistik [德] 文学与语言学杂志 535

第六编：欧美日俄研究汉译目
Anhang II: Forschung ausl.ndischer Autoren.

1921年

1.

小说月报, 1921年第12卷第8号
大战与德国国民性及其文化艺术
[日] 片山孤村 著 Katayama Koson (Verf.
李达 译 Li Da (Übers.)
附注: 谈及浮斯德, 即浮士德与德国国民性的关系

1924年

2.

近代德国文学主潮
[日] 山岸光宣 等著 Yamagishi, Mitsunobu
上海: 商务印书馆, 1924年
片山孤村: 大战与德国国民性及其文化艺术

3.

文学旬刊, 1924年[第120期]
自歌德至现代 (未完), [金]溟若试译, 页2
自歌德出发——十九世纪初期浪漫派的勃兴, 页3
大歌德的面目和事业, 页3

4.

文学旬刊, 1924年[第122期], 页2
自歌德至现代
[日] 加藤美仑 著 Kato Biron (Verf.)
金溟若 译 Jin Mingruo (Übers.)

1927年

5.

德文月刊, 1927年, 第2卷第1-8期, 页129-130
余所获益于歌德者(德汉对照) Was ich von Goethe gelernt habe (dt-chin)
鄂图, 伊倡斯特 著 Otto, Ernst (Verf.)
涂鼎元 译 Tu Dingyuan (Übers.)

1928年

6.

欧洲近代文艺思潮概论
本间久雄 著 Kima, Hisao (Verf.)
沈端先 译 Shen Duanxian (Übers.)
上海: 开明书店, 1928年
1948年再版, 361页
第四章: 浪漫派的作家, 页57
一、歌德与席勒, 页57
歌德以前的德国文学界
歌德的生涯, 少年维特之烦恼, 浮士德
浮士德的梗概, 浮士德的价值

1929年

7.

华北日报, 1929年8月18日至24日
歌德与贝亭娜
圣蒲甫 作
宗尧 译 Zong Yao (Übers.)

1930年

8.

语丝, 1930年, 第5卷第50期, 页1-7
维特 Werther
伯兰德斯, 乔治 著 Brandes, Georg (Verf.)
侯朴自英文重译 Hou Pu (übers.)

1931年

9.

十九世纪欧洲思想史 (一) History of European thought in the nineteeth century
麦尔兹 著 Merz, John Theodore (Verf.)
伍光建 译 Wu Guangjian (Übers.)
上海: 商务印书馆, 1931年
历史丛书
上下册 (673,865页)
第一章
(三十九): 歌德, 页21 → Goethe, S. 21

1932年

10.

创化, 1932年第1卷第2期, 页244-250
论歌德
[日] 山岸光宣 等著 Yamagishi, Mitsunobu (Verf.)
谢六逸 译 Xie Liuyi (Übers.)

11.
东亚展望，1932 年第 6 期
歌德在中国——评《施特拉》在新近中国舞台上的一次公演
乌尔曼博士 Dr. Ullmann, Richard (Verf.)
编者提示：详见新版杨武能著《走近歌德》（页 395）。

12.
读书杂志, 1932 年第 2 卷第 4 期, 页 353-370
歌德的死
赫寇尔 著
段可情 译 Duan Keqing (Übers.)

13.
读书杂志, 1932 年第 2 卷第 4 期, 页 1-14
论歌德"少年维特之烦恼"
Brandes, Georg 著 Brandes, Georg (Verf.)
方天白 译 Fang Tianbai (Übers.)

14.
现代出版界, 第 7 期, 1932 年 12 月 1 日, 页 1-4
论歌德——一个伟大的诗人和一个偏狭的俗物
Auerbach, Leopold 作
土人 译 Tu Ren (Übers.)

1933 年
15.
昙华(半月刊), 1933 年 3 月 1 日, 第 1 卷第 5 期, 页 1-3
歌德与音乐 Goethe und die Musik
朱无挂 节译 Zhu Wugua (übers.)

16.
南风(广州), 1933 年, 第 9 卷第 1 期, 页 1-7
歌德与女人的关系 (歌德第二章)
Carus, Paul 作
杜若 译 Du Ruo (Übers.)

17.
清华周刊, 1933 年, 第 38 卷第 12 期, 页 205-210
歌德最后的恋爱 Goethes letzte Liebe
Zweig, Stephan (Verf.)
文中 译 Wen Zhong (Übers.)

1934 年
18.
警醒(半月刊), 1934 年, 第 1 卷第 3 期, 页 65-75
德国社党文学与歌德 Die nationalsozialistische Literatur und Goethe
中岛清 著
鹤 译 He (Übers.)

19.
矛盾月刊, 1934 年, 第 3 卷第 1 期, 页 89-102
歌德研究: 文艺批评家的歌德
陶马, 卡文 作 Thomas, Calvin (Verf.)
张露薇 译 Zhang Luwei (Übers.)

1935 年
20.
高特谈话：高特忌辰百年纪念 Entretiens sur Goethe, à l'occasion du centenaire de sa mort
国际联盟世界文化合作院 原编/著 Institut des internatinalen Vereins für weltweite kulturelle Zusammenarbeit
曾觉之 译 Zeng Juezhi (Übers.)
上海：世界文化合作中国协会筹备委员会, 1935 年出版；世界书局发行
丛书：世界文化合作会谈话集第一集
218 页
编者提示：1932 年 5 月，德国法兰克福举办歌德百年忌辰纪念会，并出论文集。中文版据 Entretiens sur Goethe à l'occasion du centenaire de sa mort 译出。
218 页，附高特图画两幅
(一) 高特欧洲人
开会词 (狄思脱)，页 1 → Destreu, Jules (S. 1)
高特与作家的志愿 (汤姆斯曼)，页 4 → Mann, Thomas (S. 4)
高特与欧洲的抒情诗 (华嘉列斯哥)，页 14 → Vacaresco, Hélène (S. 14)

浮士德与精神上的欧洲人（马达利阿嘉），页 35 → Madariaga, Salvador de (S. 35)

我怎样看高特（华莱利），页 44 → Valéry, Paul (S. 44)

第一次谈话

高特与我们的时代（莱诺尔），页 74 → Reynold, Gonzague (S. 74)

高特与意大利（俄越地），页 77 → Ojetti, Ugo (S. 77)

高特与盎格鲁撒逊人的国家（莫勒），页 82 → Morray, Gilbert (S. 82)

高特与斯堪的那维亚的国家（罗尔安克），页 85 → Roll-Anker, N. (S. 85)

高特与拉丁人的美洲（雷尔斯），页 87 → Rels, A. Costa du (S. 87)

高特与欧洲中部（贾别克），页 91 → Capek, Karel (S. 91)

高特与法兰西精神（贺西郎），页 95 → Focillon, Henri (S. 95)

在法兰西和在意大利的精神上的欧洲人（马达利阿嘉），页 99 → Madariaga, Salvador de (S. 99)

高特的矛盾（汤姆斯曼），页 100 → Mann, Thomas (S. 100)

"世界人"（华莱利），页 102 → Valéry, Paul, S. 102 (S. 102)

（二）艺术

高特与希腊精神（莫勒），页 107 → Morray, Gilbert (S. 107)

高特的两张图画（司吐齐哥夫斯基），页 113 → Strzygowski, Josef (S. 113)

高特与建筑艺术（爱斯北），页 123 → Estberg, Ragnar (S. 123)

高特与浪漫派艺术（贺西郎），页 129 → Focillon, Henri (S. 129)

第二次谈话

北欧的与希腊精神（俄普列斯哥）→ Opresco, Georges

高特与图画艺术（贺西郎），页 145 → Focillon, Henri (S. 145)

高特印象主义的先驱（司吐齐哥夫斯基），页 149 → Strzygowski, Josef (S. 149)

收集高特的图画拟议（华嘉列斯哥），页 150 → Vacaresco, Hélene (S. 150)

高特与他在瑞士作的图画（莱诺尔），页 150 → Reynold, Gonzague (S. 150)

高特与风景画家（俄越地），页 152 → Ojetti, Ugo (S. 152)

论趣味的更新（华莱利），页 154 → Valéry, Paul (S. 154)

（三）旅行

高特在瑞士（莱诺尔），页 161 → Reynold, Gonzague (S. 161)

高特与民间天才（俄普列斯哥），页 172 → Opresco, Georges (S. 172)

高特在罗马（巴利比宜），页 184 → Paribeni, Roberto (S. 184)

高特与罗马（瓦左提），页 191 → Wotzoldt, A. W. (S. 191)

第三次谈话

古典主义与浪漫主义（俄普列斯哥），页 197 → Opresco, Georges (S. 197)

综合的精神（莱诺尔），页 198 → Reynold, Gonzague (S. 198)

日耳曼精神与拉丁精神（贺西郎），页 200 → Focillon, Henri (S. 200)

欧洲风气（马达利阿嘉），页 206 → Madariaga, Salvador de (S. 206)

国际主义（刘舍尔），页 207 → Luchaire, Julien (S. 207)

高特与德国（汤姆斯曼），页 209 → Mann, Thomas (S. 209)

21.
时事类编，第 3 卷第 12 期，页 47-65
歌德的自然现象观
赫曼　著 Heinemann, Fritz (Verf.)
郭汉烈　译 Guo Hanlie (Übers.)
译自法国《哲学杂志》，第 60 卷第 1-2 期，1935 年 1-2 月

22.
科学世界（南京），1935 年，第 4 卷第 1 期，页 51-55
化学家的歌德
Gehrt, A. J. 著
李秀峰　译 Li Xiufeng (Übers.)

第六编：欧美日俄研究汉译目 Kapitel VI: Forschung ausländischer Autoren

23.
十九世纪欧洲思想史（一）History of European thought in the nineteenth century
木尔兹 著 Merz, John Theodore (Verf.)
伍光建 译 Wu Guangjian (Übers.)
上海：商务印书馆，1935 年
万有文库第二集七百种
16 册(760 页); 22×15cm
介绍文
第一章
(三十九): 歌德, 页 21 → Goethe, S. 21
论点摘编："德国之文体与用字，以歌德所创者为最善，以一人而转移全国风气，在法国英国殆无其人，即在德国，亦非他人所能及，其理甚显。"

1936 年

24.
绸缪月刊，1936 年，第 2 卷第 10 期，页 67-69
海涅与歌德——纪念海涅逝世八十周年，杜衡辑译，页 62 → Heine und Goethe – zum Andenken an Heines 80. Todestag, ausgewählt und übers. v. Du Heng, S. 62
海涅致歌德书 (1821 年 12 月 29 日, 1824 年 10 月 1 日, 1824 年 10 月 25 日), 页 62 → Heines Briefe an Goethe (vom 29.12.1821, dem 01.10.1824 und dem 25.10.1824)
海涅对于歌德的回忆, 页 63 → Heines Erinnerung an Goethe, S. 63
海涅论浮士德, 页 64 → Heine über Faust, S. 64
译者[杜衡]附记:上面这些零星的东西，都是从 H. G. Atking 的海涅传里摘译下来的，我以为也许可以帮助人更了解海涅，同时也更了解歌德，所以特地搁在一起，用来做一点诗人的小小的追念，在这里，我们也许会看到海涅自己的弱点，就像看出歌德的弱点一样，但是这没有关系，歌德还是歌德，海涅还是海涅，这些弱点是不会损害他们的伟大的 (页 64)。

25.
海上述林
瞿秋白 译 Ju Qiubai (Übers.)
鲁迅 编 Lu Xun (Hrsg.)

上海：诸夏怀霜社，1936 年
歌德与我们，[苏] 加米涅夫著
瞿秋白 译 Ju Qiubai (Übers.)
编者提示：原文载[苏]《真理报》，1932 年 3 月 22 日。详见新版杨武能著《走近歌德》（页 375）。

26.
科学时报, 1936 年 [第 3 卷第 9 期], 页 28
歌德论 Über Goethe
马克思，卡尔 著 Marx, Karl (Verf.)
李平东 译 Li Pingdong (Übers.)

27.
时事类编，1936 年，第 4 卷第 13 期，页 109-116
时事类编，1936 年，第 4 卷第 14 期，页 107-114
时事类编，1936 年，第 4 卷第 15 期，页 111-117
歌德与音乐
罗兰，罗曼 著 Rolland, Romain (Verf.)
梁宗岱 译 Liang Zongdai (Übers.)

1940 年

28.
现代艺术，1940 年第 2 期，页 2-3
歌德之艺术观
[日] 金子马治 著 Kaneko Umaji
胡雪 译 Hu Xue (Übers.)

1941 年

29.
图书月刊，第 2 卷第 8 期 (1941 年)
歌德年谱 Lebensdaten Goethes mit biographischen Angaben
俾德曼 编 Biedermann (Verf.)
冯至 译注 Feng Zhi (Übers. u. Interpret)

30.
作家 (南京), 1941 年第 1 卷第 5 期, 页 208-212
接连在女性的刺激中的歌德
勒斯哥 著
贝雅敏 译 → übers. v. Bei Yamin, S. 208-212

1942 年

31.
金沙, 1942 年, 第 1 卷第 5 期，页 11-15
歌德与席勒
(英) 刘易士 作 Lewis, Sinclair (Verf.)
树艺 译 Shu Yi (Übers.)

32.
图书月刊, 第 2 卷第 2 期 (1942 年)
歌德年谱 (续四) Lebensdaten Goethes mit biographischen Angaben (Folge 4)
俾德曼 编 Biedermann (Verf.)
冯至 译注, 页 11-19 → Feng Zhi (Übers. u. Interpret), S. 11-19

33.
图书月刊, 第 2 卷第 3 期 (1942 年)
歌德年谱 (续五) Lebensdaten Goethes mit biographischen Angaben (Folge 5)
俾德曼 编 Biedermann (Verf.)
冯至 译注, 页 18-21 → Feng Zhi (Übers. u. Interpret), S. 18-21

34.
图书月刊, 第 2 卷第 4 期 (1942 年)
歌德年谱 (续六) Lebensdaten Goethes mit biographischen Angaben (Folge 7)
俾德曼 编 Biedermann (Verf.)
冯至 译注, 页 16-21 → Feng Zhi (Übers. u. Interpret), S. 16-21

35.
图书月刊, 第 2 卷第 5 期 (1942 年)
歌德年谱 (续七) Lebensdaten Goethes mit biographischen Angaben (Folge 7)
俾德曼 编 zusammengestellt von Biedermann
冯至 译注, 页 13-20 → Feng Zhi (Übers. u. Interpret), S. 13-20

35a. 图书月刊, 1943 年第 2 卷第 8 期 → Monatsschrift der Bücher, Jg. 1943, Bd. II, Heft 8
歌德年谱 (续八) Lebensdaten Goethes mit biographischen Angaben (Folge 8)
俾德曼编 Biedermann (Verf.)
冯至译注, 页 11-17 → Feng Zhi (Übers. u. Interpret), S. 11-17

36.
金沙, 1942 年, 第 1 卷第 5 期
席勒论歌德 (匿名), 页 15 → Schiller über Goethe (Anonym), S. 15

1943 年

37.
中央周刊, 1943 年, 第 6 卷第 5 期
歌德的《威廉·迈斯特》, 郑学稼摘译, 页 11-12 Goethes *Wilhelm Meister*, übers. v. Zheng Xuejia, S. 11-12

38.
诗人伦慈 Lenz
布禧娜 著 Büchner, Georg (Verf.)
杨丙辰 译 Yang Bingchen (Übers.)
北京: Deutschland-Institut Peking, 1943 年
中德学会中德对照丛刊第一种 Deutsch-chinesische zweisprachige Veröffentlichungen des Deutschland-Institutes No.1
译者序言，页 8 (重点谈歌德、伦慈俩跟共同的恋人菲得利克·布里昂的恋情及恋诗) Vorwort des Übersetzers, S. 8 (über die gleiche Liebe Goethes und Lenz' zu Brion, Friedrike von Senheim)

39.
文艺史学与文艺科学 Literaturgeschichte und Literaturwissenschaft
马尔霍尔茨 著 Mahrholz, Werner (Verf.)
李长之 译 Li Changzhi (Übers.)
重庆: 商务印书馆, 1943 年初版
上海: 商务印书馆, 1947 年初版

211 页
第一章: 科学的文艺史之建立
歌德, 页 1-2 → Goethe, S. 1-2
注 15: 狂飙运动, 页 13 → Anmerkung 15: Sturm und Drang, S. 13
注 16: 歌德, 页 13-14 → Anmerkung 16: Goethe, S. 13-14
注 19: 古典精神, 页 15 → Anmerkung 19: Der klassische Geist, S. 15

40.
杂志, 1943 年第 10 卷第 6 期
论歌德及其《少年维特之烦恼》, 爱德华香克斯作, 黎生译, 页 193-195 → übers. v. Li Sheng, S. 193-195

1944 年

41.
万象, 1944 年第 3 卷第 9 期
玛丽安白的悲歌: 歌德的永远的青春, 支魏格[茨威格]原著, 页 10-17 Marienbader Elegie: Goethes ewige Jugend (Zweig, Stephan), S. 10-17
编者附言: 上图信息栏标明: „著者: 白季仲", „全文浏览"后却未见

42.
戏剧时代, 1944 年第 1 卷第 6 期, 页 40-46
歌德与浮士德
汉密顿, 薏迪丝
叶大军 译 Ye Dajun (Übers.)

1951 年

43.
欧洲文学发展史
[苏] 胡里契 著
沈起予 译 Shen Qiyu (Übers.)
上海: 新文艺出版社, 1951 年
第四章: 向上的资产阶级的文学
歌德的《浮士德》, 页 112-117

1952 年

44.
十八世纪外国文学史教学大纲
[苏] 阿尔塔莫诺夫 著
张维川 译 Zhang Weichuan (Übers.)
沈阳: 东北教育出版社, 1952 年
23 页, 2000 册
十八世纪的德意志文学
哥德, 页 13-15 → Goethe, S. 13-15

1955 年

45.
席勒评传 Schiller: ein Lesebuch für unsere Zeit
弗理德伦代尔 编 Friedländer, Paul (Verf.)
傅韦 译 Fu Wei (Übers.)
北京: 作家出版社, 1955 年
84 页, 4500 册
席勒和歌德, 页 49-56

1957 年

46.
西欧文学简论
穆拉维耶娃、杜拉耶夫 合著
殷涵 译 Yin Han (Übers.)
上海: 上海新文艺出版社, 1957 年
苏联中学参考书
218 页, 20000 册
歌德, 页 85-128 → Goethe, S. 85-128

1959 年

47.
十八世纪外国文学史 (下卷)
阿尔泰莫诺夫、格腊日丹斯卡雅 等著
上海: 上海文艺出版社, 1959 年
307 页, 8000 册
德国文学
歌德, 页 87-154

1962 年

48.

十八世纪中国与欧洲文化的接触 Reichwein, Adolf: China and Europe. Intellectual and Artistic Contacts in the Eighteenth Century. With 24 Plates and 2 Diagrams, translated by J. C. Powell (London: Kegen Paul, Trench, Trübner &Co. Ltd. | New York: Alfred A. Knopf, 1925) English tranlation of A. Reichwein: China und Europa. Geistige und künstlerische Beziehungen im 18. Jahrhundert (1923)

利奇温 著 Reichwein, Adolf (Verf.)
朱杰勤 译 Zhu Jieqin (Übers.)
北京: 商务印书馆, 1962 年
156 页, 1991 重印, 150 页
附注: 本书介绍中国文化在 18 世纪传入欧洲的经过以及它对欧洲文学、艺术、思想、政治、经济、科技等的影响。
歌德, 页 111 → Goethe, S. 111
十八世纪之末——不好此道——对东方的判断渐趋成熟——加于区别——主观上不喜中国艺术表现的不完备——晚年歌德认识中国文化在世界的客观价值——歌德关于中国的文艺——中国的影响:《爱尔培诺尔》、《中德四季晨昏杂咏》——关于材料出处的批判的注释——说明
编者提示: 英文原著并无上列小标题。
结语, 页 129 → Last Words, S. 129

1970 年

49.

哥德与托尔斯泰——人文性的探讨 Goethe und Tolstoi
曼, 汤玛斯 著 Mann, Thomas (Verf.)
高桥义孝 日译 Takahashi, Yoshitaka
李永炽 汉译 Li Yongchi (Übers.)
台北市: 水牛出版社, 1970 年
水牛文库; 170
169 页
译序, 页 1-8 → Vorwort des chinesischen Übersetzers, S. 1-8
日译序, 页 1-4 → Vorwort des japanischen Übersetzers, 1-4
修特察, 页 1 → Stötzer, S. 1
高下, 页 5 → Rangfragen, S. 5
卢骚, 页 11 → Rousseau, S. 11
教员与告白, 页 15 → Erziehung und Bekenntnis, S. 15
别扭, 页 23 → Unschicklichkeit, S. 23
墓场, 页 27 → Gnadenorte, S. 27
病患, 页 33 → Krankheit, S. 33
患病, 页 37 → Erkrankungen, S. 37
造形与批评, 页 45 → Plastik und Kritik, S. 45
色情, 页 53 → Buhlerei, S. 53
自由与高贵, 页 57 → Freiheit und Vornehmheit, S. 57
贵族的优雅, 页 67 → Adelsanmut, S. 67
暧昧, 页 81 → Problematik, S. 81
自然与国民, 页 91 → Natur und Nation, S. 91
共感, 页 113 → Sympathie, S. 113
告白与教育, 页 127 → Bekenntnis und Erziehung, S. 127
教育的实践, 页 131 → Unterricht, S. 131
最后的断章, 页 153 → Ein letztes Fragment, S. 153
附录: 托尔斯泰的年谱, 页 157 → Anhang: Chronik Tolstois

1972 年

50.

马克思、恩格斯、列宁、斯大林论德国古典哲学 Marx, Engels Lenin und Stalin über klassische deutsche Philosophie
北京大学哲学系哲学史组 编
北京: 商务印书馆, 1972 年
481 页
一、社会历史条件和启蒙思想
葛兹, 页 1 → Götz, S. 1
维特, 页 19-21 → Werther, S. 19-21

1973 年

51.

西洋文化史 Western civilization: their history and their culture [London: Owen, 1957] XXIII, 936 Seiten
Burns, Edward McNall (1897-1972) 著

周持天 译 Zhou Chitian (Übers.)
台北市: 黎明文化出版社, 1973 年
1983 年第 4 版
歌德, 页 130-131 → Goethe, S. 130-131

1974 年
52.
世界戏剧艺术欣赏——世界戏剧史 History of the theatre
布鲁凯特 著 Brockett, Oscar Gross (Verf.)
胡耀恒 译 Hu Yaoheng (Übers.)
台北市: 志文出版社, 1974 年
1991 年再版, 791 页
新潮大学丛书; 2
第十一章: 十九世纪的剧场和戏剧
浮士德, 页 292-297 → Faust, S. 292-297

1976 年
53.
浮士德研究 Faust
黎克登贝吉　法译 Lichtenberger, Henri (Übers.)
李辰冬　汉译 Li Chendong (Übers.)
台北市: 东大图书公司, 1976 年
沧海丛刊
265 页
编者附记: 黎氏原系巴黎大学教授,《浮士德》法译本原是他授课讲义。李氏回国后也因上课之需将黎氏的讲稿译成中文。黎氏的讲稿已无处可寻, 使李黎文本的比对无从着手。我在国外见到的黎氏的法译本是正式出版物。出版物虽不等同于原始的讲稿, 仍能提供一些蛛丝马迹。可以肯定, 李氏汉译本的底本系黎氏讲稿中两个"引言"的总和, 系黎氏原创之作, 而非他的《浮士德》译文。讲稿中的"引言"与出版物中的"引言", 其内容和篇幅大体一致, 唯章节的划分有出入, 使各标题的译文无法尽数与原文核对。以下为补充信息: 法译本: 第一部和第二部分别于 1932 和 1933 年在巴黎 Montaigne 出版社出版。德法对照, 每册前都有长篇"引言", 篇幅分别为 98 页和 190 页, 共 288 页。汉译本: 初版于 1945 年重庆商务印书馆, 系中法比瑞文化丛书之一。

修正版译者序言
译者序言
卷上
第一章: 导言 1 → Introduction
第二章: 历史上与传说上的浮士德, 页 4 → Faust dans L'Histoire et la Légende
一、魔术师的典型, 页 4 → Le type du Magicien, S. 4
二、历史上的浮士德, 页 8 → Le Faust historique, S. 8
三、浮士德的传说, 页 10 → Le Volksbuch du docteur Faust (1), S. 10
四、马卢韦的戏剧, 页 17 → Le drame de Marlowe, S. 17
五、浮士德的通俗化, 页 19 → Le Puppenspiel de Faust, S. 19
六、莱辛的浮士德, 页 20 → Le Faust de Lessing, S. 20
七、歌德的浮士德, 页 20 → Le Faust de Goethe, S. 20
第三章: 原始的浮士德, 页 24 → Le Faust primitif. – Sa composition
一、浮士德的初稿, 页 24 → La première de Faust, S. 24
二、浮士德的萌芽, 页 26 → La genèse du Faust
三、独白, 页 29 → Le Monologue, S. 29
四、地灵, 页 29 → L'Esprit de la Terre, S. 29
五、与华格纳的谈话, 页 32 → Le dialogue avec Wagner, S. 32
六、梅菲斯特与学生, 页 33 → Méphistophélès et l'Etudiant, S. 33
七、莱普锡的奥爱尔伯哈地下酒肆, 页 36 → Taverne d'Auerbach à Leipzig, S. 36
八、马格里特的悲剧, 页 38 → La tragédie de Marguerite,
九、浮士德初稿的意义, 页 47 → Le sens de l'Urfaust, S. 47
第四章: 1790 年的浮士德片断, 页 51 → Le Fragment de 1790, S. 51
一、浮士德与梅菲斯特的谈话, 页 52 → Dialogue entre Faust et Méphistophélès, S. 52
二、魔女的厨房, 页 54 → Cuisine de Sorcière, S. 54
三、森林与洞窟, 页 56 → Forêt et Caverne, S. 56
四、1790 年浮士德片断的编纂, 页 59 → Rédaction du Fragment de 1790, S. 59

第五章: 浮士德定稿 (1808), 页 61 → La rédaction définitive, S. 61

一、组织, 页 61 → Composition, S. 61

二、浮士德的主旨, 页 67 → L'idée de Faust, S. 67

三、自杀的企图, 页 70 → La tentation du suicide, S. 70

四、梅菲斯特的出现, 页 72 → Apparition de Méphistophélès, S. 72

五、契约, 页 74 → Le Pacte, S. 74

六、华尔布几斯之夜, 页 79 → La Nuit de Walpurgis, S. 79

第六章：结论, 页 84 → Vue d'ensemble, S. 84

卷下 Deuxième Partie

第一章: 导言: 对二部浮士德应有的态度, 页 91

第二章: 浮士德第二部的雏形, 页 103 → La premiere Phase de la composition

一、浮士德朝见皇帝, 页 109 → Faust chez l'Empereur, S. 109

二、浮士德与海仑, 页 111 → Faust et Hélène, S. 111

三、海仑的召唤, 页 114 → Evocation d'Hélène, S. 114

四、海仑与浮士德的婚姻, 页 116 → Les Noces d'Hélène et Faust, S. 116

五、结局, 页 118 → La redaction definitive, S. 118

六、歌德停止工作, 页 123

第三章: 二部浮士德定稿, 页 125 → La Redaction Definitive, S. 125

第四章: 第一幕, 页 142 → Premier acte, S. 142

一、浮士德的重返生命, 页 142 → Retour de Faust à la vie, S. 142

二、浮士德朝见皇帝, 页 145 → Faust chez l'Empereur, S. 145

三、宫庭会议的梅菲斯特, 页 146 → Méphistophélès au conseil de l'Empereur, S. 146

四、假装跳舞会, 页 148 → Mascarade, S. 148

五、纸币的制造, 页 152 → Fabrication des assignats, S. 152

六、浮士德往母亲国去, 页 153 → Faust chez les Mères, S. 153

七、巴黎斯与海仑的召唤, 页 156 → L'évocation de Pâris et d'Hélène, S. 156

第五章 第二幕, 页 159 → Deuxieme acte, S. 159

一、第二幕的萌芽, 页 159 → Genèse, S. 159

二、浮士德的实验室, 页 160 → Le Laboratoire de Faust, S. 160

三、学士, 页 160 → Le Bachelier (1), S. 160

四、何蒙古鲁士的出生, 页 162 → La naissance d'Homunculus (1), S. 162

第六章: 第二幕 (续): 古典的华尔布几斯之夜, 页 170 → Deuxieme acte (suite): La nuit de Walpurgis classique, S. 170

一、结构, 页 170 → Composition, S. 170

二、序幕, 页 174 → Prologue, S. 174

三、浮士德的追求, 页 175 → La quête de Faust, S. 175

四、梅菲斯特的追求, 页 177 → La quête de Méphistophélès, S. 177

五、何蒙古鲁士的追求, 页 178 → La quête de d'Homunculus, S. 178

六 何蒙古鲁士的象征 184 → Le symbolisme d'Homunculus, S. 184

第七章: 第三幕, 页 188 → Troisieme acte, S. 188

一、结构, 页 188 → Composition, S. 188

二、海仑的回返生命, 页 189 → Le retour d'Hélène, S. 189

三、海仑往浮士德的宫殿, 页 190 → Hélène chez Faust, S. 190

四、亚尔加提里面, 页 192 → En Arcadie, S. 192

五、海仑及其侍从的消逝, 页 195 → Disparition d'Hélène et de ses suivantes, S. 195

六、海仑一幕在整部作品中的地位, 页 197 → Place de l'acte d'Hélène dans l'ensemble, S. 197

第八章: 第四幕, 页 200 → Quatrieme acte, S. 200

一、结构, 页 200 → Composition, S. 200

二、主火说与革命, 页 202 → Introduction: Vulcanisme et Révolution, S. 202

三、权力的获得, 页 203 → La Conquête du Pouvoir, S. 203

第九章: 第五幕, 页 209 → Cinquieme acte, S. 209

一、结构, 页 209 → Composition, S. 209

二、最后的罪孽, 页 210 → Le dernier péché, S. 210

三、净化, 页 214 → La purification (1), S. 214

四、浮士德之死, 页 219 → La mort de Faust, S. 219

五、浮士德的救援, 页 220 → Rédemption de Faust, S. 220

六、赌的胜负, 页227 → Gain ou perte du pari, S. 227

七、神秘的合唱, 页231 → Le salut de Faust, S. 231

第十章: 浮士德与歌德, 页234

一、浮士德全部概述, 页234 → Vue d'ensemble, S. 234

二、最后的胜利, 页241 → La dernière victoire, S. 241

三、浮士德与歌德, 页243

注释, 页255 → Notes, S. 255

1978年

54.

贝多芬传 Ludwig van Beethoven

[法] 罗曼•罗兰 著 Rolland, Romain (Verf.)

傅雷 译 Fu Lei (Übers.)

北京: 人民音乐出版社, 1978年

91 页, 1980年第2次印刷, 82001-99500 册

有关贝多芬与歌德的部分, 页 22-24

55.

卢梭、康德与歌德 Rousseau, Kant, Goethe: Two Essays

卡西尔 (1874-1945) 著 Cassirer, Ernst (Verf.)

孟祥森 译 Meng Xiangsen (Übers.)

台北市: 龙田出版社, 1978年

年轮书系; 4

163 页

第二篇: 歌德与康德哲学, 页 101-162 → Goethe und die Kantische Philosophie, S. 101-162

1979年

56.

论浪漫派 Die romantische Schule

海涅 著 Heine, Heinrich (Verf.)

张玉书 译 Zhang Yushu (Übers.)

北京: 人民文学出版社, 1979年

191 页, 22000 册

德国的浪漫派和海涅的《论浪漫派》（刘半九）, 页 1 → Die deutsche Romantik und Heines *Die romantische Schule* (Liu Banjiu), S. 1-62

第一卷, 页 1-62 → Bd. I, S. 62

编者提示: 第一卷主论以歌德、席勒为代表的德国近代文学。

1980年

57.

世界文学名著总解说 Die Generalerläuterung zu berühmten Werken der Weltliteratur

日本讲谈社 著

吴南风 主译 Wu Nanfeng (Übers.)

台北市: 联亚出版社, 1980年

少年维特的烦恼, 页 200 → Die Leiden des jungen Werther, S. 200

58.

西方古典作家谈文艺创作 Klassische westliche Schriftsteller über literarisches und künstlerisches Schaffen

段宝林 编 Duan Baolin (Hrsg.)

春风文艺出版社, 1980年, 15001-27000 册

歌德, 页 141-160（详目见照片发）

1981年

59.

卢卡契文学论文集 (2)

卢卡契 著 Lukács, Georg (Verf.)

中国社会科学院外国文学研究所 编

北京: 中国社会科学出版社, 1981年

外国文学研究资料丛刊

598 页, 9000 册

我们的歌德 (1949年), 山石 译, 页 523-553 → Unser Goethe (1949), übers. v. Shan Shi, S. 523-553

60.

十九世纪文学主流 Die Hauptströmungen der Literatur des neunzehnten Jahrhunderts

第二分册: 德国的浪漫派 Zweiter Band: Die romantische Schule in Deutschland

勃兰兑斯 著 Brandes, Georg (Verf.)

刘半九 译 Liu Banjiu (Übers.)

北京: 人民文学出版社, 1981 年
编者提示: 对于歌德的论述穿插在本书的不少章节中, 如谈到歌德与政治的关系时, 说他 "漠不关心", 譬如他参加反法战争, "他的阵亡同胞的尸体并没有鼓舞他写出颂歌或挽歌, 他倒是把它们的骨骼取出来, 制成了标本。" (页 19) 又说他 "在反拿破仑战争期间没有写过一首爱国主义的战歌"。(页 57) 在谈到歌德当时在本国的接受时又说: "歌德文集的初版受到极大的冷遇, 其主要原因在于读者没有读到他按照《维特》和《葛慈》的风格写的新作品而感到失望, 在于读者对歌德的精神发展毫无理解"(页 57)。在论述那些浪漫派作家时往往与歌德作比较, 因而本书也是歌德研究者不容忽视的一部论著, 譬如 "对于施莱格尔来说, 还必须克服语言技巧上的重重困难. 正是在这方面, 歌德的榜样是划时代的. 他改造了德国的语言. 德语经过他的手, 大大提高了灵敏度和容量, 对于雄壮和优美具有如此丰富的表现力, 这样便给施莱格尔提供了他恰巧需要的调好了的乐器。"(页 57)

61.
美学 Ästhetik
黑格尔　著 Hegel, Georg Wilhelm Friedrich (Verf.)
朱光潜　译 Zhu Guangqian (Übers.)
北京: 人民文学出版社, 1981 年
1982 年第 3 次印刷
汉译世界学术名著丛书
编者提示: 全书三卷共四册。有关歌德及其作品的重要论述散见于各卷不少章节, 这就要求读者潜心研读文本的具体章节。

第一卷　Bd. I
谈歌德席勒早期诗作的创新, 页 34-35 → Über das Neue in der frühen Lyrik Goethes und Schillers, S. 34-35
谈歌德的颜色论, 页 110, 页 137 → Über Goethes Farbenlehre, S. 110
谈歌德与自然, 页 167 → Über Goethe und die Natur, S. 167
谈歌德与牧歌题材, 兼及《赫尔曼和多罗蒂亚》, 页 244 → Über Goethes Schäferlieder unter Berücksichtigung von *Hermann und Dorothea*, S. 244
对歌德《葛兹　封　伯利兴根》的分析: 注释 4, 页 249; 正文, 页 249-250; 344-345; 376-377 → Über Goethes *Götz von Berlichingen*, S. 249-250; 344-345; 376-377
对歌德《亲和力》的分析, 页 377 → Über Goethes *Die Wahlverwandtschaften*, S. 377

第二卷　Bd. II
对歌德晚年抒情诗、特别是《西东胡床集》(通译《西东合集》)的分析, 页 88-89 → Über Goethes Spätlyrik, vor allem den *West-östlichen Divan*, S. 88-89
谈歌德席勒的讽刺体短诗, 页 134 → Über Goethes und Schillers satirische Kurzgedichte, S. 134

第三卷, 下册　→ Bd. III, Teilband II
对《赫尔曼和多罗蒂亚》的分析, 页 186 → Über Goethes *Hermann und Dorothea*, S. 186
对歌德 "即兴诗" 或 "应景诗" 的分析, 页 195 → Über Goethes Gelegenheitsgedichte, S. 195
对歌德 "社交"(应酬)诗和短歌的分析, 页 199-200 → Über Goethes Widmungsgedichte, S. 199-200
对歌德人格及其抒情诗的高度评价, 页 210 → Hohe Einschätzung von Goethes Person und seine Lyrik, S. 210
论点摘要: "他[指歌德]在丰富多采的生活中始终保持住诗人的身份。从此也可以见出他的高尚的人格。很难想像出像他那样的人, 那样积极关心一切事物和各个方面, 尽管兴趣这样广泛, 却始终独立自在地生活着, 而把他所接触到的一切都转化为诗的观照。他的外表生活, 他在日常生活情境中心胸既坦白而又沉默的特点, 他的科学活动和研究成果, 他的修养深厚的实践精神所产生的一些经验之谈, 他的伦理格言, 错综复杂的时代动态给他留下来的印象以及他所得到的结论, 少年时代的热情和勇气, 壮年时代的修养成就的魄力和内心的优美, 老年时代的包罗万象, 心旷神怡的智慧——这一切都流露于他的抒情诗。"(页 210)
对歌德《浮士德》的分析, 页 320 → Analyse von Goethes *Faust*, S. 320

对歌德《斯特娜》和《克拉维哥》两个剧本的分析，页 325 → Über Goethes *Stella* und *Clavigo*, S. 325

将歌德与莎士比亚比较，页 324-327 → Vergleich Goethes mit Shakespeare, S. 324-327

62.
世界文学名著总解说(上、下册) Generalerläuterungen zu berühmten Werken der Weltliteratur, Bd. I, II
黄舜英 译 Huang Shunying (Übers.)
台北市: 远东出版事业股份有限公司, 1981 年
歌德 Goethe
少年维特的烦恼, 页 676-682 → Die Leiden des jungen Werther, S. 676-682
浮士德, 页 683-686 → *Faust*, S. 683-686

1982 年

63.
德语学习, 1982 年第 4 期(总第 21 期) → Wir lernen Deutsch, Jg. 1982, Heft 4
Johann Wolfgang Goethe als Mittler zwischen den Völkern (Auszug)(Günther Schödel, Botschaftler der Bundesrepublik Deutschland in China)
译文: 歌德——沟通各国人民思想的诗人(摘录), 德意志联邦共和国驻中国大使修德, 页 6

64.
马克思恩格斯论文学与艺术 Marx und Engels über Literatur und Kunst
马克思、恩格斯 著 Marx u. Engels (Verf.)
中共中央马克思、恩格斯、斯大林著作编译局 译
陆梅林 辑注 Lu Meilin (Hrsg.)
北京: 人民文学出版社, 1982 年
卡尔·格律恩先生《从人的观点论歌德》, 页 481-514 → Deutscher Sozialismus in Versen und Prosa, S. 481-514

65.
马克思恩格斯论文艺和美学(上、下册) Marx und Engels über Literatur, Kunst und Ästhetik (Bd. I, II)

马克思、恩格斯 著 Marx u. Engels (Verf.)
杨柄 编 Yang Bing (Hrsg.)
北京: 文化艺术出版社, 1982 年
18000 册
组 10: 货币的职能与歌德的《浮士德》和莎士比亚的《雅典的泰门》, 页 42
组 35:《诗歌和散文中的德国社会主义》, 页 201
二、卡尔·格律恩《从人的观点论歌德》, 页 222-254
组 140: 席勒和歌德, 页 630
组 168: 莱辛、歌德、席勒、莫扎特、贝多芬代表着德国文艺的光辉灿烂时期, 页 707
组 197: 黑格尔和歌德都是奥林匹斯山上的宙斯, 又都拖着德国庸人的尾巴, 页 763
组 199: 歌德和拉马克预示了后来的进化论, 页 767
附录: 文艺人物名单
组 11: 歌德时期的德国文艺家(十八世纪中叶至一八三二年), 页 847
组 15: 从歌德逝世到《共产党宣言》问世期间德国其他文艺人物, 页 857

66.
十九世纪西方音乐文化史 Music in western civilization (New York, 1941)
朗格, 保罗·亨利 著 Lang, Paul Henry (Verf.)
张洪岛 译 Zhang Hongdao (Übers.)
北京: 人民音乐出版社, 1982 年
397 页, 10030 册
编者提示:
谈歌德、荷尔德林等人的抒情诗何以伟大(页 17)
谈贝多芬喜读歌德等人著作, 同歌德会晤, 为《爱格蒙特》谱曲(页 27)
谈歌德的诗与舒伯特、采尔特等人的谱曲(页 57)

67.
新诗集 Neue Gedichte
海涅 著 Heine, Heinrich (Verf.)
钱春绮 译 Qian Chunqi (Übers.)
上海: 上海译文出版社, 1982 年

253 页, 同年重印, 51001-91000 册
给一位旧时的歌德信徒, 页 181 →An einen ehemaligen Goetheaner, S. 181
倾向[1], 页 198 → Die Tendenz, S. 198

68.
宗白华美学文学译文选
宗白华　著 Zong Baihua (Verf.)
文艺美学丛书编辑委员会　编
北京: 北京大学出版社, 1982 年
357 页, 40000 册
席勒和歌德三封通信, 页 10
席勒给歌德的信(1794.8.23), 页 10 → Schiller an Goethe (Jena, 23. August 1794), S. 10
歌德复席勒的信(1794.8.27), 页 13 → Goethe an Schiller (Ettersburg, 27. August 1794), S. 13
席勒给歌德的信(1794.8.31), 页 14 → Schiller an Goethe (Jena, 31. August 1794), S. 37
席勒与民族 (玛耶, 汉斯), 页 18 → Schiller und die Nation (Meyer, Hans), S. 18
青年的席勒, 页 24
席勒与法国革命, 页 44
席勒与德国的自我反省, 页 57
歌德论(比学斯基), 页 67-71 → Bielschowsky, Albert, S. 67-71

1983 年
69.
海涅选集 Heinrich Heine. Eine Auswahl
海涅　著 Heine, Heinrich (Verf.)
张玉书　编选 Zhang Yushu (Hrsg.)
北京: 人民文学出版社, 1983 年
1984 年再版, 合计 63500 册
思想家海涅 (张玉书), 页 1-15 → Heinrich Heine als Denker (Zhang Yushu), S. 1-15
编者提示: 上文谈及
(1)海涅与歌德的交往(一次会晤, 不欢而散)
(2)海涅对歌德的看法和评价
在诗歌方面, 称歌德是 "最杰出的歌手" (页 10), "极其钦佩" (页 12)
对歌德的所谓庸俗气: "十分反感", 称之为 "贵族的奴才" (页 12)

对晚年的歌德: 在歌德受文坛攻击时, "挺身而出", 称之为 "我们文坛的君王"、"拿破仑" (页 13)
论浪漫派, 第一卷(详论歌德), 张玉书译, 页 9-68 → Die romantische Schule, Teil I (ausführlich über Goethe), übers. v. Zhang Yushu, S. 9-68
论法国画家, 页 351-406 → Französische Maler, S. 351-406
阿·谢弗尔(1795-1858): 取材于《浮士德》的一系列画, 页 354-362

1984 年
70.
布莱希特研究　Die Brecht-Forschung
张黎　编选 Zhang Li (Hrsg.)
北京: 中国社会科学出版社, 1984 年
外国文学研究资料丛刊
448 页, 5600 册
寓意剧、喜剧、陌生化(舒玛赫, 恩斯特), 页 140
编者提示: 论及寓意剧与悲剧、喜剧、史诗剧(das epische Theater)等不同文学体裁之间的关系, 兼论歌德、席勒的悲剧《浮士德》和《华伦斯坦》(页 177-180), 指出它们 "利用史诗和喜剧的因素, 而不失其悲剧的特点"（页 179）。
《伽利略传》第十四场注释(吕莉克-魏勒, 凯泰), 页 264-299
编者提示: 论及包括歌德《浮士德》在内的戏剧作品与剧场和演出以及与社会现实之间的相互关系（页 270）。

71.
海涅抒情诗选集 Heinrich Heine. Lyrische Gedichte
海涅　著 Heine, Heinrich (Verf.)
冯至、钱春绮、杨武能 译 Feng Zhi, Qian Chunqi u. Yang Wuneng (Übers.)
杨武能　编选 Yang Wuneng (Hrsg.)
南京: 江苏人民出版社, 1984 年
439 页, 136000 册
题歌德《浮士德》, 页 138
倾向, 页 262 → Die Tendenz, S. 262

---

[1] 其中有如下两句诗: "再不要像维特那样哀鸣, 他的心只为着绿蒂燃烧"。

72.
德国近代文学史(上、下册)
苏联科学院 编 Akademie der Sowjetunion (Hrsg.)
福建师范大学外语系编译室 译 Pädagogische Universität Fujian, Fakultät für Fremdsprachen, Abteilung für Übersetzungen (Übers.)
北京: 人民文学出版社, 1984 年
1216 页, 10400 册
下册, 谢翰如、陈正元译 → Bd. II, Xie Hanru u. Chen Zhengyuan (Übers.)
第二十八章: 托马斯·曼(一九一八年以后) → Kapitel XXVIII: Thomas Mann (nach 1918)
第 2 至第 4 节(评托马斯·曼的《歌德与托尔斯泰——略论人道问题》一著), 页 780-797 → Über Thomas Manns Monographie *Goethe und Tolstoi*, S. 778-797
第 6 节 (评托马斯·曼的长篇小说《绿蒂在魏玛》), 页 806-812 → Über Thomas Manns Roman *Lotte in Weimar*, S. 806-812
编者提示: 分析该小说的思想内容、人物形象、情节发展和艺术结构。指出小说的特点是"混杂地使用了真实的有文献记录根据的歌德的原话, 以及编造的、虽然形式和意思完全象真实的话"。
第三十章: 黑塞(评黑塞与歌德), 页 871 → Kapitel XXX: Hermann Hesse, S. 871
编者提示: 本章有多处谈到歌德对黑塞的影响, 如"在对韵律、和谐、美等方面的孜孜不倦的探索上, 黑塞很象歌德。"(页 871) 又如"黑塞把歌德、艾欣多夫和凯勒称为自己的老师。"(页 875) 又如"黑塞从青年时代起就崇拜歌德, 认为他体现了对更深刻、更成熟的人道精神的追求。"(页 888)
第三十三章: 贝歇尔(一九四五年以前)[评贝歇尔与歌德], 页 971-1026 → Kapitel XXXIII: Becher, Johannes Robert (vor 1945), S. 971-1026
编者提示: 贝歇尔对歌德的态度当以一九四五年为分界线, 此前他自称"歌德这个名字对我来说是德国小市民的同义词, 我认为, 只要说一下他是'枢密顾问', 我就与他划清了界限"(页 972)。之后, 他却"看到了德国古典文艺——歌德、席勒、荷尔德林、巴赫、贝多芬以及其他许多艺术家的创作——的深刻的民族内容。"并"在歌德的遗产中, 在歌德的生气勃勃的现实主义中, 寻找对当代一系列最重要的美学和创作问题的回答。"(页 1006)

1985 年
73.
海涅选集, 诗歌卷 Heines ausgewählte Werke. Gedichte
海涅 著 Heine, Heinrich (Verf.)
张玉书 编选 Zhang Yushu (Hrsg.)
北京: 人民文学出版社, 1985 年
736 页, 20000 册
诗人海涅(张玉书), 页 1-24 → Heine als Dichter (Zhang Yushu), S. 1-24
编者提示: 上文一开始就拿海涅与歌德比, 将两人的诗被谱曲的数量作了统计, 其结果是海涅超过了歌德。但又指出歌德对海涅"发生过重大影响", 并摘录海涅给歌德和弥勒(Müller, Wilhelm)的信, 说他爱歌德"深切", 是歌德让他懂得了诗的"要领"(页 5) 后又详述歌德诗的基调(幸福、欢乐和陶醉), 与海涅的诗(失意、沮丧和绝望)形成鲜明的反差, 并分析其社会根源（页 6）。
海涅诗两首:
给一位往日的歌德崇拜者, 页 304 → An einen ehemaligen Goetheaner, S. 304
倾向, 页 320 → Die Tendenz, S. 320

74.
牛津英汉百科大辞典 (彩色国际版), 第 3 卷 New Oxford Illustrated English-Chinese Dictionary
蔡辰男 发行 Cai Chennan (Vertrieb)
台北市: 百科文化事业股份有限公司, 1985 年
歌德, 页 761 → Goethe, S. 761

1986 年
75.
比较文学研究资料 Forschungsliteratur der Komparatistik
北京师范大学中文系比较文学研究组选 编

北京: 北京师范大学出版社, 1986 年
630 页, 8000 册
《少年维特的烦恼》在欧洲 ([德] 施特里希, 弗里茨), 王义国 译, 页 230-247 → Strich, Fritz, übers. v. Wang Yiguo, S. 230-247
"启悟小说"在德国、英国和法国 ([瑞] 约斯特, 弗朗索瓦), 郭建译, 页 301-324 → Jost, Francois, übers. v. Guo Jian, S. 301-324
德国和英国浪漫主义的对比 ([美] 韦勒克, 勒内), 李广成译, 页 433-451 → Wellek, René, übers. v. Li Guangcheng, S. 433-451
刘勰的譬喻说与歌德的意蕴说 (王元化), 页 464-469 → Liu Xie's „Theorie von Symbolik des Sinnes" und Goethes „Lehre von Verborgenheit des Sinnes" (Wang Yuanhua), S. 464-469

76.
卡夫卡 Kafka
[德] 瓦根巴赫 著 Wagenbach, Klaus (Verf.)
韩瑞祥 译 Han Ruiqiang (Übers.)
唐松杨 校 Tang Songyang (Mitwirkung)
西安: 陕西人民出版社, 1986 年
204 页, 3500 册
在《如何认识卡夫卡及其作品》(孙坤荣) 一文中, 用歌德《说不尽的莎士比亚》的标题, 引出该文拿《说不尽的卡夫卡》作标题的设想; 引用英国诗人奥登的话, 就作家与时代的关系而论, 将卡夫卡与歌德比(页 1)。指出卡夫卡"热爱歌德", 作品的风格却"迥然不同" (页 11)。

77.
尼采诗集 Friedrich Nietzsche. Gedichte
周国平 译 Zhou Guoping (Übers.)
北京: 中国文联出版公司, 1986 年
234 页, 18000 册
致歌德, 页 39 → An Goethe, S. 39

78.
尼采诗选 Friedrich Nietzsche. Ausgewählte Gedichte
尼采 著 Nietzsche, Friedrich (Verf.)
钱春绮 译 Qian Chunqi (Übers.)
桂林: 漓江出版社, 1986 年
212 页, 22500 册
献给歌德, 页 114 → An Goethe, S. 114

79.
人文科学的逻辑 Zur Logik der Kulturwissenschaften: fünf Studien
卡西尔 (1874-1945) 著 Cassirer, Ernst (Verf.)
关子尹 译 Guan Ziyin (Übers.)
台北市: 联经出版事业公司, 1986 年
现代名著译丛; 16
218 页
编者提示: 详见本栏中国人民大学出版社该书 2004 年版的书讯。

1987 年

80.
德国近现代史——它的历史和文化, 上册 Modern Germany. Its History and Civilization
[美] 平森, 科佩尔 著 Pinson, Koppel (verf.)
范德一 译 Fan deyi (Übers.)
北京: 商务印书馆, 1987 年
424 页, 2450 册
第二章: 古典人文主义传统, 页 12-38

81.
海涅 Heine
马库塞, 路德维希 著 Marcuse, Ludwig (Verf.)
顾正祥 译 Gu Zhengxiang (Übers.)
郑寿康 校 Zheng Shoukang (Mitwirkung)
西安: 陕西人民出版社, 1987 年
239 页, 5000 册
编者提示:
海涅诗与歌德诗比较, 页 160-167; 199
海涅诗与里尔克诗比较, 页 201

82.
接受美学与接受理论 Ästhetische Erfahrung und literarische Hermeneutik
[德] 姚斯、[美] 霍拉勃 著 Jauß, Hans Robert (Verf.)

周宁、金元浦 译 Zhou Ning u. Jin Yuanpu (Übers.)
沈阳: 辽宁人民出版社, 1987 年
美学译文丛书
464 页
姚斯: 歌德的《浮士德》与瓦莱里的《浮士德》: 论问题与回答的解释学 Goethes und Valérys Faust (oder: Über die Schwierigkeit, einen Mythos zu Ende zu bringen)
编者附注: 该书系姚斯一人之作。翻阅德文版原著 (Frankfurt/Main: Suhrkamp Verlag, 1982), 未见第二作者。

83.
近代文学批判史, 第一卷 A History of modern Criticism, Bd. 1
[美] 韦勒克, 雷纳 著 Wellek, Réne (Verf.)
杨岂深、杨自伍 译 Yang Qishen u. Yang Ziwu (Übers.)
上海: 上海译文出版社, 1987 年
396 页, 6000 册
第十章: 歌德, 页 265-298 → Kapitel X: Goethe, S. 265-298

84.
世界文明史, 第二卷 World Civilizations
[美] 伯恩斯, 爱德华·麦克诺尔 著 Burns, Edward Mcnall (Verf.)
[美] 拉尔夫, 菲利普·李 Ralph, Lee Philip (Verf.)
罗经国、沈寿源、袁士槟、赵树镰、黄钟青、梅平、陈光月、周发 译 Luo Jingguo, Shen Shouyuan, Yuan Shibin, Zhao Shulian, Huang Zhongqing, Mei Ping, Chen Guangyue u. Zhou Fa (Übers.)
北京: 商务印书馆, 1987 年
5000 册
歌德, 页 323 → Goethe, S. 323

85.
西方文学批评简史 A Short History of Literary Criticism [New York: New York University Press, 1963. – XII, 184 S.]
[美] 霍尔, 佛朗 著 Hall, Vernon (Verf.)
南京: 南京大学出版社, 1987 年
259 页, 4000 册
第十六章: 歌德, 页 104-108 → Chapter XVI: Goethe, S.104

1988 年

86.
比较文学导论 Introduction to Comparative Literature
[瑞] 约斯特, 弗朗西斯 著 Jost, Francois (Verf.)
上海外语学院外国语言文学研究所 译
长沙: 湖南文艺出版社, 1988 年
404 页, 3000 册
第一部分: 学科 → Part I The Discipline
第二章: 世界文学的含义, 页 13-21 → 2. The Meaning of World Literature, S. 13-21
第三章: 文学哲学 → 3. A Philosophy of Letters
第十一章: 德英法诸国的教育小说, 页 172 → Part IV. Gerres and Forms. 11. The „Bildungsroman" in Germany, England, and France, S. 172
编者提示: 论述歌德与世界文学: 在文学时期的命名方面, 德国人曾用一个天才来取代贵族血统的命名。譬如, 称"歌德时代", 以为歌德真可算体现了达两代人之久的德国文学精华。这样的命名只在一国的文学内才是有意义的。页 104

87.
古今科技名人辞典 Asimov's Biographical Encyclopedia of Science & Technology
[美] 阿西摩夫 著 Asimov, Isaac (Verf.)
北京: 科学出版社, 1988 年
467 页, 8450 册
[349] 歌德, 肖曰峒译, 页 125 →[349] Goethe, übers. v. Xiao Yuetong, S. 125
编者提示: 交代歌德在光学、骨学和形态学 (Morphology)领域的著述。

88.

论德国古典美学 Zur Theorie des Schönen in der klassischen deutschen Ästhetik. Versuch über die zentrale Kategorie in der deutschen Ästhetik von Winckelmann bis Herders „Kalligone", herausgegeben vom Ministerium für Kultur, als Manuskript gedruckt

[民主德国] 贝格瑙, 西•海 著 Begenau, Siegfried Heinz (Verf.)

张玉能 译 Zhang Yuneng (Übers.)

上海: 上海译文出版社, 1988 年

199 页, 5000 册

第二部分: 希尔特、克纳伯尔、歌德和后期赫尔德的美论, 页 85-196 → 2. Teil: Zur Theorie des Schönen bei Hirt, Knebel, Goethe und dem späteren Herder, S. 85-196

I. 美与有益的愉快, 页 87 → I. Das Schöne und das interessierte Wohlgefallen, S. 87

II. 美是事物的显现本质的形式, 页 115 → II. Das Schöne als wesenhafte Form der Sache, S. 115

III. 论艺术美与丑的关系, 页 142 → III. Über die Beziehung des Kunstschönen zum Hässlichen, S. 142

IV. 约翰•戈特弗里德•赫尔德的《论美》, 页 152 → IV. Johann Gottfried Herders „Kalligone", S. 152

89.

世界历史词典 (简本) Dictionary of World History

豪厄特, 杰拉尔德 原主编 Howat, G. M. D. (Hrsg.)

北京: 商务印书馆, 1988 年

587 页, 16000 册

歌德, 页 153 → Goethe, S. 153

90.

中国比较文学, 1988 年第 3 期, 总第 7 期 (东方比较文学专辑)

中国比较文学学会 编

马希尔, 穆斯塔法 著

蔡伟良、徐凡席 译 Cai Weiliang u. Xu Fanxi (Übers.)

现代阿拉伯文学中的浮士德, 页 130-136

歌德在阿拉伯, 页 130

几种态度, 页 131

一、阿拉伯化的态度, 页 131

二、占为己有的态度, 页 131

三、科学的学术态度, 页 131

四、对话式的态度, 页 131

五、修改的态度, 页 131

阿拉伯人对"浮士德"题材的处理, 页 132

《魔鬼的契约》, 页 132

《魔鬼的奴仆》, 页 133

《新浮士德》, 页 135

1989 年

91.

古典主义 Klassik

塞克利坦, 多米尼克 著

艾晓明 译 Ai Xiaoming (Übers.)

北京: 昆仑出版社, 1989 年

文学批评术语丛书

10000 册

有关歌德, 页 107-108 → Über Goethe, S. 107-109

92.

卢卡奇 Lukács, Georg

里希特海姆, 盖欧尔格 著 Lichtheim, George (Verf.)

王少军、晓莎 译 Wang Shaojun u. Xiao Sha (Übers.)

北京: 中国社会科学出版社, 1989 年

外国著名思想家译丛

221 页, 1992 年再版, 4301-7300 册

编者提示: 谈及卢卡奇与歌德的《威廉•迈斯特》和《浮士德》, 兼论托马斯•曼的《浮士德博士》, 页 135-149.

93.

美学史 A History of Esthetics. Revised and Enlarged [London: Thames and Hudson, 1956]

吉尔伯特, 凯•埃 著 Gilbert, Katharine Everett, 1886-1952 (Verf.)

库恩, 赫 著 Kuhn, Helmut, 1899- (Verf.)

夏乾丰 译 Xia Qianfeng (Übers.)
上海: 上海译文出版社, 1989 年
西方文艺理论译丛
8000 册
第十一章: 德国古典主义美学: 康德、歌德、洪保德和席勒, 页 258 → Classical German Esthetics: Kant, Goethe, Humboldt, Schiller, S. 258
歌德身份的独特性, 页 454 → Singularity of Goethe's position, S. 454
歌德既是美学研究的对象, 又是美学理论家, 页 457 → Goethe both a subject for estetics and a teacher of it, S. 457
对歌德来说, 理论和想像力是和谐的, 页 458 → Harmony of intellect and imagination in Goethe, S. 458
想像力预示现实。艺术家——自然的主人和仆人, 页 460 → Imagination anticipates reality. The artist master and slave of nature, S. 460
艺术家与自然的创造性竞赛, 页 464 → The creative emulation of artist and nature, S. 464
爱创造了美, 页 466-467 → Love creates beauty, S. 466-467

94.
世界教育辞典
[日] 平琢益德 主编
黄德诚 等译 Huang Decheng u. a. (Übers.)
长沙: 湖南教育出版社, 1989 年
683 页, 2600 册
歌德 (天野正治), 页 129

1990 年

95.
海涅诗集 Heinrich Heine. Gedichte
海涅 著 Heine, Heinrich (Verf.)
钱春绮 译 Qian Cunqi (Übers.)
上海: 上海译文出版社, 1990 年
世界名著珍藏本
795 页, 1994 年第 6 次印刷, 96000 册
译本序 (钱春绮), 页 I-VIII → Vorwort des Übersetzers (Qian Chunqi), S. I-VIII
给一位旧时的歌德信徒, 页 473 → An einen ehemaligen Goetheaner, S. 473
倾向, 页 487 → Die Tendenz, S. 487
编者提示:《译本序》中有海涅与歌德爱情生活和爱情诗的如下比较:"青年人爱读海涅的爱情诗, 确实, 海涅可称为杰出的爱情诗人。歌德也写过不少爱情诗, 但两人的情况有所不同。歌德有过许多的恋爱对象, 许多女性往往成为歌德的牺牲品。海涅也爱过不少女性, 但毋宁说, 海涅往往成为女性的牺牲品。歌德在情场上, 往往是胜利者, 而海涅, 特别是跟他的两位堂妹的爱情, 却以失败者告终。所以, 海涅的爱情诗是掺入了苦艾酒的, 是从作者的血和泪中产生的, 是爱与憎的混合剂, 也包含着痛恨贫富对立的社会意义。" (页 VI)

96.
世界名著鉴赏大辞典, 诗歌卷 Großes Lexikon berühmter Werke der Welt mit Interpretationen, Bd. für Dichtung
麦吉尔 Magill, F. N. (Hrsg.)
王志远 主编 Wang Zhiyuan (Hrsg.)
北京: 中国书籍出版社, 1990 年
2352 页, 10000 册
浮士德, 秦小虎译, 文溪校, 页 580-584 → Faust, übers. v. Qin Xiaohu, Mitwirkung v. Wen Qi, S. 580-584

97.
世界七千年大事总览 The Timetables of History: a chronology of world events; based on Werner Stein's Kulturfahrplan
[美] 格伦, 伯纳德 主编 Grun, Bernard (Hrsg.)
雷自学、王迎选 译 Lei Zixue u. Wang Yingxuan (Übers.)
北京: 东方出版社, 1990 年
1261 页, 5000 册
1749 年: 最伟大的德国作家约翰·沃尔夫冈·歌德出生 (1832 年卒), 页 506 → Johann Wolfgang Goethe, the greatest Ger. writer, b. (d. 1832), S. 506
1773 年: 歌德写成诗剧《铁手葛慈·冯·柏里欣根》并作浮士德的第一稿《乌尔浮士德》, 页 528 → Goethe: „Götz von Berlichingen", drama; „Urfaust", first version of „Faust", S. 528

1774 年: 歌德写成小说《少年维特之烦恼》, 页 528 → Goethe: „The Sorrows of Werther", novel, S. 528

1775 年: 歌德在魏玛定居, 页 530 → Goethe settles in Weimar, S.530

1776 年: 歌德的悲剧《施特拉》(Stella)写成, 页 532 → Goethe: „Stella", tragedy, S. 532

1784 年: 歌德发现人的内上颌骨, 页 541 → Goethe discovers human intermaxillary bone, S. 541

1786 年: 歌德在意大利旅行 (至 1788 年), 页 540 → Goethe's Italian journey (-1788), S. 540

1787 年: 歌德著成《塔乌里斯上的伊菲格尼》, 页 542 → Goethe: „Iphigenie auf Tauris", S. 542

1788 年: 歌德编写成悲剧《哀格蒙特》, 与席勒结为好友, 页 542 → Goethe: „Egmont", tragedy; Friendship between Goethe and Schiller, S. 542

1789 年: 歌德编写成《夸尔夸托·塔索》, 页 544 → Goethe: „Torquato Tasso", tragedy, S. 544

1790 年: 歌德发表《试论植物的变化》, 页 547 → Goethe: „Versuch, die Metamorphosen der Pflanzen zu erklären", S. 547

1791 年: 歌德被任命为魏玛宫廷剧院经理 (至 1817 年), 页 546 → Goethe is named director of the Weimar Court Theater (-1817), S. 546

1794 年: 歌德作成讽刺诗《列那狐》, 页 550 → Goethe: „Reinecke Fuchs", satirical poem, S. 550

1795 年: 歌德著成《威廉·麦斯特的学习时代》, 页 550 → Goethe: „Wilhelm Meisters Lehrjahre", S. 550

1797 年: 歌德作成田园诗《赫尔曼和多罗特娅》, 页 552 → Goethe: „Hermann und Dorothea", pastoral poem, S. 552

1806 年: 歌德同克里斯蒂安·符尔皮乌斯 (1765-1816) 结婚, 页 562 → Goethe marries Christiane Vulpius (1765-1816), S. 562

1808 年: 歌德著成《浮士德》第一部分, 页 564 → Goethe: „Faust", part I, S. 564

1808 年: 歌德同拿破仑在埃尔富特会晤, 页 565 → Goethe and Napoleon meet at Erfurt, S. 565

1809 年: 歌德著成小说《心灵的爱力》, 页 564 → Goethe: „Die Wahlverwandtschaften" („The Elective Affinities"), novel, S. 564

1811 年: 歌德著成《我的生活：诗与真》, 页 568 → Goethe: „Aus meinem Leben: Dichtung und Wahrheit", S. 568

1812 年: 贝多芬同歌德在特普利茨发生冲突, 页 569 → Encounter between Beethoven and Goethe at Teplitz, S. 569

1819 年: 歌德著成《西方与东方合集》, 页 578 → Goethe: „West-östlicher Diwan", S. 578

1821 年: 歌德著成《威廉·麦斯特的漫游时代》, 页 580 → Goethe: „Wilhelm Meisters Wanderjahre", S. 580

1829 年: 歌德的小说《威廉·麦斯特的漫游时代》(为《威廉·麦斯特的学习时代》的续编)发表, 页 590 → Goethe's novel „Wilhelm Meisters Wanderjahre (second version), S. 590

1832 年: 歌德著成《浮士德》第二部 (在作者逝世后发表); 最伟大的德国作家约翰·沃尔夫冈·歌德卒, 页 600 → Goethe: „Faust", part II (posth.); Johann Wolfgang Goethe, the greatest Ger. Poet, d. (b. 1749), S. 600

98.

中西文学关系的里程碑 Milestones in Sino-Western Literary Confrontation

[斯洛伐克] 高利克, 马立安　著 Galik, Marian (Verf.)

伍晓明、张文定　译 Wu Xiaoming, Zhang Wending u. a. (Übers.)

北京: 北京大学出版社, 1990 年

北京大学比较文学研究丛书

347 页, 2000 册

编者提示: 2008 年改版重排, 增加了原作者序 (黄敏劼译), 详见该条目。

1991 年

99.

德国人: 一个具有双重历史的国家 The Germans: double history of a nation (Geschichte der Deutschen)

路德维希, 艾米尔　著 Ludwig, Emil (Verf.)

Norden, Heinz (Übers.) 英译

Norden, Ruth (Übers.) 英译

杨成绪、潘琪　汉译 Yang Chengxu u. Pan Qi (Übers.)

北京: 三联书店, 1991 年
448 页
第三卷: 国家与精神的分裂 → Book III: Schism of State and Spirit
从大选帝侯到歌德(1650-1800), 页 135 → From the Great Elector to Goethe (1650-1800), S. 135
德国之巅峰——新的语言——歌德对自然的信念——歌德的内心斗争——从政——关于美洲——世界主义——歌德论德国人——德国人的脸谱——歌德与妇女——歌德的作品难为人知——不安静的德国人 (页 202-212)
编者附注: 一个编者迄未解决的难题是，据全德图书系统显示的数据，英译本(Boston: Little Brown and Company, 1941 年, IX,509 页)反早于德语原版的最早版本(Zürich: Posen, 1945 年, 382 页), 篇幅也更大。作者路德维希，艾米尔(1881-1948), 著名传记作家，1932 年入瑞士籍，1940 年移居美国。

100.
浮士德研究 Faust
黎克登贝吉　法译 Lichtenberger, Henri (Übers.)
李辰冬　汉译 Li Chendong (Übers.)
台北市: 三民书局, 1991 年
编者提示: 详见台北市东大图书公司 1976 年版条目。

101.
人文科学的逻辑 Zur Logik der Kulturwissenschaften
[德] 卡西尔 (1874-1945) 著 Cassirer, Ernst (Verf.)
沉晖、海平、叶舟　译 Chen Hui, Hai Ping u. Ye Zhou (Übers.)
北京: 中国人民大学出版社, 1991 年
189 页

1992 年

102.
世界历史百科全书, 人物卷
苏联百科全书出版社学术委员会，苏联科学院历史学部　编
黑龙江大学　等译

北京: 商务印书馆, 1992 年
1519 页, 2000 册
歌德, 页 295 → Goethe, S. 295

103.
世界名人思想词典 Dictionaire des pensées des auteurs du mode entier
[法] 维莱, 让·德　编 Villers, Jean de (Verf.)
施康强、韩沪麟、戴正越　译 Shi Kangqiang, Han Hulin u. Dai Zhengyue (Übers.)
重庆: 重庆出版社, 1992 年
499 页, 4000 册
歌德, 页 170-172 → Goethe, S. 170-172

104.
托马斯　曼 Thomas Mann
施勒特尔, 克　著 Schröter, Klaus (Verf.)
雪声、晓生　译 Xue Sheng u. Xiao Sheng (Übers.)
北京: 中国社会科学出版社, 1992 年
外国著名思想家译丛
208 页, 3500 册
第十二章: 不可动摇的镜子: 歌德, 页 151-160 → Der unverrückbare Spiegel: Goethe, S. 151-160

105.
席勒 Schiller
[苏] 洛津斯卡娅　著
史瑞祥、董政民　译 Shi Ruixiang u. Dong Zhengmin (Übers.)
上海: 上海译文出版社, 1992 年
320 页, 3000 册
有关席勒与歌德的部分, 页 39-41 → Über Schiller und Goethe, S. 39-41

106.
朱光潜全集, 第 20 卷 Zhu Guangqians gesamte Schriften, Bd. 20
朱光潜　著 Zhu Guangqian (Verf.)
合肥: 安徽教育出版社, 1992 年
1997 年第 2 版, 5001-8500 册

歌德评《最后的晚餐》, 页 11-16
歌德与白蒂娜([法] 圣伯夫), 页 40-56
德国文学([苏] 伊瓦肖娃), 页 155-304
有关歌德的部分, 页 182-189

1993 年

107.
比较文学 La littérature comparée
基亚, 马·法 著 Guyard, Marius-Francois. (Verf.)
颜保 译 Yan Bao (Übers.)
北京: 北京大学出版社, 1993
论述歌德的部分, 页 71, 74 → über Goethe, S. 71, 74

108.
德国古典哲学新论
[俄] 古雷加, A. B. 著
沈真、侯鸿勋 译 Shen Zhen u. Hou Hongxun (Übers.)
北京: 中国社会科学出版社, 1993 年
356 页, 2000 册
第四章: 返回自然
1. 歌德: 关于艺术方法的争论, 页 160-168

109.
美学辞典 Lexikon der Ästhetik
别利亚耶夫, A.A. 著
诺维科夫, JI. N. 著
托尔斯特赫, B.N. 著
汤侠生、冯申、高叔眉、李昭时 等译 Tang Xiasheng, Feng Shen, Gao Shumei u. Li Zhaoshi (Übers.)
北京: 东方出版社, 1993 年
620 页, 2000 册
歌德, 页 107-108 → Goethe, S. 107-108

110.
哲学史教程, 下卷 Lehrbuch der Geschichte der Philosophie [Tübingen: Mohr, 1957]
[德] 文德尔班 著 Windelband, Wilhelm
罗达仁 译 Luo Daren (Übers.)

北京: 商务印书馆, 1993 年
1700 册
第六篇: 德国哲学 VI. Teil: Die deutsche Philosophie
导言 (论及哲学同诗歌的结合, 以康德、歌德、席勒三人为例), 页 727

1994 年

111.
月夜——艾兴多夫诗选 Mondnacht – Eichendorffs ausgewählte Gedichte
艾兴多夫 著 Eichendorff, Joseph Freiherr von (Verf.)
曹乃云 译 Cao Naiyun (Übers.)
上海: 上海译文出版社, 1994 年
外国诗歌丛书
298 页, 2000 册
年迈的英雄, 为歌德1831年生日宴作歌, 页 272 → Der alte Held, Tafellied zu Goethes Geburtstag 1831

112.
中国·日本日耳曼语文学学者大会北京1990年大会文集
北京: 国际文化出版公司, 1994 年
歌德的漫游(木村直司), 页 64-76 → Die Wanderschaft bei Goethe (Kimura, Naoji), S. 64-76

1995 年

113.
尼采文集 Friedrich Nietzsche. Schriften
尼采 著 Nietzsche, Friedrich (Verf.)
楚图南 等译 Chu Tunan u. a. (Übers.)
北京: 改革出版社, 1995 年
753 页, 5000 册
献给歌德, 钱春绮译, 页 691 → An Goethe, übers. v. Qian Chunqi, S. 691

1997年

114.
冈察洛夫、屠格涅夫、陀斯妥耶夫斯基、柯罗连科文学论文选
冯春　选编　Feng Chun (Hrsg.)
上海：上海译文出版社，1997年
屠格涅夫论歌德与席勒　Turgenev über Goethe und Schiller

115.
海涅名诗精选　Heinrich Heine. Ausgewählte berühmte Gedichte
海涅　著　Heine, Heinrich (Verf.)
钱春绮　译　Qian Chunqi (Übers.)
西安：太白文艺出版社，1997年
429 页，10000 册
倾向，页 213 → Die Tendenz, S. 213
题一位往日的歌德崇拜者，页 226 → An einen ehemaligen Goetheaner, S. 226

116.
海涅抒情诗选　Heines ausgewählte Lyrik
冯至、钱春绮、杨武能　译　Feng Zhi, Qian Chunqi u. Yang Wuneng (Übers.)
杨武能　编选　Yang Wuneng (Auswahl)
杭州：浙江文艺出版社，1997年
453 页，5000 册
题歌德《浮士德》，钱春绮译，页 153
倾向，扬武能译，页 278 → Die Tendenz, S. 278

1998年

117.
巴赫金全集
巴赫金　著
钱中文　主编　Qian Zhongwen (Hrsg.)
石家庄：河北教育出版社，1998年
2009 年第 2 版
第三卷 (小说理论)
教育小说及其在现实主义历史中的地位, 页 215
歌德作品中的时间与空间 (晓河译), 页 230-268

118.
茨威格文集　Stefan Zweigs gesamte Schriften
茨威格　著　Zweig, Stefan (Verf.)
高中甫　主编　Gao Zhongfu (Hrsg.)
西安：陕西人民出版社，1998年
第 6 卷：散文卷
论歌德的诗，高中甫译，页 21-30 → Zu Goethes Gedichten. Vorrede zu meiner Auswahl von Goethes Gedichten im Verlag von Philipp Reclam jun., übers. v. Gao Zhongfu, S. 21-30
托马斯·曼的《绿蒂在魏玛》，高中甫译，页 68-71 → Thomas Mann, *Lotte in Weimar*, übers. v. Gao Zhongfu, S. 68-71

119.
代表人物　Representative Men
爱默生　著　Emerson, R. W.
蒲隆　译　Pu Long (Übers.)
北京：三联书店，1998年
丛书：三联精选，第 2 辑
214 页
Representative Men, Bd. IV: Seven Lectures by Ralph Waldo Emerson. Boston and New York Houghton Mifflin Company, 1876
作家歌德，页 192-214 → Goethe; or, the Writer, S. 192-214

120.
德国人　The Germans
克雷格　著　Craig, Gordon A.
杨立义、钱松英　译　Yang Liyi u. Qian Songying (Übers.)
上海：上海译文出版社，1998年
外国人丛书
459 页，6000 册
第二部：改变和继续
9. 浪漫派，页 258
论点摘要：尽管他[歌德]在生命的最后几年里常常批评浪漫主义者，可是实际上他是他们的元老．没有一册书比他的小说《威廉·麦斯特的学习年代和漫游年代》对第一代的浪漫主义者具有更大的影响了。(页 261)

121.
出版广角, 1998 年第 4 期, 页 74
《歌德文集》序——"亲切的呼唤" „Freundlicher Zuruf" – Vorwort zur vierbändigen chinesischen Goethe-Ausgabe
凯勒, 维尔纳 Keller, Werner (Verf.)
杨武能 Yang Wuneng (übers.)

122.
拿破仑传 Napoleon
路德维希, 艾米尔 著 Ludwig, Emil (Verf.)
梅沱、张苹、徐凯希、王建华 译 Mei Tuo, Zhang Ping, Xu Kaixi u. Wang Jianhua (Übers.)
广州: 花城出版社, 1998 年
2008 年再版 (插图本, 修订本), 92001-97000 册,
好一个人才——会见歌德, 页 308 → Begegnung mit Goethe, S. 308
编者附言: 德文原著初版于 1925 年当时设在柏林的 Ernst Rowohlt 出版社。提到歌德的地方有十五六次多。而"会见歌德"的标题仅见于页眉提示 (页 324), 叙述与歌德的第 2 次会见。一并会见并谈话的还有诗人维兰德。

123.
牛津少年儿童百科全书 (上、下编) Oxford Children's Encyclopedia
[英] 牛津大学出版社 编
香港浸会大学《牛津少年儿童百科全书》翻译编辑委员会 译
张佩瑶 翻译主编 Zhang Peiyao (Hrsg. für die Übersetzung)
沈阳: 辽宁教育出版社, 香港牛津大学出版社 (中国) 有限公司, 1998 年
2001 年重印, 10001-20000 册
下编: 第八卷: 传记篇
歌德, 页 105 → Goethe, S. 105

124.
色彩心理学: 追寻牛顿和歌德的脚步
[日] 大山正 著 Oyama Tadasu (Verf.)
台北市: 牧村图书, 1998 年
8,224 页, 4 幅插图

125.
世界文明史, 第九卷: 伏尔泰时代 The story of civilization. Part IX: The Age of Voltaire
[美] 杜兰, 威尔 著 Durant, Will (Verf.)
幼狮文化公司 译
北京: 东方出版社, 1998 年
723 页, 2000 页
本书有多处谈到歌德, 如:
页 438: 谈到莎士比亚、斯宾诺莎、林尼厄斯对歌德的影响
页 448: 谈到歌德对动物学和植物学的贡献
页 515: 歌德评狄德罗的《绘画论》(Essai sur la peinture)
页 596: 歌德谈伏尔泰及其同时代人对他的影响

126.
世界文明史, 第十卷: 卢梭与大革命 The story of civilization. Part X: Rousseau and Revolution. A History of Civilization in France, England and Germany from 1756, and in the Remainder of Europe from 1715 to 1789
[美] 杜兰, 威尔 著 Durant, Will (Verf.)
幼狮文化公司 译
北京: 东方出版社, 1998 年
1013 页
第三部: 卢梭时代的宗教 Book V: The Protestant North (1756-1789)
第五章: Chapter XX: Frederick's Germany (1756-1786)
第七节: 狂飙运动, 页 464 → VII. Sturm und Drang, S. 464
第七章: 到魏玛之路 (1733-1787) → Chapter XXII: Roads to Weimar (1733-1787)
第三节: 歌德·普罗米修斯, 页 495 → III. Goethe Prometheus, S. 495
(一) 成长 → 1. Growth
(二) Götz 与维特 → 2. Götz and Werther
(三) 年轻的无神论者 → 3. The Young Atheist
第八章: 魏玛盛世 (1775-1805) → Chapter XXIII: Weimar in Flower (1775-1805)
第三节: 歌德枢密顾问官, 页 518 → III. Goethe Councilor, S. 518
第四节: 歌德旅居意大利, 页 523 → IV. Goethe in Italy, S. 523

第五节：歌德的公职生涯，页 525 → V. Goethe in Waiting, S. 525

第七节：席勒与歌德，页 532 → VII: Schiller and Goethe, S. 532

第九章：歌德的晚年（1805-1932）→ Chapter XXIV: Goethe Nestor (1805-1932)

第一节：歌德与拿破仑，页 539 → I. Goethe and Napoleon, S. 539

第二节：《浮士德》：第一卷，页 540 → II. *Faust*: Part 1, S. 540

第三节：歌德的恋情，页 544 → III. Nestor in Love, S. 544

第四节：科学家歌德，页 547 → IV. The Scientist, S. 547

第五节：哲学家歌德，页 549 → V. The Philosopher, S. 549

第六节：《浮士德》：第二卷，页 553 → VI. *Faust*: Part II

第七节：生命之完成与终结，页 556 → VII. Fulfillment, S. 556

编者提示：经核对，译著与原著的章节不相吻合。

127.
世界文明史，第十一卷：拿破仑时代 The Story of Civilization, Part 11: The Age of Napoleon. A History of European Civilization from 1789 to 1815, by Will and Ariel Durant. New York: Simon and Schuster, 1975

[美] 杜兰, 威尔 著 Durant, Will (Verf.)
幼狮文化公司 译
北京: 东方出版社, 1998 年
841 页
第三部：拿破仑与欧陆 Napoleon and E
第四章：贝多芬 Chapter XXVIII: Beethoven (1770-1827)
第五节：贝多芬与歌德（1809-1812），页 335-337 → Beethoven and Goethe, S. 335-337
第七章：日耳曼文学（1789-1815）Chapter XXXI: German Literature (1789-1815)
第一节：革命与反响，页 369 → I. Revolution and Response, S. 369
第二节：魏玛，页 370 → II. Weimar, S. 370
编者提示：经核对，译著与原著的章节不相吻合。

128.
文学的故事 The Story of the World's literature
[美] 玛西，约翰 著 Macy, John (Verf.)
临湖、朱渊 译 Lin Hu u. Zhu Yuan (Übers.)
姜渭渔 审校 Jiang Weiyu (Mitwirkung)
南京：江苏人民出版社, 1998 年
430 页, 10170 册
第十四章：19 世纪的德国文学 → XL: The Classical Period of German Literarature
二、歌德和席勒，页 247-254 → Goethe – Schiller, S. 247-254
编者提示：经核对，译著与原著的章节不相吻合。

1999 年

129.
德国 Deutschland
日本大宝石出版社 编
陆晚霞 译 Lu Wanxia (Übers.)
北京：中国旅游出版社, 1999 年
丛书：走遍全球
ISBN 7-5032-1443-0
歌德之家与歌德博物馆，页 7 → Goethehaus und Goethemuseum, S. 7
施特德尔美术馆，页 13 → Städelsches Kunstinstitut und Städtische Galerie, S. 13
海德堡，风情四溢的风光里，谁都能变成诗人（去过八次，玛丽安娜·冯·维蕾玛，《东西诗集》），页 90 → Heidelberg (war 8mal dort, , S. 90
莱比锡：菩提树下听"巴赫"，文化城中读"歌德"（《浮士德》，奥阿巴赫斯凯拉小酒店，浮士德和魔鬼撒旦雕像），页 264-265 → Leipzig (Auerbachskeller), S. 264-265
耶拿：歌德留下足迹的学术城市，并因产生了查伊斯光学公司而闻名，页 275 → Jena, S. 275
魏玛：歌德和席勒曾活跃过的德国古典文化之都，页 276 → Weimar – die Metropole der klassischen deutschen Kultur, in der Goethe und Schiller aktiv waren, S. 276
歌德度过大半个人生的地方，页 278 → Goethehaus, S. 278
令德意志自豪的戏剧家席勒故居，页 279 → Schillerhaus, S. 279

立有歌德、席勒双人像的国民剧场，页 279 → das Nationaltheater, S. 279

歌德也投入了劳动的魏玛公爵城堡(美术馆)，页 280 → Schloss (Gemäldesammlung), S. 280

130.
德意志人 The Germans
卡勒尔, 埃里希 著 Kahler, Erich (Verf.)
金贝尔, 罗伯特 编 Kimber, Robert (Hrsg.)
金贝尔, 丽塔 编 Kimber, Rita (Hrsg.)
黄正柏、邢来顺、袁正清 译 Huang Zhengbai, Xing Laishun u. Yuan Zhengqing (Übers.)
北京: 商务印书馆, 1999 年
340 页, 3000 册
第三部分: 近代时期
31. 歌德和德意志古典主义, 页 275-283
论点摘要：然而，对德意志和欧洲来说，歌德的作品仍然是一股有生力量，它远比席勒的廉价的理想主义具有更大的重要性。在他一生中，他目睹了欧洲从洛可可时代的温文尔雅向技术时代的喧闹动荡过渡。他成功地把这一切融进到预言式和寓言式的作品中，这些作品至今仍和150多年前充满生机。页 282

131.
吉尼斯百科辞典 The Guiness Encyclopedia
范岳 等译 Fan Yue u. a. (Übers.)
沈阳: 辽宁教育出版社, 1999 年
780 页, 3000 册
歌德, 页 536, 576, 628, 632 → Goethe, S. 536, 576, 628, 632

132.
经验与贫乏 Erfahrung und Armut
本雅明 著 Benjamin, Walter (Verf.)
王炳钧、杨劲 译 Wang Bingjun u. Yang Jin (Übers.)
天津: 百花文艺出版社, 1999 年
博学丛书
400 页
评歌德的《亲和力》Goethes Wahlverwandtschaften

编者附注：本雅明的德文原作 Erfahrung und Armut 仅是专著 Metaphysisch-geschichts-philosophische Studien 中不到 6 页的一小节（详见原版 Walter Benjamin. Gesammelte Schriften. Frankfurt am Main: Suhrkamp Verlag, 1974. Zweiter Band. Erster Teil, S. 89-233.）而评歌德的《亲和力》(Goethes Wahlverwandtschaften)是本雅明的又一部专著（详见原版 Walter Benjamin. Gesammelte Schriften. Frankfurt am Main: Suhrkamp Verlag, 1974. Erster Band. Erster Teil, S. 123-201.）

133.
十九世纪欧洲思想史, 第 1 卷 A History of European thought in the nineteenth century, Volume I
梅尔茨 著 Merz, J. T. (Verf.)
周昌忠 译 Zhou Changzhong (Übers.)
北京: 商务印书馆, 1999 年
370 页, 3000 册
导论 III Introduction, III
歌德的著作包含本世纪最深刻的思想, 页 54 → Goethes work involves the deepest thought of the century, S. 54
歌德和华兹华斯提高了我们的鉴赏力, 页 60 → Goethes and Wordsworths influence, S. 60
歌德的《浮士德》代表本世纪的思想，页 67 → Goethes Faust representative of the thought of the century, S. 67

2000 年

134.
国外社会科学，2000 年第 1 期
歌德关于斯宾诺莎的解释——兼论雅可比的观点
[日] 佐佐木循一 Sasaki Jun'ichi (Verf.)
李永平 译 Li Yongping (Übers.)

2001 年

135.
爱默生：充满激情的思想家 Emerson: The Mind on Fire. a biography
理查森, 小罗伯特 D. 著 Richardson Jr., Robert D. (Verf.)

石坚、李竹渝 译 Shi Jian u. Li Zhuyu (Übers.)
成都：四川人民出版社，2001 年
ISBN 7-220-05873-X
页 369
编者提示：书中有三处谈及爱默生与歌德。
Mary Emerson was more learned than most of the New England ministers she talked with. She had read Spinoza, Rousseau, and Goethe

They looked for hope to Europa, especially to Germany, to Kant in philosophy, to Schleiermacher in religion, and to Goethe in literature.

Goethe claimed that the leaf is the key to botanical morphology. As Emerson read it, Linnaeus and Goethe were both affirming that there was a real, if undiscovered order in things.

136.
歌德与出版商 Goethe und seine Verleger
翁译尔德, 西格弗里德 著 Unseld, Siegfried (Verf.)
张世广、刘越莲 译 Zhang Shiguang u. Liu Yuelian (Übers.)
昆明：云南人民出版社，2001 年
393 页
前言, 页 1 → Vorbemerkung, S. 1
引论, 页 1 → Einführung: Zum Schriftsteller geboren, S. 1
第一章：早期作品, 页 1 → I. Erste Veröffentlichungen, S. 1
1. "我根本不爱吵闹声", 页 1 → „Ich liebe gar den Lärm nicht". Erste anonyme Veröffentlichungen, S. 1
2. 出版商拒绝出版他的第一部作品, 页 3 → *Die Mitschuldigen*. Goethes erste Verlagsangebot vom Verleger abgelehnt, S. 3
3. 第一部伟大作品《葛慈》, 页 9 → Das erste größere Werk, der *Götz*, erscheint anonym im Selbstverlag, S. 9
4. "别人的事我不想", 页 19 → „Ich mag gar nicht daran denken, was man für seine Sachen kriegt". *Clavigo*, *Werther*, S. 19
5. 歌德与其著作的盗版者, 页 29 → Goethe und die Nachdrucker seiner Werke, S. 29
6. 歌德要求惩罚书商, 页 38 → „daß der Herr Dr. Göthe die Buchhändler so quälen will". Goethe stellt Forderungen, S. 38

第二章：歌德与格申, 页 41 → II. Goethe und Göschen, S. 41
1. "我天生是作家", 页 41 → 1. „Der Strom des Lebens". Aber: „Eigentlich bin ich zum Schriftsteller gebohren"
2. 夏洛特·封·施泰因，奉献，演出形式：我们自己演自己, 页 50 → 2. „in alle Gegenstände transsubstantiert" – Charotte von Stein. Zueignung. Form des Spiels: Spielen wir uns selber, S. 50
3. 经纪人, 页 71 → 3. Der Vermittler, S. 71
4. "书的尊严"——第一个合法版本, 页 79 → 4. „Die Würde des gedruckten Buches". Die erste rechtmäßige Ausgabe der Schriften bei Göschen, S. 79
5. "不得已……另找出版商"——与格申断绝关系, 页 93 → 5. „genöthigt, mich nach einem anderen Verleger umzusehen". Der Bruch mit Göschen, S. 93
6. 格申崛起——小出版商的命运, 页 96 → 6. Nach Goethe durch Wieland der Aufstieg in den Ruhm – Göschen, ein Verlegerschicksal, S. 96

第三章：格申与科塔, 页 108 → III. Goethes Voraussage, „daß sich der Verlag meiner künftigen Schriften gänzlich zerstreuen wird". Zwischen Göschen und Cotta, S. 108
1. -1789 年与《狂欢节》, 页 108 → 1. „Alles amalgamirt sich bey mir". 1789 und *Das Römische Carneval*, S. 108
2. - 温格尔的收获, 页 122 → 2. Johann Friedrich Ungers „styptische Frucht", S. 122
3. - 《赫尔曼与窦绿苔》及其它, 页 151 → 3. *Hermann und Dorothea*. Ein „Seitensprung" des „Menschenmalers", S. 151

第四章：投向科塔, 页 167 → IV. „Liberalität gegen seine Verleger ist seine Sache nicht". Annäherungen an Cotta, S. 167
1. 科塔起家记, 页 167 → 1. „Ich würde keine anderen als gute Bücher in Verlag nehmen". Johann Friedrich Cotta und seine Anfänge, S. 167

2. 席勒与科塔——相互尊重，页 174 → 2. Schiller und Cotta. Wechselseitige Hochschätzung, S. 174
3. 《时序》——连接的纽带，页 187 → 3. Das Bindeglied: Die Horen. Exkurs: Die *Xenien*: „aber ich lobe das Spiel", S. 187
4. 经纪人席勒，页 211*

第五章: 第一部歌德全集——歌德与科塔，页 216 → V. Die erste Gesamtausgabe. Goethe und Cotta, S. 216
1. "机不可失"，——关于第一部歌德全集，页 216 → 1. „ich darf und mag freilich dise Speculation nicht aus der Hand lassen". Zur ersten Gesamtausgabe, S. 216
2. "作品"的问世与科塔"往最坏处着想，朝最好处努力"，页 238 → 2. Die Entstehung der Werke und Cottas „Hoffen wir das Beste und seyen wir für das Schlimmste gefasst!", S. 238
3. 科塔与歌德具有个人风格的"其他作品"，页 251 → 3. Cotta und Goethes „Nebenwerke" eigener Art, S. 251
4. 说明: 关于歌德与科塔的 书信往来，页 257**

第六章: 第二部全集——歌德与科塔(1815年-1819年)，页 278 → VI: „diesmal mich zu Zwanzig Bänden verpflichten kann". Die zweite Gesamtausgabe bei Cotta (1815-1819), S. 278
1. "德国人的命运"——1812年11月至1814年12月，页 278 → 1. „Das Schicksal der Deutschen" – November 1812 bis Dezember 1814, S. 278
2. 《东西合集》(1814年~1819年)，页 289 → 2. „Kleine Privatzustände an dem ungeheuren Maßstabe der Weltgeschichte gemessen". Der *Divan* (1814-1819)
3. "或件这是我最后一次看到我的作品完整出售了" (1814年~1816年)，页 310 → 3. Goethe am 21. Dezember 1814: „In Betrachtung...vielleicht das letzte mal ... meine Werke endlich einmal komplett käuflich zu sehen" (zwischen 1814 und 1816), S. 310
4. 说明: 关于出版歌德作品的构想，页 317 → 4. Exkurs: Zur Konzeption von Goethe-Ausgaben. S. 317
5. "法律不行聪明补"——聪明反被聪明误 (1815年-1819年)，页 319 → 5. „wo das Gesetz nicht hilft, da muß die Klugheit rathen", S. 319

第七章: "最后亲自审定"——"我生活中最重要的事"，页 326 → VII: Die „Ausgabe letzter Hand". Die „wichtigste Sache meines Lebens", S. 326
1. 由"激情历险进入纯粹历史光环"——玛利亚巴德与"激情三部曲"，页 326 → 1. Von der „leidenschaftlichen Empirie in den reinen Kreis historischen Lichts", S. 326
2. "思维与行动"——开始准备"最后亲自审定版"，页 333 → 2. „Denken und Tun". Der Beginn der Vorbereitung zur „Ausgabe letzter Hand", S. 333
3. "最高勋章"——获得特许出版权，页 340 → 3. „Der beste Orden" – das Privileg der Ausgabe, S. 340
4. 大拍卖: 36家出版社整科塔，页 347 → 4. Fast eine Auktion: 36 Verlage versuchen, Cotta auszustechen, S. 347
5. "整个德国都在问: 科塔将出版大文豪歌德的书吗?" 页 353 → 5. „Ganz Deutschland fragt jetzt: wird Cotta den hochbegünstigten Göthe verlegen?", S. 353

第八章: 科塔, 歌德的出版商 (1825年~1832年), 页 362 → VIII. Cotta, der Verleger Goethes. 1825-1832
1. 歌德与科塔的"主要事业", 页 362 → 1. „Ich wüßte auch nichts mit der ewigen Seligkeit anzufangen, wenn sie mir nicht neue Aufgaben und Schwierigkeiten zu besiegen böte". Goethes und Cottas „Hauptgeschäfte", S. 362
2. 歌德席勒书信谈——歌德席勒通信集出版过程, 页 366 → 2. Das Briefgespäch zwischen Goethe und Schiller. Geschichte der Edition des Goethe-Schiller-Briefwechsels, S. 366
3. 歌德与策尔特通信集——歌德未能看到出版的作品, 页 376 → 3. Das Briefgespräch zwischen Goethe und Zelter. Eine von Goethe vorbereitete und begonnene, jedoch nicht von ihm vollendete Edition, S. 376
4. "书商统统是魔鬼", 页 382 → 4. „Die Buchhändler sind alle des Teufels". Autor und Verleger „in so bedeutenden Lebensverhältnissen verbunden", S. 382
5. 从《浮士德》出版看与出版商的关系, 页 385 → 5. Das „Hauptgeschäft". Die Editionsgeschichte des *Faust* im Spiegel der Verlegerbeziehung. „auf diese [Cottas] Veranlassung das Werk heute vorgenommen", S. 391

6. 后期作品, 页 391 → 6. Goethe: „daß ich jeden guten Augenblick zu nutzen trachte um derjenigen die an mir Theil nehmen, bis ans Ende werth zu seyn", S. 391

附注:

*这一章的德文原文有 4 和 5 两小节, 分别为:

4. Ein „glückliches Ereignis". Goethes und Schillers Beziehungen zu Cotta
5. „durch Vermittlung des Herrn Hofrath Schiller zustande gekommen"

**德文原文的"说明"部分附在第 3 节后, 并不独立成一节, 并分为下列三个细目:

a. Napoleon, die „höchste Erscheinung", die in der Geschichte möglich war"
b. Christiane, „meine liebe kleine Freundin"
c. Goethe als Verlagslektor

137.

激情自我: 费希特书信选 Fichte, J. G.: Gesamtausgabe Briefeband 2

[德] 费希特 著 Fichte, Johann Gottlieb (Verf.)

洪汉鼎、倪梁康 译 Hong Handing u. Ni Liangkang (Übers.)

北京: 经济日报出版社, 2001 年

大师私人话语

286 页, 5000 册

费希特致歌德信三封 Fichtes drei Briefe an Goethe:

反思性的抽象的结果应与感觉的最纯粹的精神相结合——致约翰·沃尔夫冈·歌德 (1794 年 6 月 21 日, 耶拿), 页 83 → „So lange hat die Philosophie ihr Ziel noch nicht erreicht, als die Resultate der reflektierenden Abstraktion sich noch nicht an die reinste Geistigkeit des Gefühls anschmiegen". an Johann Wolfgang von Goethe in Weimar. Brief. Jena, d. 21. Juni 1794

我首先是一个人, 然后才是学院的教师 (1794 年 6 月 24 日, 耶拿), 页 85 → ich habe an den gehörigen Mann geschrieben, …… „dass ich eher Mensch gewesen, als akademischer Lehrer, und es länger zu bleiben hoffte, und dass ich nicht gesinnt sei, die Pflichten des ersteren aufzugeben." an Johann Wolfgang von Goethe in Weimar. Brief. Jena, d. 24. Juni 1794

我不能够为自己辩护 (1794 年 6 月 25 日, 耶拿), 页 91 → „Verteidigen kann ich mich nicht, denn ich bin nicht angeklagt; ich bin nur lügenhaft verleumdet; und hinterm Rücken verleumdet, und ich weiß nicht, ob jemand mir sagen wird, was mich zu einer Verteidigung nötigte". an Johann Wolfgang von Goethe in Weimar. Brief. Jena, d. 21. Juni 1794

138.

美学史 A History of Aesthetic

鲍桑葵 著 Bosanquet, Bernard (Verf.)

张今 译 Zhang Jin (Übers.)

桂林: 广西师范大学出版社, 2001 年

2004 年第 3 版, 15001-18000 册

第十一章: 具体结合的头几部——席勒和歌德, 页 258 → Chapter XI: The first of a concrete synthesis – Schiller and Goethe, S. 258

II. 歌德, 页 273 → II. Goethe

1. 哥特式建筑, 页 275 → Gothic Architecture, S. 275

i, 对于文艺复兴传统的态度, 页 275 → Attitude to the Renaissance Tradition, S. 275

ii, 哥特式是一个贬义词, 页 276 → „Gothic" as a disparaging term

iii, 现出特征的艺术, 页 278 → „Characteristic" Art, S. 278

2. 希尔特和迈约的定义, 页 280 → Definitions of Hirt and Meyer, S. 280

3. 歌德对艺术中优美的分析, 页 280 → Goethe's Analysis of the Excellent in Art, S. 280

4. 结束语, 页 284 → Conclusion, S. 284

139.

名人死亡词典 Dictionnaire de la Mord des Grands Hommes

[法] 布利卡, 伊莎贝尔 编著 Bricard, Isabelle (Verf.)

陈良朋、沈国华、宋维洲 等译 Chen Liangpeng, Shen Guohua u. Song Weizhou u. a. (Übers.)

桂林: 漓江出版社, 2001 年

580 页, 10000 册

歌德, 页 267 → Goethe, S. 267

140.
文学的哲学 Philosophy of Literature [New York, 1948]
[美] 缪勒, 古斯塔夫　著 Mueller, Gustav Emil (Verf.)
孙宜学、郭洪涛　译 Sun Yixue u. Guo Hongtao (Übers.)
桂林: 广西师范大学出版社, 2001 年
雅典娜思想译丛, 第 2 辑; 8
ISBN 7-5633-3323-1
186 页, 7000 册
第七章: 歌德的《浮士德》与德国的理想主义, 页 105-144 → VII: Goethe's Faust and German Idealism, S. 105-144
历史序幕, 页 105 → Prologue in History, S. 105
《浮士德》的时代, 页 106 → The Faustian Epoch, S. 106
《浮士德》的歌德, 页 111 → Faust's Goethe, S. 111
剧本, 页 116 → The Play, S. 116
哲理内涵及风格, 页 121 → Philosophical Content, and Style, S. 121
《浮士德》和黑格尔, 页 130 → Faust and Hegel, S. 130
《浮士德》与希腊人; 页 135 → Faust and Greeks, S. 135
《浮士德》与斯宾诺莎, 页 139 → Faust and Spinoza, S. 139
第八章：托马斯　曼的《绿蒂在魏玛》→ VIII. On Thomas Mann's *Lotte in Weimar*
情节，页 145 → Plot, S. 145
内容，页 145 → Content, S. 145
象征，页 146 → Symbol, S. 146
意义，页 147 → Meaning, S. 147
风格和技巧，页 148 → Style and Technique, S. 148
诗与历史，页 149 → Poetry and History, S. 149
世界观，页 150 → World-View, S. 150
时代错误，页 151 → Anachronisms, S. 151

2002 年

141.
贝多芬书简 Briefe Beethovens
贝多芬　Beethoven, Ludwig (Verf.)
杨孝敏　译 Yang Xiaomin (Übers.)
桂林: 广西师范大学出版社, 2002 年
247 页, 8000 册
致冯·歌德先生阁下, 页 154 → An Goethe, S. 154
歌德回信, 页 155 → Goethes Antwort, S. 155
致魏玛的 J. W. 冯·歌德, 页 388 → An Goethe, S. 388

142.
黑格尔　Hegel
泰勒，查尔斯　Taylor, Charles (Verf.)
张国清　译 Zhang Guoqing (Übers.)
南京: 译林出版社，2002 年
丛书：人文与社会译丛
页 898

143.
剑桥哲学辞典 The Cambridge dictionary of Philosophy
奥迪, 罗伯特, 英文版主编 Audi, Robert (Hrsg.)
林正弘, 中文版审订召集人
王思迅　主编 Wang Sixun (Hrsg.)
台北市: 猫头鹰出版社, 2002 年
1418 页
歌德, 页 479 → Goethe, S. 479

144.
麦克米伦百科全书 The Macmillan Encyclopedia
郭建中　主审 Guo Jianzhong
郭建中　等译 Guo Jianzhong u. a. (Übers.)
杭州: 浙江人民出版社, 2002 年
浮士德, 页 416 → Faust, S. 416
歌德, 页 488 → Goethe, S. 488

145.
文艺杂谈
瓦莱里　著 Valéry, Paul (Verf.)
段映虹　译 Duan Yinghong (Übers.)
天津: 百花文艺出版社，2002 年
357 页
纪念歌德的演讲 Discours en l'honneur de Goethe/Rede zu Ehren Goethes

146.
一生的读书计划 The lifetime reading plan
[美] 费迪曼, 克利夫顿 著 Fadiman, Clifton (Verf.)
乔西、王月瑞 编译 Qiao Xi u. Wang Yuerui (Übers.)
海口: 海南出版社, 2002 年
戏剧 Drama
歌德《浮士德》, 页 149-163 → Goethe: Faust, S. 149-163

147.
永不枯竭的话题: 里尔克艺术随笔集 Aufsätze, Anzeigen, Betrachtungen aus den Jahren 1893 bin 1905
里尔克 著 Rilke, Rainer Maria (Verf.)
史行果 译 Shi Xingguo (Übers.)
北京: 东方出版社, 2002 年
412 页, 5000 册
漫游者——歌德诗作的思路与涵义(1893 年 12 月 7 日), 页 1-4 → Der Wanderer: Gedankengang und Bedeutung des Goethe'schen Gedichtes, geschrieben am 7. Dezember 1893, S. 1-4

2003 年

148.
海涅全集, 十二卷版 Heinrich Heine: gesammelte Werke (12 Bde.)
海涅 著 Heine, Heinrich (Verf.)
章国锋、胡其鼎 主编 Zhang Guofeng u. Hu Qiding (Hrsg.)
石家庄: 河北教育出版社, 2003 年
第二卷: 韵文作品, 胡其鼎译 → Bd. II: Poesie, übers. v. Hu Qiding
致一位前歌德派, 页 289 → An einen ehemaligen Goetheaner, S. 289
倾向, 页 302 → Die Tendenz, S. 302
第八卷: 散文作品, 孙坤荣译 → Bd. VIII: Prosatexte, übers. v. Sun Kunrong
论浪漫派, 第一卷, 页 11-65 → Die romantische Schule, Kapitel 1, S. 11-65

149.
世界经典诗歌金榜 Goldene Liste klassischer Gedichte der Welt
贺年 主编 He Nian (Hrsg.)
呼和浩特: 内蒙古人民出版社, 2003 年
541 页, 10000 册
献给歌德 (席勒), 页 189 → An Goethe (Schiller), S. 189

150.
世界文学, 2003 年第 5 期, 总 290 期
黑塞, 赫 作 Hesse, Hermann (Verf.)
高中甫 译 Gao Zhongfu (Übers.)
感激歌德 Dank an Goethe

151.
西方文明史 (上、下册) Western Civilizations, Bd. I u. II
勒纳, 罗伯特 Lerner, Robert E.
米查姆, 斯坦迪什 Meacham, Standish
伯恩斯, 爱德华 麦克纳尔 Burns, Edward McNall
王觉非 译 Wang Juefei (Übers.)
北京: 中国青年出版社, 2003 年
第二十三章: 浪漫主义和民族主义, 页 768
歌德部分: 页 769-770

2004 年
152.
卢卡奇早期文选 Lukács, György. Frühe Schriften
卢卡奇 著 Lukács, György (Verf.)
张良、吴勇立 译 Zhang Liang u. Wu Yongli (Übers.)
南京: 南京大学出版社, 2004 年
213+11 页, 4000 册
当代学术棱镜译丛
第二部分: 对小说形式所作的类型学尝试
三、一种综合的尝试《威廉·麦斯特的学徒生涯》, 页 97-107

153.
启蒙运动百科全书 Encyclopedia of the Enlightemment
[美] 赖尔, 彼得 Reill, Peter Hanns (Verf.)
威尔逊, 艾伦 Wilson, Ellen Judy (Verf.)
刘北成、王皖强 编译 Liu Beicheng u. Wang Wanqiang (Übers.)
上海: 上海人民出版社, 2004 年
529 页, 5100 册
歌德, 页 390 → Goethe, S. 390

154.
人类群星闪耀时 Sternstunden der Menschheit. Zwölf historische Miniaturen
(奥) 茨威格, 斯蒂芬 著 Zweig, Stefan (Verf.)
彭浩容 译 Peng Haorong (Übers.)
北京：中国言实出版社，2004 年
歌德：玛丽恩巴德悲歌 Goethe: Die Marienbader Elegie. Goethe zwischen Karlsbad und Weimar, 5. September 1823

155.
人文科学的逻辑：五项研究 Zur Logik der Kulturwissenschaften: fünf Studien
卡西尔 (1874-1945) 著 Cassirer, Ernst (Verf.)
关子尹 译 Guan Ziyin (Übers.)
上海: 上海译文出版社, 2004 年
大学译丛
21,181 页，2013 年再版。
编者提示：台湾联经出版事业公司授权。详情请参见本栏中国人民大学出版社该书 2004 年版的书讯。

156.
人文科学的逻辑 Zur Logik der Kulturwissenschaften: fünf Studien
[德] 卡西尔 (1874-1945) 著 Cassirer, Ernst (Verf.)
沉晖、海平、叶舟 译 Chen Hui, Hai Ping u. Ye Zhou (Übers.)
北京: 中国人民大学出版社, 2004 年
朗朗书房•20 世纪西方学术思想译丛, 20,216 页

导论: 自然主义和人文主义的文化哲学 Anhang: Naturalistische und humanistische Begründung der Kulturphilosophie
涉及歌德的部分(歌德箴言、歌德谈话、歌德诗《神性》), 页 17-21
第五章: "文化的悲剧" (论及歌德的《西东合集》), 页 210 → Kapitel: Die „Tragödie der Kultur", S. 210

157.
最新不列颠 1000 年世界名人传记百科全书 → 1000 Years of Famous People
[英] 吉福德 等著
刘红岩、赵兴国 译 Liu Hongyan u. Zhao Xingguo (Übers.)
济南: 明天出版社, 2004 年
255 页
歌德, 页 108 → Goethe, S. 108

2005 年
158.
卡莱尔文学史演讲集 Lectures on the history of literature
卡莱尔, 托马斯 著 Carlyle, Thomas (1795-1881)
姜智芹 译 Jiang Zhiqin (Übers.)
桂林：广西师范大学出版社，2005 年
222 页
第四部分
第十二讲：德国现代文学——歌德及其作品

159.
浪漫派风格——施勒格尔批评文集 Zur Genesis der romantischen Literatur. Kritische Schriften und Fragmente
李伯杰 译 Li Bojie (Übers.)
北京: 华夏出版社, 2005 年
西方传统：经典与解释
275 页
谈诗 Gespräch über die Poesie
试论歌德早期和后期作品中不同的风格, 页 209-215 → Versuch über den verschiedenen Stil in Goethes früheren und späteren Werken, S. 209-215

160.
七十从心所欲 Siebziger. Ein Geschenk für alle, die 70 und älter sind
［德］普劳泽, 格哈德　著 Prause, Gerhard (Verf.)
蒋丽　译 Jiang Li (Übers.)
北京：中华书局，2005 年
人生借鉴译丛
165 页
七十四岁的求婚者——歌德

161.
四十不惑 Vierziger. Ein Geschenk für alle zwischen 40 und 50
（德）普劳泽, 格哈德　著 Prause, Gerhard (Verf.)
张晶，马丽丽　译 Zhang Jing u. Ma Lili (Übers.)
北京：中华书局，2005 年
201 页
幸福的父亲——歌德

162.
西方美学名著译稿
宗白华　译 Zong Baihua (Übers.)
南京：江苏教育出版社，2012 年
宗白华别集
336 页，5100 册
单纯的自然描摹・式样・风格(歌德)，页 218 → Goethe: Einfache Nachahmung der Natur, Manier, Stil (WA [I], Bd. 47, S. 77), S. 218
歌德论(比学斯基)，页 225 (Bielschowsky, Albert), S. 225
席勒和歌德的三封通信，页 230
席勒给歌德的信(耶拿，1794.8.23) → Schiller an Goethe (Jena, 23. August 1794)
歌德复席勒的信(爱特斯堡，1794.8.27) → Goethe an Schiller (Ettersburg, 27. August 1794)
席勒给歌德的信(耶拿，1794.8.31) → Schiller an Goethe (Jena, 31. August 1794)
译后记，页 236-237 → Nachwort, S. 236-237

163.
席勒散文选 Schiller. Ausgewählte Prosatexte
席勒　著 Schiller (Verf.)
张玉能　译 Zhang Yuneng (Übers.)
天津: 百花文艺出版社，2005 年
1000 册
书简 Briefe
致歌德，耶拿，1795 年 2 月 19 日 → An Goethe, Jena, 19.02.1795
致歌德，魏玛，1805 年 3 月 27 日 → An Goethe, Weimar, 27.03.1805

164.
艺术哲学 Philosophie der Kunst
[德] 谢林, 弗・威・约・封 Schelling, Friedrich Wilhelm Joseph von
魏庆征　译 Wei Qingzheng (Übers.)
北京: 中国社会出版社，2005 年
469 页
歌德的《浮士德》，页 338-343 → Goethes Faust, S. 338-343

165.
中文自学指导，2005 年第 4 期 Zhongwen zixue zhidao (Anleitung zum autodidaktischen Erlernen der chinesischen Sprache), Jg. 2005, Heft 4
歌德的世界文学构想 Goethes Konzeption der Weltliteratur
博拉赫著 Bollacher, Martin (Verf.)
范劲译，页 33 → übers. v. Fan Jin, S. 33

2006 年

166.
德国人——一个民族的双重历史 The Germans: double history of a nation
路德维希，艾米尔　著 Ludwig, Emil (Verf.)
Norden, Heinz (Übers.) 英译
Norden, Ruth (Übers.) 英译
杨成绪、潘琪　译 Yang Chengxu u. Pan Qi (Übers.)
北京: 东方出版社，2006 年

第三卷: 国家与精神的分裂 → Book III: Schism of State and Spirit
从大选侯到歌德 (1650-1800) → From the Great Elector to Goethe (1650-1800)
第四卷: 世界公民及民族主义分子 → Book IV: World-Citizens and Nationalists
从贝多芬到俾斯麦 (1800-1890) → From Beethoven to Bismarck (1800-1890)

167.
宫廷文化——中世纪盛期的文学和文化, 上、下册 Höfische Kultur – Literatur und Gesellschaft im hohen Mittelalter, Bd. I u. II
布姆克, 约阿希姆 著 Bumke, Joachim (Verf.)
何珊、刘华新 译 He Shan u. Liu Huaxin (Übers.)
北京: 三联书店, 2006 年
现代西方学术文科

168.
世界百科全书, 国际中文版
《世界百科全书》编写委员会 编
中文版《世界百科全书》编译委员会 编译
海口: 海南出版社, 三环出版社, 2006 年
第 5 卷 Bd. V
浮士德, 页 429-430 → Faust, S. 429-430
第 6 卷 Bd. VI
歌德, 页 41-42 → Goethe, S. 41-42
第 11 卷 Bd. XI
墨菲斯托菲里斯, 页 477 → Mephistopheles, S. 477
第 17 卷 Bd. 17
颜色, 颜色研究史 Farben, Geschichte der Farbenlehre
牛顿和歌德, 页 495 → Newton und Goethe, S. 495

169.
西方历史上 100 部禁书: 世界文学史上的书报审查制度 → 100 Banned Books: Censorship Histories of World Literature
卡罗里德斯, 尼古拉斯·J.; 鲍尔德, 玛格丽特; 索瓦, 唐 B. 编著 Karolides, Nicholas J.; Bald, Margaret; Sova, Dawn B. (Verf.)
张秀琴、音正权 译 Zhang Xiuqin u. Yin Zhengquan (Übers.)
北京: 中信出版社, 2006 年
395 页; 25cm
本书集纳了 100 部因社会、情色、政治、宗教等原因在西方历史上曾被查禁的著名作品, 并介绍了每部作品的查禁始末。
少年维特之烦恼, 页 389-392 → Die Leiden des jungen Werther, S. 389-392

2007 年
170.
德国文学史 (英语)
高乐, 古琼 Gudrun, Gorla (Verf.)
曾新, 张晓懿, 严晓翚 译 Zeng Xin, Zhang Xiaoyi u. Yan Xiaohui (Übers.)
上海: 上海文艺出版社, 2007 年
比较文学与世界文学教研丛书
上海市汉语言文学教育高地建设规划项目
329 页
THE AGE OF GOETHE
1. Historical Overview: From the Rule of Frederick II, King of Prussia, to the end of the Napoleonic Era (1740-1815), S. 70
2. The Era of Sturm und Darng (Storm and Stress) (1765-1785), S. 76
3. German Classicism (1786-1805), S. 87
4. Romanticism (1797-1830), S. 97
5. Literature from the Era of the Age of Goethe
5.1 Johann Wolfgang Goethe, S. 97
5.1.1 Goethe's Poetry, S.105
5.1.2 The Erlking, S. 113
5.2 Friedrich Schiller, S. 124

171.
东方之光——卫礼贤论中国文化 Das Licht des Ostens – Richard Wilhelm über die chinesische Kultur
蒋锐 编译 Jiang Rui (Übers.)
北京：外语教学与研究出版社，2007 年
中国与世界：16-19 世纪
261 页
歌德与老子 (卫礼贤/Wilhelm, Richard)
歌德与中国文化 (卫礼贤/Wilhelm, Richard), 页 245-258

172.
母亲，我的千思百虑：16位大诗人和他们的母亲
［法］考夫曼，娜塔莉 著 Kaufmann, Nathalie (Verf.)
郑克鲁 译 Zheng Kelu (Übers.)
上海：上海人民出版社，2007年
五、约翰·沃尔夫根·冯·歌德 Goethe
约翰·沃尔夫根·冯·歌德作品选
　　Ausgewählte Gedichte Goethes:
致我的母亲 An meine Mutter
新阿马狄斯 Der neue Amadis
任随你千姿百态，藏形隐身 In tausend Formen magst du dich verstecken

173.
甜蜜的暴力：悲剧的观念 Sweet Violence. The ideal of the tragic [USA, Malden: Blackwell, 2003, XVII, 328 S.]
［美］伊格尔顿，特里 著 Eagleton, Terry (1943-)
方杰、方宸译 Fang Jie u. Fang Chen (Übers.)
南京：南京大学出版社，2007年
当代学术棱镜译丛
10,337页
编者提示：系比较语言和文学论著。虽无有关歌德的专章专节，却多处论及歌德及其作品《哀格蒙特》、《浮士德》、《伊菲革涅在陶里斯岛》、《少年维特的烦恼》《托尔夸托·塔索》、《威廉·迈斯特的学习年代》等。

174.
我们可怜的席勒：还你一个真实的席勒 Unser armer Schiller. Eine respektlose Annäherung
［德］雷曼 著 Lehmann, Johannes (Verf.)
刘海宁 译 Liu Haining (Übers.)
北京：中央编译出版社，2007年
歌德啊歌德，这样的人，页150-167 → Dieser Mensch, dieser Goethe, S. 150-167

2008年

175.
浪漫主义的根源 The Roots of Romanticism
伯林，以赛亚 著 Berlin, Isaiah (Verf.)
哈代，亨利 编 Hardy, Henry (Hrsg.)
吕梁 等译 Lü Liang u.a. (Übers.)
南京：译林出版社，2008年
人文与社会译丛，刘东 主编
编者附言：论及歌德小说人物维特自杀的根源及影响（页61）；论及浪漫主义者及歌德本人对歌德小说《威廉·迈斯特》和《亲和力》、诗剧《浮士德》和长诗《赫尔曼与窦绿苔》的不同看法（页112-114）。

176.
拿破仑传 Napoleon
路德维希，埃米尔 著 Ludwig, Emil (Verf.)
梁锡江、龚艳 译 Liang Xijiang u. Gong Yan (Übers.)
北京：华文出版社，2008年
513页
与歌德会面，页240 → Begegnung mit Goethe, S. 240
编者提示：另请参见本栏花城出版社该书1998年版的书讯。

177.
视读浪漫主义 Introducing Romanticism
希思，邓肯 著 Heath, Duncan (Verf.)
伯瑞汉姆，朱迪 著 Boreham, Judy (Verf.)
李娟 译 Li Juan (Übers.)
合肥：安徽文艺出版社，2008年
介绍丛书
180页
狂飙突进，页37 → Sturm und Drang, S. 37
维特与考验，页38 → Werther and the Crucible of Change, S. 38
双重性格，页39 → The Dual Character, S. 39
古典主义的回归，页40 → The Return to Classicism, S. 40
不同版本的浮士德，页41 → Versions of Faust, S. 41
自然的统一，《色彩论》，页42 → The Unity of Nature, Zur Farbenlehre, S. 42

178.
西方思想史 The Passion of the Western Mind. Understanding the Ideas, That Have Shaped Our World View Richard Tarnas. New York: Ballantine Books Edition, 1993
塔纳斯, 理查德 著 Tarnas, Richard (Verf.)
吴象愚、晏可佳、张广勇 译 Wu Xiangyu, Yan Kejia u. Zhang Guangyong (Übers.)
上海: 上海社会科学院出版社, 2007 年
605 页, 5300 册
第六编: 现代的转变, 页 357 → VI. The Transformation of the Modern Era, S. 357
浪漫主义及其命运, 页 403 → Romanticism and Its Fate, S. 403
尝试综合: 从歌德和黑格尔到荣格, 页 415-425 (有关歌德的部分, 页 415-416) → Attempted Syntheses: From Goethe and Hegel to Jung, S. 415-425
论点摘要: 歌德"将经验的观察和心灵的直觉联结起来构成为一种比牛顿的科学更加具有启迪作用的自然的哲学" (页 416)
德译本书讯:
Tarnas, Richard: Idee und Leidenschaft: die Wege des westlichen Denkens. Aus dem Englischen von Eckhard E. Sohns. München: Deutscher Taschenbuch Verlag (dtv), 1997. – 671 Seiten
VI: Die Transformation der Modernen. Die Romantik und ihr Schicksal, S. 462
Syntheseversuche: Von Goethe und Hegel bis Jung, S. 477

179.
中西文学关系的里程碑 Milestones in Sino-Western Literary Confrontation
[斯洛伐克] 高利克, 马立安 著 Galik, Marian (Verf.)
伍晓明、张文定 等译 Wu Xiaoming, Zhang Wending u. a. (Übers.)
北京: 北京大学出版社, 2008 年
北京大学比较文学研究丛书
269 页
编者提示: 据1990年版重排重印, 新增著者序, 页码更改。
第三章: 郭沫若的《女神》: 与泰戈尔、惠特曼、歌德的创造性对抗, 伍晓明译, 页 36-68 → 3. Kuo Mo-jo's The Goddesses: Creative Confrontation with Tagore, Whitman and Goethe, übers. v. Wu Xiaoming, S. 36-68

第四章: 矛盾的《子夜》: 与左拉、托尔斯泰、维特主义和北欧神话的创造性对抗, 乐黛云、王华之合译, 页 69-96[2] → 4. Mao Tun's Midnight: Creative Confrontation with Zola, Tolstoy, Wertherism and Nordic Mythology, übers. v. Le Daiyun u. Wang Huazhi, S. 69-96
第九章: 冯至的十四行集: 与德国浪漫主义、里尔克和凡•高的文学间关系[3], 王达敏译, 页 174 → Feng Chih's Sonnets: the Interliterary Relations with German Romanticism, Rilke and van Gogh, übers. v. Wang Damin, S. 174

2009 年
180.
长江学术, 2009 年第 1 期
浮士德与世界精神
库菲尔德, 克劳斯 著
张宁 译 Zhang Ning (Übers.)

181.
俄罗斯文艺, 2009 年第 2 期
浮士德和彼得大帝在海岸——从歌德的《浮士德》到普希金的《铜骑士》
爱普施坦, 米; 贾茜

182.
目击道存: 欧美文学与基督教文化
齐宏伟 著 Qi Hongwei (Verf.)
沈阳: 辽宁教育出版社, 2009 年
灵性视野丛书
5000 册
浮士德的文化图谋 (霍珀, 斯坦利•罗), 瞿旭彤 (Ju Xutong)译, 页 154-160

---

[2] 本章分六个小节论述, 第五小节(页 89-92)分析《子夜》与《少年维特之烦恼》的关系。指出《子夜》中的雷参谋和吴少奶奶虽视歌德小说为"圣经"、"爱的信物"、"护符", 却不解其意, 仅"装腔作势"而已。

[3] 论及冯至与歌德, 页 197-200。

183.
通晓中国浩如烟海的歌德文学——评顾正祥
《歌德汉译与研究总目(1878-2008)》(书评)
Umfassende Kenntnisse der unüberschaubaren
Goethe-Literatur in China – Besprechung von
Gu Zhengxiang's *Goethe in chinesischer
Übersetzung und Forschung (1878-2008)*
[德] 魏汉茂 Walravens, Hartmut (Verf.)
文汇读书周报, 2009 年 9 月 4 日, 第 9 版

2010 年

184.
德国人 The Gemans——一个民族的双重历史
路德维希, 艾米尔 著 Ludwig, Emil (Verf.)
杨成绪、潘琪 译 Yang Chengxu u. Pan Qi
　　(Übers.)
北京: 中国社会科学出版社, 2010 年
丛书: 大国性格
408 页
第三卷: 国家与精神的分裂
从大选侯到歌德 (1650-1800)
第四卷: 世界公民及民族主义分子
从贝多芬到俾斯麦 (1800-1890)

185.
席勒传 Schiller oder die Erfindung des deutschen
　　Idealismus
萨佛兰斯基 著 Safranski, Rüdiger (Verf.)
卫茂平 译 Wei Maoping (Übers.)
北京: 人民文学出版社, 2010 年
522 页
第十四章:
开始同歌德交往, 页 270-274 → Vorspiel mit
　　Goethe, S. 270-274
第十七章: 带病生活——选择艺术和康德——
　　"思维方式的革命"——超越康德——"卡利
　　雅"书简——"美是现象中的自由"——自由
　　的审美节日——革命的恐怖——美因茨共和
　　国——福斯特——胡贝尔的纠葛——诗人的
　　伦理——"秀美与尊严"——纠正康德——美
　　丽的灵魂——歌德对"某些片段"的恼怒, 页
　　336-337 → Goethes Ärger über „gewisse
　　Stellen", S. 336-337

第十八章: 崇高和疾病——施瓦本之行——荷
　　尔德林的首次拜访 → Der erste Besuch
　　Hölderlins——老希罗德之死——丹内克尔
　　的胸像——同科塔的计划——返回耶拿——
　　费希特的革命——新的乐趣, 成为我——我
　　的命运——耶拿浪漫主义——歌德和席勒互
　　相接近, 页 357-365 → Goethe und Schiller
　　nähern sich einander, S. 357-365
第十九章: 歌德和席勒: "幸运的事件", 页 366
　　→ Goethe und Schiller: „Glückliches
　　Ereignis", S. 366——柔顺的和刚毅的美, 页
　　382-383——《论人的审美教育》——什么在
　　冒风险——歌德和席勒, 素朴的和感伤的, 页
　　380 → Goethe und Schiller, naiv und
　　sentimental, S. 380——半人马座, 页 382-383
第二十章: 《季节女神》出场——与施莱格尔的
　　不快——浪漫主义的对抗——同费希特的阵
　　营争斗——荷尔德林的爱和痛苦 →
　　Hölderlins Liebe und Schmerz——主导媒介
　　文学——好斗的莫逆之交

186.
艺术与艺术家词典 The Thames and Hudson
　　Dictionary of Art and Artists
[英] 里德, 赫伯特　顾问 Read, Herbert Edward
　　(Berater)
斯坦戈斯, 尼古斯 编纂 Stangos, Nikos (Verf.)
范景中 主编 Fan Jingzhong (Hrsg.)
刘礼宾、代亭、沈莹 译 Liu Libin, Dai Ting u.
　　Shen Ying (Mithrsg.)
刘平、李震 审校 Liu Ping u. Li Zhen
　　(Mitwirkung)
北京: 三联书店, 2010 年
丛书: 艺术世界
473 页, 7000 册
歌德, 页 170 → Goethe, S. 170
附注: 提到歌德的《艺术与古代》(Über Kunst und
　　Altertum)和《色彩学》(Zur Farbenlehre)

187.
中文学术前沿, 2010 年第 1 期
青年张闻天和他的《歌德的浮士德》

[斯洛伐克] 高利克，马里安 著 Galik, Marian (Verf.)
袁铮 Yuan Zheng (Übers.)

20 世纪欧美文论丛书
591 页
歌德和他的时代, 页 510-530

2011 年

188.
贝多芬：音乐与人生 → Beethoven: The Mosic and the Life
(美) 洛克伍德 著 Lockwood, Lewis (Verf.)
刘小龙 译 Liu Xiaolong (Übers.)
北京：中央音乐学院出版社，2011 年
445 页，3000 册
第十二章：为歌德的《艾格蒙特》而作的戏剧配乐，页 213

189.
新美术，2011 年第 3 期 → *Xin Meishu* (Neue Malerei), Jg. 2011, Heft 3
歌德色彩研究新论: 英译本《色彩学》
米勒，道格拉斯 E. (Verf.)
程远 译 Cheng Yuan (Übers.)

190.
中华读书报，2011 年 11 月 9 日，第 865 期第 10 版 (书评周刊•社科) → *Zhonghua dushu bao* (Lektüre chinesischer Zeitungen) vom 09.11.2011, Heft 865, S. 10
"歌德在中国"的全景图——评顾正祥编著《歌德汉译与研究总目》(1878-2008) Panorama von Goethe in China – Buchbesprechung über Gu Zhengxiangs *Goethe in chinesischer Übersetzung und Forschung* (1878-2008)
[德] 戈尔茨，约亨 Golz, Jochen (Verf.)
袁志英 译 Yuan Zhiying (Übers.)

191.
论欧洲文学
卢那察尔斯基 著 Lunatscharski, Anatoli Wassiljewitsch (Verf.)
蒋路、郭家申 译 Jiang Lu u. Guo Jiashen (Übers.)
天津：百花文艺出版社，2011 年

192.
世界文学史 Outline of Literature
[英] 德林瓦特, 约翰 著 Drinkwater, John (1882-1937)
陈永国、尹晶 译 Chen Yongguo u. Yin Jing (Übers.)
北京: 北京大学出版社, 2011 年
插图本系列
下卷
第二十四章: 歌德、席勒和莱辛 → Kapitel XXIV: Goethe, Schiller und Lessing
第一节: 歌德, 页 507-516 → Abschnitt I: Goethe, S. 507-516
第二节: 席勒 (涉及歌德席勒的友谊), 页 516-519 → Abschnitt II: Schiller, S. 516-519

2012 年

193.
德语读览天下, 珍藏集, 第 1 卷 (德汉对照) Wir lernen Deutsch. Eine Sammlung wertvoller deutschsprachiger Literatur als Kostbarkeit, Band I (deutsch/chinesisch)
皇甫宜均 等编 Huangfu Yijun (Hrsg.)
北京: 外语教学与研究出版社, 2012 年
德语学习系列丛书, 王晓芬主编
阅读篇
151 页
第十四篇: 老年歌德之烦恼(马丁•瓦尔泽的小说)，本文系迪特尔•博希迈尔撰书评, 页 120-131 → Text XIV: Die Leiden des alten Werther(Roman v. Martin Walser), besprochen v. Dieter Borchmeyer, S. 120-131
名人介绍: 歌德, 页 130-131 → Bekanntmachung mit berühmten Persönlichkeiten: Goethe, S. 130-131

194.
歌德与托尔斯泰 Goethe und Tolstoi
曼，托马斯 著 Mann, Thomas (Verf.)

朱雁冰 译 Zhu Yanbing (Übers.)
杭州：浙江大学出版社，2012 年
2013 年印
477 页
译者序，页 1
歌德与托尔斯泰——人文论题未完稿，页 9 → Fragmente zum Problem der Humanität, S. 9
歌德——市民时代的代表，页 133 → Goethe als Repräsentant des bürgerlichen Zeitalters, S. 133
歌德作为作家的生涯，页 173 → Goethes Laufbahn als Schriftsteller, S. 173
论歌德的《浮士德》，页 203 → Über Goethes *Faust*, S. 203
关于歌德的幻想——为一个美国英译歌德作品选写的序，页 271 → Phantasie über Goethe – als Einleitung zu einer amerikanischen Auswahl aus seinen Werken, S. 271

195.
烟雨故园路　荷尔德林书信选 Der Heimweg voller Rauch und Regen: Ausgewählte Briefe Hölderlins
[德] 荷尔德林 著 Hölderlin, Friedrich (Verf.)
张红艳 译 Zhang Hongyan (Übers.)
北京: 经济日报出版社，2012年
丛书: 大师私人话语, 书信系列
217 页
谈费希特以及自己与歌德第一次邂逅情况——致诺伊弗尔，1794 年 11 月某日，耶拿，页 98 → Über Johann Gottlieb und über die erste Begegnung mit Goethe – An Neuffer, 10. Nov. 1794, Jena, S. 98
有意与几位作家一起创办一份诗刊——致歌德，1799 年 7 月，洪堡，页 168 → Die Absicht, zusammen mit einigen Schriftstellern eine Zeitschrift für Poesie zu grünen – An Goethe, im Juli 1799, Homburg, S. 168

2013 年

196.
伽达默尔文集, 第九卷：美学与诗学: 诠释学的实施 Gadamers gesamte Schriften. Bd. IX: Ästhetik und Poetik: Hermeneutik im Vollzug
伽达默尔, 汉斯-格奥尔格 著 Gadamer, Hans-Georg (Verf.)
吴建广 译 Wu Jianguang (Übers.)
北京: 北京大学出版社，2013 年
人文经典译丛
454 页
歌德与哲学, 页 55 → Goethe und die Philosophie, S. 55
歌德与道德世界, 页 69 → Goethe und die sittliche Welt, S. 69
人的精神过程——歌德未完成诗学之研究，页 76 → Vom geistigen Lauf des Menschen – Studien zu unvollendeten Dichtungen Goethes, S. 76
歌德与莫扎特——谈歌剧问题，页 107 → Goethe und Mozart – das Problem Oper, S. 107
歌德《浮士德》中的守塔人之歌，页 115 → Das Türmerlied in Goethes *Faust*, S. 115
歌德语言的自然性(学术会议讲稿)，页 121 → Die Natürlichkeit von Goethes Sprachen – ein Kongressbeitrag, S. 121

197.
汉语言文学研究, 2013 年第 1 期, 页 4-10
冯至及其献给歌德的十四行诗
[斯洛伐克] 高利克, 马利安 撰 Galik, Marian (Verf.)
刘燕 译 Liu Yan (Übers.)

198.
精神之贵：一个被忘却的理想
[荷] 里曼，罗布 著
霍星辰、张学敏 译 Huo Xingchen u. Zhang Xuemin (Übers.)
北京：中央编译出版社，2013 年
206 页
歌德 Goethe

199.
民国时期的德国汉学：文献与研究 Die deutsche Sinologie in der Zeit der chinesischen Republik: Dokumente und Forschungen
李雪涛　主编 Li Xuetao (Hrsg.)

北京：外语教学与研究出版社，2013 年
ISBN: 978-7-5135-3699-8
484 页
(二) 中德思想之相互影响
歌德与中国, 福兰阁
哥德与中国文化, 卫礼贤
(五) 德国文学视域中的中国
德国诗中所表现的中国，常安有
德国诗中所表现的中国（续完），靠安矗
评《德国诗中所表现的中国》霍福民

200.
世界文学理论读本 Theories of World Literature
[美] 达姆罗什, 大卫 Damrosch, David (Verf.)
刘洪涛、尹星　主编 Liu Hongtao u. Yin Xing (Hrsg.)
北京: 北京大学出版社, 2013 年
培文读本丛书
293 页
一、世界文学的起源 Ursprung der Weltliteratur
歌德论世界文学, 范大灿译, 页 3-5 → Goethe über die Weltliteratur, übers. v. Fan Dacan, S. 3-5
世界文学的出现: 歌德与浪漫派, [美] 约翰·皮泽(Pizer, John)著, 尹星译, 王国礼校, 页 6-29 → The Emergence of Literature: Goethe and the Romantic School (Pizer, John), übers. v. Yin Xing, unter Mitwirkung v. Wang Guoli, S. 6

201.
世界文学史
[俄] 高尔基世界文学研究所　编撰
中文版翻译委员会总主编：刘魁立、吴元迈
上海：上海文艺出版社，2013 年
国家出版基金项目
2014 年重印
第五卷, 上下二册
戚德平、魏玲、温训臣、杨世招、张有福　译 Qi Deping, Wei Ling, Wen Xunchen, Yang Shizhao, Yang Shizhao u. Zhang Youfu (Übers.)
上册 Bd. I
第五章：德国文学
9. 年轻时代的歌德, 页 342-349

202.
世界文学史 Geschichte der Weltliteratur
[俄罗斯] 高尔基世界文学研究所　编撰
中文版翻译委员会总主编：刘魁立、吴元迈
上海：上海文艺出版社，2013 年
国家出版基金项目
2014 年重印
第六卷, 上下二册
杜文娟　等译 Du Wenjuan u. a. (Übers.)
上册
第一编：西欧文学
第一章：德国文学
2. 拿破仑之后反动统治时代的文学：霍夫曼、艾兴多尔夫、沙米索、海涅、格拉伯、晚年歌德, 页 69-89

203.
与魔鬼作斗争：荷尔德林、克莱斯特、尼采 Der Kampf mit dem Dämon: Hölderlin – Kleist – Nietzsche
茨威格, 斯蒂芬　著 Zweig, Stefan (Verf.)
徐畅　译 Xu Chang (Übers.)
南京: 译林出版社, 2013 年
世界名人传记丛书; 007
13,254 页

编者提示:《引言》将歌德与三大师比较作为中心议题。全文不足万字，歌德的名字却出现 26 次之多。将歌德性格、歌德形象、歌德对人生的态度、他的人生轨迹和表现形式等"作为这三个诗人兼魔鬼仆人的对立面提出来"（页 7），作了入木三分的精辟比较。以下是德文原文的母题：„Um das Dämonische selbst ganz deutlich zu machen, habe ich, getreu meiner Methode des Vergleichs, unsichtbar einen Gegenspieler den drei tragischen Helden entgegengestellt."; „Goethe: damit ist nun schon der Name für den polaren Typus ausgesprochen, dessen Gegenwart sinnbildlich dies Buch durch waltet."

2014年

204.
德国浪漫派的艺术批评概念 Der Begriff der Kunstkritik in der deutschen Romantik
本雅明，瓦尔特　著 Benjamin, Walter (Verf.)
王炳钧、杨劲　译 Wang Bingjun u. Yang Jin (Übers.)
北京：北京师范大学出版社，2014年
本雅明作品系列
194页
早期浪漫派的艺术理论与歌德：理念与理想——缪斯式的——无条件的作品——古希腊罗马——风格——批判，页139-152 → Die frühromantische Kunsttheorie und Goethe: Idee und Ideal – das Musische – das unbedingte Werk – die Antike – der Stil – die Kritik, S. 139-152

205.
恶的美学历程——一种浪漫主义解读 Ästhetik des Bösen: die Herodesfigur im geistlichen Schauspiel
阿尔特，彼得-安德雷　著 Alt, Peter-André (Verf.)
宁瑛、王德峰、钟长盛　译 Ning Ying, Wang Defeng u. Zhong Changsheng (Übers.)
北京：中央编译出版社，2014年
新世纪新思想译丛
歌德学院全额资助
第二章：启蒙和心理学，页60 → II. Aufklärung und Psychologie. Neue Künste des Teufels, S. 60
二、梅菲斯特，作为自我观察者(歌德)，页80-95 → 2. Mephisto als Selbstbeobachter (Goethe), S. 80-95

206.
伏尔泰的椰子：欧洲的英国文化热 or, anglomania in Europe
[荷] 布鲁玛，伊恩　著 Buruma, Ian
刘雪岚、萧萍　译 Liu Xuelan u. Xiao Ping (Übers.)
北京：三联书店，2014年
24,474页
歌德的莎士比亚

207.
歌德研究文集 Ausgewählte Beiträge der Goethe-Forschung
叶隽　编选 Ye Jun (Hrsg.)
南京：译林出版社，2014年
外国文学学术史研究，陈众议主编
国家出版基金项目
原著信息：
Goethe in Deutschland – Rezeptionsgeschichte eines Klassikers. 2 Bde. München: Verlag C. H. Beck, 1980 u. 1989.
Goethe im Urteil seiner Kritiker: Dokumente zur Wirkungsgeschichte Goethes in Deutschland, hrsg., eingeleitet u. kommentiert von Karl Robert Mandelkow. München: Verlag C. H. Beck (Wirkung der Literatur; Bd. 5). Teil 3 und Teil 4, erschienen 1979 u. 1984.
编者附言：这是叶隽编选的一本外国学者论文集(中国学者仅冯至一篇)。每文必附"编后记"，含作者简介，交代该文出处。脚注分"原注"、"译注"和编选者注三种，补充与课文内容相关的人或事或其他背景知识。出版伊始，劳驾责编彭波在第一时间寄我海外拜读，并赶在截稿前收编于此，特此鸣谢。
401页
编选者序，页1 → Vorwort des Herausgebers, S. 1
第一辑：德国古典时代 → Der 1. Teil: Die Weimarer Klassik
席勒和歌德的三封通信，宗白华译 → Briefwechsel zwischen Schiller und Goethe, übers. v. Zong Baihua
席勒给歌德的信 (耶拿，1794年8月23日)，页3 → Schiller an Goethe (Jena, 23.08.1794), S. 3
歌德复席勒的信 (爱特斯堡，1794年8月27日)，页5 → Goethe an Schiller (Ettersburg, 27.08.1794), S. 5
席勒给歌德的信 (耶拿，1794年8月31日)，页6 → Schiller an Goethe (31.08.1794), S. 6
黑格尔，格奥尔格(1770-1831)：歌德的戏剧，朱光潜译，页9 → Hegel, Georg Wilhelm Friedrich (1770-1831): Ästhetik (Auszug), übers. v. Zhu Guangqian, S. 9
施莱格尔，弗里德里希(1772-1829)：试论歌德早期和后期作品中的不同风格，李伯杰译，页14 → Schlegel, Friedrich (1772-1829):

Versuch über den verschiedenen Stil in Goethes früheren und späteren Werken, übers. v. Li Bojie, S. 14

第二辑：19世纪德国文学批评 → Der 2. Teil: Die deutsche Literaturkritik des 19. Jahrhunderts

恩格斯，弗里德里希·冯 (1820-1895)：卡尔·格律恩先生《从人的观点论歌德》，中共中央马克思、恩格斯、斯大林著作编译局译，页25 → Engels, Friedrich (1820-1895): → Deutscher Sozialismus in Versen und Prosa, übers. v. Übersetzungsbüro der Werke v. Marx, Engels, Lenin und Stalin, S., S. 25

格林，赫尔曼(1828-1901)：歌德——在柏林大学所做的讲座(第一次讲座)，车云译，页51 → Grimm, Herman (1828-1901): Goethe. Vorlesungen an der Kgl. Universität zu Berlin (erste Vorlesung), übers. v. Che Yun, S. 51

狄尔泰，威廉 (1833-1911)：歌德与文学创作的想象，胡其鼎译，页62 → Dilthey, Wilhelm (1833-1911): Das Erlebnis und die Dichtung, übers. v. Hu Qiding, S. 62

海克尔，恩斯特(1834-1919)：达尔文、歌德与拉马克的自然观，刘晓译，页120 → Haeckel, Ernst (1834-1919): Die Naturanschauung von Darwin, Goethe und Lamarck, übers. v. Liu Xiao, S. 120

谢勒尔，威廉(1841-1886)：歌德语文学，车云译，页131 → Scherer, Wilhelm (1841-1886): Goethe-Philologie, übers. v. Che Yun, S. 131

比学斯基，阿尔贝特 (1847-1902)：歌德——生平与作品(第一卷)，刘晓译，页145 → Bielschowsky, Albert (1847-1902): Goethe. Sein Leben und seine Werke, Bd. I, übers. v. Liu Xiao, S. 145

西美尔，格奥尔格 (1858-1918)：歌德与女性，莫光华译，页153 → Simmel, Georg (1858-1918), übers. v. Mo Guanghua, S. 153

第三辑：20世纪德国文学批评 → Der 3. Teil: Die deutsche Literaturkritik des 20. Jahrhunderts

瓦尔策尔，奥斯卡 (1864-1944)：歌德与当代艺术，车云译，页161 → Walzel, Oskar (1864-1944): Goethe und die Kunst der Gegenwart, übers. v. Che Yun, S. 161

卫礼贤 (1873-1930)：歌德与中国文化，蒋锐译，页170 → Wilhelm, Richard (1873-1930): Goethe und die chinesische Kultur, übers. v. Jiang Rui, S. 170

彼得松，尤里乌斯 (1878-1941)：五十年来的歌德崇拜，刘晓译，页184 → Petersen, Julius (1878-1941): Goetheverehrung in fünf Jahrzehnten, übers. v. Liu Xiao, S. 184

宫多尔夫，弗里德里希 (1880-1931)：《歌德》序，杨宏芹译，页189 → Gundolf, Friedrich (1880-1931): Goethe (Einleitung), übers. v. Yang Hongqin, S. 189

雅斯贝尔斯，卡尔 (1883-1969)：我们的未来与歌德，车云译，页211 → Jaspers, Karl (1883-1969): Unsere Zukunft und Goethe, übers. v. Che Yun, S. 211

纳德勒，约瑟夫(1884-1963)：歌德还是赫尔德？刘晓译，页229 → Nadler, Josef (1884-1963): Goethe oder Herder?, übers. v. Liu Xiao, S. 229

库尔提乌斯，埃内斯特 (1886-1956)：歌德还是雅斯贝尔斯？车云译，页234 → Curtius, Ernst Robert (1886-1956): Goethe oder Jaspers? übers. v. Che Yun, S. 234

库尔提乌斯，埃内斯特(1886-1956)：危境中的德意志精神，刘晓译，页240 → Curtius, Ernst Robert (1886-1956): Deutscher Geist in Gefahr, übers. v. Liu Xiao, S. 240

弗里登塔尔，里夏德 (1896-1979)：歌德——其人生平与其人时代，车云译，页242 → Friedenthal, Richard (1896-1979): Goethe. Sein Leben und seine Zeit, übers. v. Che Yun, S. 242

特龙芝，埃里希(1905-2001)：歌德的晚年之风，刘晓译，页246 → Trunz, Erich (1905-2001): Goethes Altersstil, übers. v. Liu Xiao, S. 246

施泰格尔，埃米尔(1908-1987)：歌德，刘晓译，页254 → Staiger, Emil (1908-1987): Goethe, a) Vorwort zum ersten Band (Auszug), übers. v. Liu Xiao, S. 254

勋纳尔，阿尔布雷希特(1925-)：浮士德的升天——论《浮士德》最后一场，莫光华译，页257 → Schöne, Albrecht (1925-): Fausts Himmelfahrt. Zur letzten Szene der Tragödie, übers. v. Mo Guanghua, S. 257

蒙森，卡塔琳娜(1925-)：歌德和我们的时代，张玉书、张意译，页275 → Mommsen, Katharina (1925-): Goethe und unsere Zeit, übers. v. Zhang Yushu u. Zhang Yi, S. 275

博拉赫, 马丁(1940-)：歌德的世界文学设想，范劲、李士勋译，页292 → Bollacher, Martin (1940-): Goethes Konzeption der Weltliteratur, übers. v. Fan Jin u. Li Shixun, S. 292

第四辑：外国文学批评 → Der 4. Teil: die Literaturkritik des Auslands

斯塔埃尔夫人 (1766-1817)：《在陶里斯的伊菲格尼》、《托卡托·塔索》及其他，丁世中译，页315 → Stael, Madame de (1766-1817), übers. v. Ding Shizhong, S. 315

卡莱尔, 托马斯(1795-1881)：德国现代文学——歌德及其作品，姜智芹译，页322 → Carlyle, Thomas (1795-1881), übers. v. Jiang Zhiqin, S. 322

爱默生, 拉尔夫·沃尔多 (1803-1882)：作家歌德，蒲隆译，页335 → Emerson, Ralph Waldo (1803-1882), übers. v. Pu Long, S. 335

卢那察尔斯基, 阿纳托利 (1875-1933)：歌德和他的时代，蒋路译，页348 → Lunacharsky, Anatoly Vasilyevich (1875-1933), übers. v. Jiang Lu. S. 348

韦勒克, 雷纳(1903-1995)：歌德，杨自伍译，页366 → Wellek, René (1903-1995), übers. v. Yang Ziwu, S. 366

冯至(1905-1993)：从《浮士德》里的"人造人"略论歌德的自然哲学，页391 → Feng Zhi: Goethes Naturphilosophie in Kürze anhand der Menschenbildung durch Menschen, S. , S. 391

208.
邂逅人与书籍-茨威格读书随笔 Begegnungen mit Büchern. Aufsätze und Einleitungen aus den Jahren 1902-1939
茨威格, 斯蒂芬　著 Zweig, Stephan (Verf.)
高中甫　等译 Gao Zhongfu u. a. (Übers.)
北京：金城出版社，2014年
ISBN：9787515510385
240页

谈歌德的诗，高中甫译，页130-139 → Zu Goethes Gedichten. Vorrede zu meiner Auswahl von Goethes Gedichten im Verlag von Philipp Reclam jun., S. 130-139, übers. v. Gao Zhongfu, S. 130-139

托马斯·曼的《绿蒂在魏玛》，高中甫译，页227-229 → Thomas Mann, *Lotte in Weimar*, übers. v. Gao Zhongfu, S. 227-229

209.
哲学与文化 [台湾月刊社]，2014年第11期
歌德的忧郁：世界文学与文学普世性的反思，页23-38
薛佛　著 Schaeffer, Jean-Marie (Verf.)
林志明　译 Lin Zhiming (Übers.)

补编书目　Ergänzung

210.
北方论丛，1999年第1期（总第153期）
冯至和他歌德风格的十四行诗，页91-95
高利克, 马立安　著 Gálik, Marian (Verf.)
李英莉、史家辉　译 Li Yingli u. Shi Jiahui (Übers.)

著者/译者索引 Index der Verfasser/Übersetzer

外文原著者名录

Alfred Hoffmann [德] 霍福民 (1911-1997) 199

Alt, Peter-André 阿尔特，彼得-安德雷 205

Amano Masaharu [日] 天野正治 (1935-) 94

Asimov, Isaac [美] 阿西摩夫 87

Audi, Robert 奥迪, 罗伯特 (1941-) 143

Auerbach, Leopold (1828-1897) 15

Bald, Margaret 鲍尔德, 玛格丽特 169

Beethoven [德] 贝多芬 (1770-1827) 141

Begenau, Siegfried Heinz [民主德国] 贝格瑙, 西·海 88

Benjamin, Walter [德] 本雅明, 瓦尔特 (1892-1940) 132, 204

Berlin, Isaiah 伯林, 以赛亚 175

Biedermann 俾德曼 29, 32, 33, 34, 35, 35a

Bielschowsky, Albert [德] 比学斯基, 阿尔贝特 (1847-1902) 68, 162, 207

Bollacher, Martin [德] 博拉赫, 马丁 (1940-) 165, 207

Borchmeyer, Dieter 博希迈尔, 迪特尔 193

Boreham, Judy 伯瑞汉姆, 朱迪 177

Bosanquet, Bernard [英] 鲍桑葵 (1848-1923) 138

Brandes, Georg [丹麦] 伯兰德斯[勃兰兑斯], 乔治 (1842-1927) 8, 13, 60

Bricard, Isabelle [法] 布利卡, 伊莎贝尔 139

Brockett, Oscar Gross 布鲁凯特 52

Bumke, Joachim [德] 布姆克, 约阿希姆 (1929-2011) 167

Burns, Edward Mcnall [美] 伯恩斯, 爱德华·麦克诺尔 (1897-1972) 51, 84

Buruma, Ian [荷] 布鲁玛, 伊恩 206

Büchner, Georg [德] 布禧娜 (1813-1837) 38

Capek, Karel 贾别克 20

Carlyle, Thomas [苏格兰] 卡莱尔, 托马斯 (1795-1881) 158, 207

Carus, Paul (1852-1919) 17

Cassirer, Ernst [德] 卡西尔 (1874-1945) 55, 79, 101, 155, 156

Craig, Gordon A. [美] 克雷格 (1913-2005) 120

Curtius, Ernst Robert [德] 库尔提乌斯, 埃内斯特(1886-1956) 207

Damrosch, David [美] 达姆罗什, 大卫 200

Destreu, Jules 狄思脱 20

Dilthey, Wilhelm [德] 狄尔泰, 威廉 (1833-1911) 207

Drinkwater, John [英] 德林瓦特, 约翰 (1882-1937) 192

Durant, Will [美] 杜兰, 威尔 125, 126, 127

Eagleton, Terry [美] 伊格尔顿, 特里 (1943-) 173

Eichendorff [德] 艾兴多夫 111

Emerson, Ralph Waldo [美] 爱默生, 拉尔夫·沃尔多 (1803-1882) 119, 207

Engels, Friedrich [德] 恩格斯, 弗里德里希·冯 (1820-1895) 50, 64, 65, 207

Estberg, Ragnar 爱斯北 20

Fadiman, Clifton [美] 费迪曼, 克利夫顿 146

Fichte, Johann Gottlieb [德] 费希特 (1762-1814) 137

Focillon, Henri 贺西郎 20

Franke, Otto [德] 福兰阁 (1863-1946) 199

Friedenthal, Richard [德] 弗里登塔尔, 里夏德 (1896-1979) 207

Friedländer, Paul 弗理德伦代尔 45

Gadamer, Hans-Georg [德] 伽达默尔, 汉斯-格奥尔格 (1900-2002) 196

Galik, Marian [斯洛伐克] 高利克, 马立安 (1933-) 98, 179, 187, 197, 210

Gehrt, A. J. 22

Gilbert, Katharine Everett 吉尔伯特, 凯·埃 (1886-1952) 93

Golz, Jochen [德] 戈尔茨, 约亨 190

Grimm, Herman [德] 格林, 赫尔曼 (1828-1901) 207

Grun, Bernard [美] 格伦, 伯纳德 97

Gudrun, Gorla 高乐, 古琼 170

Gundolf, Friedrich [德] 宫多尔夫, 弗里德里希 (1880-1931) 207

Guyard, Marius-Francois. 基亚, 马·法 107

Haeckel, Ernst [德] 海克尔, 恩斯特(1834-1919) 207

Hall, Vernon [美] 霍尔, 佛朗 85

Hardy, Henry [英] 哈代, 亨利 (1949-) 175

Heath, Duncan [英] 希思, 邓肯 (1946-) 177

Hegel, Georg Wilhelm Friedrich [德] 黑格尔, 格奥尔格(1770-1831) 61, 207

Heine, Heinrich [德] 海涅 24, 56, 67, 69, 71, 73, 95, 115, 116, 148

Heinemann, Fritz [德] 赫曼 (1889-1970) 21

Hesse, Hermann [德] 黑塞, 赫 (1877-1962) 150

著者/译者索引 Index der Verfasser/Übersetzer

Hölderlin, Friedrich [德] 荷尔德林 (1770-1843) 195
Howat, G. M. D. 豪厄特, 杰拉尔德 89
Jaspers, Karl [德] 雅斯贝尔斯, 卡尔 (1883-1969) 207
Jauß, Hans Robert [德] 姚斯 82
Jost, Francois [瑞] 约斯特, 弗朗索瓦 75, 86
Kahler, Erich 卡勒尔, 埃里希 130
Kaneko Umaji [日] 金子马治 28
Karolides, Nicholas J. 卡罗里德斯, 尼古拉斯·J. 169
Katayama Koson [日] 片山孤村 2
Kato Biron [日] 加藤美仑 4
Kaufmann, Nathalie [法] 考夫曼, 娜塔莉 172
Keller, Werner 凯勒, 维尔纳 121
Kima, Hisao 本间久雄 6
Kimber, Rta 金贝尔, 丽塔 130
Kimber, Robert 金贝尔, 罗伯特 130
Kimura, Naoji 木村直司 112
Kuhn, Helmut 库恩, 赫 (1899-) 93
Lang, Paul Henry 朗格, 保罗·亨利 66
Lehmann, Johannes [德] 雷曼 174
Lenin 列宁 50
Lerner, Robert E. 勒纳, 罗伯特 151
Lewis, Sinclair 刘易士 (1885-1951) 31
Lichtenberger, Henri [法] 黎克登贝吉 53, 100
Lichtheim, George 里希特海姆, 盖欧尔格 92
Lockwood, Lewis [美] 洛克伍德 188
Luchaire, Julien 刘舍尔 20
Ludwig, Emil 路德维希, 艾米尔 (1881-1948) 99, 122, 166, 176, 184
Lukács, Georg [匈] 卢卡契 (1885-1971) 59
Lukács, György 卢卡奇 152
Lunatscharski, Anatoli Wassiljewitsch [苏] 卢那察尔斯基 (1875-1933) 191, 207
Macy, John [美] 约翰, 玛西 128
Madariaga, Salvador de 马达利阿嘉 20
Magill, F. N. 麦吉尔 96
Mahrholz, Werner [德] 马尔霍尔茨 (1889-1930) 39
Mann, Thomas [德] 曼, 汤姆斯／托马斯 20, 49, 194
Marcuse, Ludwig [德] 马库塞, 路德维希 81
Marx, Karl [德] 马克思, 卡尔 26, 50, 64, 65
Meacham, Standish 米查姆, 斯坦迪什 151
Merz, John Theodore 麦尔兹 9
Merz, John Theodore 木尔兹 23
Merz, J. T. 梅尔茨 133
Meyer, Hans 玛耶, 汉斯 68
Mommsen, Katharina [德] 蒙森, 卡塔琳娜(1925-) 207
Morray, Gilbert 莫勒 20
Mueller, Gustav Emil [美] 缪勒, 古斯塔夫 140
Nadler, Josef [德] 纳德勒, 约瑟夫(1884-1963) 207
Nietzsche, Friedrich [德] 尼采 (1844-1900) 77, 78, 113
Norden, Heinz 99, 166
Norden, Ruth 99, 166
Ojetti, Ugo 俄越地 20
Opresco, Georges 俄普列斯哥 20
Otto, Ernst 鄂图, 伊倡斯特 5
Oyama Tadasu 大山正 (1928-) 124
Paribeni, Roberto 巴利比宜 20
Petersen, Julius [德] 彼得松, 尤里乌斯 (1878-1941) 207
Pinson, Koppel S. [美] 平森, 科佩尔 80
Pizer, John [美] 约翰·皮 200
Prause, Gerhard [德] 普劳泽, 格哈德 160, 161
Ralph, Lee Philip [美] 拉尔夫, 菲利普·李 84
Read, Herbert Edward [英] 里德, 赫伯特 (1893-1968) 186
Reichwein, Adolf [德] 利奇温 (1898-1944) 48
Reill, Peter Hanns [美] 赖尔, 彼得 153
Rels, A. Costa du [玻利维亚] 雷尔斯 (1891-1980) 20
Reynold, Gonzague 莱诺尔 20
Richardson Jr., Robert D. [美] 理查森, 小罗伯特 D. 135
Rilke, Rainer Maria [奥] 里尔克 147
Roll-Anker, N. 罗尔安克 20
Rolland, Romain [法] 罗兰, 罗曼 27, 54
Safranski, Rüdiger 萨佛兰斯基 186
Sasaki Jun'ichi 佐佐木循一 134
Schaeffer, Jean-Marie 薛佛 209
Schelling, Friedrich Wilhelm Joseph von [德] 谢林, 弗·威·约·封 (1775-1854) 164
Scherer, Wilhelm [德] 谢勒尔, 威廉 (1841-1886) 207
Schiller, Friedrich 席勒 68, 149, 162, 163
Schlegel, Friedrich [德] 施莱格尔, 弗里德里希(1772-1829) 207

著者/译者索引 Index der Verfasser/Übersetzer

Schödel, Günther 修德 63
Schröter, Klaus [德] 施勒特尔, 克 (1959-) 104
Schöne, Albrecht [德] 勋纳尔, 阿尔布雷希特(1925-) 207
Schuhmacher, Ernst 舒玛赫, 恩斯特 70
Simmel, Georg [德] 西美尔, 格奥尔格 (1858-1918) 207
Sova, Dawn B. 索瓦, 唐 B. 169
Stael, Madame de [法] 斯塔埃尔夫人(1766-1817) 207
Stalin [苏] 斯大林 50
Staiger, Emil [瑞] 施泰格尔, 埃米尔 (1908-1987) 207
Stangos, Nikos 斯坦戈斯, 尼古斯 186
Strich, Fritz 施特里希, 弗里茨 75
Strzygowski, Josef 司吐齐哥夫斯基 20
Takahashi, Yoshitaka 高桥义孝 49
Tarnas, Richard 塔纳斯, 理查德 (1950-) 178
Taylor, Charles 泰勒, 查尔斯 142
Thomas, Calvin [美] 陶马, 卡文 (1885-1964) 19
Trunz, Erich [德] 特龙芝, 埃里希(1905-2001) 207
Ullmann, Richard [德] 乌尔曼 (1904-1963) 11
Yamagishi, Mitsunobu 山岸光宣 2
Unseld, Siegfried 翁译尔德, 西格弗里德 136
Vacaresco, Hélène 华嘉列斯哥 20
Valéry, Paul 华莱利 20
Valéry, Paul 瓦莱里 145
Villers, Jean de [法] 维莱, 让·德 103

Wagenbach, Klaus [德] 瓦根巴赫 (1930-) 76
Walravens, Hartmut [德] 魏汉茂 183
Walser, Martin [德] 瓦尔泽, 马丁 (1927-) 193
Walzel, Oskar [奥] 瓦尔策尔, 奥斯卡 (1864-1944) 207
Wellek, René [美] 韦勒克, 勒内/雷纳(1903-1995) 75, 83, 207
Wilhelm, Richard [德] 卫礼贤 (1873-1930) 171, 199, 207
Wilson, Ellen Judy 威尔逊, 艾伦 153
Windelband, Wilhelm [德] 文德尔班 110
Wotzoldt, A. W. 瓦左提 20
Yamagishi, Mitsunobu 山岸光宣 10
Zweig, Stephan [奥] 茨威格 (1881-1942) 17, 41, 118, 154, 203, 208
[金]溟若 3
圣蒲甫 7
赫寇尔 12
加米涅夫 25
中岛清 18
国际联盟世界文化合作院 20
勒斯哥 30
爱德华香克斯 40
汉密顿, 薏迪丝 42
[苏] 胡里契 43
[苏] 阿尔塔莫诺夫 44, 47
穆拉维耶娃、杜拉耶夫 46
格腊日丹斯卡雅 47
北京大学哲学系哲学史组 50
日本讲谈社 57
中国社会科学院外国文学研究所 59
文艺美学丛书编委会 68
吕莉克-魏勒, 凯泰 70
苏联科学院 (Akademie der Sowjetunion) 72

福建师范大学外语系编译室 (Pädagogische Universität Fujian, Fakultät für Fremdsprachen, Abteilung für Übersetzungen) 72
北京师范大学中文系比较文学研究组选 75
[美] 霍拉勃 82
上海外语学院外国语言文学研究所 86
中国比较文学学会 90
马希尔, 穆斯塔法 90
塞克利坦, 多米尼克 91
[日] 平琢益德 94
苏联百科全书出版社学术委员会, 苏联科学院历史学部 102
黑龙江大学 102
[苏] 洛津斯卡娅 105
[法] 圣伯夫 106
[苏] 伊瓦肖娃 106
[俄] 古雷加, A. B. 108
别利亚耶夫, A.A. 109
诺维科夫, JI. N. 109
托尔斯特赫, B.N. 109
[俄] 冈察洛夫 (1812-1891) 114
[俄] 屠格涅夫 (1818-1883) 114
[俄] 陀斯妥耶夫斯基 (1821-1881) 114
[俄] 柯罗连科 (1853-1921) 114
[俄] 巴赫金 (1895—1975) 117
[英] 牛津大学出版社 123
香港浸会大学《牛津少年儿童百科全书》翻译编辑委员会 123
幼狮文化公司 125, 126, 127
日本大宝石出版社 129
[英] 吉福德 157
《世界百科全书》编写委员会 168
中文版《世界百科全书》编委会 168

著者/译者索引 Index der Verfasser/Übersetzer

库菲尔德, 克劳斯 180
爱普施坦, 米; 贾茜 181
霍珀, 斯坦利·罗 182
米勒, 道格拉斯 E. 189
[荷] 里曼, 罗布 198
常安有 199
靠安矗 199
[俄] 高尔基世界文学研究所 201
中共中央马克思、恩格斯、斯大林著作编译局 (Übersetzungsbüro der Werke v. Marx, Engels, Lenin und Stalin) 207

汉译者名录

Ai Xiaoming 艾晓明 91
Anonym 匿名 36
Bei Yamin 贝雅敏 30
Cai Chennan 蔡辰男 74
Cai Weiliang 蔡伟良 90
Cao Naiyun 曹乃云 111
Che Yun 车云 207
Chen Guangyue 陈光月 84
Chen Hui 沉晖 101, 156
Chen Liangpeng 陈良朋 139
Chen Yongguo 陈永国 192
Chen Zhengyuan 陈正元 72
Cheng Yuan 程远 189
Chu Tunan 楚图南 113
Dai Ting 代亭 186
Dai Zhengyue 戴正越 103
Ding Shizhong 丁世中 207
Dong Zhengmin 董政民 105
Du Heng 杜衡 24
Du Ruo 杜若 16
Du Wenjuan 杜文娟 202
Duan Baolin 段宝林 58
Duan Keqing 段可情 12
Duan Yinghong 段映虹 145
Fan Dacan 范大灿 200
Fan deyi 范德一 80

Fan Jin 范劲 165, 207
Fan Jingzhong 范景中 186
Fan Yue 范岳 131
Fang Chen 方宸 173
Fang Jie 方杰 173
Fang Tianbai 方天白 13
Feng Chun 冯春 114
Feng Shen 冯申 109
Feng Zhi 冯至 29, 32, 33, 34, 35, 35a, 71, 116, 207
Fu Lei 傅雷 54
Fu Wei 傅韦 45
Gao Shumei 高叔眉 109
Gao Zhongfu 高中甫 118, 150, 208
Gong Yan 龚艳 176
Gu Zhengxiang 顾正祥 81
Guan Ziyin 关子尹 79, 155
Guo Hanlie 郭汉烈 21
Guo Hongtao 郭洪涛 140
Guo Jiashen 郭家申 191
Guo Jian 郭建 75
Guo Jianzhong 郭建中 144
Hai Ping 海平 101, 156
Han Hulin 韩沪麟 103
Han Ruiqiang 韩瑞祥 76
He 鹤 18
He Nian 贺年 149
He Shan 何珊 167
Hong Handing 洪汉鼎 137
Hou Hongxun 侯鸿勋 108
Hou Pu 侯朴 8
Hu Qiding 胡其鼎 148, 207
Hu Xue 胡雪 28
Hu Yaoheng 胡耀恒 52
Huang Decheng 黄德诚 94
Huang Minjie 黄敏劼 98
Huang Shunying 黄舜英 62
Huang Zhengbai 黄正柏 130
Huang Zhongqing 黄钟青 84
Huangfu Yijun 皇甫宜均 193
Huo Xingchen 霍星辰 198
Jiang Weiyu 姜渭渔 128
Jiang Zhiqin 姜智芹 207

Jiang Li 蒋丽 160
Jiang Lu 蒋路 191, 207
Jiang Rui 蒋锐 171, 207
Jiang Zhiqin 姜智芹 158
Jin Mingruo 金溟若 4
Ju Qiubai 瞿秋白 25
Ju Xutong 瞿旭彤 182
Le Daiyun 乐黛云 179
Lei Zixue 雷自学 97
Li Chendong 李辰冬 53, 100
Li Da 李达 1
Li Pingdong 李平东 26
Li Sheng 黎生 40
Li Bojie 李伯杰 159, 207
Li Changzhi 李长之 39
Li Guangcheng 李广成 75
Li Juan 李娟 177
Li Shixun 李士勋 207
Li Xiufeng 李秀峰 22
Li Xuetao 李雪涛 199
Li Yingli 李英莉 210
Li Yongchi 李永炽 49
Li Yongping 李永平 134
Li Zhaoshi 李昭时 109
Li Zhen 李震 186
Li Zhuyu 李竹渝 135
Liang Xijiang 梁锡江 176
Liang Zongdai 梁宗岱 27
Lin Hu 临湖 128
Lin Zhenghong 林正弘 143
Lin Zhiming 林志明 209
Liu Banjiu 刘半九 56, 60
Liu Beicheng 刘北成 153
Liu Dong 刘东 175
Liu Haining 刘海宁 174
Liu Hongtao 刘洪涛 200
Liu Hongyan 刘红岩 157
Liu Huaxin 刘华新 167
Liu Kuili 刘魁立 201, 202
Liu Libin 刘礼宾 186
Liu Ping 刘平 186
Liu Xiao 刘晓 207
Liu Xiaolong 刘小龙 188
Liu Xuelan 刘雪岚 206

Liu Yan 刘燕 197
Liu Yuelian 刘越莲 136
Lu Xun 鲁迅 25
Lu Meilin 陆梅林 64
Lu Wanxia 陆晚霞 129
Lü Liang 吕梁 175
Luo Daren 罗达仁 110
Luo Jingguo 罗经国 84
Ma Lili 马丽丽 161
Mei Ping 梅平 84
Mei Tuo 梅沱 122
Meng Xiangsen 孟祥森 55
Mo Guanghua 莫光华 207
Ni Liangkang 倪梁康 137
Ning Ying 宁瑛 205
Pan Qi 潘琪 99, 166, 184
Peng Haorong 彭浩容 154
Pu Long 蒲隆 119, 207
Qi Deping 戚德平 201
Qi Hongwei 齐宏伟 182
Qian Chunqi 钱春绮 67, 71, 78, 95, 113, 115, 116
Qian Songying 钱松英 120
Qian Zhongwen 钱中文 117
Qiao Xi 乔西 146
Qin Xiaohu 秦小虎 96
Shan Shi 山石 59
Shen Duanxian 沈端先 6
Shen Guohua 沈国华 139
Shen Qiyu 沈起予 43
Shen Shouyuan 沈寿源 84
Shen Ying 沈莹 186
Shen Zhen 沈真 108
Shi Kangqiang 施康强 103
Shi Jian 石坚 135
Shi Jiahui 史家辉 210
Shi Ruixiang 史瑞祥 105
Shi Xingguo 史行果 147
Shu Yi 树艺 31
Sun Kunrong 孙坤荣 148
Sun Yixue 孙宜学 140
Tang Xiasheng 汤侠生 109
Tang Songyang 唐松杨 76
Tu Dingyuan 涂鼎元 5

Tu Ren 土人 14
Wang Bingjun 王炳钧 132, 204
Wang Damin 王达敏 179
Wang Defeng 王德峰 205
Wang Guoli 王国礼 200
Wang Huazhi 王华之 179
Wang Jianhua 王建华 122
Wang Juefei 王觉非 151
Wang Shaojun 王少军 92
Wang Sixun 王思迅 143
Wang Wanqiang 王皖强 153
Wang Xiaofen 王晓芬 193
Wang Yiguo 王义国 75
Wang Yingxuan 王迎选 97
Wang Yuanhua 王元化 75
Wang Yuerui 王月瑞 146
Wang Zhiyuan 王志远 96
Wen Qi 文溪 96
Wei Ling 魏玲 201
Wei Maoping 卫茂平 185
Wei Qingzheng 魏庆征 164
Wen Xunchen 温训臣 201
Wen Zhong 文中 17
Wu Jianguang 吴建广 196
Wu Nanfeng 吴南风 57
Wu Yuanmai 吴元迈 201, 202
Wu Guangjian 伍光建 9, 23
Wu Xiangyu 吴象愚 178
Wu Xiaoming 伍晓明 98, 179
Wu Yongli 吴勇立 152
Xia Qianfeng 夏乾丰 93
Xiao Ping 萧萍 206
Xiao Yuetong 肖曰峒 87
Xiao He 晓河 117
Xiao Sha 晓莎 92
Xiao Sheng 晓生 104
Xie Hanru 谢翰如 72
Xie Liuyi 谢六逸 10
Xing Laishun 邢来顺 130
Xu Chang 徐畅 203
Xu Kaixi 徐凯希 122
Xue Sheng 雪声 104
Xu Fanxi 徐凡席 90

Yan Bao 颜保 107
Yan Xiaohui 严晓翚 170
Yan Kejia 晏可佳 178
Yang Bing 杨柄 65
Yang Bingchen 杨丙辰 38
Yang Chengxu 杨成绪 99, 166, 184
Yang Hongqin 杨宏芹 207
Yang Jin 杨劲 132, 204
Yang Liyi 杨立义 120
Yang Qishen 杨岂深 83
Yang Wuneng 杨武能 71, 116, 121
Yang Shizhao 杨世招 201
Yang Xiaomin 杨孝敏 141
Yang Ziwu 杨自伍 83, 207
Ye Dajun 叶大军 42
Ye Jun 叶隽 207
Ye Zhou 叶舟 101, 156
Yin Han 殷涵 46
Yin Zhengquan 音正权 169
Yin Jing 尹晶 192
Yin Xing 尹星 200
Yuan Shibin 袁士槟 84
Yuan Zheng 袁铮 187
Yuan Zhengqing 袁正清 130
Yuan Zhiying 袁志英 190
Zeng Juezhi 曾觉之 20
Zeng Xin 曾新 170
Zhang Guofeng 章国锋 148
Zhang Guoqing 张国清 142
Zhang Guangyong 张广勇 178
Zhang Hongdao 张洪岛 66
Zhang Hongyan 张红艳 195
Zhang Jin 张今 138
Zhang Jing 张晶 161
Zhang Li 张黎 70
Zhang Liang 张良 152
Zhang Luwei 张露薇 19
Zhang Ning 张宁 180
Zhang Peiyao 张佩瑶 123
Zhang Ping 张苹 122
Zhang Shiguang 张世广 136
Zhang Weichuan 张维川 44

Zhang Wending 张文定 98, 179
Zhang Xiaoyi 张晓懿 170
Zhang Xiuqin 张秀琴 169
Zhang Xuemin 张学敏 198
Zhang Yi 张意 207
Zhang Youfu 张有福 201
Zhang Yuneng 张玉能 88, 163
Zhang Yushu 张玉书 56, 69, 73, 207
Zhao Shulian 赵树镰 84
Zhao Xingguo 赵兴国 157
Zheng Kelu 郑克鲁 172
Zheng Shoukang 郑寿康 81
Zheng Xuejia 郑学稼 37
Zhou Guoping 周国平 77
Zhu Guangqian 朱光潜 61, 207
Zhu Jieqin 朱杰勤 48
Zhu Yanbing 朱雁冰 194
Zhu Wugua 朱无挂 15
Zhong Changsheng 钟长盛 205
Zong Baihua 宗白华 207
Zong Yao 宗尧 7
Zhou Changzhong 周昌忠 133
Zhou Chitian 周持天 51
Zhou Fa 周发 84
Zhou Ning 周宁 82
Zhu Guangqian 朱光潜 61, 106
Zhu Yuan 朱渊 128
Zong Baihua 宗白华 68, 162

Beijing
北京

Deutschland-Institut Peking (北京) 38
北京大学出版社 68, 98, 107, 179, 192, 196, 200
北京师范大学出版社 75, 204
东方出版社 97, 109, 125, 126, 127, 147, 166
改革出版社 113
国际文化出版公司 112
华文出版社 176
华夏出版社 159
金城出版社 208
经济日报出版社 137, 195
科学出版社 87
昆仑出版社 91
人民文学出版社 56, 60, 61, 64, 69, 72, 73, 185
人民音乐出版社 54, 66
三联书店 99, 119, 167, 186, 206
商务印书馆 48, 80, 84, 89, 102, 110, 130, 133
外语教学与研究出版社 171, 193, 199
文化艺术出版社 65
中国旅游出版社 129
中国青年出版社 151
中国人民大学出版社 101, 156
中国社会出版社 164
中国社会科学出版社 59, 70, 92, 104, 108, 184
中国书籍出版社 96
中国文联出版公司 77
中国言实出版社 154
中华书局 160, 161
中信出版社 169
中央编译出版社 174, 198, 205
中央音乐学院出版社 188
作家出版社 45, 50

Changsha
长沙

湖南教育出版社 94
湖南文艺出版社 86

Chengdu
成都

四川人民出版社 135

Chongqing
重庆

重庆出版社 103
商务印书馆 39

Guangzhou
广州

花城出版社 122

Guilin
桂林

广西师范大学出版社 138, 140, 141, 158
漓江出版社 78, 139

Haikou
海口

海南出版社 146, 168
三环出版社 168

Hangzhou
杭州

浙江大学出版社 194
浙江人民出版社 144
浙江文艺出版社 116

Hefei
合肥

安徽文艺出版社 177

Huhehaote
呼和浩特

内蒙古人民出版社 149

Jinan
济南

明天出版社 157

Kunming
昆明

云南人民出版社 136

Nanjing
南京

江苏教育出版社 162
江苏人民出版社 71, 128
南京大学出版社 85, 152, 173
译林出版社 142, 175, 203, 207

Shanghai
上海

开明书店 6
商务印书馆 2, 9, 23, 39
上海人民出版社 153, 172
上海社会科学院出版社 178
上海文艺出版社 47, 170, 201, 202
上海译文出版社 67, 83, 88, 93, 95, 105, 111, 114, 120, 155
世界书局 20
新文艺出版社 43, 46
诸夏怀霜社 25

出版社索引 Index der Verlage

Shenyang 沈阳

春风文艺出版社 58
东北教育出版社 44
辽宁教育出版社 123, 131, 182
辽宁人民出版社 82

Shijiazhuang 石家庄

河北教育出版社 117, 148

Tianjin 天津

百花文艺出版社 132, 145, 163, 191

Xi'an 西安

陕西人民出版社 76, 81, 118
太白文艺出版社 115

Taibei 台北市

百科文化事业股份有限公司 74
东大图书公司 53
黎明文化出版社 51
联经出版事业公司 79, 155
联亚出版社 57
龙田出版社 55
猫头鹰出版社 143
牧村图书 124
三民书局 100
水牛出版社 49
远东出版事业股份有限公司 62
志文出版社 52

Xianggang 香港

香港牛津大学出版社 123

Zeitungen/Zeischriften 报刊杂志

北方论丛 210
长江学术 180
绸缪月刊 24
出版广角 121
创化 10
德文月刊 5
德语学习 63
俄罗斯文艺 181
东亚展望 11
读书杂志 12, 13
国外社会科学 134
汉语言文学研究 197
华北日报 7
金沙 31, 36
警醒(半月刊) 18
科学时报 26
科学世界 22
矛盾月刊 19
南风 16
清华周刊 17
世界文学 150
时事类编 21, 27
昙华(半月刊) 15
图书月刊 29, 32, 33, 34, 35, 35a
万象 41
文汇读书周报 183
文学旬刊 3, 4
戏剧时代 42
现代艺术 28
现代出版界 14
小说月报 1
新美术 189
语丝 8
杂志 40
哲学与文化 [台湾月刊社] 209
中国比较文学 90
中华读书报 190
中文学术前沿 187
中文自学指导 165
中央周刊 37
作家 30

附录：书评
Anhang: Rezensionen

基础性工作的学术史意义——评《歌德汉译与研究总目（1878—2008）》

叶隽

在近代以来西学东渐的大潮中，德风东渐是特别值得关注的现象。虽然由日本中转贩卖乃是不可避免的过程，但留德学人之后来居上和范式开辟，使得这波智力资源的转移过程又平添了许多有趣的篇章。而就德国文化资源之东渐论，作为其象征的歌德自然首当其冲。

1990年代初期，杨武能教授著《歌德与中国》，在西方传统的歌德接受中国文化领域之外，又新辟出中国对歌德接受史的领域。可惜的是，这一论域及其范式意义似并未受到学界的足够重视。就德国学界状况论，他们一般是先有大型的资料汇编出现，然后有精深的研究著作；而且他们很有知识建构的系统性意识。对于诸如《歌德在中国》、《席勒在中国》、《尼采在中国》乃至更深僻的《德布林与中国》、《卡夫卡与中国》等题目，少有汉语著作，但却皆有德文著作（多为中国学者在德国完成的学位论文）；这样一种德国学术的导向性策略，似乎值得关注。一方面中国学界应当引以为憾，另一方面我们似乎应意识到在中国现代学术建构中"世界性知识谱系"这一环不可或缺（可喜的是，有些学者如葛兆光、王铭铭等已在提出这些问题）。而看到德方众多机构对这样一类"笨项目"给予的支持（如德意志研究会等），则同样让我感到一种"敬重"和"畏惧"。中国现在是发达了，投入到人文社会科学的资金也多了，可真正投到有学术建设意义的钱究竟有多少。现在学界领军人物津津以谈的多不过"分赃"而已，虽然按照布尔迪厄的理论这些场域因素也属正常，但那种学术伦理的严重缺位，却使人思之后怕。

当然更让人感慨的是，面对这样一部完全由个体之力"兀兀穷年"而完成的目录学著作，我不能不肃然起敬。而感慨之一则是，如果此书早些出版，或许自己当初梳理学术史时就要省了好多力气；不过，出版总比不出版好，我深信，顾正祥先生的工作必将大有裨益于学界，不仅是对汉语学界的清理，而且对西方学界也非常重要。就我个人接触的感觉而言，西方学界对本国文化的异国（譬如大国如中国）接受其实颇多关注，但真正要下手时则极难，主要原因当在无所凭据，没有基本的工具书做导引，面对汉语文献的汪洋大海那就只能是"徒唤奈何"了。说起来，我们是要感到惭愧的，因为在这方面，当我们研究西方的东西时，在很大程度上是依靠了他们的先期成果，我自己感触就很深，研究歌德时，相当程度上依赖了Karl Robert Mandelkow那套四卷本的《批评者眼中的歌德——歌德在德国影响史资料》。顾先生以逾花甲之年而能鼓其余勇，在完成《中国诗德语翻译总目》（2002）之后，而又完成此《歌德汉译与研究总目》，对1878-2008年间130年的歌德在中国接受史进行了系统清理，是研究中德文学、文化关系，德风东渐的重要基础性资料。当2009年之时，可谓是纪念歌德（1749—1832）诞辰260周年的最好献礼之一。

全书分上下两卷，分别为译文目、研究目。前者分为译诗、散文小说、戏剧、书信四编；后者分为辞书、文学史、合集、专著、论文。可谓"莘莘大观"，很有将百年中国歌德学"一网打尽"的气魄。不仅如此，附录还有"格言译目"、"日俄欧美研究汉译目"，显示了作者非常宽阔的涉猎范围。从学术的角度看，我觉得其贡献至少表现于三端：一则作者钩沉索引，在大量的资料搜集考辨基础上做成此一大型工具书，其索引价值毋庸多言，而其作为基础性工作的学术编撰范式意义更足思考；二则作者借鉴西方成功经验，同时尝试创新体例，所谓

"全书亦编、亦译、亦注,集三者为一体",可为后来者和国内编撰同类工具书提供了一定的经验和模式;三则作者不以"编书"之匠人视己,努力进行学术性的思考,譬如辨析译文之原文的艰辛就非常人所可体会,这就使得这部著作在通常的工具书价值之外,也具有一定的学术性意义。

此书既然所涉庞大,白璧微瑕之处亦自难免。一则当然就是所收书目的全面性的问题,譬如论文中就未包括2008年的编目;二则在一些细节上,或可商榷。如书中多次出现宗白华著《歌德研究》,我估计当为宗白华、周辅成合编的《歌德之认识》,后更名,但"著"与"编"不一样(第417页,第423页),我估计台湾出的都是同书。三有些德文翻译似乎可以斟酌,我想基本原则是否可以"达意"为标准,因为此书既为双语对照,就是希望能使德语读者能使用。譬如介绍拙著中涉及马君武的大学理念,将其直接译成"Auffassung von der Universitaet Zhiyong"(第390页),德国人恐怕要莫名所以。用"Die praxisorientierte Universitaetsidee"是否要更好些?以上所论,也属苛求于人。

顾正祥先生以独居海外一人之力而能成就这样的成绩,使我们相信他能继续鼓其余勇,或与学界同人通力合作,在这一领域中继续拓展。我坚信,这样扎实而略显"笨拙"的基础性学术工作,必将为中国现代学术之走向辉煌的创造时代打下极为坚实的"筑基之石"。

原载《文汇读书周报》,2009年4月24日,第9版

两种精神 三个旨在——读顾正祥著《歌德汉译与研究总目》(1878—2008)

杨武能

2002年，德国斯图加特的安东·希尔瑟曼出版社出版了一部《中国诗德语翻译总目》(*Anthologien mit chinesischen Dichtungen*)。这部硬面精装、篇幅多达四百多页、拿在手里硬是沉得像块砖头的四开本大书，在德国一问世便得到广泛的好评和推崇，被誉为德国"汉学新的里程碑"(Meilenstein der Sinologie)和新的"权威著作"(Standardwerk)。前不久，也就是上述"总目"问世七年后，北京的中央编译出版社又推出一部《歌德汉译与研究总目》，编著者同为华裔德籍的著名学者顾正祥教授。北京"总目"和德国"总目"被顾教授本人视作姐妹篇，一面世同样也受到了重视和好评（参见本报4月24日叶隽《基础性工作的学术是意义》）。只是比起她出生在德国的姐姐来，北京这位妹妹模样儿还更加漂亮，身材也更加丰腴（篇幅多了一百来页），而且是亭亭玉立，卓尔不群——她系一部顾教授个人的独立专著而不像姐姐似的为其他学者主编的丛书的一个分册。

粗粗翻阅了一下比转头更砖头的《歌德汉译与研究总目》，我不禁惊叹连连：

一惊叹它内容丰富、浩繁、完备，条目和索引几乎囊括我国百年来研究和译介歌德的所有专著、合集、编著、辞书、史籍和译著、译文，真可谓林林总总，无所不包，应有尽有；

二惊叹它结构谨严，体例新颖，集编、译、注为一体，不但突破了我国一般目录、索引类编著的局限，也对其多所借鉴承袭的德国辞书学和目录学传统有了创新；

三惊叹这鸿篇巨构竟出自独居海外的顾教授一人之手。在长达七年的时间里，为编撰此书，他不知疲倦地奔波于德国、奥地利、瑞士和中国的各大图书馆和学术机构，一本一本地浏览、查阅浩如烟海的书籍报刊，一点一点地扒梳搜寻、钩沉索隐、抄录汇集，然后再一目一目、一条一条地整理编排成书，其间真不知经历了多少的艰辛，忍受了怎样的寂寞！

2004年，在法兰克福大学纪念杰出汉学家卫礼贤(Richard Wilhelm)的学术讨论会上，笔者有幸结识了顾正祥，对他朴实的形象和作风至今记忆犹新：花白头发，身板儿单薄，个头儿跟我一样矮小，真不知哪儿来那么大的毅力和体力，竟完成了这极其艰难、繁重，同时又繁杂、琐屑的浩大工程。

年逾花甲而独处异国的他编撰成一个又一个足以传世的"总目"，究竟凭借的什么？

凭借着两种精神：一是中国人素有的吃苦耐劳、锲而不舍、兢兢业业、不懈进取的民族精神，亦即我们常讲的愚公移山精神；二是德国人世所称道的脚踏实地、严谨认真、一丝不苟的治学精神。在顾正祥自视为终生大业的"总目"编撰中，这两种精神可谓完美结合，相得益彰。

行文至此，想说一句也许并非多余的题外话，就是咱们不妨把顾教授其人其作当成一面镜子，用它照一照眼前急功近利、浮躁成风、泡沫翻涌甚至剽窃盛行，以致不断闹出作假丑闻的中国学术界，在镜中好好找一找、看一看自身的残缺、丑陋和污浊，以此跨出自助自救和自我改造的第一步。

言归正传，顾教授的新著《歌德汉译与研究总目》自身价值又何在呢？作为与这本学术著作关系密切也从它受益良多的歌德研究者和译介者，我想扼要而具体地谈谈个人感受。

"总目"有一篇提纲挈领、观照全书的自序，顾教授以它交代了编书的三个追求，也就是他所谓的三个"旨在",即一"旨在科学地、系统地总结包括台湾在内的百余年歌德接受史和翻译史,二"旨在为中德两国的日耳曼学者、歌德爱好者和研究家、文艺工作者和广大读者,提供一部足以反映我国迄今为止翻译研究歌德成果的、可供查阅的详备的工具书",三"为我国歌德译介的前辈拓荒者,为孜孜不倦、心犁笔耕的我国几代学者,为我的学长和同行的辛勤劳动和卓越贡献,也为这些成果的催生婆——各家出版社树碑立传。"

纵观全书,窃以为编著者这三个旨在都得到了实现,虽然实现的圆满程度不同。

首先,《歌德汉译与研究总目》确乎可以视作一部以目录和索引形式体现的中国歌德接受史,此前寥若晨星的包括拙作《歌德与中国》在内的同类著述,在完备和详尽方面简直无法与它同日而语。只要认真翻翻这部洋洋数百万言的大书,便可对百年来不同历史时期歌德在中国的译介和接受情况,获得一个概括而具体的了解。

再者,在中国乃至世界的歌德学特别是歌德接受史领域,《歌德汉译与研究总目》作为工具书,都极可能是最具规模、最为详备、也最实用和好用的一部。回想当年,受先贤阿英先生一篇短文的启发,区区斗胆尝试撰写有关歌德与中国关系的文章,为收罗资料曾长期埋首北图等库藏的故纸堆里,近十年的辛劳结果仅换来一小册薄似瓦片的《歌德与中国》,所幸在1988年完稿后终于在1991年收入了三联书店出版的"读书文丛"。

何以如此辛苦却收成微薄呢?因为当时国内没有任何可以利用的"总目"类工具书;笔者能够经常用上的,只是德国大汉学家鲍吾刚(Wolfgang Bauer)教授寄赠的四卷德语典籍汉译目录。有鉴于此,《歌德汉译与研究总目》的编撰和出版真是功莫大焉!

容笔者再唠叨两句《歌德与中国》和10年后在德国出版的 *Goethe in China*。它们虽蒙学界谬奖,被视为中国歌德接受史的奠基之作,也确实是这一题材迄今世界范围内最引人注目的一部专著,但是却早已过时、落伍,所以2004年我便对前者做了补充、修订,准备收入计划由北京燕山出版社出版的个人文集。日前,我更明确授权师从我专攻歌德的莫光华博士,让他在我修订的基础上做进一步修订和完善,以便在条件成熟时出一个像样的单行本,同时也用这个接力的方式把歌德与中国课题的研究一直做下去,做下去。

手捧凝聚着顾教授心血和汗水的《歌德汉译与研究总目》,我想我的学生和学生的学生们有福了!为此,我真得感谢顾正祥和不计盈亏为他出书的中央编译出版社。

我还要感谢顾教授,以我本人的名义并代表众多研究和译介歌德的前辈及同行对他表示感谢,为了他那第三个"旨在",也就是他要用自己的大作为我等"树碑立传"!谁都知道,当今中国,搞外国文学特别是德语文学是个冷门,而研究、译介歌德老夫子尤其如此,真正关注和重视这行道的人特别是同时又握有权力的人,实在没有几个。在这种形势下,竟有眼光独到如顾教授者来给我们树碑立传,叫人怎么能不感激,感动!

啊,瞧瞧,确乎是一块这又大又厚、光彩耀眼的丰碑哟,上面刻满了著译家、研究者、出版社和报刊杂志的名字,还有他们或它们百多年来在中国的各个历史时期的贡献劳绩,一桩一件实实在在,一笔一划清清楚楚。这碑上的文字,可是他们以各自的辛劳和建树,刀錾斧凿地镌刻出来的呀;其实际价值,其抗风霜雨雪的坚韧度,绝非靠权势强占的、靠奉迎巧取的虚名浮利可以比拟!说到树碑立传,我想《歌德汉译与研究总目》这部巨著无疑也是顾教授本人及其出版社的纪念碑;只要伟大的歌德不朽,这碑和它的影响便会留存下去。

2004年,笔者曾为顾教授的德国"总目"写过一篇书评,这次动笔前他再三电话叮嘱我别净说好话,一定要多谈缺点和问题。实话实说,这么大一个工程绝对难免缺点和疏漏,更何况完成它的只是一个脑袋和两只眼睛，其他人乃至机构能帮的忙确实有限。

那就学习顾教授实事求是的德国治学精神，讲几点我眼中的疏漏吧——

我很欣赏总目以自序简要评价了各个时期的歌德接受状况，在一定程度上弥补目录、索引缺少分析和论述的固有缺陷。只是对上世纪九十年代以来歌德译介和研究的评说又失片面，只见到"可喜可贺"的繁荣，忽略了其背后问题多多。问题最明显莫过于为追逐经济效益而滥出《维特》等赚钱书，结果"抄译"、"编译"、剽窃泛滥。还有因研究生毕业、教师晋升、涨工资都得算论文篇数，一些报刊杂志和学报发表的例如《浮士德》的大量研究论文，便垃圾成堆，泡沫泛滥。是的，是没法对译著和论文逐一甄别，是不宜给其中某些"轻率地冠上'剽窃'、'盗版'的恶名，以避主管误判"，但是，对特定时段的特殊现象做一个总的评估，却是可以的，应该的。说到此，我也要对自己涉及树碑立传的感言做点补正：在我们宏伟而美丽的纪念碑上，肯定难免刻有某些南郭先生甚至窃贼的名字。这怪不得顾教授，实在是没有办法！

再者，称李凤苞为"歌德绍介的先驱"似乎牵强、不妥，这荣誉当属于马君武或者辜鸿铭。还有，还应该在适当的地方提到杨丙辰、卫礼贤、周辅成、伍光健等先贤的名字及其贡献。再者，绿原先生译介、研究和编辑出版歌德贡献卓著，在"自序"中名字却放得过于偏后。——瞧，树碑立传和排座次多不容易。

还有，杰出汉学家 Wolfgang Bauer 教授的汉名最好用他自己取的鲍吾刚，不宜音译为鲍尔。《意大利游记》首译者赵乾龙变为了赵干龙，显系录入错误，并非编著者疏忽大意。

尽管遵嘱挑了这些"毛病"，我仍认为不过是白璧微瑕，瑕不掩瑜。对于中德两国的德语界特别是歌德学者，顾正祥教授《歌德汉译与研究总目》的大功告成和顺利出版，实在可喜可贺！

原载《科学时报》，2009 年 9 月 10 日；又载《东方翻译》(双月刊)，2009 年第 2 期，页 82-84

板凳一坐十年冷，文章不写一句空——《歌德汉译与研究总目》评析

袁志英

《歌德汉译与研究总目》是一部多达70多万字的大型工具书，它为学术的万丈高楼奠定基础。作者顾正祥教授长期从事德语、德语文学的教学和研究工作。顾先生治学勤奋，著述甚丰，既有专著，也有译著，但最值得称道的乃是长达60多万字、2002年由德国斯图加特安东·希塞曼出版社出版的《中国诗德语翻译总目》和今年出版的《歌德汉译与研究总目》。

《歌德汉译与研究总目》（下称《总目》）分上下两卷，上卷为译文目，下卷为研究目。译文目又分诗歌、散文、戏剧、书信。研究目也分门别类，分出辞书、专集、合集、文学史和报刊杂志等。令人惊异的是还设置有《格言译目》和《日俄欧美研究汉译目》，这就为学界提供了像《清明上河图》一样的中国歌德翻译研究的全景图。

郭沫若、田汉和宗白华在他们的《三叶集》中称歌德为"人中之至人"，称之为"将其所具有的一切天才同时向四方八面立体地发展了去的球形天才"；郭沫若甚至发下宏愿，"把全部的歌德，移植到我们中国来"。这只不过是聊发少年狂的豪言壮语而已，并没有实现。事过近百年，顾先生却把歌德这位影响人类文明史的文化巨人在中国的轨迹整理记录了下来，"亦编、亦译、亦注"而成为《总目》。

歌德最早出现在中国的年份是1878年（他首先出现在清朝外交官李凤苞1878年的《使德日记》中）。顾教授用了6个寒暑完成了《中国诗德语翻译总目》的2002年，又将剩勇追随歌德在中国的足迹一直到2008年。他对1878至2008年整整130年间歌德在中国接受的情况进行了清理和整理，从中也可窥见中德之间中西之间，中外之间的文化交流、人员交流、经济交流的状况，甚至也可从侧面见识到中国国内政经和文化走势，其意义远远超越歌德在中国传播的本身，这是大型的基础材料工具书。

歌德作品汉译除整本整部的译著而外，大都散见于我国历年出版的世界文学、外国文学、西方文学、欧洲文学和德国文学的选本和汇编和报章杂志中；研究成果亦复见于形形色色的出版物中。所有这些都浩若烟海，为此顾教授要深山探宝，海底捞针，"上穷碧落下黄泉，两处茫茫皆不见"，空手而归，并非个案。有时居然"得来全不费功夫"，使人惊喜连连，然而它的背后乃是"踏破铁鞋"。得来后他还要将每个中文译目还原成德文原文，间或加上自己的一些看法。每个条目都凝结着他的心血。

"万丈高楼平地起"，学术大厦建筑在基础坚实的平地之上，资料整理，基础研究乃为重中之重。德国大教育家威廉·洪堡大力提倡基础科研，甚至提出"为科研而科研"，摒弃"立竿见影"、过分功利的科学研究。这样做的结果反而使得19、20世纪德国科学家群星灿烂，在科学史上发出最耀眼的光芒。

最近翻译界出了一个不大不小的笑话，将"Chang Kai-shek"（蒋介石）译成"常凯申"，再前有人把"Mencius"（孟子）译成是"门修斯"，译者分别来自清华和北大。我曾亲手校对过一段译文，把奥地利心理学家"Freude"（弗洛伊德）译成"快乐"，因为"Freude"德文本意是"快乐"，身为教授的译者"何乐而不为"？他们基础知识太差，对中外文化交流的状况几乎是两眼一抹黑，不看语境，而又懒得去查找，顺势就译将出来，不出错，不闹笑话那才怪呢！

年来学界浮躁之风盛吹，不少学人耐不住寂寞，坐不得冷板凳，可又要升职称，又要设置硕士点博士点，于是便抄袭、剽窃、偷梁换柱、瞒天过海，虚报成果；使出全身解数搞公关，败坏了学术道德，也败坏了社会风气，想想也真是可怕，也真令人悲哀。然而学界大多还是认认真真做学问，老老实实做人，顾正祥教授便是其中的一位，他前后十二载，在众人帮助下，独自一人亦编、亦译、亦注地完成了两部大部头的工具书。确确实实，实实在在，每个条目都是辛苦得来，真可谓"板凳一坐十年冷，文章不写一句空"。

原载《中国图书商报》2009年12月4日，第3版

Goethe in chinesischer übersetzung und Forschung (1878-2008). Eine kommentierte Bibliographie. **Wissenschaftlich ermittelt u. hrsg. von Zhengxiang Gu. Beijing 2009, 519 S., angezeigt von Jochen Golz**

»Dem Mimen flicht die Nachwelt keine Kränze« – Schillers Diktum aus dem *Wallenstein*-Prolog hat im Zeitalter der technischen Reproduzierbarkeit an Bedeutung verloren, doch ganz aufgehoben ist es nicht. Wie viel mehr mag es in Anspruch genommen werden für den Bibliographen, jenen Faktensammler, der ein reich bestelltes Forschungsfeld aberntet und in säuberlich getrennte Kammern deponiert. Leicht lässt solch ein landläufiges Urteil außer Acht, dass der Bibliograph die vor ihm liegende Faktensammlung nicht nur rubrizieren, sondern vor allem destillieren, will sagen: kritisch reflektieren muss. Das hier anzuzeigende Werk legt von dieser Kunst des bibliographischen Destillierens Zeugnis ab.

Goethe und China, das ist ein Thema, über das noch manche Halbwahrheit verbreitet ist und das im Allgemeinen im Kontext von Goethes Weltliteraturkonzept verhandelt wird. Doch diese Perspektive bleibt einseitig, wenn nicht auch das korrelierende Thema – Goethe in China – hinzugefügt wird. In der Erschließung des zweiten Themas liegen Rang und Wert der Bibliographie des seit 1988 in Deutschland lebenden und lehrenden Zhengxiang Gu, der in der deutschen wie in der chinesischen Kultur bewandert und durch einschlägige Vorarbeiten für das vorliegende Werk bestens ausgewiesen ist. Ähnlich strukturierte Bibliographien zu Hegel und Nietzsche liegen bereits auf dem chinesischen Buchmarkt vor.

Das Buch, durchgängig in Deutsch und Chinesisch mit großer typographischer Sorgfalt gesetzt und gedruckt und dementsprechend für den deutschen wie für den chinesischen Markt bestimmt, besitzt zwei Hauptteile. Der erste zu den Übersetzungen Goethes ins Chinesische enthält vier Hauptkapitel (*Dichtung, Prosatexte, Dramen, Briefe*), die jeweils einheitlich aufgebaut sind (lediglich das vierte Kapitel enthält zusätzlich ein Verzeichnis der Briefempfänger): Den chronologisch geordneten und bezifferten bibliographischen Angaben folgen in jedem Kapitel Übersichten zu den Übersetzern bzw. Herausgebern, zu den Verlagen und den Originaltiteln Goethes (die beiden letzten Rubriken bringen überdies Verweise auf die vorher bibliographierten Einzeltitel). Für den deutschen Nutzer ist das Verzeichnis der Originaltitel von besonderer Relevanz, vermittelt es doch nicht nur eine Übersicht über die frappierende Vielfalt der Übersetzungen (265 Nummern umfasst z.B. das Kapitel Dichtungen, d. h. Gedichte und Versepen, 280 das Kapitel Prosatexte – unter dieser Überschrift werden nicht nur künstlerische Prosa texte, sondern Maximen sowie Aufsätze zu Kunst, Literatur und Naturwissenschaft erfasst; auf die Dramen entfallen 94, auf die *Briefe* über 600 Nummern), sondern gibt Schwerpunkte zu erkennen, die zugleich Schwerpunkte der chinesischen Goethe-Rezeption sind. Dass der Werther-Roman oft übersetzt wurde, dass unter den Dramen Faust eine Spitzenstellung einnimmt und erst mit weitem Abstand *Egmont, Tasso* und *Iphigenie* folgen, wird hier gewissermaßen statistisch verifiziert. Aufschlussreich ist der Zeitpunkt, zu dem die ersten Übersetzungen entstehen. Während Lyrik und Prosa erstmals 1914 übersetzt werden, datiert die erste Dramenübersetzung (aus dem *Faust*) bereits aus dem Jahre 1902; verhältnismäßig spät erst (seit

1940) entstehen Übersetzungen von Briefen Goethes.

Nicht minder beeindruckt der zweite Hauptteil des Bandes, der in fünf Hauptkapiteln, inhaltlich wie die Kapitel des ersten Teils aufgebaut, und zwei Anhängen die Erträge der chinesischen Goetheforschung zusammenfasst. Sind schon für den ersten Teil Entdeckerfleiß und Entdeckerglück des Autors zu rühmen – welche Mühe muss es zum Beispiel gewesen sein, Übersetzungen goethescher Briefe an entlegener Stelle aufzufinden –, so gilt das erst recht für den zweiten Teil, in dem ein wahrhaft enzyklopädischer Überblick über entlegene, nur mit großem Spürsinn aufzufindende Goethe-Darstellungen in *Lexika* (Kapitel 1), *Literaturgeschichten* (Kapitel 2), *Sammelbänden* (Kapitel 3), *Monographien* (Kapitel 4) und *Aufsätzen* (Kapitel 5) gegeben wird. Im ersten Anhang werden Übersetzungen von Sinnsprüchen Goethes (sowohl von *Maximen und Reflexionen* als auch von Zitaten, die zu geflügelten Worten geworden sind) verzeichnet, im zweiten Texte ausländischer Goethe-Forscher in chinesischer Übersetzung bibliographiert.

Wenn man bedenkt, dass erst nach dem Ersten Weltkrieg ein in unseren Augen modernes China entsteht, dann ist es bemerkenswert, dass 1924 bereits Goethes Name in einer literarhistorischen Darstellung erscheint – doppelt bemerkenswert aber, dass Goethe schon 1878 in einem *Tagebuch aus meiner Gesandtschaft in Deutschland* von Li Fengbao erwähnt wird. Lassen wir wieder die Zahlen sprechen: 124 bibliographische Aufnahmen finden sich zu den Lexika (seit 1926), 124 zu Literaturgeschichten (seit 1924), 344 zu Sammelbänden (seit 1878) 62 zu Monographien (seit 1923), 528 zu Aufsätzen (seit 1878). Ein reiches thematisches Spektrum tritt uns vor allem im Aufsatzkapitel entgegen.

Deutschen Germanisten mag es ungewöhnlich erscheinen, dass in einer Vielzahl von thematisch ganz unterschiedlich konzipierten Enzyklopädien und Lexika Goethe-Erwähnungen oder Goethe-Kapitel zu finden sind. Respektvoll nimmt man Titel zur Kenntnis wie *Enzyklopädie für chinesische Schüler, Universallexikon der Ethik, Chronologische Tabelle der Weltzivilisation* oder *Universallexikon für chinesische Kinder* (Bd. *Literatur und Kunst*), in denen Goethe offenkundig ein Ehrenplatz eingeräumt wird. So darf in der Sammlung *Berühmte Worte von berühmten Personen, die uns lebenslang beeinflussen* (Anhang 1, Nr. 30) Goethe ebenfalls nicht fehlen. Darin spiegelt sich wohl ein Gutteil konfuzianisches Erbe, die Verehrung bedeutender Gestalten der Weltkultur als Weisheitslehrer der Menschheit – auch dies gibt die erstaunliche Bibliographie von Gu zu erkennen.

Der Autor hat dem Band eine sehr nützliche rezeptionsgeschichtliche Skizze vorangestellt. Überzeugend gliedert er die Aufnahme Goethes in China in vier Phasen: 1878-1922, 1922-1949, 1949-1976 (Ende der Kulturrevolution), 1976 bis zur Gegenwart. Seine Feststellung, dass seit dem Ende der Kulturrevolution die Beschäftigung mit Goethe im Hinblick auf Quantität und Qualität ein hohes Niveau erreicht hat, wird durch die Bibliographie eindrucksvoll bestätigt. Faust ist seit 1919 mehr als 24mal übersetzt worden, vom Werther-Roman existieren mehr als 45 Übersetzungen. Jüngstes Zeugnis einer intensiven Goethe-Rezeption ist die im Jubiläumsjahr 1999 von Yang Wuneng herausgegebene und in mehr als einer Million Exemplaren verbreitete vierzehnbändige Goethe-Ausgabe.

Zhengxiang Gus bibliographisches Werk ist keine *creatio ex nihilo*. In einer

Materialzusammenstellung auf S. 518 nennt er eine Reihe von Werken, auf deren bibliographische Ermittlungen er zurückgreifen konnte. Gleichwohl ist seine Erschließungsleistung, die lange Aufenthalte in chinesischen Bibliotheken erforderlich machte, nicht hoch genug zu bewerten. In seiner bibliographischen Tätigkeit zeigt sich Gu mit modernen systematisierenden Verfahren vertraut; er hat sich, wie die sorgfältig disponierte Kapiteleinteilung bezeugt, die Spezifik des goetheschen Werks zu eigen gemacht und verfügt über ein beeindruckendes Maß an Fleiß und Spürsinn. Was er vorlegt, ist nichts weniger als eine lebendige Dokumentation von Goethes kommunikativem Konzept einer Weltliteratur.

(in: Goethe-Jahrbuch 2009, S. 334-335)

"歌德在中国"的全景图——评顾正祥编著《歌德汉译与研究总目》(1878—2008)

[德] 约亨·戈尔茨著，袁志英 译

歌德和中国，这一课题都是归属于歌德的世界文学纲领之中。假如不将"歌德在中国"这一相互关系的研究纳入进来，那么歌德的世界文学纲领就会变得片面。自1988年便生活执教于德国、并对中德文化都有深厚造诣的顾正祥先生对"歌德在中国"的研究达到很高的水平，在前人相关工作的基础上，他以呈现在我们眼前的这部著作最好地证实了自己。

该部著作中德文对照，精心印制，既适用于德国书市，也适用于中国书市。全书共两大部分。上卷是歌德作品译成中文的篇目，这里包含四个章节：译诗目、散文小说译目、戏剧译目和书信译目。结构完整统一，只是在第四编书信译目中还特别添加了收信人目。全书各栏目按编年史顺序编号排列。每条书目排列顺序为书名、主编者、作者或译者名、出版地、出版社和出版年、丛书名。对于德国读者来说，德文原文标题很是重要，从中可以看出中译的令人惊讶的丰富多彩（比如说译诗目就有265项，散文小说目多达280项，戏剧目达95项，书信目则超过600项。不仅如此，还显示出翻译的重点，这同时也是中国的歌德接受的重点。《少年维特之烦恼》被一再重译；《浮士德》在翻译中占有突出的位子，而《哀格蒙特》、《塔索》、《伊夫根妮》则被远远抛在后面。令人颇受启发的是，最早汉译发生的时间点。第一批诗歌散文的翻译是在1914年进行的；而戏剧（浮士德）的最早翻译则发生在1902年；而歌德书信翻译则相对较迟，那是从1940年才开始的。

下卷也给人以深刻的印像，此乃"研究目"，分5个子目，亦即也分门别类列出辞书、专集、合集、文学史和报刊杂志等子目。中国学者对歌德的研究成果除专著外，大多散见于浩如烟海的辞书、教科书、文学史、诗文集以及报刊杂志中。请想想看，为了寻找这些有关的材料资料要花多大的精力！

在我们看来，中国只是在第一次世界大战中才崛起为现代国家。令人讶异的是，早在1924年，歌德的名字就已出现在中国的文学史中；更令人惊异的是，歌德的名字早在1878年就已出现在《李凤苞使德日记》中。让我们还用数字来说明问题吧："辞书"一栏共106个条目（始于1926年），"文学史"栏共124个条目（始于1924年），"合集"一栏共344个条目（始于1878年），"专著"一栏共62个条目（始于1923年），"论文"一栏共529个条目（始于1878年）。尤其是"论文"一栏，呈现出题材的丰富多彩。

对于德国日耳曼学者来说，在浩若烟海的各个类别的辞书中来搜寻歌德的踪迹该是多么不同寻常的壮举。提提那些辞书的名字，比如《中国学生百科全书》，《伦理百科辞典》，《世界文明史年表》，《中国少年儿童百科全书》（文艺·艺术卷）等等，歌德在其中都占有耀眼的一席，就令人肃然起敬。在影响我们一生的《名人名言》这一栏目里，歌德也没有缺席。其中的大部分篇幅印证了孔夫子的遗训，即对人类先贤、世界文化重要人物的敬重。这一点在顾正祥的这部令人惊叹的著作里也得到了展现。

作者将中国对歌德的接受史列出便于查找的框架，将其分成四个阶段：1878-1922, 1922-1949, 1949-1976, 1976-直至当代。他曾断言，中国学者对歌德的研究自文革之后无论数量上还是在质量上都上了一个新的台阶，从其总目的撰写中也令人印象深刻地证实了这一点。从1919年以来《浮士德》共重译24次，《少年维特之烦恼》则有了45种版本。1999年由杨武能编选的14卷本《歌德文集》共发行了2000套。

附录：书评 Anhang: Rezensionen

顾正祥先生这部著作并非 *creatio ex nihilo*（凭空创作），他为撰写这部长达 518 页的著作参考了很多书籍资料，他为此不得不长期泡在图书馆里，仅此一点也足以令人敬佩。从其编写的过程可以看出，他掌握了现代系统化的编写方法，分门别类来梳理歌德的作品，其目光之尖锐，工作之辛勤，令人印象深刻。他所提供的不啻是一部歌德关于世界文学互动之构想的生动文献。

德语原文刊于 Goethe-Jahrbuch（歌德年鉴，魏玛）2009 年
中文译文载《中华读书报》2011 年 11 月 9 日第 10 版
作者约亨·戈尔茨 (Jochen Golz) 为国际歌德协会会长
中文标题为《中华读书报》编者卢可思所加

Gu Zhengxiang 顾正祥: Goethe in chinesischer Übersetzung und Forschung (1878-2008). Eine kommentierte Bibliographie – 歌德汉译与研究总目 (1878-2008). Wissenschaftlich ermittelt und herausgegeben. Beijing: Zhongyang bianyi chubanshe 2009 [中央编译出版社 /Central Compilation & Translation Press, 2009]. XIX, 519 S., 4°, gebunden, mit Schutzumschlag, ISBN 978-7-80211-823-2, Preis: 298 RMB – In Kommission beim Anton Hiersemann Verlag, Stuttgart, ISBN 978-3-7772-0819-0, Preis: € 98,- Texte chinesisch und deutsch, angezeigt von Hartmut Walravens, Berlin

Goethe ist auch in China kein Unbekannter – publizistisch lässt sich eine intensivere Beschäftigung mit ihm freilich erst seit 1878 nachweisen. Zunächst waren eben Technologie und Militärwesen aus Deutschland von größerer Wichtigkeit als Literatur, was sich unschwer aus der chinesischen Geschichte und den damaligen Reform- und Modernisierungsbemühungen erklärt. Mit Beginn der Republik trat Goethe dann insbesondere durch die Übersetzungen Guo Moruos in den Vordergrund, und im Zusammenhang mit der Feier von Goethes Todestag 1932 kam es zu einer verstärkten Beschäftigung mit dem Dichter. In der Volksrepublik hielt man sich zunächst an eine Beurteilung von Friedrich Engels, in der Goethe als „bald trotziges, spottendes weltverachtendes Genie, bald rücksichtsvoller genügsamer Philister " charakterisiert wurde – nicht positiv genug, um eine ernsthaftere Beschäftigung mit dieser Persönlichkeit anzuregen. Eine Tendenzwende trat nach der Kulturrevolution ein, und auch die eng-dogmatische Beurteilung Goethes hatte nicht länger Bestand. Man kann geradezu von einer Goethe-Euphorie sprechen – so erschienen seither nicht weniger als 29 Ausgaben von Werthers Leiden! Aber auch 13 Ausgaben des *Faust*.

Das große Interesse an Goethe in China ergänzt glücklich Goethes eigenes Interesse an der chinesischen Kultur. Goethe hielt die Chinesen für „ein Volk, das sehr viele Ähnlichkeit den Deutschen hat " und konstatierte: „Die Menschen denken, handeln und empfinden fast ebenso wie wir ... ", womit er sie aus der exotischen Sphäre herausholte und sie zu Menschen «wie du und ich» erklärte. Goethe las chinesische Literatur in Übersetzung und übersetzte gar selbst (wenn auch aus dem Englischen) mehrere chinesische Gedichte. Bekannt ist besonders der Gedichtzyklus *Chinesisch-deutsche Tages- und Jahreszeiten*, dessen Titel Richard Wilhelm später für eine Sammlung chinesischer Gedichte ausborgte.

Heute ist die chinesische Goethe-Literatur fast unübersehbar geworden, und es ist das Verdienst von Professor Gu Zhengxiang, daß er diese Fülle des Materials akribisch ermittelt und geordnet hat. Nach einer informativen Einleitung „Goethe und China", die die Entwicklung der Goethe-Rezeption in China darstellt, folgt sogleich die Bibliographie, die in die beiden Hauptgruppen „Übersetzung" und „Forschung" geteilt ist. Die erste Abteilung besteht aus den Untergruppen: Dichtung, Prosatexte, Dramen und Briefe, während die zweite Abteilung die Untergruppen Lexika, Literaturgeschichten, Sammelbände, Monographien und Aufsätze aufweist. Ein Anhang verzeichnet Sinnsprüche und Forschung ausländischer Autoren, woran sich eine kurze Bibliographie und ein Nachwort des Verfassers (nur chinesisch) anschließen.

Innerhalb der genannten Systematik ist das Material chronologisch geordnet, so dass sich leicht die Entwicklung des Interesses an Goethe verfolgen lässt. Die Eintragungen sind nummeriert.

Die chinesischen Angaben sind nicht transkribiert, dafür die Titel übersetzt bzw. die Originaltitel angegeben. Die Namen der Übersetzer, Herausgeber, Verfasser sind dagegen transkribiert. Die im Titel der Bibliographie angegebene „Kommentierung" ist eher sporadisch und kurz – eine durchgehende Kommentierung war auch nicht beabsichtigt: der chinesische Titel des Werkes spricht lediglich von einem „Gesamtverzeichnis der chinesischen Goethe-Übersetzungen und Forschungen". Das ist keineswegs ein Mangel und wird hier nur vermerkt, um anderen Erwartungen vorzubeugen. Das Material ist in vorbildlicher Weise erschlossen: Jede Untergruppe verfügt über Register der Übersetzer/Herausgeber (in Transkription), der Verlage (nach Orten) sowie der Originaltitel.

Die Bibliographie besticht durch die Fülle der Eintragungen, die der Autor in jahrelanger Arbeit gesammelt hat, durch die Genauigkeit der Verzeichnung (es gibt kaum Satzfehler!) und vor allem durch die Ermittlung der Originaltitel. Was bei Monographien noch verhältnismäßig einfach ist, wird bei einzelnen Gedichten zu einer mühsamen Arbeit, die zugleich eine enorme Werkkenntnis verlangt. So besteht wieder einmal Anlass zu der Feststellung, dass Bibliographie eine hohe Kunst ist und nicht zu verwechseln mit dem kritiklosen Kompilieren von Daten aus allen möglichen Quellen. Der Autor hat sich als Bibliograph schon vor einigen Jahren durch sein vorzügliches Werk *Anthologien mit chinesischen Dichtungen* (Übersetzte Literatur in deutschsprachigen Anthologien. Bd. 6, Stuttgart 2002) empfohlen, das deutsche Übersetzungen und Nachdichtungen chinesischer Lyrik identifiziert. Es sei auch betont, dass der Autor bis zur letzten Minute aktuelles Material eingearbeitet hat – die Bibliographie reicht tatsächlich bis 2008!

Das Werk ist durchweg chinesisch und deutsch gehalten und kommt damit den Bedürfnissen beider Sprachgebiete entgegen. Das Buch ist gut ausgestattet, Druck und Layout sind vorzüglich und augenfreundlich. Der Klappentext gibt Auskunft über den Autor, der als Germanist seit Jahren in Tübingen lebt und sich intensiv mit der Übersetzung von Lyrik wie auch mit Hölderlin und Heine befaßt hat. In seinem (nur chinesisch wiedergegebenen) Nachwort nennt er Deutschland seine zweite Heimat und dankt für die ihm vielfach zuteil gewordene „selbstlose Hilfe"

Rezensenten beweisen gewöhnlich durch kleine Anmerkungen, daß sie das Werk wirklich genau durchgesehen haben, und so seien auch hier einige gemacht:

S. 7, Nr. 17: Die Goethe-Festschrift des Deutschen Seminars wurde von Vincenz Hundhausen herausgegeben, was jedoch aus Bescheidenheit darin nicht vermerkt ist.

S. 9, Nr. 22 番石榴集: Der Titel ist mit Psidium guajava übersetzt. Vielleicht wäre besser: Guajave (da der Inhalt ja nicht botanisch ist)

S. 257, 259 u.ö erscheint einer der seltenen Satzfehler: Hier ist Fucs in „Fuchs, Walter" zu verbessern.

S. 350, Nr. 13: Dem Andenken Wielands, gleichfalls eine Festschrift des Deutschen Seminars, wurde auch von Hundhausen herausgegeben.

S. 413, Nr. 5: Das Pseudonym Agricola steht für V. Hundhausen.

S. 413, Nr. 6 erscheint die Namensform Shokama, S. 504, Nr 3 Shakama; letztere ist (nach Forke, s. u.) zu verbessern.

S. 445, Nr. 1 u. 2: Hier stehen Beiträge von Li Fengbao sowie ein Kommentar zum Hongloumeng unter „Aufsätze ". Es sind aber keine Fundstellen gegeben (bzw. Verweisungen, denn Li Fengbao wird bereits vorher an anderer Stelle genannt).

S. 513, Nr. 84: Hier ist wohl auch Paul Carus (statt Carrus) gemeint.

Bei einigen japanischen Übersetzern ist keine Umschrift gegeben, die hier im Interesse der deutschen Leser nachgetragen sei:

S. 504, Nr. 1: Ôhashi Shintarô

S. 506, Nr. 24: Akita Ujaku

S. 507, Nr. 29: Takahashi Yoshitaka

In der Bibliographie wäre zu ergänzen: Alfred Forke: Goethe in chinesischem Gewande. In: *Karl Florenz. Festgabe der Deutschen Gesellschaft für Natur- und Völkerkunde Ostasiens zum 70. Geburtstag von Prof. Dr. K. Florenz am 10. Januar 1935.* Tokyo: OAG 1935, 43-60. Dieser Beitrag ist besonders interessant, weil er ein erster Ansatz zur Wertung der Übersetzungen ist; Texte und Übertragungen sind einander gegenüber gestellt, und dabei wird insbesondere die große Leistung von Guo Moruo gewürdigt. Schließlich: Für den Nutzer der Bibliographie wäre es wohl doch besser gewesen, Gesamtregister zu haben als eigene Register zu jeder Unterabteilung.

Diese Bemerkungen sollten nicht von der Tatsache ablenken, daß wir in der vorliegenden Arbeit erstmals eine Bibliographie der chinesischen Goethe-Literatur aus einem Guß und in größtmöglicher Vollständigkeit und Qualität besitzen, die in erster Linie den Germanisten, darüber hinaus aber auch den Sinologen von hohem Wert sein dürfte. Der Autor hat wiederum ein bibliographisches Meisterstück geliefert!

In: *Orientalistische Literaturzeitung*, Jahrgang 2010, Heft 105, S. 378-381, und in : *China-Report*, Jahrgang 2010, Heft 50, S. 42-43 (gekürzt)

通晓中国浩如烟海的歌德文学——评《歌德汉译与研究总目 (1878—2008)》

[德] 魏汉茂 (Walravens, Hartmut)

歌德在中国也非无名氏，不由分说，有据可查的译介从 1878 年才开始。先是德国的科技和军事，其重要性甚于文学，这不难从中国的历史和当时为改革和现代化而奋斗的努力中得到解释。民国初年，特别由于郭沫若的翻译，歌德登上前台。1932 年歌德忌辰纪念是个契机，诗人的译介更为加强。中华人民共和国成立以来，人们先是恪守恩格斯的观点，把歌德定性为"有时是叛逆的、爱嘲笑的、鄙视世界的天才，有时则是谨小慎微、事事知足、胸襟狭隘的庸人"，从而还不足于激发人们对这位伟人更大的关注。文革后出现了转机，对歌德的狭隘的教条式的评价也没能持久。甚至可以说是出现了一种歌德热 – 自此之后，《少年维特之烦恼》的版本不下于 52 种，而《浮士德》的版本也不下于 13 种。

中国国民对歌德的巨大兴趣与歌德本人对中国文化的兴趣互为补充。歌德把中国人视为"一个与德国人有许多共同之处的民族"，并断言"人们的思考，举止和感情和我们几乎一模一样"。这个印象是他从异国的语境中获取的，宣称他们"酷似你和我"。歌德读到的是中国文学的翻译，他自己也译过好几首中国诗。著名的有组诗"中德四季晨昏杂咏"，这个标题后被卫礼贤 (Wilhelm, Richard) 沿用，用于他的一本中国诗集。

时至今日，中国的歌德文学几乎已浩如烟海。顾正祥教授的功绩就在于，他细致入微地挖掘和查明了这些丰富的资料并加于整理。内容丰富、给人启迪的引言谈歌德与中国，描述了歌德在华接受史的走向。随后便是书目，分为"译文目"和"研究目"两大组。译文目含诗歌、散文、戏剧和书信，研究目包括辞书、文学史、合集、论著和论文。附录为格言目及外国作者的研究目。参考书目和作者后记（中文）尾随其后。

在上述系统内，材料按编年史顺序排列，以彰显对歌德兴趣的脉络。条目均编号，中文信息无拼音，而标题附译文或原文。译者、编者、作者的名字各有拼音。总目标题中提及的注释较为零星和简短，也无意作贯穿始终的注释。作品的中文标题只说是"汉语歌德翻译与研究总目录"。绝非是在挑刺，在此提一笔，以免另有所望。

材料的开掘堪称典范。每条子目都有译者或主编者目（含拼音），出版社目（按出版地分）和原文目。该书目以条目之丰（它们是作者长年累月收集的结果）、表述的准确（语病绝无仅有）、特别是查找出原作的标题令人爱不释手。论著的查找还容易些，一首首诗的查找便成了苦差使，它要求对作品的真知灼见。这就又有理由断定，书目是种高超的艺术，不该混同于那些不加分析的、各方数据的汇总。作者在数年前就以文献学家著称于世，凭借的是他的优秀之作《Anthologien mit chinesischen Dichtungen/ 中国诗德语翻译总目》（德语文选中的翻译文学，第六卷，斯图加特 2002 年出版），将中国诗的德语翻译和再创作逐一甄别。还需强调的是，凡已面世的资料，作者能编则编，直至最后一分钟。书目果然编到了 2008 年。

书中，中德双语对照，一贯到底，以应对两种语境之需。该书装帧精美，印刷和排版均属上乘，赏心悦目。勒口刊载作者介绍。作为德语德国文学专家，他常住图宾根，不懈地从事抒情诗诸如荷尔德林和海涅的译介。在他的后记（只用汉语）中称德国为他的第二故乡，感谢对他多方面的"无私帮助"。

书评的撰写者一般都要写点评语，以证明他确确实实已把全书仔细地通读了一遍，因而我也在这里写上几条：

页 7：德语系的《歌德纪念特刊》是由洪特豪森 (Hundhausen, Vincenz) 主编的，出于谦虚，未在里面署名

页 9：番石榴集，标题被译为 Psidium guajava，也许译为 Guajavehao 更好些（因为它并非植物学之作）

页 257，259 等为少数笔误之一，这里的 Fucs 应纠正为 Fuchs, Walter

页 350，序号 13：Dem Andenken Wielands 同为德语系的纪念特刊，也是由洪特豪森主编的

页 413，序号 5：笔名 Agricola 系洪特豪森 (Hundhausen, Vincenz)

页 413，序号 6 上的署名方式为 Shokama，在页 504，序号 3 那里却变成了 Shakama，后者应予纠正（据 Forke，参见下文）。

页 445，序号 1 和 2：在"论文目"一栏，李凤苞和红楼梦评论两条目未注明出处或参见某处（李凤苞已在别处提到过）

页 513，序号 84，这里想必是指 Paul Carus，而非 Carrus，有几处日文译者无拼音，为方便德国读者起见应予补上。

书目中应补上如下条目：Forke, Alfred: Goethe in chinesischem Gewande. In: *Karl Florenz. Festgabe der Deutschen Gesellschaft für Natur- und Völkerkunde Ostasiens zum 70. Geburtstag von Prof. Dr. K. Florenz am 10. Januar 1935*. Tokyo: OAG 1935, 43-60. (Forke, Alfred: 穿上中式服装的歌德，东京 1935 年。页 43-60：Florenz, Karl: 德国东亚生物学和民俗学协会给 K. Florenz 教授博士 1935 年 1 月 10 日七十华诞的贺礼)。这篇稿子之所以特别令人感兴趣，是因为它开了翻译评论的先河。原文和译文并排而立。特别是郭沫若的巨大功绩受到了肯定。最后想说的是，全书的总索引比之每个栏目所立的索引来，也许更方便读者的使用。

这些意见不该回避如下事实，呈现在我们面前的这部著作里，我们破天荒拥有了一部中国的歌德文学书目。它的浑然一体，它最大限度的完备及其质量，首先对德语德国文学家们，其次对汉学家们会有很高的价值。作者又为我们提供了一部目录学的杰作。

原载《文汇读书周报》，2009 年 9 月 4 日第 9 版

南京师范大学图书馆简报，2010年1月号，新书导读，工具书推介

平保兴

少年维特对人世充满热情和希望，但鄙陋的社会现实使他遭受打击和失败，不幸的爱情又将他送上了一条不归之路。这就是《少年维特的烦恼》主人公维特的一生。1774年，此作出版后让歌德一夜成名，在德国青年中引起了共鸣。在我国，辜鸿铭、王国维、苏曼珠、马君武、鲁迅、田汉、宗白华、郭沫若等名流，或翻译，或介绍，或评论，与歌德结下了不解之缘。那么，歌德的作品何时传播到中国？它们在中国的译介情况如何呢？旅居德国的顾正祥教授，通过《歌德汉译与研究总目》这把钥匙，为读者打开了通向歌德在华传播和接受之门。

该书880X1230毫米，1/16开本，730千字，分为自序、歌德与中国、上卷、下卷、附录、主要参考书目和跋。上卷是译文，由四编组成，为译诗目、散文小说译目、戏剧译目和书信译目。下卷研究目，有辞书、文学史、合集、专著、论文五编。此书之特点，首先在于汉德双语对照条目法。它既可供国内读者使用，又方便了德国读者查阅，因此在中国和德国同时发行。其次，编写体例新颖、独特，表现在一般图书索引通常置于整本书之后，而该书安排在每编之末，如第一编译诗目后附译者、编者目，出版社目和原诗目。这就大大方便了读者的检索。此外，汉译书名或篇名德汉对照，要求作者具有精详的考证之功。没有上下求索，甄别博采之力，是难以企及的。这也是该书与目前出版的目录的不同之处。正如作者在《自序》中所言："为了尽力反映歌德译介的巨大成就，笔者倾注了整整七年的心血，投入了毕生的知识积累。"

主要参考书目 Nachschlagematerial

汉译东西洋文学作品编目, 虚白编, 蒲梢修订, 上海真善美书店, 1929 年初版, 117 页

德籍汉译书目 Titelverzeichnis chinesischer Übersetzungen deutscher Werke, Wolfgang Franke 与张绍兴合编, 北平: 中德学会图书丛刊第一种, 民 31 年, 8+53 页

中译德文书籍目录, 魏以新编, 吴淞: 同济工学会季刊, 民 22, 同济大学图书馆丛刊, 民 25 年

中国德意志学书目 A Bibliography on Sino-German Studies, 郑寿麟编, 载: Chinese Culture. 1963 年 5 月第 2 期, 页 93-167

中国近代现代丛书目录, 1902-1949 (Bibliographie der Buchreihen aus der neueren und modernen Zeit Chinas 1902-1949), Hong Kong, 1979

外国文学论文索引 (征求意见本), 卢永茂、严铮、冉国选、张中义编, 河南师范大学中文系, 1979 年, 页 232-237

外国文学教学参考资料(中国现代文学史资料丛书, 甲种), 华东六省一市二十院校编. 福州: 福建人民出版社, 616 页, 1980 年初版, 1982 年第 2 版

翻译出版外国古典文学著作目录, 1949-1979, 国家出版事业管理局版本图书馆编, 北京: 中华书局, 1980 年, 287 页, 11000 册 (Bibliographie der Übersetzungspublikationen der Klassik im Ausland 1949-1979, Peking 1980, 287 S.)

1949-1979 翻译出版外国文学著作目录和提要, 中国版本图书馆编, 南京: 江苏人民出版社, 1986 年, 1412 页, 2120 册

外国文学研究论文资料索引, 1978-1985, 河北教育学院, 上海教育学院图书馆编, 上海: 上海社会科学院出版社, 1986 年

民国时期总书目 (1911-1949), 北京图书馆编. 北京: 书目文献出版社, 1987 年. (Das gesamte Bücherverzeichnis aus der Zeit der Nationalrepublik)

德语文学词典 Lexikon der deutschsprachigen Literatur, 张威廉主编, 上海: 上海辞书出版社, 1991 年

中国现代文学总书目, 贾植芳、俞元桂主编, 福州: 福建教育出版社, 1993 年. (Das gesamte Bücherverzeichnis der modernen chinesischen Literatur, Abteilung: Übersetzungsliteratur)

二十世纪中国文学大典 (三卷), 陈鸣树主编, 上海: 上海教育出版社, 1994 年. (Das große Wörterbuch der chinesischen Literatur im 20. Jahrhundert, drei Bände)

德语文学汉译史考辨: 晚清和民国时期, 卫茂平著, 上海: 外语教育出版社, 2004 年, 461 页, 2.100 册 (Rezeptionsgeschichtliche Untersuchung der deutschen Literatur in Chinesischer Übersetzung. Berichtszeitraum: die späte Qin-Dynastieund die Republikzeit)

十一届三中全会以来全国主要报刊书评资料索引 1979.01-1985.06, 中共中央宣传部图书资料室编, 昆明: 云南人民出版社, 1987 年

古今中外人物传记指南录 (前编), 邵延淼编著, 南京: 江苏教育出版社, 1990 年

全国主要报刊外国文学研究文章目录索引, 1985-1989, 中国社会科学院外国文学研究所图书资料室编, 北京: 社会科学文献出版社, 1991 年

西洋文学在台湾研究书目 Research Bibliography of Western Literature in Taiwan, 1946-2000 年, 上、下册, 张静二主编, 台北市: 国家科学委员会/国立台湾大学出版中心, 2004 年, 2728 页

中国翻译通史 A History of Translation in China, 马祖毅 等著, 武汉: 湖北教育出版社, 2006 年

全国期刊全文数据库, 清华大学 中国学术期刊 (光盘版) 电子杂志社

郭沫若著译书目, 上海图书馆编, 上海: 上海文艺出版社, 1980 年, 182 页, 10000 册

郭沫若年谱 1892-1978 (上、中、下册), 龚济民、方仁念 著, 天津: 天津人民出版社, 1992 年

大成老旧刊全文数据库
上海图书馆期刊数据库

Bauer, Wolfgang, u. Hwang, Shen-chang: German impact on modern Chinese intellectual history: a bibliogr. Of Chinese publ. – Deutschlands Einfluss auf die moderne chinesische Geistesgeschichte. Wiesbaden: Steiner, 1982 (Münchener ostasiatische Studien; Bd. 24)

Bauer, Wolfgang [u.a.]: Das chinesische Deutschlandbild der Gegenwart: eine Bibliographie (4 Bände). Stuttgart : Steiner, 1989-1992

Forke, Alfred: Goethe in chinesischem Gewande. In: Florenz, Karl: Festgabe der Deutschen Gesellschaft für Natur- und Völkerkunde Ostasiens zum 70. Geburtstag von Prof. Dr. K. Florenz am 10. Januar 1935. Tokyo: OAG 1935, S. 43-60.

Hsia, Andrian(Hrsg.). Zur Rezeption von Goethes *Faust* in Ostasien. Bern, Berlin, Frankfurt am Main, New York, Paris. Wien: Peter Lang, 1993 (euro-sinica; Bd. 4)

Walravens, Hartmut: Indices to Bauer/Hwang: German Impact on modern Chinese Intellectual History 汉堡东亚书籍目录. Humburg: C. Bell Verlag, 1982

Yang, Wuneng: Goethe in China (1889-1999). Frankfurt am Main: Peter Lang, 2000. – 185 S.